广 东 经 济 年 鉴

—— 2016 ——

主编：郭耀　徐明福

中 国·广 州

图书在版编目（CIP）数据

广东经济年鉴. 2016 / 郭耀，徐明福主编. — 广州：广东旅游出版社，2016.12
ISBN 978-7-5570-0706-5

Ⅰ. ①广… Ⅱ. ①郭… ②徐… Ⅲ ①区域经济－广东－2016－年鉴 Ⅳ. ①F127.65-54

中国版本图书馆CIP数据核字(2016)第317895号

出 版 人：刘志松
主　　编：郭　耀 徐明福
策划编辑：蔡子凤
责任编辑：周文娟 姚韵媚
装帧设计：广州市高天广告有限公司
责任技编：刘振华
责任校对：李瑞苑

广东经济年鉴.2016
GUANGDONG JINGJI NIANJIAN .2016

策划制作	广州市高天广告有限公司（发行电话：020-87659637）
出版发行	广东旅游出版社 （广州市越秀区环市东路338号银政大厦西楼十二楼 邮编：510060）
网址	http://www.tourpress.cn
印刷	广州市桐鑫印刷有限公司 （广州市白云区同和镇握山南路1号）
规格	889毫米x1194毫米
开本	16
印张	35
字数	1100千字
版次	2016年12月第1版 第1次印刷
定价	490.00 元

《广东经济年鉴》编纂委员会

《广东经济年鉴》编辑部

主纂： 广东省经济技术协作促进会、广东省经济科技发展研究会

协办： 广东大隆企业集团有限公司

出版说明

一、《广东经济年鉴》（以下简称《年鉴》）是一本具有政府公报性、权威性、资料性的大型经济年刊文献，全面、系统、翔实地记载广东省国民经济发展概况和全省经济建设成绩，目的是为各级政府、行政机构、各行业提供有效决策咨询支持和信息指导。

二、《年鉴》以反映广东年度经济运行、行业发展概况为主，内容涉及工业、农业、交通、信息、金融保险、基本建设、商贸流通、对外经贸、科技等国民经济各方面。

三、2016年刊《年鉴》主要反映2015年的经济发展情况和统计数据，领导讲话、重要文献截至2016年3月。

四、2016年刊《年鉴》主要篇目有：特载、综合经济管理、经济运行、行业发展、发展规划、政策法规、统计公报、各市经济、“十二五”发展成就、企业与产品、统计图表11个篇目，以及今日广东图片专辑等。

五、《年鉴》所刊载的宣传文稿及图片均由相关单位提供，由于篇幅原因，编者对部分内容略作删改。

六、由于统计口径不一致，《年鉴》统计公报等部分数据与国家、省统计局公布的数据不一致，以国家、省统计局最终公布数据为准。

七、《年鉴》的编辑出版得到广东省政府有关部门和各地（市）人民政府的大力支持和各有关单位的通力合作，全体编委领导在百忙之中不吝赐稿并给予关心和指导，谨此致谢。

八、由于资料浩繁，编者经验不足，《年鉴》在编印中出现粗疏、错漏之处，敬请批评、指正。

广东经济年鉴编委会

2016年9月

目　录

◆今日广东

◆特　载

◆综合经济管理

◆经济运行

◆行业发展

◆发展规划

◆政策法规

◆统计公报

◆各市经济

◆“十二五”发展成就

◆企业与产品

◆统计图表

省情概况

一、自然地理

广东省地处中国大陆最南部。东邻福建，北接江西、湖南，西连广西，南临南海，珠江口东西两侧分别与香港、澳门特别行政区接壤，西南部雷州半岛隔琼州海峡与海南省相望。全境位于北纬20°09′~25°31′和东经109°45′~117°20′之间。全省陆地面积17.98万平方公里，约占全国陆地面积的1.85%；其中岛屿面积1592.7平方公里，约占全省陆地面积的0.89%。全省沿海共有面积500平方米以上的岛屿759个，数量仅次于浙江、福建两省，居全国第三位。另有明礁和干出礁1631个。全省大陆岸线长3368.1公里，居全国第一位。按照《联合国海洋公约》关于领海、大陆架及专属经济区归沿岸国家管辖的规定，全省海域总面积41.9万平方公里。

受地壳运动、岩性、褶皱和断裂构造以及外力作用的综合影响，广东省地貌类型复杂多样，有山地、丘陵、台地和平原，其面积分别占全省土地总面积的33.7%、24.9%、14.2%和21.7%，河流和湖泊等只占全省土地总面积的5.5%。地势总体北高南低，北部多为山地和高丘陵，最高峰石坑崆海拔1902米，位于阳山、乳源与湖南省的交界处；南部则为平原和台地。全省山脉大多与地质构造的走向一致，以北东——南西走向居多，如斜贯粤西、粤中和粤东北的罗平山脉和粤东的莲花山脉；粤北的山脉则多为向南拱出的弧形山脉，此外粤东和粤西有少量北西——南东走向的山脉；山脉之间有大小谷地和盆地分布。平原以珠江三角洲平原最大，潮汕平原次之，此外还有高要、清远、杨村和惠阳等冲积平原。台地以雷州半岛——电白——阳江一带和海丰——潮阳一带分布较多。构成各类地貌的基岩岩石以花岗岩最为普遍，砂岩和变质岩也较多，粤西北还有较大片的石灰岩分布，此外局部还有景色奇特的红色岩系地貌，如著名的丹霞山和金鸡岭等；丹霞山和粤西的湖光岩先后被评为世界地质公园；沿海数量众多的优质沙滩以及雷州半岛西南岸的珊瑚礁，也是十分重要的地貌旅游资源。沿海沿河地区多为第四纪沉积层，是构成耕地资源的物质基础。

广东省属于东亚季风区，从北向南分别为中亚热带、南亚热带和热带气候，是全国光、热和水资源最丰富的地区之一。从北向南，年平均日照时数由不足1500小时增加到2300小时以上，年太阳总辐射量在4200~5400兆焦耳/平方米之间，年平均气温约为19℃~24℃。全省平均日照时数为1745.8小时，年平均气温22.3℃。1月平均气温为16℃~19℃，7月平均气温为28℃~29℃。

二、资源物产

广东自然地理环境优越，土地复种指数高；地势北高南低、海陆兼备，适合多元化经营；地缘人缘优势明显，有利于土地发展外向型经济。截至2012年，广东省土地面积17969269.10公顷。其中，农用地15049503.00公顷，建设用地1903519.71公顷，未利用地1016246.39公顷。

广东省河流众多，以珠江流域（东江、西江、北江和珠江三角洲）及独流入海的韩江流域和粤东沿海、粤西沿海诸河为主，集水面积占全省面积的99.8%，其余属于长江流域的鄱阳湖和洞庭湖水系。全省集水面积在100平方公里以上的各级干支流共542条（其中，集水面积在1000平方公里以上的有62条）。独流入海河流52条，较大的有韩江、榕江、漠阳江、鉴江、九洲江等。全省多年平均降水量1771毫米，折合年均降水总量3145亿立方米。降水时程和地区上分布不均，年内

省情概况

降水主要集中在汛期4～10月，约占全年降水量的75%～95%。全省多年平均水资源总量1830亿立方米，其中地表水资源量1820亿立方米，地下水资源量450亿立方米，地表水与地下水重复计算量440亿立方米。除省内产水量外，还有来自珠江、韩江等上游从邻省入境水量2361亿立方米。全省水能资源理论蕴藏量1137.2万千瓦，技术可开发量859.45万千瓦。此外，广东还有温泉300多处，日总流量9万吨；饮用天然矿泉水145处，探明可采用储量全国第一。

至2013年底，全省发现矿产148种，已查明资源储量的矿产有101种。其中能源矿产7种，黑色金属矿产4种，有色金属矿产11种，贵金属矿产2种，稀有稀土及分散元素矿产15种，冶金辅助原料矿产8种，化工原料矿产9 种，建材及其他非金属矿产41种，水气矿产4种。广东省保有资源储量居全国前10位的矿产61种，居全国前3位的矿产26种，居全国第一位的矿产7种，分别为铌钽矿、碲矿、高岭土、建筑用花岗岩、水泥用粗面岩、建筑用大理岩和泥炭。全省已开发利用的矿种主要有地下热水、矿泉水、铁、铜、铅、锌、锡、锑、稀土、金、银、硫铁矿、高岭土、陶瓷土、水泥用灰岩、大理岩等。

广东省光、热、水资源丰富，四季常青，动植物种类繁多。在植被类型中，有属于地带性植被的北热带季雨林、南亚热带季风常绿阔叶林、中亚热带典型常绿阔叶林和沿海的热带红树林，还有非纬度地带性的常绿——落叶阔叶混交林、常绿针——阔叶混交林、常绿针叶林、竹林、灌丛和草坡，以及水稻、甘蔗和茶园等栽培植被。香蕉、荔枝、龙眼和菠萝是岭南四大名果，经济价值可观。动物种类中，被列入国家一级保护的有华南虎、云豹、熊猴和中华白海豚等22种，被列入国家二级保护的有金猫、水鹿、穿山甲、猕猴和白鹇（省鸟）等95种。广东开展对动植物资源的开发利用，重视对自然资源和环境的保护。至2013年底，全省建立林业类自然保护区270个、森林公园459处。广东重视绿化荒山，提高森林覆盖率，改善生态环境。

广东省海岸线长，海域辽阔，海洋资源丰富。海洋生物包括海洋动物和植物，共有浮游植物406种、浮游动物416种、底栖生物828种、游泳生物1297种。远洋和近海捕捞，以及海洋网箱养鱼和沿海养殖的牡蛎、虾类等海洋水产品年产量约400万吨；可供海水养殖面积77.57万公顷，实际海水养殖面积20.82万公顷，是全国著名的海洋水产大省。雷州半岛的养殖海水珍珠产量居全国首位。沿海还拥有众多的优良港口资源。广州港、深圳港、汕头港和湛江港成为国内对外交通和贸易的重要通道；大亚湾、大鹏湾、碣石湾、博贺湾及南澳岛等地还有可建大型深水良港的港址。珠江口外海域和北部湾的油气田已打出多口出油井。沿海的风能、潮汐能和波浪能都有一定的开发潜力。广东省沿海沙滩众多，气候温暖，红树林分布广、面积大，在大陆最南端的灯楼角有全国唯一的大陆缘型珊瑚礁，旅游资源开发潜力大。

三、行政区划和人口

截止2015年底，广东常住人口为10849万人，人口总量比上年末净增125万人,增长1.17%，增幅比上年

提高0.42个百分点。其中男性5672.94万人、女性5176.06万人，性别比（女性为100）109.60，人口密度每平方千米604人。

出生人口比上年有所增加。2015年，广东出生人口119.95万人，出生率为11.12‰；死亡人口46.60万人，死亡率为4.32‰；自然增长人口73.35万人，自然增长率为6.80‰。与上年相比，全省出生以及自然增长人数分别增加4.56万人和8.17万人，死亡人数减少3.61万人；出生率与自然增长率分别上升0.32和0.70个千分点，死亡率则下降0.38个千分点。

劳动适龄人口负担加重。2015年，广东常住人口主要年龄段人数分别为: 0~14周岁（少年儿童人口）1884.67万人,15~64周岁（成年人口）8044.05万人,65周岁及以上（老年人口）920.28万人，分别占全省人口总量的17.37%、74.15%和8.48%。

从人口负担系数来看，2015年末，全省少年儿童抚养比23.43%、老年人口抚养比11.44%、总抚养比34.87%；与上年相比较，少年儿童、老年人口以及总抚养比分别上升3.29、0.61和3.90个百分点。

人口城镇化继续稳步推进。2015年，广东常住人口中居住在城镇的有7454.35万人、居住在乡村的有3394.65万人，分别占人口总量的68.71%和31.29%。分区域看，珠三角和东翼、西翼、山区的人口城镇化率分别为84.59%、59.93%、42.01%和47.17%，比上年分别上升0.47、0.38、0.98和0.80个百分点。截至2015年底，全省居住在城镇的人口比上年净增162.03万人，增长2.22%，比同期常住人口增幅高出1.05个百分点。

常住人口继续向珠三角特大城市聚集。2015年末，广东省按区域的常住人口数量排列依次为：珠三角5874.27万人、东翼1727.31万人、山区1664.07万人、西翼1583.35万人；分别占人口总量的54.15%、15.92%、15.34%和14.59%。与上年相比，珠三角和山区、西翼的人口数量分别增长1.92%、0.49%、0.46%，而东翼则稍缩减0.08%。广州、深圳两个超级大城市的人口数量增加最多，分别比上年净增42.06万人和59.98万人，两市常住人口增幅占同期珠三角常住人口增量的92.02%。

四、历史文化

广东省历史悠久。《吕氏春秋》中称“百越”，《史记》中称“南越”，《汉书》称“南粤”，“越”与“粤”通，也简称“粤”，泛指岭南一带地方。广东的先民很早就在这片土地上生息、劳动、繁衍。广东省会广州是一座具有2200多年历史的文化名城。在历史长河中，广州、广东等地名次第出现，逐渐演化成广东省及其辖境。广东是岭南文化发源地，以开放、包容、创新的文化特质闻名五大洲。广东是中国最早和最重要的对外通商口岸，历史著名的“海上丝绸之路”的起点。唐代，广东广州已成为著名对外贸易港口。

广东也是中国现代工业和民族工业的发源地之一。清代，广东佛山已成为全国手工业中心和四大名镇之一。

广东还是中国著名的侨乡，祖籍广东的港澳同胞、华侨、华人3000多万人，遍布世界100多个国家和地区。

五、交通旅游

广东是华南地区的交通枢纽，海、陆、空交通网络四通八达，已与世界130多个国家和地区的1100多个港口通航；与周边省份均连通高速公路、铁路；拥有中国三大航空枢纽之一的广州新白云国际机场，以及深圳、珠海、佛山、湛江、梅州、揭阳、潮汕等七个民用航空机场，是中国大陆机场分布密度最大的省份。拥有两个世界十大集装箱港——广州港和深圳港，以及湛江港、汕头港、珠海港等深水良港。

经济发展

一、经济运行稳中向好

2015年，面对错综复杂的国际形势和不断加大的经济下行压力，广东各地、各部门认真贯彻落实中央和省委、省政府关于经济工作的各项决策部署，紧紧围绕主题主线和“三个定位、两个率先”目标，坚持稳中求进工作总基调，着力稳增长、促改革、调结构、惠民生、防风险，实现全年经济总体平稳、稳中略升。在全国经济发展进入新常态的背景下，广东经济为全国发展提供了总量速度和结构优化“两个支撑”，充分展示了广东经济发展的结构优势、竞争优势，为“十二五”做了圆满的收官。

据初步核算并经国家统计局核定，2015年广东实现地区生产总值7.28万亿元，同比增长8.0%，增幅同比提高0.2个百分点，圆满完成年度增长目标。全年物价上涨平缓，CPI上涨1.5%，同比回落0.8个百分点；就业总体稳定，城镇新增就业155.5万人，提前超额完成全年任务，促进创业22万人，城镇登记失业率2.45%，控制在预期目标内；固定资产投资完成30031.20亿元，同比增长15.8%；实现社会消费品零售总额31333.44亿元，同比增长10.1%；财政收入持续较快增长，地方一般公共预算收入增长12.0%（可比口径），经济发展基本面总体良好。

表1 2007-2015年广东GDP和人均GDP增长情况

年 份	GDP		人均 GDP		
	绝对数（亿元）	比上年增长（%）	绝对数（元）	绝对数（美元）	比上年增长（%）
2007	31777.01	14.9	33272	4376	12.1
2008	36796.71	10.4	37638	5419	7.9
2009	39482.56	9.7	39436	5773	7.1
2010	46013.06	12.4	44736	6608	9.5
2011	53210.28	10.0	50807	7866	8.0
2012	57067.92	8.2	54095	8570	7.4
2013	62163.97	8.5	58540	9453	7.8
2014	67792.24	7.8	63452	10330	7.1
2015	72812.55	8.0	67897	10901	7.4

（一）全年经济保持稳中有升增长态势。

2015年，广东按照中央对经济工作的决策部署，积极应对经济下行压力，抓住关键环节精准发力，推动全省经济保持平稳向好。加快推进省重点项目建设，超额完成年度计划；出台财政支持稳增长16条措施；出台外贸稳增长20项政策等。全年四个季度GDP分别增长7.2%、8.1%、8.3%和8.3%，呈稳步提升态势。

（二）广东主要经济指标表现良好，为全国经济稳定发展提供重要支撑。

全年全国经济增长6.9%，广东GDP增速比全国高1.1个百分点，对全国经济增长的贡献率超过10%。广东规模以上工业增长7.2%，增速比全国高1.1个百分点；固定资产投资增长15.8%，比全国高5.8个百分点；社会消费品零售总额同比增长10.1%，比全国低0.6个百分点；进出口同比下降3.9%，降幅比全国小3.1个百分点；一般公共预算收入同比增长12.0%（可比口径），增幅比全国高出5个百分点以上。

（三）从供给侧看，农业、工业增速平稳，服务业增速较快，发挥拉动作用。

农业生产总体平稳、稳中有升。第一产业增加值3344.82亿元，同比增长3.4%。全省粮食总产量1358.13万吨，增长0.1%；蔬菜产量3425.39万吨，增长4.6%。园林水果产量1508.21万吨，增长4.8%。禽蛋产量33.84万吨，同比增长2.6%；禽肉产量135.80万吨，增长2.2%；猪肉产量274.20万吨，下降3.0%。水产品产量864.32万吨，增长3.3%。

工业生产保持稳定。2015年规模以上工业增加值分季累计增速分别为7.4%、7.4%、7.3%，7.2%，波动很小。工业对GDP增长的贡献率达到39.1%，拉动GDP增长3.1个百分点。工业中民营经济发挥了重要作用，2015年规模以上民营工业企业增加值增长11.8%，比工业平均水平高4.6个百分点，对工业增长的贡献率接近七成。从主要行业看，电子行

图1 “十二五”期间全国与广东季度GDP累计增速对比

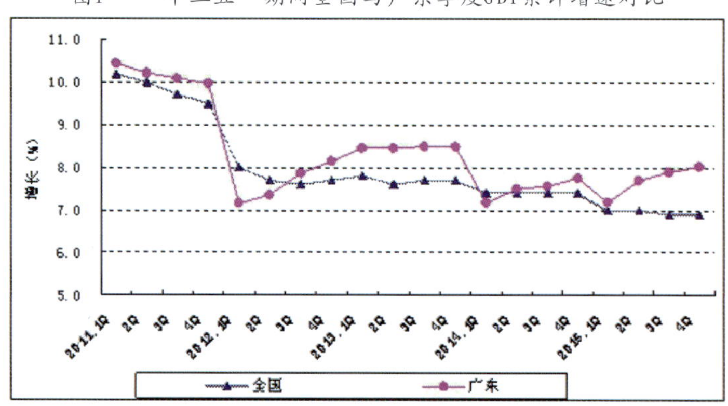

图3 2015广东生产总值(初步核算)构成

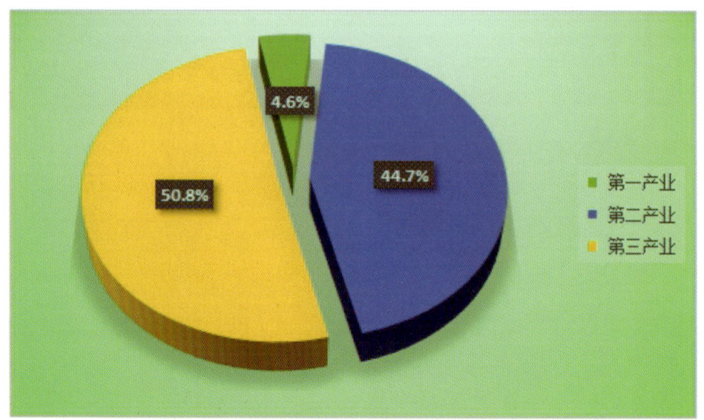

业支撑作用明显，计算机、通信和其他电子设备制造业增长10.5%，增幅比全省规模以上工业高3.3个百分点，占规模以上工业增加值的比重达23.7%；汽车制造业实现增加值1539.31亿元，同比增长7.6%，增幅持续回升；化学原料和化学制品制造业同比增长8.7%；通用设备、专用设备制造业分别增长8.3%和9.8%,增幅均较为平稳，高于全省平均水平。

图2　2015年1-12月工业增加值累计同比增速（%）

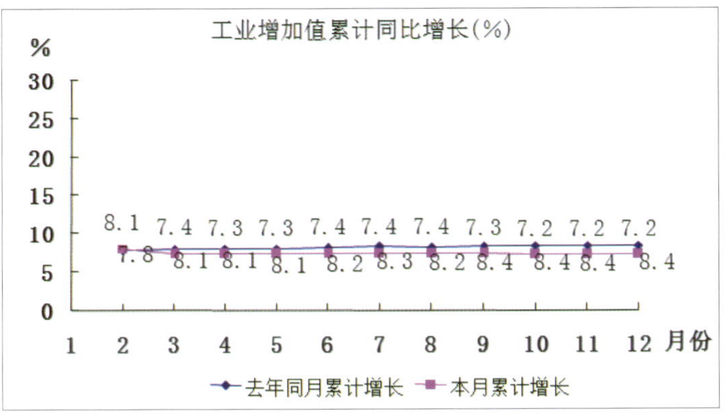

2015年广东经济增速上行主要依靠服务业拉动，金融业和房地产的贡献比较突出。第三产业增加值36956.24亿元，增长9.7%，对经济增长的贡献率达到57.1%，拉动GDP增长4.6个百分点。从金融领域看，全年证券市场虽然波动较大，但证券交易额同比增长137.1%，证券交易所带来的营业收入、税收均有较高的增速，资本市场发展对经济增长的贡献高于2014年。2015年，全省金融业增加值增长15.6%，对经济增长的贡献率为12.3%，拉动GDP增长1.0个百分点。从房地产市场看，2015年的回暖态势比较明显，全年商品房销售面积11681.01万平方米，同比增长25.4%。房地产业增加值增长11.4%，对经济增长的贡献率为8.2%，拉动GDP增长0.7个百分点。金融业和房地产业合计对经济增长的贡献率为20.5%，拉动GDP增长1.7个百分点。

（四）从市场销售看，国内市场相对较好，外部市场疲弱。

国内消费市场保持稳定。2015年，广东累计实现社会消费品零售总额31333.44亿元，同比增长10.1%，扣除价格因素，实际增长10.5%。全年四个季度累计增速分别为10.0%、9.8%、10.1%和10.1%，保持稳定。全年限额以上单位实现零售额13830.73亿元，增长5.3%。分行业看，传统消费增长平稳，信息、网络消费继续较快增长，汽车类消费回升。全年限额以上批发零售业粮油、食品类零售额同比增长17.6%，化妆品类增长12.7%，金银珠宝类增长15.9%，日用品类增长15.8%；石油及制品类零售额下降9.8%，降幅比前几月有所收窄；汽车类零售额3775.84亿元，增长1.4%，增速继续回升；通讯器材类商品零售额增长27.5%。住房相关类别消费增势良好，家具类商品零售额增长15.9%，增速高于全省平均水平。

进出口降幅收窄。2015年，广东完成进出口6.36万亿元，同比下降3.9%，降幅较前三季度收窄0.4个百分点，占同期全国外贸总值的25.9%；其中出口4万亿元，增长0.8%，进口2.36万亿元，下降10.8%。加工贸易进出口持续下降，一般贸易进出口保持稳定增长。一般贸易进出口2.68万亿元，增长4.9%，加工贸易进出口2.74万亿元，下降14.4%。

二、经济转型升级成效明显

2015年广东经济增长8.0%，经济运行稳中向好，转型升级的步伐不断加快，创新驱动、高新技术、新业态、新商业模式、民营经济等积极因素不断增加、积累，形成促进发展的新动能，开拓了经济增长的新空间，促进了经济发展的分化和经济结构的优化，同时也为全国经济结构的优化发挥了重要的支撑作用。主要表现在以下几方面：

（一）以创新驱动促进现代产业发展，产业结构不断优化调整。

一是工业投资结构进一步优化。2015年完成工业投资10151.77亿元，同比增长20.8%。其中，高新技术制造业投资1366.55亿元，增长35.8%，高于同期制造业投资11.3百分

经济发展

点，其中的医药制造投资增长49.9%，电子及通信设备制造投资增长32.0%，医疗设备及仪器仪表制造投资增长26.0%，均保持较高增速。工业技术改造完成2931.50亿元，同比增长56.5%。这些推动广东产业结构继续优化。二是现代服务业比重提升，经济增长动力继续调整。第三产业增加值增长9.7%，对经济增长贡献率达57.1%，三次产业占比调整为4.6：44.6：50.8，第三产业占GDP的比重同比提高1.8个百分点。其中，现代服务业增加值增长11.9%，比整体服务业高2.2个百分点，占服务业比重为60.4%，占比同比提高1.4个百分点。三是制造业继续向高端化方向发展。2015年，先进制造业完成增加值14712.70亿元，增长10.0%，占规模以上工业的比重达到48.5%，占比同比提高0.9个百分点；珠江西岸装备制造业完成增加值2623.94亿元，同比增长14.2%，增幅比前三季度提高0.8个百分点。高技术制造业完成增加值8172.20亿元，增长9.8%，占规模以上工业比重达到27.0%，同比提高1.9个百分点。

（二）改革深化、简政放权进一步释放市场活力和民资投入动力。

一是商事登记制度改革促进大众创业，新投入资金快速增加。全年全省新登记企业数量同比增长22.5%，注册资本金同比增长76.8%。二是民营经济活力增强，地位继续提升。2015年规模以上民营工业增长11.8%，占规模以上工业的比重提升到46.2%；民营工业增速比国有控股工业高9.7个百分点，比三资工业高7.7个百分点。民间投资增长19.9%，增幅同比提高0.2个百分点，占全省固定资产投资的比重为60.1%。全省私营企业出口增长9.9%，明显好于整体进出口形势。

（三）以“互联网+”为代表的经济新业态蓬勃发展，经济发展中“新”因素的作用日益增强。

一是互联网技术不断渗透到各行各业，为百姓生活带来方便，信息相关产业表现抢眼。通讯消费方面，2015年全省限额以上单位通讯器材类商品零售额继续保持较快增速，同比增长27.5%；12月底，全省4G移动电话户数已达4892.3万户，同比增加3426.6万户，4G用户覆盖率达到32.6%；全省移动互联网接入流量同比增长89.4%。网上购物方面，全年全省限额以上批发零售业通过公共网络实现商品零售额820.32亿元，占全省社会消费品零售总额的比重为2.6%，同比增长52.9%，拉动消费增长1.2个百分点。网购的火爆带动快递业务迅猛增长，2015年全省完成快递业务同比增长49.4%，快递业务量占全国的近四分之一。2015年，广东规模以上互联网和相关服务业营业收入增长20.5%，软件和信息技术服务业营业收入增长17.6%。

二是居民生活质量提升，文体和健康消费较快发展。2015年，限上单位文化办公用品类商品零售额358.33亿元，增长16.5%；体育、娱乐用品类商品零售额71.67亿元，增长62.8%；中西药品类商品零售总额608.14亿元，增长16.6%；电子出版物及音像制品类商品零售额15.40亿元，增长25.6%。2015年，规模以上广播、电视、电影和影视录音制造业营业收入增长15.5%。

三是外贸新业态增势迅猛。全年全省旅游购物出口232.4亿美元，增长1.1倍；38家外贸综合服务试点企业出口280亿美元，增长22.3%。纳入统计的跨境电子商务进出口

21亿美元，增长14.5倍，规模居全国首位。

四是便捷交通经济效应日益突出。广州通往珠三角城市若干轻轨的运营和武广、京广、厦深、贵广、南广等高铁的开通极大便利了省内各地以及广东与各省的往来，刺激了百姓的旅游和消费欲望，出行和旅游大幅度增加。2015年，广东高铁共完成客运量12308万人，同比增长45.4%，完成旅客周转量342.35亿人公里，同比增长49.6%；高铁客运量占全部铁路客运量的比重已达46.3%，同比提高10.6个百分点。全年全省旅游总收入8902亿元，同比增长13.4%；接待过夜游客3.5亿人次，同比增长6.8%。

三、经济增长质量和效益保持提升

2015年广东经济增长8.0%，圆满完成年度增长目标，经济运行稳中向好，经济增长的基本面没有改变，经济增长质量和效益保持提升。

（一）财政保持稳定增收，为民生和社会建设支出提供重要保障。2015年，全省累计完成一般公共预算收入增长12.0%，其中税收完成7375.93亿元，增长13.4%，占一般公共预算收入的78.8%。民生类支出快速增长44.3%，占比达69.6%。

（二）就业稳定，居民收入保持稳定增长。2015年全省城镇登记失业率2.45%，同比微升0.01个百分点。全省“四上”企业从业人员超过2000万人，同比基本持平。广东居民人均可支配收入27859元，同比名义增长8.5%，实际增长6.9%。其中城镇常住居民人均可支配收入增长8.1%，农村常住居民人均可支配收入增长9.1%。

（三）企业利润增势相对较好。1-11月,规模以上工业实现利润6076.48亿元，同比增长7.9%，比全国平均水平高9.8个百分点；11月底，产成品存货4624.95亿元，增长1.5%，呈持续回落态势。工业企业销售利润率为5.8%，同比提高0.3个百分点。

（四）能耗水平继续下降。2015年，全省节能降耗形势较为乐观，全年全省单位GDP能耗下降超过5%；规模以上工业综合能源消费量14037.18万吨标准煤，同比下降4.0%，单位工业增加值能耗下降10%左右。

投资环境

一、生产要素充分集聚

广东金融产业、金融市场、金融资源规模、金融机构盈利水平居全国首位。目前正不断深化粤港澳金融合作，建设与香港国际金融中心紧密合作、以珠三角城市金融为支撑、具有国际竞争力的金融中心区域。

广东拥有结构合理、配套完善的教育体系，为经济社会发展提供源源不断的高素质人才。全省拥有130多所高等院校，385个县级及以上国有研究与开发机构、科技情报和文献机构，规模以上工业企业拥有技术开发机构2692个。拥有国家工程实验室 9 家，国家级工程研究中心 23 家，省级工程实验室 46 家，已建立省级工程研究中心 1390 家。

二、基础设施日趋完善

截至2014年底，全省公路通车里程达21.2万公里，高速公路里程6280公里。2014年规模以上港口完成货物吞吐量15.6亿吨，港口集装箱吞吐量5292.4万标准箱。全省电源装机容量约8000万千瓦，核电装机容量居全国首位。信息化发展水平较高，固定电话用户达2950.6万户，移动电话用户达14943.4万户，固定互联网用户达2479.5万户，移动互联网用户10412.8万户。

三、各类园区功能多样

广东具有多层次、多元化、现代化的投资承接平台。全省拥有广州经济技术开发区、湛江经济技术开发区、南沙经济技术开发区、大亚湾经济技术开发区、增城经济技术开发区、珠海经济技术开发区等6个国家级经济技术开发区，拥有9个国家级高新技术产业开发区、17个保税物流监管区域或场所、36个省级产业转移工业园和一批省级开发区。

四、口岸通关高效便捷

广东海陆空口岸俱全，基础设施配套完善，对外开放一类口岸54 个。全省口岸推行“属地报关、口岸验放”通关模式，启动对进口固体废物查验放行环节关检合作，加快推广“三个一”通关模式。采用GPS系统实施来往港澳小型船舶快速通关，推行海关、检验检疫“一机两屏”查验模式，对诚信企业开辟“绿色通道”，采取预约报关、上门验放和担保放行等便利措施，通关流程不断优化。加大查验监管手段科技创新，推广车辆“一站式”电子验放系统和旅客自助查验系统。加大口岸码头整合力度，提升基础设施建设水平，促进查验监管资源整合共享，推动口岸面向欧美、海丝沿线、港澳台和泛珠四大方向互联互通，通关效率和服务水平不断提高。

投资环境

五、市场容量不断扩大

广东城乡居民人均收入持续多年稳健增长，消费能力不断增强，市场空间十分广阔。2014年全省城镇居民人均可支配收入32148元，农村居民人均纯收入12246 元。全省消费品零售总额28471.2亿元，总量连续32年列居全国首位。

六、投资服务体系健全

广东率先与国际经济接轨，按市场经济规则和国际惯例运作，保护知识产权，维护投资者合法权益。广东建立了多层次的投资促进中介机构和办事机构，拥有健全的行政管理体系，推进“一站式” “一条龙 ” “一个窗口”办事模式，在企业设立、经营许可、人才招聘、产权登记和跨境交易等方面提供便利、高效的服务。广东推进商务改革，减少政府干预微观经济，简化外商投资审批程序，简化外商投资企业设立店铺、分支机构、连锁分支机构审批程序。深化涉外企业投资管理体制改革，试行与负面清单模式相配套的外商投资企业章程备案制。落实完善民间投资鼓励政策，健全重大项目民间投资招标机制。加快建设法治化国际化营商环境，进一步优化商务发展环境。

七、大型会展盛名天下

广东大力发展以国际化、专业化、贸易型为主的会展业。中国进出口商品交易会是中国目前历史最长、层次最高、规模最大、商品种类最全、到会客商最多、成交效果最好的综合性国际贸易盛会。中国国际高新技术成果交易会、中国国际中小企业博览会、中国国际航空航天博览会、中国国际文化产业博览交易会以及中国加工贸易产品博览会等大型展会盛名天下。

八、人居环境舒适便利

广东青山绿水，气候宜人，森林覆盖率达到60%。

广东文化设施齐全，设有一批现代化、高品位的重点文化设施。拥有群众艺术馆、文化馆147个，县级以上公共图书馆137个，博物馆、纪念馆175 个，上规模的文化广场5000多个，全省有广播电台22座，电视台24座。

广东居住环境优越，珠三角地区有着高标准的生活水平，可以满足世界各国投资者不同的生活需求。广东现设立有 16家外籍人员子女学 校，并为台商子女设立了台商子弟学校，切实解决投资者的后顾之忧。

学习贯彻全国“两会”精神
努力开创“十三五”新局面

广东省经济技术协作促进会

协会简介

广东省经济技术协作促进会（简称“省经协”）是由原广东省人民政府经济技术协作办公室改制而来，由广东省内经济技术协作部门以及跨行业、跨所有制企事业单位联合组成的省级社会组织，接受广东省经济和信息化委员会的业务指导和广东省民政厅的监督管理。省经协成立二十多年来，凭借广东地缘、经济、技术、信息等方面 的优势，在推动广东地区与内地经济协作、加强内引外联、促进对外经济交流、服务招商引资、提供政策咨询等方面做了大量工作。

协会宗旨

认真贯彻邓小平理论和“三个代表”重要思想，遵守国家的法律、法规、政策，充分发挥跨地区、跨部门、跨行业、跨所有制经济技术联合与协作优势，充分发挥省经协的桥梁和纽带作用及政商资源优势，搭建一个企业、行业、政府、地区之间互动、合作、交流的平台，促进区域经济合作与发展。

协会工作

- 加强与全国各地经济技术协作部门的联系，增进友谊，交流各地经济信息与项目，促进经协事业的发展;
- 围绕政府经济工作中心任务，调查研究经济技术协作的发展和变化，为政府横向经济联合决策提供依据；
- 建立经济技术协作信息网络，搭建跨地区、跨部门、跨行业、跨所有制交流平台、全方位提供信息咨询服务、整合社会各类经济技术资源，推动经济联合和协作；
- 组织会员单位、相关部门、团体和个人互访交流、考察学习，寻找商机；
- 主办和协办各种经济类型的洽谈会、展销会和信息发布会；
- 组织各类企业培训活动，提高企业综合竞争力；
- 主办、承办《广东经济年鉴》、广东经济信息网等；
- 相关产业投资、项目合作等。

www.gdjjxx.com

广东省人民政府外事办公室

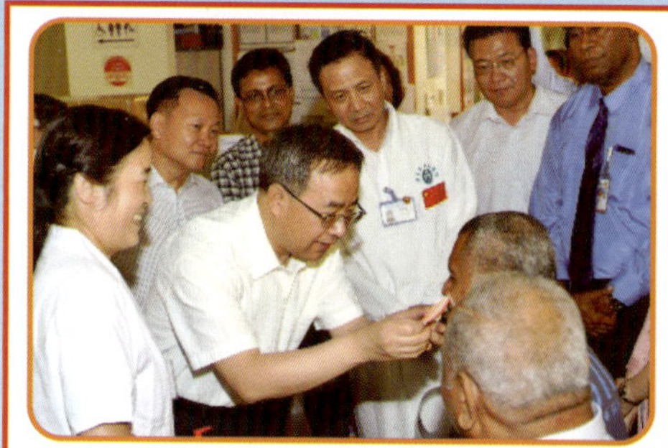
在裴济苏瓦,看望“送医上岛”的广东省医疗队，并慰问患者

签署广东省与马六甲州缔结友好省州关系协议

瑶族文艺代表团在密克罗尼西亚大学体育馆表演传统舞蹈

广东以色列理工学院启动仪式

与密歇根州政府代表在签字仪式后的合影

2015年，广东省外办认真学习贯彻全国“两会”精神，以“创新、协调、绿色、开放、发展、共享”五大发展理念为引领拓展外事工作新思路，全面构建广东对外开放新格局。为实现“十三五”规划良好开局，主动谋划、锐意进取，在推动全省外事工作服务党和国家中心任务、服务总体外交战略部署、服务地方发展现实需求方面取得了新进展。

一、进一步加强和完善党对外事工作的集中统一领导，体制、机制进一步健全，重要决策部署陆续出台。我省及各地市已全部建立由党委主要负责人担任组长的党委外事工作领导小组并正常运作。截至2015年底，中共中央政治局委员、省委书记胡春华同志亲自主持召开了四次省委外事工作领导小组会议，深入学习贯彻中央外事工作会议和习近平总书记重要讲话及批示精神，陆续审议通过并印发了广东参与“一带一路”建设及加强对欧洲、北美、东盟等地区国家交流合作的系列重要指导文件和重点工作方案。

二、配合国家总体外交，积极参与“一带一路”建设。2015年3月，广东参与建设“一带一路”实施方案率先上报国家“一带一路”建设工作领导小组办公室并获批复，成为全国最早上报并获批的实施方案。胡春华书记率团访问澳大利亚、新西兰、斐济，期间共签订82.76亿美元经贸投资合作协议，推动达成一批非经贸类交流合作项目。朱小丹省长率团出访印度、马来西亚、泰国，与印度达成7.7亿美元合作项目。会同有关部门成功举办两届中国（广东）21世纪海上丝绸之路国际博览会，积极推进与“一带一路”沿线国家互联互通，努力搭建和完善我与“一带一路”沿线国家全方位合作交流的重要平台，推动外经贸稳定增长和转型升级。

三、落实创新驱动发展战略，进一步强化与欧美地区直接交流合作。充分利用国际创新资源，提升我省创新发展水平，助力我省经济转型升级。2014年，朱小丹省长访问澳大利亚、美国、加拿大，重点加强与3国的友好省州在双向投资和科技创新方面的合作；2015年，省委副书记、深圳市委书记马兴瑞访问美国、加拿大，加强与两国在经贸投资、先进制造、科技创新和低碳环保等领域的合作。成功协助中央主管部门在广州举办第26届中美商贸联委会（JCCT），积极向美国推介广东营商环境，推动广东企业与美国高新技术企业对接。

四、深化粤港澳合作，加快推动中国（广东）自由贸易试验区实质性建设步伐。不断加大在欧美的招商推介力度，推动我省高端服务业和先进装备制造业的对外招商工作，在自贸区加快搭建与国际投资贸易通行规则相衔接的基本制度框架，创新外商投资准入前国民待遇加负面清单管理等举措。进一步深化粤港澳合作，努力在自贸区建设中走在全国前列。一大批高端服务业、制度创新项目集聚自贸区，3个片区建设不断取得新的实质性进展。

五、发挥外事资源优势，服务全省经济社会发展。成功参与组织举办“2015广东经济发展国际咨询会”“中国改革开放与中非合作共赢大使论坛”等多场重大外事活动，打造了一批重要国际交流平台；召开2015韩国—广东发展交流会、新加坡-广东合作理事会、越南—广东合作协调会议等，进一步完善了与相关国家工作协调机制，达成经贸、农业、旅游等多领域合作计划。友城交往增量提质，截至2015年12月，全省友城167对，分布全球59个国家，布局更加合理；外国驻穗总领事馆数量达53家，有效利用领馆平台，营造了良好外部发展环境；外国驻粤新闻机构总数达12家，广东国际知名度和影响力不断提升；公共外交深入开展，人文交流活动丰富多彩；用好用活APEC商务旅行卡，助力企业拓展国际市场。

六、规范管理因公出访，海外领保力度不断加大。

按照中央“控制总量、突出重点、保压结合、服务发展”“因事定人、人事相符”的管理原则和年度因公出访规模“零增长”要求，狠抓科学统筹和规范管理，全省因公出访总量得到有效控制，团组出访质量进一步提高，服务全省中心工作的作用更加凸显。进一步完善了广东省在境外人员和机构安全保护跨部门联席会议机制，组建省加强“一带一路”建设境外安全保障工作协调小组，不断创新预防性领事保护工作形式。

广东经济发展国际咨询会

第26届中美商贸联委会

广东省总工会

【工会组织概述】广东省总工会于1953年4月23日在广州正式成立。历任主要负责人有林锵云、冯燊、梁广、梁锦棠、骆胜安、陈冰、汤维英、邓维龙、黄业斌。内设17个部、室和4个产业工会（省海员工会、省教科文卫工会、省工业工会、省财贸工会）；下属4个正处级事业单位有省总工会干部学校（南华工商学院）、南方工报社、省工人医院、黄埔卫生职业技术学校，3个企业单位有省职工国际旅行社、工会大厦、广东省一疗发展有限公司。到2015年底，全省新发展农民工会员300万人以上，占全国新增农民工会员数约五分之一。全省建立基层委员会25.88万家，涵盖单位数74.15万家，工会会员2902.76万人，主要指标继续走在全国前列。

7月16日，省人大常委会副主任、省总工会主席黄业斌，省总工会常务副主席陈宗文一行来到位于琶洲的中建八局宝镜广场（宝钢大厦）项目工地，看望在高温下作业的一线建筑工人，为他们送上了慰问金和清凉饮品。

【加大源头治理劳资纠纷力度】参与起草《中共广东省委广东省人民政府贯彻落实〈中共中央国务院关于构建和谐劳动关系的意见〉的实施意见》，推动省人大着手修订《广东省工资支付条例》，牵头起草《广东省实施<女职工劳动保护特别规定>办法》提交省政府审议。联合省协调劳动关系三方推进《广东省集体合同条例》的贯彻落实，下发《关于做好解散企业职工合法权益保障工作的指导意见》，联合省妇联出台《关于进一步加强企业工会女职工工作的意见》。2015年举办“工人在线”26期，收到职工反映有效问题6600件，办结率达到96.6%。“工人在线”被评为2015年度“中国政府创新公共服务最佳实践”。元旦春节期间联合有关各方，查处欠薪违法案件22640宗，涉及劳动者36.25万名，清理欠薪6.5亿元。密切配合国家和省、深圳市工作组调查处理深圳12·20生产安全事故，妥善协调劳动关系，安置帮扶受影响的职工及职工家庭，树立了工会形象。

3月27日，广东省总工会第六届女职工委员会第一次（扩大）会议在广州珠江宾馆召开，省人大常委会副主任、省总工会主席黄业斌，省总工会常务副主席陈宗文出席会议。会上，省总工会向第六届女职工委员会顾问王丽华等6位同志颁发了聘书。

【加大农民工入会工作力度】制定下发《广东省工会“农民工入会集中行动”实施方案》，以各级开发区（高新区、工业园区）、乡镇（街道）、村（社区）等为重点区域，以农民工集中的劳务派遣公司、建筑项目、物流（快递）、物业、家政服务业、民办学校、民办医院、农业专业合作组织等为重点行业，全力推进农民工入会集中行动。到2015年底，全省新发展农民工会员300万人以上，占全国新增农民工会员数约五分之一。

【加大服务职工工作力度】2015年“暖流行动”为骑摩托车返乡300多万名农民工送去温暖，“平安返乡”活动为320万名外来务工人员提供服务。

【劳动竞赛工作成效明显】全省2000万名职工参与劳动竞赛，已建工会规模以上企业劳动竞赛覆盖面为84.6%。围绕推进港珠澳大桥建设和南沙、前海、横琴新区开发，切实抓好全国示范性劳动竞赛，得到了全总的充分肯定。在全省确定100个项目开展“六比六赛”，推动重大工程劳动竞赛不断向地方和企业延伸，实现经济价值350多亿元。举办74个工种（项目）的省级职工职业技能大赛。

【开展“三严三实”专题教育】按照中央“三严三实”专题教育的统一部署，省人大常委会副主任、省总工会主席黄业斌亲自为省总工会机关党员干部讲党课、提要求。下发《省总工会机关干部全员联系非公企业工会制度》，密切工会机关与基层的联系。贯彻《中国共产党廉洁自律准则》和《中国共产党纪律处分条例》，广泛组织学习讨论，认真开展对照检查。制定省总机关干部“每月一学”学习制度，进行定期的党性锤炼和党性教育。

【广东省庆祝“五一”国际劳动节暨表彰劳动模范和先进工作者大会】4月27日，广东省庆祝“五一”国际劳动节暨表彰劳动模范和先进工作者大会在广州举行。省委书记胡春华、省长朱小丹、省人大常委会主任黄龙云、省政协主席王荣等领导出席大会并为省劳动模范、先进工作者和先进集体代表颁奖。省委常委、组织部部长李玉妹主持会议。省委常委、副省长林少春宣读《中共广东省委、广东省人民政府关于表彰2015年广东省劳动模范、先进工作者和先进集体的决定》。

【广东省总工会十三届二次全委会】3月24日，广东省总工会第十三届委员会第二次全体会议在广州召开，省委副书记、政法委书记马兴瑞出席会议并讲话，省人大常委会副主任、省总工会主席黄业斌主持会议。

会议对2015年全省工会工作做出部署，要求按照省委和全总的决策部署，结合广东工会十三大确立的目标任务，突出抓好维权维稳、建会建家、帮扶服务工作，大力推进工会工作法治化、民主化、群众化建设，在推动经济平稳健康发展和促进社会和谐稳定中充分发挥工人阶级的主力军作用。

汕头市经济社会发展成就

近年来，汕头市委、市政府紧紧围绕国家“一带一路”重大战略，深入实施振兴发展和创新驱动发展“两大战略”，扭住交通基础设施建设、产业园区扩能增效、中心城区扩容提质“三大抓手”，积极打造华侨经济文化合作试验区和中以（汕头）科技创新合作区“两大平台”，加快建设区域交通航运、科教创新、商贸物流、金融服务“四个中心”，全市经济社会呈现新一轮加快发展的良好态势。2015年全市生产总值1850.01亿元，增长8.4%，“十二五”期间年均增长9.4%。固定资产投资额1274.32亿元，增长27.1%，“十二五”期间年均增长34.6%。

胡春华书记、佩雷斯前总统和李嘉诚先生出席广东以色列理工学院启动仪式

交通基础设施日趋完善。“十二五”期间，全市掀起前所未有的交通大会战热潮，累计完成投资180亿元，一批高速公路、铁路、港口项目加快建设，汕头作为区域交通航运中心的地位日益凸显。**高速公路方面**，汕揭高速汕头段建成通车，潮惠、揭惠、汕湛、潮汕环线等4条高速公路同步推进，2019年年底前全部建成通车，汕头对内对外的快速通道将互联成网。**铁路方面**，厦深铁路全线通车，广梅汕铁路增建二线及厦深铁路进汕头联络线工程动工建设，明年底高铁将直通汕头市区。**港口方面**，广澳港区总长8公里的防波堤、两个10万吨级集装箱码头和一个2万吨级石化码头加快推进，明年底建成。

华侨试验区东海岸新城填海工程鸟瞰图

重大战略平台建设取得突破。**第一个平台是华侨试验区。**华侨试验区规划总面积480平方公里，核心区50平方公里。我们着力推动政策创新，争取国家在跨境金融、贸易便利化等方面给予更多的试验权，打造汕头新时期深化改革开放的重大战略平台。目前，华侨试验区已被国家发改委列入全国5个中欧区域政策合作试点地区之一，与西班牙安达卢西亚签订结对合作协议。试验区注册企业现已达2544家，注册资本218亿元，区域股权交易市场“华侨板”挂牌企业381家。**第二个平台是中以（汕头）科技创新合作区。**我们依托落户汕头的广东以色列理工学院，规划建设中以（汕头）科技创新合作区，总面积20.77平方公里，核心区5.6平方公里，努力打造具有国际影响力的创新中心、孵化基地和创业平台。广东以色列理工学院一期校区（北校区）将于今年底完成主体工程建设，学院明年正式对外招生。我们将把广东以色列理工学院和中以（汕头）科技创新合作区打造成为中以双方在科技、教育领域的重大合作项目。

宝奥国际玩具城（一期）

潮惠高速TJ2标进场路正在吊装小箱梁

产业竞争力不断提升。坚持产业高端定位、错位发展，努力打造区域现代产业高地。企业科技创新能力不断增强，全市拥有国家级高新技术企业150家，省级新型研发机构两家，国家级孵化器1个，专利授权、名牌、名标数量在广东省名列前茅。企业上市步伐加快，A股上市企业达到25家，新三板挂牌企业33家，资本市场的汕头板块进一步壮大。

广澳深水港

环丹霞山旅游产业园

▲丹山碧水

环丹霞山旅游产业园规划总面积将近600平方公里，规划布局为“一核、二环、五廊、六区”。一核是丹霞山世界自然遗产，是园区的生态核与动力源，实施最严格的保护。内环是遗产地缓冲区，在科学规划的基础上严格保护、适度利用。外环是产业开发地带，分为五个生态廊道和六个产业园区。环丹霞山旅游产业园是集旅游加工业、旅游农业、流通业、会议博览业和创意产业等为一体，结构合理、功能强大、效益显著的多功能旅游综合体，是引领韶关旅游业发展的“航空母舰”，是韶关打造国家旅游产业聚集区的良好载体。

▲舵石朝曦

2013年初，环丹霞山旅游产业园建设正式启动。环丹霞山旅游产业园始终坚持“生态优先、保护第一、科学有序开发利用”的原则，坚持品质招商、产业招商的原则，积极吸引有诚意、有经验、有实力的“三有”社会资本参与园区项目建设。重点围绕环丹霞山产业园的6大园区、8个空间节点有针对性地开展招商引资工作。先后引进了深圳盛世立业有限公司、宝能集团公司、中信正业公司和保利集团等一批实力雄厚的企业投资园区项目。

近年来，通过环丹霞山产业园建设项目的实施，全力打造丹霞品牌，以品牌创建推动丹霞山的科学保护和合理开发，园区经济发展势头良好。目前，园区项目建设正有序开展，局面已经初步打开。其中，南门古洋水乡度假区项目、宝能国际生态度假旅游区项目、北门水上入口综合服务区项目和博士生态园项目等都在全力推进中。

▲姐妹峰

可以预见，未来10年，一个风光独特、田园气息浓郁、文化内涵丰富、旅游产业高度融合发展、辐射粤湘赣乃至全国和国际的新型产业园将崛起在南粤北部，将全面推动韶关实现绿色转型、振兴发展的目标，从而成为国家旅游产业聚集区。

▲龙湖探幽

▲缥缈仙境

▲仙山杰阁

（供稿单位：韶关市丹霞山管理委员会　图片拍摄:丹霞山管委会刘加青）

湛江市

- 中国人居环境范例奖城市
- 中国城乡建设范例城市
- 中国优秀旅游城市
- 全国双拥模范城市
- 国家园林城市
- 国家卫生城市
- 全国绿化达标城市
- 中国十佳低碳生态城市
- 中国十佳绿色城市
- 中国十大休闲城市
- 中国特色魅力城市
- 中国海鲜美食之都
- 中国对虾之都

“十二五”时期，湛江市综合实力稳步提升，实现发展之变：生产总值年均增长10.6%，实现从1000亿元向2000亿元的跨越；第三产业增加值突破1000亿元。公共财政预算收入年均增长13%。固定资产投资实现翻番，累计突破4000亿元，年均增长28%。产业结构持续优化，实现工业之变：钢铁基地、晨鸣纸业等重大项目建成投产，3家企业年销售收入和6个行业年产值超100亿元，工业结构有效改善，主导地位全面突显。港口运输、商贸物流、滨海旅游等现代服务业加快发展。粮食、蔬菜和热带作物产量居全省首位。人居环境有效改善，实现城市之变：海东开发规模初具，海西提质成效明显，港湾清障圆满完成，“一湾两岸”生态型海湾城市格局基本形成；一批公园绿地和污水、垃圾处理设施建成使用，有效开展九洲江流域和市区河渠整治，环境质量保持优良，成为国家卫生城市。主动融入世界，实现开放之变：中国海博会、水博会永久落户、成功举办，保税物流中心建成，对接东盟合作发展势头良好，成为首批“一带一路”海上合作战略支点城市。财政投入力度加大，实现惠民之变：社会民生投入超过财政总支出的80%，教育、文化、卫生、体育等事业全面发展，圆满完成扶贫开发“双到”任务。

2015年11月26–29日，2015中国海洋经济博览会在湛江奥体中心举办
（海博会筹委会供稿）

2015年10月4日下午14时，第22号强台风“彩虹”在坡头沿海登陆，正面袭击湛江市。登陆时中心附近最大风力15级，风速50米/秒，阵风超过17级，最高风速67.2米/秒，是1949年以来秋季登陆中国大陆地区的最强台风，也是有气象记录以来登陆中国城市的最强台风。湛江全面落实防御措施，把损失降到了最低。图为霞山海滨大道，清障工人调用两台吊机分解拆除被台风吹倒在地的大型广告牌 。
（湛江日报社供稿）

2015年9月25日，宝钢湛江钢铁一号高炉点火
（宝钢湛江钢铁基地供稿）

2015年7月25日至8月16日，广东省第十四届运动会暨第七届残运会在湛江举行。图为在湛江奥林匹克体育中心体育场举行的省运会开幕式现场
（李　波摄）

湛江一湾两岸　　（郎树臣　陈　煜摄）

人民大道中轴线　　（郎树臣　陈　煜摄）

赤坎金沙湾　　（郎树臣　陈　煜摄）

霞山区一角　　（郎树臣　陈　煜摄）

湛江经济技术开发区一角　　（郎树臣　陈　煜摄）

大隆集团创立于1993年，集团总部位于广东惠州市，主要经营房地产开发、天然气投资、石油终端服务、能源产品销售和物业管理等产业。

大隆集团创立以来，坚持“追求卓越、崇尚完美”的企业理念，秉承“专业、创新、价值、责任”的核心价值观，连续多年被评为惠州市“民营企业50强”。

大隆集团致力于房地产领域。坚持选择优质地段，多业态发展，商业地产和住宅地产并举，深耕城市中心区高价值地段。

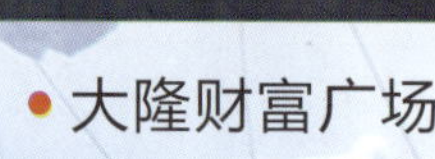
大隆财富广场

大隆大厦

大隆财富广场位于惠州江北CBD核心，接东江之滨，旁临鹅潭湖畔，集商业广场、商务公寓、甲级写字楼为一体，楼高150米，是惠州江北CBD的标志性建筑之一。

大隆湾东接四会市政广场，西临绥江，成为四会新城中心，是集高端商业购物、休闲娱乐、旅游、办公、酒店、居住于一体的高尚滨江综合体。

- 武汉大隆天然气投资有限公司

大隆集团耕耘能源领域二十年，努力促进清洁能源落地，先后与中石化、中海油、中石油等500强企业开展长期合作，以珠三角为中心开展石油终端建设业务，取得辉煌成就。

大隆集团进入天然气产业超过十年。2003年取得武汉市天然气汽车加气站经营权，2006年建成武汉市第一座天然气社会加气站，拥有武汉地区最大的天然气母站，拥有大型危险品（天然气）运输车队，成为武汉的行业领军企业，正加紧向周边地区扩张发展。

大隆集团建成庞大的能源产品销售网络，向华南、华东地区销售燃料油、液化天然气（LNG）、石油焦等能源化工产品；进入城市燃气领域，提供工业天然气及技术服务；开发清洁能源，建设分布式能源项目。

集团地址:广东省惠州市江北云山西路八号大隆大厦17楼

电话:0752-2893331　传真:0752-2866118

网址：www.gddalong.com

广州王老吉大健康产业有限公司

广州王老吉大健康产业有限公司（以下简称“大健康”）成立于2012年，是广州白云山医药集团股份有限公司（以下简称“广药白云山”）的全资子公司，主营红罐、红瓶王老吉凉茶。2015年在集团、公司的战略部署下，按“时尚、文化、科技”品字型发展战略，在产能布局、市场营销、产品研发、质量管理、社会责任等方面进一步夯实王老吉在国内凉茶市场的地位、开拓凉茶海外市场。

在产能布局方面：王老吉北方总部的运营为南北双核战略奠定基础，雅安工厂的投产，南沙、梅州生产基地的规划，泰州、宜昌等创新基地的设立，逐步实现自有产能的突破，促进生产布局合理化，降低生产运营风险。

在市场营销方面：坚持“话题性、创新性、影响力”的三大法则。通过资源聚焦：“陈矛董事长被推选为中华百年老字号品牌联盟首任主席”“法律案件21胜”“连续三年荣获消费者满意度第一”“进军非洲第一大市场尼日利亚”和“亮相瑞士、大连达沃斯、博鳌亚洲论坛”等事件塑造企业正宗、正义、国际化等核心形象。模式创新：“超吉+3.0”即通过超级媒介、超级平台、超级联盟，最终将形成以凉茶消费为基础，以用户体验为核心，以参与性互动及定制化服务为支撑的超级生态圈内容突破，首推一罐一码。内容突破：从产品出发，推出特别版罐身，深度绑定传统媒体与电子媒体，抢占年轻消费者心智高点，巩固凉茶地位。

目前已经投入应用移动销售自动化管理系统SFA，利用科学的、可掌控的、可落实的信息化“工具”，精细化管理销售业务。使业务数据化，可视化。发现潜在客户目标，明确目标计划，跟进更多客户，完成更多订单，提高销售效率，促进销量。在快消品行业中，王老吉大健康首家实施防窜货平台，建立覆盖全流通领域监控信息网络系统，有效监督产品流通和使用的渠道，实现企业向生产管理和运营管理部门提交生产信息和经营信息的能力。

在产品研发与质量管理方面：王老吉凉茶传承百年经典秘方，在优选天然中草药的基础上，运用现代科技研发而成，严格执行“五级质量保障体系”，截至2015年末，我司已获专利15项，其中2015年新获专利5项，还有1项在申请。专利涵盖产品外包装、罐型、瓶型、纸箱包装等；技术质量研发团队达94人。公司2015年直接投入大量资金用于产品开发、产品质量控制、生产工艺改良等研发；完成了4种饮料类产品研发，目前还有3种在研发中。根据资料统计，大健康从2012至2015年，上市新产品5种，包括固体凉茶、无糖凉茶、纯净水、DHA核桃乳、压片糖等。

有产品创新更要有品质保障。生产技术不断改革创新。从水提醇沉、真空加热到反渗透膜浓缩提取技术；从传统PET瓶到阻氧PET瓶，每一次改革都是一个技术创新的里程碑。2015年我司已完成所有生产线206罐和202罐的转换。在罐容量几乎不变的情况下，将易拉罐盖缩小10.66±0.25毫米。

▲2016年7月18日及19日，市委宣传部、广药集团向南沙守备部队送上首批部队急需的药品

▲2016年3月29日及30日，广药集团的三年扶贫工作完美收官

▲2016年4月13日，中华百年老字号品牌联盟第一次主席会议召开

▲2016年4月17日，国家副主席李源潮视察王老吉雅安工厂高度认可“输血+造血”公益模式

同期，80%的生产线开始采用国产油墨，打破了进口铝罐饮料印刷油墨的垄断格局。以上举措，直接减少植物原料、金属原料、能源的消耗，在过去三年为公司节省开支过亿元。直接降低对不可再生资源的需求，减轻原料采购、产品生产对环境所造成的压力，产生了显著的经济效益与社会效益。

在公益方面：授人以鱼，不若授人以渔。王老吉颠覆传统公益，改变输送物资单一的模式，创新提出“输血+造血”模式：在雅安建厂带动灾后重建；“四季彩虹”贫困助学以岗位、实习机会等长线机遇，充分体现了企业和被援助对象两方面的能动性，实现了1+1>2的效应，因此我司连续两年获得“四星级中国优秀企业公民”称号。

对口扶贫方面，做好对口帮扶大埔县大麻镇小留村工作任务，以仙草种植带动扶贫工作，变“输血”为“造血”，通过带领村民种植仙草及入股大埔县水电厂，增加村集体经济收入11万元。并发放困难补助及助学金，为村民购买医疗保险、养老保险，修缮校舍、道路及水圳工程，基本完成既定目标，使贫困户的经济收入明显增加，贫困村的落后面貌得到改善。

王老吉作为中国凉茶产业的领军者，大力推进凉茶产业的健康发展，在未来继续提升产品品质，加大新品研发和推广的力度，力将王老吉大健康公司打造成中国功能饮品及大健康领域一流的企业，把王老吉打造成中华民族品牌走向国际的一面旗帜。

2015王老吉大事

❶**王老吉大健康产业（雅安）生产基地一期全面量产。**作为4.20雅安地震后首个签约的核心重大示范项目，王老吉“输血+造血”创新公益模式成功落地。历经640天的紧张建设，全国乃至全球最大、最先进的凉茶生产基地首期将提供就业岗位约500个，年产2000万标箱王老吉凉茶。

❷**中华百年老字号品牌联盟在京成立，王老吉大健康公司董事长陈矛获推选为首任联盟主席。**来自王老吉、全聚德、吴裕泰、华天、同仁堂等逾300家百年老字号代表，出席中国商业联合会中华老字号工作委员会第六次工作会议暨第一次中华百年老字号品牌联盟大会，是中华老字号发展历史上第一次百年品牌大规模聚首。

❸**王老吉总部落户南沙自贸区，加速国际化布局。**广州市市委书记任学锋、广州市市长陈建华向包括广州王老吉大健康产业有限公司在内的100家首批进驻企业颁发了营业执照。

❹**王老吉北方总部正式运营，南北双核战略加速产业升级。**王老吉凉茶博物馆北京馆同时落成揭牌，将推动王老吉作为中国独特饮料品类——凉茶代表的国际化进程，加快成为世界级品牌。

❺**王老吉与尼日利亚众澜连锁管理有限公司合作签约进军尼日利亚凉茶市场，**标志着王老吉继安哥拉和南非后，国际化非洲版图布局再迈出一大步，抢占了非洲市场销售制高点。

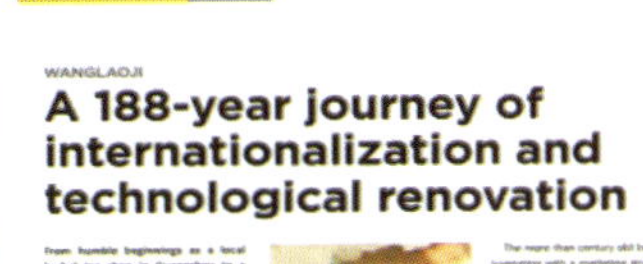

WANGLAOJI

A 188-year journey of internationalization and technological renovation

王老吉

▲权威杂志《Nature》也对王老吉的凉茶文化进行了专版报道

阳江十八子集

阳江十八子集团创建于1983年。是从传统手工生产碳钢菜刀发展到现代化、机械化规模，生产规格上千种能满足国内外市场需求的刀具产品，集科研炼钢、生产、销售、旅游配套服务一条龙全方位经营的综合大型品牌企业。

目前，公司拥有国内、国外、自制机械设备1000多台（套），工业用地及配套设施用地超过25万平方米，员工1600多人，年销售值达到4亿元，系列刀具产品畅销全国各地及日、美、加、韩、东南亚、港澳台等30多个国家和地区。

集团公司发展过程中，经历了四个跳跃式发展阶段和五次技术革命，奠定了企业在中国菜刀行业的龙头地位。

集团公司通过ISO9001：2008、ISO14001：2004认证。主打产品“十八子作”系列获得“广东省名牌产品”；企业被国家质量监督检验检疫总局评为“全国质量工作先进单位”；被国家旅游总局评为“全国工业旅游示范点”；被国家标准化委员会认定为“AAAA标准化良好行为企业”；被广东省委、省人民政府授予“文明单位”称号；被广东省经济贸易委员会、广东省财政厅、广东省国税局、广东省地税局、海关总署广东分署联合认定为“省级企业技术中心”；被广东省科技委员会、广东省经济贸易委员会、广东省计划委员会联合批准为“广东省五金刀具工程技术研究开发中心”；被广东省工商行政管理局授予“广东省连续二十三年重合同守信用企业”，是阳江市“科技兴市十项工程实施单位”和“重点发展工业企业”，2006年获得“广东省十大民营诚信企业”等300多项荣誉称号和奖项。

▲ 车间一景

▲ 水磨车间

地址：阳江市阳东区那霍工业区1号
电话：0662-6600770
网址：www.shibazi.com

美团有限公司

▲音博摄影点

▲音箱陈列室2

◀绿茵一角

▲美国Goldsound旗舰音箱试听室

▲世界发烧音响博物馆--马田卢根旗舰静电音箱试听室

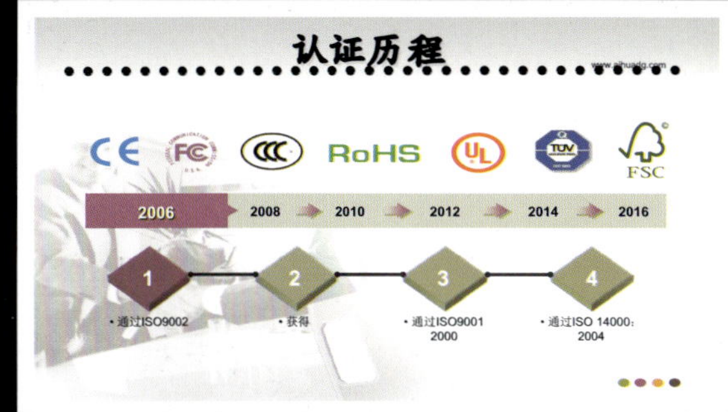

厂区介绍

31581218 / 81581258

土区雅瑶工业区一巷4号B、C栋

Fo Shan Zun Ye Zhi Dong Automation Equipment Company Limited

佛山尊业智动自动化设备有限公司

直流式、物理性颗粒物分离过滤系统

烟囱除尘设备

尊业公司致力研发环保系统设备、自动化输送领域五年。努力促进杜绝大气污染、污水污染设备落地。生活污水直流式、物理性污水分离过滤设备（吞吐量大，每天1万吨—100万吨不等），烟囱除尘设备（物理性除尘99%、除烟50%、除气味50%）属于自主研发、市场独有产品，产品功能得到诸多专家及客户一致推崇。

筹备三年的河道行进式清淤船将于2017年7月测试完毕，宽10—35米的河道每天清淤泥作业1公里，每天还给河道两岸的老百姓一公里的碧水。超越原有河道清淤模式N倍，作业速度快、成本低廉等等市场优势。“利国利民”是企业的前进目标，“青山碧水”是企业员工的共同使命。

尊业公司秉承合作共赢、抱团运营、技术专利分享模式经营业务，以高端优质服务赢得口碑。

地址：佛山市顺德容桂高黎科技创新中心2座1806

服务热线：13923281148　邓先生

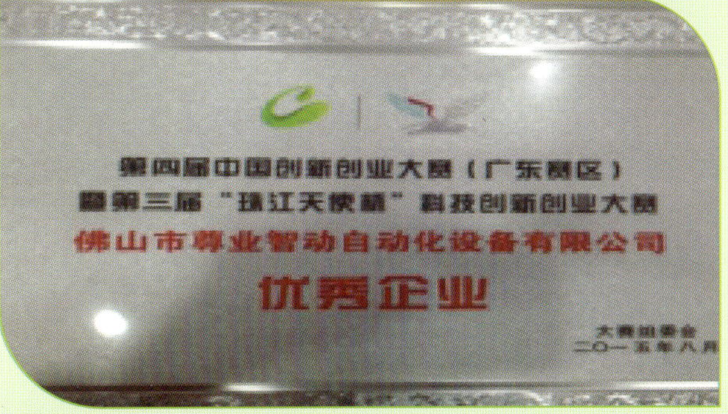

固生堂中医连锁管理集团

▲北京分院

▲无锡南禅寺分院

▲广州海珠分院

▲广州岭南东湖分院

▲深圳罗湖分院

▲深圳南山分院

▲深圳竹子林分院

▲中山西区分院

▲佛山南海分院

固生堂中医连锁管理集团，是中国首家横跨北京、广州、深圳、上海、福建、成都等区域，集传统中医医疗、传统中医教学、中医推广等为一体的中医连锁机构，同时也是国内首个引入国际顶尖风投基金的中医连锁品牌，目前平台服务已覆盖全国56个城市，拥有近30家国医馆，年门诊量超过300万人次，已成为目前国内最大的基层中医服务体系。固生堂中医长期致力于发扬与传承祖国传统医学，以“好医、好方、好药”为核心经营理念，秉承“良心医、放心药”的堂训，遵循“好不好看医生，灵不灵靠药材”的国医传统原则，云集荟萃全国当地国家级名老中医及三甲医院知名中医专家超过1200多名，拥有国医大师3人、国家级名老中医近15人，建立起“看名老中医，到固生堂”的品牌优势。

经过几年的行业摸索，医馆由创始时的一家，迅速增长至目前的28家，并将在2016年内达到40家的规模。计划在3年内，依托国际资本，在海外开设5-10家国际化中医健康产业中心，成为中医药“走出去”的先行者。同时固生堂还创新的将互联网+引入传统中医，为传统中医健康产业发展注入新活力，并计划通过建立GMP药厂和GAP生产基地，控股GSP中药饮片销售公司，打通中医药产业供应链，最终形成一家跨区域具有投资优势、名医优势、品牌优势、管理优势、技术优势的国内最大医疗连锁机构。

▲南京中医药大学与固生堂中医连锁签署战略合作协议

▲2013年成都中医药大学与固生堂名中医传承栽培奖学金

▲2012年广州中医药大学与固生堂共设名中医传承栽培奖学金

▲2016年7月3日上海中医药大学与固生堂中医连锁管理集团完成战略合作签约仪式

▲固生堂中医与广东省中医院开创基层专科门诊

▲岳阳医院与固生堂共建专病专科门诊签约仪式

华 阳 集 团

华阳集团创立于1993年，经过20余年的探索和发展，已形成以汽车电子、精密电子部件、精密压铸、LED照明四大业务为主导的大型企业集团。

▲集团总部办公大楼

华阳集团是中国大型汽车电装企业之一,是行业知名的精密电子部件企业。经过20多年的积累，华阳在四大业务中均拥有核心技术和较强的系统集成能力；具有自主的工厂自动化（FA）能力和较高的精益制造水平。公司建立了科研开发机构——华阳工业研究院，围绕市场需求持续创新，逐步建立起基于自主知识产权的核心竞争力，并与国内著名的高等学府及国际知名公司建立了密切的技术和商务合作关系。

华阳集团以“通过持续改善，成为行业领先企业，为改善人类生活作出贡献”为愿景，逐步建立起产业链竞争优势。公司拥有包括：车载影音、车载互联、车载导航、空调控制器、胎压监测、驾驶辅助（全景泊车、倒车影像、行车记录、偏道报警等）、抬头显示、车载空气净化器、关键组件/零部件、车身控制、数字仪表等较为全面的汽车电装产品线；机芯（含机构、板卡等）、激光头及部件、通讯产品零部件（手机微型马达、高频变压器等）、微型投影仪等精密电子部件产品线；汽车类、工业控制及机电类精密压铸产品线；LED封装、模组、电源、商业和民用照明、背光等LED照明产品线。华阳集团是国内为数不多拥有和掌握产业关键技术和资源的企业，已成为全球众多知名企业可信赖的合作伙伴。

华阳集团秉承“提供有竞争力的产品和服务，持续为客户创造价值，回报员工、股东和社会”的宗旨，致力于做强做大，并朝着国内外行业领先的战略目标迈进！

▲华阳工业园实景图

中共广东省委关于制定国民经济和社会发展第十三个五年规划的建议

（2015年11月26日中国共产党广东省第十一届委员会第五次全体会议通过）

"十三五"时期，是完成我们党确定的全面建成小康社会任务、实现"两个一百年"奋斗目标的第一个百年奋斗目标的决胜阶段，将为实现第二个百年奋斗目标、实现中华民族伟大复兴的中国梦奠定更加坚实的基础。按照"四个全面"战略布局和习近平总书记对广东提出的"三个定位、两个率先"的期望，制定好经济发展新常态下我省第一个五年规划，意义重大，影响深远。中共广东省委贯彻落实党的十八大和十八届三中、四中、五中全会精神，就制定我省国民经济和社会发展第十三个五年规划提出以下建议。

一、率先全面建成小康社会，迈上率先基本实现社会主义现代化新征程

（1）"十二五"时期我省经济社会发展取得重大成就。"十二五"时期是广东发展极不平凡的五年。面对国际经济深刻调整、国内经济发展"三期叠加"的影响，在党中央、国务院的正确领导下，省委、省政府团结带领全省人民，紧紧围绕"三个定位、两个率先"目标，紧扣科学发展主题和加快转变经济发展方式主线，全面深化改革开放，全力推进经济结构战略性调整，顺利完成"十二五"规划的主要目标和任务。经济实力显著增强，地区生产总值超过1万亿美元，人均地区生产总值超过1万美元，进出口总额超过1万亿美元；经济结构持续优化，实施创新驱动发展战略取得良好开局，珠三角地区优化发展和粤东西北地区振兴发展格局初步形成。

重点领域和关键环节改革走在全国前列，对外开放合作实现新突破，设立中国（广东）自由贸易试验区，粤港澳紧密合作、泛珠三角区域合作务实推进并取得重要成果；人民生活水平明显提高，城乡收入差距持续缩小，社会大局保持和谐稳定；生态文明建设稳步推进，节能减排全面完成国家下达的任务；依法治省扎实推进，党的建设全面加强。"十二五"时期我省经济社会发展取得的重大成就，为"十三五"时期我省继续前进创造了重要优势、打下了坚实基础。

（2）"十三五"时期我省经济社会发展面临新常态下的深度调整和转型攻坚。党的十八大以来，以习近平同志为总书记的党中央毫不动摇坚持和发展中国特色社会主义，勇于实践、善于创新，深化对共产党执政规律、社会主义建设规律、人类社会发展规律的认识，形成一系列治国理政新理念新思想新战略，为在新的历史条件下深化改革开放、加快推进社会主义现代化提供了科学理论指导和行动指南。

和平与发展仍是时代主题，世界多极化、经济全球化、文化多样化、社会信息化持续推进。我国发展仍处于可以大有作为的重要战略机遇期，同时战略机遇期的内涵发生深刻变化。新一轮科技革命和产业变革正在孕育兴起，以信息技术革命为先导，生物技术、新能源和新材料技术、空间利用和海洋开发技术等不断取得重大突破，与经济社会发展深度融合，给生产生活方式带来前所未有的深刻影响。世界经济环境依然复杂，产业结构和经贸规则深刻调整，经济竞争日趋激烈，各种风险隐患增加，我省发展面临发达国家"再工业化"和发展中国家与地区利用低成本优势承接产业转移的"双向挤压"。

我国经济发展步入新常态，经济增长速度从高速增长转向中高速增长；经济发展方式从规模速度型粗放增长转向质量效率型集约增长；经济结构从增量扩能为主转向调整存量、做优增量并举的深度调整；经济发展动力从传统增长点转向新的增长点。经济发展长期向好的基本面没有变，经济结构调整优化的前进态势没有变，新的经济增长动力正在加快形成，发展前景十分广阔。我省经济总量位居全国前列，转型升级迈出重大步伐，综合实力和核心竞争力得到重大提升。同时，我省发展水平与发达国家和地区仍有较大

差距，自身发展还面临不少突出问题和挑战：经济社会发展不平衡不协调矛盾依然突出，亟需充分发力补齐率先全面建成小康社会的短板；社会主义市场经济体制仍不够完善，亟需克难攻坚推动全面深化改革取得决定性进展；对外开放合作格局仍不够开阔，亟需加快构建全球视野全方位开放发展新格局；经济发展方式仍比较粗放，亟需以创新驱动产业转型实现凤凰涅槃、浴火重生；资源环境约束依然趋紧，亟需加快形成绿色低碳循环发展的生产生活方式。增强忧患意识，强化责任担当，推动经济发展新常态下的深度调整与转型攻坚，实现经济社会持续健康发展，是摆在全省面前长期而艰巨的使命任务。

"十三五"时期，"两个一百年"奋斗目标承前启后、继往开来，具有重大的里程碑意义。我们要保持战略定力，增强发展自信，坚持稳中求进、稳中提质，推动经济增长保持中高速，产业结构迈向中高端，加快形成引领经济发展新常态的体制机制和发展方式，为我国经济增长和结构调整提供支撑，走出一条质量更高、效益更好、结构更优、核心竞争力更强的发展新路，奋力开创广东社会主义现代化建设新局面，继续走在全国发展前列。

（3）"十三五"时期我省经济社会发展的指导思想。高举中国特色社会主义伟大旗帜，以马克思列宁主义、毛泽东思想、邓小平理论、"三个代表"重要思想、科学发展观为指导，深入贯彻习近平总书记系列重要讲话精神，全面贯彻党的十八大和十八届三中、四中、五中全会精神，坚持全面建成小康社会、全面深化改革、全面依法治国、全面从严治党的战略布局，坚持发展是第一要务，坚持创新、协调、绿色、开放、共享的发展理念，围绕"三个定位、两个率先"目标，以全面深化改革为根本动力，以提高发展质量和效益为中心，以创新驱动发展为核心战略，以依法治省为根本保障，推进经济结构战略性调整和产业转型升级，促进珠三角地区优化发展和粤东西北地区振兴发展，构建高水平开放型经济新格局，促进文化繁荣发展，建设绿色生态美丽家园，切实增进民生福祉，加强党的领导，确保率先全面建成小康社会，迈上率先基本实现社会主义现代化新征程。

（4）"十三五"时期我省经济社会发展的原则。如期实现率先全面建成小康社会奋斗目标，推动经济社会持续健康发展，必须遵循以下原则。

——人民主体，成果共享。坚持人民是推动发展的根本力量和以人民为中心的发展思想，把增进人民福祉、促进人的全面发展作为发展的出发点和落脚点，保障人民平等参与、平等发展权利，更加公平地共享改革发展成果，发展人民民主，促进共同富裕，充分调动人民积极性、主动性、创造性。

——科学发展，创新驱动。发展是硬道理，发展必须是科学发展。坚持以经济建设为中心，正确把握发展新特征，把发展基点放在创新上，把经济增长动力转到依靠创新驱动发展上，推动实现更高质量、更有效率、更加公平、更可持续的发展，打造广东经济升级版。

——深化改革，增强动力。坚持发挥市场在资源配置中的决定性作用和更好发挥政府作用，增强改革意识，继续先行先试，加大各方面体制改革力度，加快构建有利于科学发展的体制机制，使各方面制度更加成熟更加定型，为经济社会发展注入强大动力。

——依法治省，公平正义。坚持党的领导、人民当家作主、依法治国有机统一，坚决维护宪法法律权威，加快建设法治经济、法治社会、法治政府，依法维护人民权益，维护社会公平正义，维护社会大局稳定，为经济社会发展提供可靠保障。

——扩大开放，融入全球。坚持以开放促发展促改革促创新，综合运用国际国内两个市场、两种资源，重视国内国际经济联动效应，积极应对外部环境变化，更加积极主动融入全球发展，加快构建全方位开放发展新格局。

——党委领导，政治保证。切实加强各级党委对经济社会发展的领导核心作用，提高党领导经济社会发展的能力和水平，不断增强党的创造力、凝聚力、战斗力，为"十三五"规划的顺利实施提供坚强政治保证。

二、"十三五"时期广东发展的主要目标和基本理念

（5）"十三五"时期我省经济社会发展的主要目标。综合考虑未来发展趋势和条件，我省"十三五"时期经济社会发展要实现如下主要目标。

——率先全面建成小康社会。确立2018年为我省率先全面建成小康社会的目标年。经济保持中高速增长，地区生产总值年均增长7%；到2020年地区生产总值约11万亿元，人均地区生产总值约10万元。城乡居民收入增长与经济增长同步。转方式与调结构取得重大进展，工业化和信息化深度融合，消费对经济增长贡献明显加大，户籍人口城镇化率加快提高，迈进创新型省份行列。人民生活水平和质量普遍提高，就业、教育、文化、社保、医疗等公共服务体系更加健全，率先实现基本公共服务均等化和社会保障城乡

一体化，全面完成扶贫开发任务。到 2018 年全省小康指数达到 97% 以上，力争提前实现地区生产总值和城乡居民人均收入比 2010 年翻一番。

——基本建立比较完善的社会主义市场经济体制。深入贯彻落实党的十八届三中全会关于推进全面深化改革的总体部署，全面完成中央和省委提出的各项改革任务，发挥经济特区和中国（广东）自由贸易试验区在全面深化改革中的示范引领作用，率先在经济社会发展重要领域和关键环节改革上取得决定性成果，打造市场化、国际化、法治化发展环境，形成系统完备、科学规范、运行有效的制度体系。

——基本建立开放型区域创新体系。加快建设创新驱动发展先行省，构建创新型经济体系和创新发展新模式。全面推进科技创新取得重大突破，初步形成开放型区域创新体系和创新型经济形态，国家级高新技术企业大幅增长，自主创新能力居全国前列，综合指标达到创新型国家水平。

——基本建立具有全球竞争力的产业新体系。现代服务业和先进制造业发展水平不断提高，战略性新兴产业快速发展，农业现代化取得明显进展，基本建成产业新体系，三次产业结构进一步优化。

——基本形成绿色低碳发展新格局。单位生产总值能耗水耗、单位生产总值二氧化碳以及主要污染物排放的控制水平处于全国前列。城市集中式饮用水源水质高标准稳定达标，空气质量总体保持良好。耕地保有量保持稳定，森林覆盖率进一步提高。

（6）“十三五”时期我省经济社会发展的基本理念。实现“十三五”时期发展目标，必须按照中央要求，牢固树立创新、协调、绿色、开放、共享的发展理念。

坚持创新发展，形成核心竞争力。创新是引领发展的第一动力。必须把创新摆在我省发展的核心位置，让创新贯穿党委、政府一切工作，让创新在全社会蔚然成风，加快实现从要素驱动向创新驱动切换、从跟随式发展向引领型发展转变，走出一条创新立省、创新兴省的路子，抢占新一轮发展制高点。

坚持协调发展，增强发展协调性和整体性。协调是持续健康发展的内在要求。必须正确处理发展中的重大关系，大力促进珠三角地区和粤东西北地区协调发展，促进新型工业化、信息化、城镇化、农业现代化同步发展，促进经济与社会、物质文明与精神文明协调发展，形成均衡协调发展新格局。

坚持绿色发展，建设美丽广东。绿色是永续发展的必要条件和人民对美好生活追求的重要体现。必须坚持节约资源和保护环境的基本国策，坚持可持续发展，坚定走生产发展、生活富裕、生态良好的文明发展道路，加快建设资源节约型、环境友好型社会，建设绿色美好家园，促进人与自然和谐共生。

坚持开放发展，增创国际竞争新优势。开放是国家繁荣发展的必由之路。必须坚持开放发展不动摇，坚持内外需协调、进出口平衡、引进来和走出去并重、引资和引技引智并举，加快融入全球化的步伐，发展更高层次的开放型经济，提升国际竞争力，构建开放发展新格局。

坚持共享发展，增进民生福祉。共享是中国特色社会主义的本质要求。必须坚持发展为了人民、发展依靠人民、发展成果由人民共享，努力解决人民群众最关心、最直接、最现实的利益问题，让人民在共建共享发展中有更多获得感，增强发展动力，增进人民团结，朝着共同富裕方向稳步前进。

坚持创新发展、协调发展、绿色发展、开放发展、共享发展，是关系我国发展全局的一场深刻变革，是经济发展新常态下广东发展的根本遵循。必须把基本理念贯彻落实到全省经济建设、政治建设、文化建设、社会建设和生态文明建设中去，统一思想，协调行动，引领和指导广东发展迈上新征程、开创新局面。

三、坚持创新发展，推动转型升级，着力构建以创新为主要引领和支撑的经济体系和发展模式

以创新驱动发展为核心战略，坚定不移推进经济结构战略性调整，形成促进创新的体制架构，全面推动科技创新、产业创新、企业创新、市场创新、产品创新、业态创新、金融创新、管理创新等，塑造更多依靠创新驱动、更多发挥先发优势的引领型发展。

（7）强化经济增长和结构调整两个支撑。培育发展新动力，拓展发展新空间，保持经济中高速增长，推动经济总量上新台阶，巩固综合经济实力全国领先地位。坚持以提质增效为导向，深入推进经济结构战略性调整，着力加强供给侧结构性改革。优化劳动力、资本、土地、技术、管理等要素配置，促进经济增长由主要依靠投资、出口拉动向依靠消费、投资、出口协调拉动转变，由主要依靠第二产业带动向依靠第一、第二、第三产业协同带动转变，由主要依靠增加物质资源消耗向主要依靠科技进步、劳动者素质提高、管理创新转变，形成广东经济新的竞争优势，为国家经济增长和结构调整提供有力支撑。

（8）加快构建具有国际竞争力的产业新体系。落实《中国制造 2025》和我省的实施意见，加快实

现由制造大省向制造强省转变。重点发展智能制造装备、船舶与海洋工程装备、轨道交通、航空制造、卫星应用、精细化工、精品钢材等先进制造业。提高珠江东岸电子信息产业带综合竞争力，加快建设珠江西岸先进装备制造产业带，做强做优沿海重化工业基地。实施加快发展现代服务业行动计划，促进服务业优质高效发展，重点发展金融、现代物流、电子商务、商务会展、信息服务、科技服务、工业和建筑设计、文化创意、服务外包、现代保险等生产性服务业，以及健康养生、现代医疗、残疾康复、旅游休闲、文体娱乐等生活性服务业。强化广州、深圳中心城市高端服务功能，建设华南地区服务中心。积极发展新业态和新商业模式，培育龙头企业和服务平台。做大做强战略性新兴产业，培育下一代互联网、物联网、大数据、云计算、智能机器人、3D 打印、可穿戴设备等新兴产业，推动高端新型电子信息、生物医药、半导体照明（LED）、新材料、新硬件等产业成为新的支柱产业，扶持新能源、节能环保、新能源汽车等产业成为优势产业。构建现代海洋产业体系，提升海洋空间资源开发利用水平，建设海洋经济强省。加快建设珠三角海洋经济优化发展区和粤东、粤西海洋经济重点发展区。加强海洋综合管理，创新海洋资源开发管理方式。

（9）**改造提升传统产业。**深入实施新一轮技术改造，全面提高产品技术、工艺装备、能效环保等水平。大力实施工业强基工程，加强质量基础建设，开展质量品牌提升行动。加快运用信息技术改造提升传统产业，推进工业化与信息化深度融合。推广应用自动化、数字化、网络化、智能化、供应链管理等先进制造技术装备和管理服务。实施一批节能降耗、减排治污技术改造项目。加强产业集群共性技术攻关和创新平台建设。运用市场机制和经济手段化解产能过剩，完善企业退出机制。

（10）**大力提升创新驱动发展能力。**强化企业创新主体地位，实施高新技术企业培育计划，建立高新技术企业培育后备库。完善科技企业孵化育成体系，推广新型孵化模式，鼓励发展众创、众包、众扶、众筹空间。发挥金融创新对技术创新的助推作用，鼓励发展风险投资、天使投资等各类创业投资基金，探索建立股权众筹平台。发展知识产权金融、科技银行、科技保险等新业态，完善产权交易市场。支持小微企业创业创新基地城市示范建设，完善创新服务体系。实施重点实验室倍增计划，争取更多国家实验室落户广东。在大中型工业骨干企业普遍建立省级以上工程技术研究中心、企业技术中心、重点实验室、工程实验室等研发机构。建设一批国家级制造业协同创新中心。发挥高等学校、科研院所基础研究和源头创新优势，重点聚焦面向产业的核心技术、关键共性技术、重大装备和标准的研发攻关，重视颠覆性技术创新。加快国家大科学装置和工程的建设和应用。促进省部院深入合作，建立产业技术创新联盟。办好广东省科学院，努力将其打造成为在国内外有重大影响力的科技平台。大力发展新型研发机构，增强服务企业和孵化科技成果的能力。实施重大科技专项，研发推广一批关键技术和重大战略产品。推动专业镇转型升级，形成一批创新型产业集群。加快构建开放型创新体系，争取国内外重大创新平台落户。

（11）**统筹推进珠三角国家自主创新示范区建设和全面创新改革试验试点省建设。**开展系统性、整体性、协同性改革先行先试，统筹推进科技、管理、品牌、组织、商业模式创新，加快形成经济社会发展新引擎。发挥广州全面创新改革试验核心区和深圳创新型城市的创新引领作用，打造国际产业创新中心，推动形成珠三角各市创新驱动发展各有特色、一体联动格局。实施高新区升级行动计划，促进高新区集聚发展和辐射带动。依托广州科学城、中新知识城、深港创新圈、东莞松山湖高新技术开发区、惠州潼湖生态智慧区等创新平台，建设珠江口东岸科技创新走廊。支持珠海高栏港经济区、中山翠亨新区、江门大广海湾经济区、肇庆高新区等建设，推动珠江口西岸地区产业集聚和创新发展。发挥粤东西北地区后发优势，加强与先进地区产业技术合作，走有特色的创新驱动发展道路。

（12）**推进农业现代化。**加快转变农业发展方式，推进农业结构调整，走产出高效、产品安全、资源节约、环境友好的农业现代化道路。落实最严格的耕地保护制度，全面划定永久基本农田，编制实施土地整治规划，大力推进高标准农田建设，保障重要农产品有效供给。做强做优特色农业，加快发展农产品精深加工业和流通业，大力发展休闲观光农业、农家乐、乡村游等新业态。加强农业基础设施建设，建立农业投入稳定增长机制，扩大政策性农业保险覆盖面，加快建立农业担保体系。培育发展各类新型经营主体，构建复合型现代农业经营体系。培养新型职业农民。加快农业标准化建设，提高农产品质量安全水平。大力发展特色林业经济。加强粮食仓储设施建设，完善粮食储备制度，提升粮食安全保障水平。稳步推进农村综合改革。坚持农村土地集体所有，扎实推进土地承包经营权、农村集体建设用地使用权、宅基地使用权等确权登记颁证工作。探索完善农村股份合作制，健全资产收益分配制度，有序推动集体经济股权内部流转。加强农村集体“三资”监管，健全覆盖县镇村的农村产权流转管理服务平台体系。推进农村金融改革创新，实施普惠金融村村通工程，加快农村信用体系建设。深化供销合作社综合改革，推进农垦改革发展。

（13）以信息化建设拓展发展新空间。坚持信息化先导发展，超前建设高速、移动、安全、泛在的新一代信息基础设施，建立自主可靠的信息技术创新体系。扩容升级互联网骨干网和城域网，全面提升光纤宽带接入能力，大力推进4G网络，积极布局5G网络，实现无线局域网在珠三角重要区域和公共场所全覆盖。深入开展三网融合建设，加快建设珠三角世界级智慧城市群。实施“互联网+”行动计划，发展分享经济，推动互联网新理念、新模式、新技术与经济社会各领域深度融合。深化信息技术在制造业的应用，推动生产过程智能化。支持企业建设开放式网络创新平台，实现集中式、大规模的个性化产品定制。打造一批互联网创新集聚区，培养一批互联网经济领军企业。积极培育物联网新业态，推进云计算应用服务市场化，带动服务外包等产业发展。推进电子政务体系建设，构建规范统一的省网上办事大厅，加快建立企业法人专属网页和市民个人网页。实施大数据战略，发展大数据公共服务，建设全省统一的政务数据信息资源库和政务数据互连共享机制。加强信息安全保障，完善信息安全基础设施，建设政务信息安全监管平台。

（14）深化改革走在全国前列。深化科技体制改革，健全鼓励原始创新、集成创新、引进消化吸收再创新的体制机制。健全技术创新的市场化导向和管理机制，推动政府职能从研发管理向创新服务转变。完善政府科技资源投入机制，建立公开统一的科技管理平台，提高政府科技资源的配置效率。改革科研立项机制，推动高等学校、科研院所主动围绕市场需求和产业发展需要确定科研课题和攻关项目。完善创新人才和科研成果评价激励机制，推进科技成果处置权改革，制定落实科技成果收益分配、期权股权激励政策。建立健全政府采购创新产品、绿色产品的政策机制。强化金融支撑机制，建立从实验研究、中试到生产的全过程科技创新融资模式，推动科技、金融、产业融合发展。创新人才培养模式，改革大学教育和职业教育，提高人才创新能力和综合素质。面向国内外招才引智，引进创新创业团队和领军人才。优化创新环境，营造鼓励创新、宽容失败的社会氛围。强化知识产权应用和保护，完善知识产权执法管理体制。

推进行政管理体制改革。加快政府职能转变，强化政府公共服务、市场监管、社会管理、环境保护等职能，优化政府职能配置。深化行政审批制度改革，实施省市县三级政府部门权责清单制度。优化审批流程，压减前置审批环节和事项，推进审批后监管制度化建设。深化乡镇行政体制改革，完善基层治理体系。全面推进政务公开。深化事业单位分类改革，推进政事分开、管办分离，推动公办事业单位去行政化，建立事业单位法人治理结构。推进行政事业性收费改革。深化商事制度改革，加强事中事后监管，建立现代市场监管体系。

加快经济体制改革。毫不动摇巩固和发展公有制经济，不断增强国有经济活力、控制力、影响力、抗风险能力。依法保护各类市场主体的产权和合法利益，规范国有产权交易流转。分类推进国有企业改革，调整优化国有资本布局结构，完善现代企业制度和国资监管体制，发展混合所有制经济，鼓励国有经济和其他所有制经济交叉持股、相互融合。支持优质国有企业上市，试行混合所有制企业经营者和员工持股。毫不动摇鼓励、支持、引导非公有制经济发展，把非公有制经济的活力、创造力更好发挥出来。废除各种形式的不合理规定，消除各种隐性壁垒，为民营经济健康发展创造良好环境。开展降低实体经济企业成本行动，优化运营模式，增强盈利能力。积极开展市场准入负面清单制度改革试点。激发企业家精神，依法保护企业家财产权和创新收益。鼓励优势企业并购重组，培育一批具有自主品牌、竞争力强的民营骨干企业。减少政府对价格形成的干预，全面放开竞争性领域商品和服务价格。完善各类商品交易市场，提升广东价格指数影响力。建立城乡统一的建设用地市场，有序推动农村集体经营性建设用地入市改革。做好交通运输综合改革试点工作。构建现代金融市场体系，支持发展多层次资本市场体系。加快社会信用体系和市场监管体系建设，规范市场秩序。深化财政体制改革，建立现代财政制度，建立省以下事权和财政支出责任相适应的运行机制。改革专项资金使用管理办法，加强政府性债务管理。增加一般性转移支付比例，加大对经济欠发达地区的支持力度。推进财政投融资体制改革，实施财政经营性资金股权投资管理改革。深化企业投资管理体制改革，对企业投资项目实行准入负面清单、行政审批清单、政府监管清单管理。推进政府投资管理体制改革，完善政府投资决策、管理与监督机制，建立健全责任追究制度。创新投融资机制，推进公共资源开发利用竞争性配置。推广政府与社会资本合作。鼓励发展有利于吸引社会资本投入、发挥财政资金杠杆作用、放大财政资金使用效应的各类基金。

四、坚持协调发展，强化统筹兼顾，着力形成城乡区域一体化发展新格局

坚持区域协同、城乡一体，深入实施珠三角地区优化发展战略和粤东西北地区振兴发展战略，统筹推进各类基础设施建设，加快新型城镇化步伐，推动城乡协调发展取得新突破，在协调发展中拓宽发展空间，在加强薄弱领域中增强发展后劲。

（15）推进基础设施建设增强发展后劲。科学布局建设综合交通运输体系，加快建设高速公路网，实现国家高速网广东段基本贯通，出省通道和粤东西北连接珠三角、相邻地市间通道便捷畅通，珠三角城市群内部快速化通道体系完备。加快高速铁路网建设，推进珠三角地区城际轨道交通建设，实现2020年市市通高铁目标。优先发展城市公共交通，鼓励发展多层次公共交通服务。制定实施民用机场发展规划，发挥广州白云机场国际航空枢纽作用。统筹推进珠三角、粤东、粤西三大港口群协调发展，积极推动沿海港口深水港航道和疏港铁路、公路建设。改善全省内河航道等级结构和通达水平，重点抓好北江、西江航道扩能升级工程。发展综合运输，构建综合客货运枢纽体系，积极发展公铁水联运、江海联运等，建设海陆空综合运输大格局。

建设清洁低碳、安全高效的现代能源体系，大力发展清洁能源，安全高效发展核电，积极发展风电、蓄能、太阳能光伏发电，开发利用地热能。加强电源建设，完善电源布局，优化电网结构，合理规划全省电厂建设，推进智能电网和分布式能源系统建设。加强天然气、油品和煤炭等能源储备，逐步形成统一高效的能源输配网络和应急储备体系。

建立现代化水利支撑保障体系，构建珠三角地区水利现代化体系和粤东西北地区水利综合保障体系。夯实农田水利基础设施，推进大中型骨干灌区改造和整县小型农田水利工程建设。实施农村饮水安全提质增效工程，推进村村通自来水工程建设，强化水资源节约保护，加强区域水资源调度管理及相关工程建设，提升水资源管理和调配能力。加强江河湖库生态治理和管理，构建水生态安全保障体系。加强防灾减灾基础设施建设，提升抗灾救灾能力。

（16）巩固提升珠三角城市群核心竞争力。全面完成《珠江三角洲地区改革发展规划纲要（2008-2020年）》的目标任务，实现珠三角地区“九年大跨越”。全面提升珠三角综合实力和核心竞争力，在实施创新驱动发展战略、发展先进装备制造业、实施“互联网+”行动计划、推动加工贸易转型升级上走在全国前列。深入推进珠三角一体化发展，充分发挥广州、深圳中心城市的辐射带动作用，积极推进“广佛肇”“深莞惠”“珠中江”三大经济圈一体化建设，加快基础设施建设、基本公共服务等领域的一体化进程。加强珠三角地区与粤东西北地区双向交流与合作，带动韶关、河源、汕尾、阳江、清远、云浮等环珠三角市融入珠三角发展。

（17）加快推进粤东西北地区振兴发展。以交通基础设施建设、产业园区建设和中心城区扩容提质为三大抓手，把粤东西北地区培育成新增长极。大力推进粤东西北地区高速公路、铁路项目和内河航道、港口建设，加快形成水路、公路、铁路相衔接、功能完善的综合交通运输体系，促进产业跨区域转移承接及融合发展。推动产业园区扩能增效，促进主导产业发展壮大、产业链集聚延伸，推动特色优势传统产业转型升级。扎实推进粤东西北地区地级市中心城区扩容提质，提升粤东西北地区城镇化发展水平。加大对原中央苏区县、欠发达革命老区县、边远山区和少数民族地区，以及老工业基地、资源枯竭型城市的支持力度，强化珠三角地区对粤东西北地区的对口帮扶。

（18）推动城乡协调发展。积极稳妥推进以人为核心的新型城镇化。坚持以人为本、四化同步、优化布局、生态文明、文化传承，全面实施省新型城镇化规划，创建国家新型城镇化示范省。科学界定城镇开发边界，优化城镇化布局和形态。统筹推进户籍制度改革，实现基本公共服务逐步覆盖全部常住人口，建立健全财政转移支付与农业转移人口市民化挂钩机制。强化广州国家中心城市和深圳全国性经济中心城市的作用，提升珠三角城市群发展质量，携手港澳打造珠三角世界级城市群。大力推进广佛同城化、广清一体化、汕潮揭城市群建设，支持湛江建设环北部湾中心城市，发展壮大湛茂阳沿海经济带，促进粤北地区城镇集约发展。深化经济发达镇行政管理体制改革，促进中小城市和小城镇协调发展。突出加强地下综合管廊等城市基础设施建设，推进“三旧”改造和棚户区改造，全面提升城镇综合承载力和公共服务水平。加快新农村建设，推动城镇公共服务向农村延伸。编制完善县（市）全域城乡建设规划，提高村庄规划覆盖率和有效性。推进省级新农村连片示范工程、名镇名村和幸福村居建设，加强历史文化名镇名村名居和传统村落保护。推进农村危房改造，加强人居环境综合整治，建设有岭南特色的美丽乡村。

（19）推动物质文明和精神文明协调发展。坚持社会主义先进文化前进方向，坚持用邓小平理论、“三

个代表”重要思想、科学发展观和习近平总书记系列重要讲话精神武装全党、教育人民，用中国梦和社会主义核心价值观凝聚共识、汇聚力量。传承优秀岭南文化，弘扬新时期广东精神，广泛开展文明城市、文明镇村、文明窗口行业等群众性精神文明创建活动。加强思想道德建设，增强国家意识、法治意识、社会责任意识，倡导科学精神，弘扬中华传统美德。加强廉政文化建设，努力营造廉荣贪耻的社会氛围。牢牢把握正确舆论导向，健全社会舆情处置和引导机制。实施网络内容建设工程，发展积极向上的网络文化，净化网络环境。推动传统媒体和新兴媒体融合发展，做强主流舆论阵地。严厉打击“黄赌毒”，坚决抵制低俗丑陋现象。健全社会信用体系，推进政务诚信、商务诚信、社会诚信和司法公信建设。构建广泛参与、形式多样、活动经常、机制健全的社会志愿服务体系。增强国防观念，加强后备力量建设，推进双拥共建工作，积极支持国防建设和军队改革，推动经济建设和国防建设融合发展。

五、坚持绿色发展，保障生态安全，着力增强发展可持续性

坚持走生态文明发展道路，把绿色发展理念融入经济社会发展各方面，强化资源节约集约循环利用，大力推进生态环境保护，构建科学合理的城市化格局、农业发展格局、生态安全格局、自然岸线格局，促进绿色低碳循环发展，建设天蓝、地绿、水净的美好家园。

（20）加快形成主体功能区格局。发挥主体功能区作为国土空间开发保护基础制度的作用，全面落实主体功能区规划，推动各地区依据主体功能定位发展。加快建设国家主体功能区试点示范市（县）。强化主体功能区分区管控，严格执行差别化的政策措施，推动重点开发区域提高产业和人口集聚度，落实重点生态功能区产业准入负面清单制度，实施差异化绩效考核评价办法，完善重点生态功能区、禁止开发区的生态补偿机制。建立健全空间规划体系，以主体功能区规划为基础统筹各类空间性规划，推动“多规合一”和空间“一张图”管理。实施珠三角全域空间规划，优化珠三角城市群发展格局。

（21）加强环境保护和污染治理。推进多污染物综合防治和环境治理，深入实施大气、水、土壤污染防治行动计划。持续改善水环境，加强饮用水源保护，推进重点流域特别是跨界河流污染治理。推进大气污染综合治理，加大对工业源、尾气排放、扬尘等治理力度，实行区域联防联控。加强土壤污染防治，严格土壤环境监管，实施典型区域土壤修复工程。加快污水收集处理、生活垃圾无害化处理、固体废物安全处置等环保基础设施建设，对供水、供电、道路、通信等公共基础设施实施绿色化改造。

（22）推进生态修复和生态建设。坚持保护优先理念，加强生态环境建设、修复和综合治理，实施山水林田湖生态保护和修复工程，维护生态系统完整性和生物多样性。严格落实生态控制线、林业生态红线。深入开展新一轮绿化广东大行动，推进林业四大重点生态工程建设，大力建设珠三角国家森林城市群，推进珠三角地区绿色生态水系建设。完成国有林场改革，推动生态公益林扩面提质。加强森林和湿地保护管理，构建省域森林公园、湿地公园和自然保护区体系。开展蓝色海湾整治行动，加强海岛生态保护，推动有序开发，强化海洋污染防治和生态管控，构建蓝色生态屏障，强化围填海管理。开展雷州半岛生态修复，重建热带森林体系。开展海岸带和海岛综合整治修复，推进美丽海湾建设。

（23）推进低碳循环发展。建立全省碳排放总量控制分解落实机制，开展碳强度年度目标责任评价考核，珠三角地区实施近零碳排放区示范工程。推广应用节能低碳技术，强化工业、建筑、交通运输等重点领域节能减排。主动控制碳排放，加强高能耗行业管控。推进交通运输低碳发展，实行公共交通优先。实施新能源汽车推广计划，提高电动车产业化水平。提高建筑节能标准，推广绿色建筑和建材。加快发展节能环保产业。探索发展绿色金融。制定循环发展引领计划，大力发展循环经济，积极构建循环型产业体系。推进企业循环式生产、产业循环式组合、园区循环式改造，减少单位产出物质消耗。加强生活垃圾分类回收和再生资源回收的衔接，推进生产系统和生活系统循环链接。

（24）全面促进资源节约高效利用。坚持节约优先，树立节约集约循环利用的资源观。加快转变资源利用方式，加强全过程节约管理，提高利用效率和效益。强化约束性指标管理，力争在实行能源和水资源消耗、建设用地等总量和强度双控行动中走在全国前列。强化能源消耗强度控制，做好能源消费总量管理，加快实现化石能源消费峰值，提高非化石能源在能源消费结构中的比重。实施全民节能行动计划，提高节能、节水、节地、节材、节矿标准，开展能效、水效领跑者引领行动。实行最严格的水资源管理制度，以水定产、以水定城，建设节水型社会。坚持最严格的节约用地制度，全力推进节约集约用地示范省建设，调整建设用地结构，严格土地用途管制。推进佛山市

南海区农村集体经营性建设用地入市改革试点。

（25）倡导绿色生活方式。开展节能减碳全民行动，倡导绿色低碳的生活方式和消费模式。加强城乡生态环境建设，开展绿色建筑行动，创建低碳生态城市和美丽乡村。积极开展生态文明宣教活动，倡导低碳出行、绿色居住，探索推进碳普惠制试点。加强绿色低碳产品的推广与应用，提高生产比例和市场占有率，列入政府优先采购目录。实行绿色规划、设计、施工标准。加强资源环境国情省情和生态价值观教育，培养公民环境意识，推动全社会形成绿色消费自觉。

（26）建立健全生态文明制度体系。落实中央《生态文明体制改革总体方案》，到2020年，构建起由自然资源资产产权制度、国土空间开发保护制度、空间规划体系、资源总量管理和全面节约制度、资源有偿使用和生态补偿制度、环境治理体系、环境治理和生态保护市场体系、生态文明绩效评价考核和责任追究制度等八项制度构成的生态文明制度体系。改革政绩评价考核机制，将资源消耗、环境损害、生态效益指标纳入地方党委、政府考核评价体系，建立生态环境损害责任追究制。打造一批国家级生态文明示范市（县）。改革环保管理体制，建立严格监管所有污染物排放的管理制度，实施污染物排放总量控制，完善跨区域环境污染治理和管控机制。建立健全用能权、用水权、排污权、碳排放权初始分配制度，积极开展排污权、水权等交易试点。探索独立开展环保监管执法，实行省以下环保机构监测监察执法垂直管理制度。完善碳排放管理和交易制度，争取建立区域性碳交易市场。深化资源性产品价格和税费改革，建立健全居民用电、用水、用气阶梯价格制度。

六、坚持开放发展，拓展互利合作，着力提升经济国际竞争力

把握国家推进“一带一路”建设与中国（广东）自由贸易试验区建设的重大机遇，全面参与全球经济合作和竞争，深化粤港澳合作，加快建立与国际接轨的开放型经济新体制，强化内外联动，提高开放水平，构建全方位开放发展新格局，形成广东参与国际竞争的新优势。

（27）高标准建设中国（广东）自由贸易试验区。营造法治化、国际化、便利化营商环境，构建与国际高标准投资、贸易、管理规则接轨的自由贸易园区。在实行准入前国民待遇加负面清单管理制度、国际贸易功能集成、口岸通关监管模式创新、人民币资本项目可兑换、跨境人民币业务、融资租赁等方面先行先试，加快形成可复制、可推广的制度框架和经验做法。广州南沙新区片区重点建设以生产性服务业为主导的现代产业新高地和具有世界先进水平的综合服务枢纽；深圳前海蛇口片区重点建设我国金融业对外开放试验示范窗口、世界服务贸易重要基地和国际性枢纽港；珠海横琴新区片区重点建设文化教育开放先导区和国际商务服务休闲旅游基地，促进澳门经济适度多元化，打造与葡语系、西语系国家经贸合作新平台。

（28）建设“一带一路”战略枢纽和经贸合作中心。以经贸合作为重点，加强与“一带一路”沿线国家合作，在陆海内外联动、东西双向开放的全面开放新格局中发挥重要引擎作用。支持企业积极走出去建设营销网络、生产基地和区域总部，参与大型基础设施工程承包，加强资源能源联合开发利用。支持广州、深圳、珠海、汕头、湛江等重要支点城市与沿线友好城市共建空港联盟或港口联盟，推动海上物流大通道、海上丝绸之路空中走廊和数字海上丝绸之路建设。建设广东（石龙）铁路国际物流中心，打通丝绸之路经济带进出口双向铁路货运通道。促进粤东西北地区扩大对外开放，发挥汕头华侨经济文化合作试验区、广东（湛江）奋勇东盟产业园等重要载体作用。深化与南太平洋岛国合作，力争成为我国与南太平洋岛国合作的示范省。

（29）提升与欧美等发达国家及新兴市场经济体合作水平。加强与欧美发达国家的多层次经贸合作，以引进先进技术、高端人才和优质管理为重点，集聚高端生产力，培育有全球影响力的先进制造基地和经济区。重点加强与欧盟在高端装备制造、新能源汽车、生物医药、节能环保、工业设计等领域的合作，推动与美国在高端制造、电子信息、金融服务、科技服务、电子商务等现代服务业和战略性新兴产业领域的合作。提升中德（佛山）工业服务区、中德（揭阳）金属生态城等平台开发建设水平。挖掘与东欧、非洲、拉美等新兴市场合作潜能，加强在能源资源、农业、旅游、基础设施建设等领域的经贸合作。

（30）深化粤港澳紧密合作。创新粤港澳合作机制，打造粤港澳大湾区，形成最具发展空间和增长潜力的世界级经济区域。全面落实粤港、粤澳合作框架协议，深入实施CEPA有关协议，推进粤港澳服务贸易自由化，重点在金融服务、交通航运服务、商贸服务、专业服务、科技服务等领域取得突破。鼓励引进港澳创新人才和创新资源，建设粤港澳人才合作示范区。发挥港珠澳大桥等跨境基础设施功能，辐射带动珠江西岸地区加快发展。深化粤台在高新技术产业、新兴产业、服务业和现代农业等领域的合作。

（31）推进外经贸发展转型升级。坚持优进优出并重、货物贸易和服务贸易并重，推进内外贸一体化发展，实现从外贸大省向贸易强省转变。稳定传统优势产品出口，扩大自主知识产权、自主品牌、自主营销网络和高技术含量、高附加值、高效益产品出口。深入推进国家加工贸易转型升级示范区和外贸转型升级示范基地建设，培育发展跨境电子商务、外贸综合服务等新业态，创新和完善多种贸易平台。建立金融、商贸、物流等政策支撑体系，拓宽进出口企业融资渠道。积极应对国际贸易摩擦。健全服务贸易促进体系，扩大服务贸易规模，优化服务贸易结构。加快发展电子口岸，建立国际贸易单一窗口。培育大型本土跨国公司，支持企业开展跨国经营，以联合投资等多种方式参与全球资源配置。推进自主对外投资促进体系建设，打造境外重点经贸合作区或产业合作园区。鼓励企业以参与承包工程带动装备、技术、标准和服务走出去。全面推进以备案制为主的对外投资管理方式改革，落实放宽境外投资外汇管理和企业人员出入境管理政策。加强境外投资信息、法律等配套服务，建立走出去风险评估、预警和应对机制。

（32）深化泛珠三角等区域合作。贯彻《泛珠三角区域深化合作共同宣言（2015-2025年）》，务实推进基础设施、产业投资、商务贸易、旅游、农业、人力资源、科教文化、医疗社保、环境生态、信息化建设、金融等重点领域合作。加快区域交通运输一体化进程，推进跨省（区）铁路、公路项目和珠江－西江黄金水道建设，加强区域间口岸合作，共建内陆无水港和沿海飞地港。强化跨省（区）江河流域水环境协调保护和治理，共同建设粤赣湘桂南岭山地森林及生物多样性生态功能区。深化以西电东送、西气东输为重点的能源合作。以珠江－西江经济带、武广高铁经济带、贵广高铁经济带、南广高铁经济带以及粤桂合作特别试验区、粤桂黔高铁经济带合作试验区、湛江－北海跨省特别经济合作区、闽粤经济合作区、广州南站泛珠省会城市合作示范区为重大区域发展平台，加强沿海、沿江、沿路经济带和合作园区建设。

七、坚持共享发展，促进社会公平，着力增进民生福祉

按照人人参与、人人尽力、人人享有的要求，坚守底线、突出重点、完善制度、引导预期，注重机会公平，保障基本民生，增加公共服务供给，率先实现基本公共服务均等化、社会保障城乡一体化，加快建设文化强省，努力交出物质文明和精神文明两份好答卷。

（33）促进就业创业。坚持就业优先战略，实施更加积极的就业政策，鼓励多渠道多形式就业。完善城乡均等的公共就业创业服务体系，推进就业创业服务规范化、标准化和信息化发展。完善创业优惠政策，优化创业环境，建设创业公共服务平台，形成政府激励创业、社会支持创业、劳动者勇于创业的新机制。落实高校毕业生就业促进和创业引领计划，带动青年就业创业。推行工学结合、校企合作的技术工人培养模式，推行企业新型学徒制，落实终身职业技能培训制度，实施新生代农民工职业技能提升计划。完善职称评定制度，推广专业技术职称、技能等级等与大城市落户挂钩做法。健全劳动关系协调机制，畅通职工表达合理诉求渠道，构建和谐劳动关系。深化薪酬制度改革，健全工资正常增长机制。健全资本、知识、技术、管理等由要素市场决定报酬机制。多渠道增加居民财产性收入。探索实现居民收入增长与经济发展同步、劳动报酬增长和劳动生产率提高同步的长效机制，缩小城乡居民收入差距，形成合理有序的收入分配格局。健全科学的工资水平决定机制、正常增长机制、支付保障机制，完善最低工资增长机制。

（34）实施脱贫攻坚工程。充分发挥政治优势和制度优势，坚决打赢脱贫攻坚战。实施精准扶贫、精准脱贫，因人因地施策，提高扶贫实效。强化对口帮扶工作，落实干部驻村帮扶。完善扶贫考评标准和考核机制，建立减贫目标责任制，调整扶贫开发重点县考核指标体系。完善财政扶贫资金增长机制。加强贫困地区基础设施建设，提高基本公共服务水平。健全金融扶贫服务机制，增强对贫困地区的信贷投放。探索对贫困人口实行资产收益扶持制度，建立健全农村留守儿童和妇女、老人关爱服务体系。办好扶贫济困日等社会扶贫活动，充分调动社会各界参与扶贫开发积极性。扎实推进对口援藏援疆等工作，为推进西藏、新疆和有关省藏区经济社会持续健康发展和长治久安作出新的贡献。

（35）提升教育事业发展水平。深化教育领域综合改革，着力促进教育公平，大力提高教育质量和办学水平，率先基本实现教育现代化。落实立德树人根本任务，把增强学生社会责任感、创新精神、实践能力作为重点任务贯彻到国民教育全过程。积极发展学前教育，完善学前教育办园体制和布局，鼓励普惠性幼儿园发展。均衡优质标准化发展义务教育，缩小区域、城乡、校际间差距，逐步推动常住人口子女平等接受义务教育。推进普通高中优质特色多样化发展，高水平高质量普及高中阶段教育。加快推进高等教育

结构调整，推动高等教育内涵式发展。落实和扩大高等学校办学自主权，着力推进高水平大学建设和高水平理工科大学建设，鼓励具备条件的普通本科高校向应用型转变。完善现代职业教育体系建设，创建现代职业教育综合改革试点省。深化考试招生制度改革和教育教学改革，建立个人学习账号和学分累计制度，积极推进高校考试招生制度综合改革，完善分类考试、综合评价、多元录取考试招生制度。完善资助方式，对家庭经济困难学生实现资助全覆盖，率先从建档立卡的家庭经济困难学生实施普通高中免除学杂费，逐步分类推进中等职业教育免除学杂费。加强高素质专业化教师队伍建设，推进城乡教师交流。积极发展继续教育，加快建立以提高劳动者素质和技能为目标的终身教育服务体系。稳步推进教育领域开放合作，促进面向世界的教育合作交流。鼓励和引导社会力量兴办教育，促进民办教育规范特色发展。推进特殊教育改革发展。积极发展老年教育。

（36）强化社会保障体系。坚持保基本、兜底线、促公平、可持续方向，加快建立更加公平、更可持续的社会保障制度。扩大社会保险覆盖面，实现社会保障城乡并轨，促进城乡、区域、行业和群体间保障标准水平衔接平衡，完善社会保险关系跨区域转移接续政策。提高城乡居民最低生活保障、农村五保供养等底线民生保障水平，完善救助管理服务体系，全面开展重特大疾病医疗救助工作，健全临时救助制度。坚持社会统筹和个人账户相结合的基本养老保险制度，完善个人账户制度，健全多缴多得激励机制。开展应对人口老龄化行动，大力发展社会养老，全面建设以居家为基础、社区为依托、机构为补充的覆盖城乡的多层次养老服务体系，推动医疗卫生和养老服务相结合。实施统一的城乡居民医疗保险制度，全面推进城乡居民大病保险，实现省内异地就医联网即时结算，鼓励发展商业健康保险。大力发展福利慈善事业，做好优抚安置工作，健全面向低收入家庭的住房保障体系。坚持男女平等基本国策，保障妇女和未成年人权益。支持残疾人事业发展，健全扶残助残服务体系，保障和改善残疾人民生，加快推进残疾人小康进程。帮扶存在特殊困难的计划生育家庭。

（37）增强人民健康保障。加快构建与经济社会发展水平相适应、与居民健康需求相匹配的医疗卫生服务体系。深化医药卫生体制改革，统筹推进基本医疗、公共卫生、基本医保、药品保障、监督管理等重点改革，建立覆盖城乡的基本医疗卫生制度和现代医院管理制度，建设卫生强省。坚持公益属性，推进公立医院综合改革。完善卫生投入保障机制，推进医疗卫生资源布局调整，促进医疗资源向基层和农村流动。理顺医疗服务和药品价格，破除以药补医，建立科学合理的补偿机制。坚持计划生育的基本国策，推进计划生育服务管理改革创新，全面落实一对夫妇可生育两个孩子政策。大力发展社会办医，推进非营利性民营医院和公立医院同等待遇，加快推进医师多点执业。切实加强人口健康信息化建设，发展远程医疗服务应用。建立医疗责任保险机制，依法化解医患矛盾。深入推进中医药强省建设，提高中医药服务能力。加强心理健康服务。实施食品安全战略，形成严密高效、社会共治的食品安全治理体系。加强药品监管，保障用药安全。倡导健康文明生活方式，广泛开展全民健身活动，大力发展体育产业。

（38）完善公共文化服务体系。整合各类公共文体设施和服务资源，加快形成覆盖城乡、便捷高效、保基本、促公平的现代公共文化服务体系。加强文化及体育设施建设，完善五级公共文化设施网络，建成城市“十分钟文化圈”和农村“十里文化圈”。鼓励社会力量参与公共文化服务体系建设。着力加强欠发达地区公共文化服务供给，满足群众基本文化需求。坚持以人民为中心的创作导向，积极打造文艺精品。加强对文化遗产的保护，重视优秀传统文化传承。大力推进全民阅读，建设学习型社会。建立健全社会志愿服务体系。实施重大文化工程，大力发展文化产业，发展骨干文化企业和创意文化产业，培育新型文化业态，把文化产业培育成国民经济支柱性产业。深化文化管理体制机制改革，推动政府部门由办文化向管文化转变。扩大对外文化交流合作，增强文化创造力、传播力、影响力。

（39）切实维护社会和谐稳定。加强维护国家政治安全工作，有效防范敌对势力渗透。加强维稳形势分析研判、矛盾纠纷排查化解、矛盾纠纷基础台账管理等制度建设。加大重点领域和重大社会矛盾化解力度，加强重点领域矛盾纠纷专项治理，坚持在法治框架下化解矛盾。健全公共安全体系，深入推进平安广东建设，建立健全常态化公共安全监管机制，完善社会治安立体防控体系，深入开展禁毒人民战争，防范、打击严重危害社会安全的各种违法犯罪活动，努力创造人民群众满意的平安环境。依法规范信访秩序，强化信访问题源头治理，妥善解决群众合法合理诉求，深化涉法涉诉信访制度改革，把信访纳入法治化轨道。牢固树立安全发展观念，完善和落实安全生产责任和管理制度，建立健全党政同责、一岗双责、失职追责的安全生产责任体系，落实企业安全生产主体责任，坚决遏制重特大安全事故发生。

八、加强党对经济社会发展的领导，为顺利实现“十三五”规划提供坚强保证

全面加强和改善党的领导，落实全面从严治党各项措施，提高各级党委领导经济社会发展的能力，推进治理体系和治理能力现代化，更好推动经济社会发展。

（40）提高领导经济社会发展的能力。切实加强党委领导经济社会发展工作的制度化建设，提高专业化能力和法治化水平。充分发挥党委总揽全局、协调各方的领导核心作用，加强党委对人大、政府、政协、司法机关以及人民团体的领导，支持和保证这些机构依法依章程履行职能，动员人民群众团结奋斗，形成齐心协力推进经济社会发展的合力。

（41）加强干部人才队伍建设。树立正确用人导向，选好配强各级领导班子，增强凝聚力和战斗力。注重培养选拔政治强、懂专业、善治理、敢担当、作风正的领导干部。落实推进领导干部能上能下的规定，完善从严管理干部队伍制度体系。加强基层党组织带头人队伍建设，培养基层党组织书记后备人选。加强干部教育培训，完善实践锻炼制度。健全党管人才工作机制，实施人才强省战略，着力发展、培养、集聚战略科学家、科技领军人才、企业家人才、高技能人才队伍，积极实施“千人计划”，优化提升“珠江人才计划”“扬帆计划”“广东特支计划”，大力引进和用好海外人才，培养本土高层次人才和青年拔尖人才。

（42）全面推进依法治省。加强和改进地方立法，健全有立法权的人大主导立法工作的体制机制，做好立法和改革的衔接工作，保障重大改革于法有据、有序进行。加强法治政府建设，依法设定权力、行使权力、制约权力、监督权力，实现政府活动全面纳入法治轨道。推进政府机构、职能、权限、程序、责任法定化，健全依法决策机制，深化行政执法体制改革。加快建设法治社会，推动领导干部带头学法、模范守法，加强社会主义法治文化建设和群众性普法教育，建设覆盖城乡居民的公共法律服务体系，深化基层组织、部门、行业依法治理。加强和创新社会治理，推进社会治理精细化，构建全民共建共享的社会治理格局。保持城乡基层社会治理基本架构稳定，坚持党组织对其他基层组织的领导，增强社区服务功能，全面落实乡镇（街道）领导干部驻点普遍直接联系群众工作和“两代表一委员”直接联系群众制度。推进司法体制改革，落实中央赋予的司法体制改革试点任务，加快探索形成可复制、可推广的经验。

（43）深入推进党风廉政建设和反腐败斗争。坚持有腐必反、有贪必肃，始终保持惩治腐败的高压态势。落实党风廉政建设主体责任和监督责任，落实“三严三实”要求，严明党的纪律和规矩，锲而不舍贯彻落实中央八项规定精神，健全改进作风长效机制，构建不敢腐、不能腐、不想腐的有效机制，努力实现干部清正、政府清廉、政治清明。加大纪律审查力度，加强党内监督，推进巡视全覆盖。严肃党内政治生活，健全督促检查、绩效考核和监督问责制度，确保党的路线方针政策和各项决策部署落实到位。

各级党组织、广大共产党员和全省人民要更加紧密地团结在以习近平同志为总书记的党中央周围，高举中国特色社会主义伟大旗帜，按照“四个全面”战略布局，开拓创新、艰苦奋斗，努力完成我省“十三五”规划任务，为实现“三个定位、两个率先”的目标而奋斗！

中共广东省委办公厅
2015 年 12 月 1 日印发

政府工作报告

——2016年1月25日在广东省第十二届人民代表大会第四次会议上

广东省省长　朱小丹

各位代表：

我代表省人民政府向大会作政府工作报告，请予审议，并请政协各位委员和其他列席人员提出意见。

一、“十二五”时期工作回顾

“十二五”时期是我省改革发展进程中极不平凡的五年。面对复杂多变的国内外经济形势和艰巨繁重的改革发展稳定任务，省政府在党中央、国务院和省委的正确领导下，在省人大及其常委会和省政协的监督支持下，全面贯彻落实党的十八大、十八届三中、四中、五中全会和习近平总书记系列重要讲话精神，紧紧围绕“三个定位、两个率先”目标，坚持稳中求进工作总基调，主动适应经济发展新常态，积极有效应对各种困难和挑战，统筹推进稳增长、促改革、调结构、惠民生、防风险各项工作，推动我省改革开放和现代化建设取得新的重大成就。

五年来，全省经济综合实力迈上新台阶，地区生产总值从2010年的4.60万亿元增加到2015年的7.28万亿元、年均增长8.5%，人均生产总值从4.48万元增加到6.75万元、年均增长7.5%，来源于广东的财政总收入达20934亿元、年均增长12.1%，地方一般公共预算收入达9364.8亿元、年均增长14.9%。区域创新能力居全国第二，研究与试验发展经费支出占地区生产总值比重从1.76%提高到2.50%，高新技术产品产值占工业总产值比重从34.2%提高到39.0%。结构调整持续深化，三次产业比重由5.0∶49.6∶45.4调整为4.6∶44.6∶50.8，先进制造业、现代服务业、战略性新兴产业比重明显提升，农业增加值年均增长3.4%。重点领域和关键环节改革实现新突破，开放型经济水平稳步提升，进出口总额达6.36万亿元，一般贸易出口占比提高到42.9%。内源型经济发展加快，民营经济占比达53.4%，外贸依存度从115.4%降至87.3%。城乡区域发展协调性增强，区域发展差异系数由0.680调整为0.660，常住人口城镇化率提高到68.7%。绿色低碳发展取得重要进展，单位地区生产总值能耗和二氧化碳排放、主要污染物排放总量预计均超额完成国家下达的“十二五”约束性指标。各项社会事业全面进步，人民生活显著改善，城镇和农村常住居民人均可支配收入分别达34757元和13360元、年均实际增长7.2%和9.0%，城乡居民收入比由2.85∶1缩小为2.6∶1，人均预期寿命达77.1岁，城镇累计新增就业824.2万人，城镇登记失业率每年均控制在3.5%以内，居民消费价格指数年均涨幅为2.9%。“十二五”规划主要目标任务圆满完成。

五年来，我们主要做了以下工作：

（一）积极应对持续贯穿的经济下行压力，促进经济增长稳中有进、稳中提质。我们认真贯彻落实党中央、国务院各项调控政策措施，在稳增长和调结构的平衡点上精准发力，制定和实施一系列稳增长政策措施，增强消费投资出口拉动经济增长的协调性，全力促进经济在合理区间运行。充分发挥投资的关键作用，优化投资结构，着力推进重大基础设施、重大产业项目和重大民生工程建设，积极拓宽民间投资领域，固定资产投资年均增长16.6%，民间投资占比达60.1%。推动基础设施建设取得重大进展，高速公路通车总里程突破7000公里、跃居全国首位，出省通道达20条，实现县县通高速，新增铁路通车里程1430公里，新建成一批机场、港口、能源、环保、水利等项目。充分发挥消费的基础作用，持续推进广货全国行、广货网上行，大力培育拓展电子商务、信息消费、旅游休闲等消费新增长点，社会消费品零售总额年均增长12.5%，最终消费对经济增长的年均贡献率达49.5%。充分发挥出口的支撑作用，着力巩固传统市场、开拓新兴市场，大力培育外贸综合服务企业、跨境电商、旅游购物出口等外贸新业态，全面促进通关便利化，出口总额达4万亿元、年均增长7.3%。

坚持稳增长重在稳实体经济，完善中小微企业综合服务体系，强化融资增信担保、技术创新等政策支持，推动大型骨干企业壮大规模增强实力，通过清理规范行政事业性收费，五年减轻企业和社会负担 250 多亿元，促进各类企业稳定发展。规模以上工业企业利润总额年均增长 9.4%，年主营业务收入超千亿元、百亿元的企业分别达 22 家和 221 家。

（二）坚定不移深化改革、扩大开放，增强发展动力和活力。我们认真落实中央关于全面深化改革的决策部署，牵牢行政体制改革这一全面深化改革的“牛鼻子”，加快转变职能、简政放权。率先深化行政审批制度改革，省市县三级行政审批事项均比 2011 年压减 40% 以上，省级全面取消非行政许可审批事项，省直 51 个部门公布 9 类权责事项 6971 项。在全国率先推进商事制度改革，前置改后置审批事项超过 90%，市场主体五年净增 300 多万户、增幅超过 68%。建成省网上办事大厅，省直部门全部行政审批事项和 99% 的社会服务事项可实现网上办理。开通运行“信用广东网”，初步建成省公共信用信息管理系统平台。探索率先基本建立现代财政制度，推进预算管理制度改革，开展省与市县之间事权和支出责任置换改革，扩大一般性转移支付，完善专项资金管理，清理财政存量资金。率先建立包括准入负面清单、行政审批清单和政府监管清单在内的企业投资项目清单管理制度，实施备案的项目占企业全部投资项目的比例达 90%。推进珠三角金融改革创新综合试验区建设，拓宽金融服务实体经济渠道，培育发展新型金融机构和金融组织，加快发展互联网金融、普惠金融，民间金融稳步发展，自贸试验区金融改革纵深推进。推动国有资本布局结构调整优化，加快国有企业现代企业制度建设，有序推进混合所有制改革，增强国资监管效能。价格改革、公共资源交易体制改革等扎实推进。分类推进农村综合改革，稳步开展农村土地承包经营权确权登记颁证，集体林权制度改革基本完成。

着力优化对外开放格局。深入实施市场多元化战略，率先基本实现粤港澳服务贸易自由化，加强与欧美发达国家和世界 500 强企业的经贸合作，累计引进外商直接投资项目 3.2 万个，实际利用外资 1240 亿美元、年均增长 5.8%，服务业利用外资年均增长 13.9%。启动广东自贸试验区建设，下放第一批 60 项省级管理权限，在对接国际投资贸易规则体系上先行先试，首批 27 项改革经验在全省推广，广州南沙、深圳前海蛇口、珠海横琴三大片区新入驻企业 5.6 万家。积极参与“一带一路”建设，强化基础设施互联互通，着力推进经贸投资合作，与海上丝绸之路沿线重点 14 国进出口额达 8504 亿元。支持企业“走出去”，累计协议投资设立境外企业约 5600 家，中方实际投资 350 亿美元、年均增长 45.9%。务实推进泛珠三角区域合作，累计签约产业经贸合作项目 4508 个。

（三）坚定不移推进经济结构调整，着力构建现代产业体系。我们始终把产业转型升级和中高端发展作为转方式调结构主攻方向，紧紧抓住“两个支撑”结合点，加快培育以先进制造业、现代服务业、战略性新兴产业为主体的现代产业体系，打造广东经济升级版。落实《中国制造 2025》，实施工业转型升级攻坚战三年行动计划，建设珠江西岸先进装备制造产业带，大力推进智能制造，实施新一轮技术改造，先进制造业增加值、高技术制造业增加值占规模以上工业比重分别提高到 48.5% 和 27.0%，工业技改投资年均增长 19.0%。围绕提升发展先进制造业推动研发设计、科技服务等生产性服务业发展，积极发展电子商务、物流快递等新业态，现代服务业增加值占服务业比重提高到 60.4%。重点培育发展新一代移动通信设备、新型平板显示、半导体照明等战略性新兴产业，打造 7 个产值超千亿元的战略性新兴产业集群，战略性新兴产业增加值占规模以上工业比重达 16.8%。坚持信息化先导战略，加快新一代信息基础设施建设，实施“互联网 +”行动计划，云计算、大数据、物联网等新业态加快发展。推进现代农业示范园区等载体建设，农业生产保持平稳发展，农业现代化水平稳步提升。大力发展海洋经济，海洋生产总值达 1.52 万亿元，年均增长 10.7%。

（四）坚持实施创新驱动发展战略，提升自主创新能力和产业核心竞争力。我们坚持把创新驱动发展作为经济结构战略性调整的核心战略和总抓手，使创新成为引领发展的第一动力。启动珠三角国家自主创新示范区和全面创新改革试验试点省建设，务实推进开放型区域创新体系建设。狠抓高新技术企业和新型研发机构培育，筹建广东国家大科学中心，组建新的广东省科学院，启动高水平大学、高水平理工科大学和重点学科建设。深化省部院产学研合作，多层次开展协同创新。积极培育孵化育成体系，发展众创空间等新型平台，推动金融科技产业加速融合。组织实施一批重大科技专项。有效发明专利量和 PCT 国际专利申请量保持全国首位，高新技术企业总量超过 1.1 万家、五年翻了一番，技术自给率、科技进步贡献率分别提高到 71% 和 57%。加快打造创新创业人才高地，引进五批 117 个高水平创新创业团队和 89 名领军人才。深入实施质量强省战略，开展质量提升行动。知识产权创造、运用和保护进一步加强。

（五）坚持统筹发展和分类指导，增强城乡区域发展协调性。我们深入实施珠三角地区改革发展规划纲要，在实现“四年大发展”目标基础上，抓好科技创新、项目建设、技术改造、重大平台建设和骨干企业培育等重点工作，着力推进“九年大跨越”。珠三角地区人均生产总值突破10万元，现代服务业增加值占服务业比重达62.9%，先进制造业增加值占规模以上工业比重达53.6%，创新型经济蓬勃发展。我们瞄准区域发展短板，深入实施粤东西北地区振兴发展战略，狠抓交通基础设施建设、产业园区扩能增效、中心城区扩容提质和全面对口帮扶。开展高速公路建设大会战，改善粤东西北内联外通条件。省产业转移园区规模以上工业增加值年均增长26%，占粤东西北地区比重上升到25.8%。设立粤东西北振兴发展股权基金。珠三角6个帮扶市累计投入财政资金约95亿元，引进项目692个，已完成投资约600亿元。粤东西北地区主要经济指标年均增幅高于全省。

有序推进新型城镇化和城乡一体化。编制新型城镇化规划和珠三角全域空间规划，率先推进“多规合一”，开展省新型城镇化“2511”试点，扩大常住人口基本公共服务覆盖面。加快城乡一体化步伐，推动基础设施城乡联网，扩大城乡基本公共服务均等化综合改革试点。实施农村环境连片综合整治，初步建立“村收集、镇转运、县处理”的农村生活垃圾收运处理体系。约3万公里新农村公路实现路面硬化。完成3765公里山区中小河流治理。解决755万农村居民饮水安全问题。全面完成两轮“规划到户、责任到人”扶贫开发任务，帮扶249.2万相对贫困人口实现脱贫，完成农村危房改造56.82万户和“两不具备”村庄6万余户搬迁安置。我省原中央苏区县、革命老区和少数民族地区发展步伐加快。扎实开展援藏援疆等工作。

（六）切实加强生态环境保护，促进绿色低碳循环发展。我们坚持绿色化永续发展战略，实施主体功能区规划，开展生态控制线划定工作，基本划定林业生态红线。严格落实节能减排目标责任制，推进电机能效提升、燃煤电厂脱硫脱硝、工业锅炉更新改造等工程，超额完成国家下达的“黄标车”和老旧车淘汰任务。碳强度指标保持全国先进水平，碳排放权交易试点稳步开展。推进节约集约用地示范省建设，累计完成“三旧”改造面积13.33万亩。开展练江、淡水河、石马河、广佛跨界河流及一批城市内河涌污染综合整治，主要江河水质总体稳定，城市集中式饮用水源水质全部达标。开展大气污染联防联治，2015年PM2.5、PM10平均浓度分别比上年下降17.1%和15.0%，城市空气质量明显改善。实施重金属污染综合防治行动计划，强力推进汕头贵屿等地电子废弃物污染综合整治。城镇生活污水集中处理率、生活垃圾无害化处理率分别达85.5%和90.1%。全面开展新一轮绿化广东大行动，建成生态公益林7214万亩、碳汇林1503万亩，森林覆盖率达58.8%。启动珠三角绿色生态水系建设。建成一批国家级自然保护区、森林公园、湿地公园，建成绿道1.2万公里。海洋生态文明示范区和美丽海湾建设取得新成效。

（七）加快发展社会事业，切实增进民生福祉。我们始终坚持把保障和改善民生作为一切工作的出发点和落脚点，着力建机制、补短板、兜底线，持续加大财政民生投入，加快推进基本公共服务均等化。坚持每年办好十件民生实事，省级财政和各级财政累计分别投入3072亿元和8479亿元，在底线民生保障、困难群体帮扶等方面，解决了一批关系群众切身利益的突出问题。实施更加积极的就业政策，基本实现充分就业。稳步提高社会保障水平，推进各类社会保险扩面征缴，基本实现人人享有社会保障的目标。企业职工基本养老金、城乡居保基础养老金标准、城乡居民医疗保险补助标准逐步调整提高，职工养老保险和居民养老保险实现制度衔接，城乡居民大病保险全面实施，省内异地就医实现即时结算。城乡低保、农村五保、残疾人保障、孤儿保障等底线民生保障水平进入全国前列。超额完成国家下达的保障性住房建设和棚户区改造任务，累计开工建设保障性住房（含租赁补贴）66.1万套（户），基本建成59.4万套（户），改造棚户区20万套（户）。

全面推进教育“创强争先建高地”，教育强县、强镇覆盖率分别达88.7%和94.2%。学前教育毛入园率提高18.4个百分点，义务教育均衡优质标准化发展加快推进，高中阶段教育普及水平巩固提升，高等教育毛入学率提高到33.0%。民办教育、特殊教育快速发展，现代职业教育综合改革试点省建设扎实开展，高等教育中外合作办学和交流项目顺利推进。深化医药卫生体制改革，逐步完善基层医疗卫生机构运行机制，健全基本公共卫生服务体系，巩固基本药物制度，县级公立医院改革覆盖所有县（市）。中医药强省建设取得新成果。调整完善生育政策，出生人口素质不断提高。加快完善覆盖城乡的公共文化设施，广泛开展各类文化惠民活动。文艺创作涌现出一批精品，文化遗产保护得到加强，新闻出版、广播影视、文化创意等文化产业加快发展。全民健身和青少年体育蓬勃开展，竞技体育取得突出成绩。妇女儿童、民族宗教工作得到加强。创新社会治理，加强基层组织和村民自治建设。坚持专项打击整治和源头治理相结合，全面推进平安广东建设。圆满完成“六五”普法。劳动关系总体和谐稳定。安全生产、食品药品监管、信访、司法行政、海防打私、应急管理等工作取得新成绩。国防动员体系不断完善，双拥共建、优抚安置深入推进，军政军民更加团结。妥善应对强台风、洪涝等自然灾害和登革热、H7N9 流感、中东呼吸综合征等疫情，防灾减灾和救灾复产工作有力有效。

各位代表！五年来，我们始终把建设人民满意政府作为努力方向，不断加强法治政府、廉洁政府和服务型政府建设。坚持向人大及其常委会报告工作，向人民政协通报情况，主动自觉接受监督。共办理省人大代表建议 3621 件，省政协提案 3162 件。提请省人大常委会审议地方性法规草案 47 项，制定修改政府规章65项。坚持依法行政，完善政府决策规则和程序，深入推进政务公开。全面推行行政执法责任制，改进和加强行政复议，完善政府法律顾问制度。认真落实中央八项规定精神和国务院“约法三章”要求，扎实开展党的群众路线教育实践活动和“三严三实”专题教育，从严从实整治“四风”和庸懒散奢、不作为、乱作为等突出问题。清理规范省级议事协调机构。省直党政机关和参公单位“三公”经费财政拨款总支出连续 5 年“零增长”。公务用车制度改革基本完成。监察工作扎实有效，审计全覆盖和职业化建设有力推进，廉政建设进一步加强。

各位代表！过去五年，是我省经济发展较早进入新常态，速度变化、结构优化、动力转换等发展阶段性特征日益显现的五年；是我们充分利用国际国内市场倒逼机制，坚定不移转方式调结构的五年；是我们向着“三个定位、两个率先”目标，不断开创转型升级发展新境界的五年。这五年转型发展的探索十分艰辛，经验弥足珍贵，从实践上有力佐证了党中央提出的创新、协调、绿色、开放、共享发展新理念的科学性、系统性和前瞻性。回顾五年来的实践，我们深刻体会到，向着“三个定位、两个率先”的目标迈进，必须坚持“四个全面”战略布局，厚植发展新优势；必须坚持转方式调结构，引领发展新常态；必须坚持深化改革、扩大开放，构建发展新体制；必须坚持创新驱动发展，增强发展原动力；必须坚持富民优先、民生为重，提升发展共享度，坚定不移迈上创新、协调、绿色、开放、共享的发展道路，努力当好建设中国特色社会主义排头兵。

各位代表！我省“十二五”时期改革发展成就来之不易，这是党中央、国务院和省委正确领导的结果，是全省广大干部群众攻坚克难、开拓奋进的结果。在此，我代表省人民政府，向全省广大工人、农民、知识分子、干部职工，向驻粤人民解放军、武警官兵、人民警察和各民主党派、人民团体、社会各界人士致以崇高敬意！向长期关心支持我省改革发展的港澳同胞、台湾同胞、海外侨胞及国际友人表示衷心感谢！

但我们也清醒地认识到，我省经济社会发展中仍然存在不少困难和问题：内外需求不足，经济面临较大下行压力，财政收支矛盾更加突出；经济发展方式总体粗放，资源环境约束趋紧，企业生产要素成本上升与自主创新能力不足的矛盾更加凸显，推动经济转型升级任务艰巨；区域发展不平衡、城乡发展不协调问题仍然突出，民生社会事业还存在薄弱环节，全面建成小康社会还存在短板指标；协调各方利益、维护社会稳定压力加大，公共安全隐患不容忽视，污染治理、食品安全、安全生产形势依然严峻，特别是发生深圳光明新区“12·20”特别重大滑坡事故，教训极其深刻；政府职能转变亟待深化，作风建设任重道远。我们将本着对人民高度负责的精神，坚持目标导向与问题导向相统一，发扬“三严三实”作风，采取更加有力的措施，加快解决这些问题。

二、“十三五”时期的奋斗目标和主要任务

“十三五”时期，是全面建成小康社会的决胜阶段。做好“十三五”时期各项工作，对于确保我省率先全面建成小康社会，迈上率先基本实现社会主义现代化新征程，实现“两个率先”的紧密衔接、整体推进，意义重大、影响深远。综观国内外形势，我省发展仍处于可以大有作为的重要战略机遇期，同时也面临诸多矛盾叠加、风险隐患增多的严峻挑战。面对新形势、新任务，我们必须牢牢把握认识新常态、适应新常态、引领新常态的大逻辑，主动适应重要战略机遇期内涵的深刻变化，增强战略自信、保持战略定力，有效应对各种风险和挑战，继续集中力量把自己的事情办好，开创创新、协调、绿色、开放、共享发展新局面。

“十三五”时期政府工作指导思想是：全面贯彻党的十八大、十八届三中、四中、五中全会精神，深入贯彻习近平总书记系列重要讲话精神，贯彻落实省委十一届五次、六次全会部署，按照“五位一体”总体布局和“四个全面”战略布局，牢固树立创新、协调、绿色、开放、共享发展理念，适应和引领经济发展新常态，围绕“三个定位、两个率先”目标，以提高发展质量和效益为中心，以全面深化改革为根本动力，以创新驱动发展为核心战略，着力加强供给侧结

构性改革，着力推动城乡区域协调发展，着力构建高水平开放型经济新格局，着力建设绿色生态美丽家园，着力增进民生福祉，确保率先全面建成小康社会，迈上率先基本实现社会主义现代化新征程。

“十三五”时期我省经济社会发展主要目标是“一个率先、四个基本”。“一个率先”就是率先全面建成小康社会。确立 2018 年为我省率先全面建成小康社会的目标年，力争提前实现地区生产总值和城乡居民人均收入比 2010 年翻一番。突出经济保持中高速增长、转方式与调结构取得重大进展、工业化和信息化深度融合、消费对经济增长贡献明显加大、户籍人口城镇化率加快提高、迈进创新型省份行列等目标要求，把人民生活水平和质量普遍提高，就业、教育、文化、社保、医疗卫生等公共服务体系更加健全，率先实现基本公共服务均等化和社会保障城乡一体化，全面完成脱贫攻坚任务等摆在重要位置，作为全面建成小康社会的重要标志。“四个基本”就是基本建立比较完善的社会主义市场经济体制、基本建立开放型区域创新体系、基本建立具有全球竞争力的产业新体系、基本形成绿色低碳发展新格局，力求在率先全面建成小康社会的基础上，从体制创新、动力转换、结构优化和可持续发展能力增强等方面为率先基本实现社会主义现代化夯实基础。

实现“十三五”时期发展目标，必须牢固树立创新、协调、绿色、开放、共享发展理念，坚持创新发展，推进以科技创新为核心的全面创新；坚持协调发展，增强发展协调性和整体性；坚持绿色发展，促进人与自然和谐共生，增强永续发展能力；坚持开放发展，提高对外开放质量和发展内外联动性；坚持共享发展，使全体人民在共建共享发展中有更多获得感，朝着共同富裕方向稳步前进。

——我们要保持中高速增长、迈向中高端水平，促进经济发展再上新台阶。今后五年，我省经济增长预期目标是，在明显提高质量效益的基础上实现年均增长 7%，到 2020 年全省地区生产总值将达到 11 万亿元，确保提前实现比 2010 年翻一番。坚持稳增长与调结构相互协调，优化存量、引导增量、主动减量紧密结合，推进经济结构深度调整和实体经济转型升级，构建具有全球竞争力的产业新体系。在有效扩大内需的同时，以攻坚姿态推进供给侧结构性改革，着力提高全要素生产率和中高端产品、技术比重，扩大高质量、高水平有效供给，形成需求侧与供给侧相互平衡、消费投资出口协调拉动的经济增长新局面，为率先全面建成小康社会提供强大经济支撑。

——我们要全面深化改革，基本建立比较完善的社会主义市场经济体制。紧紧围绕充分发挥市场对资源配置的决定性作用和更好发挥政府作用，深化行政体制改革，加快转变政府职能，全面推进依法治省，加快建设法治政府和法治社会，打造市场化、国际化、法治化发展环境。深化经济领域重点改革，完善基本经济制度，健全现代市场体系，建立现代财税制度，深化投融资体制改革，构建现代高效金融体系。以完善市场经济体制为重点，统筹推进立足“五位一体”总体布局的各领域改革，形成系统完备、科学规范、运行有效的制度体系。

——我们要加快发展动力转换，建设创新驱动发展先行省。以珠三角国家自主创新示范区和全面创新改革试验试点省建设为引领，加快基本建立开放型区域创新体系步伐，提升企业技术创新主体地位，以大规模协同创新推进重大科学技术突破，持续推进高水平信息化强省建设，建设面向全球的人才高地，形成大众创业、万众创新的宏大局面。到 2020 年，研究与试验发展经费支出占地区生产总值比重达到 2.8%，技术自给率和科技进步贡献率分别达到 75% 和 60%，促进科技成果更快更好转化为现实生产力，创新驱动发展先行省建设取得重大进展，迈进创新型省份行列。

——我们要破解发展不平衡难题，形成城乡区域一体化发展新格局。深入实施珠三角地区优化发展和粤东西北地区振兴发展战略，优化区域生产力布局和产业链对接，促进经济跨区域融合发展，提升珠三角城市群作为引领全国发展主要空间载体的集聚辐射功能和国际竞争力，推动粤东西北地区经济振兴发展、社会全面进步、生态持续优化、民生明显改善，稳步迈向全面小康。继续加强以交通为重点的基础设施建设，加快完善省内外互联互通的现代化基础设施体系，进一步夯实区域协调发展基础。加快以人为核心的新型城镇化，有序推进农业转移人口市民化，提高户籍人口城镇化率。夯实“三农”基础，深化农村综合改革，推进农业现代化，建设幸福美丽乡村，多渠道促进农民增收。完善城乡一体化机制，推动城镇化与新农村建设互促共进，加快形成以工促农、以城带乡、工农互惠、城乡一体的新型工农城乡关系。

——我们要坚持内外联动，全面提高对外开放的质量和水平。适应国际经济合作和竞争局面的深刻变化，率先推进国际贸易投资规则创新，着力优化对外开放区域布局、贸易布局和投资布局，构建开放型经济新体制和宽领域、多层次、高水平对外开放新格局，推动对内对外开放相互促进、“引进来”和“走出去”更好结合，加快培育参与国际经济竞争合作新优势。高标准建设广东自贸试验区，着力构建“一带一路”

战略枢纽和经贸合作中心，形成粤港澳台经济深度合作新局面，全面深化泛珠三角区域合作，以扩大开放带动创新、推动改革、促进发展。

——我们要坚持绿色低碳循环发展，加快建设美丽广东。立足资源节约型、环境友好型社会建设，提高资源保障能力，加强资源节约管理，调整能源结构，发展循环经济，实行最严格的水资源管理制度和最严格的节约用地制度，力争在能源和水资源消耗、建设用地等总量和强度双控行动中走在全国前列。坚持不懈推进以大气和水污染治理为重点的环境综合整治，统筹解决跨区域、跨流域环境问题，落实省以下环保机构监测监察执法垂直管理制度。务实推进新一轮绿化广东大行动、珠三角绿色生态水系、海洋生态文明示范区等重点生态工程建设，建成珠三角国家森林城市群。加快生态文明制度建设，划定生态保护红线，完善生态补偿机制，不断增强可持续发展能力。到2020年，非化石能源消费比重提高到25%，单位地区生产总值能耗和二氧化碳排放、主要污染物排放总量完成国家下达任务，森林覆盖率达到60.5%，空气质量和水环境质量进一步改善，整体提升全省绿色发展水平。

——我们要着力增进民生福祉，让全省人民群众共享全面小康成果。不断拓宽共享发展道路，整体提高人民生活质量和水平，促进社会公平正义。坚持把增加就业作为经济社会发展的优先目标，为全体劳动者创造充分而公平的就业机会，五年城镇新增就业550万人。努力实现劳动报酬增长和劳动生产率提高同步，居民人均可支配收入年均实际增长高于7%。促进各项社会事业均衡发展，建立更加公平更可持续的社会保障制度，率先实现基本公共服务均等化和社会保障城乡一体化，坚决打赢精准扶贫、精准脱贫攻坚战，使率先全面建成小康社会成果经得起人民和历史的检验。

三、2016年工作安排

2016年是“十三五”开局之年，是我省率先全面建成小康社会决胜阶段的第一年，也是推进结构性改革的攻坚之年，做好今年的政府工作意义重大。今年经济社会发展的主要预期目标是：地区生产总值增长7%-7.5%，固定资产投资增长15%以上，社会消费品零售总额增长9.5%以上，出口总额增长1%以上；地方一般公共预算收入增长9%以上；居民消费价格涨幅预期3%左右；居民人均可支配收入增长高于经济增长，城镇登记失业率控制在3.5%以内；节能减排降碳约束性指标完成国家下达年度任务。

为实现上述目标，重点抓好以下工作：

（一）为“十三五”经济中高速增长开好局、起好步

提高供给体系质量和效率。加快形成高质量、多层次供给体系，开展改善消费品供给专项行动。推进质量强省建设，走以质取胜和品牌发展道路，提升产品、服务、工程质量。创新服务业态和商业模式。降低产品库存，减少无效和低端供给。推动供给体系更好适应需求结构变化，加快向高水平供需平衡跃升。

多渠道扩大消费。继续办好广货全国行、广货网上行和各类促销活动，支持广货众筹、消费金融公司等消费新模式。稳定住房、汽车等大宗消费，取消过时的限制性措施，有效释放住房刚性需求和改善性需求；落实小排量汽车、新能源汽车税收优惠政策，实施轻型货车下乡政策。促进信息消费，发展智能终端产品及增值服务。推动电子商务向农村、境外和服务领域延伸，发展网络经济和分享经济。发展教育、文化、体育等服务，壮大养老健康消费。实施快递下乡工程，扩大农村消费。落实带薪休假制度，促进旅游消费。开展国内贸易流通体制改革发展综合试点。完善质量监控体系和消费者权益保护机制。

扩大有效投资。坚持立足稳增长和调结构的平衡点，提高投资有效性和精准性。全年安排省重点项目投资5000亿元。开工建设深中通道主体工程、罗定至信宜等15个高速公路项目，新增通车里程716公里。推进赣深客专、广汕铁路、深茂铁路等一批铁路项目建设，加快地铁和城际轨道交通建设，加快推进湛江机场、梅县机场迁建和韶关机场改扩建前期工作，抓好港口、航道及配套产业园区等项目建设。加快建设韩江高陂水利枢纽等重大水利工程，推进珠三角水资源配置工程前期工作。抓好重大产业项目建设，实施新兴产业重大工程包，推进与央企签约项目落地。开工建设一批重大环保项目和民生工程。建立健全政府和社会资本合作机制，完善PPP项目库，鼓励社会资本参与和扩大重点领域投资，用好省铁路发展基金等。加强项目储备，编制实施政府三年滚动投资计划。

力促出口平稳增长。强化对外贸稳增长的政策支持，支持企业深耕传统市场，拓展新兴市场，巩固出口市场份额。扩大出口信用保险规模和覆盖面，落实大型成套设备出口融资保险政策，进一步清理规范进出口环节收费，全面推广出口退税网上申报和限时办结等制度。完善进口贴息政策，发挥进口商品交易中心、跨境电商直销中心等作用，扩大先进技术装备、资源性产品和优质消费品进口。加快推行国际贸易单

一窗口、“互联网 +”易通关和“三互”通关合作。建立完善对技术性贸易壁垒的防范和应对体系。

促进各类企业健康发展。制定实施促进民营经济大发展政策措施，解决准入限制、项目审批等制度性障碍，落实相关扶持政策，培育一批民营骨干企业。加快完善中小微企业公共服务平台，建设小微企业创业创新示范基地和示范城市，带动创新型小微企业集群发展。落实信贷风险补偿金、融资政策性担保等中小微企业支持政策，降低实体经济融资成本。继续培育超百亿、超千亿大型骨干企业，支持其并购重组和转型发展。

加强经济运行调节。强化经济运行分析监测，加强区间调控、定向调控和相机调控。加大价格监管和反垄断力度。加强重点领域风险防控，守住不发生系统性区域性风险底线。适应经济结构重大变化，加强和改进统计工作。

（二）深入推进重点领域改革

攻坚深化行政体制改革。推进行政审批制度改革，实施省市县三级政府部门权责清单管理，进一步精简行政许可事项，清理规范行政许可中介服务，加快实施行政许可标准化。深化商事制度改革，健全事中事后监管体系，探索实行多证合一。开展市场准入负面清单制度改革试点，加快推进负面清单全覆盖。整合完善公共资源交易管理体制。加快食品药品、环境保护等重点领域监管制度建设。推进事业单位法人治理和信用体系建设。全面实施不动产统一登记制度。推广“一门式”“一网式”政府服务管理模式，着力改进直接面向企业和群众的公共服务。拓展完善省网上办事大厅，提高行政审批事项网上全流程办理率和网上办结率。推动省以下地方审计机关人财物管理改革。支持司法等领域体制机制改革。

深化财税和投资体制改革。完善省对市县财政体制，启动建立事权和支出责任相适应的制度改革试点。扩大预算绩效管理范围。清理整合财政专项资金，实行一个部门原则上一个专项。加大盘活财政存量资金力度，优化财政支出结构。完善地方政府债务限额管理、风险预警和监督考核制度。落实“营改增”扩围等税改政策，完善地方税体系，推进国地税征管体制改革。深化企业投资管理体制改革，认真落实企业投资项目准入负面清单、行政审批清单和政府监管清单管理，进一步优化网上备案管理以及并联审批。

打好国有企业改革攻坚战。分类推进国有企业改革，坚持有进有退、突出主业，调整优化国有资本布局结构，盘活国有资产。加快建立现代企业制度，完善企业法人治理结构，加强企业内部管理，促进降成本增效益。规范有序发展混合所有制经济。加快国有资本投资、运营公司改组组建试点。推动国有企业改制上市，支持开展资本运营。建立出资人管理事项清单制度，健全国有资产管理体制，防止国有资产流失。

加快金融改革创新。推进珠三角金融改革创新综合试验区建设，打造广州、深圳区域金融中心。加快区域性股权交易中心、新三板区域中心、“青创板”等建设，完善多层次资本市场，鼓励企业上市，发展直接融资。建设创新型期货交易所、大宗商品交易清算中心等金融创新平台。发展各类投资基金和股权众筹融资，扩大“险资入粤”规模。培育新型金融机构和地方金融组织，发展普惠金融和绿色金融，深化地方金融机构和监管体制改革。加大清理打击非法集资力度，防范化解金融风险。加快综合信用体系建设，优化金融生态环境。

（三）大力实施创新驱动发展战略

加快完善开放型区域创新体系。统筹推进珠三角国家自主创新示范区和全面创新改革试验试点省建设。强化以企业为主体的自主研发体系建设，重点培育高新技术企业和引领型创新企业，支持大中型企业建设研发机构，完善中小微企业创新服务体系。依托国家重大科技基础设施，建设广东国家大科学中心。实施国家重点实验室倍增计划，争取建立国家实验室。加强省科学院创新能力建设，培育新型研发机构，推进高水平大学、高水平理工科大学和重点学科建设。实施高新区创新发展提升行动。全面推进产学研合作和协同创新，支持发展重点行业产业技术创新联盟，加快建设专业镇产学研协同创新中心。加强国际创新合作，积极融入全球创新网络。

强化重点领域关键环节科技攻关。实施重大科技专项，在计算与通信集成芯片、智能机器人、干细胞与组织工程等九大领域突破一批核心技术和共性技术，研发推广一批重大战略产品。加快省市共建重大科技专项产业集群和产业基地。注重原始创新，支持开展基础性科学研究和颠覆性技术创新。运用财政后补助、间接投入等方式，支持企业开展重大产业关键共性技术、装备和标准研发攻关。加快应用型科技研发及成果转化项目库建设。实施军民融合科技创新项目，推进军地两用技术研发及成果转化应用。

推进科技体制改革。深化省级财政科技计划（专项、基金等）管理改革和高校科研体制机制改革。落实研发费用加计扣除等优惠政策，激发企业创新潜力。改革科技成果产权制度，赋予高校、科研院所科技成果使用权、处置权和收益权。开展经营性领域技术入股改革试点，完善科技成果转化个人奖励约定政策。

推进科技金融深度融合，省市联动加快建立政府科技贷款风险补偿和风险分担机制，发展科技保险。加快知识产权交易和运营市场建设，完善知识产权行政和司法保护协同机制。创新人才培养、引进和使用制度，赋予创新领军人才更大的人财物支配权、技术路线决策权，继续实施珠江人才计划等重点人才工程，引进第六批创新创业团队和领军人才。

大力促进大众创业、万众创新。完善科技企业孵化育成体系，实施孵化器倍增计划。推广创客空间等新型孵化模式，打造众创、众包、众扶、众筹支撑平台。推进“互联网 +”众创金融示范区建设，扩大创新创业金融街试点。建设一批新兴产业“双创”示范基地、创业孵化（实训）基地，强化创新创业公共服务。推进科技基础设施、大型科研仪器和专利信息资源开放共享。支持举办各类创新创业大赛，形成良好的“双创”文化和氛围。

（四）加快推进供给侧结构性改革攻坚

着力促进去产能、去库存、去杠杆、降成本、补短板。制定实施“去、降、补”行动方案。把处置“僵尸企业”作为化解产能过剩的“牛鼻子”，通过兼并重组、债务重组、破产清算等方式分类处置，逐步实现市场出清。扩大国际产能合作，推动富余产能和生产环节向外转移。促进加工贸易、传统优势产能向粤东西北地区梯度转移。加快淘汰水泥、造纸等落后和过剩产能。开展降本增效专项行动，打好降低企业交易、人工、社会保险、财务、物流等成本的“组合拳”。重点以减税降费减轻企业负担，抓好国家各项减税降费政策落实，加快免除省定涉企行政事业性收费，推进电力、流通等领域市场化改革。通过加快农民工市民化、发展住房租赁市场等，化解房地产库存。创新补短板投入机制，加快补齐软硬基础设施短板。通过技术改造等激活存量资产，修复现有产业和企业发展动力，提高全要素生产率。

加快构建产业新体系。实施加快发展现代服务业行动计划，围绕先进制造业重点发展研发设计、信息服务、供应链服务、产权股权交易等生产性服务业，推动生产性服务业向专业化和价值链高端延伸。推进制造业升级专项行动，贯彻落实《中国制造2025》，深入实施工业转型升级攻坚战三年行动计划，加快建设珠江西岸先进装备制造产业带，发展“工作母机”类装备制造业。加快高档数控机床和机器人等智能装备的研发和产业化，打造一批智能制造示范基地。培育壮大一批工业机器人制造企业，实施机器人示范应用计划。大力发展工业互联网，促进生产型制造向服务型制造转变。做大做强战略性新兴产业，推进新一代显示技术等 6 个产业区域集聚发展试点，培育 3D 打印、可穿戴设备等新兴产业。实施传统支柱型产业转型升级技术路线和行动计划，深入推进新一轮技术改造，加快扩产增效、设备更新和智能化、绿色化改造，全面提高产品技术、工艺装备、能效环保等水平，全年完成工业技改投资 3100 亿元。推进广东海洋经济综合试验区建设，发展海洋经济。

打造全国信息化先导区。实施信息基础设施建设三年行动计划。推进“一网三环”光缆骨干网扩容，打好城市光纤改造攻坚战，加快农村光纤网络建设。推动 4G 基站规模化建设和通信网络城乡全覆盖。加快公共区域 WLAN 覆盖建设，推进超高速无线局域网专业化应用和在农村地区的试点应用。支持 5G 等新技术研发。实施“互联网 +”、大数据战略发展行动计划，推动大数据、云计算、物联网、车联网等新业态快速发展。深入推进“两化融合”贯标试点。推进智慧城市建设。加快信息惠民国家试点城市建设。强化信息安全保障。

（五）扎实做好农业农村工作

强化农业产能建设。稳定农业生产，保障农产品有效供给。建设产粮大县和现代粮食产业功能区。划定永久基本农田，推进高标准基本农田和农田水利建设。落实粮食安全责任制，加快粮食储备体系和仓储设施建设。打造粤西“北运”蔬菜优势产区，优化省级“菜篮子”基地。发展岭南特色经济作物产业，建设岭南特色优质水果产业带和雷州半岛热带水果产业示范区。建设省重点畜禽规模养殖场，开展畜禽养殖标准化示范创建活动。

大力推进农业现代化。加快农业装备设施建设，完善农产品冷链仓储配送系统。建设省级现代农业科技创新联盟、农业科研项目储备库。扶持“育繁推”一体化骨干种子企业做大做强。壮大新型农业经营主体，发展多种形式适度规模经营。发展农产品加工业和农业服务业，建设一批农业公园和农业综合体，发展农村电商，培育上市农业龙头企业，在推动农村一二三产业融合发展中促进农民增收。大力发展林下经济。推进渔船更新改造，发展远洋渔业和深水网箱养殖。推进农业标准化生产，加强农业环境监测和农产品质量安全监管，加强重大动植物疫病防控。

加快发展农村公共事业。加强农村交通、水利等基础设施建设，推进新一轮农村电网升级改造。完成山区 2400 公里中小河流治理，加快海堤达标加固建设。巩固提升农村饮水安全水平。加快建设美丽乡村，开展新一轮省级新农村连片示范建设，推进农村人居环境综合治理，促进农村生活垃圾收运处理体系常态化运营。开展农药、化肥使用量零增长行动，实施农业面源污染治理项目。完善农村留守人员关爱服务体系，推进农村社区法治建设，强化农村基层治理。

深化农村综合改革。稳步推进农村土地承包经营权确权登记颁证工作，规范引导农村土地承包经营权有序流转。深化农村集体产权制度改革，加强农村集体资产规范化管理。稳妥推进集体经营性建设用地入市、农村土地承包经营权和农民住房财产权抵押贷款试点。发展农业保险，开展农业补贴“三补合一”改革，组建省级政策性农业担保公司和现代农业发展基金。完善省市县三级农业执法体系。推进供销社、农垦、基层水管体制和国有林场改革。培育和规范发展自然村（村民小组）村民理事会，探索开展以农村社区、村民小组为单位的村民自治试点。

（六）统筹推进城乡区域协调发展

提升珠三角城市群核心竞争力。深入推进珠三角“九年大跨越”，突出抓好国家自主创新示范区建设、先进装备制造业发展、“互联网+”行动和加工贸易转型升级等重点工作，加快开放合作、产业集聚和产城融合重大平台建设，构建珠三角现代产业新体系，打造国际一流的创新创业中心。统筹实施珠三角全域空间规划和一体化专项规划，推进广佛同城和区域一体化。开展珠三角城市升级行动，联手港澳打造粤港澳大湾区。推进珠三角生态环保一体化，建设珠三角国家森林城市群和低碳城市群。

促进粤东西北地区振兴发展。加快构建互联互通的综合交通运输体系，推进高速公路、铁路、机场等项目建设和西江、北江航道扩能升级，统筹推动粤东、粤西港口建设和一体化发展。加快改造传统产业，提升存量经济。加大力度推动珠三角产业和劳动力“双转移”，提升粤东西北地区产业转移承接力，推进产业园区扩能增效、做强做大。科学有序推进中心城区扩容提质，更加注重产业集聚、补齐公共服务和公用设施短板、加快棚户区和“城中村”改造等。支持湛江建设环北部湾中心城市，推进湛茂阳沿海经济带、汕潮揭城市群等建设。支持广清一体化，推动环珠三角市融入珠三角发展。促进县域经济社会发展，构建县域产业新体系。深化珠三角和粤东西北地区全面对口帮扶。支持我省原中央苏区县、海陆丰等革命老区和少数民族地区振兴发展。

推进以人为核心的新型城镇化。把促进有能力在城镇稳定就业和生活的常住人口有序实现市民化作为首要任务，加快户籍制度改革和居住证制度双落地，有序推进户籍人口城镇化，逐步实现基本公共服务常住人口全覆盖。推进以满足新市民住房需求为出发点的住房制度改革，逐步建立购租并举的住房制度。建设海绵城市，推进地下综合管廊等基础设施建设，完善城镇公共服务功能，提高综合承载能力和宜居宜业水平。深化国家新型城镇化综合试点和省新型城镇化“2511”试点工作，全面推进城乡规划建设体制改革试点省建设。加强城市工作，提高城市治理能力和水平。推进“多规合一”，加强城市设计，强化城市特色风貌，完善历史建筑保护制度。尊重城市发展规律，有效防治“城市病”。

推动城乡一体化发展。促进城乡公共资源均衡配置，健全农村基础设施投入长效机制，提高水电路气讯等城乡联网和通达水平，把社会事业发展重点放在农村和接纳农业转移人口较多的城镇，推动城镇公共服务向农村延伸。推广基本公共服务均等化综合改革试点经验，健全优质文化、教育、医疗等资源城乡共享机制。提升村镇规划建设水平，提高村庄规划覆盖率，建立城乡一体化地籍管理体系。建设一批农村社区示范点。修复南粤古驿道，提升绿道网管理和利用水平。

（七）大力推进绿色低碳循环发展

狠抓节能减排降碳。强化约束性指标管理，确保完成国家下达的节能减排降碳年度目标任务。加强高能耗行业管控，抓好电机能效提升和注塑机改造，强化锅炉污染治理和节能监管，推进煤电超低排放。在珠三角地区实施近零碳排放区示范工程。加强机动车减排，完成“黄标车”淘汰任务，推进新能源汽车在公共服务领域应用。推广绿色建筑和建材，支持既有建筑节能改造。加快国家低碳试点省建设，完善碳排放权交易试点，发展碳汇交易，推进“碳规”编制。

推动资源节约高效循环利用。实行能源和水资源消耗、建设用地等总量和强度双控行动，力争走在全国前列。提高节能、节水、节地、节材、节矿标准，开展能效、水效领跑者引领行动。推进节约集约用地示范省建设，落实最严格的耕地保护制度，实行新增建设用地与闲置用地处置挂钩制度，加大“三旧”改造力度。加快能源技术创新，发展风能、核能、太阳能等绿色清洁能源，提高非化石能源消费比重。发展循环经济和清洁生产，推行企业循环式生产、产业循环式组合、园区循环式改造。加快发展节能环保产业。

大力推进污染治理。开展城市空气质量达标管理，有效压减PM2.5和PM10浓度，全面开展挥发性有机物污染治理。实施水污染防治行动计划，狠抓练江、广佛跨界河流以及茅洲河、小东江等跨市域河流和城市内河涌污染整治。加快粤东西北地区新一轮污水处理和生活垃圾处理设施建设，重点建设乡（镇）村污水处理设施，全面建成“一县一场”，推进城乡生活垃圾资源化利用和分类减量处理。强化重金属污染治理，抓好土壤分类管理和污染修复试点示范。加强环境执法，推进与司法衔接，严厉打击偷排污水、废气等环境违法行为。

加强生态环境保护和建设。强化主体功能区分区管控，加强生态控制线、林业生态红线划定管理。推进新一轮绿化广东大行动，实施森林碳汇等重点生态工程，打造绿色生态屏障。建设珠三角绿色生态水系。开展雷州半岛生态修复。加强海域海岸使用管理，开展海岸带、海岛综合整治修复，推进海洋生态文明示范区和美丽海湾建设。严格保护饮用水源和江河湖泊水质。推进排污权和水权交易试点。加强地质灾害监测与防治。健全生态文明制度，重点生态功能区实行产业准入负面清单，完善生态保护补偿和生态环境损害赔偿制度。

（八）着力提升对外开放水平

高标准建设广东自贸试验区。在对接国际高标准投资贸易规则体系上加大改革创新力度，加快建设市场化、国际化、法治化发展环境，形成更多改革创新经验并加快推广。深化粤港澳合作，建设港澳优势产业集聚区和粤港澳青年创新创业基地。培育高端产业集群，吸引跨国企业区域总部和国内大型企业国际总部入驻。开展扩大人民币跨境使用、资本项目可兑换等试点。建立国际化法律服务体系，打造智慧自贸试验区和国际人才港。推进“走出去”综合服务平台、葡／西语系经贸合作平台、国际邮轮母港等建设，加快推动粤港澳游艇自由行。

建设“一带一路”战略枢纽和经贸合作中心。加强与沿线国家和地区海陆空基础设施互联互通，参与境外港口等建设，建立沿线港口城市联盟。加快广东（石龙）铁路国际物流中心和中俄贸易产业园建设，拓展粤新欧、粤满俄国际货运班列。用好广东丝路基金。推进中马广东—马六甲海洋工业园等境外产业园建设，抓好重大标志性工程和项目落地。深化与沿线国家农业、海洋渔业、资源能源、文化、旅游等合作。优化驻境外经贸代表处布局。

加快外经贸转型升级。促进外贸向优质优价、优进优出转变。大力发展一般贸易，抓好科技兴贸创新基地等建设，培育新型出口主导产业，扩大中高端产品出口。深入推动加工贸易转型升级，支持引导加工贸易企业加强技术改造、研发创新和自主品牌培育。开展服务贸易创新发展试点，加快发展服务外包，扩大技术、文化等服务出口。完善跨境电商政策扶持体系，打造跨境电商产业功能区，支持有条件的城市申报跨境电商综合试验区。推动内外贸结合商品市场建设，争取国家市场采购贸易试点，支持开展旅游购物出口。发展外贸综合服务平台企业。推动开发区二次创业。加快广东电子口岸建设应用。

推动更高水平“引进来”和更大步伐“走出去”。以欧美发达国家为重点，建立招商引资重点项目库，加强对先进装备制造业、现代高端服务业的招商引资。加快培育本土跨国公司，支持企业建设境外加工基地和营销网络，开展跨国并购。健全境外投资公共服务及政策支持体系。深度推进粤港澳服务贸易自由化，加快港珠澳大桥、粤澳新通道等跨境基础设施建设，深化粤台交流合作，推动汕头华侨经济文化合作试验区建设，提升以侨引资引智水平。用好国际友城等外事资源，扩大国际交流合作。提升对内对外开放联动性，务实推进泛珠三角区域合作，加快珠江—西江经济带、粤桂黔高铁经济带和我省与周边省区经济合作区等建设发展。继续抓好援藏援疆等工作。

（九）加快社会事业补短板上水平

促进教育公平协调发展。建设以公办园和普惠性民办园为主体的学前教育服务网络，推进义务教育均衡优质标准化发展，推动高水平高质量普及高中阶段教育，实现教育强市和珠三角推进教育现代化先进县市覆盖率均达 85% 以上。深化现代职业教育综合改革试点省建设，推进产教融合、校企合作。发展民办教育。建设一批标准化特殊教育学校。实施高等教育“创新强校工程”，培育建设国家级协同创新中心。加快广东以色列理工学院、深圳北理莫斯科大学等中外合作办学项目建设。深化考试招生制度改革，做好进城务工人员随迁子女在粤参加高考工作。完善各学阶各类型的学生资助政策体系，逐步提高覆盖面和资助标准。把山区和农村边远地区学校教师补贴政策实施对象扩大到公办普通高中和公办幼儿园，统筹县域内义务教育阶段教师资源配置。

扎实推进文化建设。加强基层公共文化产品和服务供给，提高人均公共文化财政支出水平，加快形成覆盖城乡、保基本、促公平的现代公共文化服务体系。实施基层公共文化场馆提升工程，以总分馆形式加快县乡图书馆、文化馆改造建设，推进基层综合性文化服务中心建设，办好文化惠民品牌活动，强化公共文化流动服务。加快建设“广东公共文化云”。繁荣哲学社会科学，加强文化遗产保护传承，打造一批具有岭南风格的精品力作。加强版权保护，规范文化市场秩序，推进国家版权贸易基地建设。发展影视传媒、动漫游戏、广告创意等文化产业集群，培育一批外向型文化企业和产业基地。支持传统媒体数字化转型，促进传统媒体和新兴媒体融合发展。推进社区体育公园建设和体育场地设施开放，支持开展群众体育运动，大力发展校园足球。加快发展体育产业。提升竞技体育水平，做好奥运会等备战工作。

提高医疗卫生服务水平。深化医药卫生体制改革，完善多层次医疗卫生服务体系，着力建设卫生强省，打造健康广东。启动实施强基创优行动计划，引导优质医疗资源下沉，支持县级医院关键医疗设备配置、专科特设岗位和住院医师规范化培训，支持乡镇卫生院业务用房改扩建，推进村卫生站“公建民营”规范化建设，改善县域医疗卫生服务。加快完善分级诊疗制度，提高县域内住院率。提升重大疾病防控能力，促进基本公共卫生服务均等化。巩固县级公立医院改革成果，扩大城市公立医院改革试点覆盖面，推进现代医院管理制度建设。推动医疗、医药、医保“三医联动”。鼓励发展民营医疗和健康服务机构。加强中医药强省建设，发展“南药”，提升中医、中西医交融与“治未病”服务能力。提升计划生育管理服务水平，落实一对夫妇可生育两个孩子政策。做好妇女儿童工作，保障妇女和未成年人权益。

创新社会治理。深化平安广东建设，创新完善立体化社会治安防控体系，持续开展社会治安集中整治和打击突出违法犯罪专项行动，严厉打击境内外敌对势力渗透破坏和各类暴恐极端活动。强化反走私综合治理。加大依法管理互联网力度。实施“七五”普法，做好司法行政工作。抓好综治信访维稳，加强社会矛盾排查化解。加强城市安全和公共安全工作，提高突发事件预防预警和应急处置能力。实行安全生产党政同责、一岗双责、失职追责，抓好重点领域事故隐患排查整治，坚决预防和遏制重特大事故发生。加强职业病防控。强化食品药品安全智慧监管和网格化监管，推进食品安全城市和农产品质量安全县创建试点。促进社会治理精细化，加强社区管理服务，激发社会组织活力，充分发挥工青妇等在社会治理中的作用。加快民族地区发展，做好城市民族工作，依法管理宗教事务。做好人防、气象、地震、档案、方志、参事、文史等工作。推动军民融合深度发展，支持国防和军队改革，做好国防动员、海防空防、民兵预备役、双拥共建、优抚安置工作，巩固军政军民团结。

（十）着力保障和改善民生

启动实施 2016-2018 年脱贫攻坚工程。坚持精准扶贫、精准脱贫，规划到户、责任到人，对全省相对贫困人口、相对贫困村情况开展全面摸查核准，开展建档立卡、动态管理，采取产业扶持、技能培训、转移就业、生态补偿、易地搬迁、低保兜底等方式，扎实推进扶贫开发，不让一村一户一人掉队。严格落实“一把手”扶贫责任制，继续实施驻镇、驻村扶贫，调整珠三角和粤东西北扶贫结对关系，加快形成全社会参与的扶贫大格局。

推动实现更高质量的就业。实施更加积极的就业政策，实现城镇新增就业 110 万人。发挥公共就业服务平台作用，加大对灵活就业、新就业形态的支持，加强农村劳动力转移就业培训，支持技能晋升培训，促进劳动者自主就业。实施城乡一体化就业援助，帮扶就业困难人员实现就业。落实高校毕业生就业促进和创业引领计划，带动青年就业创业。积极创建和谐劳动关系。

推进社会保障城乡一体化。实施全民参保计划，扩大社保覆盖面。完善城乡居民养老保险、医疗保险待遇动态调整机制。落实社会保险扩面征缴责任，推动企业全员足额参保。引导灵活就业人员等群体参加城镇职工基本养老保险，稳妥推进职工基本养老保险省级统筹和机关事业单位养老保险制度改革。深化医保复合式付费方式改革，优化大病保险制度。降低失业保险费率，完善工伤保险费率政策。启动养老、医疗保险制度城乡一体化试点。完善社会救助标准自然增长机制，加大临时救助力度，发展社会福利、社会慈善事业。建设以居家为基础、社区为依托、机构为补充的多层次养老服务体系。棚户区改造新开工 7.85 万套（户）。建立实物保障与货币补贴并举的模式，开工建设保障性住房（含租赁补贴）2.18 万套（户）。完成 12 万户农村危房改造，做好“两不具备”村庄易地搬迁安置工作。

继续办好十件民生实事。今年全省将投入 2100 亿元，其中省级投入 872 亿元，集中力量办好十件民生实事。一是巩固提升底线民生保障水平，二是加大对困难弱势群体帮扶力度，三是强化低收入住房困难群体住房保障，四是改善农村生产生活条件，五是改善基层医疗卫生服务，六是促进教育资源公平均衡配置，七是促进创业就业，八是加强污染治理和生态建设，九是强化公共安全保障，十是抓好防灾减灾。

各位代表！做好今年经济社会发展各项工作，必须加强政府自身建设，更好发挥政府作用。一是切实加强民主法治建设。自觉接受人大及其常委会的监督，认真落实其各项决议、决定并定期报告工作。积极支持人民政协履行政治协商、民主监督、参政议政职能，认真听取各民主党派、工商联、无党派人士和各人民团体的意见建议。办理好人大代表建议和政协提案。二是全面加强依法行政。坚持“法无授权不可为、法定职责必须为”，推进政府及其部门职责法定化。推进重大行政决策程序立法和合法性审查，建立重大决策终身责任追究制度及责任倒查机制。完善政府立法程序和公众参与政府立法机制，探索引入政府立法第三方评估。全面推行政府法律顾问制度。深化行政执法体制改革，推进综合执法，落实行政执法责任制。加强行政复议和行政应诉工作。三是坚持不懈抓好作风建设。严格落实中央八项规定精神、国务院“约法三章”要求，巩固拓展党的群众路线教育实践活动和“三严三实”专题教育成果，完善作风建设长效机制。坚持厉行节约、倡俭治奢，全面整治庸政、懒政、怠政，强化督促检查和督查问责。加强政府效能建设，建设服务型政府。四是坚定不移推进廉政建设。严格落实党风廉政建设责任制，完善监察、司法、审计等联动的行政权力监督机制，推进廉洁政府建设。深入实施“阳光政务”，全面深化政务公开。抓好政府系统党风廉政教育和公务员队伍建设，促进干部清正、政府清廉、政治清明。

各位代表！“十三五”时期的发展蓝图已经绘就，关键在于真抓实干、狠抓落实。让我们紧密团结在以习近平同志为总书记的党中央周围，在省委的坚强领导下，高举中国特色社会主义伟大旗帜，解放思想、锐意创新、攻坚克难、埋头苦干，努力开创我省改革开放和现代化建设新局面，共同创造全省人民更加幸福美好的未来，为实现“三个定位、两个率先”目标和中华民族伟大复兴的中国梦做出新的更大贡献！

附件1　2016年省十件民生实事

一、巩固提升底线民生保障水平。城乡居保基础养老金标准提高到每月 110 元；城镇、农村低保补助补差水平分别提高到每月 418 元和 190 元；农村五保供养标准提高到每年 6470 元以上、确保不低于当地上年度农村居民人均可支配收入的 60%；孤儿基本生活最低养育标准集中供养和分散供养水平分别提高到每月 1340 元和 820 元；城乡医疗救助人均补助标准提高到每年 2178 元，政策范围内住院医疗救助比例提高到 70% 以上；残疾人生活津贴每年 1200 元，重残护理补贴每年 1800 元。

二、加大对困难弱势群体帮扶力度。建立事实无人抚养儿童生活津贴制度，标准为每人每月 500 元。用于社会福利事业的彩票公益金，50% 以上的资金用于支持发展养老服务业。将全省乡镇（街道）残疾人专职委员列为社会公益岗位，对省财政转移支付地区乡镇（街道）1320 名残疾人专职委员给予每人每月 1100 元补贴。对因遭遇意外事件、突发重大疾病或其他特殊原因导致基本生活出现严重困难的家庭和个人给予临时救助。

三、强化低收入住房困难群体住房保障。新开工 7.85 万套（户）棚户区改造，其中国有工矿棚户区改造每套（户）补助 2 万元。开工建设保障性住房（含租赁补贴）2.18 万套（户）。完成 12 万户农村危房改造，每户补助不低于 2 万元，其中对原中央苏区县和少数民族自治县每户分别增加补助 3500 元和 5000 元。

四、改善农村生产生活条件。加大财政扶贫投入。全面实施家禽、生猪和岭南特色水果政策性农业保险。支持 1.3 万皮长公里农村光缆建设。推进 54 个试点县普惠金融“村村通”，乡村金融服务站和助农取款点实现行政村全覆盖。推进 94 个县（市、区）村村通自来水工程。在全省建设县、镇、村（社区）三级公共服务平台。将省财政转移支付地区的行政村全部纳入农村基层组织经费保障补助范围，村办公经费补助提高到每年 6 万元，村干部补贴提高到每月 2200 元。建成 15 个县（市、区）图书馆、文化馆总分馆。在粤东西北地区建设或完善 100 个乡镇文体广场。完成 26 万场农村公益电影放映。

五、改善基层医疗卫生服务。城乡居民医疗保险补助标准提高到年人均不低于 410 元。基本公共卫生服务经费标准提高到每人每年 40 元以上。启动对 62 个县级人民医院关键医疗设备配置补助项目，对 300 个县级公立医院专科特设岗位每岗每年补助不低于 10 万元，对 45 个住院医师规范化培训基地给予补助。对 14 个地市和 20 个人口大县（市、区）给予 34 辆预防接种冷藏车配置补助。完成乡镇卫生院业务用房改扩建年度目标任务。

六、促进教育资源公平均衡配置。地市属中职学校（含技工学校）的免学费补助标准提高到每年 3500 元，高等职业院校生均标准提高到每年 6000 元。农村寄宿制学校生均住宿费补助标准提高到每年 200 元，学前教育困难家庭幼儿资助标准提高到每年 1000 元。建成 10 所标准化特殊教育学校。将山区和农村边远地区学校教师补贴政策实施对象扩大到公办普通高中和公办幼儿园，补助标准提高到人均不低于每月 800 元。对少数民族地区少数民族大学生就读本专科期间按每生每年发放 10000 元学费和生活费补助。

七、促进创业就业。对50个左右省级优秀创业项目每个给予5–20万元资助，对10个省级示范性创业孵化基地每个一次性奖补50万元，支持建设10个左右区域性（特色性）创业孵化基地。安排20亿元用于发放社会保险补贴、岗位补贴等各项就业创业补贴，重点扶持高校毕业生、就业困难人员等就业。补贴参加技能晋升培训的劳动者22万人次。

八、加强污染治理和生态建设。省级生态公益林补偿标准提高到每亩26元。启动练江流域普宁、潮阳、潮南3个纺织印染环保综合处理中心建设，年底前完成园区基础设施和污水集中处理厂等环保设施主体工程建设。对纳入计划的生态发展地区污水处理厂按日处理能力每万吨1000万元予以一次性补助。启动15个示范县的镇村污水处理项目建设。全面完成“一县一场”建设任务，村庄保洁覆盖面达到90%，农村生活垃圾分类减量比例达到30%，80%以上农村生活垃圾得到有效处理。

九、强化公共安全保障。启动“电信诈骗防火墙”工程。推进公共安全视频监控建设联网应用。选取710公里有代表性的路段先行实施公路安全生命防护工程。为经济欠发达地区111个执勤消防站配备抢险救援消防车及配套器材。启动智慧食药监项目建设，在全省1000家农贸市场（含超市）开展食品安全快速检测。支持欠发达地区司法行政部门办理法律援助事项及公职律师事务所开展法律援助业务。

十、抓好防灾减灾。巨灾保险改革试点扩大到10个市。启动2个区域性避风锚地、3个示范性渔港建设。启动“平安海洋”气象保障工程项目，新建10个近海气象观测站。新建或升级改造100个地质灾害易发区区域预警预报系统。支持粤东西北地区加强禽流感、口蹄疫、高致病性蓝耳病、猪瘟等动物防疫工作。

附件2　名词解释

1.“一带一路”：指新时期我国对外开放合作的重大战略，“一带”指丝绸之路经济带，“一路”指21世纪海上丝绸之路。

2.PCT国际专利申请：PCT是国际《专利合作条约》（Patent Cooperation Treaty）的英文缩写，按照该合约提出的申请称为PCT国际专利申请。

3.多规合一：指在理顺国民经济和社会发展规划、城乡规划、土地利用总体规划的空间管理职能，实现“三规”融合的基础上，纳入生态环境保护等相关专项规划，进行多规统筹与整合。

4.新型城镇化“2511”试点：指在全省范围选择2个地级市、5个县（市、区）、10个建制镇作为新型城镇化综合试点，选择10类项目作为新型城镇化专项试点，为全省新型城镇化提供可复制、可推广的经验和模式。

5.“两不具备”村庄：指地处偏远、高寒山区或其他自然条件恶劣地区，不具备生产和生活条件的贫困村庄。

6.供给侧结构性改革：供给侧相对需求侧而言，包括生产要素投入、全要素生产率提高两个基本方面。所谓供给侧结构性改革，是指从供给侧入手，针对经济结构性问题而推进的改革，更强调通过制度变革与完善，提高生产要素配置效率，以市场导向优化提升生产端生产能力，从而扩大有效供给，形成高质量、多层次的供给体系，使供给结构更加适应需求结构。

7.国际贸易单一窗口：指参与国际贸易和运输的各方，通过单一的平台提交标准化的信息和单证，以满足相关法律、法规以及管理要求。

8.僵尸企业：指因生产经营困难造成停产半停产，资产负债率高、连年亏损，主要靠政府补贴和银行续贷维持生产经营，长期欠薪、欠税、欠息、欠费的企业。

9.WLAN：即无线局域网（Wireless Local Area Networks缩写），是一种利用无线电通信技术实现信息快速传输的局域网络，与3G/4G通信网络相比，具有高速率、低功率、低成本、网络接入快捷等突出优势。

10.海绵城市：是新一代城市雨洪管理概念，主要通过减少过度硬化、恢复城市绿色植被和生态水系等，将城市建设成为具有吸水、蓄水、净水和释水功能的海绵体，有效控制雨水径流，修复城市水生态，增强城市抗洪防涝能力。

11.城市病：指人口过度向大城市集中而造成的环境污染、交通拥堵、房价高涨、垃圾围城等种种弊病，制约城市宜居宜业水平提升，降低市民幸福感，是城市粗放型发展的表现和结果。

12.能效、水效领跑者：指某一用能产品能源、水资源消耗最低的行业标兵。通过确立行业能效、水效标杆，鼓励要求行业内其他企业向其看齐，从而带动整个行业产品能效、水效水平提高。

13.“一县一场”：全省所有县（市）均要建成生活垃圾无害化处理场。

广东省2015年国民经济和社会发展计划执行情况

2015年，我省认真贯彻落实党的十八大和十八届三中、四中、五中全会及省委十一届四次、五次全会精神，全面贯彻宏观调控各项政策，在省人大及其常委会和省政协的监督支持下，紧紧围绕主题主线和“三个定位、两个率先”目标，坚持稳中求进工作总基调，全面落实稳增长、促改革、调结构、惠民生、防风险各项措施，主动作为，精准发力，经济运行稳中向好、稳中提质，经济社会发展取得新成绩，省十二届人大三次会议确定的年度主要目标任务总体完成，实现了“十二五”的圆满收官。

一、有效应对下行压力，发展质量效益稳步提高，经济运行稳中向好

实施稳增长调结构系列政策措施，积极扩大内需，努力稳定外需，在促投资和稳实体上狠下功夫，保持经济运行在合理区间。全省实现地区生产总值超过7万亿元，达72812.55亿元，增长8.0%，经济总量稳居全国首位。第一、第二、第三产业增加值分别增长3.4%、6.8%和9.7%，三次产业比重调整为4.6:44.6:50.8，服务业占比首次超过50%。人均地区生产总值达67503元，增长7.0%。发展质量效益持续提升。地方一般公共预算收入达9364.8亿元，增长12.0%。其中，税收收入增长13.4%，税收占比达78.8%。全省规模以上工业企业实现利润7208.8亿元，增长8.2%。民营经济发展壮大。规模以上民营工业增加值增长11.8%，分别比国有、外资高9.7个、7.7个百分点；民间投资增长19.9%，占比提高到60.1%。企业健康发展。落实结构性减税和收费减免等支持企业发展的各项政策，为企业减负超过830亿元。年主营业务收入超百亿元的企业达221家、增加20家，超千亿元的企业达22家、增加2家。

二、深化重点领域改革，市场活力进一步激发，行政体制改革步伐加快

51个省直部门实行权责清单管理，新取消和调整省级行政审批事项120项。建成省市县三级联通的网上办事大厅并延伸到镇街，省直部门全部行政审批事项和99%的社会服务事项实现网上办理。全省率先全面完成党政机关公务用车制度改革。中国（广东）自贸试验区建设扎实推进。承接省政府下放的第一批60项省级管理权限，实施自贸区金融创新30条政策，在全省推广首批27条改革创新经验。实行外商投资准入前国民待遇加负面清单管理模式，累计新入驻企业5.6万家。开展国际贸易“单一窗口”试点，建设智能口岸通关体系，通关效率提高50%以上。投融资体制改革进一步深化。率先实行企业投资项目清单管理和网上备案，全年办理备案项目8089个，项目总投资超过1.91万亿元，推行投资审批事项并联审批。创新重点领域投融资机制，鼓励社会资本参与基础设施、公共服务和创新平台等领域建设。推广政府和社会资本合作模式，推介和储备项目122个，总投资超过2800亿元。财政金融和国有企业改革有序推进。探索建立现代财政制度，深入开展预算管理、转移支付制度改革。创新发展新型金融机构，跨境证券产品交易等重大金融平台建设取得新进展，企业跨境人民币贷款198亿元。推动互联网金融等新业态发展，开展股权众筹融资试点。有序发展混合所有制经济，深化组建国有资本投资公司、省属企业负责人薪酬制度等改革。营商环境不断优化。实行工商营业执照、组织机构代码证和税务登记证“三证合一”“一照一码”，推动《广东省商事登记条例》立法，新登记企业数和注册资本金分别增长22.5%和76.8%。初步建成省公共信用信息管理系统平台，开通运行“信用广东网”，归集33个部门156类8135万条信用信息。修订广东省定价目录，进一步放开取消下放62项价格，全面推行阶梯水价和阶梯气价。制订进一步深化电力体制改革的实施意见，率先开展深圳市输配电价改革试点。

三、加快实施创新驱动发展战略，推动产业向中高端迈进，创新能力继续增强

开展全面创新改革试验，大力建设珠三角国家自

主创新示范区。出台加快建设创新驱动发展先行省的意见，实施加快科技创新12条政策。建设7所高水平大学、5所高水平理工科大学和18个重点学科，组建新的省科学院。推进质量强省战略，加强57个国家级质检中心等公共检测服务平台建设，获批建设国家技术标准创新基地（华南中心）。新增国家高新技术企业1816家，总量超过1.1万家。区域创新能力稳居全国前列，R&D经费支出占地区生产总值比重2.50%，技术自给率达71%，有效发明专利量和PCT国际专利申请量保持全国第一。现代服务业发展提速。出台加快发展生产性服务业、健康服务业、养老服务业、体育产业、旅游业、文化创意设计服务等政策文件，推进广东金融高新技术服务区等70个省级现代服务业集聚区建设。现代服务业增加值占服务业比重达60.4%，比预期目标高1.9个百分点。先进制造业发展势头良好。建成珠海碧辟化工PTA三期扩建等一批重大产业项目，湛江钢铁1号高炉正式点火。珠江西岸先进装备制造产业带加快建设，“工作母机”类制造业提升发展，珠江西岸“六市一区”装备制造业增加值增长14.2%。先进制造业增加值占规模以上工业比重达48.5%。扎实推进工业转型升级攻坚战，6035家规模以上工业企业开展新一轮技术改造，工业技改投资增长56.5%。实施智能制造发展规划和机器人产业发展专项行动计划，新增应用机器人1.8万套。出台“互联网+”行动计划，物联网、云计算、大数据等新业态蓬勃发展，两化融合贯标试点企业达431家。战略性新兴产业加快发展。推进新一代显示技术等6个战略性新兴产业区域集聚发展试点。省新兴产业创投计划首批参股支持4支战略性新兴产业投资基金，总规模达10亿元。以战略性新兴产业为主的高技术制造业增加值占规模以上工业比重提高至27.0%。海洋生产总值达1.52万亿元，增长12.5%。

四、落实强农惠农政策，“三农”发展基础进一步夯实，农业经济保持平稳

粮食等主要农产品产量保持稳定，粮食、肉类、禽蛋产量分别达1358.1万吨、425万吨和33.5万吨。建设粮食仓容446万吨，全省地方粮食储备规模增长119%。新型农业经营主体快速发展，省级农业龙头企业达633家，农民合作社3.7万多家，家庭农场3.75万家。农村基础设施建设扎实推进。开工建设韩江高陂水利枢纽工程，基本建成高州水库灌区、雷州青年运河灌区续建配套与节水改造主体工程，完成1700公里山区五市中小河流治理任务，村村通自来水工程示范县建设顺利推进。累计建成高标准基本农田913.4万亩，完成7382公里新农村公路路面硬底化任务。开展农村人居环境整治行动，启动14个省级新农村连片示范建设工程。第二轮扶贫开发“双到”任务全面完成。全省投入扶贫资金73.41亿元，实施贫困村扶贫项目2.23万个、贫困户扶持项目49.86万个，完成10万户农村危房、农村住房困难户改造和9848户“两不具备”（不具备生产、生活条件）贫困村庄移民搬迁安置。90.6万相对贫困人口人均可支配收入达9220元，减贫人口30.6万人。开展“广东扶贫济困日”活动，全省认捐款额（含物资折款）18亿元。农村综合改革稳步实施。出台引导农村土地经营权有序流转发展农业适度规模经营的实施意见，南海区农村集体经营性建设用地入市试点正式启动。开展建设县级综合征信中心等8项行动，推进农村普惠金融试点。加强农村集体“三资”管理，建成农村产权流转管理县级平台128个。

五、狠抓重大项目建设，投资对稳增长的关键作用有效发挥，投资结构继续优化

完成固定资产投资30031.2亿元，增长15.8%，比预期目标高0.3个百分点。工业投资增长20.8%，占固定资产投资比重提高至33.8%；先进制造业、高技术产业投资分别增长25.4%、35.8%，金融业投资增长17.6%，房地产开发投资增长11.8%。重点项目建设进展顺利。2015年省重点项目完成投资5939亿元，为年度计划投资的122.4%。建成惠州机场军民合用改扩建工程等70个项目。济（南）广（州）高速公路平远至兴宁段等11个高速公路项目建成通车，新增高速公路里程738公里，通车总里程7018公里，保持全国第一，实现县县通高速。广深港客运专线福田站建成通车，全省高快速铁路通车里程达1360公里，位居全国前列。阳江核电2号机等11台机组建成投产，新增骨干电源装机容量630万千瓦。新增一批国家支持重大项目。获国家批准建设深圳至中山跨江通道等6个项目，总投资约723亿元。争取中央预算内投资56.29亿元，国家安排专项建设基金项目资本金205亿元。获批及发行企业债券20只，规模达657亿元。

六、培育发展消费新业态，消费对稳增长的基础作用进一步显现，消费实现平稳增长

实现社会消费品零售总额31333.4亿元，增

长10.1%。通讯器材类增长27.5%，餐饮收入增长11.2%；商品住宅销售面积、销售额分别增长25.4%、35.2%。继续开拓国内市场，推进“广货全国行”，工业品内销占比达73.1%，提高1.8个百分点。新业态蓬勃发展。创新推动“广货网上行”，开展广货众筹，网上商品零售额820.3亿元，增长52.9%；快递业务量50.1亿件，增长49.4%。预计电子商务交易额3.2万亿元，增长23.1%；信息消费规模1.04万亿元，增长20.9%；物联网产业市场规模3100亿元，增长29.0%。旅游总收入8902亿元，增长13.4%；接待过夜游客3.5亿人次，增长6.8%。健康、养老、体育等新型消费快速发展。物价水平保持稳定。居民消费价格累计上涨1.5%。继续推进蔬菜大棚、冷藏设施、平价商店“三项建设”，运用省级价格调节基金扩大政策性蔬菜种植保险试点范围到15个市。实现工商业用电同价，开展涉企、医药、教育、电力等价格监督检查，规范电子商务等领域价格行为，查处价格违法案件1422宗，实施经济制裁2.7亿元。

七、持续推进外经贸转型，对外开放水平稳步提高，出口总额小幅增长

进出口总额63559.7亿元，下降3.9%。出口总额39983.1亿元，增长0.8%，进口总额23576.6亿元，下降10.8%。外贸结构继续优化。一般贸易出口增长11.7%，占全省比重达42.9%；旅游购物出口增长1.1倍，38家外贸综合服务试点企业出口增长22.3%，纳入统计的跨境电子商务进出口增长14.5倍。服务贸易占对外贸易的比重提高至11.1%。“引进来”和“走出去”步伐加快。成功举办广交会、中国中小企业博览会、广东经济发展国际咨询会。在澳大利亚、新西兰等6国举办系列经贸活动，签订经贸合作项目300个，签约金额达154.4亿美元。合同利用外资561.1亿美元，增长30.3%，实际利用外资268.8亿美元，与上年持平；新增对外协议投资额259.5亿美元，增长104.9%；对外实际投资106.5亿美元，增长10.9%。“一带一路”建设初显成效。率先出台参与“一带一路”建设实施方案，成功举办第二届广东21世纪海上丝绸之路国际博览会。对海上丝绸之路沿线重点14国进出口额增长4.3%。粤港澳合作不断深化。率先基本实现粤港澳服务贸易自由化，对港澳服务业开放部门达153个，占涉及世贸组织服务贸易部门总数的95.6%，其中58个部门完全实现国民待遇。港珠澳大桥、广深港客运专线等跨境基础设施项目建设稳步推进。

八、推动珠三角优化发展和粤东西北振兴发展，城乡区域发展协调性进一步增强，珠三角地区转型升级加快

大力推动珠三角“九年大跨越”，以创新发展促进优化发展，突出抓好项目建设、技术改造、重大平台、骨干企业和科技创新等重点工作。编制珠江三角洲全域空间规划，努力打造世界级城市群。珠三角地区生产总值增长8.6%，三次产业结构比重优化调整为1.8:43.7:54.5，现代服务业增加值占服务业增加值比重达62.9%，先进制造业、高技术制造业增加值占规模以上工业比重分别达53.6%、31.5%。粤东西北地区稳步发展。交通基础设施建设、产业园区扩能增效、中心城区扩容提质等“三大抓手”扎实推进。包茂高速信宜至电白段等6个高速公路项目建成通车。预计省产业转移园区规模以上工业增加值增长20%，占粤东西北地区规模以上工业增加值比重达25.8%。粤东西北振兴发展股权基金累计完成投资放款101亿元。落实赣闽粤原中央苏区振兴发展规划实施方案，促进革命老区加快发展。加强珠三角与粤东西北对口帮扶，累计引进产业项目692个，完成投资约600亿元。粤东西北地区生产总值增长8.1%，规模以上工业增加值、固定资产投资、社会消费品零售总额分别增长7.9%、18.9%、11.1%，分别比全省高0.7个、3.1个和1个百分点。区域合作取得新进展。泛珠区域合作上升为国家战略，推动珠江—西江经济带、闽粤经济合作区、粤桂合作特别试验区、粤桂黔高铁经济带合作试验区建设。扎实做好对口支援工作，2015年度安排援藏项目95个、资金9.62亿元，援疆项目121个、资金25.22亿元，新增对口支援四川甘孜，安排援建项目38个、资金1.89亿元。新型城镇化有序推进。编制我省新型城镇化规划。推进农业转移人口市民化，改革完善户籍管理制度，常住人口城镇化率达68.7%。茂名市、佛山市南海区及狮山镇增补纳入国家新型城镇化综合试点范围。

九、加快绿色低碳发展，生态文明建设成效明显，节能减排取得新成绩

落实主体功能区各项政策，实施“十二五”后半期节能和主要污染物总量减排行动计划，2015年完成电机能效提升844万千瓦、注塑机节能改造7623台，12.5万千瓦以上燃煤火电机组全部完成降氮脱硝改造，新增20个工业园区实施循环化改造，全面供应

国Ⅴ车用柴油，淘汰“黄标车”56.6万辆，纯电动、插电式（含增程式）混合动力、燃料电池3类新能源汽车保有量超过5万辆。单位GDP能耗下降超过5%，化学需氧量、二氧化硫、氨氮、氮氧化物排放量预计超额完成国家下达的减排目标。污染治理力度加大。实施大气污染防治、南粤水更清、重金属污染综合防治等行动计划，推进广佛跨界河流等重点流域污染治理。全省城市空气质量指数（AQI）平均达标率为91.1%，提高6.1个百分点，PM2.5、PM10平均浓度分别下降17.1%、15.0%。新增污水日处理能力99.4万吨，城镇生活污水集中处理率达85.5%，城市集中式饮用水源水质保持100%达标。城镇生活垃圾无害化处理率达90.1%。生态建设和土地节约集约利用水平提升。深入推进新一轮绿化广东大行动，建设生态景观林带1837公里，完成森林碳汇工程造林215.7万亩，新建森林公园249个、湿地公园50个，扩大省级生态公益林250万亩，森林覆盖率达58.88%。划定和管理生态控制线，推动珠三角国家森林城市群和绿色生态水网建设。建成人工鱼礁区446个、海洋与渔业自然保护区88个。加快节约集约用地示范省建设，调整完善土地利用总体规划，完成“三旧”改造土地面积4.59万亩。国家低碳省和碳排放权交易试点建设取得新进展。设立低碳发展基金，启动首批碳普惠制试点。全年碳排放权配额成交量930万吨、成交金额1.6亿元。

十、扎实推进民生实事，保障水平继续提高，民生支出力度加大

全省民生类支出8912.7亿元，增长44.3%，占地方一般公共预算支出的69.6%，提高2个百分点。就业和城乡居民收入保持稳定。城镇新增就业155.5万人，完成年度任务的129.6%，促进创业22万人。年末城镇登记失业率2.45%，控制在预期目标内。城镇、农村常住居民人均可支配收入实际分别增长6.4%、7.7%。底线民生水平不断提高。城乡低保补差分别提高到410元/月和200元/月，五保对象供养标准提高到所在县（市、区）上年度农村常住居民人均可支配收入的60%以上，孤儿基本生活集中供养和分散供养标准分别提高到1240元/月和760元/月。社会保障水平稳步提升。城镇职工基本养老保险（含离退休）、城乡居民基本养老保险、城乡基本医疗保险、失业保险、工伤保险和生育保险参保人数分别为5087万人、2500万人、10136万人、2930万人、3122万人、3082万人。全省企业职工基本养老金平均水平达2400元/月，城乡居民基本养老保险基础养老金标准提高至每人100元/月，全省价格调节基金向低收入群众发放临时价格补贴1.54亿元。新开工建设城镇保障性住房6.6万套（户）、棚户区改造8.8万套（户），基本建成保障性安居工程11.9万套（户）。全面实施城乡居民殡葬基本服务由政府免费提供政策。教育体育卫生文化事业稳步发展。新创建教育强县38个，山区和农村边远地区义务教育学校教师岗位津贴实施对象扩大到所有农村公办普通高中和公办幼儿园，公办义务教育标准化学校覆盖率达99.0%，高中阶段教育和高等教育毛入学率分别达95.7%、33.0%。2387个公共体育场馆实现免费或低收费开放。开展城乡居民大病医疗保险，城乡居民医保人均补助标准提高到380元/年，人均基本公共卫生服务经费补助标准提高至40元。扶持欠发达地区新建、改扩建或完善设施设备县级图书馆、文化馆、博物馆11个，乡镇（街道）综合文化站30个，行政村（社区）文化室7306个。

经过努力，我省完成了2015年及“十二五”规划主要目标任务。过去五年，全省生产总值年均增长8.5%，高出规划目标0.5个百分点，固定资产投资年均增长16.6%，社会消费品零售总额年均增长12.5%，进出口总额年均增长5.5%，地方一般公共预算收入年均增长14.9%，城镇、农村居民人均可支配收入年均实际增长7.2%、9.0%，产业结构实现从“二、三、一”到“三、二、一”的转变，服务业增加值比重提前两年实现规划目标，为率先全面建成小康社会奠定了坚实基础，我省发展站在了更高的水平上。

同时，我们也要看到，由于国内外经济形势错综复杂和多方面因素影响，我省经济发展面临一些突出矛盾和问题，经济下行压力比预期大，工业、消费、进出口等指标增速未能实现年度预期目标；部分企业和行业生产经营困难，生产成本持续过快上涨，利润下降；结构调整任务繁重，自主创新能力还不够强；基本公共服务均等化水平还不高，率先全面建成小康社会仍然存在短板；改革攻坚任务艰巨，一些深层次体制性结构性矛盾仍制约着发展。对这些问题，我们要高度重视，采取有力措施，认真加以解决。

（资料来源：广东省发展和改革委员会）

2015年广东省经济和信息化工作情况

2015 年，在省委省政府的正确领导下，全省经信系统坚持稳中求进工作总基调，主动适应经济发展新常态，以工业转型升级攻坚战牵引贯彻落实《中国制造 2025》，加快建设信息化先导区，促进我省工业经济和信息化平稳健康发展。全省规模以上工业增加值 3.03 万亿元，增长 7.2%，利润总额 7208.8 亿元，增长 8.2%；软件和信息服务业收入 6994.4 亿元，增长 17.6%；初步核算单位 GDP 能耗下降 5.71%；民营经济增加值占 GDP 比重为 53.4%。一年来，各项重点工作扎实推进并取得了新成效。

一、稳增长实效突出

牢固树立服务理念，以问题为导向，积极向省委省政府建言献策，推动出台了一系列重要稳增长措施。深化培育大型骨干企业。出台优化企业兼并重组市场环境的实施意见，省市合力培育一批 10 亿、20 亿、50 亿元的后备骨干企业。实施大型骨干企业研究机构全覆盖行动，扶持 8 家大型骨干企业建设中央研究院。出台骨干企业诉求专项办理办法，解决企业诉求 168 项。推动民营经济和中小微企业发展上新水平。积极研究并建议省政府出台关于创新完善中小微企业投融资机制的 18 条意见、支持小微企业稳定发展的 15 条措施，建成 9 家政策性担保机构，19 个地市建立信贷风险补偿资金。实施中小微企业人才培育工程，培训 1.57 万人次。全省中小企业服务平台网络实现互联互通，发布服务产品 7489 项，居全国前列。推动大众创业万众创新，江门市成为国家小微企业创业创新基地城市示范，中山市小榄镇科技创业中心等 5 个基地成为国家示范基地。广州、揭阳市在全国 4 个中小企业中外合作区中占据两席。成功举办第十二届中博会。扎实推进企业减负。开展工业企业生产经营情况调研，针对企业集中反映的 22 条困难提出 26 条建议，推动解决了一批共性问题。深入开展大用户直购电改革，为试点工业企业节约电费约 2.3 亿元。

二、工业企业技术改造成效显著

以普惠为原则，出台事后奖补实施细则，政策宣传覆盖 80% 以上的规上工业企业，引导企业备案项目 4374 个，与 12 家主要金融机构签订战略合作协议；争取安排省财政专项资金，重点支持企业扩产增效、智能化改造、设备更新和绿色改造，是近十年来力度最大的一年。这些创新性举措得到工信部的充分肯定。据对 587 家 2015 年技改完工企业的评估，企业销售收入平均增长 9.7%，比规上工业高 7.4 个百分点。

三、珠江西岸先进装备制造产业带建设初具规模

狠抓项目引进和落地建设，建立联席会议机制，协调有关部门加大财政、用地、用海扶持力度，出台加强产业带招商引资指导意见，建立省市县三级督导机制，举办首届珠江西岸先进装备制造业投资贸易洽谈会，促成艾默生电气、中国中车珠海基地等项目投产。制定工作母机类制造业财政扶持政策，支持 38 个工作母机类制造业项目。出台省首台（套）重大技术装备推广应用指导目录和指导领域，奖补支持 49 个省内首台（套）项目。全年珠江西岸超 1 亿元的新签约投资项目 179 个、新动工项目 92 个、新投产项目 86 个。

四、产业园区扩能增效扎实推进

把产业园区扩能增效作为推动粤东西北地区振兴发展的重要抓手，大力支持县域工业平台建设，依托国家公告的开发区新认定省产业转移工业园 11 个、独立的产业转移集聚地 29 个，共达 80 个，基本实现有条件发展工业的县市全覆盖。下达省财政专项资金支持 64 个园区，安排专项用地指标，加大园区建设扶持力度。推动产业梯度转移，建立省产业转移工业园企业项目数据库。狠抓项目建设，分片召开 4 场经济运行分析暨项目建设督导会，推动全年新落地工业

企业 665 家、投产 351 家，其中投资超 10 亿元的分别有 31 家、7 家。

五、贯彻落实《中国制造 2025》迈出坚实步伐

把智能制造作为贯彻落实《中国制造 2025》的主攻方向，推动我省向制造强省迈进。省委省政府召开高规格的《中国制造 2025》宣贯大会，胡春华书记和朱小丹省长分别做重要工作部署。出台贯彻落实《中国制造 2025》实施意见和《广东省智能制造发展规划（2015-2025 年）》，建立工作协调机制和专家咨询委员会，打造全国智能制造发展示范引领区。加快建设智能制造产业基地，省市共建 10 个智能制造示范基地，实现产值 8400.8 亿元；培育 5 个国家智能制造试点示范项目，数量居全国第 2。实施机器人产业发展专项行动，省财政安排专项资金补贴企业购置机器人，带动企业应用工业机器人 1.8 万台，保有量达 4.1 万台，增长 78.4%，占全国 18.8%。加快智能装备科技成果产业化，举办 2015 年广东省科技成果与产业对接活动，促成 13 个战略性新兴产业合作项目签约。开展两化融合试点示范，国家级试点企业达 84 家，25 家企业通过国家首批评定，占全国 1/8。

六、信息化建设取得新突破新进展

积极建设高速、移动、安全、泛在的新一代信息基础设施，主动谋划，提请省政府出台实施信息基础设施建设三年行动计划，省财政首次安排专项资金，重点扶持光纤网络、移动通信基站、公共区域无线局域网（WLAN）建设。构建全省大容量光缆骨干网，基本建成全省“一网三环”大容量光缆骨干网。加快全光网城市建设，完成 210 万铜缆用户升级光纤网络。实施村村通光纤工程，新增农村光缆 3.5 万皮长公里。制定实施“互联网＋”行动计划，着力推进先进制造、现代物流、政务服务等“互联网 +”重点行动。编制省促进大数据发展行动计划，制定省促进云计算创新发展实施方案，支持云浮云谷云计算数据中心等重点项目建设。在全国率先出台省级智慧城市评价指标体系。省网上办事大厅功能逐步完善，省市县三级大厅共进驻行政审批事项 72806 项，网上全流程办理率分别为 96%、85%、73%。

七、超额完成节能目标任务

坚持以铁的手腕推进节能降耗，全省单位 GDP 能耗、单位工业增加值能耗下降率均超额完成年度目标和“十二五”节能目标。加大力度推进电机能效提升和注塑机节能改造，全年完成电机能效提升 844 万千瓦、注塑机节能改造 7623 台，可实现年节电约 60 亿千瓦时，超额完成三年目标任务。加快循环经济发展，20 家园区开展循环化改造，新增 3 个国家循环经济示范城市（县），对 695 家企业开展自愿性清洁生产审核，认定“粤港清洁生产伙伴”标志企业 163 家。启动省产业转移工业园区分布式光伏发电项目建设。加快淘汰落后产能化解产能过剩，将国家下达的淘汰落后产能目标任务分解下达到市到企业，按要求全面完成了落后产能设备的拆除、现场验收和公告工作。

（资料来源：广东省经济和信息化委员会）

2015年广东省国有资产监督管理工作情况

2015年，广东国资监管企业资产总额达到59，178.81亿元，其中，省属企业资产总额11，647.57亿元；资产负债率66.3%，同比下降1.6个百分点；全年实现营业收入13，477.84亿元，实现利润总额1，470.31亿元，其中，省属企业实现营业收入3，869.57亿元，实现利润217.59亿元。据国务院国资委数据反映，全省国资监管企业资产总额、营业收入、利润总额在全国各省市分别取得名列第2名、第3名和第1名的可喜成绩。

一、省属企业每百元上缴税收高于全国地方平均水平

2015年全年，广东国资监管企业实交税金总额1，253.77亿元，同比增长16.6%；12月底，全省国资监管企业职工人数为109.4万人，增长5%，其中，省属企业实交税金总额233.49亿元，同比增10.6%；省属企业职工人数为25.2万人，同比增长5.4%，据统计，2015年省属企业每百元销售收入上缴税收6.03元，高于全国地方国有企业5.71元的平均水平。

二、省国资监管企业负债率下降

据介绍，国资监管企业和省属企业资产收入分别同比增长18.5%、17.6%，与此同时，资产负债率分别同比下降1.6个百分点、4.4个百分点，其中20户省属企业中，有8户企业资产负债率连续两年下降。

三、省国有企业质量和效率明显提升

2015年，广东不断完善企业国资监管体制，除了推行清单管理制度、推进两类公司试点外，还加大打造“阳光国企”，深入推进经营性国有资产统一监管等工作。广东始终坚持国企改革把握好有序有效两大原则，主动调整产业，增强主业培育，实施创新驱动转型升级战略，且加强资本运营提高资产证券化率，大力推进混合所有制改革。深化改革的同时，激发企业活力和动力，提升企业竞争力和抗风险能力，挤掉“泡沫”，促进企业资产质量和效率明显提升。

四、社会贡献突出，国有企业功不可没

2004年—2015年，省交通集团建成高速公路通车里程约2640公里，累计完成高速公路投资2727亿元。省铁投集团参与了31项铁路项目投资建设，累计完成投资2920亿元；机场集团完成揭阳潮汕机场、惠州机场建设任务以及白云机场、梅县机场的扩建任务，累计投资180亿元。以上三家省属企业通过财政部门划拨的610亿元资本金，完成了5827亿元的投资规模，将财政资金效应放大了近10倍，充分保障了我省基础设施建设的质量和速度，使得广东省高速公路通车里程、有轨交通通车里程全国排名第一，为我省经济发展保驾护航。

同时，省属企业承接了粤东西北地区污水处理设施的投资、建设、运营任务，其中：污水处理厂56个，总处理规模181万吨/日；配套管网39条，预计总投资为69.39亿元。同时，省属企业还承担了港澳地区100%的供水和80%以上的鲜活农产品供应，为港澳地区经济社会的繁荣稳定、促进“一国两制”的平稳实现做出了巨大贡献。

除此之外，2001年开始的省属企业三年脱困工作和1999年启动的省属煤矿破产清算工作，合共安置、分流、离退休职工达9.1万人，在这个过程中，国有企业承担了大量的工作，以高度的责任心主动作为、有效作为，使得这些工人没有对社会造成正面的冲击。现每年仍需要对留守人员、特养人员等历史遗留问题支出1.25亿元。省属企业还投入了大量的资金建设了棚户区改造平台，负责部分棚户区改造工作。

（资料来源：广东省人民政府国有资产监督管理委员会）

2015年广东省财政工作情况

2015年，来源于广东的财政收入完成20938.18亿元，同比增长9.7%。全省一般公共预算收入完成9366.78亿元，同比增长16.1%、增收1301.71亿元，剔除11项政府性基金转列一般公共预算因素后可比增长11.9%，连续25年位居全国各省市首位，其中，税收收入完成7377.07亿元，同比增长13.3%；全省一般公共预算支出完成12827.8亿元，同比增长40.2%、增支3675.16亿元。省级一般公共预算收入完成1963.29亿元，同比增长12.8%、增收222.77亿元，可比增长8.7%，其中，税收收入完成1784.88亿元，同比增长8.9%；省级一般公共预算支出完成1176.08亿元，同比增长37.4%、增支320.09亿元。

一、增收节支情况

2015年，广东省各级各有关部门强化增收节支，财政收入基本与经济增长速度相适应，财政运行态势良好。

收入方面　加强对收入运行的监测和分析，强化收入组织工作，规范收入征管秩序，促进应征尽收，提高收入质量，收入保持稳定增长。全省一般公共预算收入完成9366.78亿元，同比增长16.1%、可比增长11.9%，总量连续25年居全国各省市首位。全省税收收入完成7,377.07亿元，同比增长13.3%，全省收入质量稳中有进。

支出方面　狠抓预算支出工作，建立以“三挂钩一通报”为主体的预算执行管理考核制度，加强重点支出监控力度，督促省直部门和市县加快支出进度。坚持有保有压，支出结构继续优化，支出进度更加均衡。从严控制一般行政性经费和“三公”经费增长，落实各项节支措施。全省一般公共预算支出完成12827.8亿元，同比增长40.2%，其中省本级支出完成1176.08亿元，同比增长37.4%。突出“保重点”，确保民生和重点领域支出需要，全省民生类支出占全部支出的69.6%，比上年的69%提高0.6个百分点。突出“压一般”，全省主要用于维持行政运行的一般公共服务支出占全部支出的7.9%，比上年的10.5%降低了2.6个百分点；省级行政和参公事业单位会议费及“三公”经费财政拨款支出2.79亿元，同比减少20.20%。

二、发挥财政杠杆作用

2015年，广东省各级财政加大资金投入力度，突出支持重点，发挥财政资金引导放大作用。一是加大资金投入，在年初预算安排2450亿元的基础上，研究制定并以省政府出台八个方面16条支持稳定经济增长的财政政策措施，全年全省各级财政共统筹安排约8002亿元，推动稳增长等各项政策落地，纳入GDP考核的财政支出八项指标直接拉动GDP增长1.6%。二是突出支持重点，抓住既能拉动即期经济增长又有利于长远发展的领域，重点支持技术改造、先进装备制造业发展、基础设施建设等，包括：安排45亿元支持工业企业实施新一轮技术改造；安排75.2亿元支持珠江西岸先进装备制造业及珠江东岸电子信息产业带发展；安排10亿元扶持集成电路产业发展等。三是发挥财政资金引导效应，创新投融资机制，通过设立政策性产业基金、投资基金、加快推进PPP等，引导带动社会资本投入。制定并以省政府名义印发《广东省关于在公共服务领域推广政府和社会资本合作模式的实施意见》；召开PPP项目推介会，集中向社会公开发布PPP项目122个，总投资额达2814亿元，现场签约项目10个，总投资额达242亿元；省财政设立（含拟设立）23项基金，共安排资金366.15亿元，预期带动社会资本投入超过3000亿元。四是落实税费减免，切实减轻企业负担。落实小微企业、创新型企业税收优惠政策；继续对全省范围内所有企业免征32项中央设立和7项省设立涉企行政事业性收费的省级收入；取消和暂停征收征地管理费等12项中央级设立的行政事业性收费，对小微企业免征42项中央级行政事业性收费，对非营利性养老和医疗机构建设全额免征、营利性机构减半收取行政事业性收费。

三、支持创新驱动发展

2015 年，广东省财政综合运用补助、贴息、风险补偿、设立引导基金等方式，瞄准创新驱动的重要环节，精准发力。一是围绕重点环节，支持科技创新。重点支持实施企业研究开发事后奖补、创新券补助政策试点、新型研发机构建设和省市共建面向科技企业孵化器的风险补偿金等。二是围绕创新主体，激发创新驱动内生动力。包括：设立高新技术企业培育资金，对纳入省高新技术企业培育库、未获得国家授予的高新技术企业称号的企业，给予再培育补助；2015-2017 年省级财政安排 256.25 亿元（其中新增高水平大学专项资金 60 亿元），支持高水平大学及理工科院校建设；创新保障机制，省财政出资支持省科学院重组和清华大学珠三角研究院建设等。三是围绕成果转化，支持科技和经济融合。整合资金 105.5 亿元，设立重大科技成果产业化基金、重大科技成果产业化扶持专项资金、应用型科技研发扶持专项资金。四是围绕创新链条，专项支持各环节创新工作。安排下达基础与应用基础研究专项资金（省自然科学基金）、公益研究与能力建设专项资金、协同创新与平台环境建设专项资金、前沿与关键技术创新专项及省产业技术创新与科技金融结合专项资金等共 27 亿元。五是注重发挥政府采购政策功能，建立面向创新企业的政府采购预算份额预留制度、创新产品（服务）政府采购需求标准和评审制度以及激励创新驱动发展的政府首购和订购制度等。

四、协调城乡区域发展

2015 年，广东省财政充分发挥财政资源配置效应，坚持财力向农村倾斜，向欠发达地区倾斜，缩小城乡区域发展差距，提高协调发展水平。

城乡协调发展方面　进一步加大财政投入力度，完善强农惠农政策体系，推动城乡统筹发展，促进农业增产、农民增收、农村发展。一是改善农业生产条件。继续推动小型农田水利重点县建设、省级水利建设示范县建设，支持病险水库除险加固、海堤加固达标等水利项目建设，开展中小河流治理工程建设；统筹安排23亿元，建立政策性农业保险，探索巨灾保险试点；下达自然灾害救助资金 28 亿元，支持强台风“彩虹”及其他灾害受灾地区救灾复产重建。二是支持改善农民生活环境。安排 53 亿元，支持泥砖房、茅草房等农村危房改造，开展具有岭南乡村特色和生态宜居的省级新农村示范片建设，推进农村土地承包经营权确权登记颁证工作，继续推进扶贫“双到”工作。安排 8.4 亿元，完善农村基层组织工作经费保障制度。

区域均衡发展方面　一是促进粤东西北加快发展。认真贯彻实施粤东西北加快发展“三大抓手”决策，统筹中央和省级一般公共预算资金等 393 亿元，支持高速公路、轨道交通、航运等交通基础设施建设；安排 16.5 亿元，对粤东西北地区中心城区公益性基础设施项目给予一次性贷款贴息，支持粤东西北地区新区和中心城区扩容提质；安排 24.46 亿元，支持粤东西北地区产业园区提质增效。二是支持珠三角优化发展。大力支持珠江西岸先进装备制造业等重大产业发展；继续推动重大平台建设和发展，落实横琴、南沙、中新知识城等重大发展平台省级税收增量专项补助。

五、保障改善民生

2015 年，广东省财政突出建机制、补短板、兜底线，加大公共产品、公共服务投入，健全公共服务体系，提高民生保障水平。一是落实民生保障资金。2015 年全省民生类支出完成 8912.66 亿元，占一般公共预算支出的 69.6%，比上年提高 2 个百分点。全省和省级十件民生实事支出 2139.4 亿元和 900.28 亿元，完成预算的 110.9% 和 113.6%；全省和省级底线民生保障支出 254.05 亿元和 139.9 亿元，完成预算的 111.8% 和 123.1%。二是提高民生保障水平。做好城乡免费义务教育生均公用经费补助标准、城乡居民医疗保险补助标准、城乡居民基本养老保险基础养老金以及城镇、农村低保补差水平等提标工作，加大对城乡医疗、残疾人生活津贴、重残护理补贴等补助力度，推动人民群众共享改革发展成果。三是完善民生保障机制。深化民生财政保障制度改革，扩大基本公共服务均等化综合改革试点，新增珠海、河源、湛江市纳入改革试点范围；选择江门开平市、肇庆德庆县等 8 个县（市、区）开展试点，推进基层公共服务综合平台建设，推动公共服务向基层延伸；探索建立财政转移支付与农业转移人口挂钩机制，推动基本公共服务常驻人口全覆盖。

六、财政改革

2015 年，广东省财政立足省情实际，积极推进各项改革工作。

构建完善财税体制改革制度框架　坚持总体设计，制度先行，围绕实施《深化广东省财税体制改革率先基本建立现代财政制度总体实施方案》，制定印发各类重要改革文件35项，其中：以省政府名义印发的10项，经省政府同意以我厅名义印发的25项，包括《关于深化预算管理制度改革的实施意见》《关于加强政府性债务管理的实施意见》《广东省省级财政专项资金管理办法》《广东省省级财政资金项目库管理办法》《政府向社会力量购买服务指导目录》等，推动形成全面深化财政改革的制度体系。

推动财税体制改革总体方案落地见效　一是预算管理制度改革方面，制定印发《关于深化预算管理制度改革的实施意见》及预算管理改革系列具体办法，全面推进全口径预算编制、中期财政规划管理、跨年度预算平衡机制、项目库管理、零基预算改革等。二是省以下事权和支出责任相适应制度改革方面，制定试点组织实施工作方案，会同主管部门对教育、交通、社保、民政、水利等五个试点领域的所有事权进行了调查摸底，制订了省以下事权和支出责任置换调整清单以及《广东省建立省以下事权和财政支出责任相适应制度改革试点方案》并呈报省政府。三是税制改革方面，继续实施营改增试点，截至2015年底，全省试点户数从试点启动时的18.87万增加到99.51万户（含深圳，下同），增长427%，其中一般纳税人和小规模纳税人分别为18.29万和81.22万户，分别占19%和81%，累计实现减税953.13亿元，其中试点纳税人累计减税605.56亿元，试点纳税人减负面为98.2%，为原增值税纳税人提供抵扣减税275.71亿元，出口服务退免税71.86亿元。同时，积极做好建筑、房地产、金融和生产服务业营改增前期准备工作。

统筹推进其他各项改革　一是完善省级国有资本经营预算管理，印发《关于进一步完善省级国有资本经营预算管理的实施意见》。二是推进权责发生制政府综合财务报告制度改革，实现地市一级试编工作覆盖面达到100%，县（市、区）一级覆盖面达到50%。三是完善政府向社会转移职能和购买服务标准体系，报请省政府批准印发了《政府向社会力量购买服务指导目录》。四是推进省以下法院、检察院财物统管制度改革，妥善做好资金测算、财物划转、非税收入管理等工作，推进建立经费保障长效机制。五是健全农村金融服务机制，联合省金融办、广东保监局制订《广东省巨灾保险试点实施方案》并呈报省政府，在汕头、韶关、梅州、湛江、清远等5市开展巨灾保险试点工作。

七、财政管理

2015年，广东省财政部门全面规范财政管理，提升财政工作效能。

财政存量资金管理　进一步加大清理盘活力度，重点围绕2012年及以前年度一般公共预算、政府性基金预算以及财政专户资金等应收回的资金进行清查。

专项资金管理　全面梳理省级财政专项资金，裁减、合并、收回、优化一批财政专项资金，在编制2016年预算时，按照“一个部门一个专项，没有专项的部门不新增专项”的原则，将省级一般公共预算专项资金从219项压减到50项；修订省级财政专项资金管理办法，建立完善专项资金设立、审批、分配等各个环节的监管制衡机制；推进专项资金信息“八个公开”，建立专项资金实时在线联网监督系统。

库款管理　加强对库款的统计分析和动态监测，建立库款通报制度，督促市县增强库款管理水平，压减库款规模。同时，加强机制建设，制定印发《广东省库款资金存量与增量调度挂钩暂行办法》，努力将库款维持在合理水平。

财政信息化建设　加强信息化建设规划，制定《广东省财政信息一体化系统升级改造工作方案》，积极推进财政一体化信息系统建设，完成新的预算管理一体化系统、办公自动化系统开发并上线试运行，完成省、市、县三级统一的“金财工程”应用支撑平台建设，实现通过纵向网传递报送财政预算、支付数据，为财政改革发展各项工作提供技术支撑。

八、财政监督和绩效评价

2015年，广东省组织开展专项转移支付资金和一般性转移支付资金检查，对包括教育、文化、水利、科技及彩票公益金等27项专项资金进行了重点检查；共组织对6个地市级及所属12个县（市、区）进行了重点检查，检查转移支付资金114.36亿元，收缴违规资金5300多万元。进一步完善专项资金绩效目标申报和绩效评价考核机制，完善第三方绩效评价，严格落实绩效评价考核结果运用，实行评价结果与资金安排挂钩机制、评价整改措施备案核查机制、依规将评价结果向社会公开机制等。组织对49项、115亿元到期专项资金进行了重点绩效评价，评价结果为良的20项，中的20项，低的1项；委托第三方对696亿元资金进行了绩效评价，绩效评价结果全部向社会公布；对其中4项使用绩效差的专项资金予以收回，涉及资金35.86亿元。

九、财政预算公开

2015 年，广东省财政部门按照新预算法关于推进预决算信息公开的要求，完善公开制度，细化公开内容，多项财政信息公开工作走在全国前列。一是加强制度建设，先后印发了《关于进一步推进省级预决算信息公开的意见》《关于进一步推进市县预决算信息公开的指导意见》等制度，明确公开的内容和规范及要求，进一步健全完善财政预决算、“三公”经费公开制度体系。二是落实公开责任，做好省级财政预决算信息公开及省级专项资金信息公开工作。按照时限要求分别于 2 月 15 日和 8 月 15 日公开了 2015 年预算报告和 2014 年省级总决算，并通过省级专项资金管理平台及时公开专项资金信息。三是加强督促指导，建立信息公开定期通报机制，督促省直各部门和指导市县及时公开预决算信息。

十、防范财政风险

2015 年广东省财政部门创新管理思路和手段，规范地方政府性债务管理。一是分类处理，解决存量债务。按照财政部的统一部署，对全省地方政府债务存量进行了全面清理甄别。对甄别后纳入预算管理的政府存量债务，通过发行地方政府置换债券置换，降低利息负担，优化债务结构。对法律法规规定可举债领域的在建项目，在国家统一设置的在建项目后续融资过渡期内，进行分类妥善处置。二是公开透明，规范债务管理。将债券收支纳入预算管理，当年新增一般债券、专项债券分别纳入一般公共预算、政府性基金预算的收入预算；实施政府债务限额管理，按照财政部下达我省 2015 年政府债务限额，经报省政府、省人大常委会审议同意后，已向社会公开并及时下达；及时编制新增地方政府债券预算调整报告提交省人大审议，经省人大常委会批准后组织发行新增地方政府债券 333 亿元。三是建立机制，防范债务风险。制定印发《关于加强政府性债务管理的实施意见》，明确了地方政府性债务举债主体、限额管理、预算管理、风险预警、清理甄别、政绩考核等方面规范管理的要求；研究制订《广东省政府性债务应急和责任追究预案》，明确责任，完善机制，构建省、市、县三级政府性债务风险防控体系，守住不发生区域性和系统性风险的底线。

（供稿单位：广东省财政厅）

2015年广东金融创新工作情况

2015 年是我省“金融创新工作年”。省金融办会同“一行三局”等有关部门，落实创新驱动发展战略，力推“金融创新发展行动计划”，取得了积极进展和成效，创下多个“全国第一”，比如，创建全国第一个“互联网 +”众创金融示范区，全国第一家民营银行暨互联网银行开业，国内第一个开展互联网非公开股权融资试点，省部共建全国第一个青年大学生创业创新服务平台（中国青创板），自主开发全国第一个省级农户信用信息系统，发布全国首部互联网金融行业准则，国内首批“互联网 + 信用三农”众筹项目成功募资；本外币存贷款余额、上市公司数量、保险保费收入等主要指标保持全国第一，跨境人民币结算业务量连续 7 年全国第一，直接融资金额全国第一，碳排放权交易量全国第一，银行间市场发行公司债、中小企业私募债、资产证券化产品融资规模全国第一，等等。预计 2015 年广东金融业增加值 5400 亿元，占 GDP 比重约 7.3%；预计金融业总资产 23 万亿元；预计社会融资规模 1.4 万亿元；本外币存、贷款余额分别为 16.04 万亿元、9.57 万亿元，同比增长 11.6%、12.3%；境内上市企业421家，新三板挂牌企业675家；实现保费收入 2814.37 亿元，同比增长 20.19%。

2015 年，我省金融系统认真落实省委省政府的决策部署，突出“金融服务创新驱动发展”主题，着力推动“八个创新”：

一、推动互联网 + 金融创新，金融助力“双创”开启新篇章

一是在佛山创建全国首个“互联网 +”众创金融示范区，建设“互联网 + 金融”以及众创、众包、众扶和众筹“四众”平台，构建支持大众创业万众创新的“1+4”综合金融服务体系。二是推进建设创新创业金融街试点，在民间金融街的基础上引入创业金融机构和创业孵化机构，打造创新创业生态圈。三是扶持、推动互联网金融规范健康发展，在全国率先开展互联网非公开股权融资试点，选定首批试点平台 11 家。年末广东共有第三方支付机构 31 家，占全国的 11.57%。P2P 网贷平台 476 家，占全国的 18.34%；网贷余额 872.26 亿元，占全国的 19.85%。非公开股权融资平台 39 家，占全国的 30%；全年实际融资金额 13.52 亿元，占全国的 26%。

二、推动多层次资本市场创新，直接融资工作迈上新台阶

2015 年全省企业通过沪深交易所、新三板、区域性股权市场、银行间交易市场和发行企业债等方式直接融资金额达 7733 亿元，占全省各类融资总额的比重提高到 31%，均创历史新高，居全国之首。一是与深交所及新三板签订战略合作备忘录，开辟创业板单独审核通道，推动省内企业上市融资。“新三板”华南服务基地落户珠海横琴，成为全国中小企业股份转让系统在国内的第三个服务基地。全年我省新增境内上市企业 31 家，新增赴港上市企业 8 家；新增新三板挂牌企业 431 家。二是推动区域性股权交易市场发展，全省 3 家股权交易中心挂牌企业 1.28 万家，累计融资约 600 亿元。广州股权交易中心“青年大学生创业板”升级成为“中国青创板”，成为全国唯一的省部共建创新创业示范项目，累计上板项目超过 900 项，覆盖 20 个国家地区和国内 15 个省市。广东金融高新区股权交易中心在汕头市设立“华侨板”运营中心，打造华侨企业投融资服务中心，挂牌企业 372 家。三是支持符合条件的上市公司和企业创新融资方式，通过定向增发、配股、发行优先股和公司债券、资产证券化等扩大融资。2015 年，我省企业利用银行间交易市场发行债务融资工具 1968 亿元，发行企业债、公司债、中小企业私募债、资产证券化产品等融资 3516 亿元。

三、推动金融科技产业融合创新，金融支持科技创新打开新局面

一是积极推动广州、东莞、揭阳和佛山南海建设金融、科技、产业融合创新试验区。佛山、东莞、江

门等市通过设立种子基金、信贷风险补偿专项资金、贷款贴息专项资金、创业投资机构风险补助专项资金等，建立多元化多层次科技投融资体系。二是将金融科技产业融合从国家级高新区扩展到各级工业园、转移产业园、创意产业园。推动建设科技金融综合服务中心、科技支行、科技小贷等专营机构，提供“一站式”金融服务。三是推动设立重大科技专项创业投资基金、新兴产业创业投资基金等政府引导基金，引导社会资本和金融资本投向创新领域。四是举办“中国高新科技企业投融资巡回路演·广东站”活动，打造“永不落幕”的网上投融资对接平台，开展3批次常态化网上路演，累计为42家企业和130家投资机构开展项目对接，实现融资1.6亿元。

四、推动融资渠道创新，金融服务实体经济呈现新亮点

一是建立银行业支持实体经济情况监测制度，引导银行机构围绕实体经济配置信贷资产，着重支持“一带一路”项目、七大类重点工程、六大消费热点领域和战略性新兴产业；全省银行中长期贷款余额5.81万亿元，占各项贷款余额的60.7%。二是落实小微企业服务监管政策，实施差异化监管，全省小微企业贷款增加1692亿元，占企业贷款增量的72%；支持银行机构设立社区支行、小微支行等服务网点，提供特色化、差异化金融服务。三是与中国人保集团、人寿集团、平安集团、太平集团签订战略合作框架协议，开展深层次战略合作。推进“险资入粤”，引导保险资金以债权、股权投资计划等形式，加大对我省交通、能源、市政等基础设施建设和棚户区改造、城镇化建设等民生工程的投资，年末保险资金累计运用余额4112亿元，其中当年新增808.6亿元，新增规模居于全国前列。

五、推动自贸区金融创新，金融对外开放取得新突破

一是成立广东自贸试验区金融工作协调推进小组，建立自贸区金融工作协调机制。二是以粤港澳合作为重点推进自贸区金融改革创新，支持粤港澳金融机构跨境互设，推动澳门国际银行、汇丰银行等港澳资银行设立自贸区分支行或代表处；推动广东与港澳地区金融同业间互动合作及金融基础设施互联互通。三是协调推动各类金融机构和金融组织入驻自贸区，截至2015年末，前海蛇口、南沙、横琴新区片区分别集聚各类金融机构和创新型金融企业31355家、654家及2018家，分别比年初增加19896家、538家及1346家，注册资本合计超过2.5万亿元。四是支持自贸区开展跨境人民币贷款业务试点，开展人民币银团融资、跨境人民币资金池、赴港发行人民币债券、贸易融资资产跨境转让等跨境人民币业务。

六、推动金融平台和金融机构创新，地方金融发展水平实现新提升

一是积极推动一系列金融创新重大平台落地。创新型期货交易所筹建取得重大进展；广州商品清算中心、国际知识产权交易中心、自贸区金融仲裁中心等金融创新平台相续落地；广东国际商品交易中心等7家交易场所获批设立。二是完善地方金融机构体系。全国第一家民营银行前海微众银行正式开业，久隆财产保险、中邮消费金融公司、粤海财务公司、华通金融租赁公司、中科沃土基金管理公司获批成立。新增4家农商行开业，8家农信社获批改制。三是推动地方金融组织健康发展。设立广发互联小贷公司、广州唯品会小贷公司、广联达小贷公司、珠海民商网络融资担保公司等互联网特色小贷、担保公司；推动中盈盛达融资担保公司在香港成功上市。年末全省法人金融机构281家；小额贷款公司512家、融资担保机构360家。

七、推动农村普惠金融创新，金融服务民生再创新业绩

一是加强政策顶层设计。普惠金融“村村通”工作被省政府列入2015年“十大民生工程”，并印发《关于深化广东农村金融改革建设农村普惠金融体系的实施意见》。二是积极推动农村普惠金融试点。以“八项行动”为主要内容的农村普惠金融试点工作按期完成，县级综合征信中心、信用村和助农取款点建设全面完成或超额完成预定目标。三是完成全省农房保险承保机构公开招标和续保承保工作，提高保障金额，扩大理赔范围，全省农房保险累计承保户数1163万户，累计保险金额1203亿元，承保面达98.83%。四是推动巨灾保险试点和农业“政银保”项目试点工作，进一步扩大政策性农业保险覆盖面。

八、推动地方金融监管协调机制创新，金融生态环境展现新气象

一是积极落实国发 30 号文精神，稳步推进地方金融监管体制改革。加强与一行三局监管信息沟通与共享，推进地方金融监管协调。二是推动小额贷款公司、融资担保公司分批次逐步接入中国人民银行征信系统，已申报接入征信系统的小额贷款公司、融资担保公司共计 30 家，已通过验收、开通互联网查询权限的 3 家。三是指导江门、中山、顺德等地因地制宜，推进社会信用体系建设、小微企业信用体系建设等工作。四是推动设立华南创新金融研究院，支持广州国际金融研究院、广东 - 诺丁汉高级金融研究院等创新发展，引进、培养高端金融人才，广东金融人才队伍建设工作取得新进展。五是妥善处置个别农合机构流动性风险和个别大型企业信贷风险问题，确保地方金融稳定。六是开展非法集资专项整治活动和涉众型金融不稳定问题专项治理活动，破获一批重大金融案件，有效维护金融秩序。

（供稿单位：广东省人民政府金融工作办公室）

2015年广东省商务工作情况

2015年，面对复杂严峻的经济形势，全省商务、口岸和自贸系统认真贯彻落实省委、省政府的决策部署，扎实推进各项工作，全省商务发展总体平稳。外贸市场份额提高，全年货物进出口总值63559.7亿元，下降3.9%，占全国的25.9%，比上年提高0.9个百分点；其中出口39983.1亿元，增长0.8%，守住了出口正增长底线。消费保持平稳增长，全年社会消费品零售总额（以下简称社消零）31333.4亿元，增长10.1%，扣除价格因素，实际增长10.5%。利用外资保持稳定，合同外资金额561.1亿美元，增长30.3%；实际使用外资268.8亿美元，与上年持平。对外投资步伐加快，新增对外协议投资259.5亿美元，增长104.9%；对外实际投资106.5亿美元，增长10.9%。自贸试验区建设开局良好，广东自贸试验区全年新设立企业超过5.6万家，其中注册资本超过10亿元以上的企业超过220家，世界500强企业51家，在全国四个自贸试验区中居于前列。口岸通关保持高效畅通，全年经广东口岸进出境人员3.9亿人次，增长5%；出入境交通工具1975万辆（艘、列、架）次，增长1.6%；进出口货物4亿吨，下降7.4%；进出口集装箱总量2737.7万标准箱，下降0.9%，总量均位居全国前列。尤其是全省商务发展质量效益稳步提升。

——对外贸易结构优化。一般贸易平稳增长，全年一般贸易进出口26779.8亿元，增长4.9%，占全省比重由上年38.6%的提高至42.1%。加工贸易转型升级步伐加快，加工贸易“委托设计＋自主品牌”方式出口比重达70.1%，比上年提高3.8个百分点。服务贸易占比提高，据商务部统计，全年服务进出口1281亿美元，增长15.3%，服务贸易占对外贸易的比重由上年的9.4%提高至11.1%。外贸新业态增长迅猛，38家外贸综合服务试点企业合计出口1725.3亿元，增长22.5%；全省旅游购物出口1464.6亿元，增长1.2倍；跨境电子商务进出口167.3亿元，增长3.6倍。

——双向投资结构优化。服务业吸收外资比重提升，全年服务业实际使用外资153亿美元，增长19.5%，占全省比重达56.9%，比上年提高9.3个百分点。国际产能合作取得积极进展，制造业实际对外投资8.3亿美元，增长1.6倍；其中电气制造业、电子设备制造业对外投资分别大幅增长11倍、1.8倍；设立境外研发中心42个，一批境外园区平台建设取得初步成效。大项目数量和质量稳步提升，新设或增资投资总额千万美元以上的大项目1491个，增长23.3%，合同外资金额473.5亿美元，增长58.6%；对外投资超千万美元项目325个，增长1.6倍，合计新增对外实际投资106.2亿美元，增长10.9%。

——国际市场布局优化。与欧美发达国家合作深化，全年对美国、欧盟进出口分别增长6.6%、2.5%，占全省比重分别达到12.5%、10.5%，分别比上年提高1.2个、0.7个百分点；引进欧美发达国家技术合同金额54亿美元，占全省技术进口额的68.3%。与“一带一路”沿线国家合作加强，对海丝沿线重点14国进出口增长4.3%，占全省比重达13.2%，比上年提高1个百分点；对海丝沿线重点14国实际投资增长56%，占全省对外实际投资的4.5%，比上年提高1.3个百分点。

——消费增长动力转换加快。传统零售、大宗商品、线下消费增速放缓，网络、信息、食品类消费较快增长。其中，限额以上批发零售业网上商品零售额增长52.9%，拉动社消零增长1个百分点；通讯器材类商品零售额增长27.5%，增速比上年提高5.5个百分点，拉动社消零增长0.3个百分点；粮油、食品类商品零售额增长17.6%，增速比上年提高8个百分点，拉动社消零增长0.5个百分点。此外，体育娱乐用品、电子音像制品、五金制品、建材等类商品销售良好，增速均在20%以上。

——内贸流通转型升级步伐加快。流通模式创新取得积极进展，全省电子商务交易额约3.36万亿元，居全国首位；其中网络零售交易额7668.6亿元，增长39.5%，相当于全省社消零的23.4%。新型经营模式快速发展，全省限额以上连锁企业门店数近3万家，年销售额5000多亿元。商贸物流标准化试点在广州市取得良好效果，装卸作业效率提升3倍，由每车2小时缩短至0.5小时，车辆周转率提升1倍，由每天2趟提高至4趟。

过去一年，我们主要开展了以下工作：

一、着力推动外贸稳定增长

一是加大政策支持和督查力度。出台促进外贸稳定增长和转型升级 20 条措施，得到李克强总理、汪洋副总理批示肯定。省直及中央驻粤单位共出台近 100 份落实国务院和省政府促进外贸稳增长政策的配套措施，各地市及顺德区均出台了支持外贸稳增长的实施细则。省财政新增安排外贸稳增长专项资金，各地市财政也配套安排外贸稳增长专项资金。省政府先后两次派出督导组，对各地贯彻落实 20 条措施、外贸稳增长情况进行专项督查，督促各地加大外贸稳增长政策支持和落实力度。东莞、广州等外贸大市充分挖掘进出口增长潜力，进出口分别增长了 4.2% 和 3.5%，分别拉动全省进出口增长 0.6 个和 0.4 个百分点；揭阳、茂名、梅州市进出口增速排在全省前三位，分别增长 30.4%、20.9% 和 13.7%。二是全力扩大出口。加大欧美发达国家、“一带一路”沿线和新兴国家市场开拓力度，全年组织企业参加了 165 场境外展会，组团参加了广交会、高交会、中博会等境内重点展会，于广交会期间在周边场馆配套举办各类专业展，支持企业利用展会抢抓订单。加大出口信保支持力度，扩大出口信用保险覆盖面，加大对成套设备和单机等机电产品、农产品出口，以及对海上丝绸之路沿线国家及小微企业投保短期出口信用保险的支持力度。三是着力稳定进口。制定实施《关于加强进口工作的若干政策措施》，落实《中国制造 2025》，结合我省新一轮技术改造及珠江西岸先进装备制造产业带建设，修订完善《广东省鼓励进口技术和产品目录》，扩大进口贴息范围和覆盖面，加大对先进技术、重要装备、关键设备等进口的支持力度。打造进口促进平台，推进省进口商品交易中心、广东自贸试验区进口消费品集散中心等平台建设，启动汽车平行进口等业务。四是加强贸易摩擦综合应对。推动出台《广东省贸易政策合规工作实施办法》，采取应诉协调会、开办辅导班等多种措施提高企业贸易摩擦应对能力。加强对行业技术性贸易壁垒研究和应对，开展预警监测平台建设。健全“四体联动”工作机制，新评选 15 家公平贸易工作站，培育社会力量应对贸易摩擦。

二、着力促消费扩内需

一是深入开展多种形式的消费促进主题活动。制定全年扩内需促消费工作方案，以“促消费、稳增长、惠民生”为主题，举办三轮全省消费促进月活动，创新促销方式，推动零售、餐饮、旅游等行业联手，共举办各类展销会、购物节、美食节、文化节、汽车嘉年华等促销活动 730 多场，参与企业数超过 7 万家，实现销售额近 280 亿元。推动出台《广东省人民政府办公厅关于促进汽车生产消费的实施意见》，稳定和促进汽车消费。二是大力推进广货网上行活动。以“派红包”为主要促销方式，配套开展广货知识竞赛、2015（广州）国际电子商务博览会暨广货网上行成果展、2015 年广货网上行 O2O 购物狂欢节及 2015 广东（国际）电子商务大会等活动。截至 2015 年底，共组织线上线下企业在广货网上行微信公众号和官网开展发红包活动 81 次，发放促销红包 4522 万张，价值 29.6 亿元，带动广货去年网络销售 1200 亿元。三是推进消费模式创新。推动内贸流通企业和传统制造企业利用互联网、微信、社交网络、APP 以及与线上平台合作开展丰富多彩的 O2O 线上线下营销。创新开展广货众筹，与知名电商平台进行资源整合，选取智能创意新品及农产品开展众筹试点，正式上线“京东众筹广货专区”，推动优质广货走向市场。四是大力推进广货内销。制定实施促进广货内销专项行动方案，举办省内外市场开拓及促销活动 127 场，签订合作项目金额超 5000 亿元。组织企业参加兄弟省市来粤对接洽谈和推介会 20 多场，签订合作项目金额 800 多亿元。推进省外广东商会和广东商贸城建设，建成省外广东商会 31 家（省级 28 家、副省级 3 家）、省外广东商贸城 14 个。

三、着力推进优化市场布局和结构调整

一是优化境外市场布局。着力加强与欧美等发达国家的直接交流合作，制定实施我省加强与欧洲、北美交流合作重点工作方案，聚焦高端产业、创新领域合作，推动引进来与走出去相结合，推进一批重点合作项目；深化与南太地区的经贸合作，制定实施推进我省与澳大利亚、新西兰及南太岛国经贸交流合作计划；强化与新兴市场国家的经贸合作，组织实施进一步加强与东盟交流合作以及与非洲、中亚经贸合作的实施方案，推动完善区域、贸易和投资布局。二是推进外贸转型升级。鼓励外贸转型升级基地培育区域品牌，2015 年全省基地新增注册集体商标 5 个。制订实施 2015 年推进加工贸易转型升级实施方案，支持加工贸易企业设立研发机构、创立自主品牌和依托电商拓展国内外市场，引导加工贸易企业向粤东西北地区梯度转移，促进传统出口优势产业集聚发展。成功

举办第四届中国加工贸易产品博览会，共组织795家加工贸易企业参展，促成商贸合作项目7326宗、增长3.1%，意向成交额928亿元、增长3.6%。三是深入推进外贸业态创新。支持外贸综合服务企业发展，认定第二批15家外贸综合服务试点企业和2家培育对象，协调有关部门对外贸综合服务试点企业给予通关、退税等便利化措施。深入推进跨境电子商务发展，出台国内首个对跨境电商园区作出规范指导的政策性文件——《广东省跨境电子商务园区规划建设的意见》。支持珠海、汕头、江门等市申报国家跨境电子商务进口试点，统筹协调广州、深圳、珠海、东莞、江门申报国家跨境电子商务综合试验区。总结广州旅游购物出口经验，在深圳、珠海、佛山、中山等市积极推广旅游购物出口，指导支持广州花都狮岭皮具城、佛山泛家居市场申请国家市场采购贸易试点。四是积极推动服务贸易发展。制定实施加快发展服务贸易行动计划、加快发展对外文化贸易实施方案，开展服务贸易创新发展试点，指导支持广州、深圳、珠海、佛山、东莞、中山等地市申报国家服务贸易创新发展试点示范城市和特色服务出口基地，推动广州、深圳两个国家级服务外包示范城市加快发展，支持佛山、东莞两市申报国家级服务外包示范城市，认定第三批10家省级服务外包示范企业和22家重点培育企业。修订完善《广东省文化产品和服务出口指导目录》，推动文化、中医药服务、技术贸易加快发展。五是积极推动融资租赁业发展。贯彻落实国务院《关于加快融资租赁业发展的指导意见》，研究加快我省融资租赁业发展的具体政策措施，推动重点地市出台融资租赁扶持政策。探索广东自贸试验区内外资融资租赁统一管理体制改革，推动开展飞机租赁业务，带动飞机进口。六是推动开发区转型升级创新发展。研究制定《广东省促进全省经济开发区转型升级创新发展的实施意见》，强化全省开发区公共服务平台建设。组织开展全省各类开发区情况摸查和专题研究，形成《广东省经济开发区30年发展报告》。大力推动国际合作园区建设，累计建成11个国际合作园区。协调推动在我省6家国家级经济技术开发区和12家特殊监管区域复制推广自贸试验区改革试点经验，联合海关广东分署加快推动特殊监管区域的整合优化。

四、着力完善市场流通和监管体系

一是促进流通业转型升级。深入推进广州、东莞等城市共同配送试点建设，形成了全程供应链一体化管理、代理分销制等一批全国领先的物流配送模式。扎实推进物流标准化，制订我省商贸物流标准化推进实施方案和2015年物流标准化试点工作指导意见，推动广州、佛山、东莞、中山、肇庆市列入国家物流标准化试点。二是完善城乡流通网络。强化城市商业网点规划引导，促进城市大型商业设施合理布局，地级以上市、县级市均已全部完成商业网点规划编制。加强农村市场流通节点建设，加快推进“万村千乡”市场工程，重点支持农家店信息化改造、乡镇商贸中心和配送中心建设，改善农村消费环境。推进我省农产品流通骨干网建设，推动农超对接、农餐对接，畅通农产品进城和工业品下乡双向流通渠道。三是推进流通追溯体系建设。深入推进中山市全国肉菜流通追溯试点项目建设，建立覆盖小榄镇18个流通节点的信息链条，完成项目中期评估并予以推广。加快推进全省中药材流通追溯体系建设，建设省、市两级平台，打造160个流通节点协调运作的全国领先的中药材追溯体系。四是大力发展电子商务。加强规划引导，贯彻落实《国务院关于大力发展电子商务加快培育经济新动力的意见》《国务院办公厅关于促进农村电子商务加快发展的指导意见》等文件精神，研究制定《广东省电子商务中长期发展规划纲要》《广东省促进农村电子商务发展的实施意见》。召开贯彻落实国务院推进内贸流通现代化电视电话会议暨促进农村电子商务发展现场会，推动成立广东省农村电子商务协会。开展国家级电子商务示范基地和示范企业的申报工作，组织省级电子商务示范基地、企业和农村电子商务示范基地及农产品电子商务示范企业的创建工作。五是整顿和规范市场秩序。开展商务行政执法体制改革，开展单用途预付卡等专项整治。加强市场监管公共服务体系建设，做好商贸流通食品安全和安全生产工作。开展“诚信兴商宣传月”活动。六是完善市场调控体系。提升应急处置能力，妥善做好“彩虹”强台风灾区商贸企业复产工作。抓好中央临储糖、省级冻猪肉储备管理，增强市场保供能力。建立省、市、县三级生活必需品市场供应应急体系。七是加大经营者集中反垄断工作力度。举办经营者集中反垄断法普法宣传会议，开展政策宣讲活动，全年累计培训基层和企业人员约1200人次。编发《反垄断法及经营者集中相关知识问答》《企业申报经营者集中工作指南》等宣传册。推动建立重点企业联系服务工作制度。八是开展行业风险排查。制定出台《广东省当票使用管理制度》《典当企业年审工作制度》《拍卖企业年审工作制度》，起草《广东省大宗商品交易场所管理办法》。开展大宗商品交易、典当、拍卖、融资租赁等行业风险排查工作，建立行业风险预警机制。规范行业监管，促进行业健康发展。

五、着力参与“一带一路”建设

一是扎实推进重点项目建设。参与制定并积极落实我省参与“一带一路”建设实施方案，摸查梳理对沿线国家投资合作项目，建立43个重点对外投资项目工作台账，加快推进重点项目建设。二是促进口岸互联互通。支持推进沿海重点港口口岸加快拓展与沿线国家的国际航线，广州港南沙港区、珠海港口岸、湛江港口岸合计新增及调整国际班轮航线14条。支持广东（石龙）铁路国际物流中心扩大对外开放，增加货运功能，促进开通粤新欧、粤满俄国际货运班列，促进多式联运发展。组织口岸运营单位加强与中亚地区的通关交流合作，推动建设“一带一路”铁路大通道和连接“一带一路”运输枢纽通道。三是组织举办经贸交流活动。配合省委主要领导出访，分别在澳大利亚、新西兰、斐济成功举办经贸合作交流会，签订合作项目218个，其中经济类项目197个，金额123.3亿美元。配合省政府主要领导出访，分别在印度、马来西亚和泰国举办经贸合作交流会，签订经济类项目82个，金额31.1亿美元。成功举办2015广东21世纪海上丝绸之路国际博览会，来自71个国家和地区的1394家参展商参展，共签订项目680个，签约金额2018亿元，比上届增长15.5%。四是加强国别研究。抽调专门力量，成立国别研究工作小组，选取“一带一路”沿线重点国家开展专题研究，评估投资营商环境，提出产业对接策略，撰写投资合作指南，为深化企业与沿线国家经贸合作提供指引。

六、着力推进广东自贸试验区建设

一是积极探索高标准投资贸易规则体系。建立与国际接轨的投资管理体制，确立以负面清单为核心的外商投资管理模式。建设互联网+易通关、智检口岸、智慧海事等智能化口岸通关体系。探索形成首批60项改革创新经验，其中27项可复制经验在全省推广。跨境电子商务监管模式、政府智能化监管服务模式入选全国自贸试验区8大最佳实践案例。二是推动建立高效透明行政管理和服务体系。向3个片区下放第一批60项省一级管理权限。推动自贸试验区电子政务系统进驻省网上办事大厅，初步建成企业专属网页通用版。推出行政违法行为提示清单。研究制定自贸试验区综合行政执法体制改革方案。三是优化适应开放型经济发展的法治和人才环境。出台广东自贸试验区管理试行办法，争取广东省高院出台为自贸试验区建设提供司法保障的意见。开展市场信用体系和综合执法体系建设，成立国际仲裁中心、域外法律查明中心等国际化法律服务机构。四是推动粤港澳深度合作。在金融、贸易和专业服务等领域进一步对港澳扩大开放，与港澳跨境人民币贷款由前海扩大到南沙、横琴。横琴口岸实现了与澳门24小时通关。南沙粤港澳青年创业工场、前海深港青年梦工厂、横琴澳门青年创业谷开园运作。五是促进高端产业集聚发展。广州南沙片区明珠湾区建设加快，国际航运、跨境电商等业态发展势头良好。前海蛇口片区聚集了2万家金融类机构，开展全国首批外债宏观审慎管理试点和资产证券化先行试验，集聚了一批重大资产交易平台。珠海横琴片区旅游休闲及文化创意产业集聚发展。

七、着力促进双向投资

一是强化双向投资促进服务。与主要国家和地区的投资促进机构签订双向投资促进合作备忘录，建立工作联络员制度，共同开展组团互访、投资环境推介、项目对接等活动。建立“走出去”综合服务信息平台，为企业提供政策发布、在线咨询等全方位信息服务。推进我省境外经贸代表处建设，在印尼、澳大利亚设立广东驻境外经贸代表处，总数达到13个。二是加大引进来力度。落实创新招商引资工作行动纲要及三年行动计划，组织企业与美国、加拿大、日本、韩国、以色列、荷兰、芬兰等发达国家对接，开展电子信息、环保、智能制造、先进装备等产业专题招商。开展粤东西北地区定点招商，组织部分国家驻粤商务机构、500强跨国公司和大企业代表赴汕尾、茂名等市考察投资环境，联合日本贸易振兴机构赴汕尾、汕头市考察。依托中新（广州）知识城、中德（佛山）工业服务区、中德（揭阳）金属生态城等重大平台，开展先进制造业和现代服务业招商。三是推动企业加快“走出去”。制订实施“走进东盟”“走进非洲”“走进欧美”“走进南太”等工作方案，梳理一批境外农业渔业、能源矿产、物流营销、临港工业园区等项目，建立重点项目库及工作台账，推动我省企业开拓国际市场。协调推进我省企业在东盟、非洲、南亚等区域建设境外产业园和经贸合作区，构建对外投资平台载体，推进广东－马六甲海洋工业园、越南黎明纺织工业园、宏达印度工业园、巴布亚新几内亚布干维尔开发区、马来西亚森林城市等境外园区建设取得初步成效。

八、着力推进口岸和通关便利建设

一是推进口岸支持外贸稳增长政策的落地实施。推动出台《广东省加强和改进口岸工作支持外贸发展实施方案》《广东省开展口岸查验配套服务费改革试点实施方案》，在全国率先开展免除查验没有问题外贸企业吊装移位仓储费用试点工作，推进国家促进外贸稳增长政策落地，全年为企业减负 3589 万元。二是积极推进通关模式改革创新。出台《广东省落实“三互”推进大通关建设改革任务分工方案》，积极推进东莞、广州等口岸“三互”大通关建设试点，加快推进广州、深圳国际贸易“单一窗口”建设试点，均于 2015 年 6 月底上线试运行；加快推进国际贸易“单一窗口”试点在全省具备条件的口岸现场复制推广。三是在全国率先推进实施口岸开放审批制度和验收工作改革。制定实施《广东省已开放港口口岸范围内新建的外贸作业区或涉外码头对外开放启用审批管理操作办法》，对由国家组织验收的口岸开放项目减少省组织预验收环节，提高审批验收协调办事效率约 30 个工作日。四是推进重点口岸开放建设。全年协调促成 11 个港口口岸新建、扩建码头项目通过验收正式对外开放，16 个项目获准实施临时对外开放运作 30 多批次。积极协调推进中山神湾游艇码头对外开放筹建工作。推动珠海机场临时开放和梅州机场口岸临时扩大开放和开展对台包机业务，协调促成湛江吴川入出境货运车辆检查场通过验收正式启用。五是深化粤港澳口岸合作。加快推进粤港粤澳口岸基础设施建设，推动深圳莲塘口岸、珠海青茂口岸、港珠澳大桥珠海口岸和广深港高铁内地口岸区建设。推进粤港、粤澳间口岸实施车辆“一站式”、人员“自助式”、货物“三个一”和“一地两检”、“合作查验、一次放行”通关模式。六是推进广东电子口岸平台建设。积极争取财政资金支持，基本完成广东电子口岸基础平台升级扩容工作，组织实施一期工程建设，启动平台总体规划设计及标准规范制定招标建设工作，完成广东省电子口岸运维实体的组建工作。与 18 家驻粤口岸查验单位签署共同推进广东电子口岸平台建设合作协议，促进共建、共管、共享。

九、着力推进商务领域改革和创新驱动发展

一是加强商务领域改革工作机制建设。制定我厅全面深化改革组织机构工作规则，召开 6 次领导小组会议，对商务领域重大改革事项进行专题研究，审议并通过重要改革文件 7 件。二是推动内贸流通体制改革。推动出台《广东省人民政府关于促进内贸流通健康发展的实施意见》，研究制定《广东省推进内贸流通现代化建设法治化营商环境实施方案》。广州市成功获批开展国家内贸流通体制改革发展综合试点。三是推动市场监管模式改革。制定全省商务诚信重点行动计划，推动我省成功获批为全国商务诚信体系建设 4 个试点省市之一，引入“互联网 + 诚信建设”的模式加强事中事后监管，搭建商务诚信公共服务平台。广州市成功获批开展全国综合行政执法体制改革试点。四是推进涉外投资管理体制改革。在自贸试验区内对外商投资、在 CEPA 项下对港澳服务提供者实施负面清单管理模式，对负面清单以外的外商投资企业改合同章程审批制为备案制，备案新设企业 2319 个，占全省新设项目的 33%。探索推动对外商投资实施监督检查、经营信息报告、经营者集中申报等事中事后监管措施。积极推进协调东莞市外商投资综合服务试点改革。出台我省境外投资管理实施细则，改境外投资核准制为备案制，将 1 亿美元以下境外投资备案事项下放到地级市商务主管部门。五是深化行政审批制度改革。做好国务院取消下放行政审批事项的衔接与落实，加强行政审批事项目录管理，简化行政审批流程。全面清理非行政许可审批事项，将原 21 项非行政许可审批中的 11 项调整为行政许可，2 项调整为行政确认，4 项调整为其他职权，4 项调整为政府内部审批。

十、着力加强机关作风建设

全面落实从严治党要求。认真学习贯彻习近平总书记系列重要讲话、党的十八届五中全会和省委十一届五次全会精神，用党中央、省委的决策部署统一广大党员干部的思想、政治和行动。扎实开展“三严三实”专题教育，厅机关梳理了理想信念不够坚定、担当精神不够强、工作作风不够实、制度坚持不够严等四个方面 17 个不严不实的问题，并相应制定了 26 条整改措施，切实抓好整改。增强党员干部从严从实的意识，推动党员干部运用从严从实要求和作风提高促进商务发展的能力和实效。进一步推进机关党的建设，坚持机关党建工作与中心工作同谋划、同部署、同考核。推进党风廉政主体责任落实，深入学习贯彻《中国共产党廉洁自律准则》和《中国共产党纪律处分条例》，修订《广东省商务厅党组关于落实党风廉政建设主体责任的若干措施》《广东省商务厅落实党风廉政责任制实施办法》和《广东省商务厅落实党风廉政

责任制考核办法》。

同时，加强机关服务能力建设。深入推进商务大数据建设。针对制约商务大数据建设的数据共享不够、分析深度不足、管理流程缺失、无先例可循等问题，着力推进商务大数据主体平台建设、内部数据共享、外部数据获取等工作，完成主体平台立项可行性研究报告的内部评审、内部业务数据的共享、重点国家市场的经贸数据库建设，推动实现外部数据的信息获取与共享。认真编制“十三五”商务领域系列规划。启动我省“十三五”商务领域系列规划编制工作，注重集思广益，多方调查研究，召开专家座谈会，积极征求意见和建议。联合省内外知名研究机构、专家学者开展前期研究，围绕重大项目、重大工程和重大政策，形成了商贸服务、外贸发展、加工贸易转型升级、服务贸易发展、外资、对外投资等若干专题研究成果。《广东省开放型经济发展“十三五”规划》已经完成初稿，并纳入省“十三五”重点专项规划。《广东省口岸发展“十三五”规划》已经完成初稿，并向海关总署报送了“十三五”口岸发展规划建议。

（资料来源：广东省商务厅）

2015年广东省住房和城乡建设改革工作情况

2015 年，在省委、省政府的领导和住房城乡建设部指导下，我省按照《住房和城乡建设部 广东省人民政府共同推进城乡规划建设体制改革试点省建设合作协议》（以下简称《合作协议》）要求和部省合作领导小组的统一部署，全面推进城乡规划建设体制改革各项任务。

一、加强组织协调，部省合作试点省建设有序铺开

（一）启动部省合作，建立改革工作机制。2015 年 4 月 8 日，在省委书记胡春华见证下，住房城乡建设部部长陈政高和省长朱小丹在广州共同签署《合作协议》，明确双方联合向国务院申报将广东省作为国家城乡规划建设体制改革试点省的合作目标，以及城乡规划、新型城镇化规划建设、绿色建设体系、住房制度、现代建造、行政管理等六大方面的改革内容。广东省成为国内首个通过部省合作方式推进城乡规划建设体制改革开展的省份。8 月 31 日，住房城乡建设部、广东省人民政府正式成立部省共同推进城乡规划建设体制改革试点省建设领导小组，在广州召开领导小组第一次会议，住房城乡建设部副部长倪虹和副省长许瑞生共同主持会议并讲话。会议审议通过领导小组工作制度，明确领导小组及办公室、省直有关单位的工作职责和会议制度。该会议的召开，进一步统一部、省各部门思想，凝聚共识，为广东城乡规划建设体制改革各项工作的顺利推进夯实基础。

（二）制订工作计划，明确改革工作路径。广东省住房和城乡建设厅按照实现“一年见效，两年见好，三年见势”的总体目标，梳理出 2015-2017 年完成的改革内容，确定各项改革措施的时间节点，形成《落实部省共同推进城乡规划建设体制改革试点省合作协议2015年行动计划》，明确2015年改革任务的时间表、路线图、责任单位和具体改革措施，为各项改革任务落实提供基本依据，共包括 91 项工作任务，按照“全面启动、整体推进、重点突破”的原则，分 3 年完成。2015 年完成条件较成熟的 26 项中的 25 项；65 项任务计划在 2016-2017 年完成，其中 51 项在 2015 年取得阶段性成果。

（三）加强政策研究，促进住房城乡建设领域制度创新。广东省住房和城乡建设厅主动适应住房城乡建设领域发展的新形势、新任务、新要求，依托广东省建筑科学研究院、广东省城乡规划研究院，抽调专家、技术人员，成立政策研究中心、省住房政策研究中心、省绿色发展研究中心等政策研究机构，努力打造本领域的“高级智库”，实现对住房城乡建设领域政策研究的全覆盖和对重点领域的重点关注。组织广东绿色建设发展论坛等高峰论坛，汇集国家和省内专家、学者，共同探讨广东住房城乡建设发展战略，为部省合作改革工作的重大决策奠定坚实基础，为住房城乡建设领域制度创新提供有效支撑。

（四）狠抓督办落实，确保改革任务顺利完成。广东省住房和城乡建设厅把重要改革事项纳入厅重点工作督办，对发现的困难问题和重大事项，及时提交厅深化改革领导小组讨论研究，逐项落实。制定重要事项督办工作机制，建立督查督办工作台帐，细化分解督查要点。2015 年应完成的改革任务基本完成，深化城乡规划管理改革阶段性成果初显，新型城镇化建设持续推进，“广东绿色建设”体系建设有序开展，住房制度改革领域逐步扩大，建筑业转型发展加速推进，行政管理制度改革深入推进。

二、扎实推动，重点领域深化改革阶段性成果凸显

（一）深化规划管理改革工作。广东省住房和城乡建设厅提请省政府办公厅印发《广东省“三规合一”工作指南》，以广州、四会市为试点的“三规合一”和“多规融合”示范效果良好，有力推动全省优化空间布局、合理配置土地资源、提高行政效能。部署开展绘就全省城乡规划“一张蓝图”行动，健全全省空间规划体系，完善“一张蓝图干到底”的体制机制。创新开展规划师、建筑师、工程师“三师”专业志愿者下乡服务活动，在佛山市顺德区北滘镇召开座

谈会，副省长许瑞生出席会议，活动有效提高村庄规划建设水平，促进传统村落保护。初步建立以“城市总体规划为统领、近期建设规划为核心、控制性详细规划为抓手”，科学合理、完整高效的城乡规划管控体系。率先建成全省规划建设遥感监测执法系统并启动实施，首次运用卫星遥感技术对省政府审批城市总体规划的11个城市的规划实施情况进行动态监测，初步搭建规划管理“一张图、一张网”的数据平台，强化与依法管理相适应的规划管理新秩序。

（二）推进新型城镇化规划建设体制改革。以编制实施《广东省新型城镇化规划（2014-2020年）》和《珠江三角洲全域空间规划（2014-2020年）》“两个规划”为抓手，积极推动新型城镇化健康发展，创新区域空间规划的编制实施机制，促进珠三角转型升级和优化发展。加强试点建设，开展全省新型城镇化“2511”试点，发挥示范带动作用。珠三角城际轨道TOD综合开发全面推进。继续推进全省城市地下管线和综合管廊建设，建立完善城市地下管线综合管理信息系统和专业管线信息系统。金融创新，拓宽城镇化建设投融资渠道，协调省财政安排20亿元资金设立广东环保基金，支持粤东西北地区新一轮生活污水和垃圾处理设施建设，加快补齐区域发展失衡和基本公共服务不均等的短板。

（三）开展“广东绿色建设”体系建设。以社区体育公园和郊野公园建设为重点，加快生态控制线划定，推动绿道网向绿色基础设施升级。开展基于绿道网的水岸公园建设、郊野公园总体规划纲要、郊野公园规划建设指引、绿色基础设施建设指南等26项研究。研究制定我省推进绿色建设的实施意见、绿色生态城区规划建设指引、低碳生态城市建设规划编制指引等一系列政策文件和技术指引，建立健全低碳生态城市指标体系，创新绿色建设金融，大力推进绿色低碳城市基础设施建设，为率先构建全过程的绿色建设指标体系提供支撑。

（四）住房制度改革逐步深化。指导全省因地制宜调整、取消过时的限制性措施和干预市场运行的行政手段，进一步化解商品房库存规模。探索打通商品房和保障房政策通道，积极推动住房保障货币化、加强公积金管理、住宅专项维修资金等多项改革，探索共有产权住房保障模式，在多个城市开展城际住房协同发展研究和商品房销售制度改革研究。制定多项规定，开展物业服务行业资质管理、物业管理收费、住宅专项维修资金等改革。选定中山、惠州作为物业管理收费市场化试点，探索取消物业管理收费政府指导价，在深圳市开展商品房现房销售、物业管理制度改革试点。会同省国土资源厅制定优化2015年住房及用地供应结构、促进房地产健康发展的政策，进一步完善多层次、多元化的住房保障和供应体系，房地产业转型升级逐步加快。

（五）建筑业转型发展加速推进。研究起草加快推进建筑产业现代化的意见，制订技术路线图，明确全省建筑产业现代化发展路径，完善建筑工业化技术、标准体系。全面启动建筑信息模型技术的推广应用，率先成立省级BIM联盟，举办第一届广东省BIM论坛。建立健全与现代建造相适应的监管体系，研究探索工程质量担保和保险制度，建成全省建筑市场监管与诚信一体化工作平台，健全建筑市场管理。积极推动粤港澳服务贸易自由化，粤港澳建筑市场合作不断扩大。

（六）行政管理改革稳步推进。完善行政审批制度改革配套政策，指导各地落实住房城乡建设领域转移、暂时停止或停止实施的行政许可，加快转移部分的资质、资格的管理对接，探索转移事项监督方式以及取消或转移后的行业管理模式，推动行业协会等社会组织积极发挥作用。务实推动网上办事大厅建设，进一步改进业务系统、优化业务流程，积极开展企业资质换证工作，将省住房和城乡建设厅核准的全部资质类型的企业申请信息、审查意见和审批结果由审批信息系统自动、实时公开。探索城市管理综合执法体制改革，研究优化与国家衔接的城市管理和综合执法体制。

（供稿单位：广东省住房和城乡建设厅）

2015年广东省环境保护工作情况

一、概况

2015 年，广东省环境质量稳中趋好，城市空气质量明显好转。灰霾天数降至近 21 年来最少，空气质量指数达标率提高到 91.1%，较上年上升 6.1 个百分点；15 个城市环境空气质量达到国家二级标准；珠三角达标天数比例为 88.4%，较上年上升 7.4 个百分点；粤东西北达标天数比例为 93.3%，较上年上升 5.0 个百分点；全省 PM10、PM2.5 年均浓度分别为 51 微克 / 立方米、34 微克 / 立方米，分别较上年下降了 15.0% 和 17.1%。城市饮用水源水质持续稳定，达标率为 100%；水质优良率和水质达标率较上年上升 6.5 和 12.2 个百分点；主要江河水质总体稳定，77.4% 的断面水质优良；省控水库水质良好；入海河口水质略有波动，总体稳定；近岸海域水质稳定。生态环境质量整体为优；声环境质量平稳。列入小康社会评价指标的 PM2.5 达标天数比例为 95.6%，地表水达标率为 85.8%。

2015 年广东省化学需氧量、氨氮、二氧化硫、氮氧化物排放量分别为 160.7 万吨、19.97 万吨、67.8 万吨、99.7 万吨，比 2014 年分别下降 3.8%、4.1%、7.1%、11.2%，比 2010 年分别下降 16.9%、15.1%、19.2%、24.6%，分别完成“十二五”减排任务的 141%、113%、130%、146%；化学需氧量、氨氮、二氧化硫、氮氧化物四项主要污染物均超额完成国家下达给广东省 2015 年度及“十二五”的减排目标。全面落实《国家大气污染防治行动计划》（简称国家“大气十条”）和广东省大气污染防治行动方案（简称省实施方案），完成近 2400 项大气污染治理项目。贯彻落实国务院《水污染防治行动计划》（简称国家“水十条”）和《南粤水更清行动计划》，继续对重点流域和城市河涌开展综合整治，淡水河、石马河、茅洲河、小东江综合污染指数均有不同程度下降。重点环境问题整治取得突破，困扰汕头贵屿长达 30 年的电子废物污染顽疾整治工作实现突破性进展，环保基础设施基本建成，各项整治任务按期完成，区域环境质量明显改善。严格环保监管执法，全省共出动环境执法人员 79.2 万人次，检查排污企业 35.4 万家次，立案 1.5 万宗。开展环境污染责任保险试点，全省近 700 家企业参与投保。

二、污染防治

2015 年，污染防治工作取得成效。一是加大水污染防治工作力度。贯彻落实国家《水污染防治行动计划》（简称“水十条”），编制《广东省水污染防治工作方案》，全省所有地级及以上市均已开展水污染防治工作方案编制工作；中央财政下达广东省 2015 年度水污染防治专项资金共 5.59 亿元。深入推进《南粤水更清行动计划》实施，以跨界河流整治为重点，推动全省水环境综合整治，纳入全年整治计划的约 190 条河涌；广州、深圳、汕头、佛山、惠州、东莞、中山、江门、湛江等 9 市均建立了“河长制”、“涌长制”或“段长制”。淡水河、石马河、茅洲河、小东江综合污染指数均有不同程度下降。加快推进环境基础设施建设，珠三角所有中心镇，深圳、珠海、佛山、东莞、中山市所有建制镇均已建成生活污水集中处理设施。珠海、佛山、惠州、江门市和顺德区城镇污水处理厂污泥已基本实现无害化处理处置。深入推进国家国土江河综合整治东江流域试点，完成编制《国土江河综合整治东江流域试点总体方案（2014-2017 年）》。持续加大重点流域污染整治力度。经省政府批复或同意，印发实施《练江流域水环境综合整治方案（2014 ～ 2020 年）》和《小东江流域水环境综合整治方案（2015-2020 年）》。省政府召开东江水质保护暨重点跨市域河流污染整治工作现场会和珠三角地区水环境综合整治与绿色生态水网建设工作现场会。印发实施“两河”（淡水河、石马河）、“四河”（淡水河、石马河、茅洲河、小东江）污染整治 2015 年目标和重点任务。组织编制“两河”“四河”流域水质考核激励工作方案。2015 年“两河”“四河”流域开工建设 12 座污水处理设施；推动 70 多条河涌实施综合整治；淘汰或整合入园企业 670 多家；清理 8000 多户非法零散养殖场，清理、整改 135 家规模化养殖场。加强饮用水源保护，严格和规范饮用水源保护区划分调整工作；完成全省乡镇饮用水源保护区划分工作。组织实施新丰江水库国家江河湖泊生态环境保护试点；鹤地水库、南水水库生态环境保护总体方案已获省政府批复。编制《粤桂两省区九洲江流域水污染防治规划》和《九洲江－鹤地水库流域生态环境保护总体方案（2014-2017 年）》，经粤桂两省区政府批准实施。二是全力推进全省大气污染防治工作。全面落实《国家大气污染防治行动计划》（简称国家“大气十条”）和广东省大气污染防治行动方案（简称“省实施方案”），完成近 2400 项大气污染治理项目。PM10 和 PM2.5 年均浓度提前两年完成国家“大气十条”2017 年终期考核目标。三是着力推动土壤环境保护和综合治理。从严收紧审批涉重金属排放项目环境准入，要求电镀、印染、鞣革等重金属污染行业实施统一规划、统一定点、集中治污；强化涉重金属项目环境标准管理，颁布广东省《电镀水污染物排放标准》（DB44/1597-2015），收严电镀企业水污染物排放限值；加快淘汰落后产能，促进产业转型升级；全面排查重金属排放企业，对涉重金属重点环境问题实施挂牌督办等。韶关矿山及周边地区典型区域土壤环境综合治理稳步开展，汕头贵屿电子废物污染综合治理初具成效。广东省被列入全国四大土壤污染防治立法先行先试试点省份；省环境保护厅联合省人大环资委成立《广东省土壤污染防治条例》立法研究与起草工作小组，完成《广东省土壤污染防治条例（草案征求意见稿）》。深入实施《广东省土壤环境保护和综合治理方案》，肇庆、潮州等 8 地市已印发实施辖区内土壤环境保护和综合治理实施方案。广州、佛山等地积极开展污染场地排查工作，并初步建立共计 127 个污染场地清单。推动典型区域土壤环境综合整治，对仁化县董塘镇重度污染农田调整、翁源县铁龙林场环境综合整治工作加强指导督办，仁化县政府已按照“以补定占”原则，组织制定《仁化县使用多划基本农田方案》，完成董塘 3700 亩重度污染基本农田调整方案。推动各地受污染工业企业场地治理修复工程建设，完成汕头市贵屿 116 亩酸洗遗留场地、龙港渡头村 96 亩受污染农田修复示范工程和清远市龙塘 60 亩电子垃圾污染土壤治理修复示范工程。东莞市通过财政部和环保部联合组织的中央财政重金属污染防治重点区域竞争性评审工作，获得重点区域示范性资金 1.3 亿元，石碣、麻涌、洪梅三个示范性项目纳入中央财政重金属污染防治重点示范区资金支持；启动石碣镇受重金属污染农田、麻涌镇协忠电镀工业园区搬迁场地、洪梅河西工业园搬迁场地开展土壤治理修复工程。四是持续推进重金属污染综合防治工作。3 月，国家对广东省重金属污染防治工作进行考核，现场检查汕头贵屿、莲花山矿以及韶关大宝山矿、凡口铅锌矿等整治情况，重金属污染防治工作考核结果为 76.9 分；编制实施《2015 年度重金属污染防治行动计划》。推进韶关市重金属污染整治，组织编制并经省政府同意于 8 月底印发《韶关市涉重金属行业环境综合整治方案（2015 ～ 2020 年）》，于 10 月 23 日，会同韶关市政府召开了《韶关市涉重金属行业环境综合整治方案（2015 ～ 2020 年）》实施推进会，全面部署韶关市重金属污染整治。全面启动“十三五”重金属污染防治规划编制工作。

三、污染减排

2015 年，全面超额完成污染减排国家考核任务，经环境保护部初步核定，2015 年广东省化学需氧量、氨氮、二氧化硫、氮氧化物排放量分别为 160.7 万吨、19.97 万吨、67.8 万吨、99.7 万吨，比 2014 年分别下降 3.8%、4.1%、7.1%、11.2%，比 2010 年分别下降 16.9%、15.1%、19.2%、24.6%，分别完成“十二五”减排任务的 141%、113%、130%、146%；化学需氧量、氨氮、二氧化硫、氮氧化物四项主要污染物均超额完成国家下达给广东省 2015 年度及“十二五”的减排目标。及时下达年度减排计划任务，联合农业、公安、交通等部门开展农业源、机动车减排。对进展缓慢、推进不力的地区进行通报、预警、督办和约谈。严格执行建设项目主要污染物排放总量前置审核制度，抑制高污染、高排放行业过快增长。在火电行业实行大气主要污染物“倍量替代”，其中珠三角地区新上项目实行 2 倍以上削减量替代，其他地区实行 1.5 倍以上削减量替代。完成 569 万千瓦燃煤机组“超低排放”改造，27 条平板玻璃生产线均在建或建成脱硝设施，淘汰燃煤锅炉 1600 多台。新增生活污水日处理能力 99.4 万吨，配套管网 1.04 万公里，日处理能力总计达 2353.2 万吨，连续多年位居全国第一。完成规模化畜禽养殖场治理工程 3300 多家。“十二五”主要污染物总量减排国家责任书项目基本建成。全省重点企业自动监测数据传输有效率、自动监测信息公开率和监督性监测信息公开率均达到国家考核要求。

四、雾霾治理

2015 年，雾霾治理取得成效。全面落实国家“大气十条”和省实施方案。PM10 和 PM2.5 年均浓度提前两年完成国家“大气十条”2017 年终期考核目标。全省城市空气质量指数（AQI）达标率平均为 91.1%，比上年提高 6.1%，六项污染物指标年均浓度全面达标，是全国重点地区唯一达标的省份，其中二氧化硫（SO2）、二氧化氮（NO2）和一氧化碳（CO）三项指标达到国家一级标准，可吸入颗粒物（PM10）、细颗粒物（PM2.5）和臭氧（O3）三项指标达到国家二级标准。全省六项污染物下降幅度介于 27.8%-6.8%，下降幅度最大的是 SO2，最小的是 O3，全省 PM10 和 PM2.5 年均浓度分别为 51 和 34 微克 / 立方米。深圳、珠海、汕头、韶关、河源、梅州、惠州、汕尾、中山、江门、阳江、湛江、茂名、清远和云浮 15 市六项指标（SO2、NO2、CO、PM10、PM2.5、O3）年均浓度达标。珠三角九市一区 AQI 平均达标率为 88.4%，比上年提高 7.4%，PM10 和 PM2.5 区域年均浓度分别为 53 和 35 微克 / 立方米，比上年分别下降 14.5% 和 16.7%，空气质量持续改善。粤东西北 12 个城市 AQI 平均达标率为 93.3%，比上年提高 5.0%，PM10 和 PM2.5 区域年均浓度分别为 50 和 33 微克 / 立方米，比上年下降 15.3% 和 17.5%。印发《广东省大气污染防治 2015 年度实施方案》。省政府召开黄标车淘汰工作推进会；珠三角地区率先在全国建成了黄标车跨地市联合执法网络，全省已安装黄标车电子执法摄像头 3951 台，2015 年处罚约 78 万宗；全省共淘汰黄标车 56.6 万辆，完成国家淘汰计划的 148%；淘汰 2005 年底前注册营运的黄标车 18.3 万辆，完成国家淘汰计划的 129%。珠三角提前实施机动车国Ⅴ排放标准，2015 年新注册登记的国Ⅴ汽车约 165 万辆，约占新注册登记轻型汽油车的 86.4%；2015 年 7 月 1 日起，全省供应国Ⅴ车用柴油，比国家标准要求提前两年半。完成火电、建材行业、锅炉、挥发性有机物等整治任务共 2342 项；广州、惠州、佛山市共完成 569 万千瓦燃煤机组超低排放改造；广石化、中海壳牌、中海油全面完成国家“大气十条”重点地区 2015 年泄露检测与维护（LDAR）技术应用任务；各港口落实《广东省绿色港口行动计划（2014-2020 年）》。完善空气质量预报预警系统，省环境保护厅与气象部门建立常态化预报预警会商制度，建立一周空气质量回顾与预测周报制度，从 2015 年 9 月 28 日起向公众发布全省分片区未来三天空气质量预报信息。

五、排污权有偿使用和交易试点工作

2015 年，继续推进排污权交易试点。完善排污权有偿使用和交易试点机制政策，印发《广东省排污权交易规则（试行）》《广东省环境权益交易所排污权交易电子竞价操作细则（试行）》和《广东省财政厅广东省环境保护厅关于明确排污权有偿使用和交易出让金预算科目等有关问题的通知》。9 月 16 日，组织举行第三批排污权交易，以省环境保护厅为出让方，首次采用电子竞价方式，广东粤电大埔发电有限公司、宝钢湛江钢铁有限公司、广东华电韶关热电有限公司分别以 1950 元 /（年•吨）、2000 元 /（年•吨）及 1950 元 /（年•吨）的价格，竞得二氧化硫排污指标 1447 吨 / 年、4001.48 吨 / 年及 529.7 吨 / 年，总成交金额 2371.505 万元。指导有关地市开展区域试点工作，批复同意佛山市、顺德区和东莞市作为省内试点单位。截至 2015 年 12 月，佛山市已经启动排污权一级市场指标分配工作，顺德区试点推进 VOC（挥发性有机化合物）排污权交易，完成了试点方案的制定；东莞市制定完善相关政策体系；珠海市探索在金融创新方面的改革。10 月，组织召开排污权有偿使用和交易试点工作座谈会。在全省开展环境污染责任保险试点，近 700 家企业参与投保。

六、核与辐射安全监管

2015 年，核与辐射安全监管工作取得成效。成立省核应急管理委员会及其办公室。6 月，成功举行“神盾 -2015”国家核事故应急演习暨台山核电站首次装料前场内外联合应急演习，参加演习的有全省各核应急组织，共 1800 多人，演习达到预期目标，获得国家和省评估团的高度评价。坚持核应急演练常态化，每月进行 1-2 次视频测试；每年进行 6-12 次通讯演习，1-2 次人员到位演习，开展单项或部分专业组联合演习；组织修订《广东省核应急预案》；编制《广东省核电站场外应急预案》第三分册《台山核电站场外应急预案》；组织对大亚湾 / 岭澳和阳江核电站进行核与辐射安全工作检查；建设粤西分部核应急指挥中心，实现对粤西核电站事故应急的靠前指挥；完成大亚湾、阳江核电环境监测数据实时接入到省核应急指挥中心，为核电站事故应急决策和实时掌控电站周边辐射环境提供数据支撑；建立广东核应急资源管理数据库，优化广东省核事故应急综合指挥决策平台。在全省范围内组织开展辐射安全大检查行动，全省共出动执法人员 4000 多人次，在全面排查的基础上，对日常监管中存在隐患的单位以及重点核技术利用单位共 1000 多家进行了逐一检查，督促佛山、肇庆、揭阳等市淘汰落后产能关停企业闲置的废旧放射源安全妥善送贮；指导深圳市在全国率先开展移动探伤源辐射事故应急演习。开展全省各地市引用水源地水质和土壤辐射环境监测工作。

七、重点项目环评审批

2015 年，加快推进交通、航运、能源等重点项目环评审批，对具备受理条件的项目，纳入“绿色通道”，第一时间受理、第一时间评估、第一时间审议，限时办结。2015 年，全省共审批建设项目 4.5 万多个，完成建设项目穿越生态严控区和饮用水源保护区的论证工作 21 项，列入年度计划的 28 个交通项目环评工作提前完成，湛江京信东海电厂 2×600MW“上大压小”热电联产燃煤机组工程、中国石化新疆煤制气外输管道工程（新粤浙管道）、广东省韩江高陂水利枢纽工程等 6 个重点项目顺利通过环保部审批。全力做好交通基础设施项目环评审批，省环境保护厅及时制定 2015 年新开工项目环评工作方案，建立新开工项目环评责任分工和跟踪督办制度，每周通报工作进展情况；全程实施对重点项目的精准服务，督促指导各市依法高效推进项目环评；组织召开高速公路项目绕避环境敏感区工程方案专家咨询会，提出优化项目线路方案的意见建议；优化环评审批流程，对重点交通项目并联办理环评受理公示和审批前公示，第一时间出具项目环评批复文件，列入全年新开工计划的 16 个高速公路和 6 个铁路、城轨和地铁项目，以及 3 个预备开工高速公路项目的环评审批全部完成。以服务先进装备制造业为重点，加强重点项目环保服务，按照省委、省政府建设珠江西岸先进装备制造产业带的重大战略，抓紧办理先进装备制造项目环评审批，及时批复了广汽比亚迪新能源客车项目、康美特宏远汽车项目等一批先进装备制造业项目；督促和协调涉及环保事项的 17 个项目的进展情况并完成办理；做好环保部审批项目的沟通协调工作。加快印染、电镀等重污染基地规划环评，配合练江流域水污染整治，组织审查通过汕头潮南纺织印染环保综合处理中心、普宁纺织印染环保综合处理中心规划环评；组织开展中山小榄等 3 个电镀基地的规划调整环评审查，推动重污染行业整治。

（供稿单位：广东省环境保护厅）

2015年广东省工商行政管理工作情况

2015年，广东省新登记各类市场主体138.76万户，同比增长6.3%，其中各类企业61.10万户，同比增长22.5%，日均新登记企业1673户。截至2015年底，广东全省实有各类市场主体775.95万户，同比增长15.2%。其中各类企业279.26万户，同比增长24.7%。各类市场主体总量连续3年保持10%以上的增长，其中各类企业总量连续2年保持20%以上的增长。全省市场主体总量、内资（非私营）企业、私营企业、外资企业和个体工商户总数等指标继续居全国第一位。广东省全面推进商事制度改革的做法被国务院办公厅作为全国第二次大督查发现的典型经验予以表扬通报。广东省比全国提前一个月先行全面推开“三证合一、一照一码”改革，截止2015年底共向47万户企业发出“一照一码”营业执照，改革措施高质量高效率“落地”。有序推进电子营业执照和全程电子化登记管理改革、企业名称登记管理改革试点、简易注销程序改革试点、住所申报制改革、“先照后证”等各项改革措施，激发市场活力，推动“大众创业、万众创新”。

一、内资企业登记注册

截至2015年底，全省实有内资企业268.14万户，注册资本（金）达162287.68亿元，分别比上年末增长25.6%和55.6%。其中，内资（非私营）企业达20.02万户，注册资本（金）36948.45亿元，分别比上年末增长7.2%和31.0%；私营企业248.12万户，注册资本（金）125339.23亿元，分别增长27.4%和64.7%。2015年，新登记内资企业60.15万户，注册资本（金）48424.74亿元，同比分别增长22.6%和76.8%。其中，内资（非私营）企业1.83万户，注册资本（金）5321.31亿元，同比分别增长16.7%和122.3%；私营企业58.32万户，注册资本（金）43103.43亿元，同比分别增长22.8%和72.4%。

二、外商投资企业登记

2015年，外商投资企业总体发展平稳。截至2015年底，全省实有外商投资企业11.12万户、注册资本（金）3906.14亿美元，分别比上年末增长6.3%和15.7%。全省新登记外商投资企业9474户、注册资本（金）389.46亿美元，同比分别增长17.4%和66.7%。

三、私营经济

截至2015年底，广东省期末实有私营企业（含分支机构，下同）248.12万户，注册资本（金）125339.23亿元，分别增长27.4%和64.74%。2015年全省新登记私营企业58.32万户，注册资本（金）43103.43亿元，分别增长22.8%和72.4%。新登记私营企业占各类企业比例为95.5%，比2014年上升0.20个百分点。从区域分布情况来看，珠三角、粤东、粤西、粤北地区新登记私营企业的占比分别为92.7%、2.1%、2.2%和3.1%。与2014年相比，珠三角所占比重上升0.63个百分点，粤东下降0.14个百分点，粤西下降0.16个百分点，粤北下降0.33个百分点。

四、个体经济

截至2015年底，我省期末实有个体工商户（含港澳台个体工商户，下同）492.99万户，资金数额1588.89亿元，同比分别增长10.4%和25.0%。个体工商户占各类市场主体的比例为63.5%，比2014年下降2.75个百分点。其中，期末实有港澳居民个体工商户7156户，资金数额5.62亿元，同比分别增长11.7%和14.0%。2015年全省新登记个体工商户77.11万户，资金数额426亿元，分别增长-3.5%和14.5%。新登记个体工商户占各类市场主体比例为55.6%，比2014年下降5.65个百分点。从产业分布情况来看，新登记个体工商户在三大产业的分布为1.2%、11.7%和87.1%，和2014年相比，第一产业上升0.41个百分点，第二产业上升0.22个百分点，第三产业下降0.63个百分点。从区域分布情况来看，珠三角、粤东、粤西、粤北地区新登记个体工商户的占比分别为70.0%、9.9%、8.3%和11.8%。与2014年相比，珠三角所占比重下降3.37个百分点，粤东上升0.62个百分点，粤西上升1.16个百分点，粤北上升1.58个百分点。

五、市场管理

至2015年底，广东省有市场6564个，比上年下降1.1%，其中消费品市场6341个，生产资料市场233个，分别下降1.0%、4.7%。全省工商系统加强市场诚信建设，引导市场开办者开展诚信市场创建活动。全省119个市场被公示为“广东省2014-2015年度诚信示范市场”，18个市场被公示为“全国2014-2015年度诚信示范市场”。开展红盾护农行动，查处销售假冒伪劣农资等违法行为。全省工商部门检查农资经营户68891户次，检查农资商品市场664次，取缔无证无照经营50户，立案查处各类农资商品违法经营行为1697宗，案值759.65万元，罚没808.35万元，受理投诉举报43宗，为农民挽回经济损失24.71万元。加强流通领域农资商品质量抽检。全年全省抽检肥料商品1383种，不合格商品105种。立案查处农资质量不合格案件378宗，案值195.37万元，罚没264万元。开展旅游、野生保护动物、汽车等市场专项整治行动，规范市场秩序。2015年，全省工商部门出动执法人员2.5万人次，检查市场7728个次、经营户近4万户次。查处各类违反市场经营管理规定行为案件4623宗，案值8000.09万元，罚没金额29175.94万元。组织全省工商系统集中开展“红盾网剑”专项行动，重点整治网上销售假冒伪劣商品、侵犯知识产权、网络不正当竞争等违法行为。至年底，全省工商系统共网上检查网站14.4万个次，实地检查网站、网店经营者1.3万个次，删除违法商品信息669条，责令整改网站1040个，已提请关闭网站70个，查处各类网络交易违法案件794宗，罚没款971.66万元。强化网络交易监管协作。5月，广东省工商行政管理局和广东省通信管理局正式签订《网络交易网站监管工作合作协议》，加强与相关职能部门工作协作和数据共享，使广东成为全国首个达成网络交易网站监管部门协作的省份。

六、市场主体监督管理

积极探索以信用监管为核心的新型监管模式，制定出台企业年度报告、公示信息抽查和经营异常名录管理的实施细则，完善企业信用信息公示系统，积极开展年度报告和“双随机”抽查工作。2015年12月3日，广东省第十二届人大常委会第二十一次会议通过全国第一部商事登记地方性法规《广东省商事登记条例》，条例自2016年3月1日起施行。出台《广东省工商行政管理局企业年度报告实施办法（试行）》《广东省工商行政管理局〈企业公示信息抽查暂行办法〉实施细则（试行）》及《广东省工商行政管理系统企业经营异常名录管理实施细则（试行）》。全省年报工作圆满完成既定目标。至年底，全省有914.5万户（次）市场主体报送（公示）了2013、2014年度报告，31.3万户企业主动公示即时信息，信息公示主体数量位居全国首位。全省有36.8万户企业列入经营异常名录，占企业总数13.2%；全年有11.9万户企业改正违法行为后申请移出经营异常名录，信用修复率达24.4%。全年全省工商系统查处无照经营案件2.23万件，案件总值28318.49万元人民币，罚款4324.18万元人民币，没收1947.40万元，引导办理2053户，向相关职能部门发出移送或者告知函126份。

七、合同管理

2015年，广东省工商系统着力完善合同监管长效机制，为服务地方经济发展营造一个诚信守约、合法经营的良好市场环境。全年全省工商系统查处合同违法行为案件575件，罚款214.03万元，没收违法所得0.80万元。开展“守合同重信用企业”公示活动，推进企业信用体系建设。全年全省共有18700户参加2014年度广东省“守合同重信用”企业公示活动，比上年增长125%。全年全省工商、市场监管部门办结动产抵押登记7044宗，抵押金额2034.2亿元，为各类市场主体融资提供有力的服务。

八、商标管理

2015年，广东省工商系统推进商标品牌战略实施，强化商标专用权保护。全年全省商标注册申请量51.29万件，同比增长26.2%；商标注册量39.56万 件，同比增长77.0%。至年底，全省商标有效注册量达165.95 万件，同比增长26.3%，连续21年居全国首位。获得国家工商行政管理总局认定与保护的驰名商标715件，居全国首位。全年全省工商系统共查处商标违法案件4208件，案件总值4245.53万元，罚没金额 5106.66 万元。其中，查处外国商标注册人权益案 2021 件，案值 1941.29 万元，罚款金额 3098.00 万元。

九、广告管理

2015 年，广东省工商系统深化广告行政审批制度改革，推动现代广告产业体系建设，促进广告行业健康发展。全省有广告经营单位 4.97 万户，广告从业人员 30.28 万人，广告经营收入达 845.1 亿元，纳税额 61.04 亿元。建设大数据管理下全省统一的广告监管执法体系，组织开展虚假违法广告专项整治。全年查处广告违法案件 2513 宗，罚没金额 3339.87 万元。大力支持广告重点产业项目建设，成功推荐 4 个企业项目进入财政部项目库，1 个企业项目获得中央文化产业发展专项资金的扶持。

十、经济检查

2015 年，广东省工商系统依法履职责，加强事中事后监管，紧紧围绕营造公平竞争的市场秩序中心任务，各项工作取得了明显成效。全省工商系统共查处经济检查类案件 5025 宗，案值 1.74 亿元，罚没金额 7782.14 万元。开展不正当竞争专项治理，对虚假宣传、商业欺诈、“傍名牌”、限制竞争等不正当竞争行为进行查处。全省工商系统共查处反不正当竞争案件 3479 件，案值 1.45 亿元，罚没金额 6477.63 万元。开展线索核查及案件查办，挖掘新型案源。依法查处全省系统内首宗垄断协议案件。全省工商部门组织开展元旦春节期间打击走私联合行动，配合打击疫区牛肉走私专项整治行动，打击走私“五大战役”行动和打击成品油走私“春雷”行动。全年全省工商部门共查处经营无合法来源证明进口商品案件 149 宗。开展“扫黄打非”专项整治行动。组织全省工商系统开展“清源 2015”“秋风 2015”和“护苗 2015”等专项行动，对出版物经营场所、文化娱乐场所、市场车站周边及其他公共服务场所等进行了集中整顿，并协助处理了 1 起生产销售非法电视盒案件。进一步加大打击传销力度，推动全省创建无传销城市工作，加强直销监管。全年全省工商系统共出动执法人员 21748 人次，检查辖区相关场所 9547 处，捣毁传销窝点 154 个，清理遣散传销人员 1867 人，查处传销案件 27 宗，罚没 13.04 万元；查处直销违法案件 3 宗，罚没 496.31 万元。联合查处亮碧思、掌上品、宝丽恒远等多宗网络传销、跨境传销案件，依法查处为传销提供条件的 2 家律师事务所和 1 家酒店。

十一、消费者权益保护

2015 年，广东省工商系统共查处侵害消费者权益案件 4.42 万件，案件总值 2835.20 万元，罚没金额 2933.93 万元。受理消费者投诉案件 14.93 万件，成功调解 8.96 万件，为消费者挽回经济损失 1.94 亿元。全省工商系统共查处销售不合格商品案件 447 宗，没收违法商品数量 2361 件，罚没金额 708.04 万元。

（资料来源：广东省工商行政管理局）

2015年广东省国税工作情况

一、国税收入概况

2015年，广东省国税系统共组织税收收入11588.36亿元，同比增长14.1%。其中：海关代征税收收入2693.61亿元，下降3.5%；国内税收收入8894.75亿元，增长20.8%。在国内税收收入中：免抵调库收入1076.52亿元，增长6.3%；办理出口退（免）税3457.82亿元，增长10.7%，增退（免）333.85亿元。从各市情况看，国税税收收入总量超100亿元的有11个市，其中深圳和广州市国税税收收入位居前两位，为4147亿元、2924亿元；东莞市900亿元、佛山市700亿元、惠州市517亿元、珠海市365亿元、中山市357亿元、茂名市279亿元、湛江市273亿元、江门市244亿元、汕头市134亿元，分列第2至第11位。

2015年，广东省国税系统税收收入呈现以下特点：一是总量攀升，国税收入连续2年突破万亿元，连续21年居于全国首位。二是增速较快，2015年广东省国税系统国内税收增速为20.8%，比全国国税平均水平高13.3个百分点。三是增收集中，税收增收集中在资本市场和政策因素。资本市场因素：因资本市场旺盛，证券交易印花税同比增长2.5倍，金融企业所得税增长45.8%，两项合计增收占比达72.4%。政策因素：因实施营业税改征增值税，增收73.12亿元，成品油和卷烟税收因消费税政策调整分别增收77.12亿元和47.24亿元，办理免抵调库增收63.55亿元，三项合计增收261.03亿元，占比达17.0%。四是经济转型和产业升级税收成果显现。一方面，经济转型较快的地区税收增速相应较高。深圳、东莞、珠海经济转型较快，国内税收增速分别达到54.8%、16.2%和13.3%。另一方面，第三产业特别是现代服务业税收实现较快增长，其中，金融业、信息技术服务业税收分别增长126.2%和11.8%，加上石油化工、电气机械，成为税收呈两位数增长的四大行业。

2014-2015年广东省国家税收收入情况表

单位：万元

项　目	2014年收入额	2015年收入额	比上年增减（%）
税收收入合计	101522089	115883557	14.1
国内税收收入	73618144	88947450	20.8
国内增值税	40929282	43446123	6.1
国内消费税	6541405	7845493	19.9
企业所得税	19369693	22351873	15.4
证券交易印花税	3456659	12100302	250.1
个人所得税	64514	59322	-8.0
其中：储蓄存款利息个人所得税	140	95	-32.1
车辆购置税	2954754	2876425	-2.7
资源税	184426	176987	-4.0
其它各税	117411	90925	-22.6
海关代征税收收入	27903945	26936107	-3.5
出口退税合计	-31239707	-34578186	10.7

二、落实税收政策

2015年，广东省国税局全面落实固定资产加速折旧、科技创新、文化体制改革、节能环保、资源综合利用、成品油消费税调整和电池、涂料消费税等税收优惠政策，全年办理各类减免税约600亿元。积极推进营业税改征增值税试点改革，全省纳入试点纳税人452081户，其中：一般纳税人87721户，小规模纳税人364360户，应税服务增值税应纳税额1975067万元，试点纳税人整体减少税收1934043万元，整体减负面达98%。积极落实小微企业税收优惠政策，全省共232.18万户次小微企业享受国家税收优惠，同比增长11.7%，共享受税收优惠77.5亿元，同比增长53.4%。全年办理出口退（免）税3457.82亿元，同比增长10.7%，增退税款333.85亿元。

三、实施"便民办税春风行动升级版"

全面落实简政放权、服务发展、国际合作和提效减负等4类11项重点工作。实施税收征管、纳税服务、出口退税"三大规范"，统一全省国税系统涉税业务办理标准。发布税收执法权力清单，明确取消"非行政许可审批"，将22项税务非行政许可审批事项调整为其他权力事项。为大企业提供55条企业集团税收风险管理建议，开展大企业涉税事项事先裁定22户次。全省国税系统建成185个全天候自助办税服务区，启用1222台自助办税终端，各市均实现"同城通办"和"免填单"服务，简化办税流程797项、审批事项389项。纳税人平均等候时间从18.68分钟缩短到11.3分钟，业务按时办结率达94.3%，纳税人窗口服务满意评价率保持在99.5%以上。上线纳税服务综合管理系统升级版，增加双向影音交互预警管理、纳税信用健康体检、纳税人行为分析等55项特色应用功能。全省国税系统20个市均开通了税务微博和微信，实现微信、微博"双微"申报缴税、预约办税、政策查询。

四、实施"自贸税易通"12项税收服务措施

2015年，广东省国税局出台面向广东自贸区纳税人的12项税收服务措施，重点简化税务登记、发票购领、涉税审批、出口退税、享受税收优惠等涉税事项的办税手续和审批流程，实施专业化集中审批，由审批制向备案制转变，打造实体办税、网上办税、移动办税和自助办税"四位一体"的税收服务智控平台。12项措施包括"三易、三快、三优、三联"，即随身易电子办税服务、全天易自助办税服务、开票易电子发票服务；快速办理出口退（免）税、快速办理税收优惠、快速办理涉外业务；优化涉税审批项目、优化票证领用手续、优化税收政策辅导；实行税务登记联合赋码、纳税信用联合共建、粤港澳联合互动。

五、服务"走出去"企业

2015年，广东省国税局邀请企业代表及知名中介联合举办"走出去"企业境外承包工程税收政策宣传沙龙及"一带一路"税收协定政策宣讲会。在市级政府综合治税网络平台试点建立"走出去"企业数据信息交换机制，打通核心征管数据与第三方涉税信息数据壁垒，建立"走出去"企业大数据群，开发境外税务管理平台，构建"走出去"企业税收管理信息化体系。开展税收服务"一带一路"战略专题调研，对广东省1160户"走出去"企业开展全样本调查分析，调查内容涵括企业信息、"走出去"发展情况、"走出去"意愿、遇到问题、主要诉求和建议等20个维度的信息，分析"走出去"企业在政策效用、权益保护机制、境外风险等方面存在的普遍问题和原因、发展难点与痛点，梳理出税制设计、政策宣传辅导、服务举措创新、维护企业权益等方面的对策举措。

六、构建微众税银服务平台

2015年，广东省国税局在东莞、广州、珠海、佛山等市成功上线试点的基础上，在全省国税系统上线运行微众税银服务平台。该平台遵循"自愿、便利、安全、专业、普惠、免费"原则，整合企业纳税信用信息、中小微企业融资需求、银行授信业务规则，对符合条件的纳税人提供免担保、免抵押、免服务费的授信服务，突出激励依法诚信纳税和助力小微企业发展作用。2015年，广东国税系统共有32118户纳税人提出融资申请，总授信成功户数2811户，总授信额度3.51亿元。

七、推进国地税合作

2015年，广东省国税局积极推行《国家税务局地方税务局合作工作规范（1.0版）》，开展5大类32项合作事项，打造了国地税合作的特色服务、税收征管、规范执法、信息共享、大企业税收管理和服务、国际税收管理"六大品牌"。全省共建成7个国地税联合办税服务厅、35个24小时国地税自助办税厅，已有128个国地税办税服务厅开设国地税业务"一窗式"办税窗口；全年全省国税系统接收登记机关传输的"一照一码"数据32.4万条，联合办理税务登记30万户，发出"三证合一、一照一码"新版营业执照9万张；联合共建51个纳税人权益保护组织，帮助3600余户纳税人有效维护了合法正当权益；联合培训纳税人350次、7万人；帮助委托代征地方税费7000万元；联合公布28宗重大税收违法案件信息，发布22家税收"黑名单"企业，实施限制出境2人次。

八、建设广东电子税务局

2015年，广东省国税局立足深化国税、地税征管体制改革要求和"互联网+税务"理念，联合广东

省地税局启动广东电子税务局建设，以“税收管理无纸化、线上线下同质化、办税渠道多元化、应用接入一体化、服务效能可量化”为建设目标，以全流程无纸化办理为原则，依托现有各类办税及服务信息系统，丰富完善涉税业务，拓展补充服务事项，共研发 5 大模块 20 项 266 个功能应用，覆盖纳税人、税务人员、社会公众和中介机构 4 类群体用户。

九、组织粤港澳大学生税收辩论赛

2015 年，广东省国税局、广东省地税局联合广东省港澳事务办公室、共青团广东省委员会举办粤港澳大学生税收辩论赛及系列交流活动，辩论赛于 2015 年 11 月 27 日 -29 日在广州集中举办，香港中文大学、香港浸会大学、澳门大学、澳门科技大学、中山大学、华南理工大学、华南师范大学、暨南大学等 8 所高校辩论队代表参加比赛，从税收视角，围绕税收推动“大众创业、万众创新”、青年就业、内地与港澳合作及公众关注政策热点话题开展辩论交流，增进粤港澳青年友谊，推动粤港澳交流合作，25 家中央、广东和港澳媒体进行跟踪报道。

（供稿单位：广东省国家税务局）

2015年广东省地税工作情况

2015 年，广东省地税系统累计组织税费收入 9629 亿元，突破 9000 亿元，同比增长 15.2%，其中：组织税收收入 6616 亿元，同比增长 16.1%（剔除电信营改增因素增长 16.7%），比 2014 年快 4 个百分点；组织社保费等规费收入 3013 亿元，增长 13.3%。

2015 年广东地税税收收入规模连续 22 年居全国地税首位，占全国地税系统税收收入的 12.1%；广东地税税收增速比全国地税平均增速高 9.2 个百分点，增速位居全国地税系统第 2 位，高于江苏（11.3%）、浙江（8.4%）、山东（8.7%）、北京（12.9%）等主要发达省市。

2015 年广东地税税收收入较快增长主要有三方面原因：

一是转型升级、创新驱动和稳增长政策成效显现。从行业看，1-11 月全省高技术制造业税收增长 18.9%，增速比传统制造业高 18.8 个百分点，其中电子及通信设备制造业税收增长 22.0%；生产性服务业税收增长 21.8%，增速比其他服务业高 6.4 个百分点，其中商务服务业税收增长 24.6%。从地区看，珠三角地区转型升级和创新驱动起步早、发展快、成效大，总部效应显著，税收增速（17.5%）比粤东西北地区高 10.4 个百分点，特别是深圳、广州、佛山、珠海等市均实现较快增长。

二是重点行业对税收增长拉动作用明显。金融和房地产两大地税重点行业同时处于周期性波峰，1-11 月税收分别快速增长 35.7% 和 21.2%，合计占全省地税税收增量近 2/3；若剔除金融和房地产业税收，全省税收增长 9.5%。

三是依法组织税收收入措施有力有效。面对营改增扩围、优惠政策减收效应更加明显、经济增长放缓等突出困难，全省地税系统始终牢牢抓住组织收入中心工作不动摇，强化组织收入主动性、目标管理引导性和收入措施针对性，确保税费收入实现了持续较快增长。

在促进税收收入较快增长的同时，全省地税部门坚持贯彻落实省委省政府和税务总局重要决策部署，大力推进税收改革创新，不断提高税收法治水平，积极服务经济社会发展大局。其中，落实税收优惠政策方面，省地税通过统一和明确税收优惠政策落实标准和操作指引；完善全面反映优惠政策落实情况的核算管理体系；加强对税收优惠政策落实情况的检查监督和考核问责；1-11 月全省地税累计减免各项税收 1002 亿元，增长 19.8%，快于同期税收增速 3.6 个百分点。此外，省地税还推进了税收改革创新。紧密围绕我省重大改革任务，加大服务自贸区发展工作力度，出台支持南沙自贸区创新发展的 16 条意见；认真贯彻落实《深化国税、地税征管体制改革方案》，积极探索“互联网 + 税务”，打造全国领先的电子税务局，进一步深化简政放权，在全国率先实现“一照一码”，在南沙自贸片区发出全国地税系统首张电子税务登记证；打造数据管税新格局，以金税三期在我省地税上线为契机，推进数据规范体系建设，大力推动大数据综合治理，1-11 月，全省地税（不含深圳）部门共利用涉税信息共享机制获取涉税信息 1.6 亿条，利用信息补缴税款 71 亿元。

（资料来源：广东省地税局）

2015年广东省质量技术监督工作情况

2015 年，全省质监系统以科学发展为主题，以加快转变经济发展方式为主线，坚决履行“服务经济发展质量、规范市场经济秩序、维护企业合法权益、保障民生质量安全”使命，以改革创新精神抓质量、保安全、促发展、强质检，为稳增长、调结构、惠民生提供可靠的质量保障。在全国首届省级政府质量工作考核中，我省被评为最高等级 A 级，得到了胡春华书记、朱小丹省长的批示肯定。

一、实施质量强省战略，构建质量共治格局

质检总局对外发布关于 2013-2014 年度省级政府质量工作考核结果的公告，广东省被评定为 A 级，成为全国被评定为 A 级两个省级政府之一。省政府印发《关于开展广东省质量提升行动的指导意见》，推动产品、服务、工程、环境质量提升。将质量强省建设纳入国民经济和社会发展“十三五”规划。建立市县政府质量工作考核制度，开展首次地级以上市政府质量工作考核，引导全省各地更加坚定走质量发展道路。推动武汉大学、清华大学、香港科技大学、中国社科院开展广东省制造业企业“转型升级、提质增效”专题调查，取得“质量创新”等一系列理论成果。开展省质量强市示范城市和知名品牌创建示范区创建活动，目前，全省 21 个地级以上市及顺德区全部开展质量强市工作，120 个县（市、区）、121 个镇、73 个行业开展质量强县、强镇、强业活动。深圳、广州、东莞市成功创建全国质量强市示范城市；25 个地区获批筹建全国知名品牌创建示范区，其中南海等 6 个地区成功创建，数量均居全国第一，市、县、镇三级示范带动、整体推进的质量共治新格局初步形成。

二、以质量改革激发质量发展活力

深化行政审批制度改革，深入推进行政审批标准化工作。完成省以下质监行政管理体制调整，确保机构相对稳定、职能得到强化。在全国率先开展电梯安全监管体制改革，系统推行明确使用管理者首负责任、实施电梯维保与检验体制改革、建立电梯责任险与维修资金提取制度的“五位一体”改革措施，全省在用电梯中确定使用管理者首负责任率达 96.8%，电梯责任险投保率达 75.8%。将首负责任、多元共治等改革理念和举措融入《广东省特种设备安全条例》《广东省电梯使用安全条例》。在大型游乐设施、客运索道等领域推广电梯安全监管体制改革经验，获质检总局批复同意我省先行先试改变气瓶使用登记方式，构建以企业主体责任落实为核心、消费者权益维护为监督基础、保险救济和社会救助为保障、市场技术基础建设为支撑、政府依法监管的现代监管体系。我省电梯安全监管体制改革得到胡春华书记、王勇国务委员的充分肯定，得到社会各界的广泛认同，有关改革措施被国家质检总局在全国进行推广。深入推进标准化工作改革，开展企业产品服务标准自我声明公开试点，取消政府对企业产品标准的备案管理，放开搞活企业标准，在“中国淘宝村”——揭阳市军埔村开展电商产品标准明示和鉴证试点工作。服务中国（广东）自由贸易试验区建设，推广实施组织机构代码实时赋码、企业标准备案管理制度创新、取消生产许可委托加工备案等措施。加快组织机构代码制度改革，全面实施“三证合一、一照一码”登记制度改革，有力促进了创新创业。

三、以质量基础提升广东制造质量和效益

不断加强计量、标准、认证认可等国家质量技术基础建设，深入实施品牌战略，助推“广东制造”向“广东质造”升级。一是强化计量的量值精准基础作用。实施国务院《计量发展规划（2013-2020 年）》，出台我省实施意见。全省共有国家计量基准 3 项、工作计量基准 10 项、大区（华南）级计量标准 136 项、社会公用计量标准 3707 项；建有 6 个国家级计量中心、9 个国家型式评价实验室及一批省级专业计量站，基本建成满足广东制造发展需要的量传溯源体系。获批筹建国家智能控制系统制造产业计量测试中心，为

广东制造迈向精密化、智能化夯实基础。二是强化标准化的产业转化和发展引领作用。深入实施标准化战略，我省实施标准化战略10年以来取得的成绩得到朱小丹省长的批示肯定。编制LED、电动汽车、高端新型电子信息、高端装备制造、新能源、新材料、节能环保等产业标准体系规划与路线图，服务战略性新兴产业、珠江西岸先进装备制造产业带发展。获批筹建国家技术标准创新基地（华南中心、广州），促进科技成果与产业化对接。在全国首创标准联盟，建立标准联盟246个，制定实施联盟标准972项，数量均居全国第一，推动企业抱团升级。加快标准国际化进程，落户我省的国际、国家专业标准化（分）技术委员会分别达9个和194个，全省主导或参与制修订国际标准1041项、国家标准4061项。三是强化认证认可的创新规范和促进作用。大力推行管理体系认证、产品认证和检测能力认可，确保企业研发的准确性和新产品的高品质。全省共有9.5万家企业通过管理体系认证，居全国第二；1.5万家企业取得强制性产品认证证书11.2万张，均居全国第一。四是深入实施品牌战略。广泛开展政府质量奖和名牌产品评选，提升“广东制造”品牌竞争力。华为投资控股有限公司荣获第二届中国质量奖，格力电器、坚美铝型材、美的制冷设备等3家企业获提名奖。与香港优质标志局建立粤港品牌合作机制。全省共有32家企业获省政府质量奖、600余家企业获市政府质量奖，共有省名牌产品（工业类）1847个，国家地理标志保护产品112个，国家地理标志产品保护示范区（广东新会）获批成立。

四、公共检测服务平台服务创新驱动发展和“走出去”战略

根据胡春华书记的重要指示精神，从2014年起，省财政连续三年每年安排1亿元用于加强国家、省级产品质量监督检验机构建设。目前，我省形成了以61个国家质检中心为龙头，153个省级授权质检机构为骨干的质量检测技术服务支撑体系，国家质检中心数连续多年居全国第一，成为自主创新和服务创新的“双基地”，发挥了检验检测、研发中试、标准制修订、检测技术研究、高端人才吸聚、专业人员培训等“六大平台”作用。一是服务企业研发中试熟化。构建起包括产品研发、原材料进厂、质量在线监控、成品出厂等各环节在内的全链条、多方位创新服务体系，协同企业开展研发中试，成为企业打通原始创新到最终产品的创新链条的桥梁。两年来，我省质量检测技术机构与170家企业、科研机构开展255项联合研发，研发产品95台／套，形成专利66项，获奖32项；共享设备近万台次，共享设备原值9.2亿元，服务3.6万家企业和科研机构研发测试8.8万次，节约试验成本7.2亿元；累计为企业出具各种委托检验检测报告851万份，发现或解决质量问题40多万个。二是促进产业和人才集聚。加快在产业园、专业镇、高新区和产业集群所在地建设质量检测技术机构，形成平台支撑产业—产业集聚人才—人才引领产业—产业提升平台的良性循环，有力推动了我省创新型经济区域布局的优化。三是服务企业参与国际竞争。全省质量检测技术机构与境外108个知名实验室实现国际互认，累计为企业出具国际互认的检验检测报告26.7万多份，帮助企业应对国际贸易技术壁垒1000多项，构建起“一个标准、一次检测、全球通行”的检测认证体系，为我省参与“一带一路”建设和“广东制造”走向世界提供了有力的技术支撑。四是推进检验检测认证机构整合。会同省编办开展全省检验检测认证机构整合改革，推进特种设备检测机构整合。以国家检验检测高技术服务集聚区（广州）建设为突破口，大力发展检验检测高技术服务业市场。

五、强化民生质量安全保障

牢固树立风险意识和底线思维，努力维护特种设备、重要消费品、食品相关产品“三大”安全。强化监督抽查，2015年国家监督抽查我省2689家企业生产的3011批次产品，不合格产品发现率为18.0%；省市两级共抽查26487家企业生产的39550批次产品，不合格产品发现率为11.5%，发现不合格产品货值达1.3亿元。打好电梯安全监管、油气输送管理安全监察、锅炉节能“大会战”，强化系统性风险分析防范，2015年全省共排查发现一般事故隐患特种设备13125台，重大事故隐患特种设备3840台，整改率为96.5%；全年共发生特种设备及相关事故14起，死亡8人，未发生较大以上事故，特种设备万台事故数、亡人数分别为0.11、0.06，均在省安委会下达的控制指标范围内，远低于全国平均数。严厉打击质量安全违法行为，开展“双打”“质检利剑”等专项行动，突出打大要案、打违法利益链，全省质监系统（不含深圳、顺德）共立案查处案件4349宗，涉案产品货值2.4亿元，移送公安机关案件29宗。会同省检察院、省公安厅制定行政执法移送涉嫌犯罪案件标准，加强“两法”衔接。充分发挥各级打假办作用，2015年确定省打假重点产品9类，全省确定重点（警示）区域、市场61个，深入开展专项整治。修订《广东省各级人民政府打击制售假冒伪劣商品违法行为工作责任制规定》，完善打假工作机制。

（供稿单位：广东省质量技术监督局）

2015年广东海关工作情况

2015 年，广东海关认真领会中央十八届四中、五中全会精神，和省委十一届四次、五次全会精神，坚持以习近平总书记系列重要讲话精神为指引，紧紧围绕广东实现“三个定位、两个率先”的目标，全力落实广东省委省政府的重要部署，全面深化改革、全力促进外贸稳增长，各项工作取得积极成效。

一、以创新驱动引领广东海关全面深化改革

（一）深化区域通关一体化改革，不断释放改革红利

广东海关全面启动“泛珠”四省区域通关一体化改革，推动了区域内海关之间的作业流程、审单程序和执法尺度不断规范统一，税收征管质量不断提升，企业通关更加便利，为广东外贸进出口营造出新的比较优势。

（二）创新合作方式，全面推进“三互”大通关建设

广东海关按照《广东省落实“三互”推进大通关建设改革任务分工方案》要求，继续深化关检合作“三个一”。目前，广东海关已全面实施“三个一”统一版一次申报系统，广州、深圳国际贸易“单一窗口”已如期上线运行，“三互”大通关建设在东莞率先取得突破，实现了海关、检验检疫、海事、边检、港务等部门系统之间的对接，企业通关成本明显降低。

（三）创新服务管理平台，打造“互联网 +”通关时代

广东海关加强科技、互联网与管理创新相结合，用机器取代人力，从内部流程上挖潜，简化通关手续。广东分署在省内部分直属关区部署建设“广东海关保税加工辅助管理平台”，大幅缩短保税加工业务办理时间；广州海关创新实施“互联网 + 易通关”改革，实现海关手续办理“零限制、零跑动、零收费、零耗时”。深圳海关聚焦“一体互通”，推进完成 28 项重点改革项目 103 项具体工作，将关区内物流、行邮、加贸、保税、通关、企管、大数据等九大应用平台互联互通。拱北海关依托港珠澳大桥建设，与香港、澳门海关探索“三地一检，监管互认”新型通关模式。汕头海关持续推进税费电子化支付和汇总征税。江门海关着力打造“中国小微企业创业创新之都”。湛江海关通过流程再造，实施税费计核后置智能化快速通关改革。

二、以协调发展为重点助力广东外贸调结构稳增长

（一）全力助推广东外贸稳增长

在珠三角中心和粤北地区，广州海关发挥区位优势，积极开展无水港业务。深圳海关出台“13+30+12”项措施争创发展新优势。拱北海关出台重点抓好的 15 项具体实在措施，支持地方外贸发展。黄埔海关加大对高资信企业和会展业的扶持力度，提升对进出口的带动效应。在粤东地区，汕头海关助力汕头申请获批保税物流中心（B 型），大力支持梅州、揭阳设立综合保税区。在粤西地区，江门海关全力为珠江西岸先进装备制造产业带、大广海湾经济区建设构建立体的进出口物流走廊。湛江海关出台措施推动湛江港成为环北部湾港口中直航东南亚航线最多的港口。

（二）聚焦重点推动区域大项目发展

广州海关完成首架以保税融资租赁方式进口飞机，实现广州飞机融资租赁业务零的突破。深圳海关推动海关特殊监管区域整合优化，盐田综合保税区（一期）通过预验收，前海湾保税港区二期整改及扩区建设稳步推进。拱北海关克服困难，完成口岸延关工作任务，会同珠海市政府制定《珠海口岸查验机制创新试点工作实施方案》，做好在珠海举办的国际大型活动通关监管服务。汕头海关支持揭阳中德金属生态城建设，支持华能海门煤炭中转基地、中石油炼油、中海油粤东 LNG 等重点项目建设。黄埔海关聚焦东莞石龙铁路枢纽建设，全面提升口岸监管设施水平，构建面向“一带一路”沿线国家的海铁联运国际枢纽。江门海关量体裁衣支持先进装备制造业发展，对集装箱、轨道交通产业、核电项目、重型装备关键零部件行业

实行精准扶持。湛江海关不断提升粤西口岸整体辐射效应，为宝钢湛江钢铁等一批大项目提供高效便捷通关。

（三）减负增效帮扶外贸企业渡难关

一是加快推动对查验没有问题的企业免除吊装、移位、仓储等费用的政策落地。二是优化调整查验率，年底下调广东省部分外贸重点企业的出口货物查验率。三是及时清理和规范进出口环节收费，对具有相应技术能力、有安装使用意愿的企业，推动放开 QP 系统准入限制。四是深化“双随机”改革，在风险布控、货物查验等关键环节，减少人工干预，提升监管效能。

三、以开放理念推动广东外贸形成新的增长极

（一）凝神聚力，全力以赴推动广东自贸试验区建设

自广东自贸区挂牌运作以来，广东海关成立“中国（广东）自由贸易试验区海关工作领导小组”，制订《广东海关推进＜中国（广东）自由贸易试验区建设实施方案＞的工作方案》，开发“广东自贸试验区海关信息平台”，探索积累新一批海关监管创新制度，推出创新制度 16 项。在南沙自贸片区，广州海关发挥国家中心城市区位优势，根据南沙自贸区定位和市场需求，推出海关快速验放机制、跨境货栈监管制度、海关登记备案“一照一码”等 8 项再创新制度，支持国际延迟中转业务发展，吸引大型物流企业进驻，打造南沙汽车岛并实现滚装船汽车进口。在前海蛇口自贸片区，针对前海现代服务业“港仓内迁、港店深仓、门店直配”等特点和需求，采用跨境快速通关和先入区后报关模式，实现货物在海关特殊监管区域与陆路口岸间通关流程的智能控制、车到起闸、即到即放的便捷式快速通关，为企业节约货运成本。在横琴片区，拱北海关率先建成全国首个电子围网，支持长隆海洋国际度假区等一批总投资 5300 亿元重点项目建设，顺利启动横琴口岸 24 小时通关，融合“澳门元素”打造“横琴样本”。

（二）抢抓机遇，因势利导打造广东跨境电商新高地

随着广东跨境电子商务市场主体的不断壮大，创新海关监管方式，减少壁垒，加速推动跨境电商进口健康发展已成为广东海关的共识。在广州片区以广州保税区和黄埔状元谷为重点，东莞片区以东莞市跨境电商中心园区、沙田和常平快件中心、沙田保税物流中心（B 型）为依托分别设立跨境电商集中监管点，通过“互联网 + 外贸”模式促进企业和外贸转型升级，打造全方位、多元化的跨境电商监管业务布局，广州海关创新行邮快件监管模式，应对“双十一”跨境快件进口高峰，着力支持唯品会等一批主流跨境电商平台做大做强。黄埔海关运用“跨境电商通关监管系统”，建立完善商品备案库，实现自动备案，制定出口商品合并归类、简化申报规则，探索建立跨境电商物流企业诚信分类管理制度。在深圳片区，深圳海关着力应对跨境电商业务爆发式增长，完成对 240 家跨境电子商务进出口试点企业的海关备案，验放进出口电商包裹同比增长 64 倍。江门海关打造跨境电商快件监管的“江门模式”，建设江门成为最具竞争力的跨境电商清关中心。

（三）想方设法，规范管理引入市场采购取得新成效

市场采购模式对广东小商品出口具有不可替代的重要作用。2015 年底，广东海关按照省政府的部署要求，统一思想，想方设法，规范管理，引导旅游购物模式为广东外贸发展发挥积极作用。同时，广东海关积极介入引入市场采购模式的研究工作，力争广东部分专业市场早日成为试点之一。

（资料来源：海关总署广东分署）

2015年广东出入境检验检疫工作情况

2015 年，广东出入境检验检疫局辖区监管进出口货物 5327.4 亿美元，同比下降 0.2%；全年共完成货物检验检疫 180.0 万批、货值 1244.0 亿美元，同比分别下降 6.8% 和 21.6%，分别占全国的 19.1% 和 12.9%，占全省的 63.9% 和 66.1%；检出不合格货物 12.5 万批、货值 195.8 亿美元，不合格率分别为 6.9% 和 15.7%，分别比 2014 年上升 1.3 和 5.3 个百分点；共查验出入境人员 2028.6 万人次，同比增长 4.9%，发现症状 1.27 万人次，同比增长 71.1%。

一、业务综合改革全面深化

积极转变工作方式，牢固树立“科学监管、执法监管、质量监管、技术监管”理念，进一步深化以“三种模式、三个体系”为核心的业务综合改革。主要包括：优化完善“智检口岸”，完成公共信息服务平台建设方案和空港业务需求分析；以进口汽车为突破点，积极探索创新进口机电产品闭环管理模式，对进口宝马、丰田、大众、路虎等汽车品牌共实施召回监督 165 次，涉及 4S 店 160 家；首次将进口汽车、进口呼吸机和市场采购出口商品纳入第三方检验结果采信试点范围，检验周期明显缩短，其中进口汽车检验检疫时间由 3 天缩短至 1 天；对进口食品、消费品等实施分级分类管理和审单放行，平均为企业节约通关时间 10 天；积极探索进境动物源性生物制品监管新模式，为高新区试点企业提供检疫审批便利、进境直通放行、查验后移；研发运行的“国际航行船舶检疫监管系统”成为广州国际贸易“单一窗口”平台项目四个关键组成部分之一；制定跨境电商经营主体和商品备案、电商商品事后追溯等管理制度，实施分类监管，在便利通关的同时，最大限度防止疫病疫情传入和降低产品质量安全风险等。

二、全力打造自贸区改革广东升级版

重点做好质检总局 22 项政策和广东出入境检验检疫局 25 项措施落地，并首批推出实施 11 项创新制度，努力打造自贸区改革升级版；推动跨境电子商务、市场采购出口等新业态井喷式增长。2015 年以来，南沙市场采购商品出口标箱数、货值分别比增 41.4% 和 40.3%，直接推动南沙港区新增 20 条国际航线。6 月 1 日，在全国自贸区中首个推出跨境电商质量溯源体系。消费者可 24 小时全天候快速免费查询跨境电商商品 18 项信息。在清远、韶关、中山、顺德、云浮等地建设对接南沙港的“无水港”，奶粉、水产品、石材等大宗商品实施中转分流，企业无需再奔波于属地和口岸，大大节约时间和费用。加强粤港澳产品检验检测技术和标准合作，试行粤港澳认证及检测业务互认制度。

三、大力推进“三互”大通关建设

先后与海关广东分署、广州海关、黄埔海关签订“三互”合作备忘录，率先在东莞启动陆运和海运口岸“三互”通关模式，在南沙建立关检“四互换、四互认、五互助”工作机制，在江门实施关检快件查验“一机双屏双控”，在湛江机场实现关检同台查验，在广州机场与边检部门建立“三互”合作模式。9 月 14 日，全国“三互”大通关改革现场会上，东莞“三互”改革经验得到国家有关部门肯定并将在全国推广。12 月 24 日，应中国政府网邀请，广东出入境检验检疫局局长詹思明和黄埔海关关长李国就“关检携手全方位推进‘三互’大通关建设”接受在线访谈。

积极推进检验检疫区域一体化。在全省检验检疫区域一体化基础上，牵头组织福建、厦门、海南、广西等检验检疫局启动“通报、通检、通放”泛珠区域一体化，2015 年，广东出入境检验检疫局实施跨直属局“两直”14.8 万批、34.5 亿美元；直属局内“三通”27.5 万批、171.6 亿美元。积极推进“单一窗口”建设，推动建设广东省电子口岸公共信息平台，推动广州“单一窗口”平台于 6 月 30 日上线并在南沙、黄埔和白云机场口岸试点，配合推进东莞市外商投资多证联办单一平台建设。

四、保障国门安全成效显著

口岸疫情疫病防控体系不断完善。进一步完善重大疫情防控“三率先、两强化”模式和空港口岸“3+3+3”防控模式，科学沉着应对埃博拉、中东呼吸综合征等疫情疫病，2015 年在口岸发现有症状者人次同比增长 71.1%，检出传染病病例同比增长 103.0%。埃博拉防控实现“零输入零感染”的最终目标，在 11 月 25 日举行的全国埃博拉出血热疫情防控工作表彰大会上，广州机场出入境检验检疫局获“先进集体”称号。从进境植物及其产品中截获疫情疫病次数同比增长11.9%，从进境贸易水果中截获有害生物309种1.09万次，质检总局据此发出警示通报 1 次。

消费品质量安全监管进一步加强。检出不合格食品化妆品批次货值同比分别增长 39.3% 和 56.4%。检出不合格出入境工业品批次、货值同比分别增长 28.9% 和 45.7%。积极开展进出口商品监督抽查，完成抽查 1073 批，不合格率 57.5%，抽查批次和不合格率均列全国第一。在全国首届进口食品标签检验技能大赛上，获得团体冠军和个人赛冠军。

大力开展“口岸天平”行动。检出短重货值 2208.1 万美元，经企业确认成功索赔 122 万美元，为国家和企业挽回重大经济损失。通过国外投诉调查发现 70% 进出口家用型燃气热水炉存在重大安全隐患，质检总局据此发布风险警示。

全力保障供港澳鲜活商品和食品质量安全。保障香港《规例》平稳实施工作得到国务院副总理汪洋、国务委员王勇的圈阅和批示。全年共检验检疫供港澳食品 148.76 万吨、24.15 亿美元，活猪活牛活禽 27103 批、467.13 万头（只），为港澳的繁荣稳定提供有力保障。

五、多举措力促进地方经济转型发展

打出惠企组合拳，切实为企业减负担。严格落实质检总局关于调整出境商品口岸查验比例的要求，对出境重点查验商品口岸查验比例由 5% 降低到 2.5%，对一般出境商品由 5% 降低到 2.5%；严格执行检验检疫收费减免政策，重点清查涉企收费环节，坚决取缔无依据的行政审批前置服务收费项目。全力促进广东产业质量提升和技术进步，已建成 7 个国家级出口食品质量安全示范区、3 个国家级出口工业产品质量安全示范区和 8 个省级示范区，有力促进广东优势产业质量发展。推动 TBT-SPS 国家通报咨询中心玩具、陶瓷、光电、家电研究评议基地正式落户广东，占全国基地数的一半，有力提升了广东优势产业在技术性贸易措施上的国际话语权。配合国家认监委开展供港生鲜食品交易公共服务平台建设，推动出口食品内外销“同标同线”，促成全国首个“供港标准食品交易中心”落户江门，得到国务院总理李克强肯定批示。

六、大力开展专项稽查行动

创新“调查指令”模式，提高打击违法违规的有效性和针对性，共查获假冒伪劣出口商品案件 41 宗，涉案金额超过 1 亿元。加强事后监管，对辖区内检验鉴定机构的工作质量和违法违规情况进行全面检查，查处 10 家涉嫌违法违规机构并对其中 3 家实施行政处罚。在全国范围率先对危险化学品违法行为进行行政处罚，去年共处罚 3 家违规企业，罚没金额 16.2 万元。

七、法制建设进一步加强

规范权力运行，制定“两个清单”和权力运行流程图，建立行政自由裁量权源头控制的标准和制度。

八、政研和科技工作成果丰硕

组织完成 4 项省部级重点政研课题，包括质检总局重点政研课题《检验检疫业务综合改革实践探索》，参与 2015 年重大决策咨询研究社会招标。获 2014 年度省科学技术奖一等奖 1 项、三等奖 6 项。获 2015 年度质检总局“科技兴检奖”拟授奖项目一等奖 1 项、二等奖 7 项、三等奖 8 项，获奖总数为历年之最。获 2015 年度质检总局科技计划项目 36 项，数量创历史新高。获质检总局批筹结核病等 2 个国家检测重点实验室。建设完善政务网站、内部网站和分支局子网站一体化的电子政务平台，广东出入境检验检疫局政务网站获评 2015 年质检总局优秀网站。

八、文明创建成效喜人

广东出入境检验检疫局（机关）通过“全国文明单位”复审，广州出入境检验检疫局等四个单位获得“全国文明单位”称号，中山出入境检验检疫局等 4 个单位被地方推荐为省文明单位，东莞出入境检验检疫局检务科等 4 个集体被评为省级青年文明号、黄埔出入境检验检疫局检务科等四个集体被评为广东省巾帼文明岗。荣获质检总局 2 个政治工作先进集体和 7

名先进个人。广东出入境检验检疫局通关处、番禺出入境检验检疫局、江门出入境检验检疫局被评为全国质检系统先进集体，广东出入境检验检疫局技术中心黄吉城等 5 名同志被评为全国质检系统先进个人；其中广东出入境检验检疫局通关处和黄吉城获人社部和质检总局联合表彰。开展广东检验检疫系统首届道德模范评选活动，陈劲海等 10 位同志被授予“广东检验检疫系统学习和践行社会主义核心价值观道德模范”荣誉称号，周燕等 20 位同志被授予“广东检验检疫系统学习和践行社会主义核心价值观先进人物”荣誉称号。提炼出“厚德、崇检、务实、高效”的广东检验检疫价值理念和“保国为民、敢为人先”的广东检验检疫精神，并在全系统内组织开展培育、宣传、践行广东检验检疫价值理念和广东检验检疫精神的专题活动。

（供稿单位：广东出入境检验检疫局）

2015年广东省现代农业示范区发展情况

我省农业资源禀赋区域差异较大，如何实现传统农业转型升级，成为实现“四化”发展的重要问题。2013年底，省农业厅统筹财政资金，重点打造广州市从化区、汕头市澄海区、佛山市顺德区、韶关市仁化县、河源灯塔盆地、惠州市惠城区、梅州市梅县区、江门市开平市、阳江市阳东区、湛江市廉江市、湛江市徐闻县、清远市佛冈县等12个省级现代农业示范区，通过发挥广东省现代农业示范区的引领作用，使之成为带动全省现代农业的样板区。经过3年发展，12个示范区中已有10个被农业部认定为国家现代农业示范区，已成为“广东现代农业的试验场、创新源、发动机、风向标。”

2015年广东省12个现代农业示范区农林牧渔服务业总产值合计879.8亿元，同比增长11.7%，比全省农林牧渔业总产值增速快8.6个百分点；示范区人均农林牧渔业产值（按第一产业从业人员计算）39879.7元，同比增长9.36%，比全省人均农林牧渔业产值（38516.5元）高出1363.2元；示范区农民人均可支配收入14807.3元，同比增长9.0%，比全省农民人均可支配收入（13360.4元）高出1446.9元。广东省现代农业示范区现代农业发展显著高于全省农业发展水平，取得了一定成效。主要成效体现在以下4个“一批”：

一批新型经营主体蓬勃发展。逐步形成以家庭承包经营为基础，专业大户、家庭农场、农民合作社、农业产业化龙头企业为骨干的新型农业经营体系，已培育省、市、县三级农业龙头企业469家、农民合作社4600家、家庭农场735家，还有农产品加工企业1279个和休闲农业经营主体609个。

一批创新模式得到推广。一是创新管理模式，如河源灯塔盆地示范区成立管委会，形成团队进行管理；惠城示范区管理模式是成立惠州现代农业示范区投资有限公司，以专项资金4600万元作为资本金，向中国农业发展银行惠州市分行申请项目贷款1.44亿元。二是创新金融扶持见成效。我省出台《现代农业示范区管理办法》（以下简称“《办法》”）中明确提出鼓励示范区先行先试，采取“投贷补”“政银保”等多种手段放大财政资金的杠杆效应，撬动社会、金融资本投入示范区建设。目前广东省现代农业示范区采用各种方式合计已投入财政资金8551.52万元，撬动金融资本11.28亿元，社会资本21.26亿元，预计三年时间内，将投入各级财政资金5.69亿元，可撬动金融和工商资本达162.23亿元。

一批现代化项目顺利实施。示范区的一个主要功能是促进现代农业产业集聚发展，目前一批农业项目正在实施，部分设施农业工程已经基本建成。据不完全统计，已启动项目超过500个，有效促进新型农业经营主体发展，辐射带动超过5万名农民增收。

一批科研项目落地生根。不少示范区当地政府与中国工程院、中国农科院、省农科院、华南农业大学、仲恺工程学院签订农业战略合作协议，引进高端科研团队和人才，为现代农业发展添砖加瓦、献言献策。如河源灯塔盆地积极引入建设广东省农业科学院河源分院，中国农科院、华南农业大学在示范区里建立起博士后常驻工作站、热带亚热带作物创新中心等。

（供稿单位：广东省农业厅）

2015年广东经济运行情况

2015年，广东经济保持总体平稳、稳中略升的走势，主要经济指标增长平稳，同时经济发展分化，传统产业相对稳定，新产业新业态新商业模式对经济增长的拉动力继续增强，经济结构调整优化，经济增长质量和效益保持提升，经济发展基本面没有改变。在全国经济发展进入新常态的背景下，广东经济增速和财政收入增速高于全国，为全国发展提供了总量速度和结构优化“两个支撑”，这充分展示了广东经济发展的结构优势、竞争优势，为“十二五”做了圆满的收官。

一、经济运行总体态势

据初步核算并经国家统计局核定，2015年广东实现地区生产总值7.28万亿元，同比增长8.0%，增幅同比提高0.2个百分点，圆满完成年度增长目标。全年物价上涨平缓，CPI上涨1.5%，同比回落0.8个百分点；就业总体稳定，城镇新增就业155.5万人，提前超额完成全年任务，促进创业22万人，城镇登记失业率2.45%，控制在预期目标内；固定资产投资完成30031.20亿元，同比增长15.8%；实现社会消费品零售总额31333.44亿元，同比增长10.1%；财政收入持续较快增长，地方一般公共预算收入增长12.0%（可比口径），经济发展基本面总体良好。

（一）全年经济保持稳中有升增长态势

2015年，广东按照中央对经济工作的决策部署，积极应对经济下行压力，抓住关键环节精准发力，推动全省经济保持平稳向好。加快推进省重点项目建设，超额完成年度计划；出台财政支持稳增长16条措施；出台外贸稳增长20项政策等。全年四个季度GDP分别增长7.2%、8.1%、8.3%和8.3%，呈稳步提升态势。

（二）广东主要经济指标表现良好，为全国经济稳定发展提供重要支撑

全年全国经济稳中有进，稳中有好，动力转换提速，全年GDP增长6.9%，广东GDP增速比全国高1.1个百分点，对全国经济增长的贡献率超过10%。广东规模以上工业增长7.2%，增速比全国高1.1个百分点；固定资产投资增长15.8%，比全国高5.8个百分点；社会消费品零售总额同比增长10.1%，比全国低0.6个百分点；进出口同比下降3.9%，降幅比全国小3.1个百分点；一般公共预算收入同比增长12.0%（可比口径），增幅比全国高出5个百分点以上。

图1　2013年以来全国与广东GDP逐季累计增速

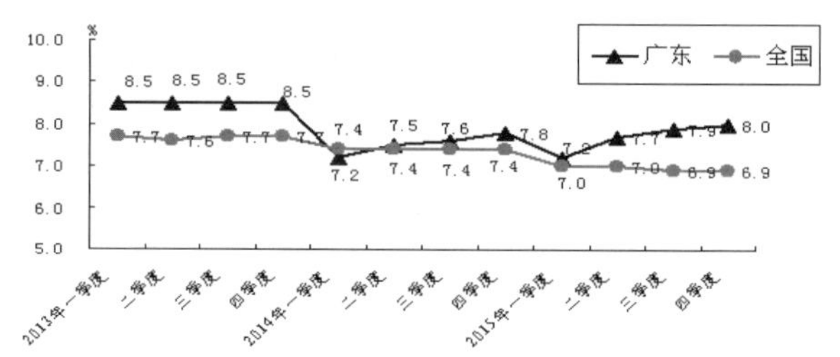

（三）从供给侧看，农业、工业增速平稳，服务业增速较快，发挥拉动作用

农业生产持续平稳增长。全年农林牧渔业实现增加值3344.82亿元，同比增长3.4%，增幅同比提高0.1个百分点。农作物播种面积稳定，粮食产量小幅增长，水果产量提高，畜牧业生产缓慢恢复，渔业生产维持稳定。

工业生产保持稳定。2015年规模以上工业增加值分季累计增速分别为7.4%、7.4%、7.3%、7.2%，波动很小。全年工业对GDP增长的贡献率达到39.1%，拉动GDP增长3.1个百分点。工业中民营经济发挥了重要作用，2015年规模以上民营工业企业增加值增长11.8%，比工业平均水平高4.6个百分点，占全省规模以上工业增加值的比重为46.2%，比上年同期提高2.6个百分点对工业增长的贡献率接近七成。从主要行业看，电子行业支撑作用明显，计算机、通信和其他电子设备制造业增长10.5%，增幅比全省规模以上工业高3.3个百分点，占规模以上工业增加值的比重达23.7%；汽车制造业实现增加值1539.31亿元，同比增长7.6%，增幅持续回升；化学原料和化学制品制造业同比增长8.7%，通用设备、专用设备制造业分别增长8.3%和9.8%，增幅均较为平稳，高于全省平均水平。

表1 2015年广东规模以上工业增长情况

行　业	2015 年 增加值（亿元）	2015 年 增长（%）	2014 年 增长（%）
规模以上工业	**30313.61**	**7.2**	**8.4**
国有及国有控股企业	4851.59	2.1	6.3
外商及港澳台商投资企业	13246.42	4.1	5.0
民营企业	14004.86	11.8	13.2
采矿业	**687.44**	**22.3**	**2.4**
制造业	**27300.03**	**6.8**	**8.8**
农副食品加工业	447.07	9.6	8.3
食品制造业	727.47	2.3	6.7
烟草制品业	337.39	1.0	6.3
纺织业	633.98	6.2	4.1
纺织服装、服饰业	1107.64	4.7	5.4
皮革、毛皮、羽毛及其制品和制鞋业	672.04	3.3	6.2
家具制造业	452.37	4.7	8.2
造纸和纸制品业	453.68	4.9	10.2
石油加工、炼焦和核燃料加工业	566.00	-2.6	0.3
化学原料和化学制品制造业	1356.85	8.7	8.8
医药制造业	456.16	7.7	8.6
橡胶和塑料制品业	1145.78	6.2	6.2
非金属矿物制品业	1277.40	8.9	11.3
黑色金属冶炼和压延加工业	385.09	6.2	5.0
有色金属冶炼和压延加工业	551.42	-1.5	11.0
金属制品业	1346.14	9.9	11.9
通用设备制造业	926.85	8.3	8.2
专用设备制造业	660.52	9.8	9.2
汽车制造业	1539.31	7.6	9.2
铁路船舶、航空航天和其他运输设备制造业	281.42	6.4	10.2
电气机械和器材制造业	2596.21	6.1	7.3
计算机、通信和其他电子设备制造业	7175.24	10.5	11.7
电力、热力、燃气及水生产和供应业	**2326.14**	**5.8**	**7.0**
电力、热力生产和供应业	1982.54	3.0	6.2

2015 年广东经济增速上行主要依靠服务业拉动，金融业、房地产业和生产性服务业的贡献比较突出。全年部分规模以上服务业企业实现营业收入增长 9.7%，增幅同比提高 1.5 个百分点，全部服务业增加值增长 9.7%，同比提高 1.7 个百分点，对经济增长的贡献率为 57.1%，拉动 GDP 增长 4.6 个百分点。从金融领域看，全年证券市场虽然波动较大，但证券交易额同比增长 137.1%，证券交易所带来的营业收入、税收均有较高的增速，资本市场发展对经济增长的贡献高于 2014 年。2015 年，全省金融业增加值增长 15.6%，对经济增长的贡献率为 12.3%，拉动 GDP 增长 1.0 个百分点。从房地产市场看，2015 年的回暖态势比较明显，全年商品房销售面积 11681.01 万平方米，同比增长 25.4%。房地产业增加值增长 11.4%，对经济增长的贡献率为 8.2%，拉动 GDP 增长 0.7 个百分点。金融业和房地产业合计对经济增长的贡献率为 20.5%，拉动 GDP 增长 1.7 个百分点。生产性服务业发展加快，实现增加值增长 10.1%，高于整体服务业 0.4 个百分点，占第三产业的比重为 53.1%，同比提高 0.1 个百分点；全年部分规模以上服务业中生产性服务业实现营业收入增长 9.6%，占规模以上服务业营业收入的 87.4%。

表2 2015年广东主要行业增长情况

指　标	2015 年增长（%）	2014 年增长（%）	差距（百分点）
地区生产总值	8.0	7.8	0.2
第一产业	3.4	3.2	0.2
第二产业	6.8	7.9	-1.1
第三产业	9.7	8.0	1.7
工业	6.8	8.0	-1.2
建筑业	6.0	6.2	-0.2
批发和零售业	5.0	7.2	-2.2
交通运输、仓储和邮政业	5.3	10.8	-5.5
住宿和餐饮业	3.0	3.4	-0.4
金融业	15.6	8.3	7.3
房地产业	11.4	2.6	8.8

（四）从市场销售看，国内市场相对较好，外部市场疲弱

国内消费市场保持稳定。企业努力开拓国内市场，工业产品内销明显好于外销。2015 年，规模以上工业实现销售产值 12.13 万亿元，增长 3.5%，其中内销增长 5.9%，占比 73.1%，而出口交货值同比下降 2.4%。2015 年，广东累计实现社会消费品零售总额 31333.44 亿元，同比增长 10.1%，扣除价格因素，实际增长 10.5%。全年四个季度累计增速分别为 10.0%、9.8%、10.1% 和 10.1%，保持稳定。全年限额以上单位实现零售额 13830.73 亿元，增长 5.3%。批发零售业增长放缓，住宿餐饮业经营好转。全年批发和零售业实现零售额 28065.95 亿元，增长 10.0%，增速比上年回落 2.3 个百分点；住宿和餐饮业实现零售额 3267.49 亿元，增长 10.7%，增速比上年提高 2.1 个百分点。分行业看，传统消费增长平稳，信息、网络消费继续较快增长，汽车类消费回升。全年限额以上批发零售业粮油、食品类零售额同比增长 17.6%，化妆品类增长 12.7%，金银珠宝类增长 15.9%，日用品类增长 15.8%；石油及制品类零售额下降 9.8%，降幅比前几月有所收窄；汽车类零售额 3775.84 亿元，增长 1.4%，增速继续回升；通讯器材类商品零售额增长 27.5%。住房相关类别消费增势良好，家具类商品零售额增长 15.9%，增速高于全省平均水平。

图2 2015年限额以上分类别零售额增长情况

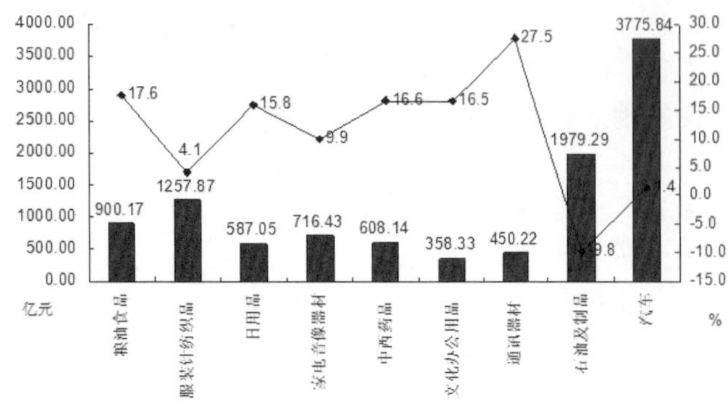

进出口持续下降。2015 年，广东完成进出口 63559.7 亿元，同比下降 3.9%，降幅同比扩大 1.4 个百分点，占同期全国外贸总值的 25.9%；其中出口 39983.1 亿元，增长 0.8%，进口 23576.6 亿元，下降 10.8%。贸易结构持续改善，加工贸易进出口持续下降，一般贸易进出口保持稳定增长，全年实现一般贸易进出口 2.68 万亿元，增长 4.9%，加工贸易进出口 2.74 万亿元，下降 14.4%。

二、新动力的推动作用日益突出

虽然 2015 年经济发展下行压力比较大，但广东转型升级的步伐不断加快，创新驱动、高新技术、新业态、新商业模式、民营经济等积极因素不断增加、积累，形成促进发展的新动能，开拓了经济增长的新空间，促进了经济发展的分化和经济结构的优化，同时也为全国经济结构的优化发挥了重要的支撑作用。主要表现在以下几方面：

（一）创新驱动促进现代产业发展，产业结构不断优化调整。一是工业投资结构进一步优化。2015 年全省完成固定资产投资 30031.20 亿元，增长 15.8%，工业投资结构进一步优化，全年完成工业投资 10151.77 亿元，同比增长 20.8%，高于整体投资 5.0 个百分点。其中，高新技术制造业投资 1366.55 亿元，增长 35.8%，高于同期制造业投资 11.3 百分点，其中的医药制造投资增长 49.9%，电子及通信设备制造投资增长 32.0%，医疗设备及仪器仪表制造投资增长 26.0%，均保持较高增速。工业技术改造持续推进，全年完成工业技术改造投资 2931.50 亿元，同比增长 56.5%，增幅同比提高 33.2 个百分点。这些推动广东产业结构继续优化。二是现代服务业比重提升，经济增长动力继续调整。第三产业增加值增长 9.7%，对经济增长贡献率达 57.1%，三次产业占比调整为 4.6：44.6：50.8，第三产业占 GDP 的比重同比提高 1.8 个百分点。其中，现代服务业增加值增长 11.9%，比整体服务业高 2.2 个百分点，占服务业比重为 60.4%，占比同比提高 1.4 个百分点。三是制造业继续向高端化方向发展。2015 年，先进制造业完成增加值 14712.70 亿元，增长 10.0%，占规模以上工业的比重达到 48.5%，占比同比提高 0.9 个百分点；高技术制造业完成增加值 8172.20 亿元，增长 9.8%，占规模以上工业比重达到 27.0%，同比提高 1.9 个百分点；珠江西岸装备制造业完成增加值 2623.94 亿元，同比增长 14.2%，增速高于规模以上工业 7.0 个百分点。

（二）改革深化、简政放权进一步释放市场活力和民资投入动力。一是商事登记制度改革促进大众创业，新投入资金快速增加。截止 2015 年底，全省市场主体总量、内资企业、外资企业、私营企业和个体工商户数量均位居全国首位。全年全省新登记企业数量同比增长 22.5%，注册资本金同比增长 76.8%。二是民营经济活力增强，地位继续提升。全年民营经济增加值 38846.24 亿元，增长 8.4%，增速高于整体 GDP 增速，民营经济总量占比提高到 53.4%，占比同比提高 0.1 个百分点。规模以上民营工业增长 11.8%，占规模以上工业的比重提升到 46.2%；民营工业增速比国有控股工业高 9.7 个百分点，比三资工业高 7.7 个百分点。民间投资增长 19.9%，增幅同比提高 0.2 个百分点，占全省固定资产投资的比重为 60.1%。全省私营企业出口增长 9.9%，高于整体出口 9.1 个百分点。

（三）以“互联网 +”为代表的经济新业态蓬勃发展，经济发展中“新”因素的作用日益增强。

一是互联网技术不断渗透到各行各业，为百姓生活带来方便，信息相关产业表现抢眼。全年规模以上互联网和相关服务业营业收入增长 20.5%，软件和信息技术服务业营业收入增长 17.6%。通讯消费方面，2015 年全省限额以上单位通讯器材类商品零售额继续保持较快增速，同比增长 27.5%；12 月底，全省 4G 移动电话户数已达 4892.3 万户，同比增加 3426.6 万户，4G 用户覆盖率达到 32.6%；全省移动互联网接入流量同比增长 89.4%。网上购物方面，全年全省限额以上批发零售业通过公共网络实现商品零售额 820.32 亿元，占全省社会消费品零售总额的比重为 2.6%，同比增长 52.9%，拉动消费增长 1.2 个百分点。网购的火爆带动快递业务迅猛增长，行业利润较快增长。2015 年全省完成快递业务同比增长 49.4%，快递业务量占全国的近四分之一；在规模以上服务业中，交通运输仓储邮政业实现营业收入增长 8.7%，利润总额增长 50.6%。

二是居民生活质量提升，文体和健康消费较快发展。2015 年，限上单位文化办公用品类商品零售额 358.33 亿元，增长 16.5%；体育、娱乐用品类商品零售额 71.67 亿元，增长 62.8%；中西药品类商品零售总额 608.14 亿元，增长 16.6%；电子出版物及音像制品类商品零售额 15.40 亿元，增长 25.6%。2015 年，规模以上广播、电视、电影和影视录音制造业营业收入增长 15.5%，主要影院业绩表现良好，电影放映业营业收入和利润分别增长 37.6% 和 63.0%，娱乐业营业收入和利润分别增长 17.5% 和 96.9%。

三是外贸新业态增势迅猛。全年全省旅游购物出口 232.4 亿美元，增长 1.1 倍；38 家外贸综合服务试点企业出口 280 亿美元，增长 22.3%。纳入统计的跨境电子商务进出口 21 亿美元，增长 14.5 倍，规模居全国首位。

四是便捷交通经济效应日益突出。广州通往珠三角城市若干轻轨的运营和武广、京广、厦深、贵广、南广等高铁的开通极大便利了省内各地以及广东与各省的往来，刺激了百姓的旅游和消费欲望，出行和旅游大幅度增加。2015 年，广东高铁共完成客运量 12308 万人，同比增长 45.4%，完成旅客周转量 342.35 亿人公里，同比增长 49.6%；高铁客运量占全部铁路客运量的比重已达 46.3%，同比提高 10.6 个百分点。全年全省旅游总收入 8902 亿元，同比增长 13.4%；接待过夜游客 3.5 亿人次，同比增长 6.8%。

五是部分与民生相关的行业发展快于平均水平。全年租赁和商务服务业投资增长 26.1%，高于投资平均水平 10.3 个百分点，实现营业收入增长 14.9%，高于全省规模以上服务业平均水平 5.2 个百分点。科学研究和技术服务投资增长 32.4%，增速较快，利润总额增长 11.7%，高于规模以上服务业利润总额增速 0.6 个百分点。卫生和社会工作投资增长 30.2%，营业收入增长 10.8%；生态保护和环境治理业实现营业收入增长 41.5%，营业利润扭亏为盈。

三、经济增长质量和效益保持提升

一是财政保持稳定增收，为民生和社会建设支出提供重要保障。2015 年，全省累计完成一般公共预算收入增长 12.0%，其中税收完成 7375.93 亿元，增长 13.4%，占一般公共预算收入的 78.8%。民生类支出快速增长 44.3%，占比达 69.6%。

二是就业稳定，居民收入保持稳定增长。2015 年全省城镇登记失业率 2.45%，同比微升 0.01 个百分点。全省“四上”企业从业人员超过 2000 万人，同比基本持平。广东居民人均可支配收入 27859 元，同比名义增长 8.5%，实际增长 6.9%。其中城镇常住居民人均可支配收入增长 8.1%，农村常住居民人均可支配收入增长 9.1%。

三是企业利润增势相对较好。2015 年，规模以上工业实现利润 7208.77 亿元，同比增长 8.2%，比全国平均水平高 10.5 个百分点；产成品存货 4533.05 亿元，增长 2.9%，比年初明显回落；工业企业主营业务收入利润率为 6.1%，同比提高 0.3 个百分点。

四是能耗水平继续下降。2015 年，全省节能降耗形势较为乐观，全年全省单位 GDP 能耗下降超过 5%；规模以上工业综合能源消费量 14037.18 万吨标准煤，同比下降 4.0%，单位工业增加值能耗下降 10% 左右。

四、对 2016 年经济形势的预判

（一）2016 年国内外经济形势预计保持稳定

从国际看，当前世界经济仍处在危机后深度调整之中，呈现出低增长、不平衡、宽震荡、多风险的特征，而且国际产业转移格局的调整对中国进出口的影响还在加深。虽然美国经济恢复更趋稳定，但美国从 2016 年 1 月起启动加息，这从长期看将对新兴国家经济发展带来不利影响。IMF 最新预测表明，2016 年全球经济增速比 2015 年略有提高；联合国 12 月发布预计报告，预计 2016 年全球经济增长 2.9%，比 2015 年有小幅改善。

从国内看，国家系列宏观调控措施的政策效应陆续显现，“十二五”主要预期目标基本实现。随着供给侧结构性改革的推进，去产能、去库存、去杠杆、降成本、补短板等各项政策措施的落实，预计今年国内经济环境有望保持稳中有所改善。同时经济发展中新产业新业态新商业模式的力量日益增强，逐步形成拉动经济增长的正向效应，也有利于提振市场信心。但也要看到，当前外需依然疲弱，全国基建和房地产投资增速放缓，因此多家机构预测 2016 年中国经济增速将继续放缓至 6.6%-6.8% 之间。

（二）广东经济发展面临若干困难和挑战

虽然当前广东经济总体保持稳定，但也面临不少困难，存在较大的下行压力，主要体现在以下几方面：

一是国际大环境没有明显改观，广东进出口形势依然严峻。一方面，世界经济发展缓慢，国际贸易需求没有转暖；另一方面国际产业转移对中国的出口带来一定程度的负面影响，而且对广东来说还面临一个加工贸易产能向国内其他省份转移的压力。2014 年和 2015 年广东进出口均出现下降，预计 2016 年广东进出口形势依然比较严峻。

二是国内经济下行压力大，实体经济经营仍然困难。当前，国内需求仍显疲弱，部分先行指标显示经济下行压力较大。2015 年全省全社会用电量增长 1.4%，其中工业用电量下降 0.4%，连续 3 个月处于负增长区间，制造业用电量下降 2.1%，处于全年低点。PMI 指数持续下滑，12 月广东省制造业采购经理指数（重点企业 PMI）为 48.4%，较上月回落 0.2 个百分点，已是连续第 4 个月处于 50% 的荣枯线以下。至 12 月，广东工业生产者出厂价格指数和购进价格指数已经连续 44 个月下降，降幅比前几个月略有加深，表明工业生产去产能化的任务还比较艰巨。此外，人工成本持续上涨、市场竞争更趋激烈等因素也增加企业的经营难度，企业对减免税费的愿望比较强烈。

三是资本市场波动较大，对实体经济发展、居民消费和财政税收等方面带来较大的不确定性。股票市场和投资性房地产市场的不确定性大大增强，不仅增加宏观调控的难度，也影响居民的消费预期以及消费结构的升级。

四是粤东西北地区发展放缓。2015 年，粤东西北地区 GDP 增长 8.1%，比珠三角地区低 0.5 个百分点，改变了 2009 年以来快于珠三角的局面。粤东西北地区经济增速放缓，从结构上看，主要是工业增速放缓。2015 年粤东西北地区规模以上工业增加值增长 7.9%，其中粤东增长 7.3%，同比回落 5.9 个百分点；粤西增长 9.9%，同比回落 5.3 个百分点；粤北增长 6.9%，同比回落 7.5 个百分点。粤东西北地区工业增速放缓，直接影响到财政收入增长，粤东西北地区全年财政收入增幅放缓明显至 4.2%，其中粤东地区出现负增长。

表3　2015年分区域主要经济指标增长情况

区域	规模以上工业增长（%）		固定资产投资增长（%）		社会消费品零售总额增长（%）		地方一般公共预算收入（%）	
	2015 年	2014 年	2015 年	2014 年	2015 年	2014 年	2015 年	2014 年
全省	7.2	8.4	15.8	15.9	10.1	11.9	12.0	13.9
珠三角	7.2	8.3	14.3	14.6	9.6	11.9	14.3	15.1
粤东西北	7.9	14.2	19.0	29.6	11.3	11.8	4.2	12.7
粤东	7.3	13.2	24.2	32.3	12.4	12.0	-3.2	9.1
粤西	9.9	15.2	23.2	30.0	10.8	11.7	6.3	11.1
粤北	6.9	14.4	10.4	26.7	10.6	11.4	8.1	16.7

2015年广东农业经济运行情况分析

2015年，在省委省政府的高度重视和正确领导下，广东各级党委政府积极行动，全力抓好抗旱防汛抗灾复产工作，农业生产总体保持稳定增长态势。粮食生产保持稳定，经济作物、园林水果持续增长，家禽养殖开始回升，渔业发展速度加快。

一、农业经济运行基本情况

（一）农林牧渔业产值稳步上升

据初步测算，全年全省农林牧渔业总产值5520.46亿元，农林牧渔业增加值3425.39亿元，分别比上年同期增长3.1%和3.4%，增幅同比均上升0.1个百分点。

与上年相比，粮食产量增幅较小，农业产值增幅略有回落；林业、牧业、渔业、农林牧渔服务业生产不同程度向好。2015年，全省农业产值2783.97亿元，增长3.8%，增幅同比下降0.5个百分点；林业、渔业、农林牧渔服务业产值分别为296.65亿元、1127.51亿元和195.21亿元，增长5.4%、4.2%和5.2%，增幅同比分别上升0.6个、0.7个和0.1个百分点；畜牧业产值1117.12亿元，下降0.6%，降幅同比收窄0.5个百分点。

（二）农作物播种面积稳定，粮食产量略有增长

2015年，全省加强落实强农惠农政策，扎实推进农业结构调整，采取有力措施，克服灾害性天气的不利影响，实现种植业播种面积平稳、粮食生产小幅增长，蔬菜生产稳步发展，有效保障了农产品供给。全年全省农作物总播种面积7197万亩，增长1.1%。粮食播种面积3759万亩，小幅下降0.1%，其中稻谷面积2831万亩，下降0.3%；甘蔗面积249万亩，下降1.6%；油料作物面积564万亩，增长2.6%；烟叶面积34万亩，下降0.4%；蔬菜面积2098万亩，增长3.6%。

全省粮食产量1358.13万吨，增长0.1%；受强台风“彩虹”影响，稻谷产量1088.42万吨，下降0.3%；甘蔗产量1452.26万吨，下降3.5%；油料作物产量110.17万吨，增长4.4%；烟叶产量5.58万吨，增长0.1%；蔬菜产量3425.39万吨，增长4.6%。

（三）水果产量提高，价格稳定上升

近年来，各地积极引进优质高产高效的水果品种，大力发展特色水果种植，良种水果种植面积不断扩大，水果价格上涨，产量不断提高。2015年，全省大部分地区降水少于往年，病虫害相对较少，水果长势良好，结果率提高。年末全省园林水果实有面积1701万亩，增长1.1%，全年水果产量1508.21万吨，增长4.8%。主要品种中，香蕉产量445.04万吨，增长4.4%；柑橘橙产量400.08万吨，增长2.5%；荔枝产量127.53万吨，增长2.8%；龙眼产量82.84万吨，增长5.6%；菠萝产量99.73万吨，增长8.7%；柚子产量90.03万吨，增长9.9%；李子产量63.91万吨，增长3.3%。据国家统计局广东调查总队农产品生产价格调查，全年水果价格上涨3.9%，大宗品种水果价格均呈现不同程度的上涨，其中柑橘、菠萝、李子价格分别上涨5.5%、5.0%和6.1%。

（四）畜牧业生产缓慢恢复

2013年下半年到2015年上半年，生猪行情持续低迷，猪肉价格几度探底，严重影响农户的养殖热情，全省生猪养殖持续回落，加之受环评因素影响，各地加大力度关闭和拆除不符合标准的生猪养殖场，生猪存栏进一步减少。进入下半年以来，由于供给的持续减少，猪肉价格逐渐攀高，据农产品生产价格调查，全年生猪价格同比上升7.0%。价格上升一定程度上提升了养殖户的养殖信心，生猪存栏止跌企稳。年末全省生猪存栏2135.85万头，增长0.3%。全年生猪出栏3663.44万头，下降3.4%；猪肉产量274.15万吨，下降3.0%。

禽类养殖缓慢回暖。近年来，禽流感疫情重创广东家禽养殖业，禽肉需求持续低迷，禽类产能不断缩小，禽肉供需形势逐渐适应了新的平衡。2015年以来，随着疫情影响逐步消除，家禽市场逐渐恢复，禽类出栏数扭转了上年持续下降局面，出现缓慢回升态势。全年全省出售和自宰的肉用家禽97423.41万只，增长2.4%，禽肉产量134.80万吨，增长2.2%。三鸟价格与上年相比均有所下降。据农产品生产价格调查，

鸡、鸭、鹅的价格同比分别下降 1.1%、0.2% 和 1.2%，禽肉价格波动影响了养殖户的补栏意愿，家禽存栏量下降，年末活家禽存栏 32457.45 万只，下降 1.6%。

（五）渔业生产持续稳定

2015 年，全省各级渔业部门积极采取多项措施，继续调整渔业品种结构，加快发展优势产品养殖，捕捞强度得到有效控制，渔业生产增长稳定，质量有所保证。据省海洋与渔业局统计，全年全省水产品总产量 864.32 万吨，增长 3.3%。其中，海洋捕捞产量 156.49 万吨，增长 0.1%；海水养殖产量 308.00 万吨，增长 4.6%；淡水捕捞产量 13.20 万吨，增长 4.9%；淡水养殖产量 386.63 万吨，增长 3.6%。水产品养殖比重达 80.4%，占比同比提高 0.6 个百分点。

二、农业经济发展中存在的主要问题

（一）自然灾害对局部地区农业生产造成一定影响

2015 年，广东遭遇极端厄尔尼诺现象，干旱、台风、强对流天气等自然灾害时有发生，对局部地区农业生产造成一定影响。较为严重的灾害一是 5-6 月期间，珠三角和粤东、粤北地区出现洪涝灾害，雷州半岛出现春夏连旱；二是台风带来的暴雨影响。年内共有 3 个台风影响广东，其中强台风“彩虹”是有气象纪录以来 10 月登陆广东的最强台风。“彩虹”登陆过程中，广东中南部地区普降暴雨到大暴雨，部分地区受益，但湛江、茂名、阳江等地遭遇暴雨袭击，造成洪涝灾害，农业生产遭受损失。据农业部门统计，2015 年受台风影响，湛江、茂名、阳江三市农作物受灾面积 632.83 万亩，成灾面积 433.59 万亩，绝收面积 29.55 万亩。其中粮食作物受灾面积 301.77 万亩，成灾面积 208.03 万亩，绝收面积 8.26 万亩。全省成灾面积虽只有 5% 左右，但在局部地区仍受到一定影响。

（二）需求不旺加环评考核影响畜牧生产

2015 年上半年，受生猪养殖产能相对过剩影响，生猪出栏量持续减少，存栏也进一步缩减。下半年开始，生猪价格有所企稳，但养殖户信心恢复缓慢。2015 年 1 月 1 日，新修订的《环境保护法》实施，提高了规模养猪行业的门槛；4 月 2 日，国务院发布《水污染防治行动计划》，明确提出要科学划定畜禽养殖禁养区。自 2016 年起，新建、改建、扩建规模化畜禽养殖场（小区）要实施雨污分流、粪便污水资源化利用。高规格的环评标准加速了生猪养殖户在部分地区退出市场，短期内生猪养殖能否较快恢复，前景仍不明朗。

（三）水果病虫危害仍较严重

近年来，广东部分地区橘树感染黄龙病情况严重，柑橘品质下降，产量减少。由于目前针对黄龙病未有有效的治疗措施，多以防控为主，加之黄龙病传播速度较快，部分感染地区都是成片受灾，甚至全部橘园被毁。较为严重的地区，部分果农选择改种其他易成活、收效快的果种，直接减少了橘类果树的面积。2015 年末，全省橘树实有面积 269 万亩，下降 1.8%。

2015年广东规模以上工业经济运行情况分析

2015 年，广东工业坚持转型升级，不断提高工业经济质量和效益，在经济运行“新常态”背景下，实现持续稳定增长，全年四个季度规模以上工业增加值累计增速波动在 0.2 个百分点以内。全年工业生产运行平稳，产业结构不断优化，工业经济增长的内生动力增强，企业经济效益保持稳定增长，工业生产能耗逐步下降。

一、广东工业生产运行基本情况

2015 年，广东规模以上工业企业累计完成增加值 30313.61 亿元，同比增长 7.2%，增幅比上年同期回落 1.2 个百分点；累计完成销售产值 121301.31 亿元，增长 3.5%，增幅比上年同期回落 5.0 个百分点；累计完成出口交货值 32593.19 亿元，下降 2.4%，降幅比前三季度扩大 1.0 个百分点。

图1　2014-2015年广东规模以上工业增加值累计增长（%）

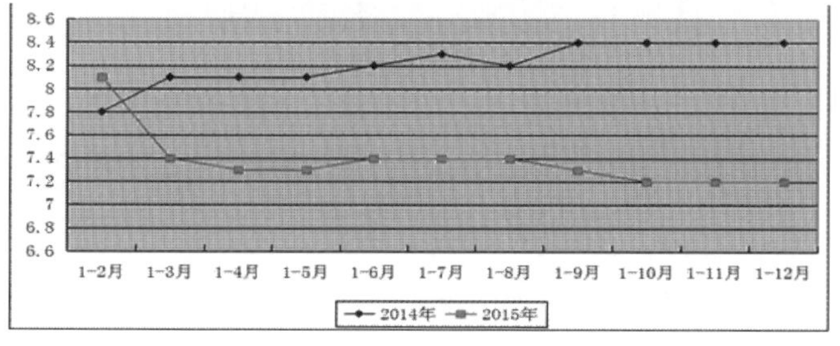

从与全国趋势的比较来看，广东规模以上工业发展情况好于全国，全年规模以上工业增加值增速比全国（6.1%）高 1.1 个百分点，比浙江（4.4%）、上海（0.2%）高 2.8 和 7.0 个百分点，比江苏（8.3%）、山东（7.5%）低 1.1 和 0.3 个百分点。

表1　2015年全国及主要省市规模以上工业增加值增速（%）

地区	一季度	上半年	三季度	全年
全国	6.4	6.3	6.2	6.1
广东	7.4	7.4	7.3	7.2
山东	7.5	7.4	7.4	7.5
江苏	8.2	8.3	8.3	8.3
浙江	5.1	5	4.2	4.4
上海	0.7	1.1	-1.3	0.2

（一）主要行业生产保持稳定增长

分三大门类看，2015 年规模以上工业中采矿业增加值同比增长 22.3%，制造业增长 6.8%，电力、热力、燃气及水生产和供应业增长 5.8%。全省 41 个行业大类中有 34 个行业同比实现增长，7 个行业同比下降。

分行业看，计算机、通信和其他电子设备制造业完成增加值 7175.24 亿元，同比增长 10.5%，增幅比全省规模以上工业增加值增幅高 3.3 个百分点；电气机械和器材制造业完成增加值 2596.21 亿元，增长 6.1%，增幅比上年同期回落 1.2 个百分点；化学原料和化学制品制造业完成增加值 1356.85 亿元，增长 8.7%，增幅比全省平均水平高 1.5 个百分点，比上年同期回落 0.1 个百分点；非金属矿物制品业完成增加值 1277.40 亿元，增长 8.9%，增幅比全省平均水平高 1.7 个百分点，比上年同期回落 2.4 个百分点；金属制品业完成增加值 1346.14 亿元，增长 9.9%，增幅比全省平均水平高 2.7 个百分点，比上年同期回落 2.0 个百分点；汽车制造业完成增加值 1539.31 亿元，增长 7.6%，增幅比全省平均水平高 0.4 个百分点，比上年同期回落 1.6 个百分点。

（二）重工业拉动作用继续增强

2015 年，全省规模以上重工业完成增加值 18926.41 亿元，同比增长 8.8%，增幅比全省平均水平高 1.6 个百分点，比上年同期回落 0.3 个百分点；拉动规模以上工业增长 5.5 个百分点，对规模以上工业增长的贡献率达 76.9%，比上年同期提高 9.6 个百分点。规模以上轻工业完成增加值 11387.20 亿元，增长4.6%，增幅比上年同期回落2.6个百分点。

（三）民营工业保持领跑态势

2015年，全省规模以上工业民营企业继续保持高位运行态势，累计完成增加值14004.86亿元，同比增长11.8%，增幅比全省平均水平高4.6个百分点，比上年同期回落1.4个百分点，占全省规模以上工业增加值的比重为46.2%，比上年同期提高2.6个百分点。国有控股企业完成增加值4851.59亿元，增长2.1%，增幅比全省平均水平低5.1个百分点；外商及港澳台投资企业完成增加值13246.42亿元，增长4.1%，增幅比全省平均水平低3.1个百分点。

图2 2015年广东民营、国有控股和外商及港澳投资企业增速（%）

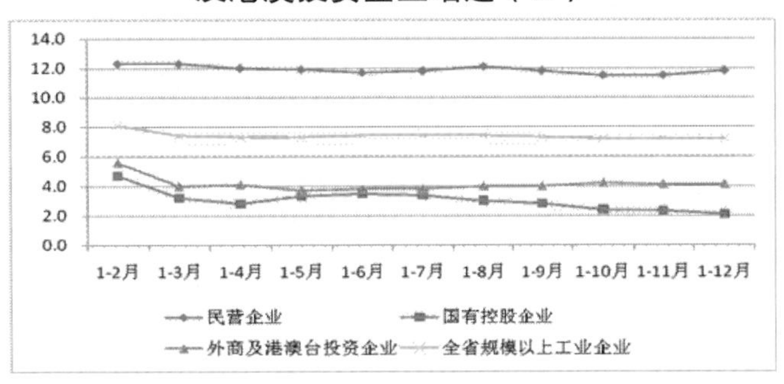

（四）中小企业生产增速较高

2015年，全省规模以上工业中大型企业完成增加值14182.63亿元，同比增长6.3%，增幅比全省平均水平低0.9个百分点。中小型企业完成增加值16014.96亿元，增长8.3%，增幅比全省平均水平高1.1个百分点；占全省规模以上工业增加值的比重为52.8%，比上年同期提高0.3个百分点。

（五）工业品出口形势较为严峻

2015年，广东规模以上工业出口交货值增速持续下降，全年出口交货值同比下降2.4%，连续7个月累计增速处于下降状态。分行业看，出口交货值增长的大类行业有19个，下降的有22个，其中计算机、通信和其他电子设备制造业出口交货值增长0.2%，增幅比上年同期回落4.3个百分点；电气机械和器材制造业出口交货值增长0.9%，增幅比上年同期回落2.0个百分点。分市看，出口交货值增长的地市有10个，下降的11个，其中深圳出口交货值下降4.9%，东莞下降1.9%，佛山下降7.2%。

图3　2015年出口交货值增速（%）

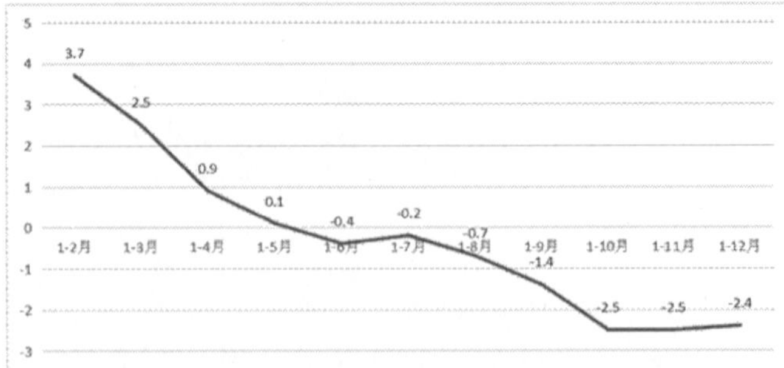

二、工业经济运行中的积极因素

（一）工业转型升级成果进一步稳固

2015年，广东现代产业保持较高速度增长，产业结构进一步优化。全省规模以上工业中先进制造业完成增加值14712.70亿元，同比增长10.0%，增幅比上年同期提高0.8个百分点，高于全省平均水平2.8个百分点；占规模以上工业比重为48.5%，比上年同期提高0.9个百分点。高技术制造业完成增加值8172.20亿元，增长9.8%，高于全省平均水平2.6个百分点；占规模以上工业比重为27.0%，比上年同期提高1.9个百分点。

表2　2015年广东规模以上先进制造业增加值及增长

主要行业	工业增加值（亿元）	增长（%）
先进制造业	14712.70	10.0
一、装备制造业	11826.85	10.2
其中：汽车制造	1539.31	7.6
二、钢铁冶炼及加工	354.37	6.4
其中：钢压延加工	318.16	4.8
三、石油及化学	2531.47	9.9
石油和天然气开采业	488.99	28.5
石油加工、炼焦及核燃料加工业	566.00	-2.6
化学原料和化学制品制造业	1356.85	8.7
橡胶制品业	119.63	11.8

表3　2015年广东规模以上高技术制造业增加值及增长

主要行业	工业增加值（亿元）	增长（%）
高技术产业合计	8172.20	9.8
一、医药制造业	456.16	7.7
二、航空、航天器及设备制造业	17.14	-6.7
三、电子及通信设备制造业	6732.69	10.8
四、计算机及办公设备制造业	708.75	7.8
五、医疗仪器设备及仪器仪表制造业	235.09	-5.6
六、信息化学品制造业	22.38	10.1

2015 年，广东先进制造业和高新技术产业部分产品产量增长较快。全年累计生产汽车 242.23 万辆，同比增长 10.3%，增幅比上年同期提高 2.4 个百分点，其中轿车产量下降 5.3%，但运动型多用途乘用车（SUV）产量增长 63.5%；生产程控交换机 1246.91 万线，增长 97.7%，增幅比上年同期提高 92.4 个百分点；生产微型计算机设备 3241.72 万台，增长 8.1%，增幅比上年同期提高 7.5 个百分点；生产光电子器件 3374.43 亿只，增长 40.3%，增幅比上年同期提高 8.2 个百分点；生产化学药品原药 81572.68 吨，增长 9.9%，增幅比上年同期提高 16.6 个百分点；手机产量略有下降，全年生产 84447.75 万台，下降 2.2%，其中智能手机产量增长较快，全年生产 64443.20 万台，增长 13.6%。

（二）工业经济增长的内生动力增强

近年来，随着加快转型升级、转变经济增长方式的进一步深入，广东工业经济增长的内生动力不断增强。从生产上看，2015 年全省规模以上工业增加值中内源经济比重为 56.3%，比上年同期提高 4.4 个百分点；从市场需求看，广东工业产品的出口依赖度逐步下降，内销产值占销售产值的七成多，2015 年内销产值占销售产值的比重达 73.1%，比上年同期提高 2.3 个百分点。

（三）工业企业经济效益逐步优化

在经济运行新常态下，广东工业企业积极应对挑战，企业经营利润保持了稳定的增长，去库存取得明显成果，经济效益逐步优化。全年全省规模以上工业企业实现利润总额 7208.77 亿元，同比增长 8.2%，增幅比上年同期回落 4.2 个百分点。产成品存货为 4533.05 亿元，增长 2.9%，增幅比上年同期回落 17.9 个百分点，其中计算机、通信和其他电子设备制造业产成品存货增长 6.1%，增幅比上年同期回落 39.1 个百分点；汽车制造业产成品存货下降 15.1%，汽车产量去库存效果明显。全省规模以上工业企业成本费用利润率为 6.57%，比上年同期提高 0.36 个百分点；资产贡献率为 13.87%，与上年同期持平；经济效益综合指数为 242.72%，比上年同期提高 4.25 个百分点。

（四）工业生产率上升能耗下降

广东工业经济在保持稳定增长的同时，不断提高生产效率，能耗水平进一步下降。2015 年，全省规模以上工业增加值全员劳动生产率 21.45 万元/人·年，增长 5.0%；全省规模以上工业综合能源消费量同比下降 4.0%，降幅比 2014 年扩大 2.4 个百分点。全年六大高耗能行业实现增加值 6119.30 亿元，同比增长 4.4%，增幅比全省平均水平低 2.8 个百分点；占规模以上工业增加值的比重为 20.2%，比上年同期降低 1.1 个百分点。

三、存在的困难和问题

（一）企业经营困难仍然存在

2015 年，广东规模以上工业中亏损企业个数和亏损额增幅都有所扩大。1-12 月，亏损企业为 6233 家，同比增长 23.2%，增幅比上年同期提高 7.5 个百分点；亏损企业亏损额为 507.60 亿元，增长 17.7%，增幅比上年同期提高 1.8 个百分点。规模以上工业中 2012-2014 年连续三年亏损企业达 548 家，累计亏损额达 234.29 亿元。

（二）产品供给与市场需求存在一定的差异

广东工业生产存在着结构性失衡，除了部分传统产业存在一定的产能过剩之外，产品供给与市场需求不协调，工业企业的生产在一定程度上不能满足日益变化的市场需求。2015 年，广东规模以上工业销售产值同比增长 3.5%，增幅比上年同期回落 5.0 个百分点。产品销售率为 96.97%，比上年同期降低 0.55 个百分点。分行业看，计算机、通信和其他电子设备制造业产销率为 97.12%，略高于全省平均水平，比上年同期降低 0.06 个百分点；电气机械和器材制造业产销率为 94.58%，低于全省平均水平 2.39 个百分点，比上年同期降低 1.23 个百分点；汽车制造业产销率为 98.70%，比上年同期提高 1.36 个百分点。

（三）粤东西北地区工业增速回落较快

粤东西北地区由于产业结构较为单一，随着产业转移增长回落和产业结构进一步调整的影响，工业生产增速明显放缓。全年规模以上工业中粤东地区完成增加值 2445.43 亿元，同比增长 7.3%，增幅比上年同期回落 5.9 个百分点；粤西地区完成增加值 1905.42 亿元，增长 9.9%，增幅比上年同期回落 5.3 个百分点；粤北山区完成增加值 1638.48 亿元，增长 6.9%，增幅比上年同期回落 7.5 个百分点。从工业用电增长情况来看，粤北山区下降 3.85%，比上年同期回落 14.83 个百分点；粤西地区增长 5.01%，比上年同期回落 9.64 个百分点；粤东地区下降 2.50%，比上年同期回落 13.85 个百分点，用电增速也反映了粤东西北地区工业经济的增长变缓。

（四）出口减弱对传统企业影响较大

近年来外需持续低迷，导致部分出口型工业企业关停或搬迁。据调查统计，2010-2014 年全省减量“规上”工业企业共 5358 个（不含省内跨县转移），相当于2014年全省“规上”工业企业的13.4%；减量“规上”工业从业人员87.13万人，相当于2014年全省“规上”工业从业人员的6.2%；累计减少工业总产值、增加值、出口交货值和应交增值税分别为6533.92亿元、1425.60亿元、2263.16亿元和195.83亿元，分别相当于2014年全省“规上”工业总产值、增加值、出口交货值和应交增值税的5.5%、4.9%、6.8%和7.0%；减少的企业主要集中在纺织服装、皮革毛皮羽毛及其制品和制鞋业、橡胶和塑料制品业、非金属矿物制品业等传统行业。2015年，全省六大传统优势行业增加值累计增长6.5%，增幅低于全省平均水平0.7个百分点。

2015年广东部分规模以上服务业发展情况分析

2015年，面对经济发展新常态，广东大力实施创新驱动发展战略，加快发展现代服务业，产业结构不断优化升级，服务业对经济增长的贡献加大。全年部分规模以上服务业运行稳中向好，企业规模和效益稳步提高，以互联网为代表的新技术革命为服务业企业突破传统模式，发展新产业、新业态、新商业模式提供了有力的生产要素支撑。

一、规模以上服务业运行基本情况

初步统计，全年广东规模以上服务业企业实现营业收入15048.7亿元，同比增长9.7%，增幅比上年提高1.5个百分点，比前三季度提高1.0个百分点。效益稳步提高，全年实现利润总额2300.9亿元，增长11.1%。营业税金及附加、应交增值税两项合计484.0亿元，增长16.5%。创造的就业岗位增加，平均从业人员人数340.9万人，同比增长2.1%。

表1　2015年广东部分规模以上服务业主要指标及增速

类　　别	营业收入（亿元）	增速（%）	利润总额	增速（%）	两税合计（营业税+增值税）	增速（%）
总计	15048.7	9.7	2300.9	11.1	484.0	16.5
交通运输、仓储和邮政业	5741.6	8.7	345.6	50.6	81.5	2.5
信息传输、软件和信息技术服务业	3518.1	10.9	861.8	2.7	198.3	30.8
房地产业（房地产中介+物业管理）	654.4	13.4	58.8	14.9	37.3	10.4
租赁和商务服务业	2904.8	14.8	851.3	12.7	85.4	8.9
科学研究和技术服务业	1316.1	1.1	137.2	11.7	49.4	18.2
水利、环境和公共设施管理业	185.8	2.1	13.8	-69.3	8.5	21.4
居民服务、修理和其他服务业	145.6	9.9	5.8	18	7.3	2.8
教育	142.6	8.2	11.8	4.3	2.1	0.0
卫生和社会工作	153.3	10.8	3.8	-18.4	0.4	100.0
文化、体育和娱乐业	286.4	8	11	78.7	13.7	-1.4

（一）分行业看，以“互联网+”为代表的新业态推动服务业加快转型升级。2015年，“互联网+”技术的迅速兴起与陆续出台的各项扶持服务业发展的政策叠加效应显现，服务业发展呈现出新的活力。在线购物、网络广告、在线租车、在线教育、在线旅游等大批新兴行业被催生，服务业企业与互联网融合加深，转型升级的步伐加快。

一是主导产业发展平稳。2015年，广东规模以上服务业中，增速高于平均水平的有5个行业，增速低于平均水平的有5个行业。其中三大主导行业运行平稳，交通运输仓储邮政业、信息传输软件和信息技术服务业、租赁和商务服务业分别实现营业收入5741.6亿元、3518.1亿元和2904.8亿元，增长8.7%、10.9%和14.8%，拉动规上服务业营业收入增长8.6个百分点；合计实现利润总额2058.7亿元，占全部规上服务业的九成，同比增长12.8%。

二是生产性服务业亮点突出。在一系列加快发展生产性服务业政策引领下，互联网、软件和信息技术、物流业、商务服务业等“三新”快速发展。2015年，广东规模以上服务业中生产性服务业实现营业收入13145.0亿元，增长9.6%，增幅比前三季度提高1.1个百分点。

1. 软件和信息技术服务业持续快速发展。在经济新常态下，以信息技术为主导的新能源、新材料、生物技术、海洋技术等新科技革命方兴未艾，对信息传输过程中所需的技术、服务需求大幅提升。2015

年广东规模以上软件和信息技术服务业实现营业收入1379.6亿元，增长17.6%，增幅高于全省规模以上服务业7.9个百分点。大型企业表现突出，中兴软件、华多网络、百度国际、步步高、云中飞、酷开等公司项目增多，经营业绩较好。

2. 互联网经济新业态表现抢眼。受"互联网+"发展大趋势的推动，互联网经济迎来良好契机。广东互联网发展环境相对成熟，优势比较明显，互联网经济呈现快速发展态势。2015年，广东规模以上互联网和相关服务业实现营业收入621.2亿元，增长20.5%，增幅高于全省10.8个百分点。腾讯、财付通、梦网、酷狗、珍爱网等大型公司业务大幅增长。

3. 装卸搬运和运输代理业快速增长。2015年，受市场竞争优势带动，供应链管理、国际物流等行业快速发展，龙头企业飞马国际、信利康、郎华供应链、怡亚通供应链等公司业务订单大增。全年广东装卸搬运和运输代理业实现营业收入1544亿元，增长24.5%，增幅高于全省14.8个百分点。

4. 邮政快递业蓬勃发展。在网购等的有力带动下，广东邮政快递业保持快速增长，全年邮政业实现营业收入301.5亿元，增长21.0%，增幅高于全省11.3个百分点。其中传统邮政业务营业收入增长16.5%；快递业务营业收入增长22.8%。行业效益显著提高，实现扭亏为盈。带动社会从业人数快速增加，增长14.0%。顺丰速运、广东邮政速递等公司业务大幅增长。

5. 商务服务业持续快速发展。受企业管理、广告、国际旅行等行业市场需求上升拉动，广东商务服务业发展势头良好，2015年广东规模以上商务服务业实现营业收入2840.4亿元，增长14.3%，是拉动全省规上服务业的主要因素。营业利润809.6亿元，增长11.3%；投资收益740.3亿元，占营业利润的91.4%。企业管理服务、咨询调查、人力资源、旅行社等行业营业收入增均保持快速增长，增幅分别为17.7%、16.2%、19.6%和15.6%。

三是与民生有关的部分服务业发展势头良好。2015年，随着居民收入水平提高和消费环境改善，居民消费理念有所提升，影视、娱乐、卫生等生活性服务业加快发展。

1. 房地产中介市场业绩大幅回升。2015年受"二手房"政策放宽等影响，房地产中介业成交量明显提高，其中深圳、广州等一线城市房地产中介市场表现活跃，主要指标大幅增长。全年广东规模以上房地产中介服务业营业收入增长48.0%，增幅居各行业首位；营业利润增长156.1%；营业税金及附加、应付职工薪酬分别增长52.1%和27.4%；就业人数大幅增加24.8%。

2. 影视放映市场需求旺盛。随着居民收入水平的提高，居民消费层次逐渐提升，影视和娱乐需求快速上升。2015年广东电影放映市场升温，主要影院业绩表现良好，电影放映业营业收入和利润分别增长37.6%和63.0%。娱乐业受长隆集团销售快速增长拉动，营业收入、利润分别增长17.5%和96.9%。

3. 生态服务业发展呈现可喜势头。绿色发展的理念得到体现，水污染治理、危险废物治理等取得进展。全年广东生态保护和环境治理业实现营业收入58.6亿元，增长41.2%；营业利润由上年同期的亏损转为营利4.5亿元。

4. 卫生和社会工作成效显著。居民对医疗服务的需求提升，卫生和社会工作稳步发展，全年实现营业收入153.3亿元，增长10.8%，主要大型民营医院业务保持稳定增长。

（二）分登记注册类型看，私营企业表现出色。在规模以上服务业中，内资企业占主体，单位数和营业收入分别占了全省的89.3%和84.2%。其中私营企业表现突出，实现营业收入3348.1亿元，增长13.8%，增幅居各注册类型首位；有限责任公司营业收入4750.1亿元，增长12.6%；国有企业营业收入1581.1亿元，增长3.6%。外资企业发展增速较慢，港澳台、外商投资企业实现营业收入1565亿元和808.6亿元，分别增长6.9%和5.1%，增幅低于全省水平2.8个和4.6个百分点。

表2　2015年广东规模以上服务业分登记注册类型表

类别	营业收入（亿元）	增速（%）	利润总额（亿元）	增速（%）
内资企业	12675.1	10.4	1630.4	15.3
国有企业	1581.1	3.6	150.4	52
有限责任公司	4750.1	12.6	737.3	9.2
私营企业	3348.1	13.8	158.5	47.9
港澳台商投资企业	1565	6.9	510.6	3.9
外商投资企业	808.6	5.1	159.9	-3.5

（三）分地区看，珠三角地区服务业贡献突出。受经济发展阶段影响，广东服务业发展地区差异特征明显，以广州、深圳为代表的珠三角地区集聚了全省主要服务业生产要素。2015年珠三角规模以上服务业单位数、营业收入分别占了全省的92.3%和

95.7%，创造的就业人数占全省94.1%。从增速看，地区发展差异呈扩大态势。珠三角地区服务业主要指标增速领先，全年规模以上服务业营业收入增长10.0%，增幅高于粤东、西、北地区7.5个、6.4个和8.5个百分点。

表3 2015年广东规模以上服务业分地区情况表

类别	营业收入（亿元）	增速（%）	利润总额（亿元）	增速（%）
珠三角	14400.4	10.0	2224.4	12.0
东翼	226.0	2.5	32.7	-6.6
西翼	239.2	3.6	32.8	-4.7
山区	183.1	1.5	10.7	-31.8

（四）从全国看，广东服务业对全国贡献突出。2015年，广东规模以上服务业单位数1.46万家，占全国的九分之一，居全国第二位，次于江苏（见表4）；营业收入占全国的八分之一，居全国第三位，低于北京和上海；利润总额居全国第二位，仅次于北京。从增速看，广东规模以上服务业增速居全国中上游，增幅高于全国2.3个百分点，低于江苏、山东，高于北京和上海，对全国规模以上服务业营业收入增长的贡献率达16.6%，居全国首位。

表4 2015年主要省市规模以上服务业主要指标及增速

类别	单位数（个）	营业收入（亿元）	增速（%）	营业利润（亿元）	增速（%）
全国	128042	116470.4	7.4	15923.9	23.0
广东	14589	15048.7	9.7	2051.8	14.5
北京	13212	21627.5	4.7	6078.7	36.7
上海	9369	16704.2	5.8	1606.4	30.1
江苏	15685	9867.1	12.4	1006.2	17.4
山东	11451	5905.5	10.0	849.8	10.4

二、值得关注的问题

（一）传统服务业面临“互联网+”的转型升级压力加大

以“互联网+”为代表的新业态对服务业企业加速渗透，新兴产业被催生，很多传统的、固化的商业模式受到冲击，其中影响较大的有电信行业和新闻出版业等。电信运营商在以微信为代表的OTT业务的冲击下，依靠网络规模、用户数创造收入的盈利模式逐渐减弱，利润不断下降。2015年，广东移动、电信和联通三大电信运营商持续低位运行，营业收入普遍下降或微幅增长，全年电信业营业收入仅增长2.1%；营业利润同比下降3.9%。新闻出版业受电子化阅读和媒介对传统报业冲击，业绩持续下滑，全年营业收入下降5.7%，营业利润亏损0.3亿元。深圳报业、广州日报、南方都市报、南方日报等大型报社营业收入持续下降。此外，2015年受在线专车影响，传统出租车行业受到冲击，白云、交通和广骏等主要出租车公司业务不同程度下滑，相类似的还有在线旅游对传统旅游的影响等，传统行业转型升级迫在眉睫。

（二）服务业企业整体规模偏小，竞争力不强

受经济发展阶段影响，广东服务业企业规模扩张速度总体较慢，重点品牌企业不多，专业水平和竞争力还不强。2015年，广东规模以上服务业企业的营业收入户均规模为1.03亿元，其中营业收入超100亿元的大型企业有13家，营业收入超过1亿元的只有1871家，即有近九成的企业营业收入规模在全省平均水平以下，表明服务业企业平均规模偏小、经营比较分散。从效益看，服务业行业效益分化现象比较突出，32个行业大类中，有20个行业利润上升，10个行业利润下降，2个行业亏损。其中，除互联网、信息、商务服务业营业利润率较高外，其他大部分行业利润率偏低，有10个行业营业利润率在5%以下。

（三）高技术服务业发展总体偏慢

近几年广东互联网经济蓬勃发展，信息技术、物流、商务、会展等新兴服务业迅速发展，但总量仍较小，尤其是高技术服务业对经济增长的贡献不足。2015年广东规模以上高技术服务业实现营业收入4915.5亿元，占全部规上服务业营业收入的比重为32.7%，比上年回落0.2个百分点；增长8.6%，增幅低于全省平均水平1.1个百分点。研发设计、科技成果转化服务市场发展较慢，以工程技术为主的大型企业表现一般，业绩下滑。全年科学研究和技术服务业营业收入1316.1亿元，增长1.1%。其中，研究和试验发展营业收入增长5.2%，专业技术服务业营业收入下降0.4%。

2015年广东运输邮电生产运行情况分析

2015 年，广东运输邮电生产运行基本平稳，旅客运输总体平稳，货物运输保持增长，港口生产低速增长，邮电业务增长较快。其中，货运量、客运量和旅客周转量同比分别增长 6.3%、7.2% 和 8.9%，高铁、快递和 4G 电话等新业态保持较好发展态势；货物运输周转量、港口货物吞吐量和集装箱吞吐量等指标增速较低，同比分别增长 0.7%、3.1% 和 3.3%。

一、主要运行特点

（一）旅客运输总体平稳，高铁客运保持较快增长

2015 年，广东各种运输方式共完成客运量 207271 万人，比上年同期增长 7.2%；完成旅客周转量 4320.38 亿人公里，增长 8.9%。

表1　2015年广东旅客运输完成情况

指　　标	单　位	绝对值	比上年同期增长（%）
客 运 量	万　　人	207271	7.2
铁路	万　　人	26527	11.7
高铁	万　　人	12308	45.4
公路	万　　人	168028	6.9
水路	万　　人	2728	4.4
民航	万　　人	9988	2.2
旅客周转量	亿人公里	4320.38	8.9
铁路	亿人公里	747.07	11.4
高铁	亿人公里	342.35	49.6
公路	亿人公里	1769.61	8.6
水路	亿人公里	10.50	-1.6
民航	亿人公里	1793.20	8.3

公路运输对客运量增长贡献最大，公路和航空运输对旅客周转量增长的贡献最大。全年公路完成客运量 168028 万人，同比增长 6.9%，公路客运量占全部的比重为 81.1%，拉动全部客运量增长 5.6 个百分点。公路和航空分别完成旅客周转量 1769.61 和 1793.20 亿人公里，同比分别增长 8.6% 和 8.3%，公路和航空旅客周转量占整个旅客周转量的比重分别为 41.0% 和 41.5%，各拉动全部旅客周转量增长 3.5 个百分点。

高铁客运保持较快增长态势。全年广东高铁共完成客运量 12308 万人，旅客周转量 342.35 亿人公里，同比分别增长 45.4% 和 49.6%。高铁客运量占全部铁路客运量的比重为 46.3%，比前三季度提高 1.4 个百分点，比上年同期提高 10.6 个百分点。

粤西和粤北山区公路客运较快增长。全年西翼和山区公路客运量同比分别增长 13.1% 和 11.8%，旅客周转量增长 16.8% 和 13.5%。东翼和珠三角地区公路客运增速相对较缓，全年客运量同比分别增长 4.5% 和 5.6%，旅客周转量增长 5.2% 和 7.4%。

（二）货物运输保持增长，货运量稳中向好

2015 年，广东货运量表现出稳中向好增长态势，共完成货运量 376020 万吨，同比增长 6.3%，一、二、三季度货运量累计增速分别为 1.7%、5.7% 和 6.5%；完成货物周转量 15130.69 亿吨公里，增长 0.7%。

表2　2015年广东货物运输完成情况

指　　标	单　位	绝对值	比上年同期增长（%）
货 运 量	万　吨	376020	6.3
铁路	万　吨	10098	-9.4
公路	万　吨	279983	8.9
水路	万　吨	78093	1.1
民航	万　吨	148	2.8
管道	万　吨	7697	-4.9
货物周转量	亿吨公里	15130.69	0.7
铁路	亿吨公里	254.05	-7.6
公路	亿吨公里	3454.99	11.0
水路	亿吨公里	11190.91	-1.9
民航	亿吨公里	56.44	10.5
管道	亿吨公里	174.30	0.5

公路运输是全省货物运输增长的主要拉动力。全年公路完成货运量 279983 万吨，货物周转量 3454.99 亿吨公里，同比分别增长 8.9% 和 11.0%。公路货运量占全部货运量的比重为 74.5%，拉动全部

货运量增长 6.5 个百分点；公路货物周转量占全部货物周转量的比重为 22.8%，拉动全部货物周转量增长 2.2 个百分点。分区域看，粤东西北地区公路货运增长较快，珠三角地区公路货运增长相对较缓。全年东翼、西翼和山区公路货运量同比分别增长 9.9%、13.2% 和 11.0%，货物周转量分别增长 14.8%、16.7% 和 13.7%；珠三角地区公路货运量和货物周转量同比分别增长 7.6% 和 8.0%，低于全省平均增长水平。

（三）港口生产低速增长，内需拉动力较强

2015 年，规模以上港口完成货物吞吐量 161546 万吨，同比增长 3.1%。几大沿海港口中，湛江港增势较好，全年货物吞吐量增长 8.9%；其次是广州港，货物吞吐量增长 3.6%。全年规模以上港口完成集装箱吞吐量 5471.98 万 TEU，同比增长 3.3%。在几大沿海港口中，广州港增势较好，全年集装箱吞吐量同比增长 5.9%；其次是湛江港，集装箱吞吐量全年增长 3.5%。

港口生产增长主要由内贸拉动。全年广东规模以上港口完成外贸货物吞吐量 51052 万吨，增长 0.1%，完成内贸货物吞吐量 110494 万吨，同比增长 4.5%。内贸对港口生产增长的贡献率达到 99.1%，拉动全省规模以上港口货物吞吐量增长 3.1 个百分点。

（四）邮电业务增长较快，新业态发展势头良好

2015 年，广东快递业、智能电话用户、流量消费等新业态快速发展，受此影响，全省邮电业务总量增长较快，全年完成邮电业务总量（按 2010 年不变价格计算，下同）4382.80 亿元，同比增长 29.1%，增速比上年提高 9.1 个百分点。其中，完成邮政业务总量 1220.93 亿元，增长 42.0%；完成通信业务总量 3161.87 亿元，增长 24.7%。各区域邮电业务协调发展，全年珠三角、东翼、西翼和山区邮电业务总量同比分别增长 29.4%、31.8%、25.2% 和 26.0%。

快递业务持续高速增长。全年共完成快递业务 50.13 亿件，增长 49.4%；实现快递业务收入 615.91 亿元，增长 33.5%。快递业务主要分布在珠三角地区，其快递业务量和业务收入分别占全省的 92.9% 和 94.7%。东西两翼和山区五市快递业务发展势头较为迅猛，粤东四市快递业务量和快递业务收入同比分别增长 103.6% 和 82.1%，粤西三市增长 78.3% 和 68.3%，山区五市增长 53.0% 和 44.8%，珠三角九市增长 46.9% 和 31.9%。

电话用户市场已达饱和状态，移动用户加速升级换代，流量消费快速增长，非话业务成为收入主要增长点。截止 2015 年底，全省电话总用户 1.78 亿户，比上年底减少 0.4%；其中固定电话用户 2807 万户，减少 4.9%，移动电话用户 1.50 亿户，增加 0.4%。期末 4G 用户达到 4892.30 万户，全年净增 3426.60 万户，4G 占移动电话用户比重达 32.6%，3G 和 4G 用户合计 9475 万户，合计占比达 63.1%。全省移动互联网接入流量同比激增 89.4%，实现电信业务总收入约 1486.20 亿元，其中非话业务收入达到 996 亿元，占总收入的比重达到 67%，占比较上年年底提升 6.3 个百分点。

二、存在的主要问题

2015 年，我国经济运行步入新常态，经济下行压力较大，制造业企业用工减少，国际环境错综复杂多变，进出口贸易形势严峻，国际航运市场低迷。受经济大环境影响，货源需求疲弱，货物运输增速回缓，旅客运输增速进入四季度出现明显放缓，广东客货运输增速均低于上年增长水平。

（一）运输指标增速低于上年增长水平。2015 年，广东客运量和旅客周转量同比分别增长 7.2% 和 8.9%，增幅比上年回落 2.8 和 3.3 个百分点；货运量和货物周转量同比增长 6.3% 和 0.7%，增幅比上年回落 2.6 和 22.0 个百分点；规模以上港口货物吞吐量和集装箱吞吐量同比增长 3.1% 和 3.3%，增幅比上年回落 1.6 和 4.0 个百分点。

（二）旅客运输增速进入四季度出现回落。2015 年，广东客运量和旅客周转量同比分别增长 7.2% 和 8.9%，增速比前三季度回落 0.8 和 3.1 个百分点。12 月份，广东铁路客运量和旅客周转量同比分别减少 21.5% 和 31.8%，航空客运量 11 月、12 月连续两月同比分别下降 1.8% 和 1.9%，水路客运从 9 月起持续负增长。四季度客运增速出现回落的主要原因，除了铁路客运统计方法变化造成 12 月铁路客运量和旅客周转量对比基数偏高外，经济大环境的影响也不容忽略。

（三）水路货运低迷，全省货物周转量持续下行。广东货物周转量全年同比仅增长 0.7%，前三个季度货物周转量累计增速分别是 4.7%、1.1% 和 0.8%，货物周转量增速为 2008 年以来最低。水路货运低迷是全省货物周转量下行的主要影响因素。2015 年，广东水路完成货运量 78093 万吨，同比增长 1.1%，其中一季度增长 2.5%，二季度累计下降 0.5%，三季度累计增长 0.2%；水路完成货物周转量 11190.91 亿吨公里，同比下降 1.9%，其中一季度增长 4.1%，二季度累计下降 1.3%，三季度累计下降 1.9%。水路货物周转量占全部的比重为 74.0%，拉低全部货物周转量增长 1.4 个百分点。

（四）铁路货运全年在负增长区间运行。2015 年，广东铁路完成货运量 10098 万吨，同比下降 9.4%，一、二、三季度铁路货运量累计分别下降 15.2%、9.9% 和 7.8%；完成货物周转量 254.05 亿吨公里，下降 7.6%，前三个季度铁路货物周转量累计分别下降 11.0%、8.6% 和 7.5%。京深、三茂、广梅汕、深圳平南、柳湛等所有铁路线路货物运输全面负增长。

三、2016 年运行走势预判

2015 年，面对不断加大的经济下行压力和复杂多变的国际贸易环境，广东运输业克服重重困难，运输邮电生产运行基本保持平稳，邮电业务总量增长较快，全年货运量、客运量和旅客周转量实现 6%-9% 的增长率实属不易，尤其是高铁、快递和 4G 电话等新业态保持较好的发展态势，运输邮电业新的增长点已然形成。随着国家“一带一路”战略的实施，高速公路、高速铁路等高等级交通基础设施建设的持续推进，极大的改善着交通运输和出行条件，互联网信息技术不断融合和渗透，以“互联网 +”为代表的新产业、新业态和新商业模式蓬勃发展，必将给交通运输和邮电业带来新的发展机遇，预计 2016 年广东邮政通信业继续保持较快发展势头。鉴于国内宏观经济运行进入新常态，经济下行压力和国际航运市场低迷状态难在短期内有明显改善，预计 2016 年广东客货运输生产面临许多不确定性，形势不容乐观，客货源需求不足、整体运力过剩、运输企业业务拓展困难等局面仍将延续。

2015年广东金融运行情况

2015年，在宏观经济下行压力加大背景下，人民银行连续降准降息并推动一系列货币信贷供给侧改革，进一步支持经济稳增长。在宏观调控政策作用下，广东各项贷款增量明显扩大，个人消费贷款需求较为旺盛，小微企业贷款增速较快，贷款利率下降至五年来低位，企业和非银行金融机构带动各项存款大幅增长，广东存贷款余额、增量均稳居全国首位。

一、供给驱动贷款增量超万亿元

2015年末，广东本外币各项贷款余额同比增长12.3%，比6月末快0.7个百分点，比2014年末快0.1个百分点。比年初增加10473亿元，比2014年多增1541亿元，贷款余额稳居全国首位，是全国唯一新增贷款超万亿元的省份，比第二位省份多增1804亿元。

其中，人民币贷款在供给驱动下增长加快，全年增速14.3%，比2014年快0.6个百分点；比年初增加11165亿元，同比多增2072亿元；一至四季度分别增加3134亿元、2854亿元、2886亿元和2291亿元，下半年占比为46.4%，同比提高1.9个百分点，分布更趋均衡。受下半年汇率波动影响，广东外币各项贷款余额同比下降15.0%，跌幅比2014年扩大12.7个百分点；比年初减少173亿美元，同比多减143亿美元。

二、信贷资金支持稳增长、调结构、惠民生

2015年，全省银行业金融机构认真贯彻落实各项宏观调控政策，全力推动广东自贸区和社会信用体系建设，大力开展各种形式的产融对接活动，积极支持广东稳增长、调结构和创新驱动发展，信贷资金投放更趋合理。

大型和小微企业贷款增速加快。大型企业贷款增速为11.2%，比2014年高6.2个百分点；小、微型企业贷款增速分别13.0%、19.3%，比全省贷款增速分别高0.7个和7.0个百分点。

第三产业贷款增量占比达63.7%，有力地促进了第三产业的发展。其中，科技相关行业贷款增长明显加快。12月末广东科学研究和技术服务业贷款余额同比增长46.4%，同比加快54.6个百分点。信息传输、软件和信息技术服务业贷款余额同比增长11.5%，增速快于企业贷款。

粤北地区贷款增速较快。2015年末，珠三角、粤东、粤西、粤北地区本外币贷款余额同比分别增长12.4%、9.0%、12.2%和12.5%，珠三角、粤北地区分别比全省快0.1个和0.2个百分点。全省农户贷款同比增长28.6%，高于全省增速16.3个百分点。

连续降息、放松房地产限购限贷和减免车辆购置税等政策推动个人消费贷款增势加快。2015年末，广东个人消费贷款余额2.62万亿元，同比增长33.0%，比2014年快15.4个百分点。其中，个人住房贷款比年初增加4967亿元，同比多增3271亿元，占各项贷款增量的47.4%；网购兴起，带动个人信用卡及账户透支余额达3810亿元，同比增长29.6%，汽车消费贷款余额245亿元，同比增长31.5%，远高于全省贷款增速。

贷款利率下降至五年来低位。12月份，广东（不含深圳）新发放对公贷款加权平均利率5.61%，新发放个人住房贷款利率4.59%，同比分别下降1.20个和1.74个百分点。

三、非银金融机构和企业存款带动存款大幅增长

2015年末，广东本外币各项存款余额同比增长11.6%，比年初增加17232亿元，同比多增3237亿元，居全国首位。分币种看，人民币存款比年初增加16403亿元，同比多增3500亿元；受贸易融资派生存款减少影响，外币存款比年初增加71亿美元，同比少增105亿美元。从节奏看，广东存款增长基本与股市前高后低的趋势一致，一至四季度分别增加5103亿元、11969亿元、-712亿元和872亿元。

分部门看，存款增长呈“两快三慢”特点。“两快”指：由于广东集中了深交所和多家证券业机构，受股市活跃度总体增强的影响，非银行金融机构存款增加10561亿元，同比多增7015亿元，占各项存款增量的61.3%；由于销售回款和直接融资改善，非金融企业存款增加7297亿元，同比多增5218亿元。“三慢”指：由于财政支出增长加快，广义政府存款增加1073亿元，同比少增2000亿元；受汇率波动影响，境外存款比年初减少4257亿元（人民币为主），同比少增6797亿元；住户存款继续向其他投资渠道分流，比年初增加2559亿元，同比少增199亿元。

2015年广东固定资产投资情况分析

2015 年是"十二五"的收官之年，在全国经济增长都步入"新常态"的大背景之下，广东全省上下积极推进各领域项目建设，固定资产投资总量迈上 3 万亿"新台阶"。

一、运行的主要特点

2015 年，广东固定资产投资共完成 30031.20 亿元，同比增长 15.8%，增速分别比上半年和上年同期回落 1.5 个、0.1 个百分点，扣除价格指数实际增长 17.0%，实际增速比上半年回落 0.7 个百分点，比上年同期加快 2.8 个百分点。其中，项目投资 21492.74 亿元，增长 17.5%；房地产开发投资 8538.47 亿元，增长 11.8%。

与全国及其他省份相比，广东投资增速高于全国 5.8 个百分点，在东部地区居第二位，仅低于福建（17.4%），分别比山东（13.9%）、江苏（10.5%）快 1.9 个、5.3 个百分点；从总量看，广东固定资产投资额居全国第四位，位居山东、江苏、河南之后，排名比 2014 年上升一位，是自 2010 年以来的最高排位，其中房地产开发投资总量跃居全国第一位。

图1 "十二五"时期全国与广东固定资产投资增速（%）

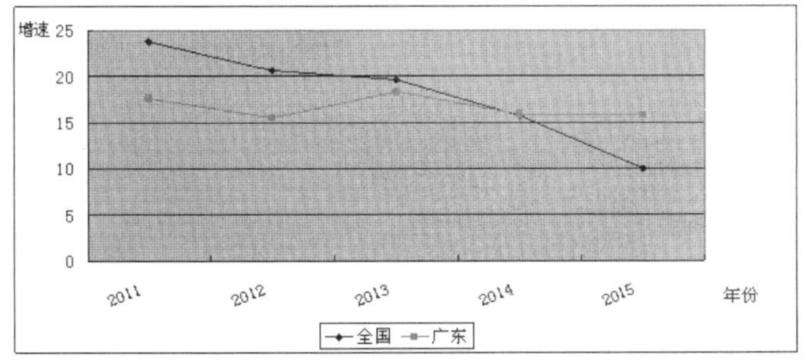

（一）民间投资占比突破 60%

2015 年，广东内源性经济投资 26552.22 亿元，增长 16.5%，增速比上半年减缓 1.9 个百分点。其中，民间投资 18052.95 亿元，增长 19.9%，占整体投资比重为 60.1%，同比提高 0.9 个百分点，对整体投资增长的贡献率为 73.0%，拉动投资增长 11.5 个百分点；国有经济投资 6363.86 亿元，增长 9.3%，增速比上半年回落 1.5 个百分点；私营个体经济投资 7117.38 亿元，增长 17.9%。

外源性经济投资 3478.99 亿元，增长 10.6%。其中，港澳台商投资 2080.99 亿元，增长 14.4%；外商投资 1398.00 亿元，增长 5.5%。

（二）第一产业投资保持快速增长，第二产业持续发力，第三产业投资增速回落

2015 年，广东第一产业投资 420.38 亿元，增长 52.5%，增速比上半年大幅加快 12.2 个百分点。第一产业投资占全部投资的 1.4%，比上年同期提高 0.3 个百分点，其中农业、畜牧业分别增长 79.0% 和 56.4%。

第二产业投资总量超万亿，达 10184.51 亿元，增长 20.8%，增速比上半年回落 2.7 个百分点，比上年同期加快 3.5 个百分点，占全部投资的 33.9%，占比同比提高 1.5 百分点。第二产业中，工业投资 10151.77 亿元，增长 20.8%，其中制造业投资 8783.30 亿元，增长 24.5%，在二产中增速最快，电力、热力、燃气及水的生产和供应业投资 1206.47 亿元，增长 9.7%，增速比上半年加快 9.5 个百分点。

第三产业投资 19426.31 亿元，增长 12.8%，增速比上半年回落 1.6 个百分点，比上年同期回落 3.1 个百分点，占全部投资的 56.1%，占比同比回落 1.7 个百分点。第三产业中，除基础设施各行业投资增长较快外，部分行业投资增速较高，如租赁和商务服务业投资增长 26.1%，科学研究和技术服务增长 32.4%，水利环境和公共设施管理业增长 20.6%，卫生和社会工作投资增长 30.2%。

（三）基础设施投资增速回暖，部分大项目建成投产

2015 年，广东基础设施投资 6976.83 亿元，同比增长 16.6%，增幅比上半年提高 2.4 个百分点，占全部投资的 27.4%。其中，水利环境和公共设施管理业投资 2443.42 亿元，增长 20.6%，增速比上半年大幅加快 11.3 个百分点；交通运输受年底高速公路集

中通车、新入库项目进度较少的影响，增长 15.9%，增速比上半年回落 15.3 个百分点；水的生产及供应业增长 43.9%，是拉动电力燃气及水的生产及供应业增长的主要动力。

2015 年作为“十二五”的收官之年，基础设施领域建成投产了一批大型项目，其中亚洲最大的火车站—深圳福田火车站正式投入运营；年底共有平兴高速、包茂高速粤境段、潮惠高速一期、汕湛高速揭西至博罗段等 9 条高速公路通车，新增高速公路里程 738 公里，实现了县县通高速的目标，出省高速公路通道达 11 条；城际轨道交通和城市轨道交通方面，广佛肇城际、莞惠城际进入联调联试阶段，广佛地铁线西朗至燕岗段年底正式通车。

（四）制造业投资处于高位，结构不断优化

2015 年，广东制造业投资 8783.30 亿元，增长 24.5%，是自 2006 年以来最快的年度增速。其中，装备制造业投资 3841.79 亿元，增长 32.2%，明显高于全部制造业投资 7.7 个百分点。九类装备制造业投资中，除金属制品机械和设备修理业下降 26.5% 之外，其他八大行业均呈现增长态势，其中金属制品业增长 53.3%，增速最快；铁路、船舶、航空航天和其他运输设备制造业增长 34.1%；汽车制造业在佛山一汽大众二期、广汽 20 万辆扩建、广汽菲亚特汽车广州分厂等整车制造项目的带动下增长 32.4%；计算机、通信和其他电子设备制造增长 32.0%。

（五）各地区投资增速全线回落

2015 年，珠三角地区投资总量 20048.69 亿元，迈上 2 万亿元新台阶，同比增长 14.3%，其中深圳市居民服务修理和其他服务业、科学研究和技术服务、信息产业等领域投资快速增长，带动全市投资增长 21.4%，增速居珠三角首位。粤东地区投资 3613.56 亿元，增长 24.2%，增速同比回落 24.2 个百分点，汕头大力发展现代服务业为代表的第三产业，全年投资增长 27.1%。粤西地区完成投资 3120.31 亿元，同比增长 23.2%，增速同比回落 6.8 个百分点，湛江钢铁项目一号高炉投产，全市投资增长 28.7%。粤北山区完成投资 3248.64 亿元，同比增长 10.4%，增速同比大幅回落 16.3 个百分点，其中梅州市工业技改投资增长超 90%，带动全市投资增长 39.4%，居全省第一。

（六）新开工项目计划总投资增速探底回升

2015 年，广东新开工项目计划总投资 19975.79 亿元，增长 14.2%，增速比最低的 1-10 月回升 3.8 个百分点，但仍低于上半年 6.5 个百分点。其中，亿元以上新开工项目个数和计划总投资分别下降 10.3% 和 4.0%，大项目储备仍显不足。

图2　2014年以来新开工项目计划总投资增速（%）

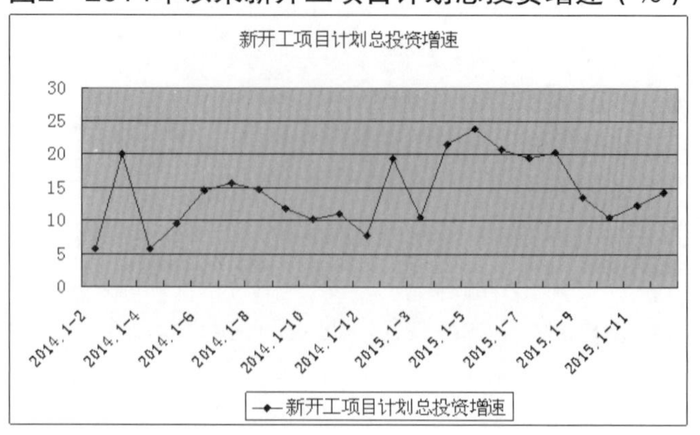

“十二五”前四年，新开工项目计划总投资分别增长 20.1%、30.0%、16.3% 和 7.7%，2014、2015 年新开工项目计划总投资数据大幅低于 2011-2013 年，将会对未来投资增长产生一定的制约效应。

（七）本年到位资金增势良好

2015 年，广东本年到位资金 36352.25 亿元，同比增长 20.6%，高出同期固定资产投资增速 4.8 个百分点。其中国家预算资金 1764.42 亿元，同比增长 24.4%；国内贷款 4546.87 亿元，增长 4.5%，增幅比上半年回落 6.4 个百分点；利用外资 204.11 亿元，同比下降 49.6%；自筹资金 21056.20 亿元，增长 19.0%，增速比上半年加快 1.4 个百分点；受房地产销售额大幅增长的影响，其他资金来源 8736.08 亿元，增长 41.9%，增速比上半年大幅加快 25.2 个百分点。

二、存在的主要问题

（一）部分地区投资回落幅度较大

2015 年以来，部分地区固定资产投资形势不容乐观，个别地区投资增速出现负增长，还出现了“十二五”时期的最低年度增速。以粤东西北地区为例，2011-2014 年固定资产投资年均增长 26.7%（以 2010 年为基期），2015 年全年增长 19.0%，增速跌破 20%，创“十二五”时期最低，其中韶关出现了负增长，清远、阳江增速不足 5%。从制造业投资的区域结构看，2015 年是全省制造业区域结构出现较大调整的一年。自 2008 年经济危机以来，广东积极探索产业结构转型，出台了“双转移”“腾笼换鸟”等产业政策，粤东西北地区工业、制造业投资在“十二五”的前四年快速增长。但进入 2015 年，粤东西北地区工业经济增长较上年大幅回落，制造业投资出现了负增长的韶关、汕尾、阳江均地处粤东西北地区。

图3 “十二五”时期粤东西北地区固定资产投资增速（%）

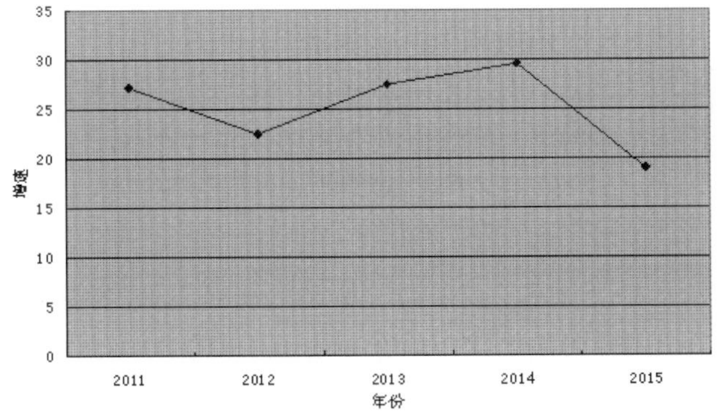

（二）亿元项目对投资支撑和拉动作用下降

2015 年，广东共有在建亿元以上项目（不含房地产开发）5344 个，同比下降 2.3%，计划总投资为 45600.22 亿元，同比增长 0.8%，完成投资 10119.10 亿元，增长 1.7%，三项指标增速均低于全部项目（5.2%、3.3%、17.5%），亿元以上项目投资比重占全部项目的 47.1%，同比大幅回落 7.3 个百分点。

（三）房地产开发投资下行压力较大

2015 年，广东房地产开发投资 8538.47 亿元，同比增长 11.8%，增幅比上半年和上年同期分别回落 4.3 个和 5.9 个百分点。按构成分，占比最大的建筑工程、其他费用增速分别比上半年回落 3.3 个和 11.7 个百分点；从工程用途看，商品住宅投资增速比上半年回落 6.7 个百分点；从地区情况看，全省三分之一的地市开发投资出现负增长，其中四个位于珠三角地区，三个位于粤东西北地区。从土地情况来看，待开发土地面积和本年土地购置面积双双下降，其中待开发面积降幅比上半年扩大 10.6 个百分点。

三、对 2016 年投资运行情况的预计

2016 年是“十三五”的开局之年，固定资产投资作为稳增长的重要抓手，任务更为艰巨。

（一）投资增长的有利因素

一是政策支持增加发展新动力。2015 年国务院印发《中国制造 2025》，将“优先推进制造业数字化、网络化、智能化”摆在制造业转型提质“八大行动”之首，以适应全球产业变革。这是从国家层面明确了未来十年制造业的重要发展方向。广东也出台了《珠江西岸先进装备制造产业带布局和项目规划（2015—2020 年）》，以提高自主创新能力为引领，向制造业价值链的高端延伸，实现由制造业大省向制造业强省的重要转变。

二是新产业、新业态和新商业模式发展为投资增长带来新机遇。冷链物流、生态旅游、休闲养老、创意社区、“互联网 +”和小微企业创新产业园区等，都将在“十三五”时期形成新的投资热点。

（二）投资增长的不利因素

一是工业企业生产经营存在一定困难，投资意愿不强。2015 年 12 月，全国工业生产者出厂价格（PPI）同比下降 5.9%，PPI 当月同比已经持续 46 个月负增长；2015 年 12 月广东制造业采购经理指数（重点企业 PMI）为 48.4%，较上月回落 0.2 个百分点，连续四个月处于 50% 以下。企业主营业务收入和利润总额增幅均比上年同期有明显回落，利润总额虽保持一定增幅，但主要由个别大企业拉动，若扣除全省利润增长最多的前 10 家企业，前三季度全省规模以上工业利润总额仅增长 2.5%（上年同期扣除前 10 家企业后增长 16.6%）。

二是房地产开发企业“去库存”任务较重，开发投资将受到一定影响。“十二五”期间，房地产市场从“黄金时代”进入了“白银时代”；“十三五”期间，房地产行业将从扩张式、粗放式发展步入专业化、规模化、集约化发展，行业竞争进一步加剧，房地产市场将从以增量为主向存量与增量并重方向发展，房地产开发投资维持高速增长的可能性将非常低。

综合以上因素，预计 2016 年广东固定资产投资增长 15% 左右。

2015年广东房地产开发投资和商品房销售情况分析

2015年，房地产市场调整对开发投资的影响逐渐显现，广东房地产开发投资增幅有所回落。在鼓励住房消费和降准降息政策作用下，商品房销售市场快速回暖，销售面积大幅增长后进入高位调整阶段。受销售回暖影响，开发企业到位资金大幅好转，但销售形势的好转尚未转化至投资端，土地成交和新开工情况依然低迷。

一、运行特点

（一）房地产开发投资增幅回落

房地产市场调整对开发投资的影响显现，广东房地产开发投资增幅自三季度开始连续四个月回落。2015年，广东房地产开发企业共完成开发投资8538.47亿元，同比增长11.8%，增幅比上半年回落4.3个百分点，比2014年回落5.9个百分点，比固定资产投资增幅低4.0个百分点；房地产开发投资额占固定资产投资的28.4%，同比回落1.1个百分点（见图1）。

图1　2015年广东房地产开发投资走势图

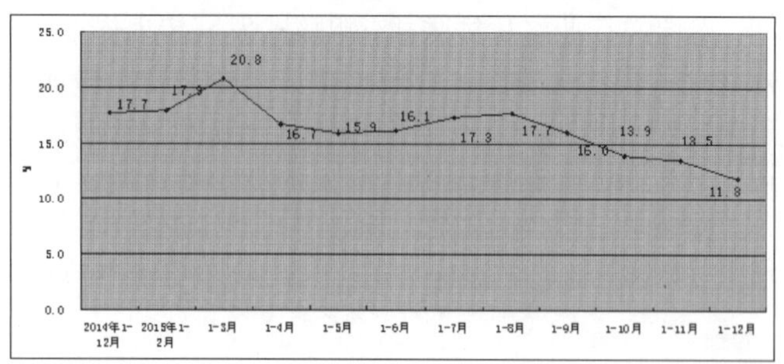

从全国范围看，广东房地产开发投资自2008年以来首次超过江苏。2015年，江苏房地产开发投资同比下降1.1%，广东房地产开发投资总量超过江苏（比江苏多384.80亿元，见图2），居全国第一位，占全国房地产开发投资的8.9%。广东房地产开发投资增幅比江苏高12.9个百分点，比全国高10.8个百分点，低于海南和北京，居东部第三位。

图2　2000年以来粤苏房地产开发投资额对比

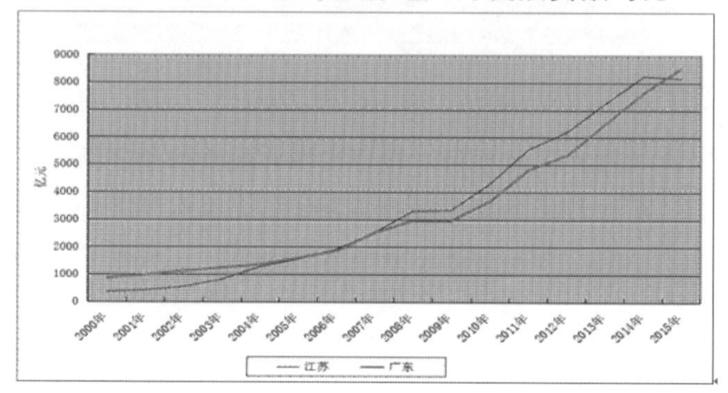

按构成分，土地购置费增幅大幅回落。2015年，广东房地产开发投资中建筑工程投资5236.98亿元，同比增长9.5%，增幅比2014年回落2.4个百分点；安装工程投资811.42亿元，增长25.9%，增幅比2014年提高5.8个百分点；其他费用投资2390.86亿元，增长12.1%，其中土地购置费1711.53亿元，增长7.6%，增幅比2014年回落54.5个百分点。

按类型分，商业地产开发投资增幅回落显著。2015年，广东房地产开发投资中商品住宅开发投资5890.51亿元，同比增长13.6%，增幅比2014年回落0.7个百分点；办公楼和商业营业用房投资1085.78亿元和564.00亿元，增长15.2%和13.3%，增幅分别比2014年回落25.5个和20.6个百分点；其他投资998.19亿元，下降0.5%，比2014年回落10.2个百分点。

按区域分，粤东西北地区增幅回落较多。2015年，珠三角地区房地产开发投资增长12.4%，比2014年回落4.9个百分点，其中广州和深圳增长17.7%和24.5%，增幅分别比2014年提高2.2个和2.5个百分点。东翼和西翼增长13.1%和5.3%，分别比2014年回落11.8个和9.0个百分点，山区增长8.5%，比2014年回落11.1个百分点。

（二）开发企业资金到位情况大幅好转

商品房销售行情持续好转，销售资金回笼加速，开发企业资金到位情况大幅好转。2015年，广东房地产开发企业本年到位资金小计14164.30亿元，增长 25.1%，增幅比 2014 年提高 16.9 个百分点，比房地产开发投资增幅高 13.3 个百分点。本年到位资金小计与完成投资比由上年同期的 1.48:1 提高为 1.66:1。

其中，国内贷款 2577.81 亿元，增长 6.0%，增幅比 2014 年回落 7.5 个百分点；利用外资 26.65 亿元，下降 58.1%；自筹资金 3933.40 亿元，增长 6.1%，增幅比 2014 年回落 26.3 个百分点；其他资金来源 7626.44 亿元，增长 48.8%，其中定金及预收款增长 46.6%，个人按揭贷款增长 51.4%，增幅分别比 2014 年提高 59.3 个和 47.4 个百分点。

（三）商品房销售市场高位调整

2015 年，在鼓励住房消费和降准降息政策作用下，广东商品房销售市场回暖显著，销售面积快速增长，增幅 8 月份达到全年高点后进入调整阶段，连续四个月出现回落。2015 年，广东商品房销售面积 11681.01 万平方米，创历史新高，同比增长 25.4%，增幅比三季度回落 6.5 个点，比 2014 年提高 30.7 个百分点；商品房销售额 11442.80 亿元，增长 35.2%，增幅比三季度回落 4.4 个点，比 2014 年提高 40.6 个百分点（见图 3）。其中，商品住宅销售面积和销售额增长 28.6% 和 43.2%，分别比 2014 年提高 36.1 个和 50.1 个百分点。

图3　2015年广东商品房销售情况走势图

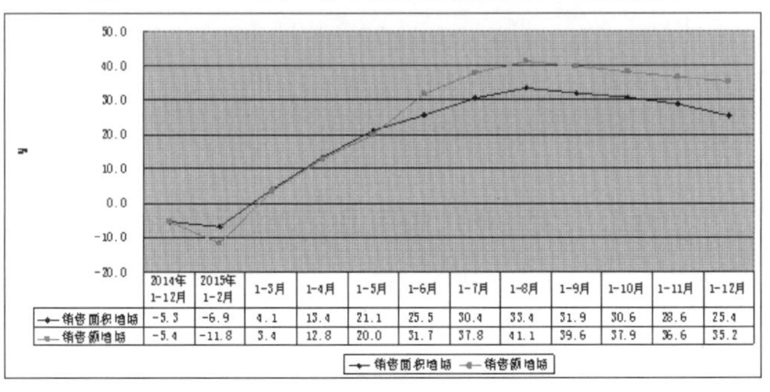

从全国范围看，广东商品房销售面积和销售额均居全国首位。2015 年，广东商品房销售面积比江苏多 266.96 万平方米，2005 年以来首次超过江苏（见图 4），占全国销售面积的 9.1%，增幅分别比江苏和全国高 18.9 个和 9.5 个百分点；广东商品房销售额占全国销售额的 13.1%，继续保持全国首位。

图4　2000年以来粤苏商品房销售面积对比

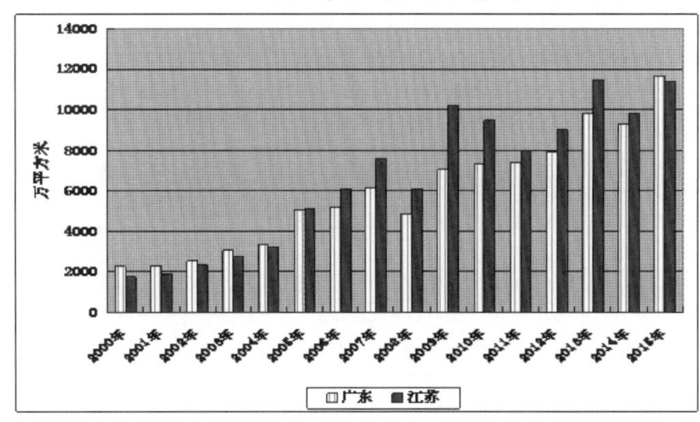

按区域分，珠三角地区销售增幅回升显著。2015 年，珠三角地区商品房销售面积同比增长 29.4%，比上年提高 35.9 个百分点；东翼和西翼销售面积增长 33.4% 和 5.7%，增幅分别比上年提高 30.9 个和 11.3 个百分点；山区增长 15.4%，比上年提高 16.4 个百分点。

（四）商品房待售情况逐步好转

2015 年，广东商品房销售快速回暖，待售面积逐步减少，房地产开发企业库存压力有所减轻。2015 年末，广东商品房待售面积 5637.94 万平方米，比上半年减少 310.75 万平方米，同比增长 3.1%，增幅比 2014 年末回落 19.2 个百分点（见图 5）。按用途分，商品房住宅待售面积 3493.35 万平方米，同比下降 1.5%，去化情况较好；非住宅待售面积 2144.59 万平方米，增长 11.6%。

分区域看，粤东西北地区库存压力较大。珠三角地区待售面积 3656.81 万平方米，同比下降 1.3%，占全省待售面积的 64.9%，比上年同期下降 2.9 个百分点，库存消化情况较好；东翼和西翼待售面积 570.22 万平方米和 450.84 万平方米，分别增长 1.5% 和 11.5%，山区 960.07 万平方米，增长 20.7%，库存压力较大，去化形势不容乐观。

图5　2015年广东商品房待售情况(万平方米)

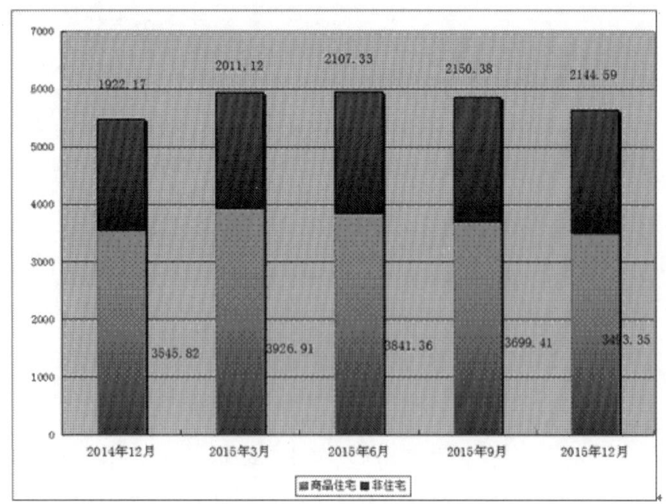

二、关注问题

（一）关注开发投资下行

随着中国经济步入新常态，同时受2014年房地产市场调整影响，全国以及广东房地产开发投资下行趋势较为明显。2015年，广东房地产开发投资增幅“十二五”内仅略高于2012年，分别比2013年和2014年回落10.0个和5.9个百分点（见图6）。在开发投资增幅回落的同时，销售市场的回暖尚未及时有效转化至开发投资端，部分投资先行指标持续低迷，未有明显好转。2015年，广东房地产开发计划总投资增幅比2014年回落1.3个点，商品房施工面积增幅比2014年回落8.8个百分点，新开工面积同比下降5.3%，土地购置面积下降24.4%，进一步加剧了投资下行压力。

图6　近年来广东房地产开发投资走势图

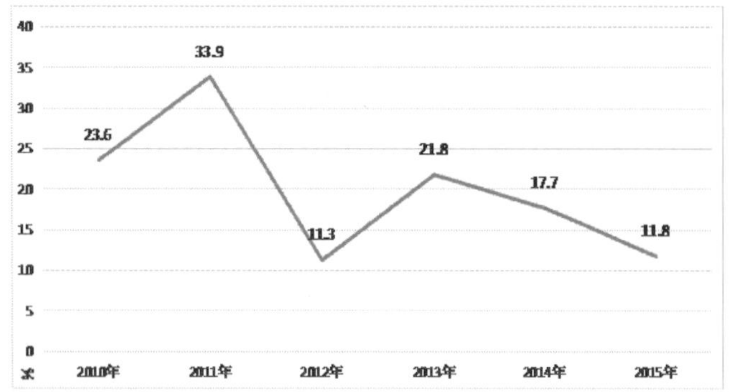

（二）关注市场区域分化

2015年，在多项鼓励住房消费和促进房地产市场健康发展的政策以及相对宽松的货币政策作用下，广东房地产市场总体持续回暖，但市场之间区域分化十分显著。一线城市及其周边地区经济发达，外来人口较多，刚性需求和改善性需求强烈，商品房销售高速增长，复苏势头明显。其中，深圳市由于地少人多，供需矛盾较为突出，同时上半年股市大涨后资金转入楼市，房地产市场行情火热，全年销售面积增长56.1%，销售价格大幅增长，并对周边东莞、惠州的临深片区产生巨大的需求外溢效应，拉动东莞和惠州分别增长61.7%和32.1%，市场已显局部过热态势；佛山、中山和江门等地销售面积增幅也达30%以上。

粤东西北地区与珠三角地区相比，经济发展还处于欠发达阶段，城镇化水平较低，人口处于净流出态势，商品房供给多大于需求，对国家出台的房地产调控政策不敏感，房地产市场走势相对独立，复苏势头较缓，全年商品房销售面积增幅比珠三角地区低14.4个百分点，韶关、云浮、阳江和肇庆四个地市商品房销售面积增幅低于上年同期，其中韶关市销售面积同比下降13.8%。

（三）关注销售价格增长

随着销售市场行情回暖和销售面积的快速增长，商品房销售价格增幅持续升高，尤其是部分热点地区增幅明显。2015年，广东商品房平均销售价格每平方米9796元，同比增长7.8%，增幅比2014年提高7.9个百分点；其中商品住宅均价每平方米9495元，同比增长11.4%，增幅比2014年提高10.7个百分点（见图7）。销售价格的快速增长，不利于当前高库存的及时消化和市场的平稳运行。

图7　2015年广东商品房销售均价情况

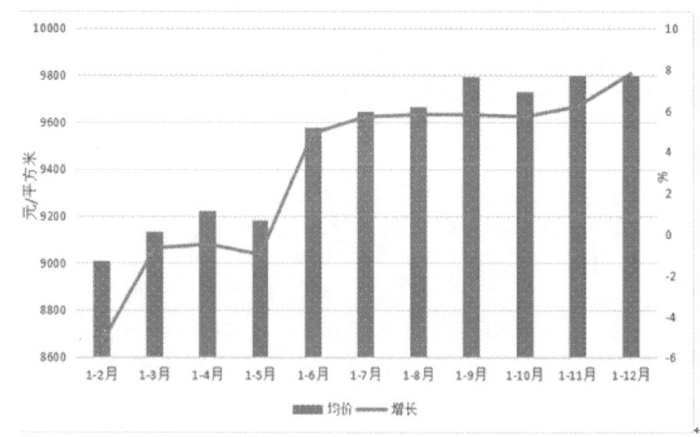

一线城市商品房销售价格增幅尤其明显，根据国家统计局公布的70个大中城市商品住宅销售价格统计数据，12月深圳新建商品住宅价格同比大幅增长47.5%，增幅高居全国70个大中城市首位，环比增长

3.2%，市场过热态势尽显；广州新建商品住宅价格同比增长 9.2%，环比增长 0.7%(见图 8)。

图8　广州和深圳商品住宅价格走势图

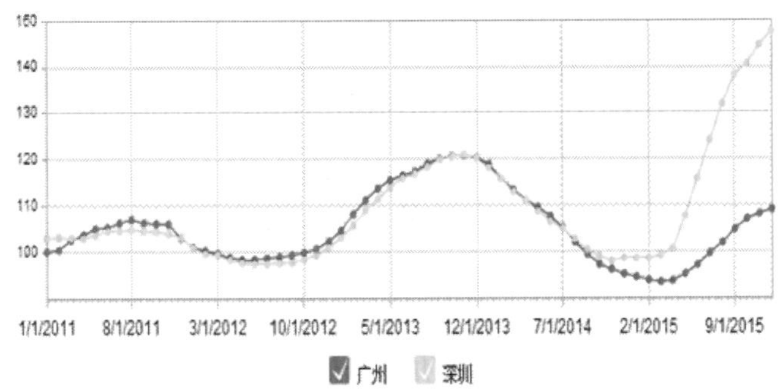

三、趋势预测

随着中国经济步入新常态，房地产市场也步入新常态，进入低速增长时期。虽然近期房地产市场销售回暖显著，但传导至开发投资端尚需要较长时间，同时新开工面积和土地成交等先行指标增速持续低迷，市场仍处于去库存阶段，全国开发投资也处于下行周期，广东房地产开发投资面临较大下行压力。预计 2016 年广东房地产开发投资维持低速增长态势，增幅有可能跌破两位数。

"去库存"已成为今年全国五大经济任务之一，未来的房地产调控政策仍将以促消费、稳需求和去库存为主。但随着市场区域之间分化加剧，房地产市场调控政策将以因城施策和分类调控为主。从全省范围看，广东房地产市场在快速回暖后，热点城市逐步降温，商品房销售高位已开始出现调整态势。预计在调控政策效应递减、购房需求逐步释放以及同比基数较大等因素影响下，2016 年广东房地产市场进入量跌价稳阶段，商品房销售面积增幅呈回落趋势。

2015年广东能源消费情况分析

2015年，全省经济下行压力增大，特别是高耗能行业生产明显放缓。受此影响，全省能源消费总量增速保持低位徘徊，规模以上工业综合能源消费量同比下降，全社会用电量增速减缓，全省节能降耗形势良好。

一、能源消费基本情况

（一）主要产业能源消费情况

2015年全省能源消费总量各季度的同比增幅均保持在2%以下（见图1），增幅同比明显回落；第一和第三产业能源消费总量同比呈现增长，第二产业能源消费量同比下降。

图1　2015年各季度能源消费总量同比增长（%）

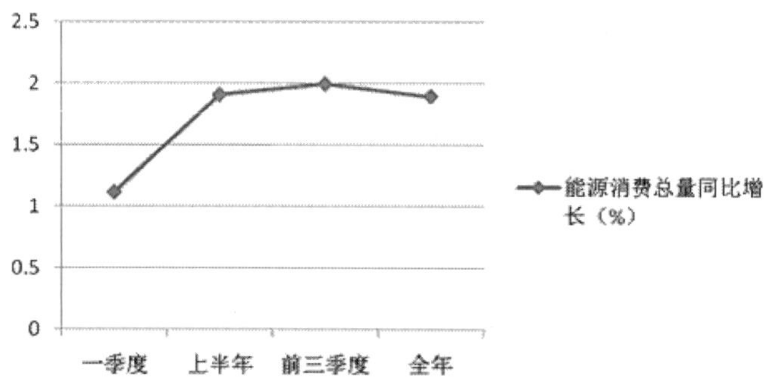

根据初步核算，2015年全省能源消费总量30145.49万吨标准煤，同比增长1.9%，增速较上年回落2.0个百分点。其中，第一产业能源消费量506.46万吨标准煤，同比增长3.2%，增幅同比回落1.3个百分点；第二产业能源消费量18721.83万吨标准煤，同比下降1.4%，增幅同比回落2.6个百分点；第三产业能源消费量6537.64万吨标准煤，同比增长8.4%，增幅同比回落0.4个百分点。此外，居民生活用能4379.56万吨标准煤，同比增长7.3%，增幅同比回落1.8个百分点。

图2　2015年能源总量消费构成(%)

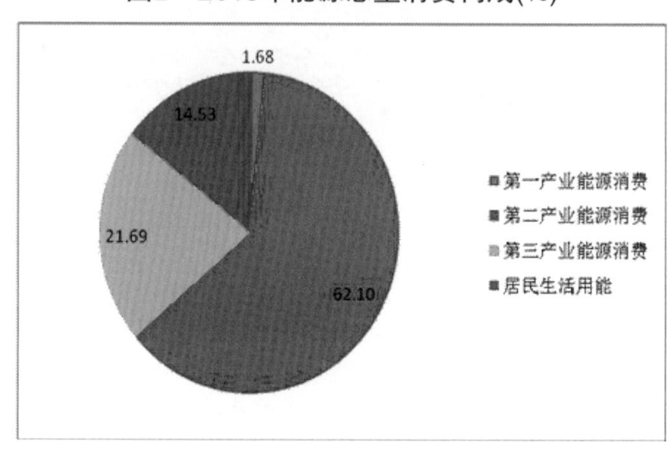

（二）工业综合能源消费情况

工业综合能源消费同比下降。2015年，规模以上工业综合能源消费量14037.18万吨，同比下降4.0%，降幅同比扩大2.4个百分点。制造业综合能源消费量8575.37万吨标准煤，同比下降3.7%。分行业看，有能源消费的40个大行业中，同比下降的有29个行业。从工业综合能源消费量增速走势看（见图3），一季度同比速度是全年的最低点（同比下降6.0%），此后降幅成逐渐收窄的趋势，1-8月达到降幅收窄后的速度高点（同比下降3.0%）后，再呈逐月下滑之势。2015年的工业综合能源消费量同比速度，已达“十二五”的最低点。

图3　2015年工业综合能源消费量同比增长（%）

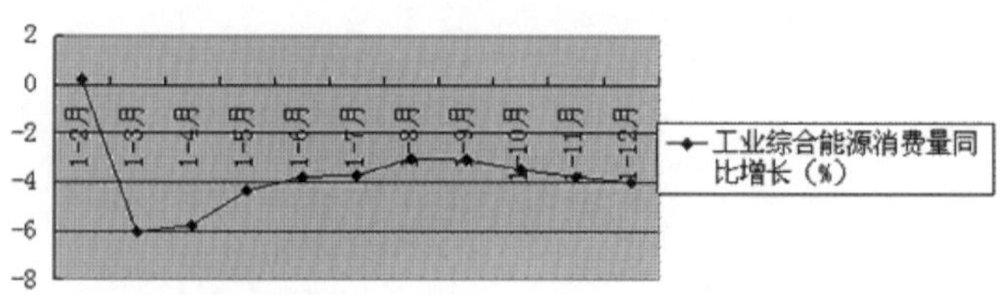

高耗能行业综合能源消费量增速下降。2015年能耗较大的6大高耗能行业综合能源消费量为10512.51万吨标准煤，同比下降4.9%。6大高耗能行业综合能源消费量占工业综合能源消费量的

74.9%，比重同比下降 0.7 个百分点，同比增幅均呈现下降（见表 1）。其中降幅最大的是黑色金属冶炼和压延加工业，同比下降 7.2%；降幅最小的是有色金属冶炼和压延加工业，同比下降 1.9%。

表1 2015年全省高耗能行业能源消费情况表

行业	能源消费量（万吨标准煤）	同比增长（%）
高耗能行业	10512.51	-4.9
石油加工、炼焦及核燃料加工业	1306.56	-3.2
化学原料及化学制品制造业	802.88	-6.7
非金属矿物制品业	2132.93	-4.7
黑色金属冶炼及压延加工业	788.43	-7.2
有色金属冶炼及压延加工业	228.54	-1.9
电力、热力生产及供应业	5253.17	-5.0

东西两翼地区工业综合能源消费量同比降幅相对较小。分区域看，占比重较小的东翼和西翼地区能源消费量分别为 1544.92 和 1942.60 万吨标准煤，同比分别下降 2.2% 和 2.7%；占比重较大的珠三角地区能源消费量为 8432.48 万吨标准煤，同比下降 4.5%；粤北山区能源消费量为 2117.17 万吨标准煤，同比下降 4.6%。分市看，21 个地级市中汕尾、中山、珠海和阳江 4 个市综合能源消费量分别增长 35.5%、12.8%、7.5% 和 1.5%，其余 17 个市综合能源消费量均同比下降，其中降幅较大的分别是汕头、揭阳和江门，同比分别下降 9.7%、9.5% 和 8.1%。

表2 2015年广东各地工业综合能源消费量增速（%）

地 区	工业综合能源消费量	地 区	工业综合能源消费量	地 区	工业综合能源消费量
全 省	-4.0	惠 州	-3.5	清 远	-2.4
广 州	-6.8	汕 尾	35.5	潮 州	-6.4
深 圳	-4.2	东 莞	-6.2	揭 阳	-9.5
珠 海	7.5	中 山	12.8	云 浮	-1.8
汕 头	-9.7	江 门	-8.1		
佛 山	-7.0	阳 江	1.5	珠三角	-4.5
韶 关	-5.9	湛 江	-2.7	东翼	-2.2
河 源	-6.2	茂 名	-4.4	西翼	-2.7
梅 州	-7.9	肇 庆	-6.3	粤北山区	-4.6

（三）电力消费情况

用电量增速明显减缓。根据电网公司月报统计，2015 年全省全社会用电量 5310.69 亿千瓦时，同比增长 1.4%，增速同比减缓 7.0 个百分点。从全年走势看（见图 4），一季度回落，二季度回升，三季度再回落，四季度趋稳。全年的最低点在 1-3 月，增速为 1.15%，次低点在 1-10 月，增速为 1.25%。各月的增速均较上年明显减落。

图4 2015年全社会用电量同比增长(%)

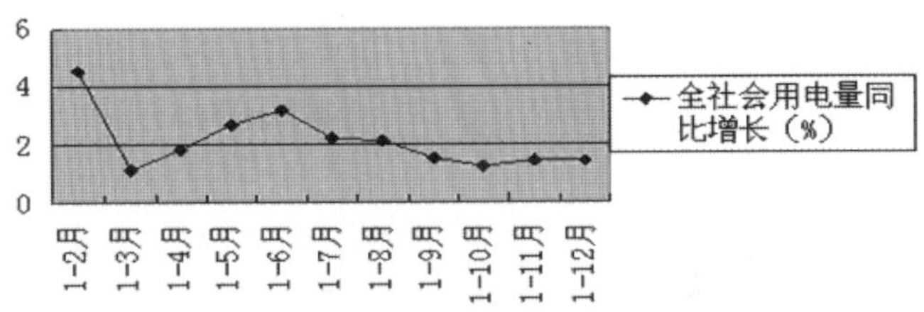

分产业情况看，第一产业用电量为 90.14 亿千瓦时，同比增长 3.2%，增速同比回落 4.3 个百分点；第二产业用电量为 3497.76 亿千瓦时，同比下降 0.4%，增速同比回落较大；第三产业用电量为 876.83 亿千瓦时，同比增长 6.4%，增速同比加快 0.5 个百分点。其中，第三产业居民用电为 845.96 亿千瓦时，同比增长 4.1%，增速同比回落 9.2 个百分点。

工业用电量下降是影响全社会用电量增速回落的主要原因。2015 年工业用电量 3437.46 亿千瓦时，同比下降 0.4%，增速同比减缓 8.2 个百分点。其中，制造业用电 2760.66 亿千瓦时，同比下降 2.1%，增速同比减缓 8.8 个百分点。由于工业用电量下降，影响全社会用电量增速减缓了 3.6 个百分点。

商业、住宿和餐饮业用电量增长是拉动第三产业较快增长的主要因素。2015 年占第三产业用电量 33.4% 的商业、住宿和餐饮业用电量为 292.75 亿千瓦时，同比增长 7.2%，增速同比加快 2.5 个百分点。由于商业、住宿和餐饮业用电量的较快增长，拉动第三产业用电增长上升 2.4 个百分点。

二、节能降耗情况

2015 年，能源消费量增速减缓，节能降耗出现了近年来少有的良好形势，单位 GDP 能耗同比大幅下降。根据初步核算，2015 年全省单位 GDP 能耗同比下降 5.71%，完成了下降 2.16% 的年度目标任务，“十二五”累计下降 20.98%，超额完成“十二五”

下降 18% 的总目标任务。全省单位工业增加值能耗下降 10.5%，单位 GDP 电耗下降 6.1%。

三、与全国和主要省份比较情况

2015 年，全国全社会用电总量同比增长 0.5%，工业用电下降 1.4%，增幅比广东分别低 0.9 个和 1.0 个百分点。全国工业综合能源消费量同比下降 2.9%，降幅比广东小 1.2 个百分点。全国单位 GDP 能耗下降 5.6%，降幅比广东小 0.1 个百分点。

与主要省份对比，广东全社会用电量同比增幅低于江苏 0.6 个百分点，高于山东、浙江 0.5 个和 0.1 个百分点。广东工业用电量增幅低于江苏 1.2 个百分点，高于山东、浙江 0.5 个和 0.1 个百分点。广东工业综合能源消费量降幅分别比江苏、山东和浙江大 3.9、3.1 和 3.9 个百分点。广东单位 GDP 能耗下降幅度小于江苏，但大于山东和浙江。

2015年广东消费品市场情况分析

2015年，面对复杂多变的国内外经济形势，广东扎实推进经济结构转型，努力扩大消费需求，全省消费品市场保持平稳运行。但受经济下行压力加大、商品零售价格总水平下降、出行类消费需求走弱等多种因素影响，社会消费品零售总额名义增速较上年有所回落。

一、消费品市场运行基本情况

（一）市场运行总体平稳，零售额名义增速较上年回落

2015年，广东实现社会消费品零售总额31333.44亿元，增长10.1%，增幅比上年回落1.8个百分点；扣除价格因素，实际增长10.5%，增幅比上年提高0.2个百分点。分季度看，各季度分别实现社会消费品零售总额7326.98亿元、7594.19亿元、7928.02亿元和8484.25亿元，分别增长10.0%、9.6%、10.5%和10.6%，增势总体平稳。分消费形态看，全年实现餐饮收入3238.83亿元，增长10.7%，增速比上年提高2.4个百分点；实现商品零售28094.62亿元，增长10.0%，增速比上年回落2.3个百分点。

图1 2015年各月广东社会消费品零售总额增长情况(%)

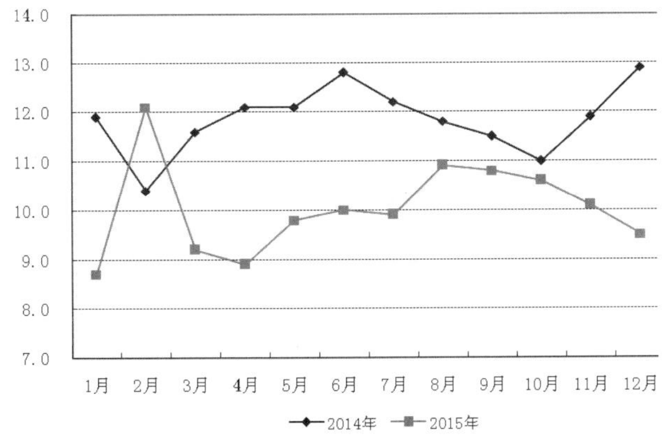

从全国范围看，2015年广东社会消费品零售总额继续领先各省市，占全国社会消费品零售总额的10.4%；增速比全国平均水平低0.6个百分点，比北京高2.8个百分点、比上海高2.0个百分点，比江苏低0.2个百分点、比山东低0.5个百分点。

表1 2015年主要省市社会消费品零售总额及增速

地区	总额（亿元）	增长(%)
全国	300930.8	10.7
北京	10338.0	7.3
上海	10055.8	8.1
江苏	25876.8	10.3
浙江	19785.0	8.8
山东	27761.4	10.6
广东	31333.4	10.1

(二)城乡市场共同发展,农村消费品市场增长较快

2015年，全省城镇消费品市场零售额27436.37亿元，增长10.0%，增幅比上年回落1.9个百分点，占全省社会消费品零售总额的87.6%。随着农村居民收入稳步提高和农村商品流通网络建设的加快，农村消费品市场稳步增长。2015年，全省农村消费品市场零售额3897.07亿元，增长10.4%，增幅比城镇消费品市场高0.4个百分点。

（三）批发零售业增长放缓，住宿餐饮业经营好转

2015年，全省批发零售业实现零售额28065.95亿元，增长10.0%，增速比上年回落2.3个百分点，占全省消费品零售总额的89.6%。其中，批发业零售额增长12.9%，增速比上年提高0.5个百分点；零售业零售额增长9.5%，增速比上年回落2.7个百分点。

住宿餐饮业经营进一步好转。全年住宿餐饮业实现零售额3267.49亿元，增长10.7%，占全省社会消费品零售总额的10.4%，增速比上年提高2.1个百分点。其中，住宿业零售额增长5.6%，餐饮业零售额增长11.2%，增幅分别比上年提高5.3个和2.1个百分点。

（四）新兴业态发展较快，传统百货商店、专卖店增长缓慢

2015 年，全省限额以上批发零售业通过公共网络实现商品零售额 820.32 亿元，增长 52.9%，增速比限额以上批发零售业总体高 47.7 个百分点，占全省社会消费品零售总额的 2.6%，拉动全省社会消费品零售总额增长 1.2 个百分点。限额以上超市、大型超市零售额增长 12.7%，增幅比限额以上批发零售业整体高 7.5 个百分点；限额以上购物中心零售额增长 9.6%，增幅比限额以上批发零售业整体高 4.4 个百分点。限额以上百货商店（不含购物中心）零售额增长 1.2%，限额以上专卖店零售额增长 0.8%，增速明显低于限额以上批发零售业平均水平。

（五）基本生活品销售增势良好，出行类消费依然低迷

2015 年，全省限上批发零售业零售额 12650.76 亿元，增长 5.2%，增幅比上年回落 8.5 个百分点。分商品类别看，吃类、日用类需求稳定，通讯器材类、居住类增长较快，化妆品类、金银珠宝类企稳回升，服装鞋帽类、家电类增长放缓，出行类依旧低迷。

1. 吃类、日用类需求增长稳定。2015 年，全省限上批发零售业粮油食品、饮料烟酒类零售额 1240.72 亿元，增长 17.5%，增幅比上年提高 7.0 个百分点；日用品类零售额 587.05 亿元，增长 15.8%，增幅比限额以上批发零售业整体高 10.6 个百分点。吃类、日用类需求稳定增长，对全省社会消费品零售额保持平稳增长起到重要支撑作用。

2. 通讯器材类、居住类消费保持较快增长。全省限额以上批发零售业通讯器材类零售额 450.22 亿元，增长 27.5%，增幅比上年提高 5.5 个百分点；建筑及装潢材料类零售额 150.53 亿元、五金电料类零售额 126.27 亿元、家具类零售额 149.73 亿元，分别增长 21.4%、22.0% 和 15.9%，增速居主要大类商品前列。

3. 化妆品类、金银珠宝类商品零售企稳回升。全省限额以上批发零售业金银珠宝类零售额 236.48 亿元，增长 15.9%，增幅比上年提高 14.2 个百分点；化妆品类零售额 173.98 亿元，增长 12.7%，增幅比上年提高 12.0 个百分点。

4. 服装鞋帽类、家电类增长放缓。全省限额以上批发零售业服装、鞋帽、针纺织品类零售额 1257.87 亿元，增长 4.1%，增幅比上年回落 8.5 个百分点；家用电器和音像器材类零售额 716.43 亿元，增长 9.9%，增幅比上年回落 7.6 个百分点。

5. 出行类消费依然疲弱。全省限上汽车类零售额 3775.84 亿元，增长 1.4%，增速比上年回落 17.8 个百分点，但比前三季度加快 1.5 个百分点。受价格走低且需求较弱影响，石油及制品类零售额持续下滑，全年限额以上批发零售业石油及制品类零售额 1979.29 亿元，比上年下降 9.8%。

（六）各区域消费平稳增长，粤东地区增长较快

2015 年，珠三角九市实现社会消费品零售总额 22521.05 亿元，增长 9.6%。其中，广州实现社会消费品零售总额 7932.96 亿元，增长 11.0%；佛山实现社会消费品零售总额 2687.22 亿元，增长 11.9%。受汽车销售大幅下滑拖累，深圳社会消费品零售总额增长缓慢，全年实现社会消费品零售总额 5017.84 亿元，比上年仅增 2.0%。粤东实现社会消费品零售总额 3128.52 亿元，增长 12.4%，增幅比全省社会消费品零售总额高 2.3 个百分点。粤西实现社会消费品零售总额 3094.78 亿元，粤北山区实现社会消费品零售总额 2488.47 亿元，分别增长 10.8% 和 10.6%。

二、需要关注的几个问题

（一）国内生产型商品需求不足，批发零售业商品销售增长放缓

受制造业产能过剩、需求不足、民间投资意愿减弱、国际大宗商品价格下降等因素影响，限额以上批发零售业主要生产资料、原材料销售疲软。2015 年，全省限额以上批发零售业煤炭及制品类、化工材料及制品类、石油及制品类、金属材料类销售额与上年相比均出现不同程度下滑。其中，煤炭及制品类销售额下降 19.7%、化工材料及制品类下降 6.6%、石油及制品类下降 10.1%、金属材料类下降 5.5%，四类商品销售共拉低限额以上批发零售业销售额增长 3.1 个百分点。

（二）汽车、石油对消费拉动作用减弱，市场缺乏新热点商品带动

2014 年全省限额以上批发零售业汽车类零售额增长 19.2%，拉动全省限额以上批发零售业零售额增长 5.6 个百分点；石油及制品类零售额增长 16.2%，拉动全省限额以上批发零售业零售额增长 4.2 个百分点。进入 2015 年，受部分城市限牌、限行和汽车消费需求回落的影响，限额以上汽车类商品零售增长明显放缓，全省限额以上汽车类商品零售同比仅增 1.4%，对限额以上批发零售业零售额增长的拉动作用下降 5.2 个百分点。而石油及制品零售额自上年下半年开始，在价格持续走低且需求增长放缓的前提下，出现了较大幅度下滑。2015 年全省限额以上批发零售业石油及制品类零售额同比下降 9.8%，拉低限额以上批发零售业零售额增速 1.8 个百分点。汽车、石油及制品零售额占全省限额以上批发零售业零售额的45.5%，其增速下滑对全省限额以上单位零售额增速放缓影响明显。

（三）互联网零售快速发展，传统实体经营面临较大挑战

电子商务快速发展，改变了人们的购物模式和消费习惯，打破了传统消费的地域界限，对本地传统实体商贸企业经营带来巨大冲击。网络购物以其较大的价格优势、丰富的购物选择、方便的购物方式，受到越来越多消费者的青睐；而传统商业企业实体店同时面临销售增长放缓和人工、租金、资金使用等经营成本攀升的压力，盈利能力大为减弱。2015 年，全省限额以上百货商店（不含购物中心）零售额同比仅增1.2%，限额以上专卖店零售额同比仅增 0.8%，增速明显低于批发零售业平均水平。

2015年广东民营经济发展情况分析

2015年是“十二五”收官之年，是完成“十二五”规划纲要各项目标任务的关键之年。在中国经济进入新常态下，面对严峻的国内经济形势和复杂多变的国际经济环境，广东民营经济主体奋发有为，不断优化产业结构，主动适应和引领经济发展新常态，继续增强对广东经济的推动力，保持了较快增长速度，为广东经济保持稳定增长、深化改革、调整产业结构、防范风险做出了积极贡献。

一、民营经济发展基本情况

2015年，广东民营经济完成增加值38846.24亿元，增长8.4%，增速比上年同期提高0.1个百分点，比全省平均水平高0.4个百分点，对全省经济增长的贡献率为53.8%，拉动全省经济增长4.3个百分点，占全省地区生产总值的53.4%，占比比上年同期提高0.1个百分点。民营经济对广东经济影响日益增强，加快民营经济发展，提升民营经济发展质量，是广东在经济发展新常态下，保持稳定增长、优化产业结构、扩大内需的重要保障。

二、民营经济发展主要特点

（一）民营单位数保持快速增长，单位规模显著扩张

近年来，随着国家行政审批制度改革的不断深入，大众创业环境日益宽松，创业热情进一步激发，民营单位数不断增加，新增单位数量呈现“井喷”现象。2015年末，广东民营单位数756.78万户，同比增长15.1%。其中私营企业248.12万户，增长27.4%；个体工商户492.99万户，增长10.4%。单位数增长加快的同时，单位规模大幅扩张，私营企业集团化运营趋势明显。从户均注册资本金看，2015年私营企业、个体户户均注册资本金分别为505.16万元和3.22万元，同比增长29.4%和13.0%；亿元以上私营企业有17402户，增长64.6%，私营企业集团1550户，增长7.6%。

（二）民营第三产业增速企稳回升，产业结构进一步优化

从民营经济三次产业看，第一产业完成增加值3287.95亿元，增长3.3%，增速与上年同期持平；第二产业增加值15862.28亿元，增长9.4%，比上年同期下降0.7个百分点；第三产业增加值19696.01亿元，增长8.2%，比上年同期提高1.0个百分点。2015年民营第一、二、三产业增加值占比分别为8.5%、40.8%、50.7%，其中第一、二产业占比同比下降0.1个和0.7个百分点，第三产业占比同比提高0.8个百分点，民营经济三次产业结构进一步优化。

（三）国内消费市场萎靡不振，批发和零售业增速走低

2015年，广东经济下行压力加大，国际大宗商品价格下降，主要原材料、生产资料需求减少，同时受广州、深圳等地限牌、限行等政策影响，汽车消费需求回落，全省民营批发零售业销售增幅下滑。2015年，民营批发零售业完成零售额22704.49亿元，同比增长10.3%（现价），增速同比下降3.2个百分点。

（四）民间固定资产投资保持高速增长，投资结构优化

2015年，民间固定资产投资完成18052.95亿元，同比增长19.9%，比全省固定资产投资高4.1个百分点，占全省投资的比重为60.1%，占比同比提高0.9个百分点，对全省固定资产投资贡献率73.0%，拉动全省投资增长11.5个百分点，是全省投资增长的重要驱动力。从民间投资行业情况看，高技术制造业、先进制造业增长速度明显加快，占全省同行业的比重显著提高。2015年，民营高技术制造业、先进制造业完成固定资产投资760.75亿元和2280.75亿元，同比分别增长53.5%和36.3%，增速高于全省同行业17.7个和10.9个百分点，占全省同行业比重为55.6%和58.5%，占比同比提高6.4个和4.7个百分点，投资趋向于高端化。

（五）民营出口增速回升，出口份额大幅提高

在全球经济复苏缓慢、外部需求严重不足的情况下，广东民营企业积极开拓市场，特别是注重加强与

丝绸之路经济带和21世纪海上丝绸之路沿线国家的经贸合作，外贸出口增速显著回升，占全省出口总额比重大幅提高。2015年，广东民营出口2604.42亿美元，同比增长8.6%，增速同比提高3.6个百分点，比全省出口增速高9.0个百分点，民营出口占全省的40.5%，占比同比提高3.4个百分点。

（六）民营税收增速放缓，占全省税收比重趋于下滑

2015年，民营税收收入8612.13亿元，同比增长9.9%，比上年同期下降0.8个百分点，比全省低4.9个百分点，占全省税收比重47.3%，比上年同期下降2.1个百分点。其中，私营企业税收收入1576.32亿元，增长15.9%，增速同比提高4.2个百分点，个体户税收收入768.13亿元，下降3.6%，增速同比回落12.0个百分点。

三、值得关注的几个问题

（一）政策措施落实不到位，平等竞争主体地位仍未确立

民营经济作为国民经济重要组成部分已在全社会形成共识，社会各界也高度评价民营经济重要作用。十八大以来，党中央、国务院出台有关政策文件，确立平等市场主体地位，为民营经济发展创造公平的环境。《中共中央关于全面深化改革若干重大问题的决定》提出“国家保护各种所有制经济产权和合法权利，保证各种所有制经济依法平等使用生产要素，公开公平公正参与市场竞争、同等受到法律保护”“坚持权利平等、机会平等、规则平等，废除对非公有制经济各种形式的不合理规定，消除各种隐性壁垒，制定非公有制企业进入特许经营领域具体办法”。但从目前情况来看，民营企业平等竞争的主体地位仍未确立，特别在产业政策和金融政策方面，民营企业受歧视现象比较普遍。如在产业政策方面，一些市场领域对民营开放的制度障碍未彻底消除，即使在已开放领域，非制度障碍仍难杜绝，在金融政策方面，民营企业融资成本远高于其他经济主体。

（二）制度建设亟需加强，营商环境仍需优化

1．民营经济发展面临法律障碍，法制建设亟需加强。一是法律法规建设不适应民营经济发展要求。在民营企业发展过程中，国家企业管理部门制定一系列法律法规，规范企业行为，但在社会主义市场经济日益成熟，民营企业规模不断扩大，组织形式更趋多样化、复杂化的形势下，现有法律法规覆盖面严重不足。二是民营企业法律主体地位不平等。宪法和国家政策文件规定，国家保护私营经济的合法权利和利益，但当民营企业的合法财产受到侵害时，往往得不到法律有效的保障，甚至不时发生政府部门侵犯民营企业合法财产事件。调查显示[1]，分别有39.8%、38.3%、44.0%、21.0%的受访企业认为急需在反不正当竞争、反垄断行为、规范执法行为、知识产权保护方面加强立法工作，14.4%、13.6%、16.7%的企业认为执法不公、行政不作为乱作为、执法不规范简单粗暴，有26.0%、29.3%的企业表示办案效率低结案长、诉讼成本过高。

2．服务体系有待完善，服务企业意识有待加强。调查显示，民营企业对行政审批、投资体系、商事制度改革的评价，中位数为5分，平均数为5.22分，众数为5分（10分为最高，1分为最低）。原有的用地、环保、节能等前置审批条件改革力度不大，企业用地难、办证难的问题没有得到根本解决；审批许可项目过多、过细。如会展审批，商会协会和民营企业举办会展仍需到不同层级的商务部门办理审批，且审批手续繁杂，办理情况没有回复承诺。

（三）产业低端化突出，层次有待提高

广东民营经济经过改革开放三十多年的发展，已经形成一批具有国内甚至世界知名龙头企业，如华为、美的、格兰仕、金发科技等，但从整体上看，广东民营经济低端化现象还比较突出，主要表现在产业低端化。在制造业方面（规模以上，下同），2015年广东民营先进制造业、高技术制造业增加值占民营增加值的比重分别为15.5%和9.1%，比先进制造业、高技术制造业占GDP的比重分别低4.7个和2.1个百分点。在服务业方面，生活性服务业如民营批发和零售业、住宿和餐饮业增加值占民营增加值的比重分别为15.7%、3.1%，比批发和零售业、住宿和餐饮业增加值占GDP比重高4.5个和1.2个百分点，而一些高端服务业如金融业、信息传输、软件和信息技术服务业等行业民营经济份额还比较小，具有较大的提升空间。

（四）国内消费需求疲软，国外需求动力减弱

从国内市场看，当前我国经济处于速度换挡期、结构调整期、前期刺激政策消化期“三期”叠加阶段，下行压力不断加大，国内消费需求增长疲态显现。在生产经营方面，2012年5月到2015年12月，广东工业品出厂价格指数连续44个月处于下降通道，2015年民营规模以上工业企业主营业务收入同比增长8.2%，增速同比下降8.1个百分点，产品销售率97.1%，同比下降0.2个百分点。从国际市场看，金融危机之后，全球经济步入深度调整期，欧洲国家受债务危机影响，复苏遥遥无期，日本更是陷入经济紧缩泥潭，新兴经济体也因各自的政治、经济和社会问题，经济增长明显放缓。另一方面，欧美发达国家为扶持本国产业，缓解就业压力，贸易保护主义抬头，针对我国出口产品贸易诉讼案件明显增多，广东民营出口动力明显减弱。

（五）民营企业经营压力大，经济效益下滑

在经济进入新常态下，民营企业经营压力明显加大。一是产品供给和市场需求不协调，产能结构性过剩凸显，产品库存高企，企业间“三角债”现象突出。2015 年民营规模以上工业企业产成品存货同比增长 6.2%，增速比全省规模以上工业企业高 4.9 个百分点，应收账款增长 16.4%，比全省高 8.7 个百分点，主营业务成本增长 7.4%，比全省高 5.9 个百分点。二是产业工人流动性大，工资福利待遇要求高，严重侵蚀民营企业经营利润。2014 年[2]民营工业企业从业人员年人均用工成本 5.90 万元，比 2013 年增加 1.22 万元，增长 26.1%。

受成本上升加快和产品出厂价格下降影响，民营企业经济效益明显下滑。2015 年民营规模以上工业亏损企业 3250 个，增长 29.5%，同比上升 4.5 个百分点，亏损面 12.0%，同比上升 1.4 个百分点，亏损企业亏损额 169.46 亿元，增长 25.1%，同比上升 17.5 个百分点，实现利润总额 3532.26 亿元，增长 15.3%，同比下降 4.9 个百分点。

[1] 2015 年底省工商联对 506 家民营企业调研结果。

[2] 2015 年工业企业统计年报数据 6 月份发布，本文采用 2014 年年报数据。

2015年广东规模以上工业经济效益状况分析

2015年，广东规模以上工业利润平稳增长，全年主营业务收入117461.73亿元，比上年增长2.3%；实现利润7208.77亿元，增长8.2%，增幅比全国平均水平高10.5个百分点，比山东、浙江、上海分别高9.8个、3.2个和9.2个百分点，比江苏低0.9个百分点，增速在沿海五省市居第2位。

表1 2015年全国及粤、鲁、苏、浙、沪工业企业利润情况

月份	全国		广东		山东		江苏		浙江		上海	
	利润总额（亿元）	增长（%）	利润总额（亿元）	增长（%）	利润总额（亿元）	增长（%）	利润总额（亿元）	增长（%）	利润总额（亿元）	增长（%）	利润总额（亿元）	增长（%）
1-3月	12543.20	-2.7	1152.09	0.5	1814.70	-2.0	1889.90	16.4	640.90	6.1	568.60	8.8
1-6月	28441.80	-0.7	3020.87	7.5	4089.20	-0.4	4189.00	14.5	1665.00	7.9	1353.90	3.7
1-9月	43032.40	-1.7	4814.26	8.5	6115.30	-1.9	6335.10	11.6	2565.70	4.9	1888.70	-2.0
1-12月	63554.00	-2.3	7208.77	8.2	8617.20	-1.6	9617.10	9.1	3717.70	5.0	2635.40	-1.0

一、主要指标运行特点

（一）高技术制造业和先进制造业利润呈两位数增长。2015年，广东规模以上高技术制造业实现利润1817.13亿元，增长14.7%；先进制造业实现利润3462.10亿元，增长11.3%。上述两大类行业利润增幅分别高出全省平均水平6.5个和3.1个百分点，利润合计占全省利润总额的73.2%。

表2 2015年广东先进制造业和高技术制造业主营业务收入及利润完成情况

指　标	主营业务收入		利润总额	
	绝对数（亿元）	增长（%）	绝对数（亿元）	增长（%）
全　　省	117461.73	2.3	7208.77	8.2
先进制造业	56847.22	3.5	3462.10	11.3
高技术制造业	33026.91	8.8	1817.13	14.7

（二）国有及国有控股企业利润较快增长。2015年，广东国有及国有控股企业实现利润1240.14亿元，增长17.0%；股份制企业实现利润3909.69亿元，增长15.9%；外商及港澳台商投资企业实现利润2975.36亿元，下降1.5%。民营企业实现利润3532.26亿元，增长15.3%。

（三）小微型企业利润增长快于大中型企业。小型工业企业生产和效益协调发展，生产增速和盈利水平均优于大中型工业企业。2015年，广东小微型工业企业实现利润1723.90亿元，增长12.0%；大型工业企业实现利润3604.99亿元，增长6.3%；中型工业企业实现利润1879.84亿元，增长8.5%。

（四）主要行业利润实现增长。在40个工业大类行业中，2015年利润总额比上年增长的行业30个。其中，石油加工、焦炼和核燃料加工业实现利润123.89亿元，增长173.0%；计算机、通信和其他电子设备制造业实现利润1466.03亿元，增长15.5%；电气机械和器材制造业实现利润769.47亿元，增长10.9%。新增利润较多的前5个行业分别是计算机、通信和其他电子设备制造业，增加196.36亿元；石油加工、炼焦和核燃料加工业，增加78.51亿元；电气机械和器材制造业，增加75.40亿元；电力热力生产和供应业，增加71.08亿元；化学原料和化学制品制造业，增加48.91亿元；这5个行业新增利润占全部规模以上工业新增利润的86.4%。

（五）珠三角利润增速最快。2015年，广东21个地级市中，韶关、湛江、阳江、汕头、珠海5个市利润同比下降，清远市持平，其他15个市利润实现增长。其中，增长20%以上的市有茂名、江门、汕尾、梅州、河源、云浮6个市。分区域看，珠三角实现利润5826.12亿元，增长8.5%；西翼实现利润442.74亿元，增长8.2%；东翼实现利润612.81亿元，增长7.3%；山区实现利润327.10亿元，增长4.0%。

表3　2015年广东分区域利润完成情况

月份	全省		珠三角		东翼		西翼		山区	
	利润总额（亿元）	增长（%）	利润总额（亿元）	增长（%）	利润总额（亿元）	增长（%）	利润总额（亿元）	增长（%）	利润总额（亿元）	增长（%）
1-3月	1152.09	0.5	936.55	0.8	101.45	3.2	62.73	-6.4	51.36	0.4
1-6月	3020.87	7.5	2473.66	7.5	250.73	4.0	164.91	18.2	131.57	2.9
1-9月	4814.26	8.5	3905.85	8.3	423.34	8.9	275.7	16.4	209.38	1.5
1-12月	7208.77	8.2	5826.12	8.5	612.81	7.3	442.74	8.2	327.10	4.0

二、存在的主要问题

（一）企业面临形势仍然严峻，利润下行压力较大。2015年12月，广东制造业PMI指数为48.4，较11月回落0.2个百分点，已是连续第四个月处于50%的临界线以下。2015年，全省工业品出厂价格指数（PPI）延续低迷态势，12月指数同比下降3.1%，已连续44个月处在负增长区间。在有统计出厂价格指数的制造业30个大分类行业中，2015年有21个行业出厂价格下降，仅有食品饮料、服装、家具、医药等8个行业出厂价格小幅增长。两组先行指标数据均表明，目前工业经济形势仍然严峻，利润下行压力较大。2015年，全省规模以上工业企业中，亏损企业6233家，亏损面15.4%。亏损企业亏损额507.60亿元，增长17.7%。

（二）企业生产经营成本加大。近年来，广东工业企业经营成本不断上升。一是人工成本稳步上涨。据2015年四季度工业企业问卷调查，2015年广东一线工人每月平均工资3638元，增长10.5%；人均缴纳社保费用约为664元，增长9.5%。二是上缴税金增长较快。2015年规模以上工业企业上缴税金4505.38亿元，增长11.9%，比全国高8.8个百分点。其中，主营业务税金及附加1357.05亿元，增长12.7%，比全国高6.5个百分点；应交增值税3148.33亿元，增长11.5%，比全国高10.0个百分点。三是资金回笼压力增大。全年规模以上工业企业应收账款比上年增长7.7%，产成品存货增长2.9%，均大于主营业务收入增速。

（三）出口交货值呈现回调趋势，产品产销率回落。2015年，广东工业产品销率为96.97%，比上年回落0.2个百分点。全省规模以上工业企业出口交货值32593.19亿元，比上年下降2.4%。其中，出口交货值前五个行业中有三个行业同比增长不到1个点，两个行业下降，文教、工美、体育和娱乐用品制造业更是下降31.6%。

表4　2015年广东主要行业工业出口交货值和产销率情况

行业	出口交货值		产销率	
	绝对值（亿元）	增长（%）	绝对值（%）	比上年增减百分点
全省总计	32593.19	-2.4	96.97	-0.2
计算机、通信和其他电子设备制造业	16227.03	0.2	97.12	-0.1
电气机械和器材制造业	3841.01	0.9	94.58	-1.3
文教、工美、体育和娱乐用品制造业	1469.32	-31.6	96.70	-1.2
金属制品业	1455.42	0.6	96.15	-1.0
橡胶和塑料制品业	1115.99	-3.3	97.48	-0.6

广东工业企业研发情况分析

一、基本情况及特点

（一）R&D 经费投入较快增长。近年来，广东工业企业 R&D 经费投入呈较快增长态势。据统计，2014 年广东工业企业研发经费（R&D）1375.29 亿元，比上年增长 11.1%，比 2010 年增长 95.4%，增幅接近翻一番，年均增长 18.2%（见图 1）。

全省 R&D 人员达 54.49 万人，比上年增长 2.6%，比 2010 年的 35.95 万人增长了 51.6%，年均增长 11.0%（见图 2）。

图1 2010-2014年广东工业企业R&D经费内部支出情况（万元）

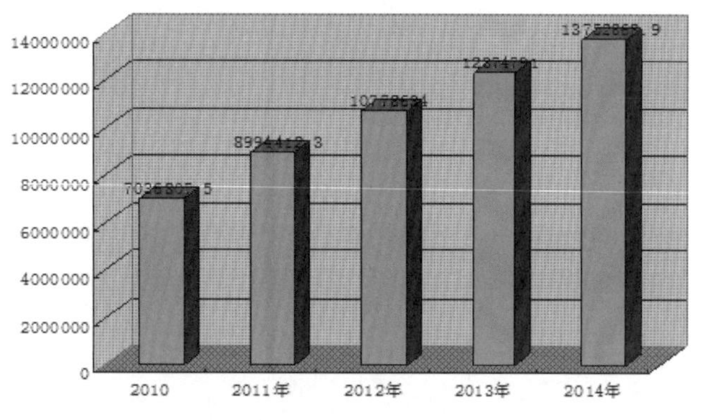

图2 2010-2014年广东工业企业R&D人员情况（人）

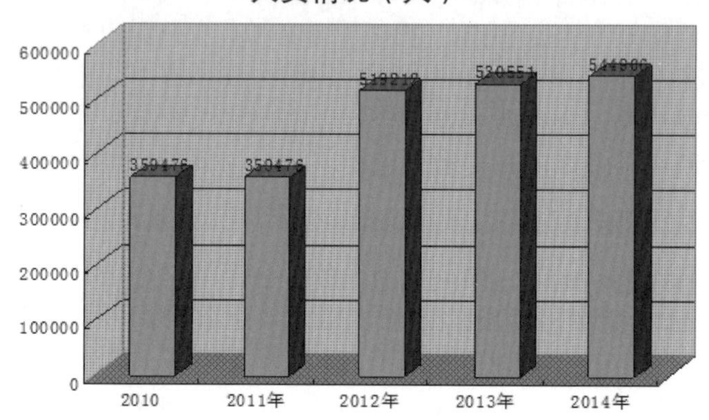

2014 年全省工业企业专利申请达到 11.44 万件，比上年增长 21.1%，其中发明专利达到 5.56 万件，占全部专利申请数的 48.6%，比上年增长 27.5%。期末有效发明专利数累计达到 12.69 万件，比上年增长 29.6%。

（二）制造业 R&D 经费占绝对份额。近年来，全省规模以上工业企业 R&D 经费几乎都集中在制造业上。数据显示，2010-2014 年，全省规模以上工业制造业 R&D 经费占全部工业企业 R&D 经费的比重依次为 99.4%、99.4%、99.0%、98.3% 和 98.5%（见表 1）。

表1 全省工业企业R&D经费内部支出分大类行业情况

单位：万元

R&D经费内部支出	2014年	2013年	2012年	2011年	2010年
总计	13752868.9	12374791.2	10778634.0	8994412.3	7036807.5
采矿业	52630.2	54973.0	36959.0	13274.3	11089.0
制造业	13549069.2	12161856.5	10674726.3	8937939.3	6992512.6
电力、热力、燃气及水生产和供应业	151169.5	157961.7	66948.7	43198.7	33205.9

（三）试验发展活动最活跃。从 R&D 经费支出的类型来看，全省 R&D 活动集中于实用型的试验发展上，基础研究和应用研究的支出相对较小。2010-2014 年，试验发展经费支出占全部经费的比重分别为 99.1%、98.6%、96.2%、95.6% 和 94.6%，基础研究和应用研究 R&D 经费占比很小（见表 2）。

表2　全省R&D经费内部支出按活动类型分组情况

单位：万元

年份	R&D经费内部支出合计	按活动类型分组		
		1. 基础研究支出	2. 应用研究支出	3. 试验发展支出
2014	13752868.9	12476.6	728660.7	13011731.6
2013	12374791.2	6351.3	543083.7	11825356.2
2012	10778634.0	883.2	402158.8	10375592.0
2011	8994412.3	4778.3	121064.9	8868569.1
2010	7036807.5	35.0	65706.7	6971065.8

（四）战略性新兴产业 R&D 经费投入最大。从制造业行业来看，R&D 经费支出最大的几个行业为：计算机、通信和其他电子设备制造业、电气机械和器材制造业、化学原料和化学制品制造业、汽车制造业、通用设备制造业、专用设备制造业、医药制造业等战略性新兴产业（见图 3、表 3）。

图3　2014年战略性新兴相关产业R&D经费投入情况

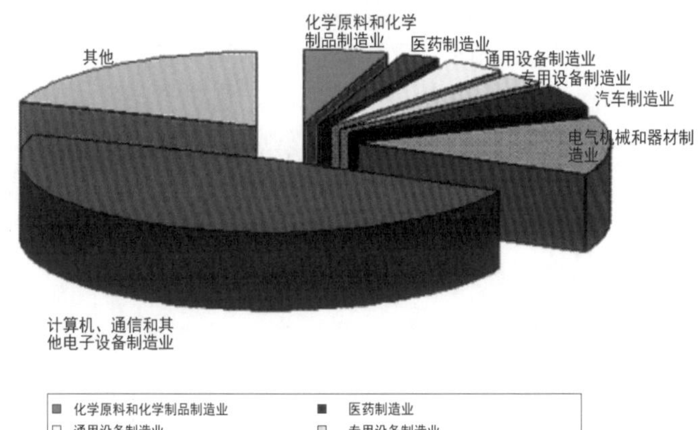

表3　制造业企业R&D经费分行业情况

单位：万元

R&D经费内部支出	2014年	2013年	2012年
制造业	13549069.2	12161856.5	10674726.3
化学原料和化学制品制造业	711430.8	607335.4	517561.1
医药制造业	331559.3	325623.3	246634.0
通用设备制造业	554310.1	474178.7	427691.3
专用设备制造业	370669.8	393680.5	349057.3
汽车制造业	649819.1	599134.5	530924.4
电气机械和器材制造业	1758533.8	1500779.9	1361536.5
计算机、通信和其他电子设备制造业	6485613.3	5861311.7	5109819.5

（五）信息技术产业 R&D 经费增长最快。计算机、通信和其他电子设备制造业在 2010-2014 年间，R&D 经费投入分别为 355.61 亿元、440.19 亿元、510.98 亿元、586.13 亿元、648.56 亿元，占据全省 R&D 经费的“半壁江山”，每年均为当年 R&D 经费投入量最大的行业（见表 4）。

表4　计算机等电子行业企业R&D经费情况

单位：万元

R&D经费内部支出	2014年	2013年	2012年	2011年	2010年
制造业	13549069.2	12161856.5	10674726.3	8937939.3	6992512.6
电气机械和器材制造业	1758533.8	1500779.9	1361536.5	1259681.3	960580.9
计算机、通信和其他电子设备制造业	6485613.3	5861311.7	5109819.5	4401930.1	3556087.3

（六）装备制造业研发潜力大。2014 年装备制造业 R&D 投入已经达到百亿级，显示高端装备制造业具有较大的研发潜力。2010-2014 年，通用设备制造业 R&D 经费投入分别为 17.93 亿元、27.83 亿元、

42.76 亿元、47.42 亿元、55.43 亿元；专用设备制造业 R&D 经费投入分别为 20.80 亿元、29.27 亿元、34.91 亿元、39.37 亿元、37.07 亿元（见表 5）。2012-2014 年，铁路、航泊、航空航天和其他运输设备制造业 R&D 经费投入分别为 20.51 亿元、15.53 亿元、16.68 亿元；交通运输设备制造业 2010 年 R&D 经费投入 51.01 亿元，2011 年为 61.76 亿元。

表5 设备制造业企业R&D经费情况

单位：万元

R&D经费内部支出	2014年	2013年	2012年	2011年	2010年
制造业	13549069.2	12161856.5	10674726.3	8937939.3	6992512.6
通用设备制造业	554310.1	474178.7	427691.3	278277.9	179270.1
专用设备制造业	370669.8	393680.5	349057.3	292691.3	207982.2

（七）汽车制造业研发方兴未艾。随着汽车制造业迅速发展和市场竞争日趋激烈，汽车制造企业在研发方面不断加大投入，R&D 经费投入呈现不断增长态势。2012-2014 年，广东汽车制造业 R&D 经费投入分别为 53.09 亿元、59.91 亿元、64.98 亿元（见表 6）。

表6 汽车制造企业R&D经费情况

单位：万元

R&D经费内部支出	2014年	2013年	2012年
制造业	13549069.2	12161856.5	10674726.3
汽车制造业	649819.1	599134.5	530924.4
铁路、船舶、航空航天和其他运输设备制造业	167469.9	155417.4	205268.3

二、存在主要问题

（一）基础研究和应用研究投入不足

党的十八届五中全会明确提出全面实施创新驱动发展战略，作为创新研发核心动力的基础研究和应用研究尤其需要鼓励，而从全国绝大部分省来看，工业企业的原始创新能力依然不足，广东在全国率先发现问题，迎难而上，制定了一系列鼓励企业进行原始创新的政策，全省工业企业基础研究和应用研究比例有所加大，高于全国和其他兄弟省份水平，但依然存在不足，原始创新的比例依然不高。

表7 2014年全国及部分地区工业企业R&D经费按活动类型分类情况

单位：万元

地 区	工业企业R&D经费内部支出	基础研究和应用研究	试验发展	基础研究和应用研究所占比重（%）
全 国	92542587.0	2568331.2	89974255.8	2.78
北 京	2335010.1	27994.0	2307016.1	1.20
天 津	3228056.5	100643.0	3127413.5	3.12
上 海	4492192.0	25086.8	4467105.2	0.56
江 苏	13765378.2	96910.6	13668467.6	0.70
浙 江	7681473.0	15846.1	7665626.9	0.21
山 东	11755481.8	408131.2	11347350.6	3.47
广 东	13752868.9	741137.3	13011731.6	5.39

把范围扩大到全社会范围来看，更进一步凸现出我省原始创新能力不足的问题。从 R&D 经费投入的类型来看，北京市的基础研究投入经费最高，占全市 R&D 经费总量的 12.6%，基础研究 R&D 经费总量占全国全部基础研究投入总量的 1/4。基础研究占全部 R&D 经费投入比例紧随其后的是上海市、天津市，分别为 7.1% 和 3.5%。这说明三大直辖市拥有一流的基础研发实力。尤其是北京、上海，拥有一流的基础科

研环境、一流的高等科研院所、一流的人才培育环境，凭借名牌高等院校、科研院所的大规模云集而取得的人才优势，吸引了许多高端的基础研究项目和人才，而广东在此方面有所欠缺，在高等院校、科研院所实力方面也与北京、上海存在较大差距。

表8 广东与其他省份R&D经费活动类型情况对比

地区	R&D经费	绝对量（万元）			占比（%）		
		基础研究	应用研究	试验发展	基础研究	应用研究	试验发展
全国	130156296.8	6135428.5	13985283	110035586.7	4.71	10.74	84.54
北京	12687952.8	1594873.7	2749447	8343632.3	12.57	21.67	65.76
天津	4646868.2	160802.7	612554.1	3873511.5	3.46	13.18	83.36
上海	8619548.9	611998.3	1044348.9	6963201.8	7.10	12.12	80.78
江苏	16528208.4	458508.4	948983	15120717	2.77	5.74	91.48
浙江	9078500	219520.3	410998.1	8447981.6	2.42	4.53	93.05
山东	13040695	243947.7	794643.2	12002104.3	1.87	6.09	92.04
广东	16054457.5	424124.8	1264989.1	14365343.6	2.64	7.88	89.48

（二）广东高端研发人才偏少，R&D人员素质亟待提升

广东省R&D经费投入少于江苏，但工业企业研发队伍较大，R&D人员总量位居全国第一，R&D人员中的研究人员比例高。

表9 广东与其他省份R&D人员及研究人员占比情况

单位：万人

地区	工业企业R&D人员	其中:研究人员	研究人员占比
全国	363.26	83.25	22.92
北京	7.99	1.85	23.13
天津	11.13	2.32	20.81
上海	12.43	2.75	22.13
江苏	55.29	10.56	19.10
浙江	36.23	5.97	16.49
山东	34.23	7.86	22.97
广东	54.49	13.21	24.25

但从全社会的R&D人员的学历结构来看，R&D人员中拥有博士学历人员最多的是北京，其次是江苏、上海，广东比江苏少近8000人，硕士毕业人员广东比北京、比江苏低，说明R&D人员中，我省的高层次人才相对缺乏，同时R&D人员中本科毕业人数江苏省有22.48万人，广东仅有14.78万人，比2013年还下降1000余人。本科毕业的人员队伍应是R&D研发的主力军，绝大多数的研发工作都是由这个梯队来实际完成的。总体看，广东研发人才队伍素质有待提高。

表10 主要省份R&D人员学历构成情况

单位：万人

地区	人员	其中				
		全时人员	博士毕业	硕士毕业	本科毕业	其他学历
全国	535.15	336.36	31.73	69.93	142.88	290.60
北京	34.32	24.43	6.54	8.14	8.49	11.15
天津	16.41	9.55	0.94	2.08	3.72	9.66
上海	23.68	15.93	2.36	3.71	5.24	12.37
江苏	67.65	44.26	2.88	7.17	22.48	35.12
浙江	44.47	27.66	1.53	3.44	11.50	28.00
山东	43.24	28.59	1.64	4.98	13.10	23.52
广东	67.52	45.60	1.99	6.70	14.78	44.05

（三）区域投入不平衡

全省工业企业R&D经费投入来看，2014年占全省GDP近20%的粤东西北地区R&D经费投入仅为84.09亿元，为全省R&D经费投入的6.1%；而珠三角地区R&D经费投入达1291.19亿元，占全省的比重为93.9%，最高的深圳市R&D经费投入比粤东西北地区高出7倍。这种区域发展存在的极大不平衡性，制约了全省研发创新的全面发展。在地市层面上，深圳、广州是全省的龙头，分别占据了全省总量的42.8%和14.0%。深圳尤以华为、中兴的两大企业，占据深圳全市工业R&D投入的“半壁江山”。

（四）政府投入偏少

2014年，全省财政科技拨款额为274.33亿元，比上年减少70.61亿元，下降20.5%；财政科学技术支出占当年全省财政支出的比重为3.0%，比上年下降1.1%。据了解，财政科技拨款下降的主要原因是

2013 年部分地区一次性投入的项目抬高了去年的基数，同时，2014 年对科技拨款流程再造导致财政资金支出较慢。而 2014 年工业企业 R&D 经费中的政府资金为 31.28 亿元，仅占工业 R&D 经费的 2.3%，比上年下降 7.65 亿元来看，政府对研发创新投入严重偏少。

（五）采矿等行业研发投入偏弱

全部采矿业企业（含煤炭开采和洗选业、石油和天然气开采业、黑色金属矿采选业、有色金属矿采选业、非金融矿采选业、其他开采辅助活动）在 2010-2014 年间，R&D 经费投入分别为 1.11 亿元、1.33 亿元、3.70 亿元、5.50 亿元、5.26 亿元，从 2010 年开始研发投入增长缓慢，但近两年又开始回落，并且经费总量不高、增速不显著。

表11　采矿业企业R&D经费情况

单位：万元

R&D经费内部支出	2014年	2013年	2012年	2011年	2010年
总计	13752868.9	12374791.2	10778634.0	8994412.3	7036807.5
采矿业	52630.2	54973.0	36959.0	13274.3	11089
煤炭开采和洗选业					
石油和天然气开采业	20347.9	31765.2	23456.1	6850.6	6420.5
黑色金属矿采选业	2668.7	1398.8	2466.7	3397	1482.2
有色金属矿采选业	1962.8	2568.6	2754.2	1750.2	1711.7
非金属矿采选业	6419.1	5988.0	3693.1	1276.5	1474.6
开采辅助活动	21231.7	13252.4	4588.9		

广东区域经济发展情况分析

由于地理区位、资源禀赋、人文历史、政策制度等多方面因素叠加影响，广东区域发展的梯度特征、不平衡特征非常明显。区域发展不均衡，一方面对区域经济的全面、协调、可持续发展带来制约和挑战，另一方面也是广东转变发展方式、优化资源配置、实现整体发展的重要机遇。跨入新世纪以来，伴随着珠三角与粤东西北地区“双转移”（劳动力转移、产业转移）的不断推行，珠三角经济逐步凸显“优”，经济发展质量效益不断提升，可持续发展能力增强；粤东西北地区凸显“快”，后发优势不断显现，社会民生不断改善。区域间的发展差异不断缩小，区域协调发展已初显成效。在新的历史发展阶段，通过实施区域协调发展战略，促进粤东西北地区振兴发展，提升珠三角优势，可以充分发挥各地区的特点和优势，各地区也能更好地互相补充、互相协作，发挥国民经济整体优势。

一、广东区域经济发展态势

广东按照地理位置和经济特点划分为珠三角经济区、东翼、西翼及北部山区市四个经济区，粤东西北地区指东翼、西翼及北部山区。珠三角是全省工业化程度最高、发展环境最好的地区，也是全国经济最发达的地区之一。东翼和西翼分别位于珠三角的东、西两侧，人口资源、生产力发展水平处于中游。而北部山区在经济发展的自然环境、资源状况、文化科技、基础设施等方面属较差地区，也是广东贫困人口较为集中的地区。广东地区发展差距比较突出，2015 年，珠三角地区以全省 30% 的土地，聚集了 50% 以上的常住人口，产生了近 80% 的 GDP、85% 的地方财政收入，全省 21 个地级市有 12 个地级市人均 GDP 均低于全国平均水平，除肇庆之外其余 11 个市均在粤东西北地区，而且梅州、汕尾人均 GDP 低于全国最低省份甘肃省的平均水平。

（一）区域 GDP 占比及增速变化情况

改革开放以来，广东经济快速发展，实力不断增强，珠三角在广东经济中占据“龙头”地位。随着区域共同发展战略的全面推进，广东四大区域经济实力的相对差距有所缩小，区域经济发展从一极到多极。2000 年以来，珠三角占全省 GDP 比重不断提高，2007 年占比上升到最高 80.0%，2008 年开始下降，2014 年比重降到 78.9%，同期，粤东、粤西占全省 GDP 比重分别为 6.9% 和 7.9%，比 2007 年提高了 0.5 个和 0.7 个百分点，粤北山区比重保持不变。2015 年，珠三角占 GDP 比重有所回升，为 79.1%，粤东西北地区占 20.9%。

图1 2000-2015年珠三角占全省GDP比重

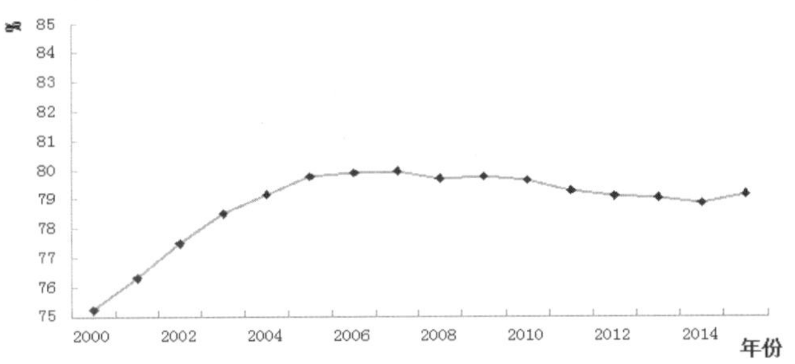

近年来，粤东西北地区经济增长速度快于珠三角地区，这也是广东区域相对差距缩小的主要原因。2000 年以来，珠三角地区和粤东西北地区的经济走势基本一致，经济在经历了 90 年代相对低速之后重新走上较快增长轨道，2009 年受国际金融危机冲击，经济经历了一轮较快增长后被迫下行。从 2000 年到 2008 年，珠三角地区 GDP 增速一直高于粤东西北地区，差距在 0.6 个到 6.9 个百分点之间；从 2009 年到 2014 年，珠三角地区 GDP 增速开始低于粤东西北地区，差距在 1.2-1.6 个百分点之间，且波动比较小。“十五”“十一五”珠三角经济增长分别为 15.4%、13.5%，均高于同期全省和粤东西北增速，但差距在不断缩小。与全省平均水平之差由“十五”的 2.1 个百分点，下降为“十一五”的 1.1 个百分点，与粤东西北之差由“十五”的 5.2 个百分点，下降为“十一五”的 0.1 个百分点。“十二五”珠三角增速明显下降，仅为 8.7%，分别低于全省和粤东西北 0.2 个和 1.0 个百分点。

图2　2000年以来珠三角、粤东西北GDP增长速度

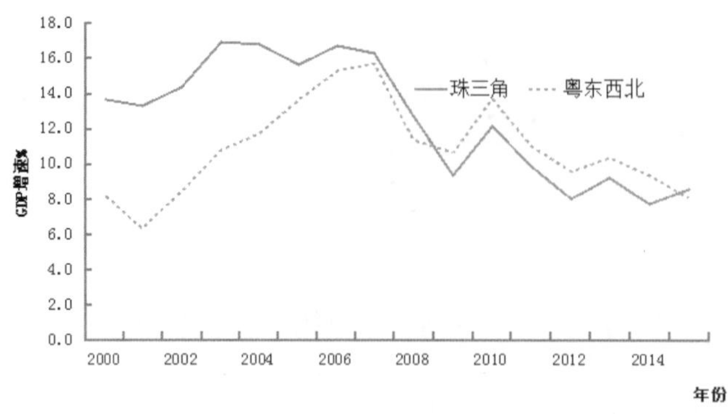

表1　历年区域GDP占比及增速变化情况

单位：%

时期	区域占全省GDP比重					区域GDP增长速度				
	珠三角	粤东西北	粤东	粤西	粤北	珠三角	粤东西北	粤东	粤西	粤北
2000年	75.2	24.8	9.5	8.5	6.8	13.7	8.2	6.7	9.4	8.7
2005年	79.8	20.2	6.7	7.5	6.0	15.7	13.7	11.9	13.8	15.7
2006年	79.9	20.1	6.5	7.4	6.2	16.8	15.3	13.2	14.2	19.0
2007年	80.0	20.0	6.4	7.2	6.4	16.3	15.8	15.4	14.0	18.2
2008年	79.7	20.3	6.6	7.3	6.4	12.8	11.4	13.1	10.9	10.3
2009年	79.7	20.3	6.7	7.2	6.4	9.4	10.7	11.3	10.4	10.3
2010年	79.6	20.4	6.6	7.4	6.4	12.2	13.8	14.1	14.1	13.0
2011年	79.3	20.7	6.7	7.6	6.4	9.9	11.0	11.5	11.1	10.4
2012年	79.1	20.9	6.9	7.7	6.3	8.1	9.6	10.1	10.0	8.7
2013年	79.0	21.0	6.9	7.8	6.3	9.3	10.4	10.5	12.0	8.4
2014年	78.9	21.1	6.9	7.9	6.3	7.8	9.4	9.2	10.0	8.9
2015年	79.1	20.9	6.9	7.7	6.3	8.6	8.1	8.2	8.3	7.9
2001-2005年平均	78.2	21.8	7.6	7.9	6.4	15.4	10.2	7.9	11.3	11.9
2006-2010年平均	79.8	20.2	6.5	7.3	6.4	13.5	13.4	13.4	12.7	14.1
2011-2015年平均	79.1	20.9	6.9	7.7	6.3	8.7	9.7	9.9	10.3	8.9

2000-2015年，广东四大区域相对差距虽有所缩小，但2015年粤东西北在全省经济总量的占比并没有出现明显变化，同时由于两地总量差距过大，它们之间的绝对差距仍处高位。2000年珠三角GDP与粤东西北相差5647亿元，2010年扩大到28193亿元，2015年两者之间的绝对差距拉大到45851亿元，差距相当于粤东西北地区经济总量的近3倍。

表2　2000-2015年珠三角与粤东西北GDP

指标	2000年	2005年	2010年	2011年	2012年	2013年	2014年	2015年
珠三角GDP(亿元)	8422.24	18279.55	37875.45	43750.39	47824.18	53307.67	57650.02	62267.78
粤东西北GDP(亿元)	2775.05	4633.31	9682.20	11431.66	12650.41	14149.40	15470.76	16416.71
差距(亿元)	5647.20	13646.23	28193.25	32318.74	35173.77	39158.27	42179.26	45851.07

（二）区域人均 GDP 变化情况

人均 GDP 是反映区域经济实力和发展水平的又一重要指标。近年来广东经济发展状况良好，2015 年，珠三角、粤东、粤西和山区四大区域人均 GDP 分别比 2000 年增加 86730 元、24132 元、31362 元和 24239 元，年均分别增长 10.0%、9.2%、10.2% 和 10.4%，粤西、粤北山区人均 GDP 增速均超过珠三角。四大区域人均 GDP 相对差距也有所缩小，2015 年珠三角、粤东西北各区域人均 GDP 之比为 3.62：1.06：1.30:1，与 2005 年的 4.56：1.10：1.31:1 相比，差距明显弱化。相对差距缩小的同时，绝对差距也在不断扩大，珠三角与粤东西北人均 GDP 总量差异仍悬殊，珠三角人均 GDP 远高于粤东西北地区。2015 年，珠三角人均 GDP107010 元，是粤东西北地区的 3.2 倍，比粤东西北地区多 73963 元。

表3　2000-2015年四大区域人均GDP及相对差距变化情况

时期	四大区域人均GDP（元）				四大区域人均GDP之比			
	珠三角	粤东	粤西	粤北	珠三角	粤东	粤西	粤北
2000年	20280	7294	7099	5344	3.79	1.36	1.33	1.0
2005年	40336	9729	11608	8838	4.56	1.10	1.31	1.0
2006年	46725	11014	13496	10599	4.41	1.04	1.27	1.0
2007年	53299	12829	15321	13010	4.10	0.99	1.18	1.0
2008年	59480	15032	18123	15197	3.91	0.99	1.19	1.0
2009年	61422	16372	19120	16130	3.81	1.01	1.19	1.0
2010年	69002	18829	23060	18872	3.66	1.00	1.22	1.0
2011年	77689	21792	27446	21882	3.55	1.00	1.25	1.0
2012年	84434	24327	30231	23530	3.59	1.03	1.28	1.0
2013年	93548	27070	33908	25745	3.63	1.05	1.32	1.0
2014年	100448	29393	36770	28047	3.58	1.05	1.31	1.0
2015年	107010	31426	38461	29583	3.62	1.06	1.30	1.0

表4　2000-2015年珠三角与粤东西北人均GDP

指标	2000年	2005年	2010年	2011年	2012年	2013年	2014年	2015年
珠三角人均GDP（元）	20280	40336	69002	77689	84434	93548	100448	107010
粤东西北人均GDP（元）	6578	10028	20186	23612	25934	28799	31288	33047
差距（元）	13702	30308	48816	54078	58500	64749	69161	73963

广东各市经济发展水平差异较大，各市发展不协调。2015 年，四大区域中除珠三角外，其余三大区域人均 GDP 均低于全国平均水平。将全省 21 个地级市根据人均 GDP 发展水平可划分为四个梯队：第一梯队为上游，人均 GDP 在全省平均水平 25% 以上的市 5 个；第二梯队为中上游，即人均 GDP 在全省平均水平上下 25% 区间内的市，2015 年只有 2 个，比 2000 年减少 3 个；第三梯队为中下游，人均 GDP 在全省平均水平 50%-75% 的市 5 个；第四梯队为下游，低于全省平均水平 50% 以下的市有 9 个，比 2000 年多 3 个。地区发展水平分布逐步向两头大、中间小的“哑铃型”变化。区域发展不平衡，使得落后地区的经济发展空间狭小，从而导致区域经济关系扭曲，影响经济运行效率，反过来也拖累发达地区经济发展。

表5　2015年全省各市按人均GDP划分情况

划分标准	地级市个数	具体地级市
第一梯队（≥85000元）	5个	广州、深圳、珠海、佛山、中山
第二梯队（51000-85000元）	2个	惠州、东莞
第三梯队（34000-51000元）	5个	韶关、阳江、茂名、肇庆、江门
第四梯队（＜34000元）	9个	汕头、河源、梅州、汕尾、湛江、清远、潮州、揭阳、云浮

（三）区域产业结构变化情况

产业结构比重是转型升级的外延特征，通过三次产业结构比重能比较直观的看到转型升级的程度。随着政府实施“双转移”战略，区域三次产业结构继续改善。珠三角产业结构层次不断提升，服务业主导地位凸现，山区工业化进程加快，产业转移取得新进展。2015 年珠三角三次产业比为 1.8：43.6：54.6，与 2000 年相比，一产、二产比重分别下降 3.6 个和 4.0 个百分点，三产比重上升 7.6 个百分点。粤东西北地区三次产业比为 13.8：44.7：41.5，与 2000 年相比，三产比重上升 5.7 个百分点。

为更直观判断产业升级水平，我们引入产业结构层次系数对区域产业结构升级程度进行度量，该系数越大说明产业结构越高级。2015 年，珠三角产业结构层次系数达到 2.528，比 2000 年上升 0.113；同期粤东西北地区产业升级较快，2015 年为 2.276，比 2000 年上升 0.180，提升速度明显快于珠三角。分市看，各市产业结构层次系数均比 2000 年有提高，上升幅度在 0.105—0.001 之间。

表6　主要年份各区域三次产业比重

单位：%

行业	年份	珠三角	粤东	粤西	粤北
第一产业	2000年	5.4	17.4	30.9	32.6
	2005年	3.1	12.3	23.8	22.1
	2010年	2.1	9.3	20.1	16.6
	2015年	1.8	8.2	17.2	15.8
第二产业	2000年	47.6	45.3	34.7	31.8
	2005年	50.7	49.6	39.0	40.0
	2010年	48.4	53.5	40.3	43.4
	2015年	43.6	53.8	40.7	39.5
第三产业	2000年	47.0	37.3	34.4	35.6
	2005年	46.3	38.2	37.2	37.8
	2010年	49.5	37.2	39.6	40.0
	2015年	54.6	38.0	42.1	44.7

图3　2000-2015年区域产业结构层次系数

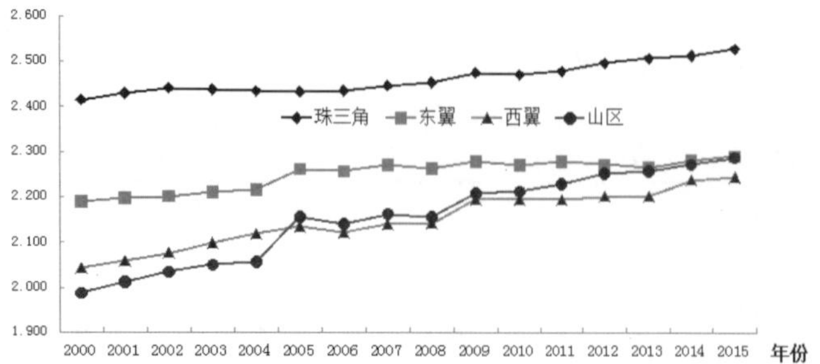

从四大区域看，珠三角经济总量大，经济辐射和聚集力强，珠三角地区产业结构不断优化升级，第三产业比重不断提高，二产比重降低，2015 年第三产业比重达 54.6%，符合发达国家产业结构水准。粤东地区产业结构由 2000 年的 17.4:45.3:37.3 调整到 2015 年的 8.2:53.8:38.0；粤西地区产业结构由 2000 年的 30.9:34.7:34.4 调整到 2015 年的 17.2:40.7：42.1；粤北产业结构由 2000 年的 32.6:31.8:35.6 调整为 2015 年的 15.8:39.5:44.7。从 2015 年粤东西北地区三次产业结构看，产业层次总体水平不高，三产占比有待提高。

（四）主要经济指标变化情况

2000 年以来，珠三角和粤东西北地区投资、消费、出口、财政收入、住户存款等主要经济指标均取得快速增长，除出口外，粤东西北主要经济指标增速均高于珠三角并快于同期 GDP 增速。2001-2015 年，粤东西北地区固定资产投资年均增长 20.2%，高于珠三角增速 4.9 个百分点；社会消费品零售总额年均增长 14.3%，高于珠三角 0.4 个百分点；地方一般公共预算收入年均增长 17.4%，高于珠三角 0.6 个百分点；住户存款年均增长 12.5%，高于珠三角 0.6 个百分点。

尽管粤东西北地区主要经济指标增速明显加快，但由于基础薄弱，粤东西北地区财政收入、投资、消费、出口、住户存款等均与珠三角存在较大差距并不断拉大。2000 年，珠三角财政收入与粤东西北相差 510 亿元，2010 年扩大到 2626 亿元，2015 年扩大到 5380 亿元，珠三角财政收入比粤东西北地区有着明显优势。在固定资产投资方面，受益于近年来对粤东西北地区投资力度的加大，粤东西北地区投资速度明显提高，但 2015 年珠三角投资仍达到粤东西北地区的两倍。全社会消费品零售总额、出口、人均财政收入和住户存款的差距更加悬殊，珠三角分别是粤东西北地区的 2.6 倍、17.5 倍、14.0 倍和 3.5 倍。

表7　主要年份珠三角与粤东西北地区主要指标

指标	2000年			2010年			2015年		
	珠三角	粤东西北	差距	珠三角	粤东西北	差距	珠三角	粤东西北	差距
固定资产投资（亿元）	2364.71	632.72	1731.99	11355.80	6598.41	9255.25	20048.69	9982.51	10066.18
全社会消费品零售总额（亿元）	3204.99	1174.82	2030.17	12613.24	4801.42	7811.82	22651.04	8762.80	13888.24
出口（亿美元）	847.78	71.41	776.37	4318.02	213.89	4104.13	6087.57	347.12	5740.45
地方一般公共预算收入（亿元）	599.06	88.89	510.17	3139.58	513.91	2625.67	6391.70	1011.79	5379.91
人均财政收入（元）	1442.48	209.88	1232.60	5717.05	1107.23	4609.82	10984.52	2034.30	8950.22
住户存款（亿元）	7941.54	2087.12	5854.42	29770.92	7194.83	22576.09	42737.49	12271.20	30466.29

二、近年来广东区域协调发展取得预期成效

省委、省政府高度重视区域发展不平衡问题，从广东提出区域协调发展至今近十几年的时间，区域协调发展战略取得了很大成效。“十二五”以来，广东充分发挥珠三角地区辐射带动作用，大力推进产业和劳动力“双转移”，推进粤东西北地级市城区扩容提质，加大财政转移支付和对重大项目建设的支持力度，实施扶贫开发“规划到户、责任到人”，区域协调发展迈上新的台阶。

（一）产业分工基本成型，呈现区域共同协作格局

2015年，全省规模以上工业增加值占比前六位行业：通信设备、计算机及其他电子设备制造业（21.7%）、电气机械及器材制造业（9.2%）、电力、热力生产和供应业（6.6%）、化学原料及化学制品制造业（5.0%）、汽车制造业（4.8%）、金属制品业（4.4%）占全省51.7%，占广东规模以上工业半壁江山。若将优势行业定义为区位商大于1.1且在全省比重大于2%的行业，从表8可见四大区域产业分工体系基本成形，各区域重心各异，呈现区域共同协作格局。

珠三角的6个优势行业，即计算机、通信和其他电子设备制造业、电气机械和器材制造业、汽车制造业、化学原料及化学制品制造业、通用设备制造业、专用设备制造业，在粤东西北均处于相对劣势。粤东在电力、热力生产和供应业、金属制品业、纺织业、纺织服装、服饰业、橡胶和塑料制品业等行业具有绝对优势，纺织业、纺织服装、服饰业、橡胶和塑料制品业等行业在珠三角均有弱化趋势，说明这些行业正被附加值较高的新兴产业挤出珠三角，逐步其他地区转移。粤西的优势行业集中在金属制品业、石油和天然气开采业、石油加工、炼焦和核燃料加工业等重化工业，与粤西的资源禀赋相符。粤北的优势行业相对较弱，主要为电力、热力生产和供应业、非金属矿物制品业，主要为资源禀赋的行业。

表8　2015年区域制造业按行业大类分的区位商

制造业行业大类	占全省规模以上工业比重（%）	珠三角	粤东	粤西	粤北
石油和天然气开采业	2.0	0.8	…	5.6	…
黑色金属矿采选业	0.2	0.6	…	0.5	8.8
有色金属矿采选业	0.1	0.1	0.4	1.0	15.6
非金属矿采选业	0.3	0.4	0.0	4.0	7.3
农副食品加工业	1.5	0.4	1.8	6.5	1.4

（续上表）

制造业行业大类	占全省规模以上工业比重（%）	珠三角	粤东	粤西	粤北
食品制造业	1.9	1.0	1.7	0.6	0.4
酒、饮料和精制茶制造业	1.1	1.1	0.5	0.6	1.1
烟草制品业	1.2	0.8	0.1	0.6	5.6
纺织业	2.0	0.8	3.5	0.3	0.8
纺织服装、服饰业	3.7	0.8	4.2	0.3	0.4
皮革、毛皮、羽毛及其制品和制鞋业	2.3	0.9	1.9	0.7	1.3
木材加工和木、竹、藤、棕、草制品业	0.7	0.6	0.2	5.8	1.4
家具制造业	1.5	1.0	0.9	1.4	0.4
造纸和纸制品业	1.4	0.9	1.1	1.9	0.5
印刷和记录媒介复制业	1.1	0.9	2.5	0.4	0.6
文教、工美、体育和娱乐用品制造业	2.6	0.9	2.9	0.2	0.9
石油加工、炼焦和核燃料加工业	2.8	0.5	0.0	8.3	…
化学原料和化学制品制造业	5.0	1.0	0.5	1.0	1.0
医药制造业	1.4	0.9	2.1	0.7	1.1
化学纤维制造业	0.1	1.0	1.7	…	0.8
橡胶和塑料制品业	3.8	1.0	2.1	0.5	0.5
非金属矿物制品业	4.3	0.8	1.6	1.0	3.7
黑色金属冶炼和压延加工业	1.4	0.6	2.6	1.2	4.2
有色金属冶炼和压延加工业	2.0	1.0	0.3	1.3	2.1
金属制品业	4.4	1.0	1.1	1.7	0.7
通用设备制造业	2.7	1.2	0.2	0.2	0.5
专用设备制造业	2.2	1.1	0.6	0.5	0.7
汽车制造业	4.8	1.2	0.1	…	0.2
铁路、船舶、航空航天和其他运输设备	0.9	1.2	0.2	0.2	0.2
电气机械和器材制造业	9.2	1.2	0.3	0.4	0.5
计算机、通信和其他电子设备制造业	21.7	1.2	0.2	…	0.4
仪器仪表制造业	0.8	1.2	0.2	0.1	0.7
废弃资源综合利用业	0.8	0.8	0.7	1.0	4.8
金属制品、机械和设备修理业	0.1	1.0	1.7	0.1	0.5
电力、热力生产和供应业	6.6	0.9	1.7	1.1	1.9
燃气生产和供应业	0.6	1.0	1.7	0.4	0.2
水的生产和供应业	0.5	1.1	0.6	0.7	0.5

注：此表为工业37个行业大类，不包括比重和区位商较低的煤炭开采和洗选业、开采辅助活动、其他采矿业、其他制造业。“...”表示数据不足本表最小单位数。

（二）区域劳动力结构配置不断优化

“双转移”战略实施以来，产业转移带动劳动力培训和转移，促使东西北地区就业人口结构明显改善。2015年，珠三角二、三产业从业人口占91.0%，比2007年提高4.1个百分点，接近发达国家的水平；粤东西北二、三产业从业人口占比为56.3%，比2007年提高7.7个百分点。其中，粤东、粤西和粤北分别占67.5%、47.7%和53.9%，比2007年提高9.4个、6.8个和6.3个百分点，表明区域就业结构朝工业化、城市化进程迈进。

表9　主要年份区域三次产业就业结构构成

单位：%

区域	2007年			2015年		
	第一产业	第二产业	第三产业	第一产业	第二产业	第三产业
全省	29.4	39.0	31.6	22.1	41.0	36.9
珠三角	13.1	49.5	37.4	9.0	48.9	42.1
粤东	41.9	34.5	23.6	32.5	39.2	28.3
粤西	59.1	20.2	20.7	52.3	20.8	26.9
粤北	52.4	20.8	26.8	46.1	23.7	30.2

通过计算产业偏离度，可以得到区域产业结构和就业结构的改变情况。广东产业与就业结构差距不断缩小，不对称的局面得到很大改善，总偏离度逐步下降，从 2007 年的 48.1% 下降到 2015 年的 35.0%。2015 年全省第一、二产业偏离度分别比 2000 年缩窄 6.5 个、7.7 个百分点。说明广东就业结构变动速度高于产业产值变动速度，就业结构日趋合理。特别是粤东西北快速下降，2015 年为 59.8%，比 2007 年缩窄 10.3 个百分点。

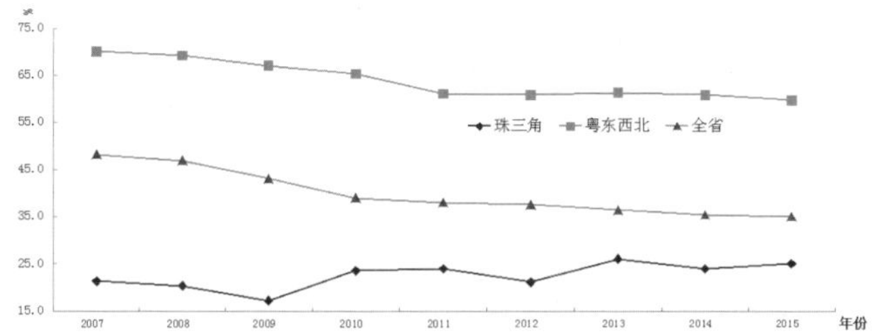

（三）要素流动顺畅且分布日趋均衡

土地、资本、劳动力、资金和技术是最重要的生产要素。珠三角地区的土地环境约束非常强，其人口密度是全省平均水平的 177%，单位土地面积万元 GDP 是全省平均水平的 281%，相反粤东西北土地相对富余，单位土地面积万元 GDP 仅为全省平均水平的 32%。总体而言，粤东西北地区具有良好的生态环境、独特的人文资源和丰富的土地资源优势，如能充分利用好这种独特优势，加大资源整合的力度，形成整体优势和规模优势，粤东西北将有更大的发展空间。

从资本要素看，近年来投资明显向粤东西北地区倾斜，这种趋势的出现，一是加快发展粤东西北等区域协调发展战略政策举措的具体实效，政府通过财税优惠和定向投资扩大了对粤东西北投资力度；二是粤东西北自身投资环境和基础设施环境的改善，增强了对资本的吸引；三是区域间产业转移为粤东西北带来了大量的项目和投资。

与资本相比，劳动力的流动成本相对较高。广东区域间劳动力流动比较顺畅，长期以来，大量自由流动的劳动力为珠三角的岗位需求提供了充足供给，约束了劳动力成本的上涨。2015 年珠三角、粤东、粤西和山区在岗职工年平均工资相对差距比 2000 年明显缩小，工资差距相对缩小的同时有利于劳动力要素在区域间的合理分配，粤东、粤西和山区地区劳动工资的较快提高有助于吸引劳动力在适当的时间回流，加快区域人才市场建设。

（四）区域基础设施建设取得快速发展

近年来，广东设施建设提速升级，强化区域互联互通，珠三角，粤东西北地区综合交通网络不断完善。粤东西北地区大力推进高速公路和铁路建设，基本实现与珠三角地区快速便捷的交通联系。全省高速公路通车总里程 2014 年跃居全国首位，2015 年达 7018 公里，实现县县通高速公路；高快速铁路运营里程达 1360 公里，居全国前列。贵广铁路、南广铁路、厦深铁路、广珠城际等一批铁路项目建成通车。以珠三角为核心的广东沿海港口群已初步建设成为亚太地区最开放、最便捷、最高效、最安全的物流中心。珠三角高等级航道网进一步完善，2015 年全省内河航道通航里程达 12150 公里。粤东、粤西港口群建设不断推进，民用运输机场布局和通用航空机场布点逐步优化。

三、广东区域差距变化历程分析

本部分从反映地区差异的系数出发，综合考虑广东省经济发展进程及其经济发展不平衡程度。通过测度地区经济差异系数，可以将改革开放以来广东区域发展大体划分为三个阶段：

第一阶段，改革开放初至 1993 年，地区发展差距迅速拉开。改革开放后，地区差距呈扩大趋势，特别是八十年代初期，差距扩大速度较为迅速。1980 年深圳、珠海和汕头经济特区的批准设立，1985 年珠江三角洲沿海经济开放区设立，1987 年珠江三角洲经济开放区的范围，由原来的 17 个县市小三角扩大为 28 个县市的大三角，形成了“经济特区——沿海开放城市——沿海经济开放区”的全方位、多层次、宽领域的对外开放格局。随着开放范围的不断扩大，地区经济差异系数迅速提高，在 1992 年时差异系数达到最高点 0.8603。

第二阶段，1993-2000 年，区域差距出现收缩调整阶段。1992 年邓小平南方讲话发表后产生了重大影响，迅速掀起新一轮改革开放浪潮。1998 年广东将广州、深圳两市确定为中心城市，并根据经济发展水平和地理区位将全省划分为珠三角、东翼、西翼和北部山区四个次级区域，明确提出要进一步发挥经济特区和珠三角地区的龙头示范和辐射作用。这一时期，区域经济发展不平衡程度明显呈现下降态势。其主要原因是九十年代初期的经济过热后，宏观调控效果显现以及受 1997 年亚洲金融危机影响，经济发展速度回落，发达地区经济高速增长的势头开始趋缓，区域发展差距扩大的状况有所改善。

第三阶段，2000 年至今，区域发展差距再度迅速拉开但出现重新缩小的趋势，并进入相对稳定阶段。2003 年经济开始了新一轮的上升通道，由于各市发展趋势的差异，区域差距迅速扩大。但随着区域政策的进一步实施，如 2002 年提出实施区域协调发展战略；2005 年提出调整优化区域空间结构，继续提高珠三角经济发展水平，加快东西两翼和山区的发展；2006 年提出要以新一轮思想大解放，推动全省经济社会发展全面转入科学发展轨道；2007 年进一步提出要实施提升珠三角、带动东西北战略。“十一五”时期，区域差异系数开始明显下降。进入“十二五”时期，地区经济差异进入相对稳定阶段，差异系数保持在 0.66 左右。

图5　改革开放以来广东地区经济差异系数变化趋势

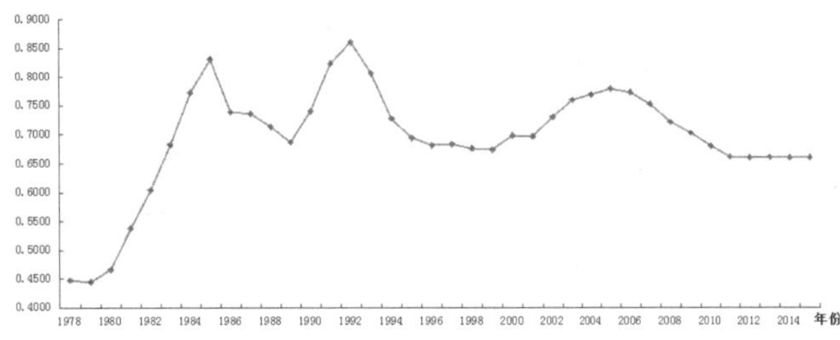

从趋势上看，2000-2015 年广东省地级市之间的变异系数、基尼系数、相对平均离差和泰尔指数等，均呈现比较明显的“倒 U”形态。2005 年、2006 年是区域经济差异演变的一个拐点，在此之前，区域差异呈现上升态势，在此之后，区域差异出现下降的趋势。这说明在 2006 年后广东省人均 GDP 的地区差异逐渐趋向缓和，地区发展差距扩大势头得到有效控制，各市人均 GDP 向更均衡的方向发展。

表10　2000-2015年广东区域差异的演变

年份	最大最小比	变异系数	基尼系数	泰尔指数
2000年	8.5732	0.6984	0.3523	0.2050
2001年	8.3327	0.6964	0.3570	0.2099
2002年	8.9643	0.7304	0.3728	0.2293
2003年	9.2915	0.7592	0.3868	0.2476
2004年	8.9141	0.7683	0.3916	0.2549
2005年	8.1254	0.7787	0.3983	0.2653
2006年	8.1906	0.7726	0.3972	0.2642
2007年	7.6737	0.7521	0.3909	0.2571
2008年	7.2304	0.7216	0.3833	0.2466
2009年	6.7573	0.7026	0.3616	0.2166
2010年	6.6575	0.6795	0.3522	0.1999

（续上表）

年份	最大最小比	变异系数	基尼系数	泰尔指数
2011年	6.7612	0.6614	0.3445	0.1917
2012年	7.0400	0.6600	0.3424	0.1925
2013年	7.3434	0.6609	0.3423	0.1972
2014年	7.2823	0.6589	0.3406	0.1945
2015年	7.1659	0.6599	0.3413	0.1941

注：计算口径为 21 个市人均 GDP。

值得关注的是，随着全省经济增速放缓，粤东西北地区快速增长的势头受到限制。粤北山区 2012 年起经济转为个位数增长，2013 年仅增长 8.4%，粤东在 2014 年也下降到 9.2%，粤西虽保持两位数的增速，但也仅增长 10.1%。2012-2014 年，粤东、粤西、粤北山区年均增速分别为 10.0%、10.7% 和 8.6%，明显低于“十一五”时期。“十二五”前四年，粤东西北经济虽有所减慢，但整体经济增速仍快于珠三角地区和全省平均水平。但 2015 年粤东西北地区经济却出现较大幅度的回落，GDP 增长 8.1%，低于珠三角地区 0.5 个百分点，粤东增长 8.2%，粤西增长 8.3%，粤北增长 7.9%，增速均创历史新低。综合分析，粤东西北地区经济增速从 2012 年起就有所放缓，2015 年的表现更加明显，并低于珠三角地区，区域经济协调发展的任务仍然任重而道远。

2015年广东省机械工业发展情况

2015 年是“十二五”的收官之年，是广东省机械工业转型升级的关键一年。《珠江西岸装备制造业发展规划》《广东制造 2025》等政策文件的颁布实施为机械工业创造较好的发展机遇，“智能制造”“机器换人”等战略布置拉动了专用机械的迅猛发展。国际原油、铜铁等主要原材料价格持续走低为企业带来较为丰厚的利润空间。但是，另一方面，在全国经济“新常态”的大环境下，广东省机械工业面临产能过剩与国内外市场需求疲软等多重困难，行业企业经历新一轮洗牌重组，全行业各项经济指标持续低位徘徊。

一、2015 年主要经济指标完成情况

（一）经济运行稳中有进

2015 年广东机械工业增加值增速如图 1 所示。1-11 月，全省机械工业增加值累计增速 5.3%，较上月加快 0.1 个百分点，低于全省工业增加值增速 1.9 个百分点。其中传统产品增长乏力，金属加工机械制造工业增加值同比下降 1.1%，通用零部件制造同比增长 0.3%；输配电及控制设备制造、电线电缆光缆及电工器材制造等传统优势行业保持了较高的增速（分别为 9.6%，9.5%）；汽车整车制造、汽车零部件及配件制造形势好转，增加值增速分别为 12.6%、13.8%，比 1-10 月加快 8.4 和 3.9 个百分点。

图 1　2015 年广东机械工业增加值增速趋势图

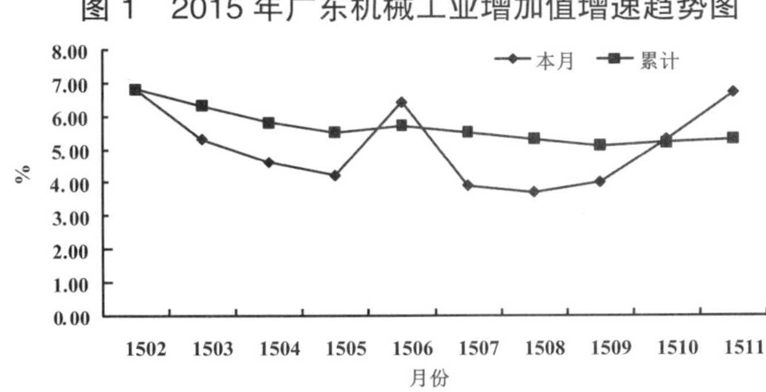

广东省机械工业主营业务收入增长情况如图 2 所示。1-11 月，全行业规模以上企业 6345 家，完成主营业务收入 14983.19 亿元，居全国第三位；同比增长 1.20%，低于全国平均增速 2.1 个百分点，较 1-10 月加快 0.49 个百分点。

图2　广东省机械工业主营业务收入增长情况

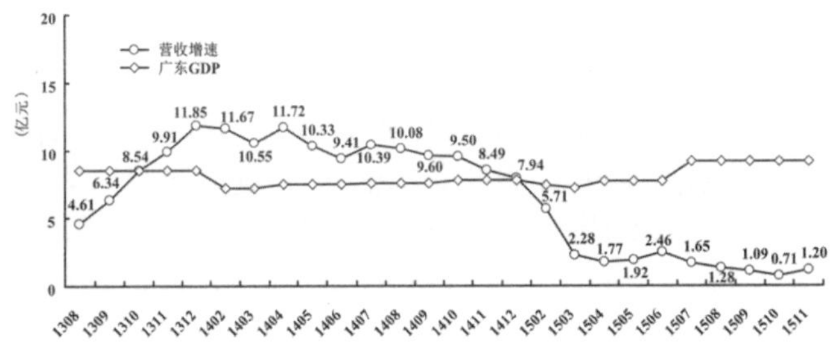

（二）利润持续增长

广东省机械工业利润增长情况如图 3 所示。1-11 月，全行业实现利润总额 991.22 亿元，同比增长 6.73%，增速比 1-10 月加快 0.27 个百分点。其中交通运输设备制造业利润增长 0.68%，止跌回升。通用设备制造业和电气机械及器材制造业利润增速超过 20%，专用设备制造业利润增速接近 20%，拉动全行业利润增长。行业亏损面 19.79%，较 1-10 月收窄 1.34 个百分点。亏损企业亏损额 60.71 亿元，同比增长 32.04%。

图3　广东省机械工业利润增长情况

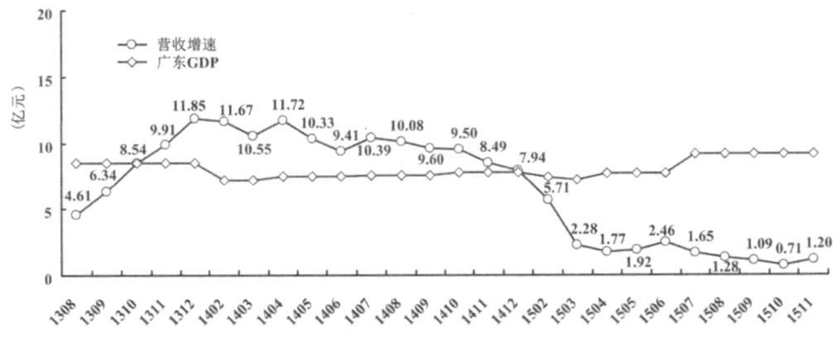

（三）汽车行业产销回暖

2015 年以来，广东省汽车工业加快转型升级，产销降幅逐月收窄，1-6 月，汽车产量结束同比下滑的态势，呈现一定增长。11 月份完成汽车产量 25.38

万辆，同比17.21%。1-11月汽车累计产量211.74万辆，同比增长8.75%，好于全国平均水平（1.45%）。2015年以来，基本型乘用车产量同比均呈现下降，已连续11个月低于上年水平。1-11月基本型乘用车产量完成118.89万辆，同比下降7.46%。SUV产量继续保持高速增长，11月份，SUV产量完成8.52万辆，同比增长47.30%。1-11月，SUV累计完成70.40万辆，同比增长63.29%。汽车去库存初见成效，产成品下降26.36%。

（四）智能制造装备稳定增长

通用和专用机械向高端化、智能化方向发展，传统金属加工机床的需求量增长空间有限。从主营业务收入完成来看，1-11月通用设备和专用设备行业依然保持了稳定增长（分别为2.66%、8.70%），增速较上年同期大幅回落。1-11月，全行业金属切削机床18189台，同比下降21.08%，其中数控金属切削机床7721台，同比下降10.28%；金属成形机床产量10863台，同比下降-28.34%。

随着广东省制造业转型升级逐步深入，智能制造和应用领域不断扩展，各行业对自动生产线、智能化车间、现代物流等对机器人的需求快速上升，推动广东省机器人及其相关产业的发展。

据不完全统计，广东省机器人本体生产及应用集成企业近100家。其中广州数控工业机器人生产取得较快发展，预计2015年工业机器人产量达到800台。巨轮股份开展以RV减速器、工业机器人、单元控制系统、柔性生产线和智能车间生产调度系统等核心关键技术的研究开发和产业化，重点发展以工业机器人为核心装备的具有自主知识产权的智能制造单元和自动化柔性生产线成套装备，现已形成工业机器人的系列化产品。

（五）出口持续下降

2015年以来，发达国家经济复苏依旧缓慢，新兴经济体增长势头减缓，地缘政治等非经济因素的影响仍然存在。受此影响，广东省机械产品出口1-11月，全行业完成出口交货值3363.54亿元，占全国机械产品出口的20.31%，居全国第二位；同比下降5.60%，降幅较1-10月扩大0.40个百分点，且降幅大于全国1.57个百分点。汽车整车制造出口仍保持较快增长，1-11月出口交货值70.13亿元，同比增长25.74%，增速较1-10月回落5.29个百分点；汽车零部件及配件制造出口增速放缓，1-11月出口328.00亿元，同比增长0.25%，较1-10月回落0.11个百分点。预计全年出口形势仍然严峻，考虑到年底翘尾因素，全年出口交货值累计同比下降5%左右。

（六）固定资产投资加快

1-11月全国机械工业累计完成固定资产投资45033.02亿元，同比增长9.75%。分行业来看，汽车行业投资额最大，1-11月累计投资10895.60亿元，同比增长13.40%，占全行业投资的24.19%。其次是电工电器行业，1-11月累计投资9135.50亿元，同比增长9.85%，占全行业投资的20.29%。从建设性质来看，新建项目投资比重最高，达到47.19%；改建和技术改造比例在逐步上升，由上年的25.01%提高到27.51%。投资结构的变化说明了机械工业正在不断适应新常态，投资由大规模扩张向注重内涵式发展转变。1-11月，全省机械行业累计完成固定资产投资1343.43亿元，同比增长31.33%，投资总额居全国第13位，增速居全国第3位。

二、行业运行中存在的主要问题和困难

（一）自主创新能力不强仍然是企业转型升级的主要瓶颈

发展重大装备，实现产业高端化，需要有很强的研发创新能力支撑。而产品和工艺技术的研发创新，又需要有高端领军人才和高素质技术工人。这两大要素对广东机械行业企业，尤其是占总数95%以上的中小企业而言，一直是亟需解决的突出问题。

（二）重大装备产业配套基础薄弱

广东省近年依托一批落户广东的央属企业和行业龙头企业，大力发展船舶和海洋工程装备、轨道交通装备、通用飞机、核电装备、风电设备等重大装备，由于产业配套基础薄弱，本地配套率不到10%，大项目对广东省机械装备产业的带动作用非常有限。

（三）严峻的市场形势给中小企业的压力日益加大

当前国内外市场形势严峻复杂，对出口市场比重仍占1/4以上的广东机械工业，尤其是中小企业的影响日益加大。据部分企业抽样调查了解，2015年下半年的新增订单同比下降20%～40%。找市场、找订单成为许多企业的首要任务，难以潜心考虑转型升级的问题。

（稿件来源：广东省机械行业协会）

2015年广东省石油和化工行业发展情况

2015 年，在全国经济发展进入新常态的背景下，广东省石油和化工行业认真贯彻落实省委、省政府关于经济工作的各项决策部署，克服重重困难，实现全行业经济运行总体稳中向好。

一、资产规模

按照全国同行业可比口径，全省石油和化工行业规模以上企业 2314 家，比上年减少 13 家（其中精炼石油产品制造 10 家，化学工业 3 家）。资产总额 5840.80 亿元，比上年增长 1.2%，占全国同行业 4.8%，省际排名第 6 位。分行业构成为：石油和天然气开采业 1096.81 亿元，占 18.8%；精炼石油产品制造 1141.87 亿元，占 19.5%；化学工业 3552.26 亿元，占 60.8%；专用设备制造 49.86 亿元，占 0.9%。

二、主营业务收入

全行业主营业务收入 7543.93 亿元，同比下降 14.0%，占全国 5.7%，省际排名第 3 位。分行业看，石油和天然气开采业、精炼石油产品制造业下降幅度较大，分别下降 20.9% 和 29.2%，拉低了全行业增长率。主要原因是市场价格和产品产量双重下降，但考察各个季度的指标，降幅逐渐收窄，总体向好。

化学工业主营业务收入超过千亿元的子行业有涂料油墨颜料及类似产品、合成材料和专用化学品，分别占化工 23.7%、21.9% 和 21.7%。

三、利税总额

全行业利润总额 534.04 亿元，增长 7.8%，占全国 8.2%，省际排名第 3 位；利税总额 1315.77 亿元，增长 13.0%，占全国 7.9%，省际排名第 3 位。分行业看，石油和天然气开采业利润下降 44.0%，利税下降 36.8%；精炼石油产品制造业利润增长 179.2%，利税增长 38.2%；化学工业利润增长 28.7%，利税增长 22.4%。

化学工业利税总额超过百亿元的子行业有涂料油墨颜料及类似产品和专用化学品，分别占化工 25.6% 和 28.0%。

2015年广东省石油和化工行业主要经济指标表（全国同行业可比口径）

行业	主营业务收入		利润总额		利税总额	
	绝对值（亿元）	比上年增长（%）	绝对值（亿元）	比上年增长（%）	绝对值（亿元）	比上年增长（%）
石油和化工合计	7543.93	-14.0	534.04	7.8	1315.77	13.0
石油和天然气开采	515.26	-20.9	129.22	-44.0	199.43	-36.8
精炼石油产品制造	2305.81	-29.2	122.76	179.2	690.13	38.2
化学工业	4659.66	-3.0	278.53	28.7	421.15	22.4
化学矿开采	6.81	-28.6	1.04	-18.1	2.05	-8.4
基础化学原料	810.24	-19.0	55.40	87.8	89.63	58.0
肥料制造业	135.67	-0.3	10.94	3.5	13.96	2.3
化学农药	34.35	5.3	5.74	194.9	6.59	144.7
涂料油墨颜料及类似产品	1106.26	5.4	71.37	12.6	107.76	12.9
合成材料	1020.60	-4.3	33.10	128.6	50.65	58.5
专用化学品	1009.58	1.9	82.13	8.4	117.90	8.4
橡胶制品业	536.16	3.6	18.82	-3.4	32.62	-0.3
专用设备制造	63.20	13.4	3.53	-13.8	5.06	-7.4

四、产品产量

油品和化工品产量有升有降，以降为主调。产量比上年增长的产品有天然原油、天然气、纯碱、化肥、合成纤维单体等；下降的有乙烯、纯苯、盐酸、硫铁矿、合成橡胶、合成纤维聚合物等。列入统计的产品中，产量居全国第1位的有乙烯、涂料，分别占全国12.5%、18.8%；居全国第3位的有原油加工量、硫铁矿、合成树脂、合成橡胶，分别占全国9.3%、17.2%、7.5%、12.5%。

2015年广东省石油和化工行业主要产品产量表

产品	单位	产量	比上年增长（%）	占全国比重（%）
乙烯	万吨	215.07	-10.3	12.5
盐酸（折31%）	万吨	61.26	-21.1	7.2
硫铁矿（折S 35%）	万吨	283.30	-6.4	17.2
涂料	万吨	323.56	-4.0	18.8
合成树脂	万吨	579.46	-2.5	7.5
合成橡胶	万吨	64.72	-14.2	12.5
合成纤维单体	万吨	164.16	41.8	7.2
合成纤维聚合物	万吨	95.95	-7.0	5.2
橡胶轮胎外胎	万条	4946.68	-2.3	5.3
子午线外胎	万条	1462.82	9.4	2.4

五、出口交货值

全行业出口交货值548.06亿元，同比下降4.3%，占主营业务收入7.3%，占全国同行业9.1%，省际排名第4位。从分行业构成看，石油和天然气开采业13.27亿元，占2.4%；精炼石油产品制造业3.85亿元，占0.7%；化学工业514.13亿元，占93.8%；专用设备制造16.80亿元，占%。

化学工业出口交货值超过百亿元的子行业有合成材料182.17亿元（其中合成树脂126.24亿元）和橡胶制品业176.12亿元，分别占其主营业务收入17.8%和32.8%；占化工出口交货值35.4%和34.3%。

六、进出口贸易

全行业进口贸易额548.27亿美元，出口贸易额275.17亿美元，分别下降27.2%和6.4%。进口金额最大者为天然原油157.14亿美元。进口数量较大的有：天然原油3979.00万吨，对二甲苯39.48万吨，甲醇102.27万吨，氯化钾138.60万吨，合成树脂1062.50万吨，合成纤维单体51.15万吨等。出口金额最大者为橡胶制品122.93亿美元。出口数量较大的有煤油309.29万吨，柴油110.63万吨，磷酸二铵32.81万吨，合成树脂64.70万吨，合成纤维聚合物37.48万吨，涂料、油墨、颜料等29.48万吨，表面活性剂32.36万吨等。

2015年广东省石油和化工行业主要产品进出口情况

行业	进口（万吨、亿美元）				出口（万吨、亿美元）			
类别	数量	同比(%)	金额	同比(%)	数量	同比(%)	金额	同比(%)
石油和化工	/	/	548.27	-27.2	/	/	275.17	-6.4
化工行业	/	/	318.79	-14.0	/	/	218.70	-4.5
有机化学品	570.3	4.4	45.29	-22.1	35.4	-55.1	7.28	-32.1
合成树脂	1062.50	-0.3	154.03	-13.7	64.70	-1.4	15.04	-5.6
合成橡胶	22.92	6.9	5.61	-9.7	3.82	-13.7	0.86	-21.6
合纤聚合物	24.14	-3.6	8.34	-8.5	37.48	-5.3	5.15	-19.3
橡胶制品	12.34	-3.2	12.06	-8.1	104.12	-3.0	122.93	-2.3
涂料油墨颜料	20.63	-3.3	11.02	-8.9	29.48	0.4	9.94	-3.7
专用化学品	-	-	48.05	-7.3	-	-	41.13	-3.6

七、固定资产投资

全行业实际完成固定资产投资765.10亿元，同比增长7.2%。在建三大重大工程项目中，中海石油惠州炼化二期炼化一体化项目进展顺利，中委合资揭阳炼油项目、中科合资湛江炼化一体化项目进展缓慢，尤其是中科合资湛江项目。竣工项目734项，其中珠海碧辟化工有限公司精对苯二甲酸（PTA）第三期产能125万吨/年七月初正式投产，是目前世界上单系列最大的PTA装置，三期合计总产能达到270万吨/年；中国石化茂名分公司4万吨/年丁二烯尾气加氢装置七月中旬成功投产，是国内首套装置；茂名石化巴斯夫有限公司异壬醇18万吨/年项目十月中旬投产，是国内第一套异壬醇生产装置。

八、节能减排取得成效

国家监管4家企业、省监管16家企业均顺利通过年度节能目标考核。纳入广东省首批碳排放权交易试点的9家企业全部履约。31家企业开展了自愿性清洁生产审核并通过了验收。

纵观2015年，尽管艰难，但从几项主要经济指标变化走势看，广东省石油和化工行业总体稳中向好。

（供稿单位：广东省石油和化学工业协会）

2015年广东省轻工业发展情况

2015 年广东实现地区生产总值 72812.55 亿元，同比增长 8.0%。实现工业增加值 30313.61 亿元，同比增长 7.2%；全省累计完成进出口 9788.1 亿美元，同比下降 3.9%，降幅持续收窄。其中，出口 6157.3 亿美元，增长 0.8%，进口 3630.7 亿美元。规模以上工业企业年实现主营业务收入 117461.73 亿元，同比增长 2.3%；实现利润 7208.77 亿元，同比增长 8.2%。

一、2015 年广东省轻工行业发展概况

2015 年广东省规模以上轻工企业 15874 个，占轻工行业规模以上企业总数的 14.64%。完成主营业务收入 3.38 万亿元，占轻工行业主营业务总计的 14.63%，同比增长 0.92%；实现利润 2072.82 亿元，占轻工行业利润总额的 13.88%，同比增长 6.09%。

广东省主营业务收入比重前五的轻工行业为：家电、塑料制品、文体、农副食品加工、五金制品行业。

其中：家电行业主营业务收入 5682.3 亿元（占 16.79%），同比下降 2.04%；塑料制品行业主营业务收入 4089.34 亿元（占 12.08%），增长 3.27%；文体行业主营业务收入 3805.18 亿元（占 11.24%），同比下降 12.02%；农副食品加工行业主营业务收入 2927.41 亿元（占 8.65%），增长 1.46%；五金制品行业主营业务收入 2552.03 亿元（占 7.54%），增长 6.51%。

据海关统计口径数据，2015 年广东省轻工商品出口额 2546.23 亿美元，占轻工行业出口总额的 42.56%，同比下降 5.08%。

皮革、家具、家电、照明、工艺美术行业出口额居广东省出口前五。

其中：皮革行业出口额 348.12 亿美元（占 13.67%），同比增长 2.03%；家电行业出口额 297.25 亿美元（占 11.67%），同比下降 2.01%；家具行业出口额 262.37 亿美元（占 10.3%），同比增长 0.86%；照明行业出口额 253.84 亿美元（占 9.97%），同比增长 12.06%；工美行业出口额 224.21 亿美元（占 8.81%），同比下降 49.41%。

二、广东省轻工业分行业完成工业增加值情况

2015 年度，广东规模以上工业企业完成增加值 30313.61 亿元，同比增长 7.2%。其中，轻工业完成 11387.20 亿元，同比增长 4.6%。从轻工各行业情况看，工业增加值增长速度较快的行业有：燃气生产和供应业增长 34.6%，木材加工和木、竹、藤、棕、草制品业增长 14%，金属制品业增长 9.9%，农副食品加工业增长 9.6%，化学原料和化学制品制造业增长 8.7%。

表1　2015年广东轻工行业工业增加值统计表

计量单位：万元

主要行业	本年累计	累计比上年同期增长(%)
燃气生产和供应业	1899058	34.6
木材加工和木、竹、藤、棕、草制品业	2219448	14
金属制品业	13461397	9.9
农副食品加工业	4470724	9.6
化学原料和化学制品制造业	13568472	8.7
医药制造业	4561591	7.7
水的生产和供应业	1536983	7.1
纺织业	6339776	6.2
橡胶和塑料制品业	11457754	6.2
电气机械和器材制造业	25962067	6.1
造纸和纸制品业	4536776	4.9
纺织服装、服饰业	11076405	4.7
家具制造业	4523696	4.7
印刷和记录媒介复制业	2944859	4.5
酒、饮料和精制茶制造业	3502519	4.3
皮革、毛皮、羽毛及其制品和制鞋业	6720422	3.3
食品制造业	7274693	2.3
烟草制品业	3373900	1
文教、工美、体育和娱乐用品制造业	7247428	-4.9
仪器仪表制造业	2232330	-5.3

三、广东省轻工主要产品产量及占全国比重情况

从全国产品产量来看，我省产品占全国产量50%以上的共有10种，分别是家用电风扇90.53%、电饭锅占90.13%、微波炉占87.09%、表占78.86%、不锈钢日用制品占71.98%、碱性蓄电池占69.71%、家用燃气热水器占67.55%、家用吸排油烟机占65.35%、电冷热饮水机占58.16%、家用燃气灶具占54.66%。

表2　2015年广东轻工行业主要产品产量统计表

产品名称（单位）	广东产量	全国产量	广东占全国产量的百分比
家用电风扇(台)	142391467	157282096	90.53%
电饭锅(个)	290551998	322377146	90.13%
微波炉(台)	76424731	87749163	87.09%
表(只)	139795868	177269881	78.86%
不锈钢日用制品(吨)	1478056	2053382	71.98%
碱性蓄电池(只)(自然只)	463317388	664595557	69.71%
家用燃气热水器(台)	10080111	14921602	67.55%
家用吸排油烟机(台)	18867241	28872789	65.35%
电冷热饮水机(台)	15313881	26332251	58.16%
家用燃气灶具(台)	20054080	36687451	54.66%
灯具及照明装置套(台、个)	1729663009	3554450530	48.66%
家用电热水器(台)	17587916	39586777	44.43%
锂离子电池(只)(自然只)	2364330866	5597783608	42.24%
房间空气调节器(台)	62278551	156498598	39.79%
原电池及原电池组(折R20)(万只)	1493231	3811399	39.18%
合成洗涤剂(吨)	4768460	12645509	37.71%
家用吸尘器(台)	26513235	87036747	30.46%
合成洗衣粉(吨)	1173326	4447640	26.38%
家用电冰箱(台)	21959405	89927200	24.42%

（续上表）

产品名称（单位）	广东产量	全国产量	广东占全国产量的百分比
塑料加工专用设备(台)	64423	274003	23.51%
日用塑料制品(吨)	1321365	5926636	22.30%
眼镜成镜(副)	139495404	625858586	22.29%
钟(只)	27671658	128469458	21.54%
糖果(吨)	724787	3454735	20.98%
卫生陶瓷制品(件)	40919070	198938964	20.57%
家具(件)	156761702	769613219	20.37%
木质家具(件)	51285444	253153274	20.26%
碳酸饮料类（汽水）(吨)	3232952	17944982	18.02%
机制纸及纸板(吨)	20782879	117738948	17.65%
金属家具(件)	66327380	375914806	17.64%
家用冷柜(家用冷冻箱)(台)	3808706	21705161	17.55%
包装饮用水类(吨)	14466232	87660872	16.50%
软饮料(吨)	28380216	176610391	16.07%
皮革鞋靴(万双)	70799	455800	15.53%
新闻纸(吨)	538297	3502230	15.37%
电光源(万只)	308019	2034574	15.14%
纸制品(吨)	9469858	70377952	13.46%
塑料制品(吨)	9760609	75608189	12.91%
塑料薄膜(吨)	1652280	13138245	12.58%
两轮脚踏自行车(辆)	6877739	55327220	12.43%
家用洗衣机(台)	7474241	72745911	10.27%
箱纸板(吨)	1072172	10439187	10.27%
啤酒(千升)	4241521	47157202	8.99%
成品糖(吨)	1289281	14753747	8.74%
纸浆(吨)	1351138	16476870	8.20%
未涂布印刷书写用纸(吨)	625122	7765514	8.05%
日用玻璃制品(吨)	636704	8048052	7.91%
精制食用植物油(吨)	5127980	67342384	7.61%
饮料酒(千升)	4515761	64125870	7.04%
玻璃保温容器(万个)	1796	33155	5.42%
方便面(吨)	528962	10178026	5.20%

（续上表）

产品名称（单位）	广东产量	全国产量	广东占全国产量的百分比
罐头(吨)	588080	12125962	4.85%
果汁和蔬菜汁饮料类(吨)	1108786	23865450	4.65%
冷冻饮品(吨)	141901	3069900	4.62%
太阳能电池(千瓦)	1927813	58630383	3.29%
玻璃包装容器(吨)	612529	20469857	2.99%
乳制品(吨)	664291	27825306	2.39%
轻革(平方米)	12078575	599821721	2.01%
农用薄膜(吨)	45516	2309493	1.97%
小麦粉(吨)	2803940	144615782	1.94%
液体乳(吨)	457224	25210032	1.81%
乳粉(吨)	23188	1419503	1.63%
皮革服装(万件)	129	8026	1.61%
白酒(折65度商品量)(千升)	192890	13127987	1.47%
电动自行车(辆)	163379	30033684	0.54%
原盐(吨)	54104	59750318	0.09%

（供稿单位：广东省轻工业协会）

2015年广东省建材行业发展情况

一、概况

2015 年，广东省建材工业经济运行总体略有增长，但主要产品产量、销量有所下降，经营困难和压力增大。全省建材（未含安全与建筑用五金材料，下同）行业有规模以上企业 2379 家，完成工业增加值 1390.2 亿元，同比增长 9.8%；完成工业销售产值 5202 亿元，增长 6.7%。在限额以上批发和零售业商品零售额中，建筑及装潢材料类增长 21.4%，比上年增长 4.1 个百分点。实现利润总额 307.6 亿元，下降 3.3%，比上年增长减少 19.8 个百分点。

在市场需求不振、经济下行压力加大的不利形势下，2015 年广东建材主要产品产量有所下降。其中，产能严重过剩的水泥、平板玻璃产量分别为 1.4 亿吨和 7061.9 万重量箱，同比分别下降 1.8% 和 13.8%；陶瓷砖、卫生陶瓷产量分别为 25.2 亿平方米和 4091.9 万件，分别下降 1.4% 和 22.2%，水泥、陶瓷砖产量是历年来首次出现负增长。

主要建材产品出口额 186.1 亿美元，同比增长 8.1%，但比上年增长减少 1.1 个百分点，占全国建材出口额的 48.5%。其中，水泥出口 117.7 万吨，出口额 8894.4 万美元，分别增长 38.9% 和 65.1%；卫生陶瓷出口 62.4 万吨，出口额 31.8 亿美元，分别增长 1.9% 和 42.7%；陶瓷砖出口 1241.2 万吨，出口额 61.6 亿美元，分别下降 2.4% 和增长 2.2%；平板玻璃出口量 8.9 万吨，出口额 4.7 亿美元，分别下降 30.5% 和 38.0%。建筑卫生陶瓷出口额占整个建材产品出口额的 50.2%，增加 2.3 个百分点。

二、能耗水平继续降低

1-12 月，全省非金属矿物制品业的综合能源消费量为 2132.93 万吨标准煤，下降 4.7%，增速比工业增加值增速低 14.5 个百分点，全行业能耗水平继续下降。

三、水泥工业利润下滑

2015 年，广东省水泥工业有规模以上企业 171 家，完成销售收入 519.5 亿元，比上年下降 7.4%。利润总额 27.0 亿元，下降 58.5%。

四、玻璃工业经济效益好过上年

2015 年，全省建筑与技术玻璃制造规模以上企业 123 家，完成销售收入 266.5 亿元，下降 6.4%。利润总额 12.1 亿元，增长 9.0%。

五、陶瓷工业增速继续放缓

2015 年，广东省建筑卫生陶瓷行业有规模以上企业 519 家，完成销售收入 1625.7 亿元，比上年增长 4.1%。利润总额 93.3 亿元，下降 1.7%。

尽管行业面临前所未有的困难和压力，但着力推进供给侧改革成效显著，产业结构调整和转型升级步伐加快。例如，东鹏陶瓷率先发起“中国建陶工业 2025 计划”；新明珠陶瓷建立智能制造的示范生产线，并进军机器人产业；乐华洁具使用机器人施釉；科达洁能、蒙娜丽莎集团共同研发的国内首例陶瓷超低排放技术通过省级新产品新技术鉴定；宏宇集团创新研发的“高温陶瓷大红墨水”通过省科技厅科技成果鉴定，综合技术达到国际领先水平，等等。

表　2015年广东省建材工业主要产品产量

产品名称	计量单位	产品产量	增长率（%）
水泥	亿吨	1.4	-1.8
硅酸盐水泥熟料	万吨	8050.0	3.2
其中：窑外分解窑水泥熟料	万吨	7929.9	4.5
平板玻璃	万重量箱	7061.9	-13.8
卫生陶瓷制品	万件	4091.9	-22.2
陶瓷砖	亿平方米	25.2	-1.4
其中：瓷质砖	亿平方米	21.0	-2.0
陶质砖	亿平方米	4.2	2.0
水泥混凝土排水管	千米	97.6	-19.1
水泥混凝土压力管	千米	150.5	13.7
水泥混凝土电杆	万根	99.7	-9.0
预应力混凝土桩	万米	3784.6	-8.6
商品混凝土	万立方米	6593.6	-4.3
砖	亿块	146.1	41.8
天然大理石建筑板材	万平方米	1940.7	-15.0
天然花岗石建筑板材	万平方米	1070.7	22.0
中空玻璃	万平方米	454.4	7.3
钢化玻璃	万平方米	2285.9	2.1
夹层玻璃	万平方米	2474.4	-0.4
玻璃纤维纱	万吨	13.3	22.7
纤维增强塑料制品	万吨	1.7	-55.5
混凝土机械	台	1990	-93.6
沥青和改性沥青防水卷材	万平方米	404.1	22.2

（供稿单位：广东省建筑材料行业协会）

2015年广东省服装产业发展情况

一、概况

广东作为全国重要的服装大省，历年来生产总量和出口总额均居全国首位。截止 2015 年 12 月，全省拥有服装企业 3 万多家，规模以上 4500 多家，产品涵盖衬衣、西服、时装、牛仔服、休闲服、羽绒服、婚纱、晚礼服、真丝、针毛织服装、内衣系列、运动服、皮革服装、童装等十几大类，形成了门类较齐全、具有相当规模的工业生产体系。产业集群化发展优势明显，形成了虎门女装、沙溪休闲装、新塘牛仔、潮州婚纱晚礼服、南海内衣、大朗毛织等 27 个服装特色产业集群。2015 年，广东服装业总体保持平稳发展，增速持续放缓，转型升级全面加快，运行质量有所提高，价值创新步伐不断加快，整个产业呈现出创新变革发展的新态势。

二、生产增长速度趋缓

根据国家统计局统计，2015 年广东省规模以上服装企业累计完成服装产量 65.85 亿件，占全国总量的 21.36%，同比增长 2.47%。其中针织服装 35.6 亿件，梭织服装 30.25 亿件，与 2014 年同期相比分别增长 1.1% 和 4.08%。

2011–2015年服装单月产量变化对比图

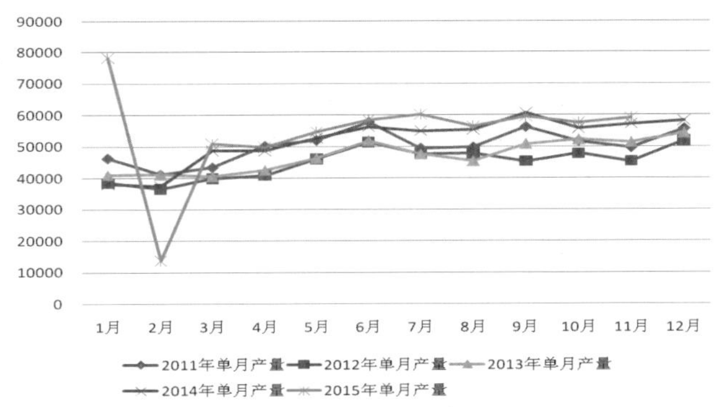

三、出口逆势上扬，一枝独秀

2015 年，广东省出口服装及衣着附件 399.74 亿美元，占全国 22.72%，同比增长 9.09%，增幅高于全国（-6.35%），是全国服装大省中唯一实现正增长的省份。

2011–2015年广东服装单月出口金额对比图

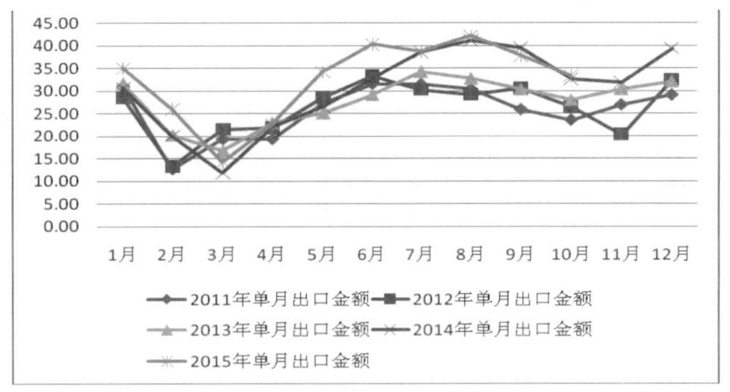

四、经济效益：低存货、高亏损

2015 年，我省 4471 家规模以上纺织服装企业主营业务收入 5257 亿元，增幅 5.93%，高于全国 4.94% 的平均水平。目前，亏损企业在规模以上企业中已达 14.29%（略高于全国 13.21% 的亏损面），亏损企业亏损额同比增长 17.18%，远高于全国 -9.36% 的平均水平。存货同比下降 1.6 个百分点，低于全国 2.89% 的增幅，也是所有服装大省中存货增幅最低的。

五、投资复苏增长

据国家统计局统计，2015 年，广东纺织服装行业实际完成投资 757.75 亿元，比去年同期增加 28.87%。本年施工项目数 1684 个，同比增长 22.47%；新开工项目数 1447 个，同比增长 33.86%；竣工项目 1367 个，同比增长 23.15%。江苏、山东、河南、浙江、江西等省份投资相当活跃，居前五。与其他几个服装大省相比，广东纺织服装固定资产有所居后，近四年全国排名一直维持在第九、第十位，但投资总额一直在保持二位数增长，说明广东服装产业固定资产投资在逐步恢复增长，且本年度排名有所上升，由第 9 位上升到第 6 位。

2015年全国各省市服装固定资产投资分布情况

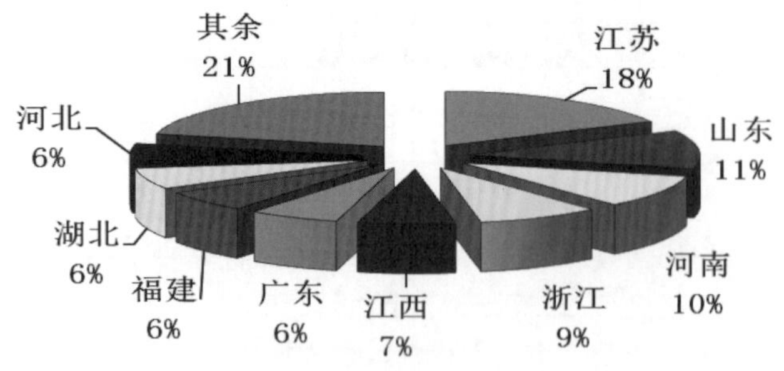

六、行业特点

（一）资本市场广东服装板块正在强势崛起。广东服装企业在资本市场的表现，可以归纳为基础好，起步晚，后发优势明显。目前，广东上市服饰企业已达至约 16 家，其中上交所 1 家（歌力思）、深交所 8 家（卡奴迪路、搜于特、凯撒股份、富安娜、星期六、汇洁股份、金发拉比、柏堡龙）、港交所 6 家（珂莱蒂尔、都市丽人、卡撒天娇、卡宾、百丽国际和长兴国际），以及在纽约交易所上市的服饰类垂直电商唯品会。随着更多的广东服装企业陆续登陆资本市场，广东板块正在强势崛起，而作为传统的服装大省，仍将会有更多优质的广东服装企业进入资本市场的轨道。这样的资本运作，已经对行业格局开始产生深远的影响，带来的是整个产业的连锁反应。

（二）互联网+给服装行业带来的机遇。作为我国服装电子商务中坚力量之一，广东服装电子商务的快速发展受到了广泛关注。互联网品牌成长迅速，传统企业穷追猛赶。在全国知名淘品牌中，广东的茵曼、歌瑞尔、初语、欧莎等成为大众熟知的品牌，在短短几年内一路突飞猛进；同时，传统服装企业开始开拓网络销售渠道，并呈现出强劲的发展势头，骆驼、真维斯、欧时力、歌莉娅、哥弟、战地吉普等均为其中的佼佼者。

（三）产业结构加速调整，产业素质明显提升。产业布局不断优化，从珠三角到东西两翼粤北地区，从省内到新兴经济体国家，服装企业依据市场配置资源的原则，进行全球资源的配置，并实现着产业要素的国际化。产业协同日趋紧密，通过跨界组合和多元化发展，加速了产业链各环节的融合，全面打造创意链、价值链，形成了大企业做强做优，中小企业做专、做精、做特的产业生态，协同效应日益明显。随着更多的广东服装企业陆续登陆资本市场，这样的资本运作，已经对行业格局开始产生深远的影响，带来的是整个产业的连锁反应，并购整合的资本市场拿手好戏，几乎天天在行业内外上演。例如，歌力思收购德国高端女装品牌 Laurèl，都市丽人收购知名内衣品牌欧迪芬，搜于特战略投资茵曼、初语，茵曼又投资一个亿推出设计师扶持计划和千城万店计划。

（四）新渠道、新商业模式成为行业热点。过去四年，随着个性化多样化消费渐成主流，特别是年轻一代更加偏好体现个性特征的时尚品牌商品和服务，大众定制开始萌芽发展，与之配套的智能制造也进入了服装企业技术改造的进程，个性化设计与设计师品牌蓬勃兴起。广东活跃在这一领域的代表有埃沃、爱斯达以及一大批的设计师集合店和 SHOWROOM 等。

七、2015 广东时装周

2015 广东时装周－秋季于 8 月 21-30 日在广州成功举办。本届广东时装周趋势与商业并重，以“打造 21 世纪海上丝绸之路服装商贸平台”为目标，着力增强市场开拓功能和设计引领功能，重点引导广东服装自主品牌升级发展，提升服装产业竞争力。呈现出以下特点：

（一）平台效应显著，集中彰显广东时尚力量。2015 广东时装周－秋季活动总场次达到 60 余场，直接参与产业集群 2 个，纺织、服装及产业链配套品牌企业近 200 家，本土设计师 100 多位，发布新设计新产品超过 2 万件，到场专业观众（采购商、加盟商、百货商场）超过 5 万人次。本届时装周开展了第十五届广东十佳服装设计师评选、红棉国际时装周、GFDE2015 第二届广东服装设计展、中国秋冬服装产业推动联盟“走进广东时装周”、Istituto Secoli 广州分院·首秀、第 24 届中国真维斯杯休闲装设计大赛四赛区决赛、2015 中国服装品牌风云榜颁奖礼、第七届均安国际牛仔博览会发布活动、2015 广东省十大裤业评选颁奖典礼、民盈山智慧城 × 设计师支持计划、2015 世界电商模特大赛总决赛、2015 仰忠汇时尚首饰采购季、广东省服装服饰行业协会职业经理人分会年会和广东省服装服饰行业协会面辅料创意分会成立大会等主题活动。

（二）充分发挥“扩内需、促消费”功能。一是广州红棉国际时装城、广州世贸服装城以及粤海仰忠汇等多家专业市场，开展服装展演、宣传促销、订货会等系列活动，上千个服装品牌秋冬新品同时上市；二是宾宝、初语、丝丽等逾 100 多个服装品牌举行了春夏流行趋势发布会或订货会；三是四方街、EASY KEY 等新型设计师服务集合平台组织 10 多位服装设计师以新品发布等多种形式参与；四是服装产业集群举行区域品牌推介会新推优秀品牌 10 家，十大裤业企业集中举行订货会；五是同期举办的 GFDE2015 第二届广东服装设计展汇聚了 64 个新锐设计师品牌最新产品。同时，时装周为广州带来了外地客商逾万人，对餐饮、住宿、旅游等其他经济间接拉动作用显著。

八、2015 服装流行趋势

（一）披风

超长款的披风外套保暖程度自然不用说，简约的设计配以优雅的棕色，瞬间气场就强大起来，举手投足之间散发着无穷的女神魅力。

（二）丝带

极具英伦风情的格子衣裙，因为有了丝带的点缀更加温柔动人，也让大面积露在空气中的脖颈没有那么尴尬，恰到好处的性感与优雅。

（三）拼色

拼色的皮草外套张扬又高贵，色彩丰富充满张力，少了土豪的俗气之感，更具时髦味道。

（四）流苏

镂空与流苏的完美结合，就像是女神的专属元素，这个秋冬照样浪漫又性感。

（五）格纹

黑白格纹最百搭，不用想太多，简单的穿一整套时髦指数都会飙升，所谓经典就是如此吧。

（六）紫罗兰

衬衫配西裤的中性打扮也因为紫色的缘故更加性感和浪漫。

（七）宫廷

蕾丝镂空点缀的衬衫，每一处精美的细节都透着高贵与优雅，高高的领口也是宫廷风的标配，搭配淡雅的高腰印花裤又不失俏皮与活力。

（八）灰色

灰色的大衣一定是秋冬的必备款式，多么时髦又显气质，一目了然！

（九）阔腿裤

本季阔腿裤更注重面料的质感与细节设计，融入了褶皱、羊毛以及皮革等，颜色的选取也是更贴合时尚气息，显腿长的利器又有最新款了！阔腿裤与机车外套的混搭风格，别有一番风情。

（十）波西米亚

Boho 风情让沉闷的秋冬变得生机勃勃，浓烈的色彩、繁复的设计都让一件飘逸长裙更有魅力。外搭一件皮草或是机车外套，强烈的对比极具造型感，既浪漫又神秘。印花拼接长裙可谓是典型的波西米亚风情，流苏马甲、宽檐帽以及鹿皮长靴的默契配合都让造型更有民族特色，走在街头别具一格。

（供稿单位：广东省服装服饰行业协会）

2015年广东省食品工业发展情况

一、基本概况

2015 年，广东省食品工业保持平稳健康发展。总体上看，具有工业生产平稳增长，流通市场稳定向好，主要产量持续增长，整体经济效益较好等特点。在经济下行压力加大的背景下，充分发挥了保增长、惠民生、促和谐的作用。

（一）生产总量平稳增长。2015 年，全省食品工业规模以上企业实现生产总值 6822.43 亿元，占全省地区生产总值的 9.34%；食品工业与农、林、牧、渔业总产值之比为 1.28 ∶ 1。工业增加值 1862.18 亿元，增长 4.1%；占全省工业增加值的 6.14%。其中农副食品加工业，食品制造业，酒、饮料和精制茶制造业，烟草制品业工业增加值分别为 447.07 亿元、727.47 亿元、350.25 亿元、337.39 亿元，同比增长 9.6%、2.3%、4.3%、1%。实现主营业务收入 6205.11 亿元，增长 3.2%。其中广东农副食品加工业，食品制造业，酒、饮料和精制茶制造业以及烟草制造业实现主营业务收入占规模以上食品工业的 47.18%、28.4%、17.4% 和 7.0%。

（二）企业规模有效增加。广东省食品工业生产许可获证生产企业 17049 家，较上年增加 234 家，其中食品工业规模以上企业 1849 家，出口食品备案企业 1192 家，同比增加 74 家。保健食品自主生产企业 174 家，委托生产企业 136 家，保健食品批准证书 2305 条；食品添加剂企业 469 家。38 家食品企业入选“广东省企业 500 强”。据广东省食品行业协会统计，2015 年全省食品产业主营业务收入过 10 亿元企业超百家，超过百亿元的企业 10 家。

（三）市场销售持续增长。全省实现食品工业销售产值 6437.21 亿元，产销率为 94.35%；其中农副食品加工业，食品制造业，酒、饮料和精制茶制造业，烟草制品业产销率分别为 96.7%、87.05%、90.4%、121.7%。在限额以上批发和零售业商品零售额中，粮油、食品、饮料、烟酒类 1258.45 亿元，同比增长 17.5%。

（四）经济效益水平提高。全省食品工业实现利税总额 985.57 亿元，同比增长 6.7%，居全国第 8 位；实现利润总额 492.17 亿元，同比增长 7.4%，居全国第 4 位。

（五）固定资产投资扩大。广东食品工业全年固定资产投资 635.13 亿元，其中农副食品加工业 245.37 亿元，同比增长 26.1%，食品制造业 230.29 亿元，同比增长 1.1%。

（六）食品出口低位增长。全省食品工业出口交货值 333.39 亿元，约占全国食品工业出口总额 20%，是全国最大的月饼生产地和出口省份，全国最大的酱油生产和出口地区，全国最大的养殖水产品、米粉、糖果生产和出口省区之一。其中农副食品加工业 228.21 亿元，同比增长 7.3%；食品制造业 95.30 亿元，同比增长 3.1%；酒、饮料和精制茶制造业 8.32 亿元和烟草制品业 1.56 亿元，同比各减少 20.4%。

（七）产品结构不断优化。全省食品工业主要产品产量同比增加的约占 85%，近 50% 的产品增长超过 10%，近 70% 进入全国前 8 位。产品结构向多元化、优质化、功能化、便利化方向发展，深加工产品比例上升，粮、油、肉、乳等日常生活主要食品有效增长，凉茶饮料、月饼、酱油、水产制品、糖果蜜饯等特色产品在国内优势明显。广东餐饮收入增速超过社会消费品零售总额的增速。

（八）食品安全有效提高。广东省政府印发《2015 年广东省食品安全重点工作安排》，对全省食品安全重点工作进行部署。全省食品安全整体形势持续稳定，食品安全风险监测能力不断提高，部分高风险隐患得到有效控制。全年食品检验合格率为 95.8%，保健食品检验合格率 97.4%。

（九）食品价格小幅上涨。全年居民消费价格总水平上涨 1.5%，其中食品类上涨 3.5%，高于全国平均水平 0.8 个百分点；烟酒及用品类上涨 1.7%。

二、产品产量

（一）主要优势产品。凉茶成功申遗超常规发展，创造了国际饮料史上的一个奇迹，产品遍及全国并出口全球60多个国家。成为目前全国非物质文化遗产生产性保护最大的成功项目，也是全球绿色设计的范例。

广式月饼是广东焙烤食品的代表，多年来保持着高质高量的产品特性，主要品牌在国内占有较高知名度和美誉度，产量约占全国75%。

广东是调味品大省，生产、消费和出口总量全国第一。具有发展速度快、产量大、品种多、销售面广、效益较好等特点。其中酱油产量占全国43.0%。

广东饮料制造业一直保持着全国领先地位，具有明显的优势，软饮料产量占全国16.1%。产品多元化，茶饮料、乳饮料、功能性饮料等产品结构日趋合理。

腊味制品属于粤式传统食品范畴，是南方地区广大消费者喜爱的传统食品之一，对于粤式传统食品产业和广东文化的发展有着重要的意义。

广东食品添加剂生产列全国前列，主要集中在广州、深圳等地区。行业的技术水平和管理水平有了很大提高，具有很强的市场竞争力。

（二）主要产品产量。在全省规模工业统计的主要食品产品中，产量同比增加或持平的占80%，近50%的产品增长超过10%，超过60%的产品进入全国前6位。酱油、软饮料、碳酸饮料类（汽水）、包装饮用水产量居全国第一位，全国占比分别为43.0%、16.1%、18.0%、16.5%；居全国第二位的糖果、啤酒分别占全国21.0%、9.0%；居全国第三位的成品糖，全国占比16.9%。特别是凉茶行业市场销售继续保持较好的增长趋势，具有绝对的市场优势。

表　2015年广东食品工业主要产品产量

产品名称	计量单位	产量（吨）	增长（%）
小麦粉	吨	2803940.3	1.1
大米	吨	1319203.5	3.6
精制食用植物油	吨	5127980.4	-8.9
成品糖	吨	1289281.4	-6.4
糖果	吨	724786.9	19.7
速冻食品	吨	103305.4	11.5
其中：速冻米面食品	吨	98427.4	10.3
方便面	吨	528961.8	1.3
乳制品	吨	664290.5	16.2
液体乳	吨	457223.8	15.1
罐头	吨	588079.6	16.2
味精（谷氨酸钠）	吨	0.0	0.0
酱油	吨	4354796.3	9.0
冷冻饮品	吨	141901.1	20.2
软饮料	吨	28380215.7	7.2
其中：碳酸型饮料（汽水）	吨	3232952.1	5.8
包装饮用水	吨	14466231.5	15.7
果汁和蔬菜汁类饮料	吨	1108786.2	6.9
蛋白饮料	吨	165903.0	16.4
精制茶	吨	16445.8	-26.6

（续上表）

三、发展特点

2015年，全省食品行业在国内外整体经济下滑的大环境下，率先提出并全力推进“党建+”模式，创新驱动产业发展，逐步适应新常态，取得了实际效果。

一是坚持党的领导，充分发挥行业协会在社会发展中的作用。广东省食品行业协会坚持以“服务”为宗旨，在推进产业发展中运用“党建+”模式，创新驱动发展思路，进一步提高自律管理、履行社会责任和服务质量的水平，促进全省食品工业发展。

二是注重结构调整，转型升级促进产业发展。全省食品医药产业加快调整产业结构，促进了行业结构的优化。代表食品工业发展水平的食品制造业主营业务收入高于全国平均水平9.3个百分点。

三是加强品牌建设，产品质量水平稳步提高。中国最有价值品牌500强榜单中，广东食品品牌居全国前3位；截止2015年，广东食品企业获中国驰名商标近50个，品牌建设全国领先。

四是创新发展模式，促进食品产业集聚。在产业集聚的发展模式上，广东省食品行业协会运用“党建+”模式，注重发挥行业和地方资源优势，创新以冷链物流带动生产企业集聚，形成全产业链发展的运作模式。

四、存在问题

大部分特色食品未形成规模化、产业化生产。缺少过千亿的食品工业分类行业、地区和过百亿的食品企业。以中小食品企业为主导的广东食品企业技术创新能力较弱，科技成果转化率低。特别对具有广东特色的食品传承、保护及发展措施不多，产业发展缺乏新增长点。多数食品企业仍以传统的市场收购方式组织原料。市场经营模式仍不适应市场竞争需要，如在线上和线下的的结合上，特别是冷链物流配送方面仍是广东食品产业发展的短板。全省食品安全形势依然严峻。

五、重大活动

（一）广东省食品行业协会再次被授予“全国先进社会组织”称号。12月17日，国家民政部发布《关于表彰全国先进社会组织的决定》，广东省食品行业协会继2005、2010年后，在全国56万多个社会组织中再一次被授予“全国先进社会组织”称号，成为全省首个连续三届由民政部授予先进社会组织称号的行业协会。

（二）加多宝开启凉茶“黄金时代”，世博会夺得两项国际大奖。2015年世界绿色设计论坛米兰峰会作为米兰世博官方闭幕活动在米兰举办。加多宝凭借金罐的创新设计获“2015 IDF国际设计创新奖”及“中国食品企业国际贡献奖”两项大奖。大大提升了中国食品行业在世界舞台的形象和文化软实力。

（三）第十届石龙食品药品安全与法治会议在广州召开。9月22日，由广东省食品药品监管局、广东省公安厅、东莞市人民政府联合法制日报社共同主办，广东省食品行业协会、广东省医药行业协会承办的第十届石龙食品药品安全与法治会议在广州召开。石龙会议坚持以“合作交流、提高创新”为宗旨，为推动全国性的食品药品打假工作合作交流做出了积极的贡献。

（四）蒙牛雅士利世界级工厂新西兰投产。11月6日，蒙牛雅士利投资11亿元人民币的新西兰工厂开业，迈出国际化的重要一步。年产婴幼儿配方奶粉52,000吨，产品将以罐装成品及25公斤大包装基粉的形式供应给雅士利国际。开创了奶粉行业国内品牌在海外100%自主建厂的先河。

（五）广东食品类中小型企业加强“新三板”资本运作。2015年广东新增中小企业股份转让系统俗称“新三板”的食品类企业居全国领先。其中有全国新三板挂牌资本市场最大醋饮料生产企业的广东天地壹号饮料股份有限公司、全国灵芝新三板第一股的广东林中宝生物科技股份有限公司和中国鸡精十强品牌企业的广东百味佳味业科技股份有限公司等。

（六）食品工业品牌建设成果显著。23家食品类企业24个商标获2015年度认定的广东省著名商标，89企业95个商标获2015年度延续的广东省著名商标；37个企业65个产品获2015年度广东省食品行业优秀名牌产品。

广东省食品行业协会供稿（撰稿人：张俊修、钟华）

2015年广东省医药产业发展情况

医药产业是国民经济和社会发展的重要产业，是国民经济的重要组成部分，是传统产业和现代产业相结合，一、二、三产业为一体的产业，包括医药工业和医药流通业。

一、基本概况

2015 年，面对错综复杂的国内外经济形势，广东省医药行业克难奋进，新常态形势下，结构调整效果逐步显现。医药制造业运行态势良好，药品流通行业发展方式不断优化，在经济下行压力加大的情况下，实现了平稳较快发展。广东医药产业生产总值、销售收入、利润总额列全国第 3 位，主营收入和产品出口居第 4 位。

广东医药企业在全国率先实行股份制改组，注重资本运作，产业资源进一步向优势企业集中。上市公司数量全国占比 1/10，居各省市之首。以医药工业总产值计算，全省医药股份制经济、三资经济占全行业的比重 85% 以上，基本形成了股份制和三资经济为主体发展的多元化经济格局。

广东医药企业数量居全国首位。拥有一批市场竞争力较强的知名中药品牌；药品制剂市场竞争整体实力国内领先；医疗器械和生物制药的竞争力正在逐步形成；药业流通行业在国内市场具有较大影响力；有一批国内知名度较高的医药企业集团。

全省注册药品生产企业 473 家，获 GMP 认证 1058 个；医疗器械生产企业 3065 家，其中技术含量较高的第二类医疗器械和第三类医疗器械生产企业数 2686 家。广东药品流通企业规模不断扩大，全省药品批发企业 1612 家，药品零售连锁企业 372 家，药品批发（零售连锁）GSP 认证 1930 个；医疗器械经营企业 7929 家。

23 家医药企业列入 2015 年度广东省企业 500 强。广州医药集团有限公司连续 4 年获“中国制药工业百强榜”第 1 名，康美药业股份有限公司成为我国资本市场首家市值突破千亿的医药企业。全省年产值超亿元的中药企业 22 家、年销售额过亿元的中药产品 30 个。药品检验合格率为 93.0%，医疗器械检验合格率为 96.7%。

二、医药工业

（一）生产总量。全省规模以上医药工业主营业务收入 1664.22 亿元，同比增长 8.2%。其中医药制造业生产总值 1481.67 亿元，主营业务收入 1411.72 亿元，同比增长 8.9%；工业增加值 456.16 亿元，同比增长 7.7%。医疗仪器设备及器械制造主营业务收入 314.5 亿元，同比增长 5.2%，整体医疗器械制造产值近 1000 亿元。

行业	工业总产值（亿元）	工业增加值（亿元）
医药制造业	1481.67	456.16
化学药品原料药制造	137.64	44.21
化学药品制剂制造	495.34	135.57
中药饮片加工	105.14	28.03
中成药生产	440.18	134.96
兽用药品制造	65.10	22.45
生物药品制造	185.88	72.88
卫生材料及医药用品制造	52.40	18.06

（二）市场销售。全省医药制造业产销衔接良好，规模以上医药制造业年销售产值 1431.20 亿元，同比增长 10.2%，高于全省工业 6.7 个百分点；产销率为 96.6%。

（三）经济效益。全省医药工业利税总额304.60 亿元，同比增长 17.4%，利润总额约 220 亿元，同比增长 14.8%。其中医药制造业利润 170.55 亿元，同比增长 18.5%；医疗仪器设备及器械制造利润总额 48.5 亿元，同比增长 1.5%。

（四）产品产量。全省化学药品原药产量81572.7 吨，同比增长 9.9%，中成药产量 245273.4 吨，同比增长 0.39%，分居全国第 9 和第 7 位。

（五）医药出口。在国内外经济整体下行的形势下，医药出口保持低速增长。据统计，广东省医药工业出口交货值 200.55 亿元，同比增长 0.84%。医疗器械外贸出口总值多年来居全国第一位；医药制造业出口交货值 77.08 亿元，同比增长 0.1%。

（六）科技成果。据不完全统计，截止 2015 年，广东医药产业以企业为主导建立了 9 个国家级技术中心和 55 个省级技术中心，技术创新能力不断加强。如丽珠医药集团股份有限公司“原创新药艾普拉唑的研发与产业化”项目获 2015 年度国家科技进步奖二等奖；“中药注射剂产品升级中的重大共性、关键技术研究与产业化”项目获广东省人民政府颁发的 2015 年度广东省科学技术奖一等奖。由深圳微芯生物科技公司研制的中国抗癌原创新药西达苯胺，是全球首个获准上市的亚型选择性组蛋白去乙酰化酶口服抑制剂，也是中国首个授权美国等发达国家专利使用的原创新药。

（七）品牌建设。广东省医药行业协会认定香雪抗病毒口服液等 27 个产品为 2015 年度广东省医药行业优秀名牌产品；雷立稚盐酸雷尼替丁胶囊等 6 个产品为 2015 年度广东省医药行业 OTC 优秀名牌产品；一品红注射用促肝细胞生长素等 4 个产品为 2015 年度广东省医药行业专利、原研药优秀名牌产品。认定“众生”等 8 价医药类商标为广东省著名商标，延续“丽珠”等 42 件医药类商标为广东省著名商标。

三、医药流通业

广东省药品流通业整体运行平稳，结构调整效果逐步显现，发展方式不断优化，行业集中度和流通效率均有所提升，药品流通行业销售总额保持持续增长的基本面没有发生大的变化，大中企业继续加快兼并重组的步伐，批零一体化药品流通业态结构逐渐主导医药市场。同时，伴随着医药物流和互联网技术的不断发展，药品电子商务模式与传统商业模式融合的速度加快。药品流通行业销售规模与经济效益稳步增长，特别是医药用品及器材批发和医疗用品及器械零售大幅增长，总体呈现持续向好的发展态势。全省药品安全形势总体稳定并持续向好，药品安全质量水平总体稳中有升。但同时存在产业区域发展不平衡、市场集中度较低，缺少药品流通各类人才特别是高层次的管理、技术人才，药品流通企业的信息化建设还缺乏统一规划。

广东开展第三方药品现代物流业务的药品批发企业 14 家，药品储存配送数量已占全省药品流通量的 55% 以上。全省中西药品类商品零售总额 608.14 亿元，同比增长 16.6%。基本形成了覆盖城乡的药品流通市场体系。全省药品流通直报企业主营业务收入 437.09 亿元，利润总额 26.99 亿元，同比增长均超过 20%。

批零一体化药品流通业态结构逐渐主导医药市场，药品电子商务模式与传统商业模式融合的速度加快，药品零售连锁经营和跨地区经营方面居全国领先。药品流通市场化程度较高。全省超百亿药品流通企业 2 家。

广东药品电子商务领域发展迅速，医药电商融资案例数量位居全国第一，药品电子商务发展居于全国首位，据不完全统计，全省药品网上销售超 40 亿元，约占全国 40%。《互联网药品信息服务》和《互联网药品交易服务》资格证书企业及网上药店 1058 家、84 家和 71 家，全国占比分别为 19.6%、15.9%、18.3%，居全国领先。

全省形成了一批如广州医药、一致药业等在医药冷链物流领域管理先进，设施完善，运作顺畅，基本实现自动化、网络化、信息化的高端物流要求，并带动行业发展的骨干企业。

四、重点工作

（一）开展全省中药材流通追溯体系建设。广东省是国家商务部选择的中药材流通追溯体系第二批试点省份。2015 年，广东省医药行业协会作为广东省中药材流通追溯体系试点推广运维服务项目中标单位，实施以市场经济价格杠杆为指引，大企业、集团带动全产业链开展“中药材流通追溯体系”建设的工作思路和实现“择优先入、以点带面、上下延伸、全程追溯”的运作模式，受到商务部、省商务厅和企业认可和好评。并完成了全省中药材追溯体系机房建设和基本设备安装，为进一步实现中药材全产业链追溯奠定了基础。

（二）开展岭南中药秘方和验方以及中药制剂的评价认定。广东积累了大量优秀的传统中药秘方和验方，屠呦呦从《肘后方》中挖掘出青蒿素并开发出抗疟疾的新型中药制剂是岭南中药发扬光大的经典案例。广东省医药行业协会继续开展挖掘保护岭南中药秘方、验方工作，鼓励企业开展岭南中药秘方、验方的二次开发以及中药制剂的开发，并委托广东省南方食品医药行业评估中心组织我省医药专家对中药秘方、验方及由中药秘方验方开发的中药制剂进行评价认定，弘扬岭南中医药文化，推进中医药强省计划。

（三）扩大开展中药材基地认定准备工作。为了加快建设广东中医药强省的战略目标，发挥“岭南药”的品牌优势。2015 年，依据《广东省中药材生产基地评价认定工作办法》，广东省医药行业协会委托广东省南方食品医药行业评估中心开展了中药材生产基地认定特别是对原产地中药材基地建设和认定的准备工作。并计划在“十三五”期间，与工信部中药材生产扶持项目有机结合，分批认定 100 个中药材基地。通过中药材基地认定，实现“药材好，药才好”的全产业链源头保障，为中成药、凉茶饮料生产提供优质原料。

广东省南方食品医药行业评估中心组织专家对广州市香雪制药股份有限公司广藿香生产基地进行认定。（摄影/陈小碧）

（四）落实广东医药产业十三五发展规划。根据国家“十三五”规划建议和广东省“十三五”发展规划纲要的总体要求，广东省医药行业协会制定了《广东省医药产业“十三五”发展规划》，并在全省医药产业贯彻落实。规划围绕创新、协调、绿色、开放、共享的发展理念，通过总结和分析发展现状和面临的发展环境，提出了指导思想和发展目标，明确了发展重点和规划布局，为促进广东医药产业发展，制定了提升医药产业竞争力的主要政策措施，为率先实现全面建成小康社会的目标而奋斗。

（五）加快广东医药冷链及追溯物流体系建设。随着经济的发展和人们生活水平的提高，中药材运输存储的质量保证要求更加严格，疫苗、血液、生物药剂等冷链医药产品市场不断扩大，生产、运输、储存、使用等一系列环节对医药冷链物流的要求逐步提高。广东省医药行业协会根据国家商务部规划要求，注重发挥行业和地方资源优势，助力医药企业转型升级，创新以冷链物流带动生产企业集聚，形成全产业链发展；构建服务医药的网络化、规范化和定制化的全程冷链及可追溯物流体系，确保药品安全的运作模式，已逐渐被地方政府和行业企业接受和认可。

广东省医药行业协会供稿（撰稿人：张俊修、钟华）

2015年广东省电子信息制造业发展情况

一、概况

2015 年，广东省电子信息制造业产业规模呈现持续增长，出口增速继续呈低位运行，固定资产投资保持较高增速，经济效益稳步向好。

2015 年，全省规模以上电子信息制造业实现销售产值 3.27 万亿元，占全国的 28.9%，同比增长 9.1%，高于全国 0.4 个百分点，规模总量连续 25 年居全国首位；按省统计口径，广东省电子信息制造业（计算机、通信和其他电子设备制造业）规模以上统计企业总数 4869 家，完成工业增加值 7175.24 亿元，占全省工业增加值的 23.7%，同比增长 10.5%，高于工业增幅 3.3 个百分点；实现出口交货值 1.62 万亿元，同比增长 0.2%，实现利润总额 1466.03 亿元，同比增长 15.5%。完成固定资产投资额 937.54 亿元，同比增长 31.1%，增幅高于全国 17.8 个百分点。

2015 年 12 月，广东省电子信息业采购经理指数（PMI）为 49.9，较 11 月回升 2.3 个百分点。

生产销售　全年全省计算机、通信和其他电子设备制造业主营业务收入 2.91 万亿元，同比增长 9.3%，占全省工业企业主营收入 24.8%，占全国规模以上电子信息制造业主营业务收入 32.2%。

经济效益　全年全省规模以上电子信息制造业实现利润 1466.03 亿元，同比增长 15.5%，占全省规模以上工业企业利润 7208.77 亿元的 20.3%，占全国电子信息制造业利润 5602 亿元的 34.3%，在全省 39 个工业大类行业中利润排在行业首位；税收总额 760 亿元，同比增长 27.5%，占全省规模以上工业企业税收 4505 亿元的 16.9%，占全国电子信息制造业税收总额 2470 亿元的 30.8%。

产品产量　在统计监控的 22 种主要产品中，产量比上年增长的有 7 种，其中程控交换机、发光二极管（LED）、锂离子电池等产品增幅最大，分别为 97.7%、43.3% 和 52.4%。产量下降产品有 15 种，降幅在 0.3% ～ 73.3% 之间。统计中的消费类电子产品产量大部分持续下降，包括手机、液晶电视、组合音响等，其中等离子（PDP）电视机（-73.3%），显像管（CRT）电视机（-51.4%）降幅最大，液晶（LCD）电视机降幅最小（-1.16%），原因是受产品转型升级换代等因素影响较大。

进出口　全年全省电子信息制造业实现出口交货值 1.71 万亿元，同比下降 0.3%，低于全国 0.2 个百分点，出口额占全国行业的 7811 亿美元的 30.6%，居全国第一位。

重点企业　2015 年，华为、TCL 集团、中兴通讯、比亚迪、创维集团、宇龙计算机通信、深圳欧菲光、康佳集团、广州无线电集团、深圳华强集团、普联技术、天马微电子、东莞华贝电子、侨兴集团、深圳市兆驰、惠科电子、神舟电脑、共进电子、佳都集团、华讯方舟、康冠技术、欣旺达电子、汕头超声电子、深南电路、航嘉驰源电气等 25 家企业入选 2015 年（第二十九届）中国电子信息百强企业名单，其中华为、中兴、TCL 集团、中兴、比亚迪位居前十名。瑞声科技、潮州三环、立讯精密、生益科技、中山大洋、得润电子、崇达电路、汕头超声印制板公司、国光电器、深圳顺络电子等 37 家广东企业入选 2015 年（第二十八届）中国电子元件百强企业，占 2014 年度百强企业主营业务收入 23.7%，其中瑞声科技、潮州三环、立讯精密、生益科技四家公司主营业务收入位居前十名。

二、科技创新

2015 年，广东省电子信息制造业企业获得广东省名牌产品 70 件；新认定国家技术创新示范企业 3 家，分别是广州广电运通金融电子股份有限公司、深圳市特发信息股份有限公司、深圳市比克电池有限公司；2015 年新认定广东省工程技术研究中心共有 100 余个。

2015 年工信部认定国家级工业设计中心有 2 家，分别是：中兴通讯股份有限公司中兴通讯终端产品设计中心、广州广电运通金融电子股份有限公司工业设计中心。2015 年国家认定企业技术中心共 2 个：广东易事特电源股份有限公司技术中心、深圳市科陆电子科技股份有限公司技术中心。2015 年国家撤销企业技术中心 1 个：康佳集团股份有限公司技术中心。

中山大学的“用于功能集成的微型化光子器件基础研究”项目获得2015年国家自然科学奖。

华南理工大学曹镛院士获得2015年广东省科学技术奖突出贡献奖；中山大学主完成的“高性能超级电容器电极材料的设计、可控合成及其器件组装研究”、华南理工大学主完成的“射频系统的小型化与低功耗研究”、广东工业大学主完成的“海量视频内容快速检索与深度分析的关键技术及其应用”、清华大学深圳研究生院主完成的“动态立体视觉系统关键技术及应用”等4个项目获广东省科学技术奖一等奖；中兴通讯股份有限公司主完成“P比特级柔性重构的超宽综合业务网关BMSG的关键技术和应用”等13个项目获广东省科学技术奖二等奖；惠州市德赛西威汽车电子有限公司完成的“电动汽车电池热管理系统和电控压缩机节能控制技术”等17个项目获广东省科学技术奖三等奖。

珠海金山办公软件有限公司“网络化中文办公服务平台及应用”项目和中兴通讯股份有限公司的“新一代移动互联网多媒体及安全接入系统”获2015年度中国电子学会科技进步类一等奖；中国长城计算机深圳股份有限公司的“基于国产CPU/OS的长城飞腾计算机”项目获2015年度中国电子学会科技进步类二等奖。

2015年，广东省电子信息产业专利申请数量及授权数量仍处于国内同行业前列。据世界知识产权组织（WIPO）报告显示，2015年，在企业专利申请排名方面，华为以3898件连续第二年位居全球榜首，中兴通讯以2155件位列全球第三。国内，华为和中兴通讯凭借PCT申请量以3538件和3150件位列全国前两名。腾讯科技（深圳）有限公司的“一种绑定即时通信识别码与无线通信识别码的方法”专利（ZL200510109483.X）项目和中兴通讯股份有限公司的“一种物理上行控制信道干扰随机化的方法”专利（ZL200810094545.8）项目分别获得2015年第十七届中国专利金奖；广州广电运通金融电子股份有限公司的“金融终端（A-009）”专利（ZL201430221358.8）项目获得2015年第十七届中国外观设计金奖。华为技术有限公司的“一种移动终端及其用户识别模块”专利项目（ZL02108386.X）和深圳市朗科科技股份有限公司的“一种用于数据处理系统的无线数据通信方法及装置”专利项目（ZL02114797.3）获得2015年第十七届中国专利优秀奖。东莞勤上光电股份有限公司的“LED路灯”专利（ZL201030200669.8）项目获得第十七届中国外观设计优秀奖；

2015年广东省规模以上电子信息制造业主要产品产量表（表1）

产品名称	单位	产量	比上年增长(%)
程控交换机	万线	1246.91	97.7
其中:数字程控交换机	万线	593.72	-0.3
电话单机	万部	9682.46	-9.2
传真机	万部	161.45	-4.7
移动通信手持机（手机）	万台	84447.75	-2.2
电子计算机整机	万台	5098.63	-2.6
微型计算机设备	万台	3241.72	8.1
其中：笔记本计算机	万台	714.00	3.2
集成电路	亿块	162.65	-7.3
光电子器件	万只（片、套）	33744283.56	40.3
其中：发光二极管（LED）	万只	27394410.31	43.3
液晶显示屏	万片	108796.16	-37.3
液晶显示模组	万套	76329.73	-15.0
电子元件	亿只	14778.93	-3.6
彩色电视机	万台	7003.58	0.8
其中：显像管彩色(CRT)电视机	万台	72.01	-51.4
液晶（LCD）电视机	万台	6388.20	-1.6
等离子（PDP）电视机	万台	2.18	-73.3
数字激光音、视盘机	万台	16175.33	-15.0
组合音响	万台	8447.43	-21.5
半导体存储器播放器（含MP3、MP4）	万个	645.89	-28.3
锂离子电池	万只	236433.09	13.1

数据来源：广东省统计局

2015年广东省规模以上电子信息制造业主要经济指标表（表2）

细分行业名称	企业数量（个）	工业总产值		主营业务收入		利润总额	
		数值（万元）	增减（%）	数值（万元）	增减（%）	数值（万元）	增减（%）
计算机、通信和其他电子设备制造业	4620	311593258	9.4	291106408	9.3	14660250	15.5
计算机制造	555	56406221	4.2	53162919	1.8	1868581	9.2
通信设备制造	514	117343626	16.0	112178753	21.9	6986337	26.5
广播电视设备制造	142	3369243	-7.3	3259655	-7.1	149419	31.0
雷达及配套设备制造	7	89340	8.6	82322	1.3	4130	37.6
视听设备制造	570	25385089	2.4	22665790	-0.1	460638	-41.7
电子器件制造	762	51790583	11.8	45209269	4.8	2555348	13.7
电子元件制造	1720	49678628	4.0	47265804	3.2	2213055	9.9
其他电子设备制造	350	7530528	7.0	7281896	4.7	422743	43.2

数据来源：广东省统计局

三、各主要领域运行态势

（一）通信领域　在华为、TCL、中兴等龙头企业的带动下保持较高速发展，产业集中度更高。全年实现手机产量84447.75万台，同比下降2.2%，占全国的46.4%，其中智能手机产量增长较快，全年生产64443.20万台，占全国的46.0%，同比增长13.6%，增幅高于全国2.3个百分点，出口金额3096.6亿元，增速为2.5%；程控交换机产量1246.9万线，同比增长97.7%，占全国的66.3%。

骨干企业方面，华为全年营业收入超过3900亿元，同比增长超35.3%，继续坐稳全球第一大电信设备供应商宝座，TCL、中兴、惠州三星跟紧其后加入千亿俱乐部。中国手机品牌出货量与三星、苹果总出货量相当，约占全球40%，如果算上国内出货量（三星+苹果在中国的产能），全球60%左右的手机来自中国制造。其中，惠州三星全年实现营业收入1132.8亿元，同比增长0.9%，手机销售1.12亿台，同比下降23.7%；华为以全年手机销售1.08亿台，同比增长49%，占据全球第三的市场份额；TCL全年手机销售8354万台，同比增长13.7%，占据全球第七的市场份额；欧珀（OPPO）、步步高（VIVO）和中兴通讯紧跟其后，依次占据全球市场份额前十位。欧珀公司增资扩产（二期工程）生产项目于2015年11月25日开工建设，目前已经完成投资700万元，计划五年内至少投入10亿元用于厂房建设和购买生产设备，建成投产后将主要用于欧珀公司手机的SMT生产，整机组装和仓库使用，并计划在2018年12月竣工投产，建成后将形成年产8000万台手机的生产能力。

（二）计算机领域　计算机行业规模整体持续萎缩，全年实现计算机整机产量5099万台，同比下降2.6%，其中微型计算机设备产量有所反弹，生产3242.72万台，占全国的10.3%，同比增长8.1%，增幅高于全国20个百分点。

骨干企业方面，鸿海集团旗下的富泰华工业公司去年营业收入超1386亿元，同比增长7.9%；但鸿海集团旗下的鸿富锦精密公司受计算机整体需求不景气影响，同比下降3.7%，利润下降幅度达到64.3%。深圳联想公司全年实现营业收入293.6亿元，同比增长23.9%，出口交货值234亿元，同比增长13%，仍保持着较快增长势头。部分企业为谋求新业务发展，进行了重大资产重组。长城电脑作为中国电子集团内最大的整机生产商，与长城信息合并，注入优质军工企业中原电子、圣非凡，同时置出亏损的资产冠捷科技，整合后公司营业利润扭亏为盈，拟成为中国电子自主可控计算的重要载体，中国电子军民融合的信息安全重要平台。七喜控股为分众传媒借壳上市，整合后该公司的主营业务修改为生活圈媒体的开发和运营。

（三）视听产品领域　受4K电视、电视游戏、可穿戴设备、VR等热点驱动，行业有所复苏。全年实现彩色电视机产量7004万台，占全国43.2%，同比增长0.8%，低于全国的6.3个百分点。

骨干企业方面，TCL集团实现营业收入1046亿元，增长3.5%，其中LCD电视销售1784.3万台，增长3.9%，占领了量子点曲面和量子点平面两大全球显示技术制高点，率先发布全球第一款量子点曲面电视H8800，搭载着互联网企业爱奇艺的影视资源内容，发力网络智能电视领域。创维集团积极布局海外市场，2015年收购德国著名电视机厂商——美兹、日本东芝印尼彩电工厂和日本东芝于中国的白电基地，全年实现营业收入 379.1 亿元，增长 24.9%，其中 LCD 电视销售 1405 万台，增长 16.1%，并发布全球首台量产 4K HDR 电视 G8210，结合自身的技术、价格和服务三大优势，积极快速地向欧美等主要消费市场推广 4K HDR 电视，联手合作伙伴向全球领先梯队迈进。东莞三星全年实现营业收入 258.7 亿，受全球订单不景气影响，同比下滑 3.2 个百分点。广东海信全年实现营业收入 35.2 亿，增长 18.1%，其中利润增长高达 93.1%，海外市场继续保持高速增长势头，全年出口交货值为 23.98 亿，同比增长 23%。

（四）电子元器件领域 在光电子器件的带动下增长较快。全年实现光电子器件 3374.43 亿只，增长 40.3%，增幅比上年同期提高 8.2 个百分点；发光二极管（LED）产量 2739 亿只，同比增长 43.3%；液晶显示屏受市场影响产量有较大下滑，全年生产 10.9 亿片，同比下降 37.3%，出口金额 723.12 亿元，增速下滑 3.3 个百分点。

骨干企业方面，华星光电 8.5 代液晶面板生产线 T2 项目提前量产，全年实现营业收入 164.1 亿元，同比增长下滑 8%；液晶玻璃基板累计投片量为 192.1 万片，同比增长 19.7%，其中 55 寸面板跃居在全球第三的占有率，公司受益于材料成本及单位固定成本的同比下降和大尺寸产品销售占比的提升，华星光电的盈利继续保持较好水平。乐金显示第 8.5 代液晶面板一期项目已投产，全年实现营业收入 32.9 亿元，同比增长 -4.4%，二期土建已封顶，正在进行内外装修，预计在 2017 年 6 月试生产。佛山群志光电全年实现销售收入 162.9 亿元，同比增长下滑 29.6%，主要受国外订单影响，全年出口交货值 140.5 亿元，比上年同期下滑 36 个百分点。部分企业并购重组活跃，微特电机企业大洋电机，以 35 亿元的高价收购上海电驱动股份有限公司，创下了内地电子元件生产企业间并购的交易金额记录。风华高科为了打造上下游完善的产业链，收购了奈电软性科技电子（珠海）有限公司，并且收购了台湾光颉科技股份有限公司 35%-40% 股权并实现控股，成功将成为大陆企业公开要约收购台企第一案。

（五）集成电路领域 全年实现集成电路产量 162.7 亿块，占全国的 15%，同比下降 7.3%，低于全国 14.1 个百分点；出口金额 783.36 亿元，同比增长 31.4%。

骨干企业方面，华为海思实现营业收入 248.7 亿元，同比增长 19%，位居国内芯片设计公司第一和全球第六位，公司新发布的麒麟 950 处理器拿下了首款 16nm FinFET Plus、A72 核心及 T880 GPU 三个全球第一；中芯国际（深圳）的 8 寸晶圆生产线以实现量产，年产能达到约 36 万片；同创国芯推出国内第一款千万级高性能自主知识产权 Titan 系列 FPGA，打破外企对 FPGA 技术与市场的垄断；珠海全志科技全年实现营业收入 12.1 亿元，同比下降 2.62%，在经历 2014 年平板电脑芯片业务大幅下滑之后，公司加速技术升级，开发出 4 核、8 核及 64 位处理器芯片，新型芯片毛利率回升明显，收购东芯通信，突破基带芯片瓶颈，加速物联网芯片产业布局。珠海炬力集成全年实现营业收入 2.1 亿元，同比增长 405.2%，出口交货值达 2249 万元，同比增长 20.9%。

（供稿单位：广东省电子行业协会）

2015年广东省物流业发展情况

一、2015 年广东省物流业运行主要指标

2015 年，广东省物流总体保持平稳较快增长态势。

（一）社会物流总额继续增长。2015 年，广东省经济运行基本平稳，增速换挡、结构优化、动力转换，有序推进。全年，广东省社会物流总额 184531.99 亿元，同比增长 8.45%，占全国比重 8.39%。

（二）社会物流总费用和物流业增加值稍有上涨。2015 年，广东省社会物流总费用为 10883.60 亿元，同比增长 6.77%，物流总费用占 GDP 比例 14.95%，物流费用规模增速进一步减缓，提质增效成果有所显现，反映出物流运行的效率有所提升。2015 年，广东省物流业增加值 5176.06 亿元，同比增长 12.84%，物流业增加值占 GDP 比例 7.11%，物流业增加值占第三产业比例 13.99%。零售、住宿、快递以及互联网等消费需求回升明显。

2010–2015年广东省物流业运行主要指标

年份	物流业增加值（亿元）	物流业增加值占GDP比例（%）	物流总费用（亿元）	物流总费用占GDP比例（%）	物流总额（亿元）
2010	3055.77	6.72%	6679.95	14.69%	111606.1
2011	3528.8	6.70%	7774.6	14.80%	128681.8
2012	4058.1	7.10%	8629.8	15.10%	146568.57
2013	4300.7	7%	9440.61	15.20%	160683
2014	4601.75	7.05%	10193.53	15.03%	170153.98
2015	5176.06	7.11%	10883.6	14.95%	184531.99

2015年广东省物流业运行主要指标与其他省份对比

省份	物流总额（万亿元）	物流总费用(亿元)	物流总费用占GDP比重（%）	物流增加值(亿元)	物流增加值占GDP比重（%）
广东省	18.45	10883.6	14.95%	5176.06	7.11%
四川省	5.73	5522.5	18.3%	1756.84	5.8%
浙江省	12.79	9743.2	16.1%	4630	8.7%
江苏省	24.10	10245.4	15.2%	4574.17	7.6%
山东省	18.55	9831.7	15.7%	4852	6.8%

二、2015 年广东省各种运输方式完成货物运输量情况

2015 年，广东省共完成货运量 376020 万吨，比上年增长 6.3%；完成货物周转量 15130.69 亿吨公里，增长 0.7%；规模以上港口完成货物吞吐量 161546 万吨，同比增长 3.1%。

（一）货运量增长稳中向好，货物周转量持续下行。2015 年，广东省四个季度货运量累计同比增速分别是 1.7%、5.7%、6.5% 和 6.3%，货物周转量四个季度的累计增速分别是 4.7%、1.1%、0.8% 和 0.7%。货物周转量持续下行的主要拉低因素是水路货运低迷和铁路货运全年在负增长区间运行。2015 年，广东省水路完成货运量 78093 万吨，同比增长 1.1%；完成货物周转量 11190.91 亿吨公里，同比下降 1.9%，水路货物周转量占全部货物周转量的比重为 74.0%，拉低全部货物周转量增长 1.4 个百分点。2015 年，广东省铁路完成货运量 10098 万吨，同比下降 9.4%；完成货物周转量 254.05 亿吨公里，下降 7.6%；铁路分别拉低全部货运量和货物周转量增长 0.3 个和 0.1 个百分点。

公路运输是货物运输增长唯一拉动力。2015 年公路完成货运量 279983 万吨，货物周转量 3454.99 亿吨公里，同比分别增长 8.9% 和 11.0%。公路货运量占全部货运量的比重为 74.5%，拉动全部货运量增长 6.5 个百分点；公路货物周转量占全部货物周转量的比重为 22.8%，拉动全部货物周转量增长 2.2 个百分点。分地区看，粤东西北地区公路货运增长较

快，2015 年粤东、粤西和山区公路货运量分别同比增长 9.9%、13.2% 和 11.0%，货物周转量分别增长 14.8%、16.7% 和 13.7%；珠三角地区公路货运增长相对较缓，2015 年公路货运量和货物周转量分别同比增长 7.6% 和 8.0%，增幅低于全省平均水平。

2015年广东省货物运输完成情况

指 标	单 位	绝对值	比上年同期增长（%）
货 运 量	万 吨	376020	6.3
铁路	万 吨	10098	-9.4
公路	万 吨	279983	8.9
水路	万 吨	78093	1.1
民航	万 吨	148	2.8
管道	万 吨	7697	-4.9
货物周转量	亿吨公里	15130.69	0.7
铁路	亿吨公里	254.05	-7.6
公路	亿吨公里	3454.99	11.0
水路	亿吨公里	11190.91	-1.9
民航	亿吨公里	56.44	10.5
管道	亿吨公里	174.30	0.5

（二）港口生产低速增长。2015 年，广东省规模以上港口完成货物吞吐量 161546 万吨，同比增长 3.1%，增速比上年回落 1.6 个百分点；完成集装箱吞吐量 5471.98 万 TEU，同比增长 3.3%，增速比上年回落 4.0 个百分点。

港口生产增长主要由内贸拉动，2015 年规模以上港口完成外贸货物吞吐量 51052 万吨，增长 0.1%，完成内贸货物吞吐量 110494 万吨，同比增长 4.5%，内贸对港口生产增长的贡献率达到 99.1%，拉动广东省规模以上港口货物吞吐量增长 3.1 个百分点。

三、2015 年广东省快递发展情况

2015 年广东省快递业务量实现 50.13 亿件，同比 49.4%，继 2014 年突破 30 亿件后，在“十二五”收官之年再次直接实现跨越式增长，为行业“十三五”发展奠定了坚实基础。

2015 年，快递业利好不断涌现，国务院《关于促进快递业发展的若干意见》出台，多部门联合发布多项有利于行业发展的政策文件，为广东省快递业营造了良好的发展氛围。以“五个邮政”建设为抓手，积极实施快递“向下”“向深”“向外”工程，加快推进快递服务向农村延伸，积极升级消费引擎，形成全省快递业竞相参与“快递下乡”的良性工作机制，有效提升了粤东西北快递业务的发展，增加了农民收入，助力了农村青年回乡创业，改善了农村消费格局；积极探索快递服务制造业发展，注重推动制造业与快递业两业互动共赢，鼓励行业以制造企业服务需求为导向，总结五种服务模式并试点推广；借助广东自贸区建成的契机，放大快递与跨境电商发展的协同效应，积极促进跨境快递业务发展。多措并举、攻坚克难，有力的促进了全省快递业再次实现新突破。

四、2015 年广东省电子商务发展迅猛

2015 年，广东省电子商务交易额将达到 3.2 万亿元，比去年同期增长 22%。2015 年天猫“双十一”当天，广东省继续保持“中国网购第一大省”的地位。

广州省跨境电商发展成效较为显著的省份之一。广州市财政从 2013 年起连续 5 年每年投入 5 亿元扶持电子商务和跨境电商发展。2015 年，广州跨境电商进出口额 67.5 亿元，增长 3.7 倍。全市开展跨境电商业务的企业已有 879 家，超 500 家企业进驻跨境电商园区。全市跨境电商体验店或展示店从无到有，迅速超过 20 家。荔湾花地河电商聚集区继黄埔状元谷之后被商务部认定为第二批国家电商示范基地，阿里巴巴、腾讯、唯品汇、小米、YY 等企业进驻琶洲互联网创新集聚区。

2015 年广东省有“淘宝村”159 个，“淘宝镇”22 个。目前广东省在淘宝平台上的农产品卖家 9.5 万家，为全国第一，农产品电子商务交易额超百亿元。广东省各县（区）具有网上农产品交易功能网站 172 个，涌现出华南农产品交易网、广东省农产品交易网等功能各异的农村电商平台。广东省农村网民达 600 多万人，80% 以上的地市已与京东、阿里、苏宁等知名电商平台达成战略合作，建成了一批县区级服务中心和村级电商服务站，培育了一批本土农村电商骨干企业。预计 2020 年广东省农产品电子商务交易额将达到 800 亿元。

五、2015 年广东省物联网产业规模领跑全国

2015 年，广东省物联网产业规模达到 2800 亿元，比去年增长 16.7%，物联网相关企业达 3400 家，同比增长 9%。全国范围看，广东省物联网市场规模约占全国产值（估计 7000 亿元）40%，整体上物联网依旧是发展强劲、效益较高的产业之一。

2015 年，广东省相继发布《广东省人民政府关

于贯彻落实〈中国制造2025〉的实施意见》《广东省“互联网＋”行动计划（2015—2020年）》和《广东省信息基础设施建设三年行动计划（2015—2017年）》，物联网基础设施和服务平台进一步加强，广东省继续在资金上对物联网等相关领域给予支持。

根据《广东省云计算发展规划（2014—2020年）》，到2020年，广东省要将云服务的产业规模提升到3000亿元，云终端制造产业规模达到6000亿元，将广东省建设成为国际绿色云计算数据中心、全球云基础设备和云终端核心制造基地，以及全国云计算技术创新高地、云服务应用先行区、云平台和软件集聚区。

广东省RFID市场规模占全国42%以上，RFID产业的发展将进一步推动广东省物联网及相关产业发展。

六、广州市跻身全球性物流枢纽行列

广州优势位列亚太区8大物流中心。根据基础设施水平、整体市场规模以及商业环境三大要素对亚太地区67个物流枢纽进行评级后，香港、广州、上海、深圳、天津、东京、大阪－神户及新加坡8个亚太区物流中心列入全球性物流枢纽。

（一）定位升级“三大战略枢纽”互动发展

“三大战略枢纽”是广州在全球城市体系中扮演重要角色的有力支撑，其中国际航运枢纽与国际航空枢纽强调的就是城市对外连接能力。作为国家中心城市之一，广州有着优越的区位优势与对外开放的传统，对外连接能力一直很强，抓住优势、补足短板，“三大战略枢纽”互相呼应、互动发展，是提升广州国家中心城市能级的重要动力源和增长极。

（二）国际航运枢纽　千年古港的国际化步伐

城以港兴，港为城用，城兴港荣。世界上35个国际化大都市中，有31个是依托港口发展起来的。没有航运枢纽地位，贸易中心、金融中心都将是空中楼阁。是以，大连、上海、厦门、北海等多座国内许多城市都不约而同在朝国际航运中心上发力。

广州市制定了《建设广州国际航运中心三年行动计划（2015－2017年）》，计划到2017年，广州港货物吞吐量达5．5亿吨，集装箱吞吐量达到2000万个标准箱；完成固定资产投资150亿元，新增港口通过能力8000万吨，并争取进入全球航运中心前15名。“十三五”规划建议升级为“国际航运枢纽”，战略上有所升级，举措亦有所体现。

（三）国际航空枢纽　全球五大洲近200通航点

广州建设国际航空枢纽、发展临空经济的基础和条件已经具备——2004年转场前，白云机场只有22条国际航线。2009年，联邦快递亚太转运中心投入运营后，白云机场的国际航线数量达到92条。截至2015年，共有70家国内外航空公司通航白云机场，航线网络通达全球五大洲近200个通航点。

为推动国际航空枢纽建设和临空经济发展，广州制定了加快广州空港经济区开发建设的三年行动计划，提出到2017年，广州白云国际机场旅客吞吐量达到6600万人次，年均增长6．5%；货邮吞吐量达到190万吨，年均增长9．5%。

（供稿单位：广东省物流行业协会）

2015年广东省房地产市场发展概况

2015年，在政府一系列刺激政策的带动下，广东商品房销售市场总体回暖，销量创下历史新高，但待售面积也达到历年最高水平，去库存压力仍然较大。与此同时，市场在业态和区域等方面不断分化，住宅、写字楼销量同比上升，商业营业用房和其他用房则同比下降；珠三角相对其他地区市场回暖步伐更快，销量同比增速持续领先。

一、房地产调控政策

2015年，省政府将“引导和促进房地产业平稳健康发展”列入重点工作内容，省住房和城乡建设厅根据国家房地产市场调控政策和陈政高部长讲话精神，发文件指导全省各地改善新常态下的房地产市场调控模式，以加快房地产加快去库存为工作目标，探索打通保障房和商品房通道，发展住房租赁市场等。6月，省住建厅会同省国土资源厅转发了《国土资源部住房城乡建设部关于优化2015年住房及用地供应结构促进房地产市场平稳健康发展的通知》，指导商品房库存面积过大地区，适当减少商品房用地供应、调整住房套型结构。10月，省住建厅会同省发展改革委、商务厅、工商局、人民银行广州分行、国家外汇管理局广东分局等转发了《住房城乡建设部等部门关于调整房地产市场外资准入和管理有关政策的通知》，放宽外资开发房地产和购买商品房的限制。

因城施策的指导思想之下，各地市认真贯彻落实国家、省各项促进房地产市场稳定政策。一是认真贯彻落实国家降低二套房贷首付比例、降低房贷利息、缩短个人住房转让免收营业税等金融、税收政策，支持居民自住型、改善型住房需求。二是积极调整房地产市场调控政策。2月18日，湛江市政府出台了《关于进一步促进房地产市场平稳健康发展的意见》，提出四个方面20项具体措施，满足刚需和改善性住房需求。6月3日，汕头市印发《关于稳定房地产市场的有关工作意见》，提出认真贯彻落实各项房地产市场调控政策、科学把握住房套型供应结构、取消限制外资购房、加强市场监测分析等十项措施。汕头市住房公积金推出首付比例下调至20%、单方贷款额度提高5万元、放开二手房贷款房龄限制、放宽租房提取住房公积金条件、突破直系亲属购房使用公积金限制等五项措施，支持职工采取住房公积金贷款购房。5月1日，佛山市彻底取消了住房“限购”政策。5月6日，江门市取消了住房“限外”政策，允许外资在江门购房。阳江、湛江、茂名、云浮、肇庆等五个城市签定了《住房公积金业务合作交流协议》，建立互认互通、互认互贷的住房公积金合作机制。9月16日，清远市出台《清远市促进房地产平稳健康发展政策措施的通知》，提出22项促进商品房消费、优化市场环境的措施。

二、房地产投资建设

（一）资金情况

2015年，广东房地产企业到位资金1.42万亿元，同比增长25.1%，增速同比提高16.9个百分点。其中，国内贷款2577.81亿元，增长6.0%，增幅比2014年回落7.5个百分点；利用外资26.65亿元，下降58.1%；自筹资金3933.40亿元，增长6.1%，增幅比2014年回落26.3个百分点；其他资金来源7626.44亿元，增长48.8%，其中定金及预收款增长46.6%，个人按揭贷款增长51.4%，增幅分别比2014年提高59.3个和47.4个百分点。

表1　2014、2015年度广东房地产到位资金情况

单位：亿元

项目	2014年度	2015年度	2015年同比
本年资金来源小计	11326.60	14164.30	25.1%
(1)国内贷款	2432.61	2577.81	6.0%
银行贷款	2172.27	2379.53	9.5%
非银行金融机构贷款	260.34	198.27	-23.8%
(2)利用外资	63.65	26.65	-58.1%

（续上表）

项目	2014年度	2015年度	2015年同比
其中：外商直接投资	57.07	26.38	-53.8%
(3)自筹资金	3705.57	3933.40	6.1%
其中：自有资金	1509.73	1723.08	14.1%
(4)其他资金来源	5124.77	7626.44	48.8%
其中：定金及预收款	3175.75	4656.66	46.6%
个人按揭贷款	1533.84	2322.61	51.4%

数据来源：广东省统计局。

（二）完成投资

2015年，广东房地产开发企业共完成开发投资8538.47亿元，同比增长11.8%，增幅比上半年回落4.3个百分点，比2014年回落5.9个百分点。按构成分，建筑工程投资5236.98亿元，同比增长9.5%；安装工程投资811.42亿元，增长25.9%；其他费用投资2390.86亿元，增长12.1%，其中土地购置费1711.53亿元，增长7.6%。按类型分，商品住宅开发投资5890.51亿元，同比增长13.6%；办公楼和商业营业用房投资1085.78亿元和564.00亿元，增长15.2%和13.3%；其他投资998.19亿元，下降0.5%。

图1. 2015年广东房地产完成投资走势

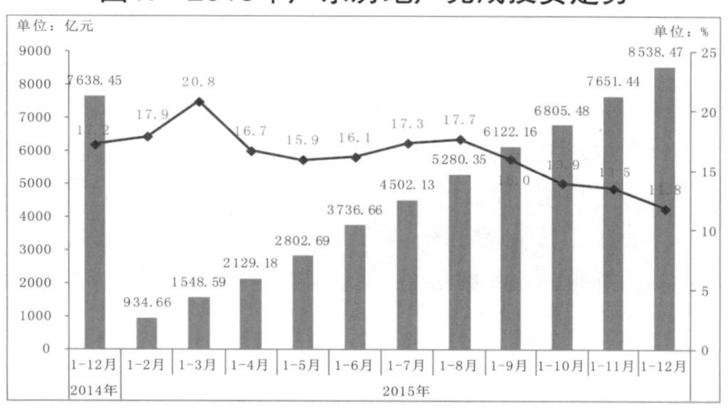

数据来源：广东省统计局。

（三）施工建设

开发建设方面，截至12月期末，全省商品房施工面积5.79亿平方米，同比增长7.3%，增速同比下降8.8个百分点。其中，2015年新开工面积1.27亿平方米，同比下降5.3%；竣工面积6044.43万平方米，同比下降17.5%。

图2. 2015年广东商品房施工、新开工、竣工面积增速走势

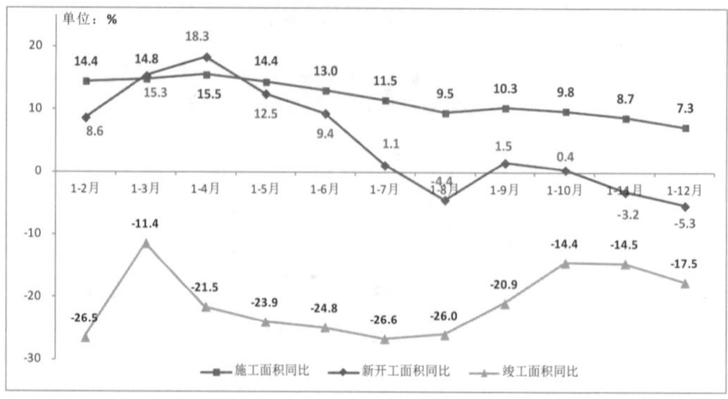

数据来源：广东省统计局。

（四）土地购置

从土地购置情况看，全省房地产企业购置土地面积1478.80万平方米，同比下降24.4%；土地成交价款890.97亿元，同比增长4.0%；土地成交均价6025元/平方米，同比大幅增长37.6%。

三、房屋交易市场

（一）新增供应

2015年，全省商品房、商品住宅批准预售面积7510.78万和6391.93万平方米，同比分别下降9.9%和10.1%。其中，广州、深圳两个中心城市商品房合计批准预售面积1542.94万平方米，同比下降21.8%；除中心城市之外的珠三角地区及粤北山区同比分别下降0.8%和30.4%；东西两翼同比增长10.4%和7.9%。

表2 2014年广东各地区商品房批准预售面积

单位：万平方米

地 区	商品房批准预售面积		商品房同比增长	
		住宅		住宅
全省	7510.78	6391.93	-9.9%	-10.1%
珠三角（包广州、深圳）	5082.26	4204.69	-8.3%	-9.0%
珠三角（不包广州、深圳）	3539.32	3009.79	-0.8%	-0.8%
中心城市	1542.94	1194.90	-21.8%	-24.7%
东翼	503.96	478.13	10.4%	11.4%
西翼	834.78	777.34	7.9%	10.4%
粤北山区	1089.78	931.77	-30.4%	-31.4%

数据来源：广东省统计局。

（二）实现销售

2015 年，广东商品房全年销售面积 1.17 亿平方米，同比大幅增长 25.4%；销售金额 1.14 万亿元，同比增长 35.2%，销售量创历史新高。按用途分，商品住宅销售面积、销售额分别为 10497.62 万平方米、9967.32 亿元，同比分别增长 28.6% 和 43.2%；合计销售 94.32 万套，增长 27.6%。办公楼销售面积 311.12 万平方米，同比增长 35.0%；商业营业用房销售面积 479.21 万平方米，同比下降 2.4%；其他房屋销售面积 393.05 万平方米，同比下降 8.7%。商品住宅销售面积占商品房总销售面积的 89.9%，同比上升 2.3 个百分点；办公楼占 2.7%，小幅上升 0.2 个百分点；商业营业用房占 4.1%，同比下降 1.2 个百分点；其他房屋占 3.4%，同比下降 1.2 个百分点。

图3. 2015年广东商品房销售面积、销售金额走势

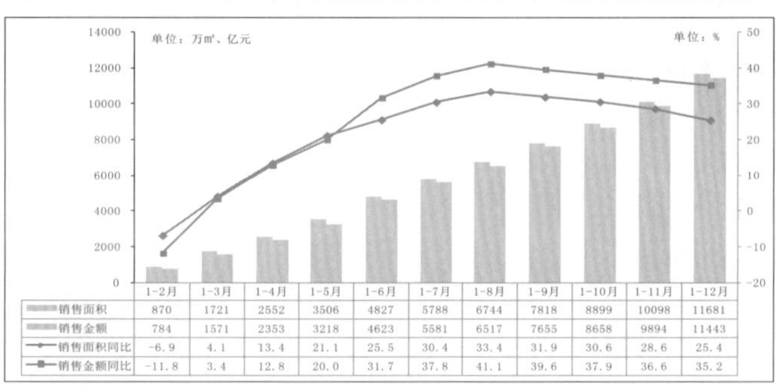

数据来源：广东省统计局。

图4. 2010-2015年广东商品房销售面积走势

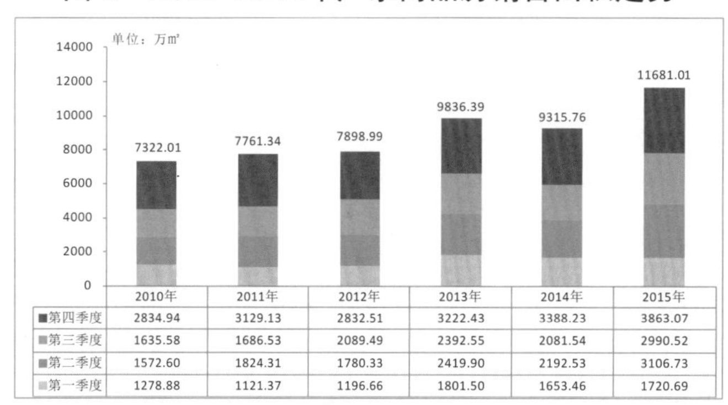

数据来源：广东省统计局。

表3 2015年广东商品房销售面积（按用途分）

单位：万平方米

年份	住宅		办公楼		商业营业用房		其他房屋	
		占比		占比		占比		占比
2014年	8163.56	87.6%	230.45	2.5%	491.06	5.3%	430.70	4.6%
2015年	10497.62	89.9%	311.12	2.7%	479.21	4.1%	393.05	3.4%
同比	28.6%	2.3 个百分点	35.0%	0.2 个百分点	-2.4%	-1.2 个百分点	-8.7%	-1.2 个百分点

数据来源：广东省统计局。

按地区分，珠三角地区的商品房销售面积的全年同比增速走势明显领先于其他地区。全年珠三角地区的商品房销售面积 8706.88 万平方米，同比增长 29.4%，占全省的 74.5%，比重较 2014 年提高 2.3 个百分点；东翼销售 516.11 万平方米，增长 33.4%，占全省的 4.4%；西翼销售 880.12 万平方米，增长 5.7%，占全省的 7.5%；粤北山区销售 1577.91 万平方米，增长 15.4%，占全省的 13.5%。

图5. 2015年广东各地区商品房销售面积同比增速走势

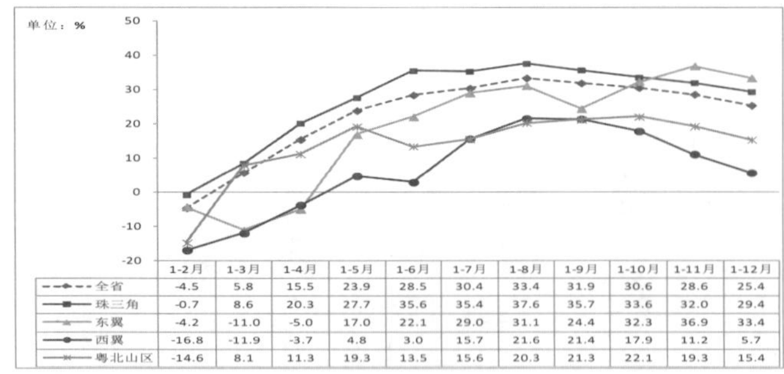

数据来源：广东省统计局。

（三）均价走势

2015 年，广东商品房销售均价同比走势呈现逐月回升态势，上半年同比降幅逐渐收窄，6 月之后由负转正。全年平均销售价格为 9796 元 / 平方米，同比上涨 7.8%。其中，商品住宅均价为 9495 元 / 平方米，同比增长 11.4%。分城市看，深圳、广州、珠海分别以 33661 元 / 平方米、14083 元 / 平方米和 14031 元 / 平方米位列前三；其中，深圳、珠海房价同比涨幅包揽前二，分别为 43.5% 和 13.4%。

图6. 2015年广东商品房销售均价走势

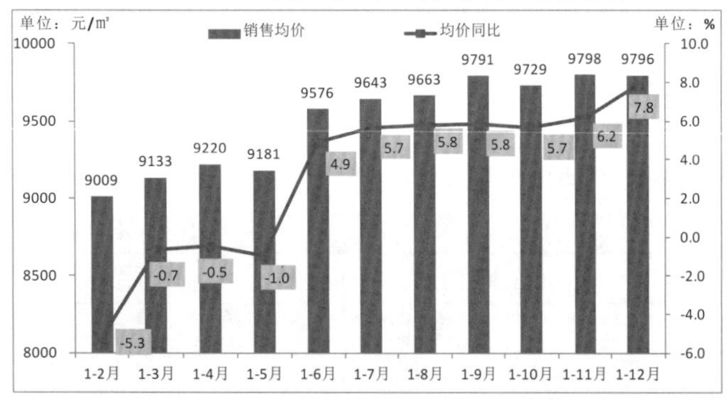

数据来源：广东省统计局。

表4 2015年广东各市商品住宅销售均价及同比增速

排序	城市	房价(元/m²)	排序	城市	涨幅(%)
1	深圳	33641	1	深圳	43.5
2	广州	14458	2	珠海	13.4
3	珠海	13093	3	潮州	12.5
4	东莞	9443	4	揭阳	11.6
5	佛山	8523	5	汕头	5.9
6	汕头	6976	6	东莞	3.4
7	惠州	5993	7	茂名	3.4
8	江门	5800	8	惠州	1.4
9	中山	5709	9	阳江	1.2

（续上表）

排序	城市	房价(元/m²)	排序	城市	涨幅(%)
10	湛江	5473	10	江门	0.7
11	潮州	5241	11	韶关	0.2
12	汕尾	4724	12	肇庆	-1.6
13	清远	4672	13	广州	-1.8
14	肇庆	4618	14	汕尾	-2.6
15	茂名	4517	15	中山	-2.8
16	梅州	4431	16	河源	-4.0
17	阳江	4378	17	清远	-5.5
18	河源	4121	18	湛江	-5.6
19	韶关	4036	19	佛山	-5.8
20	云浮	3903	20	云浮	-6.7
21	揭阳	3859	21	梅州	-7.1

数据来源：广东省统计局。

（四）待售库存

2015 年，在国家和地方政府积极支持合理住房消费的背景下，全省商品住宅的待售面积有所下降；但办公楼、商业营业用房、其他用房等商业物业待售面积继续增加。截至 2015 年期末，全省商品房待售面积 5637.94 万平方米，同比小幅增长 3.1%。其中，商品住宅 3493.35 万平方米，同比下降 1.5%；办公楼 219.70 万平方米，同比增长 10.6%；商业营业用房 887.91 万平方米，同比增长 8.5%；其他房屋 1036.98 万平方米，同比增长 14.6%。

分区域看，珠三角地区待售面积 3656.81 万平方米，同比下降 1.3%，占全省待售面积的 64.9%，比上年同期下降 2.9 个百分点；东翼和西翼待售面积 570.22 万平方米和 450.84 万平方米，分别增长 1.5% 和 11.5%，山区 960.07 万平方米，增长 20.7%。

四、房地产业税收贡献

2015 年全省地税收入 6615.57 亿元，同比增长 16.05%。其中，房地产业税收 1680.59 亿元，同比增长 4.86%；占总地税收入的 25.40%，比 2014 年下降了 2.71 个百分点。其中，名列前茅且过百亿的地市有深圳、广州、佛山、东莞，分别为 445.91 亿元、430.46 亿元、185.49 亿元和 108.86 亿元；最少的城市是汕尾市，仅 6.99 亿元。而与 2014 年相比，2015 年全省仅深圳、茂名、珠海、汕尾、广州、佛山等 6 个地市的房地产业税收有所增长，其他 15 个地市同比下降，降幅超过 10% 的地市达到 11 个。

表5　2014、2015年广东各市房地产业地方税收情况对比

单位：亿元

城市	2014年			2015年			2015年同比		
	地税合计	房地产业		地税合计	房地产业		地税合计	房地产业	
			占比			占比			占比
广东省	5700.47	1602.66	28.1%	6615.57	1680.59	25.4%	16.1%	4.9%	-2.7个百分点
广州	1350.36	403.30	29.9%	1469.50	430.46	29.3%	8.8%	6.7%	-0.6个百分点
深圳	1712.39	325.75	19.0%	2276.18	445.91	19.6%	32.9%	36.9%	0.6个百分点
珠海	268.51	72.49	27.0%	326.52	80.08	24.5%	21.6%	10.5%	-2.5个百分点
汕头	102.59	28.31	27.6%	111.72	27.07	24.2%	8.9%	-4.4%	-3.4个百分点
佛山	466.52	180.28	38.6%	524.41	185.49	35.4%	12.4%	2.9%	-3.3个百分点
韶关	65.52	16.55	25.3%	62.95	13.38	21.3%	-3.9%	-19.2%	-4.0个百分点
河源	55.61	16.14	29.0%	57.25	14.01	24.5%	3.0%	-13.2%	-4.5个百分点
梅州	78.52	22.98	29.3%	98.36	22.97	23.3%	25.3%	-0.1%	-5.9个百分点
惠州	220.51	91.61	41.5%	237.10	83.75	35.3%	7.5%	-8.6%	-6.2个百分点
汕尾	28.43	6.37	22.4%	26.52	6.99	26.4%	-6.7%	9.6%	3.9个百分点
东莞	426.12	127.34	29.9%	457.85	108.86	23.8%	7.4%	-14.5%	-6.1个百分点
中山	214.52	90.82	42.3%	225.57	74.67	33.1%	5.2%	-17.8%	-9.2个百分点
江门	151.04	54.49	36.1%	165.54	45.50	27.5%	9.6%	-16.5%	-8.6个百分点
阳江	51.01	18.03	35.3%	50.71	14.94	29.5%	-0.6%	-17.1%	-5.9个百分点
湛江	87.35	24.62	28.2%	91.93	19.98	21.7%	5.2%	-18.8%	-6.4个百分点
茂名	84.01	21.56	25.7%	101.22	24.84	24.5%	20.5%	15.2%	-1.1个百分点
肇庆	109.44	34.11	31.2%	96.18	26.11	27.2%	-12.1%	-23.4%	-4.0个百分点
清远	91.61	37.36	40.8%	94.12	29.60	31.5%	2.7%	-20.8%	-9.3个百分点
潮州	35.28	8.57	24.3%	36.79	7.34	19.9%	4.3%	-14.3%	-4.3个百分点
揭阳	57.94	9.84	17.0%	59.78	9.13	15.3%	3.2%	-7.3%	-1.7个百分点
云浮	43.21	12.14	28.1%	45.37	9.52	21.0%	5.0%	-21.6%	-7.1个百分点

资料来源：广东省地税局。

（供稿单位：广东省房地产行业协会）

2015年广东省高新技术产业发展情况

2015 年，我省围绕着高新技术研发、高科技成果转化、企业孵化与培养、高新技术产业化示范、高新技术产业化环境建设等工作体系，全力推进珠三角国家自主创新示范区建设，着力完善全省孵化育成体系建设，积极谋划全省高新技术发展，不断提升高新区创新发展水平，有效推动我省高新技术产业发展。全省高新技术产品产值达 5.37 万亿元，同比增长 9.11%。

一、广东省高新区建设情况

2015 年，我省高新区继续保持快速、健康的发展势头，成为引领区域经济发展和升级的火车头，全年全省高新区实现工业总产值 24124.02 亿元，工业增加值 5067.53 亿元，拥有高新技术企业 3114 家，占高新区企业总数的 33.64%。推进河源、清远、汕头、湛江、茂名等省级高新区加快国家级高新区建设步伐。河源、清远国家级高新区成功获批，河源是首个珠三角以外的国家级高新区，清远成为粤北地区第一个国家级高新区。目前我省国家级高新区达到 11 家。推进和指导佛山和江门高新区战略合作。围绕高新区建设各具特色的产业集群。2015 年“中山健康科技创新型产业集群”被科技部认定为国家创新型集群试点。目前珠三角形成了深圳下一代互联网、惠州云计算智能终端、中山健康科技等 3 个国家创新型产业集群试点，以及广州个体化医疗、珠海智能电网装备等 2 个国家级创新型产业集群试点（培育）和中山光成像及新一代电子、江门绿色光源等数个省级试点的多层次创新型产业集群建设体系。

二、珠三角国家自主创新示范区建设情况

2015 年初，我省启动了珠三角国家自主创新示范区（以下简称示范区）建设工作，根据省委省政府的决策部署和工作要求，做好建设方案制定和申报材料，抓紧落实，完善各项申报工作。在省委、省政府领导高度重视及厅党组的具体领导下，示范区于 2015 年 9 月 29 日正式获得国务院批复，这是我省实施创新驱动发展战略的里程碑事件。我省珠三角国家高新区全部纳入国家自主创新示范区，是目前获批的区域性国家自主创新示范区中涵盖城市最多的一个示范区，也是目前全国唯一具有 2 个自主创新示范区的省份。示范区获批后，我省抓紧筹划各项具体建设工作，以省委省政府名义召开了示范区建设启动会。同时，抓好示范区建设顶层设计，启动了示范区实施方案、政策意见、发展规划纲要和空间布局的研究和制订工作。

三、众创空间建设发展情况

2015 年，我省根据国家战略部署，全面推动众创空间建设，众创空间正如雨后春笋般不断发展。我省不断强化众创空间政策扶持力度，在省创新平台与环境建设专项计划中，将众创空间建设作为支持重点专题。引导各地市对“众创空间”的房租、宽带网络、公共软件等给予适当补贴，或通过盘活闲置厂房等资源提供成本较低的场所。发挥社会力量作用，鼓励企业、投资机构、社会组织等社会资本投资建设众创空间。探索了创业投资及信贷风险补偿制度，积极培育发展天使投资。推动众创空间完善服务体系，除了为创业者提供良好的工作空间、网络空间、社交空间和资源共享空间外，还还鼓励众创空间为创业提供特色、专业化的服务。营造创新创业文化，成功举办了中国创新创业大赛（广东赛区），开展了深圳国际创客周、“双创活动周”、华南地区众创空间培训会等系列活动。截至 2015 年，全省众创空间超 150 家，其中国家级备案众创空间共 44 家，新增 100 家，新增数超历史最高水平，涌现出深圳柴火空间、广州 YOU+ 国际青年社区等国内知名的创业服务平台，培育了一批优秀团队和企业，有效带动众包、众扶、众筹、众智的协同发展，成为推动我省大众创业万众创新的重要平台。

四、高新技术企业培育发展情况

2015 年我省不断完善高企和高企培育政策，建立起了完善的高企培育工作机制。省科技厅和省财政厅制定出台了《高新技术企业培育实施方案（2015-2017 年）》《高新技术企业培育资金管理办法（试行）》，设立 20 亿元高企培育奖补专项资金，建立高企培育库，着力培育高新技术企业。建立省市县（区）各级联动的高企培育工作机制，在全省各地市建立高企培育工作机构，珠三角重点地市延伸至县（区）或镇级，确保高企发展和高企培育工作落到实处。同时，省科技厅统筹制定全省各地市高企发展和高企培育年度目标，各市培育机构结合县（区）或镇科技经济情况制定培育发展计划，细化目标，形成责任明确、层层推进、共同参与的工作体系。完善省科技业务管理阳光政务平台高企认定系统，新建高企培育管理系统，累计增补更新系统评审专家达 2300 人。完善专家评审机制，通过系统随机抽取专家独立评分，向企业公开评审结果。优化评审流程，新增申诉及答辩环节，保障企业权益，确保高企评审科学公正。新建高企和入库企业运行监测数据库，充实了我省高企基础数据，为政府科学决策提供保证。

2015 年，我省全面完成高企认定和培育目标。年度认定和复审高企达 2414 家，有效高企存量达 11105 家，居全国第二，完成入库培育企业 3685 家，共奖补资金 7.06 亿元，企业主要集中在战略性新兴产业领域，企业成长性较好，为我省高企发展储备了充足力量。

（供稿单位：广东省科技厅）

2015年广东省旅游业发展情况

一、概况

【总体情况】2015年，广东省接待过夜国内旅游者3.28亿人次，比上年增长11.47%。全省旅游总收入10365亿元（旅游卫星账户口径），增长11.81%。其中国内旅游收入9260亿元（旅游卫星账户口径），增长12.65%。广东省口岸入境旅游人数10512.91万人次，比上年增长5.27%。其中外国人656.51万人次，下降2.50%；香港同胞7385.50万人次，增长4.48%；澳门同胞2285.26万人次，增长10.70%；台湾同胞187.64万人次，增长3.23%。入境过夜旅游人数3446.94万人次，比上年增长2.73%，其中外国人783.40万人次，增长1.06%；香港同胞2129.02万人次，增长3.26%；澳门同胞253.46万人次，增长5.88%；台湾同胞281.05万人次，增长0.70%。入境过夜旅游者中港澳台游客仍为广东入境旅游接待的主体，占总数77.2%。旅游外汇收入178.9亿美元，增长4.7%，广东旅游外汇收入继续位居全国首位。

【旅游产业规模】 2015年全省实现旅游总收入10365亿元、同比增长11.8%，其中旅游外汇收入175亿美元、增长2.5%；接待过夜游客3.6亿人次、增长10%，其中入境过夜游客3500万人次、增长4.3%；全年旅游业增加值预计达4663亿元，约占全省GDP比重6.8%，占第三产业比重14%。全省共有A级景区296家，其中AAAAA级11家、AAAA级158家、AAA级111家、AA级13家。星级旅游饭店935家，其中白金五星级1家、五星级115、四星级172家。旅行社共2128家，其中出境游组团社332家。

二、国际旅游

【入境旅游接待与收入】2015年，广东省口岸入境旅游人数10512.91万人次，比上年增长5.27%。其中外国人656.51万人次，下降2.50%；香港同胞7385.50万人次，增长4.48%；澳门同胞2285.26万人次，增长10.70%；台湾同胞187.64万人次，增长3.23%。入境过夜旅游人数3446.94万人次，比上年增长2.73%，其中外国人783.40万人次，增长1.06%；香港同胞2129.02万人次，增长3.26%；澳门同胞253.46万人次，增长5.88%；台湾同胞281.05万人次，增长0.70%。

入境过夜旅游者中港澳台游客仍为广东入境旅游接待的主体，占总数77.2%。旅游外汇收入178.9亿美元，增长4.7%，广东旅游外汇收入继续位居全国首位。广东省口岸入境旅游前5名客源国依次为：日本（72.7万人次）、韩国（65.9万人次）、马来西亚（50.5万人次）、美国（64.1万人次）、新加坡（37.0万人次）。接待过夜旅游者前5位的国家依次为：日本（89.23万人次，下降11.46%）、美国（71.08万人次，增长12.18%）、韩国（47.45人次，下降1.41%）、马来西亚（35.19万人次，下降16.84%）、新加坡（28.52万人次，下降7.40%）。

【出境旅游】2015年，全省口岸出境旅游者8556.8万人次，比上年增长4.7%。旅行社组团出境旅游总人数899.53万人次，增长4.53%。其中，香港游331.93万人次，下降10.17%；澳门游135.62万人次，增长5.15%；出国游405.24万人次，增长21.95%；台湾游26.73万人次，下降10.18%。

三、重大旅游活动

【2015中国（广东）国际旅游产业博览会】2015年9月10-13日由省政府主办、省旅游局承办的2015中国（广东）国际旅游产业博览会在广州中国进出口商品交易会琶洲展馆成功举办。本届旅博会展馆面积达10万平方米、标准展位5,000个，设中华馆、国际及港澳台馆、旅游大卖场、老字号商品馆、传统酒店用品馆、酒店家具灯饰及软装馆、酒店美居馆、餐饮美食馆、旅游交通馆等9大主题展馆，同期举办中国（广东）会奖旅游交流大会、2015中国酒店业交流年会等40多项主题活动。促成旅游招商引资项目40个、总金额1022.68亿元，其中28个项目成交金额超1亿、3个项目超50亿、3个项目超100亿。共51个国家/地区（其中海丝沿线11个国家）、23

个国内兄弟省市、省内 21 个地市代表团、3000 多家旅游企业、1.6 万专业买家参展，专业买家人数比去年增长 2 倍。超过 56 万人次群众参会。旅博会突出国际化、产业化、一体化、专业化、市场化特色，推动海丝旅游“互联互通”，强化展销对接、惠民服务功能，有力促进了广东与国内外旅游交流合作和投资交易，推动广东旅游产业转型升级和社会经济发展。

【广东 21 世纪海上丝绸之路国际博览会旅游文化展区】2015 年 10 月 29-31 日，广东 21 世纪海上丝绸之路国际博览会在东莞举办，其中旅游文化展区共设 125 个标准展位，总面积约 2000 平方米。34 个国家和地区的近百家境内外旅游局、航空公司、邮轮公司、景区、旅行社等单位参展，此外，150 多家境内外旅游采购商在展会期间进行旅游洽谈采购。旅游航空馆由境内外 16 家航空公司联合参展，展示各航空公司丰富的产品、航班信息等，以进一步加强海丝沿线国家旅游航空合作；南太平洋八个岛国首次联合组团参展；展区内首次设立以旅游惠民为主题的环球旅游特卖场，吸引民众入场抢购特惠旅游产品。

【2015 广东国际旅游文化节】2015 年 10 月 31 日，由广东省政府批准，佛山市人民政府、广东省旅游局、广东省文化厅联合主办的 2015 广东国际旅游文化节在佛山隆重开幕，各项主要活动持续一周。据统计，本届旅游文化节有 1300 多名海内外领导及各界嘉宾莅临佛山，超过 174.5 万人次中外游客和佛山市民观摩或参与各类活动，达成旅游招商签约项目 31 个，总投资金额 525.62 亿元，旅游文化节取得了良好的经济效益和社会效益，呈现四个特点：一是活动内容丰富多彩，市民游客参与度高；二是嘉宾邀请向业界和传媒代表倾斜，务实创新效果好；三是招商引资成效显著，签约项目上规模上档次；四是媒体宣传反响热烈，城市形象跃上新台阶。

四、旅游交流与合作

【国际旅游交流合作】2015 年，组织业界代表参加了国家旅游局牵头组织的美国迈阿密邮轮旅游展、德国柏林国际旅游交易会、韩国首尔国际旅游展、日本 JATA 展、新加坡国际旅游展、法国国际旅游交易会、英国伦敦国际旅游交易会、PATA 旅游交易会（印度）等国际大型旅展，以及韩国“中国旅游年”启动仪式。广东旅游代表团分别赴韩国、柬埔寨、老挝、澳大利亚、斐济、瓦努阿图、白俄罗斯、汤加、新西兰、南非、以色列、印度、斯里兰卡、意大利、英国、比利时等国开展旅游交流活动，推动广东与各国旅游业界的互动交流与深度合作。邀请接待了加拿大、澳大利亚媒体采风团，精心组织欧洲摄影师看广东、北美微电影节获奖者广东考察及美国媒体代表团广东采风活动。联合省侨办开展了 2015 海外华商广东行、海外杰出华人广东行活动。

【国内旅游交流合作】2015 年，组织有关地市旅游部门和旅游企业参加了国家旅游局主办的 2015 中国国际旅游交易会，赴江苏、辽宁、广西、江西、北京、福建、陕西、四川、天津、湖南、重庆、青海、新疆等省区参加了区域性旅游（商品）博览会或旅游节庆活动。支持宁夏、内蒙古、黑龙江、天津、新疆、西藏、河南、四川、江西、江苏等省区旅游部门在广东举办了 10 多场旅游推介会。赴吉林、内蒙古、辽宁等开展了旅游宣传，推介广东暖冬旅游线路和产品，着力将广东打造成为冬季旅游的重要目的地。对口支援新疆喀什、西藏林芝和四川甘孜地区开展旅游宣传促销。

【粤港澳台旅游合作】2015 年，粤港澳台旅游交流合作深化开展，粤港澳台在推动业界交流、市场监管、营销推广、游艇邮轮旅游等方面开展深入的合作。3 月，组织广东有关旅行社赴台北参加第 18 届海峡两岸旅行业联谊会，推动粤台旅游业界深入合作；4 月，组织各地市旅游管理部门、企业参加“美丽中国之旅”港澳地区主题推广活动；5 月，组团参加 2015 台北两岸观光博览会；6 月，组团参加香港国际旅游展；9 月，国家旅游局邀请了台湾旅游业界代表进行粤澳“一程多站”线路考察，重点考察粤澳联游线路及珠海长隆度假区等新景区；11 月，组织各地市参加澳门国际旅游展，组织有关市、县旅游管理部门共计 20 人赴台参加第十届海峡两岸台北旅展，推广广东旅游资源。

【广东旅游信息化建设稳步推进】2015 年，广东省旅游局继续加强旅游信息化建设。全面部署实施“广东旅游大数据”战略，启动升级广东旅游大数据服务中心，策划打造旅游大数据营销示范项目，筹建广东旅游监测中心。扎实推进广州国家智慧旅游试点城市工作，推动云浮、肇庆、珠海、梅州、深圳、惠州 6 市申报国家智慧旅游城市试点。进一步推动旅游电子合同在旅行社的应用。建成全国首个导游征信系统和移动执法客户端，完成广州、珠海、惠州、佛山和清远等 5 个地市试点工作，正式在全省推广使用。编制《广东省“旅游 + 互联网”发展规划》，做好广东省“旅游 + 互联网”工作的顶层设计。升级打造省旅游局自媒体宣传平台，利用互联网开展旅游市场营销，增强广东旅游宣传推介力度。

五、旅游开发建设

【旅游发展规划】2015 年 4 月，印发《广东省城市旅游特色风貌提升规划编制办法（试行）》和《广东省城市旅游特色风貌提升规划建设技术指引（试行）》。2015 年 9 月，印发《广东珠江－西江经济带旅游发展规划（2014-2020 年）》。2015 年 10-12 月，《粤北山区绿色生态旅游示范区规划（2015---2020 年》《广东省海上丝绸之路旅游合作发展规划（2015-2020 年）》《广东省旅游产业融合发展规划（2015-2025）》先后通过专家评审。《广东省旅游发展“十三五”规划》《广东省红色旅游发展第三期规划》《连南、连山和乳源区域旅游合作发展规划（2015-2025 年）》等规划编制工作全面启动。2015 年 7 月起，开展旅游规划扶贫公益行动，广泛发动各类旅游规划、设计、咨询单位，对口帮扶广东省 59 个旅游扶贫试点村，开展规划编制相关工作。

【旅游重点项目开发建设】2015 年，全省各地大力推进旅游重大项目开发建设，根据不完全统计，截止至 2015 年 12 月 31 日，全省 135 个旅游项目计划总投资 3685.6 亿元，其中计划投资超过 1 亿项目共 117 个。汕头、河源、梅州、汕尾、阳江、湛江、茂名等省级旅游产业园区和 10 个省高端旅游项目加快开发建设，撬动社会投资超过 800 亿元，产业集聚效应初步显现。2015 年及 2016 年高端旅游项目评审已完成，相关资金已陆续下达。清远市长隆国际森林度假区森林乐园等 18 个项目入选 2015 年全国优选旅游项目名录。珠海长隆国际海洋度假区、河源巴伐利亚庄园等重大旅游项目建成开业，深圳太子港国际邮轮母港、广州万达文化旅游城、顺德华侨城、顺德长鹿农庄等重大旅游项目进展顺利。

【旅游扶贫项目建设】2015 年，广东省旅游扶贫资金 4365 万元，其中 4000 万元以资金补助的形式支持粤东西北欠发达地区和山区 320 座旅游厕所建设，新建、改扩建旅游厕所各 160 座，新建旅游厕所每座补贴 15 万元，改扩建旅游厕所每座补贴 10 万元；165 万元用于旅游村长培训、旅游扶贫管理和援藏援疆等工作；200 万元用于扶持有关旅游扶贫项目。

六、旅游行业管理

【旅游安全监管】2015 年春节、“五一”假日期间省市旅游管理部门共派出检查组 635 个，出动检查人员 5194 人次，检查旅游企业 2637 家次，排查隐患 369 宗。9 月 30 日，联合安监局等有关单位到增城市检查“国庆”假期旅游安全工作。12 月 28 日，联合公安、交通、质监、安监等部门赴中山市检查元旦、春节假期旅游安全工作。转发《广东省人民政府办公厅关于开展 2015 年全省突发事件风险隐患排查和整改工作的通知》，部署全面安全隐患排查，第一阶段共排查隐患 115 宗。6 月 15-17 日，联合环保、疾控等部门派出 2 个督查组对深圳、珠海、惠州、阳江等地开展登革热防控工作督导。国庆节期间，联合省三防办切实做好台风防御工作，通过微信、微博、电视等平台滚动向游客发出旅游安全提示。

【旅游质量监督管理】2015 年，广东省旅游质量监督管理所坚持问题导向，把整治非法港澳游、不合理低价游、强迫购物等游客反映强烈的突出问题作为重点，整合力量联合“打非治违”，依法治理旅游市场秩序。年初，制定并实施了《依法治理旅游市场秩序三年行动方案（2015 年）》，组织开展了“秩序”“治黑”“清网”“督查”“规范”等五个专项行动，并着重打击了“不合理低价游”和旅游过程中欺骗及强制购物。全年，全省共接到旅游投诉 6820 件，正式受理 5119 件，结案 4767 件，办结率 93%，为游客挽回经济损失 414.95 万元。完成导游征信系统建设及试点运行，并于 2015 年 11 月在全省正式推广应用。截止 2015 年年底共有 11466 名导游完成注册，系统推送服务资讯 277 条，执法人员使用执法终端 335 人次，检查团队导游 191 人次。2015 年全省旅游市场秩序良好、平稳有序，未发生重大的旅游服务质量事件。

【旅游人才建设】2015 年，广东省旅游局组织各类考试 95 场，参考人数 19674 人。其中，全年组织两次全国导游人员资格考试，参考 19338 人，5883 人获得导游员资格证书，合格率 31%；全年中高级导游等级考试参考 336 人，通过 74 人，合格率 22%。至年底，全省持导游证（IC 卡）人数 75980 人，高级导游 167 人，中级导游 1862 人。全省各级旅游培训机构培训旅游行业人员 55 万人次。省旅游局与省委组织部联合举办第九期专题研讨班，全省各市、县（市、区）政府分管副市长、副县（市、区）长、市以及县（市、区）旅游局局长 260 人参加学习，是历届研讨班规模最大的一次。为广东省对口支援的西藏、新疆、甘孜州等地培训旅游行业人员 150 人次。2015 年，全省共有高、中等旅游院校（包括完全的旅游院校和只开设旅游系或旅游专业的院校）139 所，其中高等院校 63 所，中等职业学校 76 所。全年旅游院校在校生 95938 人，毕业生 31224 人，旅游专任教师（导师）2521 人。

（供稿单位：广东省旅游局）

广东省现代服务业发展情况

目前，现代服务业与先进制造、战略性新兴产业一起，已成为广东经济发展迈向中高端的重要标志，通过创业服务业发展，大众创业和万众创新，以及养老服务业现代服务业产业集群等的发展，服务业加快了经济新旧动能的转换，未来将成为广东稳增长的主要动力来源。

一、现代服务业保持较快增速，经济贡献作用加强

2008 年以来，在传统服务业保持平稳增长的同时，现代服务业继续保持较快增幅，有力地支撑了服务业的稳步发展。广东现代服务业总量快速提升，现代服务业增加值由 2008 年的 9272.22 亿元增至 2015 年的 22258.07 亿元，年均增长 11.1%，高于 GDP 平均增速 1.9 个百分点，高于三产 GDP 增速 1.0 个百分点，也高于传统服务业的批发零售业、交通运输仓储和邮政业年均增速。随着现代服务业规模总量逐步扩张，所占经济份额提升，对广东经济社会的贡献作用也在增强。从现代服务业占 GDP 的比重看，现代服务业比重平稳提升。2008 年，现代服务业占 GDP 的比重为 25.2%，占服务业的比重为 56.8%。到 2015 年两者比重分别达到 30.6% 和 60.4%，提高 5.4 个和 3.6 个百分点。伴随着现代服务业比重的上升，其对地区生产总值的贡献率也有较大提高，贡献率从 2009 年的 29.7% 提高到 2015 年的 39.7%，拉动 GDP 增长从 2.9 个百分点到 3.2 个百分点，有力地支撑广东经济平稳发展。

图1　2008-2015年广东现代服务业发展情况

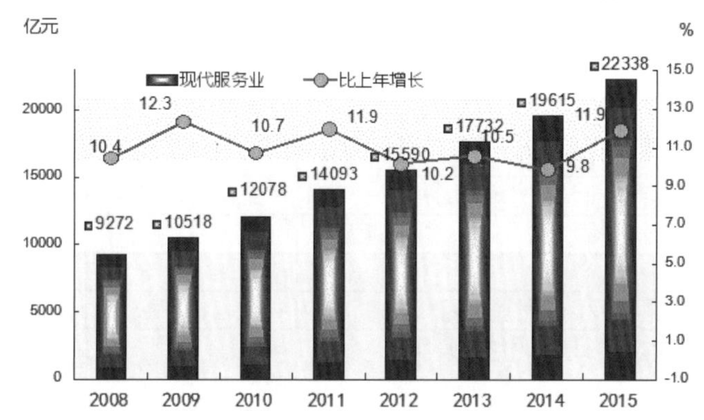

表1　2008-2015年广东现代服务业比重、贡献率和拉动率

年份	占GDP比重（%）	占服务业比重（%）	对经济增长贡献率（%）	对经济增长拉动率（%）
2008	25.2	56.8	-	-
2009	26.6	58.0	29.7	2.9
2010	26.2	57.7	20.6	2.6
2011	26.5	57.6	31.3	3.1
2012	27.3	57.6	33.1	2.7
2013	28.4	58.1	25.1	2.1
2014	28.9	59.0	45.2	3.5
2015	30.7	60.4	39.7	3.2

二、主要行业发展势头良好，推动现代服务业稳定增长

从现代服务业增加值的内部构成来看，除其他现代服务业之外，金融服务、房地产业、租赁和商务服务业是现代服务业的主要行业，2015 年实现增加值分别为 5757.08 亿元、3524.35 亿元和 2573.11 亿元，占现代服务业比重为 25.9%、15.8% 和 11.6%。金融服务和房地产业发展迅速，其占第三产业比重分别由 2008 年的 12.1% 和 8.1% 上升至 2015 年的 15.6% 和 9.6%。金融服务对经济增长的贡献率从 2009 年的 7.2%

上升至2015年的15.1%，提高5.5个百分点。其他行业中，现代物流业、新兴信息技术服务、科学研究和技术服务业、健康服务、文化创意和设计服务占第三产业比重分别为5.5%、6.2%、3.0%、3.8%、0.8%。

分行业增速看，部分行业保持较快增速，成为拉动现代服务业增长的主要动力。2009-2015年，金融服务年均增长13.2%，科学研究和技术服务增长15.4%，健康服务业增长14.7，均高于同期现代服务业年均增速；其他行业增速基本在10%以上，现代物流业年均增长10.8%，新兴信息技术服务增长10.9%，房地产业增长10.3%，租赁和商务服务业增长10.0%。

表2　2008-2015年现代服务业各行业增加值占第三产业比重

行业	2008年	2009年	2010年	2011年	2012年	2013年	2014年	2015年	2015年比2010年提高百分点（个）	2011-2015年均增速
1.现代物流业	6.1	5.9	6.1	6.1	6.2	6.2	6.2	5.5	-0.6	10.8
2.新兴信息技术服务	7.6	7.3	6.8	6.5	6.4	6.0	6.0	6.2	-0.6	10.9
3.金融服务	12.1	12.9	13.3	12.7	12.8	13.5	13.4	15.6	2.3	13.2
4.房地产业	8.1	9.2	8.6	8.5	8.5	9.0	9.5	9.6	1.0	10.3
5.租赁和商务服务	7.4	7.2	7.3	7.7	7.6	7.4	7.6	7.0	-0.4	10.0
6.科学研究和技术服务	2.3	2.3	2.4	2.4	2.4	2.7	2.9	3.0	0.7	15.4
7.健康服务	3.2	3.2	3.2	3.2	3.4	3.6	3.7	3.8	0.7	14.7
8.文化创意和设计服务	1.3	1.2	1.2	1.1	1.0	0.9	0.8	0.8	-0.4	2.3
9.其他现代服务	8.8	8.9	8.9	9.3	9.3	8.8	8.9	8.9	0.0	10.3

三、生产性服务业发展加快，新业态方兴未艾

以金融、现代物流、软件信息、科技研发、文化创意等为主的生产性服务业发展迅速，为制造业转型升级提供了有力支撑。从近几年情况看，广东生产性服务业占比维持在53%以上，增速均快于整体服务业增速，2013-2015年均增速为9.5%。2015年，广东实现生产性服务业增加值19617.36亿元，增长10.1%，高于整体服务业0.4个百分点，占第三产业的比重为53.1%，比上年提高0.1个百分点。其中，金融服务占第三产业比重为9.6%，增长9.2%；商务服务占7.0%，增长6.7%；货物运输仓储和邮政快递服务占5.4%，增长5.7%。

新业态方兴未艾，服务业企业与互联网融合加深，转型升级步伐加快，互联网技术不断渗透到各行各业，催生大量互联网+经济新业态，网络购物、网上支付、跨境电商、网络广告、在线租车、在线医疗在线教育、在线旅游、数字家庭、智慧社区等新兴业态、新服务模式迅速兴起。居民线上消费在过去两年高速增长的基础上继续保持快速增长，2015年全省批发零售业网上购物营业零售额820亿元，比上年增长52.9%，占社会消费品零售总额的2.7%，拉动消费增长1.1个百分点。网购的火爆带动快递业务迅猛增长，相关行业快递业增长49.4%，快递业务量占全国的四分之一；跨境电商发展迅速，企业数量占全国70%，其进出口业务21亿美元，规模占全国首位。

表3　2012-2015年广东生产性服务业情况

年份	增加值（亿元）	占服务业比重（%）	占GDP比重（%）	比上年增长（%）
2012	14515.87	53.6	25.4	-
2013	16194.34	53.2	25.9	9.5
2014	17621.58	53.0	26.0	9.0
2015	19617.36	53.1	26.9	10.1

四、市场主体活跃，就业吸纳能力进一步增强

市场主体是现代服务业快速发展的根本源动力。“十二五”时期，广东现代服务业市场主体活力显著

增强。2015 年，广东生产性服务企业 46.86 万家，比 2010 年增加 20 万家。部分规模以上服务业中生产性服务业实现营业收入 13145.0 亿元，占规模以上服务业营业收入的 87.4%。分行业看，2015 年广东金融业实现增加值比上年增长 19.0%，金融业总资产、存贷款、上市公司数量和保费收入均排全国第一。部分规模以上商务服务业实现营业收入 2840.4 亿元，增长 14.3%，是拉动全省规上服务业的主要因素；规模以上高技术服务业实现营业入 4915.5 亿元，占全部规上服务业营业收入的 32.7%。

随着现代服务业迅速发展壮大，其对人才的吸引力不断增强，更多人力资源流向现代服务业，使其逐步表现出比二产和三产中的传统服务业更强的就业吸纳能力。传统服务业的批发零售业、住宿餐饮业从业人员全部服务业从业人员的比重分别从 2000 年的 37.6%、11.1% 下降到 2015 年的 35.7%、9.9%，房地产和金融业从业人员占比分别从2000年的3.0%、2.0% 提高 2015 年的 4.6%、2.4%。

五、服务业加大对外开放力度，粤港澳服务贸易自由化基本实现

随着现代服务业的快速发展，服务业内部结构也发生了深刻的变化，而且也带动了服务出口的较快增长和出口结构的持续优化，从而推动了国际服务贸易的发展，并使其结构呈现出向高级化变动的趋势。随着“一带一路”和广东自贸试验区等重大战略的实施，广东服务业对外开放水平显著提升，服务贸易规模不断扩大，服务贸易发展质量和效益不断提升。服务贸易进出口总额由 2010 年的 510.4 亿美元提高到 2015 年的 1317.5 亿美元，年均增速 20.9%。2015 年服务贸易进出口在全国排名第三。粤港澳服务贸易自由化基本实现，按照世界贸易组织服务贸易分类标准，广东对港澳开放的服务业类别达到 153 个，开放率达到 95.6%，粤港澳合作载体不断深化，合作层次不断提升。

六、发展动力逐渐增强，服务业集聚发展成重要引擎

近年来，服务业投资和利用外资需求逐步加大，服务业固定资产投资额稳步提升，服务业对外招商引资力度逐渐增强，实际利用外资额不断攀升，为广东现代服务业发展发挥重要推动作用。服务业固定资产投资从 2010 年的 11069.23 亿元增加到 2015 年的 19426.31 亿元，占固定资产投资的比重为 64.7%。服务业实际吸收外资占全省比重由 2010 年的 39.3% 提高到 2015 年的 56.9%，提高了 17.6 个百分点。从行业看，房地产业利用外资总量最大，占服务业利用外资比重近 50%；租赁和商务服务业增长最迅速，年均增长超过 25%。

服务业载体建设加快推进，示范作用日益显著。依托城市、自由贸易试验区、先进制造业基地等平台载体，广东现代服务业集聚区建设步伐不断加快，打造了 70 个特色现代服务业集聚区。以广州珠江新城中央商务区、中心知识城、广东金融高薪技术服务区、松山湖综合性生产服务业集聚区等为代表的一批现代服务业集聚区规模效应显著，2015 年珠三角地区现代服务业占第三产业比重达 63.0%，高于同期全省占比 2.6 个百分点，初步实现高端要素集聚目标，成为提升城市功能、优化产业结构的重要载体。

七、广东现代服务业发展存在的若干问题

（一）现代服务业发展尚处于初级阶段，占比有待提高。目前，发达国家服务业多数达到“4 个 70%”的水平，即服务业增加值占 GDP 的 70% 左右，服务业从业人员占社会就业人口的 70% 以上，经济增长的 70% 来自于服务业增长，生产性服务业占服务业的比重达到 70%，这说明，经济进入了服务化或后工业社会。从广东情况看，服务业突出的特点是传统服务业进入过度与现代服务业进入不足同时并存，进入过度的是与城市和农村的剩余劳动力就业有关的低技能的劳动密集型行业，而进入不足的是技术资本密集的现代服务业，这些行业普遍与政府管制和行政垄断密切联系。2015 年全省仅有广州、深圳、东莞服务业占 GDP 比重过半，其中仅广州、深圳的现代服务业占服务业比重超过六成。

（二）现代服务业内部结构不均衡，辐射力较弱。从近年现代服务业发展来看，整体规模不断壮大，特别是租赁和商务服务业、金融业、房地产业等行业的发展令人瞩目，在这些行业的带动下，现代服务业比重有着较快的提升。但从内部构成看，行业发展不平衡比较突出。一是生产性服务业和消费性服务业结构的失衡。文化创意、研发设计、第三方物流等生产性服务业发展不足。对消费性服务业，尤其是对服务范围和辐射半径较大的中高端消费性服务业的发展重视力度不够。二是高端生产性服务业发展仍然较为薄弱。法律服务、会计审计及税务、广告、会展及咨询等专业服务业发展规模和水平相对不足，影响服务产业链的延伸和规模的扩展，对城市功能和服务能级提升的

支撑作用尚不突出。

利用2007年、2010年及2012年的广东省42部门投入产出表，参照现代服务业行业分类标准和投入产出表分类标准，通过计算各产品部门影响力系数(反映的是对其他部门的拉动作用）可知，现代服务业大多数产品部门影响力系数数值均有不同程度增加，但系数均小于1，即本部门生产对其他部门所产生的波及影响程度低于社会平均影响水平，其中：交通运输仓储和邮政、金融、科学研究和技术服务的影响力系数排名在上升，数值也逐年增加，对经济的带动作用逐渐增强；卫生和社会工作影响力系数在下降，对其他部门的拉动作用减弱。

表4　主要年份广东现代服务业各产品部门的影响力系数

产品部门	2007		2010		2012	
	影响力系数F_j	排名	影响力系数F_j	排名	影响力系数F_j	排名
交通运输、仓储和邮政	0.8954	2	0.9325	2	0.9466	1
信息传输、软件和信息技术服务	0.8510	6	0.7872	6	0.8108	5
金融	0.6505	8	0.6989	7	0.7193	7
房地产	0.5302	9	0.5846	9	0.5531	9
租赁和商务服务	0.8837	3	0.8879	3	0.8921	3
科学研究和技术服务	0.8777	4	0.9956	1	0.8947	2
教育	0.6727	7	0.6629	8	0.6058	8
卫生和社会工作	0.9876	1	0.8866	4	0.8676	4
文化、体育和娱乐	0.8592	5	0.8738	5	0.7923	6

（三）标杆型企业数量偏少，服务业整体规模偏小。近年来，现代服务业企业积极应对外部环境变化和自身短板，发展活力不断增强，行业规模不断扩大，但现代服务业企业表现不太突出，具有一定地区代表性、较大行业影响力和知名度的现代服务业标杆型企业数量还较少，影响现代服务业总体竞争力。当前，广东服务业企业整体规模偏小，重点品牌企业不多，专业水平和竞争力还不强。2015年广东规模以上服务业企业的营业收入户均规模为1.03亿元，其中营业收入超100亿元的大型企业仅有13家，营业收入超过1亿元的有1871家，即有近九成的企业营业收入规模在全省平均水平以下，表明服务业企业平均规模偏小、经营比较分散。缺少规模化专业化的核心企业和龙头企业，本土核心企业更是稀少，重点企业对整个行业的集聚和带动作用尚不明显。

（四）服务贸易发展滞后。近年来，广东服务贸易虽取得较快发展，但其占贸易总额的比重仍然偏低。2010年广东服务贸易进出口总额为占全部对外贸易进出口总额比重为6.5%，2015年这一比重提高到12.9%。与2014年美国的29.6%、德国的22.2%、日本和韩国的19.7%相比，仍存在较大差距，且广东服务进口远大于出口，长期处于逆差地位。服务贸易出口以劳动密集型的工程承包、运输和旅游为主，结构单一，附加值低；进口则集中在高附加值的金融、保险、电信、信息处理等行业，专利权使用费、特许费、咨询等技术和知识密集型贸易逆差较大。

（五）现代服务业人才供给和需求结构匹配性不高。广东服务业从业人员中，传统服务业从业人员占比较高。2015年，批发零售业和住宿餐饮业从业人员占服务业从业人员达45.6%。现代服务业从业人员人数少，比重低，如金融业和房地产从业人员分别为55.4万人和104.47万人，仅占服务业从业人员的2.4%和4.6%。同时，现代服务业人员整体素质不高。一是具有国际领先研发能力的高端人才明显不足，制约了信息服务、科技研发服务、健康医疗服务等行业的加速发展。二是与国际接轨的专业化人才明显不足，影响了金融保险业、法律服务业、会计服务业、教育产业等行业的加速发展。

（资料来源：广东省统计局）

广东文化产业发展情况

2014年，广东文化产业持续较快发展，整体实力和竞争力显著提升，已成为重要国民经济支柱产业和战略性新兴产业。文化产业对广东经济社会发展的引领和推动作用进一步增强，对全省国民经济的贡献显著提高。文化产业增加值居全国首位，文化产业单位数、文化产业吸纳的就业人数等主要指标都居于全国前列。在文化与科技的融合、创新对发展的驱动下，文化产业的集聚效应不断扩散，文化产业在全省经济下行压力加大的背景下呈现继续向好发展的局面。

一、基本概况

2014年，广东文化产业发展又迈上新台阶，全年实现文化产业增加值达到3552.3亿元（注1），文化产业增加值占GDP比重达5.24%，高出交通运输仓储和邮政业以及货币金融服务业，比上年提高0.4个百分点，成为全国7个超过5%的省份之一。文化产业法人单位数量超过10万家，位居全国第一，占全国的比重从2008年的10.7%上升到2013年的11.4%，提升了0.7个百分点。2014年，广东文化产业从业人员数量达到340万多人（不含个体劳动者），位居全国第一，文化产业为广东经济发展提供了大量的就业岗位，已经成为我省名副其实的国民经济支柱性产业和战略性新兴产业。

表1 2012-2014年广东文化产业主要指标

年份	2012	2013	2014
文化产业增加值（亿元）	2706.5	3011.9	3552.3
占GDP比（%）	4.74	4.84	5.24
其中规模以上企业增加值（注2）	1962.5	2679.8	2814.1
占文化产业比重（%）	72.5	73.6	79.2
规模以上企业单位数（个）	5648	6406	6782
占全国比重（%）	15.5	15.5	14.8
规模以上企业从业人员（万人）	174.0	184.2	183.3
占全国比重（%）	24.9	24.4	24.3

分行业看，在文化产业十大类行业中，排在前五位的分别为文化用品的生产、文化创意和设计服务、工艺美术品的生产、文化产品生产的辅助生产、文化信息传输服务行业，全年实现的增加值分别为1028.0亿元、574.3亿元、561.5亿元、467.2亿元、378.6亿元，这五大类行业全年实现的增加值占全部十大类行业的84.7%。在文化产业120个小类行业中，排在前五位的依次是包装装潢及其他印刷、玩具制造、互联网信息服务、珠宝首饰及有关物品制造、建筑设计服务中的工程勘察设计行业，全年实现的增加值分别为295.1亿元、283.6亿元、283.5亿元、282.9亿元、195.0亿元。这五个小类行业全年实现的增加值占全部120个小类行业的37.7%。

表2 2014年广东文化产业十大类行业增加值情况

	总量（亿元）			占比（%）	
	广东	全国	广东占全国（%）	广东	全国
合计	3552.30	23940	14.8	100.0	100.0
第一部分 文化产品的生产	1841.04	14671	12.5	51.8	61.3
一、新闻出版发行服务	95.36	1209	7.9	2.7	5.1
二、广播电视电影服务	61.47	1059	5.8	1.7	4.4
三、文化艺术服务	57.29	1127	5.1	1.6	4.7
四、文化信息传输服务	378.63	2429	15.6	10.7	10.1

（续上表）

	总量（亿元）			占比（%）	
	广东	全国	广东占全国（%）	广东	全国
五、文化创意和设计服务	574.34	4107	14.0	16.2	17.2
六、文化休闲娱乐服务	112.44	1702	6.6	3.2	7.1
七、工艺美术品的生产	561.50	3037	18.5	15.8	12.7
第二部分 文化相关产品的生产	1711.26	9269	18.5	48.2	38.7
八、文化产品生产的辅助生产	467.20	2835	16.5	13.2	11.8
九、文化用品的生产	1027.97	5564	18.5	28.9	23.2
十、文化专用设备的生产	216.08	869	24.9	6.1	3.6

分类型看，在文化产品和文化相关产品的生产中，文化产品的生产全年实现的增加值为1841.0亿元，占51.8%，文化相关产品的生产为1711.3亿元，占48.2%。在文化制造业、文化批发零售业和文化服务业中，文化制造业全年实现的增加值为1935.0亿元，占54.5%，文化批发和零售业全年实现的增加值为304.3亿元，占8.6%；文化服务业实现的增加值为1313.1亿元，占36.9%。

表3 2014年广东文化产业增加值分类情况

		合计	文化制造	文化批发零售	文化服务
总量（亿元）	合计	3552.30	1934.96	304.26	1313.08
	规模以上企业	2814.08	1723.83	213.95	876.29
	规模以下企业行政及个体	738.22	211.13	90.30	436.78
行业结构（%）	合计	100.0	54.5	8.6	36.9
	规模以上企业	100.0	61.3	7.6	31.1
	规模以下企业行政及个体	100.0	28.6	12.2	59.2
按报表方式分构成（%）	合计	100.0	100.0	100.0	100.0
	规模以上企业	79.2	89.1	70.3	66.7
	规模以下企业行政及个体	20.8	10.9	29.7	33.3

分地区看，珠江三角洲地区依然是文化产品和文化相关产品最主要的生产地区，全年实现的文化产业增加值达到近3000亿元，占全省的比重超过80%。其中深圳市、广州市分列全省的第一、第二位，合计近2000亿元，占全省的比重超过一半。其次是佛山市，文化产业增加值超过300亿元，再次是东莞市，文化产业增加值超过200亿元。在粤东西北各个城市中，粤东地区要强于粤西和粤北地区，粤东地区的传统文化强市汕头市文化产业增加值超过150亿元，超过了许多珠三角地区的城市。

二、主要特点

（一）文化产业以文化制造业为主，其次是文化服务业，文化批发零售比重相对较低。2014年广东文化产业中文化制造业实现增加值1934.9亿元，占全部文化产业的比重为54.5%，比重与前两年基本持平，仍居于主要地位。文化服务业实现增加值1313.1亿元，占全部文化产业的比重为36.9%，比上年下降了3.6个百分点。文化批发零售业实现增加值304.3亿元，占全部文化产业的比重为8.6%，比上年上升3.2个百分点。

一直以来，文化制造业都是广东文化产业的优势所在，广东文化产业占GDP的比重高也是得益于广东文化制造业生产比重高，仅2014年就高出全国9.5个百分点。特别是广东的文化用品、工艺美术品、文化专用设备、文化产品辅助生产，其比重分别高出全国5.7、3.1、2.5、1.4个百分点。而广东的文化服务业虽然发展势头迅猛，但由于各种原因，一直落后于文化制造业。如从单位规模看，广东文化服务业虽然单位众多，但绝大部分是规模以下单位。2014年在全省文化服务业单位中规模以上单位总数仅占全部文化服务业单位数的4.4%。广东大部分规模以下文化服务业企业平均只有十几个人，有个别企业平均只有1-2人，而规模以上文化服务业企业平均人数在150人左右，差距非常明显。从实现的增加值看，广东文化服务业主要以文化创意和设计服务为主，2014年实现增加值574.3亿元，占文化服务业比重高达43.7%，其次为文化信息传输服务，实现增加值378.6亿元，占比为28.8%。而文化艺术服务、广播电视电影服务、新闻出版发行服务等核心部分实现的增加值分别只有57.3亿元、61.5亿元和95.4亿元，仅为全部文化服务业的4.4%、4.7%、7.3%，份额非常低。

（二）文化企业以私人控股为主，文化制造业中内资企业与港澳台资、外资企业所占比重基本持平。 2013年普查数据结果显示，在文化及相关产业企业营业收入这个主要指标中，按企业控股情况分，文化制造业、文化批发和零售业、文化服务业均私人控股占比最高，分别为41.6%、55.4%、54.7%。文化制造业占比第二的为港澳台商控股，为35.6%，而文化批发和零售业、文化服务业控股占比第二的为国有控股，分别为20.5%、18.6%。按企业登记注册类型分，文化制造业内资企业与港澳台资企业、外资企业各占半壁江山。而文化批发和零售业及文化服务业均以私营企业为主，内资占绝对份额，分别占80.6%、83.4%。

表4 2013年文化及相关产业企业营业收入构成情况（%）

	文化制造业	文化批发和零售业	文化服务业
按企业控股情况分			
国有控股	3.8	20.5	18.6
集体控股	1.6	7.0	1.5
私人控股	41.6	55.4	54.7
港澳台商控股	35.6	8.1	13.1
外商控股	12.2	3.1	2.2
其他	5.3	5.9	9.8
按登记注册类型分			
内资企业	50.0	80.6	83.4
国有企业	0.2	5.5	8.8
集体企业	1.1	4.4	0.2
股份合作企业	0.2	0.0	0.2
联营企业	0.1	0.1	0.1
有限责任公司	12.8	23.8	24.9
股份有限公司	5.2	7.7	4.6
私营企业	29.7	39.1	43.3
其他企业	0.6	0.1	1.3
港、澳、台商投资企业	37.4	8.4	13.0
外商投资企业	12.6	11.0	3.6

（三）文化产业集中度大，产业集聚能力强。 从文化产业实现的增加值看，2014年规模以上文化及相关产业的比重为79.2%。其中文化制造中更加集中在规模以上工业企业，其比重高达89.1%。其次是文化批发零售为70.3%，文化服务为66.7%。2014年，广东文化产业占全国的比重14.8%，文化产业的区位商为1.39（注3），具明显区位优势。从文化产业十大类型看，文化专用设备的生产、文化用品的生产、文化产品生产的辅助生产、工艺美术品的生产、文化信息传输服务的区位商分别为2.33、1.73、1.73、1.55、1.46，具有明显的区位优势，而文化艺术服务、广播电视电影服务、文化休闲娱乐服务的区位商较低，明显不具区位优势。从地区分布上看，广东文化产业集中度高，除文化产品生产的辅助生产外，其他9个类别前五位合计占比均高出80%，特别是文化信息传输服务达99.4%，文化产业主要集中在深圳、广州、佛山、东莞。文化产业十大类别营业收入占比排位第一的主要是深圳、广州。文化相关产品的生产深圳排第一，广州主要是文化创意和设计服务、文化休闲娱乐服务、新闻出版发行服务、文化艺术服务排在首位。佛山的工艺美术品的生产，东莞的文化专用设备的生产排位较前。从行业分布看，广东文化产业集中度高，“二八”现象显著，10%的单位数，占了50%以上的营业收入，20%的单位数占了80%左右的营业收入。广播电视电影服务、文化信息传输服务业、工艺美术品的生产排前10位的单位，营业收入占了整体营业收入的三分之一左右份额。

表5 广东文化产业的区位商

	区位商
第一部分 文化产品的生产	1.177
一、新闻出版发行服务	0.740
二、广播电视电影服务	0.545
三、文化艺术服务	0.477
四、文化信息传输服务	1.462
五、文化创意和设计服务	1.312
六、文化休闲娱乐服务	0.620
七、工艺美术品的生产	1.734
第二部分 文化相关产品的生产	1.732
八、文化产品生产的辅助生产	1.546
九、文化用品的生产	1.733
十、文化专用设备的生产	2.333

表6 2014年规模以上文化企业营业收入排前五位地区及占比

	1	2	3	4	5
一、新闻出版发行服务	65.9	22.3	1.8	1.4	1.2
二、广播电视电影服务	47.5	29.7	14.3	3.9	1.3

（续上表）

	1	2	3	4	5
三、文化艺术服务	64.8	30.5	2.0	1.1	0.8
四、文化信息传输服务	82.2	15.3	0.8	0.6	0.6
五、文化创意和设计服务	60.2	31.1	4.8	1.4	1.3
六、文化休闲娱乐服务	50.7	36.4	2.9	1.4	1.4
七、工艺美术品的生产	55.1	15.8	8.8	4.8	3.9
八、文化产品生产的辅助生产	16.2	16.2	14.7	11.2	8.5
九、文化用品的生产	26.0	24.3	14.1	9.7	6.1
十、文化专用设备的生产	39.5	16.7	16.1	14.2	5.1
一、新闻出版发行服务	广州	深圳	佛山	揭阳	东莞
二、广播电视电影服务	深圳	广州	汕头	东莞	惠州
三、文化艺术服务	广州	深圳	佛山	中山	惠州
四、文化信息传输服务	深圳	广州	珠海	东莞	中山
五、文化创意和设计服务	广州	深圳	佛山	东莞	珠海
六、文化休闲娱乐服务	广州	深圳	珠海	江门	清远
七、工艺美术品的生产	深圳	佛山	广州	汕尾	肇庆
八、文化产品生产的辅助生产	深圳	广州	佛山	东莞	汕头
九、文化用品的生产	深圳	广州	惠州	东莞	佛山
十、文化专用设备的生产	深圳	东莞	佛山	广州	珠海

表7 2013年单位数所占比例对应营业收入占比

	10%	20%	营业收入排名前10的单位
一、新闻出版发行服务	66.1	81.6	19.3
二、广播电视电影服务	64.4	82.0	31.3
三、文化艺术服务	67.7	83.4	17.3
四、文化信息传输服务	71.3	85.0	34.5
五、文化创意和设计服务	62.6	79.2	8.4
六、文化休闲娱乐服务	59.4	76.9	4.3
七、工艺美术品的生产	72.3	85.5	33.3
八、文化产品生产的辅助生产	50.9	71.3	4.6
九、文化用品的生产	58.3	77.8	7.6
十、文化专用设备的生产	57.6	76.4	17.9

三、主要问题

（一）发展不均衡。广东文化及相关产业总量虽位居国内各省市之首，但发展并不均衡。一是从区域分布上看，广东的文化产业主要集中在以广州、深圳为中心的珠江三角洲地区，东西两翼和山区市的文化发展水平较低，文化产业相对落后，2014年规模以上企业文化产业营业收入珠三角占了89.0%，而东西两翼和山区市仅占11.0%，区域布局严重不平衡。如在文化艺术服务业、文化信息传输服务、文化创意和设计服务业中，具有规模的企业几乎全部集中于珠三角珠地区，区域差距过大，难以形成各具特色、功能互补、各展优势、协调发展的区域产业发展格局。二是从产业结构上看，在广东文化产业链条中，文化相关产品和设备制造业比重过大，如文化产品生产的辅助生产、文化用品的生产、文化专用设备的生产等，比重都非常高，而以新闻出版、广播影视、文化娱乐等为核心内容和以文化创意为主体的文化服务业发展相对滞后，区位优势低，占比不高。

表8 2014年规模以上文化企业十大类营业收入各区域占比（%）

	珠三角	东翼	西翼	山区市
合计	89.0	8.1	1.2	1.7
第一部分 文化产品的生产	91.7	7.0	0.6	0.7
一、新闻出版发行服务	94.9	2.3	2.2	0.6
二、广播电视电影服务	84.8	14.3	0.6	0.3
三、文化艺术服务	100.0	0.0	0.0	0.0
四、文化信息传输服务	99.6	0.0	0.3	0.1
五、文化创意和设计服务	99.5	0.2	0.1	0.2
六、文化休闲娱乐服务	95.2	0.4	2.0	2.4
七、工艺美术品的生产	87.8	10.6	0.7	1.0
第二部分 文化相关产品的生产	86.8	8.9	1.7	2.6
八、文化产品生产的辅助生产	75.7	19.8	2.0	2.4
九、文化用品的生产	87.0	8.1	1.9	3.0
十、文化专用设备的生产	98.7	0.6	0.0	0.7

（二）城乡居民文化消费比重不高。文化消费是促进文化产业发展的重要手段，对文化服务业发展尤为重要。近年来由于国际需求放缓，广东的一些传统文化制造产品的出口面临极大压力，提高国内、省内的文化消费水平已经迫在眉睫。另一方面，文化产品作为一种主要精神类消费的产品，在广大人民群众的衣食住行等基本温饱问题解决以后，是提高群众消费层级的主要内容。虽然广东人均GDP已跨越万美元关口，但文化消费在广东城乡居民日常消费结构中的比重并不高。统计数据显示，2014年广东城镇居民日常人均消费支出中未剔除教育支出的文教娱乐服务支出比重仅为10.2%，虽然好于山东、浙江，但低于全国平均水平0.4个百分点，也低于江苏1.5个百分点，

同时近年有下降之势。文化消费不足在一定程度上制约了广东文化产品的生产以及文化市场的发育，影响了文化资源的开发利用，对文化产业的发展，对建设广东文化强省都有负面影响。

表9　2013-2014年广东与部分省人均教育文化娱乐消费支出及占比比较

项目	省份	2013年	2014年
总量（元）	全国	1398	1536
	广东	1811	1965
	江苏	2129	2238
	浙江	2019	2169
	山东	1137	1303
占比（%）	全国	10.6	10.6
	广东	10.4	10.2
	江苏	11.9	11.7
	浙江	9.8	9.6
	山东	9.6	9.8

（三）文化产业扶持政策仍须进一步加强。一是随着市场经济的深入发展，市场竞争不断加剧，优胜劣汰往往在转念之间，一批国有骨干文化企业既要兼顾自身的经济发展，追求经济效益，又要兼顾社会责任，注重社会效益。这对这类国有企业来说，企业经营难度空前加大，因此亟须制定有关扶持政策，以继续促进这类国有文化企业保持快速发展局面。当前，广东部分大型国有文化企业由于在资本市场改革步伐缓慢，投融资渠道狭窄，已经在国内文化市场激烈的竞争中处于非常不利的地步。倘若不能奋起直追，只能会被别人越甩越远，最终丧失改革开放的先发优势。二是当前广东经济下行压力加大，大批的非国有文化企业生存状况不容乐观。在今年国家统计局组织的文化企业调研中，发现部分文化产业园区出现许多文化企业关停或转行的状况，尤其是动漫类企业。在政府出台的一些对文化企业的优惠政策如税收减免政策等方面，大量的非国有文化企业基本享受不到，调查发现有超过 80% 的非国有文化企业由于种种原因，无法享受到政府制定的文化企业税收减免实惠。

（资料来源：广东省统计局）

广东省智能制造发展规划（2015－2025年）

智能制造是基于新一代信息技术，贯穿设计、生产、管理、服务等制造活动各个环节，具有信息深度自感知、智慧优化自决策、精准控制自执行等功能的先进制造过程、系统与模式的总称。为大力发展智能制造，推进我省信息化和工业化深度融合，加快制造业转型升级，进一步提升我省经济发展质量，特制定本规划。

一、发展背景

制造业是国民经济的主体，制造业强则实体经济强。当前，世界新一轮产业变革正在孕育兴起，数字化、网络化、智能化、服务化已成为制造业发展的主流。生产智能化和生活智慧化创造发展新需求，发达国家围绕智能制造展开新一轮竞争，重构生产模式变革和组织方式，重塑全球经济发展新格局。

经过改革开放以来30多年的发展，广东已成为国内制造大省和全球重要制造基地。2014年全省规模以上工业增加值为2.93万亿元，其中先进制造业增加值为1.41万亿元。雄厚的电子信息产业基础和较为完善的工业体系为智能制造发展提供了良好的产业支撑和市场空间，国际上信息技术与制造技术深度融合带来的制造业变革，以及我国“四化同步”发展带来的需求扩展和消费层次的提升也为全省智能制造发展提供了良好的机遇。

与此同时，我省制造业发展仍面临严峻挑战，在创新能力、产品质量和品牌、产业结构、信息化水平等方面与世界先进水平仍存在较大差距。关键技术、核心部件对外依存度高，自主品牌企业尚未形成规模、缺乏核心竞争力。同时，劳动力成本上升、土地资源和环境要素约束加剧等因素迫使全省制造业必须加快向“创新驱动”转型，向数字化、网络化、智能化、服务化升级，由“制造”转向“智造”。

二、总体要求

（一）指导思想

深入贯彻党的十八大、十八届三中、四中全会和习近平总书记系列重要讲话精神，围绕“三个定位、两个率先”的总目标，抓住全球新一轮制造业变革和我国实施《中国制造2025》发展战略的机遇，以国际智能制造先进水平为标杆，大力实施创新驱动发展战略，推动智能制造核心技术攻关和关键零部件研发，全面提升智能制造创新能力，推进制造过程智能化升级改造，实现“制造大省”向“制造强省”转变。

（二）基本原则

1. 市场主导，政府引导。充分发挥市场在资源配置中的决定性作用，更好地发挥政府作用，推动资源配置效益最大化和效率最优化，强化企业在推进智能制造发展中的主体地位，激发企业活力和创造力。积极转变政府职能，加强规划引导，优化政务服务，完善和落实财税、产业、金融、土地、人才、贸易等相关支持政策，为企业发展创造良好环境。

2. 两化融合，协调推进。统筹信息化与工业化协调发展，推进信息化与工业化深度融合。实施信息化先导战略，促进制造业全产业链、全价值链信息交互和智能协作。促进制造业与服务业融合发展，发展“产品+服务”的新型生产方式和商业模式，促进“生产型制造”向“服务型制造”转变，促进产业链、创新链、资金链、服务链全面协同发展。

3. 重点突破，示范引领。选择条件成熟、需求迫切的行业和领域，集中资源开展智能制造示范应用，以智能制造示范基地为载体，培育一批智能制造大型骨干企业，带动一批配套的中小微企业专精特新发展，形成一批产业链完善、辐射带动作用强的智能制造集聚区和产业园区，培育一批具有自主知识产权、有市场竞争力与前景的产品和企业。

4. 自主创新，开放合作。坚持把创新摆在制造业发展全局的核心位置，着力提高智能制造自主创新能力和产业基础支撑能力。突破智能制造关键技术和核心部件，以新技术突破带动形成新产业新业态，增强自主发展能力。强化企业创新主体地位，促进创新成果转化。加强国际交流合作，探索国际合作发展新模式，充分利用全球创新资源。

（三）发展目标

到 2025 年，全省制造业综合实力、可持续发展能力显著增强，在全球产业链、价值链中的地位明显提升，全省建成全国智能制造发展示范引领区和具有国际竞争力的智能制造产业集聚区。

——到 2017 年：先进制造业发展明显加快，全省先进制造业增加值超 1.8 万亿元，年均增长 10% 左右，占规模以上工业增加值的比重从 2014 年的 48.1% 提高到 50% 以上，其中智能装备产业增加值达 3000 亿元，年均增长 20% 左右。自主创新能力明显增强，重大科技成果集成、转化能力大幅提高，一批关键技术和核心部件达到国际先进水平；规模以上工业企业研发投入占主营业务收入的比重达到 1.3% 以上；企业发明专利授权量达到 6.7 万件、年均增长 8%，工业企业 PCT 国际专利申请量达 1.7 万件、年均增长 10%；规模以上大中型工业企业设立研发机构的比例达 16%。智能化水平加快提升，全省规模以上工业企业 50% 以上完成新一轮技术改造，机器人及相关配套产业产值达 600 亿元，万人机器人数量达到 50 台，传统产业企业数字化研发设计工具普及率达到 70%，规模以上工业企业关键工序数控化率达到 50%，两化融合贯标试点企业数量达到 500 家。骨干企业引领作用凸显，制造业骨干企业加快做大做强，全省年主营业务收入超 1000 亿元工业企业超 13 家、超 100 亿元工业企业 125 家左右；中小微工业企业发展活力进一步增强；产值超 100 亿元的智能制造产业基地达到 4 个、超亿元的机器人制造及集成企业 20 家左右，建成 2 个国内先进的机器人制造产业基地。质量效益显著提升，规模以上工业全员劳动生产率提升至 22 万元 / 人，制造业质量竞争力指数达到 84.5；主要工业品质量标准达到国际先进水平；全省单位工业增加值能耗年均下降 3.1%，达到国内领先水平。

——到 2020 年：先进制造业规模跃上新台阶，全省先进制造业增加值超 2.4 万亿元，占规模以上工业增加值比重达到 53% 以上，智能装备产业增加值达 4000 亿元，面向工业制造业的生产性服务业发展水平达到国内领先水平。自主创新体系基本形成，珠三角自主创新示范区通过国家验收认定。建成一批具有国际先进水平的智能制造协同创新平台，发明专利质量数量和技术标准水平明显提升；重点领域和新兴产业的关键装备与两化融合标准取得突破；规模以上大中型工业企业设立研发机构的比例达 20%，规模以上工业企业研发投入占主营业务收入的比重达到 1.5% 以上。制造业智能化深度渗透，机器人及相关配套产业产值达 1000 亿元，万人机器人数量达到 100 台；规模以上工业企业数字化研发设计工具普及率达到 75%，关键工序数控化率达到 55%。产业集中度明显提升，全省年主营业务收入超 1000 亿元工业企业超 15 家、超 100 亿元工业企业超 165 家；产值超 100 亿元的智能制造产业基地达到 10 个、超 10 亿元的机器人制造及集成企业达到 10 家，建成 5 个国内领先的机器人制造产业基地。质量效益大幅提升，规模以上工业全员劳动生产率提升至 24 万元 / 人。制造业质量竞争力指数达到 85，全省单位工业增加值能耗年均下降 3.5%。

——到 2025 年：全省制造业全面进入智能化制造阶段，基本建成制造强省。制造业水平显著提升，规模以上工业全员劳动生产率提升至 25 万元 / 人。自主创新能力明显提升，规模以上工业企业研发投入占主营业务收入的比重达到 1.7% 以上，安全可控的智能技术产品配套能力和信息化服务能力明显增强。信息化与工业化深度融合，规模以上工业企业信息技术集成应用达到国内领先水平，制造业质量竞争力指数达到 86.5。骨干企业国际地位凸显，培育一批年主营业务收入超 100 亿元、1000 亿元的工业企业，涌现一批掌握核心关键技术、拥有自主品牌、开展高层次分工的国际化企业。具有自主知识产权的技术、产品和服务的国际市场份额大幅提高，建成全国智能制造发展示范引领区和具有国际竞争力的智能制造产业集聚区。

三、主要任务

（一）构建智能制造自主创新体系

1. 突破智能制造关键技术和核心部件。聚焦一批关系我省主要产业健康发展的核心基础部件和一批与产业安全密切相关的关键支撑技术，实施科技重大专项和重大工程攻关，尽早实现重大突破，打破国外垄断。针对我省高端装备和制造过程智能化等领域当前薄弱环节，重点突破核心基础部件、智能传感器与仪器仪表、高速高精制造工艺与技术、制造业信息化技术、嵌入式工业控制芯片、智能制造新材料和新一代信息技术，形成智能制造的关键技术体系和核心部件系统创新能力。

——核心基础部件。重点发展伺服电机及驱动器、智能控制器、精密减速器、高速精密传动装置、控制系统、重载精密轴承、高性能液压 / 气动 / 密封件、大型铸锻件等基础件和通用部件，研发一批高性能、高可靠性的关键基础部件和功能部件产品。

——智能传感器与仪器仪表。重点发展新型传感器、微机电传感器、自检校自诊断自补偿传感器，以及工业自动化环境下的温度、压力、流量等传感器，研发高灵敏度、高环境适应性、高可靠性的智能仪器仪表。

——高速高精制造工艺与技术。重点研发有利于提高产品可靠性、性能一致性稳定性的先进制造工艺和有利于节能减排质量安全的绿色制造工艺，发展工程化微米、亚微米加工工艺和封装技术、微纳制造技术、先进激光技术。

——制造业基础软件。重点研发制造业核心软件和基础设计平台，加强开发嵌入式软件、工业控制操作系统、大型复杂系统仿真软件、安全控制系统和安全防护产品。

——嵌入式工业芯片。着力研发面向工艺过程控制和特殊控制的两个系列片上控制模块芯片，并针对工艺仪器、装备数控系统、智能电表等不同行业进行应用。

——智能制造新材料。重点发展与智能制造相关的功能材料、纳米材料、增材制造材料、稀土材料等，推进关键基础材料升级换代。

——新一代信息技术。重点发展关键电子和光电元器件、新一代无线宽带通信、工业大数据与云计算、制造物联网、移动互联网、短距离通信、新型显示等重点领域。

2．完善以企业为主体的产学研协同创新机制。健全技术创新的市场导向和管理机制，发挥市场对技术研发方向、路线选择、创新要素配置的导向作用，推动企业成为创新活动的投入主体。引导工业企业普遍建立研发准备金制度，加大对企业技术创新的扶持力度，对具有明确市场前景的政府科技计划项目，支持建立由企业牵头组织、高等院校和科研机构共同参与的协同创新机制。鼓励“众筹众包众创”的融资模式和生产方式，大力发展众创空间，为小微创业者提供低成本、便利化、全要素的创业服务环境，积极推进大众创业、万众创新。依托大型骨干企业，围绕关键核心技术的研发、系统集成和成果中试转化，建设若干具有世界先进水平的智能制造中央研究院、工程化平台。支持工业骨干企业创建国家级和省级重点实验室、工程实验室、工程技术研究中心、企业技术中心等。发展一批企业主导、产学研用紧密结合的产业技术创新联盟，建立联合开发、优势互补、成果共享、风险共担的产学研用合作机制。支持骨干企业加强产业链上下游合作，带动更多的具有核心技术和较强创新能力的创新型中小微企业成长。组织开展科技成果产业对接活动，促进智能制造功能部件企业与整机企业对接，智能装备企业、系统集成企业与用户企业对接，智能制造企业与大学、科研院所、认证认可及人才培训公共服务平台对接。

3．建设智能制造创新平台。大力实施创新驱动发展战略，以创新资源的共建共享以及科技产业的协同发展为抓手，着力构建开放型、一体化的智能制造区域创新平台。着力建设珠三角自主创新示范区，大力推动产业分工合作、创新资源开放合作、要素有序流动，发挥高新区“二次创业”、产业园区扩能增效对智能制造发展的促进作用。面向全省制造业需求，依托高校科研机构建设国家级智能制造协同创新中心，充分发挥其引领和支撑作用。统筹建设一批国家级计量、检测、试验及认证平台，形成国内领先的智能装备可靠性和寿命测试试验、质量检测、性能检验能力。构建面向企业供应链管理、交通、电力、环保、食品溯源、现代农业种养的物联网应用创新平台，面向中小微企业信息化服务和技术创新的云计算平台，面向企业经营管理及社会服务管理的大数据挖掘应用创新平台。统筹建设一批专业智能制造公共服务平台，为企业提供智能制造展示和体验、一体化智能改造咨询及实施、智能设备融资租赁以及专业技能人才培训等服务。加快工业设计、设备共享、信息化应用等中小微企业创新服务公共平台建设。积极争取国家战略重大科技基础设施和创新平台在广东布局建设，实现“平台集聚－企业集聚－产业集群”的良性循环。积极发展智能制造新型研发机构，按照市场主导、政府引导的原则，引导地方政府、各类社会主体参与新型研发机构建设，引导新型研发机构建立健全理事会等现代院所治理机制、产业化导向的运营模式，强化与企业、市场的对接。

4．推动两化融合标准体系建设。推进信息化和工业化深度融合标准体系建设与贯标试点示范，开展智能制造贯标宣传推广工作，树立工业领域试点示范应用标杆，提升企业智能化应用能力和水平。遴选一批企业和服务机构列入省级贯标试点，组织贯标服务机构深入试点企业，对照国家两化融合管理体系标准，帮助试点企业开展基础建设、单项应用、综合集成、协同创新，推动两化融合标准体系建设，支持基础条件较好的企业积极申报国家贯标试点。加强两化融合管理体系建设，建立系统规范、质量可控的两化融合管理标准体系，提升企业两化融合能力和水平。

5．加强知识产权的运用、保护和管理。实施工业企业知识产权运用能力培育工程，积极参与工业和信息化部知识产权运用能力培育工程试点，指导工业企业建立健全知识产权管理制度，培育一批工业和信息化领域知识产权运用标杆企业。大力推动企业贯彻实施知识产权管理规范，提高企业知识产权运用水平；加强重点产业专利布局，开展重点区域产业发展专利导航，建立重点产业知识产权评议机制和预警机制，完善知识产权交易运营体系，提升智能制造领域知识产权运用、保护和管理能力。

6．加强质量品牌建设。优化质量发展环境，完善政策规划体系和质量管理法律法规，推广应用卓越绩效等先进质量管理办法和控制技术，鼓励企业追求卓越品质。建立健全产品质量标准体系，制定实施与国际接轨的制造业质量标准。完善质量认证、检测保障体系，建设一批面向智能制造产品的计量、检测、评价、认证等公共服务机构。推进区域品牌创建，依托产业集聚区开展国家和省级产业集聚区域品牌试点示范、全国知名品牌示范区建设，大力推动区域内特色优势产业申请集体商标、地理标志产品保护等，积极引导智能制造行业集聚形成合力，打造区域品牌，推动一批重点骨干企业开展工业企业品牌培育试点。

专栏 1：建设智能制造自主创新示范区

建设珠三角智能制造自主创新示范区，以广州和深圳两个国家创新型城市为智能制造研发创新轴，重点建设中国（广州）智能装备研究院、华南智能机器人创新研究院、广东（东莞）智能机器人协同创新研究院、中德工业装备（可靠性与智能制造）联合实验室等新型创新平台。通过创新资源的共建共享以及科技产业的协同发展，着力构建开放型、一体化的智能制造区域创新平台，推动珠三角智能制造生态体系与创新体系一体化发展。

（二）发展智能装备与系统

1．大力发展机器人产业。着力发展具有自主知识产权、核心竞争力、市场前景的工业机器人，加快突破机器人关键核心技术，重点支持工业机器人本体、控制器、减速器、伺服电机等关键零部件的研发和应用，打造完整的工业机器人制造产业链。积极利用具有自主品牌的工业机器人开展技术改造提升传统产业，促进工业领域的产业升级。围绕教育、家政社区、助老助残、医疗保健等服务领域需求，积极培育发展服务机器人以及应用于特殊环境下的安防、排爆、救援等特种机器人，突破服务机器人安全性、可靠性关键技术，推动智能服务机器人第三方质量、安全性、可靠性检测能力建设，加快服务机器人产业发展。

2．加快发展智能化基础制造与成套装备。针对全省高端装备和制造过程在产品设计、柔性制造、高速制造、自动化和网络制造等方面的薄弱环节，通过集成创新，发展一批基础制造装备、流程制造装备和离散型制造装备，提升装备质量可靠性水平，加快智能化装备的产业化和示范应用，大力提升智能制造成套装备的整体水平。

——基础制造装备。重点发展高精、高速、智能、复合、重型数控工作母机和特种加工机床、大型数控成形冲压、重型锻压、清洁高效铸造、新型焊接及热处理等基础制造装备，提高全省高档数控机床和重大技术装备的技术水平。

——自动化生产线。着力发展组件数字化装配系统、自动化柔性装配生产线和以 DCS（分布式控制系统）、PLC（可编程控制器）、IPC（工业计算机）为重点的工业控制系统等。

——流程制造智能成套装备。着重针对石油化工、冶金、建材、食品加工、纺织、造纸印刷、节能环保等流程工业生产过程的数字化、智能化需求，开发冶金及石油石化成套设备、智能化造纸及印刷装备、高端纺织成套装备等流程制造智能成套装备。

——智能电子制造成套设备。重点开发点胶机、固晶机、焊线机、锡膏印刷机、锡膏厚度测量仪、回流焊设备、选择性波峰焊设备、自动光学检测装备以及高精度多维度亚微米定位、焊接、固化、封装、测试成套设备等。

——新能源制造装备。重点发展应用服务于整车制造、动力总成、动力电池等领域的新能源汽车制造成套设备；围绕太阳能电池、LED 制造，研发以 MOCVD/PECVD（金属有机化合物化学气相淀积／等离子增强化学气象沉淀）为代表的成套装备；围绕智能电网制造，研发自动化输配电设备、分布式电站成套设备；围绕大气治理和污水处理，研发成套废弃电器电子产品和包装物资源化利用技术装备，污水处理高端成套装备、火电厂烟气脱硫高端成套设备等。

——先进交通高端装备。以低空领域开放为契机重点发展通用航空装备，依托珠三角城际轨道交通网络建设重点发展轨道交通装备，依托海洋工程建设重点发展海洋矿床资源开发装备、大型临港工程装备等船舶海洋工程装备。

——自动化物流成套设备。重点研发基于计算智能与生产物流分层递阶设计、具有网络智能监控、动态优化、高效敏捷的智能制造物流设备。

——智能农业装备。重点发展智能化成台套农机田间作业装备，智能节水灌溉／喷灌装备，自动化采摘收获装备，设施农业与精准农业装备等。

3．培育发展系统集成及应用。以应用需求为导向，重点培育一批系统集成企业，实现系统集成企业、本体及零部件制造企业、装备制造企业协同发展的产业格局。着力发展一批提供方案设计、设备采购、装备开发、安装维护、检测认证的专业服务机构，培育一批具备整体设计能力和解决方案提供能力的专业化机器人及智能装备系统集成企业。重点抓好一批效果突出、带动性强、关联度高的典型应用示范工程，在机器人用量最大的汽车及其零部件行业，劳动强度大的 3C 和纺织物流行业，危险程度高的国防军工民爆行业，以及产品生产环节洁净度要求高的制药、半导体、食品等行业，开展自主品牌机器人和智能装备的应用示范和系统集成服务。

4．加强智能制造示范基地建设。积极营造良好的智能装备产业发展环境，加快智能制造产业集聚化、规模化发展，促进智能制造产业链整合、配套分工和价值提升。围绕智能制造产业高端化发展方向，选择智能装备和关键零部件研发制造及智能制造系统集成与应用服务等较为集中的产业集聚地和产业园区，推动产业转型升级和两化深度融合，初步形成从数控机床、智能机器人到智能成套装备，从硬件、软件到信息技术集成服务的智能制造产业链。发挥省市（区）各方优势，突出科技引领和创新驱动，突出龙头企业引领带动，扶持基地内一批骨干企业发展。依托各地产业发展基础和优势，打造高端企业集聚、产业链条健全、服务功能完善的智能制造产业集群，培育建设 10 个左右在全国范围内具有较大影响力的智能制造示范基地。

专栏 2：建设智能装备产业基地

广州市重点打造全省机器人及智能装备产业核心区，重点发展工业控制、智能传感、系统芯片、运动控制等智能制造基础部件，以及工业机器人、智能装备等。深圳市着力建设成为国内领先、世界知名的机器人、可穿戴设备和智能装备产业制造基地、创新基地、服务基地和国际合作基地，重点发展智能机器人、智能可穿戴产品等。珠海市重点发展智能电网设备和系统、无人船及控制系统、智能化大型临港工程装备等，集聚发展智能高端医疗器械和印制线路板。佛山市建设中德工业服务园区和智能制造示范基地，重点发展数控成套加工装备、增材制造设备等。东莞市以松山湖国家高新技术开发区为核心区，以新型研发机构为支撑，建设国家智能制造示范基地，重点发展运动控制部件、应用于3C 产业的专用机器人、服务机器人等。中山市重点发展智能风力发电装备、智能光电加工装备、智能化印刷装备、智能化数控加工装备、卫星应用和物联网设备等。江门市重点发展轨道交通装备、特种车、中小型船舶和特种船舶修造业、核电装备、数控加工装备、数控系统、智能化食品成套生产线等。肇庆市重点发展智能化仪器仪表、新型传感器、专用智能检测设备专用核心元器件、工业机器人、机器手等。揭阳市积极发展装备制造业，打造全省德国先进技术推广中心和德国先进设备（装备）国产化中心。顺德区建设国家智能制造示范基地和广东省机器人产业发展示范区，重点发展工业机器人、数控加工装备、智能化注塑、陶瓷木工成套机械等。

（三）实施“互联网 + 制造业”行动计划

1．加快信息网络基础设施建设。建立完善面向工业生产应用的信息化基础设施，为广东制造业实施智能制造提供宽频、安全的信息化基础支撑。统筹全省信息基础设施建设，实施宽带广东工程，加强全省通信管线、基站等信息基础设施的共建共享，加快推进光纤入户、4G 通信和无线局域网建设，全面推进“三网”融合，建成宽带、泛在、融合、安全的新一代信息基础设施。推进企业互联网建设，加快推进新一代无线宽带通信网络基础设施建设。大力推进光纤入户和三网融合，加快产业集聚区的光纤网、移动通信网和无线局域网的部署和优化，实现信息网络宽带化升级。全面推进下一代互联网与移动互联网、物联网、云计算的融合发展，开展网络新技术现网试验和应用示范，提高面向工业应用的网络服务能力。

2．推动“互联网 + 生产制造”发展。推进工业互联网创新融合试点，支持企业发展行业网络协同制造，为制造企业提供技术、产品和业务撮合。推动制造企业开展 020（线上线下）、柔性制造、大规模个性定制等制造模式创新试点，促进由基于产品的传统制造模式向基于消费者个性需求的新模式转变。充分发挥互联网、物联网等信息通信技术，改造提升传统制造业研发、生产、营销、管理等环节。鼓励骨干制造企业运用智能传感器、互联网、人工智能等新技术，推动生产设备互联、设备与产品互联，建设自动化车间。加快民用爆炸物品、危险化学品、食品、农药等行业智能检测监测体系建设，发展智能监测、远程诊断管理、全产业链追溯等工业互联网新应用。开展物联网示范应用，打造一批物联网公共服务平台，为企业提供物联网公共服务。

3．推进工业云平台建设。依托生产企业、信息化服务商、科研机构成立工业云产业联盟，建设工业公共云服务平台，开展产品设计、制造、管理和商务各环节在线协同，提升整个供应链运行效率。推动工业软件、数据管理、工程服务等资源开放共享，推进制造需求和社会化制造资源的无缝对接。围绕工业企业产品研发、生产控制与优化、经营管理、节能减排等关键环节，提供专业定制、购买租赁、咨询服务等多层次的云应用信息化服务，解决企业投入不足、数据资源利用不高、高端人力资源匮乏、个性服务满足度低等行业共性问题。建设广东省智能制造解决方案云平台，集中展示和推广各行业优势的智能制造解决方案。鼓励大型企业集团建设云服务平台，服务周边地区和中小型企业，实现产品设计、制造、销售、管理等生产经营各环节的企业间协同，形成网络化企业集群。

4．促进工业大数据集成应用。支持第三方大数据平台建设，推动大数据在工业行业管理和经济运行中的跨领域、跨平台应用。开展工业大数据创新应用试点，发展基于工业大数据分析的工艺提升、智能排产、过程控制优化、能耗优化等智能决策与控制应用。支持和鼓励典型行业骨干企业在工业生产经营过程中应用大数据技术，提升生产制造、供应链管理、产品营销及服务等环节的智能决策水平和经营效率。支持企业建立客户大数据库，开展用户消费行为分析，提升精准营销、精细服务水平。重点在汽车、石化、家电、电子信息等传统行业，开展基于工业大数据的新一代商业智能应用试点，挖掘利用产品、运营和价值链等大数据，实现产业重构和流程再造，促进信息共享和数据开放，实现精准决策、管理与服务。推动企业产品、市场等有关数据的交换、交易和流通，建立经济运行动态监控和预测预警。

（四）推进制造业智能化改造

1．实施“机器人应用”计划。实施分类指导，针对部分行业的劳动力密集、作业环境恶劣、流程和产能瓶颈、高安全风险等环节，采取“机器人应用”、自动化生产线、自动化生产线 + 工业机器人等形式，分类组织实施“机器人应用”专项计划。开展行业示范推广，以项目推进、工程示范、行业推广为主要手段，择优确定“机器人应用”百项示范工程项目。组织开展“一业一策”，围绕全省汽车、电子电气、机械加工、船舶制造、食品加工、纺织服装、轻工家电、医药制造等重点行业需求，确定若干细分行业，积极探索机器人商业推广和营运模式。发挥第三方机构集成服务作用，建立省市联动的“机器人应用”共同推进机制，支持和鼓励第三方服务机构、行业协会大力开展企业“机器人应用”推广应用工作，为企业提供改造方案、设备采购、设备租赁、金融服务、技术支持、人才培训等服务。

2．推动制造业新一轮智能化改造。以提高装备智能化率、成果转化率、劳动生产率、产品优等率、节能减排率、土地产出率和生产安全率为主攻方向，推动全省现有产业实施新一轮智能化技术改造。加快集散控制、制造执行等技术在原材料企业的集成应用；加快精益生产、敏捷制造、虚拟制造等在装备制造企业的普及推广；加大运用数字化、自动化技术改造提升消费品企业信息化水平力度。推动生产装备数字化，鼓励企业广泛运用信息技术改造提升落后的生产设备，大力开展人工转机械、机械转自动、单台转成套、数字转智能，进一步提高劳动生产率和安全生产率。推进生产过程智能化，鼓励企业积极制定或采用国际标准和国外先进标准，提高产品生产标准水平，按更高标准对生产工艺流程进行智能化再造。鼓励引进高精度、高性能、自动化、智能化设备，加强制造过程控制。开展智能工厂培育试点，深化信息技术在企业研发设计、生产流通、经营管理等各环节的全方位应用，推进从单项业务应用向多业务综合集成转变，从企业信息应用向业务流程优化再造转变。选择具有优势条件和基础的行业、企业，在集团管控、设计与制造集成、管控衔接、产供销一体、业务和财务衔接等领域，开展关键环节集成应用示范试点，推广重点行业数字化车间，建设智能工厂试点。强化特殊行业智能化监管，突破民爆、危化、食品、稀土等特殊行业关键系统及部件核心技术，研制一批自主化的专用设备，开发可操作性高的工业自动化智能生产线。完善各级监管部门和企业安全隐患排查治理体系，重点利用信息化技术实现安全隐患即时报备、分类分级管理、即改即销，实现隐患整改闭环管理。

3．推广绿色制造。发展环境友好、资源节约、技术密集、高附加值、高成长性的先进制造业，完善绿色设计、绿色工艺、回收资源化与再制造、绿色制造技术规范与标准等。开展绿色创新与优化设计、产业制造工艺绿色化、流程工业传统工艺绿色化等新技术与设备开发，完善绿色制造基础数据研发与积累、技术规范与标准制订以及信息平台建设，推进制造业向绿色制造转型升级。推广流程工业能源在线仿真系统等节能减排信息技术，在重点行业和地区建立工业主要污染物排放监测和工业固体废弃物综合利用信息管理体系。组织实施数字能效推进计划，建立区域能耗在线监测平台。推动省级以上工业园区开展循环化改造，创建国家级循环化改造试点园区。在石油化工、钢铁、有色金属、造纸、电力、建材等高能耗产业实施电机能效提升、注塑机节能改造、工业锅炉（窑炉）改造、清洁生产等工程。支持传统产业企业淘汰落后产能，加快淘汰高污染、高耗能传统产业企业。

专栏 3：实施智能制造试点示范工程

广州市重点在汽车制造、生物医药、食品加工、造纸石化、物流仓储等领域实施智能化改造和示范应用。深圳市重点在3C产品制造、生物医药、汽车制造、港口物流等领域实施智能化技术改造和示范应用，建设智能工厂示范。珠海市重点在家电、装备制造等领域实施智能化技术改造和示范应用。汕头市重点在港口物流、信息服务、电子信息、装备制造等领域临港先进装备制造业和传统优势产业开展智能化应用。佛山市重点在汽车制造、陶瓷、家具、建材、五金加工、太阳能电池等制造业领域实施智能化技术改造和示范应用。韶关市重点在钢铁、冶金行业开展智能化改造升级。河源市重点在电子信息、机械磨具、稀土高新材料等产业开展智能化应用。梅州市重点在机电、电子信息等行业开展智能化改造升级。惠州市重点在石化、3C产品制造、新能源汽车制造、智能家居等领域实施智能化技术改造和示范应用。汕尾市重点发展电子信息产业数字化工厂。东莞市重点在智能信息终端制造、家具、纺织服装等领域实施智能化技术改造和示范应用。中山市重点在家电家居、纺织服务、家具、五金加工等领域实施智能化技术改造和示范应用。江门市重点在金属制品、摩托车制造、食品、造纸等领域实施智能化技术改造和示范应用。阳江市重点在五金刀剪传统产业开展智能化改造升级。湛江市积极推进家电家具、农海产品加工、制糖等传统产业的智能化升级改造，围绕钢铁、石化、造纸及其上下游产业开展智能化改造。茂名市重点在石化行业开展数字化工厂试点。肇庆市重点在电子元器件、汽车整车及零部件生产、食品、陶瓷、冶金等领域实施智能化技术改造和示范应用。清远市重点在装备制造、电子信息、新材料产业等开展智能化改造。潮州市重点围绕陶瓷制造、服装、食品、玩具、不锈钢制品等特色产业开展智能化改造。揭阳市重点在石化、金属制品、医药、纺织服装等行业开展智能化应用。云浮市重点在机械制造、汽车零配件和石材加工、水泥等传统产业开展智能化改造升级，打造全省循环经济产业基地。顺德区重点在家电、装备制造、纺织服装、食品、家具等领域实施智能化技术改造和示范应用。

（五）提升工业产品智能化水平

1．推动智能移动终端多样化发展。主要面向4G和下一代移动通信技术，推动智能手机等终端产品功能和形态向多样化拓展，以应用服务、内容开发为重点，针对手机游戏、视频应用、移动支付、位置服务、社交网络等新兴功能的市场需求，加速智能终端产品创新。围绕信息娱乐、运动健身、医疗健康等应用领域，研发具有规模商业应用的可穿戴设备产品，积极开发特种用途智能可穿戴产品，提升可穿戴设备低功耗设计和研发水平，在智能人机交互技术及产品应用等方面取得领先优势。

2．提升家居产品智能化服务水平。重点开发下一代互联网、三网融合、基于DTMB标准的数字电视一体化产品。重点突破无线通讯、智能路由、智能安全监控、人机交互等关键核心技术，研发具有互联网后台支撑、具备自学习功能的智能家居产品体系、物联网终端互联等。推动空调、电冰箱、洗衣机等传统家电向智能化方向发展。

3．大力发展智能交通电子信息产品。重点发展汽车智能仪表、智能交通工具等产品和设备，整合应用传感、数据通信传输、计算机处理和系统工程等技术，提升地面交通管理系统智能化水平。面向电动汽车发展需求，发展高性能的电动汽车动力电池管理、锂电池制造检测自动化系统及信息化系统，发展大功率永磁同步电机及其控制系统，发展电力电子模块、高可靠控制器、传感器、智能仪表、能量优化管理系统等配套产品。积极发展航空机载电子设备及其相关计算机辅助设计和应用系统。研发船载全球定位系统（GPS）产品系统集成、船舶自动识别、北斗卫星导航终端及位置服务产品。

4．培育发展智能医疗设备。推动医疗机器人、可穿戴健康产品、健康检测仪器在远程医疗、数字化医疗、专家会诊等领域的应用，搭建健康医疗信息平台。重点发展数字化医疗影像设备、分析系统、诊断系统、检测系统等设备，发展新型医用诊断仪器与设备、医用电子监护仪器与设备、医用智能中型物流传输系统、医院药品智能管控系统（信息化和自动化系统）、药品零售和O2O（线上到线下）模式下终端自助发药设备以及具有联网功能的家用自我诊断和个人健康监控穿戴设备等智能医疗产品。

5．推广智能轻工消费品。顺应生活智慧化和消费层次升级的趋势，围绕不同年龄人群对日常消费品多层次、个性化、舒适化、功能化的需求，重点发展智能服装设计、信息化包装、生态皮革制品、温感光感玻璃与陶瓷制品、智能控制灯具、个性设计纺织品等，推进轻工日用产品的绿色化和智能化发展。

（六）完善智能制造服务支撑体系

1．加快发展工业设计。完善工业设计发展载体，推动建设国家级和省级工业设计中心；鼓励工业企业剥离设计服务，成立独立工业设计企业。支持大型工业企业设立互联网型工业设计机构，发展工业设计资源网上共享、网络协同设计、众包设计、虚拟仿真、3D（三维）在线打印等互联网工业设计新技术、新模式。开展工业设计创新示范试点，鼓励开展工业设计相关基础研究，支持工业设计在新材料、新技术、新工艺、新装备等方面的研发应用，推动制定设计行业标准。推动制造企业与电商企业开展新产品预售体验、消费行为分析，引导企业优化工业设计。支持建设基于互联网的3D打印创意社区，发展开源共享设计方案，探索个人工厂、社区工厂的商业化运作。积极申报国家工业设计奖，举办工业设计大赛和设计周活动，构建工业设计公共服务平台，加强工业设计成果与我省家具、服装、家电、建材等产业对接。

2．大力推进研发服务。支持开展多种形式的应用研究和试验活动，推动重点高校及科研院所建设一批具有国际水准的国家重点实验室、工程实验室和工程技术开发中心，并向社会开放服务。发挥研发服务对提升产业转型升级的关键作用，建立支撑加快产业转型升级的研发服务体系，促进专业研发服务企业发展壮大。加快产学研合作，利用移动互联网、云计算、大数据等现代信息网络技术及平台，推动组建一批具有地方产业特色和具备较强竞争力的研发服务机构。引导重点高校、国家级科研院所与我省重点产业联合建设公共研发协同创新平台，推动产业技术研发机构面向产业集群开展共性技术研发。扶持一批专业化的技术成果转化服务企业，构建多领域、网络化的技术成果转化服务体系。鼓励企业将技术开发部门注册成为具有独立法人资格的研发中心，独立承接研发业务。

3．加快发展检验检测认证服务。围绕电子信息、智能机器人、智能测控装置、高端装备等产业需要，加快国家级质检中心、国家级产业计量测试中心、省级授权质检机构等公共检测服务平台建设，充分发挥公共检测服务平台的检验检测和计量测试、研发中试、标准制修订、检测技术和方法研究、高端人才吸聚以及专业技术人员培训等六大平台作用。大力建设国家技术标准创新基地（华南中心、广州），加快建立智能制造标准体系，推进标准与科技创新、产业升级协同发展。充分发挥认证认可对智能制造的规范和促进作用，推动我省技术服务机构检验检测认证结果和技术能力实现国际互认。积极推动检验检测认证机构整合改革，加快发展第三方检验检测认证机构，推进检验检测认证机构社会化、市场化运作，发展面向设计开发、生产制造、售后服务全流程的分析、测试、计量、检验、检测、认证等公共技术服务。

4．促进服务型制造发展。鼓励制造企业积极发展精准化定制服务、全生命周期运维和在线支持服务，提供整体解决方案、个性化设计、多元化融资、便捷化电子商务等服务形式。引导有条件的企业从提供设备向提供设计、承接项目、实施工程、项目控制、设施维护和管理运营等一体化服务转变。支持大型装备企业掌握系统集成能力，开展总集成总承包服务。鼓励制造企业围绕产品功能拓展，发展故障诊断、远程咨询、呼叫中心、专业维修、在线商店、位置服务等新型服务形态。加快生产性服务业发展。鼓励电子商务平台从产品销售和广告营销向研发设计、生产制造等领域渗透，促进生产和消费环节对接，形成个性化定制生产新模式。提升物流与供应链协同能力，围绕支持主制造商发展订单驱动的制造模式，提高供应链整体竞争能力，开展供应链管理试点示范。开展制造业与物流业联动发展试点示范，推动物流信息化发展，壮大第三方物流业。强化服务功能区和公共服务平台建设，建设提升生产性服务业功能区。依托制造业集聚区，建设一批生产性服务业公共服务平台。

四、保障措施

（一）加强统筹协调

建立全省智能制造发展部门间联席会议机制，统筹协调解决智能制造发展中遇到的问题，形成资源共享、协同推进的工作格局。省经济和信息化委牵头负责规划实施工作，省有关部门按职责分工、分头推进、密切配合，积极研究解决规划实施中出现的新情况、新问题。各地要结合实际，按照本规划确定的主要任务，认真组织实施。强化行业和企业自律，发挥行业协会在企业投资、经营决策方面的指导、协调和监督作用。广泛开展宣传培训活动，提高全社会对智能制造发展的认识，调动社会各方面参与的主动性、积极性，为实施智能制造创造良好社会环境和舆论氛围。

（二）深化体制机制改革

全面推进体制机制深化改革，营造市场化、法治化、国际化营商环境。加快推进垄断行业改革，强化政府监管和市场监督，形成平等准入、公平竞争的市场环境。深化企业投资管理体制改革，实施企业投资负面清单、审批程序标准化清单和政府监督管理清单，落实企业投资自主权，促进民间资本投入工业领域。深化行政审批制度改革，大幅度减少行政审批，优化审批流程，缩短审批时限。完善工业园区基础设施和管理体制机制，促进工业企业和项目向工业园区和产业集聚区集中。建立与自主创新导向相适应的科技研发、转化和评价机制，开展股权激励和科技成果转化奖励试点。

（三）加强金融政策支持

加大信贷支持力度，引导银行业金融机构对技术先进、优势明显、带动和支撑作用强的智能制造项目优先给予信贷支持。支持金融和投资类企业、信用和融资担保企业、小额贷款机构等创新融资方式，为智能装备企业和制造业智能化改造拓宽融资渠道。按照“政府引导，市场运作”的原则，探索设立省智能制造产业基金，引导和支持社会资金进入智能制造创业投资领域。鼓励发展天使投资、创业投资，支持产业投资基金、创业投资基金发展壮大。支持符合条件的企业在中小企业板、创业板上市融资或发行企业债券、公司债券、短期融资融券和中期票据，支持中小企业发行集合债券、集合票据。探索装备租赁和融资租赁模式，鼓励探索开展智能装备租赁和融资租赁业务，建立装备租赁和融资租赁担保机制，发挥金融杠杆作用。探索建立由项目业主、智能装备制造企业和保险公司风险共担、利益共享的产品保险机制。

（四）加强财税政策扶持

整合现有财政专项资金，支持智能制造关键技术与核心部件突破、智能装备与系统开发、公共平台建设、制造业智能化改造计划、示范基地建设、重大项目建设、骨干企业培育、人才引进培养等专项工作。对企业承担的省级财政支持的科技研发项目，用于研发人力投入经费的比例最高可上调至 30%。贯彻落实国家有关支持首（台）套重大技术装备示范项目的政策措施，依托重点工程、重大项目和骨干企业，在智能制造重点领域组织实施重大技术装备首（台）套应用工程。落实税收优惠政策，全面落实高新技术企业所得税优惠、进口设备减免税、软件与集成电路产业增值税减免、企业研发费用税前扣除等税收优惠政策。

（五）推动智能制造集聚发展

依托具有优势的产业集聚区，围绕智能制造重点方向领域，规划建设一批产业配套完善、龙头企业主导、创新能力突出、辐射带动作用强的省级智能制造示范基地，支持创建国家级智能制造示范基地和国家新型工业化示范基地。加大基地开发建设和招商引资力度，坚持高起点引进、精准招商，突出产业链配套招商。集中资源重点培育一批自主创新能力强、主业突出、产品市场前景好、对产业带动作用大的智能制造大型骨干企业。重点扶持智能制造装备研发生产与应用集成领域的骨干企业列入省年度重点支持的大型骨干企业名单。鼓励骨干企业加强与产业链的上下游企业、生态体系相关环节的纵向和横向协同合作，孵化培育基础较好、潜力较大、行业带动性较强的“专精特新”中小企业，共同提升智能制造生态体系发展水平。

（六）完善人才引进培养政策

积极营造良好环境，培养一批具有国际领先水平的专家和学术带头人，培养和锻炼一批从事智能技术和装备研发的创新团队。探索高效灵活的人才引进、培养、使用、评价、激励和保障政策，优化人才引进和培养环境。建立重大智能制造项目与人才引进联动机制，建立重大项目产业人才的绿色通道。培养和造就大量面向高层次需求的实战型工程技术人才，提升在职人员劳动素质。深化产教融合，鼓励骨干企业与有条件的高等院校开展协同育人，培养大批在相关工程技术领域具有扎实素养的应用型人才。推动职业院校（技工院校）与制造业企业对接合作，提高技术技能人才培养的针对性、有效性。依托产业基地建设产业人才实训基地，开展人才定制培训，培训一批能操作、懂调试、会研究改进智能制造的实干型和应用型人才。

（七）积极参与国际合作

深入推进全省智能制造企业对内对外开放，加快融入区域乃至全球产业链分工体系，积极参与新生产模式下的全球协同制造体系。鼓励引进一批龙头性、总成式、整机型高端智能制造装备项目，引导世界500 强企业、中央企业在广东设立总部或区域总部、研发中心、营销中心等功能性机构。加快实施走出去战略，支持企业通过并购、重组、战略合作等多种形式，获取欧美发达市场知名品牌、营销渠道、高端人才等资源，充分利用两种资源、两个市场，加快发展成为具有国际竞争力的跨国公司。

珠江西岸先进装备制造产业带布局和项目规划（2015－2020年）

先进装备制造业是衡量一个国家或地区工业化程度和国际竞争力的重要标志。加快培育发展先进装备制造业，是我省特别是珠江西岸各市提高产业核心竞争力的必然要求，是抢占未来经济和科技发展制高点的必然选择，对于我省加快产业转型升级，构建现代产业体系，实现由制造业大省向制造业强省转变具有重要战略意义。为进一步推动我省特别是珠江西岸各市先进装备制造业集约发展，根据《珠江三角洲地区改革发展规划纲要（2008-2020 年）》和《国务院关于加快培育和发展战略性新兴产业的决定》（国发〔2010〕32 号）、《中央广东省委广东省人民政府关于加快建设现代产业体系的决定》（粤发〔2008〕7 号）和工业和信息化部、国家发展改革委、财政部《高端装备制造业“十二五”发展规划》（工信部联规〔2012〕145 号），编制本规划。

规划范围为珠江西岸六市一区，包括珠海、佛山、中山、江门、阳江、肇庆（主要指鼎湖、大旺、高要、四会）市和顺德区，规划期为 2015-2020 年。

一、发展现状和面临形势

（一）发展现状

经过改革开放 30 多年的发展，珠江西岸已发展成为我省重要的装备制造业生产基地，初步形成了产业特色鲜明、具有一定规模和技术水平的装备制造产业体系，为发展先进装备制造业奠定了坚实的基础。

——产业规模较大。2013 年，珠江西岸规模以上装备制造业完成工业总产值 8725.7 亿元，其中汽车制造、专用设备制造分别是 2005 年的 4.3 倍和 3.6 倍，年均增长分别为 20%、17.5%。规模以上装备制造业增加值约 1900 亿元，占规模以上工业增加值的 25.3%。

——产业水平较高。以企业为主体的自主创新体系加快建设，建立了国家级工程中心 4 家，形成了中山风电装备、江门轨道交通装备、珠海航空装备、顺德精密智能制造等 10 家以先进装备制造业为主导产业的省级战略性新兴产业基地。通过组织实施重大产业项目带动战略，轨道交通装备、海洋工程装备、新能源装备、通用航空装备等新兴装备制造业发展迅速，已形成装备制造业“海陆空”发展新格局。

——优势产品地位突出。坚持自主创新和引进消化吸收再创新相结合，一批重点装备产品相继突破，国内首架具有自主知识产权的全复合材料涡桨公务机“领世 AG300”在中航通飞华南公司研制并试飞成功，国内新一代 CRH6 型城际动车组在广东南车轨道交通装备产业基地下线并实现量产，中山明阳风电 5-6 兆瓦风机样机已下线。传统优势装备产品国内市场占有率和影响力稳步提升，陶瓷机械、塑料机械、木工机械等专用装备产品国内市场占有率位居全国第一，印刷包装机械、玻璃机械、压力机械等专用装备产品国内市场占有率均超过 20%。

——集聚发展态势明显。产业集聚发展初见成效，形成了珠海通用航空装备、中山风电装备、珠海海洋工程装备等一批在国内具有一定影响力的装备制造产业基地，国内首个按照全产业链规划建设的广东江门轨道交通装备产业基地初具规模。科技部相继认定我省国家火炬计划佛山精密制造、佛山自动化机械及设备、中山（临海）装备制造业和中山电梯特色产业基地等 4 个国家级特色装备制造业基地。同时，培育发展了顺德伦教木工机械、陈村压力机械、大良塑料机械等一批产业特色鲜明的专业镇。

同时，与国内外装备制造业先进地区相比，我省珠江西岸装备制造业发展还存在较大差距，主要表现在：自主创新能力弱，核心关键零部件受制于人；骨干企业少，行业集中度不高；系统集成能力较弱，尚未形成以主机制造为核心、上下延伸的产业链；产业体系不健全，相关基础设施、服务体系建设相对滞后等。

（二）面临形势

从国际看，一方面，国际制造业转移层次不断演进，先进装备制造业加工制造组装等环节持续向发展中国家转移，国内企业通过并购、购买专利授权等多种方式可以迅速获得装备制造业加工制造技术，突破技术瓶颈，形成竞争力；信息技术、绿色制造技术、新材料等新兴技术在装备制造业领域的应用，将不断催生出新的装备制造业产品门类和业务领域；以数字技术为基础，在互联网、物联网、云计算、大数据等强力支持下，量体裁衣式的单件小批量定制化生产加快发展，产业形态将逐步从生产型制造向全生命周期的服务型制造转变。另一方面，金融危机也使发达国家重新回归实体经济，提出了“再工业化”、低碳经济、智慧地球等一系列新的发展路线，纷纷在先进装备制造业等重点领域进行战略布局，利用掌握的核心技术占据主动，加快推动先进装备制造业发展，试图抢占未来经济和科技发展的制高点，给我国先进装备制造业的发展带来激烈竞争。

从国内看，国家将高端装备制造业列为重点培育发展的战略性新兴产业，对高端装备制造业的发展和重大技术装备自主创新的扶持力度进一步加大；我国仍处于工业化、城镇化加速发展阶段，尤其是中西部地区的工业化进程加快，对各类装备产品的需求依然旺盛；新能源、新材料、医药和生物技术等战略性新兴产业的培育发展，以及轻工、纺织、石化、冶金、建材等传统产业的转型升级，将带动一批装备产品的更新换代，为我省珠江西岸装备制造业的发展带来巨大的市场空间。但是，受制于产业基础和技术水平，我省珠江西岸装备制造业产品在国际国内市场上竞争能力不强，与国内其他地区竞争优势不明显；同时节能降耗、环境保护、集约用地等政策对装备制造业发展提出了更高的要求。

二、指导思想、基本原则和发展目标

（一）指导思想

深入贯彻落实党的十八大和十八届三中全会精神，紧紧围绕产业转型升级和战略性新兴产业发展的重大需求，把发展先进装备制造业作为加快我省产业转型升级、转变经济发展方式的重要抓手，按照政府引导、市场主导、创新驱动、差异发展、龙头带动的原则，着力优化产业布局，着力推动重大项目建设，着力营造良好发展环境，重点建设珠江西岸先进装备制造产业带，力争到2020年建设成国内领先、具有国际竞争力的先进装备制造产业基地，为全省实现“三个定位、两个率先”总目标提供有力支撑。

（二）基本原则

——坚持市场导向与政府推动相结合。遵循市场规律，尊重企业在发展先进装备制造业中的主体地位，充分发挥市场在配置资源中的决定性作用；注重规划和政策引导，改善投资环境，加大招商引资力度，统筹政府资源，突破行业关键薄弱环节，完善先进装备制造业发展的公共服务体系。

——坚持自主创新与开放合作相结合。建立完善以企业为主体的技术创新体系，不断增强自主创新能力，强化核心关键技术研发攻关，加快形成一批具有自主知识产权的优势产品；充分利用全球创新资源，鼓励企业通过国际合作途径，加快对国外关键核心技术的引进消化吸收再创新。

——坚持龙头带动与产业集群相结合。充分发挥龙头企业的带动作用，支持重点骨干企业跨地区、跨行业、跨所有制兼并、联合及海外并购，提升系统集成能力，做大企业规模；加快推进装备制造业重点产业基地、专业化园区建设，增强园区集聚功能，发挥产业集聚效应，提升专业化分工协作配套水平，打造一批特色鲜明的产业集群。

——坚持差异发展与协调互动相结合。根据珠江西岸各市产业基础、配套能力和要素供应情况，合理布局，发展各有侧重的先进装备制造业，实现差异化有序发展；引导装备制造业及其基础零部件、原材料等外围配套产业梯度转移和布局，实现优势互补、分工协作，推进珠江西岸先进装备制造产业带一体化发展。

（三）发展目标

——产业规模跃上新台阶。到2017年，珠江西岸规模以上装备制造业实现产值15000亿元，年均增长约15%，其中智能制造装备、船舶与海洋工程装备、节能环保装备、轨道交通装备、通用航空装备、新能源装备、汽车制造、卫星及应用等先进装备制造业占规模以上装备制造业的比重超过40%。到2020年，珠江西岸规模以上装备制造业实现产值22000亿元，年均增长约15%，其中先进装备制造业占规模以上装备制造业的比重超过50%。

——创新能力大幅提升。到2017年，研究与实验发展经费（R&D）支出占装备制造业增加值比重达到2.7%，骨干企业研发经费投入占销售收入比重达到5%以上，骨干企业产品水平达到国内先进水平，初步形成以企业为主体的先进装备技术创新体系。到2020年，R&D支出占装备制造业增加值比重达到3%以上，基本形成产学研用相结合的先进装备制造创新体系。

——产业链培育逐步完善。到2017年，初步形成智能制造装备、船舶与海洋工程装备、轨道交通装备、通用航空装备等重点产业链，形成10个产值超100亿元的先进装备制造产业集群。到2020年，先进装备制造产业链进一步完善，打造2-3个产值超1000亿元、在国内外具有一定影响力的先进装备制造产业集群。

——产业组织结构进一步优化。到2017年，形成4-5家销售收入超100亿元的先进装备制造业骨干企业。到2020年，形成1家以上销售收入超过1000亿元和一大批具有核心竞争力的“专、特、精、新”中小型装备制造企业。

三、发展重点和布局

结合我省珠江西岸产业发展基础，重点发展智能制造装备、船舶与海洋工程装备、节能环保装备、轨道交通装备、通用航空装备、新能源装备、汽车制造、卫星及应用等领域先进装备制造业，以及相配套的重要基础件和生产服务业，建设一批特色鲜明、具有国际竞争力的先进装备制造业基地。以点带面，辐射带动形成规模化、集约化、差异化沿江沿海先进装备制造产业带，推动珠江西岸形成以大型企业和优势产品为龙头、中小企业和配套产品为基础、产业链完整、产业集群发达的先进装备制造发展格局。

（一）智能制造装备。

以佛山市、顺德区为主，重点发展关键智能制造基础共性技术，推进以传感器、自动控制系统、工业机器人、伺服和执行部件为代表的智能装置的研发和产业化，大幅提高制造过程信息化水平，培育开发智能化生产线和数字化车间（工厂），以及高精密数控机床及系统、工作母机等重大设备，提升重大智能成套装备的集成水平，形成高度灵活、个性化、网络化的产业链。支持智能制造装备企业在工程承包、维修改造、设备租赁等方面开展增值服务，促进企业由加工制造型向生产服务型转变。到2017年，初步建成在全国具有较大影响力的智能制造装备产业基地。到2020年，产值规模达2000亿元，形成2家以上行业领军企业。

佛山市重点发展工业自动化控制系统、专用检测仪器、机器人本体和智能测控装置与控制系统，以及3D打印等智能装备。积极开展智能制造装备示范应用推广，培育一批从事数字化、智能化系统工程的集成商。开发家电智能化生产线技术和设备，提升陶瓷机械、木工机械等专用装备的智能化、集成化水平。

珠海、中山市重点发展传感器、智能仪器仪表等智能测控装置和自动控制系统，加快集聚发展高端医疗器械，提升医疗器械信息化水平。积极推进纺织服装、消费类电子、输配电设备和工程机械等领域企业建设智能化示范生产线和示范数字化车间（工厂），提升装备智能化水平。

肇庆市加快发展新型传感器、智能仪器仪表等智能测控装置，积极推进陶瓷、冶金等传统行业建设自动化生产线，提升装备智能化水平。

江门市重点发展伺服驱动器、变频器等伺服系统以及数控加工中心，积极推进食品行业提升装备智能化水平。

阳江市积极推动“两化”深度融合，促进传统产业转型升级，积极提升五金、刀剪、塑料等行业装备智能化水平。

专栏1　智能制造装备产业基地

佛山智能装备产业基地：依托南方风机、科达机电、广东锻压、伊之密、东方精工、丰凯机械等骨干企业，推进3D打印产业化项目建设，积极向智能化、全自动、成套、精密、数控和进口替代方向发展，初步形成了以智能化机械装备、工业机器人、智能家电为代表的智能制造产业体系。

光机电一体化产业基地：依托中山新诺科技、中山汉唐科技、佛山高聚激光、肇庆中导光电等骨干企业，重点发展大功率激光系统和激光直刻、加工、印刷设备以及光学检测设备，形成产业集聚。

（一）船舶与海洋工程装备

以珠海市为主，重点发展以海洋油气为代表的海洋矿产资源开发装备和大型临港工程装备，研究开发可燃冰等海底能源开采技术装备以及无人潜航器、深水机器人等先进装备。加快建设大型深水海洋工程装备制造基地和特种船舶生产基地，加快提升产业规模和技术水平，完善产业链。到2017年，基本建成大型深水海洋工程装备制造基地。到2020年，形成产值千亿元的海洋工程装备制造基地，成为我国主要的海洋工程装备制造基地之一。

珠海市重点发展深水钻井平台、海上油田浮式生产储卸油装置（FPSO）等海洋工程装备以及海上钻井采油平台配套设备，加快发展正面吊、起重机械等临港工程机械和船用高中低速柴油机，积极推进游艇产业发展，形成产业集聚。

中山市重点发展三用工作船、多用途海洋支持船、海洋工程拖船等海洋工程辅助船、海上风电安装船、豪华游艇和执法船艇等，适时发展半潜船、钻井船、起重铺管船等高附加值船舶，积极推进游艇产业发展，加快发展海水淡化和综合利用装备。

江门市重点发展适应基础设施建设需要的特种工程船和具有特色优势的品牌化中小型船舶产品，以及以分段制造为主的船舶配套产业链。大广海湾地区择机差异化发展石油钻采专用设备等深水海洋工程装备。

佛山市重点发展多功能海洋工程船和锁紧装置、悬臂梁滑移系统等海上钻井采油平台配套设备，以及正面吊、起重机等临港工程机械。

阳江市培育发展大型深水海洋工程装备，适时发展适应世界船舶市场需求的高附加值船舶产品。

专栏2 船舶与海洋工程装备产业基地

珠海高栏港深水海洋工程装备基地：以海油工程（珠海）、三一海洋重工等企业为依托，加快建设中海油深水海洋装备基地和三一重工珠海产业园，以及玉柴（珠海）船用柴油机等项目，形成2家产值超百亿元的海洋工程装备制造企业。

中山翠亨海洋工程装备基地：以广新海事重工、广船集团为龙头，加快推进粤新海工、中泽重工、中艺重工等项目建设。

江门银洲湖中小型船舶基地：支持南洋船舶、中交集团等企业做大规模，积极引进海洋工程辅助船舶等项目，形成中小型船舶集聚发展。

在珠海、阳江规划布局建设大型船舶和海洋工程装备制造项目。

（二）节能环保装备

以佛山市为主，重点发展技术先进、市场前景广阔、竞争能力强的节能环保、资源循环利用技术和装备及配套节能服务产业，培育开发城市垃圾智能分选和处理成套装备、二氧化碳综合利用成套装备以及污染检测和远程诊断系统等高端环保装备，形成有自主知识产权的知名品牌。到 2017 年，培育形成 10 家以上销售额超 10 亿元的企业，形成一批具有行业影响力的环保知名企业和知名品牌。

佛山市重点发展高效节能锅炉窑炉、中央空调节能控制技术与设备、余热余压利用和节能在线监测等节能装备，培育发展环境污染控制设备（新型水处理装备、工业废气净化设备、垃圾焚烧设备）、环境污染修复设备（河涌清淤、淤泥处理与资源化成套技术和设备），推进资源回收利用技术和设备的研发生产。

中山市重点发展生活垃圾分选、填埋、焚烧发电、生物处理和垃圾综合利用装备，培育发展污水处理成套设备、烟气脱硫设备、环境监测仪器仪表等环保设备。

江门市重点发展船舶等大型运输工具的拆解装备与技术、工业废物处理与环境服务等，培育发展 LED 生产装备，积极推进循环经济发展。

肇庆市重点发展稀土永磁无铁心电机、曳引机等高效节能电机技术和设备，培育发展汽车零部件、工程机械等机电产品再制造。

专栏3 节能环保装备产业基地

佛山节能环保装备基地：以科达洁能、佛山仪器、佛山水泵等企业为依托，积极推进环保产业与现有优势产业清洁生产相结合，完善产业链。

江门循环经济产业基地：以威立雅环保拆船、三顺环保等企业为依托，积极推动再生资源清洁化回收、规模化利用和产业化发展。

（三）轨道交通装备

以江门市为主，依托珠三角城际轨道交通网络建设，重点发展轨道交通装备及其关键系统零部件，建立健全研发设计、生产制造和产品标准、知识产权保护体系，提升装备自主化能力。加快延伸产业链，大力提高整车配套和生产能力。研究开发磁悬浮、真空管道等超高速轨道交通技术及相关装备。到 2017 年，形成 1000 辆轨道交通车辆年生产能力。到 2020 年，建成世界一流的高端轨道交通装备修造产业基地。

江门市重点发展城际和城市轨道车辆的制造、保养以及大、中修业务，加快研发生产具有自主知识产权的新车型，创设城际轨道交通装备国家标准，实现和谐号动车组多元化发展。积极引进相关配套企业，重点发展转向架、牵引系统、制动系统、信号系统、通讯系统等轨道交通装备关键配套产品。

珠海、佛山市实行差异化发展，重点发展低地板车和区域城市轨道交通车辆的大中修。

专栏4 轨道交通装备产业基地

江门轨道交通装备产业基地：以广东南车轨道交通车辆有限公司为龙头，积极引进西门子、江苏经纬、克诺尔等国内外骨干企业，建设牵引系统、制动系统、信号系统等轨道交通装备关键零部件项目，形成年产 1000 辆轨道交通车辆生产能力，建成城际轨道交通世界先进技术国产化基地和国家标准创设基地。

（四）通用航空装备

以珠海市为主，以低空领域开放为契机，重点发展航空关键技术研发，以及通用飞机、水上飞机、无人机、特种飞行器和轻型直升机等，积极发展机场空管导航监视装备和牵引车、气源车、电源车和空调车等机场地勤设备。研究开发地效飞行器、通用航空发动机等高端航空装备。到 2017 年，培育壮大 1 家通航装备制造企业。到 2020 年，成为国内主要通用航空产业基地之一。

珠海市重点发展通用飞机总装、部装、飞机零部件生产等，培育发展从核心机研发到批量生产的航空发动机生产能力，推动配套航空设备及航空维修、支援、租赁、飞行员培训等产业配套体系建设，积极发展机场空管导航监视装备和机场地勤设备。

阳江市依托低空航线的开通，积极培育发展对私人飞行器或公司商务飞机的停泊、保管、试飞、养护、修理，以及飞行体验、航空拍摄、景点空中观光、飞行员培训等通用航空服务业务。适时发展轻小型通用飞机。

专栏5 通用航空装备产业基地

珠海通用航空装备产业基地：以中航通飞为龙头，积极引进飞机部件生产项目，加快推进大型水陆两栖飞机、轻型涡桨公务机等机型研制，延伸完善通用航空产业链。

阳江通用航空服务基地：积极引进相关行业骨干企业，规划布局建设固定飞机运营基地、飞行员培训学校、飞行俱乐部等项目，形成通用航空服务产业链。

（五）新能源装备

重点发展光伏装备、风电装备和核电装备，延伸发展产业链，加快发展新型传感测量、通讯信息、电能质量控制、决策支持、超导、分布式电源柔性接入技术等智能电网先进技术，培育开发高温气冷堆、10兆瓦及以上风电和光伏发电技术及装备。以佛山市、中山市为主，重点发展高倍聚光型太阳能发电成套系统；以中山市为主，重点发展大型风电机组整机及部件，提升研发水平，加强海上风电机组及风光互补系统研制及产业化；以江门市为主，重点发展核电辅助装备和非动力核技术。到2017年，培育形成1-2家系统设计、设备制造一体化的输配电工程总承包公司。到2020年，打造成为国内重要的新能源装备制造基地之一。

佛山市重点发展太阳能电池专用生产设备、导电玻璃、导电玻璃镀膜设备、高端溅射靶材、激光设备、太阳能电池及组件，以及光伏逆变器、控制器、边框支架等配套产品，形成整条生产线研发与建设能力。积极发展高压输变电设备、兆瓦级风力发电机及相关配套设备，开发和拓展高端中压设备在核电、风电和轨道交通领域的应用。

中山市重点开展特殊环境下兆瓦级变桨、变速风力发电机组技术的研究和开发，加快发展风电齿轮箱、发电机、轴承、叶片、偏航及控制系统等关键部件，形成较完整的风电设备上下游产业链。积极推进新一代光伏发电装备产业化，加快发展高倍聚光型太阳能发电成套系统，提升中低压输变电设备智能化水平。

珠海市重点发展输电线路状态监测系统、柔性输电、微网控制保护及接入等关键设备，包括配网自动化智能终端装备、柜式气体绝缘金属封闭开关设备等。

江门市重点发展中低压开关柜等输配电装备，培育发展风叶等海上风电大型配套设备、核电常规岛发电主设备及重要辅机设备，积极推进设备装配、基地人员培训等相关产业配套服务。

阳江市重点培育发展创新型垂直轴风电发电机组、配套辅机设备等相关产业，促进高压气水混合发电系统产业化。

专栏6 新能源装备产业基地

佛山光伏发电装备产业基地：以爱康太阳能、保威新能源等企业为依托，重点打造顺德光伏产业园和应用检测中心以及三水工业园区国家分布式光伏发电应用示范区。

中山新能源装备产业基地：以中山明阳风电为龙头，以中山火炬开发区、翠亨新区为主要产业集聚区，加快推进2兆瓦级以上风电机组以及叶片等重大项目建设，逐步辐射带动形成较完整的产业链。以中山明阳瑞德兴阳高倍聚光光伏组件制造项目为重点，加快发展高倍聚光型太阳能发电成套系统。

台山清洁能源（核电）装备产业园：以中广核为龙头，依托台山核电项目，引进中广核上下游配套企业，形成产业链。

智能电网产业基地：依托中山明阳、珠海长园电力、珠海优特电力等骨干企业，积极推进微网示范项目建设，形成产业集聚。

（六）汽车制造

以佛山市为主，重点发展汽车整车、新能源汽车和专用车三大基地，研究和开发无人驾驶汽车等前沿技术，延伸发展汽车尤其是新能源汽车关键零部件生产，形成与整车生产能力相匹配的系统配套能力。到2017年，汽车整车年生产能力超过60万辆，其中新能源汽车年综合生产能力超过5万辆。到2020年，新能源汽车年综合生产能力20万辆，成为全国重要的新能源汽车生产基地之一。

佛山市重点发展高端轿车、高附加值和多功能客车，以及旅居车、清障车、工程车等特色专用车，延伸发展变速箱、发动机、安全气囊、电控系统等关键零部件，提高本地配套率，形成较完善的汽车产业链。培育发展纯电动轿车，加快建立正负极材料、隔膜、电解液等动力电池配套能力。

中山市重点发展永磁电机产业链，加快建立上游特种电机材料、功率开关模块配套能力，延伸发展电动轿车、电动专用车等新能源汽车产品，支持发展新能源汽车动力电池产业链。积极发展道路养护维修车等高附加值专用车。

珠海市重点发展高档客车、纯电动客车和医疗专用车、环卫车等专用车，支持发展锂离子动力电池产业链。

肇庆市重点依托广州、佛山汽车整车产业，大力发展汽车发动机用各类精密铸件、汽车电子产品、精密齿轮和其他汽车辅件等。

江门市重点发展驱动桥总成、制动器总成、半挂车车轴总成等汽车零配件，培育发展重型载货车和高技术、高附加值专用车。

阳江市重点建设轻量化材料车身产业链，培育推进专用汽车生产。

专栏7　汽车产业基地

佛山汽车产业基地：以一汽大众佛山分公司为龙头，积极推进一汽大众佛山工厂二期项目建设，形成年产整车60万辆生产能力。

新能源汽车产业基地：依托中山大洋电机、佛山陆地方舟等企业，加快推进北京长城华冠新能源汽车项目前期工作，规划布局建设新能源汽车整车产业化生产项目。

专用车生产基地：做大佛山富迪、粤海等专用车生产企业，积极引进中国兵装集团、中航公司等大型企业，建设市场需求量大、高附加值的专用车生产项目，形成产业集聚。

汽车零部件产业基地：以肇庆鸿图科技、肇庆鸿特精密等企业为龙头，加快发展精密压铸件、汽车轮毂、转向器和汽车电子等汽车零部件和零部件专业市场配套服务，打造环珠三角汽车零部件产业基地。

（七）卫星及应用

以中山市为主，重点发展卫星通信、卫星导航、卫星遥感三大领域，不断推进应用概念和应用模式创新，积极拓展卫星在应急、救灾、气象监测、通用航空、智能交通、物联网等应用领域，着力发展卫星导航终端及位置服务、卫星通信广播、自主遥感信息等卫星应用产业链，培育开发北斗卫星空间基准授时、高分辨率高光谱遥感图像处理及应用和空间信息三维显示等技术和装备。到2017年，培育形成10家以上销售额超亿元的卫星应用企业，初步建立区域卫星应用产业体系。

中山市加快建设北斗物联网产业基地、北斗地基增强网络系统、北斗应用居家养老示范屋等项目，培育发展卫星导航终端及位置服务、卫星通信广播、自主遥感信息获取处理和运营服务以及北斗卫星空间基准授时产业链。

佛山市以电子口岸的车辆、船舶监控平台为切入点，建立北斗卫星应用示范项目，积极解决北斗民用化推进过程中一系列共性技术、应用及管理问题。

珠海市培育发展卫星多媒体通信、卫星高速网络接入系统及具有自主知识产权的高灵敏度、抗干扰、高动态直捕终端机、多星座、多模融合接收机以及基带芯片、射频芯片、微型天线等关键元器件和电子地图。

专栏8　卫星及应用产业基地

中山北斗应用示范基地：以中国东方红卫星股份、广东北斗平台科技、广东通宇通讯设备等骨干企业为依托，积极推进芯片研发、系统集成与终端生产、服务运营等产业发展，建设北斗物联网产业基地。

（八）重要基础件

以阳江市为主，重点发展精密轴承、高强度螺栓、精密齿轮和高档液压／气动／密封件及系统等基础件和通用部件的设计、制造和批量生产的关键技术，以及大型和特殊零部件制造及加工技术。推广清洁生产技术，加强环境保护，建设华南地区重要基础原材料生产基地，提升产品品质。积极延伸产业链，引入相关企业，规划布局建设大型铸锻件、基础部件、加工辅具和特种原材料等配套项目，提供先进装备所需的关键基础件和原材料。

专栏9　重要基础件

华南原材料基地：积极推进阳江中集钢构件等一批重大项目建设，打造中国（阳江）高端不锈钢产业基地、硅基功能新材料生产基地和特种钢材生产基地。

（九）生产服务业

建设中德生产服务业集聚区等一批中外先进装备制造合作示范基地，建立一批检验检测、教育培训、法律服务等公共服务平台，建设一批功能突出、辐射功能强的生产服务业集聚区，推动产业金融、工业设计、信息系统服务、现代物流配送、电子商务、会展等与先进制造业紧密相连的生产服务业向先进装备制造基地集聚。顺应全球先进制造业发展新趋势，以佛山市、珠海市、顺德区为主，积极发展先进制造领域的全新商业模式和合作模式，推动服务型先进制造业发展，形成高度灵活、个性化、数字化的产品与服务的生产模式。支持企业提升系统集成能力，发展产品设计、技术研发、工程总包和系统控制等业务，建立现代销售体系。加快生产制造与信息技术服务融合，发展研发设计、第三方物流、融资租赁、科技信息服务、检验检测认证、电子商务、服务外包、展览等新业态。以信息化为纽带，辐射推进珠江西岸各市建设为本地装备制造产业服务的科研、销售、商务会展等行业公共服务平台。

专栏10　生产服务业基地

中德工业服务区：加快建设中德企业服务中心，以德国为合作基础，积极引进国内外各类研发设计、检测认证、科技成果转化、职业培训、知识产权服务等工业服务机构，为广东乃至全国工业企业提供技术应用服务。

四、保障措施

（一）提升自主创新能力，形成核心竞争力

提升先进装备制造业自主创新能力，统筹利用资源，组织实施若干重点科技专项，在先进装备制造业

各重点领域均建成1家以上国家认定的工程中心，重点突破智能制造、深水海洋装备、新能源汽车、通用航空装备、轨道交通装备等关键核心技术。对企业承担的省级财政支持的科技研发项目，用于研发人力投入经费的比例最高可上调至30%. 依托重点工程、重大项目和骨干企业，贯彻落实国家首（台）套重大技术装备示范项目管理办法，积极促进科技成果的转化，提高科技成果产业化效率。在轨道交通、新能源汽车、核电、风电、污水处理等领域组织实施重大技术装备首（台）套应用工程，力争新产品销售收入比重超过20%。推进形成以企业为创新主体，产学研用有效融合的自主创新能力提升体系。

（二）推进产业集聚，做大做强骨干企业

组织实施先进装备制造业基地示范工程，以国家级和省级开发区、重点产业园区为支撑，依托先进装备制造龙头项目，引导相关配套项目在周边集聚发展，重点在智能制造装备、船舶与海洋工程装备、轨道交通装备、通用航空装备、新能源装备等领域延伸产业链，支持先进装备制造业产业集聚区创建新型工业化产业示范基地和创建装备制造区域品牌。大力支持工业化和信息化融合，积极推进计算机辅助技术在先进装备制造业研发设计环节的集成应用，以及生产管理过程的数字化、智能化、网络化改造，实现规模以上先进装备制造企业信息技术的应用率达到90%以上。落实国家和省支持企业做大做强的各项政策，扶持产业集聚区内骨干企业做大做强，支持先进装备制造业骨干企业进入省年度重点支持的大型骨干企业名单，并将先进装备制造业骨干企业投资的重点项目优先列入省重点项目，培育50家以上智能制造骨干企业和系统集成企业，形成一批核心竞争力强、主导产品优势突出、具有总承包和总成套能力的先进装备制造龙头企业。

（三）完善标准体系，打造知名品牌

组织编制先进装备制造业标准体系规划，积极推动轨道交通装备等领域骨干企业主导或参与国际、国家、行业和地方标准制（修）订。在符合条件的先进装备制造业集聚区，省市共建若干产品质量监督检测机构，并争取国家支持建设一批国家级检测机构。支持企业采用国际标准，提升装备产品质量和可靠性。组织实施品牌商标战略，支持自有品牌在境外的商标注册和专利申请，促进自有品牌跨国经营与国际化发展，形成一批国际知名品牌先进装备产品。

（四）加大招商引资力度，壮大产业规模

积极开展招商引资活动，以珠江西岸各市（区）为主体，以现有产业基地、开发区、产业园、新区为载体，在落实各市与央企签订的投资合作协议基础上，根据本地区的区位情况和产业基础，坚持高起点引进，精准招商，做大增量，重点引进带动性强的国内外先进装备制造业龙头企业，突出产业链配套招商，细化产业分工，完善配套体系，加快形成优势明显、各具特色的先进装备制造业产业带。对实际投资额10亿元以上的项目，由省市共同安排年度土地利用计划指标。招商引资活动从2015年开始连续开展3年，每年召开一次对接签约会，力争累计引进50家以上投资额超10亿元的先进装备制造企业。

（五）加强人才培育，完善公共服务配套体系

不断完善引进领军人才和创新型科研团队机制，在汽车、海洋工程装备、智能装备、轨道交通、通用航空、新能源等领域引进珠江西岸先进装备制造业发展急需的高层次科技创新人才和高级管理人才。创新培养模式，实施职业院校（含技工学校，下同）与骨干企业对接合作工程，确保先进装备制造基地内的骨干企业与职业院校建立合作关系，通过校企联合招生招工、送岗送学等方式，发挥学校育人机制和企业用人机制的耦合作用，提高技术技能人才培养的针对性、有效性。积极推进职业院校与企业合作共建校外实习、实训基地和生产实训中心，支持全省优质职业院校到重点产业基地设立分校，提供工学交替、专业化实践、对口就业等条件，基本实现每个重点先进装备制造基地均有1所以上对口职业院校并有针对性开设相关专业。落实医疗保健、住房、配偶安置、子女入学等优惠政策，完善人才引进和培养环境。

（六）加强组织领导，形成工作合力

建立珠江西岸先进装备制造业联席会议机制，协调解决珠江西岸先进装备制造业发展中遇到的问题，加快推进规划组织实施。省发展改革委牵头负责规划实施工作，做好任务分解，提出年度工作计划，加强对规划实施情况的跟踪分析和督促检查，并组织评估，定期向省政府报告规划实施情况。省有关部门要各司其职、密切配合，加强政策指导，及时研究解决规划实施中出现政策问题。珠江西岸六市一区政府要结合实际，建立发改、经信、规划、环保、国土、海洋渔业等部门互动协调的工作机制，形成合力，按照本规划确定的发展重点和布局，抓紧推进相关项目的组织实施，并做好区域内相关规划衔接的工作。

附件（略）

广东省工业转型升级攻坚战三年行动计划（2015－2017年）

为贯彻落实省委十一届四次全会关于实施工业转型升级三年攻坚战的决策部署，推进工业创新驱动转型升级，特制定本行动计划。

一、总体要求

（一）行动思路

主动适应经济发展新常态，以工业转型升级提质增效为主战场大力实施创新驱动发展战略，以新一轮技术改造为主抓手改造提升现有产业，以珠江西岸先进装备制造产业带、珠江东岸电子信息产业带和粤东西北产业园区为重点培育新的经济增长极，推动制造业智能化，推进工业绿色发展，充分发挥工业在促进经济增长、结构优化和动力转换中的主力军作用，以工业转型升级推动广东经济转型升级。

（二）指导原则

——创新引领与开放合作相结合。突出企业创新主体地位，完善工业创新体系，强化协同创新，加快科技成果产业化，提升工业企业技术创新、管理创新和商业模式创新水平。充分利用国内外创新资源，大力引进来、走出去，突破制约工业转型升级的关键核心技术，加快推动工业发展模式向质量效益型转变，发展动力向创新驱动转变。

——市场主导与政府引导相结合。充分发挥市场在资源配置中的决定性作用，推动工业领域资源配置效益最大化和效率最优化。加强规划引导、政策扶持和环境营造，综合运用财税、产业、金融、土地、人才、贸易等政策，引导生产要素向工业高端领域集聚。全面推进工业领域深化改革，打造市场化、法治化、国际化营商环境。

——高端化智能化与集约化绿色化发展相结合。充分发挥信息化在工业转型升级中的先导和牵引作用，通过信息化与工业化深度融合，推动制造业向数字化、智能化、网络化、服务化转变。完善产业链条，提升配套水平，促进产业集聚，强化节约集约用地，坚持高端引进和绿色低碳发展，推动产业由价值链中低端向高端提升，走可持续发展的新型工业化道路。

——调整存量与优化增量相结合。支持现有企业利用信息技术和先进适用技术实施技术改造，增资扩产，提高效益，提升存量工业发展水平。加快发展以先进装备制造为重点的先进制造业，培育发展互联网产业等新模式、新业态，推动建设工业发展重大平台和载体，引进和发展高端生产力，催生新的经济增长点。

（三）主要目标

到 2017 年末，我省工业向高端化、智能化、绿色化迈进步伐进一步加快，在全球价值链的分工地位明显提升，综合实力、可持续发展能力显著增强，初步形成国内领先、具备国际竞争力的现代工业体系，稳步实现由工业大省向工业强省转变。

——质量效益明显提高。到 2017 年末，规模以上工业增加值从 2014 年的 29300 亿元增长到 36900 亿元，年均增长 8% 左右，实现增加值增量 7600 亿元，其中实施新一轮技术改造实现增加值增量 2000 亿元，珠江西岸装备制造业实现增加值增量 1500 亿元，珠江东岸电子信息产业实现增加值增量 1600 亿元，粤东西北产业园区实现增加值增量 950 亿元；规模以上工业全员劳动生产率从 2014 年的 20.75 万元／人提升到 22 万元／人左右，主要工业产品基本按照国际标准或国外先进标准组织生产，产品质量明显提升。

——创新能力显著提升。到 2017 年末，规模以上工业企业研发投入占主营业务收入比重从 2014 年的 1.17% 提升到 1.3%；高新技术产品产值从 2014 年的 5.18 万亿元增长到 6.9 万亿元，年均增长 10%；工业企业发明专利授权量从 2014 年的 1.7 万件增长到 2.1 万件，年均增长 8%；工业企业 PCT（专利国际合作协定）国际专利申请量从 2014 年的 1.3 万件增长到 1.7 万件，年均增长 10%。

——工业结构持续优化。到 2017 年末，先进制造业增加值年均增长 10% 左右，占规模以上工业增加值的比重从2014年的48.1%提高到50%以上；战略性新兴产业增加值年均增长12%左右，占地区生产总值的比重从2014年的5.6%提高到6.2%以上；高技术制造业增加值年均增长10%以上，占规模以上工业增加值的比重从2014年的25.7%提高到27%以上；主要传统制造业进一步改造提升，发展优势和综合实力显著增强；工业骨干企业加快做大做强，全省年主营业务收入超100亿元工业企业125家左右，年均增长10%，50-100亿元工业企业160家左右，年均增长12%；中小微工业企业发展活力进一步增强。

二、重点攻坚行动

（四）强化企业自主创新主体地位，打造工业转型升级新引擎

1. 工作目标

至2017年末，全省规模以上工业企业研发投入占主营业务收入比重达1.3%，三年累计提高0.13个百分点；规模以上工业企业设立研发机构的比例达16%，三年累计提高6个百分点；工业企业省级以上企业技术中心、重点实验室、工程中心、工程实验室等达2800家，比2014年末增加750家左右，涌现出一批创新能力、规模与品牌位居世界前列的创新型领军企业。

2015-2017年分年度目标

——**2015年**，规模以上工业企业研发投入占主营业务收入比重达1.2%，规模以上工业企业设立研发机构比例达12%，省级以上企业技术中心、重点实验室、工程中心、工程实验室达到2300家。

——**2016年**，规模以上工业企业研发投入占主营业务收入比重达1.25%，规模以上工业企业设立研发机构比例达14%，省级以上企业技术中心、重点实验室、工程中心、工程实验室达到2550家。

——**2017年**，规模以上工业企业研发投入占主营业务收入比重达1.3%，规模以上工业企业设立研发机构比例达16%，大型工业骨干企业研发机构实现全覆盖，省级以上企业技术中心、重点实验室、工程中心、工程实验室达到2800家。

2. 重点任务

——**鼓励和支持大型企业发挥创新骨干作用。**实施大型企业研发机构全覆盖行动，支持工业骨干企业创建省级以上企业技术中心、重点实验室、工程中心、工程实验室、协同创新中心等创新平台，组建重点制造业创新中心等新型研发机构。支持大型骨干企业建设中央研究院，开展前沿先导技术研发和重大战略产品开发。支持大型骨干企业牵头组建产业共性技术研发基地，实施国家和省级科技重大专项，重点在先进制造业领域突破一批关键核心技术。（省经济和信息化委、发展改革委、科技厅，各地级以上市政府）

——**完善中小微企业公共服务平台和孵化器。**支持前孵化器、孵化器、加速器、大学科技园、留学人员创业园等创业载体发展。建立健全各种类型的公共服务平台，为中小微企业提供创新服务。建立科技企业孵化器财政资金补助制度和风险补偿制度。发挥科技型中小企业创新基金引导作用，支持种子期、初创期中小微企业技术创新活动。对符合条件的中小微企业实施科技创新后补助制度，引导中小微企业向高校、科研院所等机构购买技术服务以及开展产学研合作活动。组建省级科技创新孵化股份公司，建立省级规模的创新驱动孵化园区。（省科技厅、发展改革委、经济和信息化委、教育厅、财政厅、国资委、金融办，各地级以上市政府）

——**推进科技创新成果产业化应用。**组织科技成果产业对接活动，支持工业骨干企业牵头推进重大科技成果产业化应用。完善科技成果评价和激励机制，支持和引导高校、科研机构及科技人员积极参与企业技术研发、推广和产业化工作。加快成果转化服务体系建设。开展骨干企业千百亿名牌培育工作，推动一批重点工业企业开展工业企业品牌及区域品牌培育试点。（省经济和信息化委、发展改革委、教育厅、科技厅，各地级以上市政府）

——**建立健全以企业为主体的协同创新体系。**支持以企业为主导建立产业技术创新战略联盟。依托行业领军企业、骨干转制院所、高水平大学，整合创新资源，推动建设一批产业共性技术研发基地，提升原始创新能力。促进企业、高校、科研院所、创新平台联合产业化需求方建立产学研用协同创新平台，共同开发新产品、新技术，提升集成创新能力。实施省新兴产业创投计划，推进金融、科技、产业深度融合发展。（省科技厅、发展改革委、经济和信息化委、教育厅、财政厅、金融办，各地级以上市政府）

——**培育一批具有国际竞争力的创新型跨国企业。**支持本土工业企业积极参与欧美再工业化进程，通过并购、重组、战略合作等形式，以“资本换技术”，获取欧美发达市场知名品牌、高新技术、营销渠道、高端人才等资源。重点支持一批创新型企业在境外设立、收购研发机构，通过境外科技创新带动国内产品和技术升级，形成一批国际化的自主品牌和在部分先进技术领域具有较强国际话语权的本土跨国企业。（省商务厅、科技厅、人力资源社会保障厅，各地级以上

市政府）

（五）实施新一轮技术改造，重塑工业转型升级新优势

1. 工作目标

至 2017 年末，全省三年累计引导 2 万家规模以上工业企业完成新一轮技术改造（其中年主营业务收入超 5000 万元的企业 8000 家），占全部规模以上工业企业的 50% 以上；三年累计完成工业技术改造投资 9430 亿元，年均增长 27.5% 左右；累计完成工业投资 34400 亿元，年均增长 16% 左右；国家和省“两化”融合贯标试点企业达 500 家，其中通过国家和省认定的企业 250 家。

2015-2017 年分年度目标

——2015 年，引导 5500 家规模以上工业企业实施技术改造，其中年主营业务收入超 5000 万元企业 2500 家。完成工业技术改造投资 2450 亿元，带动工业投资 9800 亿元。国家和省“两化”融合贯标试点企业达 200 家，其中通过国家和省认定的企业 70 家。

——2016 年，引导 6500 家规模以上工业企业实施技术改造，其中年主营业务收入超 5000 万元企业 2600 家。完成工业技术改造投资 3100 亿元，带动工业投资 11400 亿元。国家和省“两化”融合贯标试点企业达 300 家，其中通过国家和省认定的企业 150 家。

——2017 年，引导 8000 家规模以上工业企业实施技术改造，其中年主营业务收入超 5000 万元企业 2900 家。完成工业技术改造投资 3880 亿元，带动工业投资 13200 亿元。国家和省“两化”融合贯标试点企业达 500 家，其中通过国家和省认定的企业 250 家。

2. 重点任务

——引导企业扩产增效。以股权投资、贷款贴息、事后奖补等方式，支持企业对符合产业政策、市场前景好、经济效益优的项目增加投资，引导企业重点投向优质技术改造项目，扩大生产规模。支持企业对产业链中的关键领域、薄弱环节和共性问题等进行整体技术改造，推广共性适用技术，带动产业集聚发展。鼓励企业按照国内外先进标准改造提升现有产品，加快产品升级换代。（省经济和信息化委、发展改革委、财政厅、商务厅、国资委，各地级以上市政府）

——推动企业设备更新。支持劳动密集型行业购置先进适用设备，在重复劳动特征明显、劳动强度大的行业全面推行设备更新，普及现代制造模式。推进优势传统工业企业购置先进适用设备，实施设备更新。鼓励推广应用首台（套）装备。（省经济和信息化委、发展改革委、科技厅、财政厅、商务厅，各地级以上市政府）

——运用信息技术改造提升现有产业。实施“互联网 +”战略，推动移动互联网、云计算、大数据、物联网等与现代制造业结合，支持企业信息化、智能化成果应用，改造企业生产工艺和业务流程，提高企业创新水平、管理水平和生产效率。扩大“两化”融合贯标试点规模，在家电、家具、纺织服装、食品饮料、建材、金属制品、造纸轻工、中医药、体育用品等行业开展两化融合专项行动，推动一批传统工业企业与信息技术企业开展交流对接。（省经济和信息化委，各地级以上市政府）

——加强公共服务平台建设。以股权投资、事后奖补等方式，支持工业领域质量认证、试验检测、电子商务、信息服务等公共服务平台建设，新建一批有较大影响力的公共服务平台，推动支持现有平台的升级改造，建立完善国家新型工业化产业示范基地。（省经济和信息化委、财政厅，各地级以上市政府）

——开展技术改造投资动态监测和服务。构建并启用全省技术改造投资监测系统，做好企业技术改造动态监测。完善并定期调整发布《广东省工业技术改造投资指导目录》，引导企业和社会投资方向。建立省市县三级联动的企业技术改造重点项目库，实施动态管理，形成上下联动的重点技术改造项目支撑格局。组织政银企技术改造项目对接活动，向银行等金融机构推荐优质技术改造项目。（省经济和信息化委、统计局、金融办，广东银监局，各地级以上市政府）

（六）加快珠江西岸先进装备制造产业带建设，提升珠江东岸电子信息产业带和粤东西北产业园区发展质量，培育工业转型升级新增长极

1. 工作目标

至 2017 年末，珠江西岸装备制造业三年累计实现投资 4500 亿元；珠江西岸装备制造业实现增加值从 2014 年的 2300 亿元提高到 3800 亿元，年均增长 18%；初步形成比较完善的船舶与海洋工程装备、轨道交通装备、通用航空装备等产业链，成为国内领先、具备国际竞争力的先进装备制造业基地。

到 2017 年末，珠江东岸电子信息产业实现工业增加值从 2014 年的 5100 亿元提高到 6700 亿元，年均增长 10%；自主配套能力不断加强，终端产品价值链进一步提升，成为全球重要的电子信息产业基地。

到 2017 年末，粤东西北产业园区（含惠州、江门、肇庆产业园区，下同）三年累计完成工业项目固定资产投资 4200 亿元；实现规模以上工业增加值从 2014 年的 1450 亿元增长到 2400 亿元，年均增长 18%；园区规模以上工业增加值占粤东西北地区规模以上工业增加值比重从 2014 年的 19.1% 提高到 30%，园区及其带动产业集聚发展项目规模以上工业增加值占粤东西北地区规模以上工业增加值比重达到50%。

2015-2017年分年度目标

——2015年，珠江西岸先进装备制造产业带新引进10个以上投资额超10亿元的先进装备制造龙头项目，实现装备制造业投资1200亿元，实现装备制造业工业增加值2700亿元左右。珠江东岸电子信息产业实现工业增加值5600亿元；新增1家以上年营业收入超10亿元的集成电路企业；新建设1-2个新型显示重大项目。粤东西北产业园区完成工业项目固定资产投资1250亿元，实现规模以上工业增加值1700亿元，园区规模以上工业增加值占粤东西北地区规模以上工业增加值比重达23%。

——2016年，珠江西岸先进装备制造产业带新引进10个以上投资额超10亿元的先进装备制造龙头项目，实现装备制造业投资1500亿元，实现装备制造业工业增加值3200亿元左右。珠江东岸电子信息产业实现工业增加值6100亿元；新增2家以上年营业收入超10亿元的集成电路企业。粤东西北产业园区完成工业项目固定资产投资1400亿元，实现规模以上工业增加值2000亿元，园区规模以上工业增加值占粤东西北地区规模以上工业增加值比重达26%。

——2017年，珠江西岸先进装备制造产业带新引进10个以上投资额超10亿元的先进装备制造龙头项目，实现装备制造业投资1800亿元，实现装备制造业工业增加值3800亿元左右。珠江东岸电子信息产业实现工业增加值6700亿元；新增2家以上年营业收入超10亿元的集成电路企业；基本形成关键器件自主配套的完善产业链。粤东西北产业园区完成工业项目固定资产投资1550亿元，实现规模以上工业增加值2400亿元，园区规模以上工业增加值占粤东西北地区规模以上工业增加值比重达30%。

2. 重点任务

——开展专项招商。落实珠江西岸政府招商引资主体责任，举办珠江西岸先进装备制造业投资贸易洽谈会等对接活动，主动招商，精准招商，重点引进一批带动性强的先进装备制造龙头项目和一批“高、精、专”产业链配套项目，形成较完善的先进装备制造产业配套体系。发挥珠江东岸现有电子信息产业基础优势，重点引进建设一批集成电路、新型显示等龙头项目。引导粤东西北产业园区依托资源、市场、乡贤等优势，发挥珠三角地区共建作用，围绕园区产业链加大招商引资力度。（省经济和信息化委、发展改革委、国土资源厅、环境保护厅、商务厅，各地级以上市政府）

——推进重大项目建设。以珠江西岸“六市一区”政府为主体，逐项跟踪落实珠江西岸新引进的先进装备制造重大项目，协调解决制约项目落地建设的各类问题，推动已签约项目尽快落地建设、早日投产。推动珠江东岸用足用好集成电路产业发展基金等国家和省支持集成电路产业发展的专项政策，吸引社会资本共同投入集成电路重大项目建设。对粤东西北产业园区优质项目立项、用地、环评等工作加强指导，支持园区优质项目加快落地、加快建设。（省经济和信息化委、发展改革委、财政厅、国土资源厅、环境保护厅，各地级以上市政府）

——推动产业集聚发展。鼓励和支持珠江西岸“六市一区”根据各自产业发展基础，规划建设先进装备制造业集聚区，完善基础设施和公共服务平台配套建设，依托先进装备制造龙头项目，引导相关产业链配套项目集聚发展。围绕珠江东岸平板显示、集成电路芯片等重大项目，进一步拓展芯片设计、装备、模组制造及下游终端和应用开发产业链，打造平板显示、集成电路千亿级产业集群。推动粤东西北产业园区完善规划，依托龙头项目延伸产业链条，吸引配套项目集聚，打造一批空间布局合理、主导产业突出的专业园区。（省经济和信息化委、发展改革委、科技厅、国土资源厅、环境保护厅，各地级以上市政府）

（七）推动制造业智能化，拓展工业转型升级新路径

1. 工作目标。至2017年末，初步建成10个在全国具有较大影响力的智能制造产业基地，形成4个产值规模超100亿元的智能制造产业集聚区；建成2个国内领先的机器人制造产业基地，机器人制造及相关智能装备总产值从2014年的300亿元提高到600亿元以上，年均增长26%；三年累计推动1950家规模以上工业企业开展“机器换人”，制造业智能化水平明显提升。

2015-2017年分年度目标

——2015年，推动600家规模以上工业企业开展“机器换人”，年产值超亿元的智能制造骨干企业达60家，其中机器人制造及系统集成骨干企业8家，形成2个产值规模超100亿元的智能制造产业集聚区，全省机器人制造及相关智能装备总产值达380亿元。

——2016年，推动650家规模以上工业企业开展“机器换人”，年产值超亿元的智能制造骨干企业达80家，其中机器人制造及系统集成骨干企业15家，形成3个产值规模超100亿元的智能制造产业集聚区，全省机器人制造及相关智能装备总产值达480亿元。

——2017年，推动700家规模以上工业企业开展“机器换人”，年产值超亿元的智能制造企业达到

100家，其中机器人制造及系统集成骨干企业20家，形成4个产值规模超100亿元的智能制造产业集聚区，全省机器人制造及相关智能装备总产值达600亿元以上。

2．重点任务

——打造机器人等智能制造装备产业基地。制定实施《广东省智能制造发展规划（2015-2025年）》和机器人发展专项行动计划，加快突破以机器人为重点的智能制造核心关键技术，重点支持机器人本体、控制器、伺服电机、减速器等关键零部件的研发和应用，打造完整的机器人制造产业链，建成国内领先的机器人制造业基地。支持智能制造装备与自动化控制系统、重大智能成套装备、高端大型机床等智能制造装备及基础部件项目建设。（省经济和信息化委、发展改革委，各地级以上市政府）

——实施"机器换人"计划。以汽车和摩托车制造、家电、五金、电子信息、纺织服装、民爆、建材等行业为重点，推进工业机器人示范应用。选择我省优势产业的龙头骨干企业开展智能工厂培育建设试点，鼓励企业使用大型控制系统、高档数控机床、自动化生产装配线等智能化制造装备，推进生产线数字化改造，建设自动化车间和智能工厂。（省经济和信息化委、发展改革委，各地级以上市政府）

——发展智能制造服务业新业态和智能产品。支持智能制造装备企业积极向产品设计、工程承包、远程故障诊断、第三方维修维护、协同制造、再制造等多元化、服务化方向发展。推动智能制造装备企业开展一体化增值服务，由产品制造型向技术研发、生产制造、工程总包、全程服务型企业转变。推进智能家电家居、智能可穿戴设备等智能产品的研发与制造。（省经济和信息化委、发展改革委，各地级以上市政府）

（八）推进工业绿色发展，形成工业转型升级新模式。

1．工作目标

至2017年末，全省单位工业增加值能耗比2014年下降9%，累计实现电机能效提升1000万千瓦，节能环保产业实现增加值从2014年的330亿元提高到450亿元，年均增长10%。完成国家下达的节能降耗、淘汰落后和过剩产能任务，二氧化硫、化学需氧量、氮氧化物、氨氮排放量控制在国家下达的目标范围内。

2015-2017年分年度目标

——**2015年，**实现电机能效提升630万千瓦。推动20个左右省级以上工业园区开展循环化改造。推动500家企业开展自愿性清洁生产审核。节能环保产业增加值达370亿元。完成国家下达的"十二五"节能减排目标。

——**2016年，**实现电机能效提升200万千瓦。推动15个左右省级以上工业园区开展循环化改造，推动500家企业开展自愿性清洁生产审核。节能环保产业增加值达400亿元。完成国家下达的节能减排进度目标。

——**2017年，**实现电机能效提升170万千瓦。推动15个左右省级以上工业园区开展循环化改造，推动500家企业开展自愿性清洁生产审核。省市企业三级能源管理中心平台建设基本完成，实现地市区域平台全覆盖。节能环保产业增加值达450亿元。完成国家下达的节能减排进度目标。

2．重点任务

——扎实推进工业节能减排。严格落实节能问责制度，定期发布节能目标完成情况晴雨表。按期完成电机能效提升和注塑机节能改造任务。加快推进省市企业三级能源管理中心平台建设。推进企业建立能源管理体系，开展重点行业企业能效对标。加强工业节水工作，提高工业用水效率。全省有用热需求的工业园区和珠三角地区有用热需求的产业集聚区全部实现集中供热。全面推动工业锅炉污染整治，强化电厂、水泥、钢铁等重点行业的脱硫脱硝运行管理和石油炼制、化工等重点行业有机废气排放的综合治理。（省经济和信息化委、环境保护厅、水利厅，各地级以上市政府）

——推进园区循环化改造和清洁生产。推动一批省级以上工业园区开展循环化改造，创建1-2个国家级循环化改造试点园区。推动企业开展清洁生产审核，重点推进钢铁、建材、化工、石化、有色金属等五大行业企业开展清洁生产审核。继续深化粤港清洁生产合作，逐步扩大"粤港清洁生产伙伴"标志企业规模。（省经济和信息化委、环境保护厅，各地级以上市政府）

——大力发展节能环保产业。通过国家项目扶持、建设产业基地、开展项目对接等方式，培育一批"城市矿产"示范基地、再制造产业示范基地等节能环保产业集聚区。推进资源循环利用，培育一批资源综合利用龙头企业。推广应用节能环保新技术、新设备（产品）。（省经济和信息化委、财政厅、商务厅，各地级以上市政府）

——加快淘汰落后和过剩产能。完善落后和过剩产能市场化退出机制，强化能耗、环保、质量、安全等约束机制，综合运用差别电价、补助资金、准入条件、行业标准等政策措施，促进落后和过剩产能加快退出。（省经济和信息化委、发展改革委、财政厅、环境保护厅、金融办、广东银监局等部门，各地级以

上市政府）

三、保障措施

（九）深化体制机制改革。深化行政审批制度改革，落实取消行政审批事项、清理行政事业性收费，切实减轻企业负担。深化企业投资管理体制改革，认真实施企业投资负面清单、审批程序标准化清单和政府监督管理清单，落实企业投资自主权，促进民间资本投入工业领域。落实全面深化国有企业改革的意见，大力发展混合所有制经济，改善国有企业产权结构和治理结构，增强国有工业企业活力、控制力、影响力。支持非公有制工业企业建立完善现代企业制度，激发企业发展活力和创造力。（省发展改革委、编办、经济和信息化委、国资委等部门，各地级以上市政府）

（十）营造工业创新发展环境。落实《中共广东省委广东省人民政府关于全面深化科技体制改革加快创新驱动发展的决定》（粤发〔2014〕12号）和《广东省人民政府关于加快科技创新的若干政策意见》（粤府〔2015〕1号），完善技术创新市场导向机制、产学研协同创新机制和工业领域科技创新投入机制，支持工业企业开展原始创新、集成创新和引进消化吸收再创新，提升创新能力。加大政府采购对自主创新产品的支持力度，优化科技创新投融资环境。推进知识产权质押融资服务，发挥知识产权法院作用，加强知识产权的创造、运用、保护和管理。（省科技厅、经济和信息化委、财政厅、知识产权局等部门，各地级以上市政府）

（十一）加快重大工业项目建设。减少审批环节，开辟绿色通道，在工业企业投资建设重大项目审批立项、环境评估、资金筹措等方面给予重点支持和优先安排。将符合条件的工业重大项目优先纳入省重点项目。积极保障工业企业用地，探索建立工业用地供应服务平台，建立工业用地供应信息公开共享机制；进一步完善“三旧”改造涉及的规划管控、收益分配、税收优惠、纠纷调处、金融支持等方面的配套政策；各地在省下达的用地计划指标中优先支持优质工业技术改造项目和先进装备制造业重大工业项目建设用地。（省发展改革委、国土资源厅、经济和信息化委、财政厅、环境保护厅、住房城乡建设厅等部门，各地级以上市政府）

（十二）发挥财政资金杠杆作用。2015-2017年，省财政统筹安排516亿元，集中支持工业转型升级。一是安排技术改造资金168亿元，其中企业技术改造专项资金75亿元、事后奖补资金93亿元，支持工业企业实施新一轮技术改造。二是安排财政资金143亿元、减免税费及事后奖补等107亿元，合计约250亿元，支持珠江西岸先进装备制造业发展。三是安排设立集成电路产业发展基金30亿元，支持集成电路重大项目建设。四是安排产业园区扩能增效专项资金约68亿元，支持省产业园基础设施建设、产业集聚发展、招商选资、企业创新，促进产业园区增效提质。通过基金、股权投资、贴息等方式，发挥财政资金的杠杆效应，进一步激活现有各类财政专项资金的带动作用，撬动更多社会资本投入工业转型升级攻坚行动。（省财政厅、经济和信息化委、发展改革委、科技厅、商务厅等部门，各地级以上市政府）

（十三）加强金融信贷支持。鼓励省内银行业及金融机构调整信贷结构，创新金融产品和服务，提高审批效率，以风险可控、商业可持续为前提，对工业企业技术改造、先进装备制造业和智能制造等领域重大项目优先给予信贷支持，并在贷款额度、贷款期限及贷款利率等方面予以倾斜。鼓励金融资本、风投资金及民间资本集中投向工业转型升级的重点领域。制定出台专项政策着力破解小微企业融资难。积极争取国家政策性银行、商业银行等金融机构的贷款支持。（省金融办、人行广州分行、广东银监局等部门，各地级以上市政府）

（十四）强化工业人才支撑。统筹并制定实施高效灵活的人才引进、培养、使用、评价、激励和保障政策，优化人才发展环境。实施“南粤百杰培养工程”、“博士后培养工程”等重大人才项目，实施“广东省博士后国际交流计划”，重点支持工业领域高层次人才、紧缺型人才、创新创业人才和实用型人才的引进和培养。搭建协同育人平台，开展招生即招工、入校即入厂、校企联合培养的现代学徒制试点工作，发挥工业企业办学主体作用，健全工业企业参与制度，联合培养面向生产一线的技术技能人才。（省人力资源社会保障厅、教育厅等部门，各地级以上市政府）

四、工作要求

（十五）加强组织领导。由省经济和信息化委牵头建立实施工业转型升级攻坚战三年行动计划部门间联席会议制度，统筹推进行动计划的实施，省各有关部门按职责分工，加强配合。各市要建立相应的协调工作机制，加强工作统筹安排。

（十六）落实目标任务。省将工业转型升级攻坚战2015年度目标分解落实到各地（见附件2）。2016、2017年度目标，由省经济和信息化委会同有关部门于当年2月底前分解落实到各地。各地要将工业转型升级工作纳入政府工作重点，结合实际制定具体实施方案，进一步细化分解目标任务，确保落实到位。

（十七）开展跟踪服务。各地、各有关部门要进一步增强服务意识，提升服务水平。各地要建立健全重大工业项目动态跟踪机制，切实协调解决项目建设中遇到的困难和问题，每年6月底、12月底前向省经济和信息化委报送项目建设和各项工作进展情况。

（十八）强化督查考核。省政府定期组织对各地、各部门落实行动计划的情况开展专项督查。省经济和信息化委牵头制定行动计划的重点考核指标，分别纳入实施珠三角规划纲要和促进粤东西北地区振兴发展评估考核体系。对完成重点考核指标较好的地市予以通报表扬，对未完成年度重点考核指标且排名靠后的地市由省政府领导约谈市政府领导。

广东省人民政府

2015年3月21日

广东省“互联网+”行动计划（2015-2020年）

为贯彻落实《国务院关于积极推进“互联网＋”行动的指导意见》（国发〔2015〕40号），主动适应经济发展新常态，顺应网络时代发展新趋势，利用互联网技术和资源促进我省经济转型升级和社会事业发展，提升综合竞争力，制定本行动计划。

一、总体要求

（一）指导思想

全面贯彻落实党的十八大和十八届三中、四中全会精神，紧紧围绕主题主线和“三个定位、两个率先”总目标，以推动互联网新理念、新技术、新产品、新模式发展为重点，以发展网络化、智能化、服务化、协同化的“互联网＋”产业新业态为抓手，充分激发互联网大众创业万众创新活力，推进互联网在经济社会各领域的广泛应用，推动互联网经济加快发展，提升经济发展质量和社会治理水平，促进我省经济持续健康发展和社会全面进步。

（二）发展目标

1．2017年目标。全省互联网与传统行业加快渗透融合，互联网大众创业万众创新活力进一步增强，经济社会各领域互联网应用逐步普及，电子商务、云计算、物联网、大数据等新业态快速发展。

——互联网创业创新体系初步建立。全省建成互联网创新孵化基地5个，培育创新型互联网中小企业超过1000家，建成互联网经济创新示范区5个，初步建成珠三角国家互联网自主创新示范区。

——互联网与产业加速融合。互联网新业态快速发展，全省形成产值规模超100亿元的智能制造产业集聚区4个，年营业收入超10亿元的互联网骨干企业达30家。电子商务交易额超过5.6万亿元，物联网产业规模达到4300亿元，云服务产业规模达到1600亿元。

——互联网应用与服务基本普及。全省网络购物普及率达68%。网络贷款总额超过3000亿元。县级以上政府行政审批事项网上办理率达85%，社会服务事项网上办理率达75%。医疗机构信息共享率达80%。

2．2020年目标。全省经济社会互联网应用成效显著，成为全国互联网经济发展重要基地、网络民生应用服务示范区、网络创业创新集聚地。

——互联网创业创新体系进一步完善。全省建成互联网创新孵化基地10个，培育创新型互联网中小企业超过2000家，建成互联网经济创新示范区8个，全面建成珠三角国家互联网自主创新示范区，互联网创业创新活力大幅提升。

——互联网与产业深度融合。全省互联网新业态集聚发展，形成产值规模超100亿元的智能制造产业集聚区6个，年营业收入超100亿元的互联网骨干企业达10家。电子商务交易额超过8万亿元，物联网产业市场规模达到7000亿元，云服务产业规模达到3000亿元。

——互联网应用与服务全面普及。全省网络购物普及率达73%。网络贷款总额超过8000亿元。县级以上政府行政审批事项网上办理率达90%，社会服务事项网上办理率达80%。医疗机构信息共享率达90%。

二、重点行动

（一）互联网＋创业创新

1．工作目标

到2017年底前，培育扶持新型互联网研发机构3家以上、重大互联网创新示范项目5个以上。到2020年底前，培育扶持新型互联网研发机构10家以上、重大互联网创新示范项目10个以上，互联网创业创新支撑体系基本健全。

2．重点任务

——互联网＋创业。推动广州、深圳、珠海、佛山、东莞、惠州、汕头、揭阳等市依托互联网产业优势，建设互联网创新园区和研究院，创建互联网经济创新示范区。发展众创空间、创业学院、创业咖啡等新型创业服务平台，壮大创业导师队伍。利用高新区、科技企业和高校、科研院所，加快建设一批众创空间和前孵化器、加速器、专业孵化器、大型综合孵化器等互联网创业平台。支持建设互联网创业孵化基地，为创客提供工作场地、数控机床、集成电路、设计软件、硬件设备和团队运营、资金扶持、产品推广等项目孵化服务。发展互联网与实体相结合的众创金融平台，探索推出创业创新融资价格指数，为互联网项目提供网上融资支持。（省发展改革委、人力资源社会保障厅、经济和信息化委、科技厅、商务厅、质监局、知识产权局、金融办负责）

——互联网＋创新。运用互联网加快产业集群、专业镇协同创新服务平台建设，提升企业协同创新能力。实施互联网创新计划，扶持创新型企业、创业者、大学生开展产品、应用、模式创新。发展开源社区、社会实验室、创新工场等互联网创新平台。支持开发互联网 APP 新应用，创新购物、娱乐、旅游等网络消费模式，发展交通、连锁商业、居民缴费等移动支付应用，开展房屋短租、拼车、家政等共享经济业务。支持中国电信创新孵化南方基地、中国联通互联网应用创新基地、中国铁塔通信技术研究院广东分院建设。支持中山大学、华南理工大学、工业和信息化部电子五所、中国信息通信研究院广州分院、中国电信广州研究院等高等院校和科研机构开放实验室、检测认证、软硬件、工具等资源，支持创新企业和精英开展技术产品研发。完成国家知识产权局区域（广州）中心基础数据及系统建设，打造省互联网知识产权运营平台，发展互联网知识产权保险、拍卖、投融资等新业务。举办“互联网＋”博览会和互联网创新大赛，推动互联网创新成果与产业对接。（省科技厅、发展改革委、经济和信息化委、商务厅、人力资源社会保障厅、质监局、知识产权局负责）

（二）互联网＋先进制造

1．工作目标

到 2017 年底前，建成 50 家智能制造示范工厂、100 家智能制造示范车间，工业互联网试点企业达 150 家，省级以上互联网型工业设计中心达 10 个。到 2020 年底前，建成 100 家智能制造示范工厂、200 家智能制造示范车间，工业互联网试点企业达 300 家，工业互联网全面深入应用。

2．重点任务

——互联网＋工业设计。建设国家级和省级互联网型工业设计中心，支持企业设立互联网型工业设计机构，发展工业设计资源网上共享、网络协同设计、众包设计、虚拟仿真、三维（3D）在线打印等互联网工业设计新技术、新模式。开展互联网工业设计创新示范试点。推动制造企业与电商企业开展新产品预售体验、消费行为分析，引导企业优化工业设计。支持建设基于互联网的 3D 打印创意社区，发展开源共享设计方案，探索个人工厂、社区工厂的商业化运作。举办工业互联网设计大赛和设计周活动，加强互联网工业设计与产业对接。（省经济和信息化委、科技厅负责）

——互联网＋技术研发。打造广州、深圳、佛山、惠州、东莞等网络化产品研发制造基地，培育发展粤东西北配套产业基地。加快研发智能控制系统、工业应用软件、故障诊断软件及相关传感、通信协议，突破新型传感器、工业控制系统、减速器等智能核心装置，发展智能机床、工业机器人、伺服机器人、智能工程机械、无人飞行器、无人汽车、增材制造装备等高端智能装备和机器人。加快推进机械、家电、家具、医疗等产品智能化改造，发展具有智能感知、远程诊断、实时监控、在线处置等功能的网络化产品。开发具有人机交互功能的网络电视、智能空调、智能冰箱、生活机器人等互联网智能产品。引导电子信息、医疗设备等企业研发制造智能手机、智能手环、智能手表、智能眼镜、腕带式心脏监测器等智慧型穿戴式产品。（省经济和信息化委、发展改革委、科技厅、质监局负责）

——互联网＋生产制造。建设智能车间、智能工厂，开展智能制造示范，推进生产过程智能化。重点在汽车、石化、家电、服装、家具等行业开展机器人应用，提高精准制造、敏捷制造能力。推进工业互联网创新融合试点，培育发展网络协同制造、大规模个性定制、线上线下（O2O）、柔性制造等新型制造模式，推动形成基于用户消费需求的研发制造模式。建设“工业云”平台，开展工业云及工业大数据创新应用试点，发展基于工业大数据分析的工艺提升、能耗优化、过程控制优化等智能决策与控制应用。加快民用爆炸物品、危险化学品、食品、农药等行业智能检测监测体系建设，发展智能监测、远程诊断管理、全产业链追溯等工业互联网新应用。（省经济和信息化委、发展改革委、科技厅、食品药品监管局、安全监管局、质监局负责）

——互联网＋管理服务。支持企业运用互联网推动组织结构优化和业务流程再造，建设学习型、敏捷型、服务型企业，提升市场竞争力。支持家电、服装、食品、家具等企业运用互联网平台建立 O2O 客户服务模式，开展网上功能体验、产品导购、维修保养、操作培训、意见反馈等售前售后服务。支持企业建立客户大数据库，开展用户消费行为分析，提升精准营销、精细服务水平。重点在汽车、石化、家电、电子信息等行业，开展基于工业大数据的新一代商业智能应用试点，挖掘利用产品、运营和价值链等大数据，实现精准决策、管理与服务。（省经济和信息化委、商务厅、发展改革委、科技厅负责）

——互联网＋质量监督。推动企业建立覆盖产品全生命周期的网上质量溯源体系，逐步实现产品来源网上查证与去向追溯。加快智能传感器、物联网、大数据等技术在产品质量管理领域的深入应用，发展在线检测、在线诊断、在线控制和产品质量认证，提升质量精确管控水平。推动建设全省质量监管大数据信息平台和伤害监测与风险预警网络，运用互联网加强产品质量监管，开展质量信用信息在线发布、质量黑名单网上曝光、区域和行业质量安全网络预警，逐步建立电子商务产品标准网上明示、鉴证制度。加强互联网装备计量检测、智能制造产业计量和技术研究等实验室建设。运用微博、微信、网站等互联网平台创新品牌建设理念，发展商标网络注册、品牌个性化设计、互联网口碑管理、品牌互动式宣传推广等新模式，提高品牌附加值和软实力。（省质监局、经济和信息化委、商务厅、食品药品监管局、安全监管局、工商局负责）

（三）互联网＋现代农业

1．工作目标

到2017年底前，创建12个农业信息化示范市县，全省重点监管食品品种可追溯率达90%。到2020年底前，形成较为完善的省市县三级农业信息化服务体系，全省重点监管食品品种可追溯率达95%。

2．重点任务

——互联网＋农业生产。建设农业信息化示范市县，推进信息进村入户，带动全省智能农业发展。推进农业生产智能化，加快智能传感器、卫星导航、地理空间系统等技术应用，增强对温湿度、光照、土壤等农业生产环境的精确监测能力，提高测土配方施肥、疫病防控、防灾减灾等智能化水平。研发制造农药喷洒无人机、智能拖拉机、自动插秧机、自动收割机等智能农业机械，发展自动灌溉、自动施肥、自动喷药等智能农业生产模式。建设具有信息服务、生产调度、经营管理、资源利用等功能的农业大数据管理平台。建设国土、林业互联网服务平台，创新森林培育、森林碳汇、物种保护等工作模式，提升国土、林业管理智能化水平。推广船舶自动识别、捕捞作业系统、鱼群探测、卫星导航等海洋渔业系统应用。（省农业厅、林业厅、国土资源厅、海洋渔业局、经济和信息化委负责）

——互联网＋农产品流通。重点在省农业名牌产品生产企业、省级菜篮子基地推进农业电子商务应用，建设镇村电子商务综合服务中心。加快建设网上农产品交易平台，发展生鲜速递、特产专卖等农产品定制开发和互联网直销运营模式。支持农业企业开办“农家网店”，发展特色农产品在线营销。鼓励电商、物流、商贸、金融等企业建设农业电子商务平台。利用互联网建立省农产品质量安全溯源平台，开展粮食、食用油、蔬菜、水果、水产品等重点监管农产品电子追溯，切实加强农产品质量安全保障。（省农业厅、商务厅、食品药品监管局、质监局、海洋渔业局、经济和信息化委、海关总署广东分署、广东出入境检验检疫局负责）

（四）互联网＋现代金融

1．工作目标

到2017年底前，培育互联网金融全牌照控股集团1家，支持1000个互联网创业创新项目实现网上融资和孵化发展。到2020年底前，培育互联网金融全牌照控股集团3家，支持2000个互联网创业创新项目实现网上融资和孵化发展，形成较为完善的互联网融资生态圈。

2．重点任务

——互联网＋金融服务。依托中国（广东）自由贸易试验区和广州、深圳区域金融中心，发展P2P网络贷款、互联网支付、供应链金融等互联网金融新业态。支持传统银行、证券、保险、基金与互联网融合创新，发展网络银行、网络借贷、网络证券、网络保险、互联网理财产品销售、网络消费信贷等金融新模式。推动我省互联网企业与金融机构开展产品、技术、服务创新，拓展互联网金融服务，打造互联网金融产业链。培育发展互联网金融全牌照控股集团，形成引领全国互联网金融发展的领军力量。探索开展互联网金融技术标准化工作，加快推动互联网金融国际化发展。（省金融办、商务厅、经济和信息化委、发展改革委、自贸办、人行广州分行、广东银监局、广东证监局、广东保监局负责）

——互联网＋股权众筹。积极争取开展互联网股权众筹融资试点，发展知识产权质押网络融资。探索发展科技众筹、纯互联网运营、一站式创业综合服务、专注新三板股权投资、综合金融服务等股权众筹模式，支持创业创新优质项目开展网上融资，引导并规范社会资本参与股权众筹平台建设和运营，构建覆盖全省、辐射全国、线上线下结合的互联网股权众筹平台体系。（省金融办、发展改革委、科技厅、知识产权局、人行广州分行、广东银监局、广东证监局、广东保监局负责）

——互联网＋金融监管。加强对互联网支付、网络借贷、股权众筹融资、互联网基金销售、互联网保险、互联网信托和互联网消费金融的监管，保护消费者合法权益，维护公平竞争的互联网金融市场秩序。建立健全互联网金融网站备案审查、客户资金第三方存管、信息披露、风险提示和合格投资者等制度，开展互联网金融业务数据统计、监测和风险评估，加强互联网金融网络与信息安全保障体系建设，提升互联网金融安全风险防范能力。（省金融办、公安厅、经济和信息化委、人行广州分行、广东银监局、广东证监局、广东保监局、省通信管理局负责）

（五）互联网＋现代物流

1．工作目标

到 2017 年底前，培育 10 家供应链管理示范企业，物流业实现增加值 5600 亿元，社会物流总费用占 GDP 比重下降到 14.8%。到 2020 年底前，培育 30 家供应链管理示范企业，物流业实现增加值 7100 亿元，社会物流总费用占 GDP 比重下降到 14.5%，供应链管理水平进入世界领先行列。

2．重点任务

——互联网＋物流平台。加快全省智能立体交通运输体系和智慧物流园区建设，建立全省物流信息网络，推动南方现代物流公共信息平台与省交通运输物流平台、各地市专业物流平台及车载平台等的对接，推进货运车辆与仓储设施、配送网点等信息互联，实现供需信息快速匹配。依托智慧物流平台大数据体系，建立物流诚信信息平台，维护物流市场良好秩序。（省经济和信息化委、发展改革委、交通运输厅、商务厅、海关总署广东分署、广东出入境检验检疫局负责）

——互联网＋物流服务。利用移动互联网、大数据、物联网、北斗定位系统等技术，推进制造业物流、农村物流、电子商务物流、城市配送、冷链物流和国际物流等智能化，发展精准服务、体验服务、聚合服务等物流新模式。运用互联网发展物流金融、物流保险、在线交易、结算支付、物流配送等物流新服务。应用智能感知追溯技术和产品，建设医药和食品安全双向追溯系统。培育无人机快递物流等新型服务模式。（省经济和信息化委、发展改革委、交通运输厅、商务厅、食品药品监管局负责）

——互联网＋供应链管理。支持广州、深圳建设全球供应链中心城市，打造制造业、商贸业、服务业高度融合的智慧物流产业链。支持龙头物流企业运用互联网建设敏捷型供应链协作平台，集聚优质供应商资源，应用射频识别（RFID）、自动分拣、可视服务等技术，实现供应链精准化管理。重点在装备、汽车、石化、家电、服装等行业开展供应链管理模式创新，推进上下游供应商无缝对接。推进工业互联网与供应链大数据应用融合，开展供应链大数据汇集、整理、存储、分析、挖掘、交易等服务。（省经济和信息化委、发展改革委、科技厅、交通运输厅负责）

（六）互联网＋现代商务

1．工作目标

到 2017 年底前，全省网络零售交易额占社会消费品零售总额比例达 25%，购物网民规模超过 5700 万人。到 2020 年底前，全省网络零售交易额占社会消费品零售总额比例达 27%，购物网民规模超过 6900 万人。

2．重点任务

——互联网＋跨境贸易。落实国家“一带一路”重大战略，以中国（广东）自由贸易试验区为载体，大力推动跨境电子商务发展，加快建设集保税展示、物流、交易、服务于一体的跨境电子商务产业园区，打造跨境电子商务公共服务平台、跨境电子商务离岸数据中心。推进跨境电子商务通关、检验检疫、税务、结汇、仓储物流、金融等关键环节单一窗口综合服务体系建设，为企业走向国际市场提供及时准确的信息和优质服务。积极开展跨境电子商务合作，应用电子商务开拓国际市场，支持商贸企业面向海外市场扩大企业对企业（B2B）、企业对客户（B2C）海外贸易规模。创新跨境权益保障机制，推动市场及贸易规则互认互通。改革跨境电子商务税收征管方式，推进中国（广东）自由贸易试验区跨境电子商务出口退税网上预申报系统建设。加快广州、深圳、东莞、汕头、揭阳等国家电子商务试点示范城市建设。（省商务厅、经济和信息化委、发展改革委、交通运输厅、金融办、地税局、国税局、人行广州分行、广东出入境检验检疫局、海关总署广东分署负责）

——互联网＋行业商务。深入开展“广货网上行”，搭建行业电子商务平台，组织企业开展线上线下、众筹等多种形式的互联网促销活动，扩大广货网络交易额。推动中小微企业“上网触电”，建设省、市、县三级中小微企业服务网络平台，帮助中小微企业开拓市场。加强传统商贸流通企业与电子商务企业合作，运用电子商务平台整合行业上下游资源，优化采购、加工、分销体系，提升企业经营效率。加快贵金属、石油等各类大宗商品电子商务交易平台建设，推动钢铁、机械、有色金属、工业原料、能源、化工、电子、轻纺、医药等工业企业开展网上交易、物流配送、信用支付等服务。（省商务厅、经济和信息化委、发展改革委、交通运输厅、金融办、人行广州分行负责）

——互联网＋商务创新。利用微信、微博、博客等互联网媒体，发展移动电子商务、社交电商、“粉丝”经济等网络营销新模式。在餐饮、酒店、商场、旅游等消费服务行业，培育发展线上线下联动的体验式消费、群体共享式消费、个性需求定制服务等互联网新商务。加强电子商务信用体系建设，大力推动身份认证、网站认证和电子签名等网络信用服务，积极培育面向电子商务的第三方信用服务业。健全电子商务产品质量监管和产品追溯机制，落实质量安全主体责任。（省商务厅、工商局、质监局、经济和信息化委、发展改革委、金融办负责）

（七）互联网＋现代交通

1．工作目标

到 2017 年底前，实现对全省 50% 交通基础设施的智能感知覆盖，全省城市道路实时车流速度采集率达 40%。到 2020 年底前，实现对全省 70% 交通基础设施的智能感知覆盖，全省城市道路实时车流速度采集率达 50%。

2．重点任务

——互联网＋交通设施。在武广线高铁、莞惠线城际铁路和广州、深圳、佛山地铁等交通线路开展超高速无线通信系统（EUHT）试验，并推动在全省高速公路、高铁、地铁等主干交通沿线的规模化应用，构建全省超高速车联网。加强移动互联网、北斗卫星导航、GPS 定位、无线射频识别、IC 卡电子证件等技术应用，推进公交、出租车、轮渡和轨道交通数据互联互通。优化各类智能终端在公路、铁路、航道、港口、机场、城市公交线网等交通基础设施网络的布局与应用，加强对车辆、船舶等运载装备的卫星定位、智能监测和无线网覆盖，发展实时交通信息查询、实时精确导航、交通事故预警、道路快速救援等智能交通服务。加强交通基础设施资产智能化管理，建立覆盖全生命周期的数据化管理体系。（省交通运输厅、公安厅、发展改革委、经济和信息化委、科技厅负责）

——互联网＋出行服务。加快全省城市公交管理服务信息平台、省域汽车客票联网售票系统建设，整合公路、水路、城市公共交通、民航、铁路等出行信息，开发基于互联网的便捷化、个性化公共交通服务。推广电子不停车收费、公共交通一卡通、移动支付、电子客票和电子检票，提升交通支付智能化水平。推进汽车电子标识、智能感知、导航定位、车载诊断系统等技术研发和应用创新，开展城市“潮汐车道”、“掌上车管所”、“智能停车场”等便民服务，推广广州“行讯通”系统，开展在线交通信息、出行路线规划等服务。开展汽车维修配件追溯试点和“汽车电子健康档案”系统建设，鼓励 O2O 汽车维修服务或连锁经营等“互联网＋汽修”模式创新。（省交通运输厅、公安厅、发展改革委、经济和信息化委、科技厅负责）

——互联网＋交通监管。推进基于互联网的交通行政许可办理、综合执法、市场监管、安全应急处置等交通监管新模式向基层延伸。建立全省综合运输公共信息服务大数据平台，推进公路、水路、民航、铁路等监管系统联网，加快推进交通、公安、海事、环保、质监等部门的数据交换和监管联动，实现对车辆、船舶等运载装备运行状态的实时监测。利用交通大数据挖掘分析人口迁徙规律、公众出行需求、枢纽客流规模、车辆船舶行驶特征等信息，提升交通运输设施规划建设、安全运行控制、交通运输管理决策智能化水平。（省交通运输厅、公安厅、发展改革委、经济和信息化委、科技厅、环境保护厅、质监局、广东海事局负责）

（八）互联网＋节能环保

1．工作目标

到 2017 年底前，全省单位工业增加值能耗比 2014 年下降 9%，环保国控重点污染源监控覆盖率达 95%。到 2020 年底前，全省单位工业增加值能耗比 2014 年下降 16%，环保国控重点污染源监控覆盖率达 97%。

2．重点任务。

——互联网＋节能。加快发展风能、太阳能、海洋波浪能、潮汐能等可再生能源智能电网。发展智能电表、智能燃气表等智能计量仪器。推进能源消费智能化，鼓励发展基于互联网的家庭智慧能源管理系统，运用家庭能源管理 APP 和智能终端，实现对家庭用电精确控制。加快省市企业三级能源管理中心平台建设，实现资源能耗数据在线监控。实施电机、注塑机节能增效智能化改造工程，推进工业园区循环化改造。发展节能低碳的智能高效交通系统。建设完善省碳排放管理和交易系统。加强智能楼宇建设，建立建筑节能与绿色建筑监管平台。（省发展改革委、经济和信息化委、科技厅、环境保护厅、住房城乡建设厅、交通运输厅负责）

——互联网＋环保。加快建设完善省市县三级环境信息网络平台和省环境信息数据平台，实现环境信息资源的共建共享和环境质量、污染减排、污染源普查等信息的集约管理。完善省环境质量监测网络，加快大气环境监测预警、水环境质量监测、生态环境监测等网络建设，全面提升省环境监测中心和区域环境监测站的应急监测能力。加快省市县重点污染源在线监控系统联网建设，对大气、河流、湖泊、工业区、机动车辆等重点污染源建立监测点，加强对污染排放实时监控和管理。加强电力、钢铁、造纸、建材、水泥、石化、印染等行业减排监测信息技术应用，在高排放工厂、工业园区等重点场所安装智能传感器，实现减排效能在线监测。加快全省固体废物管理信息系统建设与应用。推进沿海船舶排污管理系统建设，加快黄标车淘汰步伐，推动机动车排气检测信息互联共享。（省环境保护厅、发展改革委、经济和信息化委、科技厅、公安厅、海洋渔业局负责）

（九）互联网＋政务服务

1．工作目标

到 2017 年底前，全省电子政务网络互联互通率达 90%，建成 3 个大数据产业基地，建设推广 20 个大数据应用示范项目。到 2020 年底前，全省电子政务网络进一步完善，建成 5 个大数据产业基地，建设推广 50 个大数据应用示范项目。

2．重点任务

——互联网＋公共政务。加快完善全省网上办事大厅，推动各级实体行政办事大厅向网上迁移，逐步建立贯通省市县镇村各级的网上政务服务体系。推进全省政务服务改革创新，依托全省网上办事大厅，在“一站式”网上办理模式的基础上，探索实行“一门式”政务服务模式，加强政府部门资源共享、业务协同，推动审批流程再造、并联审批，强化实时在线监察与权力监督，提升政府服务质量与效率。建设全省统一的电子证照应用服务系统，完善组织机构代码网上服务。推广企业专属网页和公民个人网页，为企业和民众提供信息主动推送服务。加强中国（广东）自由贸易试验区网上政务服务建设，全面实行行政审批事项网上在线申报，推行企业注册登记“一照一码”，打造全流程“电子税务局”，为企业主动提供全方位服务。（省经济和信息化委、发展改革委、商务厅、工商局、地税局、质监局、信息中心、国税局负责）

——互联网＋政务公开。建立政府数据信息资源开放机制，利用网上办事大厅、公共联合征信系统、市场监管信息网、政法信息网、医疗卫生信息网、人才培养与就业信息网等平台，逐步扩大政府部门数据开放试点。在社会民生重点领域开展政务信息资源开放应用试点，加快数据挖掘和商业智能技术在政府管理服务中应用，探索推行个性化公共服务。（省经济和信息化委、发展改革委、公安厅、人力资源社会保障厅、国土资源厅、住房城乡建设厅、卫生计生委、工商局、质监局、信息中心负责）

——互联网＋政务大数据。依托省电子政务云平台建立全省政务大数据库和政务大数据分析系统，整合国资、商务、工商、税务、统计等部门数据，为政府部门、企业和公民网上办事提供数据支撑。在智慧医疗、智慧教育、社区服务、高分遥感等领域开展大数据创新应用示范。建设集政务信息公开、投资项目审批、社会事项办理、政府效能监察等功能于一体的中国（广东）自由贸易试验区大数据应用平台。支持企业利用政府开放的数据开发新应用，推动社会服务手段创新。加快广州、深圳、佛山、东莞、汕头、云浮等大数据产业基地建设。（省经济和信息化委、发展改革委、科技厅、民政厅、商务厅、口岸办、交通运输厅、卫生计生委、国资委、地税局、工商局、质监局、统计局、知识产权局、信息中心、海关总署广东分署、国税局负责）

（十）互联网＋公共安全

1．工作目标

到 2017 年底前，全省一类视频监控点（含重点公共区域）视频监控覆盖率、联网率均达 100%，应急管理数据库共享率达 70%。到 2020 年底前，全省二类视频监控点（含重点公共区域）视频监控覆盖率、联网率均达 100%，应急管理数据库共享率达 90%。

2．重点任务

——互联网＋社会治理。加快社会治安防控网、平安建设信息化综合平台建设，构建网格化、智能化的社会治安防控体系。依托网站、微信等平台开展 110 报警、投诉举报、警情通报等便民服务，引导公众积极参与社会治安综合治理，提高主动预防、动态管控和打击罪犯的能力。利用视频检索、人像对比、轨迹追踪、智能预警等技术，开展社会舆情、治安动态和热点敏感问题在线监控分析，提升对社会治安形势掌控与应急处置能力。在工商、税务等执法部门推广移动办案、网上查证、在线审批等业务。建设全省网上信访系统，利用网络、微信、微博、短信、视频等手段，开展网上信访，促进信访工作公开透明、便捷高效。（省社工委、公安厅、司法厅、地税局、工商局、信访局、发展改革委、经济和信息化委负责）

——互联网＋城市管理。整合电子政务、应急指挥、城管监控、公用事业监管、政府服务 12345、12319 热线等信息系统，建设集信息收集、指挥协调、监督实施等功能于一体的数字化城市管理信息平台，提升对城市规划、市容环境卫生整治、市政设施管理、环境保护、园林绿化、防洪防涝、污水处理等城市运行领域的统一管理水平。在道路、工厂、车站、学校等主要公共场所和公共交通、水电气、给排水等市政设施，加强智能感应、环境感知、远程监控等技术手段建设，实现对资源、能源和环境的实时监控管理。推进地下管线智能化管理、垃圾分类处理智能监管等项目建设，对违法建筑及城市污染实行在线监控。加快实施符合《安全防范监控数字视音频编解码技术标准》（SVAC）的城市“慧眼工程”，拓展社会治安视频监控系统覆盖范围。（省住房城乡建设厅、公安厅、发展改革委、经济和信息化委、科技厅、环境保护厅、国土资源厅、交通运输厅负责）

——互联网＋应急管理。加快推进省应急平台与各级各类应急平台、现场移动应急平台互联互通，建立指挥灵敏、运转高效的全省应急指挥体系，提升对台风、洪灾、地震、山体滑坡、泥石流等自然灾害和突发事件的监测预警、应急指挥、信息报送、人员物资调度和应急处置水平。建立全省应急管理数据库共建共享机制，实现全省各类应急数据的动态管理和实时更新。利用互联网推进突发事件信息管理和风险隐患排查模式创新，提升应急监测预警能力。加强应急医院建设，建立智能化紧急医学救援指挥中心，利用单兵视频系统、数字化移动救护单元等互联网应急救援装备，提升对救援人员、救援物资、救护车和救援现场的快速指挥、调配与专业指导水平。在全省城镇社区和农村逐步建立基于健康小屋的应急医学监测网络，免费为居民动态采集体温、体重、血压、血糖、心电图等健康数据，提高对突发公共卫生事件的监测、预防和风险评估能力。（省政府应急办、省“三防”办、卫生计生委、公安厅、民政厅、安全监管局、发展改革委、经济和信息化委负责）

（十一）互联网＋惠民服务

1．工作目标

到 2017 年底前，网络医院试点达到 10 家，试点建设 10 家智慧旅游景区、智慧旅游企业，建成省级智慧旅游公共服务网络平台，公共数字文化服务覆盖率达 90% 以上。到 2020 年底前，网络医院试点达到 20 家，试点建设 20 家智慧旅游景区、智慧旅游企业，形成系统化的智慧旅游价值链网络，公共数字文化服务实现全面覆盖。

2．重点任务

——互联网＋医疗。建立全省医疗大数据库，推广电子处方、电子病历应用，推进医疗资源、医疗数据联网共享。建立省、区域（市或县级）二级人口健康信息平台，开展在线健康咨询、健康管理等服务。建设智慧医疗健康云平台，开发移动医疗 APP. 推进网络医院试点建设，构建连接省域三级医院、县（区）级医院、社区卫生服务中心、村卫生室、连锁药店的互联网医疗平台，并逐步建立远程诊疗、远程影像、远程心电和远程检验中心，发展网上预约、挂号、分诊、候诊、支付、远程诊疗、医患互动等网络医疗服务。探索推进医院、医保系统、药商等信息互联，发展和规范互联网药品交易、药品信息等服务，支持第三方交易平台依法参与互联网药品经营活动。（省卫生计生委、食品药品监管局、经济和信息化委、发展改革委、科技厅负责）

——互联网＋教育。实施“校校通”提速扩容工程，加快“粤教云”等在线教育平台建设。建立全省教育大数据库，推进各级各类优质教学资源联网共享。针对偏远农村地区师资欠缺的教学点，探索推进依托互联网与城市学校异地同堂上课等网上教学模式。支持学校、社会培训机构建设网络培训平台，推广“虚拟大学”模式，开发在线教育 APP，开展移动教学、远程教学、视频教学、名师教学。推广“移动个性化学习终端”、“电子书包”等学习工具，引导学生运用互联网海量信息资源开展自主式学习。（省教育厅、人力资源社会保障厅、发展改革委、经济和信息化委、科技厅负责）

——互联网＋社保。建设全省集中式人力资源社会保障一体化信息系统，加强与财政、公安、税务、教育、卫生计生等部门网上业务协同。建设全省统一的人力资源社会保障业务网上办理平台和 APP，建立全省人力资源社会保障基础库、业务库、决策分析库，利用互联网开展政策宣传、信息发布、参保信息查询、参保缴费、业务办理、远程招聘、社保关系转移、个性化信息推送等新业务。建设省医疗保险结算服务管理平台和医疗保险集中数据库，推行省内医疗费用联网直接结算，加强医疗保险宏观决策分析与数据开发应用。（省人力资源社会保障厅、财政厅、卫生计生委、公安厅、地税局、教育厅、发展改革委、经济和信息化委负责）

——互联网＋文化。推进公共文化设施网络互联互通，建设广东公共数字文化云平台和网上图书馆、博物馆、文化馆、美术馆、非物质文化遗产馆。完善公共文化供需对接平台、“手机图书馆”、“广东省非物质文化遗产电子地图”服务平台，发展在线院线、在线书店。建设国家数字出版基地、数字出版内容平台和互联网文化产品交易平台，发展网络新闻出版、社交、文学、影视、戏剧、艺术、游戏、动漫等互联网文化产品。推进面向东南亚地区华侨华人的文化领域离岸大数据服务试点。（省文化厅、新闻出版广电局、经济和信息化委负责）

——互联网＋旅游。加快建设智慧旅游城市、智慧旅游乡村、智慧旅游景区、智慧旅游企业，建成省级智慧旅游公共服务网络平台，提升旅游管理、服务和营销能力。发展在线度假租赁、旅游网络购物、在线旅游租车平台等互联网旅游新业态，开展旅游宣传推广、智能导游、电子讲解、在线预订、旅游信息推送、咨询投诉等服务。建设全省旅游大数据平台，逐步推动旅游信息向各级旅游行政管理部门、旅游企业及电子商务平台开放。开发推广基于移动互联网的旅游APP，为游客提供个性化、互动式旅游服务。（省旅游局、经济和信息化委负责）

——互联网＋社区。加快市级社区公共服务综合信息平台建设，发展健康医疗、幼儿教育、生活服务等社区服务O2O模式。支持社区智能快递投递箱建设，利用短信、微信开展便民信息告知，为居民提供24小时自助取件服务。支持社会机构建设家庭生活信息平台，提供购物、餐饮、维修、中介、配送、缴费、心理疏导等网上服务。发展社区移动APP，推动社区居委会开展网上卫生计生、民政、劳保等便民服务。拓展智慧家庭应用，发展数字家庭信息互动服务。以社区为基础，建设养老助残信息管理平台，提供护理看护、健康管理、康复照料等居家养老服务。鼓励养老服务机构应用便携式体检、紧急呼叫等健康设备，提高养老服务智能化水平。（省民政厅、人力资源社会保障厅、发展改革委、经济和信息化委、科技厅、商务厅负责）

（十二）互联网＋便捷通关

1．工作目标

到2017年底前，完成“智检口岸”公共服务平台建设，省内7个直属海关进出口通关环节的作业无纸化率达95%以上。到2020年底前，完成国际贸易“单一窗口”跨境电商检验检疫数据交换平台及应用系统建设，通关无纸化覆盖所有业务现场和领域。

2．重点任务

——互联网＋口岸管理。推进广东省电子口岸联网建设，完善全省各地方电子口岸数据共享平台，实现信息互换、监管互认、执法互助。建立涵盖海关、检验检疫、外汇、边检、海事等管理部门的综合管理服务信息平台，推进外贸、商务、口岸、海关、检验检疫、边检、工商、税务等部门信息共享，推行单一窗口模式。推广移动口岸APP，向企业和公众提供通关口岸实时动态、进出口货物报关报检状态、口岸物流、仓储等服务信息。建设来往港澳小型船舶管理服务平台，推进粤港两地船载舱单电子数据的共享互认。推进全省口岸实时视频网络建设，开发应用中国（广东）自由贸易试验区海事智能监控系统，提高口岸动态管理水平。（省口岸办、商务厅、海关总署广东分署、广东出入境检验检疫局、广东海事局负责）

——互联网＋海关监管。加快推进海关金关工程二期在广东关区的建设，升级完善海关信息系统，落实通关一体化改革任务。拓展海关无纸化作业范围，推进转关无纸化、保税加工管理全程无纸化，为企业提供网上海关手续办理服务。建设中国（广东）自由贸易试验区海关信息管理平台，推进广州南沙新区、深圳前海和蛇口、珠海横琴新区三个片区信息共享。建立物流底账大数据，实现物流链实时监管。推广架构通用、流程统一的智能卡口系统，提高进出口货物核放效率。运用船舶自动识别系统（AIS）、北斗导航、雷达等技术，创新来往港澳小型船舶监管和服务模式，提高通关效率，降低企业成本。（海关总署广东分署、省商务厅负责）

——互联网＋检验检疫。拓展粤港澳食用动物监管溯源系统应用，推进供港澳活动物电子耳标标识系统建设。全面应用航行港澳小型船舶检疫监管系统，实现检验检疫、海关、海事和边检出入境船舶信息的一站式申报。运用互联网实施“智检通”模式，推广应用“智检口岸”系统，实现航行港澳小型船舶检疫监管的数字化、网络化。（广东出入境检验检疫局、海关总署广东分署、省口岸办负责）

（十三）互联网＋城乡建设

1．工作目标

到2017年底前，建成3个低碳生态、海绵城市及地下综合管廊管理试点城市，全省累计新增绿色建筑面积0.6亿平方米以上。到2020年底前，建成5个低碳生态、海绵城市及地下综合管廊管理试点城市，全省累计新增绿色建筑面积1.5亿平方米以上。

2．重点任务

——互联网＋城乡规划。利用空间地理、大数据等信息技术，建立全省城乡空间规划数据库，构建智慧城乡数字空间体系。建立省、市两级规划网上公示、查询、需求发布网络平台，开展规划项目网上招投标，增强规划设计公开透明度。运用遥感监测、卫星定位等技术对全省规划建设情况实行动态监测，重点加强生态控制线、水源保护地、城市开发边界等监控，提升城乡规划“一张蓝图”综合动态管控能力。（省住房城乡建设厅、国土资源厅、环境保护厅、经济和信息化委、科技厅负责）

——互联网＋绿色建设。以加强建筑信息模型（BIM）技术应用为抓手，提升全省建筑设计、施工、管理的信息化水平。推动政府部门、建筑企业运用互联网采集、挖掘、分析、应用建筑节能降耗基础信息，推进建筑垃圾在线交易处理，打造广东绿色建设品牌。

构建覆盖全省的建筑工程质量安全监管网络平台，运用互联网、传感器、卫星定位、地理信息等技术对建筑物沉降、位移等进行监测，提升建筑物安全管理水平。（省住房城乡建设厅、发展改革委、经济和信息化委、环境保护厅、科技厅负责）

——互联网＋住房保障。发展互联网住房保障服务，促进各类公租房、廉租房、经济适用房管理网络化、透明化。运用互联网构建集省、市两级保障性用房政策咨询、房源查询、申请、审批、分配、统计于一体的住房保障信息服务平台，建立覆盖全过程的网上住房保障服务模式。鼓励房地产中介企业、互联网企业建设 020 房产全民众销平台，整合房地产租赁和交易信息，为公众提供优质专业的房屋中介服务。（省住房城乡建设厅、国土资源厅、经济和信息化委负责）

三、保障措施

（一）加强组织领导。省经济和信息化委负责协调各地各部门推进“互联网＋”行动。各地要将“互联网＋”行动作为政府工作重点，加强组织领导，并结合实际制定具体实施方案，细化分解目标任务，明确职责分工，确保各项任务落实到位。（省经济和信息化委负责）

（二）加强政策扶持。贯彻落实国家和省有关财税支持、土地使用、招商引资等方面的优惠政策，大力推动互联网与我省产业深度融合。各地各部门要制定支持“互联网＋”配套政策，鼓励互联网创业创新。落实国家级科技孵化器税收减免政策，每年安排一定的土地指标支持众创空间、孵化器建设。加强资源整合和信息共享，消除信息孤岛，减少重复投资。（省经济和信息化委、发展改革委、科技厅、财政厅、国土资源厅、商务厅、地税局、工商局、质监局、金融办负责）

（三）加大资金投入。积极争取国家新兴产业创业投资引导基金扶持。统筹省技术改造、战略性新兴产业、信息产业发展、科技攻关、中小企业专项等资金，支持互联网创新成果在我省经济社会各领域的广泛应用。鼓励社会资本创立创新投资基金，加大对互联网创业创新的投资。支持信用担保机构对互联网企业提供贷款担保，支持互联网企业上市融资。有条件的地区可设立互联网产业发展专项资金。（省财政厅、经济和信息化委、发展改革委、科技厅、商务厅、金融办负责）

（四）开展示范带动。各地要在支柱产业、政务民生等领域积极开展“互联网＋”试点示范，推进互联网新技术、新应用、新模式发展，促进互联网在经济社会各领域深入应用。要积极培育发展一批“互联网＋”示范园区、示范平台、示范企业、示范项目和创业创新模式，带动“互联网＋”行动深入实施。（省经济和信息化委负责）

（五）强化宣传引导。各地要及时总结各领域实施“互联网＋”行动成效突出的新技术、新应用、新模式，形成可复制、可推广的经验成果，引导“互联网＋”全面发展。要组织各类媒体报道互联网创业创新的文化理念、先进事迹和典型企业，引导各类市场主体增强互联网创业创新意识，不断开发新产品、开拓新市场，做强做大互联网新经济。（省委宣传部，省文化厅、新闻出版广电局、发展改革委、经济和信息化委、科技厅、人力资源社会保障厅、知识产权局负责）

（六）加强网络信息安全保障。加强网络基础设施、信息系统和网站信息安全等级保护，建立上线严格测评、运行中定期检测长效机制。推进互联网信息安全保障设施建设，研发互联网、物联网、移动互联网、云计算、大数据等安全防护技术，健全我省网络和信息安全标准体系，加大依法管理网络和信息的力度，完善网络安全监测预警和应急处置机制，确保互联网信息安全。（省公安厅、科技厅、经济和信息化委、发展改革委、通信管理局负责）

附：名词解释

——互联网＋：推进互联网创新成果与经济社会各领域深度融合，推动技术进步、效率提升和组织变革，提升实体经济创新力和生产力，形成更为广泛的以互联网为基础设施和创新要素的经济社会发展新形态。

——网络协同制造：是一种利用网络信息技术将串行工作变为并行，实现供应链内和跨供应链的企业产品设计、制造、管理和商务等协同的生产模式。

——O2O：是一种利用互联网开展线上与线下相结合的产品设计、制造、营销、服务的模式。

——柔性制造：是一种根据制造任务和产品变化进行迅速调整的自动化制造模式。

——社区（个人）工厂：是一种利用互联网技术方案、软件工具、资讯信息等网上资源，在社区或个人家庭中开展的产品设计、产品制造、产品 3D 打印、网上销售等的互联网创业创新模式。

——3D 打印社区：是一种发布和共享原创三维打印模型、技术、方案、资讯等内容的分享型互联网平台。

——众筹：是一种利用互联网发动公众力量为项目募集资金的融资方式。

——众包：公司或机构利用互联网平台与众多消费者实现广泛实时的交流互动，推动产品或服务更好地满足消费者个性化需求。

——P2P 网络贷款：即互联网金融点对点借贷平台，将小额资金聚集起来借贷给有资金需求人群的民间小额借贷模式。

——APP：智能手机应用程序。

——IPV6：是一种用于替代现行版本互联网协议（IPV4）的下一代互联网 IP 协议，具有海量地址、更高传输速度和安全性能，能够解决目前互联网地址不足的问题。

——智能电网：是以物理电网为基础，将传感测量、计算机、通信等先进技术与物理电网高度集成的新型电网，可提供可靠、经济、清洁、互动的电力供应和增值服务。

——行讯通：是一款提供路况信息、实时公交、停车服务、的士查询、出行规划、交通资讯等交通信息服务的手机终端软件。

——RFID：即无线射频识别技术英文缩写，是一种可通过无线电信号识别特定目标并读写相关数据，无需识别系统与特定目标之间建立机械或光学接触的无线通信技术。

广东省加快发展服务贸易行动计划（2015－2020年）

为深入贯彻落实《国务院关于加快发展服务贸易的若干意见》（国发〔2015〕8号）精神，进一步推进《广东省人民政府关于加快发展服务贸易的意见》（粤府〔2013〕26号）各项工作的开展，不断扩大我省服务贸易规模，提升发展效益和质量，促进服务贸易加快发展，结合我省实际，制定本行动计划。

一、总体要求

（一）指导思想。全面贯彻落实党的十八大和十八届三中、四中、五中全会精神，深入实施创新驱动发展战略，以加快中国（广东）自由贸易试验区（以下称广东自贸试验区）、全面推进粤港澳服务贸易自由化为重要抓手，突出深化改革、扩大开放和创新发展，充分发挥服务贸易在促进产业转型升级、加快培育新的经济增长点等方面的积极作用，进一步完善服务贸易政策体系，构建公平竞争的市场环境，促进服务贸易集聚发展、结构优化、质量提升。

（二）发展目标。服务贸易规模进一步扩大，服务业开放水平进一步提升。2015-2020年，力争实现服务贸易年均增幅10%以上。到2020年，服务进出口额达到2000亿美元以上，服务贸易占对外贸易的比重达到14%，现代服务出口占全省服务出口总额的比重达到30%，力争将我省建设成为服务贸易强省。

二、主要任务

（一）推动服务贸易创新发展

1．开展服务贸易创新发展试点。抓住国家实施丝绸之路经济带和21世纪海上丝绸之路（以下称“一带一路”）和自由贸易试验区战略的重大机遇，依托现有各类园区、开发区、对外文化贸易基地，重点在信息技术、跨境电商、工业研发与设计、文化创意、金融服务、生物医药、高端专业服务等领域，进一步扩大服务业开放，加快建设服务贸易公共平台，深入推进外汇管理便利化、完善服务贸易统计制度，优化便捷通关机制，加强高端人才引进，形成可复制可推广的经验。到2020年，力争打造一批服务贸易创新发展试点城市和国家级特色服务出口基地。（省商务厅、发展改革委、经济和信息化委、文化厅、金融办、中医药局，海关广东分署，广东、深圳、珠海出入境检验检疫局，外汇管理局广东省分局负责，排在首位的为牵头单位，下同）

2．将广东自贸试验区打造成为现代服务业发展集聚区。加快构建与国际高标准对接的投资贸易规则体系，放宽服务领域投资准入，在广东自贸试验区内实施外商投资准入前国民待遇加负面清单管理模式，对负面清单以外的外商投资项目实行备案制（国务院规定对国内投资项目保留核准的除外），同步实施内资投资项目负面清单。积极探索在广东自贸试验区对港澳投资者实施准入特别管理措施等，深化投资管理体制改革。大力推动高端服务业集聚，积极引进高端服务业入驻广东自贸试验区，加快建立高端产业体系。争取更多跨国企业和国内大型央企、民企入驻广东自贸试验区设立区域总部、海外总部，打造“总部经济集聚区”。（省自贸办、发展改革委、商务厅、港澳办，广州、深圳、珠海市政府负责）

3．深入推进粤港澳服务贸易自由化。在内地与香港、澳门《关于建立更紧密经贸关系的安排》（以下称CEPA）及其补充协议总体框架下，在粤港澳合作基础好、服务业发达的地市设立粤港澳服务贸易自由化重点示范基地，打造深化粤港澳合作载体。积极争取进一步降低港澳服务提供者准入门槛，支持港澳专业服务机构集聚发展，推进服务行业管理标准和规则衔接。充分发挥粤港、粤澳合作联席会议机制作用，完善适应粤港澳服务贸易自由化的磋商和争端解决机制。鼓励我省科技服务机构深化与港澳科技机构合作，共建一批高水平专业化科技服务平台或基地，促进两地科技资源优势互补。（省港澳办、科技厅、商务厅负责）

（二）加强对重点领域的引导支持

4．大力发展金融服务。在CEPA框架下创新跨境支付清算、投融资、抵押征信、保险等跨境金融服务，深化与香港人民币跨境业务创新合作。加大多层次资本市场对服务贸易企业的支持力度，支持符合条件的服务贸易企业在交易所市场上市、在全国中小企业股份转让系统挂牌、发行公司债和中小企业私募债等债券产品。大力推进服务贸易跨境人民币结算业务发展，扩大与“一带一路”沿线国家和地区的跨境服务贸易人民币结算规模，稳妥开展服务贸易项下跨境人民币业务创新。鼓励金融机构与“一带一路”沿线国家金融机构签订双边结算协议，加强在货币市场和资本市场的合作。（省金融办，人民银行广州分行，广东银监局、证监局、保监局负责）

5. 加快发展旅游服务贸易。进一步推动入境旅游业发展。巩固旅游出口领域的规模优势，加强与港澳台及其他海上丝绸之路沿线国家和地区旅游合作，大力开发具有丝绸之路特色的国际精品旅游线路和产品。加快培育和发展国际商务、度假、游艇、邮轮等高附加值旅游服务，进一步开发、推广“一程多站”旅游线路，加大 144 小时便利签证措施宣传力度。积极推动旅游服务跨境交付，鼓励发展旅游电子商务。组织参加各类重要国际旅游展。2015-2020 年，我省接待过夜游客总量年均增幅 7.5% 以上，至 2020 年全省接待过夜游客总量达 5 亿人次。（省旅游局负责）

6. 发展电子商务服务。加快推进广州、深圳、汕头、东莞、揭阳等国家电子商务示范城市建设，辐射带动区域电子商务服务快速健康发展。深入实施“互联网+”战略，支持制造企业、商贸企业利用电子商务实现转型升级。加快发展农村电子商务，深化民生类电子商务应用。大力培育各类电子商务服务平台，加快发展跨境贸易电子商务。推进跨境电商快递服务发展，完善跨境电商的快递服务体系。优化移动电子商务布局，完善电子商务支撑服务体系。（省商务厅、发展改革委、经济和信息化委、科技厅、交通运输厅，海关广东分署，广东、深圳、珠海出入境检验检疫局，省邮政管理局负责）

7. 促进服务外包产业发展。优化服务外包产业布局，以广州、深圳等国家级服务外包示范城市为核心，构建特色鲜明、错位互补的服务外包产业发展格局。加强服务外包载体建设，支持符合条件的地市申报国家服务外包示范城市，积极培育省级服务外包示范城市和示范园区，发展一批有特色、差异化发展的服务外包产业集群，增加高技术含量、高附加值外包业务比重。鼓励服务外包企业“走出去”，建设粤港澳台服务外包交流合作平台，积极开拓欧美市场，定期举办项目对接活动。加强服务外包知识产权与信息安全保护，搭建知识产权公共服务平台，建立一批服务外包专利技术孵化基地。力争 2015-2020 年服务外包合同金额年均增长 10% 以上，到 2020 年服务外包合同金额超过 250 亿美元，知识流程外包（KPO）离岸业务占离岸服务外包总量的 40% 以上，培育一批省级服务外包示范城市、示范园区、示范企业和重点培育企业。（省商务厅、发展改革委、经济和信息化委、教育厅、科技厅、人力资源社会保障厅、知识产权局负责）

（三）推动特色服务贸易发展

8. 提高对外文化贸易发展水平。进一步完善广东省文化产品和服务出口指导目录，建立版权输出奖励制度，扩大新闻出版、广播影视、文化艺术、动漫游戏、创意设计等主要领域的文化产品和服务出口，培育一批具有国际竞争力的对外文化出口重点企业和重点项目。深入挖掘广东特色文化资源，实施广东优秀文化产品和服务对外推广工程，推动广府文化、客家文化、潮汕文化、雷州文化等特色文化出口。探索在广东自贸试验区内开展国际文化保税展示交易业务。力争到 2020 年，建设一批国家级和省级对外文化贸易基地及具有广东特色的对外文化贸易重点企业。（省商务厅、文化厅、新闻出版广电局，海关广东分署负责）

9. 支持中医药服务贸易发展。鼓励列入首批中医药服务贸易先行先试骨干企业（机构）建设目录的重点企业积极开拓国际市场。扩大“大南药”国际合作生产，推动中医医疗器械、养生保健品的开发生产及相关产品和技术出口。支持建立中医药服务出口公共检测平台。鼓励中医药企业通过境外参展、商标注册、国际认证等多种形式，扩大中医药产品和服务出口，加强中医药特色服务领域的国际交流合作。（省商务厅、卫生计生委、食品药品监管局、中医药局负责）

10. 推进家庭服务业国际化。加强家庭服务业职业培训标准化研究，鼓励家庭服务业企业和培训机构开展多层次国际合作，引进优秀管理人员和师资力量，推动从业人员职业资格、服务标准与国际接轨。探索创新粤港澳劳务合作模式，优化家庭服务业服务结构，增强服务出口能力。完善家庭服务业跨境、跨地区劳务合作管理办法，加强家庭服务劳务输出企业经营和市场行为监管，促进我省家庭服务业企业有序进入国际劳务市场。（省人力资源社会保障厅负责）

（四）加强服务业对外投资

11. 推动服务业企业“走出去”。支持服务业企业参与境外经贸合作区的投资、建设和管理。鼓励企业建设境外保税仓，打造跨境产业链，带动劳务输出和货物、服务、技术出口。加快广东企业境外投资综合服务平台建设，支持企业利用第三方风险管理等服务，建立“走出去”融资担保、风险防控机制，加大广东企业海外权益保护力度。支持有条件的企业建设境外研发设计平台。推动企业在美欧日等发达国家和地区通过新设或并购方式，设立研发设计中心，利用当地科技、智力资源，开发具有自主知识产权的新技术、新产品。（省商务厅、发展改革委、贸促会，海关广东分署负责）

12．拓展对外工程承包。拓宽对外承包工程方式和领域，大力开拓工程设计、工程监理等建筑服务市场，扩大对俄罗斯和东盟、中东、拉美、非洲等国家（地区）的技术、电信和建筑工程承包服务出口。推动规划、设计、施工、监理、造价、中介等建筑领域从业企业及人员，与港澳业界开展业务合作试点。2015-2020年，我省对外承包工程完成营业额年均增速力争达到15%以上。（省商务厅、发展改革委、住房城乡建设厅负责）

13．培育服务贸易展会平台。加快研究编制品牌展会评定标准，培育一批专业性强、具有较大影响力的品牌展会。充分利用现有平台，强化服务贸易促进职能，支持企业赴境外参加服务贸易重点展会。积极培育服务贸易交流合作平台，鼓励其他投资贸易类展会增设服务贸易展区。简化服务贸易展会入境展品许可审批程序，对保税展示货物实行登记管理，允许多次出区展示以及合理数量、重量的展品在参展期间试销。（省商务厅、贸促会，海关广东分署，广东、深圳、珠海出入境检验检疫局负责）

（五）优化发展环境

14．完善与服务贸易相适应的口岸通关管理模式。探索建立适应期货保税交割、境内外维修和融资租赁等新业态的海关监管制度。鼓励实施进口货物预检验、探索分线监督管理制度。探索创新国际展品、艺术品、电子商务快件等特殊物品的监管模式，完善跨境电子商务通关服务。积极向国家争取出入境游艇便利监管措施。支持开展飞机保税租赁业务，对融资租赁航空器及其机组人员、行李、餐饮、器材实施“一次申报、一次检疫、一次放行”便利措施。推动实施全球维修产业检验检疫监管、中转货物产地来源证管理、检验检疫通关无纸化、第三方检验结果采信、出入境生物材料制品风险管理等。（海关广东分署，广东、深圳、珠海出入境检验检疫局，省公安厅、商务厅、质监局、旅游局，省国税局，省邮政管理局负责）

15．强化服务贸易人才支持。鼓励高校与服务贸易企业开展人才协同培养，通过共建实践教学基地等项目建设，加快形成政府部门、科研院所、高校、企业联合培养人才的机制，打通高校、科研院所和企业之间人才流动通道。大力引进高层次人才，为符合规定条件的外籍高层次人才在华永久居留、子女入学等方面提供便利。鼓励高等学校增设服务贸易相关课程。（省教育厅、公安厅、人力资源社会保障厅、住房城乡建设厅、质监局负责）

16．加强知识产权保护和运用。支持知识产权境外登记注册，加强知识产权海外布局。建设维权援助专家库，加大海外维权力度。引导服务贸易出口企业提升知识产权创造、运用、保护和管理能力，加强专利、商标、版权、商业秘密、客户信息保护，做好境外专利申请与商标注册，积极应对国际知识产权纠纷。（省知识产权局、商务厅、工商局、新闻出版广电局负责）

三、保障措施

（一）加强组织领导和规划

17．建立服务贸易发展协调机制。进一步加强对全省服务贸易工作的统筹指导，健全部门间相关工作协调机制，加快建立全省服务贸易信息交流共享机制，整合服务贸易推广平台信息资源。研究编制服务贸易发展“十三五”规划，出台重点服务出口领域指导目录，加快制订我省服务贸易重点领域专项政策措施。（省商务厅负责）

18．完善服务贸易统计。完善服务贸易统计监测、运行和分析体系，加强各部门间的数据信息交流与共享。依托商务大数据平台，建立广东服务贸易数据库，健全服务贸易统计指标体系，定期发布服务贸易统计数据。加强对各地服务贸易统计工作的指导，开展重点企业数据直报工作。（省商务厅、统计局、旅游局，人民银行广州分行负责）

（二）加大财税金融保障力度

19．发挥财政专项资金带动作用。完善服务贸易促进政策，加大支持力度，优化资金安排结构，充分发挥外经贸发展专项资金效用。完善和创新支持方式，引导更多社会资金支持服务贸易发展。（省财政厅、商务厅负责）

20．落实税收优惠政策。按照国家全面实施“营改增”部署，积极做好“营改增”全面扩围相关工作，将金融、生活服务业等逐步纳入试点范围。对服务出口实行零税率或免税，并加大相关政策宣传辅导力度，鼓励扩大服务出口。鼓励符合条件的服务贸易企业申报高新技术企业，并享受相应的税收优惠。（省财政厅、地税局，省国税局负责）

21．加大政策性金融支持力度。对符合条件的重点服务贸易项目，研究制定“绿色通道”审批机制，提高审批效率。扩大出口信用保险覆盖面，完善对服务贸易企业投保出口信用保险的保费补贴政策，明确受补贴企业范围及补贴标准，并适当向小微企业倾斜。支持服务贸易企业通过投保信用保险进行保单融资。（省财政厅，广东银监局、保监局，中国出口信用保险公司广东分公司负责）

广东省促进健康服务业发展行动计划（2015－2020年）

为贯彻落实国务院关于促进健康服务业发展的决策部署，进一步加快我省健康服务业发展，结合我省实际，制定本行动计划。

一、总体要求

（一）指导思想

全面贯彻落实党的十八大和十八届三中、四中全会及省委十一届三次、四次全会精神，紧紧围绕“三个定位、两个率先”的目标任务，坚持以人为本、统筹推进，政府引导、市场驱动，深化改革、创新发展，在发挥政府“保基本，兜底线”职能的同时，充分调动社会力量的积极性和创造性，激发市场活力、优化健康服务供给模式，推动健康服务产业发展壮大，不断满足人民群众多层次、多样化的健康服务需求，为经济社会转型发展注入新的动力，为促进人的全面发展创造必要条件。

（二）发展目标

基本建立覆盖全生命周期、内涵丰富、结构合理的健康服务业体系，打造一批健康服务知名品牌和融合发展的健康服务产业集群。到2020年，健康服务业发展总规模达10000亿元左右，成为新常态下推动我省经济社会持续健康发展的重要产业。

——关键领域改革有效突破。社会资本办医、公立医院综合改革、医师多点执业、医疗保险体系建设等方面取得显著进展，多元办医格局基本形成，医疗卫生服务体系更加完善，健康服务和管理能力大幅提升。

——产业规模显著扩大。医疗、养老、健康管理和保险等服务类产业蓬勃发展，医药产品、医疗器械、保健食品等制造类产业优化壮大，形成一批具有国际竞争力的健康服务产业领军企业与知名品牌。

——产业布局更加合理。珠三角和粤东西北地区因地制宜发展各类健康服务业，打造互动循环和各具特色的多元化健康服务产业集群。

——产业发展环境不断优化。健康服务业政策体系逐步健全，行业规范与标准体系科学完善，政府监管和行业自律机制更加有效，人民群众健康意识和素养明显提高，逐步形成全社会参与、支持健康服务业发展的良好环境。

二、主要任务

（一）大力发展医疗卫生服务

1．切实推进社会办医。加快制定出台鼓励社会资本举办医疗机构的政策措施，鼓励各地在社会办医方面先行先试，大力支持社会办医（国家）联系点建设。引导社会资本直接投向资源稀缺及满足多元需求服务领域，优先支持举办非营利性医疗机构，地方区域卫生规划和医疗机构设置规划对非公立医疗机构类别、规模、数量和布局等不作限制，为社会办医预留足够的发展空间；落实非营利性的非公立医疗机构和公立医疗机构在市场准入、医保定点、专科建设、职称评定、等级评审、技术准入等方面同等对待政策，优化社会办医工商登记流程。进一步放宽中外合资、合作办医条件，逐步扩大具备条件的境外资本设立独资医疗机构试点。加强粤港澳区域医疗机构、医疗服务和医师多点执业等合作。力争全省2020年非公立医疗机构诊疗量达到本地区医疗机构诊疗总量的30%左右。（省卫生计生委、发展改革委负责）

2．有效推动医师多点执业。放宽条件、简化程序，大力推行备案管理，积极探索区域注册，鼓励医师多点执业，促进优质医疗资源平稳有序流动和科学配置。坚决破除妨碍医疗卫生人才合理流动的体制机制，建立健全医师多点执业的人事（劳动）关系管理制度、医疗责任承担机制以及行业监管体系，加快推进医师多点执业。制定出台推动医师多点执业的政策措施。（省卫生计生委、发展改革委负责，省人力资源社会保障厅、中医药局、广东保监局参与）

3．深化公立医院综合改革。切实履行政府保障基本医疗服务职责，科学制订公立医疗机构设置规划，省及地级以上市原则上不再新设置或迁建城市公立综合医院。改革公立医院管理体制，构建公立医院运行新机制，建立符合医疗行业特点的人事薪酬制度，强化医保支付和监控作用。鼓励采取迁建、整合、转型等多种途径将部分城市二级医院改造为社区卫生服务机构、专科医院、老年护理和康复等机构。鼓励社会力量以出资新建、参与改制等多种形式投资医疗行业，优先支持举办非营利性医疗机构。公立医院资源丰富的城市，可选择部分公立医院引入社会资本进行改制试点。（省卫生计生委负责，省编办，省发展改革委、人力资源社会保障厅、中医药局参与）

4．不断提高基层医疗卫生服务能力。坚持服务重心下沉，推动基层医疗卫生机构为辖区居民提供基本公共卫生服务和基本医疗服务。加强面向基层的疾病预防、优生优育、医疗康复和精神卫生指导，以生动活泼的形式向城乡居民推广健康保健知识。加强流动人口以及农村留守儿童和老人、残疾人的公共卫生服务及重大传染病防控工作。建立基层医疗卫生机构与大医院的挂钩协作机制，为医务培训、资讯共享、业务合作、设备更新等创造有利条件。完善住院差别支付制度，坚持普通门诊统筹在基层医疗机构定点的原则，医保待遇水平向基层医疗机构倾斜，引导参保人充分利用基层医疗服务。（省卫生计生委负责，省人力资源社会保障厅、民政厅、中医药局参与）

5．创新发展高端医疗技术服务。积极培育、创新发展医疗服务模式，推出个体化、规范化、高质量、一站式的高端技术服务，发展基本医疗服务之上的高端医疗服务，满足人民群众多层次、多样化的医疗需求。加强国际合作，鼓励引进、转化和研发、应用国际先进的、技术成熟的个体化生物治疗技术，建设高端医疗技术公共服务平台，支持高端个体化治疗产业化发展，打造以个体化治疗技术为核心的国际高端医疗产业集群，在个体化治疗技术产业化进程中发挥引领示范作用。（省卫生计生委、科技厅、食品药品监管局负责，省发展改革委、经济和信息化委、中医药局参与）

6．积极发展专业化护理服务。强化临床护理岗位责任管理，完善质量评价机制，加强培训考核，提高护理质量。鼓励发展康复护理、老年护理、家庭护理等适应不同人群需要的护理服务，提高规范化、专业化服务水平。针对残疾人特别是残疾儿童实施重点康复项目，完善残疾人康复服务网络和体系。推动新型康复服务产业化发展，形成预防、治疗、康复、照护于一体的康复服务体系。加快推进公共卫生护士和社区护士的培养和岗位设置工作。（省卫生计生委负责，省民政厅、中医药局、残联参与）

专栏1：医疗卫生服务体系

类别	主要发展方向	重点推进项目
民营医院	鼓励社会资本举办各类医疗机构，优先支持举办非营利性医疗机构，大力支持举办综合医院、专科医院，培育发展高端医疗服务机构；重点推进粤东西北区域性、集聚化医疗建设项目发展；积极支持社会办医（国家）联系点东莞市试点建设。	广东食品药品学院附属医院、广州中医药大学金沙洲医院、广州宝仁医院、广州中医药大学中西医结合医院，珠海美国麻省总医院中国医院（横琴），汕头国瑞医院、汕头白求恩潮阳医院、汕头发能·东方医院，韶关芙蓉新区三级医院，梅州市鸿惠医院、广东医学院附属粤东梅州谷城医院，江门银葵医院、湛江健杰皇家医院等。
公立医院改制	鼓励公立医院资源丰富的城市推进公立医院综合改革试点，促进医院资源优化配置。	深圳南山区社康中心改制示范项目（北京固生堂参与），梅州市中医医院升级改造，汕尾市直公立医院改制（试点）等。
高端医疗服务	积极培育、创新发展医疗服务模式，满足人民群众多层次、多样化的医疗需求。	重点研发干细胞治疗、肿瘤免疫治疗、基因治疗等个体化治疗领域的高端技术、新型服务、新兴业态；推出高端医疗服务和高端技术服务；建设高端医疗技术公共服务平台，打造国际高端医疗产业集群。

（二）加快发展健康养老服务

7．健全医养结合协作机制。建立健全医疗机构与养老机构业务协作机制，支持养老机构内设医疗机构或构建养老、护理机构相结合的医养综合体，符合规定的纳入医保定点。鼓励以城市二级医院转型等多种方式，配置、发展康复医院、老年病医院、老年护理院等紧缺型医疗机构，形成规模适宜、功能互补、安全便捷的健康养老服务网络，提供方便快捷、优先优惠的老年医疗服务。支持公立医院以及社区医疗机构设置老年人医疗康复护理专业科室，大幅提高二级以上综合医院开设老年病科的比例，着力增强医养结合的养老服务能力。大力推进广州、深圳市养老服务业综合改革（国家）试点，加快建设医养结合型健康养老示范基地。（省民政厅、卫生计生委负责，省人力资源社会保障厅、中医药局参与）

8．提升社区健康养老服务水平。整合并依托社区养老、医疗卫生资源，为社区和居家养老提供服务支持，增强社区为老年人提供日常护理、慢性病管理、康复、健康教育和咨询、中医保健等服务的能力。鼓励医疗机构利用信息化等方式将护理服务延伸至居民家庭，为社区老年人建立健康档案，逐步建立与老年人家庭的契约式服务。鼓励社区发展日间照料、全托、半托等多种形式的老年人照料服务，丰富和完善服务内容。加快退休人员社会化管理服务体系建设，促使老年人口就近安养、融入社区。（省民政厅负责，省卫生计生委、中医药局、商务厅参与）

专栏 2：健康养老服务体系

类别	主要发展方向	重点推进项目
健康养老机构	鼓励养老机构内设医疗机构，支持医疗机构提供养老服务，加快建设医养结合型健康养老示范基地；配置、发展康复医院、老年病医院、老年护理院、临终关怀医院等紧缺型医疗机构；大力推进广州、深圳市养老服务业综合改革（国家）试点建设工作。	广州市第二老人院、广州市老年病康复医院，韶关市第三人民医院托老中心，梅州市老人公寓（梅州市养老示范中心）、梅州市大埔县福利院老年公寓楼，惠州市社会福利服务中心二期工程，江门市社会福利院养老楼二期，湛江养老休闲产业基地、湛江市第二中医医院护老院、湛江市养老服务中心首期，茂名市高州市人民医院滨海新区分院养老中心，清远市老年公寓，云浮市云城区福利服务中心等。
		广州从化“天人山水”健康产业园、广州从化银林湖国际养生养老基地、泰康之家·粤园养老社区、广州友好老年公寓、广东岭南耆康老年护理院，梅州梅县区福晋老年公寓、世界长寿养生文化城，惠州爱晚中心、中信惠州医院养老建设项目，中信高端养老保健项目，广东省粤东颐养园，阳江市春蕾老人公寓（阳江春蕾护理院），茂名颐年苑，东莞广弘福星护理院、中山广弘颐养院等。
社区养老机构	加快社区性日常护理、慢性病管理、康复、健康教育和咨询、中医保健等服务机构、设施建设与发展；支持社区日间照料、全托、半托等老年人照料服务设施建设；鼓励医疗机构利用信息化等方式将护理服务延伸至社区及居民、家庭。	广州市南沙区东涌镇居家养老服务示范中心，珠海市香洲区国艳居家养老日托服务中心，汕头市龙湖区珠池街道居家养老示范中心，惠州市居家养老服务示范中心、惠州幸福颐养中心，江门市蓬江区环市街综合养老服务机构，肇庆市端州区城西街道睦民居家养老服务中心，潮州市西湖街道社区居家养老服务中心，广弘广州凤凰颐乐养生文化村、广弘南海春秋家园、广弘茂名童子湾健康养老基地等。
		汕头吉大白求恩潮阳医院养老社区。

（三）着力发展中医药医疗保健服务

9．完善中医药发展管理体系。遵循中医药发展规律，建立符合中医药特点的管理体制、科技创新体系和评价体系，完善体现中医药特点的中医药专业技术人员资格条件，完善中医药科研课题立项和科技成果评审的同行评议制度。完善符合中医药特点的临床路径和价格政策。鼓励中医药科研国际交流与合作，进一步加强粤港澳台中医药产学研合作。（省中医药局负责，省卫生计生委、科技厅、人力资源社会保障厅、商务厅参与）

10．提升基层中医医疗服务水平。鼓励社会资本举办各层次特别是基层中医医疗机构（门诊部、诊所、医馆和坐堂医等），支持基层中医医疗机构连锁化、集团化、品牌化发展。鼓励有资质的中医专业技术人员特别是名老中医开办中医诊所或个体行医，鼓励有资质的中医师在养生保健机构提供保健咨询和调理等服务。发挥中医药特色和优势，积极推广应用中医适宜技术，在基层开展常见病、多发病、慢性病诊疗服务。到 2020 年，全省所有的社区卫生服务中心和社区卫生服务站、乡镇卫生院和村卫生室能够提供中医药服务。（省中医药局负责，省卫生计生委、人力资源社会保障厅参与）

11．大力发展中医养生保健康复服务。支持社会力量举办规范的中医养生保健机构、中医康复疗养机构，鼓励中医医疗机构独立开办或与社会资本联合建立健康服务机构。构建中医“治未病”预防保健服务网络，二级以上中医医院全部设立“治未病”科，鼓励二级以上综合医院、妇幼保健机构和社区卫生服务机构、乡镇卫生院、村卫生室开展中医健康体检和规范的健康干预服务。到 2020 年，建设一批中医药养生保健服务示范区，推动中医药科普知识进乡村、进社区、进家庭。（省中医药局负责，省卫生计生委参与）

12．加快中医药产业化发展。培育壮大广东传统中医药品牌，打造中医药产业基地。完善广东特色中药材标准体系和中医诊疗设备注册审批标准，加强药食同用中药材的种植及产品研发与应用。加快推进南药道地中药材的规范化、标准化、规模化种植，打造集种植、加工、流通、应用于一体的完整中药材产业链。培育中医药服务贸易骨干企业，促进中医药服务贸易发展，鼓励中医药企业通过对外贸易、境外参展、商标注册、国际认证等方式，扩大中医药产品、技术和服务出口。（省中医药局、食品药品监管局负责，省经济和信息化委、卫生计生委、科技厅、商务厅参与）

专栏 3：中医药医疗保健服务

类别	主要发展方向	示范带动机构及重点推进项目
基层中医机构	鼓励社会资本举办各层次特别是基层中医医疗机构（门诊部、诊所、医馆和坐堂医等），支持基层中医医疗机构创新机制，连锁经营，探索会员制、中央药房等方式集团化、品牌化发展。	广州紫和堂中医连锁医疗机构、“骨伤全程通”中医骨伤连锁医疗服务机构、广州正安中医医疗连锁机构，深圳和顺堂中医连锁医疗机构，北京固生堂基层中医医疗连锁机构（珠三角地区）等。
中医养生保健服务	支持社会力量举办中医养生保健机构、中医康复疗养机构，鼓励中医医疗机构独立开办或与社会资本联合建立健康服务机构；构建中医“治未病”预防保健服务网络；加快建设中医药养生保健服务示范区。	广州香江疗养院、广州中医药大学第一附属医院至信传统医疗中心，广东炭之家保健旅游有限公司（扩建工程）等。

（续上表）

类别	主要发展方向	示范带动机构及重点推进项目
中医药产业化	建设中医药产业基地，培育中医药服务贸易骨干企业，培育广东传统中医药品牌；支持药食同用中药材的种植及产品研发与应用项目；加快推进南药道地中药材的规范化、标准化、规模化种植项目，打造集种植、加工、流通、应用于一体的完整中药材产业链。	广州致信药业有限公司、广州白云山和记黄埔中药有限公司，深圳和顺堂医药有限公司，惠州罗浮山国药公司，茂名化橘红药材发展有限公司等企业（机构），广东鸿海南方药材产业园等。
中医药产学研及合作交流	鼓励中医药科研国际交流与合作，进一步加强粤港澳台中医药产学研合作。	1. 国家中医临床研究基地（省中医院）、中医药协同创新中心、中医“治未病”产业孵化基地，中药新药安全性评价创新服务平台，中药饮片智能包装设备研发、经络健康测评设备研发与制造等。 2. 华南区中药材规范化种植及大宗中药材综合开发技术研究（国家科技支撑计划）、中药配方颗粒产业化关键技术研发、中药复方经皮给药制剂关键技术的研究与开发、青蒿防治重大疾病的创新药开发和产业化、中医信息理疗系统的综合集成研究、基于瘫痪患者恢复步行能力的平衡康复训练机器人研究等。

（四）积极发展商业健康保险

13．推广多样化健康保险服务。鼓励发展与基本医疗保险相衔接的商业健康保险产品；鼓励开发商业性长期护理保险、个人储蓄性养老保险、计划生育保险、失能收入损失保险、养老机构综合责任保险等服务产品和医疗责任保险、多点执业意外保险等执业保险产品。支持商业保险机构承办城乡居民大病保险，完善推进城乡居民大病保险政策。研究并适时出台我省住房反向抵押养老保险试行政策。有条件的地区，可以按照职工自愿原则，允许使用个人社保账户一定比例余额购买补充医疗保险。（广东保监局、省人力资源社会保障厅负责，省金融办、卫生计生委、中医药局参与）

14．发挥健康保险服务保障功能。建立商业保险机构与医疗、体检、护理等机构的合作机制，加强对医疗行为的监督和医疗费用的控制，促进医疗服务规范化。在确保医疗保险基金安全和有效监管的前提下，鼓励以政府购买服务等多样化方式委托具有资质的商业保险机构开展各类医疗保险经办服务。（广东保监局、省人力资源社会保障厅负责，省卫生计生委、中医药局参与）

专栏4：商业健康保险

类别	主要发展方向	重点发展险种和业务
医疗保险产品和业务	支持以政府购买服务方式委托具有资质的商业保险机构开展各类医疗保险经办服务，鼓励开发适应行业实际发展需求的医疗执业保险产品。	城乡居民大病保险和各类医疗保险及经办服务、医疗责任保险、多点执业意外保险等险种。
其他健康保险产品	鼓励发展与基本医疗保险相衔接的商业保险产品，不断丰富健康保险产品，逐步提升保险服务水平。	长期护理保险、个人储蓄性养老保险、计划生育保险、失能收入损失保险、养老机构综合责任保险等险种。

（五）推动健康服务多样化发展

15．积极发展健康管理服务。推进全科医生服务模式和激励机制改革试点。推进我省城乡家庭医生式服务试点，探索面向家庭的签约服务。推动以治疗为主向预防为主的健康服务模式转变，开发推广集疾病预防、健康体检、健康干预、跟踪随访等于一体的全面健康管理解决方案。鼓励技术创新和模式创新相结合，推广应用移动健康终端产品，构建数字化、网络化的生命健康信息平台，实现本地和远程相结合的健康信息管理，培育差异化的健康管理服务项目，逐步推广应用分级式的健康管理服务模式。鼓励社会资本规范发展健康体检、专业护理、保健康复、心理健康、母婴照料等专业健康服务机构，鼓励专业健康体检机构向全面健康管理机构发展，推动健康管理产业向新型化、个体化、网络化、社会化发展，不断提升产业层次和服务质量。（省卫生计生委负责，省发展改革委、中医药局、人力资源社会保障厅参与）

16．建立健全全民健身服务体系。加强公共体育场地设施网络建设，推动公共体育设施向社会开放，支持社会力量参与体育场馆的建设和运营管理。加强公益性社会体育指导员队伍建设，开展体质测定和健身指导服务，发展多种形式的体育健身俱乐部和体育健身组织。提升公共体育服务水平，推进公共体育服务均等化，广泛开展全民健身运动。依托医疗机构和省级以上运动休闲基地，培育体育康复产业。（省体育局负责，省卫生计生委、发展改革委参与）

17．推动健康产业融合发展。推动医疗服务、中医药保健与旅游、文化、养生康复等产业联动融合发展。发挥我省旅游资源优势，推动社会力量投资开发集运动休闲、健康疗养、文化娱乐等功能于一体的旅游项目。鼓励各地利用本地资源发展各具特色的养生康复产业，引导康体养生服务健康发展。大力培育健康文化产业，推动健康知识传播机构发展，加强岭南健康文化遗产保护利用，扩大健康文化传播与交流。建立健全健康教育推广体系，充分发挥媒体健康教育功能，加强各类社会公益性健康教育平台建设。（省旅游局、体育局、文化厅负责，省卫生计生委、民政厅、农业厅、中医药局参与）

专栏5：健康服务多样化发展

类别	主要发展方向	示范带动机构及重点推进项目
健康管理服务机构	开展健康咨询和疾病预防工作，开发全面健康解决方案；规范发展专业健康管理机构，鼓励发展全面健康管理机构。	广州金域医学检验中心、深圳爱帝宫月子中心、深圳第一健康医疗管理有限公司，广东倍特康源健康管理有限公司等。
健康教育与人才培养	大力加强、完善健康专业人才培养培训体系和健康教育推广体系，推动健康知识传播机构发展，支持公益性健康教育平台建设；大力培育健康文化产业，扩大健康文化传播与交流。重点推进护理专业领域人才培养，支持高校（医学院）开设（增设）健康护理专业并扩大招生人数。	筹建广东健康学院，建设健康教育示范基地（省市共建）、养生养老生命文化教育基地（广东医学院）、省健康管理教育研发基地（广东省食品药品职业技术学院）、老年服务与管理（学习发展）专业人才培养平台（广东开放大学）、中医健康管理服务信息平台、12320健康热线，推动各级新闻媒体健康教育科普栏目（电视栏目、报纸栏目）、村（居）卫生计生“三栏”（宣传栏、读报栏、公开栏）建设等。

（六）培育发展健康服务业相关支撑产业

18．重点推进医药产业研发和应用。着力发展医药和医疗器械产业，引导企业加大具有自主知识产权的新药和医疗器械新产品的研发和成果转化力度，提升企业创新能力和核心竞争力。以现代化中药、生物医药、特色化学原料药、药物制剂、体外诊断试剂、高端医疗器械、康复辅助器具和新型智能康复系统与设备及关键制药装备、健康穿戴装备等为重点，开发具有自主知识产权的产品和技术。强化先进医疗技术发明应用推广，加快实施广东创新医疗器械产品应用示范工程，促进创新医疗器械产品的应用和普及，培育一批拥有自主知识产权和核心竞争力的高端医疗器械高新技术企业。（省科技厅、食品药品监管局、经济和信息化委负责，省卫生计生委、发展改革委参与）

19．着力发展传统医药及医用食品产业。积极发展生物技术药物，加速研发“仿研并重”化学药新品种，加快特殊医学用途配方食品（医用食品）等功能性产品的研发应用。加强我省传统保健食品的品牌建设，重点扶持无公害农产品、绿色食品和保健品基地建设。推动以中医药、海洋生物、特色动植物为基础的新型保健食品和功能食品开发。（省科技厅、经济和信息化委、食品药品监管局、农业厅负责，省中医药局、发展改革委、卫生计生委参与）

20．积极拓展第三方健康服务。支持新型第三方医学检测技术开发和服务模式创新，引导发展专业、独立的医学检验、卫生检测、医学影像、病理诊断和消毒供应机构，促进第三方医学检验检测行业规范化、标准化、市场化发展。鼓励高校、科研机构和社会力量发展第三方医疗服务评价、健康管理服务评价、健康市场调查咨询服务，鼓励社会力量举办独立、专业、公正的食品药品检测机构以及发展药品现代物流服务。鼓励医疗机构、科研机构实行药学研究、临床试验等生物医药研发服务外包。积极发展专业化、市场化的医药科技成果转化服务，打造医药技术创新公共服务平台，促进医疗资源集约化利用。（省卫生计生委、科技厅负责，省商务厅、教育厅、食品药品监管局参与）

21．切实推动健康服务产业集聚发展。科学规划、因势利导，打造健康服务产业集群，鼓励各地政府和龙头企业整合健康服务产业资源，打造研发制造、流通应用、管理服务一体化全产业链的大型健康产业集团，支持有条件的地区设立健康服务产业示范园区。珠三角地区突出高端引领，以智能化、网络化、移动化为方向，有效提升以现代医疗器械、康复装备和健康智能终端装备等为重点的医疗保健装备和高新诊疗技术水平，推动生物医药、医疗器械企业向高端医疗技术服务领域拓展延伸，培育发展生物医用材料制品及植入器械、新型高端耗材及制品、康复器械等优势特色产业；积极发展电子医药商务，打造医疗器械设备和医药产品展览交易平台。粤东西北地区依托现有基础和优势，以中西制药、诊疗设备、养老保健为方向，重点发展生物原料药及制品、现代中药（特色南药）及中药制剂、海洋生物制药、保健食品和健康饮品以及医学诊疗设备等产业，优化发展旅游养生和养老服务等特色产业。（省发展改革委、经济和信息化委负责，省科技厅、食品药品监管局、卫生计生委、商务厅参与）

专栏6：相关支撑产业

类别	主要发展方向	示范带动企业或重点发展园区
医药产品	着力发展医药产品产业，积极发展生物技术药物，引导企业加大具有自主知识产权的医药产品的研发和成果转化力度。	中国科学院广州生物医药与健康研究院、广东新峰药业股份有限公司、广东华天宝药业集团、深圳信立泰药业股份有限公司、深圳区域细胞制备中心、佛山德众药业有限公司、佛山冯了性药业有限公司、惠州九惠制药股份有限公司、恒诚实业集团有限公司等。
医用食品、保健食品、绿色食品	鼓励省内具有自主知识产权的特色医药用途配方食品等功能性产品的研发、应用；加强传统保健食品品牌建设，重点扶持无公害农产品、绿色食品和保健品基地建设；鼓励省内相关企业积极参与国家医用食品标准规范制定。	广州金阚医疗科技有限公司、广州鸿诚隆营养健康咨询有限公司，深圳华大基因科技有限公司，江门无限极（中国）有限公司、江门量子高科（中国）生物股份有限公司，罗定市稻香园农业发展有限公司等企业；梅州梅县绿色健康渔业示范园区，惠州龙门金种鸡生态养殖现代农业园，陆河县重信灵芝种植及深加工项目、广东三禾现代农业产业基地项目，江门市新会陈皮村农产品交易市场等。
医疗器械	着力发展医疗器械产业，开发具有自主知识产权的技术，促进创新医疗器械产品的应用和普及，培育高端医疗器械高技术企业。	佛山博奥医学检验所有限公司（高通量遗传病筛查技术应用示范基地）、东莞科威器械有限公司、东莞博奥木华基因科技有限公司（医学高通量测序技术研究与产业化基地）、粤西医疗器械检测机构等。
产业集群	推动打造健康服务产业集群，鼓励各地政府和龙头企业整合资源，建立研发制造、流通应用、管理服务一体化全产业链的大型健康产业集团，支持有条件的地区设立健康服务产业示范园区。	广药集团生物医药城白云基地，珠海粤澳中医药科技产业园、珠海金湾生物医药谷、珠海富山滨海医药港，广东（南海）生物医药产业基地，中山国家健康科技产业基地，梅州百年同乐生命健康谷、广东（梅州）御元人生之旅健康产业园，湛江奋勇生物医药产业园、湛江新医药产业园区，省民族医药健康产业基地（清远）等。

三、政策措施

（一）放宽市场准入。按照“非禁即入”原则，清理、取消不合理的前置审批事项，将营利性医疗机构设置审批、养老机构设立许可等工商登记事项调整为后置审批，实行“先照后证”。加快下放部分审批权限，减少审批环节，提高审批效能，除按规定需报国家核准项目外，社会资本投资健康服务产业项目立项采用备案制。优先支持社会资本举办非营利性健康服务机构，新增医疗机构和城市新区医疗机构建设优先向社会资本开放，有条件的地区可通过竞争性配置方式确定健康服务机构的举办、运行主体。（省卫生计生委、发展改革委、工商局分别负责）

（二）加强规划布局和用地保障。加强卫生、养老等专项规划与各级城乡规划、土地利用总体规划的有效衔接，统筹保障健康服务业发展用地需求。新建城区和居住（小）区要按规定在公共服务设施中配备健康服务相关设施，有关部门应在划拨决定书或土地出让合同中对相关配套设施的规划、建设、验收及交付使用等予以明确。鼓励社会资本利用存量建设用地建设医疗设施，通过改造或转换等方式利用现有闲置用房、地产等兴办健康服务机构，经规划批准临时改变用途的，土地使用性质可暂不作变更。从事非营利性健康服务的，五年内不增收土地年租金或土地收益差价；从事营利性健康服务的，应补缴相应土地款。集体经济组织内部成员和社会投资者履行相关程序后，可依法使用农村集体建设用地举办非营利性健康服务机构，或参照国有建设用地相关政策举办营利性健康服务业机构。加强对健康服务设施建设用地监管，严禁擅自改变相关建设用地的用途、容积率等规划设计条件变相开发房地产。（省国土资源厅、住房城乡建设厅负责，省卫生计生委、发展改革委参与）

（三）创新投融资服务。大力鼓励社会资本投资健康服务业，积极开展政银企合作。鼓励和引导金融机构，积极开展符合健康服务企业需求的金融产品创新，提供差别化的金融服务，支持小微健康服务机构和企业通过小额信贷及其他融资方式获取资金。支持符合条件的健康服务企业在境内外上市融资，鼓励健康服务企业参与股权交易中心挂牌交易和融资。鼓励各地出台政策，引导资信良好、实力较强的健康服务企业通过发行集优债、私募债、集合票据等直接融资工具进行融资；加大企业债券融资方式对养老产业的支持力度，支持专门为老年人提供生活照料、康复护理等服务的营利性或非营利性养老项目发行养老产业专项债券。营利性医疗机构有偿取得的土地、房产等固定资产符合法律规定的抵押资产条件的，可申请贷款或通过其他方式融资。引导和鼓励融资性担保机构等支持健康服务业发展。研究设立由政府引导推动，金融、国企和产业资本共同筹资组建的健康产业投资基金，为健康服务产业提供引导性金融扶持。创新健康服务业利用外资方式，有效利用港澳等境外直接投资、国际组织和外国政府优惠贷款、国际商业贷款。（省发展改革委、金融办、财政厅、商务厅分别负责）

（四）发挥财税价格政策扶持作用。完善健康服务的政府购买机制和投资补助政策，由政府负责保障的健康服务类公共产品可通过购买服务的方式提供，逐步增加政府采购的类别和数量。符合条件的非营利性养老机构和提供基本医疗卫生服务的非营利性医疗机构，其设施建设、设备购置、专科建设、人才队伍建设等可纳入财政资金支持范围。通过公办民营、民办公助等方式，支持社会资本举办非营利性健康服务机构。切实落实各项税收优惠政策，健康服务小微企业按国家有关小微企业税收减免政策规定执行，经认定为高新技术企业的医药企业依法享受高新技术企业税收优惠政策，营利性医疗机构依法享受营业税、房产税、城镇土地使用税等税收优惠。企业、个人通过公益性社会团体或县级以上人民政府及其部门，用于《中华人民共和国公益事业捐赠法》规定的公益事业的捐赠，可按照税法的规定在税前扣除。对非营利性医疗机构和养老服务机构建设免征有关行政事业性收费，对营利性医疗机构和养老服务机构建设减半征收有关行政事业性收费。免收按民办非企业单位登记的养老服务机构固定电话、有线（数字）电视、宽带互联网一次性接入费用，减半收取有线（数字）电视的基本收视维护费和固定电话的月租费。加快改革完善药品价格形成机制。非公立医疗机构的医疗服务收费实行市场调节价。符合医保定点规定的非公立医疗机构，应按程序纳入基本医疗保险定点服务范围，执行与公立医院相同的支付政策。非公立医疗机构用水、用电、用气、用热等实行与公立医疗机构同价政策。（省财政厅、国税局、地税局、发展改革委分别负责）

（五）提高健康服务业信息化发展水平。按照我省“互联网+”行动计划的统一部署，创新运用“互联网+健康服务业”发展模式推动互联网新技术、新理念与健康服务业融合发展，抢占产业发展制高点，提升产业综合竞争力。充分运用互联网、物联网技术，加快创建健康服务“大数据”应用系统，实现医疗服务、医疗保障、健康管理、药品监管和综合管理等系统联网和信息共享。研究利用信息化手段改造传统健康服务企业，研发便携式健康数据采集设备，发展健康服务产业信息技术体系，不断提升自动化、智能化健康信息服务水平。推动网络医院和互联网医疗等试点，推进我省优质医疗资源、居民健康信息、医疗记录联网共享，推广移动医疗和健康养老APP（应用程序）应用。支持医疗机构联合运营商和信息服务企业，开展在线预约门诊、远程健康管理和网络查询、支付等业务。加快发展面向基层、偏远和欠发达地区的远程医疗，建立智能诊断服务平台，向基层社区及边远山区提供诊疗咨询服务。（省科技厅、经济和信息化委负责，省卫生计生委、人力资源社会保障厅、商务厅、食品药品监管局参与）

（六）健全人力资源保障机制。加大人才培养和职业培训力度，扩大健康服务人才供给规模。加快发展健康服务本科教育，支持设立适应健康服务业发展需求的应用技术型院校，鼓励社会资本举办健康服务类职业院校。引导和鼓励职业院校增设健康与养老服务、健康管理、护理学、应用心理学和康复治疗技术、康复辅助器具应用与服务等健康服务相关专业。鼓励社会力量开设健康服务和养老服务类职业培训机构，加强从业人员继续教育，建立完善健康服务人才的社会化培养体系。推动公立医院医务人员保障社会化管理，变身份管理为岗位管理，在符合事业单位岗位设置管理和人员聘用政策基础上落实医师多点执业政策，促进人才流动。加强产学研结合，鼓励校企合办健康服务企业和研究室、实验室，畅通校企人才输送渠道。加强就业指导和就业服务，积极引导对口毕业生从事健康服务业特别是养老服务业。提高健康服务从业人员工资福利待遇，改善、优化健康服务工作条件，加强劳动和职业保护。大力引进境外专业人才、管理技术和经营模式，提高健康服务业国际合作水平。（省教育厅、人力资源社会保障厅分别负责）

（七）加强健康服务业载体建设。开展健康服务业试点示范，在地方自愿申报的基础上，以社会办医（国家）联系点、医师多点执业、中医药医疗保健、医养结合和健康旅游等为重点领域，推进健康服务业试点示范工作，设立社会办医和公立医院改制（省级）联系点，推广应用试点示范经验。建立省级健康服务业重大项目库并实施动态管理，推进实施一批健康服务业重大项目，将条件成熟的项目纳入省重点项目年度计划，在项目审批、要素保障等方面给予重点支持。通过举办健康服务业项目境内外推介会，推动政企沟通、银企合作、产业交流。（省卫生计生委、发展改革委、商务厅、经济和信息化委分别负责）

（八）加强全行业监管机制建设。建立完善健康服务机构监管机制，将所有医疗机构、保健和养老服务机构及其从业人员资质、执业记录等统一纳入广东省社会信用体系。建立医疗质量控制评价体系，将医疗质量和患者满意度纳入日常监管范围，控制过度医疗。大力推动健康服务业社会组织自律建设和有序发展，充分发挥行业协会在业内协调、同业发展、行业信誉以及监测研究、标准制订、执业规范等方面的积极作用。鼓励行业协会、研究机构、龙头企业参与新兴健康服务领域的标准制订，提高健康服务业标准化水平；暂不能实现标准化的健康服务行业，广泛推行服务承诺、公约、规范等制度。充分利用各种媒体广泛宣传健康理念、健康知识，在全社会形成重视和崇尚健康的社会氛围。加强对药品、保健食品、医疗机构等广告发布和信息传播行为的引导和规范，严厉打击虚假宣传和不实报道，积极营造良好的健康消费环境。（省委宣传部，省卫生计生委、中医药局、民政厅、质监局分别负责）

促进健康服务业发展是深化医药卫生体制改革、改善民生、提升全民健康素质的必然要求，是稳增长、促改革、调结构、惠民生的重要举措。各地、各有关部门要进一步统一思想认识，切实把加快发展健康服务业放在重要位置，加强统筹协调，密切协作配合，形成工作合力和长效推进机制。省建立由发展改革部门牵头，有关部门参与的部门间协调机制，协调解决健康服务业发展过程中出现的重大问题并做好跟踪分析、指导评估、监督检查工作。省各有关部门要根据本行动计划要求，按照职责分工抓紧制定完善政策措施，确保各项任务落实到位。各地级以上市要结合本地实际，抓紧研究制定促进健康服务业发展的工作方案和具体措施。

广东省推进文化创意和设计服务与相关产业融合发展行动计划（2015－2020年）

为贯彻《国务院关于推进文化创意和设计服务与相关产业融合发展的若干意见》（国发〔2014〕10 号），促进我省文化创意和设计服务与相关产业融合发展，结合我省实际，制定本行动计划。

一、总体要求和发展目标

（一）总体要求

全面贯彻落实党的十八大和十八届三中、四中、五中全会及省委十一届三次、四次全会精神，紧紧围绕“三个定位、两个率先”的目标任务，紧紧围绕创新驱动发展战略，以改革创新和科技进步为动力，以知识产权保护利用和创新型人力资源开发为核心，以推进文化软件服务、建筑设计服务、专业设计服务、广告服务等文化创意和设计服务与装备制造业、消费品工业、建筑业、信息业、旅游业、农业和体育产业等领域融合发展为重点，统筹协调、重点突破，市场主导、创新驱动，文化传承、科技支撑，切实提高我省文化创意和设计服务整体质量水平和核心竞争力，促进与相关产业深度融合，推动我省制造业向价值链高端提升，推动“广东制造”向“广东创造”转型升级，满足人民群众日益增长的物质文化需求。

（二）发展目标

到 2020 年，全省形成一批特色鲜明的融合发展城市、集聚区和新型城镇，文化创意和设计服务的先导产业作用更加强化，与相关产业的融合发展格局基本建立，相关产业文化含量显著提升。涌现一批高素质人才、一批具有核心竞争力的企业、一批拥有自主知识产权的产品、一批具有国际影响力的品牌，文化创意和设计服务增加值力争超过 1000 亿元且占文化产业增加值的比重明显提高，相关产业产品和服务的附加值明显提高。

二、主要任务

（一）塑造广东制造新优势

1．加强工业设计能力建设。引导大型工业企业加强工业设计机构建设，鼓励设立独立工业设计企业。在传统制造业、战略性新兴产业、现代服务业等重点领域开展创新设计示范，全面推广应用以绿色、智能、协同为特征的先进设计技术。依托各地工业设计园区和骨干企业，在全省建设若干个公共技术服务平台。到 2020 年，建成 3-5 个辐射带动效应显著的国家级工业设计示范园区和一批以产业集群为依托的设计产业集聚区，5 家具有国际竞争力的工业设计企业、20 家国家级工业设计中心和 40 家省级工业设计中心。（省经济和信息化委、科技厅负责。如无特别说明，第一个单位为牵头单位，其它单位为参与单位，下同）

2．提高工业设计创新水平。支持基于新技术、新工艺、新装备、新材料、新需求的设计应用研究，推动制定设计行业标准、国家标准和国际标准。鼓励发展网络协同设计、众包设计、虚拟仿真、3D（三维）在线打印等互联网工业设计新模式、新技术。引导工业设计向产品内涵设计、品牌营销设计、供应链管理等领域拓展，向高端综合设计服务转变。加强装备制造业产品外观、结构、功能设计。以中德工业服务区、中新知识城为基础，强化工业设计国际合作，提升设计竞争力，推动我省制造业向产业链“微笑曲线”两端提升。（省经济和信息化委、科技厅、发展改革委、质监局负责）

3．推动消费品工业向创新创造转变。鼓励运用传统文化元素和现代时尚符号进行创新创造，提升消费类产品的文化内涵和附加值，依靠文化创意和设计提高消费品工业与市场的互动协同能力，创造和带动市场需求。发展基于互联网的个性化定制、众包设计、云制造等新型制造模式，推动形成基于消费需求动态感知的研发、制造和产业组织方式。依托我省优势特色产业集群，着力打造一批综合实力强的自主品牌，健全品牌价值体系，引导消费升级。（省经济和信息化委、科技厅负责）

（二）加快数字内容产业发展

4．推动传统媒体和新兴媒体融合发展。推动传统媒体和新兴媒体在内容、渠道、平台、经营、管理等方面深度融合。积极推进数字内容产业与新一代信息网络、高端软件与集成设计、物联网、云计算等新兴技术融合发展，并培育新的应用服务和增值服务。扶持基于三网融合的智能家电家居产业及新型社会管理服务产业。（省委宣传部，省新闻出版广电局、科技厅、发展改革委、经济和信息化委、网信办、通信管理局负责）

5．实施动漫游戏精品战略。鼓励动漫游戏产品的原创生产，积极扶持“中国民族网络游戏出版工程”入选项目，建设好国家网络游戏动漫产业发展基地，培育一批动漫游戏龙头企业和知名品牌。支持动漫游戏软件开发，拓展动漫游戏、虚拟仿真技术在相关产业的集成应用。扶持举办国际动漫、游戏贸易博览会，创办国家级名牌展会。（省文化厅、新闻出版广电局，省委宣传部，省经济和信息化委、科技厅、商务厅负责）

6．加快发展数字出版印刷产业。支持数字出版研究机构做大做强，建设好广东国家数字出版基地。实施复合数字出版产业化工程，推动广东自主研发的数字出版核心技术产业化。实施印刷标准化建设，引导印刷复制加工向综合创意和设计服务转变。推动数字绿色印刷发展，逐步拓展其应用领域。（省新闻出版广电局、经济和信息化委、科技厅负责）

（三）提升人居环境质量

7．提高城乡规划设计文化品位和质量。贯彻以人为本、安全集约、生态环保、传承创新的理念，融合自然景观和历史文脉，鼓励设计创新，提升城乡规划、建筑设计、园林设计的水平和品质。编制广东省村庄规划编制指引，提高村庄规划编制质量和覆盖率。开展规划设计竞赛，完善实施规划设计方案比选制度，加大文化内涵审查比重。（省住房和城乡建设厅，省委农办，省国土资源厅、文化厅负责）

8．加强建筑设计技术创新。研发运用地理建筑信息系统、楼宇信息管理系统，提升建筑规划、设计、管理水平。改进和推广模块化铸造与标准化施工技术。鼓励装饰设计创新，引领装饰产品和材料升级。推广运用节能、节地、节水、节材的设计理念和技术，构建绿色建设体系。培育村镇建筑设计市场，促进技术应用。到2020年，培育3-5家龙头建筑设计创意企业。（省住房和城乡建设厅、科技厅负责）

9．塑造广东城乡特色形态。加强城市规划，注重城市风貌，提高城市设计水平。强化城市公共艺术设计内涵和质量，构建人性化的公共空间体系，打造开放式街道邻里空间，塑造城市特色形象。完善全省历史建筑保护名录，加强对历史文化街区、名城名镇名村和传统村落的保护。依托城郊绿道建设城市景观林、城郊环城防护绿化带、郊野公园，营造绿色生态环境。推广建筑物屋顶和立面的立体绿化，发展楼宇农业、阳台农艺。推动岭南特色城乡街区、魅力水岸、美丽海湾、生态山城等示范项目建设。到2020年，全省大多数村镇建设成为环境优美、设施完善的幸福宜居村镇。（省住房和城乡建设厅、文化厅、林业厅、农业厅、国土资源厅负责）

（四）提升旅游发展文化内涵

10．促进文化与旅游融合。大力提升旅游景区和旅游产品的文化内涵，推动旅游业转型升级，提升文化旅游附加值。支持文化遗产地、非物质文化遗产、特色文化资源的保护性开发利用。支持具有地域和民族特色的文化创意工艺品、非物质文化遗产展演、文艺展演等特色文化创意旅游产品开发。（省文化厅、旅游局、民宗委、国土资源厅、财政厅负责）

11．打造文化旅游精品。鼓励历史文化旅游、非物质文化遗产传习体验旅游、岭南文化旅游、红色文化旅游、禅宗文化旅游、工业旅游等特色文化旅游发展，加强粤港澳文化旅游合作，打造具有文化特色的旅游路线，打造形成一批文化旅游精品。（省旅游局、文化厅、经济和信息化委负责）

12．加快发展休闲旅游、智慧旅游。规划和引导建设一批具有休闲文化特色的街区、特色村镇（商业街区）、旅游度假区、主题酒店，支持开发康体、养生、运动、娱乐、体验、美食等多样化、综合性旅游休闲产品。推动智慧旅游建设，创建一批智慧旅游景区、智慧旅游企业和智慧旅游城市。支持在线旅游业发展，促进旅游与互联网融合创新，培育智慧旅游新业态。到2020年，初步形成珠三角城郊休闲旅游、粤东北民俗文化旅游、粤西北田园风光旅游、滨海渔村风情旅游以及粤北山区森林旅游的区域品牌形象。（省旅游局、发展改革委、经济和信息化委、国土资源厅、住房和城乡建设厅、文化厅、环境保护厅负责）

（五）挖掘特色农业发展潜力

13．大力发展休闲农业与乡村旅游。加强农业与创意产业、旅游业的深度融合，强化休闲农业与乡村旅游经营场所的创意和设计，建设集农耕文化体验、田园观光、教育展示、文化传承于一体的休闲农业园。到2020年，培育200个全省休闲农业与乡村旅游示范镇和400个全省休闲农业示范点。（省农业厅、旅游局、文化厅、环境保护厅负责）

14．加强农副产品推介创意。鼓励开展农特产品包装宣传的创意设计，着力培育一批知名品牌和高端品牌，提升农特产品附加值。鼓励专业农产品市场建设特色农产品展览展示馆（园），推进特色农产品文化宣传交流。鼓励发展农产品电商。（省农业厅、经

济和信息委负责）

15. 扶持地理标志产品。培育一批地理标志产品，提高地理标志产品的专用标志使用率和商品化率。充分发挥地理标志产品的品牌效益，鼓励利用信息技术创新具有地域文化特色的农产品营销模式，促进地理标志产品市场化、产业化。到2020年，农产品地理标志登记达150个，获证产品质量安全合格率稳定在98%以上。（省农业厅、工商局负责）

（六）拓展体育产业发展空间

16. 积极培育和发展大众体育。充分发挥当地自然人文资源特色，因地制宜培育、打造一批具有较大影响力的传统赛事、精品赛事，推动形成竞赛表演、职业联赛等业态。支持开发具有本地特色的体育休闲运动度假线路及产品，发展体育休闲业。以赛事组织、健身休闲、场馆运营、技术培训、信息咨询、中介服务、体育保险等为重点，发展体育服务组织，扩大体育服务规模。到2020年，全省体育服务组织达到10000家。（省体育局、旅游局负责）

17. 加强体育设施建设和使用。依托全省绿道构建集体育、休闲、旅游于一体的绿道体育休闲带，打造全省绿道体育健身品牌。规划开展户外营地、徒步骑行服务站、汽车露营营地、航空航模飞行基地、游艇码头等设施建设。创新各级各类公共体育设施管理经营模式，允许分时段向社会开放，提高公共资源使用效益。（省体育局、旅游局、林业厅负责）

18. 整合推进体育产品品牌建设。鼓励建设高水平职业体育俱乐部。加强体育与影视、出版、传媒等行业的融合发展，培育发展体育动漫、电子竞技、运动信息管理等新业态。推动与体育赛事相关版权的开发与保护，争取在全国率先建设体育资源及与赛事相关的版权交易平台，促进体育产品公平、公正、公开流转交易。支持开发科技含量高、拥有自主知识产权的体育产品，加强体育衍生品创意和设计开发。到2020年，全省培育形成10家体育产业骨干企业、20个以上体育产品知名品牌。（省体育局、科技厅、版权局负责）

（七）提升文化产业整体实力

19. 完善现代文化产业体系。培育一批跨地区、跨行业、跨所有制的龙头文化企业，扶持中小微文化企业发展。做大做强以创意内容为核心的文化服务业，建设“珠江两岸文化创意产业圈”，支持粤东西北地区发展区域特色文化产业群。（省委宣传部，省文化厅、经济和信息化委、工商局、新闻出版广电局负责）

20. 推动文化产业创新升级。加强对传统文化产业的技术改造，推动生产、传播方式创新，培育新兴文化业态。拓展内容产品和服务产业链，加大后续产品开发，带动相关产业发展。鼓励传统文化产品的数字化转化，支持开发适合互联网、移动终端的数字文化产品。支持文化产品电子商务平台发展，提升文化企业网络服务能力。鼓励戏剧等传统艺术发展创新。（省委宣传部，省文化厅、科技厅、经济和信息化委、新闻出版广电局负责）

21. 鼓励特色文化产业发展。以特色文化资源保护和合理利用为基础，支持各地发展工艺美术、传统戏剧、演艺娱乐、文化旅游、特色节庆、特色展览等特色文化产业，打造一批岭南文化名片。鼓励社会力量建设专业博物馆等公共文化设施，政府适当补助，免费向社会开放。2020年前，构建广东文物数据库和非物质文化遗产数据库，建成一批非物质文化遗产专题或综合展示场所。（省文化厅、经济和信息化委、民族宗教委、商务厅、旅游局、版权局负责）

三、政策措施

（一）增强创新动力

22. 提高创意设计知识产权质量和转化水平。健全创意和设计激励机制，完善质量导向型知识产权资助政策和奖励制度。推进以知识产权利益分享为核心、有效转化应用为目的的产学研合作机制和知识产权集群式管理机制建设，促进知识产权在关联单位的许可使用、协同运用。支持在境外开展研发外包、联合研发和设立知识产权运营公司。（省知识产权局、版权局、工商局负责）

23. 提升企业知识产权管理能力和产业化效益。推行企业知识产权管理标准，强化知识产权导向，将创新成果知识产权化的水平和能力作为政府配置创新资源的重要评价指标。创建国家专利导航产业发展实验区，促进产业知识产权合理布局。鼓励企业组建产业标准联盟，建设标准创新研究基地，协同推进产品研发与标准制定。开展广东云版权数据库综合平台建设，打造一批知名版权产品和企业。实施商标品牌战略，打造全国或国际化品牌。2018年底前，建成全省版权指数体系。（省知识产权局、版权局、工商局、质监局负责）

24. 健全知识产权保护制度和体系。完善行政执法、刑事司法衔接机制和行政、司法、行业、企业“四位一体”知识产权保护体系。建设知识产权法院，健全和推广新型知识产权快速维权机制。建立知识产权侵权违法企业档案及信用评价信息发布查询制度。在珠江三角洲开展“知识产权保护与服务实验区”试点。

探索建立涉外知识产权预警、纠纷应对和维权援助工作机制。加强对民族品牌的保护，防止国有资产流失。（省知识产权局、版权局、工商局负责）

25．强化知识产权服务机制和功能。加快建设国家知识产权局专利局专利审查协作广东中心，力争在粤设立国家工商总局商标注册派出机构。建立知识产权分析评议制度，推行面向企业的知识产权巡回审查及优先审查制度。推进知识产权公共服务平台建设，鼓励开展知识产权运营综合服务和金融创新服务，培育发展知识产权服务业。（省知识产权局、版权局、工商局、金融办负责）

（二）强化人才培养

26．加大人才培养力度。鼓励院校和科研院所加强文化创意和设计服务专业（学科）的建设和理论研究，重点建设一批民族文化传承创新专业点。将非物质文化遗产传承人才培养纳入国民教育体系，建设一批保护传承基地，推动对非物质文化遗产项目的保护传承模式改革。把创意设计园区有机纳入职业教育培训体系，建设高技能公共实训中心。鼓励和扶持产、学、研联合组建区域实体性职业教育集团、创建文化创意和设计服务实训基地。（省教育厅、人力资源社会保障厅、发展改革委，省委宣传部，省文化厅负责）

27．扶持专业人才发展。健全人才引进制度，将文化创意和设计服务拔尖人才纳入有关人才引进计划或项目。制订符合创意设计特点的人才使用、流动、评价和激励政策，健全职称标准管理制度。加大创意设计职业工种标准和职业鉴定管理，并将创意设计职业工种纳入省级劳动力培训转移就业专项资金补助工种目录。完善创意设计成果转化收益分配与激励机制，允许和鼓励品牌、创意等参与收入分配。完善政府奖励、用人单位奖励和社会奖励互为补充的多层次奖励体系，对创意设计人才设计创作、学习深造、国际交流等给予奖励或资助。强化省级创业引导基金和创业孵化基地的作用，大力扶持培养青年文化创意和设计服务人才。（省人力资源社会保障厅，省委宣传部、组织部，省文化厅、科技厅、教育厅，团省委，省财政厅负责）

28．打造交流平台。鼓励扶持各地、各行业打造多层次创意和设计交流展示平台。鼓励和规范举办国际化、专业化的创意和设计竞赛活动。办好“省长杯”工业设计大赛及工业设计活动周等活动。鼓励创意园区等举办创意设计交易展览，促进创意设计人才创新成果展示交易。（省委宣传部，省经济和信息化委、科技厅、文化厅、住房和城乡建设厅、新闻出版广电局分别牵头，省财政厅参与）

（三）壮大市场主体

29．扶持创意设计中小微企业发展。实施中小微企业成长工程，支持创意和设计企业向专、精、特、新方向发展，打造中小微企业集群。培育具有地方特色传统技艺的创意和设计企业。推进工商注册制度便利化建设，支持设计、广告、文化软件工作室等各种形式小微企业发展。（省经济和信息化委、商务厅、工商局、文化厅、版权局分别牵头）

30．推动企业合作。鼓励组建以产业链、产品链、技术链为依托的设计产业集团和产业联盟。鼓励有条件的企业设立创意设计中心，争取建成一批国家级和省级创意设计中心。鼓励国有文化企业引进战略资本，实行股份制改造，引导民间资本投资文化创意和设计服务领域。（省经济和信息化委、省委宣传部、省版权局分别牵头）

31．扩大文化对外贸易与合作。制定《广东省文化产品和服务出口指导目录》，引导我省文化创意和设计服务企业扩大产品和服务出口。对入选国家文化出口重点企业、重点项目予以配套奖励。鼓励文化创意和设计服务企业通过新设、收购、合作等方式在境外开展投资合作。在符合国家有关规定的前提下，有序开放广东文化市场，促进文化创意和设计服务的对外交流与合作。依托大型企业创设海外文化中心，拓展海外市场。（省商务厅，省委宣传部，省文化厅、版权局负责）

（四）培育市场需求

32．培育创意设计产品的消费环境。鼓励在专业市场、特色商业街建设以及店面装饰、产品陈列、商品包装和市场营销等设计上突出创意和设计效果，营造良好的创意设计消费环境。鼓励创意园区加强展示、互动功能，强化人群消费体验。鼓励各地实施文化消费补贴制度，激发创意设计产品服务消费。结合公共文化服务体系建设，加大政府对创意设计产品服务的采购力度。（省委宣传部，省经济和信息化委、文化厅、财政厅、商务厅分别牵头）

33．拓展创意设计服务外包业务。发挥广州、深圳、珠海、佛山、东莞等地省级服务外包示范城市、示范园区龙头作用，鼓励支持企业将设计业务外包，推动创意设计专业化、社会化发展。对符合条件的创意设计服务外包企业予以奖励支持。鼓励各电子商务平台为创意设计开发和提供专项服务，帮助中小微企业、创意设计人才拓展市场。（省商务厅、版权局负责）

34．完善市场交易机制。完善南方文化产权交易所、深圳文化产权交易所等交易平台的建设，建立健全创意评价机制，打造创意设计产品电子商务平台，提升信息化和网络化服务水平。鼓励开展区域性、行业性文化创意和设计服务交易市场建设，促进产品和服务交易。支持设立省文化创意和设计服务联盟（协会）等行业组织，促进创意和设计成果转化。（省委宣传部，省文化厅、新闻出版广电局、经济和信息化委、发展改革委、民政厅负责）

（五）引导集约发展

35．强化创意设计园区产业集聚作用。将创意设计园区建设纳入区域发展规划，根据园区资源条件和产业优势，推进融合发展集聚区建设，打造区域性创新中心和成果转化中心。以广州、深圳为核心，推动广州、深圳、东莞、佛山、中山、江门、珠海等地创意设计走廊站点建设，完善品牌园区功能，形成粤港澳创意设计走廊和珠江三角洲创意设计产业圈。粤东西北实行差异化错位发展，打造若干特色品牌园区。鼓励推进网络设计、虚拟产业园区建设。（省委宣传部，省发展改革委、经济和信息化委、文化厅、新闻出版广电局分别牵头，省教育厅、工商局参与）

36．规范创意设计园区的发展。完善创意设计园区管理办法，规范引导园区建设。支持创意设计园区搭建公共服务平台，强化孵化培育功能。加强市场对接、金融孵化、产权转化、人才培训认证、共性技术研发、品牌建立与维护等服务能力建设，完善园区服务体系。鼓励创意设计园区与院校、产业专业镇、企业联合构建“教育—培训—认证—就业—创业”全链条的综合创新平台。（省委宣传部，省经济和信息化委、文化厅、新闻出版广电局分别牵头，省人力资源社会保障厅、工商局参与）

37．促进协调发展。建立区域协调机制与合作平台，加强产业集群间的有机联系，构建优势互补、相互促进的区域发展格局。鼓励发展创意设计园区集团运营企业，建立创意设计产业链高端运营平台，推动创意设计园区的集团运营与合作，打造全省各地协同创新服务体系。（省委宣传部，省文化厅、经济和信息化委、新闻出版广电局分别牵头）

38．实施重大项目带动。采取政府引导、市场运作、园区承载的模式，组织实施基础性、引导性重大工程和重点项目，增进产业发展后劲。扶持建设一批重点实验室、工程实验室、工程研究中心、协同创新中心、公共技术服务平台等创新平台。依托创意设计园区或企业，完善全省创意设计人才引进和培训、版权保护与交易、软件认证及研发、国际合作与项目管理、衍生品设计与交易、数据服务、投融资支持等服务平台建设。（省委宣传部，省发展改革委、经济和信息化委、科技厅、文化厅、新闻出版广电局、知识产权局、工商局分别牵头）

（六）加大财税支持

39．加大财政支持力度。落实中央和省级关于扶持文化设计服务、创意设计园区等发展的专项资金，鼓励各地设立相应的地方扶持专项资金。鼓励有条件的地区对入驻创意设计园区企业给予适当的租金补贴，对园区打造公共技术服务平台给予财政资助。（省财政厅，省委宣传部，省发展改革委、文化厅、经济和信息化委、新闻出版广电局负责）

40．落实税收优惠政策。对经认定为国家高新技术企业的文化创意和设计服务企业，减按 15% 的税率征收企业所得税。文化创意和设计服务企业发生的职工教育经费支出，不超过工资薪金总额 8% 的部分，准予在计算应纳税所得额时扣除；符合条件的创意和设计费用，执行税前加计扣除政策。对国家重点鼓励的文化创意和设计服务出口实行营业税免税。落实营业税改增值税试点有关政策，对纳入增值税征收范围的国家重点鼓励的文化创意和设计服务出口实行增值税零税率或免税，对国家重点鼓励的创意和设计产品出口实行增值税零税率。推动落实对非物质文化遗产项目经营实行税收优惠政策。（省地税局、国税局、科技厅、发展改革委、经济和信息化委、商务厅、文化厅、新闻出版广电局负责）

（七）加强金融服务

41．加强信贷支持。针对创意设计企业“轻资产”的特点，不断完善创意设计企业无形资产评估体系，拓展贷款抵（质）押物范围，完善无形资产和收益权抵（质）押权登记公示制度，探索开展无形资产质押和收益权抵（质）押贷款等业务。探索建立支小再贷款、银行信贷资金、保险企业联合支持创意设计企业融资的有效模式。对创意设计企业支持力度较大的金融机构，在差别存款准备金动态调整、再贴现、再贷款等方面实施优惠政策。支持发展文化类小额贷款公司。（省金融办、人民银行广州分行、广东银监局负责）

42．拓宽融资渠道。鼓励和支持具备条件的创意设计企业上市，鼓励创意设计企业发行公司债、企业债、集合信托和集合债、中小企业私募债等非金融企业债务融资工具。支持金融机构选择创意设计项目贷款申请信贷资产证券化试点。依托人民银行征信系统，鼓励金融机构建立完善创意设计企业或项目的信用评级制度，提升信用评级效率和融资支持。（省金融办、人民银行广州分行、广东银监局、广东证监局负责）

43．创新担保和保险服务模式。建立社会资本投资的风险补偿机制，鼓励各类担保机构为创意设计企业提供融资担保和再担保服务。鼓励保险机构和保险中介机构创新产品和服务，探索保险资金以股权、债权、基金等形式投资创意设计企业。支持创意设计企业通过知识产权质押、应收账款质押、纯信用贷款等方式向金融机构申请资金支持。（省金融办、广东银监局、广东保监局负责）

44．搭建金融服务平台。支持有条件的区域创建文化金融合作试点、文化金融服务中心。发挥中国（广州）国际金融交易。博览会的功能，做好创意设计企业与金融机构对接服务。引导广东南方文化产权交易所和深圳文化产权交易所参与文化金融合作。引导推动设立大学生创意创业投资基金、文化创意和设计服务与相关产业融合发展投资基金。发挥广东省文化产业投资基金作用，引导私募股权投资基金、创业投资基金及各类投资机构投资创意设计领域。（省金融办，省委宣传部，省发展改革委、财政厅、教育厅、文化厅，人民银行广州分行负责）

（八）优化发展环境

45．提高行政服务效能。进一步清理减少行政审批事项，推进行政审批标准化建设。对有利于促进文化创意和设计服务与相关产业融合发展的重大事项和重大项目，建立“绿色通道”制度予以办理，并在项目布局、资金扶持、土地指标、环境容量等资源配置方面给予倾斜支持。鼓励各地区、各部门开展有利于文化创意和设计服务与相关产业融合发展的体制机制创新。（省编办、发展改革委、国土资源厅负责）

46．保障土地供给。遵循节约集约利用、合理分配资源的原则，指导各地将文化创意和设计服务重大项目用地纳入土地利用总体规划和年度土地供应计划，由各地优先安排土地利用计划指标。结合“三旧”改造，整合和盘活旧厂房用地，增加项目用地支撑。推动历史文化名城名镇名村和传统村落保护工作，大力支持其宅基地置换审批。支持以划拨方式取得土地的单位利用存量房产、原有土地兴办文化创意和设计服务，在符合城乡规划前提下，土地用途和使用权人可暂不变更，连续经营一年以上，符合划拨用地目录的，可按划拨土地办理用地手续；不符合划拨用地目录的，可采取协议出让方式办理用地手续。在符合土地利用总体规划、城乡规划等前提下，文化产业建设项目申请使用工业用地，如符合省确定的优先发展产业目录且用地集约的，在确定土地出让底价时可按不低于所在地土地等别相对应《全国工业用地出让最低价标准》的 70% 执行。（省国土资源厅、住房和城乡建设厅负责）

47．完善收费制度。严格将广告领域文化事业建设费征收范围限定在广告媒介单位和户外广告经营单位。大力清理取消其它不合理收费。逐步完善城乡规划、建筑设计收费制度。（省发展改革委、财政厅、住房和城乡建设厅、工商局负责）

各地、各部门要切实加强组织领导，建立协同联动的工作机制，确保各项任务措施落到实处。要加强宣传，营造全社会支持创新、鼓励创意和设计的良好氛围。建立由宣传、发展改革、文化、新闻出版广电、经济和信息化、科技、知识产权、统计等部门参加的省级部门间联席会议制度，推进融合发展工作。省统计局要健全统计核算体系，牵头研究和指导我省文化创意和设计服务统计、核算、分析工作。省发展改革委要汇总编制各地、各部门文化创意和设计服务与相关产业融合发展重大项目，形成重大项目库并定期滚动更新发布，优先推荐列入省重点项目；按照国家要求，会同有关部门定期对实施情况进行监督检查和跟踪分析，重大问题及时向省政府报告。

附件：广东省推进文化创意和设计服务与相关产业融合发展重大项目库（2015年度）

投资单位：万元

序号	项目名称	预计建设起止年限	预计总投资
7	揭阳古城保护开发建设	2014-2018	150000
8	广州市花都文化旅游城	2014-2017	5430000
9	广州南沙花之恋婚庆度假区	2013-2015	100000
10	广州市白云区世外桃源生态旅游项目	2010—2018	100000
11	珠海市香洲埠文化院街	2013-2018	170000
12	深圳市华谊兄弟文化城（一期）	2014-2017	490000
13	梅州市熙和湾客乡文化旅游产业园项目	2014-2016	380000
14	河源市康泉十八国际生态健康旅游城	2012—2020	650000
15	惠州客家源文化村	2013-2018	1200000
16	梅州市欢乐崖家客家文化旅游产业	2011—2016	15000
17	粤西百越特色文化产业创意园（茂名冼太夫人故里文化旅游景区）	2012-2022	500000
18	茂名市信宜市李乡旅游文化走廊	2010-2018	60000
19	云浮市六祖禅宗文化旅游区项目	2009-2015	120000
20	揭阳市大南山八国特色文化生态旅游项目	2009-2020	38000
21	揭阳市宝山湖文化旅游生态产业	2014-2025	220000
22	惠州市秋枫寨旅游度假区	2009-2016	100000
23	阳江市海陵岛保利银滩——海陵宋街	2013-2015	10000
24	惠州市亚婆角碧翠湖体育休闲旅游度假村	2013-2018	200000
25	广州市从化天适樱花悠乐园农业游览区及中国樱花博览馆	2012-2016	50000
26	茂名市信宜市珍稀沉香文化产业示范园	2006-2020	40000
27	广州报业文化中心	2013-2016	190015
28	广州珠江钢琴集团股份有限公司增城中高档立式钢琴产业基地项目	2011-2015	35089
29	广州市红棉乐器研发和制造基地	2012-2015	15650

注：本项目库将根据项目进展情况，每年滚动更新发布。

关于加快推进我省清洁能源建设的实施方案

我省具有较大发展潜力的清洁能源主要包括核电、天然气和风电、太阳能光伏发电等可再生能源。广东省地处东南沿海，风能、太阳能等可再生能源比较丰富，具有较大的发展潜力；核电厂址资源丰富，具备规模化发展核电的条件；天然气利用市场广阔。经过多年的发展，广东核电、天然气利用和可再生能源开发利用取得了一定成绩，达到一定规模，同时促进了相关产业的发展。加快发展清洁能源对于提高能源供应能力、优化能源结构、带动相关产业发展和促进经济增长具有重要意义。为了加快推进我省清洁能源建设，制定本方案。

一、发展现状

（一）进展情况

1. 核电。我省是全国核电先行省份，铀矿资源和核电厂址资源丰富，具备进一步大力发展核电的优势和基本条件。目前，我省已建成大亚湾核电基地和阳江核电 1 号机组，总装机容量 720 万千瓦；阳江核电 2—6 号机组和台山核电一期工程正在建设，总装机容量 890 万千瓦。陆丰核电、惠州核电等项目正在开展前期工作。

2. 天然气。目前已建成深圳大鹏 LNG 项目、珠海金湾 LNG 项目、西气东输二线等天然气供应设施，天然气供应能力约 350 亿立方米 / 年；建成天然气主干管网约 2000 公里，初步形成珠三角地区天然气管道内、外环联网，以及连通粤北地区的输气管网。2014 年全省天然气消费量达 130 亿立方米，天然气消费主要在发电、商业、居民用气等领域，其中发电用气占总用气量超过 50%。

3. 风电。我省陆上风电技术可开发量约为 1400 万千瓦，主要分布在沿海地区和粤北、粤西海拔较高山区；海上风电近海 5—30 米水深区域可开发容量约 1100 万千瓦。目前，我省已建成陆上风电装机容量约 235 万千瓦，已核准项目装机容量约 198 万千瓦。在加快陆上风电建设的同时，积极推进海上风电建设。南网珠海桂山（20 万千瓦）、粤电湛江外罗（20 万千瓦）、粤电阳江沙扒（30 万千瓦）、华能阳江沙扒（60 万千瓦）、中广核阳江南鹏岛（40 万千瓦）5 个海上风电项目正在开展前期工作。

4. 太阳能光伏发电。我省太阳能年平均辐射 2200 小时左右，呈南高北低格局，粤东粤西沿海属于太阳能资源三类地区，其他地区属四类地区。近几年来，在国家扶持政策推动下，我省太阳能光伏发电获得较快发展，目前全省建成光伏发电装机容量约 58 万千瓦，正在建设的装机容量约 20 万千瓦。佛山三水工业园、广州从化工业园、深圳前海合作区被列为国家分布式光伏发电应用示范区，规划建设总装机规模达 26 万千瓦。

（二）存在问题

1. 核电。受安全、技术、公众沟通等因素影响，核电建设周期较长；同时，核电建设进度受国家政策影响较大，需按照国家统一部署推进项目建设。

2. 天然气。目前我省天然气利用成本较高，天然气消费仅占全省能源消费总量约 5%，天然气管网和储气设施建设不能完全适应市场需求，粤东、粤西地区天然气主干管网尚未通达。

3. 风电。省内一些风资源好的山地被列入了生态严控区，陆上风电项目选址受到限制；受国土规划调整、征地、林业用地审批缓慢、配套电网设施建设进度不匹配以及部分地市明确不发展风电等因素影响，目前我省一些风电项目虽已获核准，但尚未开工建设，在一定程度上制约了我省陆上风电建设进度。海上风电项目涉及海事、航运、海洋功能区划、海洋环境保护、军事等多个领域，前期工作协调难度大，审批环节多而繁琐、耗时长；海上风电项目预期经济效益较差，影响项目推进进度。

4. 光伏发电。屋顶业主得益有限，提供屋顶的积极性不高，分布式光伏所需屋顶资源落实较难；投资业主担心屋顶企业经营不稳定，影响光伏发电收益。此外，目前江苏、浙江、上海等沿海省份在国家补贴政策基础上进一步出台了省级乃至市、县级补贴政策，光伏发电发展迅速，我省没有出台相关补贴政策，发展相对较慢。

二、发展目标

（一）到2015年底目标

——核电。到2015年底，我省建成核电装机容量约达830万千瓦（比2014年新增装机容量108万千瓦，下同），在建核电装机容量约780万千瓦以上。

——天然气。到2015年，全省建成天然气供应能力约390亿立方米/年（新增天然气供应能力约40亿立方米/年），配套建成天然气主干管网约2083公里（新增管网约83公里），建成天然气发电（含热电联产、调峰电源、分布式电源）约1552万千瓦（新增装机容量约120万千瓦）。

——风电。到2015年底，陆上风电装机容量达到300万千瓦（新增装机容量约70万千瓦）。

——太阳能光伏发电。到2015年底，光伏发电装机容量达到100万千瓦（新增装机容量约50万千瓦）。

（二）到2017年底目标

——核电。到2017年，我省建成核电装机容量约达1400万千瓦（比2014年新增装机容量680万千瓦，下同），在建核电装机容量约470万千瓦以上。

——天然气。到2017年，全省建成天然气供应能力约470亿立方米/年（新增天然气供应能力约120亿立方米/年），配套建成天然气主干管网约2863公里（新增管网约863公里），建成天然气发电（含热电联产、调峰电源、分布式电源）约2000万千瓦（新增装机容量约650万千瓦）。

——风电。到2017年陆上风电装机容量达到420万千瓦（新增装机容量约190万千瓦），海上风电达到30万千瓦。

——太阳能光伏发电。到2017年光伏发电装机容量达到220万千瓦（新增装机容量约170万千瓦）。

三、主要任务及重点工程

（一）安全高效发展核电

主要任务。加快阳江核电2—6号机组和台山核电一期在建工程建设；积极争取国家尽快核准陆丰核电一期工程并批准项目开工。认真做好惠州核电项目公众沟通等前期工作，推进项目早日具备条件上报国家申请核准；按照国家统一部署，扎实推进湛江核电等省内后续核电项目前期准备工作，争取尽快纳入国家核电发展规划并获准开展前期工作。

重点工程。2015年，建成阳江核电2号机组，推进陆丰核电一期项目前期工作，争取陆丰核电一期项目获得国家核准；年度新增核电装机规模108万千瓦，新增投资180亿元。2016年，建成阳江核电3号机组（108万千瓦）和台山核电1号机组（175万千瓦），推动陆丰核电一期项目建设；年度新增核电装机合计283万千瓦，新增投资210亿元。2017年，建成阳江核电4号机组（108万千瓦）和台山核电2号机组（175万千瓦）；年度新增核电装机合计283万千瓦，新增投资170亿元。

（二）有序推进天然气利用

主要任务。积极拓展天然气资源供应渠道，增加进口LNG资源，接纳国内陆上管道天然气，加大利用南海海上天然气。加快推进天然气主干管网建设，特别是粤东、粤西地区天然气主干管网建设，加快建成粤东、粤西LNG项目配套管道工程、西气东输三线广东段、广西LNG项目粤西支线项目及相关工程。按照“全省一张网”原则，结合天然气资源落实和建设情况，有步骤、分阶段予以推进，逐步形成全省联网、资源共享、开放使用、安全可靠的天然气管网系统。适度发展天然气发电。在热负荷集中的工（产）业园区适度建设燃气热电联产电厂，因地制宜发展天然气分布式发电，结合系统调峰需求合理建设天然气调峰电厂。

重点工程。2015年，建成广东大鹏LNG项目四号罐工程、广西LNG项目粤西支线湛江段项目等，新增天然气供应能力约40亿立方米/年、天然气主干管道约83公里、天然气发电装机容量约120万千瓦，年度新增投资约98亿元。2016年，建成深圳迭福LNG项目、粤东LNG项目等，新增天然气供应能力约80亿立方米/年、天然气主干管道约400公里、天然气发电装机容量约30万千瓦，年度新增投资约205亿元。2017年，力争建成粤东天然气主干管道工程、西气东输三线闽粤支干线广东段、新疆煤制气外输管道工程广东段等，新增天然气供应能力约130亿立方米/年、天然气主干管道约380公里、天然气发电装机容量约500万千瓦，年度新增投资约205亿元。

（三）加快发展风电

主要任务。按照“先陆地、后海上”“先近海、后远海”的原则，大力发展风电。有序规范推进陆上风电开发，继续开发适宜发展风电的沿海地区陆地风电资源，适度开发山区风电资源。有序开发海上风能资源，通过试点示范项目建设海上风电，促进规模化集聚开发。重点推进珠海桂山、湛江外罗、阳江沙扒、阳江南鹏岛等海上风电项目建设。

重点工程。2015年，推动华能阳江大龙顶、华润连州顺水、华电徐闻华海等陆上风电项目建设，年度新增建成陆上风电装机容量70万千瓦，新增投资65亿元。2016年，推进中广核德庆大顶山、华润徐闻福来、粤电电白贵子等陆上风电项目和珠海桂山海上风电项目建设，新增建成风电装机容量70万千瓦，其中陆上风电装机容量60万千瓦，海上风电装机容量10万千瓦，新增投资74亿元。2017年，新增建成风电装机容量80万千瓦，其中陆上风电装机容量60万千瓦，海上风电装机容量20万千瓦，新增投资92亿元。

（四）大力推进太阳能光伏发电应用

主要任务。充分利用各类产业园区集中连片屋顶资源丰富、用电负荷稳定、电网接入能力强的优势，推动分布式光伏发电规模化应用；支持在商业企业、公益性事业单位、工业厂房、个人居民等屋顶建设分布式光伏发电项目。在土地资源相对丰富、电网接入条件良好的地区发展地面光伏发电；鼓励农光结合、渔光互补等多种形式的光伏发电发展。推进佛山三水、广州从化、深圳前海国家分布式光伏发电应用示范区建设。

重点工程。2015年，推动阳东县大沟镇5万千瓦光伏电站项目、阳江印山南药基地光伏电站项目等地面光伏电站项目，中山格兰仕6万千瓦光伏发电等分布式光伏项目，以及佛山三水、广州从化、深圳前海国家分布式光伏应用示范区建设，年度新增建成光伏发电装机容量50万千瓦，新增投资40亿元。2016年，新增建成光伏发电装机容量60万千瓦，新增投资48亿元。2017年，新增建成光伏发电装机容量60万千瓦，新增投资48亿元。

（五）推动清洁能源产业发展

1. 主要任务。在加快清洁能源利用的同时，积极推进产业发展。加快建设核燃料产业园项目，积极协调中核集团、中广核集团并争取国防科工局等相关部门支持，推进核燃料产业园项目尽快落户我省并加快建设。着力发展兆瓦级以上风电成套机组制造产业，到2017年实现5兆瓦及以上大型海上风电机组的制造和示范应用。加强太阳能高效光电转化技术研究，突破太阳能电池生产设备关键技术瓶颈，推动太阳电池产业化发展。

2. 重点工程。推动核燃料产业园、明阳6.5兆瓦大型海上风机及关键部件产业化项目、高倍聚光太阳能电池芯片扩产增效项目建设。2015年，新增投资约9亿元；2016年，新增投资约13亿元；2017年，新增投资16亿元。

综上测算，2015—2017年，全省新增清洁能源项目投资总额约1474亿元，均为企业投资，资金企业自筹解决。新增投资及能力情况见下表，具体项目情况详见附件。

2015—2017年我省清洁能源新增投资和能力计划

	新增投资（亿元）			新增能力（万千瓦）		
行业　　年	2015	2016	2017	2015	2016	2017
核电（万千瓦）	180	210	170	108	283	283
天然气	98	205	205	—	—	—
天然气接收设施（亿立方米/年）	27	103	30	40	80	(130)
天然气主干管道（公里）	14	47	57	83	400	500
天然气发电（万千瓦）	57	55	118	120	30	380
风电（万千瓦）	65	74	92	70	70	80
太阳能光伏发电（万千瓦）	40	48	48	50	60	60
清洁能源产业	9	13	16	—	—	—
合　计	393	550	531			

四、工作措施

（一）加快推进项目建设

按照国家统一部署有序推进核电项目开发，推进在建项目按期建成投产，扎实推进省内后续核电项目前期准备工作，争取尽快纳入国家核电发展规划并获准开展前期工作。积极推动已核准尚未开工气电项目抓紧落实建设条件，尽快开工建设，研究对不能按期建设的项目予以适当调整，有序推进后续气电项目前期工作。规模化集聚开发海上风电，支持设计单位、风电开发企业、设备制造企业、施工单位组成产业联盟，统筹海上风电项目设计、施工、运营、维护全过程，降低成本、确保质量、减少风险。推动产业园区、大型企业、公共机构积极安装使用分布式光伏发电。

（二）加大协调支持力度

省有关部门和各地市要形成共识，共同支持清洁能源发展。发展改革部门规范便利新能源项目管理，进一步简化备案等手续，促进光伏等新能源便利化开发。国土资源部门积极支持做好清洁能源项目用地保障工作。海洋部门加快推进海上风电项目用海预审、海洋环评等支持性文件办理工作。林业部门支持山区适度有序开发陆上风电资源，风电项目选址在符合林地保护利用规划和林业生态红线相关规定、以及严格落实林业生态环境保护措施和水土保持措施后，依法依规解决项目涉林用地审核。环境保护部门支持山区适当开发风电资源，促进项目开发与生态环境相协调。电网企业进一步完善新能源发电项目并网管理，促进配套电网工程与新能源发电项目同步建成投产。有关地市要积极主动协调解决清洁能源发展中遇到的问题和困难，推动项目尽快建成投产。

（三）加强政策扶持

1. 出台省级资金扶持政策。贯彻落实《省政府办公厅关于促进光伏产业健康发展的实施意见》（粤府办〔2014〕9），参考其他省份的做法，结合我省实际，计划从燃煤电厂上网电价下调空间中留出部分资金用于风电和光伏发电补贴，具体补贴方案另行制定。

2. 完善相关激励机制。统计、经济和信息化、环境保护部门将光伏发电消费量计入地市和企业单位的节能减排量。支持消纳分布式光伏发电的单位按折算的节能量或减排量参与相关交易。鼓励光伏发电项目自愿参与碳减排交易。

附件：广东省清洁能源基础设施建设项目投资计划表（2015—2017 年）（略）

广东省人民政府关于进一步促进创业带动就业的意见

粤府〔2015〕28号

各地级以上市人民政府，各县（市、区）人民政府，省政府各部门、各直属机构：

按照党的十八届三中全会关于“完善扶持创业的优惠政策，形成政府激励创业、社会支持创业、劳动者勇于创业新机制”的要求，根据《中共广东省委贯彻落实〈中共中央关于全面深化改革若干重大问题的决定〉的意见》（粤发〔2014〕1号）有关部署，现就进一步促进创业带动就业工作提出以下意见：

一、大力弘扬创业精神

（一）提高思想认识。就业是民生之本。激励创业是拓宽就业渠道、推动实现更高质量就业的重要基础，是培育新的经济增长点、增强经济发展活力的重要引擎。各地、各部门要深刻认识新形势下促进创业带动就业工作的重要性，增强促进大众创业、万众创新的意识，进一步采取切实有效措施，优化创业环境，鼓励和扶持更多劳动者自主创业，为我省实现“三个定位、两个率先”的目标作出贡献。力争2015年至2018年，全省新登记注册的初创企业户数、吸纳从业人员人数平均每年增长10%以上，创业带动就业效果明显提升。

（二）营造创业氛围。改革开放以来，广东秉持敢为人先、自强不息、务实肯干的创业精神，营造了良好的营商环境，创造了三十多年的经济辉煌。在新的历史时期，我们要继续传承和发扬广东的创业精神，培育开放、创新、实干、进取的创业文化，使服务创业成为各地、各部门的自觉行动，尊重创业成为全社会的价值取向。各地、各部门要广泛宣传国家、省和各地促进创业带动就业的政策，积极培育创业典型，发挥创业成功者的示范带动作用，激发劳动者创业热情，营造鼓励创新、支持创业、褒扬成功、宽容失败的氛围。（省人力资源社会保障厅牵头，省委宣传部配合）

（三）推进创业教育。鼓励各地积极推进创业意识教育，在普通高等学校、职业学校、技工院校全面推进创业教育，将创业教育融入人才培养体系，贯穿人才培养全过程，积极开设创新创业类课程，并融入专业课程或就业指导课程体系。优化创业教育师资结构，吸纳有实践经验的创业者、职业经理人和其他专业人员加入师资队伍。推进创新创业教育示范学校建设，积极搭建创新创业平台。鼓励有条件的学校充分依托现有资源建设创业学院，省给予适当奖补，具体办法另行制订。（省教育厅、人力资源社会保障厅牵头，省财政厅配合）

二、降低创业门槛和成本

（四）降低初创企业登记门槛。深化初创企业（本意见所指“初创企业”包括在我省登记注册3年内的小微型企业、个体工商户、民办非企业单位和农民专业合作社、家庭农场等）登记制度改革，精简和规范商事登记审批事项，依法依规改革公司注册资本、经营范围、住所（经营场所、营业场所）等有关登记事项。落实国家和省关于加强社会组织建设的部署精神，进一步简化民办非企业单位登记程序。（省工商局、民政厅牵头）

（五）减免有关行政事业性收费和规费、服务收费。进一步规范全省涉企行政事业性收费项目并制定目录，不在目录内的行政事业性收费项目一律不得收取。对初创企业免收登记类、证照类、管理类行政事业性收费和工会费。事业单位的服务收费，以及各类行政审批前置性、强制性评估、检测、论证等专业服务收费，对初创企业均按不高于物价主管部门核定标准的50%收取。（省发展改革委牵头，省财政厅、总工会等单位配合）

三、加大扶持补贴力度

（六）创业培训补贴。具有创业要求和培训愿望并具备一定创业条件的城乡各类劳动者，参加创业培训并取得合格证书的，可凭学员身份证和创业培训合格证，向培训机构所在地人力资源社会保障部门申请相应补贴，其中创办企业培训每人最高 1000 元；由有关创业服务机构、行业协会等开发，并经省人力资源社会保障厅会同相关部门组织评审纳入补贴范围的创业培训（实训）项目，每人最高 2500 元。帮助初创企业经营者提升素质能力，省按每人 10000 元标准，每年资助 500 名有发展潜力和带头示范作用突出的初创企业经营者，参加高层次进修学习或交流考察。（省人力资源社会保障厅牵头，省财政厅配合）

（七）一次性创业资助。普通高等学校、职业学校、技工院校学生（在校及毕业 5 年内）和出国（境）留学回国人员（领取毕业证 5 年内）、复员转业退役军人以及登记失业人员、就业困难人员成功创业（在本省领取工商营业执照或其他法定注册登记手续）的，正常经营 6 个月以上，可凭创业者身份证明及工商营业执照（或其他法定注册登记手续）、税务登记证、社会保险登记证，申请 5000 元的创业资助。符合条件人员只能享受一次创业资助。（省人力资源社会保障厅牵头）

（八）租金补贴。对入驻各级政府和有关部门主办的创业孵化基地（创业园区）初创企业，按照第一年不低于 80%、第二年不低于 50%、第三年不低于 20% 的比例减免租金。普通高等学校、职业学校、技工院校学生（在校及毕业 5 年内）和出国（境）留学回国人员（领取毕业证 5 年内）、复员转业退役军人以及登记失业人员、就业困难人员租用经营场地创业（含社会资本投资的孵化基地），可凭创业者身份证明、工商营业执照（或其他法定注册登记手续）、税务登记证、社会保险登记证和经营场地租赁合同申请租金补贴，珠三角地区每年最高 6000 元、其他地区每年最高 4000 元，最长 3 年。（省人力资源社会保障厅牵头）

（九）小额担保贷款贴息。对自主创业（国家限制行业除外）自筹资金不足的，可申请小额担保贷款，其中个人最高 20 万元、合伙经营或创办小企业的，可按每人不超过 20 万元、贷款总额不超过 200 万元的额度实行“捆绑性”贷款；符合贷款条件的劳动密集型和科技型小微企业，贷款额度不超过 300 万元。在规定的贷款额度内，按照贷款基准利率最高上浮 3 个百分点据实给予贴息；劳动密集型和科技型小微贷款，按贷款基准利率的 50% 给予贴息。（省人力资源社会保障厅牵头，省财政厅、金融办配合）

（十）创业带动就业补贴。初创企业吸纳就业并按规定缴纳社会保险费的，可凭创业者身份证、工商营业执照（或其他法定注册登记手续）、税务登记证和最近 3 个月的社保缴费凭证，按其吸纳就业（签订 1 年以上期限劳动合同）人数申请创业带动就业补贴。招用 3 人（含 3 人）以下的按每人 2000 元给予补贴；招用 3 人以上的每增加 1 人给予 3000 元补贴，总额最高不超过 3 万元。（省人力资源社会保障厅牵头，省财政厅配合）

（十一）优秀项目资助。各地可结合当地产业发展规划，每年在新能源、新材料、生物医药、电子信息、节能环保等战略性新兴产业，以及文化产业、现代服务业、电子商务、互联网、物联网、现代农业、家庭服务业等领域中，遴选一批优秀创业项目并给予重点扶持。省从各地推荐的优秀创业项目中评选一批省级优秀项目，每个项目给予 5 万元至 20 万元资助。省对获得省级以上创业大赛（包括其他省市省级比赛）前三名并在广东登记注册的创业项目，每个项目给予 5 万元至 20 万元资助。（省人力资源社会保障厅牵头，省科技厅、教育厅、团省委配合）

（十二）加快创业孵化基地建设。鼓励各高校和社会力量新建或利用各种场地资源改造建设创业孵化基地，搭建促进创业的公共服务平台，有条件的地方可探索采取政府入股的方式与社会力量共同投资建设。完善孵化基地服务管理办法，孵化基地按规定为创业者提供创业孵化服务的（不含场租减免），按实际孵化成功（注册登记并搬离基地）户数每户不超过 3000 元标准给予创业孵化补贴。大力提升孵化基地运作水平，对达到市级示范性基地建设标准的，由所在市给予每个最高不超过 50 万元的一次性奖补；对达到国家和省级示范性基地建设标准的，省每个给予 50 万元的一次性奖补。省重点建设一个省级综合性创业孵化（实训）示范基地，相关手续按规定办理。（省人力资源社会保障厅牵头）

（十三）设立创业引导基金。创业引导基金用于扶持创业，实行专业运营，滚动发展。相关运营管理办法另行制定。（省人力资源社会保障厅、财政厅牵头）

四、改进补贴发放方式

（十四）推行补贴申领发放“告知承诺制”和“失信惩戒制”。创业者凭身份证明及工商营业执照（或其他法定注册登记手续），承诺在规定期限内提交相关材料的，可申请先行核发以下补贴：申请人承诺6个月内提供税务登记证和社会保险登记证，可先行核发一次性创业资助；申请人承诺6个月内提供税务登记证、社会保险登记证和经营场地租赁合同，可先行核发租金补贴；申请人承诺6个月内提供税务登记证和所吸纳就业人员最近3个月的社保缴费凭证，可先行核发创业带动就业补贴。对规定期限内未履行承诺、提供相应材料且不退回补贴的申请人，列入失信惩戒“黑名单”，并按《广东省实施〈中华人民共和国就业促进法〉办法》有关骗取财政资金规定给予处罚；情节严重的，依据《中华人民共和国刑法》追究刑事责任。（省人力资源社会保障厅、财政厅牵头）

（十五）大力推进网上办事。各地、各相关部门要加快公共创业服务信息网和业务管理系统建设，加强信息共享，通过网上办事大厅办理补贴申请、核发等业务。申请补贴所需资料和信息可直接通过信息系统获取或验证的，不应要求申请人提供书面材料。（省人力资源社会保障厅牵头，省经济和信息化委配合）

五、提升服务能力和水平

（十六）完善公共创业服务体系。各地要依托公共就业人才服务机构，为创业者提供政策咨询、项目推介、开业指导、融资服务、补贴发放等“一站式”创业服务，及时发布创业扶持政策、办事流程、创业信息、服务资源等公共信息。充分发挥社团组织、行业协会和社会创业服务机构作用，省有关部门和各地结合实际，制定政府购买社会创业服务项目清单，通过公开招标等方式购买社会创业服务机构提供的创业服务，形成多层次、广覆盖、专业化的创业服务体系。（省人力资源社会保障厅牵头）

（十七）充实创业导师志愿团队。省和各地组建一批由企业家、专家学者及相关部门工作人员等组成的创业导师志愿团队，建立创业导师（专家）库，对创业者分类、分阶段进行指导。建立创业导师绩效评估和激励机制，根据实际出勤时间给予交通伙食费补贴。（省人力资源社会保障厅牵头，省财政厅、经济和信息化委、工商联、团省委、妇联等部门配合）

（十八）放宽创业者入户等条件。初创企业正常经营1年以上并依法纳税和缴纳社会保险费的，其法定代表人可申请将户口迁入创业地（广州、深圳、珠海、佛山、东莞、中山市可适当提高条件）；实施积分享受公共服务制度的地区，应适当增加法定代表人子女教育、享受城市公租房等积分分值。具体办法由各地结合实际制定。（省人力资源社会保障厅牵头，省公安厅、发展改革委配合）

六、确保政策落实到位

（十九）强化组织领导。省有关部门和各地要抓紧出台配套贯彻意见、实施方案或操作指南，各地可结合实际出台更加优惠的扶持政策。各地可建立部门间就业创业工作机制，加强创业工作的统筹规划、组织协调和督促检查。（省人力资源社会保障厅牵头）

（二十）确保各项资金发放到位。2015年至2018年，省财政安排25亿元，统筹用于省级促进创业补贴项目支出，以及对各地的补助支持等。本意见所列有关补贴项目，由企业登记注册所在地、创业培训机构所在地人力资源社会保障、财政等部门负责受理、审核、发放工作。省人力资源社会保障厅、财政厅要指导各地做好各项补贴政策与原有政策的衔接工作。各地、各部门不得以户籍、身份等设置限制条件。同时，各地要积极调整财政支出结构，多渠道筹集资金，保障必要的组织实施和服务经费。省对促进创业效果好、资金支出规模大的地区，在有关专项资金安排时给予相应支持。（省财政厅、人力资源社会保障厅牵头）。

广东省人民政府

2015年2月18日

广东省人民政府关于加快推进城市基础设施建设的实施意见

粤府〔2015〕56号

各地级以上市人民政府，各县（市、区）人民政府，省政府各部门、各直属机构：

为深入贯彻落实《国务院关于加强城市基础设施建设的意见》（国发〔2013〕36号），进一步完善我省城市基础设施建设，提高城市综合承载力、运行效率和城市发展质量，现提出以下实施意见：

一、总体要求

遵循城市发展规律，结合本地区自然状况和经济社会发展水平，系统推进城市基础设施建设。坚持先规划、后建设，规划编制与规划实施并重；坚持先地下、后地上，正确处理城市“面子”与“里子”的关系；坚持重安全、保民生，推进城市基础设施平战结合、军地融合，增强城市减灾防灾能力和公共服务供给能力；坚持绿色低碳、集约智能，提升城市生态环境质量；坚持机制创新，采取多元化投融资方式建设和运营城市基础设施；坚持建设和管理并重，提高城市基础设施运行效率。

二、科学编制和实施城市基础设施建设专项规划

（一）科学编制专项规划。各地级以上市要依据城市总体规划科学编制城市基础设施专项规划，并做好与土地利用总体规划等各类规划的衔接。到2016年6月底，各地级以上市要完成城市综合交通、公共交通、地下管线、排水防涝、供水、供电、燃气、垃圾、污水、绿地系统、防洪、通信等城市基础设施专项规划的编制（修编）和审批工作，并将各专项规划纳入国民经济和社会发展“十三五”规划以及城市近期建设规划、年度实施计划；各县（市）要根据本地实际完成相关专项规划的编制（修编）和审批工作。经批准的各专项规划要及时向社会公布，修改专项规划须执行法定程序。

（二）强化专项规划实施。各地级以上市要按照城市近期建设规划、年度实施计划，认真组织实施城市基础设施专项规划，严格执行城市道路红线、绿地绿线、基础设施黄线、水系蓝线等管理规定，统筹好财政资金和项目安排。城市新区建设、旧城区和城中村改造以及房地产开发项目要按照专项规划和国家有关标准规范要求，配套建设城市基础设施。优先保证城市基础设施建设用地，不得擅自改变其用地性质和规模，并在拟建城市基础设施地块周边立牌公告。加强城市规划管理创新，定期开展专项规划实施情况评估，及时纠正违反规划行为，将专项规划实施纳入城乡规划督察范围，提高规划的科学性、权威性和严肃性。

（三）加强区域城乡基础设施规划统筹。省域城镇体系规划和珠三角等城镇群（区域）规划要统筹考虑区域性基础设施建设，预留交通、电力、燃气、通信、污泥、垃圾、防洪等重要区域性基础设施和廊道用地，建立完善跨区域城市基础设施建设协调机制，促进区域性基础设施共建共享。统筹城乡基础设施规划建设，加快推进水、电、路、气、通信等基础设施城乡一体化。

三、完善城市交通基础设施

（一）加快城市公共交通基础设施建设。各地要按照《广东省人民政府关于城市优先发展公共交通的实施意见》（粤府〔2013〕120号）要求，根据城市发展需要科学确定城市公共交通模式，积极发展以快速公共汽车、现代有轨电车等公共汽（电）车为主体的大容量地面公共交通系统，有条件的特大城市、大城市有序推进城市轨道交通和城际轨道交通系统建设，充分发挥轨道交通作为公共交通的骨干作用。到2017年，广东省城市轨道交通新增运营里程250公里。

城市中心区新建、改建道路要研究设置公共交通专用道或优先车道。各地要结合实际合理规划建设机场、港口、火车站等综合公共交通枢纽，完善公共交通调度中心、首末站、停靠站、公共停车场、换乘枢纽、充电桩、充电站及城市水上客运码头等配套服务设施建设，实现城市内外公共交通便利衔接。现有停车场、加油（气）站可根据实际需求改建、加装充电设施，推进新能源推广应用。

（二）加强城市道路建设和桥梁安全管理。加快城市组团之间及城市出入口的快速路建设，打通丁字路和封闭街区，提升道路网络密度，提高城市道路网络连通性和可达性。加强城市道路保养，落实城市道路占用挖掘管理制度，因地制宜推广非开挖管道施工技术，减少城市道路开挖。全面落实城市桥梁管养责任，建立桥梁动态监控系统，定期开展城市桥梁安全监测，及时整治安全隐患。加强路桥涵洞隧道安全管理，完善应急处置措施。2017 年底前，各地级以上市全面完成城市危桥加固改造，建成市域桥梁信息系统，做到一桥一档，做好与省城市桥梁信息系统的对接，实现城市桥梁信息的动态更新和管理。

（三）加快步行和自行车交通系统建设。落实“行人优先”理念，按照机动车与非机动车分离、行人与非机动车分离的原则，改造或新建城市道路断面，构建连续、系统的步行和自行车交通系统。2016 年 6 月底前，各城市完成中心城区步行和自行车交通系统专项规划编制和审批。近期重点做好步行、自行车交通系统与居住区、公交枢纽、重要文体和商业等公共设施的无缝衔接，加强行人过街设施、自行车停车设施、道路林荫绿化、照明、标识等设施建设，切实改善出行环境，不断提高步行和自行车绿色出行比例。

四、加强城市地下管网建设管理

（一）建立完善地下管线综合管理机制。各地要按照《广东省人民政府办公厅关于加强城市地下管线建设管理的实施意见》（粤府办〔2014〕64 号）要求，建立健全城市地下管线综合管理协调机制，明确牵头部门，统筹推进城市地下管线建设。2015 年底前，各地级以上市完成城市地下管线普查，建立综合管理信息系统，编制完成地下管线综合规划，力争用 5 年时间完成城市地下老旧管线改造。到 2017 年底，各地级以上市结合新区建设、旧城改造、道路新（改、扩）建，在重要地段和管线密集区优先建成一批地下综合管廊工程项目。对规划建设地下综合管廊的区域，凡在管廊中已预留管线位置的，不得再另行安排管廊以外的管线位置，已建成使用的现有管线，应逐渐迁移至管廊内。创新地下综合管廊投资建设运营管理体制，鼓励采取政府与社会资本合作模式（PPP），吸引社会资本参与地下综合管廊的投资建设和运营管理。

（二）加强城市供水设施建设。加强城市饮用水水源保护和备用水源建设，合理利用本地水资源，慎重开展跨区域调水工程建设。加快水厂处理工艺升级改造，提高水源、水厂水质监测能力和应急供水能力。加强以城带乡的城乡区域联网供水建设，改善农村饮水条件。深入开展节水型城市（单位）创建活动，逐步更换使用年限超过 50 年、材质落后和漏损严重的老旧供水管网，加强节水技术、工艺、设备和器具的推广使用。2017 年底前，各地级以上市关闭城市公共供水管网覆盖范围内的自备水井，全省城市完成应急备用水源建设规划和老旧管网普查、改造计划编制审批工作，实现城市公共供水普及率达到 97% 和水质达标双目标，城市供水企业全部具备国家《生活饮用水卫生标准》42 项常规指标以上的检测能力，珠三角 9 市及粤东、粤西、粤北地区至少各有 1 家供水企业具备 106 项指标的检测能力。

（三）推进城市电力设施建设。加强城市电力设施建设，保障变电站等设施建设用地，预留和严格保护输电线路等走廊。加强城市配电网建设，实现各电压等级协调发展，在广州、深圳、珠海等市加快推进城市智能电网建设，逐步实现电力系统与用户双向互动。加强城市智能配电网关键技术研究与试点示范应用。

五、加快生活污水和垃圾处理设施建设

（一）加快污水处理设施建设。按照“厂网并重”原则，加快污水处理设施及配套管网建设。到 2017 年底，广州、深圳、珠海、佛山、东莞、中山等地区建制镇及其他地区中心镇，县级以上集中式饮用水源保护区内的建制镇，重要水库和主要供水通道两岸敏感区对水质影响较大的建制镇建成污水处理设施，城镇污水处理率达到 85%，2020 年达到 90%。粤东西北地区县一级实现污水处理设施及配套管网建设全面规划、全面覆盖，不留死角。

（二）提升完善城镇污水收集系统。以重污染河流、城市重污染河涌和运行负荷及进水浓度不达标的污水处理厂为重点，分类制订污水管网建设和改造计划。珠三角地区城市加强截污系统的精细化改造，重点开展初雨收集处理和污水截留处理；粤东西北地区城市以完善次支管建设为重点，不断扩大污水收集范

围。广州、深圳市建成区到2017年底前，各地级市城市建成区到2020年底基本实现污水全收集、全处理。

（三）同步推进污泥处置及再生水利用设施建设。按照“无害化、资源化”要求，加快推进污泥处置设施建设，沿流域建设区域性、高标准污泥处理处置中心，提高全省污泥处理能力和水平。将污泥处置费纳入污水处理成本，相应调整提高污水处理费标准。制订污泥利用鼓励政策，加快推进列入《广东省城镇污水处理及再生利用设施建设“十二五”规划》的污泥处理处置工程和再生水利用工程建设。到2017年底，现有污泥处理处置设施完成达标改造，再生水利用率力争达到15%；到2020年底，各地级以上市污泥无害化处理率达到90%，全省再生水利用率达到20%。

（四）理顺污水管理体制。各地级以上市、各县（市、区）要明确城镇生活污水处理工作的牵头部门及相关部门的职责分工，进一步理顺和整合污水处理厂及配套管网规划、建设、维护管理等职能。各地级以上市污水处理职能部门要加强对所辖县（市、区）污水处理工作的统筹和指导。

（五）加快生活垃圾处理设施建设。推广垃圾焚烧综合处理园区建设，实现资源循环利用和土地集约利用。鼓励有条件的相邻市、县共同规划建设垃圾焚烧设施。高标准建设处理能力强、密闭负压除臭的集中转运站，提高机械化收运水平，实现垃圾收集运输密闭化。加强县域统筹，实现城乡生活垃圾处理设施和保洁服务全覆盖，建立完善农村生活垃圾收运处理长效机制。积极推动广州、深圳创建国家生活垃圾分类示范城市，鼓励珠三角其他城市加快开展生活垃圾分类试点工作，推动粤东西北地区开展全省农村生活垃圾分类减量试点工作。2015年底前，各地级以上市“十二五”规划确定的生活垃圾无害化处理场（厂）项目全部建成或开工建设。到2017年末，全省城乡生活垃圾无害化处理率达到90%，其中珠江三角洲地区达到95%左右、粤东西北地区达到90%左右。到2020年末，全省城乡生活垃圾无害化处理率达到98&。

六、增强城市基础设施防灾避险功能

（一）完善城市排水防涝及防洪设施建设。各城市要加快完善城市排水防涝及防洪管理体制和工作机制，依据城市总体规划和区域防洪规划，按照流域、区域、城市的防涝防洪要求，综合考虑城市上游水库、城市堤防、河道整治、附近蓄滞洪区、分洪河道等要素，合理建设城市排水河道、内湖、洼地、排水管网、抽水汞站等排涝工程体系，利用10年左右时间建成较完善的河流、河涌与市政排水管网有效衔接、系统联动的三级排水防涝防洪体系。提高城市适宜水面率，加大易涝点整治力度，加快修订或编制暴雨强度公式。在人口密集、内涝易发的特大城市和大城市，排水防涝设施建设应采用国家标准的上限，并结合城市发展实际适度超前提高有关建设标准。沿海、临近江河城市要根据城市发展规模和水文观测资料等合理确定城市标高和防洪（潮）的标准，加强城市堤防、水闸、排涝泵站等防洪（潮）基础设施建设。

（二）推进城市基础设施平战结合和军民融合。城市人民政府应当根据城市发展和人防以及应急防灾、公共安全等需要，组织编制城市地下空间开发利用规划。城市地下交通干线、地下管线以及其他地下工程建设应当兼顾人防需要。城市中心区、人口密集区、商业繁华区和重要目标毗邻区要配套建设人防疏散掩蔽设施，并与地铁、隧道、过街通道及地面大中型服务场所等公共设施连片成网，形成地上与地下相配套、专用与兼用相结合的区域防护格局。城市水源、水库、供水、供电、供气、交通、信息等重要基础设施建设要落实有关防护和安全要求，做到同步规划、同步建设。结合城市综合防灾减灾体系建设，统筹规划建设防灾避险公园。2017年底前，珠三角地区各县（市、区）建成1-2个具有一定规模，水、气、电设施齐备，功能完善的防灾避险公园。

（三）加强燃气、消防等设施安全保障。加快城市燃气管网规划建设，将城市燃气管网纳入市政综合管网统一规划，提高城市燃气普及率。到2017年，各地级以上市城市燃气普及率达到96%。全面开展各类燃气设施和管网现状普查，制订改造计划，加快改造材质落后、漏损、违规交叉、占压高压管线、违规穿越等有安全隐患的燃气管网。落实燃气安全管理责任，建立健全燃气设施巡查维护、隐患排查治理和应急制度，提高事故防范和应急处置能力。科学编制和严格落实城市消防规划，合理布设生产、储存易燃易爆危险品的单位和场所，推进消防站、消防供水、消防通信、消防车通道等公共消防设施建设与城市基础设施建设同步发展。

七、加强城市生态园林建设

（一）建设省域公园体系。推进城市公园、湿地公园、乡村公园、森林公园、风景名胜区、带状河道海岸绿地、环城防护林带绿地、城乡楔形绿地等各类公园绿地建设，与绿道连通形成有机的生态绿地网络，构建分布均衡、功能完备、城乡一体的省域公园体系。合理规划建设动植物园、儿童公园、雕塑公园等不同主题的公园和街头游园绿地。因地制宜配置体育健身设施，规划建设社区体育公园。到2017年底前，全省城市人均公园绿地面积达16平方米，公园绿地服务半径覆盖率达到70%。

（二）提升城市绿地综合功能。开展城市园林绿化增绿提质行动，提升城市绿地生态环保、美化景观、休闲游憩、文化传承、科普教育等综合功能。按规划合理建设城市绿地，改造现有城市绿地，合理配置灌草乔木，优先选用优质本土阔叶树种，提高城市绿化覆盖率。开展屋顶绿化、垂直绿化等立体绿化建设，将立体绿化纳入绿地率统计、绿色建筑评价等。加强城市古树名木管护，规范大树移植。在城市绿化建设中推广低影响开发模式，大力推行下沉式绿地、植草沟和具有蓄滞渗透功能的雨水花园建设。2017年底前，全省争创1-2个国家生态园林城市，努力实现地级以上市全部建成国家园林城市，建成一批省级园林县城、城镇。

八、加快城市信息化基础设施建设

（一）大力推进通信设施建设。在符合安全、环保要求且不影响正常使用的情况下，城市地铁、车站、机场、码头、图书馆等公共基础设施应开放用于支持通信管线和通信基站等信息通信基础设施建设。对信息化发展总体规划或者专项规划确定建设公众通信基站的建筑物、构筑物和公用设施，设计、审图及建设等相关单位应按照有关标准和规范要求，预留基站和室内无线分布系统所需的机房、电源、管道和天面的空间，并与主体工程同时设计、同时施工、同时验收。加快推进以广州、深圳为中心、珠江口东西两岸各市为节点的信息基础设施布局，加强全省通信管线、基站等信息基础设施的共建共享。加强高端大型数据中心的建设力度，支持有条件的地级市、县加快建设大型数据中心。

（二）推进光纤入户和三网融合。严格执行国家有关标准，将光纤到户纳入房屋综合验收环节，切实加强光纤到户规划、设计、施工、验收以及验收备案管理，全面落实新建住宅建筑光纤到户，并加快以共建共享方式对既有住宅建筑进行光纤到户改造。积极推动各类新建商业建筑和大型园区参照光纤到户国家标准进行建设，对已完成通信配套设施建设或需要进行光纤接入改造的住宅小区、商业楼宇、大型园区，要采取共建共享的方式，避免重复建设。加快推进广电、电信双向业务进入实质性商用化阶段，积极培育三网融合新业态。统筹推进移动通信、无线局域网、新一代移动通信无线宽带网络、下一代广播电视网络（NGB）发展。加强网络基础设施的统筹规划和共建共享，实现机房、管道、基站、室内无线分布系统等网络基础设施资源的高效利用。扩大无线局域网（WLAN）在重要区域和公共场所的覆盖面，提高热点地区大流量移动数据业务承载能力。推动开放公共建筑、公共设施，支持公共无线接入网建设。

九、推进绿色低碳城市基础设施建设

（一）合理规划建设绿色生态城区。在城镇新区建设、旧城更新和棚户区改造中，强化绿色节能环保理念，建立包括绿色建筑比例、生态环保、公共交通、土地集约利用、可再生能源和再生水利用、废弃物回收利用等指标的绿色建设规划指标体系，积极引导绿色生态城区建设，大力发展绿色建筑和低碳便捷的公共交通体系，提高城镇供排水、防涝、雨水收集利用、供气、环境等基础设施建设水平。

（二）推进新能源、分布式能源建设。逐步改变能源发展方式，将分布式能源建设作为改善能源结构、促进节能低碳的重要发展方向，推动能源可持续发展。在城市的不同功能片区，有选择地制订分布式能源专项规划，以城市新区、中央商务区、工业园区等为重点发展分布式能源，建设绿色低碳环保城市。统筹安排工（产）业园区热电冷联供和天然气分布式能源、电厂余热利用、区域供冷等项目建设，提高清洁能源应用比例和能源利用总能效。工业园区和产业聚集区根据区域集中供热供冷建设规划，以及用热用电用冷需求、资源条件、环境、经济性等因素，合理选择集中供热供冷方案，实现供热供冷用能清洁经济高效。工业园区大力发展利用太阳能、风能等可再生能源，因地制宜开展生物质能利用研究，逐步提高可再生能源的消费比例。推广绿色照明，提高城市节能减排的管理水平。

（三）推进海绵型城市建设。各地应根据当地自然地理条件、水文地质特点、水资源禀赋状况、降雨规律、水环境保护与内涝防治要求等，合理确定低影响开发控制目标与指标。推广应用低影响开发建设模式，最大限度地保护原有的河流、湖泊、湿地、坑塘、沟渠等水生态敏感区，严禁违法围填河道和湖库，按照占补平衡的原则保持水域面积不减少，增加可渗透地面面积，维持城市开发前的自然水文特征，建设具有自然积存、自然渗透、自然净化功能的海绵型城市。积极创建国家海绵城市试点。到2020年，珠三角及沿海地区城市的水域面积不低于10%，山区城市不低于6%，硬化地面中，可渗透地面面积比例不低于40%。

（四）推进城市绿色物流配送体系建设。适应居民消费方式的变化及电子商务快速发展的趋势，优化物流配送中心布局规划，完善物流基础设施和配套服务功能，建设配送网络平台，构建资源集约、低碳高效、功能完善、保障有力的城市配送体系。逐步完善区域物流布局，加强农产品批发市场、商贸网点和物流园区等城市货运（物流配送）设施、节点建设，规划建设一批枢纽型的现代物流园区、配送中心。广州、深圳等中心城市加快现有城市配送设施规划整合和改造升级，开展大型公共配送中心试点建设，鼓励企业共享自由配送设施。

十、提高城市基础设施建设投融资、运营和管理水平

（一）建立多元化投融资渠道。各地政府要加大城市基础设施建设管理的资金投入力度，集中财力建设非经营性基础设施项目。积极创造条件，优化市场配置，通过直接融资、间接融资、特许经营、投资补助、政府购买服务等方式，鼓励社会资本参与有一定收益的公益性城市基础设施投资和运营。创新省级融资模式，打破地域分割，重点支持粤东西北地区城市基础设施建设，探索设立绿色建设发展基金，重点支持垃圾污水处理设施、地下综合管廊、绿色建筑、绿色生态城区建设等绿色发展项目。积极争取中央各类专项补助资金，以及国内外各类银行和非金融机构贷款。

（二）创新城市基础设施投融资和运营模式。推广使用政府与社会资本合作模式（PPP）开展城市基础设施投资建设和运营，形成政府主导、社会参与、公办民办并举的公共服务供给模式，切实提高公共服务供给水平和效率。发挥省级统筹作用，对粤东西北地区垃圾污水处理等城市基础设施项目进行捆绑打包，统一组织开展项目投融资、建设和运营。完善城市公用事业特许经营管理制度，规范社会资金参与城市基础设施建设运营。

（三）加快推进市政公用产品和服务价格改革。完善市政公用产品和服务价格定价和调整机制，推动按行业平均成本、企业合理利润和居民承受能力确定市政公用产品和服务价格。建立健全市政公用产品和服务价格定价成本定期监审制度和价格动态调整制度。研究建立供水、供气等行业上下游价格联动机制，完善城镇居民生活用水、用电、用气阶梯价格制度。严格控制市政公用产品和服务收费减免范围，对减免收费部分，各地政府应按照市场规则进行合理补偿。

（四）建设智慧城市管理系统。按照集约、智能、绿色、低碳的新型城镇化建设总体要求，运用新一代信息技术，推动城市管理和服务体系向智慧化、标准化和精细化发展。以解决城市基础设施建设管理的实际问题为切入点，积极发展民生服务智慧应用，重点推进城市公共管理信息服务平台及典型应用、智慧社区（园区）、城市网格化管理服务等领域的智慧应用建设，有效提高城市运行效率，促进城镇发展质量和水平全面提升。

十一、加强组织领导

城市人民政府作为城市基础设施建设管理的责任主体，要按照国务院部署和本实施意见要求，切实加强组织领导，建立统筹协调工作机制，尽快开展城市基础设施现状评估，建立城市基础设施建设项目库，制订具体实施方案，明确工作目标、工作进度安排和责任分工，全面系统推进城市基础设施建设工作。各地级以上市城市基础设施现状评估报告和实施方案于2015年12月底前报省住房城乡建设厅备案，并按季度向省住房城乡建设厅报送重点项目进展情况。省住房城乡建设厅要会同省有关部门，加强对城市基础设施建设管理工作的检查指导，积极协调解决工作当中遇到的困难和问题，及时汇总各地城市基础设施重点项目建设进展情况报告省人民政府。

广东省人民政府
2015年6月4日

广东省人民政府关于创新完善中小微企业投融资机制的若干意见

粤府〔2015〕66号

各地级以上市人民政府，各县（市、区）人民政府，省政府各部门、各直属机构：

中小微企业是国民经济的重要组成部分，促进中小微企业健康发展，是稳增长促改革调结构惠民生防风险的重要举措。为深入贯彻落实国务院关于扶持中小微企业发展的决策部署，创新完善中小微企业投融资机制，切实缓解其面临的融资难、融资贵问题，现提出以下意见：

一、建立省中小微企业信用信息和融资对接平台

按照统一系统、分市建设的模式，加快建设“省中小微企业信用信息和融资对接平台”，实现中小微企业的信用信息查询、信用评级、网上申贷以及融资供需信息发布、撮合跟进，推进各级政府部门以及为中小微企业融资服务的银行、保险公司、担保公司、小额贷款公司等金融机构共享信用评级及有关信息。各地级以上市政府要建设完善全市互联互通的政务信息资源共享平台，并与省信用信息和融资平台对接。具体建设方案由人行广州分行会同省经济和信息化委、财政厅另行制定。（人行广州分行牵头，省经济和信息化委、财政厅、省直有关部门、各地级以上市政府参与）

二、设立省中小微企业发展基金

省财政安排专项资金，同时争取国家中小企业发展基金支持，吸引民间资本参与，共同设立省中小微企业发展基金；鼓励各地和有条件的金融机构出资设立子基金，以股权投资方式支持先进制造业、现代服务业、战略性新兴产业领域的中小微企业。各级财政出资部分，在退出时将 50% 的净收益依法让渡给基金的其他发起人。具体实施办法由省经济和信息化委牵头会同省财政厅另行制定。（省经济和信息化委牵头，省财政厅、有关地级以上市政府参与）

三、大力发展创投、风投等基金

参照国家新兴产业创业投资引导基金运作模式，积极用好广东省战略性新兴产业创业投资引导基金，支持创办战略性新兴产业和高技术中小微企业，引导社会资本重点支持智能制造、高端装备、生物医药、新能源、节能环保等新兴产业领域的初创期中小微企业，基金退出时财政出资部分将 50% 的净收益依法让渡给其他投资方。提升省级创业投资引导基金使用绩效，鼓励各地设立一批产业投资基金和创业投资引导基金。充分发挥粤科金融集团有限公司、粤财投资控股有限公司、恒健投资控股有限公司等省属企业平台作用，壮大创投、风投及天使基金规模。鼓励和引导民间资本进入创业投资、私募股权投资、风险投资领域。依托产业园区、高新区、孵化器集群区引导各类基金集聚发展。（省发展改革委、财政厅牵头，省经济和信息化委、科技厅等部门参与）

四、完善中小微企业信贷风险补偿机制

省财政安排专项资金，支持地级以上市设立中小微企业信贷风险补偿资金，对提供中小微企业融资服务的银行、担保、保险等机构给予贷款风险补偿。引导银行对重点产业集群、大型龙头企业上下游产业链、商圈等中小微企业集聚群体提供批量贷款，中小微企业信贷风险补偿资金提供增信支持。（省经济和信息化委牵头，省财政厅、人行广州分行、广东银监局、广东保监局、有关地级以上市政府参与）

五、建立健全中小微企业融资政策性担保和再担保机构

省市财政安排专项资金，吸引民间资本参与，在各地级以上市分别建立 1-2 家政府主导的中小微企业政策性担保或再担保机构。支持各地级以上市现有政策性担保机构增加资本金。遴选试点合作银行，对政策性担保机构担保的中小微企业贷款，协商执行不高于上年度全省银行贷款的加权平均利率；政策性担保机构向中小微企业收取的担保费年化费率不超过2%，不收取贷款保证金。放宽政策性担保和再担保机构的业绩考核容忍度，财政资金净收益全额让渡给担保机构的其他投资方。省财政安排专项资金继续注资省再担保公司。省再担保公司开展中小微企业再担保业务的比例不低于 60%. 继续鼓励民间资本和外资依法进入融资担保行业，强化民营融资担保机构信用及风险管理，构建健康协调的银担关系。探索由规模较大、实力较强、规范稳健、具有一定品牌影响力的融资性担保机构发起组建专门服务中小微企业的金融集团。（省经济和信息化委牵头，省金融办、财政厅、人行广州分行、广东银监局、各地级以上市政府参与）

六、大力发展小额贷款保证保险业务

发挥信用保证保险的融资担保和增信功能，遴选一批保险公司和银行，对中小微企业开展小额贷款保证保险融资服务。支持地级以上市设立小额贷款保证保险资金，对投保贷款保证保险的中小微企业，资金按一定比例补贴保险费用，对产生不良贷款的本金损失部分，保险公司、银行和资金按比例共同分担。具体实施办法由省金融办牵头会同有关部门另行制定。（省金融办牵头，省经济和信息化委、财政厅、人行广州分行、广东银监局、广东保监局、有关地级以上市政府参与）

七、强化银行机构对中小微企业的融资服务

支持银行业金融机构加强中小微企业金融服务专营机构建设，拓展中小微企业信贷产品和创新服务方式，落实国家有关指标要求，单列小型微型企业信贷计划，实现小微企业贷款增速不低于全部贷款平均增速，小微企业贷款户数不低于上年同期户数，小微企业申贷获得率不低于上年同期水平。对获得人民银行每年小微企业信贷导向效果评估前三名的金融机构给予奖励。突出抓好地方金融机构对中小微企业的融资服务。人行广州分行新增支小再贷款额度，对符合条件的地方法人金融机构给予支小再贷款额度支持。支持符合条件的产业资本、民间资本依法发起设立民营银行、村镇银行、集团财务公司、金融租赁公司、消费金融公司等新型金融机构，强化小金融机构主要为中小微企业服务的市场定位，针对中小微企业经营特点和融资需求特征创新产品和服务。（人行广州分行、广东银监局牵头，省经济和信息化委、财政厅、金融办参与）

八、开展中小微企业转贷方式创新试点

降低中小微企业“过桥融资”成本。鼓励各地级以上市设立中小微企业转贷资金池，引导社会资本参与，对试点银行审核符合续贷条件的中小微企业，由资金池提供转贷周转资金。支持银行在风险可控的情况下，通过提前进行续贷审批、设立循环贷款、合理采取分期偿还贷款本金等措施，提高转贷效率，减轻中小微企业还款压力。（各地级以上市政府、省金融办、人行广州分行、广东银监局负责）

九、积极稳妥发展小额贷款

省财政安排专项资金，对小额贷款公司的小微企业贷款给予一定比例的风险补偿。各地政府对新设金融机构实行的财政补助奖励，将小额贷款公司列入奖励范围。鼓励优质小额贷款公司开展创新业务、提高融资比率、跨县域经营。简化小额贷款公司信贷资产证券化发行程序，降低发行费用。支持有实力的电商企业发起设立互联网小额贷款公司。（省金融办牵头，省财政厅、人行广州分行参与）

十、支持中小微企业利用多层次资本市场融资

充分发挥广州、深圳前海、广东金融高新区等区域性股权市场作用，支持其通过在其他地区设立运营中心或服务机构，实现“四板”市场全省全覆盖，方便中小微企业直接融资。鼓励区域性股权市场运用信用信息和融资平台的信用评级，简化企业挂牌手续。在区域性股权市场推出“广东省高成长中小企业板”“科技板”“青创板”等，为中小微企业提供多元化融资和股权转让服务。引导区域性股权市场与新三板、创业板、中小板等加强对接，建立科学合理的

转板机制，对能够达到新三板挂牌或创业板、中小板上市标准的企业进行重点培育、孵化，条件成熟后推荐转板。（省经济和信息化委牵头，省科技厅、金融办、广东证监局参与）

十一、拓宽中小微企业发债融资渠道

重点依托区域性股权市场为中小微企业发行私募债，省再担保公司和各市政策性担保机构对中小微企业发行私募债予以担保增信。依托大型骨干企业发行供应链票据，对为其产业链配套的中小微企业提供融资，人行广州分行对相关贷款机构给予信贷额度、再贴现、准备金等货币政策支持。以各类产业基地（园区）、高新区和专业镇等为平台发行中小微企业区域集优债、区域集优票据、小微企业增信集合债。鼓励省市创投企业发行创投债。省财政安排专项资金对中小微企业发债融资给予支持。（人行广州分行、广东证监局牵头，省发展改革委、经济和信息化委、财政厅、金融办参与）

十二、依托互联网金融扩大中小微企业直接融资

允许以第三方支付、点对点网络贷款（P2P）、众筹平台等为代表的互联网金融企业，在注册企业名称或营业范围中使用“互联网金融信息服务”、“互联网金融”等字样。开展互联网股权众筹试点，在区域性股权市场建设股权众筹交易板块，实现中小微企业股权众筹的登记确认和流转交易。支持供应链龙头企业为中小微企业提供包含融资在内的综合服务。规范发展互联网金融平台，切实防范金融风险。（省金融办牵头，省工商局、人行广州分行、广东银监局、广东证监局、各地级以上市政府参与）

十三、支持开展中小微企业设备更新融资租赁

大力发展设备更新融资租赁，支持中小微企业固定资产融资。实行融资租赁设备产品目录制管理，省财政安排专项资金，对融资租赁公司向中小微企业租赁目录中设备的，按租赁合同设备投资额的一定比例给予贴息。（省经济和信息化委牵头，省财政厅、商务厅参与）

十四、加大对中小微企业票据贴现支持力度

遴选 3 家银行设立“广东省中小微企业小额票据贴现中心”，对中小微企业持有的小额商业汇票进行贴现，人行广州分行对票据贴现中心优先办理再贴现，并根据贴现业务量安排再贴现额度，专项用于中小微企业融资。（省经济和信息化委、人行广州分行牵头，广东银监局参与）

十五、试点利用跨境人民币贷款支持中小微企业融资

依托广东自贸试验区的政策优势，探索推动区内中小微企业按规定从境外借用人民币资金，促进中小微企业对外融资便利化。探索拓宽跨境人民币贷款的资金来源和使用范围，将放款主体扩大至境外金融机构，贷款用途向中小微企业融资倾斜。（人行广州分行牵头，省自贸办参与）

十六、激活中小微企业抵质押物

盘活批而未供土地转用指标，对科技型、资金密集型、高成长中小微企业优先安排用地指标，简化土地使用权证办理手续。加快建立不动产统一登记制度，规范不动产权评估机构，探索设立评估、交易、处置平台。完善知识产权质押登记管理办法，发布知识产权质押评估技术规范。鼓励银行和融资性担保机构开展新型抵质押融资，各市政策性担保机构给予担保增信。具体实施办法由各牵头部门另行制定。（省国土资源厅、知识产权局牵头，省住房城乡建设厅、农业厅、林业厅、工商局、海洋渔业局参与）

十七、建立中小微企业投融资纠纷快速调解机制

建立适应中小微企业涉案资产少、处置时限短的快速调解和处理纠纷的法律服务机制，加大对逃废债务等各类违法违规行为的打击力度。加强对中小微企业的司法救助力度，省财政支持设立国家司法救助专项资金，研究将确有困难的中小微企业纳入缓、减、免交诉讼费等司法救助范围。加强对中小微企业的法律服务。建立中小微企业投融资投诉平台。（省司法厅牵头）

十八、加大对中小微企业投融资的财政资金支持

2015 年至 2017 年，省财政统筹安排专项资金 66 亿元，主要运用于设立中小微企业发展基金，开展股权投资，安排支持小额贷款、担保、风险补偿等专项资金，并综合运用业务补助、增量业务奖励、贴息、代偿补贴、创新奖励等方式，发挥财政资金的杠杆效应，引导和带动更多的社会资本支持中小微企业投融资。（省财政厅牵头，省经济和信息化委、金融办参与）

广东省人民政府
2015 年 7 月 3 日

广东省人民政府关于加快发展体育产业促进体育消费的实施意见

粤府〔2015〕76号

各地级以上市人民政府，各县（市、区）人民政府，省政府各部门、各直属机构：

为贯彻落实《国务院关于加快发展体育产业促进体育消费的若干意见》（国发〔2014〕46号），进一步满足人民群众体育需求、促进体育消费、增加社会就业、推动经济转型升级，提出以下实施意见：

一、总体要求

（一）指导思想

全面贯彻落实党的十八大、十八届三中、四中全会以及省委十一届三次、四次全会精神，紧紧围绕“三个定位、两个率先”总目标，解放思想、深化改革、开拓创新、激发活力，充分发挥市场在资源配置中的决定性作用和更好发挥政府引导作用，进一步完善体育产业体系，积极扩大体育产品和服务供给，推动体育产业成为经济转型升级的重要力量，促进群众体育与竞技体育全面发展，加快建设体育强省，不断满足人民群众日益增长的体育需求，提高人民健康水平和生活品质。

（二）发展目标

到2025年，我省基本建成布局合理、功能完善、门类齐全的体育产业体系，体育产品和服务更加丰富、市场机制不断完善。体育产业增加值的增长速度高于国民经济增长速度，占国内生产总值（GDP）的比重达到2%左右。体育产业总规模超过9000亿元，成为推动经济社会持续发展的重要力量。

——产业体系更加完善。健身休闲、竞赛表演、场馆服务、中介培训、体育用品制造与销售、体育信息服务、体育会展等体育产业各门类协同发展，体育产业与其他产业融合发展，实现业态创新。产业结构更加合理，体育服务业在体育产业中的比重大幅提高，体育产品和服务更加多样，供给充足。

——产业环境明显优化。以市场为主导的体育产业发展格局基本形成，体制机制更加完善，政策法规体系更加健全，标准体系科学完善，监管机制规范高效，市场主体诚信自律。

——产业基础更加坚实。体育健身和消费意识显著增强，人均体育消费支出明显提高。人均体育场地面积达到2.5平方米，经常参加体育锻炼的人数占全省常驻人口比例达到45%，城乡居民达到《国民体质测定标准》合格水平以上的比例超过95%；公共体育服务实现全民全覆盖，总体实现公共体育服务均等化。

二、重点任务

（一）深化改革，加快转变体育发展方式

1．加快转变政府职能。依法依规全面规范清理不利于体育产业发展的规定，凡是法律法规没有明令禁入的领域，全面向社会开放。加快全省综合性和单项体育赛事管理制度改革，取消商业性和群众性体育赛事活动的行业审批。及时公开年度省级体育赛事与体育活动综合目录、竞赛规程，对允许社会资本参与的大型国际国内赛事承办权实行公开招标。强化政府统筹规划和监管职能，建立行政监管、服务认证与社会监督相结合的体育市场管理体系。推动形成以政府引导为保障、以体育行业协会和服务组织为支撑、以体育企业为主体的体育产业发展机制。加快政事分开、政企分开、管办分离步伐，推进全省体育类社会组织与行政机关脱钩，推进协会实体化建设。通过政府购买服务等方式，推动体育社会组织承担部分公共服务事项。

2．推进竞技体育项目职业化发展。鼓励条件成熟的运动项目走职业化道路，支持教练员、运动员职业化发展。构建职业俱乐部对外交流与合作平台，推动职业俱乐部在管理、运营机制上与国际接轨。加快省内职业俱乐部现代企业制度建设，打造一批国内著名、亚洲有影响力的职业俱乐部。鼓励和支持各地采

用有力措施，引导社会资本独立或参与组建体育职业俱乐部；政府在建设训练设施、引进高水平运动员和教练员、申办和参加职业联赛等方面给予支持。支持职业俱乐部积极参与制订职业联盟的行业规则。研究建立重大职业赛事政府奖励机制。试行国际教练员资质与国内职业资格互相认可制度。

专栏 1：支持职业俱乐部发展

大力支持现有 7 家足球俱乐部、5 家篮球俱乐部、1 家排球俱乐部，以及羽毛球、乒乓球、击剑、武术等职业俱乐部发展。

3. 创新体育场馆运营机制。深化体育场馆管理和运营机制改革，逐步实现公共大型体育场馆所有权、管理权与经营权分离，推动场馆运营的专业化和社会化发展。各级各类体育场馆遵循社会效益和经济效益并重的原则，拓展服务领域，延伸配套服务，提升服务水平。鼓励大型体育场馆运用建设—运营—移交（BOT）、建设—拥有—运营（BOO）、委托运营（O&M）等市场化模式，开展政府和社会资本的合作。在新建和改、扩建体育场馆中，推行设计、建设、运营一体化模式，促进赛事功能需要与赛后综合利用有机结合。

（二）优化布局，构建现代体育产业体系

4. 统筹规划体育产业布局。加强规划引导，全面覆盖、重点建设“一圈双核四带多点”的体育产业布局，打造珠三角一小时体育圈，形成广州、深圳两个核心示范市，培育沿绿道、沿江、沿海、沿山体育产业带，建设覆盖面广、便利性强的点状体育产业功能区。分别以广东奥林匹克体育中心、天河体育中心、亚运城、广州大学城体育中心、深圳湾体育中心、深圳大运城等场馆群为中心，打造一批集全民健身、体育培训、竞赛表演、休闲娱乐、展示展销于一体的体育产业园区。加快深圳市国家体育产业基地建设，推动产业发展基础较好、生态资源丰富的地区申报国家体育产业基地。支持珠海横琴发展高端竞赛表演、体育培训、体育休闲业。到 2025 年，全省力争培育 2 个以上国家级体育产业基地、20 个以上省级体育产业基地、100 个以上省级体育旅游示范基地，形成强有力的示范、辐射和带动作用。依托珠三角县域经济发达的优势，培育一批体育产业特色县（市），进一步壮大县（区）体育产业综合实力。

专栏 2：全省体育产业布局

重点打造“一圈双核四带多点”的产业布局：

“一圈”，指珠三角地区一小时体育圈。即利用珠三角体育资源丰富，集聚辐射功能强大的区域优势，重点培育一批体育产业规模以上企业和上市公司，把珠三角地区建设成为辐射华南、影响全国的体育产业先行区。

“双核”，指穗深示范市。即支持广州、深圳重点发展竞赛表演业和体育服务业，支持两市体育产业集聚发展、向高端发展，建设国际化高水平的体育产业转型升级示范市。

“四带”，指“四沿”产业带。即沿绿道、沿江、沿海、沿山等体育产业带，在“四沿”产业带上优先发展体育旅游，大力开拓体育健身休闲服务，重点推动以生态健康为特色的健身休闲、竞赛表演、水上运动、极限运动、航空运动等相关产业发展。

“多点”，指在广泛的城镇区域内建设和完善便利性强的点状体育产业功能区（含全民健身设施、社区体育公园、体育产业园区、体育旅游示范基地等），重点形成健身休闲、体育赛事、用品制造、运动康复等特色产业组团，形成体育产业和体育事业相互促进的良好局面。

5. 优化体育产业结构。着力提升体育服务业在体育产业中的比重，大力发展健身娱乐业、竞赛表演业、体育休闲业、体育彩票业、体育培训业、中介服务业、体育会展业等现代服务业。鼓励行业协会开展体育产业“十强评选”，重点扶持一批优秀体育服务品牌、龙头企业和赛事活动。做强体育用品制造业，支持企业与高校、研究机构合作建立产学研一体的体育产品开发机制，大力发展高技术含量、高附加值的高端体育用品制造业。推动粤港澳国际体育用品博览会暨广东国际体育用品博览会逐步办成国内有影响力的体育资源交易、技术交流和宣传推广平台。

6. 推动“三大球”产业化发展。支持“三大球”（足球、篮球、排球）职业俱乐部的青训体系建设。依托“三大球”基础较好的广州、深圳、梅州、东莞、江门等市，进一步完善竞赛机制，形成大中小学有机衔接的训练和联赛体系，打通人才持续成长的通道，建立健全人才储备体系。因地制宜加强“三大球”场地建设，组织开展各级别的比赛，形成政府支持、市场参与的投入机制，推动“三大球”项目的社会化发展。深入推进足球体制改革，推动体育和教育行政主管部门联合职业足球俱乐部共建青少年足球后备人才基地，以分级分类的原则构建足球运动员、教练员、裁判员等专业人才的培训体系；以“省长杯”青少年足球赛为龙头，建立和完善青少年足球竞赛体系。大力推广校园足球，制订青少年校园足球中长期发展规划，合理布局新型足球学校。鼓励发展社会足球，培育打造社会足球赛事品牌。

7. 积极发展新兴潜力产业。鼓励各类新兴运动项目产业化发展。充分利用我省海岸线长的优势，鼓励发展帆船、帆板、摩托艇、水上摩托车、滑水、水上拖曳伞、潜水等各类滨海运动项目。大力发展游艇产业，推动形成以广州、深圳、珠海市为核心，以滨海各市游艇俱乐部群为支撑的游艇产业集群。推动橄榄球、棒球、登山攀岩、射击射箭、击剑、马术、航空、汽车摩托车、极限运动、武术与格斗等体育项目产业化发展。

8. 打造体育产品制造业强省。按照“中国制造2025”的要求，积极推动体育制造业转型升级。积极支持体育制造企业创新发展，研发科技含量高的运动器材装备，重点支持可穿戴智能运动装备及应用软件的发展。鼓励和支持体育制造业建立智能工厂，提高体育制造业水平。引导和支持制造业企业延伸服务链条，从单纯制造产品向提供产品和服务转变，推动体育制造业业态创新。

9. 培育多元主体。建立公开透明的市场准入制度和公平竞争的市场环境，优化资源配置，提升体育产业对社会资本的吸引力。整合现有国有体育资源，组建省级体育产业集团。实施品牌战略，积极培育具有核心竞争力的大型体育企业，鼓励大型健身俱乐部跨区域连锁经营。全面落实国家扶持中小企业发展的政策措施，扶持一批具有市场潜力的中小企业，打造具有活力的体育产业集群，促成体育产业链向两端延伸。鼓励大型公共体育场馆建立资产运营机制，并结合自身实际建设体育服务企业孵化器，为体育领域的大众创业、万众创新创造良好环境。加快体育产业行业协会建设，引导专业化发展。

专栏3：打造体育产业主体“3个10”计划

扶持发展10家以上年营业收入达5亿元的龙头企业。

打造10个以上国内外知名、拥有自主知识产权的体育用品与服务品牌。

重点扶持10个以上具有较大影响力和带动作用的体育组织。

（三）融合发展，推动产业协同创新

10. 大力支持“互联网+”体育产业。鼓励体育产业利用互联网整合开发资源，开展商业模式创新。促进体育场馆的信息化、智能化、网络化管理和服务水平。鼓励手机应用程序（APP）、微博公众号、微信公众号等产品的开发应用。支持企业借助大数据及互联网交易模式拓展业务，构建线上线下相结合的体育服务模式。规范体育用品销售电商平台发展。依托互联网建设省级体育资源交易平台。

11. 推动体育与旅游融合发展。开发沿绿道、沿江、沿海、沿山的体育休闲运动线路和体育旅游项目，支持海洋和丘陵山区体育旅游项目的优化布局和科学开发。以体育专业基地为基础，构建集体育训练、竞赛表演、健身休闲、体育培训、体育旅游观光于一体的体育旅游精品路线和景区。积极打造省级体育旅游示范基地。引导建设一批以体育运动为主题的公园。

12. 推动体育与文化融合发展。大力支持体育产业与文化产业融合发展，打造有广东特色的体育传播业。依托我省现有体育电视频道、新媒体、平面媒体和省体育总会资源，对接国际体育单项协会，争取国际知名赛事转播权在广东落地，以建设“体育全媒体”为重点，打造具有影响力的体育传媒品牌。加快培育和发展体育动漫、体育游戏、电子竞技、运动在线指导等体育新兴产业，重点培育一批体育与文化融合发展的重点项目和骨干企业。

13. 促进康体结合。认真组织实施《国家体育锻炼标准》，推动各有关单位落实工间、课间操制度，督促中小学切实保障体育课课时，实施学生课外活动计划，广泛开展青少年阳光体育活动。积极与国际友好省（州）青少年体育组织、学校合作，开展体育夏令营等多种形式的体育交流活动。引导青少年培育体育爱好，推进“体育艺术2+1”项目实施，力争每个学生掌握两项以上体育运动基本技能。在学生中全面推广游泳技能，普及游泳救生常识与基本技巧。鼓励社会资本开办康体、运动康复、体育托管等各类机构。加强和完善国民体质监测服务体系，建设居民体质体能测定与健康档案大数据平台，定期发布国民体质监测报告和青少年体质体能监测报告。鼓励高校开展运动医学与康复医学研究，设置运动防护与康复相关专业。依托医疗机构和省级以上运动休闲基地，培育体育康复产业。大力推广科学健身与运动防护知识，支持在社区设立科学健身及老年运动康复指导与服务站点。

专栏4：积极推进“互联网+”项目

推动建设省级体育资源交易平台。平台以移动互联网、物联网、云计算技术为支撑，将各级体育场馆、全省赛事活动、体育经营企业、体育专业技术人员等体育要素资源通过互联网连接起来，建设新型的智慧商贸云信息化服务平台。

建设青少年体质体能测试与评判系统。对青少年体质体能进行测定，在大数据采集与分析基础上，为青少年开具运动处方，指导青少年有针对性、科学地开展体育锻炼。

（四）丰富供给，引导促进体育消费

14. 多渠道建设完善体育设施。各地要结合城镇化发展统筹规划体育设施，合理布点布局，重点建设一批便民利民的中小型体育场馆、公众健身活动中心、户外多功能球场、健身步道等场地设施。重点推进社区体育公园和社区体育中心、小型足球场建设，完善绿道体育配套设施。到 2025 年，全省各县（市、区）均至少建成一个设有篮球、足球、乒乓球、羽毛球、健身活动区等运动项目场地的社区体育公园，完成绿道体育设施配套，建成城市社区 15 分钟健身圈，实现新建社区及乡镇、行政村公共体育设施全覆盖。加快重点体育项目建设，到 2025 年，各地级以上市（含顺德区）均建有体育馆、体育场、游泳池和 2 万平方米以上的全民健身广场（公园），各县（市、区）均建有体育馆、体育场、游泳池和 1 万平方米以上的全民健身广场（公园）。

专栏 5：大力推动社区体育公园建设

社区体育公园，是指通过改造城市边角地、插花地、街头绿地及其他未利用地建成的、以体育锻炼和休闲健身为主要功能，兼有社区一般功能，且向居民免费开放的公益性公共空间。

按照《广东省社区体育公园试点实施方案》和《广东省社区体育公园规划建设指引》，全省共规划建设社区体育公园 456 个。

15. 推动场馆设施开放利用。落实各类公共体育设施免费或低收费开放。从 2015 年 8 月起，全省企事业单位所属体育设施要逐步向社会开放。学校体育设施向学生开放的同时，要加快向社会开放的步伐，到 2025 年，具备开放条件的全省公办学校体育场馆向社会开放比例要达到 70%。各地要进一步完善全民健身设施和农民体育健身工程设施维护保养机制，并实行安全与管理维护属地责任制。

16. 打造体育赛事和活动品牌。举办多层次多样化的体育赛事活动，加强与国际体育组织等专业机构的交流合作，引进和打造一批有吸引力的国际性、区域性专业赛事。丰富业余体育赛事，广泛举办各类体育赛事活动，各地级以上市每年至少要举办 1 项省级以上计划内体育赛事。利用区域优势和传统资源，发展具有地方特色的健身休闲运动，大力推广武术、龙舟、舞龙舞狮等传统体育项目，扶持少数民族传统体育项目发展。各地力争在 5 至 7 年内，打造 1 至 3 个群众体育活动品牌。

专栏 6：积极打造体育赛事、活动品牌

专业赛事：包括广州国际马拉松赛、广州网球公开赛、深圳国际帆船赛、NBA 季前赛、珠海 WTA 超级精英赛、汕头“潮人杯”帆船大赛等。

业余体育赛事：包括“省长杯”足球赛、广东省青少年足球联赛、广东省男子篮球联赛、珠三角社区篮球嘉年华、泛珠赛车节等。

传统体育活动：包括全民健身日、广东省体育节、南粤幸福活动周、国际龙舟赛、国际龙狮赛、国际风筝节、广东省传统武术比赛等。

17. 加强对外交流合作。积极对接欧美国家体育产业，重点引入和学习先进体育产业运营管理模式。与“一带一路”沿线国家合作举办“海上丝绸之路大学生体育节”“海上丝绸之路马拉松邀请赛”等赛事和围棋、羽毛球、武术、瑜珈、泰拳等体育交流活动。加强与泛珠三角区域和台湾的沟通协调，联合举办跨省、跨区域赛事，鼓励开展多样化的体育交流、体育产业教育培训交流和企业联盟推广活动。

三、政策措施

（一）大力吸引社会投资

支持社会资本进入体育产业领域，建设体育设施，开发体育产品，提供体育服务。加快国有体育资产的资源整合、优化配置和改组改制步伐，鼓励和吸引社会资本以合资、独资、特许经营、政府与社会资本合作等方式参与体育产业运作，提高体育产业发展的市场化水平。鼓励社会资本以多种形式兴办体育企业，在规划建设、规费减免、融资服务、财税政策、补贴奖励等方面，给予非国有体育企业享受与国有体育企业同等待遇。依托现有的公共资源交易平台开展体育赛事转播权交易。鼓励设立体育产业投资、体育设施建设投资类基金，拉动社会资本投资体育产业。完善体育赛事活动安保审批程序和服务标准，采取措施降低赛事和活动成本。

（二）落实税费价格支持政策

按照国家规定，做好有关体育服务、用品制造等内容及其支撑技术的高新技术企业认定管理工作，对符合条件的高新技术企业，减按 15% 的税率征收企业所得税。对经认定取得非营利组织免税资格的体育类社会组织，依法享受相关优惠政策。对体育企业发生的符合条件的广告费和业务宣传费，按规定在企业所得税税前扣除。符合条件的体育企业创意、设计费用和研究开发费用，按规定享受税前加计扣除政策。落实企业从事文化体育业按3%的税率计征营业税的政策。鼓励企业捐赠体育服装、器材装备，支持贫困和农村地区体育事业发展，对符合税收法律法规规定条件向体育事业的捐赠，在计算应纳税所得额时予以扣除。体育场馆自用的房产和土地，可享受有关房产税和城镇土地使用税优惠。体育场馆等健身场所的水、电、气、热价格按不高于一般工业标准执行。

（三）加大财政金融支持力度

各地要持续加大支持体育事业和体育产业发展的资金投入，将全民健身相关经费纳入财政预算。设立省级体育产业发展专项资金。进一步提高体育彩票公益金使用效益，规范其使用范围，扩大公共体育设施和服务供给。各地要安排一定比例的体育彩票公益金等财政资金，通过政府购买服务等多种方式，积极支持群众健身消费，鼓励公共体育设施免费或低收费开放，引导经营主体提供公益性群众体育健身服务，支持社会体育组织举办体育赛事活动。鼓励有条件的地区设立体育产业引导资金，对符合条件的企业、社会组织、赛事与活动进行项目补助、贷款贴息和奖励。充分发挥省、市等体育基金会作用，加强市场化运作和基金使用监管。建立完善拟上市体育企业储备库和体育企业上市协调机制，支持省内体育企业通过直接债务融资工具、风险投资、资产证券化等渠道融资。鼓励省内保险机构开发多样化体育保险产品，提供专业化体育保险服务。鼓励企事业单位、学校、个人购买运动伤害类保险。

（四）强化知识产权运用和保护

支持体育赛事主办方注册体育赛事名称、标志、标识，提升无形资产创造、运用、保护和管理水平。推进体育场地与票务、体育装备、体育信息、赛事举办权、赛事转播权、运动员转会权、无形资产等具备交易条件的体育要素资源公平、公正、公开流转和便捷、高效交易。支持企业建立产学研协同创新机制，建设产业技术创新战略联盟，开发科技含量高、具有自主知识产权的体育产品。加大对体育知识产权的保护力度，严厉打击各种侵犯体育知识产权的行为。

（五）完善规划布局和用地保障

将公共体育设施建设纳入各级城镇化发展规划，在新区建设中统筹规划体育用地。新建居住区和社区要按室内人均建筑面积不低于0.1平方米或室外人均用地不低于0.3平方米的标准建设健身设施，配置社区体育公园、社区体育中心或社区科学健身指导站。老城区与已建成居住区群众健身设施不达标的，要通过改造、补建等多种方式予以完善，争取在2025年前实现体育设施全覆盖。各地要充分利用郊野公园、城市公园、公共绿地及城市空置场所等建设群众体育设施，进一步扩大城市绿地活动空间。鼓励在旧城改造和已建成居住区中利用原划拨方式取得的存量房产和建设用地兴办体育设施，对符合划拨用地目录的非营利性体育设施项目可继续以划拨方式使用土地；不符合划拨用地目录的经营性体育设施项目，连续经营一年以上的可采取协议出让方式办理用地手续。国有体育事业单位改制后，土地用途符合划拨用地目录的，经批准后可继续以划拨方式使用，不符合划拨用地目录的应依法办理土地有偿使用手续，经评估后以作价出资（入股）等方式处置。

（六）完善人才培养和就业政策

鼓励有条件的高等院校设立体育产业、体育服务相关专业。支持广州体育学院、广东体育职业技术学院、省体育运动学校等院校加强学科建设，调整专业设置，重点发展体育经纪、场馆运营和运动防护等专业。支持高校、科研机构、培训机构和体育企业建立规模化、专业化、市场化的体育产业教学、科研和培训基地，多渠道培养复合型体育人才。加大人才引进力度，重点引进体育经营管理、国际体育交流等领域能力突出、参与过重大经营管理或担任过重大项目负责人以上职务的体育产业人才，鼓励海外高层次体育人才来粤创业和工作。建立体育企业孵化中心、体育行业研发中心，加强创业孵化，研究出台对创新创业人才的扶持政策。建立竞赛表演业经营管理人才培训制度，推行体育经营管理人员信用评价体系。加快体育职业标准制定，建立完善体育职业技能培训及鉴定制度。积极开展退役运动员再就业培训，研究制订鼓励退役运动员从事体育产业及充实中小学专项师资的政策。加强理论研究，探索建立省级体育产业研究智库。

（七）强化宣传引导

加大对发展体育产业相关政策和成果的宣传力度，引导群众增强体育消费观念、养成体育消费习惯，营造全民健身的良好氛围。在广东广播电视台体育频道设立科学健身栏目；鼓励南方日报、羊城晚报、广州日报等平面媒体和各级电台、网络媒体开设体育健身专栏。充分利用好“运动与健康大讲堂”电视专题节目、国民体质监测万里行、全民健身志愿服务等活动平台，共同推广科学健身方式。

（八）加强组织领导

各地要将体育产业发展纳入本地区国民经济和社会发展规划，建立由发展改革、体育等多部门合作的体育产业发展工作协调机制，根据国务院部署和本实施意见要求，结合各地实际，抓紧制订促进体育产业发展的具体措施，并认真抓好落实。各有关部门要加强沟通协调，各司其职，密切配合，形成推动体育产业发展的工作合力。要加强行业管理，加快完善体育统计制度，大力推进体育产业标准化建设。省发展改革委、体育局要会同有关部门加强监督检查和跟踪分析，确保各项政策措施落实到位。

附件：重点任务分工及进度安排表

广东省人民政府
2015 年 7 月 28 日

附件：

重点任务分工及进度安排表

序号	工作任务	负责部门	时间进度
1	取消商业性和群众性体育赛事活动审批；公开年度省级赛事与体育活动综合目录和竞赛规程	省体育局等	2015 年底前完成
2	推进全省体育类社会组织与行政机关脱钩并推进其实体化建设	省体育局、编办、民政厅等	2016 年 6 月前完成
3	试行国际教练员资质与国内职业资格对应认可制度	省人力资源社会保障厅、体育局等	2016 年 6 月前完成
4	深化大型体育场馆管理和运营机制改革	省体育局等	持续实施
5	建设“一圈双核四带多点”的体育产业格局	省体育局、发展改革委等	持续实施
6	打造一批符合市场规律、具有市场竞争力的体育产业基地、体育旅游基地和园区	省体育局、旅游局等	持续实施
7	推动粤港澳国际体育用品博览会暨广东国际体育用品博览会的转型升级	省体育局、商务厅、国资委、旅游局等	持续实施
8	制订青少年校园足球中长期发展规划	省体育局、教育厅等	2016 年 6 月前完成
9	制订专项规划，建设一批汽车露营营地、船艇码头等配套设施	省体育局、住房城乡建设厅、交通运输厅、旅游局等	2015 年底前启动
10	建设省级体育产业资源交易平台	省体育局等	2015 年 10 月前启动
11	广泛开展青少年阳光体育活动，实施“体育艺术 2+1”项目	省教育厅、体育局及团省委等	持续实施
12	建设居民体质体能测定与健康档案大数据平台	省体育局、卫生计生委等	2015 年底前启动
13	推动学校体育设施向社会开放	省教育厅、财政厅	2015 年 10 月底前启动
14	加强对外体育产业协作与交流	省体育局、发展改革委、外办、港澳办、台办等	持续实施
15	落实税费价格财政优惠和支持政策	省国税局、地税局、财政厅、发展改革委、科技厅等	持续实施
16	研究设立省级体育产业发展专项资金	省体育局、财政厅等	2015 年底前启动

广东省人民政府关于贯彻落实《中国制造2025》的实施意见

粤府〔2015〕89号

各地级以上市人民政府，各县（市、区）人民政府，省政府各部门、各直属机构：

制造业是支撑经济增长最重要的基础产业，是经济结构调整和产业转型升级的“主战场”。为贯彻落实《中国制造 2025》战略部署，推动我省制造业转型升级和优化发展，加快实现由制造大省向制造强省转变，制定本实施意见。

一、总体要求

紧紧围绕“四个全面”战略布局，抢抓全球制造业格局重大调整和我国实施制造强国战略的重大机遇，充分发挥我省制造业和信息化发展的基础优势，主动适应和引领经济发展新常态，顺应“互联网+”发展趋势，立足市场需求，突出问题导向，以新一代信息技术与制造业深度融合为切入点，以智能制造为核心和主攻方向，以先进装备制造业为突破口，以企业创新驱动发展为重要抓手，强化工业基础，注重集成应用，坚持走“高端化、智能化、集约化、绿色化”发展道路，争创制造业发展新优势，实现经济中高速增长、产业结构向中高端迈进的“双中高”发展目标。

二、重点领域

（一）新一代信息技术产业

1. 集成电路及关键元器件。突破新型集成电路封装技术，发展高性能通用及专用芯片，提升芯片设计制造能力。以片式化、微型化、集成化、高性能化、无害化为发展方向，增强电子元器件产品性价比和可靠性，促进自主配套。

2. 信息通信设备。加快掌握新型计算、高速互联、先进存储等核心技术，发展第五代移动通信（5G）技术，加快高端路由器、新一代基站、网络安全等设备研发，建立核心信息通信设备体系，扩大应用规模。

3. 操作系统及工业软件。推进云操作系统、工业控制实时操作系统、智能终端操作系统研发和应用，重点突破高端工业软件核心技术，完善集成标准，建设安全测评体系，开发具有国内先进水平的自主工业软件。

4. 新型平板显示。突破低温多晶硅、氧化物背板工艺大规模生产技术，提升 85 代以上薄膜晶体管液晶显示屏面板和 45 代以上有源矩阵有机发光二极管面板生产能力与工艺水平，发展配套有机发光材料、靶材、偏光片、驱动芯片、光刻设备与检测设备。

（二）先进装备制造业

1. 智能制造装备。推进传感器、自动控制系统、工业机器人、伺服和执行部件等智能装置研发和产业化，发展高精密数控机床、工作母机等重大设备和智能化生产线、智能工厂，提升重大智能成套装备集成水平。

2. 船舶与海洋工程装备。发展海洋矿产资源开发装备、大型港口工程装备、深水机器人等先进装备，建设大型深水海洋工程装备、特种船舶、高端游艇和船用发动机研发生产基地。

3. 轨道交通装备。依托珠三角城际轨道交通网络建设，发展轨道交通装备及其关键系统零部件，提升装备自主化能力。研究开发磁悬浮、真空管道等超高速轨道交通技术及相关装备。加快延伸产业链，提高整车配套和生产能力。

4. 节能环保装备。发展节能环保、资源循环利用装备，开发城市垃圾智能分选和处理成套装备、二氧化碳综合利用成套装备以及污染检测和远程诊断、光伏中央空调等高端节能环保装备。

5. 通用航空装备。加强航空关键技术研发，发展通用飞机、水上飞机、无人机、特种飞行器、轻型直升机、机场空管导航监视装备和机场地勤设备，开发地效飞行器、通用航空发动机等高端航空装备。

6. 新能源装备。推进下一代太阳能光伏电池技术、风电关键技术的研发和产业化，突破新型传感测量、通讯信息、电能质量控制、决策支持、超导、分布式电源柔性接入技术等智能电网先进技术，发展核电装备、10 兆瓦级以上风电和光伏发电技术装备。

7. 汽车制造。重点发展汽车整车、新能源汽车和专用车，研发无人驾驶汽车等前沿技术，延伸发展汽车尤其是新能源汽车关键零部件生产，形成与整车生产能力相匹配的系统配套能力。

8. 卫星应用。发展卫星通信、导航、遥感三大领域，拓展卫星在应急救灾、气象监测、通用航空、智能交通、物联网等领域应用，开发北斗卫星空间基准授时、高分辨率高光谱遥感图像处理及应用、空间信息三维显示等技术装备。

（三）新材料产业

1. 高性能复合材料。大力发展高性能纤维及其复合材料、双金属及多金属复合材料、陶瓷基复合材料、高性能生物基复合材料；加快发展新型工程塑料与塑料合金、高性能合成树脂、新型阻燃改性塑料等高分子复合材料。

2. 特种功能材料。加快发展特种功能焊接、喷涂、密封材料，以及相关超导材料、智能材料与超材料；重点发展传感材料、非晶纳米晶合金材料、能量转换和储能材料、环保型可降解塑料、低碳型和环境友好型包装材料等。

3. 稀土与纳米材料。加快发展稀土磁性材料及其制品、稀土功能助剂等高性能稀土材料；大力发展纳米粉体材料、纳米硬质合金材料、纳米膜材料等新型纳米材料。

（四）生物医药产业

1. 蛋白类生物药。推进干细胞大规模扩增、分离和鉴定、干细胞定向分化与筛选、成体干细胞规模化生产与质量控制、干细胞临床应用效果与安全评价等关键技术的研发和产业化，发展重组蛋白药物大品种、抗体药物和联合疫苗、治疗性疫苗、重组疫苗等新型疫苗。

2. 高性能医学诊疗设备。重点发展彩色超声成像设备、磁共振成像系统、核医学影像设备等高性能医学影像设备；培育发展肿瘤治疗设备、图像引导放射治疗装置、血液净化设备等高端治疗设备；加快发展全自动生化检测设备、全自动化学发光免疫分析等体外诊断设备。

3. 特色南药。重点发展岭南道地药材和具有自主知识产权的原创中药新药品种，推进名优中成药品种的二次开发，推进中药饮片生产及质量控制标准化技术的研发和应用，推广中药饮片先进生产工艺。

三、主要任务

（一）建设全国智能制造发展示范引领区。加快实施《广东省智能制造发展规划（2015-2025 年）》，细化时间节点、指标分解和推进步骤，确保各阶段目标如期实现。选择智能装备和关键零部件研发制造、智能制造系统集成与应用服务产业较为集中的集聚区或园区，打造 10 个左右在全国具有较大影响力的智能制造示范基地。大力发展机器人产业，加快发展智能化基础制造与成套装备，重点培育一批智能装备系统集成企业，建设机器人产业发展示范区。推进制造业智能化改造，实施“机器人应用”计划，扶持一批“机器人应用”示范项目，推广重点行业数字化车间，开展智能工厂培育试点。构建智能制造自主创新体系，依托高校科研机构建设国家级、省级智能制造协同创新中心，建设若干具有先进水平的智能制造中央研究院、工程化平台，加强智能制造核心、关键共性技术攻关，突破智能制造核心零部件。提升工业产品智能化水平，推动智能移动终端多样化发展，推动空调、电冰箱、洗衣机等传统家电向智能化方向发展，大力发展智能交通电子信息产品，培育发展智能医疗设备，推广智能轻工日用消费品。到 2017 年，智能装备产业增加值达 3000 亿元，机器人及相关配套产业产值达 600 亿元，制造业万人机器人数量达到 50 台；到 2020 年，智能装备产业增加值达 4000 亿元，机器人及相关配套产业产值达 1000 亿元，制造业万人机器人数量达到 100 台；到 2025 年，制造业智能化深度渗透，规模以上制造企业信息技术集成应用达到国内领先水平，基本建成全国智能制造发展示范引领区和具有国际竞争力的智能制造产业集聚区。（省经济和信息化委、发展改革委、科技厅，各地级以上市政府）

（二）推进信息化与工业化深度融合。运用信息技术改造提升现有产业，推动移动互联网、云计算、大数据、物联网等与现代制造业结合，支持企业信息化、智能化成果应用，培育新型生产方式。推进两化融合贯标，对照国家两化融合管理体系标准，帮助试点企业开展基础建设、单项应用、综合集成、协同创新。推进“互联网 + 制造”，开展工业互联网创新融合试点，推动制造企业开展线上线下、柔性制造、大规模个性定制等制造模式创新试点，促进传统制造模式向基于消费者个性需求的新模式转变。推进工业云平台建设，鼓励大型企业集团建设云服务平台，服务周边地区和中小型企业，形成网络化企业集群，促进产品设计、制造、管理和商务各环节在线协同。促进工业大数据集成应用，支持第三方大数据平台建设，开展工业大数据创新应用试点，发展基于工业大数据分析的工艺提升、智能安排生产、过程控制优化、能耗优化等智能决策与控制应用。到 2017 年，工业互联网试点企业达 150 家，传统产业企业数字化研发设计工具普及率达到 70%，规模以上工业企业关键工序数控化率达到 50%；到 2020 年，工业互联网试点企业达 300 家，传统产业企业数字化研发设计工具普及率达到 75%，规模以上工业企业关键工序数控化率达到 55%；到 2025 年，信息化与工业化实现深度融合，规模以上工业企业信息技术集成应用达到国内领先水平。（省经济和信息化委、发展改革委、科技厅，各地级以上市政府）

（三）推进制造业转型升级和结构调整。深入实施《广东省工业转型升级攻坚战三年行动计划（2015-2017 年）》，推动制造业向高端化、智能化、绿色化方向发展。强化企业自主创新主体地位和作用，支持以企业为主导建立产业技术创新战略联盟和产业共性技术研发基地，实施大型企业研发机构全覆盖行动，完善中小微企业公共服务平台和科技企业孵化器，推进科技创新成果产业化应用。实施新一轮技术改造，以股权投资、贷款贴息、事后奖补等方式，支持企业引进更新信息化、智能化生产设备和技术设备，运用先进适用技术改造生产工艺和业务流程，按照国内外先进标准改造提升现有产品，加快产品升级换代。优化制造业发展布局，推进珠江两岸制造业错位协调发展，珠江西岸重点引进一批国内外先进装备制造业龙头企业和优质项目，打造国内领先、具备国际竞争力的先进装备制造业基地，珠江东岸重点建设一批集成电路、新型显示等龙头项目，打造平板显示、集成电路千亿级产业集群。推动粤东西北产业园区扩能增效，发挥珠三角地区共建作用，支持园区加大招商引资力度，促进优质项目加快落地和投产。到 2017 年，规模以上工业企业研发投入占主营业务收入比重达 1.3%，规模以上工业全员劳动生产率提升至 22 万元 / 人；到 2020 年，规模以上工业企业研发投入占主营业务收入比重达 1.5% 以上，规模以上工业全员劳动生产率提升至 24 万元 / 人；到 2025 年，制造业发展模式基本实现向质量效益型转变，发展动力向创新驱动转变，建成国内领先、具有国际竞争力的现代制造业体系。（省经济和信息化委、发展改革委、科技厅、财政厅、国土资源厅、环境保护厅、住房城乡建设厅、商务厅、国资委、质监局、海洋渔业局，各地级以上市政府）

（四）实施工业强基工程。针对重大工程和重点装备的关键技术和产品急需，支持优势企业开展政产学研用联合攻关，突破关键基础材料、核心基础零部件（元器件）、先进基础工艺、产业技术基础（以下统称“四基”）的工程化、产业化瓶颈。支持一批具有自主知识产权、具备工程化、产业化示范效应的“四基”项目开展示范应用，支持核心关键基础材料、核心基础零部件（元器件）、先进基础工艺的首批次或跨领域应用。推动整机和“四基”企业协同发展，对接国家工业强基发展目录，根据企业与行业发展需求，明确重点产业未来发展方向，定期发布企业强基产品供求信息，编制广东省首台（套）重大技术装备推广应用指导目录，开展国内首台（套）重大技术装备保险补偿机制试点，推动省内首台（套）重大技术装备保险补偿试点工作。到 2017 年，“四基”攻关项目取得突破性进展，20% 的核心基础零部件、关键基础材料实现自主保障，部分达到国内领先水平，形成 5 家左右在国内具有较强影响力的整机和“四基”龙头企业；到 2020 年，40% 的核心基础零部件、关键基础材料实现自主保障，形成 10 家左右在国内具有较强影响力的整机和“四基”龙头企业；到 2025 年，主要的核心基础零部件、关键基础材料实现自主保障，“四基”项目应用广泛开展，部分标志性工艺达到国际领先水平，基本建成较为完善的产业技术基础服务体系，形成整机牵引和基础支撑协调互动的产业创新发展格局。（省经济和信息化委、发展改革委、教育厅、科技厅，各地级以上市政府）

（五）全面推进绿色制造。以主要耗能行业为重点，组织实施节能改造，推进能源智慧化管理，实施能源动态监测、控制和优化管理，持续开展重点企业节能低碳行动，推动建立能源管理体系，提升制造业能效水平。推进园区循环化改造和清洁生产，推动一批省级以上工业园区开展循环化改造，创建国家级循环化改造试点园区，对超标、超总量排污和使用、排放有毒有害物质的重点企业实施强制性清洁生产审核，继续深化粤港清洁生产合作。积极发展节能环保装备，推广应用节能环保新技术、新产品，培育一批“城市矿产”示范基地、再制造产业示范基地等节能环保产业集聚区，推进资源循环利用，培育一批资源综合利用龙头企业。加快淘汰落后和过剩产能，完善落后和过剩产能市场化退出机制，强化能耗、环保、质量、安全等约束机制，综合运用差别电价、补助资金、准入条件、行业标准等政策措施，促进落后和过剩产能加快退出。促进工业污染减排，全面推动工业锅炉污染整治，强化重点行业污染物排放的综合治理。到 2017 年，单位工业增加值能耗比 2014 年下降 9%，达到国内领先水平，完成国家下达的节能降耗、淘汰落后和过剩产能任务，二氧化硫、化学需氧量、氮氧化物、氨氮排放量控制在国家下达的目标范围内；到2020年，单位工业增加值能耗比2014年下降15%；到2025年，制造业绿色发展和主要产品单位能耗达到世界先进水平，基本形成高效、清洁、低碳、循环的绿色制造体系。（省经济和信息化委、发展改革委、环境保护厅，各地级以上市政府）

（六）提升质量品牌和知识产权运用保护能力。提升制造业产品质量，引导企业应用卓越绩效管理、六西格玛、精益生产等先进质量管理技术和方法，建设一批质量控制与技术评价公共服务平台，推动广东制造企业开展优质制造。完善质量管理体系，建立企业质量安全控制关键岗位责任制，推动大中型企业设立首席质量官，推动企业建立全员、全方位、全过程的质量管理体系，建立质量失信“黑名单”制度，建设质量信息信用平台，利用物联网技术建设重要产品质量追溯体系。加强制造业品牌培育，建设一批全国和省“知名品牌创建示范区”“出口产品质量安全示范区”，支持名牌企业联合打造网上“广东名牌商城”。强化质量基础建设，建设国家技术标准创新基地（华南中心），加快建设一批国家级先进制造业计量测试中心、国家级质检中心等公共检测服务平台。加强知识产权运用和保护，加强重点领域关键核心技术的知识产权储备和全球化战略布局，全面推行《企业知识产权管理规范》国家标准，支持组建产业知识产权联盟，推进解密国防知识产权市场化运用，建立健全知识产权分析评议机制，壮大知识产权交易机构，深化知识产权金融创新，鼓励和支持专利高端运营和跨国知识产权许可。到2017年，制造业产品合格率稳定在92%以上，制造业竞争力指数达到84.5；到2020年，制造业产品合格率稳定在93%以上，制造业竞争力指数达到85；到2025年，制造业竞争力指数达到86.5，主要制造业产品质量达到国际先进水平，形成一批具有核心竞争力的知识产权密集型企业，基本实现广东产品向广东品牌转变。（省质监局、知识产权局、经济和信息化委、商务厅、金融办，各地级以上市政府）

（七）促进大中小企业协调发展。落实大型骨干企业培育发展政策措施，加大本土企业培育力度，帮扶一批高成长民营企业发展，加快推动年主营业务收入超10亿元、超20亿元、超50亿元的后备骨干企业上台阶。创新完善中小微企业投融资机制，着力缓解小微企业融资难、融资贵问题。实施促进小微企业上规模的专项政策，在融资担保、税费优惠、资金扶持、辅导培训、企业减负等方面给予重点倾斜。促进企业兼并重组，支持我省制造企业通过海外并购重组获取欧美发达市场知名品牌、高新技术、营销渠道、高端人才等资源，支持一批创新型企业收购境外研发机构，推进省属国有企业深化产权多元化改革，引进央企、民企、外企等战略投资者参资入股。到2017年，全省年主营业务收入超1000亿元工业企业达13家左右、超100亿元工业企业达125家左右，累计推动8000家小微工业企业上升为规模以上企业；到2020年，全省年主营业务收入超1000亿元工业企业达15家左右、超100亿元工业企业达165家左右；到2025年，全省年主营业务收入超1000亿元工业企业达20家左右、超100亿元工业企业达260家左右，大型骨干企业规模实力稳步增强，中小微企业蓬勃发展。（省经济和信息化委、发展改革委、科技厅、财政厅、商务厅、国资委、金融办，人行广州分行、广东银监局，各地级以上市政府）

（八）积极发展服务型制造和生产性服务业。推动制造业服务化，鼓励制造企业发展集成服务，支持有条件的企业由提供设备向提供系统集成总承包服务、由提供产品向提供整体解决方案转变，依托先进制造业基地培育一批高水平、广覆盖的省级生产性服务业功能区。大力发展工业设计，引导大型工业企业建设内部工业设计机构，建设国家级、省级工业设计中心，加快引进国外知名设计机构，构建工业设计公共服务平台，支持工业设计在新材料、新技术、新工艺、新装备等方面的研发应用，促进工业设计向高端综合设计服务转变。加快发展现代物流，建设物流公共信息平台和货物配载中心，推进物流信息化、标准化建设，加强珠三角物流一体化和信用体系建设，推广现代物流技术装备，依托产业集群建设一批重点行业生产服务型物流园区。加强供应链管理，支持一批供应链管理龙头企业做大做强，强化物联网技术在供应链管理中的应用，实现对原材料、零部件、半成品、产成品和产品消费全过程识别和跟踪，促进生产和销售信息同步共享、消费需求及时反馈。加强行业电子商务平台建设，支持制造企业利用电子商务转型升级，开展移动电子商务产业基地和创新基地试点示范。加强电子商务服务体系建设，开展工业电子商务区域试点，加快第三方电子商务综合服务平台发展，支持各地建设电子商务产业基地和园区。到2017年，培育30个省级生产性服务业功能区、10家国家级工业设计中心，社会物流总费用占GDP比重下降到14.5%左右，电子商务交易额突破5.6万亿元；到2020年，社会物流总费用占GDP比重下降到14%左右，电子商务交易额超过8万亿元，制造业服务化新业态新模式不断涌现，生产性服务业增加值占服务业比重达到国内领先水平；到2025年，社会物流总费用占GDP比重达到国际先进水平，供应链专业化应用水平达到世界领先行列，规模以上企业基本实现电子商务应用。（省经济和信息化委、商务厅，各地级以上市政府）

（九）提高制造业国际化发展水平。培育制造业跨国企业，支持我省装备制造龙头企业扩大装备出口，引导龙头企业带动上下游配套企业，“结伴出海”建设境外工业园区，鼓励企业建立海外研发中心，多种形式利用海外创新资源，融入全球创新网络，形成一批在部分先进技术领域具有较强国际话语权的本土制造业跨国企业。推进加工贸易转型升级，强化政府服务和政策支持，引导加工贸易向设计、研发、服务等产业链高附加值环节延伸，支持加工贸易产品内销电子商务平台建设，拓展企业发展空间。扩大制造业开放合作，开展广货全球行，推动企业加强与境外经销商的直接对接，加快建设境外广货展示展销中心，鼓励企业参与“一带一路”沿线国家的基础设施建设，推动工程机械、输变电、轨道交通、光伏、船舶等装备和产品加快扩大国际市场份额，支持企业抱团走出去参与境外资源能源项目合作开发，支持制造企业境外上市，提高利用外资水平。到2017年，年销售收入超100亿美元的本土制造业跨国企业达到10家左右；到2020年，年销售收入超100亿美元的本土制造业跨国企业达到13家左右，加工贸易机电、高新技术产品出口占比显著提升；到2025年，形成一批具有显著国际影响力、在行业内位居世界前列的跨国龙头制造企业，加工贸易整体水平显著提高，实现由规模速度型向质量效益型转变。（省商务厅、发展改革委、经济和信息化委、科技厅，各地级以上市政府）

四、保障措施

（一）加强组织领导。建立制造强省建设工作协调机制，强化部门协调和上下联动，形成工作合力，确保各项任务落实到位。省经济和信息化委要会同有关部门加强跟踪分析和督促指导，重大事项及时报告省政府。依托广东省智能制造专家委员会，设立广东省制造强省建设咨询委员会，加强对制造强省建设的智力支持。（省各有关单位，各地级以上市政府）

（二）深化改革创新。全面推进制造业领域深化改革，营造市场化、法治化、国际化营商环境。贯彻实施企业投资准入负面清单、行政审批清单和政府监管清单，落实企业投资自主权，促进民间资本投入制造业领域。深化行政审批制度改革，推行行政审批标准化，优化审批流程，缩短审批时限。推进社会信用体系建设，努力营造公平竞争的市场环境。（省发展改革委、编办、经济和信息化委、国资委、工商局，各地级以上市政府）

（三）加快信息基础设施建设。实施广东省信息基础设施建设三年行动计划，大幅扩容升级互联网骨干网和城域网，建设全光纤网络城市，推动珠三角建设全国首个宽带城市群。实施宽带乡村工程，在人口密集区域实现光纤到自然村。建设连接省市县的万兆级电子政务骨干网络。加快铁塔基站建设，推进铁塔基站共建共享。推动公益性公共区域和商业性公共场所WLAN服务全覆盖。（省经济和信息化委、发展改革委，省通信管理局，各地级以上市政府）

（四）加大政策支持力度。贯彻落实各项税收优惠政策，加大收费清理，切实减轻企业负担。统筹安排产业发展和科研、技术创新等专项资金，重点向制造业倾斜。综合运用货币信贷政策工具，引导金融机构对先进制造业项目优先给予信贷支持。发展创业投资基金，加大对制造业领域创新创业的支持力度，推动形成大众创业、万众创新的良好局面。（省发展改革委、科技厅、财政厅、经济和信息化委、人力资源社会保障厅、地税局、金融办，省国税局、人行广州分行，各地级以上市政府）

（五）加强人才队伍建设。以国际化视野建立完善制造业领域引人、用人和育人机制，集聚、培养一批掌握世界尖端技术的高端人才和创新团队。组织实施企业经营管理人才素质提升工程，健全企业家成长激励机制，提高企业家和经营管理队伍整体水平。推动职业院校（技工学校）与制造企业合作，鼓励骨干企业与高等院校开展协同育人，提高技术技能人才培养的针对性、有效性。（省人力资源社会保障厅、教育厅、科技厅，各地级以上市政府）

（六）发挥示范引领带动作用。围绕重点领域，规划建设一批辐射带动作用强的制造业示范基地，推动形成新的经济增长极。建立健全重大制造业项目动态跟踪服务机制，协调解决项目建设中遇到的困难和问题。省政府定期组织对各地、各部门工作落实情况开展专项督查，对重点工作任务完成较好的地市予以通报表扬，对工作任务推进不力的地市进行约谈。（省发展改革委、经济和信息化委、国土资源厅、环境保护厅、商务厅、海洋渔业局，各地级以上市政府）

广东省人民政府
2015年9月12日

广东省人民政府关于复制推广中国（广东）自由贸易试验区首批改革创新经验的通知

粤府〔2015〕127号

各地级以上市人民政府，各县（市、区）人民政府，省政府各部门、各直属机构：

设立中国（广东）自由贸易试验区（以下简称广东自贸试验区），是党中央、国务院作出的重大决策，是在新形势下推进改革开放和促进内地与港澳深度合作的重要举措。广东自贸试验区成立以来，省有关单位以制度创新为核心，率先挖掘改革潜力，破解改革难题，在加快政府职能转变、积极探索管理模式创新、促进贸易和投资便利化等方面形成了一批可复制、可推广的改革创新成果。根据省委、省政府部署，将在全省范围内复制推广广东自贸试验区首批改革创新经验。现就有关事项通知如下：

一、可复制推广的主要内容

（一）在全省范围内复制推广的改革事项（23项）

1．投资便利化领域（9项）：建立“一口受理，同步审批”的“一站式”服务模式、在实施企业登记注册“三证合一”的基础上实行“多证合一”、制订行政违法行为提示清单、电子营业执照和全程电子化登记管理、“互联网+”税收服务、国地税联合办税、税务网上区域通办、税银合作“税融通”、网上申领普通发票速递免费配送。

2．贸易便利化领域（13项）：国际转运自助通关新模式、加工贸易手册管理全程信息化改革、海关原产地管理改革、征免税证明无纸化改革、企业注册登记业务“关区通办”、跨境电商商品溯源平台、进口食品快速放行模式、进口酒类分类管理、检验检疫原产地签证清单管理、入境维修“1+2+3”监管模式、进境动物检疫许可流程再造、检验检疫无缝对接内陆“无水港”、建立检验检疫“电子证书”模式。

3．金融创新领域（1项）：跨境支付工具创新。

（二）在全省相关范围内复制推广的改革事项（4项）

1.在全省海关特殊监管区复制推广的改革事项(2项)：陆路跨境快速通关、国际中转食品监管。

2．在广州、深圳、珠海市复制推广的改革事项（2项）：自贸试验区港区一体化运作、小规模纳税人简并征期。

二、高度重视推广工作

复制推广广东自贸试验区首批改革创新经验，是我省抢抓战略机遇，主动适应经济发展新常态，全面提升对外开放水平的强有力保障。各地、各部门要进一步提高认识，切实将思想和行动统一到省委、省政府工作部署上来，认真做好相关改革创新经验的复制推广工作，逐步构建与开放型经济发展要求相适应的新体制、新模式，促进国际国内要素有序自由流动、资源高效配置、市场深度融合，加快培育国际竞争新优势。

三、加强组织实施

各地、各有关部门要结合本地、本部门实际，将推广广东自贸试验区可复制改革创新经验作为本单位重点工作，进一步加强督促指导，建立健全省市联动、部门配合、责任明确的复制推广工作机制，推动有关改革试点经验尽快落地实施。省各有关单位要抓紧制订复制推广工作方案，明确具体任务、时间节点和可检验的成果形式；要根据各地实际进行分类指导，并加大组织实施力度，有序推进各项工作，确保取得实效。

中国（广东）自由贸易试验区工作领导小组办公室要加强统筹协调，牵头协调各地、各部门定期对广东自贸试验区改革创新经验的复制推广效果进行检查评估，并加快探索形成更多可复制推广经验，为全省乃至全国深化改革和扩大开放提供示范和借鉴；要积极协调解决相关改革创新经验复制推广过程中遇到的重大问题，重要情况及时报告省政府。

附件：中国（广东）自由贸易试验区首批可复制推广改革创新经验任务分工表

广东省人民政府

2015 年 12 月 21 日

附件

中国（广东）自由贸易试验区首批可复制推广改革创新经验任务分工表

序号	试点事项	实施内容	牵头部门	复制推广范围
1	建立“一口受理，同步审批”的“一站式”服务模式	推行行政审批标准化，编写行政审批办事指南和业务手册，优化、重组审批服务流程，减少不必要的环节和申请材料，细化量化审批裁量标准。在此基础上，依托实体、网上综合政务服务平台，实行审批和服务事项“前台综合受理、后台分类审批、审批限时办理、统一窗口出件”的“一站式”高效服务模式。	省编办	全省范围
2	在实施企业登记注册“三证合一”的基础上实行更多证照合一	将企业登记时依次申请工商营业执照、组织机构代码证和税务登记证，改为一次申请、由工商行政管理部门核发一个加载法人和其他组织统一社会信用代码营业执照的“三证合一”登记制度，实现“一表申请、一窗受理、一企一码、一网互联、一照通用”。同时，鼓励有条件的地市探索将外商投资企业备案证明、社保登记证、海关报关单位注册登记证书、对外贸易经营者备案表、食品经营许可证、刻章许可证等证照合并到营业执照，实现多证照合一。	省工商局	全省范围
3	制订行政违法行为提示清单	由政府市场监管部门对现行法律法规相关条款进行梳理，对商事主体行政违法行为列出清单，提示所有市场主体违法风险。同时，建立查询系统，方便企业在网上快速查询到涉及自身实际经营行为的法律指导和行为提示。	省工商局	全省范围
4	电子营业执照和全程电子化登记管理	建立适应“互联网+”的工商登记数字证书管理系统，推行全国统一标准规范的电子营业执照，推动电子营业执照在电子政务、电子商务领域的应用。实现以电子营业执照为支撑的网上申请、网上受理、网上审核、网上发照和网上公示的全程电子化登记模式。加具电子签名的电子文件、电子档案与纸质形式材料具有同等法律效力。	省工商局	全省范围
5	陆路跨境快速通关	允许经海关注册登记的海关特殊监管区域内的一般信用（原 B 类）、一般认证（原 A 类）及高级认证（原 AA 类及 AEO）企业，采用跨境快速通关和先入区后报关模式，叠加“电子关锁”和“智能化卡口”措施，实现货物在境外陆路口岸与自贸试验区内海关特殊监管区域之间的快速通关模式。	海关广东分署	全省海关特殊监管区域
6	国际转运自助通关新模式	建立港口码头作业信息化系统，实现与海关管理系统数据实时交换，取消纸本申报和人工审核手续，国际转运货物可无纸化申报，通关数据自动转换、对碰，系统自动审核、放行、核销，实现 24 小时全天候自助通关。该模式下，货物转驳时间由原来的 1–2 天缩短为 3–5 小时，卸船理货报告生成时间从原来的 6 小时左右大幅减少到 5 分钟左右，实现国际转运船对船作业。	海关广东分署	全省范围
7	加工贸易手册管理全程信息化改革	加工贸易企业办理加工贸易手册设立至核销以及外发加工、深加工结转等各环节业务时，可通过联网数据传输、纸质单证扫描等方式申报电子数据，无需现场递单和多次往返海关，实现在线办理、在线审核、一证多用，大大简化各业务环节的手续。	海关广东分署	全省范围
8	海关原产地管理改革	对进口符合《中华人民共和国海关进出口货物优惠原产地管理规定》（总署令 181 号）规定的自香港 CEPA、澳门 CEPA、ECFA 优惠协定项下进口货物，海关已收到出口方传输的原产地证书电子数据的货物，进口单位申报进口时免于提交纸质原产地证书；对 ECFA 项下，可通过查验集装箱封志的方式判定经第三方中转货物是否符合直接运输要求。	海关广东分署	全省范围
9	征免税证明无纸化改革	减免税申请人及其主管海关按照《减免税管理办法》及有关进口税收优惠政策办理减免税审核确认手续后，相关《征免税证明》的电子数据已通过 H2010 系统传输至进口口岸的，主管海关无须签发纸质《征免税证明》，减免税申请人或其委托人凭 H2010 系统《征免税证明》电子数据办理进口减免税货物申报手续，进口口岸海关凭 H2010 系统《征免税证明》、报关单及随附单证等电子数据办理通关手续，无须再验核纸质《征免税证明》。	海关广东分署	全省范围
10	企业注册登记业务“关区通办”	允许在同一行政区划内的企业，可自主选择到该行政区划内的任一隶属海关、现场业务处办理企业注册登记、变更等手续，实现企业注册登记业务“关区通办”。	海关广东分署	全省范围
11	自贸试验区港区一体化运作	实施报关单与舱单的两位关区代码匹配，对同一主管海关辖下不同港区、不同关区代码项下货物，企业可自由选择通关手续办理地点，实现“数港如一港”的运作模式。不同港区进出的货物可在同一海关进行申报、审核、查验、放行等作业，提高通关效率和贸易便利化水平。	海关广东分署	广州、深圳、珠海市
12	跨境电商商品溯源平台	在检验检疫公共服务平台建立跨境电商商品溯源平台，消费者输入订单号、快递单号或身份证号任意一项，即可快速查询商品货号、商品名称、检验检疫备案号、申报原产国等 18 项商品信息，实现“源头可溯、去向可查”。	广东、深圳、珠海出入境检验检疫局	全省范围
13	进口食品快速放行模式	综合运用检查、检测、评估、验证、认可等各种手段对进口食品实施合格评定，对进口的食品实施分级分类管理，按照进口企业信用记录和质量保证能力进行量化分类，分别实施审单放行、查验放行、抽样放行、检测放行四种监管模式，打破批批检验的旧模式，对于负面清单外的一般风险进口食品，按照企业类别分别享受不同比例报检批次审单放行的快速通关模式。	广东、深圳、珠海出入境检验检疫局	全省范围
14	国际中转食品监管	明确国际中转食品免于检验、免于中文标签、免于前置性准入要求（相关食品安全法规有规定的除外），对原柜直接转运的国际中转食品免于现场查验，对不同检疫风险的国际中转食品设定不同的现场查验比例。	广东、深圳、珠海出入境检验检疫局	全省海关特殊监管区域
15	进口酒类分类管理	突破进口食品批批检验传统模式，对进口酒类实施以风险分析为基础的分类分级检验模式，通过开展收货人分类、产品风险分级和检验检疫项目风险分类，依托电子监管系统执行差别化的抽批、抽采样规则，实现进口食品的差别化监管与动态升降级，实施从 10% 至 100% 的差别化的抽检规则。	广东、深圳、珠海出入境检验检疫局	全省范围
16	检验检疫原产地签证清单管理	依托签证业务和退证查询数据分析，建立原产地签证清单，结合产品国产化水平评估、主要原材料/零部件来源及其他原产地判定影响因素，设定敏感产品清单，优化签证流程，实现“清单外产品即报即签，清单内产品快审快签”的便利化原产地签证模式。	广东、深圳、珠海出入境检验检疫局	全省范围

（续上表）

序号	试点事项	实施内容	牵头部门	复制推广范围
17	入境维修“1+2+3”监管模式	创新“1+2+3”入境维修产品检验监管模式，即“创新一项制度，完善两个管理，落实三种责任”。一是创新入境维修企业“能力评估”制度，从维修软硬件保障、废弃物处理、知识产权保护等多个方面对企业实施能力评估。二是完善“风险管理”和“信息化管理”，对于通过能力评估的企业给予免于其装运前检验等便利化通关措施。三是落实企业、行业协会和监管部门质量共治责任，落实企业质量主体责任。	广东、深圳、珠海出入境检验检疫局	全省范围
18	进境动物检疫许可流程再造	由检验检疫各分支机构负责企业备案、进境动物指定隔离场考核、进境非食用动物产品定点生产、加工、存放单位的指定等工作。	广东、深圳、珠海出入境检验检疫局	全省范围
19	检验检疫无缝对接内陆“无水港”	从海港入境的国际船舶和货物通过信息化平台申报并申请中转分流，在入境口岸仅需实施船舶检疫、货物预防性检疫处理和放射性检测，即可转小型船舶运往内陆“无水港”，由“无水港”所在地检验检疫机构同步接收分流信息，并在货物到达后进行检验。	广东、深圳、珠海出入境检验检疫局	全省范围
20	建立检验检疫“电子证书”模式	通过建立“宜检通服务平台”，将进口货物的纸质检验检疫证书改为电子证书，简化检验检疫证书签证流程，并提供自助查询和打印服务，加快货物入境后流转效率。同时该平台具备信息公开功能，不仅进口企业可以登录查询，消费者亦可通过货物品名和进口代理商名称等信息进行证书信息查询。	广东、深圳、珠海出入境检验检疫局	全省范围
21	“互联网+”税收服务	整合门户网站、征管系统、移动终端、自助办税等服务资源，实现“互联网+”在税收领域的有效运用，为纳税人提供网上预约办税、网上自主办税等服务，实现办税渠道、涉税事项、服务手段全覆盖。	省国税局、地税局，深圳国税局、地税局	全省范围
22	国地税联合办税	建立国税、地税合作机制，实现国税、地税局窗口和后台业务联合办理。纳税人在办理变更税务登记、纳税申报等涉税业务时只需向一个窗口提出申请，由国、地税局工作人员内部流转办结后一窗出件，实现“一窗联办”国税、地税局两家业务。	省国税局、地税局，深圳国税局、地税局	全省范围
23	税务网上区域通办	办税服务厅按照统一流程和标准运作，办税服务厅之间信息系统可兼容、共享，实现税务登记、纳税申报、发票代开、减免税备案、纳税证明等 8 类 16 项常用涉税业务事项的区内通办服务，区内纳税人可在任一办税服务点办理各类税收业务事项，推行常用涉税业务事项网上区域通办。	省国税局、地税局，深圳国税局、地税局	全省范围
24	税银合作“税融通”	税务部门与银行部门建立信息共享机制，与银行联合推出“税融通”服务，银行对 A 级纳税信用级别的纳税人给予融资便利，满足依法诚信纳税的中小企业融资需求，改善中小企业担保弱、融资难问题。	省国税局、地税局，深圳国税局、地税局	全省范围
25	小规模纳税人简并征期	对暂未发生经营、未购买发票的小规模纳税人，将增值税按月申报改为按季申报，在每季度结束后 15 日内进行申报，减轻小规模纳税人纳税负担，降低因未按时申报面临违章处罚的潜在风险。	省国税局、地税局，深圳国税局、地税局	广州、深圳、珠海市
26	网上申领普通发票速递免费配送	地税部门为 A 级纳税人提供网上申领普通发票速递配送服务，发票领购纳税人在电子办税厅“发票在线”模块提交申请，收到系统的回执信息后等待发票配送即可，普通发票由地税部门免费快递配送。	省地税局，深圳地税局	全省范围
27	跨境支付工具创新	积极推动公共服务领域的支付服务向粤港澳三地银行业开放，促进金融 IC 卡在全省公共交通、医疗教育、生活服务等公共服务领域的应用。	人行广州分行，省交通运输厅、教育厅、工商局、卫生计生委	全省范围（应用领域：公共交通、教育、生活服务等公共服务领域）

广东省人民政府关于促进内贸流通健康发展的实施意见

粤府函〔2015〕298号

各地级以上市人民政府，顺德区人民政府，省政府各部门、各直属机构：

为贯彻落实《国务院关于推进国内贸易流通现代化建设法治化营商环境的意见》(国发〔2015〕49号)和《国务院办公厅关于促进内贸流通健康发展的若干意见》(国办发〔2014〕51号)精神，进一步深化内贸流通体制改革，创新现代流通方式，完善城乡流通网络，积极挖掘消费潜力，做大做强商贸服务业，结合我省实际，现提出以下实施意见：

一、加快推进现代流通方式发展

（一）加快推进电子商务发展。深入贯彻《国务院关于大力发展电子商务加快培育经济新动力的意见》(国发〔2015〕24号)，以创新开展“广货网上行”活动为抓手，整合生产、销售和第三方服务等全产业链资源，进一步拓展网络消费。支持利用信息技术促进贸易创新发展，推动传统制造业、商贸流通业、居民生活服务、休闲娱乐、旅游、金融等领域电子商务应用，推广“网订店取”“网订店送”等新型配送模式，促进线上线下融合发展。推进商务领域大数据公共信息服务平台建设，将“广货网上行”官网打造成省级电子商务公共服务平台。深入推进国家电子商务示范城市、示范基地和示范企业建设，加快培育本土电子商务标杆企业。大力推进农村地区及农产品流通领域电子商务应用。加快推进电子发票应用，完善电子会计凭证管理配套措施。落实国务院《注册资本登记制度改革方案》，完善市场主体住所（经营场所）管理。在控制风险基础上鼓励支付产品创新，营造商业银行和支付机构等支付服务主体平等竞争环境。

（二）大力推进商贸物流发展。以托盘标准化及循环共用为切入点，深入推进物流标准化建设。加强物流信息化建设，打造一批跨区域物流综合信息服务平台。提高物流社会化、专业化水平，支持电子商务与物流快递协同发展。深入实施“快递下乡”工程，加快推进城市共同配送体系建设，将城市配送基础设施布局纳入城乡规划，总结推广广州、东莞市开展城市共同配送试点经验，推动城市配送车辆统一标识管理，保障运送生鲜食品、主食制品、药品等车辆便利通行。允许符合标准的非机动快递车辆从事社区配送。支持商贸物流园区和仓储企业转型升级，经认定为高新技术企业的第三方物流和物流信息平台企业，依法享受高新技术企业相关优惠政策。

（三）促进连锁经营发展。以电子商务、信息化及物流配送为依托，推进发展直营连锁，规范发展特许连锁，引导发展自愿连锁。以提高连锁经营企业核心竞争力和连锁经营效率为核心，支持连锁经营企业跨地区开设连锁店，建设配送中心，加快连锁经营企业信息化建设，推动连锁经营向更广范围、更宽领域发展。支持连锁经营企业建设直采基地和信息系统，提升自愿连锁服务机构联合采购、统一分销、共同配送能力。引导便利店、综合服务社等业态进入社区和农村，规范和拓展代收费、代收货等便民服务功能。鼓励超市、便利店等场所依法依规发展便民餐点。

二、完善现代流通基础设施

（四）加快建设城乡一体化的现代流通网络。加强商业网点规划与城乡规划的衔接，促进大型商业网点合理布局，加快构建农产品、工业品双向畅通的流通网络。制订政府鼓励的流通设施目录，对纳入目录的项目在土地利用年度计划和土地供应计划中予以安排。发挥中心城市的辐射带动作用，打造不同层级的商贸城市、商业中心群、大型购物中心和城市商业功能街区，促进消费集聚。引导大型流通企业进农村，培育一批集零售、餐饮、文化、生活、配送于一体的多功能乡镇商贸中心，促进城乡一体化发展。

（五）促进商品交易市场转型升级。发挥各地优势和产业特色，大力推进专业市场和市场集群升级改造，支持年交易额超百亿元的商品交易市场不断发展壮大。对城区商品批发市场异地搬迁改造，政府收回原国有建设用地使用权的，可采取协议出让的方式安排商品批发市场用地。鼓励商品交易市场商业模式创新和信息化应用，拓展商品展示营销、研发设计、品牌孵化、检测回收、电子商务、物流配送和商务服务等功能。重点培育建设进口商品交易中心，构建“国际采购－进口－销售”一体化现代交易平台。拓展国内商品市场对外贸易功能，打造一批功能完善、管理规范、辐射面广的内外贸结合市场。加强批发市场周边道路、停车位、公交停靠站点等交通设施规划建设，优化客货运交通组织，切实解决批发市场物流配送难的问题。

（六）推动农产品流通体系建设。加大财政性资金和政策支持力度，加快推进产地集配中心、标准化冷库以及农产品冷链物流等公益性基础设施和农产品批发市场信息平台建设。全面推进农超、农餐对接，推进农产品直采直购，完善产销衔接体系。鼓励引导民营资本参与投资经营，做好公益性批发市场发展规划与土地利用总体规划、城乡规划的衔接，培育一批公益性农产品批发市场。落实农产品批发市场、农贸市场城镇土地使用税和房产税优惠政策。

（七）加快居民生活服务行业发展。严格执行国家关于城市居住区规划设计规范对公共服务设施的相关规划标准，落实新建社区商业和综合服务设施面积占社区总建筑面积不低于 10% 的政策。整合各类社会资源，建设公益性家政服务网络中心，加快培育一批龙头家政服务企业，健全养老护小型家政服务人员培训体系，扩大家政服务供给，提升服务水平。完善餐饮行业标准体系，研究制定《粤菜标准体系框架结构》等地方标准。按照国家统一部署，加快生活性服务业“营改增”步伐，积极落实国家对小微企业增值税和营业税优惠政策，进一步促进生活性服务业小微企业发展。

（八）推进绿色循环消费设施建设。鼓励商业企业运用绿色低碳节能设备设施，推动节能技术改造，在具备条件的商业企业推广分布式光伏发电，试点夹层玻璃光伏组件等新材料产品应用，培育一批集节能改造、节能产品销售和废弃物回收于一体的绿色市场、商场和饭店。支持流通企业与绿色低碳商品生产企业（基地）对接，推广绿色低碳采购，打造绿色低碳供应链，倡导绿色消费。逐步完善报废机动车回收拆解企业规划布局，积极鼓励相关企业加快升级改造，推进报废汽车资源综合利用。

三、深化内贸流通支撑体系建设

（九）创新内贸流通管理体系。健全内贸流通行政管理的权力清单、部门的责任清单和市场准入的负面清单，建立适应大流通、大市场发展需要的流通管理体制。推动流通行业协会改革，鼓励通过政府购买服务的形式，充分发挥其连接政府与企业的纽带作用。支持广州市开展国内贸易流通体制改革发展综合试点，坚持以制度创新为核心，推动专业批发市场、零售、会展、生活服务业等传统流通领域转型升级，加快推进电子商务、商贸物流、融资租赁等新业态创新发展，探索建立新型流通管理体制，深化监管方式改革，形成更多的可复制可推广的经验和模式，带动全省流通业改革创新。

（十）培育大型流通企业集团。引导优势流通企业采取参股、控股、兼并、合资、合作等方式做大做强。落实国家推进国有流通企业兼并重组有关政策，鼓励各类投资者参与国有流通企业改制重组，推进混合所有制发展。督促达到标准的流通企业依法进行经营者集中申报。鼓励和引导金融机构加大对流通企业兼并重组的金融支持力度，提高对商贸企业综合授信额度。鼓励具备条件的流通企业“走出去”，建立海外营销、物流及售后服务网络。各地要建立重点流通企业台账服务制度，对促进地区消费贡献突出、营业额排名前列的批发市场、大型商场、连锁超市、物流配送等企业，采取挂点联系和“一企一策”等方式，协调解决企业的实际困难。

（十一）推动中小商贸流通企业发展。贯彻落实商务部《关于促进中小商贸流通企业健康发展的指导意见》（商流通函〔2014〕919 号），积极推动有条件的地市开展中小商贸流通企业公共服务平台建设，依托平台优势开展贸易洽谈、展览展销、采购对接、购物促销、电子商务等服务。整合社会服务资源，为中小商贸流通企业提供优质的咨询和推广服务。落实小微企业融资支持政策，推动商业银行开发符合商贸流通行业特点的融资产品，在风险可控的基础上，发展商圈融资、供应链融资，完善小微商贸流通企业融资环境。

四、实施扩内需、促消费工程

（十二）继续办好全省消费促进月活动。依托重点商贸流通企业，通过省市联动，每年举办不少于 600 场消费促进活动，各地至少在当地举办 2-3 场规模较大的促销展销活动。鼓励创新促销方式，支持“商文结合”“商旅结合”“商娱结合”“商展结合”。拓展文化旅游、休闲娱乐、教育培训、养老服务、家政服务、医疗保健、体育健身、信息消费等。公安、消防、城管等有关部门要积极支持流通企业举办各类促销活动，确保活动安全有序举行。

（十三）促进消费结构升级和模式创新。加快推动高新产品进入消费领域，引导生产企业研发更符合市场需求的产品，促进耐用消费品更新换代。积极促进汽车消费，开展汽车销售、维修、置换等联展促销活动，研究制定鼓励性的新能源汽车应用和充电基础设施补助政策。鼓励“网下体验、网上下单”或“线上营销、线下成交”相结合的新型消费模式。支持发展信用消费，鼓励竞争，改善电子支付环境。加强银商合作，扩大银行卡使用范围，方便刷卡消费。

（十四）建立和完善商贸流通业统计监测体系。做好消费指标分析，加强信息、住房、旅游休闲、教育文体、养老健康家政等领域的消费情况分析。充实样本企业数量，优化样本企业结构，拓展稳定的统计数据来源。加强市场监测和信息引导，提高市场调控的预见性和针对性。

五、切实改善营商环境

（十五）降低流通企业营商成本。继续实施降低流通费用、提高流通效率行动计划，对涉企行政事业性收费、政府性基金和实施政府定价或指导价的经营服务性收费实行目录清单管理，完善公示制度，加大对违规收费的查处力度。进一步推进工商用水同网同价政策全面实施。鼓励大型商贸企业参与电力直接交易。落实跨地区经营企业总分支机构汇总纳税政策。规范银行卡业务市场，促进收单机构合规经营，切实落实银行卡刷卡手续费定价相关规定。

（十六）消除区域市场壁垒和行业垄断。着力破除市场壁垒，不得滥用行政权力制定含排除、限定竞争等内容的规定，不得限定或变相限定单位或个人经营、购买、使用指定经营者提供的商品。开展专项清理工作，重点整治设置地区封锁、阻碍商品自由流通等行为，取消针对外地企业、产品和服务设定歧视性收费项目、实行歧视性收费标准或规定歧视性价格等行为。

（十七）进一步规范市场秩序。坚持属地管理原则，减少执法层次，实现市场监管与执法重心下移。根据不同层级政府事权和职责，推广商务综合行政执法试点城市经验，扩大试点范围，加强商务综合行政执法队伍建设。大力推行在线监管、信用监管、溯源监管等现代监管模式，重点加强农产品、食品药品、电子商务等行业领域监管。完善网络商品的监督抽查、风险监测、源头追溯、质量担保、损害赔偿、联合办案等制度，依法惩治侵权假冒违法行为，切实保护消费者合法权益。健全举报投诉办理和违法行为曝光机制，严肃查处违法违规行为，进一步规范市场秩序。

（十八）加快商务信用建设。认真落实国家有关工作部署，深入开展商务诚信体系建设试点，整合公安、工商、税务、质监、金融、卫生等部门的信息资源，加快建设全省商务诚信公共服务平台。推动物流企业建立基于诚信交易单数、纠纷处理等指标为基础的信用等级评价，引导零售企业开展商品质量、服务水平、购物环境等消费体验评价。支持第三方机构开展具备信誉搜索、同类对比等功能的综合评价，鼓励行业组织开展以信用记录为基础的第三方专业评价。建立健全守信激励机制和失信惩戒机制，建立完善国内贸易企业信用信息记录和披露制度，依法发布失信企业“黑名单”。加大诚信兴商宣传力度，继续开展诚信兴商宣传月、百城万店无假货、守合同重信用公示、正版正货承诺等活动，发挥商务诚信建设重点推进单位示范带动作用，积极营造诚信文化氛围。

各地、各部门要进一步加强宣传引导，结合实际抓紧细化完善配套措施，明确任务分工，落实责任，切实解决工作中存在的问题。省商务厅要加强统筹协调，及时汇总各地有关工作落实情况并上报省政府。

附件：重点任务分工及进度安排（略）

广东省人民政府
2015 年 11 月 3 日

广东省人民政府关于促进旅游业改革发展的实施意见

粤府函〔2015〕351号

各地级以上市人民政府、各县（市、区）人民政府，省政府各部门、各直属机构：

为深入贯彻落实《国务院关于促进旅游业改革发展的若干意见》（国发〔2014〕31 号），加快推进我省全国旅游综合改革示范区和旅游强省建设，进一步促进旅游业提质增效，现提出如下实施意见。

一、总体要求和目标

全面贯彻落实党的十八大和十八届三中、四中、五中全会及省委十一届三次、四次、五次全会精神，紧紧围绕“三个定位、两个率先”总目标，按照创新、协调、绿色、开放、共享发展的要求，加快旅游业发展方式转变，增强产业内生动力，扩大对外开放，着力打造“活力广东”旅游品牌，促进旅游强省建设。到 2020 年，全省城乡居民年人均出游次数显著增加，接待过夜游客总量超过 5 亿人次，境内旅游总消费额达到 1.6 万亿元，旅游业增加值占国内生产总值比重超过 7%，旅游业在国民经济和社会发展中的战略地位更加突出。

二、增强旅游发展动力

（一）深化旅游综合改革。加快推进旅游领域政企分开、政事分开，进一步发挥旅游行业协会作用，加强事中、事后监管。完善旅游业发展和管理统筹协调机制，促进旅游资源要素优化配置。深入实施《珠江三角洲地区旅游一体化规划》，发挥广州作为全国旅游综合改革试点城市的引领作用，推进珠三角地区打造全国旅游综合改革创新示范先行区，加快推进省级旅游综合改革示范市和示范县（区）的改革创新工作。积极争取国家支持我省探索休假制度改革，探索建立国家公园体制。深化导游管理体制改革，逐步建立与市场机制相适应，与导游职级、服务质量相关联的薪酬机制。建立旅游统计指标体系和旅游发展考核评价体系，推动实现旅游卫星账户模式常态化。加大中国（广东）自由贸易试验区旅游体制创新力度，支持区内港澳独资旅行社经营内地居民出国（境）（不含台湾地区）团队旅游业务。

专栏 1：省级旅游综合改革示范市重点任务

汕头：打造具有国际影响力的滨海生态旅游目的地。

梅州：创建健康养生休闲旅游，发展广东文化旅游特色区。

惠州：探索新媒体旅游营销，打造智慧旅游体系。

中山：推进旅游产业整合，建设粤澳游艇合作示范基地。

阳江：建设国内外知名的海岛海湾旅游休闲度假基地。

肇庆：升级改造景区，打造旅游商品基地。

潮州：推进古城文化旅游建设。

江门：整合世遗、滨海、温泉资源，建设台山、开平、恩平世界文化遗产文化旅游度假区。

鼓励其他地市结合旅游资源优势深入推进旅游综合改革。

（二）加快转变旅游发展方式。以传统旅游产品升级为重点，推动旅游开发向集约型转变，促进观光、休闲、度假三大旅游市场全面发展。充分发挥旅游产业园区作用，构建旅游产业集群。推动优势旅游企业实施跨地区、跨行业、跨所有制兼并重组，打造一批国内领先的产业集团和产业联盟。鼓励发展邮轮游艇、大型游船、大型游乐设施等旅游装备制造业。实施广东旅游品牌化发展战略，培育一批国家级和省级旅游度假区，培育一批品牌景区、品牌酒店和旅行社，提高与东北地区“交换冬天”旅游合作品牌的影响力。支持有条件的旅游企业“走出去”，积极开拓国际市场。

（三）提升旅游市场开放水平。推动完善外国人入境旅游签证便利化措施，结合 144 小时便利签证政策和广州 72 小时过境免签政策，有针对地推出集美食、观光、购物、休闲度假于一体的珠三角城市群特色旅游产品。逐步建立多语种的旅游宣传推广网站，不断提升广东旅游资讯国际化水平。积极探索实施境外旅客购物离境退税政策，在条件成熟的航空、水运和陆路口岸设立出境免税店。充分依托跨境电商服务渠道和网络，在特色旅游商品购物点和各大商贸公司开辟跨境邮寄服务，扩大入境游客的消费比重。创新整合营销方式，健全旅游宣传推广网络。

三、拓宽旅游发展空间

（四）优化省内旅游布局。着力构建“一核、两带、三廊、五区”的旅游布局，加快形成功能结构完整、区域优势互补、资源要素聚集的旅游发展格局。鼓励岭南文化特色突出、旅游产业化程度高、发展基础好的地区，以建设旅游产业园、旅游特色区为抓手，打造一批竞争力强的产业集聚区，实现旅游产业的规模经济效益。争取到 2020 年，全省 5A 级旅游景区超过 15 个。

专栏 2：“一核、两带、三廊、五区”旅游布局

一核：珠三角都市圈旅游核心。

两带：蓝色滨海旅游产业带，绿色生态旅游产业带。

三廊：京广沿线旅游走廊、湛江—东盟旅游走廊、潮汕—海西旅游走廊。

五区：珠三角广府文化旅游区、粤东潮汕文化旅游区、粤东北客家文化旅游区、粤西百越风情滨海旅游区、粤北南岭生态休闲旅游区。

（五）完善区域旅游交流合作机制。深化泛珠三角“国民旅游休闲示范基地”创建工作，鼓励各地市与外省探索旅游合作区建设模式，形成跨地域旅游产业链，促进区域旅游市场一体化发展和资源优势互补。依托武广、贵广、南广及厦深等铁路干线网络，开发高铁沿线旅游线路。全面谋划与西藏林芝、新疆喀什、四川甘孜等对口援建地区的旅游合作，促进当地旅游业健康发展。推进粤港澳旅游服务贸易自由化，完善粤港澳旅游合作协调机制，提升粤港澳地区旅游的国际影响力。推动中国（广东）自由贸易试验区与港澳地区开展更紧密旅游合作，开展旅游从业人员职业资格互认，在横琴新区片区建设国际休闲旅游基地。深入推进粤港澳游艇自由行，积极争取国家支持，创新游艇在广州、深圳、珠海、中山等市与港澳间便捷往返管理措施。加强粤台商务、乡村及传统文化旅游交流合作，积极争取国家在我省开放更多赴台个人游试点城市。

（六）加强国际旅游交流合作。制订我省与欧美国家、“一带一路”沿线国家和地区旅游交流合作中长期规划。强化广东与相关国家和地区旅游管理机构、民间组织、重点企业及重要媒体的交流与合作，推动实现旅游资源共同开发、旅游线路相互推广、旅游信息及时共享、旅游监管密切衔接。大力开发东南亚、南亚、太平洋岛国、中东和非洲等客源市场，在当地设立一批广东旅游推广中心，充分调动当地华侨华人积极性，多渠道、立体化宣传推介广东旅游资源及产品。会同国家有关部门积极推动便利签证措施，简化邮轮、游艇和人员通关手续。

专栏 3：“海上丝绸之路”系列旅游线路

省内线路：1. 广东海上丝绸之路文化名片之旅线路（湛江—阳江—广州—汕头）。

2. 海上丝绸之路瓷器之旅线路（佛山—潮州—梅州）。

3. 海上丝绸之路宗教文化线路（广州光孝寺、光塔寺—韶关南华寺—云浮国恩寺—肇庆庆云寺—新会玉台寺—中山集益寺、古香林寺—潮州开元寺等）。

跨省线路：“中国海上丝绸之路古港行”邮轮航线（“湛江—珠海—广州—汕头—泉州—宁波”等沿线城市）。

国际线路：“重走海上丝绸之路”邮轮航线。以广州、深圳、珠海、汕头、湛江等市为始发点，开发途径香港、海南，到达新加坡、马来西亚、文莱、越南等国的邮轮航线。

四、丰富旅游产品供给

（七）深度开发滨海旅游资源。编制美丽海湾建设规划，组织对全省旅游类无居民海岛等开展以旅游生态资源和历史文化为主的调查，为海岛旅游开发提供基础数据。结合各地海湾、海岛资源禀赋和人文环境，确定适当发展定位和品牌，建设一批大型滨海旅游休闲度假区，适度开发海上旅游休闲项目。制定加强海岛有序开发的措施和办法，加快建设八大海湾和海岛旅游圈。推动广州、深圳、珠海、汕头、惠州、中山等游艇示范基地建设，培育开发邮轮旅游，支持深圳设立中国邮轮旅游发展试验区。

专栏 4：八大海湾和海岛旅游圈

1. 环珠江口旅游圈：广州、深圳、珠海、中山、东莞市滨海地区，东澳岛、桂山岛、万山岛、庙湾岛、白沥岛、荷包岛等。

2. 川岛—广海湾旅游圈：以川山群岛为核心，赤溪半岛、广海湾、银湖湾、镇海湾、浪琴湾、银澜湾等。

3. 海陵岛—月亮湾旅游圈：阳江海陵岛和东平珍珠湾、沙扒月亮湾地区。

4. 水东湾—放鸡岛旅游圈：茂名环水东湾地区的澳内湾、晏镜岭、虎头山、中国第一滩（滨海公园）、浪漫海岸、莲头岭和大小放鸡岛。

5. 环湛江湾旅游圈：湛江市区、东海岛、特呈岛、硇洲岛、南三岛、南屏岛、吉兆湾、天成台、徐闻三墩、徐闻珊瑚礁保护区、廉江高桥红树林等。

6. 环大亚湾旅游圈：稔平半岛、大亚湾滨海地区以及中央列岛、辣甲列岛等。

7. 红海湾—品清湖旅游圈：汕尾红海湾和环品清湖城市区域。

8. 南澳岛—汕头湾旅游圈：汕头、潮州、揭阳市海滨地区和海岛。

（八）大力发展岭南特色乡村旅游。加强乡村旅游开发建设规划引导，重视生态环境和古建筑、古民居保护，改善乡村基础设施，促进乡村旅游组织化、产业化、特色化发展。结合各市主体功能区规划，实施“美丽乡村”旅游工程，深度挖掘乡村旅游和休闲农业旅游资源，开发具有创意的乡村旅游精品路线，大力发展民宿、农家旅舍，鼓励建设避寒旅游主题酒店和特色客栈。鼓励开发乡村特色农产品和手工艺品市场，巩固和扩大粤东西北地区旅游精准扶贫成效。扩宽乡村旅游从业人员业务培训范围，提高业务技能和素质。

专栏 5：乡村旅游区域布局和发展特色

1. 广州、佛山：都市休闲农庄旅游

2. 中山、珠海、江门：岭南水乡特色旅游

3. 深圳、东莞、惠州：乡村休闲度假旅游

4. 河源、梅州：客家民俗文化村落旅游

5. 潮州、汕头、汕尾、揭阳：潮汕古镇古村旅游

6. 云浮、肇庆：乡村风光旅游

7. 湛江：热带－南亚热带休闲农业旅游

8. 阳江、茂名：海岛渔村风情旅游

9. 韶关、清远：山村森林生态旅游、少数民族风情旅游

（九）丰富文化旅游内涵。加强自然景观、文化遗产地和非物质文化遗产保护性开发利用，着力挖掘广府、客家、潮汕文化等地方特色，支持开发具有地域特点和民俗风情的文化旅游产品，以文化提升旅游的内涵和质量。充分发挥有代表性的民间手工艺人、工艺美术大师和文化名人在培育特色文化品牌过程中的作用，打造一批具有文化内涵和旅游发展潜力的广东文化旅游品牌。利用各地人文风俗、历史传说、民间曲艺、文物古迹等文化资源，结合景区自然风光、地形地貌，打造旅游演艺精品。大力发展红色旅游，挖掘梅州、惠州、河源市等原中央苏区和革命根据地旅游资源，着力打造一批红色旅游精品景区和经典路线。加强研学旅行管理，鼓励有条件的学校根据学生年龄结构和课程内容，组织主题鲜明、形式多样的研学旅行，并将其纳入学校素质教育范畴。规范中小学生集体出国旅行。进一步加强对港澳台青少年研学旅行市场的推广，探索建立研学旅游联盟。

（十）大力发展老年旅游和养生旅游。结合养老服务业、健康服务业发展，鼓励培育老年旅游新业态。积极开发以老年人群体为主要服务对象的养生保健、休闲度假、旅居养老等产品，探索专业的定制服务。引导各类旅游景区加强老年服务设施建设，严格执行无障碍环境建设标准。支持行业协会探索制订老年旅游服务规范，鼓励旅行社与铁路运输部门合作开发老年旅游专列，打造老年旅游服务专业品牌。发挥岭南中医药优势，加强养生保健旅游示范基地规划建设，推出一批中医药健康旅游、保健养生旅游服务产品。鼓励开发适合老年旅游需求的商业保险产品。

（十一）积极推进“旅游+”。推动旅游业与相关行业和领域融合发展，培育旅游新业态。鼓励依托工业专业镇村打造工业旅游产品，支持开发体育休闲运动度假线路和产品，进一步发展森林旅游、科技旅游、农业旅游等，打造房车、游艇、邮轮、低空飞行、自驾游等新业态和消费热点。实施广东旅游购物提升工程，加大对老字号纪念品的开发力度，进一步提升广东传统旅游商品知名度和品质。支持各地依托自然和文化遗产资源、知名院校、工矿企业、科研机构建设研学旅行基地，加快完善旅游接待体系。

五、优化旅游发展环境

（十二）加大旅游基础设施建设力度。统筹考虑旅游发展需要，科学规划高速公路、高速铁路和机场

建设，不断完善通往旅游景区的交通基础设施，加快户外营地、徒步骑行服务站、汽车露营地等设施建设。加大对粤东西北地区旅游基础设施和生态环境保护设施建设的支持力度。深入推进重要旅游目的地畅通工程，加强景区道路、停车场、供水供电、应急救援、游客信息服务以及垃圾污水处理等设施建设。深入推进旅游厕所建设管理大行动，到 2017 年全省旅游景区和集散地、交通沿线等厕所达到“数量充足、干净无味、实用免费、管理有效”的要求。升级全省绿道网络，完善绿道沿线旅游服务设施，不断开发和增强旅游功能。积极发展广州、深圳邮轮始发港，构建粤港澳国际邮轮母港，形成以全省沿海旅游目的地为支撑的多港挂靠布局。

专栏 6：旅游厕所建设计划　　单位：座

年度	新建	改扩建	合计
2015 年	691	745	1436
2016 年	841	723	1564
2017 年	833	672	1505
合计	2365	2140	4505

（十三）完善旅游公共服务。加快省内主要交通枢纽、商场等公众场所中英文双语标识、导向系统、货币兑换等服务设施建设，将通往旅游区的标志纳入道路交通标志范围，完善旅游指引等标志标牌设置。根据需要在 3A 级以上景区、重点乡村旅游区及机场、车站、码头等建设旅游咨询中心。增强高速公路服务区旅游服务功能。支持我省相关重点旅游城市开通和增加对主要旅游客源地的航线，支持低成本航空和旅游支线航空发展，鼓励按规定开展国际国内旅游包机业务。

（十四）促进智慧旅游体系发展。推进“互联网 +”在旅游业的应用，充分利用云计算、大数据、物联网等技术，促进业态创新，发展智慧旅游。鼓励开发线上线下融合的旅游产品和应用程序（APP），优化旅游经营模式，为游客提供个性化、高效率的服务。加快旅游集散地、景区、机场、车站、乡村旅游扶贫村等重点旅游场所无线上网设施建设，提升旅游城市公共信息服务能力。加快建设智慧旅游景区、乡村和城市，建立省级智慧旅游公共服务网络，完善省级旅游信息基础数据平台。探索集信息、集散、调度功能于一体的区域旅游服务中心，实现旅游与交通、商务、气象等数据信息共享，引导游客合理选择线路和出行时间。强化数据挖掘与分析能力，建设旅游大数据宏观决策分析系统，实现对行业发展形势的科学研判，定期向社会发布旅游业发展分析报告。到 2020 年，我省智慧旅游服务能力明显提升，智慧管理能力持续增强，全省 3A 级以上旅游景区实现无线局域网全覆盖。

（十五）切实保障旅游安全。完善旅游应急管理体系，建立健全旅游安全预警信息发布制度，加强预案编制和应急演练。强化交通安全、食品安全监督检查，规范旅游营运车辆管理，定期对旅游景点和娱乐设施开展安全评估和检测。完善旅游安全服务规范，旅游从业人员上岗前要进行安全风险防范和应急救助技能培训，重点景区要配备专业医疗和救援队伍。旅行社和景区要对参与高风险旅游项目的旅游者进行风险提示和安全培训。

（十六）加快旅游市场诚信建设。逐步建设覆盖全省旅游企业和从业人员的旅游征信系统，健全旅游投诉处理和服务质量监督机制。加大旅游市场秩序整顿力度，重点整治非法经营、虚假宣传、不合理低价、强迫消费等行为，建立旅游从业企业和人员“黑名单”制度，对违规行为进行公示并给予处罚。充分发挥行业协会、新闻媒体及社会公众的监督作用，引导和促进会员企业诚信经营，着力提升旅游服务质量。积极开展文明旅游宣传工作，加强游客不文明行为的记录和管理，不断提升公民文明旅游意识。推广深圳“全国文明旅游志愿服务示范市”建设经验，加强旅游志愿者队伍建设工作。

（十七）进一步规范景区门票价格。科学核定景区游客最大承载量，建立景区门票预约制度。利用风景名胜区、自然保护区、文物保护单位等公共资源建设的景区，其门票以及景区内另行收费的游览场所、交通工具等项目价格，实行政府定价或政府指导价，严格遵照国家有关定调价程序、频次、幅度进行管理。切实落实未成年人、学生、军人、残疾人等门票费用减免等政策，鼓励景点打破户籍限制对老年人实施优惠票价。加强价格监管，打击各类旅游价格违法行为。

六、优化旅游业发展环境

（十八）加大财政金融扶持力度。鼓励引导服务业、中小企业、新农村建设、扶贫开发、节能减排等财政专项资金，支持符合条件的旅游企业和项目。进一步发挥旅游扶贫专项资金带动作用，提高使用效益。鼓励金融机构与旅游企业开展合作，为优质旅游项目提供金融支持，特别是加强对小微旅游企业和乡村旅游的信贷支持，探索采用旅游项目特许经营权、景区门票收费权抵押等方式为企业融资。积极引导私募股权投资基金、创业投资基金投资旅游企业和项目，推进设立旅游产业投资基金。支持旅游企业在国内外证券交易所上市，通过金融市场进行融资。支持旅游企业科学利用债务融资工具，发展旅游项目资产证券化产品。

（十九）强化旅游用地保障。各地在土地利用总体规划、城乡规划和海洋功能区规划修编和调整修改时，要充分考虑相关旅游项目、设施空间布局和建设用地需求，坚持节约集约、保障重点的原则，对列入旅游业发展规划的重大项目和生态旅游项目用地给予支持。支持盘活存量建设用地发展旅游，鼓励企业利用荒坡、荒滩、废弃矿山、边远海岛和石漠化土地开发旅游项目。规范用海及海岸线占用，严格控制旅游设施建设占用耕地。在符合规划和用途管制的前提下，鼓励农村集体经济组织依法以集体经营性建设用地使用权入股、联营等形式参与共同开办旅游企业。

（二十）加强旅游人才队伍建设。整合全省旅游院校（系）资源，加强旅游学科体系建设。大力发展旅游职业教育，利用在线教育等方式，扩大办学规模，提高培训质量。引导旅游企业与相关院校、社会培训机构开展深度合作，建立旅游人才教育培训基地。进一步完善旅游职业资格和职称制度，支持培育职业经理人市场。鼓励旅游行业组织举办各类职业技能比赛等活动，加强旅游从业人员培训。加强旅游业人力资源需求分析预测，编制我省旅游人才中长期发展规划。构建新型旅游智库，加强旅游基础理论和应用研究。

（二十一）落实职工带薪年休假制度。各级机关、团体和企事业单位要通过制度安排切实保障职工带薪年休假权益，职工在年休假期间享受正常工资待遇，各级工会组织要主动督促企业落实职工带薪年休假制度。各级人力资源社会保障部门要将用人单位执行职工带薪年休假制度情况作为劳动监察和职工权益保障的重要内容，加大日常巡查和专项检查力度。鼓励错峰休假，有条件的地区和单位在夏季可根据实际情况探索弹性作息制度，为职工外出休闲度假创造条件。探索建立中小学灵活的假期制度，结合实际调整寒暑假时间，为全家出游创造条件。

各地区、各有关部门要切实加强组织领导和规划指导，按国家有关部署和省的重点任务分工，认真制订工作方案并抓好落实。省发展改革委、旅游局要牵头会同各有关部门，加强协调配合，定期组织开展督促检查。各级旅游行政管理部门要增强工作的主动性，积极调动和引导社会力量和资源，共同推动全省旅游业可持续发展。

附件：重点任务分工及进度安排（略）

广东省人民政府
2015 年 12 月 25 日

广东省人民政府办公厅关于印发广东省促进外贸稳定增长和转型升级若干措施的通知

粤府办〔2015〕35号

各地级以上市人民政府，各县（市、区）人民政府，省政府各部门、各直属机构：

《广东省促进外贸稳定增长和转型升级若干措施》已经省人民政府同意，现印发给你们，请认真贯彻落实。实施过程中遇到的问题，请径向省商务厅反映。

广东省人民政府办公厅

2015年5月29日

广东省促进外贸稳定增长和转型升级若干措施

为认真贯彻落实国务院关于促进外贸稳定增长的决策部署，主动适应和引领外贸发展新常态，推动全省外贸稳定增长和转型升级，特制订如下措施：

一、着力稳定出口

（一）加大力度开拓市场。支持企业大力开拓国际市场，2015 年 5 月底前制订并向社会公布境内外重点展会计划，做好 150 场左右境外展会、140 场左右境内展会参展组织工作，推动企业与境外经销商的直接对接。鼓励企业深入开发欧、美、日等传统市场。充分利用中国进出口商品交易会等传统平台和中国加工贸易产品博览会、广东 21 世纪海上丝绸之路国际博览会以及网上交易会、采购商考察交流会等新平台拓展企业外销渠道。打造“中国商品（印度孟买）展览会”等境外展会品牌。（省商务厅、贸促会负责，列在首位的为牵头单位，其他为参与单位，下同）

（二）推动自主品牌产品出口。鼓励企业收购和租用国际品牌，兼并国际品牌企业及建设境外生产基地，拓展境外仓储、物流和销售等业务。支持企业在境外开展商标和专利注册。发挥外贸转型升级示范基地的带动效应，引导外贸转型升级示范基地培育区域性、行业性自主品牌。鼓励加工贸易企业从委托加工制造向委托设计制造和自主品牌制造一体化转型，延伸产业链、价值链，提高本地增值率和配套率。（省商务厅、经济和信息化委、知识产权局负责）

（三）加快构建海外自主营销体系。出台广东省加快境外营销网络建设的总体规划和扶持政策，对企业自建海外营销渠道或并购销售网络等予以支持。加快在重点国家及地区布局建设境外经贸代表处、境外广东商会，2015 年 6 月底前在澳大利亚、印度尼西亚设立境外经贸代表处，年底前在韩国、南非、巴布亚新几内亚等国设立境外经贸代表处。（省商务厅、贸促会负责）

（四）开拓“一带一路”沿线国家市场。积极布局丝绸之路经济带和 21 世纪海上丝绸之路（以下称“一带一路”）沿线国家等重点新兴市场，在“一带一路”沿线重点国家的枢纽港口城市和区域中心建设境外广货展示展销中心、广东商贸城和物流园区。支持企业在“一带一路”沿线国家合作建设产业园，为推动广东省产品出口搭建平台。支持广州大朗、东莞石龙铁路货运口岸加快拓展国际客货运航线，构建面向“一带一路”沿线国家的海铁联运国际货运枢纽，争取开通更多国际货运班列。（省商务厅、发展改革委、交通运输厅、口岸办、贸促会负责）

二、积极鼓励扩大进口

（五）扩大《广东省鼓励进口技术和产品目录》范围。2015 年 6 月底前完成相关目录范围的调整，鼓励企业开展新一轮技术改造，促进先进技术、关键设备和重要零部件等进口。支持重要物资进口，鼓励企业开展商业储备业务和境外能源资源开发，适度扩大再生资源进口。（省商务厅、经济和信息化委负责）

（六）发挥自贸试验区进口促进功能。依托中国（广东）自由贸易试验区（以下称广东自贸试验区），探索开展“汽车平行进口”试点，发展进口汽车保税展示交易。推动在广东自贸试验区内建立若干进口消费品集散中心（跨境直购店），支持企业合理增加一般消费品进口，并享受省进口商品交易中心有关专项资金资助。加快推动落实融资租赁、保税展示贸易、大宗商品期货保税交割仓库等政策，扩大飞机、轮船、汽车及大宗商品进口。协调推动海关总署、国家质检总局支持广东自贸试验区发展的相关政策措施和指导意见尽快落地实施，取得可复制试点经验后尽快在全省推广。（省商务厅、自贸办、发展改革委，海关广东分署，广东、深圳、珠海出入境检验检疫局负责）

（七）大力发展进口促进平台。启动新一轮省进口商品交易中心培育工作，鼓励省进口商品交易中心扩展展示交易、物流配送、商品检测、电子商务等功能，支持企业通过交易中心扩大进口。对进口商品交易中心实行通关、检验检疫、融资等方面个性化、便利化扶持政策。积极争取国家支持在水果、冻品等消费品的出入境检验检疫方面赋予广东省更灵活的政策措施。（省商务厅、发展改革委、财政厅、金融办，海关广东分署，广东、深圳、珠海出入境检验检疫局负责）

三、大力推动外贸新业态发展

（八）加快发展跨境电子商务。全面推广跨境电子商务出口业务，鼓励有条件的地市和企业开展跨境电子商务进口业务试点。重点支持跨境电子商务产销对接及采购平台、跨境电子商务公共海外仓服务平台和跨境电子商务通关、物流、供应链管理等支撑服务平台，以及跨境电子商务金融服务体系建设。力争2015年内在省内具备条件的地市建立1－3个具有一定规模的跨境电子商务产业功能区，促进相关企业集聚发展。抓紧制定支持跨境电子商务发展的通关、检验检疫、外汇、税收等政策措施。从2015年5月15日起，除经查验发现问题的，海关对跨境贸易电子商务监管实行“全年无休日、货到海关监管场所24小时内办结海关手续”的作业时间和通关时限要求。简化跨境电子商务进出口商品归类，建立跨境电子商务及相关物流企业诚信分类管理制度，加快推进跨境电子商务进口第三方认证采信，探索跨境电子商务保税备货进口检验检疫便利通关模式。（省商务厅、交通运输厅，省国税局，人行广州分行，海关广东分署，广东、深圳、珠海出入境检验检疫局负责）

（九）推动外贸综合服务企业和市场采购贸易发展。对省外贸综合服务试点企业给予通关、出口退税、检验检疫、融资服务等便利化措施，支持试点企业建设和完善线上服务平台。继续认定一批广东省外贸综合服务试点企业。支持和指导广州、深圳、佛山、东莞、中山等条件较成熟的地市以旅游购物方式先行先试开展市场采购贸易，并争取纳入国家试点范围。（省商务厅，省国税局，海关广东分署，广东、深圳、珠海出入境检验检疫局，人民银行广州分行负责）

（十）大力发展服务贸易。开展服务贸易创新发展试点，支持企业扩大技术、文化、中医药、运输等领域服务进出口。规范建设服务贸易示范园区和特色服务出口基地。深入推进粤港澳服务贸易自由化和服务业市场一体化。加快推进广州、深圳国家级服务外包示范城市建设，推动佛山、东莞等有条件的地市申请国家级服务外包示范城市。认定一批省级服务外包示范城市、示范园区、示范企业和重点培育企业。（省商务厅、发展改革委、科技厅、财政厅、交通运输厅、文化厅、知识产权局、新闻出版广电局，海关广东分署负责）

四、提高通关便利化水平

（十一）实行区域通关“一体化”。根据国家部署，自2015年5月1日起，将广东地区海关区域通关一体化改革范围扩大至泛珠三角区域内的福州、厦门、广州、深圳、拱北、汕头、黄埔、江门、湛江、南宁、海口等11个海关，推动区域内海关特殊监管区域及保税监管场所之间互连互通，研究启动税收征管中心、风险防控中心和“一次申报、分步处置”试点。推进通关作业无纸化，优化完善“智检通”、“智慧口岸”通关模式，实行差别化通关管理。根据海关总署部署及时调整进出口货物查验率。（海关广东分署，省口岸办负责）

（十二）创新检验检疫制度。改革进口商品检验检疫监管模式，探索实施申报放行、验证放行、抽样放行、监管放行等多种快速放行模式。全面取消出口商品质量注册登记，推动相关检验检疫审批权限下放，简化出入境特殊物品卫生检疫审批程序。落实进口旧机电产品取消前置备案行政审批，完善进口机电产品维修再制造产业发展的检验检疫制度。研究探索针对

供港商品和港产食品“前店后仓”方式的检验检疫模式。（广东、深圳、珠海出入境检验检疫局，省口岸办负责）

（十三）进一步深化口岸协作。在广州港口岸南沙港区、深圳港口岸大铲湾港区、珠海横琴口岸启动国际贸易“单一窗口”建设试点。进一步优化监管执法流程，逐步由“串联执法”转为“并联执法”。根据国家统一部署，推行“联合查验、一次放行”等通关新模式。海关、检验检疫、边检、交通运输（陆路）、海事（水路）等部门需对同一运输工具进行检查时，实施联合登临检查；需对同一进出口货物查验时，实施联合查验。提高非侵入、非干扰式检查检验比例。推动实现省内口岸管理相关部门“信息互换、监管互认、执法互助”。在珠海与澳门间的拱北、横琴、湾仔和珠澳跨境工业区口岸等开展查验机制创新试点。加快广东电子口岸建设，推动组建省级电子口岸管理运维公司。（省口岸办、交通运输厅，海关广东分署，广东、深圳、珠海出入境检验检疫局，省公安边防总队，广州、深圳、珠海、汕头边防检查总站，广东、深圳海事局负责）

五、加大财税金融支持力度

（十四）加大财政支持力度。省财政一次性新增安排10亿元外贸稳增长和转型升级专项资金，重点用于扩大出口，支持企业开拓国际市场、外贸新业态和投保出口信用保险等。充分发挥财政资金引导作用，鼓励企业进口先进技术、设备、省内短缺资源类产品、重要物资、消费品和积极开展技术改造等。加快财政资金执行进度，确保财政资金按要求及时拨付。（省财政厅、商务厅负责）

（十五）全面做好出口退税工作。自2015年2月1日起，对出口企业申报符合规定的退（免）税，在20个工作日内完成审批并办结相关退（免）税手续。2015年4月1日起，将全省生产型出口企业出口退（免）税审批权全部下放县（区）国税部门审批。进一步提高出口货物税收函调绩效，增强发函的针对性和回函的准确性，无合理理由不得对同一笔购进货物多次发（复）函。2015年5月起在广东自贸试验区广州南沙新区片区、珠海横琴新区片区开展出口退（免）税无纸化管理试点，并将企业申报退（免）税审核审批时限缩短为15个工作日。（省国税局、财政厅负责）

（十六）拓宽金融服务渠道。积极扩大跨境贸易人民币结算业务，支持省内支付机构参与跨境外汇支付业务试点。拓展针对外贸企业的远期结售汇、人民币对外汇掉期、人民币对外汇期权等业务，减小外贸企业的汇率波动风险。扩大基于外贸订单、保单、应收账款等抵质押融资规模，保障外贸企业的融资需求。进一步发挥政策性银行引导作用，通过组建银团贷款、融资性担保等方式，带动政策性银行总部及有关商业银行参加广东省项目融资，为省内外贸企业提供一揽子金融服务。（省金融办、商务厅，广东银监局，人民银行广州分行，中国进出口银行广东省分行负责）

（十七）加大出口信保支持力度。扩大出口信用保险覆盖面，加大对自主品牌、国际营销网络、跨境电子商务、战略性新兴产业、服务贸易的支持力度，实施更有针对性的积极承保政策。积极落实大型成套设备出口融资保险专项安排，对大型成套设备出口融资应保尽保。适当下调企业投保出口信用保险费率，进一步丰富信保保单下跨境贸易融资产品，加快对新买家、新市场的承保力度，优化对广东省企业的海外风险资信服务。推广小微企业信保产品，为小微外贸企业提供信保费率优惠。（省商务厅、金融办，广东保监局，中国出口信用保险公司广东分公司负责）

六、强化政府服务和督导检查

（十八）清理规范进出口环节收费。按照国家统一规定，取消海关预归类服务、代理报关委托书、安全产品后续服务等3项经营服务性收费。对所有出境货物、运输工具、集装箱及其他法定检验检疫物免收出境检验检疫费，免收各类原产地证签证费和工本费。增强口岸查验的针对性，对查验没有问题的免除企业吊装、移位、仓储等费用。加大进出口环节收费的清理整顿力度，2015年5月前开展进出口环节收费专项督查，并在此前公布行政事业性收费目录清单的基础上，进一步公布进出口环节经营服务性收费项目“正面清单”，坚决取缔违规设立的服务性收费项目。（省发展改革委、财政厅、交通运输厅、商务厅，海关广东分署，广东、深圳、珠海出入境检验检疫局负责）

（十九）积极应对国际贸易摩擦和争端。加强国外技术性贸易措施的研究和应对。建立健全涉外知识产权风险预警和维权援助机制，为技术、产品、标准、品牌“走出去”提供知识产权服务和支持。建立健全公平贸易工作站，发挥中介组织和行业龙头企业在贸易摩擦预警、协调、信息咨询服务等方面的功能作用。（省商务厅、知识产权局负责）

（二十）加强督促检查。进一步细化促进外贸稳定增长和转型升级具体工作方案，将责任分解到各级政府、各有关部门。根据全省外贸发展情况适时召开外贸形势专题分析会议，检查进度，分析形势，解决问题。按关区开展专项督导，定期通报各地工作进展，对工作不力的地市和部门提请省政府对其进行“约谈”。（省商务厅负责）

广东省人民政府办公厅关于开展广东省质量提升行动的指导意见

粤府办〔2015〕41号

各地级以上市人民政府，各县（市、区）人民政府，省政府各部门、各直属机构：

为深入开展全省质量提升行动，加快推进质量强省建设，促进经济提质增效升级，根据《质量发展纲要（2011-2020年）》和中国质量（北京）大会精神，经省人民政府同意，提出以下指导意见：

一、总体思路

认真贯彻落实习近平总书记关于质量工作“三个转变”（中国制造向中国创造转变、中国速度向中国质量转变、中国产品向中国品牌转变）的重要指示，主动适应经济发展新常态，以市场化、法治化、国际化为方向，强化政策引导，推动改革创新，充分发挥企业主体作用，大力改进政府监管方式，积极推进质量社会共治，促进广东制造向广东创造转变、广东速度向广东质量转变、广东产品向广东品牌转变，推动广东经济整体发展质量和微观产品服务质量“双提升”。

二、基本原则

——创新驱动、质量引领。突出质量导向，加快技术进步，推动管理创新，提高劳动者素质，增强自主创新能力。充分发挥质量工作的战略性、基础性和支撑性作用，依靠质量提升不断增强市场竞争力。

——企业主体、市场导向。强化企业的质量主体责任，推广先进质量管理方法，提升质量法制和诚信意识。加快质量诚信体系建设，严厉打击质量违法行为，营造诚实守信、优胜劣汰的市场环境。

——社会共治、质量惠民。坚持简政放权、科学监管与社会共治相结合，健全现代质量治理体系，调动全社会力量参与质量建设，构建质量社会共治格局。

三、工作目标

力争用5年时间，推动全省产品、服务、工程、环境质量水平明显提升，质量创新和保障能力进一步增强，质量效益显著提高，形成一批质量创新型领军企业，在先进制造业、战略新兴产业、现代服务业等领域培育一批国内领先、国际竞争力强的跨国公司，打造一批品牌形象突出、创新平台完备、质量水平一流的现代企业和产业集群，全面提高广东经济发展质量和核心竞争力，率先在全国建成质量强省。

到2020年，全省主要工业产品质量接近或达到国际先进水平，制造业产品质量合格率稳定在93%以上；主要农产品质量安全监测合格率达到96%以上；国家基本药物生产企业抽验覆盖率达100%；进入“中国500强”企业达60家，进入“世界500强”企业达15家。生产性服务业顾客满意度达85以上，骨干服务企业和重点服务项目的服务质量接近国际先进水平。竣工交付使用的工程质量均达到国家标准或规范要求，大中型工程一次验收合格率达100%，其他工程一次验收合格率达98%以上。全省可吸入颗粒物浓度明显下降，城市集中式饮用水源水质稳定达标。

四、重点任务

（一）大力提升先进制造业质量。支持先进制造业企业加快工业化和信息化融合，推进计算机辅助技术和互联网技术在先进制造业研发设计环节的集成应用，加快生产管理过程的数字化、智能化、网络化改造。引导规模以上工业企业加快智能化改造，积极推广应用新设备、新技术和新工艺，推动企业加快转型升级、提质增效。支持珠江西岸先进装备制造业发展，加快培育一批先进装备制造龙头企业，提升装备制造业整体质量水平。到2020年，累计推动2万家以上规模企业实施技术改造，规模以上先进制造业企业信息技术应用率达到90%以上，基本建立以企业为主体的先进制造业技术创新体系。

（二）大力提升传统建筑业质量。结合全省新型城镇化建设、“三旧”改造、棚户区改造和城市更新等工作，引导和支持建筑业企业有效整合资源，探索有实力、重诚信的大型骨干建筑业企业走“规划-设计-施工-运营-管理-投融资”一体化复合发展道路，参与城市基础设施和公共服务建设运营，向“城市综合运营商”转型。研究探索工程质量、房屋质量担保和保险制度，推进施工质量精细化管理，促进岭南传统建筑工艺的复兴与创新。提高建筑工业化和部件化水平，提高建筑工业化项目所占比重，建立现代建造部品部件、整体建筑性能评价体系，确定一批省级建筑产业现代化示范项目，形成具有广东特色的建筑产业现代化技术路线。

（三）大力提升服务质量。建立健全服务标准体系和服务质量测评体系，推动交通运输、现代物流、银行保险、商贸流通、旅游住宿、医疗卫生、邮政通信、社区服务等重点领域企业和组织全面实施国家服务质量标准。依托第三方社会机构，研究服务质量满意度测评模型与方法，建立统一测评标准。开展大规模用户调查与现场测评，定期向社会发布质量满意度调查结果，利用市场机制倒逼质量水平的提升。选取汽车、家电、手机、电脑、家居建材、农业机械、工程机械、体育器材、成套设备、电子商务等10个重点行业，培养1000名左右售后服务领域的高端管理与技能人才，培育100家左右售后服务标杆企业，总结推广标杆企业在创新发展、集成分工、技术研究、质量提升、客户服务等方面的经验做法。

（四）构建现代质量监管体系。加强社会监督和综合治理，形成以企业主体责任落实为核心、消费者权益维护为基础、保险救济和社会救助为保障、市场技术基础建设为支撑、政府依法监管的现代质量监管体系。打击垄断经营和不正当竞争行为，建立国际化、法治化营商环境。鼓励和支持行业协会、第三方质量公正组织发展。加快质量技术服务的社会化、市场化进程。加强对市场主体的事中事后监管，有效规范市场秩序，维护市场技术权益。

（五）完善质量诚信体系。建立健全企业信用信息公示发布制度，加大质量监测、违法案例等信息公开力度。利用“信用广东网”等公共信用信息系统实现多部门、多行业质量信用信息共享和应用，营造诚信经营市场环境。建立质量失信“黑名单”制度，将制售假冒伪劣等侵害消费者合法权益的违法企业纳入“黑名单”管理并向社会曝光，加强对严重违法违规企业的退出监管。到2020年，建成质量信用信息平台，基本建立质量信用监管体制。

（六）健全质量追溯体系。按照统一采集指标、统一编码规则、统一传输格式、统一接口规范、统一追溯规程的要求，利用物联网技术建设重要产品质量追溯体系，实现不同追溯技术模式之间信息互联互通，确保产品流向清晰可查。到2020年，全省企业建立实施产品生产、流通、销售全过程质量责任追溯制度，形成“来源可查、去向可追、责任可究”的质量信息链条。

（七）提升企业质量管理能力。推动全省规模以上企业完善计量检测管理体系、质量管理体系、环境管理体系、职业健康安全管理体系、食品安全管理体系、药品生产质量管理规范认证、工程质量管理体系、服务质量管理体系等综合质量管理体系。引导企业采用卓越绩效、六西格玛、精益生产、质量持续改进等先进生产管理模式和方法，开展质量改进、质量攻关、质量比对、质量风险分析、质量成本控制等活动。推动企业建立覆盖产品设计、原料采购、进货验收、生产控制、出厂检验、售后服务等全过程的质量管理体系。到2020年，全省通过质量管理体系认证的企业达70000家以上，通过环境管理体系认证的企业达20000家以上，通过服务质量管理体系认证50项，全省规模以上企业基本建立全过程质量管理制度。

（八）推动企业技术创新。支持大型骨干企业建立省级以上工程研究中心、企业技术中心、重点实验室等研发机构，鼓励企业建立高端、专业、特有的重点检验检测实验室，参与计量、标准化、认证认可、检验检测领域国家科技计划、质检行业科技计划项目的研究和示范应用。加大技术创新投入，完善知识产权运用促进机制，加强专利许可、转让、质押、保险、投融资等服务，推动企业将知识产权化的创新成果转化为现实生产力。到2020年，全省力争新增认定国家级工程技术研究中心5家、省级工程技术研究中心500家、省级企业技术中心200家，全省研发投入占GDP（国内生产总值）比重达到2.8%，全省企业新增发明专利申请18000项。

（九）提升计量检测基础能力。加大产业园、专业镇、高新区和产业集群所在地公共检测服务平台建设力度，加快广东计量科技基础服务平台建设，为企业产品研发设计、工艺控制、产品检验提供检测、计量技术服务和支撑。引导企业建立健全计量保证体系、计量测试体系、计量管理体系，加强与计量技术机构、科研院所、高校等单位合作，积极参与国家计量科技基础、计量前沿技术及其应用领域研究和地方计量技术规范制修订工作，重点提升食品安全、生物制药、医疗器械、节能减排、智能交通、智能电网、海洋工程等领域企业的计量检测能力与计量基础能力。到 2020 年，建成国家级检验检测中心（实验室）70 家以上、省级检验检测中心（实验室）160 家以上、计量测试中心 12 家；全省规模以上企业基本建立完善的计量检测和管理体系，通过测量管理体系认证或计量保证体系确认的企业达到 10000 家以上。

（十）加强标准建设。加快国家技术标准创新基地（华南中心）和广东省标准馆建设。鼓励企业主导或参与制修订国际标准、国家标准、地方标准和行业标准。围绕高端装备制造、新能源、新材料等战略性新兴产业，加快推进建立标准体系规划和路线图，提高标准中的自主知识产权含量。加快推动专利与标准相融合，每年推动产业集群标准联盟发布实施专利与标准相融合的联盟标准 20 项以上。健全标准联盟组织培育机制，进一步增强联盟标准对产业的引领作用。鼓励企业积极创建“标准化良好行为企业”。到 2020 年，全省企事业单位主导或参与制修订国际标准、国家标准和行业标准达 2000 项以上，制订核心指标严于国际标准、国家标准、行业标准或地方标准的企业标准 50000 项以上；全省各产业园区、专业镇成立标准联盟组织 300 个以上。

（十一）加强品牌培育。创新品牌建设工作机制，建设一批全国和省“知名品牌创建示范区”“出口产品质量安全示范区”。发挥省政府质量奖的示范引领作用，弘扬追求卓越的质量文化。深入开展广东省名牌评选工作，引导企业更加注重品牌经营，形成具有自主知识产权的名牌产品。支持名牌企业联合打造网上“广东名牌商城”，建设广东产品高端、权威、知名购物平台。在先进制造业、战略性新兴产业等行业开展“广东制造”品牌培育工程。到 2020 年，创建国家级和省级知名品牌示范区 40 个，树立省名牌产品 3000 个、省服务业名牌 100 个、广东名牌标杆 100 家、地理标志保护产品 120 个、中华老字号 100 个，争创国家优质工程奖 25 项、省优质工程奖 600 项、“广东制造”品牌试点企业 20 家。

（十二）加强质量统计监测和监督抽查。健全质量指标体系，实施制造业质量发展统计监测。推动建设质量监管大数据信息平台和监测预警网络，整合检验检测认证、执法打假、消费者投诉、产品事故、进出口商品召回等质量信息资源。开展质量状况监测，定期分析评估区域质量状况及质量竞争力水平，比较研究国内外质量发展趋势，为宏观经济决策提供依据。统筹规划实施质量监督抽查，及时通报抽查发现的质量问题，曝光不合格企业，依法开展不合格企业后续处理。将拒绝监督抽查、监督抽查不合格且逾期不整改，以及严重违法违规的企业纳入重点监管名单。

（十三）加强质量安全风险管理。加强对重点消费品、重点市场、重点工程、重点区域的质量安全风险监测分析和预警。完善以“缺陷产品召回”制度为核心的商品监测工作，加强对产品、工程、环境抽样检测结果的整理分析，提高质量跟踪和风险评估能力。加强质量工作国际合作，建立进出口商品风险监测网络。制定质量安全风险应急预案，加强风险信息资源共享，提升风险防范和应急处置能力，对质量安全风险做到早发现、早研判、早预警、早处置。建立企业重大质量事故报告和产品伤害监测制度。

（十四）加强质量执法和救助。深入开展重点产品、重点工程、重点行业、重点地区和重点市场质量执法，严厉打击危害公共安全、侵犯知识产权、危及人身健康和生命安全等质量违法和制假售假行为。建立健全处置重大质量违法突发事件快速反应机制和执法联动机制，加快行政执法与刑事司法信息共享平台建设，推进行政执法与刑事司法的有效衔接，对重大质量安全案件实行联合挂牌督办。健全质量投诉处理机构，运用现代信息技术完善质量投诉信息平台，畅通质量投诉和消费维权渠道。建立社会质量监督员制度，利用报刊、广播、电视、网络等媒体引导群众广泛参与质量监督。探索建立产品、服务、工程等质量安全责任保险制度，构建符合市场经济规则、有利于消费者维权的质量安全多元救济机制。

五、保障措施

（一）加强组织领导。省质量强省工作领导小组负责质量提升行动的组织领导和统筹协调，领导小组办公室负责建立质量提升行动工作责任制和绩效评价体系。各地、各部门要建立质量提升行动协调机制，确定质量提升目标和重点任务，突出抓好重点区域、重点环节和重点产品质量提升，及时解决事关公共安全、人身健康和生命财产安全的重点质量问题。

（二）落实质量主体责任。强化企业质量主体责任，全省大中型以上企业确立企业法定代表人或主要负责人对质量安全负首要责任制度，建立产品、工程、服务和环境标准自我声明和监督、质量安全和环境污染事故强制报告、缺陷产品召回等制度，消费环节经营企业加快建立首问和首负责任制度。全省建筑业企业全面实施法定代表人授权、工程质量终身责任承诺、建筑工程五方责任主体项目负责人质量终身责任追究、住宅工程质量分户验收等制度，全省新竣工房屋市政工程设置永久性标牌。

（三）加强质量人才保障。加快推动全省大中型骨干企业设立首席质量官。推动企业广泛开展质量意识教育、质量素质教育、质量能力教育和质量专业教育。支持和鼓励有条件的省内高校设置与质量管理相关的专业。建立健全以社团、学校和企业为载体，重点面向企业质量管理人员和一线企业职工的质量培训教育网络和质量人才培训基地。支持各地引进高层次质量管理人才，优化质量人才职业发展环境。

（四）加强质量工作经费保障。各地要为质量提升行动提供必要的经费保障，推动形成支持质量发展的多元投入机制，在技术标准研究应用、技术创新、检验检测平台服务、质量诚信体系建设、质量奖励与品牌培育、质量监督抽查与执法打假、质量检测与风险预警、食品药品安全监管、质量人才培养等方面进一步加大经费投入，保障质量提升行动顺利开展。

（五）营造质量法治环境。认真贯彻执行国家相关法律法规，加快推进产品、工程、服务、环境质量地方立法工作。将质量法制教育列入普法规划，增强全民质量法治意识。强化属地执法打假责任，深入开展质量专项整治，严厉打击区域性、行业性质量违法行为。严格依法行政，落实质量行政执法责任，加强执法监督。

广东省人民政府办公厅

2015 年 7 月 3 日

广东省人民政府办公厅关于加快发展生产性服务业的若干意见

粤府办〔2015〕54号

各地级以上市人民政府，各县（市、区）人民政府，省政府各部门、各直属机构：

为贯彻落实《国务院关于加快发展生产性服务业促进产业结构调整升级的指导意见》（国发〔2014〕26号），深入实施创新驱动发展战略，促进产业转型升级，推动与先进制造业特别是先进装备制造业相配套的生产性服务业加快发展，经省人民政府同意，现提出以下意见。

一、做强先进制造业产业链“微笑曲线”两端

以显著提升产业发展整体素质和产品附加值为重点，推动制造业关键领域和高端环节突破发展。到2017年，在重点领域培育一批通晓国际规则、竞争能力强的生产性服务业骨干企业，生产性服务业增加值占服务业增加值比重每年提高1个百分点以上。

（一）加强研发创新平台建设。围绕先进制造业、战略性新兴产业，依托重点企业和科研院所，积极吸引国内外资源要素，加快建设一批国家级、省级工程（技术）研究中心、工程实验室、重点实验室、企业技术中心。鼓励引导规模以上先进制造企业全面建立省级以上各类创新平台。鼓励有条件的企业通过并购、收购、与科研院所合作等方式，加快建设智能制造、海洋工程、轨道交通、节能环保、新能源、新材料、生物工程、汽车制造、航空制造等领域创新平台，集聚创新人才和团队。鼓励企业和社会资本建设面向中小制造企业提供技术集成、熟化和工程化试验服务的开放型中试基地。到2017年，累计新增高新技术企业3000家以上，力争规模以上制造企业建有研发机构的比例超过20%，年主营业务收入5亿元以上骨干企业实现研发机构全覆盖。（省科技厅、发展改革委、经济和信息化委）

（二）推进科技成果产业化。用好省级重大科技成果产业化扶持专项资金，支持重大科技成果产业化项目。建立知识产权质押融资风险补偿机制，按照全国首批建立知识产权质押融资风险补偿基金试点省和设立重点产业知识产权运营基金试点省的要求，深入开展相关工作。鼓励社会力量投资建设科技企业孵化器，为孵化企业提供人才引进、技术合作、市场推广、资本嫁接等“一站式”孵化服务和管理模式。加快建设一批集科技研发、孵化加速、生产制造、总部经济和配套服务等功能于一体的复合型现代高科技产业园。利用旧厂房改造建设科技孵化器可享受“三旧”改造政策，鼓励开展科技企业孵化器载体用房产权分割试点，孵化器载体用房可按幢、层等固定界限进行产权登记并出租或转让。完善科技成果转化激励机制，推动事业单位科技成果使用、处置和收益管理改革。事业单位科技成果转化后用于奖励研发团队的收益比例不低于70%；除涉及国家安全、国家利益和重大社会公共利益外，科研成果满1年未实施转化的，成果完成人或研发团队可在成果所有权不变更的前提下自主实施成果转化。到2017年，全省建成孵化器超过500家。（省科技厅、经济和信息化委、知识产权局、住房城乡建设厅）

（三）提升工业设计服务水平。积极引进国内外知名工业设计机构，鼓励大型骨干工业企业分离设立工业设计机构，依托制造业基地支持建设一批省级工业设计集聚区，加快建设若干个专业化、开放型的高水平工业设计服务中心，办好“省长杯”工业设计大赛，争取原创设计认证平台落户我省。鼓励开展工业设计相关基础研究，支持新技术、新工艺、新装备、新材料等在工业设计中的应用，促进工业设计向高端综合设计服务升级。在先进制造业、现代服务业等重点领域开展创新设计示范，全面推广应用以绿色、智能、协同为特征的先进设计技术。支持传统文化与时尚设计融合，促进工业设计从产品外观延伸至企业品牌形象策划和产品内涵设计。鼓励软件企业开发一批

具有自主知识产权的关键设计工具软件，到 2017 年，数字化研发设计工具普及率达到 65% 以上。（省经济和信息化委、知识产权局）

（四）鼓励发展第三方检验检测认证服务。依托重点企业和科研院所，建设一批高水平的工业产品质量控制和技术评价实验室、产品质量监督检验中心。重点在新能源汽车、新能源装备、轨道交通装备、工业机器人、智能装备、节能环保装备等领域建设一批国家级检验检测与评定认证中心。稳步推进检验检测认证机构整合改革，加快建立全省专业检验检测技术联盟，提升公共检测服务能力。（省质监局、发展改革委、经济和信息化委）

（五）积极发展投融资服务。鼓励金融机构通过流动性贷款、进出口信贷、履约担保、咨询顾问等金融产品和服务满足制造业融资需求，综合运用银团贷款、投资基金等多种方式为制造企业转型升级、并购重组、“走出去”等提供全方位的投融资服务。积极开展重点领域融资租赁服务，引导企业利用融资租赁方式实施设备更新和技术改造。支持设立面向中小微企业的融资租赁服务公司，支持符合条件的内地和港澳地区机构在自贸试验区设立金融租赁公司、融资租赁公司。鼓励装备制造企业积极运用期货、远期、掉期交易和保险产品对冲或规避风险。支持符合条件的制造企业发起设立企业集团财务公司、金融租赁公司等金融机构，加强资金管理和运用，促进产品销售。到 2017 年，大中型企业普遍利用融资租赁方式实施设备更新和技术改造。（省金融办、商务厅、财政厅、经济和信息化委）

（六）大力发展新一代信息技术服务。加快推进“互联网 + 制造业”发展，鼓励引导将数字技术、智能制造技术广泛应用于产品设计和生产制造过程，2017 年前培育建设 10 个智能制造示范基地。实施工业云及工业大数据创新应用试点，促进工业互联网、云计算、大数据在企业研发设计、生产制造、经营管理、销售服务等全流程和全产业链的综合集成应用。鼓励互联网等企业发展移动电子商务、在线定制、线上到线下等运营模式，支持制造企业发展基于互联网的个性化定制、众包设计、云制造等新型制造模式，支持制造企业开展以移动电子商务等新兴信息技术应用为支撑、改造传统产业链、体现新经济和新业态发展的总集成总承包服务。鼓励信息技术服务企业根据客户需求进行系统设计和业务流程再造，提供软硬件结合、管控一体的完整解决方案。（省经济和信息化委、发展改革委）

（七）鼓励发展节能环保技术服务。积极推广第三方合同能源管理模式，推进各类企业实施节能改造，引导节能服务公司为各类企业提供节能规划、诊断、融资、运营等专业化服务。鼓励有条件的单位在环保技术服务中开展系统设计、设备采购（制造）、工程施工、调试运行和维护管理等一体化的总集成总承包服务业务，推行环保服务总承包和环境治理特许经营，开展环境污染第三方治理。鼓励重点用能企业依托自身技术优势和经验，开展专业化节能环保服务。支持节能环保服务项目以预期收益质押获得贷款。完善碳排放权管理和交易制度，加快建设广州碳排放权交易中心。到 2017 年节能环保技术服务产值年增 10% 以上，专业化服务达到 30% 左右。（省经济和信息化委、发展改革委、环境保护厅）

（八）提升现代物流服务水平。推进云计算、物联网、北斗导航及地理信息等技术在物流智能化管理方面的应用，优化物流企业供应链管理服务，提高物流企业配送的信息化、智能化、精准化水平，推广企业零库存管理等现代企业管理模式。加快发展分拨管理、空箱集管、货单质押、代收货款等物流新业务，鼓励采用低能耗、低排放的运输工具和节能型仓储设施。引导企业剥离物流业务，培育发展专业化、社会化第三方大型物流。鼓励中小型物流企业发展专业化、精细化物流服务。引导产业物流与工业基地协同发展，实施产业物流示范工程。完善物流建设和服务标准，引导物流设施资源集聚集约发展，培育 30 个具有较强服务能力的生产服务型物流园区和配送中心。到 2017 年社会物流总费用占地区生产总值（GDP）比重下降至 14　5% 左右。（省发展改革委、经济和信息化委、商务厅、交通运输厅）

（九）加强供应链管理服务。加快培育供应链管理企业，支持一批龙头企业做大做强，着力提升面向制造业的供应链管理服务水平。支持大型制造企业全面引入供应链管理，鼓励中小企业与供应链管理服务企业合作，提高企业管理有效性，实现企业信息流、实物流、资金流高效率流动。加快建设第三方供应链管理平台，为制造企业提供供应链计划、供应链物流、供应链金融、供应链电子商务以及信息追溯等集成服务。推动移动互联网、云服务、物联网等先进技术在供应链管理中的应用，实现对原材料、零部件、半成品、产成品和产品消费全过程识别和跟踪。到 2017 年，培育一批专业服务水平高、集成服务能力强的供应链管理企业和 10 家供应链管理示范企业。（省经济和信息化委、商务厅）

（十）深化电子商务应用。鼓励大中型企业加强电子商务应用，发展网络营销实现品牌培育和市场扩张。鼓励中小微企业依托第三方电子商务服务平台开展业务，引导企业运用跨境电子商务手段开拓国际市场并给予资金扶持。推进国家跨境电子商务服务试点，建设国家电子商务示范城市、示范基地和示范企业。开展移动电子商务产业基地和创新基地试点示范，建设国家移动电子商务试点示范工程。鼓励工业电子商务支撑体系集成创新，开展国家、省、市工业电子商务区域试点，推动工业电子商务发展。推动工业企业供应链管理一体化电子商务应用。到 2017 年规模以上企业电子商务应用率达到 90% 以上。（省经济和信息化委、商务厅）

（十一）强化品牌培育服务。实施质量强省战略和“十百千”品牌培育工程，引导企业树立追求卓越的企业价值理念，推动企业从经营产品向经营品牌转变。鼓励中小企业培育和优化商标品牌，支持大型骨干企业创建具有国际影响力的世界级品牌，鼓励有实力企业积极收购国外品牌。支持企业在技术开发应用、商业模式运作、关键业务流程再造等方面创建行业规范和标准，形成可复制推广的经营模式。扶持一批品牌培育和运营专业服务机构，开展品牌管理咨询、市场推广等服务。到 2017 年，培育 10 家国际知名、国内领先品牌企业，100 家国内知名、行业领先品牌企业，建设 1000 家自主品牌梯队的品牌培育工程取得实质性进展。（省质监局、工商局、经济和信息化委）

（十二）大力发展生产性服务外包。依托重点服务外包园区，加大对通信、软件等基础设施的投入，提升网络国际联网和信息运输能力。鼓励企业开展或购买专业化生产服务，支持软件企业和研发中心承接制造企业转移的产品研发、工业设计、供应链管理等外包业务。积极建设服务外包公共技术、信息服务、交易促进、知识产权等平台。鼓励有实力的服务外包企业拓展海外市场，培育一批国际知名生产性服务外包企业。到 2017 年，培育 5 家年收入超亿元生产性服务外包企业，力争全省生产性服务外包收入占服务外包总收入 40% 以上。（省商务厅、经济和信息化委）

二、推动制造企业服务化

以拓展产品增值服务为核心，积极推动制造业与服务业互动融合、共生发展，不断催生生产性服务业新产业、新业态、新商业模式。力争到 2017 年，大型骨干工业企业服务收入占总销售收入平均达到 10% 以上，大型装备企业平均达到 15% 以上。

（一）鼓励制造企业发展集成服务。支持有条件的企业由提供设备向提供系统集成总承包服务、由提供产品向提供整体解决方案转变。支持装备制造企业和其他大型骨干企业采用一体化模式开展总集成总承包服务，对此类项目可由省发展先进装备制造业专项资金按合同执行金额的一定比例或实际获得的银行贷款给予贴息。鼓励优势企业加快发展国际总承包、总集成服务。鼓励国内外知名生产性服务商来粤设立服务集成中心，提供整体解决方案和快捷的一站式服务。（省经济和信息化委、发展改革委、财政厅、住房城乡建设厅）

（二）支持制造企业强化外部服务环节。鼓励制造企业增加产品服务环节投入，推动大型骨干企业全面发展个性化定制服务、全生命周期管理、网络精准营销和在线支持服务等新型制造模式。鼓励企业加强产品售后服务，支持装备制造企业积极运用云计算、物联网、大数据等信息技术发展远程检测诊断、运营维护、技术支持等维保服务。鼓励发展标准化、社会化售后服务，支持具备条件的工业企业内设维护维修机构向专业维护维修公司转变，培育一批第三方售后服务标杆企业。积极创建一批国家售后服务质量监测中心。到 2017 年，大中型工业企业外部服务环节投入占生产性服务投入比重有明显提高。（省经济和信息化委、商务厅）

（三）鼓励制造企业发展专业化生产性服务。鼓励优势制造企业“裂变”专业优势，通过业务流程再造，面向行业提供社会化、专业化服务。有条件的可设立独立的生产性服务法人机构，面向中小企业发展市场调研、产品设计、技术开发、节能环保、工程总包和系统控制等生产性服务。由工业企业中分离设立的生产性服务企业，各地可给予适当支持，其用水、用气价格高于原母体企业的按原企业价格执行。到 2017 年力争 20% 以上大中型工业企业设立专业化生产性服务法人机构。（省经济和信息化委）

三、加快建设面向先进制造业的公共服务平台

围绕制造企业的共性生产性服务需求，创新公共平台建设模式，调动各方积极性，加快建设一批面向先进制造业的各类公共服务平台。力争到 2017 年，国家级、省级开发区（包括产业园区、工业园区）基本建成配套生产性服务中心，初步形成以公共服务平台为支撑的生产性服务网络。

（一）支持建设先进制造业基地配套生产性服务中心。采取省市政府共建、政府与社会资本合作（PPP）等模式，依托制造业基地（园区）建设一批生产性服

务中心，为企业提供融资租赁、研发设计、现代物流、电子商务、检验检测、质量认证、营销广告、技术推广、数据托管、管理咨询、人才培训、知识产权保护等公共服务。省级财政已设立的面向产业园区、先进制造业、生产性服务业各类专项资金，应安排部分资金实施省市共建先进制造业基地（园区）配套生产性服务中心。鼓励将重要制造业基地（园区）配套生产性服务中心纳入各市PPP项目库并优先安排建设。（省发展改革委、经济和信息化委、国土资源厅）

（二）鼓励建设“互联网”公共信息平台。实施“互联网+”行动计划，积极建设面向生产服务的各类工业互联网信息平台，培育平台型服务产业，为企业提供研发设计、生产制造、经营管理、市场营销等信息服务。建设一批高质量的工业云服务和工业大数据平台，为企业提供按需使用、优质低价的公共云服务。积极争取国家在粤布点建设“工业云”公共云计算服务平台、重点领域制造业云计算数据中心和工程数据中心。支持信息技术企业加快向云计算产品和服务提供商转型，鼓励大企业开放平台资源。对符合布局原则和能耗标准的云计算数据中心，支持其参加直供电试点，满足大工业用电条件的可执行大工业电价，并在网络、市政配套等方面给予保障。（省经济和信息化委、住房城乡建设厅）

（三）支持建设电子商务和物流信息服务平台。加快物联网等信息技术在物流领域的应用，布局建设一批综合性、专业性物流公共信息平台和货物配载中心，重点推进南方现代物流公共信息平台建设和运营，增强制造业供应链协同需求的物流响应能力。引导企业积极建设先进制造业行业性电子商务平台，依托我省产业集聚区重点建设一批集交易、电子认证、在线支付、物流和信用评估等服务于一体的第三方电子商务综合服务平台，为中小微企业开展业务提供支撑。（省经济和信息化委、商务厅）

（四）搭建对外开放合作支撑服务平台。充分发挥中国（广东）自由贸易试验区在服务业领域的先行先试作用，深化与港、澳、台地区的生产性服务业合作。积极搭建对外招商引资服务平台，加大对欧美等发达国家生产性服务业招商引资力度，拓展对外开放合作的广度和深度。围绕实施“一带一路”战略，依托港澳在金融服务、信息资讯、国际贸易网络、风险管理等方面的优势，建立国际商事服务跨区域合作机制。加快建立制造业对外投资公共服务平台和出口产品技术性贸易服务平台，为企业“走出去”提供国际化、高标准服务。完善“走出去”专项扶持资金管理办法，加大对建设“走出去”服务平台资金支持力度。（省商务厅、港澳办）

四、打造生产性服务业集群化集聚化发展载体

依托中心城市、自贸试验区、先进制造业基地等，在重点行业和领域加快建成一批重大发展载体，集聚高端要素，形成产业发展高地和新的重要增长极。力争到2017年，创建5个国家现代服务业发展示范区，30个省级生产性服务业示范功能区，5个规模达到1000亿元以上的总部企业基地。

（一）支持先进制造业总部基地建设。鼓励世界500强企业来粤设立区域性总部或分支机构、研发中心、结算中心、营运基地等。建立总部基地招商引资激励机制，在办公用地、后勤服务、生活保障等方面给予必要支持。对新落户的总部企业，各地可根据企业的贡献程度出台相应奖励措施。鼓励中心城市建立总部企业协调工作制度，及时解决有关问题。（省经济和信息化委、发展改革委、财政厅）

（二）支持在中国（广东）自由贸易试验区打造生产性服务业发展高地。充分发挥自贸试验区在体制机制创新方面的优势，积极推动航运服务、金融服务、科技服务、商贸服务、专业服务等高端生产性服务业发展，建设国际大宗商品交易中心、融资租赁产业园、跨境电商产业园、航运交易中心、知识产权交易中心、全球检测维修服务中心等平台和载体，打造以生产性服务业为主导的现代产业新高地。深入推进粤港澳服务贸易自由化，在CEPA框架下探索进一步对港澳服务业扩大开放，促进粤港澳人员、资金、信息更便捷流动，规划建设粤港澳生产性服务业集聚发展区。鼓励生产性服务企业进驻自贸试验区，充分利用自贸试验区融资、财税等支持政策加快发展壮大。（省商务厅、发展改革委、经济和信息化委、港澳办）

（三）建设和提升生产性服务业集聚区。支持依托中心城市、城市新区、先进制造业基地建设一批高水平、广覆盖的综合性生产性服务业集聚区（功能区），增强辐射能力。认定一批省级现代生产性服务业示范区，符合条件的支持其申报创建国家现代服务业发展示范区，优先推荐争取中央预算内国家服务业发展引导资金支持。各市要加强对建设现代生产性服务业示范区的支持，在网络、市政配套等方面给予保障。（省发展改革委、经济和信息化委、住房城乡建设厅）

五、加大政策支持力度

积极贯彻落实国家和省促进生产性服务业发展的财税、金融、用地和人才等各项政策，创新政策扶持方法，打造有利于生产性服务业发展的政策环境。

（一）加大财政支持力度。统筹用好省级财政扶持产业发展专项资金，通过股权投资、PPP、贷款贴息等模式，引导和支持面向先进制造业基地的重要生产性公共服务平台、重大生产性服务业集聚区（功能区、示范区）基础设施建设和先进制造业尤其是装备工业国家工程研发中心、检验检测认证中心、重点实验室等落户广东，支持世界500强企业来粤设立区域性总部或研发中心、结算中心、营运基地等分支机构，具体办法另行制定。（省财政厅、发展改革委、经济和信息化委、科技厅）

（二）落实和完善使用首台（套）重大技术装备等鼓励政策。首台（套）重大技术装备研制与使用单位开展产品创新、增值服务和示范应用，比照广东省财政厅《关于印发扶持珠江西岸先进装备制造业发展的财政政策措施的通知》（粤财工〔2015〕219号）有关规定进行奖励。企业首台（套）产品应用在自身运营的一体化项目可纳入首台（套）政策支持范围。生产性服务企业自用首次购买具有自主知识产权的研发设计、检验检测等大型先进技术装备，按首次购买实际财产类保费支出总额的80%予以奖补，奖补总额最多不超过1000万元。（省经济和信息化委、财政厅）

（三）落实税收优惠政策。落实“营改增”等结构性减税政策，全面落实企业研发费用税前加计扣除、高新技术企业和技术先进型服务企业所得税优惠等政策。支持引导研发设计、检验检测认证、节能环保、新一代信息技术等科技型、创新型生产性服务企业申请认定为高新技术企业和技术先进型服务企业。（省科技厅、财政厅、地税局，省国税局）

（四）全面清理生产性服务业领域各项收费。严格执行免征中央、省设立的涉企行政事业性收费省级收入的政策，鼓励各地减免省级以下部分的收入，切实压减涉企行政事业性收费。研究推动生产性服务业集聚区参照执行省产业转移工业园“零收费”政策。（省发展改革委、财政厅）

（五）引导社会资本创设生产性服务业各类投资基金。鼓励社会资本重点支持先进制造业价值链“微笑曲线”两端的生产性服务项目。研究设立广东工业2025产业引导基金，鼓励社会资本投入或参与，引导股权投资基金参与企业境外投资并购。（省发展改革委、经济和信息化委、财政厅）

（六）建立生产性服务企业信贷风险补偿机制。鼓励银行机构按照风险可控、经营可续的原则提供适合生产性服务企业需求的信贷产品和服务。省财政设立生产性服务企业专项信贷风险补偿资金池，对银行机构向符合条件的省内生产性服务企业贷款所发生的超过一定比例的不良贷款净损失，由专项信贷风险补偿资金给予适当的补偿，具体办法另行制定。（省财政厅、金融办、发展改革委、经济和信息化委）

（七）优先支持解决生产性服务业用地。坚持节约集约用地原则，合理安排生产性服务业用地。建立生产性服务业重点项目库，实行动态化管理，优先安排项目用地。鼓励各级政府在实施城乡规划和“三旧”改造中收购储备的存量土地优先用于安排高端生产性服务业项目。鼓励工业企业利用自有工业用地兴办促进企业转型升级的自营生产性服务业，对提高自有工业用地容积率用于自营生产性服务业的，经批准可按新用途办理相关手续。鼓励生产性服务项目用地采取租赁方式取得土地使用权，积极探索实行弹性出让方式供地。工业园区配套生产性服务中心可比照工业用地价格安排建设用地。（省国土资源厅、发展改革委、住房城乡建设厅）

（八）加强人才保障。加快粤港澳人才合作示范区建设，依托“珠江人才计划”“广东特支计划”等优秀人才计划项目，加大国际高端人才引进和培养力度。实施“粤海智桥资助计划”，拓宽引智渠道，充分发挥市场主体在引进国外人才和智力中的作用，对成功引进海外高层次人才和智力的机构或有功人员给予奖励。推广柔性引进和利用国际一流人才的方式，充分运用互联网等技术突破地域障碍、降低智力成本，以平台运营、项目合作、任务承揽等灵活形式整合利用国内外人才资源。落实高端人才安家落户、出入境签证、个人所得税优惠等政策。加快建立以先进制造业实训为主的高技能人才培训基地和生产性服务业所需的高技术人才培训基地，开展现代学徒制试点，为制造业发展提供人才支撑。（省人力资源社会保障厅、教育厅、公安厅、财政厅、外办）

广东省人民政府办公厅

2015年9月29日

广东省人民政府办公厅关于印发广东省支持小微企业稳定发展若干政策措施的通知

粤府办〔2015〕48号

各地级以上市人民政府，各县（市、区）人民政府，省政府各部门、各直属机构：

《广东省支持小微企业稳定发展的若干政策措施》业经省人民政府同意，现印发给你们，请认真组织实施。实施中遇到的问题，请径向省经济和信息化委反映。

广东省人民政府办公厅
2015年7月28日

广东省支持小微企业稳定发展的若干政策措施

为进一步激发大众创业、万众创新活力，促进我省小型微型企业健康稳定发展，现提出以下政策措施

一、积极培育市场主体

（一）促进创业便利化

大力推动政府部门简政放权和职能转变，深化商事制度改革，加快实现全省工商营业执照、组织机构代码证、税务登记证等“多证合一、一照一码”；完善“一址多照”“一照多址”等政策，放宽市场主体场所登记条件限制。简化完善企业注销流程，试行对个体工商户、未开业企业及无债权债务企业实行简易注销程序，构建便捷有序的市场退出机制。（省工商局、质监局、地税局、国税局负责）

加大创业人才培养力度，多层次、多渠道、多行业、多形式举办创业培训。培养一批有资质的创业辅导师，广泛征集热心公益事业、信誉好、有余力的企业在职或退休高层管理人员、高级技术人员组建创业辅导师队伍，为创业人员聘请创业辅导师提供支持。（省经济和信息化委、人力资源社会保障厅、科技厅、教育厅、知识产权局负责）

（二）加强创业基地建设

鼓励社会力量利用规模较大、位置适宜的闲置厂房、场地等存量房产资源，规划建设各类孵化功能较强的小微企业创业基地和创业孵化基地，统一提供达标的市政、环保、消防等基础设施支持。鼓励市县政府对小微企业入驻的场地给予支持。（省经济和信息化委、公安厅、人力资源社会保障厅、住房城乡建设厅、国土资源厅、环境保护厅负责）

优先规划发展工业类小微企业创业基地，为工业园、开发区等培育后备进园（区）工业企业。2017年底前，每个地级以上市规划建设的创业基地不少于3个，每个县（区）规划建设的创业基地不少于1个。完善创业基地公共技术服务平台等配套建设，发挥政府创业投资引导基金作用，引导天使投资基金等投向初创期工业类小微企业。（省发展改革委、经济和信息化委、财政厅、住房城乡建设厅、国土资源厅、环境保护厅、金融办负责）

（三）促进大中小微企业协调发展

积极创新大中小微企业合作机制，鼓励大型骨干企业定期发布履行社会责任报告，公布与供应商（配套小微企业）协调发展等情况。支持大企业建设基于云技术的加工中心，为初创期小微企业开发试验产品提供支撑。支持大企业利用自有技术、专利创办小微企业，支持创业人员通过受让大企业技术、专利等创办小微企业。（省发展改革委、经济和信息化委、国资委、科技厅、知识产权局负责）

二、切实减轻企业负担

（四）深入落实国家税收优惠政策

税务机关要按照“应享尽享”原则，将国家小微企业税收优惠政策及时落实到有税务关系的每一户小微企业。进一步精简税收减免手续和程序，支持小微企业自行申报享受税收优惠政策。（省国税局、地税局负责）

（五）进一步清理压减涉企收费项目

严格清理行政事业性收费和政府性基金收费项目，严控搭车式、捆绑式收费，对确需保留的收费项目实行清单管理，严肃查处清单外的任何收费行为。在全省范围内对所有企业免征 32 项中央设立和 7 项省定涉企行政事业性收费的省级收入，鼓励各市政府免征上述收费项目的本级收入，其中珠三角各市除肇庆市外原则上免征本级收入。（省发展改革委、财政厅负责）

对 25 人以下小微企业免征工会费，珠三角地区上缴工会费的返还比例提高到 70%，粤东西北地区返还比例提高到 65%。（省总工会、财政厅负责）

（六）减轻用工费用负担

小微企业因生产经营特点执行国家规定标准工时制有困难的，经人力资源社会保障行政部门批准后可实行不定时工作制或综合计算工时工作制。鼓励小微企业聘用应届高校毕业生，对签订 1 年以上期限劳动合同并按规定缴纳社会保险费的，按实际聘用人数给予 1 年社会保险费用补贴。（省人力资源社会保障厅负责）

帮助小微企业解决用工难问题，鼓励有实力、信誉好的人力资源服务机构每年定期举办小微企业专场招聘会；办好中小企业百日网上招聘高校毕业生活动，免费为小微企业提供上网招聘服务。（省人力资源社会保障厅、经济和信息化委、教育厅负责）

（七）规范行政检查行为

各地政府及有关部门要全面清理进企检查项目，进一步规范检查行为。法律、法规、规章规定必须进企检查的，检查实施单位要在年初制定计划，严格按计划实施，最大限度减少小微企业接受检查的时长和频次。确需实施临时检查的，检查实施单位要严格依法依规进行。（省法制办负责）

三、完善服务体系

（八）健全小微企业公共服务机制

加快建设省、市、县（区）中小企业服务中心体系和网络平台服务体系，完善服务设施，增强服务能力。建设“在线制造”“专利知道”等一批工业云平台，为小微企业提供产品设计、制造、管理、知识产权保护等方面在线协同支撑。2017 年底前，全省中小企业服务中心体系和网络平台服务体系实现省、市、县（区）全覆盖、互联互通、资源共享及线上线下协同服务。以实际服务小微企业的数量和质量为标准，强化对中小企业服务中心和网络平台的运营绩效评价。（省经济和信息化委、知识产权局负责）。

（九）促进人力资源开发

加快健全以小微企业需求为导向的技能培训公共服务，发挥广东民营企业家培训学院及各地培训基地的作用，制定支持小微企业人力资源开发的发展规划，开发专门面向小微企业的课程体系，建立适合小微企业特点的省级培训师资队伍。（省经济和信息化委、人力资源社会保障厅负责）

从中小微企业发展专项资金中统筹安排资金，采取政府购买服务等方式，免费对小微企业业主、职业经理人开展培训。鼓励小微企业举办内训活动，支持小微企业从省级培训师资队伍聘请培训师。支持管理、市场、技术、融资、法律等社会专业培训机构为小微企业提供专业培训，对业绩突出的专业培训机构给予奖励。（省经济和信息化委负责）

（十）支持小微企业开拓市场

支持小微企业较为集中区域的行业商（协）会或其他社会组织牵头打造区域品牌、申请注册集体商标和证明商标，对牵头获得区域品牌的行业商（协）会或其他社会组织、获准注册集体商标和证明商标的注册人给予奖励。支持小微企业集聚程度高、产业特色明显的区域申报全国和省级知名品牌创建示范区。指导小微企业申报广东省名牌产品。（省工商局、质监局负责）

推动小微企业上网“触电”，将首次在指定电商平台上“触电”的小微企业纳入中小微企业发展专项资金支持范围。统筹安排出口企业开拓国际市场专项资金、外经贸稳增长调结构专项资金，支持小微企业参加境内外各种展会。协助小微企业与广东商贸城洽谈对接展示产品。扶持一批专业机构为小微企业提供市场开拓咨询、策划、代理等服务。支持技术机构或社会组织搭建小微企业应对国外技术贸易措施服务平台，为小微企业提供国外技术法规、标准及合格评定程序查询、咨询和培训服务。（省经济和信息化委、商务厅负责）

（十一）促进小微企业创新发展

重点培育一批以小微企业为主体的自主创新、引进消化吸收再创新、产学研联合创新等产业化基地。依托国家重点实验室、工程研究中心和企业技术中心等现有科技资源，促进小微企业加快自主创新和转型升级。鼓励技术优势企业、科研院所与小微企业深化合作，每年举办一届技术交流对接活动，促进科技成果向小微企业加快转移。（省经济和信息化委、科技厅负责）。

（十二）加强技术服务

鼓励为小微企业提供技术开发、检验检测、信息化应用、知识产权服务的公共技术服务机构申报国家中小企业公共服务示范平台（技术类）、省中小企业公共技术服务示范平台，支持其为小微企业提供优质优惠的技术服务。（省经济和信息化委负责）

支持和引导小微企业加强知识产权能力建设，发挥广东省知识产权公共信息综合服务平台及战略性新兴产业专利信息专题数据库作用，为小微企业提供知识产权信息订制和推送服务。发挥珠海横琴国际知识产权交易中心、广州知识产权交易中心及各类社会化知识产权展示交易运营中心的作用，建设专利技术信息发布平台，展示国内外已过保护期、科研院所适合产业化等专利技术，支持小微企业广泛应用。加快各级知识产权维权平台建设，为小微企业提供知识产权维权援助、教育培训和涉外服务。（省知识产权局负责）

（十三）加强法律服务

建立部门间法律服务联席会议制度，协调解决小微企业相关法律问题。鼓励小微企业聘请法律顾问，加强法律风险防控机制建设。省和各地市分别成立小微企业法律服务团和分团，开展面向小微企业的培训服务及网络和数据化法律服务，发布小微企业法律风险白皮书，协助服务团成员单位开展普法教育。司法行政部门会同律师协会引导和组织律师做好小微企业法律服务工作，引导律师事务所对经营困难的小微企业减免律师费用。建立律师与小微企业信息对接平台，将律师法律服务信息接入广东省中小企业公共服务网络平台，支持小微企业通过对接平台聘请常年法律顾问。（省司法厅负责）

四、狠抓政策落实

（十四）完善配套扶持政策

省有关单位要对 2012 年以来国务院及国家有关部委和省政府出台的扶持小微企业政策措施和明确要求本部门完成的工作事项进行梳理，列出属于本部门职能范围、尚需继续落实的政策措施和工作事项清单，并在事权范围内积极研究出台有针对性、有创新性的政策措施，统筹制定具体落实工作方案，作为落实我省稳增长决策的具体措施抓紧印发实施。（省有关单位负责）

（十五）加强对政策落实情况的督查评估

从 2015 年起连续三年，每年对省有关单位、各地市扶持小微企业政策落实情况开展专项督查；聘请第三方机构对有关单位落实扶持小微企业政策的报告进行评估，有关评估结果在适当范围内通报。（省经济和信息化委、工商联负责）

中国（广东）自由贸易试验区管理试行办法

第一章 总 则

第一条 为了推进和保障中国（广东）自由贸易试验区建设，根据《全国人民代表大会常务委员会关于授权国务院在中国（广东）自由贸易试验区、中国（天津）自由贸易试验区、中国（福建）自由贸易试验区以及中国（上海）自由贸易试验区扩展区域暂时调整有关法律规定的行政审批的决定》、国务院批准的《中国（广东）自由贸易试验区总体方案》和有关法律、法规，结合本省实际，制定本办法。

第二条 本办法适用于经国务院批准设立的中国（广东）自由贸易试验区（以下简称自贸试验区）。自贸试验区范围包括广州南沙新区片区、深圳前海蛇口片区、珠海横琴新区片区。

第三条 自贸试验区应当依托港澳、服务内地、面向世界，以制度创新为核心，促进内地与港澳经济深度合作，深入推进粤港澳服务贸易自由化，强化国际贸易功能集成，深化金融领域的开放创新，创新监管服务模式，建立与国际投资和贸易规则体系相适应的管理体制，培育国际化、法治化、市场化营商环境，为全国全面深化改革和扩大开放探索新途径、积累新经验。

第二章 管理体制

第四条 按照统筹管理、分级负责、精干高效的原则，设置省自贸试验区管理机构和自贸试验区各片区管理机构。

第五条 省人民政府成立自贸试验区工作领导协调机构，负责统筹研究自贸试验区法规政策、发展规划，研究决定自贸试验区发展重大问题，统筹指导改革试点任务，统筹协调与国家有关部门、港澳及有关市自贸试验区事务。

第六条 省人民政府设立中国（广东）自由贸易试验区工作办公室，依照本办法履行以下职责：

（一）贯彻执行国家有关自贸试验区建设的方针、政策、法律、法规和制度；

（二）研究、推动出台自贸试验区综合改革、投资、贸易、金融、人才等政策并指导实施；

（三）具体协调与国家和省相关部门、港澳及有关市自贸试验区事务；

（四）推动各片区管理机构建立健全事中事后监管体系；

（五）检查各片区自贸试验区法规政策的落实情况，综合评估自贸试验区运行状况；

（六）统计发布自贸试验区公共信息，组织自贸试验区对外宣传和交流工作；

（七）承担自贸试验区工作领导协调机构日常工作；

（八）承担省人民政府赋予的其他职责。

第七条 依托现有管理机构，设立自贸试验区各片区管理机构，负责自贸试验区各片区的具体事务。各片区管理机构职责分别由广州、深圳、珠海市人民政府依照本办法另行规定。

省人民政府有关部门按照各片区管理机构行使省一级管理权限的要求下放管理权限，加强对自贸试验区各片区的协调和指导，支持自贸试验区的各项工作。

第三章 投资管理

第八条 自贸试验区对外商投资实行准入前国民待遇加负面清单管理模式。对负面清单之外的领域，外商投资项目实行备案制（国务院规定对国内投资项目保留核准的除外）；外商投资企业设立、变更及合同、章程实行备案管理。自贸试验区各片区管理机构负责本片区外商投资事项的备案管理，依法履行负面清单之外的外商投资事项的备案工作，备案后按国家有关规定办理相关手续。

第九条 自贸试验区内投资者可以开展多种形式的境外投资。自贸试验区内企业境外投资一般项目实行备案管理，国务院规定对境外投资项目保留核准的除外。

第十条 自贸试验区各片区管理机构组织实施企业准入并联审批，将外商投资项目核准（备案）、外商投资企业设立和变更审批（备案）、商事主体设立登记、组织机构代码证、税务登记证（国税、地税）、社保登记号、公章刻制备案等事项纳入“一口受理”机制实行并联办理，逐步推行工商营业执照、组织机构代码证、税务登记证等“多证合一”“一照一号”。

第十一条 自贸试验区推进工商注册制度便利化，依法实行注册资本认缴登记制。

投资者在自贸试验区设立外商投资企业，可以自主约定营业期限。

在自贸试验区内登记设立的企业（以下简称区内企业），可以到自贸试验区外再投资或者开展业务，需要办理相关手续的，按照规定办理。

第十二条 自贸试验区实行“先照后证”。区内企业取得营业执照后，即可从事一般生产经营活动；从事需经审批方可开展的生产经营活动，在取得营业执照后，应当依法向有关部门申请并取得批准文件、证件后，方可开展相关生产经营活动。

从事需前置审批的生产经营活动的，应当在申请办理营业执照前，依法办理审批手续。

第四章　贸易发展和便利化

第十三条 自贸试验区实行内外贸一体化发展，鼓励区内企业统筹开展国际贸易和国内贸易，为泛珠三角地区企业提供综合服务，建设国际大宗商品交易和资源配置平台。

自贸试验区促进服务贸易发展，鼓励离岸贸易、保税展示交易、仓单质押融资、融资租赁、期货保税交割、跨境电子商务、外汇免税店、市场采购等新型贸易方式发展。

自贸试验区建立服务于加工贸易转型升级的公共服务平台，支持区内加工贸易企业发展结算、保税服务、自主营销等业务。

鼓励企业在区内设立总部，建立整合贸易、物流、结算等功能的营运中心。

第十四条 自贸试验区内的广州南沙保税港区、深圳前海湾保税港区等海关特殊监管区域，实行“一线放开、二线安全高效管住”的进出境监管服务模式，整合优化海关特殊监管区域管理措施，并根据自贸试验区发展需要，探索口岸监管制度创新。

广州南沙新区片区、深圳前海蛇口片区中的非海关特殊监管区域范围，按照现行模式实施监管，不新增“一线、二线”分线管理方式。

珠海横琴新区片区按照国务院确定的“一线放宽、二线管住、人货分离、分类管理”的原则实施分线管理，不断探索口岸查验模式创新。

第十五条 按照通关便利、安全高效的要求，在自贸试验区开展进出境监管制度创新。在自贸试验区建立货物状态分类监管制度，推行通关无纸化、低风险快速放行，促进新型贸易业态发展。

境外进入广州南沙保税港区、深圳前海湾保税港区、珠海横琴新区片区（以下称围网区域）的货物，可以凭进口舱单先行进入，分步办理进境申报手续。出口货物可以实行先报关、后进港的通关方式。

区内保税存储货物不设存储期限。简化围网区域货物流转流程，允许分送集报、自行运输；实现围网区域与其他海关特殊监管区域之间货物的高效便捷流转。

第十六条 按照“进境检疫、适当放宽进出口检验，方便进出、严密防范质量安全风险”的原则，在自贸试验区开展检验检疫监管制度创新。

检验检疫部门建立出入境质量安全和疫病疫情风险管理机制，实施无纸化申报、签证、放行，提供出入境检验检疫信息查询服务。

境外进入围网区域的货物，应当接受入境检疫；除重点敏感货物外，其他货物免予检验。

围网区域货物出区前依企业申请，实行预检验制度，一次集中检验，分批核销放行。进出自贸试验区的保税展示商品免予检验。

围网区域企业之间仓储物流货物，免予检验检疫。

在自贸试验区建立有利于第三方检验鉴定机构发展和规范的管理制度，检验检疫部门按照法律法规和国际通行规则，采信第三方检测结果。

第十七条 自贸试验区建立跨部门的贸易、运输、加工、仓储等业务的综合管理服务平台，设立国际贸易单一窗口，实现部门之间信息互换、监管互认、执法互助。

企业可以通过单一窗口一次性递交各管理部门要求的标准化电子信息资料，处理结果通过单一窗口反馈。

第十八条 自贸试验区简化区内企业港澳台及外籍员工就业许可审批手续，提供入境、出境和居留的便利。

自贸试验区为区内企业内地籍人员提供办理出国出境证件便利。

第五章　自贸试验区功能集成

第十九条 自贸试验区在《内地与香港关于建立更紧密经贸关系的安排》和《内地与澳门关于建立更

紧密经贸关系的安排》框架下实施对港澳更深度开放，重点在金融服务、商贸服务、专业服务、科技文化服务和社会服务等领域，取消或者放宽对港澳投资者资质要求、股比限制、经营范围等准入限制措施。

第二十条　自贸试验区依托香港连接全球市场网络和澳门辐射葡语国家市场的优势，借鉴港澳在金融服务、信息资讯、国际贸易网络、风险管理等方面的先进经验，将自贸试验区建设成为内地“走出去”的重要窗口和综合服务平台，加强与“一带一路”沿线国家和地区的贸易和投资往来，共同开拓国际市场。

第二十一条　发挥粤港澳三地海空港的联动作用，加强自贸试验区内外航运产业集聚区的协同发展，探索具有国际竞争力的航运发展制度和协同运作模式，建设21世纪海上丝绸之路的物流枢纽。

自贸试验区发展国际船舶运输、国际船舶管理、国际船员服务、国际航运经纪等产业，在国际船舶管理、国际远洋和国际航空运输服务、航运金融等领域对境外投资者扩大开放。

自贸试验区实行具有竞争力的国际船舶登记政策，建立高效率的船籍登记制度。

自贸试验区加大航线、航权开放力度，推动中转集拼业务发展，探索航运运价指数场外衍生品开发与交易业务。

第二十二条　推进自贸试验区在跨境人民币业务领域的合作和创新发展，推动以人民币作为自贸试验区与境外跨境大额贸易和投资计价、交易结算的主要货币。

在自贸试验区建立与粤港澳商贸、科技、旅游、物流、信息等服务贸易自由化相适应的金融服务体系。

探索通过设立自由贸易账户和其他风险可控的方式，开展跨境投融资创新业务。开展以资本项目可兑换为重点的外汇管理改革等试点，推动自贸试验区投融资汇兑便利化。

根据自贸试验区发展需要，经金融管理部门批准，允许不同层级、不同功能、不同类型的金融机构进入自贸试验区，支持在自贸试验区内建立面向国际的交易平台，提供多层次、全方位的金融服务。

第二十三条　自贸试验区对港澳及外籍高层次人才在出入境、在华停居留、项目申报、创新创业、评价激励、服务保障等方面给予特殊政策。

通过特殊机制安排，推进粤港澳服务业人员职业资格互认。

第二十四条　创新粤港澳口岸通关模式，加快推进一体化监管方式，推进建设统一高效、与港澳联动的口岸监管机制。

加快实施澳门车辆在横琴与澳门间便利进出政策。

第六章　综合管理与服务

第二十五条　在自贸试验区创新行政管理方式，推进政府管理由注重事先审批转为注重事中事后监管，提高监管参与度，推动形成行政监管、行业自律、社会监督、公众参与的综合监管体系。

第二十六条　自贸试验区各片区应当建立集中统一的综合行政执法体系，建立部门间合作协调的联动执法工作机制。依法及时公开执法检查情况，涉及食品药品安全、公共卫生、环境保护、安全生产、职业健康的，应当发布必要的警示、预防建议等信息。

第二十七条　自贸试验区应当配合国家有关部门在自贸试验区实施外商投资国家安全审查和经营者集中反垄断审查，实施外商投资全周期监管。

第二十八条　自贸试验区应当配合金融管理部门完善金融风险监测和评估，构建自贸试验区金融宏观审慎管理体系，建立与自贸试验区金融业务发展相适应的风险防范机制。

第二十九条　自贸试验区应当落实现有相关税收政策，按照国家规定，实施促进投资和贸易的有关税收政策；围网区域执行相应的海关特殊监管区域的税收政策。

税务部门应当在自贸试验区建立便捷的税务服务体系，开展税收征管现代化试点，推行网上办税，提供在线纳税咨询、涉税事项办理情况查询等服务，逐步实现跨区域税务通办。

税务部门应当运用税收信息系统和自贸试验区监管信息共享平台进行税收风险监测，提高税收管理水平。

第三十条　依法保护自贸试验区内劳动者的就业、获取报酬、休息休假、劳动安全、职业健康、接受培训、保险福利、参与企业管理等权利。

建立公正、公开、高效、便民的劳动保障监察和劳动争议处理机制，保护劳动者和用人单位合法权益。

第三十一条　自贸试验区应当加强环境保护工作，探索开展环境影响、危险危害因素评价分类管理，提高环境保护管理水平和效率。

鼓励区内企业申请国际通行的环境和能源管理体系标准认证，采用先进生产工艺和技术，节约能源，减少污染物和温室气体排放。

第三十二条　自贸试验区应当加强知识产权保护工作，完善行政保护与司法保护衔接机制。探索建立统一的知识产权管理和执法体制。

完善知识产权纠纷调解和维权援助机制。

第三十三条　自贸试验区应当建立健全企业信用信息归集、披露、运用制度，推进跨部门多领域信用信息综合管理运用，完善激励、警示、惩戒制度。

自贸试验区鼓励信用服务机构利用各方面信用信息开发信用产品，为行政监管、市场交易等提供信用服务；鼓励企业和个人使用信用产品和服务。

第三十四条　自贸试验区实行企业年度报告公示制度和企业经营异常名录制度。

区内企业应当按规定向各片区管理机构报送年度报告。年度报告应当向社会公示，涉及商业秘密内容的除外。企业对年度报告的真实性、及时性负责。

各片区管理机构对企业公示的信息依法开展抽查，对企业未按照规定的期限公示年度报告或者未按照责令的期限公示有关企业信息的，列入企业经营异常名录，并通过企业信用信息公示系统向社会公示。

第三十五条　在自贸试验区推进电子政务建设，在行政管理领域推广电子签名和具有法律效力的电子公文，实行电子文件归档和电子档案管理。电子档案与纸质档案具有同等法律效力。

第三十六条　在自贸试验区建设统一的监管信息共享平台，促进监管信息的归集、交换和共享。自贸试验区各片区管理机构和有关部门应当及时主动提供信息，参与信息交换和共享。

自贸试验区各片区管理机构和有关部门应当依托监管信息共享平台，整合监管资源，推动全程动态监管，提高联合监管和协同服务的效能。

监管信息归集、交换、共享的办法，由省人民政府另行制定。

第三十七条　各片区管理机构应当及时、完整向省自贸试验区管理机构报送统计数据及业务信息。

自贸试验区建立信息发布机制，通过新闻发布会、信息通报例会或者书面发布等形式，及时发布自贸试验区相关信息。

自贸试验区管理机构应当将涉及自贸试验区的法律、法规、规章、政策、办事程序等信息，在中国（广东）自由贸易试验区门户网站及各片区管理机构门户网站上公布，方便公众查询。

第三十八条　自贸试验区应当对试验情况进行专项和综合评估，评估工作可以吸纳社会公众、企业或者第三方评估机构等参与。

第三十九条　鼓励律师事务所、会计师事务所、税务师事务所、知识产权服务机构、报关报检机构、检验检测机构、认证机构、船舶和船员代理机构、公证机构、司法鉴定机构、信用服务机构等专业机构在自贸试验区开展业务。

第四十条　当事人对自贸试验区各片区管理机构或者有关部门的行政行为不服的，可以依照《中华人民共和国行政复议法》或者《中华人民共和国行政诉讼法》的规定，申请行政复议或者提起行政诉讼。

第四十一条　自贸试验区内企业发生商事纠纷的，可以向人民法院起诉，也可以按照约定，申请仲裁或者商事调解。

仲裁机构、商事纠纷专业调解机构应当依据法律、法规并借鉴国际惯例，在自贸试验区范围开展仲裁和商事调解，解决商事纠纷。

第七章　附　则

第四十二条　本办法自公布之日起施行。

2015年广东国民经济和社会发展统计公报

广东省统计局　国家统计局广东调查总队

2016年2月26日

2015 年，我省全面贯彻落实党的十八大和十八届三中、四中、五中全会和习近平总书记系列重要讲话精神，紧紧围绕“三个定位，两个率先”目标，坚持稳中求进工作总基调，主动适应经济发展新常态，积极有效应对各种困难和挑战，统筹推进稳增长、促改革、调结构、惠民生、防风险各项工作。全省经济发展稳中有进、稳中向好、稳中提质，较好完成全年经济社会发展目标任务，顺利实现“十二五”圆满收官。

一、综合

年末常住人口 10849 万人。全年出生人口 119.95 万人，出生率 11.12‰；死亡人口 46.60 万人，死亡率 4.32‰；自然增长人口 73.35 万人，自然增长率 6.80‰。

表1　2015年年末常住人口数及其构成

指　　标	年末常住人口数（万人）	比重（%）
常住人口	10849	100
其中：城镇	7454.35	68.71
乡村	3394.65	31.29
其中：男性	5672.94	52.29
女性	5176.06	47.71
其中：0-14岁	1884.67	17.37
15-64岁	8044.05	74.15
65岁及以上	920.28	8.48

初步核算，2015 年全省实现地区生产总值（GDP）72812.55 亿元，比上年增长 8.0%。其中，第一产业增加值 3344.82 亿元，增长 3.4%，对 GDP 增长的贡献率为 1.7%；第二产业增加值 32511.49 亿元，增长 6.8%，对 GDP 增长的贡献率为 41.2%；第三产业增加值 36956.24 亿元，增长 9.7%，对 GDP 增长的贡献率为 57.1%。三次产业结构为 4.6:44.6:50.8。在现代产业中，高技术制造业增加值 8172.20 亿元，增长 9.8%；先进制造业增加值 14712.70 亿元，增长 10.0%；现代服务业增加值 22338.12 亿元，增长 11.9%。在第三产业中，批发和零售业增长 5.0%，住宿和餐饮业增长 3.0%，金融业增长 15.6%，房地产业增长 11.4%。民营经济增加值 38846.24 亿元，增长 8.4%。2015 年，广东人均 GDP 达到 67503 元，按平均汇率折算为 10838 美元。

分区域看，珠三角地区生产总值占全省比重为 79.2%，粤东西北地区占 20.8%，粤东、粤西、粤北分别占 6.9%、7.7%、6.2%。

图1　2010-2015年地区生产总值及其增长速度

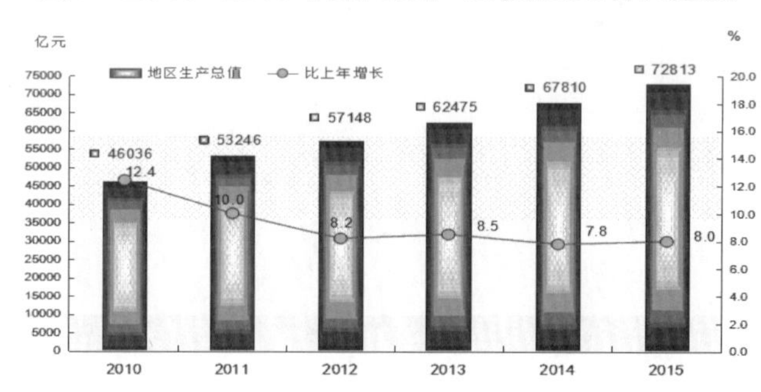

表2　2015年分区域主要指标

区域	GDP（亿元）	GDP增长（%）	第三产业增加值增长(%)	第三产业增加值占GDP比重(%)	地方一般公共预算收入（亿元）	地方一般公共预算收入增长(%)
珠三角	62267.47	8.6	9.8	54.6	6391.16	14.3
东　翼	5410.18	8.2	10.4	37.4	284.44	-3.2
西　翼	6075.67	8.3	8.8	41.6	303.56	6.3
山　区	4910.23	7.9	10.4	44.4	423.35	8.1

全年居民消费价格总水平上涨 1.5%，其中，城市上涨 1.6%，农村上涨 1.3%。分类别看，食品类上涨 3.5%，烟酒及用品类上涨 1.7%，衣着类上涨 2.3%，家庭设备用品及维修服务类上涨 0.9%，医疗保健和个人用品类上涨 1.8%，交通和通信类下降 2.1%，娱乐教育文化用品及服务类上涨 1.4%，居住类价格持平。工业生产品出厂价格下降 3.2%，其中能源类下降 13.7%，高技术类下降 1.4%；轻工业下降 0.7%，重工业下降 4.7%；生产资料下降 4.9%，生活资料下降 0.2%；初级产品下降 19.1%，中间产品下降 3.8%，最终产品下降 2.3%。工业生产品购进价格下降 4.7%，其中燃料、动力类下降 8.4%，黑色金属材料类下降 10.8%，有色金属材料及电线类下降 6.8%，化工原料类下降 5.8%，木材及纸浆类下降 0.9%，建筑材料及非金属类下降 9.3%，其它工业原材料及半成品类下降 2.1%，农副产品类下降 1.0%，纺织原料类下降 2.5%。固定资产投资价格下降 1.0%。农产品价格上涨 2.3%，其中，谷物上涨 6.3%，蔬菜上涨 3.8%，水果上涨 3.9%，油料上涨 5.3%，牧业产品上涨 3.1%。

图2 2010-2015年居民消费价格涨跌幅度

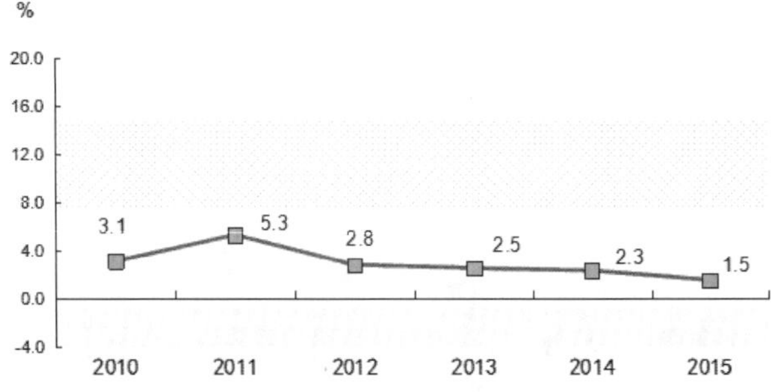

表3 2015年居民消费价格比上年涨跌幅度

指　　标	价格指数（上年=100）	比上年涨跌幅度（%）
居民消费价格	101.5	1.5
城市	101.6	1.6
农村	101.3	1.3
食品	103.5	3.5
其中：粮食	101.8	1.8
油脂	97.3	-2.7
肉禽及其制品	106.0	6.0
鲜蛋	98.0	-2.0
水产品	103.5	3.5
鲜菜	107.8	7.8

（续上表）

指　　标	价格指数（上年=100）	比上年涨跌幅度（%）
烟酒及用品	101.7	1.7
衣着	102.3	2.3
家庭设备用品及维修服务	100.9	0.9
医疗保健和个人用品	101.8	1.8
交通和通信	97.9	-2.1
娱乐教育文化用品及服务	101.4	1.4
居住	100.0	0.0
服务项目	102.6	2.6

全年城镇新增就业 155.54 万人，就业困难人员实现再就业 18.40 万人。年末城镇实有登记失业人员 36.97 万人，城镇登记失业率 2.45%，比上年末微升 0.01 个百分点。组织农村劳动力培训 74.30 万人，转移就业人数 69.90 万人。

全年地方一般预算收入 9364.76 亿元，增长 12.0%；其中，税收收入 7375.93 亿元，增长 13.4%。

虽然当前广东经济社会发展总体保持稳定，但也存在不少困难和问题：内外需求不足，经济面临较大下行压力，财政收支矛盾更加突出；经济发展方式总体粗放，资源环境约束趋紧，企业生产要素成本上升与自主创新能力不足的矛盾更加凸显，推动经济转型升级任务艰巨；区域发展不平衡、城乡发展不协调问题仍然突出，民生社会事业还存在薄弱环节，全面建成小康社会还存在短板指标；协调各方利益、维护社会稳定压力加大，公共安全隐患不容忽视，污染治理、食品安全、安全生产形势依然严峻；政府职能转变亟待深化，作风建设任重道远。

2016 年，我们要全面贯彻党的十八大十八届三中、四中、五中全会精神，深入贯彻习近平总书记系列重要讲话精神，贯彻落实省委十一届五次、六次全会部署，按照“五位一体”总体布局和“四个全面”战略布局，牢固树立创新、协调、绿色、开放、共享发展理念，适应和引领经济发展新常态，围绕“三个定位、两个率先”目标，以提高发展质量和效益为中心，以全面深化改革为根本动力，以创新驱动发展为核心战略，着力加强供给侧结构性改革，着力推动城乡区域协调发展，着力构建高水平开放型经济新格局，着力建设绿色生态美丽家园，着力增进民生福祉，努力实现“十三五”时期经济社会发展良好开局。

二、农 业

全年粮食作物播种面积 3758.76 万亩，比上年下降 0.1%。糖蔗种植面积 212.25 万亩，下降 4.7%；油料种植面积 563.35 万亩，增长 2.4%；蔬菜种植面积 2072.97 万亩，增长 2.3%。

全年粮食产量 1358.13 万吨，增长 0.1%。糖蔗产量 1250.97 万吨，下降 4.4%；油料产量 110.33 万吨，增长 4.6%；蔬菜产量 3439.04 万吨，增长 5.0%；水果产量 1521.02 万吨，增长 5.7%；茶叶产量 7.93 万吨，增长 7.3%。

图 3 2010-2015 年粮食产量及其增长速度

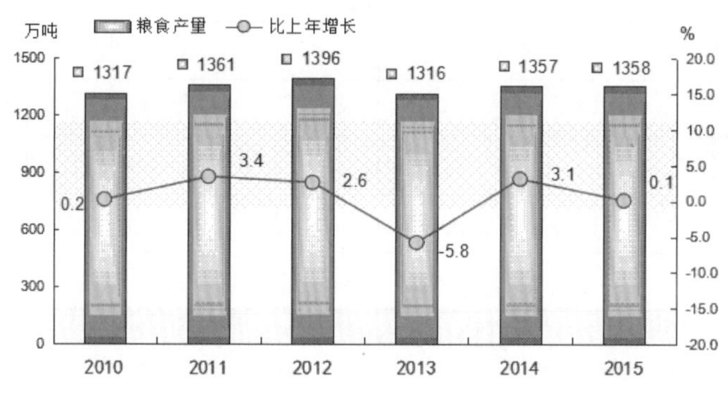

全年肉类总产量 424.36 万吨，下降 1.2%。其中，猪肉产量 274.15 万吨，下降 3.0%；禽肉产量 134.80 万吨，增长 2.2%。全年水产品产量 856.88 万吨，增长 2.5%。其中，海水产品 461.14 万吨，增长 2.3%；淡水产品 395.74 万吨，增长 2.6%。

三、工业和建筑业

全年全部工业增加值比上年增长 6.8%，规模以上工业增加值增长 7.2%。其中，国有及国有控股企业增长 2.1%，民营企业增长 11.8%，外商及港澳台投资企业增长 4.1%，股份制企业增长 9.8%，集体企业增长 10.2%，股份合作制企业增长 14.9%。分轻重工业看，轻工业增长 4.6%，重工业增长 8.8%。分企业规模看，大型企业增长 6.3%，中型企业增长 5.8%，小型企业增长 10.8%。

图4 2010-2015年工业增加值增长速度

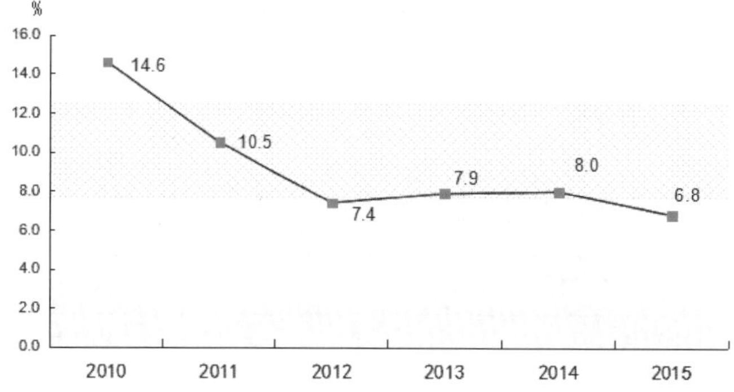

高技术制造业增加值增长 9.8%。其中，医药制造业增长 7.7%，电子及通信设备制造业增长 10.8%，信息化学品制造业增长 10.1%，电子计算机及办公设备制造业增长 7.8%，航空航天器制造业下降 6.7%，医疗设备及仪器仪表制造业下降 5.6%。

先进制造业增加值增 10.0%。其中，装备制造业增长 10.2%，钢铁冶炼及加工业增长 6.4%，石油及化学行业增长 9.9%。装备制造业中，汽车制造业、船舶制造业、环境污染防治专用设备制造业分别增长 7.6%、17.1% 和 79.3%，飞机制造及修理业下降 8.4%；钢铁冶炼及加工业中，炼钢、钢压延加工和铁合金冶炼分别增长 26.2%、4.8% 和 66.0%，炼铁下降 0.6%；石油及化学行业中，石油和天然气开采业、化学原料及化学制品制造业、橡胶制品业分别增长 28.5%、8.7% 和 11.8%，石油加工、炼焦及核燃料加工业下降 2.6%。

优势传统产业增加值增长 6.5%，其中，纺织服装业增长 5.4%，食品饮料业增长 4.1%，家具制造业增长4.7%，建筑材料增长9.4%，金属制品业增长9.9%，家用电力器具制造业增长 4.7%。

六大高耗能行业增加值增长 4.4%。其中，非金属矿物制品业增长 8.9%，黑色金属冶炼及压延加工业增长 6.2%，电力、热力生产和供应业增长 3.0%，化学原料和化学制品制造业增长 8.7%，石油加工、炼焦和核燃料加工业下降 2.6%，有色金属冶炼及压延加工业下降 1.5%。

工业经济效益有所提高。资产贡献率 13.87%，资产负债率 57.0%，流动资产周转次数 2.26 次，成本费用利润率 6.57%，全员劳动生产率 21.45 万元 / 人年，产品销售率 96.97%。实现利润总额 7208.77 亿元，增长 8.2%。亏损企业亏损总额 507.60 亿元，增长 17.7%。

表4 2015年主要工业产品产量及其增长速度

产品名称	计量单位	产量	比上年增长（%）
发电量	亿千瓦小时	3900.21	0.4
纱	万吨	38.43	−6.1
布	亿米	28.65	−1.7
化学纤维	万吨	58.32	−2.0
成品糖	万吨	128.93	−6.4
卷烟	万箱	280.60	−0.4
人造板	万立方米	1221.18	9.3
彩色电视机	万台	7003.58	0.8
家用电冰箱	万台	2195.94	−3.6
房间空调器	万台	6227.86	5.1
程控交换机	万线	1246.91	97.7
移动通信手持机（手机）	万台	84447.75	−2.2
传真机	万部	161.45	−4.7
微型计算机设备	万台	3241.72	8.1
集成电路	亿块	162.65	−7.3
发光二极管（LED）	亿只	2739.44	43.3
天然原油	万吨	1572.61	26.3
原油加工量	万吨	4873.76	2.8
硫酸（折 100%）	万吨	279.97	0.8
纯碱（碳酸钠）	万吨	62.97	4.7
烧碱（折 100%）	万吨	31.25	−4.5
乙烯	万吨	215.07	−10.3
化肥（折 100%）	万吨	71.47	24.8
粗钢	万吨	1761.74	2.8
钢材	万吨	3271.01	−4.8
十种有色金属	万吨	36.56	−7.5
其中：精炼铜（电解铜）	万吨	9.01	−30.1
水泥	万吨	14489.66	−1.8
发电设备	万千瓦	340.70	19.8
汽车	万辆	242.23	10.3
其中：基本型乘用车（轿车）	万辆	152.30	−5.3
民用钢质船舶	万载重吨	161.94	−22.3

表5　2015年规模以上工业企业实现利润及其增长速度

指　标	利润总额（亿元）	比上年增长（%）
规模以上工业	7208.77	8.2
其中：国有及国有控股企业	1240.14	17.0
集体企业	19.31	-4.3
股份制企业	3909.69	15.9
外商及港澳台投资企业	2975.36	-1.5
民营企业	3532.26	15.3

全年资质等级以上建筑企业4926个，比上年下降1.1%；总承包和专业承包完成建筑业总产值8865.68亿元，增长6.1%；实现利润总额392.29亿元，增长4.6%；利税总额701.24亿元，增长7.2%。

四、固定资产投资

全年固定资产投资30031.20亿元，比上年增长15.8%。分投资主体看，国有经济投资6363.86亿元，增长9.3%；民间投资18052.95亿元，增长19.9%；港澳台、外商经济投资3478.99亿元，增长10.6%。分地区看，珠三角地区投资20048.69亿元，增长14.3%；东翼投资3613.56亿元，增长24.2%；西翼投资3120.31亿元，增长23.2%；山区投资3248.64亿元，增长10.4%。

分三次产业看，第一产业投资420.38亿元，增长52.5%；第二产业投资10184.51亿元，增长20.8%，其中，工业投资10151.77亿元，增长20.8%；第三产业投资19426.31亿元，增长12.8%。

图5　2010–2015年固定资产投资及其增长速度

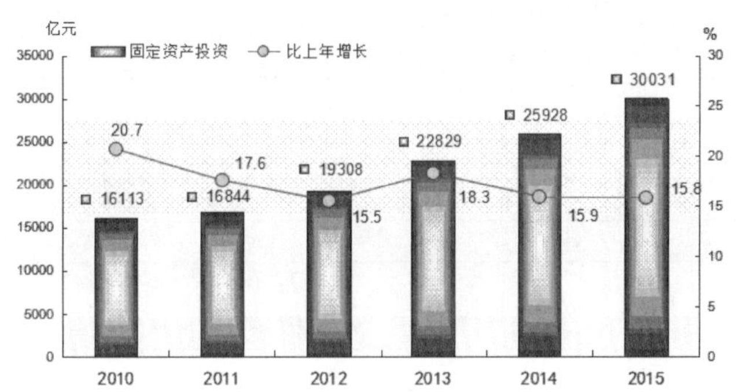

表6　2015年分行业固定资产投资及其增长速度

行　业	投资额（亿元）	比上年增长（%）
固定资产投资	30031.20	15.8
农、林、牧、渔业	501.09	47.4
采矿业	162.00	-34.9
其中：石油和天然气开采业	23.74	-82.5
制造业	8783.30	24.5
其中：农副食品加工业	245.37	26.1
食品制造业	230.29	1.1
石油加工、炼焦和核燃料加工业	258.70	18.6
化学原料和化学制品制造业	487.01	27.4
非金属矿物制品业	823.84	18.6
黑色金属冶炼和压延加工业	246.13	24.0
有色金属冶炼和压延加工业	125.61	-15.6
金属制品业	616.95	38.4
通用设备制造业	359.63	29.5
专用设备制造业	378.63	31.6
汽车制造业	435.43	32.4
铁路、船舶、航空航天和其他运输设备制造业	93.62	35.1
电气机械及器材制造业	625.57	18.6
计算机、通信和其他电子设备制造业	937.54	31.1
电力、热力、燃气及水的生产和供应业	1206.47	9.7
其中：电力、热力生产和供应业	923.76	5.6
建筑业	55.80	6.7
批发和零售业	914.86	8.4

（续上表）

行　　业	投资额（亿元）	比上年增长（%）
交通运输、仓储和邮政业	3104.00	16.1
住宿和餐饮业	462.00	-1.9
信息传输、软件和信息技术服务业	486.81	13.0
金融业	113.21	17.6
房地产业	10120.53	11.1
租赁和商务服务业	315.35	26.1
科学研究、技术服务业	218.14	32.4
水利、环境和公共设施管理业	2443.42	20.6
居民服务、修理和其他服务业	48.03	-2.1
教育	415.29	1.7
卫生和社会工作	254.75	9.9
文化、体育和娱乐业	292.56	12.4
公共管理、社会保障和社会组织	133.55	14.0

表7　2015年固定资产投资新增主要生产能力

指　　标	单位	新增生产能力
新增发电机组容量	万千瓦	800
11万伏及以上变电设备	万千伏安	1387
新建公路	公里	3930
其中：高速公路	公里	738
港口万吨级码头泊位新增吞吐能力	万吨	7118
新增光缆纤芯长度	万公里	28.1
新建3G/4G移动通信基站	个	71150

全年房地产开发投资8538.47亿元，比上年增长11.8%。按地区分，珠三角地区7075.57亿元，增长12.4%；东翼371.09亿元，增长13.1%；西翼386.58亿元，增长5.3%；山区705.23亿元，增长8.5%。按用途分，商品住宅开发投资5890.51亿元，增长13.6%。其中，90平方米以下住宅投资2239.07亿元，增长54.1%；144平方米以上住宅投资1404.86亿元，增长28.4%；别墅、高档公寓投资440.82亿元，下降4.6%。办公楼和商业营业用房投资564.00亿元和1085.78亿元，分别增长15.2%和13.3%。

表8　2015年房地产开发和销售主要指标完成情况

指　　标	单位	绝对数	比上年增长（%）
房地产开发投资	亿元	8538.47	11.8
其中：土地购置费	亿元	1711.53	7.6
住宅	亿元	5890.51	13.6
其中：90平方米及以下	亿元	2239.07	54.1
其中：144平方米及以上	亿元	1404.86	28.4
房屋施工面积	万平方米	57941.86	7.3
其中：住宅	万平方米	40388.82	5.5
房屋新开工面积	万平方米	12676.74	-5.3
其中：住宅	万平方米	8681.76	-5.4
房屋竣工面积	万平方米	6044.43	-17.5
其中：住宅	万平方米	4435.40	-18.5
商品房销售面积	万平方米	11681.01	25.4
其中：住宅	万平方米	10497.62	28.6
商品房销售额	亿元	11442.80	35.2
其中：住宅	亿元	9967.32	43.2
商品房待售面积	万平方米	5637.94	3.1
其中：住宅	万平方米	3493.35	-1.5
本年资金来源小计	亿元	14164.30	25.1
其中：国内贷款	亿元	2577.81	6.0
个人按揭贷款	亿元	2322.61	51.4
本年购置土地面积	万平方米	1478.80	-24.4

五、国内贸易

全年社会消费品零售总额31333.44亿元，比上年增长10.1%。分地域看，城镇消费品零售额27436.37亿元，增长10.0%；农村消费品零售额3897.07亿元，增长10.4%。从消费形态看，商品零售 28094.62 亿元，增长 10.0%；餐饮收入 3238.83 亿元，增长 10.7%。

图6　2010–2015年社会消费品零售总额及其增长速度

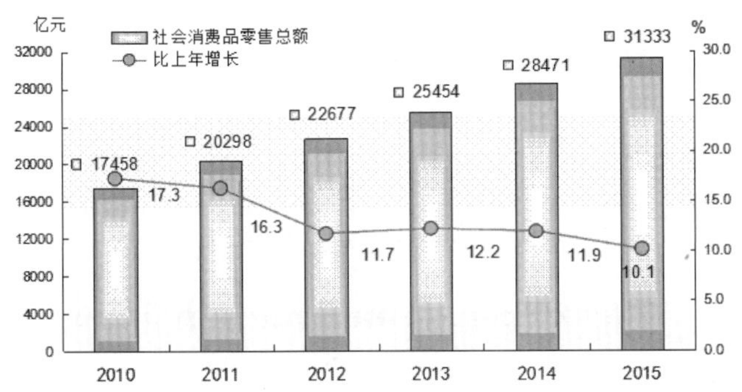

在限额以上批发和零售业商品零售额中，粮油、食品、饮料、烟酒类增长 17.5%，服装、鞋帽、针纺织品类增长 4.1%，化妆品类增长 12.7%，金银珠宝类增长 15.9%，日用品类增长 15.8%，体育、娱乐用品类增长 62.8%，电子出版物及音像制品类增长 25.6%，书报杂志类增长 4.3%，家用电器和音像器材类增长 9.9%，中西药品类增长 16.6%，文化办公用品类增长 16.5%，通讯器材类增长 27.5%，汽车类增长 1.4%，建筑及装潢材料类增长 21.4%，石油及制品类下降 9.8%。

全年全省限额以上批发零售业通过公共网络实现商品零售额 820.32 亿元，比上年增长 52.9%，拉动社会消费品零售总额增长 1.2 个百分点，占社会消费品零售总额的 2.6%。

六、对外经济

全年进出口总额 63559.67 亿元（10229.52 亿美元，下降 5.0%），比上年下降 3.9%。其中，出口 39983.07 亿元（6435.62 亿美元，下降 0.4%），增长 0.8%；进口 23576.60 亿元（3793.90 亿美元，下降 11.9%），下降 10.8%。进出口差额（出口减进口）16406.48 亿元（2641.72 亿美元），比上年增加 3171.89 亿元（增加 486.61 亿美元）。

图7　2010–2015年进出口总额及其增长速度

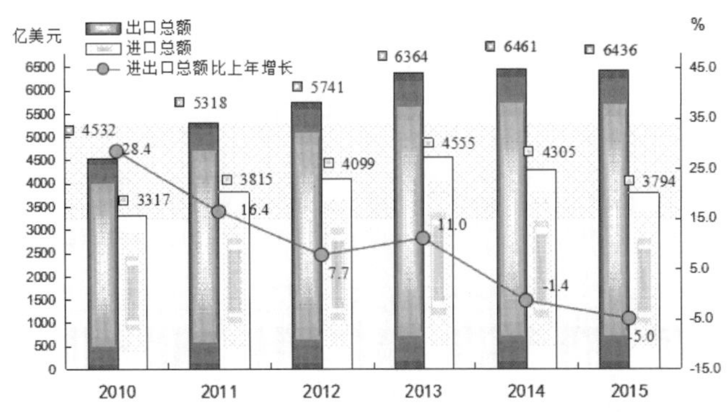

表9　2015年进出口总额及其增长速度

指　　标	绝对数（亿元）	比上年增长（%）
进出口总额	63559.67	-3.9
出口额	39983.07	0.8
其中：一般贸易	17146.42	11.7
加工贸易	17472.85	-11.3
其中：机电产品	27223.40	3.4
高新技术产品	14467.10	2.0
其中：国有企业	3080.25	0.8
外商投资企业	20686.69	-5.4
其它企业	16216.13	9.9
进口额	23576.60	-10.8
其中：一般贸易	9633.41	-5.4
加工贸易	9886.92	-19.4
其中：机电产品	15474.75	-0.9
高新技术产品	12018.33	1.2
其中：国有企业	1892.14	-19.0
外商投资企业	13030.17	-8.9
其它企业	8654.28	-11.8
进出口差额（出口减进口）	16406.48	24.0

表10　2015年主要商品出口数量、金额及其增长速度

商品名称	单位	数量	比上年增长（%）	金额（亿元）	比上年增长（%）
钢材	万吨	413.02	20.7	232.56	-11.8
纺织纱线、织物及制品				781.29	5.8
服装及衣着附件				2460.94	10.2
鞋类				991.59	4.9
家具及其零件				1286.08	6.6

（续上表）

商品名称	单位	数量	比上年增长（%）	金额（亿元）	比上年增长（%）
自动数据处理设备及其部件	万台	92714.65	-10.3	2592.72	-9.5
手持或车载无线电话	万台	81021	-0.9	3096.57	2.5
集装箱	万个	51.33	-30.7	95.39	-36.1
集成电路	百万个	31816	32.8	783.36	31.4
液晶显示板	万个	129686.6	-9.1	723.12	-3.3
汽车（包括整套散件）	万辆	1.95	-33.1	40.40	-12.0

表11　2015年主要商品进出口数量、金额及其增长速度

商品名称	数量（万吨）	比上年增长（%）	金额（亿元）	比上年增长（%）
谷物及谷物粉	730.59	52.7	139.65	37.1
大豆	522.84	-1.1	137.24	-23.5
食用植物油	158.96	218.9	63.63	150.2
天然橡胶（包括胶乳）	12.72	10.7	11.17	-14.2
合成橡胶（包括胶乳）	21.82	7.9	33.54	-7.1
铁矿砂及其精矿	1700.59	-8.8	61.46	-44.8
氧化铝	58.01	-36.1	12.95	-37.8
原油	1406.37	-21.2	343.90	-57.8

（续上表）

商品名称	数量（万吨）	比上年增长（%）	金额（亿元）	比上年增长（%）
成品油	276.81	-3.2	80.43	-42.4
初级形状的塑料	797.87	1.3	904.87	-10.5
纸浆	162.83	3.1	63.72	1.5
钢材	382.49	-15.8	219.78	-24.7
未锻造的铜及铜材	66.30	-11.7	287.94	-22.6

表12　2015年主要国家和地区进出口总额及其增长速度

国家和地区	出口额（亿元）	比上年增长（%）	进口额（亿元）	比上年增长（%）
中国香港地区	12768.60	-9.4	287.00	-20.2
美国	6693.98	9.1	1277.57	-5.0
欧洲联盟（28国）	5225.75	5.8	1428.68	-7.9
东盟	3597.28	14.2	3444.75	-8.1
日本	1508.45	24.4	2359.21	-8.6
韩国	1477.70	26.5	2559.52	-10.5
俄罗斯	324.68	-27.5	40.16	-11.4

注：欧洲联盟成员国于2013年7月增加克罗地亚。

全年新签外商直接投资项目7029个，比上年增长16.8%；合同外资金额561.10亿美元，比上年增长30.3%。实际使用外商直接投资金额268.75亿美元，增长0.01%。

表13　2015年分行业外商直接投资及其增长速度

行业名称	合同外资金额（亿美元）	比上年增长（%）	实际使用金额（亿美元）	比上年增长（%）
总　计	561.10	30.31	268.75	0.01
农、林、牧、渔业	6.49	-14.99	0.79	-53.34
采矿业	0.72	317.90	0.27	685.92
制造业	138.59	-21.69	102.76	-20.67
电力、燃气及水的生产和供应业	7.09	-19.67	5.11	-40.44
建筑业	0.81	-43.79	6.86	690.93
交通运输、仓储和邮政业	10.97	65.42	4.74	10.27
信息传输、计算机服务和软件业	26.15	106.93	6.79	83.09
批发和零售业	53.74	5.08	18.42	-42.35
住宿和餐饮业	2.90	48.31	1.24	-7.89
金融业	141.18	84.13	14.01	-22.35
房地产业	74.16	52.44	70.41	62.07
租赁和商务服务业	80.62	225.47	28.63	62.18
科学研究、技术服务和地质勘查业	14.59	51.76	5.75	17.59
水利、环境和公共设施管理业	0.76	-9.65	0.25	-61.64
居民服务和其它服务业	1.20	166.61	1.34	28.62
教育	0.07	-15.97	0.02	-71.51
卫生、社会保障和社会福利业	0.42	821.09	0.35	225.49
文化、体育和娱乐业	0.64	-68.70	1.03	24.67

表14　2015年各种运输方式完成货物运输量及其增长速度

指　标	单位	绝对数	比上年增长（%）
货物运输总量	**万吨**	**376020**	**6.3**
铁路	万吨	10098	-9.4
公路	万吨	279983	8.9
水路	万吨	78093	1.1
民航	万吨	148	2.8
管道	万吨	7697	-4.9
货物运输周转量	**亿吨公里**	**15130.69**	**0.7**
铁路	亿吨公里	254.05	-7.6

（续上表）

指　标	单位	绝对数	比上年增长（%）
公路	亿吨公里	3454.99	11.0
水路	亿吨公里	11190.91	-1.9
民航	亿吨公里	56.44	10.5
管道	亿吨公里	174.30	0.5

表15　2015年各种运输方式完成旅客运输量及其增长速度

指　标	单位	绝对数	比上年增长（%）
旅客运输总量	**万人**	**207271**	**7.2**
铁路	万人	26527	11.7
公路	万人	168028	6.9
水路	万人	2728	4.4
民航	万人	9988	2.2
旅客运输周转量	**亿人公里**	**4320.38**	**8.9**
铁路	亿人公里	747.07	11.4
公路	亿人公里	1769.61	8.6
水路	亿人公里	10.50	-1.6
民航	亿人公里	1793.20	8.3

全年经核准境外投资新增中方协议投资额259.5亿美元；对外承包工程完成营业额198.8亿美元，比上年增长60.2%；对外劳务合作新签劳务人员合同工资总额14.0亿美元，劳务人员实际收入总额11.8亿美元；承包工程和劳务合作年末在外人员共8.5万人。

七、交通、邮电和旅游

全年旅客运输总量207271万人，增长7.2%。旅客运输周转量4320.38亿人公里，增长8.9%。全年全省港口货物吞吐量完成171109万吨，比上年增长3.4%。其中，外贸货物吞吐量51854万吨，下降0.03%；内贸货物吞吐量119255万吨，增长5.1%。港口集装箱吞吐量5512.12万标准箱，增长3.5%。

年末公路通车里程21.60万公里，其中，高速公路里程7021公里，比上年末增长12.0%。年末全省民用汽车保有量1468.15万辆，比上年末增长10.1%，其中，私人汽车1293.51万辆，增长12.4%。民用轿车保有量868.82万辆，增长12.5%，其中，私人轿车820.12万辆，增长13.6%。

全年完成邮电业务总量4382.80亿元（按2010年不变价格计算，下同），增长29.1%。邮政业务总量1220.93亿元，增长42.0%。其中，快递业务量50.13亿件，同比增长49.4%；快递业务收入615.91亿元，同比增长33.5%。电信业务总量3161.87亿元，增长24.7%。年末电话用户1.78亿户，比上年底减少0.4%。其中，固定电话用户2807万户，减少4.9%；移动电话用户1.50亿户，增加0.4%。年末4G用户4896.30万户，全年净增3426.60万户，3G和4G用户合计9475万户，合计占移动电话用户比重达63.1%。年末（固定）互联网用户2630.30万户，增长9.2%。年末移动互联网用户10950万户，增长5.2%。

图8 2010-2015年年末电话用户数

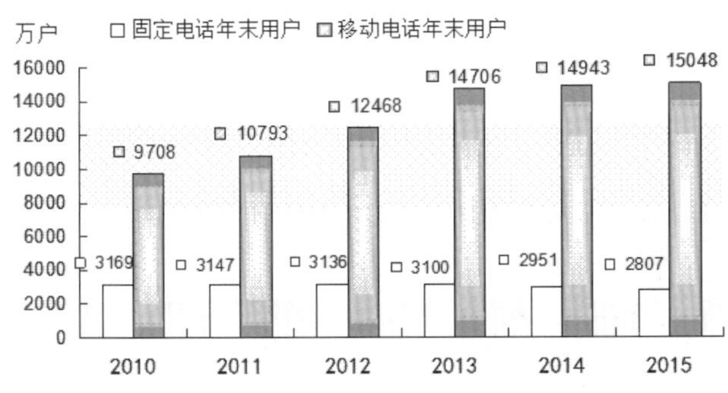

全年口岸入境旅游人数10517.16万人次，比上年增长5.3%。其中，外国人660.42万人次，下降1.9%；香港、澳门和台湾同胞9856.74万人次，增长5.8%。在入境人数中，过夜旅游者3446.94万人次，增长2.7%。国际旅游外汇收入178.85亿美元，增长4.7%。国内游客达7.43亿人次，增长12.9%，其中，过夜旅游者3.28亿人次，增长11.5%。国内旅游收入10365亿元，增长11.8%。

八、金融

年末全省银行业金融机构本外币各项存款余额160388.22亿元，比上年末增长11.6%；各项贷款余额95661.12亿元，增长12.3%。年末全省农村合作机构本外币存款余额18915.15亿元，比上年末增长14.0%；贷款余额11525.80亿元，增长11.2%。银行业金融机构本年利润（税后）2111.34亿元，比上年下降0.47%。年末银行业金融机构不良贷款率为1.57%。

表16 2015年末银行业金融机构本外币存贷款及其增长速度

指　标	绝对数（亿元）	比上年末增长（%）
各项存款余额	160388.22	11.6
其中：非金融企业存款	49345.26	16.1
住户存款	55008.70	4.5
各项贷款余额	95661.12	12.3
其中：境内短期贷款	30072.55	6.6
境内中长期贷款	58053.36	13.5

图9 2010-2015年本外币住户存款余额及其增长速度

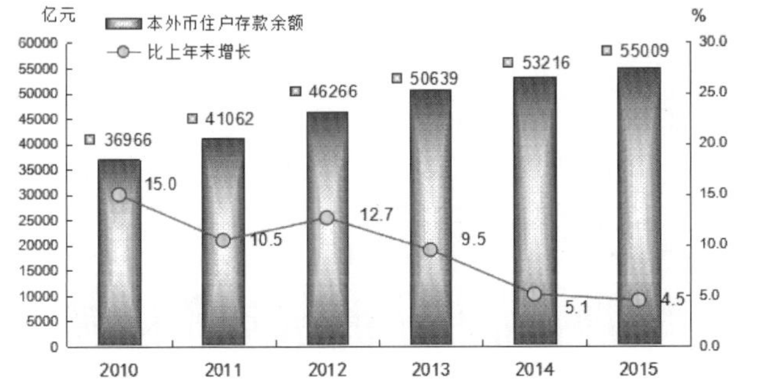

年末全省证券市场共有上市公司424家，市价总值8.27万亿元，比上年末增长60.6%。上市公司通过证券市场筹集资金3192.02亿元，增长188.9%。证券公司25家，全年实现营业收入1697.75亿元，净利润708.34亿元，分别增长140.7%和170.7%。证券营业部1106家，股东账户数3963.64万户，增长50.1%，代理股票交易额78.18万亿元，增长250.9%。基金公司28家，共管理1008只公募基金。基金规模25564.69亿份，增长95.2%；基金净值28793.07亿元，增长103.5%。期货公司21家，全年代理交易额228.29万亿元，增长127.2%。其中，营业收入40.53亿元，增长41.5%；利润总额16.62亿元，增长59.5%。

全年实现保费收入2814.37亿元，增长20.2%。其中，寿险业务保费收入1537.11亿元，财产险业务保费收入879.87亿元，分别增长18.5%和10.4%；健康险和意外伤害险业务保费收入397.40亿元，增长60.5%。全年共支付各项赔款和给付882.32亿元，增长25.6%。其中，寿险业务赔付支出355.92亿元，增长52.1%；财产险业务赔款支出435.38亿元，增长10.7%；健康险和意外伤害险赔付支出91.02亿元，增长21.3%。

九、人民生活和社会保障

全年广东居民人均可支配收入27859元，比上年增长 8.5%，扣除物价因素实际增长 6.9%。

全年农村常住居民人均可支配收入 13360 元，比上年增长 9.1%；扣除价格因素，实际增长 7.7%。农村居民消费支出中教育文化娱乐服务所占比重为 8.6%。农村居民现住房建筑面积人均 42.14 平方米。农村最高 20% 收入组人均可支配收入 26738 元，最低 20% 收入组人均可支配收入 5244 元。

全年城镇常住居民人均可支配收入 34757 元，比上年增长 8.1%；扣除价格因素，实际增长 6.4%。城镇居民消费支出中教育文化娱乐服务所占比重为 10.4%。城镇居民现住房建筑面积人均 32.25 平方米。城镇最高 20% 收入组人均可支配收入 69313 元，最低 20% 收入组人均可支配收入 14598 元。

年末全省参加城镇职工基本养老保险（含离退休）5086.52 万人，比上年末增长 5.8%。参加城镇职工基本医疗保险 3711.85 万人，增长 1.8%；其中，参加城镇职工基本医疗保险的异地务工人员 1843.65 万人，下降 0.4%。参加城乡居民基本医疗保险 6424.17 万人，增长 4.3%。参加工伤保险 3122.72 万人，增长 1.0%。参加失业保险 2930.13 万人，增长 3.2%。参加生育保险 3081.80 万人，增长 10.0%。

表17　2015年末全省参加各类保险人数及其增长速度

指　　标	参保人数（万人）	比上年末增长（%）
参加城镇职工基本养老保险（含离退休）	5086.52	5.8
其中：参保职工	4613.27	5.7
参保离退休人员	473.25	6.1
参加基本医疗保险	10136.02	3.4
其中：城镇职工基本医疗保险	3711.85	1.8
城乡居民基本医疗保险	6424.17	4.3
参加城镇职工基本医疗保险的异地务工人员	1843.65	-0.4
参加失业保险	2930.13	3.2
参加工伤保险	3122.72	1.0
其中：参保异地务工人员	1997.78	0.4
参加生育保险	3081.80	10.0

全年城乡医疗救助 104.6 万人次，比上年增加 14.0%。民政部门资助参保参合的人数达 232 万人次。全年征收社会保险基金 3828.67 亿元，增长 17.4%；年末五种保险基金累计结余 9831.18 亿元，增长 19.6%。年末享受低保救济的困难群众达 183.6 万人，其中，城镇 29.9 万人，农村 153.7 万人。全年城镇职工领取失业保险金人数为 42.44 万人，增长 50.8%。

各类提供住宿的社会服务机构床位 19.64 万张，收养救助人员 8.70 万人。城镇各种社区服务设施 5.64 万个，其中，综合性社区服务中心 2850 个。共发行销售福利彩票 205.05 亿元，筹集福利彩票公益金 59.11 亿元，直接接收社会捐赠 7.88 亿元。年末每万人拥有社会组织数量为 5.02 个。注册志愿者人数 761.4 万人。注册志愿者人均参与志愿服务时数 16.5 小时。

十、教育和科学技术

全年各级各类教育（不含非学历培训，不含技工学校）招生 662.11 万人，比上年增长 0.8%；在校学生 2223.15 万人，比上年增长 1.3%；毕业生 566.90 万人，下降 1.1%。其中，特殊教育学校招生 7303 人，在校生 36048 人；学前教育在园幼儿 402.28 万人。

表18　2015年各级各类教育招生、在校生、毕业生人数及其增长速度

指　标	招生（万人）	比上年增长（%）	在校生（万人）	比上年增长（%）	毕业生（万人）	比上年增长（%）
研究生教育	3.07	3.0	8.94	3.3	2.62	2.5
普通本专科	56.15	3.0	185.64	3.5	47.69	8.2
成人本专科	24.12	-8.7	66.45	6.0	18.35	20.2
网络本专科	2.95	-13.0	9.39	-5.6	3.39	19.2
各类中等职业技术教育（不含技工学校）	39.54	-5.2	117.21	-8.6	41.73	-8.7
普通高中	66.44	-4.7	205.40	-4.0	72.67	-0.3
初中	116.45	-2.6	355.32	-5.7	129.29	-6.5
小学	165.80	7.9	868.88	4.4	121.49	-2.3
学前教育	186.87	1.2	402.28	6.1	129.37	13.2
特殊教育	0.73	37.8	3.60	27.5	0.31	25.1

图10　2010-2015年各类教育招生人数

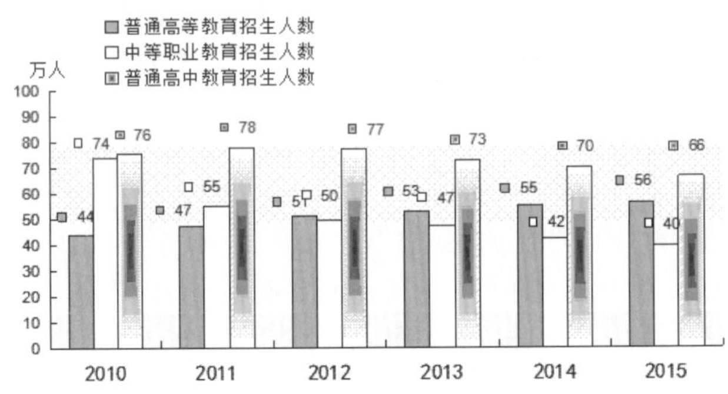

年末县及县级以上国有研究与开发机构、科技情报和文献机构375个。规模以上工业企业拥有技术开发机构2811个。全省科学研究与试验发展（R&D）人员53.5万人年（折合全时当量）。全省R&D经费支出约占GDP的2.5%。

全年科技成果2133项，其中，基础理论成果126项，应用技术成果1990项，软科学成果17项。全年专利申请总量355939件，增长27.9%，其中，发明专利申请量103941件，增长38.3%。全年专利授权总量241176件，增长34.0%，其中，发明专利授权量33477件，增长50.3%。全年《专利合作条约》(PCT) 国际专利申请量15190件，增长13.9%。截止2015年底，全省有效发明专利量138878件，居全国首位。全年经各级科技行政部门登记技术合同17344项，技术合同成交额663.53亿元。

全省高新技术企业11105家，高新技术产品产值5.3万亿元，增长9.0%。拥有国家工程实验室9家，省级工程实验室59家，国家工程（技术）研究中心23家，国家地方联合创新平台51家；已建立省级工程研究中心2014家，国家认定企业技术中心87家，省级企业技术中心831家。拥有广东省战略性新兴产业基地42家。认定技术创新专业镇399个。

全省共有国家产品质量监督检验中心59个，法定产品质量监督检验机构4个，省质监局授权产品质量监督检验机构176个，法定质量计量综合检测机构20个，法定计量检定机构70个，省质监局专项授权计量技术机构20个，标准化技术机构11个，特种设备综合检验机构24个。截至2015年底获得实验室资质认定审查认可授权（验收）证书机构171家，获得资质认定计量认证的实验室2215家。获得质量、环境、职业健康三大管理体系认证企业82444家，获得3C产品认证的企业15252家。

全省共有天气雷达12部，比上年新增2部。卫星云图接收站点2个。共有地震台站77个，地震遥测台网9个。全省近岸海域各类海洋观测、监测站点850个（含各县局）。测绘部门共出版地图82种。出版测绘图书9种。

十一、文化、卫生和体育

年末全省共有各类专业艺术表演团体（公有制）72个，群众艺术馆、文化馆146个，县级及以上公共图书馆140个，博物馆、纪念馆176个，综合档案馆143个。全省有广播电台22座，电视台24座。广播综合人口覆盖率和电视综合人口覆盖率均为99.9%。有线广播电视用户2044万户，有线数字电视用户1830万户，分别比上年末增长3.0%和13.1%。全年出版报纸34.14亿份，各类期刊1.42亿册，图书2.65亿册。

年末全省共有各类卫生计生机构4.8万个（含村卫生室），其中，医院1318个，卫生院1218个，社区卫生服务机构2550个，妇幼保健机构130个，专科疾病防治机构131个，疾病预防控制中心137个，卫生监督机构162个，村卫生室27536个。全省卫生机构拥有在岗职工78.3万人，增长6.6%。其中，执业医师和执业助理医师23.2万人，注册护士24.6万人；拥有医疗床位42.5万张，其中医院33.5万张。全省1198家乡镇卫生院拥有卫生技术人员7.0万人，床位5.4万张。137家疾病预防控制中心拥有卫生技术人员0.8万人，162家卫生监督机构拥有卫生技术人员0.3万人。甲、乙类传染病发病总数355368例，死亡1034人，发病率331.37/10万，死亡率0.96/10万。农村自来水普及率90.09%，提高0.63%。

全省体育健儿在国内外重大比赛中，获得126项全国冠军，27人次世界冠军，破全国纪录5项。

十二、资源、环境和安全生产

全年水资源总量1981亿立方米，比上年增加15.3%。平均降水量1873.7毫米，较上年增加10.8%。年末全省大型水库蓄水总量159.3亿立方米，比上年增加7.9%。

全年规模以上工业综合能源消费量14037.18万吨标准煤，比上年下降4.0%。单位工业增加值能耗下降10.5%。全社会用电量5310.69亿千瓦时，增长1.4%。其中，工业用电量3437.46亿千瓦时，下降0.4%。

全省江河省控监测断面中，I-II类水质的断面比例51.6%，III类水质的断面比例25.8%，Ⅳ类水质的断面比例10.5%，Ⅴ类水质的断面比例4.0%，超过Ⅴ类水质的断面比例8.1%。近岸海域海水质量达到一类海水水质标准的海域面积占67.2%，二类海水占13.3%，三类海水占9.3%，四类、劣四类海水占10.2%。

全省平均灰霾天气日数34.6天，比上年减少4.9天；全年日照时数1735.4小时，接近正常年份（1755.1小时）。全年全省（21个地级市及顺德区）实施《环境空气质量标准》（GB3095-2012），22个城市二氧化硫年均值均达到二级标准。2个城市二氧化氮年均值超过二级标准，0个城市可吸入颗粒物年均值超过二级标准，15个城市细颗粒物年均值达到二级标准，3个城市臭氧最大8小时均值第90百分位数超过二级标准，22个城市一氧化碳第95百分位数均达到一级标准。珠三角9市1区空气质量达到二级以上天数比例平均为88.4%，较去年上升7.4个百分点。建成污水处理厂460座，城市污水日处理能力达到2353万吨，增长1.0%；城镇生活垃圾无害化处理率达90.1%左右，提高4.2%。城市人均公园绿地面积16.38平方米，增加0.1平方米。

全年农作物受灾面积856.5千公顷，洪涝和干旱造成直接经济损失25.3亿元。海洋发生赤潮7次，累计面积38.66平方公里。发生各类地质灾害191起，造成死亡人数6人，直接经济损失0.366亿元。综合治理水土流失面积726平方公里。

全年完成荒山荒（沙）地造林、更新造林、有林地造林面积703551公顷，低产低效林改造面积72160公顷。全省森林覆盖率达到58.88%。全省共有国家级自然保护区15个，面积33.76万公顷；国家地质公园8个，面积9.99万公顷；地质遗迹保护区9个，面积4.45万公顷。

全年共发生各类事故42783起，死亡6173人，受伤27710人，直接经济损失58152.39万元。全年发生道路交通事故24672起，下降8.2%；死亡5549人，下降1.4%，受伤27765人，下降9.6%，直接经济损失6783.99万元，下降7.8%。道路交通万车死亡人数为2.26人。

注：1.本公报中2015年数据为初步统计数，统计图中2010-2014年数据为年报数。

2.从2011年起，规模以上工业统计口径由500万元调整为2000万元及以上；固定资产投资项目统计起点由计划总投资50万元提高到500万元，增速为可比口径。2012年四季度，国家统计局实施了城乡一体化住户调查改革。2013年起按照新的调查口径对外发布城乡一体的居民人均可支配收入和分城镇、农村常住居民人均可支配收入数据。由于新老调查方案在调查范围、调查对象、城乡划分标准、样本抽选、计算和汇总方式、指标口径等方面变化较大，改革后新口径数据和旧口径数据存在不可比的差异。从 2015 年起，“地方公共财政预算收入”更名为“地方一般公共预算收入”。各项存款余额中，“单位存款”更名为“非金融企业存款”，“储蓄存款”更名为“住户存款”。

3. 地区生产总值、各产业增加值绝对数按现价计算，增长速度按可比价计算。

4. 珠三角地区指广州、深圳、珠海、佛山、惠州、东莞、中山、江门和肇庆。东翼指汕头、汕尾、潮州和揭阳四个市。西翼指阳江、湛江和茂名三个市。山区指韶关、河源、梅州、清远和云浮五个市。

5. 先进制造业包括装备制造业、钢铁冶炼及加工业、石油及化学制造业，高技术制造业包括核燃料加工业、信息化学品制造业、医药制造业、航空航天器制造业、电子通信设备制造业、计算机制造业、医疗仪器设备制造业，六大高耗能行业包括石油加工炼焦及核燃料加工业、化学原料及化学制品制造业、非金属矿物制品业、黑色金属冶炼及压延加工业、有色金属冶炼及压延加工业、电力热力的生产和供应业。

6. 年末五种保险基金是指城镇职工养老保险、城乡（镇）基本医疗保险、失业、工伤、生育保险，不含城乡居民养老保险。

7. 2015 年规模以上工业企业拥有技术开发机构数、全省科学研究与试验发展（R&D）人员数及全省 R&D 经费支出数为预计数。

8.2015 年新闻出版相关数据（报纸、期刊及图书）为快报数。

9. 部分卫生行业数据尚未经卫生部审核确认。2015 年度乙肝、丙肝、血吸虫病的发病数和死亡数包含急性病和慢性病患者人数。

10. 因火灾事故统计口径变化，各类事故四项指标数据与上年不可比。

资料来源：本公报中城镇新增就业、登记失业率、社会保障数据来自省人力资源社会保障厅；财政数据来自省财政厅；新增发电机组容量、新增 11 万伏及以上变电设备数据来自省发展改革委；新建公路、港口万吨级码头泊位新增吞吐能力、公路运输、水运、港口货物吞吐量数据来自省交通运输厅；城市污水处理、公园绿地面积数据来自省住房城乡建设厅；货物进出口数据来自海关总署广东分署；外商直接投资、对外直接投资、对外承包工程、对外劳务合作等数据来自省商务厅；国际互联网用户、邮电业务总量等数据来自邮政及通信部门（单位）；旅游数据来自省旅游局；货币金融数据来自人民银行广州分行；上市公司数据来自广东证监局、深圳证监局；保险业数据来自广东保监局；国家工程研究中心、企业技术中心等数据来自省科技厅；教育数据来自省教育厅；专利数据来自省知识产权局；质量检验数据来自省质监局；气象数据来自省气象局；地震数据来自省地震局；测绘数据、各类地质灾害数据来自省国土资源厅；水产品产量数据、海洋数据来自省海洋渔业局；艺术表演团体、博物馆、公共图书馆、文化馆数据来自省文化厅；广播、电视、电影、报纸、期刊、图书数据来自省新闻出版广电局；档案数据来自省档案局；体育数据来自省体育局；卫生数据来自省卫生计生委；低保、农作物受灾面积、洪涝和干旱造成直接经济损失、社会组织数据来自省民政厅；环境监测数据来自省环境保护厅；水资源数据来自省水利厅；安全生产数据来自省安全监管局；林业数据来自省林业厅；志愿者数据来自团省委；其他数据来自广东省统计局和国家统计局广东调查总队。

2015年广州市国民经济和社会发展统计公报

2015 年，广州市委、市政府团结带领全市人民认真贯彻落实中央和省的各项方针政策，主动适应和引领经济发展新常态，全力推进稳增长、调结构、促改革、惠民生，经济实力显著增强，产业转型升级步伐加快，国家中心城市功能和民生福祉持续提升。

一、综合

2015 年，广州市实现地区生产总值（GDP）18100.41 亿元，按可比价格计算，比上年（下同）增长 8.4%。其中，第一产业增加值 228.09 亿元，增长 2.5%；第二产业增加值 5786.21 亿元，增长 6.8%；第三产业增加值 12086.11 亿元，增长 9.5%。第一、二、三次产业增加值的比例为 1.26：31.97：66.77。三次产业对经济增长的贡献率分别为 0.4%、29.0%、和 70.6%。

图1　2011-2015年广州地区生产总值及其增长速度

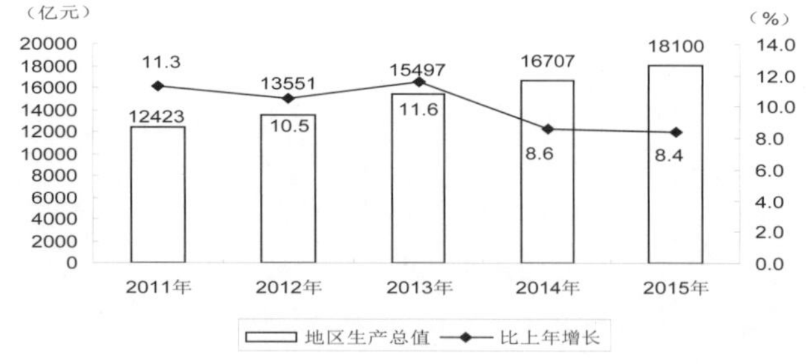

全年城市居民消费价格总水平上升 1.7%，其中，消费品价格上升 0.5%，服务项目价格上升 4.3%。工业生产者出厂价格下降 3.2%，其中，能源类下降 9.4%，高技术类下降 0.2%；轻工业下降 0.2%，重工业下降 4.7%；生产资料下降 5.4%，生活资料下降 0.4%。工业生产者购进价格下降 6.3%，其中，燃料、动力类下降 10.9%，黑色金属材料类下降 10.3%，有色金属材料及电线类下降 6.8%，化工原料类下降 6.1%。固定资产投资价格下降 1.8%。

图2　2011-2015年广州城市居民消费价格涨跌幅度

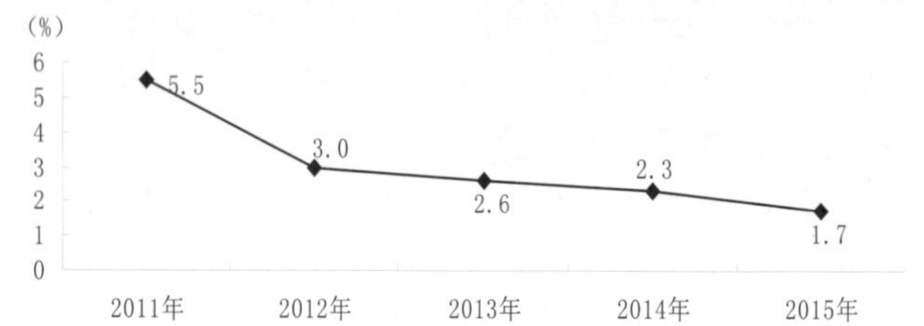

表1　2015年广州城市居民消费价格指数

单位：%

类别及名称	指数（上年=100）	比上年涨跌幅度
城市居民消费价格总指数	101.7	1.7
消费品价格指数	100.5	0.5
服务项目价格指数	104.3	4.3
按类别分：		
食品	102.6	2.6
其中：粮食	102.4	2.4
肉禽及其制品	103.5	3.5
水产品	101.1	1.1
鲜菜	106.7	6.7
烟酒及用品	102.4	2.4
衣着	102.3	2.3
家庭设备用品及维修服务	99.4	-0.6
其中：耐用消费品	94.5	-5.5
医疗保健和个人用品	100.7	0.7
交通和通信	99.2	-0.8
娱乐教育文化用品及服务	103.7	3.7
居住	101.0	1.0

全年城镇新增就业 27.47 万人，就业困难人员实现再就业 11.56 万人。全市城镇登记失业人员 25.11 万人，比上年增加 0.74 万人；城镇登记失业率为 2.20%，同比下降 0.06 个百分点。全年帮助城镇登记失业人员实现再就业 18.04 万人。城镇登记失业人员就业率达 71.86%。年末，经人力资源社会保障部门批准的人力资源服务机构共 944 家（包括人才中介机构、职业介绍机构），资助劳动力技能晋升培训 5.57

万人，农村劳动力转移就业人数6.22万人。

全年来源于广州地区的财政总预算收入5116亿元，增长5.8%。其中，国税部门组织收入2925亿元，增长3.1%；地税部门组织收入1554亿元，增长9.6%。一般公共预算收入1349.09亿元，增长8.5%。一般公共预算支出1728.15亿元，增长20.3%。

二、农 业

全年粮食作物播种面积89.63千公顷，减少0.1%；甘蔗种植面积6.91千公顷，增长2.3%；油料种植面积7.11千公顷，减少0.7%；蔬菜种植面积145.58千公顷，增长0.8%。

全年粮食产量44.09万吨，减少0.5%；甘蔗产量84.57万吨，增长5.5%；油料产量1.90万吨，减少1.0%；蔬菜产量369.10万吨，增长3.3%；园林水果产量48.58万吨，增长6.4%。

全年肉类总产量22.86万吨，减少10.3%。其中，猪肉产量8.33万吨，减少26.5%；禽肉产量14.30万吨，增长2.9%。全年水产品产量48.39万吨，增长1.1%。其中，海水产品产量8.84万吨，增长1.3%；淡水产品产量39.55万吨，增长1.1%。

全年都市农业总收入1811.94亿元，增长1.0%。都市农业总产值1306.50亿元，增长0.5%。市级以上农业龙头企业达到94家，其中，国家级龙头企业7家，省级龙头企业24家，都市农业示范区30个。农业产业化产值62.31亿元，增长0.5%；农业产业化规模达15.57%，提高0.5个百分点。

三、工业和建筑业

全年工业增加值5246.07亿元，比上年增长6.9%。全年规模以上工业增加值4840.42亿元，比上年增长7.2%。其中，国有及国有控股企业增长4.6%，民营企业增长8.3%，外商及港澳台投资企业增长8.2%，股份制企业增长7.1%，集体企业增长8.5%，股份合作制企业下降3.7%。分轻重工业看，轻工业增长4.1%，重工业增长9.6%。

图3 2011–2015年广州市工业增加值及其增长速度

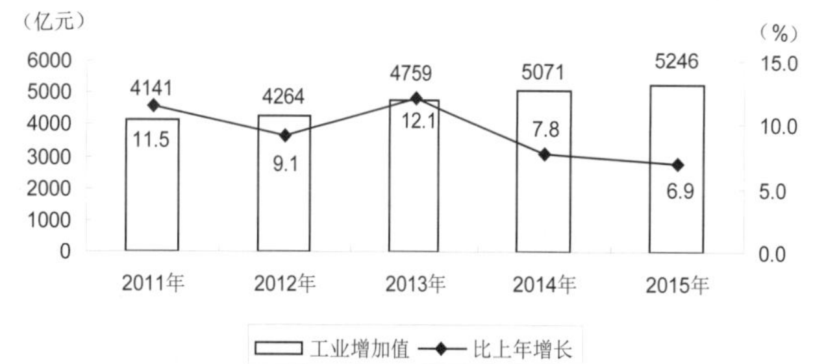

全年规模以上高技术制造业增加值642.52亿元，增长19.4%。其中，医药制造业增长1.3%，航空航天器制造业下降4.4%，电子及通信设备制造业增长26.1%，电子计算机及办公设备制造业增长2.8%，医疗设备及仪器仪表制造业增长8.9%。

全年规模以上汽车制造业、电子产品制造业和石油化工制造业三大支柱产业完成工业总产值9119.25亿元，增长8.7%，占全市规模以上工业总产值的比重48.7%。其中，汽车制造业完成工业总产值3776.79亿元，增长6.0%；电子产品制造业和石油化工制造业分别完成工业总产值2789.30亿元和2553.16亿元，分别增长20.6%和2.2%。

全年规模以上六大高耗能行业增加值比上年增长8.3%，其中，有色金属冶炼和压延加工业增长8.8%，黑色金属冶炼和压延加工业下降9.9%，非金属矿物制品业增长6.2%，电力、热力生产和供应业增长10.8%，化学原料和化学制品制造业增长11.6%，石油加工、炼焦和核燃料加工业下降8.3%。

表2 2015年广州市规模以上主要工业产品产量及其增长速度

产品名称	计量单位	绝对数	比上年增长（%）
发电量	亿千瓦小时	418.96	-1.0
纱	万吨	3.94	-15.5
布	亿米	5.50	-10.7
化纤	万吨	2.43	18.5
卷烟	亿支	665.50	-0.1
人造板	万立方米	37.28	-26.9
彩色电视机	万部	694.07	37.9
家用电冰箱	万台	349.74	-4.4
房间空调器	万台	1154.29	38.6
程控交换机	万线	7.59	-2.4
移动电话机	万部	577.18	
微型电子计算机	万部	12.43	13.6
集成电路	亿块	2.51	-76.3

（续上表）

产品名称	计量单位	绝对数	比上年增长（%）
发光二极管（LED）	亿只	25.96	150.6
纯碱	万吨	62.97	4.7
粗钢	万吨	101.44	-13.7
钢材	万吨	658.37	-4.1
十种有色金属	万吨	0.12	-7.7
水泥	万吨	781.38	-0.5
汽车	万辆	220.97	11.9
轿车	万辆	148.65	-2.8
民用钢质船舶	万载重吨	111.80	-33.9

全市规模以上工业企业实现利税总额 1997.45 亿元，增长 5.9%；实现利润总额 1098.16 亿元，增长 2.9%。亏损企业亏损额下降 5.1%，企业亏损面 17.2%，上升 3.9 个百分点。

全年资质等级以上建筑企业 818 个，比上年下降 1.3%；实现增加值 551.17 亿元，增长 5.3%。

图4　2011-2015年广州市建筑业增加值及其增长速度

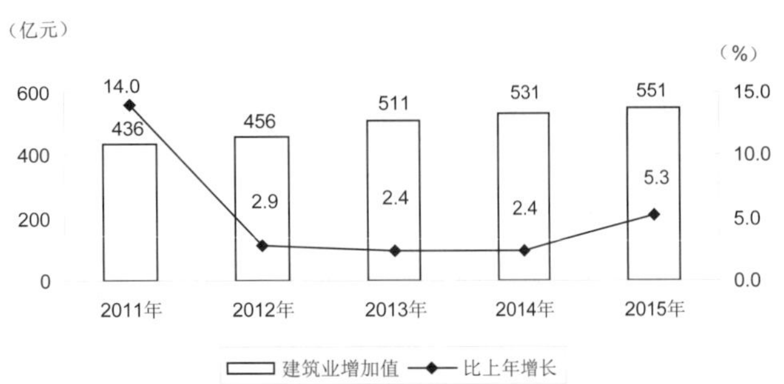

四、投 资

全年完成固定资产投资 5405.95 亿元，比上年增长 10.6%。分投资主体看，国有经济投资 1301.30 亿元，下降 6.5%；民间投资 2397.76 亿元，增长 35.8%；港澳台、外商经济投资 967.74 亿元，增长 9.3%。

图5　2011-2015年广州市固定资产投资及其增长速度

从三次产业看，第一产业完成投资 33.77 亿元，同比增长 122.3%。第二产业完成投资 779.55 亿元，增长 8.7%；其中，工业完成投资 751.73 亿元，增长 10.5%。第三产业完成投资 4592.63 亿元，增长 10.5%。

表3　2015年广州市分行业固定资产投资及其增长速度

行　　业	绝对数（亿元）	比上年增长（%）
固定资产投资	5405.95	10.6
第一产业	33.77	122.3
第二产业	779.55	8.7
工业	751.73	10.5
建筑业	27.82	-24.5
第三产业	4592.63	10.5
批发和零售业	231.11	-4.5
交通运输、仓储和邮政业	671.57	-3.3
住宿和餐饮业	90.31	2.4
信息传输、软件和信息技术服务业	232.49	17.7
金融业	13.57	19.9
房地产业	2481.13	11.3
租赁和商务服务业	134.55	309.8
科学研究和技术服务业	81.81	23.8
水利、环境和公共设施管理业	415.18	26.6
居民服务、修理和其他服务业	10.22	-17.7
教育	70.66	-17.4
卫生和社会工作	71.58	-11.5
文化、体育和娱乐业	52.60	18.1
公共管理、社会保障和社会组织	32.40	-11.2

房地产开发业完成投资2137.59亿元，比上年增长17.7%。按用途分，商品住宅开发投资1331.03亿元，增长33.8%。其中，90平方米以下住宅投资486.94亿元，增长114.6%；144平方米以上住宅投资337.03亿元，增长16.8%；别墅、高档公寓投资79.23亿元，增长71.2%。办公楼完成投资217.54亿元，同比下降2.4%；商业营业用房完成投资319.09亿元，同比增长8.7%。

表4 2015年广州市房地产开发主要指标完成情况

指 标	单 位	绝对数	比上年增长（%）
房地产开发投资	亿元	2137.59	17.7
其中：住宅	亿元	1331.03	33.8
其中：90平方米及以下	亿元	486.94	114.6
房屋施工面积	万平方米	9345.57	-0.3
其中：住宅	万平方米	5759.97	-0.2
房屋新开工面积	万平方米	1741.28	-27.7
其中：住宅	万平方米	1048.05	-28.5
房屋竣工面积	万平方米	1511.49	-21.3
其中：住宅	万平方米	981.30	-19.6
本年资金来源	亿元	2820.17	15.8
其中：国内贷款	亿元	459.76	-8.4
个人按揭贷款	亿元	307.97	42.3

五、国内贸易

全年社会消费品零售总额7932.96亿元，比上年增长11.0%。分地域看，城镇消费品零售额7708.97亿元，增长11.0%；乡村消费品零售额223.99亿元，增长11.0%。分行业看，批发零售贸易业零售额6929.57亿元，增长11.2%；住宿餐饮业零售额1003.39亿元，增长9.8%。批发零售业商品销售总额50902.38亿元，增长10.2%。

图6 2011-2015年广州市社会消费品零售总额及其增长速度

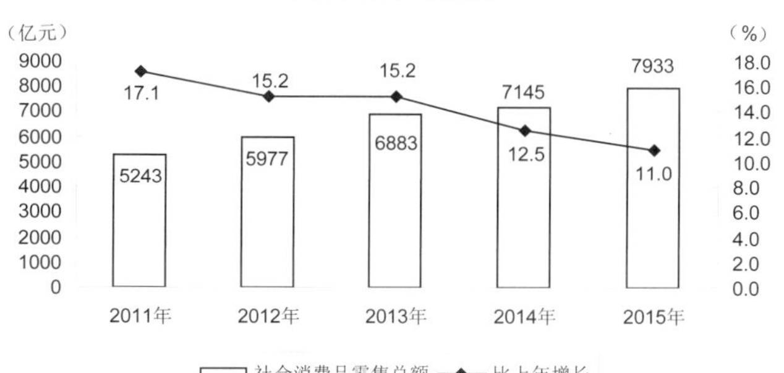

限额以上批发和零售业企业和个体户实现零售额3917.52亿元，增长9.3%，占全市批发和零售业零售额的56.5%。在限额以上批发和零售业企业和个体户销售商品分类中，中西药品类零售额增长11.6%，汽车类零售额增长1.4%，日用品类零售额增长26.4%，服装、鞋帽、针纺织品类零售额下降1.7%，金银珠宝类零售额增长18.5%，粮油、食品类零售额增长23.0%。

六、对外经济

全年商品进出口总值8306.41亿元，比上年增长3.5%（1338.70亿美元，比上年增长2.5%）。其中，商品出口总值5034.67亿元，增长12.7%；商品进口总值3271.74亿元，下降8.0%。进出口差额（出口减进口）1762.93亿元，比上年增加850.43亿元。

表5 2015年广州市进出口总值及其增长速度

指 标	绝对数（亿元）	比上年增长（%）
进出口总值	8306.41	3.5
出口值	5034.67	12.7
其中：一般贸易	1947.55	3.6
加工贸易	1734.26	-0.7
其中：机电产品	2553.93	16.2
高新技术产品	854.37	9.9
进口值	3271.74	-8.0
其中：一般贸易	1681.33	-3.9
加工贸易	1157.40	-7.2
其中：机电产品	1479.98	-5.7
高新技术产品	942.34	-4.5
进出口差额（出口减进口）	1762.93	

表6 2015年广州市主要商品出口数量、金额及其增长速度

商品名称	单位	数量	比上年增长（%）	金额（亿元）	比上年增长（%）
钢材	万吨	155	12.5	92.96	-20.5
纺织纱线、织物及制品	—			194.91	10.2
服装及衣着附件	—			683.44	25.8
鞋	—			124.04	22.3
家具及其零件	—			181.62	9.0

（续上表）

商品名称	单位	数量	比上年增长（%）	金额（亿元）	比上年增长（%）
自动数据处理设备及其部件	—			98.91	-15.2
贵金属或包贵金属的首饰	吨	159	-4.0	251.52	-3.7
船舶	—			160.46	71.1
印刷电路	百万块	1236	-2.5	79.44	3.3
液晶显示板	万个	3736	-30.8	216.13	8.7
箱包及类似容器	万吨	27	35.1	181.12	40.4

表7　2015年广州市主要商品进口数量、金额及其增长速度

商品名称	单位	数量	比上年增长（%）	金额（亿元）	比上年增长（%）
煤及褐煤	万吨	1232	-32.3	39.13	-47.5
钻石	克	851	-22.3	162.89	-18.3
集成电路	百万个	3902	4.2	131.71	15.6
汽车零件	—			143.93	-0.9
飞机	架	37	-43.9	164.75	0.3
成品油	万吨	30	-38.5	15.80	-48.0
初级形状的塑料	万吨	201	6.9	218.73	-10.7
液晶显示板	万个	6566	-1.9	241.21	0.3
钢材	万吨	140	-6.6	67.12	-21.3
未锻轧的铜及铜材	万吨	18	-5.7	72.33	-20.9
纺织纱线、织物及制品	—			97.69	-0.5

表8　2015年主要国家和地区进出口总值及其增长速度

国家和地区	出口总值（亿元）	比上年增长（%）	进口总值（亿元）	比上年增长（%）
中国香港地区	901.95	1.8	37.08	7.6
美国	749.96	2.5	401.86	7.8
欧洲联盟（28国）	628.17	3.4	463.72	-7.4
东盟	654.94	23.4	402.92	-8.8
日本	199.57	2.6	550.97	-11.1
韩国	106.99	1.6	391.43	-12.5
俄罗斯	60.34	-18.1	4.97	-64.1

全年新签外商直接投资项目1429个，比上年增长23.7%。合同外资金额83.63亿美元，增长4.0%。实际使用外商直接投资金额54.16亿美元，增长6.1%。

表9　2015年广州市分行业外商直接投资及其增长速度

行业名称	合同外资金额（万美元）	比上年增长（%）	实际使用外资金额（万美元）	比上年增长（%）
总　计	836335	4.0	541634	6.1
农、林、牧、渔业	21381	1101.2	232	57.8
采矿业	236			
制造业	71430	-59.8	115893	-30.8
电力、燃气及水的生产和供应业	13001	305.8	4358	0.1
建筑业	176	-82.3	19	-91.9
交通运输、仓储和邮政业	16054	162.0	2031	-13.5
信息传输、计算机服务和软件业	52146	44.9	24986	308.1
批发和零售业	89381	-1.3	31722	-2.6
住宿和餐饮业	5068	-55.2	3916	142.5
金融业	196220	-3.8	52238	-51.8
房地产业	225808	-1.3	272888	65.2
租赁和商务服务业	97701	286.1	10230	-24.3
科学研究、技术服务和地质勘查业	40586	164.8	19477	167.4
水利、环境和公共设施管理业	-298			
居民服务和其他服务业	3221	31.2	181	53.4
教育	215	-43.4	56	-82.9
卫生、社会保障和社会福利业	2676	2777.4	3310	870.7
文化、体育和娱乐业	1333		97	-83.9

全年经核准境外投资协议金额51.33亿美元，比上年增长57.9%；对外承包工程和对外劳务合作完成营业额8.55亿美元，比上年增长49.6%；承包工程和劳务合作年末在外人员共2.44万人。

七、交通、邮电和旅游

全年交通运输、仓储和邮政业实现增加值1265.68亿元，比上年增长7.5%。

表10 2015年广州市各种运输方式完成货物运输量及其增长速度

指 标	单位	绝对数	比上年增长(%)
货物运输总量	亿吨	10.04	3.9
铁路	亿吨	0.48	-9.1
公路	亿吨	7.13	7.9
水运	亿吨	2.32	-4.0
民航	万吨	116.37	5.3
管道	万吨	905.95	-0.2
货物运输周转量	亿吨公里	8993.26	4.2
铁路	亿吨公里	177.92	-6.5
公路	亿吨公里	843.45	8.1
水运	亿吨公里	7920.11	4.0
民航	亿吨公里	51.30	12.2
管道	亿吨公里	0.48	-3.9

表11 2015年广州市各种运输方式完成旅客运输量及其增长速度

指 标	单位	绝对数	比上年增长(%)
客运量	万人	106094.76	8.3
铁路	万人	13657.30	10.7
公路	万人	85108.26	8.2
水运	万人	284.42	1.5
民航	万人	7044.78	6.4
旅客运输周转量	亿人公里	2668.31	9.0
铁路	亿人公里	450.61	-1.3
公路	亿人公里	860.48	8.5
水运	亿人公里	1.95	-13.5
民航	亿人公里	1355.27	13.3

全年港口货物吞吐量51992.34万吨，增长3.8%。其中外贸货物吞吐量11913.84万吨，下降1.5%。港口集装箱吞吐量1759.00万国际标准箱，增长5.8%。全年广州白云国际机场旅客吞吐量5520.94万人次，机场货邮行吞吐量200.17万吨，分别增长0.8%和5.6%。

全年完成邮电业务收入543.04亿元，增长7.5%。其中，邮政业务收入224.35亿元，增长23.8%；电信业务收入318.69亿元，下降1.6%。

全年城市接待过夜旅游人数5657.95万人次，比上年增长6.2%。其中，入境旅游者803.58万人次，增长2.6%；境内旅游者4854.37万人次，增长6.8%。在入境旅游人数中，外国人307.98万人次，增长2.6%；香港、澳门和台湾同胞495.60万人次，增长2.6%。旅游业总收入2872.18亿元，增长13.9%。旅游外汇收入56.96亿美元，增长4.0%。

八、金融业

年末全部金融机构本外币各项存款余额42843.67亿元，比年初增加5194.03亿元。其中人民币各项存款余额41574.49亿元，增加5224.89亿元。全部金融机构本外币各项贷款余额27296.16亿元，增加3015.06亿元。其中人民币各项贷款余额26136.95亿元，增加3430.16亿元。

表12 2015年广州地区金融机构本外币存贷款余额及其比年初增长情况

指 标	年末数(亿元)	比年初增长(%)
各项存款余额	42843.67	13.8
其中：非金融企业存款	13469.27	7.8
住户存款	13602.38	2.6
各项贷款余额	27296.16	12.4
其中：境内住户贷款	9118.96	24.8
境内非金融企业及机关团体贷款	17653.99	5.3

图7 2011-2015年广州地区本外币住户存款余额及其比年初增长速度

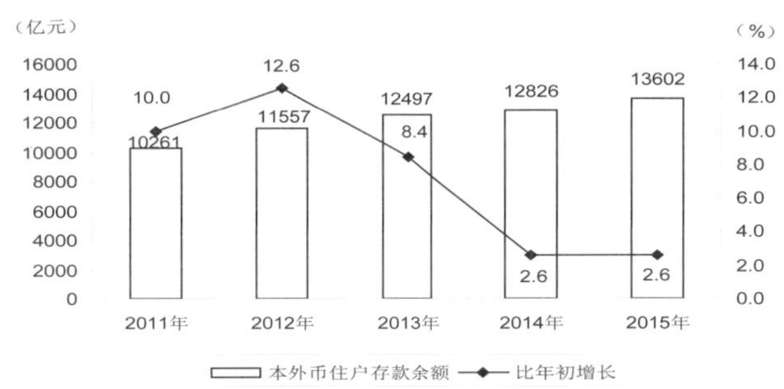

年末全市证券市场共有上市公司68家，市价总值14121.68亿元，比上年末分别增长9.7%和70.6%。上市公司通过证券市场筹集资金1435.99亿元，增长3.4倍，其中首次公开发行上市（IPO）的7家公司，共计筹资折合人民币24.48亿元。证券公司4家，全年实现营业收入335.62亿元，净利润135.00亿元，分别增长1.5倍和1.7倍。证券分支机构259家，股票账户数946.45万户，股票交易额171139.46亿元，增长2.5倍。期货公司6家，全年代理交易量4.41亿手，同比增长40.9%；代理交易额68.41万亿元，同比增长75.7%；营业收入13.03亿元，增长42.6%；净利润3.74亿元，增长1.0倍。

年末全市拥有保险机构874家，总部3家，市场主体86家。全年保费收入710.10亿元，增长18.0%。其中，财产险保费收入208.90亿元，增长8.5%；寿险业务保费收入376.40亿元，增长9.1%；健康险和意外伤害险业务保费收入124.80亿元，增长93.9%。支付各类保险赔款及给付226.00亿元，增长32.1%。其中，财产险业务赔款支出106.60亿元，增长11.6%；寿险业务赔付支出99.90亿元，增长69.0%；健康险和意外伤害险赔付支出19.60亿元，增长18.7%。

九、人口、人民生活和社会保障

年末常住人口1350.11万人，城镇人口比重为85.53%。年末户籍人口854.19万人，其中，户籍出生人口15.04万人，出生率17.7‰；死亡人口4.92万人，死亡率5.8‰；自然增长人口10.12万人，自然增长率11.9‰。户籍迁入人口11.28万人，迁出人口6.94万人，机械增长人口4.34万人。

全年城市常住居民人均可支配收入46734.60元，增长8.8%；农村常住居民人均可支配收入19323.10元，增长9.4%。

全年城市常住居民家庭人均消费支出35752.50元，增长7.1%。农村常住居民家庭人均生活消费支出15924.85元，增长9.5%。城市常住居民恩格尔系数为32.8%。城市常住居民消费支出中教育文化娱乐支出所占比重为13.0%。农村常住居民恩格尔系数为39.4%。农村常住居民消费支出中教育文化娱乐支出所占比重为9.3%。全年农村常住居民居住住房总建筑面积人均49.58平方米。

年末，全市参加基本养老保险1159.40万人，比上年末增长8.3%。其中，参加城镇职工基本养老保险1008.24万人，比上年末增长8.9%；参加城乡居民养老保险129.27万人，比上年末增长4.8%；参加农转居人员养老保险21.89万人，比上年末增长1.1%。参加基本医疗保险1052.62万人，比上年末下降0.2%。其中，参加城镇职工基本医疗保险607.62万人，增长6.2%；参加城乡（镇）居民基本医疗保险444.99万人，下降7.8%。年末参加失业保险474.07万人，比上年末增长7.3%。享受失业保险金人数为12.41万人，增长92.7%。参加工伤保险431.40万人，比上年末增长3.9%。参加生育保险436.82万人，比上年末增长22.3%。全社会保险基金收入882.92亿元，增长10.7%。年末五种保险基金累计结余1611.28亿元，增长13.7%。

全年医疗救助51.30万人次，其中，民政部门资助参加医疗保险人数达17.60万人。年末享受低保救济的困难群众达5.70万人，其中，城镇2.40万人，农村3.30万人。各类收养性社会福利单位床位4.50万张，收养人员2.60万人。城镇各种社区服务设施0.20万个，其中，综合性社区服务中心173个。共发行销售福利彩票39.40亿元，筹集福利彩票公益金11.30亿元，直接接收社会捐赠2.60亿元。

十、教育和科学技术

全年研究生教育招生2.71万人，在学研究生7.95万人，毕业生2.32万人。普通高等教育本专科招生30.74万人，在校生104.32万人，毕业生27.14万人。技工学校招生8.09万人，在校生23.63万人，毕业生5.45万人。中等职业学校招生8.00万人，在校生23.71万人，毕业生7.13万人。普通中学招生17.11万人，在校生51.52万人，毕业生17.67万人。普通小学招生17.80万人，在校生93.79万人，毕业生12.52万人。幼儿园在园幼儿44.52万人。

全年受理专利申请63296件，增长36.6%；其中发明专利20071件，增长37.6%，占申请量的31.7%。专利授权39834件，增长41.6%；其中发明专利授权6619件，增长44.2%。

年末全市县及县级以上国有研究与开发机构、科技情报和文献机构148个。全市在穗院士人数42人，其中中国科学院院士18人和中国工程院院士21人，以及国外、境外机构获评院士3人。拥有国家工程技术研究开发中心18家，国家级企业技术中心22家。国家重点实验室19家，省级工程技术研究中心共549家和市级工程技术研究中心247家。省级重点实验室171家，市级重点实验室124家。国家级、省级大学科技园6个。我市累计有1919家认定高新技术企业。

全市市属质监系统已建成的国家产品质量监督检验中心7个，获国家质检总局批准筹建中的国家产品质量监督检验中心4个。全市市属法定产品质量监督检验机构2个，法定质量计量综合检测机构4个，法定计量技术机构 6 个，标准化技术机构 1 个，特种设备综合检验机构 2 个。全市获得资质认证的实验室 397 家，获得质量管理体系认证企业 4553 家，产品获得 3C 认证企业 1269 家。

十一、文化、卫生和体育

年末全市共有各类专业艺术表演团体(事业单位) 6 个，文化馆 14 个，文化站 161 个，公共图书馆 15 间，档案馆 31 个，博物馆和纪念馆 32 个。全市有广播电台 2 座，电视台 3 座。广播综合人口覆盖率和电视综合人口覆盖率均为 100%。

年末全市共有各类卫生机构（不含村卫生室）2673 个，其中，医院 229 个，妇幼保健机构 16 个，专科疾病防治机构 7 个，疾病预防控制机构 18 个，卫生监督机构 15 个。全市拥有床位 8.21 万张，增长 6.6%，其中，医院床位 7.33 万张，增长 6.7%。全市各类卫生技术人员 12.67 万人，增长 4.8%。其中，执业（助理）医师 4.25 万人，注册护士 5.50 万人，疾病预防控制机构卫生技术人员 1471 人，卫生监督机构卫生技术人员 428 人。全市共有社区卫生服务机构 315 个，社区卫生服务机构床位 0.28 万张，社区卫生服务机构卫生技术人员 1.10 万人；镇卫生院 30 个，镇卫生院床位 0.18 万张，镇卫生院卫生技术人员 0.32 万人。法定报告甲、乙类传染病发病总数 4.79 万例，死亡 92 人；发病率 360.48/10 万，死亡率 0.69/10 万。全市各类医疗卫生机构向社会提供诊疗服务 1.41 亿人次，提供住院服务 260.47 万人次，分别增长 2.2% 和 3.1%。

全年举办国际、国内单项比赛 31 次，广州运动员获得世界冠军 13 项 14 人次，亚洲冠军 8 项 10 人次，全国冠军 46 项 84 人次。全年开展的市、区、街三级全民健身活动及各类群众性体育比赛 2300 项次，同比增长 0.9%；共有 855.50 万人次参加各类全民健身活动，增长 0.6%。全年体育彩票销售额 35.34 亿元，同比下降 15.7%。

十二、资源、环境与安全生产

全社会用电量 779.32 亿千瓦时，增长 1.8%。其中，工业用电量 393.75 亿千瓦时，增长 2.0%。

全市省控江河断面中，Ⅱ类水质的断面比例为 42.86%，与 2014 年持平；Ⅲ类水质的断面比例为 14.29%，Ⅳ类水质的断面比例为 21.43%，Ⅴ类水质的断面比例为 14.29%。

全市平均灰霾天气日数 32 天，比上年减少 4 天；全年日照时数 1629.5 小时，比常年偏少 33.9 小时。城市（十区）建成污水处理厂 36 座，城市（十区）污水处理厂日处理能力达到 444.68 万立方米，增长 4.7%；城镇生活垃圾无害化处理率为 95.24%，提高 3.74 个百分点。

全年完成低产低效林改造面积 1011 公顷。全市森林覆盖率达到 42.0%，建成 3000 公里绿道。

全年因自然灾害导致我市受灾人口共计 3.80 万人，紧急转移安置人口 0.60 万人，倒损房屋间数 118 间。全年农作物受灾面积 2.32 千公顷，农作物绝收面积 0.03 千公顷，直接经济损失 31937.70 万元。

全年共发生各类安全事故 3383 起，死亡 907 人，受伤 2971 人，直接经济损失 7819.85 万元，同比事故起数、死亡人数、直接经济损失分别下降 6.26%、1.73% 和 10.82%，受伤人数上升 1.16%。其中，道路交通安全事故 2676 起，死亡 847 人，受伤 2953 人，直接经济损失 811.56 万元，同比事故起数、死亡人数、直接经济损失分别下降 0.89%、0.59% 和 22.55%，受伤人数上升 1.2%；工矿商贸行业生产安全事故 49 起，死亡 51 人，重伤 15 人，直接经济损失 4192 万元，同比事故起数、死亡人数、受伤人数、直接经济损失分别下降 12.50%、16.39%、16.67% 和 16.97%；生产经营性火灾事故 651 起，死亡 5 人，受伤 3 人，直接经济损失 2278.29 万元，同比火灾起数、直接经济损失分别下降 23.14%、1.7%，死亡人数、受伤人数分别上升 25.0%、200.0%。据初步统计，亿元 GDP 死亡率 0.0501、工矿商贸十万从业人员死亡率 0.68、道路交通万车死亡率 2.663，与去年相比，三项相对指标分别下降 9.24%、15.84% 和 8.74%。

全年全市刑事立案数 18.36 万宗；刑事案件当年破案数 3.16 万宗。

注：

1. 本公报中的 2015 年统计数据为初步统计数。
2. 地区生产总值、增加值和总产值绝对数按现价计算；增长速度按可比价格计算。
3. 城乡一体化住户调查绝对数为新口径，增长速度为可比口径。
4. 表中“空格”表示该项统计指标数据不详或无该项数据。

资料来源：本公报中财政收支数据来自广州市财政局；金融数据来自中国人民银行广州分行；证券数据来自中国证券监督管理委员会广东监管局；保险数

据来自中国保险监督管理委员会广东监管局；广州白云国际机场旅客吞吐量、机场货邮吞吐量数据来自广州白云国际机场；港口货物吞吐量、港口集装箱吞吐量数据来自广州港务局；邮政业务收入来自广州市邮政局；绿化覆盖率、城市公园个数、绿道等数据来自广州市住房和城乡建设委员会；社会治安数据来自广州市公安局；外商直接投资、对外承包工程、劳务合作等数据来自广州市商务委员会；进出口数据来自广州海关；旅游数据来自广州市旅游局；科学技术数据来自广东省教育厅、广州市科技创新委员会、广州市知识产权局；质量监督及检验数据来自广州市质量技术监督局；教育数据来自广东省教育厅、广东省人力资源和社会保障厅、广州市教育局；文化数据来自广东省文化厅、广东省档案局、广东省新闻出版广电局、广州市档案局、广州市文化广电新闻出版局；卫生数据来自广州市卫生和计划生育委员会；体育数据来自广州市体育局；用电量数据来自广州市供电局；环境保护数据来自广州市环境保护局；安全生产数据来自广州市安全生产监督管理局；低保、受灾人口、农作物受灾面积、直接经济损失数据来自广州市民政局；就业与失业人员、社会保障与福利数据来自广州市人力资源和社会保障局；造林面积、低产低效林改造面积、森林覆盖率数据来自广州市林业和园林局；其他数据均来自广州市统计局和国家统计局广州调查队。

2015年深圳市国民经济和社会发展统计公报

2015 年，面对复杂多变的内外部环境，在市委市政府的坚强领导下，深圳以“四个全面”战略布局为统领，坚持解放思想，真抓实干，着力抓改革、促转型、稳增长、惠民生，突出质量引领、创新驱动，主动适应引领经济发展新常态，保持了经济稳中有进、逐步向好的发展态势，实现了有质量的稳定增长和可持续的全面发展。

一、综合

初步核算，全年本地生产总值 17502.99 亿元，比上年增长 8.9%。其中，第一产业增加值 5.66 亿元，下降 1.7%；第二产业增加值 7205.53 亿元，增长 7.3%；第三产业增加值 10291.80 亿元，增长 10.2%。第一产业增加值占全市生产总值的比重不到 0.1%；第二和第三产业增加值占全市生产总值的比重分别为 41.2% 和 58.8%。人均生产总值 157985 元，增长 5.2%，按 2015 年平均汇率折算为 25365 美元。

图1　2010-2015年本地生产总值

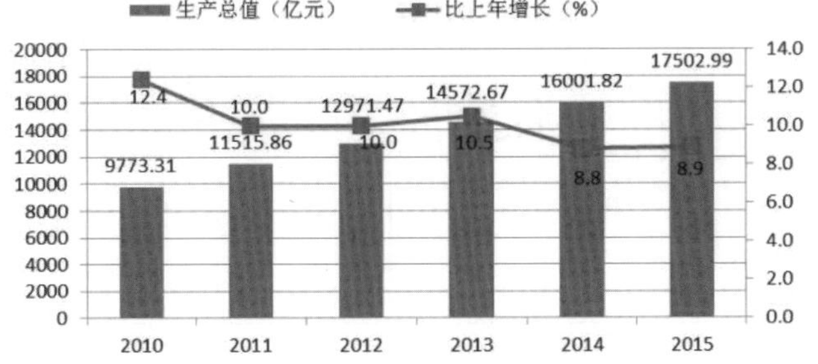

在现代产业中，现代服务业增加值 7134.47 亿元，比上年增长 11.6%；先进制造业增加值 5165.57 亿元，增长 11.5%；高技术制造业增加值 4491.36 亿元，增长 9.7%。

在第三产业中，交通运输、仓储和邮政业增加值 526.51 亿元，增长 7.6%；批发和零售业增加值 2006.90 亿元，增长 2.6%；住宿和餐饮业增加值 340.72 亿元，增长 4.0%；房地产业增加值 1627.77 亿元，增长 16.8%。

四大支柱产业中，金融业增加值 2542.82 亿元，比上年增长 15.9%；物流业增加值 1782.70 亿元，增长 9.4%；文化产业增加值 1021.16 亿元，增长 7.4%；高新技术产业增加值 5847.91 亿元，增长 13.0%。

表1　2015年分区本地生产总值

单位：亿元　%

	本地生产总值		第一产业		第二产业		第三产业	
	绝对值	比上年增长	绝对值	比上年增长	绝对值	比上年增长	绝对值	比上年增长
全市	17502.99	8.9	5.66	-1.7	7205.53	7.3	10291.80	10.2
福田区	3256.24	9.0	1.73	33.9	214.53	6.8	3039.98	9.1
罗湖区	1728.39	8.0	0.36	137.8	82.09	-2.7	1645.94	8.9
盐田区	487.23	8.9	0.03	-60.9	78.76	1.4	408.44	10.9
南山区	3714.57	9.3	0.70	-7.7	1986.19	8.4	1727.68	10.5
新宝安区	2640.92	9.0	0.52	9.6	1320.40	7.9	1320.00	10.3
光明新区	670.66	9.4	0.84	9.9	429.87	6.8	239.95	16.3
龙华新区	1635.59	8.0	0.32	9.9	953.89	5.4	681.38	12.6
新龙岗区	2636.79	10.5	0.21	-18.6	1667.47	12.4	969.11	7.0
坪山新区	458.07	9.4	0.46	-17.1	305.68	9.1	151.93	9.8
大鹏新区	274.53	4.0	0.48	-18.3	166.66	1.5	107.39	8.3

七大战略性新兴产业中，生物产业增加值 254.68 亿元，比上年增长 12.4%；互联网产业增加值 756.06 亿元，增长 19.3%；新能源产业增加值 405.87 亿元，增长 10.1%；新一代信息技术产业增加值 3173.07 亿元，增长 19.1%；新材料产业增加值 329.24 亿元，增长 11.3%；文化创意产业增加值 1757.14 亿元，增长 13.1%；节能环保产业增加值 327.42 亿元，增长 12.0%。

全市年末常住人口 1137.89 万人，比上年末增加 60 万人，增长 5.6%。其中户籍人口 354.99 万人，占常住人口比重 31.2%；非户籍人口 782.90 万人，占比重 68.8%。全市各区人口分布见表 2。

表2　2015年末分区常住人口

	常住人口（万人）	户籍人口	非户籍人口	比上年末增长（%）		
				常住人口	户籍人口	非户籍人口
全　市	1137.89	354.99	782.90	5.6	6.9	5.0
福田区	144.06	89.01	55.06	6.2	6.8	5.2
罗湖区	97.56	57.31	40.26	2.3	2.5	2.0
盐田区	22.12	6.20	15.92	2.1	5.6	0.9
南山区	129.12	75.59	53.52	13.7	6.4	25.8
新宝安区	286.33	43.68	242.66	4.6	3.7	4.8
光明新区	53.12	6.18	46.94	5.4	0.2	6.1
龙华新区	151.15	20.29	130.86	5.4	22.9	3.1
新龙岗区	205.26	47.72	157.54	3.9	12.3	1.6
坪山新区	35.61	5.15	30.46	7.4	6.3	7.6
大鹏新区	13.56	3.87	9.69	1.4	-0.9	2.3

年末城镇登记失业率为2.34%。

全年居民消费价格比上年上涨2.2%。工业生产者购进价格下降3.5%，工业生产者出厂价格下降2.4%。

图2　2015年居民消费价格单月同比上涨幅度

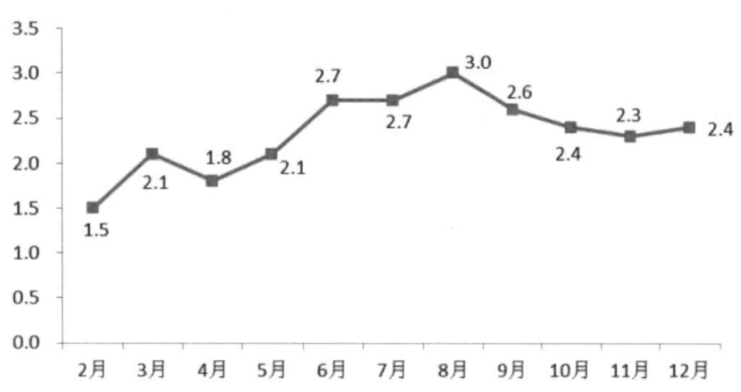

图3　2010-2015年居民消费价格指数（上年为100）

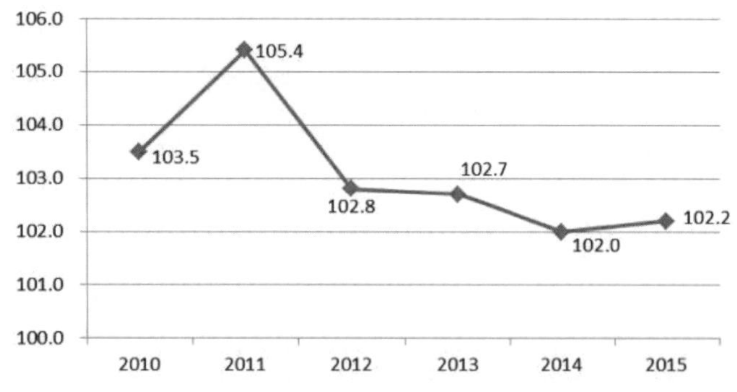

表3　2015年居民消费价格指数（以上年为100）

指标名称	价格指数
居民消费价格总指数	102.2
食品	103.2
烟酒	101.6
衣着	104.6
家庭设备用品及维修服务	103.1
医疗保健和个人用品	102.0
交通和通信	96.6
娱乐教育文化用品及服务	101.1
居住	103.4

全年完成公共财政预算收入2727.06亿元，比上年增长30.9%。其中税收收入2272.09亿元，增长29.5%。公共财政预算支出3519.95亿元，增长62.5%。

图4　2010-2015年公共财政预算收入及增长速度

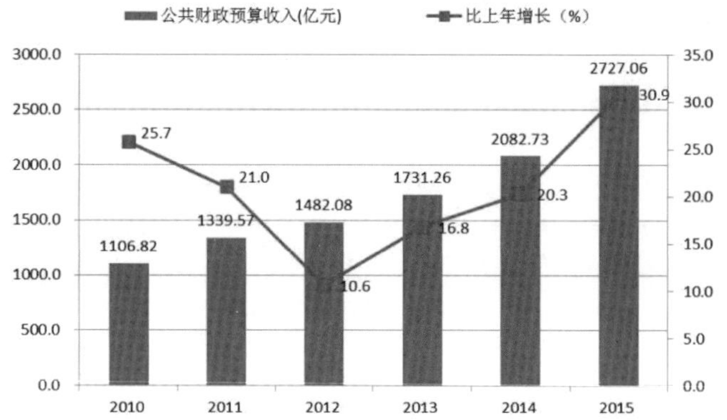

二、农业

全年农作物播种面积72358亩，比上年减少1.9%，其中，蔬菜播种面积65249亩，下降4.0%。水果播种面积35474亩，下降3.7%。全年蔬菜产量6.30万吨，下降6.3%；水果产量0.40万吨，增长90.0%。主要畜产品产量见表4。

表4　2015年主要畜产品产量

指标	单位	产量	比上年增长（%）
肉猪出栏量	万头	5.15	-26.1
猪肉产量	万吨	0.36	-23.4
家禽饲养量	万只	260.39	-9.5
鲜奶产量	万吨	1.30	8.3

全年水产品总产量3.98万吨，比上年增长46.3%。其中，海产品3.88万吨，增长47.5%；淡水产品0.10万吨，增长6.6%。

三、工业和建筑业

全年规模以上工业增加值6785.01亿元，比上年增长7.7%。其中，国有企业增加值9.06亿元，下降9.1%；股份制企业增加值3743.60亿元，增长12.2%；外商及港澳台投资企业增加值2996.45亿元，增长2.9%。分轻重工业看，轻工业增加值1197.86亿元，下降3.2%；重工业增加值5587.15亿元，增长10.2%。

图5 2015年规模以上工业增加值累计同比增长速度（%）

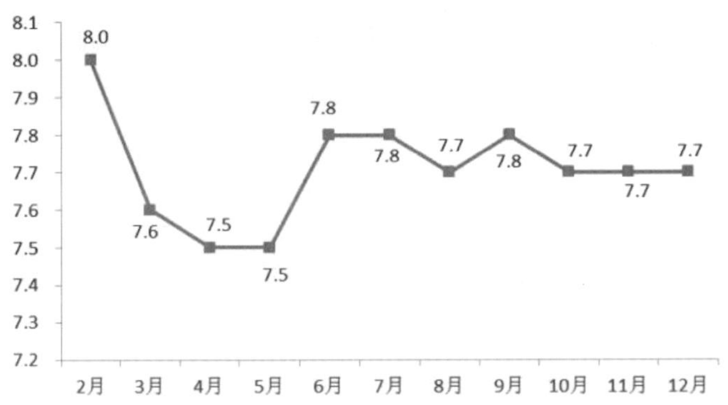

图6 2010-2015年工业增加值及增长速度

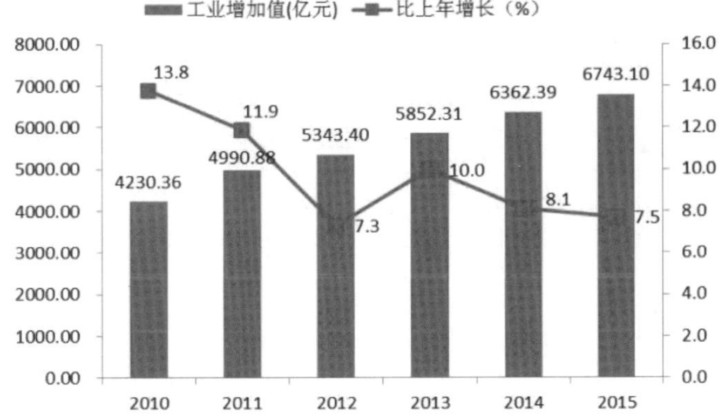

表5 2015年分区规模以上工业增加值

	绝对值（亿元）	比上年增长（%）
全市	6785.01	7.7
福田区	175.44	8.0
罗湖区	56.75	-4.2
盐田区	59.95	1.0
南山区	2000.66	8.5
新宝安区	1200.24	9.0
光明新区	351.82	8.0
龙华新区	891.07	6.0
新龙岗区	1623.75	16.2
坪山新区	265.36	10.6
大鹏新区	159.96	1.1

全年规模以上工业增加值排名前五行业依次为：通信设备、计算机及其他电子设备制造业增加值4214.95亿元，比上年增长10.6%；电气机械和器材制造业355.77亿元，增长2.4%；石油和天然气开采业257.62亿元，增长27.1%；电力、热力生产和供应业249.00亿元，下降2.3%；专用设备制造业213.75亿元，增长6.9%。

全年规模以上工业销售产值24529.39亿元，比上年增长0.9%。其中，出口交货值11239.20亿元，下降4.9%，占规模以上工业销售产值比重45.8%，比上年下降3.3个百分点。工业产品销售率97.9%，比上年提高0.1个百分点。主要工业产品产量见表6。

表6 2015年主要工业产品产量及增长速度

名　称	计量单位	数量	比上年增长（%）
微型计算机设备	万台	2779.36	4.7
其中：笔记本计算机	万台	714.00	3.2
程控交换机	万线	1179.82	113.5
其中：数字程控交换机	万线	526.62	1.9
移动通信基站设备	万信道	28210.29	19.8
新能源乘用车（客车）	辆	16713	165.1
金属集装箱	万立方米	1324.26	-36.1
数码照相机	万台	203.20	-36.1
复印和胶版印制设备	万台	424.88	9.6
光缆	万芯千米	1400.66	13.3
打印机	万台	1304.84	-18.8
硬盘存储器	万台	4440.19	-28.3
半导体存储盘	万个	17615.49	-16.6
GPS接收机	万部	42.77	-28.8
移动通信手持机(手机)	万台	37030.95	-4.9
彩色电视机	万台	3545.93	-2.1
电视接收机顶盒	万台	5354.18	-8.1
半导体分立器件	亿只	98.75	0.6
集成电路	亿块	131.13	-5.0

（续上表）

名　称	计量单位	数量	比上年增长（%）
微型计算机设备	万台	2779.36	4.7
液晶显示屏	万片	80084.96	-44.0
电子元件	亿只	1119.13	-24.2
服装	万件	21628.06	-5.1
家具	万件	2209.60	-17.3
中成药	万吨	3.92	-22.0
钟	万只	1483.24	-2.6

全年规模以上工业企业主营业务收入比上年增长1.3%，实现利税总额增长12.3%，实现利润总额增长9.6%。

全年建筑业增加值479.72亿元，比上年增长3.9%。

图7　2010-2015年建筑业增加值及增长速度

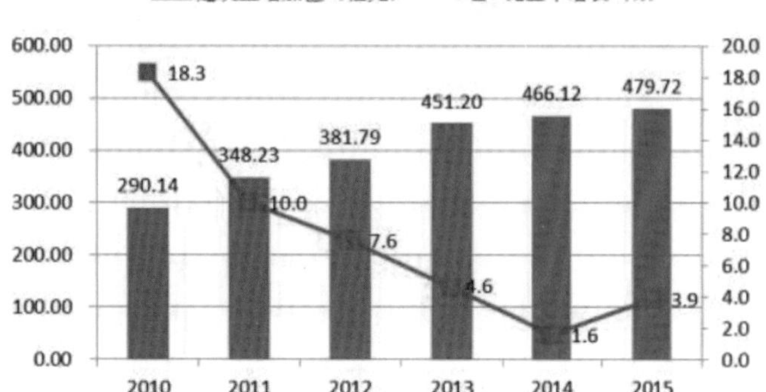

四、固定资产投资

全年完成固定资产投资额3298.31亿元，比上年增长21.4%。其中，房地产开发项目投资1331.03亿元，增长24.5%；非房地产开发项目投资1967.27亿元，增长19.4%。

图8　2010-2015年固定资产投资及增长速度

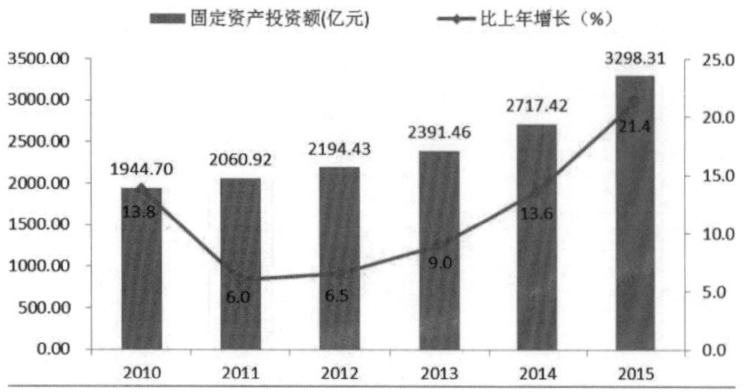

表7　2015年分区固定资产投资

	固定资产投资		房地产开发项目		非房地产开发项目	
	绝对值（亿元）	比上年增长（%）	绝对值（亿元）	比上年增长(%)	绝对值（亿元）	比上年增长（%）
全市	3298.31	21.4	1331.03	24.5	1967.27	19.4
福田区	235.38	29.9	156.09	23.3	79.30	45.3
罗湖区	125.90	32.4	35.57	-11.1	90.33	63.9
盐田区	99.59	8.1	42.39	13.7	57.20	4.2
南山区	633.99	52.4	228.86	53.4	405.12	51.9
新宝安区	545.72	18.5	213.55	28.8	332.17	12.6
光明新区	269.28	16.5	61.45	84.9	207.83	5.0
龙华新区	411.34	15.2	185.57	15.1	225.77	15.3
新龙岗区	658.09	9.3	347.28	17.2	310.82	1.7
坪山新区	246.82	15.2	49.55	9.2	197.26	16.9
大鹏新区	72.19	6.2	10.73	-25.7	61.47	14.8

从三次产业看，第一产业投资0.62亿元；第二产业投资591.05亿元，比上年增长13.4%，其中，工业投资590.80亿元，增长13.5%；第三产业投资2706.64亿元，增长23.3%。

表8　2015年分行业固定资产投资及增长速度

行　　业	投资额（亿元）	比上年增长（%）
全社会固定资产投资	**3298.31**	**21.4**
农、林、牧、渔业	0.62	58.4
采矿业	0.00	0
制造业	513.52	12.6
电力、燃气及水的生产和供应业	77.29	19.6
建筑业	0.25	-62.3
交通运输、仓储和邮政业	397.54	14.9
信息传输、计算机服务和软件业	45.07	13.7
批发和零售业	30.49	0.6
住宿和餐饮业	15.30	-33.3
金融业	70.67	34.8
房地产业	1662.67	21.0
租赁和商务服务业	83.55	99.6
科学研究、技术服务和地质勘查业	56.48	86.4
水利、环境和公共设施管理业	235.75	41.5
居民服务和其他服务业	4.04	116.4
教育	39.74	37.0
卫生、社会保障和社会福利业	43.84	16.6
文化、体育和娱乐业	18.11	33.8
公共管理和社会组织	3.39	-65.3

表9　2015年房地产开发主要指标完成情况

指标	单位	绝对值	比上年增长（%）
商品房施工面积	万平方米	4978.41	10.8
其中：住宅	万平方米	3156.99	10.0
商品房竣工面积	万平方米	360.21	-15.3
其中：住宅	万平方米	202.37	-24.8

五、国内贸易

全年社会消费品零售总额 5017.84 亿元，比上年增长 2.0%。其中，批发和零售业零售额 4448.14 亿元，增长 1.3%；住宿和餐饮业零售额 569.69 亿元，增长 7.7%。在社会消费品零售总额中，限额以上批发和零售业零售额 3055.66 亿元，下降 5.7%，占社会消费品零售总额 60.9%。

图9　2010-2015年社会消费品零售总额及增长速度

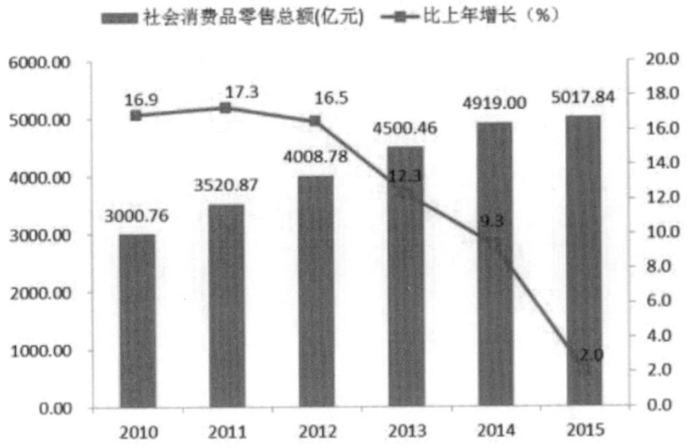

表10　2015年分区社会消费品零售总额

	绝对值（亿元）	比上年增长（%）
全市	5017.84	2.0
福田区	1533.38	0.8
罗湖区	1033.75	2.2
盐田区	61.90	8.0
南山区	670.90	1.2
新宝安区	721.69	2.5
光明新区	99.70	6.0
龙华新区	235.60	3.3
新龙岗区	549.56	3.0
坪山新区	59.34	2.4
大鹏新区	52.02	8.1

全年商品销售总额 23490.77 亿元，比上年增长 0.5%。其中批发销售总额 19042.69 亿元，增长 0.3%。全年限额以上批发零售业商品销售中，日用品类增长 18.8%，金银珠宝类增长 9.6%，食品饮料烟酒类增长 9.6%，服装鞋帽针织类增长 7.5%，汽车类下降 20.0%。

六、对外经济

全年外贸进出口总额 27516.58 亿元，比上年下降 8.2%。其中出口总额 16415.39 亿元，下降 6.0%，分别占全国和广东省出口总额的比重为 11.6% 和 41.1%；进口总额 11101.19 亿元，下降 11.1%。出口总额连续二十三年居内地城市首位。

图10　2010-2015年进出口总额及增长速度

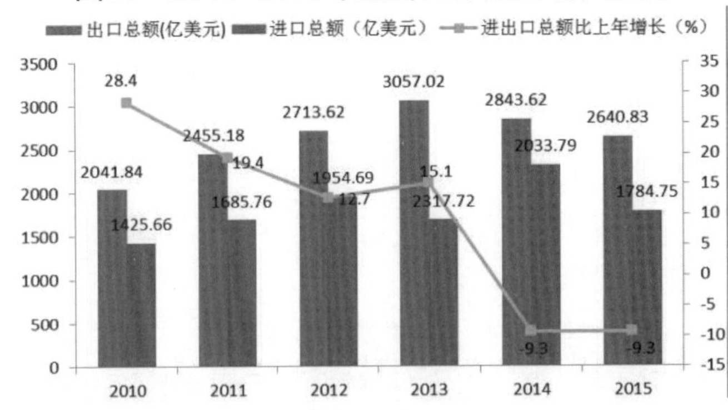

表11　2015年外贸进出口总额及增长速度

指标名称	金额（亿元）	比上年增长（%）
外贸进出口总额	27516.58	-8.2
外贸出口总额	16415.39	-6.0
总额中：国有企业	1619.75	0.8
民营、集体企业	6766.25	-5.7
"三资"企业	8029.39	-7.5
总额中：一般贸易	6554.46	7.9
"三来一补"贸易	144.68	-49.7
进料加工贸易	6383.24	-17.7
其他贸易	3333.01	-0.5
总额中：机电产品	13080.70	2.3
总额中：高新技术产品	8734.69	4.0
外贸进口总额	11101.19	-11.1
总额中：国有企业	579.49	-7.5
民营、集体企业	5067.81	-15.5
"三资"企业	5453.89	-7.1
总额中：一般贸易	4863.71	3.8
"三来一补"贸易	158.50	0.9
进料加工贸易	3680.58	-31.0
其他贸易	2398.39	3.4

表12　2015年对主要国家和地区进出口总额及增长速度

国家和地区	出口（亿元）	比上年增长（%）	进口（亿元）	比上年增长（%）
香港	7649.08	-13.1	88.19	-15.9
美国	2070.00	3.8	424.69	-9.6
日本	488.66	-3.9	916.81	-3.0
欧盟 28 国	1910.63	3.2	490.48	-5.0

全年新签外商直接投资合同项目 3359 项，比上年增长 34.9%；合同外资金额 255.95 亿美元，增长

134.9%；实际使用外商直接投资金额64.97亿美元，增长11.9%。

表13 2015年分行业外商直接投资及增长速度

行业	合同外资金额（万美元）	比上年增长（%）	实际使用金额（万美元）	比上年增长（%）
总计	2559531	134.9	649733	11.9
制造业	112047	25.7	81516	-26.8
电力、燃气及水的生产和供应业	924	-90.6	838	-93.5
建筑业	6149	1452.8	159	-67.8
交通运输、仓储和邮政业	36982	125.3	10398	66.8
信息传输、计算机服务和软件业	189865	320.7	30007	35.3
批发和零售业	286216	53.7	61490	-39.4
住宿和餐饮业	5842	1745.6	3901	40.8
金融业	1171149	131.5	71649	6.1
房地产业	286294	1557.0	225873	181.2
租赁和商务服务业	395064	151.1	136183	-1.6
科学研究、技术服务和地质勘查业	66585	11.4	25079	-28.1
水利、环境和公共设施管理业	920	215.1	0	0
居民服务和其它服务业	3643	538.0	84	13.5
文化、体育和娱乐业	-3825	-2167.6	2395	158.1

全年对外承包工程业务完成营业额179.48亿美元，比上年增长74.7%。

七、交通、邮电与旅游

全年货物运输总量32474.65万吨，比上年增长10.5%。货物运输周转量2253.06亿吨公里，下降5.6%。

表14 2015年各种运输方式完成货物运输量及增长速度

指标	单位	数量	比上年增长（%）
货运量	万吨	32474.65	10.5
铁路	万吨	66.52	-46.1
公路	万吨	24774.11	18.0
水运	万吨	7556.91	-7.8
民航	万吨	77.11	-0.6
货物周转量	亿吨公里	2253.06	-5.6

表15 2015年各种运输方式完成旅客运输量及增长速度

指标	单位	数量	比上年增长（%）
客运量	万人	16650.80	10.2
铁路	万人	5680.22	19.7
公路	万人	6574.27	3.2
水运	万人	465.93	1.2
民航	万人	3930.38	11.3
旅客周转量	亿人公里	955.30	18.6

全年港口货物吞吐量21706.38万吨，比上年下降2.8%。集装箱吞吐量2420.46万标箱，增长0.7%，其中，出口集装箱吞吐量1236.05万标箱，下降0.9%。全市年末拥有港口泊位数156个，其中万吨级泊位67个。

全年机场旅客吞吐量3972.16万人次，比上年增长9.5%。年末开通运营国内航线166条，国际航线21条，港澳台航线4条。

全年全市民用汽车拥有量314.70万辆，比上年增长1.1%，其中，私人小汽车拥有量254.78万辆，增长2.2%。

全年邮电业务总量（2010年价格）1040.96亿元，比上年增长30.4%。其中，邮政、快递业务量425.25亿元，增长43.0%；电信业务量615.71亿元，增长22.9%。全年订销报纸0.91亿份；收寄函件1.76亿份；特快专递120.69万件（邮政口径）。年末全市有邮政、电信局（所）782所。全市固定电话交换机总容量715万门，年末固定电话用户754.12万户。年末移动电话用户2621.47万户。互联网用户（含家庭视讯）671.46万户。

图11 2010-2015年年末电话用户数

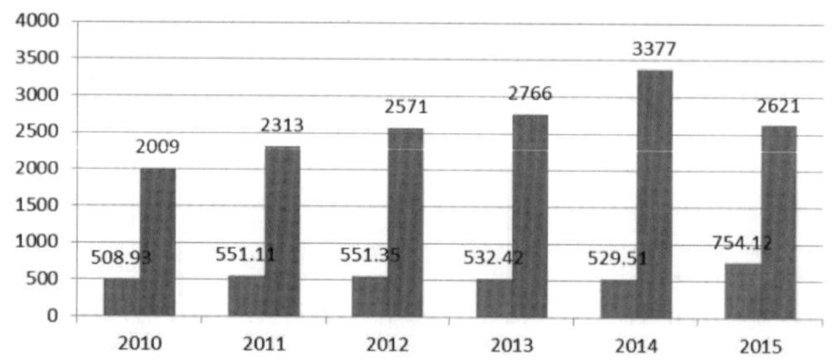

全年旅游住宿设施接待过夜游客5375.20万人次，比上年增长7.7%。其中海外游客1218.70万人次，增长3.1%；国内游客4156.50万人次，增长9.1%。在过夜海外游客中，外国游客164.65万人次，增长2.2%；港澳同胞1011.74万人次，增长3.3%；台湾同胞42.31万人次，增长1.5%。全年旅游外汇收入49.68亿美元，增长8.8%。宾馆、酒店、度假村开房率68.2%，比上年提高1.0个百分点。

全年经过一线口岸入出境人数2.39亿人次；入出境交通工具1550万辆（艘）次。

八、金融、证券和保险

年末全市国内金融机构人民币存款余额

51806.18 亿元，比上年增长 16.2%；国内金融机构人民币贷款余额 27129.99 亿元，增长 19.0%。

表16　2015年末国内金融机构人民币存贷款及增长速度

指标	金额（亿元）	比上年增长（%）
国内金融机构各项存款余额	51806.18	16.2
其中：住户存款	9429.42	5.7
非金融企业存款	16451.54	29.7
国内金融机构各项贷款余额	27129.99	19.0
其中：住户贷款	10832.66	37.4
非金融企业及机关团体贷款	15979.83	9.8

年末全部金融机构本外币各项存款余额 57778.90 亿元，比上年增长 15.6%；金融机构本外币各项贷款余额 32449.04 亿元，增长 15.4%。

年末深圳证券交易所上市公司 1746 家，比上年增加 128 家。上市股票 1784 只，增加 127 只，其中，A 股 1735 只，增加 129 只；B 股 49 只，减少 2 只。总发行股本 12779.28 亿股，增长 31.6%；总流通股本 9625.60 亿股，增长 30.5%。上市公司市价总值 236110.00 亿元，增长 83.6%。上市公司流通市值 163797.56 亿元，增长 72.2%。全年证券市场总成交金额 1361051.31 亿元，增长 206.1%。其中，A 股总成交金额 1223606.57 亿元，增长 234.1%；B 股总成交金额 1343.43 亿元，增长 157.0%。总成交股数 69337.80 亿股，增长 125.0%。

全年保险机构原保险保费收入 647.55 亿元，比上年增长 18.0%。其中，财产险 214.55 亿元，增长 3.7%；人身险 433.00 亿元，增长 26.7%。各项赔付支出 176.74 亿元，增长 13.5%。其中，财产险业务支出 104.53 亿元，增长 3.4%；人身险业务支出 72.21 亿元，增长 32.0%。

九、教育和科学技术

年末全市各级各类学校总数达 2196 所，比上年增加 102 所。毕业生 41.69 万人，招生数 52.71 万人，在校学生数 187.68 万人，分别增长 7.9%、-0.5% 和 7.0%。年末全市有幼儿园 1489 所，增加 87 所；在园幼儿 43.85 万人，增长 9.9%。有小学 334 所，增加 3 所；在校学生 86.48 万人，增长 9.0%。有普通中学 335 所，增加 10 所；在校学生 38.52 万人，增长 1.7%。学龄儿童入学率和小学毕业生升学率均保持在 100%。全年普通高等学校 12 所，招生 2.77 万人，下降 1.5%；毕业生 2.34 万人，增长 10.4%；在校学生 9.01 万人，增长 2.8%。

表17　2015年各类教育招生、在校生和毕业生人数及增长速度

指标	招生数		在校生		毕业生	
	万人	比上年增长（%）	万人	比上年增长（%）	万人	比上年增长（%）
普通高校	2.77	-1.5	9.01	2.8	2.34	10.4
成人高校	0.80	-11.3	2.39	-2.1	0.70	1.0
各类中等职业技术教育（不含技工学校）	1.37	0.5	3.81	3.5	1.14	19.0
普通高中	4.23	6.2	12.01	4.6	3.67	3.8
初中	9.30	2.3	26.51	0.5	8.18	6.4
小学	17.21	5.9	86.48	9.0	10.02	2.3

图12　2010-2015年各类教育在校生人数

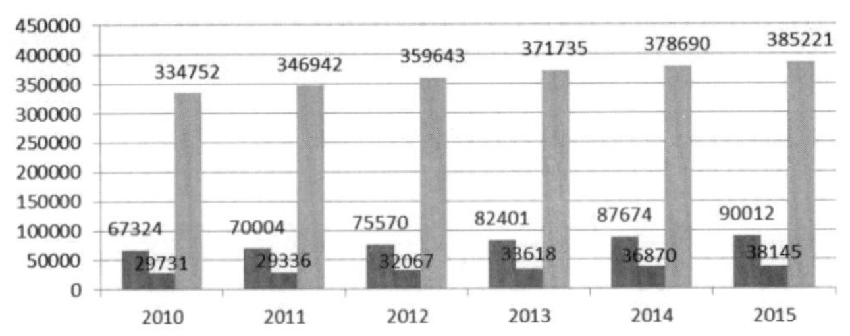

年末全市各类专业技术人员 135.30 万人，比上年增长 5.6%，其中具有中级技术职称及以上的专业技术人员 41.50 万人，增长 4.4%。年末国内专利申请量 105481 件，增长 28.2%。国内专利授权量 72120 件，增长 34.3%。

十、文化、卫生和体育

全市有各类公共图书馆 620 座，公共图书馆总藏量 3282.12 万册（件），比上年增长 7.1%。全市拥有博物馆、纪念馆 41 座，拥有广播电台 1 座，电视台 2 座，广播电视中心 3 座，有线广播电视站 20 座，广播、电视人口覆盖率达 100%。全年报纸出版印数 46726.00 万份。杂志 1578.00 万册。图书 1014.60 万册。

年末全市有卫生医疗机构 2946 个，比上年增加 414 个，其中医院 123 个，增加 1 个。卫生机构拥有床位 33771 张，增长 8.8%，其中医院病床 31425 张，增长 8.9%。全市有卫生技术人员 74884 人，增长 7.1%。全年各级各类医疗机构完成诊疗量 8900.57 万人次，增长 0.5%，其中处理急诊 708.19 万人次。入院人数

124.07 万人，增长 3.9%。病床使用率 84.0%。

全市市民体质综合评定达到《国民体质测定标准》合格以上人数比例（简称“综合达标率”）为 88.5%。其中，19-39 岁成年人达标率为 88.1%，40-59 岁成年人达标率为 88.8%。成年人达到优秀、良好和合格的比例分别为 9.0%、38.2% 和 40.9%。

十一、城市建设、环境和安全生产

全年基本建设投资中用于城市基础设施的投资 713.50 亿元，比上年增长 21.1%。全年全市用电量 815.54 亿千瓦时，增长 3.4%。其中城乡居民生活用电 124.89 亿千瓦时，增长 3.8%。全市自来水日供应能力 674 万立方米，全年供水总量 16.97 亿立方米。其中居民家庭用水量 5.95 亿立方米。全市自来水普及率达 99.99%。

全市年末公共交通营运线路总长度 20560.56 公里，增加 290.76 公里。年末实有公共汽车营运车辆 31716 辆，比上年增长 1.2%。其中，公共汽车 15120 辆，增长 0.3%；出租小汽车 16596 辆，增长 2.0%。全年公共汽车客运总量 24.60 亿人次，减少 8.7%。轨道交通线路长度 177 公里，轨道交通客运总量 11.22 亿人次，增长 8.2%。

全市建成区面积 900 平方公里。全市生活垃圾无害化处理率 100%。

全年亿元本地生产总值生产安全事故死亡人数为 0.0322 人，比上年减少 0.0013 人 / 亿元。

十二、人民生活和社会保障

根据居民家庭抽样调查资料显示，2015 年深圳居民人均可支配收入 44633.30 元，名义增长 9.0%，扣除价格因素影响，实际增长 6.7%。居民人均消费支出 32359.20 元，名义增长 12.2%，扣除价格因素影响，实际增长 9.8%。恩格尔系数为 32.0%。

年末全市有 954.34 万人参加了基本养老保险，974.69 万人参加了失业保险。

表18　2015年末全市参加各类保险人数

指标	参保人数（万人）
基本养老保险参保人数	954.34
基本医疗保险参保人数	1213.16
职工基本医疗保险参保人数	1039.12
失业保险参保人数	974.69
生育保险参保人数	1032.90
工伤保险参保人数	1032.49
其中：异地劳务工参保人数	895.24

年末社区服务设施 7198 个。年末居民最低生活保障线以下人数 6312 人，全年共发放最低生活保障金 4674 万元。

注：

1. 本公报所列 2015 年数据为初步统计数，统计图中 2010-2014 年数据为年报数。

2. 个别数据因四舍五入的原因，存在着与分项合计不等的情况。

3. 战略性新兴产业为深圳相关产业发展规划的口径，与国家、广东省及内地城市有所不同。

4. 地区生产总值及其产业增加值绝对数按现行价格计算，增长速度按可比价格计算。建筑业增加值及其增速为统计部门生产总值核算口径。

5. 公报中新宝安区不含光明、龙华新区，新龙岗区不含坪山、大鹏新区。

6. 公报中居民消费价格指数、工业生产者价格指数、居民收支数据来自国家统计局深圳调查队。根据国家统计局住户调查一体化改革部署，2014 年起深圳全面实施一体化住户调查，调查样本数据汇总产生新口径深圳居民人均可支配收入、人均消费支出等收支数据。

7. 建成区面积为预计数。

2015年珠海市国民经济和社会发展统计公报

2015年，面对世界经济形势放缓、国内经济下行压力加大的复杂形势，我市认真贯彻落实国家和省各项政策措施，紧扣稳中求进的主基调，坚持创新驱动、投资拉动、开放带动，加大改革攻坚力度，通过简政放权和优化服务，有效激发了市场活力和发展潜力。产业结构优化和转型升级取得新进展，经济质量和效益稳步提升。

一、综合

初步核算，2015年全市实现地区生产总值（GDP）2024.98亿元，同比增长10.0%。其中，第一产业增加值46.63亿元，增长3.0%，对GDP增长的贡献率为0.6%；第二产业增加值1006.01亿元，增长10.2%，对GDP增长的贡献率为54.8%；第三产业增加值972.34亿元，增长10.0%，对GDP增长的贡献率为44.6%。三次产业的比例为2.3 ∶ 49.7 ∶ 48.0。在服务业中，现代服务业增加值562.86亿元，增长10.1%，占GDP的27.8%。在第三产业中，批发和零售业增长6.3%，住宿和餐饮业增长9.1%，金融业增长14.8%，房地产业增长10.8%。民营经济增加值685.20亿元，增长7.8%，占GDP的33.8%。2015年，珠海市人均GDP达12.47万元，按平均汇率折算为2.0万美元，同比增长8.5%。

图1　2010-2015年地区生产总值及其增长速度

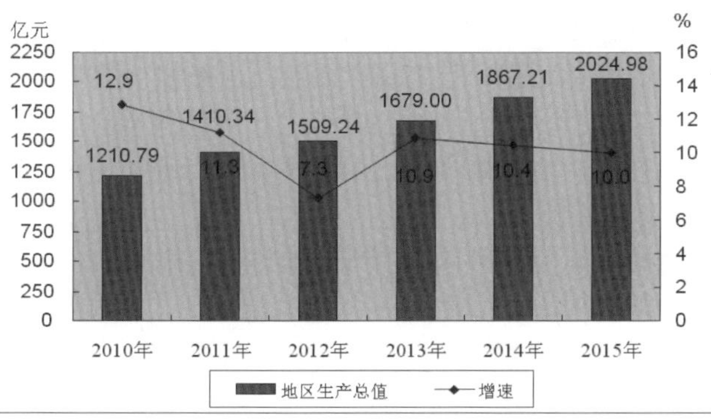

分区域看，香洲、金湾和斗门三个行政区分别实现地区生产总值1329.02亿元、420.10亿元和275.86亿元，分别增长9.3%、12.5%和9.1%。

全年居民消费价格总水平上涨1.7%。其中，食品、烟酒、衣着、家庭设备用品及维修服务、医疗保健和个人用品、娱乐教育文化用品及服务等六类价格分别上涨3.4%、1.7%、0.1%、2.2%、7.7%和2.4%；交通和通信、居住类的价格分别下降1.3%、1.7%。工业生产者出厂价格下降3.1%。

图2　2010-2015年居民消费价格涨跌幅度

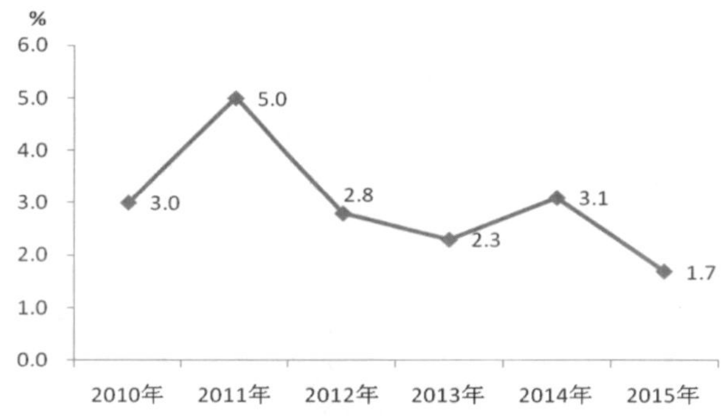

表1　2015年居民消费价格指数

单位：%

指　　标	价格指数（上年价格为100）	比上年涨跌幅度
居民消费价格	101.7	1.7
食品	103.4	3.4
其中：粮食	101.8	1.8
油脂	93.1	-6.9
肉禽及其制品	107.7	7.7
蛋	96.0	-4.0
水产品	105.1	5.1
菜	103.9	3.9
干鲜瓜果	97.4	-2.6
烟酒	101.7	1.7
衣着	100.1	0.1
家庭设备用品及维修服务	102.2	2.2
医疗保健和个人用品	107.7	7.7

（续上表）

指　　　标	价格指数（上年价格为100）	比上年涨跌幅度
交通和通信	98.7	-1.3
娱乐教育文化用品及服务	102.4	2.4
居住	98.3	-1.7
在总指数中：服务项目价格指数	103.2	3.2
消费品价格指数	101.1	1.1

全市一般公共预算收入 269.96 亿元，比上年增长 17.2%。其中，税收收入 210.65 亿元，增长 15.7%。在税收收入中，增值税 56.30 亿元，增长 14.4%；营业税 31.75 亿元，增长 16.6%；房产税 8.90 亿元，增长 13.5%；企业所得税 31.48 亿元，增长 15.9%。

全年一般公共预算支出 388.77 亿元，增长 39.2%。其中，教育支出 52.88 亿元，增长 7.7%；科学技术支出 28.63 亿元，增长 128.7%；文化体育和传媒支出 7.31 亿元，增长 39.9%；社会保障和就业支出 29.20 亿元，增长 31.7%；医疗卫生支出 18.11 亿元，增长 16.5%；节能环保支出 5.62 亿元，减少 23.4%；教育、科学技术、文化体育和传媒、医疗卫生、社会保障和就业、节能环保、城乡社区事务、农林水事务、住房保障等九项民生支出合共 225.11 亿元，同比增长 24.5%，占全市一般公共预算支出的 57.9%。

经济社会发展中存在的主要问题：实体经济结构性的困难逐步显现，消费市场缺乏新亮点，外需市场持续萎缩。

二、农业

全年完成农林牧渔业总产值 87.98 亿元，增长 2.2%。其中农业产值 14.14 亿元，增长 11.2%；林业产值 0.20 亿元，增长 3.1%；牧业产值 11.69 亿元，下降 13.4%；渔业产值 53.83 亿元，增长 3.6%；农林牧渔服务业产值 8.12 亿元，增长 4.0%。

全年农作物播种面积 26.48 万亩，比上年增加 2.41 万亩。其中，粮食作物播种面积 10.56 万亩，比上年减少 0.16 万亩；甘蔗种植面积 0.11 万亩，比上年调减 231 亩；油料种植面积 0.46 万亩，比上年减少 261 亩；蔬菜种植面积 11.44 万亩，比上年减少 170 亩。水产养殖面积 40.89 万亩，比上年增加 0.95 万亩。

全年粮食总产量 4.16 万吨，减产 2.3%；甘蔗产量 0.57 万吨，减产 23.6%；油料产量 0.12 万吨，增产 32.4%；蔬菜产量 15.79 万吨，减产 3.4%；水果产量 7.84 万吨，增产 7.4%。

全年肉类总产量 4.70 万吨，下降 11.6%。其中猪肉产量 3.97 万吨，下降 12.5%；禽肉产量 0.73 吨，增长 0.5%。生猪饲养量 88.89 万头，下降 14.3%。其中生猪存栏 37.45 万头，下降 9.5%，生猪出栏 51.44 万头，下降 17.5%。全年水产品产量 29.16 万吨，增长 3.6%。其中海洋捕捞 1.09 万吨，与上年持平；海水养殖 6.07 万吨，增长 89.5%；淡水捕捞 0.18 万吨，增长 1.1%；淡水养殖 21.81 万吨，下降 7.9%。

图3　2010-2015年粮食产量及其增长速度

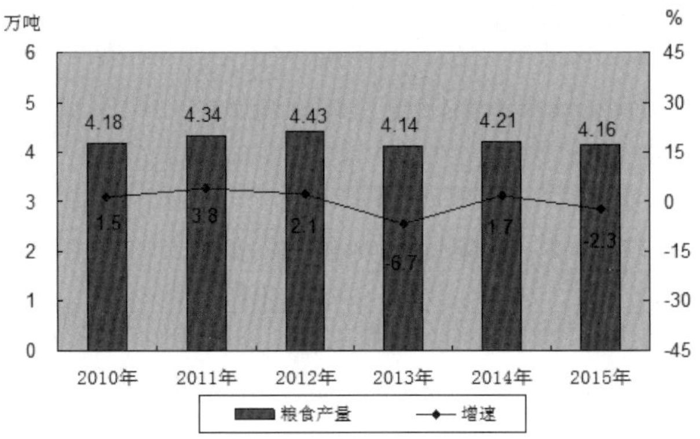

三、工业和建筑业

全市工业增加值比上年增长 9.3%。规模以上工业增加值增长 9.6%。其中，国有及国有控股企业增长 16.8%，民营企业增长 5.2%；港澳台及外商投资企业增长 4.2%，股份制企业增长 15.5%，集体企业下降 10.0%。分轻重工业看，轻工业下降 1.0%，重工业增长 17.3%，规模以上轻重工业比例由上年的 42.2 ∶ 57.8 调整为 37.7 ∶ 62.3。在规模以上工业增加值中，大中型企业增长 10.2%。分地区看，香洲区、金湾区和斗门区规模以上工业增加值分别增长 9.3%、16.5% 和 3.6%。

六大工业支柱行业增加值比上年增长 9.6%。其中，电子信息、生物医药、家电电气、电力能源、石油化工和精密机械制造分别同比增长 20.5%、15.7%、0.7%、12.9%、2.8% 和 14.9%。

图4 2010-2015年工业增加值及其增长速度

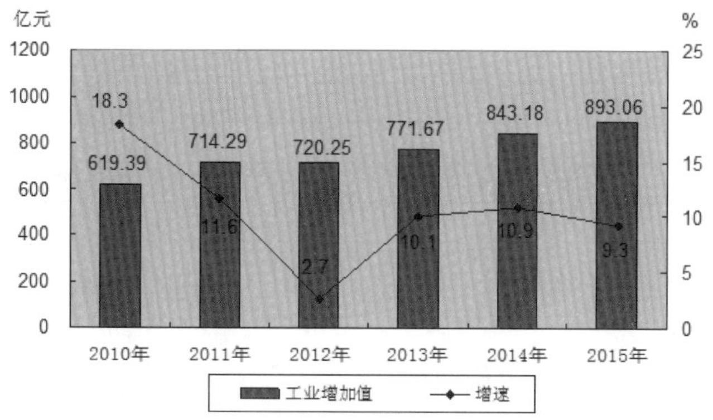

高技术制造业增加值增长18.6%，其中医药制造业增长15.7%，航空、航天器及设备制造业增长17.6%，电子及通信设备制造业增长14.6%，计算机及办公设备制造业增长35.1%，医疗仪器设备及仪器仪表制造业增长9.8%，信息化学品制造业下降15.8%。

先进制造业增加值增长20.5%，其中，装备制造业增加值增长17.3%，钢铁冶炼及加工业下降17.6%，石油及化学行业增长40.8%。

传统优势产业增加值增长3.1%，其中纺织服装业下降5.5%，食品饮料业增长23.7%，家具制造业下降6.1%，建筑材料业增长5.1%，金属制品业增长19.3%，家用电力器具制造业下降0.7%。

六大高耗能行业增加值增长0.7%，其中，非金属矿物制品业增长0.4%，黑色金属冶炼及压延加工业下降18.0%，有色金属冶炼及压延加工业下降26.7%，电力、热力生产和供应业增长12.7%，石油加工、炼焦和核燃料加工业增长18.8%，化学原料和化学制品制造业下降2.8%。

全市规模以上企业实现工业总产值4003.04亿元，比上年增长10.9%。在规模以上工业企业中，集体企业产值3.84亿元，下降13.6%；股份制企业产值1775.79亿元，增长13.0%；港澳台及外商投资企业产值2223.16亿元，增长9.4%，占规模以上工业总产值的55.5%。轻工业产值1512.45亿元，下降1.7%；重工业产值2490.59亿元，增长19.0%。规模以上轻、重工业产值的比例由上年的39.4 ∶ 60.6调整为37.8 ∶ 62.2。

在规模以上工业企业生产的102种产品中，产量比上年增加的有45种，其中增幅较大的有：发动机、电工仪器仪表、电饭锅、液压元件、合成洗涤剂、不锈钢日用制品、移动通信手持机（手机）、合成纤维单体，分别比上年增长143.2%、61.1%、59.5%、55.3%、50.3%、48.1%、47.0%、42.2%；产量比上年减少的有48种，其中减幅较大的有：精制食用植物油、眼镜成镜、夹层玻璃、传感器、打印机、家用电热烘烤器具，分别比上年下降95.7%、82.7%、62.6%、59.3%、53.3%、51.7%。

表2 2015年主要工业产品产量及其增长速度

产品名称	单 位	产 量	比上年增长（%）
饲料	万吨	42.63	7.8
啤酒	万升	23067.60	-3.8
软饮料	万吨	47.64	8.2
服装	万件	7548.30	-28.4
家具	万件	48.91	13.8
机制纸及纸板(外购原纸加工除外)	万吨	47.96	-1.7
初级形态的塑料	万吨	9.67	-0.5
合成纤维单体	万吨	160.16	42.2
合成纤维聚合物	万吨	7.53	-10.6
化学药品原药	吨	1020	20.4
化学纤维	万吨	8.72	12.1
塑料制品	万吨	16.62	0.9
水泥	万吨	93.03	-8.5
钢材	万吨	245.91	1.7
照相机	万台	609.64	-13.1
模具	套	6938	7.5
通信及电子网络用电缆	万对千米	34.51	-1.7
锂离子电池	万只(自然只)	20740.62	19.4
房间空气调节器	万台	1706.72	-6.3
程控交换机	万线	59.51	-15.7
电话单机	万部	700.80	-15.8
移动通信手持机(手机)	万台	2489.75	47.0
彩色电视机	万台	191.73	-5.7
集成电路	亿块	2.36	-5.6
表	万只	184.36	4.6
发电量	亿千瓦小时	193.66	20.9

规模以上工业企业总资产贡献率8.5%，资本保值增值率110.1%，资产负债率65.3%，流动资产周转次数1.27次，成本费用利润率7.3%，产品销售率93.5%。实现利润总额272.84亿元，下降1.1%。其中，盈利企业实现盈利315.69亿元，下降1.4%；亏损企业248家，亏损面25.1%，亏损额合计42.80亿元，下降2.9%。

表3　2015年规模以上工业企业实现利润及其增长速度

指　　标	利润总额（亿元）	比上年同期增长（%）
全市规模以上工业	272.84	-1.1
总计中：国有及国有控股企业	180.72	5.1
总计中：集体企业	-0.12	-227.5
股份制企业	204.41	7.5
外商及港澳台投资企业	68.56	-19.9
总计中：民营企业	54.23	9.9

年末全市拥有资质等级以上独立核算总承包和专业承包建筑业企业 390 家，比上年增长 4.8%；实现建筑业增加值 119.95 亿元，按可比价格计算比上年增长 19.1%。

四、固定资产投资

全年完成固定资产投资 1305.14 亿元，比上年增长 15.0%。其中，房地产开发投资 524.12 亿元，增长 35.0%。分投资主体看，国有经济投资 459.98 亿元，增长 7.4%；非国有经济投资 845.16 亿元，增长 19.6%。其中民营经济投资 481.55 亿元，增长 22%；港澳台、外商经济投资 185.57 亿元，增长 27.1%。分产业看，第二产业投资 258.69 亿元，下降 6.3%，其中工业投资 258.69 亿元，下降 6.3%，工业投资中的制造业投资 219.61 亿元，增长 75.2%；第三产业投资 1044.81 亿元，增长 21.9%。全年在建项目 826 个，增长 11.8%；新开工项目 452 个，增长 0.9%。

图5　2010-2015年固定资产投资及其增长速度

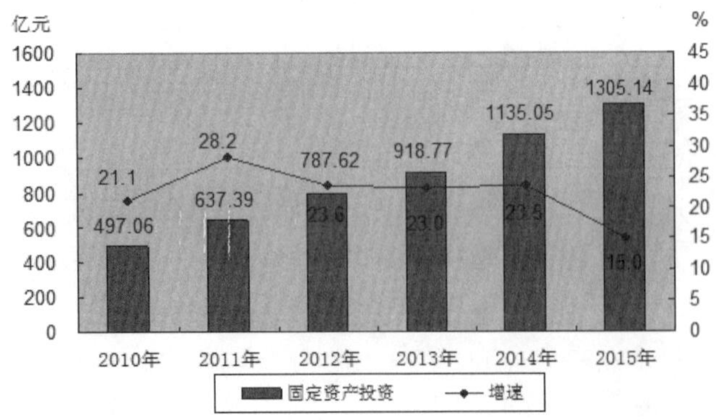

表4　2015年分行业固定资产投资及其增长速度

行　业	投资额（亿元）	比上年增长（%）
总　计	1305.14	15.0
农、林、牧、渔业	1.72	2.3
采矿业	10.84	-90.2
制造业	219.61	75.2
电力、燃气及水的生产和供应业	28.24	-29.5
建筑业	0	-100.0
交通运输、仓储和邮政业	205.67	24.0
信息传输、软件和信息技术服务业	6.95	136.8
批发和零售业	13.60	108.2
住宿和餐饮业	18.69	-42.5
金融业	0.09	-46.3
房地产业	563.05	39.4
租赁和商务服务业	10.23	-80.1
科学研究和技术服务业	6.10	534.4
水利、环境和公共设施管理业	168.20	6.2
居民服务、修理和其他服务业	0.15	-1.6
教育	9.61	-38.3
卫生和社会工作	7.92	78.4
文化、体育和娱乐业	26.90	113.4
公共管理、社会保障和社会组织	7.57	371.4

全年房地产开发投资 524.12 亿元，比上年增长 35.0%。在房地产开发投资中，商品房住宅投资 385.37 亿元，增长 43.6%。其中，90 平方米及以下住宅投资 130.29 亿元，增长 115.8%；90~144 平方米住宅投资 150.47 亿元，下降 2.7%；144 平方米及以上住宅投资 104.61 亿元，增长 96.3%；别墅、高档公寓投资 29.32 亿元，增长 109.1%。办公楼投资 41.20 亿元，下降 6.4%；商业营业用房投资 47.88 亿元，增长 20.0%。全年商品房施工面积 2245.42 万平方米，增加 9.2%，其中商品住宅 1469.21 万平方米，增加 4.8%。商品房竣工面积 196.39 万平方米，增加 18.2%，其中住宅 156.79 万平方米，增加 22.0%。商品房销售面积 417.69 万平方米，增长 24.3%，其中住宅 385.80 万平方米，增长 31.7%。年末商品房待售面积 173.85 万平方米，减少 1.6%，其中住宅 98.44 万平方米，减少 14.3%。

表5　2015年房地产开发和销售主要指标完成情况

指标	单位	绝对数	比上年增长（%）
房地产开发投资	亿元	524.12	35.0
其中：土地购置费	亿元	154.14	21.2
其中：住宅	亿元	385.37	43.6
其中：90平方米及以下	亿元	130.29	115.8
90~144平方米	亿元	150.47	-2.7
144平方米及以上	亿元	104.61	96.3
房屋施工面积	万平方米	2245.42	9.2
其中：住宅	万平方米	1469.21	4.8
房屋新开工面积	万平方米	425.75	-24.5
其中：住宅	万平方米	264.89	-28.9
房屋竣工面积	万平方米	196.39	18.2
其中：住宅	万平方米	156.79	22.0
商品房销售面积	万平方米	417.69	24.3
其中：住宅	万平方米	385.80	31.7
本年资金来源小计	亿元	1576.75	33.5
其中：国内贷款	亿元	430.65	20.4
个人按揭贷款	亿元	121.56	1.7
本年购置土地面积	万平方米	41.93	-45.5
待售面积	万平方米	173.85	-1.6
其中：住宅	万平方米	98.44	-14.3

五、国内贸易

全年社会消费品零售总额913.20亿元，比上年增长12.0%。其中，批发业零售额198.56亿元，增长11.5%；零售业零售额610.82亿元，增长11.3%；住宿餐饮业零售额103.82亿元，增长16.6%。

限额以上批发和零售业商品零售额中，石油及制品类零售额53.55亿元，下降10.2%；汽车类零售额130.71亿元，增长25.7%；粮油食品饮料烟酒类零售额54.76亿元，增长9%；服装鞋帽针纺织品类零售额23.52亿元，增长24.5%；化妆品类零售额1.09亿元，下降5.8%；金银珠宝类零售额0.96亿元，增长81.2%；日用品类零售额10.51亿元，增长42.3%；体育、娱乐用品类零售额0.59亿元，增长18.3%；电子出版物及音像制品类零售额0.08亿元，下降29.4%；书报杂志类零售额1.12亿元，增速持平；家用电器和音像器材类零售额14.26亿元，下降6.3%；中西药品类零售额4.76亿元，增长11.3%；文化办公用品类零售额4.42亿元，下降5.4%；通讯器材类零售额5.02亿元，增长31.8%；建筑及装潢材料类零售额12.66亿元，增长29.7%。

图6　2010–2015年社会消费品零售总额及其增长速度

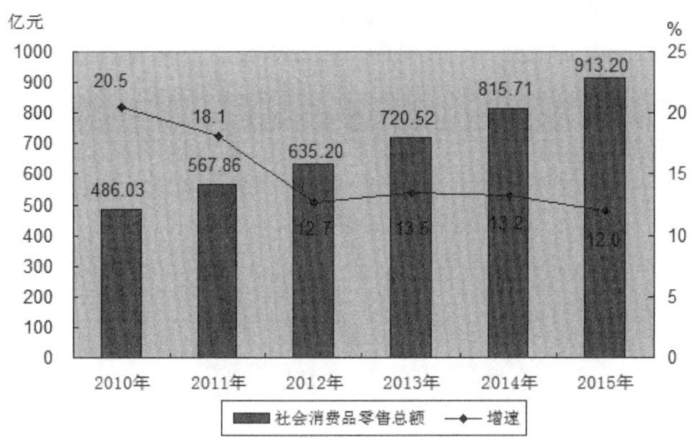

六、对外经济

全年完成外贸进出口总额2960.53亿元，下降12.3%。其中，出口1793.28亿元，增长0.6%；进口1167.25亿元，下降26.7%。进出口差额（出口减进口）626.03亿元，比上年增加437.33亿元。

表6　2015年进出口总额及其增长速度

指　标	绝对数（亿元）	比上年增长（%）
进出口总额	2960.53	-12.3
出口额	1793.28	0.6
其中：一般贸易	909.47	7.0
加工贸易	832.04	-2.2
其中：机电产品	1280.57	4.3
高新技术产品	410.78	1. 8
其中：国有企业	160.79	4.5
外商投资企业	933.04	-3.6
其他企业	699.45	5.9
进口额	1167.25	-26.7
其中：一般贸易	561.88	-41.2
加工贸易	311.53	0.0
其中：机电产品	582.90	6.5
高新技术产品	423.84	13.7
其中：国有企业	355.47	-50.4
外商投资企业	563.75	3.3
其他企业	248.03	-25.0

表7　2015年对主要国家和地区进出口额及增速

国家和地区	出口额（亿元）	比上年增长(%)	进口额（亿元）	比上年增长(%)
美国	503.07	49.7	72.55	-4.8
中国香港地区	319.95	-17.5	7.65	-31.3
欧洲联盟	321.63	28.7	68.57	-1.3
日本	77.47	-24.1	86.26	-3.3
东盟	141.40	-30.9	162.15	2.6
韩国	20.52	-45.0	73.49	1.1
俄罗斯	11.75	-46.7	2.89	-27.7

全年设立外商投资企业651个，比上年增长97.3%。合同外资36.15亿美元，增长20.7%；实际吸收外资21.78亿美元，增长12.8%。实际吸收外资中，建筑业占30.4%，制造业占29.0%，房地产业占18.7%，批发和零售业占6.9%，居民服务和其他服务业占5.7%。

全年对外投资新增协议中方投资额16.14亿美元，对外劳务合作新签劳务人员合同工资总额2.59亿美元，劳务人员实际收入总额2.59亿美元，劳务合作年末在外人员共2.97万人。

表8　2015年分行业外商直接投资及其增长速度

行业名称	设立企业数（个）	比上年增长(%)	合同外资金额（万美元	比上年增长(%)	实际吸收外资金额（万美元）	比上年增长(%)
总　计	651	97.3	361472	20.7	217789	12.8
农、林、牧、渔业	5	0.0	1042	-80.6	37	—
制造业	56	47.4	116303	20.6	63177	1.1
建筑业	11	120.0	3472	-31.2	66298	1441.8
交通运输、仓储和邮政业	10	42.9	7362	243.4	1604	-54.4
信息传输、计算机服务和软件业	52	246.7	5005	555.1	191	-67.5
批发和零售业	220	74.6	27019	-40.7	15022	-70.0
住宿和餐饮业	21	162.5	2511	991.7	472	-59.5
金融业	18	80.0	40726	24.3	8788	489.0
房地产业	28	100.0	84079	7.7	40796	-19.9
租赁和商务服务业	158	129.0	48722	159.6	8754	136.7
科学研究、技术服务和地质勘查业	54	134.8	16620	246.2	141	-80.2
居民服务和其他服务业	8	0.0	6197	2007.8	12509	119.3
教育	2	—	212	-1.9	0	—
卫生、社会保障和社会福利业	2	—	1394	—	0	—
文化、体育和娱乐业	6	200.0	808	-69.5	0	—

七、交通、邮电和旅游

全年交通运输、仓储和邮政业实现增加值39.05亿元，比上年增长6.4%。

全年规模以上港口完成货物吞吐量11208.8万吨，增长4.7%，其中外贸货物吞吐量2075.2万吨，下降3.0%；内贸货物吞吐量9133.6万吨，增长6.7%。港口集装箱吞吐量133.77万标准箱，增长13.7%。

截至2015年底，全市共有生产性泊位147个，非生产性泊位5个，万吨级以上生产性泊位27个，设计年通过能力1.52亿吨，集装箱吞吐能力188万标准箱；干散货泊位25个，年吞吐能力8113万吨；油、气、化工品液体散货泊位40个，年吞吐能力4486万吨；多用途泊位23个，年货物吞吐能力796万吨，集装箱102万标准箱；集装箱专用泊位4个，年吞吐能力86万标准箱；件杂货泊位16个，年吞吐能力377万吨；客运及陆岛交通泊位39个，年周转（吞吐）能力旅客946万人，货物2万吨。

表9　2015年各种运输方式完成货物运输量及其增长速度

指　　标	单　位	绝对数	比上年增长（%）
货物运输总量	万吨	11925.6	7.1
铁路	万吨	298.0	-2.5
公路	万吨	9917.8	7.5
水路	万吨	1708.5	6.5
航空	万吨	1.2	3.8
货物运输周转量	亿吨公里	172.81	8.4
铁路	亿吨公里	5.6	-2.2
公路	亿吨公里	55.9	11.1
水路	亿吨公里	111.11	7.6
航空	亿吨公里	0.20	0.1

表10　2015年各种运输方式完成旅客运输量及其增长速度

指　　标	单　位	绝对数	比上年增长（%）
旅客运输总量	万人	5460.9	7.4
铁路	万人	1276.5	5.9
公路	万人	3348.1	7.9
水路	万人	668.8	7.7
航空	万人	167.5	6.2
旅客运输周转量	亿人公里	101.03	8.8
铁路	亿人公里	5.24	7.4
公路	亿人公里	66.59	9.4
水路	亿人公里	2.59	8.7
航空	亿人公里	26.61	7.6

全年完成邮电业务总量91.4亿元（2010年不变价，下同），增长26.7%。其中，邮政业务总量15.02亿元，增长32.8%；通信业务总量76.39亿元，增长25.6%。年末固定电话用户达到65.88万户；年末移动电话用户381万户；年末（固定）互联网宽带接入用户83.92万户，增长11.9%。

年末公路通车里程1446.71公里，其中高速公路通车里程124.70公里。年末全市民用机动车保有量达45.6万辆，增长16.5%。其中，私人汽车35.1万辆，增长20.6%。民用轿车保有量25.8万辆，增长19.8%。其中，私人轿车23.8万辆，增长20.2%。

全年接待入境旅游人数471.13万人次，增长2.3%。其中，外国人60.01万人次，下降12.1%；香港、澳门和台湾同胞411.13万人次，增长4.8%。在入境旅游人数中，过夜游客307.93万人次，增长5.3%。国际旅游外汇收入9.62亿美元，增长3.7%。接待国内游客3121.47万人次，增长8.0%。其中过夜游客1615.84万人次，增长6.6%。国内旅游收入217.90亿元，增长6.5%。酒店平均开房率63.5%，比上年高2.3个百分点。全年各主要旅游景点共接待游客2003.61万人次，增长22.5%，营业收入172.43亿元，比上年增长11.2%。旅行社组团国内游94.69万人次，增长2.3%；出境游40.97万人次，增长6.3%。实现旅游总收入277.32亿元，增长5.9%。

八、金融、证券和保险

年末全市中外资银行业金融机构本外币各项存款余额5383.73亿元，比年初增长10.0%。其中，非金融企业存款余额2581.31亿元，增长24.1%；广义政府存款余额851.72亿元，下降5.3%；非银行业金融机构存款余额343.25亿元，增长114.5%；住户存款余额1322.97亿元，增长2.7%。年末中外资银行业金融机构本外币各项贷款余额2969.70亿元，比年初增长22.4%。其中，短期贷款余额818.13亿元，增长11.6%；中长期贷款余额1817.76亿元，增长19.0%。银行业金融机构本年利润（税后）69.85亿元，同比下降7.6%。年末银行业金融机构不良贷款的比例为1.35%。

表11　2015年全市中外资银行业金融机构本外币存贷款及其增长速度

单位：亿元

指　　标	年末数	比年初增长（%）
各项存款余额	5383.73	10.0
其中：非金融企业存款	2581.31	24.1
广义政府存款	851.72	-5.3
非银行业金融机构存款	343.25	114.5
住户存款	1322.97	2.7
各项贷款余额	2969.70	22.4
其中：短期贷款	818.13	11.6
中长期贷款	1817.76	19.0
其中：中资机构人民币	2828.35	23.4

截至2015年末，我市共有上市公司33家，比上年末增加1家，市价总值3955.48亿元，比上年末增长57.7%。上市公司通过证券市场筹集资金164.66亿元，同比增长218.3%。在深沪两市上市的企业25家，较2014年新增1家。在境外上市的企业共8家，与上年持平。其中，香港上市企业5家，美国上市企

业1家，加拿大上市企业1家，澳大利亚上市企业1家。基金管理公司3家，在我市注册设立的证券期货经营营业部有43家，其中分属于3家期货公司的期货营业部3家，分属于24家全国性证券公司的证券营业部40家。2015年，我市的证券经营机构实现股票、基金、权证、债券成交总额25220.16亿元，比上年增长173.4%；其中，股票成交总额21615.43亿元，增长245.6%；证券营业部手续费收入15.40亿元，增长162.8%。股东开户数（含机构投资户）67.48万户，增长26.6%。期货公司3家，全年代理交易额累计1879.99亿元，下降41.0%；手续费收入937.79亿元，增长7.3%；全市证券期货行业实现地方税收总额1.45亿元，增长217.1%。

全市共有各类保险营业机构（含网点）123个，比上年减少4个。全年实现保费收入78.61亿元，同比增加8.3%。其中，寿险公司保费收入53.38亿元，增长9.0%；财产保险公司保费收入25.23亿元，增长6.8%。保险深度（保费收入占GDP比重）3.86%。全年共赔（给）付金额25.01亿元，增长24.4%。其中，寿险公司赔（给）付支出11.55亿元，增长22.5%，财产保险公司赔款支出13.46亿元，增长26.1%。

九、教育和科学技术

截至2015年底，全市共有各级各类普通学校（包括幼儿园、所）492所，比上年增加30所，招生13.48万人，比上年增长7.3%，在校生46.52万人，比上年增长2.0%；毕业生10.37万人，增长5.2%。小学、初中、普通高中的专任教师学历达标率为100%、99.89%、99.53%。各级财政安排12年免费义务教育补贴资金3.66亿元，惠及全市195间学校的23.5万名学生。

全市普通高等学校全日制在校生13.3万人，毕业生3.42万人，分别增长0.76%和14%，当年新招生3.86万人。各类中等职业学校招生0.76万人、在校生2.13万人，分别下降2.6%和2.3%，毕业生0.73万人，比上年增加0.03万人。普通中学（含初中和高中）招生2.91万人，下降0.3%；在校生8.76万人、毕业生3.06万人，分别下降3.2%和1.9%。小学招生2.8万人、与上年持平；在校生14.88增长5.8%，毕业生1.95万人，比上年下降1.5%。特殊教育学校招生56人，在校生400人；学前教育在园幼儿6.67万人。全市学龄儿童净入学率99.87%、小学毕业生升学率97.4%，初中毕业生升学率96.71%。全市普通高考考生9738人，总上线人数8998人，被高校录取的人数8535人，高考上线率和录取率分别达92.4%和87.7%。

2015年，我市有1个项目获国家科技进步二等奖，9个项目获广东省科学技术奖，2个项目通过省级科技成果鉴定。全年科技成果45项，其中，应用技术成果45项。全年申请专利11334件，增长26.0%。其中，发明专利4420件，增长39.3%。专利授权量6790件，增长8.5%，其中发明专利授权量1240件，增长104.0%。年末发明专利拥有量3667件，增长50.0%。《专利合作条约》(PCT)国际专利申请量150件，下降22.3%。全年经各级科技行政部门登记技术合同531项；技术合同成交额16.34亿元。截止年底，按公示情况，全市国家高新技术企业410家，新增64家，高新技术产品产值2200亿元，增长10%。经认定和年审通过的软件企业201家，新增30家。全市共有公共技术服务平台35个，国家重点实验室1个，孵化器面积88万平方米。拥有国家级工程技术研究开发中心4家，省级101家，市级62家。已建立国家级企业技术中心3个、省级50个、市级重点企业技术中心178个。拥有广东省战略性新兴产业基地5家。全市共有国家产品质量监督检验中心2个，法定产品质量监督检验机构1个，法定质量计量综合检测机构1个，法定计量检定机构2个，标准化技术机构1个，特种设备综合检验机构1个。截至2015年底获得实验室资质认定审查认可授权（验收）证书机构39家，获得体系认证证书3143张，获得强制性产品认证企业208家3273张证书。

截至年底，全市拥有省级以上“名牌名标”182个，同比增加10个。其中，名牌产品83个，包括：中国世界名牌产品1个，广东省名牌产品82个；拥有中国驰名商标11件，广东省著名商标88件。

十、文化、卫生和体育

年末全市共有各类专业艺术表演团2个，群众艺术馆、文化馆4个，县级及以上公共图书馆4个，博物馆、纪念馆6个，美术馆1个，电影院21家，文化站24个。广播电视台2座，广播综合人口覆盖率和电视综合人口覆盖率均达100%。有线电视用户65.99万户，其中有线数字电视用户50.87万户，分别比上年末下降10.3%和30.9%。全年出版报纸16.05万份（日发行量），各类期刊105万册。公共图书馆藏书量329万册（其中图书158万册，电子图书171万册）。文艺作品创作获省级奖项4个。建成“农家（社区）书屋”283个，每万人公共文化设施面积

1350 平方米。

年末全市共有卫生机构692家，比上年增加19家，其中医院42家、卫生院12家，专科疾病防治机构2家，村卫生室（含农村卫生服务中心）151 个，1 所疾病预防控制中心，3 所卫生监督所。全市实有床位 8558 张，增长7.1%。卫生计生机构拥有在岗职工17524人，增长5.3%。其中执业（助理）医师共5442 人，注册护士6270人，疾病预防控制中心卫生技术人员145人，卫生监督员 57 名。法定传染病报告：全年全市无甲类传染病报告；报告乙类传染病 16 种 5956 例，发病率 373.28/10 万，死亡 22 例；报告丙类传染病 8 种 25644 例，发病率 1607.17/10 万，无报告死亡病例。农村自来水普及率 100%。

成功举办 2015 环中国国际公路自行车赛（珠海站），本次比赛共有在国际自行车联盟（UCI）注册的、来自于世界各地的 22 支职业自行车队参赛，包括 8 支欧洲车队、4 支亚洲车队、2 支美洲车队、2 支大洋洲车队、1 支中华台北车队、1 支中国香港车队，以及 4 支中国大陆本土车队，涉及 17 个国家和地区，参赛总人数达 220 人。

全市体育健儿在国内外重大比赛中，获得世界比赛金牌 4 枚，亚洲比赛金牌 2 枚、银牌 1 枚、铜牌 1 枚，全国比赛金牌 9 枚、银牌 6 枚、铜牌 7 枚，省比赛金牌 7 枚、银牌 8 枚、铜牌 12 枚。

十一、人民生活、社会保障与安全生产

全年珠海全体居民人均可支配收入 36157.9 元，比上年增长 8.8%；扣除价格因素，实际增长 7.0%。其中，全年城镇常住居民人均可支配收入 38322.0 元，比上年增长 8.6%；扣除价格因素，实际增长 6.8%。城镇常住居民人均消费性支出 28741.5 元，增长 7.9%；其中教育文化娱乐服务所占比重为 14.1%。城镇常住居民现有住房建筑面积人均 30.11 平方米。全年农村常住居民人均可支配收入 20510.2 元，比上年增长 11.5%；扣除价格因素，实际增长 9.6%。农村常住居民人均消费性支出 16045.9 元，增长 12.2%；其中教育文化娱乐服务所占比重为 10.0%。农村常住居民现有住房建筑面积人均 42.05 平方米。

全市纳入劳动用工管理的用人单位 50588 个。全年城镇新增就业人数 47585 人，12809 名城镇失业人员实现再就业，就业困难人员实现就业 2576 人，农村劳动力转移就业 2184 人。年末城镇实有登记失业人员 1.1 万人，城镇登记失业率 2.26%，与去年持平。

年末全市参加城镇职工基本养老保险（含离退休）111.97 万人，比上年末增长 2.0%。参加城镇职工基本医疗保险 110.50 万人，增长 0.4%。其中参加城镇职工基本医疗保险的农民工 55.27 万人，增长 4.7%。参加城乡（镇）居民基本医疗保险 47.76 万人，增长 5.3%。参加工伤保险 90.87 万人，增长 0.5%。参加生育保险 90.28 万人，增长 0.6%。参加失业保险 89.59 万人，增长 0.4%。

表12　2015年末全市参加各类保险人数及其增长速度

指　　标	参保人数（万人）	比上年末增长（%）
参加城镇职工基本养老保险（含离退休）	111.97	1.96
其中：参保职工	100.67	0.28
参保离退休人员	11.30	19.95
参加城乡（镇）基本医疗保险	158.26	1.83
其中：城镇职工基本医疗保险	110.50	0.40
城乡（镇）居民基本医疗保险	47.76	5.31
参加城镇基本医疗保险的农民工	55.27	4.74
参加失业保险	89.59	0.39
参加工伤保险	90.87	0.53
其中：参保农民工	51.52	0.61
参加生育保险	90.28	0.63

截至年底，全市参加社会保险达 535.08 万人次，同比增长 0.8%。全年社会保险基金收入 142.15 亿元，同比增长 29.2%；年末社会保险基金累计结余 399.12 亿元，同比增长 19.6%。2015 年度全市离退休人员月人均基本养老金增加 238 元，全年人均基本养老金达 2754 元 / 月；失业金标准达 1320 元 / 月，同比增长 19.6%。年末领取失业保险金人数为 4735 人，同比增长 54.1%。

各类提供住宿的社会服务机构床位 3446 张（含养老机构、救助机构床位和社会福利中心），救助流浪乞讨人员 2986 人。各种社区服务设施 6012 个，综合性社区服务中心（站）291 个。全年医疗救助 34320 人次，比上年增加 61.7%。民政部门资助参保的人数达 6368 人次。共发行销售福利彩票 6.33 亿元，筹集福利资金 1.86 亿元，（其中本市留用 6570 万元，）直接接收社会捐赠 909.05 万元（仅包含市慈善总会和市社会福利中心全年累计募集款数）。至 2015 年底，享受低保救济的困难群众达 8712 人，其中，城

镇 3558 人，农村 5154 人。

全年发生各类事故 632 宗，同比下降 4.2%。死亡 119 人，同比下降 4.8%；受伤 444 人，同比下降 7.9%；直接经济损失 2995.9 万元，同比上升 7.9%。其中，发生道路交通事故 423 起，下降 1.6%。造成死亡 99 人，下降 5.7%；受伤 430 人，直接财产损失 94.4 万元，分别下降 10.8% 和 25.6%。道路交通万车死亡率为 2.17 人 / 万车。在各类事故中，生产经营性事故 251 宗，同比下降 9.7%。死亡 37 人，同比下降 21.3%；受伤 47 人，同比上升 11.9%；直接经济损失 2917.3 万元，同比上升 9.1%。亿元地区生产总值生产安全事故死亡率 0.058/ 亿元。未发生较大以上事故。

年末拥有社会组织数量为 1916 个，增长 12.0%。注册志愿者人数 30.5 万人，增长 13.0%。注册志愿者人均参与志愿服务时数 62.79 小时，增长 188.0%。

十二、人口、资源与环境

年末全市常住人口 163.41 万人，比上年末增加 1.99 万人，增长 1.23%。人口城镇比 88.07%。全市户籍人口 112.45 万人，增长 2.02%。全市户籍出生人口 13261 人，出生率 11.91‰；死亡人口 2799 人，死亡率 2.51‰；自然增长率 9.4‰。

2015 年珠海市水环境质量处于较好水平，集中式饮用水源水质达标率 100%。全年水资源总量 14.6 亿立方米，人均水资源 893 立方米。年末 4 座中型水库蓄水总量 0.53 亿立方米，降低 1%。全年总用水量 5.05 亿立方米，增长 1%。其中，居民生活用水增长 6%，工业用水增长 1%，农业用水降低 13%，生态补水增长 54%。万元国内生产总值用水量 25 立方米，比上年下降 7%。万元工业增加值用水量 14 立方米，下降 7%。人均用水量 309 立方米，比上年下降 0.6%。全市总售水量 30512 万立方米，同比增长 4.9%，其中居民 12487 万立方米，增长 5.3%；工业 9739 万立方米，增长 2.8%。

全年规模以上工业综合能源消费量 570.39 万吨标准煤，比上年增长 7.5%。单位工业增加值能耗下降 1.9%。全年全社会用电量 145.37 亿千瓦时，增长 8.2%。其中工业用电量 88.28 亿千瓦时，增长 4.9%。

市区灰霾天气日数 45 天，全年日照时数 1987.3 小时，降雨量 1719.5 毫米，平均气温 23.9 摄氏度。全市共有天气雷达观测站 1 个。全年有 186 天空气质量级别Ⅰ级（优），占 51.8%；137 天的空气质量级别Ⅱ级（良），占 38.2%。酸雨发生率为 24.1%，比上年下降了 20.8 个百分点。环境空气中污染物二氧化硫、二氧化氮、可吸入颗粒物（PM10）和细颗粒物 (PM2.5) 年日均值分别为 9μg/m3、29μg/m3、51μg/m3 和 31μg/m3，分别比上年下降 18.2%、12.1%、3.8% 和 8.8%，降尘年均值为 3.23t/km2·月，比上年上升 15.8%。建成污水处理厂 14 座，城市污水日处理能力达 73.4 万吨，增长 10.5%。城镇生活垃圾无害化处理率达到 100%。全年农作物受灾面积 266.7 千公顷。洪涝和干旱造成直接经济损失 12.6 万元。全年共发生赤潮 2 次，累计面积 0.08 平方公里。发生各类地质灾害 7 起。

全市共有国家级自然保护区 1 个，面积 4.6 万公顷。全年完成荒山荒（沙）地造林、更新造林、有林地造林面积 1569 公顷。全市义务植树完成 137.03 万株，森林覆盖率达到 35.94%（扣除湿地面积）。城市人均公园绿地面积 19.5 平方米，增加 0.75 平方米。

注：

1. 本公报中 2015 年数据为初步统计数。

2. 公报中地区生产总值、各产业增加值、工业总产值、农业总产值绝对数按现价计算，增长速度按可比价计算。

3. 从 2011 年起，规模以上工业统计口径由 500 万元调整为 2000 万元及以上；固定资产投资项目统计起点由计划总投资 50 万元提高到 500 万元，增速为可比口径。

4. 先进制造业包括装备制造业、钢铁冶炼及加工业、石油及化学制造业。高技术制造业包括核燃料加工业、信息化学品制造业、医药制造业、航空航天器制造业、电子通信设备制造业、计算机制造业、医疗仪器设备制造业。

5. 各类事故四项指标增速按可比口径计算。

资料来源：本公报中财政数据来自市财政局；国家工程中心、企业技术中心、科技、专利等数据来自市科工信局；外贸进出口、外商直接投资数据来自市商务局；港口吞吐量数据来自市港口管理局；公路通车里程数据来自市公路局；公路、水运及民航运输数据来自省和市交通运输局；民用汽车数据来自市公安局；邮电业务总量数据来自省邮政及通信部门（单位）；旅游、艺术表演团体、博物馆、公共图书馆、文化馆、广播、电视、电影、报纸、期刊、图书、档案、体育等数据来自市文体旅游局；货币金融数据来自人民银行珠海市中心支行；上市公司数据来自市金融工

作局；证券、基金、期货公司及交易数据来自市证券协会；保险业数据来自市保险协会；教育数据来自市教育局；卫生数据来自市卫生局；城镇新增就业、登记失业率、社会保障、新农合数据来自人力资源和社会保障局；低保、社会福利数据来自市民政局；安全生产数据来自市安监局；水资源数据来自市海洋农业和水务局；生活垃圾无害化处理、公园绿地面积、森林覆盖率、城市污水处理数据来自市市政和林业局；气象数据来自市气象局；环境监测和自然保护数据来自市环保局；其他数据来自市统计局和国家统计局珠海调查队。

2015年汕头市国民经济和社会发展统计公报

2015年，在市委、市政府的正确领导下，我市认真贯彻落实党的十八大，十八届三中、四中和五中全会精神，紧紧围绕国家“一带一路”重要战略和省委、省政府关于促进粤东西北地区振兴发展的决策部署，以交通基础设施建设、产业园区扩能增效、中心城区扩容提质为抓手，坚持稳中求进工作总基调，真抓实干，奋力拼搏，全市经济增长总体平稳、稳中提质，产业结构得到优化，发展效益稳步提升，民生保障得到改善，社会建设步伐加快。

一、综　合

初步核算，2015年全市实现地区生产总值1850.01亿元，比上年增长8.4%。其中，第一产业增加值97.31亿元，增长3.3%；第二产业增加值956.69亿元，增长7.4%；第三产业增加值796.01亿元，增长10.4%。三次产业结构由上年的5.4∶52.6∶42.0调整为5.3∶51.7∶43.0。在第三产业增加值中，批发和零售业增长9.3%，住宿和餐饮业增长3.5%，金融业增长13.8%，房地产业增长11.7%。现代服务业加快发展，实现增加值317.88亿元，增长12.6%。民营经济增加值1304.44亿元，增长9.1%。全市人均GDP33406元，增长7.7%。

图1　2010-2015年地区生产总值及增长速度

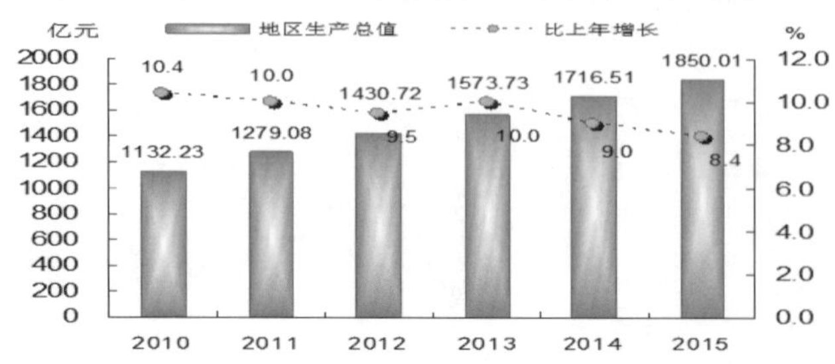

全市完成一般公共预算收入131.03亿元，比上年增长5.8%；一般公共预算支出279.66亿元，增长34.3%。

图2　2010-2015年一般公共预算收入及增长速度

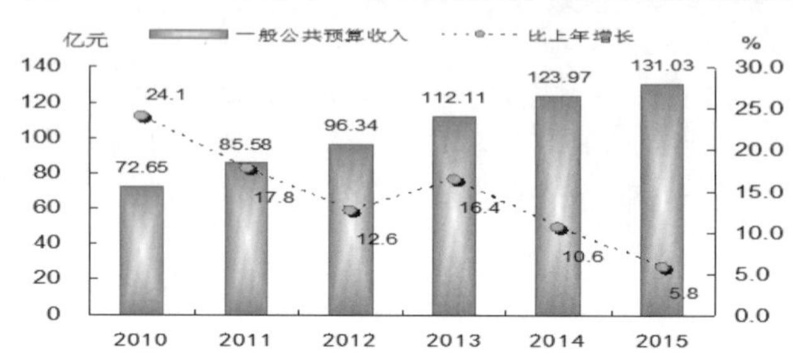

图3　2010-2015年居民消费价格涨跌幅度

表1　2015年居民消费价格比上年涨跌幅度

指标	价格指数（上年=100）	比上年涨跌幅度（%）
居民消费价格总指数	101.1	1.1
消费品价格指数	101.2	1.2
服务项目价格指数	100.9	0.9
食品	104.3	4.3
# 粮食	102.1	2.1
油脂	94.3	-5.7
肉禽及其制品	105.9	5.9
水产品	107.6	7.6
菜类	105.0	5.0
烟酒	100.8	0.8
衣着	101.7	1.7
家庭设备用品及维修服务	100.9	0.9
医疗保健和个人用品	102.1	2.1
交通和通信	98.1	-1.9
娱乐教育文化用品及服务	100.8	0.8
居住	96.1	-3.9

全年居民消费价格总水平上升1.1%。

全年城镇新增就业人员6.06万人，下降0.67%；全市城镇登记失业人数1.48万人，城镇登记失业率为2.45%。

经济社会发展中存在的主要困难和问题是：经济下行压力仍然较大，经济持续较快增长的动力和后劲不足；产业结构的战略性调整任务艰巨，创新驱动能力不强，传统产业转型升级压力较大，企业生产经营困难增多，优化发展环境、保障和改善民生任务依然繁重。

二、农　业

全年农林牧渔业增加值98.99亿元，比上年增长3.3%。农林牧渔业总产值179.01亿元，增长3.4%。其中，农业产值90.69亿元，增长3.5%；林业产值0.67亿元，增长1.7%；牧业产值30.28亿元，增长4.6%；渔业产值53.28亿元，增长2.9%；农林牧渔服务业产值4.09亿元，增长0.8%。

表2　2015年农业主要产品产量

产品名称	计量单位	产量	同比增长（%）
粮食	万吨	47.03	0.9
＃稻谷	万吨	32.57	-0.5
花生	万吨	0.34	-0.4
水果	万吨	20.90	6.4
＃柑桔	万吨	2.20	3.3
肉类总产量	万吨	11.77	-0.4
生猪出栏量	万头	90.01	-2.8
家禽出栏量	万只	2673.55	2.6
禽蛋产量	万吨	0.88	3.4
奶类产量	万吨	0.28	-14.1
水产品产量	万吨	44.59	2.5
＃海水产品产量	万吨	36.23	2.4
淡水产品产量	万吨	8.35	2.9

三、工业与建筑业

全年完成工业增加值872.48亿元，比上年增长7.1%，占地区生产总值的比重由上年的48.1%下降为47.2%。先进制造业和高技术制造业增加值分别为96.62亿元和36.00亿元，增长8.9%与6.6%。完成工业总产值3924.71亿元，增长8.3%。其中，规模以上工业总产值3010.39亿元，增长9.1%。规模以上工业产值占全部工业总产值76.7%。在规模以上工业总产值中，国有及国有控股企业下降7.6%、集体企业增长38.5%、股份制企业增长12.4%、外商及港澳台商投资企业下降2.1%；大中型企业完成产值1422.03亿元，增长3.5%；轻、重工业中重工业产值占规模以上工业总产值28.4%，比上年下降1.9个百分点。规模以上工业实现销售产值2912.83亿元，增长9.4%；完成出口交货值401.06亿元，下降0.7%；工业产品销售率96.8%，比上年提高0.3个百分点。全市工业用电量114.12亿千瓦时，增长1.9%。

2015年规模以上工业企业1768个，其中亏损企业105个，比上年增长9.4%。实现利税总额286.29亿元，下降2.2%，其中应交增值税62.0亿元，增长7.1%。实现利润总额203.66亿元，下降3.0%。其中亏损企业亏损额6.93亿元，增长180.8%。

表3　2015年规模以上工业企业主要产品产量

主要工业产品	计量单位	产量	同比增长（%）
发电量	亿千瓦时	222.66	-11.0
火电	亿千瓦时	216.34	-11.5
风电	亿千瓦时	6.32	11.1
冷冻水产品	万吨	4.17	9.2
饲料	万吨	78.51	9.7
布	万米	6702	-4.9
印染布	万米	23433	66.9
服装	万件	27260	-6.2
家具	万件	141.93	3.4
机制纸及纸板	万吨	38.67	19.3
纸制品	万吨	26.84	3.4
初级形态的塑料	万吨	16.85	9.9
日用不锈钢制品	万吨	1.16	0.8
化学原料药	万吨	0.84	18.4
中成药	万吨	0.64	36.3
塑料制品	万吨	33.08	4.6
玩具	亿元	229.54	9.6
商品混凝土	万立方米	150.32	-8.3
塑料加工专用设备	台	207	-16.5
包装专用设备（包装）	台	514	23.3
高压开关板	面	8439	-4.4
低压开关板	面	18222	-43.6
通信及电子网络用电缆	对千米	21370	-9.2
试验机	台	3318	-1.2
印制电路板	万平方米	120.83	-2.5
超声波仪器	台	5344	25.2
液晶显示器	万平方米	24.47	-8.1

全市资质等级以上建筑企业完成建筑业总产值404.92亿元，比上年增长7.6%。房屋建筑施工面积4218.81万平方米，增长9.4%；房屋竣工面积1068.61万平方米，增长12.3%。

四、固定资产投资

全年完成固定资产投资1274.32亿元，比上年增长27.1%。从投资经济类型看，国有投资154.10亿元，增长2.4%；民间投资1051.40亿元，增长33.4%。从三次产业投资看，第一产业投资8.42亿元，增长36.3%；第二产业投资661.24亿元，增长30.7%，其中工业投资659.96亿元，增长31.1%；第三产业投资604.66亿元，增长23.2%，其中交通运输业投资38.45亿元、下降15.7%，现代服务业投资501.65亿元、增长28.5%。在固定资产投资资金来源总计中，国内贷款41.48亿元，下降32.8%；利用外资0.56亿元，增长352.4%；自筹资金1168.89亿元，增长35.7%，其中企事业单位自有资金885.69亿元，增长45.6%。全年施工项目（不含房地产）2780个，增长22.4%，其中新开工项目2477个，增长21.4%。新增固定资产1151.20亿元，增长52.1%。

图4　2010–2015年固定资产投资额及增长速度

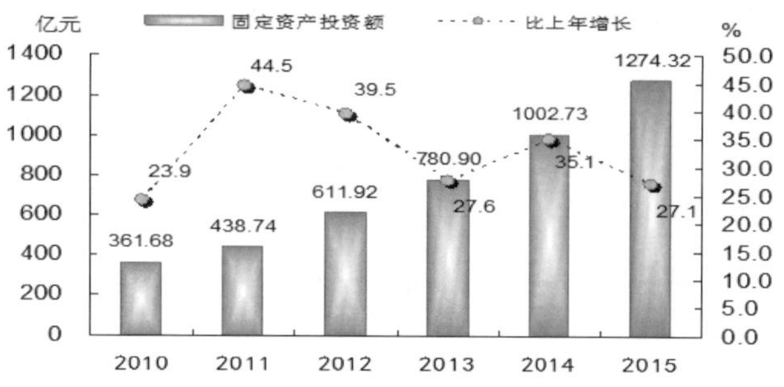

房地产开发投资245.51亿元、增长21.5%。商品房销售面积223.56万平方米，增长38.5%，其中住宅销售面积200.92万平方米，增长38.6%。商品房销售金额164.80亿元，增长50.6%，其中住宅销售金额143.64亿元，增长51.5%。

五、国内贸易

全年社会消费品零售总额1339.34亿元，比上年增长12.9%。其中，城镇消费品零售额974.15亿元，增长14.0%；农村消费品零售额365.19亿元，增长10.2%。分行业看，批发和零售业零售额1259.66亿元，增长13.2%；住宿和餐饮业零售额79.68亿元，增长8.5%。在限额以上批发和零售业商品销售中，通过互联网实现的商品销售额22.12亿元，增长379.1%。

图5　2010–2015年社会消费品零售总额及增长速度

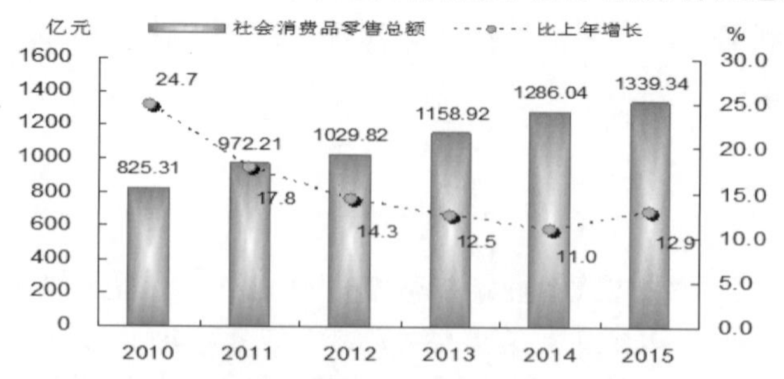

表4　2015年限额以上法人单位批发和零售业商品销售分类情况

指标	绝对值（亿元）	同比增长（%）
合　　计	1308.75	17.6
其中：粮油、食品类	37.72	-4.5
饮料类	11.39	8.9
烟酒类	114.94	8.5
服装、鞋帽、针织品类	34.12	19.8
化妆品类	6.28	0.2
金银珠宝类	5.44	35.1
日用品类	33.90	36.7
五金、电料类	10.92	25.1
体育、娱乐用品类	2.57	-7.5
书报杂志类	0.97	-13.8
电子出版物及音像制品类	1.59	53.3
家用电器和音像器材类	64.33	153.4
中西药品类	123.07	45.9
文化办公用品类	4.82	3.0
家具类	2.25	129.2
通讯器材类	1.90	-30.2
煤炭及制品类	63.23	82.9
石油及制品类	202.80	7.2
化工材料及制品类	188.34	5.3
建筑及装潢材料类	21.12	23.7
机电产品及设备类	76.84	-3.6
汽车类	153.21	22.3

全市年末信用分类监管的商品交易市场205个。农副产品交易市场146个（其中专业批发市场17个），消费品市场52个，生产资料市场5个，其它要素市场2个。全年商品销售总额2540.28亿元，增长14.3%，其中批发额与零售额分别为1280.61亿元和1259.66亿元，增长15.5%与13.2%。

六、对外贸易

2015年全市进出口总额92.85亿美元，比上年下降2.9%。其中，进口总额25.29亿美元，下降2.5%；出口总额67.55亿美元，下降3.0%。进出口差额（出口减进口）42.26亿美元，比上年减少1.46亿美元。

图6　2010-2015年进出口总额及增长速度

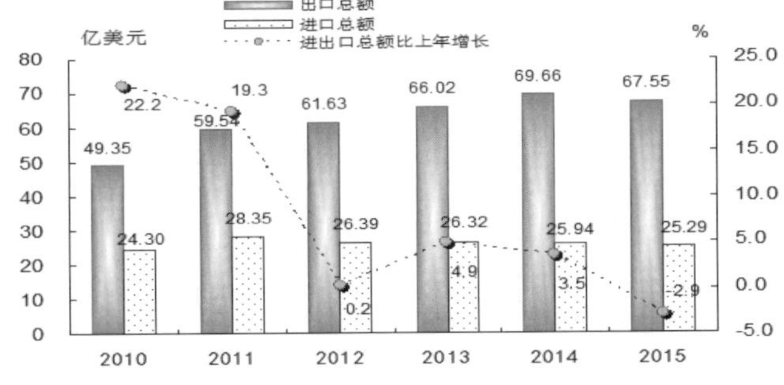

表5　2015年进出口总额及增长速度

指标	绝对值（亿美元）	同比增长（%）
进出口总额	92.85	-2.9
出口总额	67.55	-3.0
其中：一般贸易出口	58.21	2.3
加工贸易出口	9.12	-18.3
其中：国有企业	2.04	-19.6
集体企业	1.07	-27.1
外商投资企业	15.17	-25.6
私营企业	49.17	9.0
其中：机电类产品	17.14	-2.5
服装	15.8	-4.1
玩具	11.75	13.0
塑料制品	2.7	-8.8
高新技术产品	4.69	-2.3
进口总额	25.29	-2.5
进出口差额	42.26	-3.3

从进出口的国家与地区看，进出口总额靠前的有美国、中国香港地区、阿联酋、日本，分别为14.49亿美元、9.88亿美元、4.91亿美元和4.50亿美元，合计进出口额占全市总计的36.4%，比上年下降0.9个百分点。

全年实际吸收外商直接投资金额21766万美元，增长22.2%；新签投资项目22个；其中投资规模在500万美元以上的项目8个，比上年增加4个。

七、交通运输、邮电与旅游

全年交通运输、仓储和邮政业实现增加值41.95亿元，比上年增长4.2%。货物运输总量6471.18万吨，增长6.8%。货物运输周转量171.10亿吨公里，下降8.6%。

表6　2015年各种运输方式完成货物运输量及其增长速度

指标	单位	2015年	同比增长（%）
货物运输总量	万吨	6417.18	6.8
公路	万吨	5532	9.5
水路	万吨	937	-6.7
民航	万吨	2.18	-2.7
货物运输周转量	亿吨公里	171.10	-8.6
公路	亿吨公里	63.08	10.9
水路	亿吨公里	107.72	-17.1
民航	亿吨公里	0.3	-6.2

全年旅客运输总量1934.11万人，下降6.8%。旅客运输周转量57.62亿人公里，下降4.8%。

表7　2015年各种运输方式完成旅客运输量及其增长速度

指标	单位	2015年	同比增长（%）
旅客运输总量	万人	1934.11	-6.8
公路	万人	1642.0	-7.0
民航	万人	292.11	-5.7
旅客运输周转量	亿人公里	57.62	-4.8
公路	亿人公里	22.45	-7.4
民航	亿人公里	35.17	-3.0

全年港口完成货物吞吐量5180.9万吨，比上年增长0.4%。其中，港口集装箱吞吐量117.9万标准箱，下降9.6%。

图7　2010-2015年港口货物吞吐量及增长速度

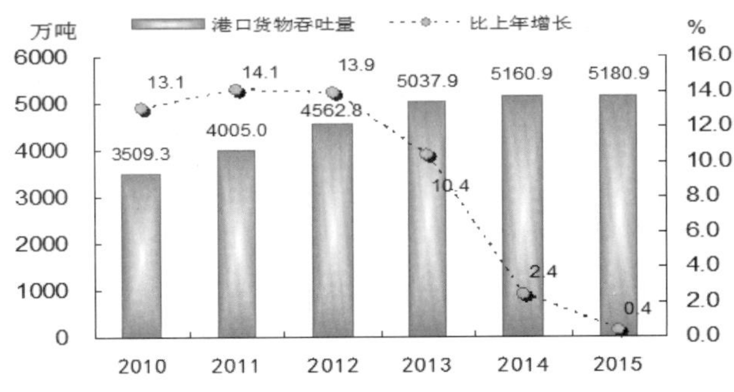

2015年末，全社会营运公共汽车1147辆、1189标台，分别比上年增长6.8%和9.6%；全市公共汽车营运线路115条、营运线路网2502公里，分别增长0.9%和0.1%。全年全市公交汽车客运量12600万人次，下降15.4%。公共轮渡营运船只6艘，客运量250万人次。2015年末，全市出租小汽车营运车辆1236辆、客运量2588万人次，分别下降10.7%和

19.9%。2015年末，全市民用汽车保有量103.08万辆，增长6.3%。

全年完成邮电业务总量134.0亿元（按2010年不变价格计算，下同），增长30.1%。其中，邮政业务总量（含快递）25.27亿元，增长57.5%；电信业务总量108.73亿元，增长25.1%。全年完成邮电业务总收入52.11亿元，下降6.1%。其中，邮政业务收入3.03亿元，增长15.2%；电信业务收入49.09亿元，下降7.2%。

2015年末，电话交换机总容量539.78万门，接入网设备容量50.39万门。固定电话用户127.97万户，其中城市（固定）电话用户78.30万户，乡村（固定）电话用户49.67万户；移动电话用户613.61万户；互联网用户98.43万户，增长2.2%。

2015年，全市拥有旅行社82家，星级宾馆（酒店）31家，其中三星级及以上26家。全市接待过夜游客1447.46万人次，比上年增长11.9%。其中国际游客21.15万人次，增长19.9%；国内游客1426.30万人次，增长11.8%。各A级旅游景区接待游客858.37万人次，增长66.6%。旅行社组织出境游4.46万人次、国内游39.48万人次，分别增长15.4%和下降7.3%。实现旅游总收入260.09亿元，增长36.3%，其中旅游外汇收入8927.13万美元，增长26.7%。

八、金融

2015年末，全市金融机构（含外资）本外币存款余额2857.20亿元，增长7.1%。其中，住户存款余额1918.05亿元，增长5.9%；非金融企业存款余额503.15亿元，增长21.4%。年末金融机构（含外资）本外币贷款余额1199.00亿元，增长11.8%。其中，住户贷款358.07亿元，增长18.9%；非金融企业及机关团体贷款832.04亿元，增长8.1%；银行结汇收入51.95亿美元，下降10.2%。

图8 2010-2015年城乡居民储蓄存款余额及增长速度

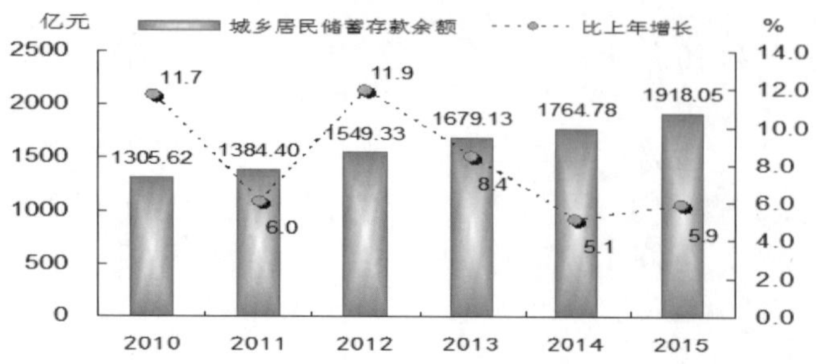

2015年，全市有保险公司41家，比上年增加2家；全年保费收入73.71亿元，比上年增长16.6%。其中财产险保费收入20.03亿元，增长17.3%；人寿险保费收入53.68亿元，增长16.3%。赔付支出金额27.05亿元，下降0.2%。其中财产险赔付支出金额9.60亿元，增长10.3%；人身险赔付支出金额17.45亿元，下降5.2%。

九、人民生活与社会保障

2015年末，全市常住人口555.21万人，当年出生人口7.43万人，出生率13.28%，人口自然增长率7.96%。

2015年，我市全体居民人均可支配收入18996元，比上年增长10.0%；人均可支配支出16181元，增长11.1%。其中：城镇常住居民人均可支配收入23260元，增长8.5%，人均可支配支出19352元，增长7.3%；农村常住居民人均可支配收入12455元，增长11.3%，人均可支配支出10798元，增长13.4%。

至2015年底，全市企业参加职工养老保险124.31万人，增长5.0%。失业保险75.04万人，增长3.4%；工伤保险72.54万人，增长3.1%；生育保险49.43万人，增长11.4%。

2015年，全市用于最低生活保障资金支出3.08亿元，比上年增加0.26亿元，增长9.1%。获最低生活保障人数11.28万人，增长1.5%。救助站救助人数4607人，增长17.8%。至年末，社会福利院11处，收寄养808人。城镇及村办敬老院45个，收寄养468人。

十、教育与科技

2015年，汕头大学招生2680人，比上年下降0.8%；在校学生10005人，增长2.0%。全市各类中等学校320所，在校学生48.11万人，下降7.6%。其中，高中阶段在校学生24.98万人，下降7.0%（其中中等职业教育学校在校学生9.50万人，下降11.9%；普通高中在校学生15.48万人，下降3.7%）。普通初中学校数200所，初中在校学生23.13万人，下降8.3%；普通小学在校学生50.04万人，增长2.7%。初中升学率（以升本地高中学位计）83.15%，高中升学率88.07%，分别提高8.64和0.48个百分点。成人高等教育在校学生0.94万人，下降66.7%。全年参加高等、中专自学考试0.79万人次，考试科目1.55万科次。全市现有各类民办学校91所，比上年增加6所。

2015 年，全市县及县以上国有独立研究与开发机构、科研情报和文献机构 14 个，获科技成果 46 项，比上年下降 25.8%，达到或超过国内先进水平 44 项，下降 24.1%，获省科技进步奖 5 项，与上年持平。签订各类技术合同 27 项，增长 42.1%，技术交易额 2055.7 万元，下降 61.5%。专利申请量与授权量分别为 9827 件和 7651 件，分别增长 8.0% 与 18.3%。至年末，省认定高新企业数 150 家，全部达到国家级高新企业标准，增长 13.6%。

十一、文化、卫生与体育

至 2015 年底，全市有文化事业机构 112 所，艺术表演团体 7 个，艺术表演场所 6 所，演出 817 场次，观众 439 万人次。档案馆 10 座，已开放各类档案 2.36 万卷（件）。公共图书馆 9 个，公共图书馆藏书总藏量 146.02 万册。博物馆 6 座，电台 1 座，电视台 5 座。广播人口覆盖率和电视人口覆盖率分别达到 99.1% 和 98.3%。全年地方报纸发行量 4856 万份，邮局杂志发行量（持全国统一刊号）159.32 万份。

2015 年，全市共有卫生机构（含个体）1320 个，比上年增加 9 个，其中医院 39 个，卫生院 33 个。实有病床位 15512 张，比上年增加 105 张，其中医院 13159 张，卫生院 1482 张。医院门诊诊疗总人数 1045 万人次，增长 0.9%，患者治愈出院 49.55 万人次。病床使用率 83.8%，比上年提高 0.5 个百分点；病床周转次数 32.4 次，增长 0.1%。卫生工作人员 25395 人，增加 251 人，其中，执业医师和执业助理医师 8772 人，增加 166 人；注册护士 7832 人，增加 635 人。

2015 年，在国内外各项重大体育比赛中，汕头体育健儿共获得奖牌 74 枚，其中在国际和全国比赛中获得金牌 18 枚、银牌 11 枚。当年有等级运动员 31 人。

十二、资源、环境与安全生产

2015 年中心城区降水量 1485.1 毫米，比上年增长 8.5%；澄海区降水量 1784.8 毫米，增长 47.3%；潮阳区和潮南区降水量 1417.3 毫米，下降 8.0%；南澳县降水量 1330.1 毫米，增长 19.4%。全市水库蓄水量 1.18 亿立方米，比上年增长 11.5%。

全年规模以上工业综合能源消费量 448.0 万吨标准煤，比上年下降 9.7%。单位工业增加值能耗下降 16.0%。全社会用电量 178.01 亿千瓦时，增长 2.2%。其中，工业用电量 114.12 亿千瓦时，增长 1.9%。

环境保护力度进一步加大，一批污水处理厂和潮阳区、潮南区生活垃圾焚烧发电厂等环保设施加快建设。市区区域环境噪声平均值（昼间）56.2 分贝，比上年增长 0.2%。市区 PM10 与 PM2.5 年平均浓度分别为 52 和 33 微克 / 立方米，各下降 17.5%。空气质量级别为优的天数 159 天，增长 31.4%，空气质量级别为良的天数 183 天，下降 11.6%。进一步改造和完善生活垃圾填埋场及污水处理站，日处理污水能力 73.4 万吨。

全年共发生各类事故 514 起，比上年增长 6.0%；死亡总人数 190 人，增长 2.2%；受伤 325 人，增长 1.2%；亿元 GDP 生产安全事故死亡率为 0.103%，下降 0.005 个百分点；道路交通万车死亡率为 1.86%，下降 0.02 个百分点。

注：

1. 公报中 2015 年各项数据均为初步统计数，统计图中 2010-2014 年数据为年报数。

2. 公报中地区生产总值及各产业增加值、总产值均按现行价计算，增长速度按可比价格计算。地区生产总值即 GDP，过去称国内生产总值。

3. 规模以上工业企业指年主营业务收入在 2000 万元及以上的工业法人企业，限额以上批发业指年主营业务收入在 2000 万元及以上的批发业（包括企业和个体户），限额以上零售业指年主营业务收入在 500 万元及以上的零售业（包括企业和个体户），固定资产投资项目统计起点为计划总投资 500 万元及以上项目，增速为可比口径。

4. 资料来源：公报中城镇新增就业、登记失业率、社会保障等数据来自市人力资源和社会保障局；财政、水产品产量、进出口、外商投资等数据分别来自市财政局、市农业局、汕头海关和市商务局；公路运输与水运、港口货物吞吐量等数据分别来自市交通运输局和市港口管理局；国际互联网用户、邮电业务等数据来自邮政及通信部门（单位）；旅游、金融和保险业等数据分别来自市旅游局、人民银行汕头中心支行和汕头保监分局；医疗卫生、出生人口、出生率及自然增长率等数据来自市卫计局；低保、教育、科技、专利、文化、档案和体育等数据分别来自市民政局、市教育局、市科技局、市知识产权局、市文广新局、市档案局和市体育局；资源、环境与安全生产等数据分别来自市水务局、市环保局和市安监局；其他数据来自市统计局和国家统计局汕头调查队。

2015年佛山市国民经济和社会发展统计公报

2015 年，佛山认真贯彻落实中央、省和市委、市政府的指示要求与总体部署，主动适应经济发展新常态，积极应对复杂严峻和不断变化的宏观形势，采取多种措施稳增长、调结构、促改革、惠民生，较好地完成了各项主要目标任务。

一、综 合

初步核算，2015 年全市生产总值 8003. 92 亿元，比上年增长 8. 5%。其中第一产业增加值 136. 42 亿元，增长 2. 6%；第二产业增加值 4838. 89 亿元，增长 7. 6%；第三产业增加值 3028. 61 亿元，增长 10. 3%。在第三产业中，交通运输、仓储和邮政业增长 3. 1%，批发和零售业增长 9. 1%，住宿和餐饮业增长 2. 4%，金融业增长 6. 5%，房地产业增长 16. 4%，其他服务业增长 11. 4%。三次产业结构为 1. 7：60. 5：37. 8。在现代产业中，先进制造业增加值 1568. 87 亿元，增长 15. 7%；高技术制造业增加值 321. 71 亿元，增长 10. 8%；现代服务业增加值 1769. 14 亿元，增长 10. 4%。民营经济增加值 5063. 56 亿元，占全市生产总值的比重为 63. 4%。

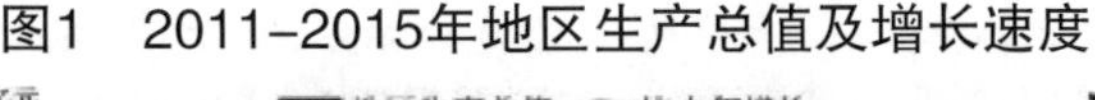
图1 2011–2015年地区生产总值及增长速度

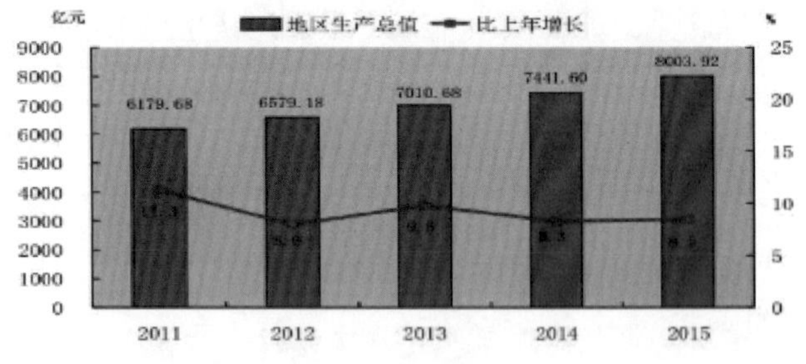

全年居民消费价格总水平上涨 1. 6%，其中消费品价格上涨 1. 4%，服务项目价格上涨 1. 9%。分类别看，食品类上涨 4. 0%，烟酒类上涨 2. 5%，衣着类上涨 2. 3%，医疗保健及个人用品类上涨 1. 2%，居住类上涨 0. 3%，家庭设备用品及维修服务类上涨 0. 1%，交通及通信类下降 1. 0%，娱乐教育文化用品及服务类下降 0. 3%。工业生产者出厂价格下降 2. 8%，其中轻工业下降 0. 9%，重工业下降 4. 4%。

表1 2015年居民消费价格比上年涨跌幅度

指标	价格指数（上年=100）	比上年涨跌幅度（%）
居民消费价格总指数	101. 6	1. 6
食品	104. 0	4. 0
其中：粮食	100. 2	0. 2
油脂	100. 1	0. 1
肉禽及其制品	106. 1	6. 1
鲜蛋	100. 3	0. 3
水产品	104. 5	4. 5
鲜菜	109. 4	9. 4
烟酒	102. 5	2. 5
衣着	102. 3	2. 3
家庭设备用品及维修服务	100. 1	0. 1
医疗保健及个人用品	101. 2	1. 2
交通及通信	99. 0	-1. 0
娱乐教育文化用品服务	99. 7	-0. 3
居住	100. 3	0. 3

二、农业

全年粮食作物播种面积 30. 95 万亩，与上年基本持平；蔬菜种植面积 73. 57 万亩，下降 6. 4%；经济作物播种面积 20. 70 万亩，下降 3. 7%。

全年粮食产量 9. 82 万吨，比上年下降 0. 2%；蔬菜产量 126. 70 万吨，增长 1. 8%；水果产量 4. 17 万吨，下降 4. 8%。

全年肉类总产量 22. 25 万吨，比上年下降 1. 8%。其中，猪肉产量 11. 28 万吨，下降 1. 6%；禽肉产量 10. 94 万吨，下降 1. 9%。全年水产品产量 61. 25 万吨，与上年基本持平。全年三鸟饲养量 8178. 53 万只，下降 3. 7%；生猪饲养量 235. 20 万头，下降 2. 3%。

表2　主要农产品产量情况

产品名称	计量单位	产量	比上年增长（%）
粮食	万吨	9.82	-0.2
其中：稻谷	万吨	5.18	-7.0
蔬菜	万吨	126.70	1.8
水果	万吨	4.17	-4.8
肉类总产量	万吨	22.26	-1.8
其中：猪肉	万吨	11.28	-1.6
禽肉	万吨	10.94	-1.9
水产品	万吨	61.25	0.0
三鸟饲养量	万只	8178.53	-3.7
生猪饲养量	万头	235.20	-2.3
生猪年末存栏量	万头	81.55	-4.1

三、工业和建筑业

全年全部工业完成增加值4672.53亿元，比上年增长7.7%。规模以上工业（以下口径相同）增加值4406.95亿元，增长7.9%。其中，国有及国有控股企业增长4.3%，民营企业增长9.2%，外商及港澳台投资企业增长7.0%，股份制企业增长8.4%，集体企业增长11.9%，股份合作制企业增长26.7%。分轻重工业看，轻工业增长3.8%，重工业增长11.2%。分企业规模看，大型企业增长6.4%，中型企业增长7.9%，小型企业增长9.8%。

高技术制造业增加值增长10.8%，其中，医药制造业增长4.6%，电子及通信设备制造业增长13.1%，医疗设备及仪器仪表制造业增长0.6%，电子计算机及办公设备制造业增长10.3%。

先进制造业增加值增长15.7%，其中，装备制造业增长16.5%，钢铁加工业增长15.3%，石油及化学行业增长11.5%。装备制造业中，汽配制造业增长17.5%；钢铁加工业中，炼钢和钢压延加工业分别增长12.2%、15.4%；石油及化学行业中，石油加工业增长17.3%，化学原料及化学制品制造业增长10.0%，橡胶制品业增长18.7%。

优势传统工业增加值增长8.0%，其中，纺织服装业增长3.9%，食品饮料业增长9.6%，家具制造业增长2.5%，建筑材料增长5.2%，金属制品业增长19.3%，家用电力器具制造业增长6.9%。

表3　规模以上工业企业主要产品产量情况

产品名称	计量单位	产量	比上年增长（%）
饲料	万吨	497.04	2.3
酱油	万吨	265.50	1.8
啤酒	万升	166219.52	3.6
软饮料	万吨	196.49	4.4
布	亿米	6.92	-3.2
服装	亿件	4.36	-9.6
机制纸机纸板	万吨	14.32	-7.2
家具	万件	2544.44	-5.5
涂料（油漆）	万吨	90.05	-15.1
塑料制品	万吨	289.49	0.3
墙地砖	亿平方米	11.71	0.9
铝材	万吨	369.27	-8.9
不锈钢日用制品	万吨	27.78	-1.7
家用燃气灶具	万台	744.95	4.0
家用燃气热水器	万台	747.82	-5.2
电饭锅	万个	2785.41	-11.5
房间空调器	万台	2266.74	-3.6
微波炉	万台	6856.56	4.5
家用洗衣机	万台	315.10	-7.1
家用电冰箱	万台	1039.75	-0.1
点光源	亿只	12.04	-17.3
电子元件	亿只	34.69	3.3
半导体分立器件	亿只	187.66	14.1
照相机	万台	12.69	-82.0

工业经济效益有所提高。资产贡献率19.05%，资本保值增值率102.76%，资产负债率56.00%，流动资产周转次数3.37次，成本费用利润率8.10%，产品销售率96.51%。实现利润总额增长9.7%。

全年资质等级以上建筑业企业完成建筑业总产值490.62亿元，比上年增长1.5%。

四、固定资产投资

全年固定资产投资完成3035.52亿元，比上年增长16.2%。分三次产业看，第一产业投资11.35亿元，下降26.9%；第二产业投资1218.26亿元，增长26.5%；第三产业投资1805.91亿元，增长10.5%。

表4　分行业固定资产投资完成情况

单位：亿元，%

行业	投资额	比上年增长
总　　计	3035.52	16.2
农、林、牧、渔业	12.09	-25.1
采矿业	0.36	-
制造业	1154.01	28.4
电力、热力、燃气及水生产和供应业	63.89	-0.3
交通运输、仓储和邮政业	139.32	-6.3
信息传输、软件和信息技术服务业	36.49	-21.7
批发和零售业	90.89	34.3
住宿和餐饮业	29.45	6.6
金融业	17.01	587.7
房地产业	1110.20	18.9
租赁和商务服务业	34.43	-42.1
科学研究和技术服务业	7.92	18.2
水利、环境和公共设施管理业	260.17	-1.8
居民服务、修理和其他服务业	7.87	-46.9
教育	24.15	-12.5
卫生和社会工作	19.28	21.0
文化、体育和娱乐业	20.06	32.4
公共管理、社会保障和社会组织	7.94	313.7

全年基础产业投资完成580.01亿元。基础设施投资完成477.44亿元，其中交通运输业119.66亿元，水利管理16.15亿元，电力、热力的生产和供应业50.10亿元。

全年房地产开发投资完成945.37亿元，比上年增长13.5%。其中住宅投资644.57亿元，增长10.4%。商品房施工面积6754.32万平方米，增长17.8%，其中商品住宅4325.15万平方米，增长13.2%。商品房竣工面积363.41万平方米，下降32.8%。

五、交通、邮电和旅游

全年公路和水路运输方式完成客运量5387万人，比上年下降6.61%。其中公路运输5320万人，下降6.54%；水路运输67万人，下降12.08%。完成旅客周转量59.31亿人公里，下降1.30%。其中公路运输58.47亿人公里，下降1.16%；水路运输0.84亿人公里，下降10.29%。

全年公路和水路运输方式完成货运量29428万吨，比上年增长2.34%。其中公路运输25318万吨，增长2.45%；水路运输4110万吨，增长1.63%。完成货物周转量266.40亿吨公里，增长5.53%。其中公路运输194.47亿吨公里，增长3.49%；水路运输71.93亿吨公里，增长11.45%。

全年主要港口完成货物吞吐量6146.75万吨，比上年增长4.06%。其中港口集装箱吞吐量301.8万TEU(国际标准箱)，增长4.13%。

年末全市民用汽车保有量177.25万辆，比上年增长15.21%。其中私人汽车163.40万辆，增长18.73%。民用轿车保有量108.33万辆，增长17.81%。其中私人轿车107.44万辆，增长17.85%。

全年完成邮电业务总量281.68亿元，比上年增长26.9%。其中邮政业务总量46.97亿元，增长40.3%；电信业务总量234.71亿元，增长24.5%。年末本地电话用户258.47万户，减少36.53万户；移动电话用户1349.14万户，减少140.86万户。(固定)互联网用户243.85万户，减少5.15万户。

全年接待旅游者人数4228万人次，比上年增长5.83%。在旅游人数中，接待过夜旅游者1253万人次，增长6.03%，其中外国人24.46万人次，增长3.65%；香港、澳门和台湾同胞113.02万人次，下降0.39%。全年旅游总收入546.29亿元，增长10.08%。

六、国内贸易

全年社会消费品零售总额2687.22亿元，比上年增长11.9%。分地域看，城市消费品零售额2079.23亿元，增长11.1%；农村消费品零售额607.99亿元，增长14.9%。分行业看，批发和零售业零售2394.38亿元，增长12.4%；住宿和餐饮业零售额292.84亿元，增长8.5%。

在限额以上批发和零售业的主要商品零售额中，日用品类增长21.2%，家用电器和音像器材类增长12.5%，粮油、食品、饮料、烟酒类增长10.6%，汽车类零售额比上年增长10.5%，石油及制品类下降6.7%。

图2 2011-2015年社会消费品零售总额及增长速度

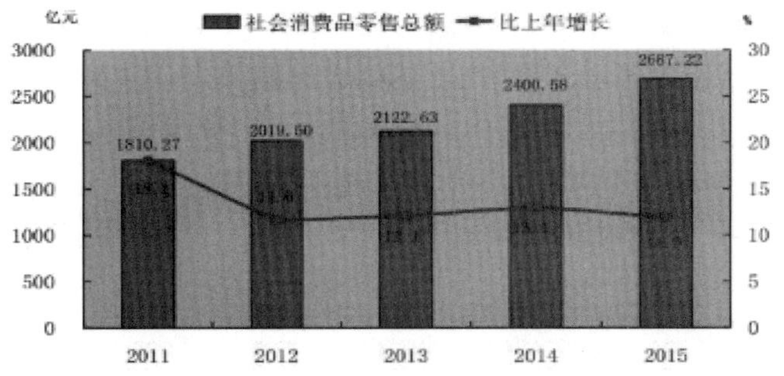

七、对外经济

全年进出口总额4087.19亿元(657.2亿美元，下降4.5%)，比上年下降3.3%。其中出口2999.00亿元(482.1亿美元，增长3.2%)，增长4.5%；进口1088.19亿元(175.1亿美元，下降20.7%)，下降19.8%。实现外贸顺差1910.81亿元。

图3 2011-2015年出口总额及增长速度

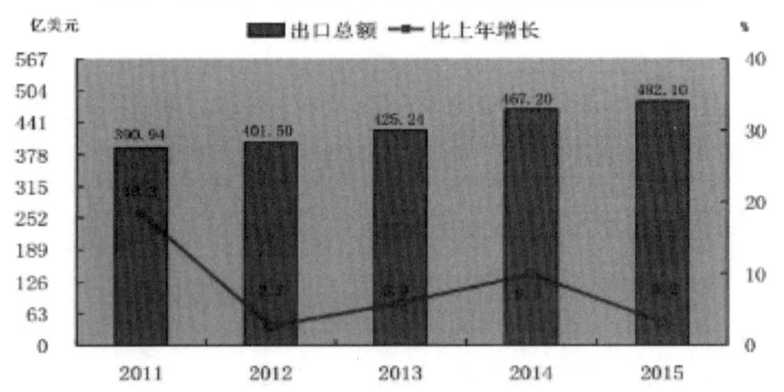

分贸易方式看，一般贸易出口1744.19亿元，比上年增长4.1%；加工贸易出口908.75亿元，下降20.0%。分出口产品看，机电产品出口1573.85亿元，增长6.2%；高技术产品出口209.08亿元，下降8.5%。分出口市场看，对中国香港地区市场出口542.05亿元，下降19.7%；对美国市场出口423.45亿元，增长10.2%；对欧盟市场出口400.79亿元，下降1.1%；对东盟市场出口407.90亿元，增长50.4%。

全年新签外商直接投资项目238个，比上年增长1.3%。合同外资金额28.99亿美元，下降22.3%。实际使用外商直接投资金额23.77亿美元，下降10.5%，其中制造业占42.9%，房地产业占46.7%，批发和零售业占2.8%。

八、金融和保险

年末全市中外资银行业金融机构本外币各项存款余额11867.67亿元，比年初增长4.0%。其中住户存款6232.20亿元，比年初增长5.2%；非金融企业存款3654.61亿元，比年初增长11.4%。本外币各项贷款余额7950.53亿元，比年初增长4.7%，其中中长期贷款余额2097.63亿元，比年初增长27.3%。

全年保费收入256.54亿元，其中财产险保费收入93.82亿元，人身险保费收入162.72亿元。各项理赔和给付支出81.72亿元，其中财产险46.60亿元，人身险35.12亿元。

九、科学技术和教育

年末共有各级工程中心1310家，其中省级工程中心288家，市级工程中心463家。高新技术企业716家，其中国家火炬计划重点高新技术企业（集团）24家。新增省级工程中心84家。全年获省级科学技术奖励21项，市级科学技术奖励116项。全年发明专利申请量11504件，授权量2149件。新增中国驰名商标13件。全年获得广东省名牌产品136个，其中复评62个，新增74个，有效期内广东名牌产品442个。

年末共有普通高等学校3所，全年招生1.59万人，在校学生4.94万人；普通高中60所，招生3.95万人，在校学生11.53万人；初中139所，招生6.59万人，在校学生19.07万人；小学407所，招生8.97万人，在校学生49.01万人；幼儿园839所，招生9.50万人，在园幼儿26.87万人。学龄儿童入园率100%，小学毕业升学率100%，初中毕业升学率99.10%，普通高中毕业升学率95.43%。

十、文化、卫生和体育

年末共有文化馆7间，博物馆（含民办博物馆）16间，省级以上文物保护单位57所。县级以上公共图书馆6所，公共图书馆图书总藏量419.15万册。剧场和影剧院71个。广播节目综合人口覆盖率100%，电视节目综合人口覆盖率100%。

年末共有卫生机构1475个，其中医院102个，妇幼保健院4个，卫生院14个。卫生机构实有病床33133张，每千常住人口实有病床数4.46张。各类卫生技术人员43630人，其中执业医师和执业助理医师15416人。每千常住人口拥有执业医师（助理）2.07人。

年末共有体育运动场地面积1587万平方米，人均体育运动面积2.18平方米。全年我市运动员参加国际比赛 14 次，获奖牌 14 枚；参加国内单项比赛 38 次，获奖牌 50 枚。

十一、人口与环境

年末全市常住人口 743.06 万人，比上年末增加 8.00 万人，增长 1.09%。

据户籍人口统计，年末全市总户数 116.80 万户，总人口 388.97 万人，比上年末增加 3.36 万人。

全年化学需氧量（COD）排放量 13.47 万吨，比上年同期削减 2.16%；二氧化硫（S02）排放量 6.56 万吨，比上年同期削减 8.12%。全年空气环境质量达到或优于二级天数为 307 天。全市降水 pH 值为 4.84，比上年上升 0.09 个 pH 单位。全年酸雨频率为 53.2%，比上年下降 5.4 个百分点。全市扩建污水处理厂 2 间，新增污水处理能力 6 万吨 / 日。城镇污水处理率达到 96.49%，饮用水源水质达标率为 100%，工业固体废物综合利用率为 87.18%，全市城镇生活垃圾无害化处理率达到 100%。

十二、人民生活、社会保障与安全生产

全年佛山居民人均可支配收入 38501 元，比上年增长 9.6%，扣除价格因素，实际增长 7.9%；人均生活消费支出 27713 元，增长 11.5%，扣除价格因素，实际增长 9.7%。分城乡看，全年城镇常住居民人均可支配收入 39757 元，比上年增长 8.8%，扣除价格因素，实际增长 7.1%；人均生活消费支出 28396 元，增长 9.0%，扣除价格因素，实际增长 7.3%。全年农村常住居民人均可支配收入 22063 元，比上年增长 9.8%，扣除价格因素，实际增长 8.1%；人均生活消费支出 15050 元，增长 11.7%，扣除价格因素，实际增长 9.9%。城乡居民收入比由 2014 年的 1.819 缩小至 2015 年的 1.802。

年末全市基本养老保险参保人数 380.47 万人，失业保险参保人数 222.32 万人，城镇职工基本医疗保险参保人数 277.74 万人，城镇居民基本医疗保险参保人数 207.00 万人，工伤保险参保人数 225.69 万人。全年城乡低保救助 2.61 万人，救助金额 14299.78 万元。全年共出资 2400.66 万元资助 3.53 万名困难救助对象购买城乡居民医疗保险；大病医疗救助 2.41 万人次，共支付救助金额 1518.27 万元。

全年亿元地区生产总值生产安全事故死亡率为 0.079，道路交通万车死亡率为 0.61，工矿商贸企业从业人员 10 万人死亡率为 2.5。

注：

1. 本公报 2015 年数据为初步统计数，统计图中 2011–2014 年数据为年报数。

2. 生产总值和各产业增加值绝对数按现价计算，增长速度按可比价计算。

3. 从 2011 年定期报表起，规模以上工业统计口径由 500 万元调整为 2000 万元及以上。

4.2015 年环境部分数据为预测数。

2015年韶关市国民经济和社会发展统计公报

2015年，全市人民在市委、市政府的正确领导下，积极适应新常态，紧紧抓住省委、省政府促进粤东西北地区振兴发展的机遇，全力推动绿色转型振兴发展，基本完成“十二五”规划的主要目标任务，经济发展保持平稳，社会发展取得新成就。

一、综合

国民经济在新常态下保持了平稳发展。初步核算，全市生产总值1150.0亿元，比上一年增长6.2%。其中第一产业增加值149.5亿元，增长4.2%；第二产业增加值429.3亿元，增长2.3%；第三产业增加值571.2亿元，增长10.3%。三次产业结构为13 ∶ 37.3 ∶ 49.7。按常住人口计算，人均GDP39380元，增长5.5%，按平均汇率折算为6323美元。分区域看，韶关市区生产总值550.8亿元，增长4.5%，占全市生产总值的47.9%，人均GDP为5.38万元；县域生产总值632.6亿元，增长8.5%，占全市的52.1%，人均GDP为3.34万元。现代产业中，先进制造业增加值106.5亿元，增长3.3%；现代服务业增加值231.0亿元，增长10.1%。第三产业中，批发和零售业增加值增长9.2%，住宿和餐饮业增加值增长8.9%，金融业增加值增长10.9%。民营经济增加值589.5亿元，增长6.6%，占全市生产总值的51.3%。

图1 2011-2015年地区生产总值及其增长速度

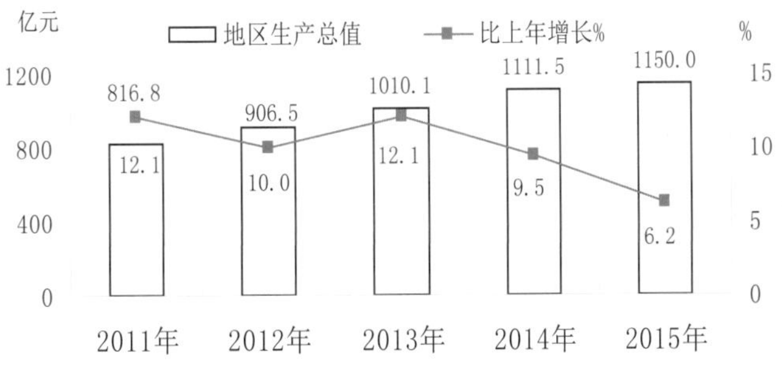

劳动生产率稳步提高。全年地区生产总值与全部就业人员的比率为76240元/人（按2010年不变价计），比上年提高6.3%。

居民消费价格基本稳定。韶关市区居民消费价格比上年上涨1.2%。其中，消费品价格上涨0.5%，服务项目价格上涨3.4%。在八大类消费价格中，食品类价格上涨1.7%，烟酒价格上涨0.9%，衣着类价格上涨1.2%，家庭设备用品及维修服务价格上涨0.4%，医疗保健和个人用品价格上涨1.1%，交通和通信价格下降1%，娱乐教育文化用品及服务价格上涨1.5%，居住价格上涨1.5%。全市工业品出厂价格总水平下降7.9%。

图2 2011-2015年市区居民消费价格比上年涨跌幅度

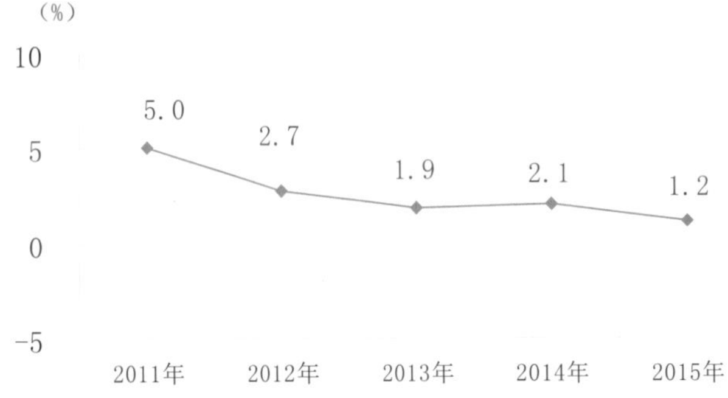

年末从业人员 144.17万人，增加0.04万人。其中第一产业58.61万人，减少0.05万人；第二产业32.21万人，减少0.33万人；第三产业53.36万人，增加0.43万人。年末工商登记注册的私营企业和个体户从业人员34.8万人，增长10%。全年城镇新增就业人数5.14万人，城镇失业人员再就业3.91万人，其中就业困难人员再就业3755人。城镇登记失业率2.46%，微升0.04个百分点。

全年地方一般公共预算收入85.2亿元，增长1.5%。其中税收收入52.2亿元，下降3.6%。地方一般公共预算支出281.5亿元，增长40.0%。民生支出占财政支出的比重80.6%，比上年提高8.2个百分点。

图3　2011-2015年地方一般公共预算收入及其增速

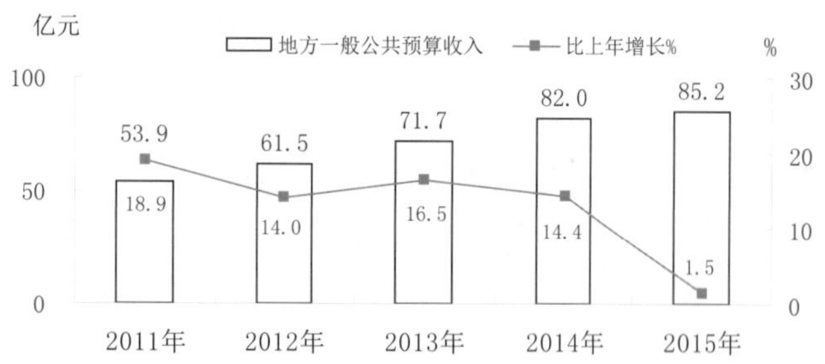

经济社会发展存在的主要问题：经济发展速度较慢，长期积累的经济结构不合理，创新驱动乏力，内生动力不强，市场活力不足，重点项目储备不多，投资拉动作用减弱，发展后劲不强等问题仍然突出，全面建成小康社会还存在短板指标。

二、农业

全年农林牧渔业总产值239.8亿元，增长4%。其中农业增长4.4%，林业增长4.6%，畜牧业增长2.0%，渔业增长4.4%。

图4　2011-2015年农林牧渔业增加值及其增长速度

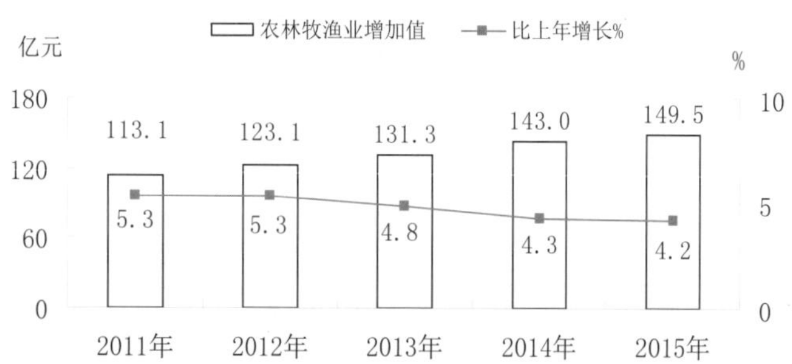

表1　2015年主要农产品产量

农产品名称	计量单位	产量	比上年±%
粮食	万吨	89.3	0.8
其中：稻谷	万吨	76.7	0.4
蔬菜	万吨	220.5	7.2
甘蔗	万吨	57.6	3.0
花生	万吨	13.8	4.8
烟叶	万吨	3.3	-1.5
水果	万吨	50.0	8.2
茶叶	吨	4321	10.6
蚕茧	吨	8272	1.3
肉类	万吨	15.1	-0.7
其中：猪肉	万吨	12.2	-1.2
水产品	万吨	8.3	2.7

全年粮食作物播种面积236.7万亩，增长0.5%。甘蔗种植面积8.3万亩，增长5.6%；油料种植面积70.2万亩，增长2.5%；烟叶种植面积20.0万亩，下降1.6%；蔬菜种植面积141.8万亩，增长5.1%。

农村用电量5.0亿千瓦时，增长3.8%。化肥施用量（折纯）12.1万吨，增长2.1%。

三、工业和建筑业

全部工业增加值358.3亿元，增长3.5%。年末规模以上工业企业628个、比上年底净增加5个，规模以上工业企业增加值333.1亿元、增长3.0%。在规模以上工业中，国有及国有控股工业增加值150.2亿元，增长0.9%。股份制工业217.2亿元，增长4.3%；民营工业139.0亿元，增长7.2%；外商及港澳台工业47.1亿元，下降8.2%。轻工业增加值119.9亿元，增长7.8%；重工业增加值213.1亿元，下降0.4%。年末产业转移园规模以上工业企业215个，规模以上工业增加值90.0亿元，增长5.6%。

七大支柱工业增加值194.0亿元、下降0.3%，占规模以上工业增加值的58.3%。其中制药工业增长14.6%，电力工业增长5.5%，烟草工业增长5.6%，机械工业增长2.2%，有色金属工业下降6.1%，钢铁工业下降8.9%，玩具工业下降9.3%。

高技术制造业增加值14.2亿元，下降1.9%。

先进制造业增加值106.5亿元，增长3.3%。其中装备制造业增加值39.0亿元，下降4.7%。

优势传统工业增加值104.2亿元，增长1.2%。其中纺织服装业下降22.2%，金属制品业下降9.5%，建筑材料业增长1.0%，家具制造业增长36.1%。

图5　2011-2015年全部工业增加值及其增长速度

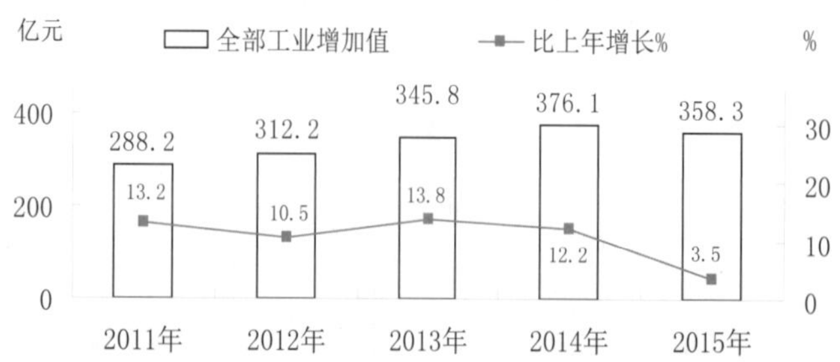

表2　2015年规模以上工业主要产品产量

产品名称	计量单位	产量	比上年±%
成品钢材	万吨	582.2	-15.6
十种有色金属	万吨	27.5	2.8
发电量	亿千瓦小时	136.9	16.0

（续上表）

产品名称	计量单位	产量	比上年±%
其中：火电	亿千瓦小时	107.5	18.3
水电	亿千瓦小时	25.7	-5.2
水泥	万吨	805.1	-2.0
滚动轴承	万套	956.5	-11.4
布	万米	6028.8	61.7
糖	吨	16670.5	-1.8
卷烟	亿支	215	0.0
其中：一、二类烟	亿支	24.8	69.7
人造板	万立方米	159.1	10.4
机制纸及纸板	万吨	3.7	4.3

全年规模以上工业企业资产贡献率11.0%，资产保值增值率101.2%，资产负债率65.5%，成本费用利润率3.6%。主营业务收入1126.2亿元，下降6.9%。利税总额119.5亿元，下降16.0%。利润总额38.2亿元，下降34.6%，其中亏损企业亏损额35.5亿元，增长87.1%。

全年建筑业增加值71.6亿元，下降4.5%。年末资质等级建筑企业95个，完成建筑业总产值213.7亿元，下降1.9%；实现利润5.8亿元，下降4.3%；利税总额15.6亿元，下降12.9%。房屋施工面积1067万平方米，下降2.2%。房屋竣工面积483.6万平方米，增长0.1%。

四、固定资产投资

全年完成固定资产投资701.7亿元，下降5.8%。分投资主体看，国有及国有控股经济投资244.8亿元，下降9.7%；外商及港澳台经济投资40.7亿元，增长24.5%；民营经济投资416.2亿元，下降6.0%。分产业看，第一产业完成投资49.5亿元，增长3.7%；第二产业中的工业完成投资239亿元，下降16%；第三产业完成投资413.2亿元，下降0.3%，其中房地产开发完成投资131.9亿元，增长10.4%。

图6　2011-2015年固定资产投资及其增长速度

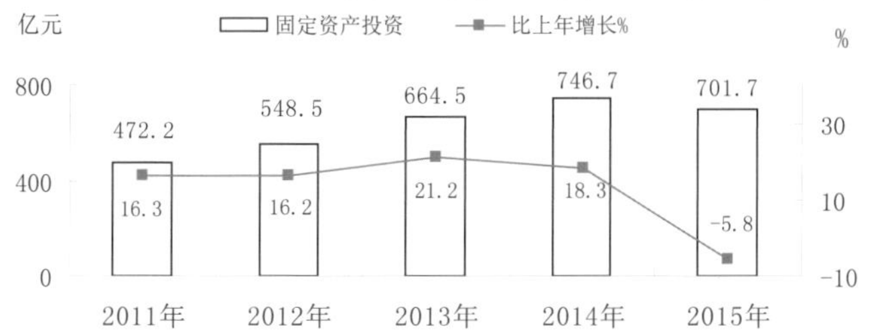

市重点项目完成投资324.3亿元，完成年度计划的94.8%。大广高速公路全面通车，芙蓉新区南华路、芙蓉大道北段单向建成通车。韶关发电厂2X60万千瓦发电机组新建投产，全年新建高速公路37.3 公里。

芙蓉新区全年累计完成投资102.6亿元（占全市固定资产投资比例为14.6%），其中基础设施投资28.5亿元，工业投资38.1亿元，房地产开发投资24.1亿元。分片区看，武江片完成投资43.5亿元（其中核心区42.3亿元，核心区中的起步区39.5亿元），浈江片24.5亿元，曲江片29亿元，乳源片2.6亿元。

全年商品房销售面积314.9万平方米，下降13.8%，其中商品住宅销售面积285.4万平方米，下降15.3%。商品房销售额137.2亿元，下降11.4%，其中商品住宅销售额115.6亿元，下降13.9%。商品房待售面积101.7万平方米，下降14.9%。

五、贸易和外经

全社会消费品零售额579.8亿元，增长10.9%。年末限额以上批发零售企业360个，比上年增加32个；限额以上住宿和餐饮企业176个，比上年减少9个。全年批发零售和住宿餐饮业销售额923.5亿元，增长10.3%。其中批发零售业销售额857.2亿元，增长10.5%；住宿和餐饮业营业额66.3亿元，增长7.5%。

图7　2011-2015年全社会消费品零售总额及其增长速度

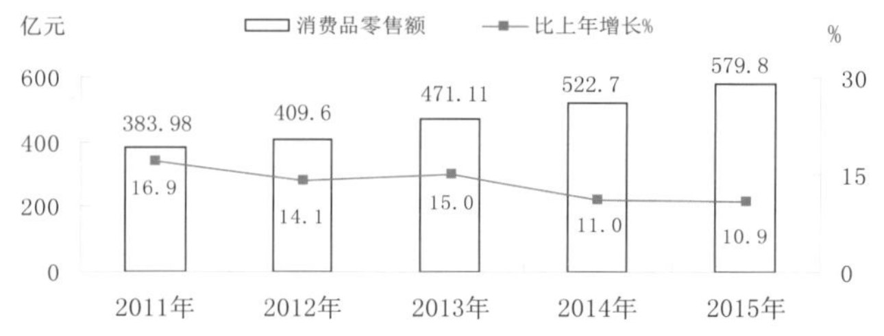

限额以上批发和零售业零售额中，日用品类比上年增长53.3%，粮油、食品类增长38.5%，汽车类增长36.0%，家具类增长32.5%，五金、电料类增长30.7%，中西药品类增长29.5%。

全年进出口总额149亿元，增长3.1%。其中，进口60亿元，下降13.8%；出口89亿元，增长18.8%。按贸易方式分：一般贸易出口45亿元，增长23.3%；加工贸易出口40亿元，增长7.8%。按经营主体分：国有企业出口增长21.5%，“三资企业”出口增长11%，私营企业出口增长60%。按出口商品分：玩具出口增长10.1%，机电产品出口增长8.1%，服装出口增长 1.09 倍，高新技术产品出口增长 17.6%。按出口市场分：对香港出口增长 16.5%，对欧盟出口增长 3.9%，对美国出口增长 30.9%，对日本出口增长 2.8%。实际利用外资 0.48 亿美元，下降 74.8%。全年新批外商直接投资项目 21 个，下降 76.1%。

六、交通、邮电和旅游

全年交通运输、仓储和邮政业增加值 87.6 亿元，增长 10.4%。公路货运周转量 245 亿吨公里，公路旅客周转量 28.5 亿人公里。

年末公路通车里程 16131 公里（公路密度 87.7 公里／百平方公里），其中高级、次高级路面公路 11681 公里。等级公路 15848 公里，其中高速公路 491 公里，一级公路 212 公里，二级公路 827 公里。年末实有公共汽车营运车辆 597 辆，其中浈江和武江 459 辆。公共汽车客运总量 5641.9 万人次。内河航道维护通航里程 386 公里，其中等级航道 256 公里，码头 3 个，泊位 13 个。港口货物吞吐量 62.3 万吨，增长 7.4%。年末民用汽车拥有量 17.86 万辆，比上年增长 18%，其中私人汽车 15.63 万辆，增长 19.5%。民用轿车拥有量 11.66 万辆，增长 22.3%，其中私人轿车 10.96 万辆，增长 22.9%。

全年完成邮电通信业务总量（按 2010 年不变价计，下同）45.3 亿元，增长 25.4%。其中：邮政业务（含快递）总量 4 亿元，增长 24.8%；通信业务总量 41.2 亿元，增长 25.5%。电话交换机总容量 109 万门，固定电话 50.5 万户，移动电话用户 272.9 万户。全市家庭宽带用户数 65 万户，手机上网用户数 161 万户。

规模以上服务业企业共 132 家，营业收入 49.3 亿元，其中旅游服务企业共 8 家，营业收入 2.0 亿元。全年接待旅游者人数 3170 万人次，增长 13.1%，其中入境过夜旅游者 5.44 万人次，下降 36.8%。旅游总收入 270 亿元，增长 20%。新增国家 3A 级景区 2 个。

七、金融和保险业

年末金融机构本外币各项存款余额 1532.9 亿元，增长 9.9%，其中住户本外币存款余额 925.2 亿元，增长 7.3%。年末金融机构本外币各项贷款余额 731.8 亿元，增长 9.0%。住户贷款余额 287.5 亿元，增长 17.2%。其中住户中长期消费贷款 259.4 亿元，增长 17.5%；住户短期消费贷款 28.1 亿元，增长 14.5%。

全市证券金融机构交易额 6442.2 亿元，增长 2.2 倍。新增开户 7.18 万户，增长 4 倍。

全年保费总收入 36.8 亿元，增长 18.2%。其中人寿险保费收入 22.6 亿元，增长 19.3%；财产险保费收入 11.0 亿元、增长 15.8%。财产险赔付支出 5.4 亿元、增长 7.6%。

图8　2011-2015年住户储蓄存款余额及其增长速度

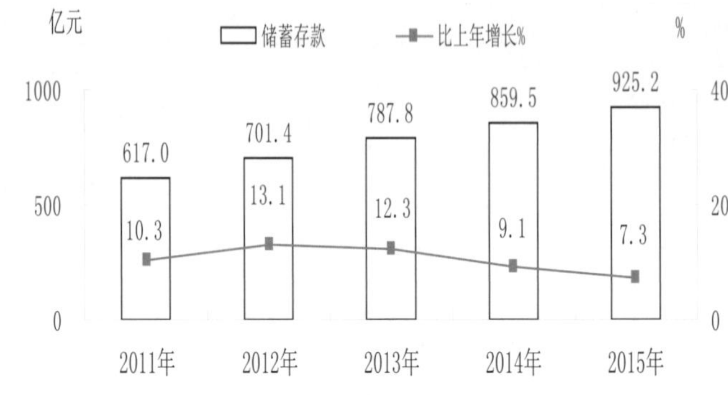

八、教育和科学技术

全年各级各类教育（含技工学校，不含非学历培训）招生 12.6 万人，增长 6.0%；在校学生 47.8 万人，下降 1.6%。拥有技工学校 8 所，普通中学 152 所，中等职业学校 21 所，小学 184 所，幼儿园 494 所。

表3　各类学校教育发展情况

	学校数（所）	招生数（人）	在校学生数（人）	比上年增长（%）
全日制高等学校	2	11518	38480	4.7
技工学校	8	13500	34000	-19.7
其中：市属	4	5500	15300	-10.6
中等职业学校	21	9000	25003	-10.4
普通中学	152	51371	154789	-3.7
其中：高中	25	19375	60709	-5.0
初中	127	31996	94080	-2.8
小学	184	40370	218150	3.7

新增国家高新技术企业 10 家、省级工程技术研发中心 5 家，专利申请量、授权量连续 11 年居全省山区市前列。年末拥有省级工程技术研究开发中心 18 家，省市工程中心累计达到 44 家。国家级高新技术企业 39 家，省级民营科技企业 81 家。全年取得科技成果 67 项，其中 3 项获省科技进步奖。全年专利申请 3101 项，专利授权 2107 项；发明专利申请 726 项，发明专利授权 108 项。

九、文化卫生和体育

年末共有文化馆 11 个，博物馆 9 个，剧场、影剧院 19 个，公共图书馆 10 个。公共图书馆图书总藏量 170.3 万册。微波线路总长 72.5 公里，广播电视微波站 3 座，广播调频发射台 9 座，广播综合人口覆盖率 99.99%。电视发射台 8 座，有线电视用户 51.9 万户，电视综合人口覆盖率 99.88%。

年末共有医疗卫生机构 625 个，其中医院、卫生院 161 个。医疗卫生床位数 1.6 万张，疾病预防控制中心 10 个，妇幼保健院（站、所）10 所。各类卫生技术人员 1.83 万人。其中执业（助理）医师 4713 人，注册护士 6209 人。乡镇卫生院 103 个，床位 2713 张，卫生技术人员 3235 人，乡村医疗点 1514 个。食品安全风险监测总体合格率 85.9%。农村居民卫生厕所普及率 96.7%。

全市体育场馆共 4524 个。全年销售体育彩票 3.03 亿元。全市体育健儿在省运会中获得金牌 3 枚、银牌 7 枚、铜牌 13 枚。

十、人民生活、社会保障与安全生产

全市居民人均可支配收入 18143 元，增长 9.1%。其中城镇居民人均可支配收入 23504 元，增长 8.9%；农村居民人均可支配收入 11607 元，增长 10.2%。城乡居民收入比为 2.03:1，差距继续缩小。居民家庭食品消费支出占消费总支出的比重（恩格尔系数）为 39%，比上年下降 0.3 个百分点。

全年落实扶贫帮扶资金 6.93 亿元、落实村帮扶项目 2224 个，贫困村村集体经济平均收入 9.64 万元，贫困户人均纯收入 9120 元。

年末参加基本养老保险（含机关、事业单位）67.8 万人，增长 3.1%；参加基本医疗保险（含城乡居民基本医疗保险）283.5 万人，增长 0.7%；参加工伤保险 38.4 万人，减少 6.9%；参加失业保险 29.2 万人，增长 2.9%；参加生育保险 23.8 万人，增长 31.2%。年末享受社会养老待遇的离、退休人员 15.0 万人。参加城乡居民社会养老保险 91.1 万人。养老、失业、工伤、生育、医疗（不含城乡居民基本医疗）保险基金全年征缴 42.2 亿元，增长 4.7%。

年末社会福利院 11 所。敬老院床位数 3661 张，社会福利院床位数 2478 张。敬老院在院人数 1682 人，社会福利院在院人数 1055 人。城乡居民享受最低生活保障 7.4 万人，其中城镇居民 1.5 万人。全年发放保障资金 1.9 亿元，其中城镇 6814 万元；发放救灾资金 1733 万元，救济物资折款 90 万元，累计救灾 2.3 万人次。全年销售社会福利彩票 3.6 亿元，筹集社会福利基金 1 亿元。

新开工各类保障性住房 2.71 万套，基本建成 1.58 万套，超额完成任务，完成农村危房改造 4147 户。

全年道路交通事故死亡 174 人，交通事故损失 327.4 万元；火灾事故死亡 5 人，火灾事故损失 412 万元。发生工矿商贸企业、交通、火灾事故 1019 起，比上年下降 12%；死亡 194 人、受伤 478 人、直接经济损失 1989.1 万元，分别下降 11.0%、增长 6.2% 和下降 43.0%。

十一、人口、资源与环境

年末常住人口 293.15 万人，比上年增加 2.26 万人，增长 7.7%。城镇常住人口比重为 54.3%，比上年提高 0.5 个百分点。户籍人口 330.21 万人，其中城镇人口 149.02 万人。全年出生人口 3.16 万人，人口出生率 11.3%；死亡人口 1.58 万人，死亡率 5.7%；人口自然增长率 7.1%。

已探明的矿产资源储量中，煤 1.31 亿吨，铁矿石 2982 万吨，锰矿石 74 万吨，铜矿石 8221 万吨，铅矿石 9404 万吨，锌矿石 1.35 亿吨，钨矿石 1.87 亿吨，钼矿石 1.15 亿吨，锑矿石 238 万吨，铋矿石 1.28 亿吨。

全年水资源总量 211.1 亿立方米。平均降雨量 1901 毫米，较上年增加 30.7%。年平均气温 20.7℃，年日照时数 1355 小时。年末大中型蓄水量 18.03 亿立方米，较上年增加 20.9%。

全年规模以上工业综合能源消耗量 661.34 万吨标准煤，同比下降 5.9%。全年全社会用电量 111.27 亿千瓦小时，下降 6.7%。其中工业用电 78.85 亿千瓦小时，下降 10.3%；第三产业用电 14.54 亿千瓦小时，增长 8.3%；居民生活用电 15.39 亿千瓦小时，增长 0.8%。

完成荒山（沙、土）造林面积 19990 公顷。全市林业用地面积 141.9 万公顷，森林覆盖率为 75.0%，比上年提高 0.6 个百分点。全市共有国家级自然保护区 3 个，省级自然保护区 10 个。园林绿地面积 4557 公顷，市区建成区绿化覆盖面积 4425 公顷，建成区绿化覆盖率 45.9%，城区人均公园绿地面积 12.5 平方米。

注：

1. 本公报中 2015 年数据为初步统计数，统计图中 2011–2014 年数据为年报数。部分数据因四舍五入的原因，存在着与分项合计不等的情况。

2. 地区生产总值、各产业增加值绝对数按现价计算，增长速度按可比价计算。

3. 从 2011 年起，规模以上工业统计口径由 500 万元调整为 2000 万元及以上；固定资产投资项目统计起点由计划总投资 50 万元提高到 500 万元，增速为可比口径。2012 年四季度，国家统计局实施了城乡一体化住户调查改革。2013 年起按照新的调查口径对外发布城乡一体的居民人均可支配收入和分城镇、农村常住居民人均可支配收入数据。由于新老调查方案在调查范围、调查对象、城乡划分标准、样本抽选、计算和汇总方式、指标口径等方面变化较大，改革后新口径数据和旧口径数据存在不可比的差异。从 2015 年起，“地方公共财政预算收入”更名为“地方一般公共预算收入”，各项存款余额中，“单位存款”更名为“非金融企业存款”，“储蓄存款”更名为“住户存款”。

4. 现代服务业主要包括金融业、现代物流业、信息服务业、科技服务业、外包服务业、商务会展业、文化创意产业和总部经济八个产业。先进制造业包括装备制造业、钢铁冶炼及加工业、石油及化学制造业。高技术制造业包括核燃料加工业、信息化学品制造业、医药制造业、航空航天器制造业、电子通信设备制造业、计算机制造业、医疗仪器设备制造业。

2015年河源市国民经济和社会发展统计公报

2015年是"十二五"规划的收官之年，河源市委、市政府全面贯彻落实中央、省的一系列重大决策部署，主动适应经济发展新常态，紧扣"三大抓手"，实施"四大战略"，着力稳增长、促改革、调结构、惠民生，基本完成了"十二五"规划的主要目标任务，全市经济综合实力跃上新台阶，社会各项事业取得新成效，为"十三五"规划纲要的实施和全面建成小康社会奠定了坚实基础。

一、综合

人口总量平稳增长，城镇化水平稳步提高。年末常住人口307.35万人，比上年末增加1.03万人，增长3.4‰。城镇人口比重42.15%，比上年提高0.89个百分点。年末户籍总人口366.41万人，比上年末增加1.12万人，增长3.1‰。

国民经济平稳发展，结构调整稳步推进。初步核算，2015年全市实现地区生产总值(GDP)810.08亿元，比上年增长8.1%，增速分别比全国（6.9%）、全省（8.0%）快1.2和0.1个百分点。分产业看，第一产业增加值93.71亿元，增长4.3%，对全市经济增长的贡献率为5.3%，拉动GDP增长0.4个百分点；第二产业增加值370.72亿元，增长8.5%，对全市经济增长的贡献率为55.8%，拉动GDP增长4.5个百分点；第三产业增加值345.65亿元，增长8.6%，对全市经济增长的贡献率为38.9%，拉动GDP增长3.2个百分点。三次产业结构由上年的11.4∶47.1∶41.5调整为11.5∶45.8∶42.7，其中第三产业占比提高了1.2个百分点。2015年，河源人均GDP为26401元［仅为全国平均水平（49351元）的53.5%、全省（67503元）的39.1%］，按平均汇率折算为4239美元。

图1　2010-2015年地区生产总值及其增长速度

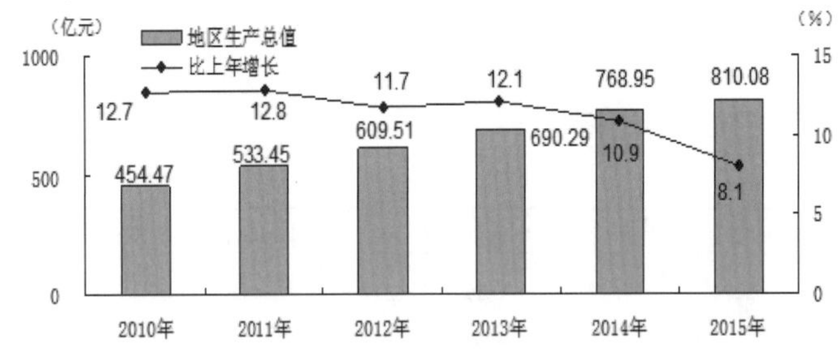

民营经济持续较快发展，占全市生产总值比重超六成。全市民营经济单位数11.40万个，上交税金61.89亿元，分别增长9.5%和13.1%。实现民营经济增加值526.65亿元，比上年增长9.3%，增速比全市经济快了1.2个百分点，民营经济增加值占全市生产总值的比重达65.0%，对全市经济增长的贡献率达72.6%。

财税收入稳定增长，民生事业支出力度明显加大。全年实现地方一般公共预算收入67.47亿元，增长11.6%。国、地税税收收入突破百亿元大关，达107.65亿元，增长8.4%。地方一般公共预算支出267.70亿元，增长28.9%。其中，用于节能环保、城乡社区、农林水、教育、社会保障和就业等民生事务支出分别增长117.9%、85.5%、39.7%、26.9%和25.9%。

图2　2010-2015年地方一般公共预算收入及其增长速度

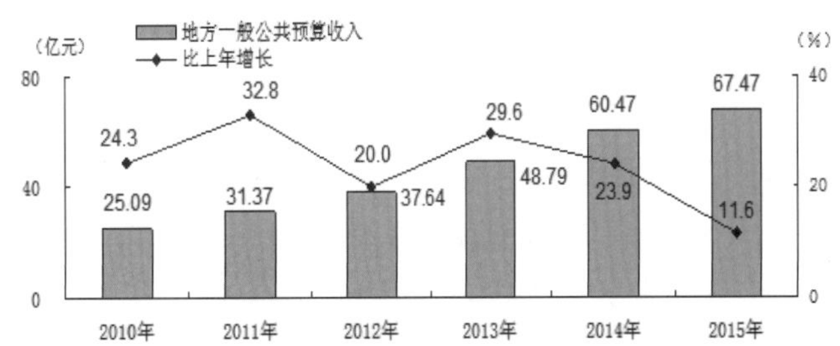

物价水平温和上涨。全年居民消费价格总水平上涨2.1%。分类别看，食品类价格上涨4.1%，烟酒类

价格上涨 0.9%，衣着类价格上涨 2.3%，家庭设备用品及维修服务类价格上涨 1.5%，医疗保健和个人用品类价格上涨 1.1%，交通和通信类价格下降 0.9%，娱乐教育文化用品及服务类价格上涨 2.2%，居住类价格上涨 0.7%。工业生产者出厂价格下降 6.4%，固定资产投资价格下降 0.4%，农产品生产价格上涨 2.5%。

表1　2015年居民消费价格比上年涨跌幅度

指　　标	价格指数（上年=100）	比上年涨跌幅度(%)
居民消费价格指数（CPI）	102.1	2.1
服务项目价格指数	102.9	2.9
消费品价格指数	101.8	1.8
食品	104.1	4.1
其中：粮食	103.0	3.0
干豆类及豆制品	101.9	1.9
油脂	100.1	0.1
肉禽及其制品	108.6	8.6
蛋	103.1	3.1
水产品	103.4	3.4
菜	100.8	0.8
干鲜瓜果	106.1	6.1
糖	102.6	2.6
在外用膳食品	101.7	1.7
烟酒	100.9	0.9
衣着	102.3	2.3
家庭设备用品及维修服务	101.5	1.5
医疗保健和个人用品	101.1	1.1
交通和通信	99.1	-0.9
娱乐教育文化用品及服务	102.2	2.2
居住	100.7	0.7
商品零售价格指数	99.8	-0.2

就业、创业工作扎实推进。全年城镇新增就业 4.28 万人，就业困难人员实现再就业 0.23 万人，安置下岗失业人员再就业 0.93 万人。年末城镇实有登记失业人员为 0.95 万人，城镇登记失业率为 2.45%。组织劳动力转移培训 3.68 万人，新增农村劳动力转移就业 3.30 万人。全市 6 个省级产业转移工业园共接纳本地劳动力 9.38 万人。实施创业培训 0.21 万人，创业带动就业 0.64 万人。

经济社会发展中存在的主要问题：经济基础仍较薄弱，综合实力亟待提高；人均 GDP 与全国平均水平差距较远，全面建成小康社会任重道远；创业创新不足，新产业、新业态、新商业模式仍未有效培育，经济由中高速向中高端转变的压力巨大；城乡发展差距仍较明显，农村全面脱贫攻坚任务艰巨；生态保护、节能减排压力逐步加大；社会治理水平不高，短板问题仍较突出，基本公共服务均等化差距明显，增进民生福祉任务繁重。

二、农业

农业生产稳定发展。农林牧渔业总产值 150.88 亿元，比上年增长 4.3%。其中，农业产值 89.39 亿元，增长 4.0%；林业产值 20.86 亿元，增长 6.2%；牧业产值 30.86 亿元，增长 2.8%；渔业产值 4.42 亿元，增长 7.0%；农林牧渔服务业产值 5.35 亿元，增长 7.7%。

粮食产量保持稳定，经济作物普遍增产。全年粮食种植面积为 16.36 万公顷，比上年减少 232 公顷。全年粮食总产量 91.22 万吨，其中稻谷 81.78 万吨，增长 0.3%。糖料种植面积 462 公顷，比上年增加 74 公顷；油料种植面积 2.60 万公顷，增加 230 公顷；蔬菜种植面积 3.75 万公顷，增加 300 公顷。糖蔗产量 2.97 万吨，增长 20.2%；花生产量 7.97 万吨，增长 2.7%；蔬菜产量 71.36 万吨，增长 3.6%；水果产量 38.86 万吨，增长 2.1%；茶叶产量 5355 吨，增长 6.7%。

表2　2015年主要农产品产量及其增长速度

产品名称	计量单位	产量	比上年增长(%)
粮食	万吨	91.22	-0.01
#稻谷	万吨	81.78	0.3
花生	万吨	7.97	2.7
糖蔗	万吨	2.97	20.2
蔬菜	万吨	71.36	3.6
水果	万吨	38.86	2.1
茶叶	吨	5355	6.7
生猪存栏量	万头	75.03	0.3
生猪出栏量	万头	97.72	-2.3
出售和自宰家禽	万只	2670.34	2.7
肉类总产量	万吨	11.79	-0.5
#猪肉	万吨	7.41	-2.0
禽肉	万吨	3.64	2.2
水产品总产量	万吨	4.48	1.4

支农政策全面落实，农业机械化水平有所提高。全市安排种粮补贴1112.38万元，农机补贴600万元。年末农业机械总动力77.8万千瓦，比上年末增加1.8万千瓦。农村用电量6.96亿千瓦时，比上年增长3.1%。

农业产业化步伐加快。全市现有实施“公司+农户+基地”经营模式的市级以上农业龙头企业166家，其中本年新增13家（省级4家、市级9家）。辐射带动农户29万户，户均增收3200元。

三、工业和建筑业

工业生产平稳增长。全市实现全社会工业增加值416.28亿元，比上年增长8.1%，其中规模以上工业增加值380.32亿元，比上年增长8.2%。在规模以上工业中，外商及港澳台商投资企业工业增加值128.90亿元，增长3.7%；民营企业工业增加值234.22亿元，增长12.1%。分轻重工业看，轻工业增加值101.96亿元，增长5.7%；重工业增加值278.36亿元，增长9.1%；分企业规模看，大型企业工业增加值108.00亿元，增长5.6%，中型企业工业增加值124.20亿元，增长5.1%，小型企业工业增加值143.27亿元，增长13.1%，微型企业工业增加值4.83亿元，下降42.9%。

图3 2010-2015年规模以上工业增加值及其增长速度

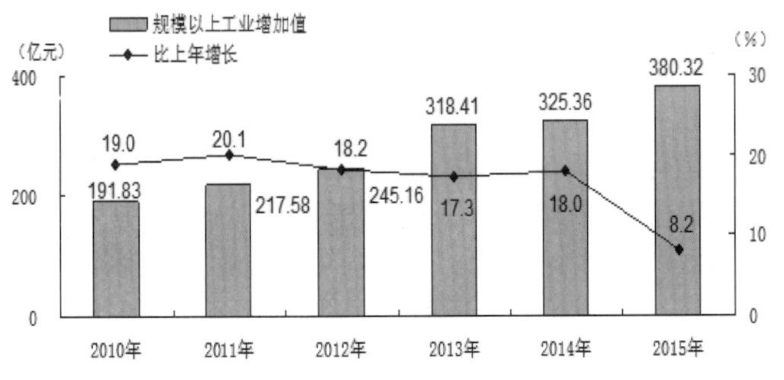

主导产业较快发展。全市共有规模以上工业企业530家，比上年增加71家。其中年产值超10亿元的27家。电子电器、矿产开采及冶炼加工、机械制造、电力生产及供应、服装鞋靴、建材陶瓷、食品饮料等七大主导产业实现工业增加值334.48亿元，增长8.7%，增速比全市规模以上工业高出0.5个百分点，占比达87.9%。

高技术产业领跑全市工业发展，但先进制造业发展整体趋缓。高技术制造业工业增加值110.35亿元，比上年增长12.4%，增速比全市规模以上工业高出4.2个百分点。其中，以手机生产为主的电子及通信设备制造业工业增加值90.74亿元，比上年增长14.9%。先进制造业实现工业增加值186.41亿元，比上年下降0.5%。其中，装备制造业实现工业增加值133.79亿元，增长9.8%，钢铁冶炼及加工业实现工业增加值51.16亿元，增长8.5%。

园区经济持续较快发展，但入库税收有所下降。全市“一区六园”规模以上工业企业420家，比上年增加16家。实现工业增加值295.11亿元，比上年增长11.3%，增速比规上工业高出3.1个百分点。实现入库税收21.29亿元，比上年下降1.6%。全市6个省级产业转移工业园实现工业增加值184.20亿元，比上年增长23.2%。

大部分主要工业产品减产。除软饮料、化学原料药、中成药、瓷质砖、钢材、粗钢等产品增产外，其余工业产品均出现减产。

表3 2015年主要工业产品产量及其增长速度

产品名称	计量单位	产　量	比上年增长(%)
铁矿石原矿量	万吨	618.51	-7.0
钨精矿折含量	吨	1316	-16.2
发电量	亿千瓦小时	70.13	-9.1
软饮料	万吨	78.06	13.1
化学纤维	吨	760	-30.6
服装	万件	3629.10	-13.4
人造板	万立方米	33.46	-15.6
皮革鞋靴	万双	2760.30	-5.7
化学原料药	吨	814	28.4
中成药	吨	29750	18.8
塑料制品	吨	40311	-2.4
水泥	万吨	195.69	-0.8
瓷质砖	万平方米	3378.79	7.4
钢材	万吨	389.25	14.8
金属模具	万套	37.51	-7.8
粗钢	万吨	142.97	32.6

工业企业经济效益总体水平明显提高。全市规模以上工业经济效益综合指数265.14%，比上年提高14.1个百分点。资产负债率55.53%，下降0.3个百分点；资本保值增值率110.96%，提高1.1个百分点；流动资产周转次数3.53次，下降0.08次；成本费用利润率5.76%，提高了0.9个百分点；全员劳动生产率23.56万元/人年，提高6.9%；产品销售率96.57%，提高0.7个百分点。实现主营业务收入1348.64亿元，增长3.9%，利润总额73.04亿元，增长20.8%。

建筑业较快发展，企业盈利能力大幅提高。全年全社会建筑业增加值 35.85 亿元，按可比价格计算，比上年增长 15.3%。全市具有资质等级以上建筑施工企业 104 家，比上年增加 2 家；实现利润总额 7.71 亿元，增长 57.7%。

四、固定资产投资

固定资产投资快速增长，交通基础设施投资成亮点。全年固定资产投资 564.14 亿元，比上年增长 24.5%。分三次产业看，第一产业投资 7.08 亿元，增长 61.7%；工业投资 217.07 亿元，增长 16.3%；第三产业投资 339.97 亿元，增长 29.6%，其中交通运输邮政业投资 105.2 亿元，增长 51.2%，增速比全部投资高出 26.7 个百分点。分投资主体看，内源性经济投资 517.05 亿元，增长 22.8%，其中，民间投资 325.98 亿元，增长 8.2%；外源性经济投资 47.08 亿元，增长 45.6%。

图4　2010-2015年固定资产投资及其增长速度

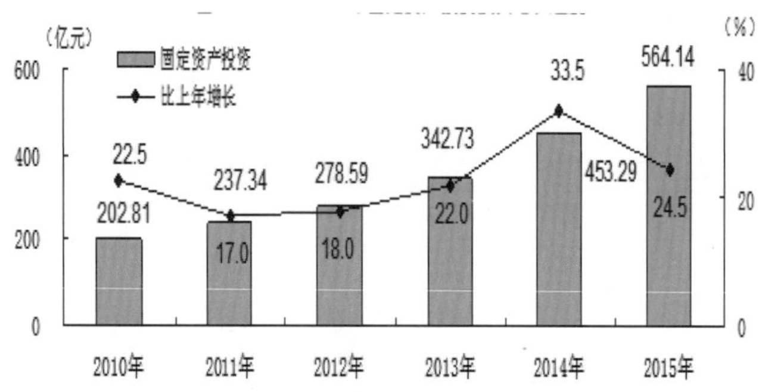

重点项目建设有序推进。全市共安排 100 个重点建设项目，其中，年投资额在 1000 万～ 5000 万元之间的项目 9 个，年投资额在 5000 万～ 1 亿元之间的项目 21 个，年投资总额 1 亿元以上的项目有 65 个，比上年增加 22 个。全年完成重点项目投资 204.05 亿元，占年度计划的比重为 77.6%。全市计划新开工项目 52 个，续建项目 48 个，年内计划投产项目 34 个。66 个项目完成或超额完成年度投资任务，部分生产性项目、全局性重大项目建设取得突破性进展，汕昆高速河源段、武深高速河源段、河惠莞高速公路龙川至紫金段、和平县新城汽车客运站等 38 个项目顺利开工建设；中兴通讯（河源）生产研发培训基地一期工程、市城南汽车客运站、市一中高中部等重点项目建设稳步推进；紫金县瑞通包装工业有限公司基建工程、连平县东润联合制药股份有限公司药品生产项目、汕湛高速河源段、大广高速河源段、迎客大桥及连接线工程、龙川县城共和路城市棚户区改造工程等 33 个项目相继竣工或投产。

房地产开发投资快速增长，商品房销售良好。全市完成房地产开发投资 128.59 亿元，比上年增长 27.5%。按用途分，商品住宅开发投资 93.67 亿元，增长 35.0%，其中，90 平方米以下住宅投资 16.54 亿元，增长 242.2%；144 平方米以上住宅投资 20.94 亿元，增长 35.1%；别墅、高档公寓投资 4.03 亿元，下降 26.3%。办公楼投资 2 亿元，增长 34.7%，商业营业用房投资 26.32 亿元，增长 23.2%。全市商品房销售面积 242 万平方米，增长 29.8%；实现商品房销售额 102.25 亿元，增长 28.6%。

保障安居工程建设稳步推进，供给大幅增加。全年完成城镇保障性安居工程住房投资额 2.95 亿元，比上年增长 0.6%；保障性安居工程住房建筑面积 29.37 万平方米，增长 142.9%。公租房（含廉租房）投资额 2.43 亿元，增长 56.8%；公租房（含廉租房）建筑面积 13.89 万平方米，增长 36.8%。

新增生产能力或工程效益，全年新增固定资产 246.68 亿元。新建四级以上公路 215.2 公里，改造县乡公路 90 公里，新增水泥硬底化村道 686 公里。新增发电机组容量 1.53 万千瓦，新增 11 万伏及以上变电设备容量 8 万千伏安，输电线路 86.44 千米。

五、国内贸易

消费需求持续较快增长。全年社会消费品零售总额 482.99 亿元，比上年增长 11.0%。分地域看，城镇消费品零售额 371.19 亿元，增长 10.8%；乡村消费品零售额 111.80 亿元，增长 11.8%。分行业看，批发业零售额 66.96 亿元，增长 11.7%；零售业零售额 382.68 亿元，增长 10.9%；住宿业零售额 13.15 亿元，增长 12.0%；餐饮业零售额 20.21 亿元，增长 10.9%。限额以上单位实现零售额 107.19 亿元，增长 6.4%，其中，粮油、食品、饮料、烟酒类增长 23.8%，服装、鞋帽、针纺织品类增长 10.4%，化妆品类增长 21.5%，金银珠宝类增长 0.8%，日用品类增长 15.5%，家用电器和音像器材类增长 5.4%，中西药品类增长 18.3%，文化办公用品类增长 30.5%，通讯器材类增长 12.8%，石油及制品类下降 9.3%，汽车类增长 32.7%，建筑及装潢材料类增长 38.1%。

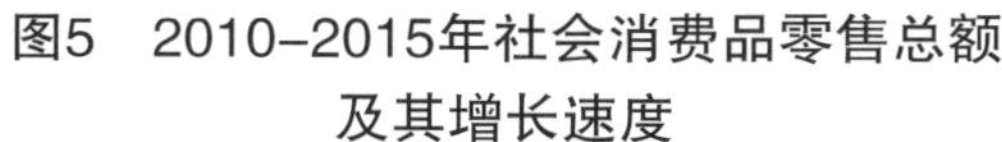

图5　2010-2015年社会消费品零售总额及其增长速度

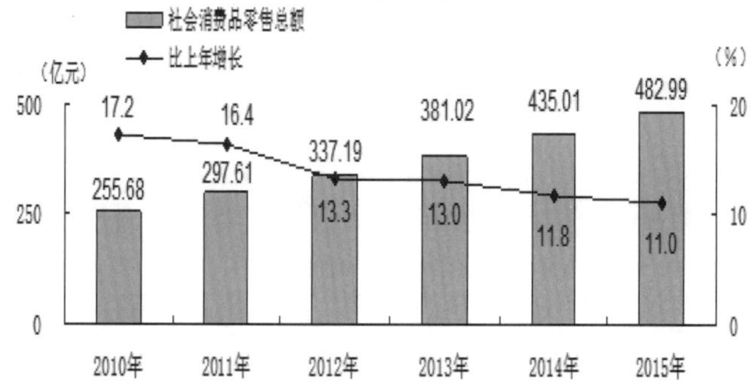

六、对外经济

对外贸易平稳增长。全年进出口总额251.0亿元，比上年增长3.3%，其中出口总额176.2亿元，增长8.3%。在出口总值中，河源对美国、香港、欧盟、日本、东盟、韩国的出口额147.7亿元，占全市出口总额的比重达83.8%。

表4　2015年进出口总额及其增长速度

指　　标	总量（亿元）	比上年增长（%）
进出口总额	251.0	3.3
出口额	176.2	8.3
其中：一般贸易	44.8	26.1
加工贸易	122.5	-3.7
其中：机电产品	99.7	3.0
高新技术产品	59.9	0.5
电话机	25.1	-18.7
服装及衣着附件	18.7	60.2
其中：国有企业	3.5	4.7
“三资”企业	139.5	-2.8
私营企业	33.2	114.8
进口额	74.8	-6.9
其中：一般贸易	15.6	82.0
加工贸易	57.2	-8.3
其中：机电产品	41.3	-13.9
高新技术产品	30.1	-17.8
其中：国有企业	0.6	-11.5
“三资”企业	56.3	-11.9
私营企业	17.9	14.4
净出口额（出口减进口）	101.4	23.2

图6　2010-2015年出口总额及其增长速度

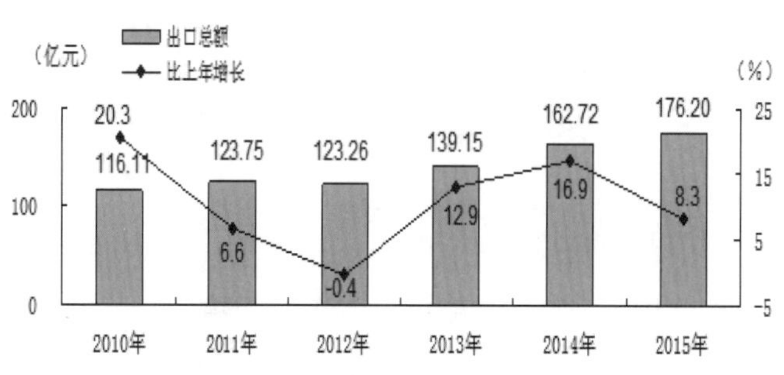

实际利用外资大幅下降。至2015年底，全市工商登记在册的外商及港澳台商投资企业1255家，比上年增加19家。全年仅签订利用外商直接投资项目26个，合同利用外商直接投资3.43亿美元，比上年增长4.3%；全年实际利用外商直接投资1.44亿美元，比上年下降36.2%。

七、交通、邮电和旅游

交通运输业平稳发展。全年交通运输、仓储和邮政业实现增加值22.87亿元，比上年增长3.6%。年末全市公路通车里程15795公里，比上年增加211公里（其中高速公路145公里）。全年客运量3290万人，增长12.6%，旅客运输周转量38.44亿人公里，增长14.8%；货运量6510万吨，增长13.1%，货物运输周转量87.50亿吨公里，增长14.2%。

表5　2015年旅客运输量与货物运输量及其增长速度

指　　标	计量单位	总量	比上年增长（%）
客运量	万人	3290	12.6
公路	万人	3257	12.6
水运	万人	33	13.8
旅客运输周转量	万人公里	384365	14.8
公路	万人公里	383230	14.8
水运	万人公里	1135	12.7
货运量	万吨	6510	13.1
公路	万吨	6495	13.1
水运	万吨	15	7.1
货物运输周转量	万吨公里	874960	14.2
公路	万吨公里	870800	14.2
水运	万吨公里	4160	13.9

民用汽车保有量快速增长。年末全市民用汽车保有量达18.40万辆，比上年末增长27.1%，其中私人汽车16.47万辆，增长32.0%。民用轿车保有量达9.85万辆，增长33.6%，其中私人轿车9.23万辆，增长36.9%。

邮电业快速发展，4G 业务快速推广。全年邮电业务总量（2010 年不变价）41.95 亿元，比上年增长 24.7%。其中，邮政业务总量 2.93 亿元，增长 31.7%，电信业务总量 39.02 亿元，增长 24.2%。固定电话用户 41.50 万户；移动电话用户 238.28 万户，其中 4G 移动电话用户 115.10 万户，比上年末增加 99.8 万户；年末（固定）互联网宽带接入用户 44.64 万户，比上年末增加 8.67 万户。

图7　2010-2015年年末电话用户数

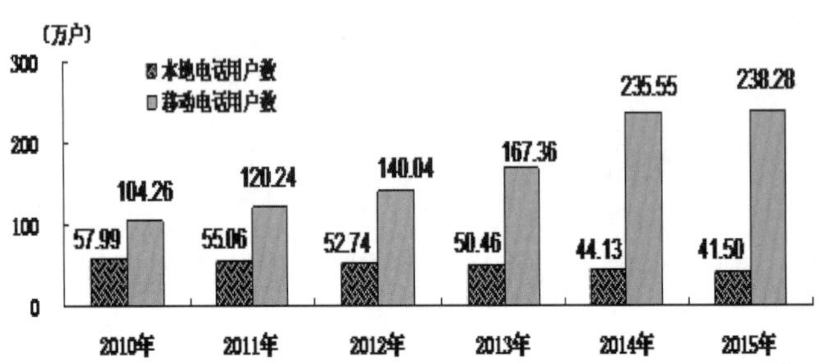

旅游业持续较快发展。全市全年接待旅游总人数 2536.81 万人次，比上年增长 15.2%。其中，国内游客 2529.18 万人次，增长 15.2%；国际游客 7.62 万人次，增长 29.6%。旅游住宿设施接待过夜游客 1109.59 万人次，增长 16.8%。全年实现旅游总收入 211.01 亿元，增长 19.2%。2015 年末，全市各类旅行社 42 家；已评定的星级饭店 19 家，其中五星级饭店 1 家，四星级饭店 2 家；A 级景区 10 个，其中 4A 景区 6 个。

图8　2010-2015年旅游接待总人数及其增长速度

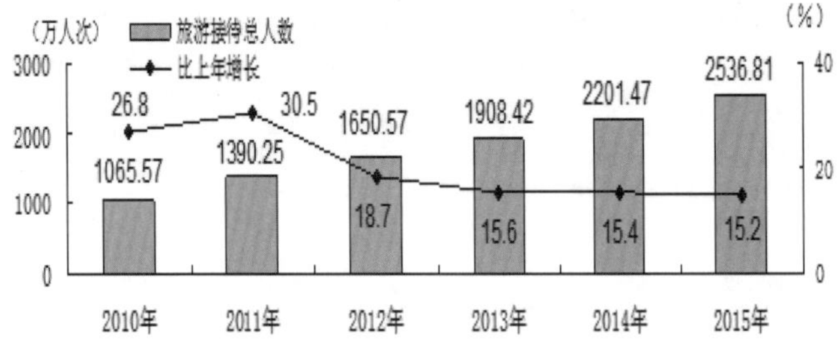

八、金融

金融信贷形势稳健，银行业盈利水平下降。年末全市金融机构本外币各项存款余额 988.90 亿元，比上年末增加 112.96 亿元，增长 12.9%，其中，住户存款余额 591.09 亿元，增长 10.3%。年末金融机构本外币各项贷款余额 801.08 亿元，比上年末增加 102.08 亿元，增长 14.6%。年末个人消费贷款余额为 265.43 亿元，比上年末增加 50.48 亿元，增长 23.5%，其中个人住房贷款余额 195.81 亿元，增长 29.3%。年末全市金融机构不良贷款余额 11.38 亿元，比上年末增长 13.6%，不良贷款比例为 1.42%，比上年末下降 0.01 个百分点。金融机构实现净利润（税后）14.55 亿元，下降 16.7%。

表6　2015年末全部金融机构本外币存贷款及其增长速度

指　　标	年末数（万元）	比上年末增长（%）
金融机构各项存款余额	9888954	12.9
境内存款	9860748	13.0
住户存款	5910920	10.3
非金融企业存款	1508589	8.2
广义政府存款	2413797	22.8
非银行业金融机构存款	27442	301.5
境外存款	28206	-15.0
金融机构各项贷款余额	8010819	14.6
境内贷款	8001837	14.6
住户贷款	3768005	16.8
短期贷款	318895	1.5
中长期贷款	3449110	18.4
非金融企业及机关团体贷款	4233832	12.7
短期贷款	1359631	22.7
中长期贷款	2847180	8.7
非银行业金融机构贷款		
境外贷款	8981	12.4

图9　2010-2015年金融机构本外币存款余额及其增长速度

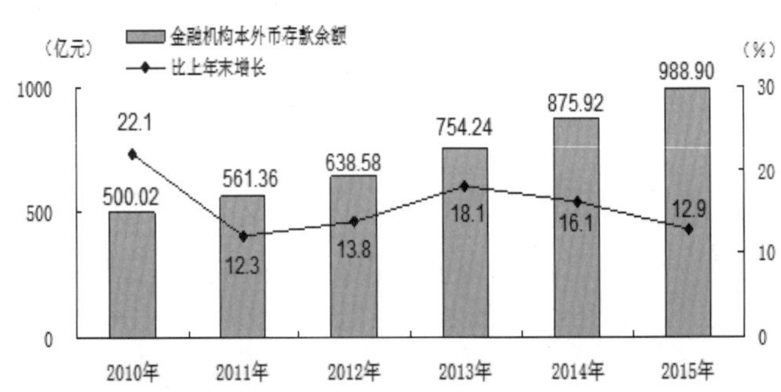

图10　2010-2015年城乡居民本外币储蓄存款余额及其增长速度

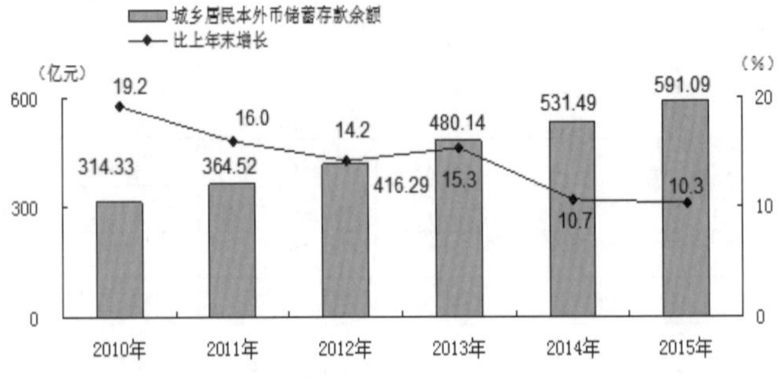

证券投资市场交易活跃。全市共有 5 家证券经营机构。证券代理交易额 2184 亿元，比上年增

长 283.1%。证券客户交易结算资金余额为 8.07 亿元，增长 72.8%；指定与托管证券市值为 53.98 亿元，增长 62.3%；年末证券投资者开户数（资金户）为 111463 户（其中 B 股 1203 户），比上年末增加 37777 户。

保险事业持续快速发展。全市共有各类保险公司 23 家（其中财产保险主体 11 家，人寿保险主体 12 家），比上年增加 4 家。全年实现保费收入 22.90 亿元，比上年增长 38.3%。其中，财产险业务保费收入 7.86 亿元，增长 18.7%；寿险业务保费收入 11.81 亿元，增长 55.3%；健康险和意外伤害险业务保费收入 3.23 亿元，增长 38.8%。全年共支付各项赔款及给付 7.28 亿元，增长 29.6%。其中，财产险业务赔款支出 3.51 亿元，增长 13.1%；寿险业务赔付支出 1.92 亿元，增长 70.3%；健康险和意外伤害险赔付支出 1.85 亿元，增长 33.6%。

九、教育和科学技术

教育创强成果显著。全市 100 个乡镇、五县一区全部成功创建教育强镇、教育强县（区），成功创建教育强市。义务教育标准化学校覆盖率达 100%，义务教育发展均衡县（区）全面通过国家验收。全市共有幼儿园 541 所，在园幼儿 11.91 万人，学前教育幼儿毛入园率为 92.31%，比上年提高 1.66 个百分点；小学 316 所，在校学生 27.75 万人，学龄人口入学率达 100%。普通中学 136 所，其中，初级中学 100 所，高级中学 16 所，完全中学 20 所。一贯制学校 47 所，其中九年一贯制学校 44 所，十二年一贯制学校 3 所。初中在校学生 11.10 万人，初中学龄人口入学率 100%，高中在校学生 6.54 万人，比上年减少 5239 人，高中阶段教育毛入学率由上年的 92.07% 提高至 93.01%。各类中等职业教育在校生 2.49 万人，技工学校在校生 1.13 万人。全市普通高等教育招生 4139 人，比上年增长 0.5%，在校生 11350 人，比上年增长 1.1%。

图11　2010-2015年各类教育在校学生数

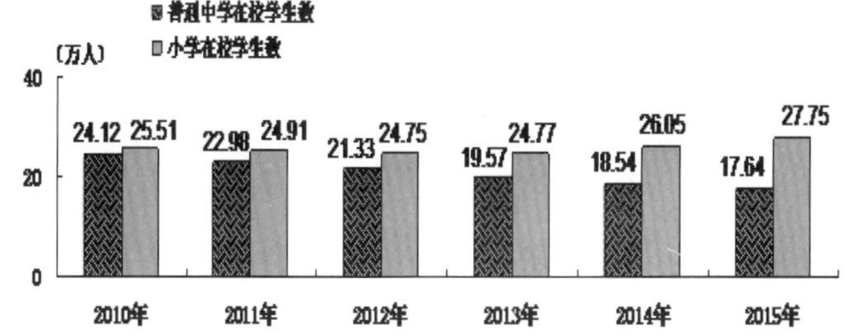

科技事业持续发展，创新驱动成效明显。全市共组织实施国家、省级各类科技计划项目 39 项，组织实施市级科技计划项目 56 项，比上年增加 11 项；获省科学技术进步奖二等奖 1 项、三等奖 4 项，实现了历史性的突破；省级工程技术研究开发中心 24 个，其中本年新增 8 个；全年专利申请受理量达到 1511 件，其中专利申请授权量 832 件，分别比上年增长 77.1% 和 46.2%；高新技术企业 31 家，本年新增 7 家。

十、文化、卫生和体育

文化事业稳步发展。年末全市共有群众文化事业机构 107 个，其中文化馆 7 个、乡镇（街道）文化站 100 个；年末全市共有各类专业艺术表演团体 6 个；县级以上公共图书馆 7 个，馆藏量达 99.2 万册（件），全年总流通 90.8 万人次；博物馆 8 个，文物藏品 6.21 万件；档案馆 8 个，馆藏量 38.06 万卷，增长 12.3%；已开放各类档案 5.22 万卷，下降 56.4%；广播电视台 6 座，广播电视综合人口覆盖率由上年的 94.14% 提高至 99.69%；年末全市有线电视用户 41.13 万户，流失用户和新增用户基本持平。出版各类报纸 4 种，发行 2244.5 万份。

公共卫生事业稳步推进。年末全市共有各类卫生机构 2181 个（含农村卫生站及村级医疗点），其中医院、卫生院 130 个，专科疾病防治机构 6 个，妇幼保健院 6 个，疾病预防控制中心 6 个，卫生监督检验机构 6 个。各类卫生机构拥有床位 12090 张，比上年增长 10.0%，其中医院、卫生院床位 9881 张，增长 6.3%。各类卫生技术人员 14146 人，增长 12.3%。其中执业医师 3186 人，执业助理医师 2072 人，注册护士 5226 人，分别增长 18.0%、15.6% 和 13.4%。全市已建立农村卫生站及村级医疗点 1699 个。农村清洁卫生水普及率达 99.86%，农村自来水普及率达 74.73%，农村卫生厕所普及率达 85.16%。全年无偿献血 16109 人次，献血量 489.5 万毫升。

竞技体育取得新成绩。全市体育健儿在参加省级以上各类重大比赛中，共获得金牌 12 枚、银牌 7 枚，其中获得全国体育比赛金牌 1 枚。群众体育运动全面开展，全年共举办各类群众体育竞赛和体育活动 150 次，体育人口达 163 万人。

十一、人民生活、社会保障与安全生产

城乡居民收入稳步增长，生活水平有所提高。全

体居民人均可支配收入14548元，增长9.5%，扣除价格因素，实际增长7.3%。其中，城镇居民人均可支配收入20016元，比上年增长9.7%，扣除价格因素，实际增长7.4%；农村居民人均可支配收入10803元，比上年增长9.3%，扣除价格因素，实际增长7.1%。城乡居民收入差距为1.85 ∶ 1(农民收入为1)，与上年水平持平。城镇居民恩格尔系数为41.6%，农村居民恩格尔系数为43.3%，分别比上年下降0.3和0.2个百分点。

社会保障水平明显提高。年末全市参加职工养老保险68.72万人，净增2.02万人。参保企业离退休人员6.84万人，净增0.5万人。参加失业保险28.56万人，净增1.11万人，失业保险金标准上调至968元/月。参加工伤保险28.72万人，净增0.62万人，其中参保农民工6.18万人，净增0.01万人。参加生育保险22.21万人，净增1.04万人。年末参加职工医疗保险的人数30.11万人，净增1.14万人；参加城乡居民医疗保险的人数305.81万人，减少4.66万人。城乡居民医疗保险基金支出总额11.44亿元，受益人口达44.91万人。

社会福利工作不断强化。至2015年底，全市享受低保救济的困难群众达15.89万人，其中城镇1.92万人，农村13.97万人。共发放低保救济金3.82亿元，比上年增长12.0%。年末全市各类收养性社会福利单位床位7318张，收养人数2019人，分别增长10%和3%。全年销售社会福利彩票3.71亿元，筹集社会福利公益金1.04亿元，均比上年增长3.0%，直接接收社会捐赠1283万元。

安全生产事故明显减少。全年共发生各类生产安全事故612起，比上年减少59起，死亡110人，比上年减少18人，受伤488人，比上年减少66人，直接经济损失2552.89万元，比上年上升59.0%。其中，道路交通事故450起 ，比上年减少90起，造成死亡102人，比上年减少15人；生产经营性火灾157起，比去年增加了32起，造成死亡2人，直接经济损失1770.5万元。亿元地区生产总值生产安全事故死亡人数为0.136人，比上年下降18.1%；道路交通事故万车死亡人数为2.227人，比上年下降17.9%。

十二、资源与环境

水资源总量大幅增加，用水量明显下降。全市水资源总量155.4亿立方米，比上年增加27.57亿立方米。全年降水量1811.2毫米，比上年增加27.5%。年末全市大型水库蓄水总量98.23亿立方米，比上年增加5.4亿立方米。全年总用水量18.32亿立方米，比上年下降3.0%，万元地区生产总值用水量226.15立方米，下降7.9%。

矿产资源丰富。截至2015年底，全市已找到的矿产种类共44种（含亚矿种），矿产地290处。已查明资源储量的矿种共计32种，其中金属矿产7种，非金属矿产22种，水气矿产3种。在已探明储量的矿产资源中，铁矿是我市优势矿产资源，现有储量2.76亿吨。

生态建设不断加强。全年完成荒山荒地造林面积23854公顷，低产低效林改造面积9786公顷。年末实有封山育林面积8.62万公顷，增长30.8%。活立木蓄积量6140.92万立方米，比上年增长5.0%。全民义务植树411万株。全市森林覆盖率达74.3%，比上年提高0.4个百分点。全市共有自然保护区46个，自然保护区面积26.26万公顷，占全市土地面积的16.8%。其中，建成省级自然保护区 7个，自然保护区面积5.55万公顷。

环境保护取得新成效。水质方面，全市地表水质保持在各功能区标准，其中东江干流水质保持在国家地表水Ⅰ－Ⅱ标准，新丰江、枫树坝两大水库的水质常年保持国家地表水Ⅰ类标准，全市饮用水源水质达标率100%；空气质量方面，全年市区空气质量功能区达标率96.2%，市区空气质量优良天数达到351天，没有下过酸雨；声环境质量方面，市区区域环境噪声平均值55.6分贝，市区交通干线噪声平均值69.2分贝，符合国家标准；废弃物处理方面，市区建成污水处理厂4座，城市污水日处理能力达到13.5万吨。建成区绿化覆盖率由上年的44.60%提高至44.71%。

注：

1. 本公报中2015年数据为初步统计数，统计图中2010-2014年数据为年报数。

2. 地区生产总值、各产业增加值绝对数按现价计算，增长速度按可比价计算。

2015年梅州市国民经济和社会发展统计公报

2015年，在市委、市政府的正确领导下，全市上下认真贯彻落实中央决策部署，紧紧围绕省委、省政府“一个目标、三大抓手、两条底线”的要求，坚持稳增长、调结构、促改革、惠民生，落实“两大振兴政策”，聚焦“三大抓手”，加快项目建设，大力发展实体经济，积极推进“一区两带”建设，全市经济总体呈现平稳运行、稳中有进、稳中向好的态势，人民生活水平不断提高，社会事业全面进步。

一、综合

据初步核算，2015年全市实现地区生产总值（GDP）955.09亿元，增长8.6%，其中第一产业增加值187.69亿元，增长4.2%，拉动GDP增长0.6个百分点；第二产业增加值350.86亿元，增长8.2%，拉动GDP增长3.8个百分点，第二产业中工业增加值286.92亿元，增长8.3%，拉动GDP增长3.2个百分点；第三产业增加值416.54亿元，增长11.0%，拉动GDP增长4.2个百分点。三次产业的结构比例由2014年的19.72 ∶ 37.31 ∶ 42.97调整到2015年的19.65 ∶ 36.74 ∶ 43.61。民营经济增加值595.57亿元，增长7.6%。梅州市人均生产总值22047元，增长8.2%。县域地区生产总值580.48亿元，占全市比重为60.8%，增长9.7%。

图1　2010-2015年梅州市地区生产总值及增长速度

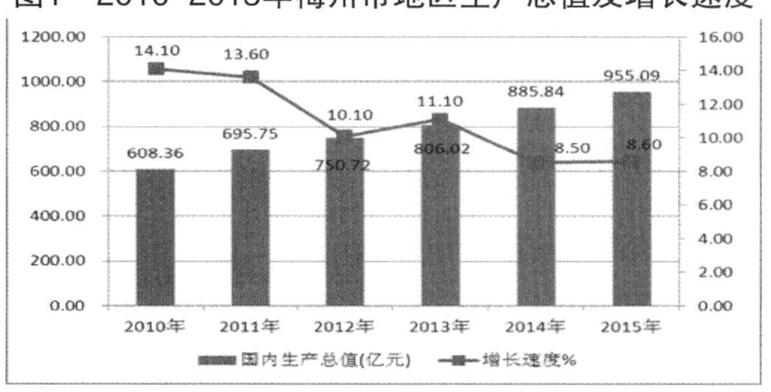

图2　2010年梅州人均生产总值及增长速度

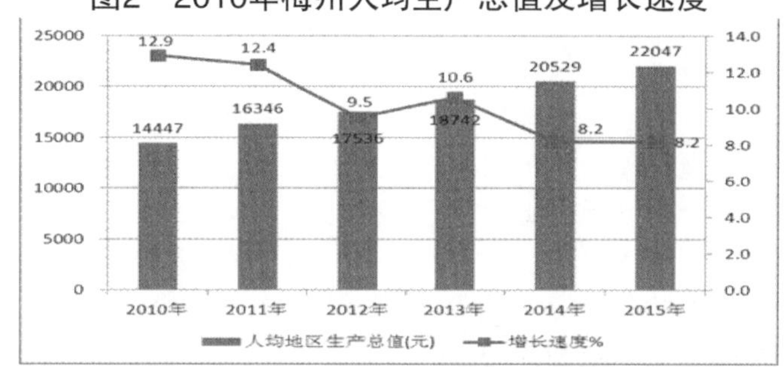

据抽样调查，市区居民消费价格总指数为101.6%，上升1.6%（见表1），其中食品类价格上涨4.3%，居住类价格下跌1.4%。市区商品零售价格总指数为99.5%，下跌0.5%。全市工业生产者出厂价格指数95.81%，同比下降4.19%。

图3　2010-2015年居民消费价格指数涨跌幅度

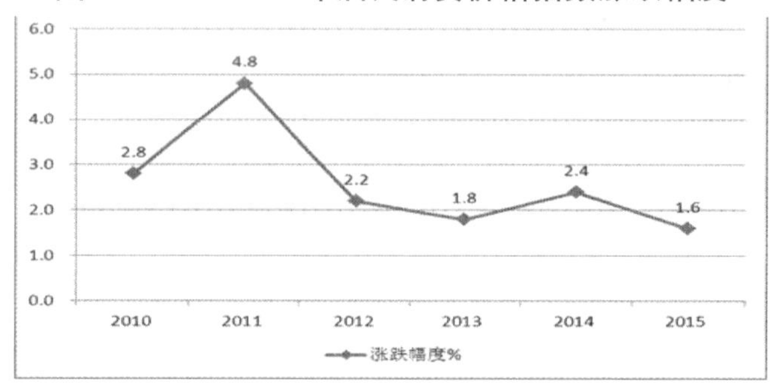

表1　2015年居民消费价格指数比上年涨跌幅度

指　　标	价格指数（上年=100）	比上年涨跌幅度（%）
市区居民消费价格	101.6	1.6
食　品	104.3	4.3
其中：粮食	100.8	0.8
肉禽及其制品	107.2	7.2
蛋类	99.8	-0.2
水产品	102.6	2.6
在外用膳食品	100.3	0.3
烟酒及用品	103	3.0
衣　着	100.4	0.4

家庭设备用品及维修服务	101.9	1.9
医疗保健及个人用品	102.9	2.9
交通和通信	96.7	-3.3
娱乐教育文化用品及服务	101.4	1.4
教育类	103.4	3.4
居　住	98.6	-1.4
水、电、燃料	92.8	-7.2

全年城镇新增就业 31052 人，就业困难人员实现再就业3542人。年末城镇实有登记失业人员 14013 人，城镇登记失业率2.45%，比上年末微升0.01个百分点。

全年地方财政一般预算收入 103.58 亿元，增长 21.5%，其中税收收入 73.82 亿元，增长 21.5%。

虽然当前梅州经济社会发展总体保持稳定，但也存在不少困难和问题：经济总量小，人均水平低；投资总量小，经济面临较大下行压力；产业层次低，产业结构需进一步优化；工业短板突出，重大项目和优势骨干企业少；区域发展不平衡，城乡发展不协调，差距仍较大；城镇化水平相对较低。

2016 年，我们要全面贯彻党的十八大、十八届三中、四中、五中全会精神，深入贯彻中央经济工作会议、习近平总书记系列重要讲话精神，按照省委省政府和市委市政府的决策部署，以“创新、协调、绿色、开放、共享”五大发展理念为引领，认真落实原中央苏区和粤东西北地区“两大政策”，扭紧“三大抓手”，深入实施“一区两带”发展战略，着力推进交通等基础设施建设，着力发展实体经济，着力推进新型城镇化，着力发展社会事业，着力改善民生，确保“十三五”经济社会发展取得良好开局。

二、农业

全年农业总产值 304.04 亿元，增长 4.0%。其中种植业产值 199.29 亿元，增长 4.4%；林业产值 15.01 亿元，增长 6.8%；牧业产值 71.69 亿元，增长 2.2%；渔业产值 10.24 亿元，增长 4.8%；农林牧渔服务业产值 7.81 亿元，增长 5.4%。

全年粮食种植面积 21.47 万公顷，下降 0.01%，经济作物种植面积 3.5 万公顷，增长 0.9%。

全年粮食总产量 123.84 万吨，增长 0.6%，其中稻谷产量 106.44 万吨，增长 0.3%；玉米产量 3.84 万吨，增长 0.8%；花生产量 4.06 万吨，增长 2.4%；烟叶产量 1.08 万吨，增长 1.4%；茶叶产量 1.42 万吨，增长 3.1%；水果产量 141.66 万吨，增长 6.5%；蔬菜产量 229.82 万吨，增长 6.5%。

图4　2010–2015年粮食产量及增长速度

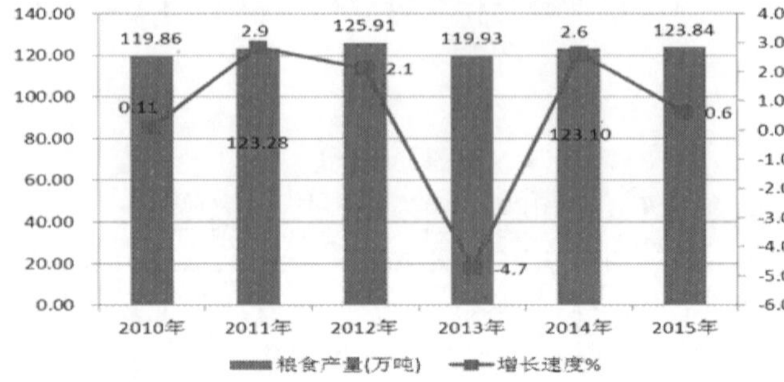

全年肉类总产量 27.98 万吨，下降 0.4%，其中猪肉产量 19.76 万吨，下降 1.2%。当年肉猪出栏 263.65 万头，下降 1.6%，年末生猪存栏 158.86 万头，增长 1.1%。

全年水产品总产量达 11.11 万吨，增长 4.5%。

全年林业人工造林 38.73 万亩，迹地更新 2.06 万亩；低产林改造 22.06 万亩，比上年增长 11.0%；林木总消耗量 63.82 万立方米，比上年增长 8.2%；林木采伐量 62.9 万立方米，比上年增长 15.5%；年末森林覆盖率 74.78%。

三、工业和建筑业

全年全部工业增加值 286.92 亿元，增长 8.3%。工业增加值中，规模以上工业增加值 220.89 亿元，增长 9.0%。其中，六大支柱产业增加值 183.96 亿元，增长 8.7%，六大支柱产业中烟草、电力、建材、电子信息、机电制造和矿业加工分别增长 7.3%、-2.8%、17.9%、10.9%、14.8% 和 10.0%。国有及国有控股企业增加值增长 7.1%，集体企业增加值增长 -46.1%，股份制企业增加值增长 -10.1%，外商及港澳台投资企业增加值增长 4.9%，私营企业增加值增长 17.3%。从轻重工业看，轻工业增加值增长 10.9%，重工业增加值增长 7.0%。在现代产业中，高技术制造业增加值 32.41 亿元，增长 10.4%；先进制造业增加值 48.53 亿元，增长 10.6%；优势传统产业增加值 104.03 亿元，增长 11.9%。

全年全市规模以上工业产品销售率 98.51%，规模以上工业综合经济效益指数 256.08%，比 2014 年上升 12 个百分点。全年实现利税总额 115.72 亿元，增长 13.9%，其中利润总额 44.36 亿元，增长 21.4%。全年全部工业用电量 44.52 亿千瓦时，增长 1.0%。

图5 2010-2015年规模以上工业增加值及增长速度

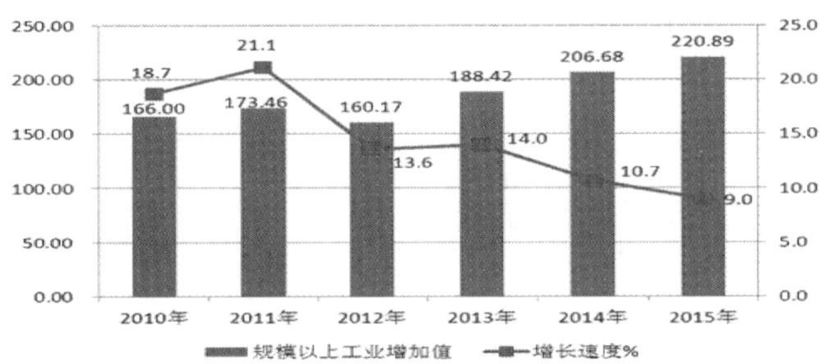

表2 2015年规模以上工业主要产品产量及增长幅度

产品名称	单　位	产　　量	比上年增长（%）
发电量	亿千瓦小时	121.87	-4.8
其中：火电	亿千瓦小时	96.72	-10.7
卷烟	亿支	191.50	-0.1
水泥	万吨	1533.68	11.2
铁矿石原矿量	万吨	67.62	-22.4
服装	万件	429.10	7.7
家具	万件	241.60	-12.8
电子元件	万只	459487	0.2

全市资质等级以上建筑企业151个，实现总产值241.12亿元，增长11.1%；实现利润总额16.25亿元，增长16.3%；利税总额27.50亿元，增长15.6%。建筑施工企业房屋建筑施工面积1632.22万平方米，增长13.9%，房屋竣工面积673.25万平方米，增长23.4%。

四、固定资产投资

全年完成固定资产投资568.06亿元，增长39.4%。其中，项目投资399.67亿元，增长43.1%。分三次产业看：第一产业投资5.65亿元，下降11.0%；第二产业投资208.92亿元，增长59.9%，其中工业投资208.84亿元，增长59.8%；第三产业投资353.49亿元，增长30.7%。

图6 2010-2015年固定资产投资及增长速度

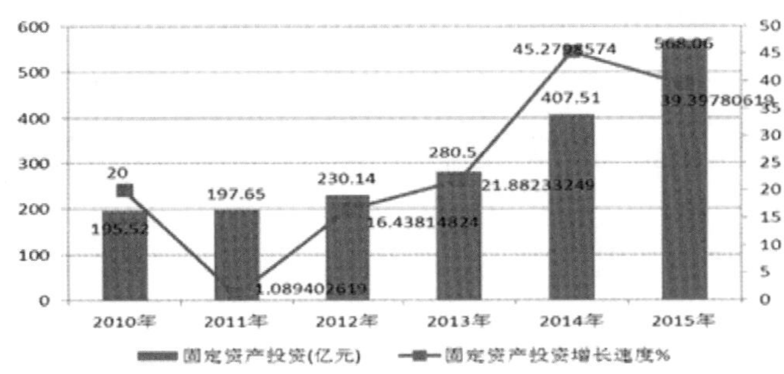

房地产开发投资168.40亿元，增长31.3%。按用途分，商品住宅开发投资109.11亿元，增长10.5%。其中，90平方米以下住宅投资19.33亿元，增长98.5%；144平方米以上住宅投资22.12亿元，下降8.6%；别墅、高档公寓投资3.72亿元，增长93.8%。办公楼和商业营业用房投资0.68亿元和41.13亿元，分别增长78.9%和217.8%。商品房施工面积1179.41万平方米，增长22.9%；商品房竣工面积329.29万平方米，增长43.2%；商品房销售面积为302.57万平方米，增长31.2%；商品房销售额139.80亿元，增长29.1%。

表3 2015年固定资产投资及房地产开发经营完成情况

指　标　名　称	计算单位	2015年	2014年	比上年增长±%
固定资产投资总额	万元	5680620	4075124	39.4
#项目投资	万元	3996670	2792189	43.1
房地产开发投资	万元	1683950	1282935	31.3
按产业分：第一产业	万元	56531	63546	-11.0
第二产业	万元	2089226	1306548	59.9
#工业投资	万元	2088358	1306548	59.8
第三产业	万元	3534863	2705030	30.7
商品房施工面积	万平方米	1179.41	959.98	22.9
#住宅	万平方米	865.72	773.70	11.9
商品房竣工面积	万平方米	329.29	229.97	43.2
#住宅	万平方米	267.44	196.31	36.2
商品房实际销售面积	万平方米	302.57	230.54	31.2
其中：期房销售面积	万平方米	171.02	132.02	29.5
商品房实际销售额	万元	1397884	1083094	29.1
其中：期房销售额	万元	824837	659073	25.2

五、交通、邮电

全年交通运输、仓储和邮政业实现增加值25.44亿元，增长4.7%。公路、水路交通运输完成货物周转量177.60亿吨公里，增长12.7%，其中公路176.90亿吨公里，增长12.9%；完成旅客周转量39.52亿人公里，增长11.4%，其中公路39.50亿人公里，增长11.4%。

表4　2015年公路、水路交通运输完成货物运输量及其增长速度

指　　标	单　　位	绝对数	比上年增长(%)
货运量	万　　吨	7820	9.2
公路	万　　吨	7774	9.5
水运	万　　吨	46	-19.3
货物运输周转量	万吨公里	1775960	12.7
公路	万吨公里	1768997	12.9
水运	万吨公里	6963	-27.9

表5　2015年公路、水路交通运输完成旅客运输量及其增长速度

指　　标	单　位	绝对数	比上年增长(%)
客运量	万　人	2859	8.8
公路	万　人	2847	8.9
水运	万　人	12	0.0
旅客运输周转量	万人公里	395170	11.4
公路	万人公里	395037	11.4
水运	万人公里	133	-12.5

年末全市民用汽车拥有量25.91万辆，增长18.5%。其中个人汽车拥有量23.65万辆，增长20.9%。本年新注册汽车4.62万辆，增长29.1%。据抽样调查，年末每百户常住居民汽车拥有量16.3辆，同比增长19.0%。其中城镇常住居民23.9辆，同比增长12.2%；农村常住居民9.8辆，同比增长25.6%。

年末全市公路通车里程17705.05公里，其中：高速公路通车里程482公里。其中新建高速公路137.9公里。每百平方公里公路密度为111.2公里。

全年完成邮电业务总量68.45亿元（按2010年不变价格计算，下同），增长25.4%。其中邮政业务总量5.62亿元，增长28.7%；电信业务总量62.83亿元，增长25.1%。年末，全市移动电话用户达360.45万户，下降2.4%，其中3G移动用户65.90万户，下降41.5%；4G移动用户68.70万户，增长227.5%。固定电话用户56.62万户，下降6.2%，其中城市电话用户30.60万户，下降3.1%；乡村电话用户26.02万户，下降9.6%。年末计算机互联网用户63.69万户，增长25.6%。据抽样调查，年末每百户常住居民移动电话拥有量248.3部，同比增长8.0%；固定电话拥有量58.5部，同比下降6.1%。计算机拥有量52.1台，同比增长16.1%，其中城镇常住居民79.5台，同比增长17.8%，农村常住居民28.7台，同比增长4.7%。

六、国内贸易

全年社会消费品零售总额555.50亿元，增长11.1%。分区域看，城镇消费品零售总额389.13亿元，增长11.2%；农村消费品零售总额166.37亿元，增长10.9%。分行业看，批发零售贸易业514.94亿元，增长11.4%，住宿和餐饮业零售额40.56亿元，增长7.9%。

图7　2010-2015年社会消费品零售总额及增长速度

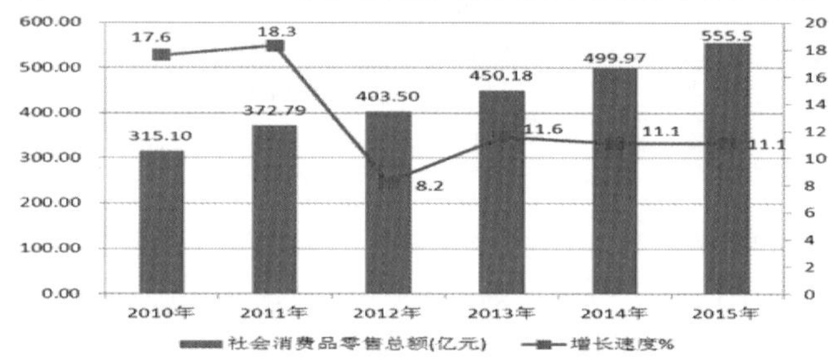

七、对外经济和旅游

全年进出口总额24.54亿美元，增长12.5%。出口总额22.72亿美元，增长20.4%，其中“三资”企业出口7.23亿美元，增长4.6%，私营企业出口14.95亿美元，增长30.9%。出口总额中一般贸易出口18.88亿美元，增长23.0%，占出口总额的83.1%。

表6　2015年进出口总额及其增长速度

指　　标	绝对数(万美元)	比上年增长(%)
进出口总额	245390	12.5
出口额	227167	20.4
其中：一般贸易	188805	23
加工贸易	38362	9
其中：机电产品	90608	21.5
高新技术产品	12399	-6.9
其中：国有企业	65	-22.6

（续上表）

指　　标	绝对数（万美元）	比上年增长（%）
“三资”企业	72334	4.6
集体企业	76	-18.3
私营企业	149494	30.9
进口额	18223	-38.2
其中：一般贸易	7506	-57.3
加工贸易	10717	-9.9
其中：机电产品	8731	-44.9
高新技术产品	5306	-4
其中：国有企业	-	-
“三资”企业	14560	-11.8
私营企业	3612	-72.1

表7　2015年主要国家和地区进出口总额及其增长速度

国家和地区	出口额（万美元）	比上年增长（%）	进口额（万美元）	比上年增长（%）
中国香港地区	44523	18.3	877	-49.5
美国	44241	4.5	3491	-62.2
欧盟	25859	8.3	1827	-21.8
东盟	41629	73.4	5104	-25.6
日本	7365	-15.8	984	-57.1
韩国	12403	18.2	1427	-18.7

表8　2015年主要商品出口金额及其增长速度

商品名称	单位	本年累计	去年同期	增减（%）
五大主要商品出口合计	万美元	180807	155842	16.0
机电产品	万美元	90608	74550	21.5
陶瓷产品	万美元	37240	32214	15.6
家　　具	万美元	28250	24955	13.2
橡胶产品	万美元	14617	13882	5.3
工艺品	万美元	10093	10241	-1.4

外商直接投资项目31个，合同利用外资金额3.67亿美元，下降18.1%，实际利用外商直接投资0.71亿美元（按国家商务部确认口径），下降51.5%。

全市接待旅游总人数3027.48万人次，增长20.1%。其中全市住宿设施接待过夜旅游总人数1544.02万人次，增长20.1%。国内外旅游总收入313.46亿元，增长23.2%。

八、金融

全市金融业增加值41.91亿元，增长15.5%。年末金融机构本外币各项存款余额1565.28亿元，比年初增长10.9%，其中城乡居民储蓄存款余额1061.20亿元，增长7.9%。金融机构本外币各项贷款余额736.41亿元，比年初增长15.9%。

表9　2015年末金融机构本外币存贷款及其增长速度

指标	绝对数（亿元）	比年初增长%
金融机构（本外币）各项存款余额	1565.28	10.9
其中：住户存款	1061.20	7.9
#活期存款	413.57	15.5
非金融企业存款	141.57	11.9
金融机构（本外币）各项贷款余额	736.41	15.9
其中：短期贷款	173.41	21.9
中长期贷款	549.92	13.5

图8　2010-2015年本外币住户存款余额及增长速度

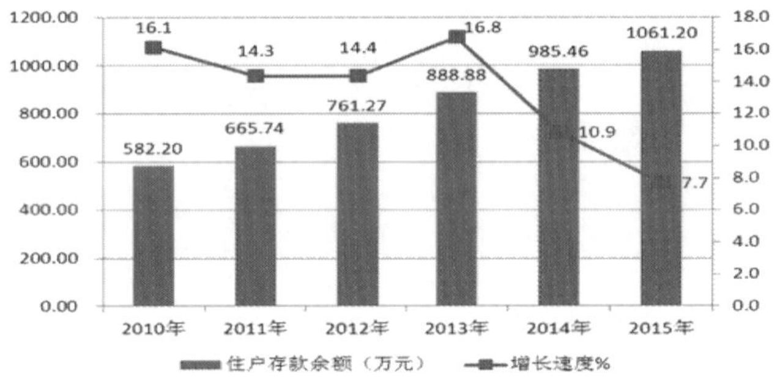

年末，共有10家证券机构在梅设立分公司（营业部）17家，1家期货机构在梅设立营业部1家。全年股票基金交易额累计13643.51亿元，增长254.85%；资金账户累计新开户数132379户，增长500.8%；股票基金账户余额113.56亿元，增长68.5%。

全市共有9家企业在境内、外证券交易所市场挂牌上市。9家上市公司的市价总值768.60亿元，比上年末增长33.1%，全市上市公司通过首发、增发、发行中期票据等方式筹集资金19.76亿元。

全市共有6家企业在“新三板”挂牌，其中2015年新增5家；6家挂牌企业通过全国中小企业股份转让系统于2015年获得融资8221.5万元。

财产、人寿保险费收入42.55亿元，增长56.9%，其中财产保险保费收入12.74亿元，增长

24.4%；人寿保险费收入 29.81 亿元，增长 76.2%。已决赔款 7.06 亿元，增长 18.6%，其中财产保险已决赔款 6.28 亿元，增长 23.0%；人寿保险已决赔款 0.78 亿元，下降 7.6%。

九、科技、教育、文化、卫生和体育

年末全市县及县以上科研机构 17 个。年末国有企事业单位拥有自然和社会科学专业技术人员 95353 人。全市获市级及以上科技成果奖 43 项，其中省级 1 项。全年全市专利申请量 3133 件，增长 38.0%。其中发明 163 件，下降 6.3%；实用新型 2244 件，增长 70.5%；外观设计 726 件，下降 7.0%。专利授权量 2985 件，增长 85.5%。其中发明 46 件，下降 43.2%；实用新型 2204 件，增长 105.2%；外观设计 735 件，增长 61.9%。

普通高等教育招生 7894 人，在校学生 25303 人，毕业生 6053 人；成人高等教育招生 11935 人，在校学生 26046 人，毕业生 10451 人；各类中等职业教育招生 10373 人，在校学生 40439 人，毕业生 18347 人；普通高中招生 32241 人，在校学生 106609 人，毕业生 40384 人；普通初中招生 45083 人，在校学生 139563 人，毕业生 53468 人；普通小学招生 60014 人，在校学生 312546 人，毕业生 44235 人；技工学校招生 5079 人，在校学生 18852 人，毕业生 5076 人；特殊教育在校学生 570 人；学前教育在园幼儿 145804 人。小学人口入学率 100%，初中人口入学率 100%，小学毕业生升学率 100%，初中毕业生升学率 100%，高中毕业生升学率 94.3%。

表10　2015年各级各类教育招生、在校生、毕业生人数及其增长速度

指标	招生（人）	比上年增长（%）	在校生（人）	比上年增长（%）	毕业生（人）	比上年增长（%）
普通高等教育	7894	16.9	25303	7.5	6053	13.0
成人高等教育	11935	-7.3	26046	-3.9	10451	19.9
各类中等职业技术教育（不含技工学校）	10373	-33.5	40439	-27.5	18347	-19.7
技工学校	5079	-31.3	18852	-18.5	5076	-2.9
普通高中	32241	-12.3	106609	-8.0	40384	-5.8
初中	45083	-2.0	139563	-5.7	53468	-15.1
小学	60014	5.4	312546	4.5	44235	-1.8
学前教育	94566	8.1	145804	6.5	43608	28.1
特殊教育	109	-61.5	570	8.0	50	6.4

（续上表）

年末全市共有文化馆 9 个、公共图书馆 10 个、博物馆 8 个、广播电台 8 座、电视台 8 座、有线电视台 8 座，电影放映单位 23 个，全市广播综合人口覆盖率 100%，电视综合人口覆盖率 100%，有线数字电视用户 46.1 万户。全年出版报纸 1600 万份、各类杂志 185 万册，公共图书馆藏书 203.65 万册。

年末全市共有卫生机构 3357 个，其中医院 36 个，妇幼保健院 9 个，社区卫生服务中心（站）13 个，镇（街道）卫生院 119 个，专科疾病防治院（所、站）12 个，疾病预防控制中心（防疫站）8 个，卫生监督所（中心）8 个。全市拥有病床 15547 张，其中医院 10155 张，妇幼保健院 762 张，社区卫生服务中心（站）251 张，镇（街道）卫生院 3916 张，专科疾病防治院（所、站）463 张。全市卫生专业技术人员 21446 人，其中，医院 10576 人，妇幼保健院 1389 人，社区卫生服务中心（站）453 人，镇（街道）卫生院 5763 人，专科疾病防治院（所、站）373 人，疾病预防控制中心（防疫站）403 人，卫生监督所（中心）131 人。卫生专业技术人员中有执业医师和执业助理医师 9197 人，注册护士 7276 人。

全年全市运动员在参加省级以上比赛中，共获奖牌 31 块，其中金牌 8 块、银牌 10 块、铜牌 13 块。全市各级组织举办县级及以上各种运动竞赛会 52 次，参加运动会的运动员 6.3 万人次。

十、人口与环境、人民生活和安全生产

年末常住人口 434.08 万人，其中城镇人口 207.45 万人，城镇人口占常住人口的比重为

47.79%。全市人口出生率为12.45‰，死亡率为5.65‰，自然增长率为6.8‰。年末户籍人口为543.79万人。

年末全市共有环境监测站9个。共有生活污水处理厂9座，城市污水处理能力达到34万吨/日，城市污水集中处理率达到90.8%，城市生活垃圾无害化处理率达到100%。全市环境质量保持稳定良好，梅州城区空气质量AQI指数优良率96.1%；主要江河水质达到功能区水质要求，水质达标率为100%；城市声环境质量较好，区域噪声、道路交通噪声保持稳定。

全市设立县级以上自然保护区51个，面积17.02万公顷。

梅州市全体常住居民人均可支配收入16404.4元，增长10.1%，剔除价格上涨因素，实际增长8.4%。其中城镇常住居民人均可支配收入21810.3元，增长9.9%，剔除价格上涨因素，实际增长8.2%；农村常住居民人均可支配收入11799.4元，增长9.4%，剔除价格上涨因素，实际增长7.7%。城镇常住居民消费支出中教育文化娱乐服务所占比重为8.6%，城镇常住居民现住房建筑面积人均43.7平方米；农村常住居民消费支出中教育文化娱乐服务所占比重为7.7%。农村常住居民现住房建筑面积人均44.1平方米。

图9　2011-2015年城镇常住居民人均可支配收入及增长速度

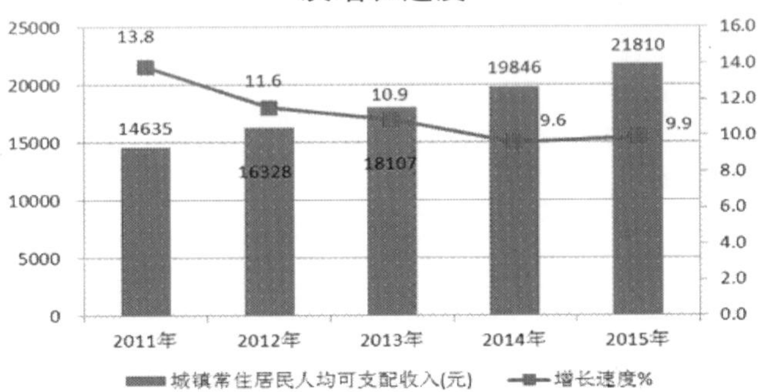

图10　2011-2015年农村常住居民人均可支配收入及增长速度

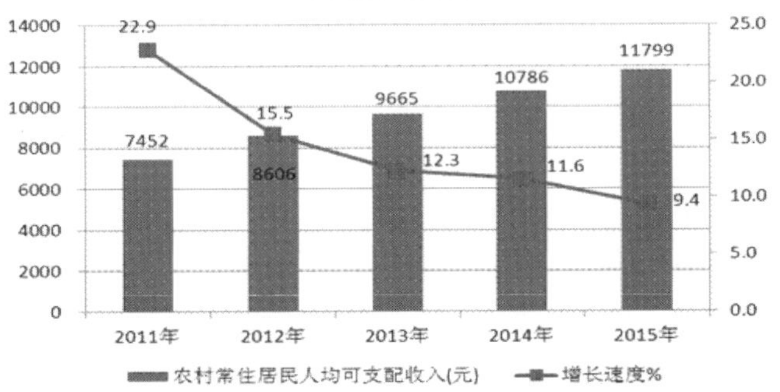

年末，全市城镇职工养老保险参保人数（含企业离退休人员）有98.1万人，比上年末增长1.7%；参加工伤保险的有28.75万人，增长1.2%；参加职工基本医疗保险的有43.1万人，增长0.5%；参加职工失业保险的有25.61万人，增长5.4%；参加生育保险的有28.57万人，增长1.0%。参加城乡居民养老保险的有167.12万人，增长0.2%；参加城乡居民医疗保险的有441.94万人，增长0.1%。城乡居民医疗保险覆盖率100%。全市五大险种社会保险费收入78.25亿元，比上年增收10.78亿元，增长16.0%。

全市各类社会福利单位收养人数4007人，其中112间敬老院入院人数2166人，社会福利院床位450个。全年城乡各种社会救济对象得到各级政府救济人数269725人次。全市享受低保救济的困难群众193952人，其中城镇11807人，农村182145人。社会服务设施2098个。目前，全市各镇（街道）已建立了农村社会保障网络。

全市各类安全生产事故692起，造成死亡人数158人，其中，道路交通安全事故死亡人数149人。各类事故直接财产损失918.85万元。

注：

1. 本公报中数据为初步统计数，统计图中2010-2014年数据为年报数。

2. 公报中全市生产总值、增加值绝对数按现价计算，增长速度按可比价计算。

3. 本公报中各项指标对比基数，为上年《梅州市统计年鉴》公布的统计数。

4. 从2011年起，规模以上工业统计口径由500万元调整为2000万元及以上。固定资产投资项目统计起点由计划总投资50万元提高到500万元，增速为可比口径。2012年四季度，国家统计局实施了城乡一体化住户调查改革。2013年起按照新的调查口径对外发布城乡一体的居民人均可支配收入和分城镇、农村常住居民人均可支配收入数据。由于新老调查方案在调查范围、调查对象、城乡划分标准、样本抽选、计算和汇总方式、指标口径等方面变化较大，改革后新口径数据和旧口径数据存在不可比的差异。从2015年起，"地方公共财政预算收入"更名为"地方一般公共预算收入"，各项存款余额中，"单位存款"更名为"非金融企业存款"，"储蓄存款"更名为"住户存款"。

5. 数据来源：本公报中城镇新增就业、登记失业率、社会保障数据来自市人力资源社会保障局；财政数据来自市财政局；公路、旅客和货物周转量等数据来自市交通局；城市污水处理数据来自市住房和城乡建设局；外贸进出口、外商直接投资等数据来自市商务局；国际互联网用户、邮电业务总量等数据来自市邮政及通信部门（单位）；旅游数据来自市旅游局；金融数据来自市人民银行、市金融局；保险业数据来自市保险行业协会；教育数据来自市教育局；科技成果、专利数据来自市科技局；艺术表演团体、博物馆、公共图书馆、文化馆、广播、电视和电影数据以及报纸、期刊、图书数据来自市文广新局；体育数据来自市体育局；人口出生率、死亡率、自然增长率，卫生数据来自市卫计局；户籍人口及非农人口来自市公安局；低保、社会救助、社会组织数据来自市民政局；环境监测数据来自市环境保护局；林业数据来自市林业局；安全生产数据来自市安全监管局；其他数据来自市统计局和国家统计局梅州调查队。

2015年惠州市国民经济和社会发展统计公报

2015 年，惠州市委、市政府深入贯彻落实中央和省决策部署，坚持稳中求进、好中求快、改革创新、率先跨越，主动适应经济发展新常态，积极有效应对经济下行压力加大的各种困难和挑战，扎实做好稳增长、调结构、强法治、惠民生、保稳定各项工作，全市经济发展稳中有进，各项社会事业迈上新台阶，顺利实现“十二五”圆满收官。

一、综合

初步核算，全市实现地区生产总值（GDP）3140.03 亿元，增长 9.0%。其中，第一产业增加值 150.88 亿元，增长 4.2%；第二产业增加值 1726.68 亿元，增长 9.6%；第三产业增加值 1262.47 亿元，增长 8.6%。三次产业结构调整为 4.8 ∶ 55.0 ∶ 40.2。民营经济增加值 1341.17 亿元，增长 11.5%。2015 年，惠州市人均 GDP 为 66231 元，按平均汇率折算为 10634 美元。

图1　地区生产总值（GDP）

全市地方一般公共预算收入 339.99 亿元，增长 13.1%；地方一般公共预算支出 486.00 亿元，增长 30.4%。其中，教育支出 94.67 亿元，增长 11.4%；社会保障和就业支出 40.09 亿元，增长 17.4%；医疗卫生支出 57.82 亿元，增长 77.2%；节能环保支出 14.99 亿元，增长 124.0%；农林水事务支出 41.28 亿元，增长 49.5%。税收总收入 754.43 亿元，下降 1.1%。其　中国税收入 517.33 亿元，下降 4.7%；国税中的国内税收收入 391.64 亿元，增长 2.2%；国税中的海关代征税收入 125.69 亿元，下降 21.2%。地税收入 237.10 亿元，增长 7.5%。

图2　地方一般公共预算收入

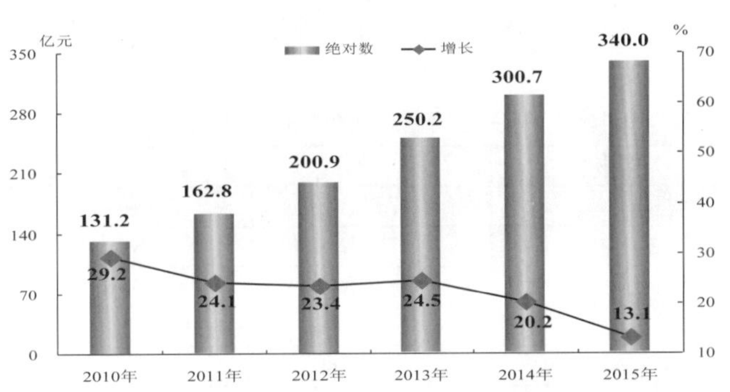

全年市区居民消费价格总水平（CPI）上涨 1.9%。商品零售价格上涨 0.9%，工业生产者出厂价格（PPI）下降 7.5%。分类别看，八大类商品（及服务）价格“5 涨 3 降”：食品类上涨 5.1%，烟酒类上涨 4.8%，衣着类上涨 2.2%，居住类上涨 0.8%，医疗保健和个人用品类上涨 0.6%，家庭设备用品及维修服务类下降 0.1%，娱乐教育文化用品及服务类下降 0.8%，交通和通信类下降 1.7%。

图3　居民消费价格涨跌幅度

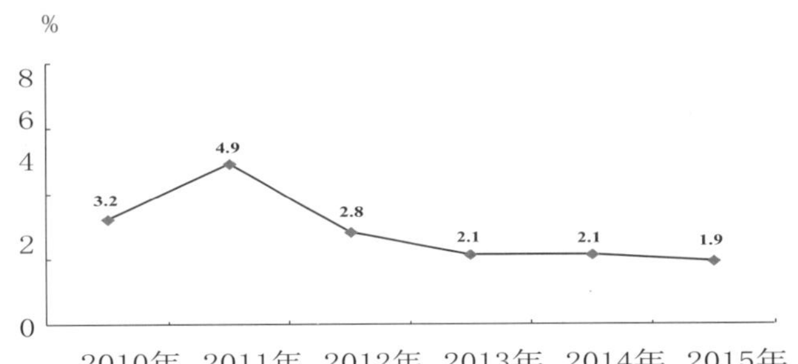

全年城镇新增就业人员 75066 人，下岗再就业人员

18703 人，转移农村劳动力 10400 人，就业困难

人员再就业

3632 人。年末城镇登记失业率为 2.37%。

二、农业

全年粮食作物播种面积 174.89 万亩，增长 0.2%。粮食总产量 59.72 万吨，增长 0.9%；蔬菜总产量 277.38 万吨，增长 6.2%；水果总产量 72.91 万吨，增长 6.7%。

全年肉类总产量 19.15 万吨，下降 0.7%。其中，猪肉产量 14.35 万吨，下降 1.7%；禽肉产量 4.42 万吨，增长 2.8%。全年水产品产量 16.70 万吨，增长 3.3%。其中，海水产品产量 8.27 万吨，增长 2.1%；淡水产品产量 8.43 万吨，增长 4.6%。

表1　主要特色农业产品生产情况

指标	产量（万吨）	增长（%）
蔬菜	277.38	6.2
年桔	10.92	-15.7
玉米	11.31	0.4
荔枝	8.91	12.2
马铃薯	3.68	7.0

三、工业

全年规模以上工业企业 1815 家，实现增加值 1587.97 亿元，比上年增长 10.0%。分行业看，电子行业完成增加值 634.56 亿元，增长 6.8%；石化行业完成增加值 192.06 亿元，下降 5.9%；汽车行业完成增加值 96.56 亿元，增长 14.3%。分企业类型看，外商及港澳台投资企业增加值 965.11 亿元，增长 6.6%；国有企业增加值 164.43 亿元，下降 4.2%。民营企业增加值 427.95 亿元，增长 25.5%。规模以上工业企业实现销售产值 7100.34 亿元，增长 2.0%，其中内销产值 4357.99 亿元，增长 4.2%；出口交货值 2742.35 亿元，下降 1.2%。内外销比例为 61.4:38.6。先进制造业、高技术制造业增加值占规模以上工业增加值的比重分别为 59.2%、43.6%。

全年规模以上工业实现利润总额 313.37 亿元，增长 18.1%，产品销售率 97.4%。

表2　规模以上工业增加值主要分类情况

指标	绝对数（亿元）	增长（%）
规模以上工业增加值	1587.97	10.0
#轻工业	454.70	14.9
重工业	1133.27	7.1
#外商及港澳台投资企业	965.11	6.6
国有企业	164.43	-4.2
集体企业	3.87	13.4
#民营企业	427.95	25.5
#电子行业	634.56	6.8
石化行业	192.06	-5.9
纺织服装、服饰业	34.31	15.7
皮革、毛皮、羽毛及其制品和制鞋业	59.87	23.2
非金属矿物制品业	51.93	20.3
汽车行业	96.56	14.3

表3　规模以上工业主要电子产品产量情况

产品名称	绝对数（万部）	增长（%）
电话单机	1738.14	-6.9
激光视盘机	8622.74	-24.5
组合音响	941.82	-1.9
电视接收机顶盒	411.28	6.6
半导体存储器播放器（含MP3、MP4）	21.27	86.1
彩色电视机	1363.02	6.0
移动电话机	20705.60	-22.5
微型电子计算机	361.63	94.1

表4　规模以上工业其他主要产品产量情况

产品名称	单位	绝对数	增长（%）
锂离子电池	万只（自然只）	31850.54	6.7
塑料树脂	万吨	3.69	8.7
服装	万件	14374.60	-4.3
水泥	万吨	2222.54	9.2

四、固定资产投资和房地产

全年固定资产投资 1863.93 亿元，增长 16.0%。分行业看，第一产业投资 24.34 亿元，增长 55.3%；第二产业投资 716.79 亿元，增长 39.9%；第三产业投资 1122.80 亿元，增长 4.1%。分投资主体看，国有经济投资 446.35 亿元，增长 52.8%；民间投资

1177.91 亿元，增长 14.2%；港澳台、外商 经济投资 149.80 亿元，下降 27.7%。

全年工业固定资产投资 716.79 亿元，增长 39.9%。其中，石化行业投资 189.31 亿元，增长 130.5%；电子行业投资 165.04 亿元，增长 34.0%。

图4　固定资产投资

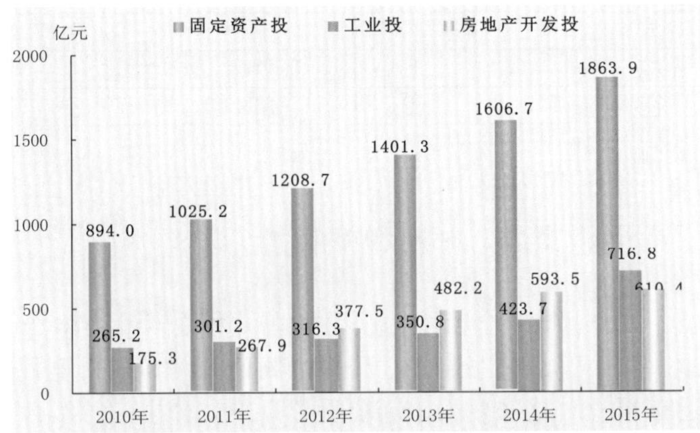

全年房地产开发投资 610.45 亿元，下降 8.5%；商品房建筑面积 5883.41 万平方米，下降 3.6%；商品房竣工面积 449.48 万平方米，下降 40.6%；商品房销售面积 1299.78 万平方米，增长 32.1%；商品房销售金额 800.38 亿元，增长 35.9%。

表5　商品房销售面积分类情况

指标	绝对数（万平方米）	占比（%）
商品房销售面积	1299.78	100.0
住宅	1246.44	95.9
90平方米以下	427.41	32.9
90-144平方米	594.47	45.7
144平方米以上	224.55	17.3
别墅、高档公寓	58.30	4.5
办公楼	6.81	0.5
商业营业用房	33.46	2.6
其它	13.07	1.0

五、国内贸易

全年社会消费品零售总额 1070.72 亿元，增长 10.5%。分地域看，城镇消费品零售额 873.02 亿元，增长 10.3%；乡村消费品零售额 197.71 亿元，增长 11.6%。分行业看，批发业零售额 129.12 亿元，增长 18.9%；零售业零售额 841.65 亿元，增长 9.4%；住宿业零售额 19.60 亿元，增长 10.5%；餐饮业零售额 80.35 亿元，增长 10.4%。

从限额以上批发和零售业商品零售额看，粮油、食品类增长 21.4%，服装、鞋帽、针纺织品类增长 27.0%，化妆品类增长 14.4%，金银珠宝类增长 32.9%，日用品类增长 25.5%，体育、娱乐用品类增长 19.0%，书报杂志类下降 4.1%，家用电器和音像器材类增长 13.5%，中西药品类增长 36.4%，文化办公用品类下降 7.7%，通讯器材类下降 2.9%，石油及制品类下降 13.0%，汽车类增长 19.7%，建筑及装潢材料类增长 14.5%。

图5　社会消费品零售总额

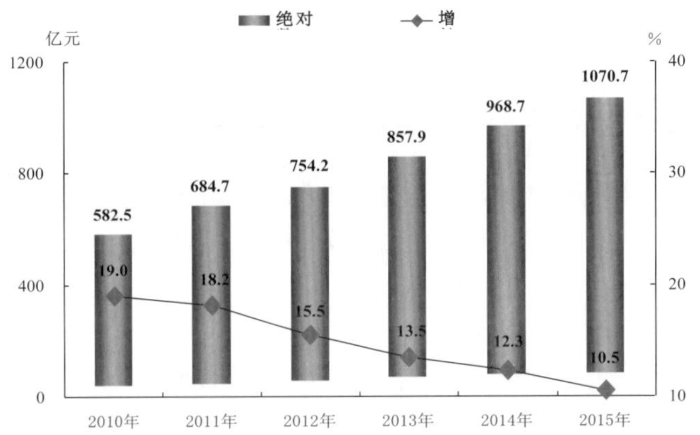

六、对外经济

全年外贸进出口总额 543.55 亿美元，下降 8.5%。其中，出口 347.76 亿美元，下降 4.3%；进口 195.79 亿美元，下降 15.2%。进出口差额（出口减进口）151.98 亿美元，比上年增加 19.48 亿美元。

图6　外贸出口和实际利用外商直接投资

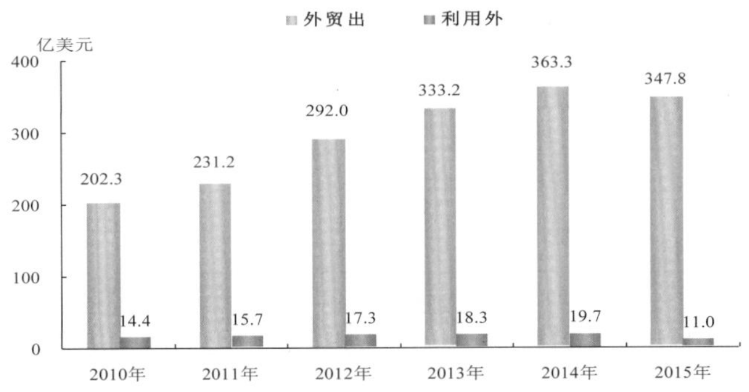

表6　外贸进出口主要分类情况

指标	绝对数(亿美元)	增长（%）
出口额	347.76	-4.3
“三资”企业	283.20	-7.6
国有企业	9.20	63.2
集体企业	0.12	101.7
私营企业	24.78	1.1
机电产品	294.74	-5.1
高新技术产品	219.23	-5.1
鞋类	9.28	3.7
服装	9.56	-1.8
进口额	195.79	-15.2
“三资”企业	173.47	-18.0
国有企业	8.98	0.2
私营企业	13.34	31.0
机电产品	163.92	-13.8
高新技术产品	137.84	-13.6
服装及衣着附件	0.08	-9.2

从出口市场看，2015 年主要出口市场的占比分别为：韩国 32.5%、香港 30.9%、美国 13.5%、欧盟 7.4%、东盟 3.2%、拉丁美洲 3.0%、日本 2.5%，这七大市场占比合计 93.0%。

全年共签订外商直接投资项目合同 234 宗，下降 25.5%。外商直接投资合同金额 20.5 亿美元，下降 33.0%；实际利用外商直接投资 11.05 亿美元，下降 43.8%。全年工商注册新登记外商投资企业 229 家，新增注册资金 8.1 亿美元。年末全市工商登记外商企业实有 6177 家。其中，香港 4511 家；台湾、英属维尔京群岛、萨摩亚合计 875 家；韩国 186 家；美国 95 家；日本 61 家；欧洲 37 家。

表7　实际利用外商直接投资分行业情况

指标	合同数	实际利用外资	
	（宗）	（万美元）	增长（%）
合计	234	110499	-43.8
#第一产业	12	45	-92.8
第二产业	147	84848	-42.7
#制造业	144	81854	-44.5
第三产业	75	25606	-46.6
#房地产业	4	1776	-73.0
批发和零售业	51	4115	-85.4
住宿和餐饮业	1	82	110.3

表8　实际利用外商直接投资分地区情况

地区	合同数	实际利用外资	
	（宗）	（万美元）	增长（%）
合计	234	110499	-43.8
中国香港地区	175	76014	-31.4
中国台湾地区	22	320	-73.4
韩国	13	3171	-74.3
维尔京群岛	2	6260	-65.7
美国	1	1	-99.9
日本	1	15202	123.4
其它	20	9531	-79.5

七、交通、邮电和旅游

2015 年末全市境内公路通车里程总长 13476 公里。其中等级公路 13443 公里，高速公路 588 公里。通车里程公路密度为 119 公里 / 百平方公里；等级公路密度为 118 公里 / 百平方公里。全年沿海港口完成货物吞吐量 5175.5 万吨，其中港口集装箱吞吐量 18.6 万吨。

表9　各种运输方式完成客货运输量情况

指标	单 位	绝对数
旅客运输总量	万 人	7380
铁路	万 人	581
公路	万 人	6799
货物运输总量	万 吨	23632
铁路	万 吨	197
公路	万 吨	11016
水路	万 吨	12419
港口货物吞吐量	万 吨	6917
沿海港口	万 吨	5176

年末全市民用汽车保有量 64.34 万辆，增长 36.6%，其中私人汽车 59.24 万辆，增长 41.1%。民用轿车保有量 41.47 万辆，增长 40.7%，其中私人轿车 40.06 万辆，增长 42.5%。当年新注册上牌轿车 11.37 万辆，增长 121.0%。

全年邮政电信业务收入 60.87 亿元，下降 2.2%。其中，邮政业务收入 2.91 亿元，增长 10.2%；电信业务收入 57.96 亿元，下降 2.8%。年末固定电话用户 108.59 万户，移动电话 669.09 万户，其中 3G 移动电话用户 113.09 万户，4G 移动电话用户 235.43 万户。至年底，共有互联网宽带接入用户 133.36 万户。

全市共接待国内外游客 4076.8 万人次，增长 2.7%。接待住宿游客 2076.84 万人次，增长 15.8%，其中国内游客 1644.19 万人次，增长 14.1%。全年实现旅游总收入 330.23 亿元，增长 20.9%，其中旅游外汇收入 8.85 亿美元，增长 3.3%。2015 年新增 4A 级景区 1 家，3A 级景区 3 家。至年底，全市拥有 5A 级景区 1 家，4A 级景区 10 家，3A 级景区 8 家。

八、金融、保险

年末全市金融机构本外币存款余额 3836.10 亿元，增长 11.9%，其中人民币各项存款余额 3612.52 亿元，增长 13.4%。全市金融机构本外币贷款余额 2701.60 亿元，增长 10.9%，其中人民币贷款余额 2464.35 亿元，增长 13.2%。

图 7 金融机构本外币存贷款余额

注：2015 年起，各项存贷款统计口径有调整。

表10 金融机构人民币存贷款情况

指标	年末余额（亿元）	增长（%）
各项存款余额	3612.52	13.4
住户存款	1717.60	6.6
非金融企业存款	1004.45	22.5
广义政府存款	701.90	13.4
各项贷款余额	2464.35	13.2
短期贷款	460.50	9.9
住户短期消费贷款	34.10	-3.2
中长期贷款	1880.01	11.8
住户中长期消费贷款	994.10	30.6

全市共有各类保险公司 51 家（含分支机构），全年实现保费收入 99.30 亿元，增长 26.1%。其中，寿险保费收入 55.82 亿元，增长 11.5%；健康险和意外伤害险保费收入 11.60 亿元，增长 472.0%；财产险保费收入 31.88 亿元，增长 19.4%。支付财产险赔款 31.74 亿元，增长 207.2%。

九、教育和科学技术

全市参加当年高考被录取的学生人数 30132 人，考入中专人数 27007 人，本地普通高等院校招生 11512 人。高中毕业生升学率 93.8%，初中毕业生升学率 98.9%，小学毕业生升学率 100%，学龄儿童入学率 100%。全年新增规范化幼儿园 56 所，新建和改扩建公办中小学校 22 所。

表 11 各类教育发展情况

指标	学校数（所）	招生数（人）	在校生数（人）
普通高等学校	4	11512	34658
普通高中	37	29378	91082
中等职业技术学校	35	29823	83870
普通初中	204	62207	179645
普通小学	454	96841	504066
幼儿园	578	98785	193674

全市高新技术企业 255 家，增长 39.3%。共建成孵化器 4 家，累计建成新型研发机构 4 家，获认定为省众创空间试点单位 5 家。全市专利申请 21408 件，增长 16.6%。专利授权 9797 件，其中发明专利授权 868 件，分别增长 32.5%、66.3%。

十、文化、卫生和体育

年末全市共有博物馆 6 个，群众文化事业馆（站）79 个，公共图书馆 5 个，广播节目 7 套，电视台节目 6 套。广播人口覆盖率和电视人口覆盖率均为 100%。全市有线电视用户 83.48 万户，其中数字电视用户 74.63 万户。娱乐歌舞厅 297 家，网吧 619 家。

年末全市共有各类卫生机构（不含村卫生室）1199 个，其中医院、卫生院 145 个（乡镇卫生院 73 个），妇幼卫生保健机构 6 个，疾病预防控制中心 6 个，卫生监督所 5 个。全市拥有病床数 21879 张，增长 8.7%，其中医院、卫生院床位 18937 张。各类卫生技术人员 28115 人，其中执业医师、执业助理医师 10458 人，注册护士 11700 人。另外，疾病预防控制中心卫生技术人员 359 人，卫生监督所卫生技术人员 159 人。另有村卫生室 1455 间。

年末全市共有体育馆 26 个。全年体育健儿在省级以上比赛中共获奖牌 76 枚。人均体育场面积 2.57 平方米。

十一、人民生活和社会保障

年末全市常住人口 475.55 万人，人口密度 419 人／平方公里，人口出生率 9.79‰，死亡率 3.71‰，自然增长率 6.08‰。户籍人口 357.07 万人。

全年全体居民人均可支配收入 25220 元，增长 10.1%，剔除价格因素，实际增长 8.0%。全体居民恩格尔系数 37.0%。

其中，全年农村常住居民人均可支配收入 15830 元，增长 10.2%，剔除价格因素，实际增长 8.1%。农村常住居民恩格尔系数为 39.1%。

全年城镇常住居民人均可支配收入 30057 元，增长 10.1%，剔除价格因素，实际增长 8.0%。城镇常住居民恩格尔系数为 36.4%。

年末全市参加城镇职工养老保险 201.89 万人，下降 0.7%；领取养老金通过社会化发放人数 10.29 万人，增长 6.6%。参加失业保险 127.39 万人，下降 2.6%；年末领取失业救济金人数 5220 人，增长 74.3%。城镇职工参加基本医疗保险 161.83 万人，下降 2.9%。

各类收养性社会福利单位床位 10080 张，收养人员 2296 人。城镇各种社区服务设施 6077 个，其中综合性社区服务中心 764 个。共发行销售福利彩票 13.61 亿元，筹集福利彩票公益金 1.32 亿元，直接接收社会捐赠 0.69 亿元。

十二、资源、环境和安全生产

全年总用电量 290.62 亿千瓦〃时，增长 5.1%。其中工业用电 202.81 亿千瓦〃时，增长 6.4%。年末全市拥有 500 千伏变电站 4 座，110 千伏以上变电站 134 座，主变容量 2690.50 万千伏安。至年底，全市建成区面积 279.12 平方公里，建成区绿化覆盖面积 11285.28 公顷。实有铺装道路面积 3538.25 万平米，铺装道路长度 2003.57 公里。供水管道总长度 2878.35 公里，排水管道长度 2885.55 公里。供水综合生产能力 164.00 万立方米／日，供水总量 34693.00 万立方米，其中居民家庭用水量 13309.67 万立方米。

年末全市森林面积 70.89 万公顷，当年造林面积 1465 公顷。全市共有自然保护区 25 个，保护区面积 7.73 万公顷。新建生态景观林带 123 公里，森林碳汇工程 11.8 万亩，新建镇级以上森林公园 24 个。全市森林覆盖率 62.34%。

全市共创建省级生态县 1 个、国家级生态乡镇 6 个、省级生态镇 53 个、生态村 748 个，全市 80% 的乡镇已创建成省级生态乡镇。新建成农村污水处理设施 231 座。全市空气优良率 97.5%。

全年共发生各类生产经营性安全事故 258 宗，死亡 115 人。其中，生产经营性道路交通事故死亡 107 人，占各类生产经营性安全事故死亡人数的 93.0%；工矿商贸企业事故死亡 8 人，占各类生产经营性安全事故死亡人数的 7.0%。亿元地区生产总值生产安全事故死亡率为 0.097。

注：

1. 本公报中 2015 年数据均为初步统计数，统计图中 2010-2014 年数据为年报数。

2. 公报中生产总值、各产业增加值绝对数按现价计算，增长速度按可比价计算。

3. 部分数据因四舍五入的原因，存在分项合计不等的情况。

2015年汕尾市国民经济和社会发展统计公报

2015年，我市全面贯彻落实党的十八届三中、四中、五中全会及省委十一届四次、五次全会精神，按照市委、市政府的各项决策部署，牢牢把握加快发展这一主线，以提高经济发展质量和效益为中心，主动适应经济发展新常态，坚持全面“融珠”和实业兴市，扭住“三大抓手”，狠抓“三大民生”，打造“三大环境”，积极有效应对困难挑战，扎实推进各项工作落实，全市经济社会发展取得新成绩。

一、综合

年末全市常住人口302.16万人，户籍人口358.96万人。

初步核实，2015年全市实现地区生产总值（GDP）762.06亿元，比上年增长8.1%。其中，第一产业增加值118.04亿元，增长4.4%，对GDP增长的贡献率为6.8%；第二产业增加值348.70亿元，增长7.2%，对GDP增长的贡献率为47.1%；第三产业增加值295.32亿元，增长10.8%，对GDP增长的贡献率为46.1%。三次产业结构为15.5:45.8:38.7。全市人均地区生产总值达到25283元（按年平均汇率折合4059美元），增长7.4%。

图1　2010-2015年地区生产总值及其增长速度

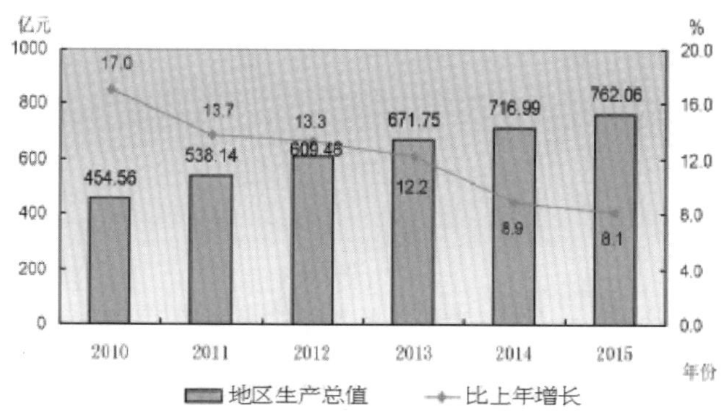

全年居民消费价格总指数上涨1.3%。分类别看，食品类上涨4.1%，烟酒及用品类上涨0.4%，衣着类下降2.1%，家庭设备用品及维修服务类下降0.4%，医疗保健和个人用品类上涨3.4%，交通和通信类下降2.4%，娱乐教育文化用品及服务类持平，居住类下降1.2%。在食品类中，蛋类、水产品类和菜类上涨幅度较大，分别上涨8.8%、9.7%和8.9%。

图2　2010-2015年居民消费价格涨跌幅度

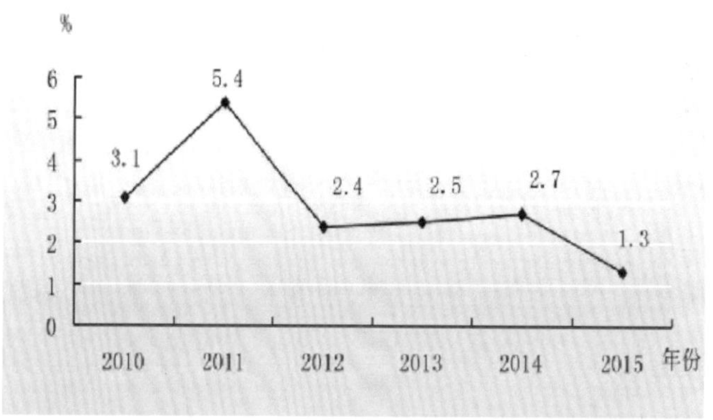

表1　2015年居民消费价格比上年涨跌幅度

指标	价格指数（上年=100）	比上年涨跌幅度(%)
居民消费价格指数	101.3	1.3
食品	104.1	4.1
其中：粮食	100.6	0.6
肉禽及其制品	105.8	5.8
蛋类	108.8	8.8
水产品类	109.7	9.7
菜类	108.9	8.9
烟酒及用品	100.4	0.4

（续上表）

指标	价格指数（上年=100）	比上年涨跌幅度(%)
衣着	97.9	−2.1
家庭设备用品及维修服务	99.6	−0.4
医疗保健及个人用品	103.4	3.4
交通和通讯	97.6	−2.4
文娱教育文化用品及服务	100	持平
居住	98.8	−1.2
服务项目	101.8	1.8

全年城镇新增就业 48902 人，年末城镇登记失业人员 12621 人，城镇登记失业率为 2.37%，比上年末下降 0.02 个百分点。组织农村劳动力培训 20860 人，转移就业人数 37835 人，农村劳动力转移就业率 78.82%。

全年地方公共财政预算收入 28.82 亿元，比上年下降 41.9%。其中，税收收入 18.49 亿元，下降 20.0%。

二、农业

全年完成农林牧渔业总产值 197.62 亿元，比上年增长 4.3%。其中，农业产值 83.81 亿元，增长 4.1%；林业产值 4.59 亿元，增长 6.6%；牧业产值 27.83 亿元，增长 2.6%；渔业产值 72.45 亿元，增长 5.1%；农林牧渔服务业产值 8.94 亿元，增长 5.1%。

全年粮食作物播种面积 142.65 万亩，比上年下降 0.2%。蔬菜种植面积 79.9 万亩，增长 4.2%；油料种植面积 20.29 万亩，增长 0.4%。全年粮食产量 45.29 万吨，增长 0.9%。稻谷产量 34.36 万吨，增长 0.5%；蔬菜产量 120.04 万吨，增长 6.4%；水果产量 29.94 万吨，增长 9.7%；油料产量 2.93 万吨，增长 3.6%。

图3 2010-2015年粮食产量及其增长速度

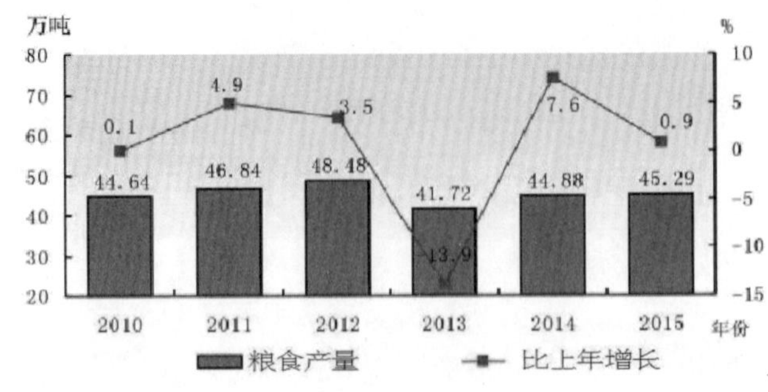

全年肉类总产量 10.49 万吨，下降 0.3%。其中，猪肉产量 6.12 万吨，下降 2.0%；禽肉产量 3.52 万吨，增长 2.2%。全年生猪出栏 81.71 万头，下降 2.4%；生猪年末存栏 41.75 万头，增长 2.3%。全年水产品产量 63.20 万吨，增长 2.8%。其中，海水产量 57.60 万吨，增长 2.6%；淡水产量 5.60 万吨，增长 4.9%。

表2 2015年主要农产品产量及其增长速度

产品名称	计量单位	产量	比上年增长(%)
粮食	万吨	45.29	0.9
稻谷	万吨	34.36	0.5
油料	万吨	2.93	3.6
花生	万吨	2.76	2.5
蔬菜	万吨	120.04	6.4
茶叶	万吨	0.18	13.0
水果	万吨	29.94	9.7
水产品	万吨	63.20	2.8
海水产品	万吨	57.60	2.6
淡水产品	万吨	5.60	4.9

三、工业和建筑业

全年实现全部工业增加值320.24亿元，比上年增长7.3%。规模以上工业增加值256.03亿元，增长7.4%，其中，大中型企业实现增加值227.43亿元，增长1.6%。分经济类型看，国有企业增长13.9%，集体企业增长13.9%，股份制企业增长3.9%，外商及港澳台投资企业增长10.2%，其他经济类型企业增长13.2%。分轻重工业看，轻工业增5.5%，重工业增长9.6%。分主要行业看，计算机通讯及其他电子设备制造业下降4.1%，文教、工美、体育和娱乐用品制造业增长17.7%，电力、热力生产和供应业增长26.5%，化学原料和化学制品制造业增长40.7%，纺织服装、服饰业下降0.9%，橡胶和塑料制品业增长9.6%。

先进制造业增加值64.06亿元，下降0.1%；高技术制造业增加值51.74亿元，下降3.9%；优势传统产业增加值70.83亿元，下降1.2%。

图4 2010-2015年规模以上工业增加值及其增长速度

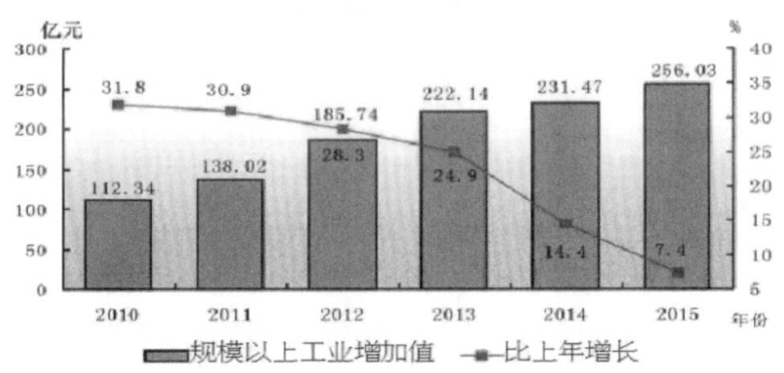

规模以上工业实现利润总额39.51亿元，增长21.9%。亏损企业亏损总额2.42亿元，增长1.8%。资产贡献率11.4%，资产负债率48.8%，资本保值增值率111.2%，流动资产周转率6.0%，成本费用利润率3.7%，产品销售率97.7%。

表3 2015年主要工业品产量及其增长速度

产品名称	计量单位	产量	比上年增长(%)
自来水生产量	万立方米	4880	8.8
软饮料	吨	201913	23.3
服装	万件	15839	-6.0
涂料	吨	14522	25.2
纸制品	吨	30456	9.3
人造板	立方米	104901	-3.2
塑料制品	吨	28207	-21.4
耐火材料制品	吨	17274	30.3
商品混凝土	万立方米	2367581	11.8
半导体分立器件	亿只	658.44	-8.7
印制电路板	平方米	686929	12.2
光电子器件	万只	35090	-28.3

（续上表）

全年全社会建筑业增加值28.70亿元，比上年增长5.1%。全市资质等级以上建筑企业37个，全年实现建筑业总产值14.35亿元，增长29.2%。

四、固定资产投资

全年完成固定资产投资585.2亿元，比上年增长16.8%。其中，国有经济投资165.43亿元，增长72.0%；民间投资365.32亿元，增长1.0%；港澳台、外商经济投资42.50亿元，下降3.7%。分产业看，第一产业投资29.95亿元，增长15.9%；第二产业投资148.73亿元，下降11.4%，其中，工业投资144.52亿元，下降14.1%；第三产业投资406.51亿元，增长32.3%。

全年房地产开发投资26.10亿元，比上年增长124.8%。其中，住宅17.4亿元，增长116.1%。商品房销售面积95.97万平方米，增长122.9%；实现销售额45.81亿元，增长121.8%。

全年列入省重点项目18个，完成投资119.9亿元，完成年度计划116.7%；列入市重点项目62项，完成投资148.57亿元，完成年度计划85.2%。其中，华润海丰电厂、深汕高速公路长沙湾互通立交改造工程、汕尾市区马宫输变电工程、田园沐歌一期工程、汕尾市无害化垃圾处理中心、2015 年汕尾无线网络优化建设工程项目、2015 年汕尾全光网络建设工程项目、汕尾移动 2015 年无线基站工程、汕尾移动 2015 年本地传输网工程、广物汽车城一期工程、华能陆丰风电场、黄金海岸国际酒店及购物中心等 12 个项目建成投用。

五、国内贸易

全年完成社会消费品零售总额 488.61 亿元，比上年增长 11.0%。其中，限额以上消费品零售总额 43.11 亿元，增长 4.3%。分地域看，城镇消费品零售额 358.28 亿元，增长 10.9%；农村消费品零售额 130.34 亿元，增长 11.4%。分行业看，批发和零售业零售额 435.72 亿元，增长 10.9%；住宿和餐饮业零售额 52.89 亿元，增长 11.8%。

表4　2015年限额以上主要行业零售额及增长速度

指标名称	零售额(万元)	增长(%)
限额以上消费品零售额	431089	4.3
其中：石油及制品类	175209	-3.3
粮油、食品类	76357	1.1
汽车类	45493	40.4
家用电器和音像器材类	15183	8.2
日用品类	14099	2.6
服装、鞋帽、针纺织品类	10015	9.6
中西药品类	3244	32.1
饮料类	2790	7.5
烟酒类	2457	5.4
金银珠宝类	2069	8.9

（续上表）

指标名称	零售额(万元)	增长(%)
家具类	1817	-6.0
报杂志类	1617	5.1
机电产品及设备类	1581	32.5
化妆品类	1366	28.3

六、对外经济

全年完成进出口总额 32.02 亿美元，比上年下降 18.9%。其中，出口总额 15.78 亿美元，下降 13.8%；进口总额 16.24 亿美元，下降 23.2%。

图5　2010-2015年外贸出口及其增长速度

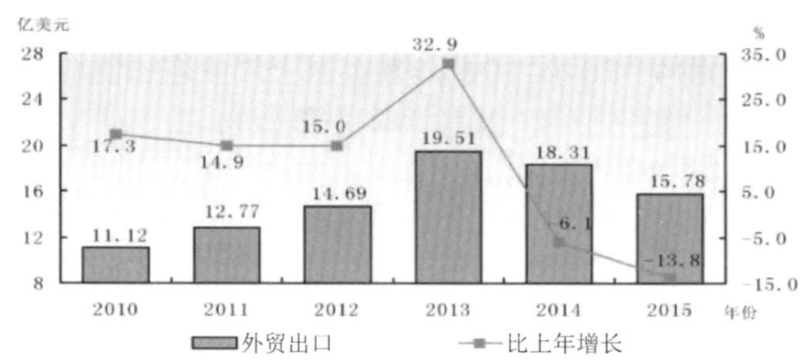

全年新签外商直接投资项目 10 宗，比上年下降 63.0%。实际利用外商直接投资金额 9958 万美元，下降 38.8%。

七、交通、邮电和旅游

全年交通运输、仓储和邮政业实现增加值 20.93 亿元，比上年增长 16.6%。全年完成货物运输周转量 29.30 亿吨公里，增长 13.7%；旅客运输周转量 14.05 亿人公里，增长 13.4%。全年完成规模以上港口货物吞吐量 860 万吨，增长 33.1%。

表5 2015年货物和旅客运输量及其增长速度

产品名称	计量单位	绝对数	比上年增长(%)
货物运输总量	万吨	2536	4.3
货物运输周转量	亿吨公里	29.30	13.7
旅客运输总量	万人	1237	5.6
旅客运输周转量	亿人公里	14.05	13.4

年末全市公路通车里程5482.8公里，比上年增长0.2%。年末全市民用汽车保有量71229辆，比上年末增长20.1%。其中，私人汽车61758辆，增长26.0%；民用轿车保有量39265辆，增长28.7%，其中，私人轿车36573辆，增长33.8%。

全年完成邮电业务总量38.02亿元，增长23.7%。其中，邮政业务总量（含快递）2.93亿元，增长34.2%；电信业务总量35.09亿元，增长22.9%。年末移动电话用户185.7万户，下降2.7%。

全年接待过夜游客728.58万人次，增长12.7%。其中，入境游客4.62万人次，增长35.2%；国内游客723.96万人次，增长12.6%。在入境游客中，接待港澳台同胞4.61万人次，增长35.2%；外国人95人次，增长31.9%。全市旅游总收入107.88亿元，增长11.9%。其中，国内收入106.32亿元，增长11.5%。国际旅游外汇收入2537.74万美元，增长43.6%。

图6 2010-2015年旅游总收入及其增长速度

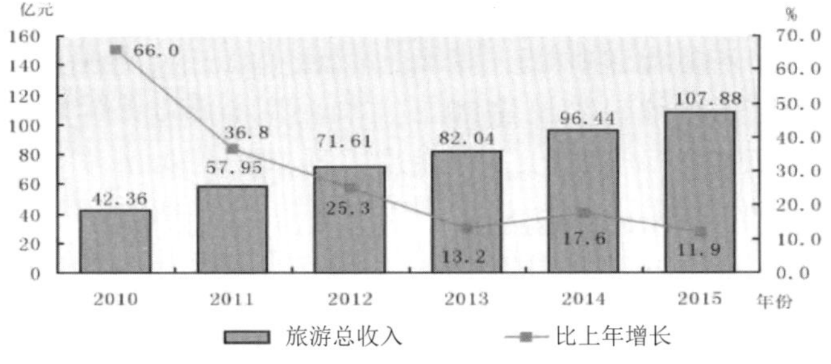

八、金融

年末全市银行业金融机构本外币各项存款余额631.03亿元，比上年末增长15.6%。其中，非金融企业存款余额87.11亿元，增长55.8%，城乡居民储蓄存款余额388.93亿元，增长6.3%。各项贷款余额306.14亿元，比上年末增长13.5%。其中，住户贷款余额172.68亿元，增长26.5%，非金融企业及机关团体贷款余额131.62亿元，与上年持平。

全年保险业实现保费收入12.57亿元，增长30.3%。其中，人身险业务保费收入8.58亿元，增长33.4%；财产险业务保费收入3.99亿元，增长23.9%。全年共支付各项赔款和给付4.87亿元，增长7.2%。其中，人身险业务赔付支出2.71亿元，增长7.2%；财产险业务赔付支出2.16亿元，增长7.1%。

九、人民生活和社会保障

全年全市居民人均可支配收入16474元，同比增长8.3%。其中，城镇常住居民人均可支配收入20616元，增长8.3%；农村常住居民人均可支配收入11290元，增长8.4%。

年末全市参加城镇职工基本养老保险（含离退休）51.92万人，比上年末增长3.0%；参加城乡居民社会养老保险139.02万人，增长18.4%；参加城乡基本医疗保险302.27万人，增长0.6%；参加失业保险20万人，增长20.5%；参加工伤保险20万人，增长7.6%；参加生育保险19万人，增长26.9%。

全年社会保险基金征缴收入17.76亿元，增长10.8%，年末社会保险基金累计结余36.06亿元，增长12.5%。

各类收养性社会福利院床位298张，收养人员116人。城镇各种社区服务设施1038个。共发行销售福利彩票34577万元，筹集福利资金3593万元。年末享受低保救济的困难群众达10.74万人，其中城镇2.52万人，农村8.22万人。

十、教育和科学技术

全市各级各类教育招生16.09万人，比上年增长2.0%。在校学生53.34万人，下降3.5%；毕业生14.93万人，下降0.7%。基础教育（含学前教育）招生15.18万人，增长2.1%。在校学生50.46万人，下降3.3%；毕业生13.3万人，下降6.5%。普通高等学校招生0.32万人，增长41.2%。在校学生0.56万人，增长22.7%；毕业生0.17万人，增长9.5%。小学学龄儿童入学率达100%，初中毕业生升学率96.4%，高中阶段毛入学率87.8%。

表6 2015年各类教育招生、在校生、毕业生人数及增长速度

指 标	招生（万人）	比上年增长（%）	在校生（万人）	比上年增长（%）	毕业生（万人）	比上年增长（%）
合计	16.09	2.0	53.34	-3.5	14.93	-0.7
普通高等学校	0.32	41.2	0.56	22.7	0.17	9.5
各类中等职业技术教育（含技工学校）	0.60	-19.0	2.33	-11.2	1.46	49.7
普通高中	2.35	-9.3	7.42	-11.6	2.96	-5.8
初中	3.95	-7.0	12.46	-12.4	5.06	-7.0
小学	4.50	13.7	24.48	1.8	4.0	-8.6
学前教育（在园儿童）	4.37	2.5	6.09	4.8	1.28	0.5

年末全市共有市级企业研发中心31家，国家高新技术企业4家。全年专利申请量928件，增长56.0%。其中，发明专利申请量101件，增长25.0%。全年专利授权量652件，增长42.0%。其中，发明专利申请授权量40件，增长150.0%。全年申报各类科技计划项目70个，其中7个获省立项，分别是：印刷AMOLED显示屏关键产业技术开发、新型污水厂污泥高效干化成套设备研发及产业化、县区科技服务管理能力建设、陆丰市科技信息网络平台扩容升级与科技服务能力建设、科技服务能力建设、陆河县科技宣传与推广、桥区科技信息网络平台建设。

十一、文化、卫生和体育

年末全市共有各类专业艺术表演团体4个，群众艺术馆、文化馆6个，县级及以上公共图书馆5个，博物馆、纪念馆4个。全市广播电视综合覆盖率为99.03%。有线广播电视用户29.56万户，有线数字电视用户28.80万户。《汕尾日报》全年出版报纸576万份。全市共有图书藏量31万册（件）。

年末全市共有各类卫生机构1693个，其中医院、卫生院74个。医院、卫生院床位7207张，增长6.7%。各类卫生技术人员9939人，增长5.8%；其中执业医生和执业助理医师4530人，注册护士3041人。全市共有社区卫生服务中心10个，乡镇卫生院47个，乡镇卫生院床位1916张，乡镇卫生院卫生技术人员2939人。

全市体育运动员在国内外各类比赛中获奖牌7枚。其中，在省级各类比赛获金牌1枚、银牌3牌、铜牌3枚。

十二、资源、环境和安全生产

全市水资源总量59.18亿立方米，比上年下降11.3%；平均降水量2018.5毫米，减少11.4%。年末全市大中型水库蓄水总量3.32亿立方米，增长31.4%；全市总用水量10.79亿立方米，增长0.6%。

单位GDP能耗上升2.03%；单位工业增加值能耗上升26.15%。全年全社会用电量47.05亿千瓦时，增长7.4%。其中工业用电量19.80亿千瓦时，增长6.1%。

全年平均灰霾天气日数26.0天，比上年增加8.7天；全年日照时数1838.7小时，比正常年份减少78.9小时。全年全市空气质量优良天数352天，其中优秀203天，良好149天。全市建成污水处理厂6座，城市污水日处理能力25.5万吨，实际全年处理水量达到5598.42万吨，增长16.2%。市区建成区绿化覆盖面积698公顷，比上年末增加9公顷；市区绿地面积665公顷，比上年末增加9公顷，其中公园绿地面积315公顷。全年完成荒山荒沙地造林、更新造林、有林地造林面积13800公顷，低产低效林改造面积5000公顷。全市森林覆盖率达到54.88%，比上年提高1.36个百分点。

全年共发生各类事故1040起，比上年下降5.8%；死亡145人，与去年持平，受伤735人，下降5.9%，直接经济损失1937.91万元，下降24.4%。全年发生道路交通事故591起，下降2.0%；死亡136人，上升1.5%，受伤729人，下降6.5%，直接经济损失781.81万元，下降21.6%。

全年亿元地区生产总值生产安全事故死亡率为0.19，工矿商贸企业从业人员10万人生产安全事故死亡率为0.73，道路交通万车死亡率为9.07。

注：

1.本公报中2015年数据为初步统计数，GDP为初步核实数，统计图中2010—2014年数据为年报数。

2.从2011年起，规模以上工业统计口径由500万元调整为2000万元及以上；固定资产投资项目统计起点由计划总投资50万元提高到500万元，增速为可比口径。2012年四季度，国家统计局实施了城乡一体化住户调查改革。2014年起按照新的调查口径对外发布城乡一体的居民人均可支配收入和分城镇、农村常住居民人均可支配收入数据。由于新老调查方案在调查范围、调查对象、城乡划分标准、样本抽选、计算和汇总方式、指标口径等方面变化较大，改革后新口径数据和旧口径数据存在不可比的差异。

3.公报中生产总值和各产业增加值绝对数按现行价格计算，增长速度按可比价格计算。

4.邮电业务总量完成额按2010年不变价格计算。

5. 银行业金融机构本外币各项存贷款余额含外资银行。

资料来源：本公报中城镇新增就业、登记失业率、劳动力转移及社会保障数据来自市人力资源和社会保障局；财政数据来自市财政局；重点项目建设数据来自市发展改革局；货物进出口、外商直接投资数据来自市商务局；旅游数据来自市旅游局；公路里程数据来自市交通运输局；电话用户数据来自通信部门（单位）；银行业金融数据来自人民银行汕尾分行；保险业数据来自汕头保监分局；教育数据来自市教育局；专利数据来自市科技局；文化数据来自市文广新局；报纸数据来自汕尾日报社；卫生数据来自市卫生计生局；体育数据来自市体育局；社会福利、社区服务设施数据来自市民政局；各类事故及安全生产数据来自市安全监管局；户籍人口数据来自市公安局；水资源数据来自市水务局；气象数据来自市气象局；环境监测、污水处理数据来自市环境保护局；绿化、绿地面积数据来自市园林局；林业数据来自市林业局；其他数据来自汕尾市统计局、国家统计局汕尾调查队及上级部门反馈。

2015年东莞市国民经济和社会发展统计公报

2015年，面对复杂多变的国际形势和不断加大的经济下行压力，在市委、市政府的正确领导下，全市认真贯彻党的十八届四中、五中全会和习近平总书记系列重要讲话精神，紧紧围绕“三个走在前列”目标，主动适应经济发展新常态，深入实施创新驱动战略，努力统筹稳增长、促改革、调结构、惠民生，扎实推进各项工作，克难奋进，全市经济社会发展取得了新成绩。

一、综合

初步核算，2015年东莞生产总值（GDP）6275.06亿元，比上年增长8.0%。分产业看，第一产业增加值20.50亿元，下降0.4%；第二产业增加值2902.98亿元，增长6.2%；第三产业增加值3351.59亿元，增长10.0%。三大产业比例为0.3∶46.3∶53.4。人均地区生产总值75616元，增长8.4%。

在现代产业中，规模以上先进制造业增加值1299.13亿元，增长8.5%；现代服务业增加值2005.02亿元，增长12.7%。

在第三产业中，交通运输、仓储和邮政业增长3.3%，批发和零售业增长6.4%，住宿和餐饮业增长2.3%，金融业增长8.5%，房地产业增长18.1%，其他服务业增长11.6%。

图1　2010-2015年地区生产总值及增长速度

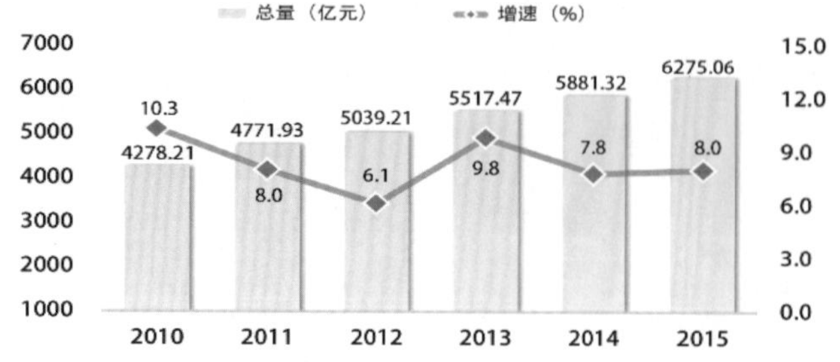

年末，全市工商登记总数71.33万户，同比增长13.3%。其中企业工商登记25.64万户，增长22.7%；个体户登记45.61万户，增长8.7%。私营企业登记户数增长较快，增长25.3%。从新登记注册情况看，2015年，全市工商新登记12.30万户，增长7.7%；新登记企业54921家，增长20.4%。

全年居民消费价格总水平比上年上涨1.4%。其中食品类上涨3.8%，烟酒类上涨0.4%，衣着类上涨2.4%，家庭设备用品及维修服务类上涨1.2%，医疗保健和个人用品类上涨1.5%，交通和通信类下降4.0%，娱乐教育文化用品及服务类上涨0.2%，居住类上涨1.0%。此外，全年商品零售价格下降0.6%。工业生产者出厂价格下降1.8%。

图2　2010-2015年居民消费价格总指数（上年=100）

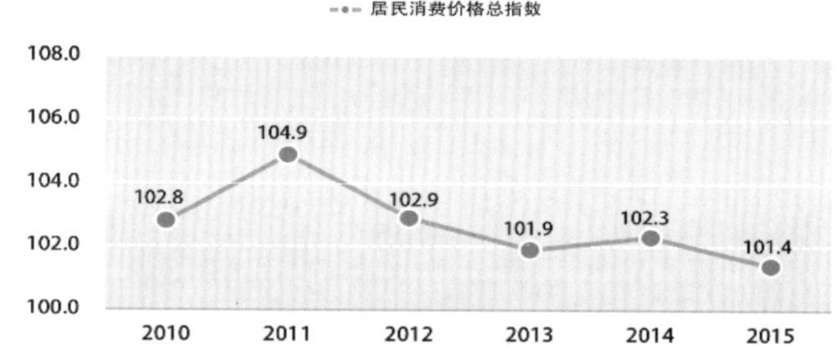

表1　2015年价格变动情况

类　　别	价格指数（上年=100）	比上年升降幅度（%）
居民消费价格指数	101.4	1.4
食　品	103.8	3.8
其中：粮食	101.3	1.3
肉禽及其制品	106.7	6.7
油脂	99.0	-1.0
蛋	97.7	-2.3
菜	112.7	12.7
水产品	102.5	2.5
烟　酒	100.4	0.4
衣　着	102.4	2.4
家庭设备用品及维修服务	101.2	1.2
医疗保健和个人用品	101.5	1.5
交通和通信	96.0	-4.0
娱乐教育文化用品及服务	100.2	0.2
居　住	101.0	1.0
商品零售价格指数	99.4	-0.6
工业生产者出厂价格指数	98.2	-1.8

全年来源于东莞的财政收入1155.50亿元，比上年增长8.4%。市公共财政预算收入517.97亿元，

增长 10.2%。市公共财政预算支出 581.24 亿元，增长 27.0%。其中，一般公共服务支出 47.09 亿元，公共安全支出 63.53 亿元，教育支出 130.93 亿元，社会保障和就业支出 52.96 亿元。全年全市税收总额 1413.09 亿元，增长 14.2%。

年末城镇实有登记失业人数 1.29 万人，全年失业人员安置就业人数 0.94 万人，城镇登记失业率为 2.26%。

二、农业

2015 年全市农林牧渔业总产值 34.35 亿元，比上年下降（按可比价计算，下同）0.2%。其中农业产值 21.97 亿元，增长 6.4%，占农林牧渔业总产值的 64.0%；林业产值 0.37 亿元，增长 2.6%，占 1.1%；牧业产值 3.69 亿元，下降 22.0%，占 10.7%；渔业产值 7.32 亿元，下降 5.1%，占 21.3%。全年农作物总播种面积 37.45 万亩，其中水果种植面积 19.59 万亩。全年粮食产量 1.27 万吨，水产品总产量 6.89 万吨。蔬菜产量 40.16 万吨，增长 2.9%；生猪出栏 13.66 万头，下降 34.4%；家禽出栏 405.06 万只，下降 5.4%。

2015 年新增 26 家农民专业合作社、广东省名牌产品（农业类）5 个。目前，全市共有农民专业合作社 170 家、农业龙头企业 22 家（其中省级以上 11 家，国家级 3 家）、有效期内的省级农业类名牌产品达 52 个（含林业、渔业）。

三、工业和建筑业

全年全市规模以上工业实现增加值 2711.09 亿元，比上年增长 5.3%。在规模以上工业中，重工业增加值 1579.42 亿元，增长 6.9%，占 58.3%；轻工业增加值 1131.67 亿元，增长 2.6%，占 41.7%。

全年全市规模以上五大支柱产业完成增加值 1865.11 亿元，增长 5.3%；四个特色产业完成增加值 270.09 亿元，增长 6.9%。

全年高技术制造业增加值增长 10.2%，其中，医药制造业增长 6.8%，电子及通信设备制造业增长 13.2%，电子计算机及办公设备制造业下降 0.7%，医疗设备及仪器仪表制造业下降 20.1%。

全年先进制造业增加值增长 8.5%，其中，装备制造业增长 8.8%，钢铁冶炼及加工业增长 3.6%，石油及化学制造业增长 3.6%。装备制造业中，汽车制造业增长 8.5%，船舶制造业和环境污染防治专用设备制造业分别下降 7.3% 和增长 6.7%；钢铁冶炼及加工业中，钢压延加工增长 3.6%；石油及化学行业中，石油加工、炼焦及核燃料加工业下降 35.8%，化学原料及化学制品制造业增长 1.0%，橡胶制品业增长 34.2%。

全年优势传统产业增加值增长 3.0%，其中，纺织服装业下降 4.3%，食品饮料业增长 6.0%，家具制造业增长 2.5%，建筑材料增长 8.9%，金属制品业增长 13.1%，家用电力器具制造业增长 2.4%。

规模以上工业综合经济效益指数为 152.5%，实现利润总额 393.57 亿元。

表 2 2015 年规模以上工业主要产品产量

产品名称	计量单位	产量	增长（%）
移动通信手持机（手机）	万台	23642.56	24.5
数字激光音、视盘机	万台	5707.48	10.5
集成电路	万块	47216.78	213.1
光电子器件	万只（万片、万套）	863395.05	5.6
电子元件	亿只	11385.21	3.9
汽车仪器仪表	万台	82.16	39.6
光学仪器	万台（万个）	114.28	15.5
眼镜成镜	万副	6490.88	11.6
自来水生产量	亿立方米	16.56	2.0
大米	吨	311639.96	4.8
糖果	吨	232497.48	12.9
服装	万件	145608.53	2.4
轻革	万平方米	267.19	-22.0
人造板	万立方米	27.25	-18.3
纸制品	万吨	2151470.52	1.9
家具	万件	5386.31	-4.0
机制纸及纸板（外购原纸加工除外）	万吨	1399.23	-0.2
塑料制品	万吨	120.05	-6.4
化学试剂	吨	142714.32	6.4
瓷质砖	万平方米	2775.13	7.1
金属集装箱	万立方米	693.20	6.3
电动手提式工具	万台	2550.03	15.4
数码照相机	万台	25.58	-13.8
模具	万套	6.57	-20.5
锂离子电池	万只（万自然只）	43794.53	20.5
灯具及照明装置	万套（万台、万个）	26393.30	-2.9
电子计算机整机	万台	108.49	-41.3
打印机	万台	97.43	38.7
电话单机	万部	3325.57	-15.3

全年全市建筑业实现增加值 88.81 亿元，比上年下降 1.1%。总承包和专业承包筑企业完成总产值 212.25 亿元，增长 8.4%；施工面积 1072.42 万平方米，下降 2.8%；竣工面积 453.13 万平方米，下降 10.4%。总承包和专业承包建筑企业按施工产值计算的全员劳动生产率为 29.26 万元 / 人，下降 0.9%。

四、固定资产投资

全年固定资产投资 1446.52 亿元，比上年增长 3.3%。按投资主体分，国有经济投资 178.24 亿元，下降 14.9%；民营经济投资 947.59 亿元，下降 0.2%；外商及港澳台商投资 268.03 亿元，增长 19.9%。

图3　2010-2015年固定资产投资增长速度

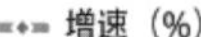

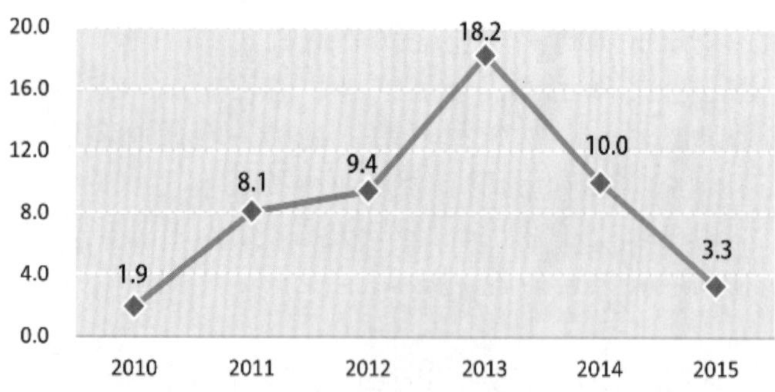

从产业投向看，投资集中在第二、三产业。第二产业投资503.62亿元，其中制造业投资432.91亿元；第三产业投资942.04亿元。

表三　2015年分行业固定资产投资情况

行　业	投资额（万元）	增长（%）
总　计	14465180	3.3
农、林、牧、渔业	8572	213.0
制造业	4329128	23.2
电力、热力、燃气及水生产和供应业	699321	53.6
建筑业	7782	332.3
交通运输、仓储和邮政业	1458981	-14.8
信息传输、软件和信息技术服务业	192125	-49.8
批发和零售业	193131	-8.4
住宿和餐饮业	64156	10.7
金融业	40229	-56.6
房地产业	6412823	-4.0
租赁和商务服务业	36877	-52.9
科学研究和技术服务业	225645	-2.2
水利、环境和公共设施管理业	436975	-25.2
居民服务、修理和其他服务业	9148	44.1
教育	239748	89.7
卫生和社会工作	72774	28.8
文化、体育和娱乐业	20288	-68.3
公共管理、社会保障和社会组织	17477	16.9

全年完成房地产开发投资575.21亿元，下降2.2%。商品房屋施工面积3921.20万平方米，增长9.4%；竣工面积325.43万平方米，下降20.7%；新建商品房网上签约销售面积1077.02万平方米，增长61.9%，其中商品住宅销售面积977.81万平方米，增长75.0%。全年新建商品房网上签约销售额1076.12亿元，增长67.1%，其中商品住宅销售额959.44亿元，增长87.7%。

五、国内贸易

全年全市批发和零售业实现增加值778.16亿元，增长6.4%；住宿和餐饮业实现增加值155.42亿元，增长2.3%。

全年社会消费品零售总额2154.70亿元，比上年增长10.9%。分行业看，批发零售贸易业零售额2003.10亿元，增长11.1%；住宿餐饮业零售额151.60亿元，增长8.5%。

在限额以上批发和零售业中，粮油食品类零售额增长0.9%，饮料类增长1.4%，烟酒类增长3.7%；服装鞋帽、针、纺织品类下降4.4%，日用品类下降0.4%，汽车类增长22.1%。

图4　2010-2015年社会消费品零售总额及增长速度

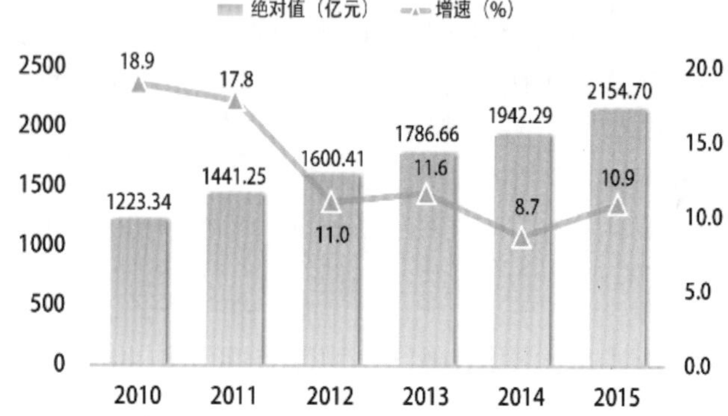

六、对外经济

全年全市进出口总额1676.73亿美元（10407.76亿元，增长4.2%），比上年增长3.1%。其中进口639.55亿美元(3972.46亿元，下降1.3%)，下降2.4%；出口1037.19亿美元（6435.30亿元，增长7.9%），增长6.9%。

按贸易方式分，一般贸易出口379.63亿美元，增长41.3%；加工贸易出口622.18亿美元，下降5.4%；其他出口35.38亿美元，下降20.3%。

按出口的地区分，对亚洲出口540.85亿美元，增长4.7%；对北美洲出口261.31亿美元，增长10.1%；对欧洲出口169.12美元，增长6.2%；对拉丁美洲出口34.27亿美元，增长6.9%；对大洋洲出口13.74亿美元，增长2.9%。

全年机电产品出口707.12亿美元，增长1.6%，占出口总额的68.2%；高新技术产品出口354.34亿美元，下降3.0%，占34.2%。

表四 2015年主要商品出口情况

商品名称	金额（万美元）	增长（%）
机电产品（包括本目录已具体列名的机电产品）	7071194	1.6
高新技术产品	3543356	-3.0
自动数据处理设备及其部件	722279	-9.4
服装及衣着附件	692756	16.2
电话机	645411	12.2
家具及其零件	513547	16.5
鞋类	322084	4.3
自动数据处理设备的零件	316314	-22.2
静止式变流器	309146	-14.6
灯具、照明装置及类似品	286056	47.5
箱包及类似容器	261747	17.5
玩具	248355	10.1
电线和电缆	225087	-6.1
塑料制品	224165	20.5
通断保护电路装置及零件	221591	1.0
纺织纱线、织物及制品	182835	13.1
打印机（包括多功能一体机）	172750	-2.5
电视、收音机及无线电讯设备的零附件	123828	-4.6
贵金属或包贵金属的首饰	123744	352.7
印刷电路	97873	1.7
电容器	97121	22.9
眼镜及其零件	93471	8.7

全年全市新签外商直接投资项目440宗，合同外资金额50.59亿美元，增长17.2%。实际利用外资53.20亿美元，增长17.5%。其中通信设备、计算机及其他电子设备制造业实际利用外资6.61亿美元，下降26.6%；专用设备制造业实际利用外资2.47亿美元，增长4.0%。

表五 2015年分行业利用外资情况

行业名称	合同外资金额（万美元）	增长（%）	实际利用外资（万美元）	增长（%）
总计	505854	17.2	531982	17.5
制造业	226696	-32.8	342799	-9.7
纺织业	11760	7.0	17168	33.2
纺织服装、鞋、帽制造业	15452	-35.0	27770	223.0
家具制造业	1362	-31.6	4355	-14.2
通用设备制造业	7111	-22.1	21147	56.1
专用设备制造业	14477	-41.4	24671	4.0
电气机械及器材制造业	24584	48.8	26291	-1.9
通信设备、计算机及其他电子设备制造业	51600	-25.9	66062	-26.6
金属制品业	26265	-8.1	41545	28.7
塑料制品业	10346	-54.9	23393	-26.2
文教体育用品制造业	8114	63.7	11909	49.5
造纸及纸制品业	20122	1.3	7449	-61.6
其他制造业	35503	-55.5	71039	-21.2
交通运输、仓储和邮政业	16506	-4.6	14747	28.3
批发和零售业	56754	14.4	30649	-26.8

七、交通、邮电和旅游

全年全市交通运输、仓储和邮政业实现增加值201.76亿元，增长3.3%。

全年全市公路通车里程5165公里，公路密度209.5公里/百平方公里，继续位居全省前列。年末全市机动车保有量（民用）188.14万辆，增长13.9%。其中汽车保有量184.49万辆，增长18.3%。

全年公路货物运输量10469万吨，货物周转量71.69亿吨公里；水路货物运输量4916万吨，货物周转量433.16亿吨公里。全年公路运输完成客运量4928万人，旅客周转量76.92亿人公里；水路运输完成客运量33万人，旅客周转量2148万人公里。全年港口旅客吞吐量32.42万人次，货物吞吐量13149万吨。

表六 2015年客（货）运量、周转量

指标	单位	数值	增长（%）
客运量	万人	4961	-10.7
# 公路	万人	4928	-10.8
旅客周转量	亿人公里	77.13	-9.7
# 公路	亿人公里	76.92	-9.8
货运量	万吨	15385	0.1
# 公路	万吨	10469	-4.1
货物周转量	亿吨公里	504.85	12.7
# 公路	亿吨公里	71.69	-5.1

全年完成邮电业务（含快递）收入248.98亿元，比上年增长9.2%。邮政发送信函6718万件，邮政特快专递306万件，邮政汇款金额88.24亿元。年末全市固定电话用户298.23万户；移动电话用户1756.75万户，减少6.34万户。年末互联网用户201.74万户，比上年减少3.13万户；宽带接入用户196.44万户，增加5469户。

图5 2010-2015年移动电话用户数

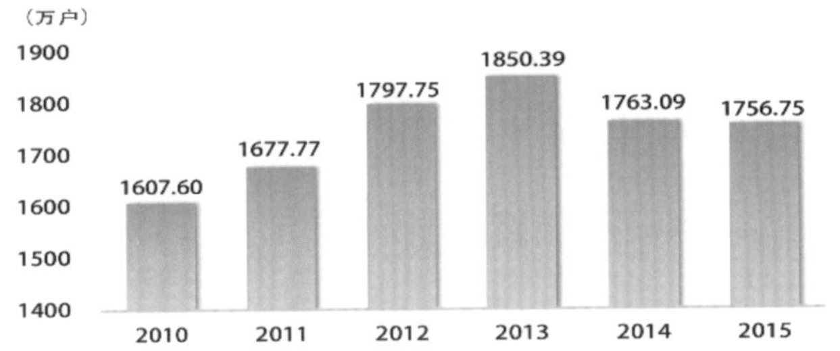

年末全市有星级酒店59家，其中五星级酒店19家。全市有旅行社88家，全年接待国际及港澳台游客373.40万人次，增长4.8%。其中接待外国游客105.02万人次，下降14.0%；接待港澳台游客268.38万人次，增长14.7%。国际旅游外汇收入15.77亿美元，增长0.2%。全年接待国内游客2825.69万人次，增长16.1%。旅游总收入395.18亿元，增长5.5%。全年东莞组团外出旅游142.87万人次，下降5.3%。其中，国内旅游124.64万人次，下降5.1%；出境旅游18.24万人次，下降6.4%。

八、金融

全年全市金融业实现增加值 402.71 亿元，增长 8.5%。

年末全市有各类金融机构 127 家，其中银行类机构 38 家（含 1 家代表处），保险类机构 54 家，证券期货类机构 35 家。年末全市金融机构各项本外币存款余额 9968.80 亿元，同比增长 5.8%。其中住户存款余额 4630.69 亿元，下降 1.2%。各项本外币贷款余额 5980.90 亿元，增长 7.4%。在个人消费贷款余额中，个人住房按揭贷款余额 1584.05 亿元，增长 33.9%；个人汽车消费贷款余额 4.52 亿元，下降 17.5%。

图6　2010-2015年各项本外币存、贷款余额

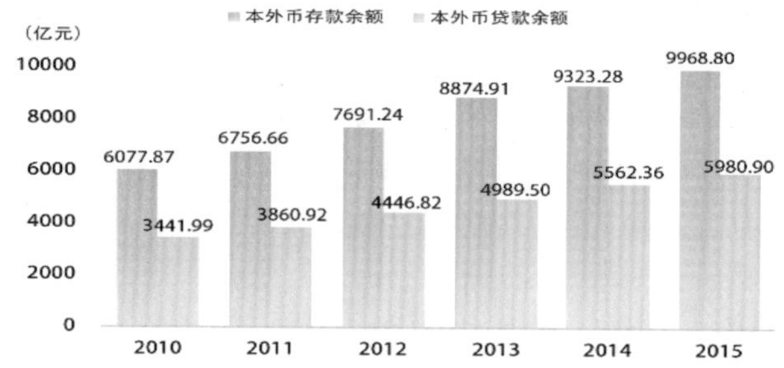

全年股票总成交额 37580.21 亿元，同比增长 195.4%。年末保证金余额 206.28 亿元，增长 27.4%。

全年全市各类保险保费收入 305.37 亿元，同比增长 18.4%。其中财产险保费收入 99.08 亿元，增长 16.7%；人寿险保费收入 206.29 亿元，增长 19.2%。

九、科技和教育

2015 年全年新增国家高新技术企业 303 家，总数达 986 家，位居省内地级市首位。全市专利申请量和授权量分别为 38094 件和 26820 件，其中，发明专利申请量为 11166 件，同比增长 61.55%，占专利申请总量的 29.31%，数量排全省第四位；发明专利授权量为 2795 件，同比增长 72.11%，数量排全省第三位；PCT 专利申请量为 336 件，排全省第地级市首位。科技资源加快集聚，全市新增创新型研发机构 4 家，总数达 27 家，科技企业孵化载体达到 36 家，其中国家级 8 家；成功举办 2015 中国（东莞）国际科技合作周；全市新增 4 个省创新科研团队立项，引进总数达到 26 个，居全省第三；新引进 9 个市级创新科研团队，总数达到 18 个；国家可持续发展实验区建设工作稳步推进；我市松山湖高新区被列入珠三角国家自主创新示范区。科技金融结合得到加强，出台《东莞市促进科技金融发展实施办法》，大力推进科技信贷、科技保险等工作，7 家商业银行为近 270 家科技企业发放信用贷款超过 15 亿元，专利质押融资累计贷款 1.22 亿元。

年末，全市有幼儿园949所，同比增加68所，其中，省、市一级幼儿园 450 所，比上年增加 174 所。全市有小学 327 所，在校学生 71.93 万人，本市户籍学龄儿童入学率达 100%，小学毕业生升学率达 100%。全市有初中 179 所（不含完全中学），在校学生 20.87 万人，本市户籍适龄少年初中入学率 100%，初中毕业生升学率 98.5%。全市高中阶段学校共有 61 所，其中普通高中（含完中和多层次学校高中部）39 所，在校生 7.89 万人，中职学校 25 所（含技工学校 3 所），在校生 6.97 万人。全市有普通高等院校 8 所，在校学生 11.46 万人。全年普通高等院校共招收本科、专科学生 3.33 万人，毕业生 2.39 万人。

表七　教育情况

指　标	招生（万人）	增　长（%）	在校生（万人）	增　长（%）	毕业生（万人）	增　长（%）
普通本专科	3.33	46.1	11.46	64.0	2.39	83.9
成人本专科	1.44	118.2	4.39	150.9	1.20	135.3
中等职业技术教育	2.61	6.5	6.97	8.2	1.71	-2.3
普通高中	2.67	-0.1	7.89	1.0	2.53	0.4
初中	7.66	1.6	20.87	1.0	5.92	3.0
小学	14.02	12.2	71.93	4.7	8.96	3.3
学前教育	13.29	5.3	31.44	8.2	10.90	40.7

十、文化、卫生和体育

年末全市有市民艺术中心 1 个，文化站 33 个，公共图书馆 641 个，公共电子阅览室 589 个，公办博物馆 17 个，民办博物馆 31 个，文化广场 769 个，电影放映单位 79 个。全市有公共广播节目 53 套，公共电视节目 43 套。全年共发行报纸 6518.23 万份，其中《东莞日报》4355.83 万份。电影放映 82.6 万场次，观众 1634.9 万人次。

年末全市有医疗机构 2198 个，其中，三级甲等医院 7 所，门诊、诊所、医务室、卫生站、社区卫生服务机构等基层医疗机构 2110 个。全市卫生技术人员 4.52 万人，医疗机构病床 2.75 万张。全年诊疗总人数下降 4.4%。

全年全市运动员共获得 188 枚金牌、127 枚银牌、110 枚铜牌。其中夺得全国赛金牌 48 枚；广东省赛金牌 135 枚、银牌 104 枚、铜牌 98 枚。全年举办全

市全民健身活动 367 次，参加人数 20.12 万人次。全市有各类体育运动场地 14431 个（座），其中体育场 530 个，体育馆 169 座，灯光篮球场 5558 个，健身路径 1473 条，室外游泳池 374 个，室内游泳池 60 个，室外羽毛球场 1386 个。全市有体育彩票发行网点 1100 个，销售总额 14.65 亿元，体彩公益金 11146 万元。

十一、人民生活

2015 年东莞居民收入稳步增长，全年居民人均可支配收入 38651 元，同比增长 8.2%。其中，城镇常住居民人均可支配收入 39793 元，增长 8.2%；农村常住居民人均可支配收入 24225 元，增长 8.5%。城乡收入差距进一步缩小。

从收入构成上看，居民人均工资性收入 29370 元，占人均可支配收入的 76.0%，是居民收入的首要来源；其次是人均财产净收入达 6949 元，占人均可支配收入的 18.0%。

居民生活消费呈现多样性，2015 年居民生活消费支出 28256 元，同比增长 6.5%。其中人均食品烟酒支出 9463 元，占生活消费支出 33.5%，比上年减少 0.3 个百分点。在八大类生活消费支出中，交通通讯、医疗保健、食品烟酒及居住消费支出增幅较大。

十二、社会保障

全市五大险种参保总人次为 2659.94 万人次，比上年下降 3.2%。基本医疗保险 601.92 万人次，失业保险 412.14 万人次，工伤保险 464.46 万人次。全年社会保险基金总收入 430.94 亿元，保险基金总支出 151.59 亿元，年末保险基金累计余额 1150.25 亿元。

年末全市有收养类福利事业单位 37 个，其中社会福利院 1 个，社会福利中心 1 个，敬老院 34 个，敬老院供养老人 1252 人。社会福利事业单位收养 2737 人，全年社会救济 1.9 万人。全市居民最低生活保障支出 3580.9 万元，自然灾害生活救助支出 536.1 万元，慈善基金结余 2.23 亿元。全市纳入“五保户”对象有 833 人，“五保户”费用支出 1484.3 万元。

十三、人口、资源和环境

年末全市户籍人口 195.01 万人。全年出生人口 2.20 万人，出生率为 11.34‰；死亡人口 0.95 万人，死亡率为 4.93‰；人口自然增长率为 6.41‰。年末全市常住人口 825.41 万人，其中城镇常住人口 733.13 万人。人口城镇化率为 88.82%。

全年雨日天数 176 天，日照时数 1787.2 小时，平均气温 23.5 摄氏度，相对湿度 78%，降水量 2137.9 毫米。

年末全市森林公园达 19 个，新增森林公园配套设施一批。林业用地面积 80.38 万亩，生态公益林 32.94 万亩，林木积蓄量 350 万立方米，林木总生长量 12.75 万立方米。

年末全市建成区土地面积 928.87 平方公里，公共管理与公共服务用地面积 47.20 平方公里。森林覆盖率为 37.4%。城市建成区绿地率为 41.63%，绿化覆盖率为 44.71%，城市人均公园绿地面积 22.85 平方米；全市已建成公园 1223 个，面积 1.45 万公顷。

注：

1. 本公报中 2015 年数据为初步统计数，统计图中 2010—2014 年数据为年报数，最后统计数据以《东莞统计年鉴 2016》为准。

2. 地区生产总值、各行业增加值、农业总产值绝对数按当年价格计算，增长速度按可比价格计算。

3. 从 2011 年起，规模以上工业统计口径由年主营业务收入 500 万元调整为 2000 万元及以上的工业法人企业；固定资产投资项目统计起点由计划总投资 50 万元提高到 500 万元，增速为可比口径。

4. 五大支柱产业包括电子信息制造业、电气机械及设备制造业（包括电气机械及器材制造业，仪器仪表制造业，通用设备制造业，专用设备制造业，铁路、船舶、航空航天和其他运输设备制造业以及汽车制造业）、纺织服装鞋帽制造业（包括纺织业，纺织服装、服饰制造业，皮革、毛皮、羽毛及其制品和制鞋业）、食品饮料加工制造业（包括食品制造业，酒、饮料和精制茶制造业，农副产品加工业）、造纸及纸制品业。四个特色产业包括玩具及文体用品制造业、家具制造业、化工制品制造业（包括化学原料及化学制品制造业，石油加工、炼焦业及核燃业）、包装印刷业。先进制造业包括装备制造业、钢铁冶炼及加工制造业、石油及化学制造业。高技术制造业包括医药制造业、航空、航天器及设备制造业、电子及通信设备制造业、医疗仪器设备及仪器仪表制造业、信息化学品制造业。

5. 2012 年四季度，国家统计局实施了城乡一体化住户调查改革。2014 年起按照新的调查口径对外发布城乡一体的居民人均可支配收入和分城镇、农村常住居民人均可支配收入数据。由于新老调查方案在调查范围、调查对象、城乡划分标准、样本抽选、计算和汇总方式、指标口径等方面变化较大，改革后新口径数据和旧口径数据存在不可比的差异。

6. 阅读本公报时，请注意统计指标的时间、口径和计算方法等。

7. 资料来源：本公报中城镇实有登记失业人数及失业人员安置就业人数、城镇登记失业率数据来自市人力资源局；新增农民专业合作社、龙头企业及省级农业类名牌产品数来自市农业局；进出口、利用外资数据来自市商务局；公路通车里程、交通运输、公路、水路相关数据来自市交通运输局；邮电业务收入、邮政发送信函、电话用户等数据来自市邮政、电信、移动等相关运营商；星级酒店及旅游情来自市旅游局；年末各类金融机构数据来自金融工作局；本外币存贷款余额来自市人民银行；股票总成交额及年末保证金余额数据来自证券期货业协会；保险保费及赔款与给付来自市保险行业协会；国家高新技术企业家数、专利申请和授权量以及科研成果奖等数据来自市科学技术局；教育数据来自市教育局；市民艺术中心、文化站、公共图书馆、公共电子阅览室、博物馆、文化广场、公共广播节目、报纸等数据来自市文化广电新闻出版局；卫生医疗机构等数据来自市卫生局；运动员获得奖牌、健身活动、体育彩票发行情况来自市体育局；社会保障数据来自市社会保障局；福利单位、敬老院等数据来自市民政局；户籍人口数据来自市公安局；出生和死亡人口等相关数据来自市卫生和计划生育局；气象数据来自市气象局；森林公园、林业用地、生态公益林、林木积蓄量等数据来自市林业局；建成区及公共管理与公共服务用地面积来自市城乡规划局；建成区绿地率、绿化覆盖率、人均公园绿地面积及公园数据来自市城市综合管理局。

2015年中山市国民经济和社会发展统计公报

2015年，面对错综复杂的经济形势和艰巨繁重的改革发展任务，在省委、省政府的坚强领导下，市委、市政府带领全市人民深入贯彻党的十八大和十八届三中、四中、五中全会精神及习近平总书记系列重要讲话精神，牢牢把握"稳中求进"工作总基调，主动适应经济发展新常态，积极采取一系列"稳增长、促发展、调结构、惠民生"的政策措施，全市经济呈现总体平稳、稳中有进的运行态势。转型升级和结构优化步伐加快，民生持续改善，胜利完成"十二五"规划各项目标任务，建设"三个适宜"更加美丽中山取得新进展。

图1　地区生产总值

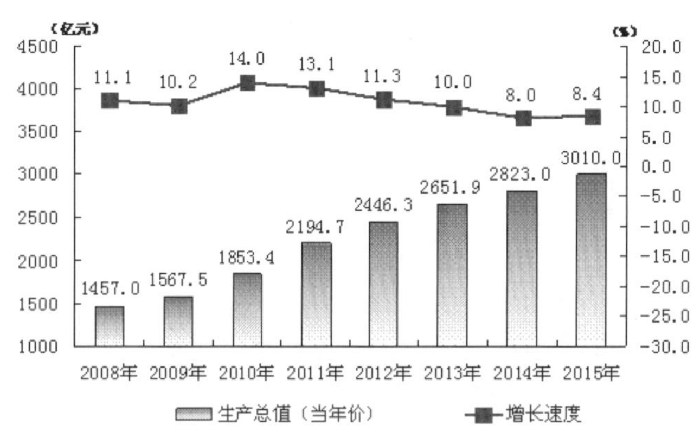

一、综合

初步核算，全年生产总值（GDP）3010.03亿元，按可比价格计算，比上年（下同）增长8.4%。其中，第一产业增加值68.58亿元，增长1.2%，对GDP增长的贡献率为0.27%；第二产业增加值1632.03亿元，增长7.6%，对GDP增长的贡献率为54.25%；第三产业增加值1309.42亿元，增长10.2%，对GDP增长的贡献率为45.48%。三次产业结构调整为2.3:54.2:43.5。在现代产业中，高技术制造业增加值226.93亿元，增长5.3%，占规模以上工业增加值比重为17.4%；先进制造业增加值500.59亿元，增长9.8%，占规模以上工业增加值比重为38.3%，其中装备制造业增加值412.97亿元，增长14.3%；现代服务业增加值779.06亿元，增长12.2%，占第三产业增加值比重为59.5%。民营经济增加值1562.89亿元，增长7.1%，占全社会GDP的比重达51.9%。全市人均GDP达94030元（折15096美元），增长7.8%。

全年居民消费价格总水平上涨0.8%，其中，消费品价格上涨0.7%，服务项目价格上涨1%。八大类居民消费价格呈现"五升三降"。其中，衣着类、食品类、烟酒类价格涨幅居前，分别涨3.2%、2.5%和2.3%；医疗保健和个人用品、家庭设备用品及维修服务类价格分别涨1.5%和1%；交通和通信类、居住类、娱乐教育文化用品及服务类价格分别下降2.3%、0.8%和0.5%。工业生产者出厂价格下降2.1%。

图2　价格指数

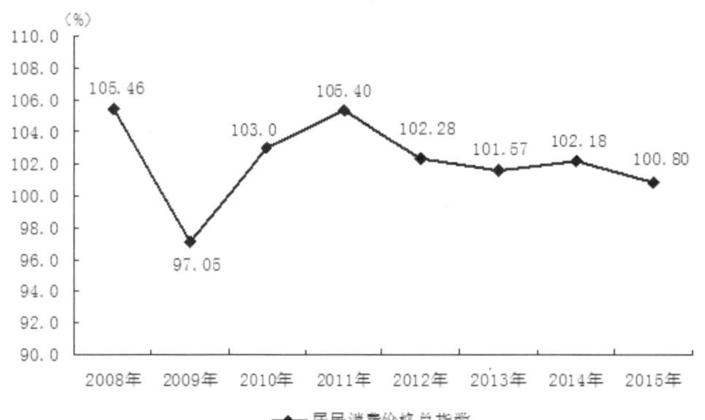

表1　2015年居民消费价格比上年涨跌幅度

单位：%

指　　标	价格指数（上年=100）	比上年涨跌幅度
居民消费价格总指数	100.8	0.8
服务项目价格指数	101.0	1.0
消费品价格指数	100.7	0.7
食品	102.5	2.5
粮　　食	100.8	0.8
油　　脂	97.1	-2.9
肉禽及其制品	105.7	5.7
鲜蛋	98.6	-1.4
水产品	103.0	3.0
鲜菜	101.2	1.2
烟酒	102.3	2.3
衣着	103.2	3.2
家庭设备用品及维修服务	101.0	1.0
医疗保健和个人用品	101.5	1.5
交通和通信	97.7	-2.3
娱乐教育文化用品及服务	99.5	-0.5
居住	99.2	-0.8

年末全市新增就业6.6万人，城镇登记失业9276人，城镇登记失业率为2.26%。

全年一般公共财政预算收入287.5亿元，增长11.5%；其中税收收入197.83亿元，增长7.2%。

二、农业

全年农业总产值116.3亿元，增长1.1%。全年粮食作物播种22.38万亩，增长0.1%。经济作物种植9.95万亩，增长2.2%；蔬菜种植35.24万亩，下降1.4%；水果种植9.5万亩，增长0.7%。粮食总产量16.47万吨，增长2.5%。蔬菜产量54.51万吨，增长2.3%；水果产量18.44万吨，增长3.9%。

表2　2015年农业主要产品产量及其增长速度

单位：万吨

产品名称	产　　量	比上年增长（±%）
粮食	16.47	2.5
稻谷	2.99	-4.3
蔬菜	54.51	2.3
水果	18.44	3.9
肉类	3.13	-5.1
水产品	33.95	-1.0
淡水产品	32.30	-0.5

图3　粮食产量及其增长速度

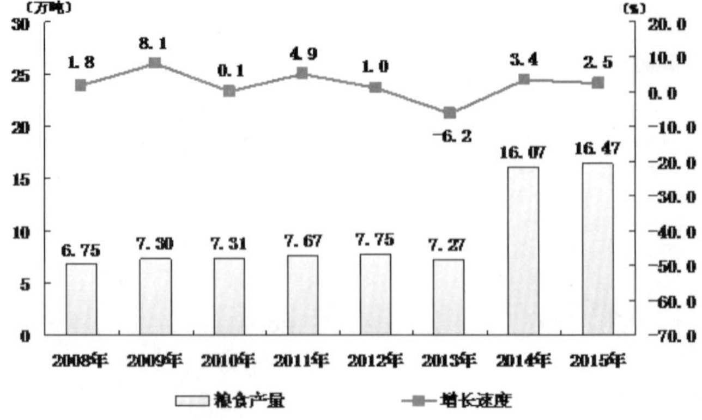

全年出栏生猪30.12万头，下降10.2%；三鸟上市841.98万只，增长12.1%；肉类总产量3.13万吨，下降5.1%。全年水产品产量33.95万吨，下降1.0%。其中海水产品1.65万吨，下降10%；淡水产品32.3万吨，下降0.5%。

三、工业和建筑业

全年实现工业增加值1566.16亿元，增长7.5%。2877家规模以上工业企业完成增加值1305.67亿元，增长7.5%。分类型看，国有及国有控股企业增加值93.59亿元，增长8.4%；民营企业554.51亿元，增长4.6%；外商及港澳台商投资企业730.62亿元，增长1.8%；股份制企业550.90亿元，增长8.3%。分轻重工业看，轻工业增加值724.88亿元，增长5.5%；重工业580.79亿元，增长10%。

图4　工业增加值

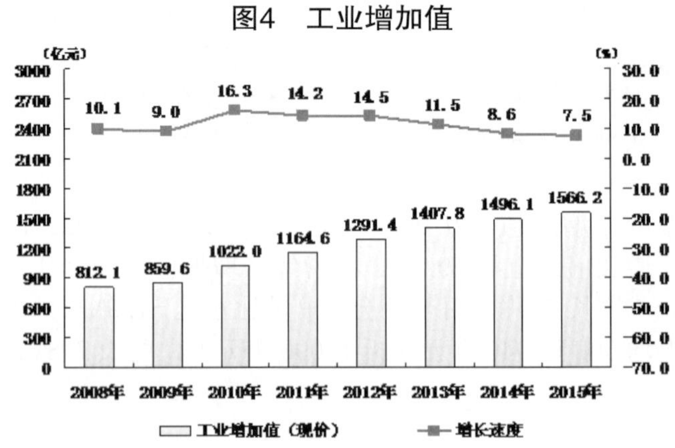

分行业看，高技术制造业增加值增长5.3%，其中医药制造业增长5.7%，电子及通信设备制造业增长8.2%，计算机及办公设备制造业增长5.6%，医疗设备及仪器仪表制造业下降29.7%。先进制造业增加

值增长 9.8%，其中装备制造业增长 14.3%，钢铁冶炼及加工业下降 20.3%，石油及化学行业下降 6.9%。传统优势工业增加值增长 4.8%，其中金属制品业增长 10.1%，食品饮料业增长 2.6%，家用电力器具制造业增长 4.4%，建筑材料业下降 9.3%，家具制造业下降 3.1%，纺织服装业增长 7.6%。

全年规模以上工业企业实现利润总额 293.44 亿元，增长 5.2%。经济效益综合指数 202.14%，总资产贡献率 13.87%，资本保值增值率 106.09%，流动资产周转率 2.39 次，成本费用利润率 5.39%，资产负债率 58.27%，全员劳动生产率 15.4 万元／人·年，产品销售率 94.3%。

表3　主要工业产品产量及其增长速度

产品名称	单位	2015年	比上年增长(±%)
化学农药原药	吨	15428.1	5.36
水泥	吨	-	-
平板玻璃(重量箱)	重量箱	4657325.0	-35.22
日用玻璃制品	吨	4924.0	-22.09
钢材	吨	588167.9	-27.40
家用燃气灶具	万台	964.1	-0.46
家用燃气热水器	万台	227.5	-7.22
家具	万件	1222.5	-7.32
冷冻饮品	吨	11154.2	-11.55
饮料酒	千升	-	-
机制纸及纸板	吨	493252.3	24.13
布	万米	4386.2	-28.12
皮革鞋靴	万双	5318.5	-11.46
塑料制品	吨	795773.1	10.80
家用电风扇	万台	6173.0	27.65
化学纤维	吨	4143.0	-7.71
焊接钢管	吨	70712.0	-7.87
电饭锅	万个	1685.5	13.16
罐头	吨	1464.0	7.25
饲料	吨	352475.1	-2.03
房间空气调节器	万台	942.5	7.25
服装	万件	89900.9	2.19
发电量	万千瓦小时		

注：本表统计范围为年主营业务收入在2000万元及以上企业。

2015 年，全市建筑业实现增加值 66.07 亿元，增长 1.9%。全市资质等级以上建筑企业施工产值 153.63 亿元，下降 7.9%；房屋建筑施工面积 470.87 万平方米，下降 13.1%；房屋建筑竣工面积 260.69 万平方米，下降 6.3%。建筑企业按施工产值计算的全员劳动生产率 33.34 万元／人·年，增长 1.9%。

四、固定资产投资

全年固定资产投资 1055.4 亿元，增长 17%。其中房地产开发投资 481.01 亿元，增长 12%。分投资主体看，国有投资 127.18 亿元，增长 19.6%；集体投资 58.13 亿元，增长 12.7%；外商及港澳台投资 170.32 亿元，增长 7.5%；私营个体经济投资 247.51 亿元，增长 33.9%。分产业看，第一产业投资 2.53 亿元，增长 7.3 倍；第二产业投资 326.45 亿元，其中工业投资 324.89 亿元；第三产业投资 726.43 亿元。

全年亿元以上投资项目 562 个，完成投资额 737.5 亿元，占全年固定资产投资完成额的 69.9%。其中，亿元以上非房地产项目 231 个，完成投资额 265.66 亿元，占全年固定资产投资完成额的 25.2%，新开工的亿元以上非房地产项目 87 个，完成投资额 66.67 亿元；亿元以上房地产项目 331 个，完成投资额 471.8 亿元，占全年固定资产投资完成额的 44.7%。

全年商品房施工面积 4623.63 万平方米，增长 14.8%；竣工面积 704.05 万平方米，增长 45.6%；销售面积 1042.77 万平方米，增长 36.5%；销售额 613.53 亿元，增长 32.2%。

五、国内贸易

全年社会消费品零售总额 1079.74 亿元，增长 10%。分地域看，城镇消费品零售额 988.03 亿元，乡村消费品零售额 91.7 亿元，分别增长 9.9% 和 10.9%。分行业看，批发和零售业零售额 976.32 亿元，增长 10.2%；住宿和餐饮业零售额 103.42 亿元，增长 8.1%。

图5　社会消费品零售总额

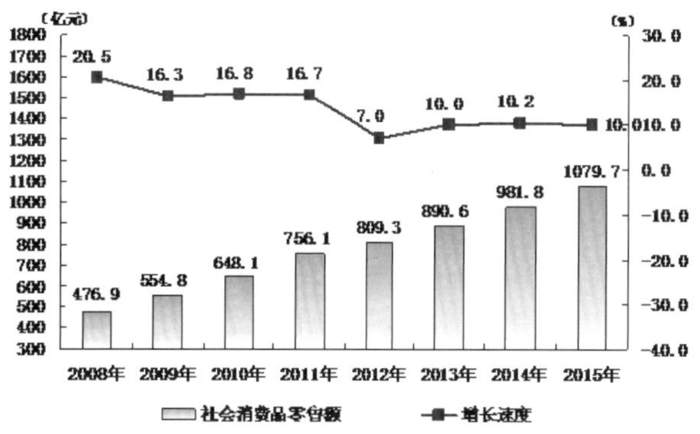

在限额以上贸易企业零售额中，建筑及装潢材料类零售额7.28亿元，增长2.9倍；汽车类零售额164.23亿元，增长8.2%；粮油食品类零售额21.72亿元，增长14.5%；家用电器和音像器材类零售额24.45亿元，增长14.4%；服装鞋帽针纺织品类零售额22.23亿元，增长1.1%；日用品类零售额16.82亿元，增长13.4%。限额以上通过公共网络实现的商品销售零售额8.51亿元，增长50%。

六、对外经济

全年进出口总值2210.22亿元（356.03亿美元，下降3.7%），比上年下降2.6%。其中，出口1738.89亿元（280.1亿美元，增长0.5%），增长1.6%；进口471.32亿元（75.93亿美元，下降16.4%），下降15.5%。进出口差额（出口减进口）1267.57亿元（204.17亿美元），比上年增加113.04亿元（16.17亿美元）。从贸易方式看，一般贸易出口895.23亿元，增长14.7%；加工贸易出口829.25亿元，下降9.9%，占全市出口的47.7%。从经营主体看，国有企业出口105.87亿元，增长2.8%；集体企业出口83.32亿元，下降19.4%；外商投资企业出口1018.45亿元，下降6.1%；私营（个体）企业出口531.25亿元，增长25.9%。从出口商品看，灯具、照明装置及类似品出口88.14亿元，增长33.7%；塑料制品出口38.06亿元，增长19.9%；高新技术产品出口390.17亿元，下降6.3%。从出口市场看，对澳大利亚市场出口38.52亿元，增加13.7%；对美国市场出口467.8美元，增长13.5%；对澳门市场出口13.75亿元，增长10.6%；对香港市场出口363.75亿元，下降9.5%。

图6　外贸出口

全年新签利用外资项目192个，增长54.8%；合同利用外资10.31亿美元，增长16.4%；实际利用外资金额4.57亿美元，下降32.9%。制造业实际利用外资额2.35亿美元，占全市的51.5%；外资资金主要来源地依然是港澳和英属维尔京群岛，全年实际投资3.84亿美元，占全市实际利用外资额的84.1%。

七、交通、邮电与旅游

全年交通运输、仓储和邮政业增加值71.66亿元，增长 0.3%。全市年末公路通车里程2610.45公里。全市机动车拥有量103.39万辆，增长7.2%。其中，汽车拥有量71.03万辆，增长11.0%。其中个人汽车64.53万辆，增长12.3%。全年货物周转量167.46亿吨公里，下降2.1%；旅客周转量21.77亿人公里，增长53.9%；港口货物吞吐量7325万吨，下降5.7%。

全年邮电通信业务总量156.52亿元（2010年不变价），增长26.4%。年末全市移动电话用户675.7万户，下降0.9%；本地电话用户98.4万户，下降4.2%。全市固定互联网络用户115.3万户，增长6.2%。

图7　年末电话用户数

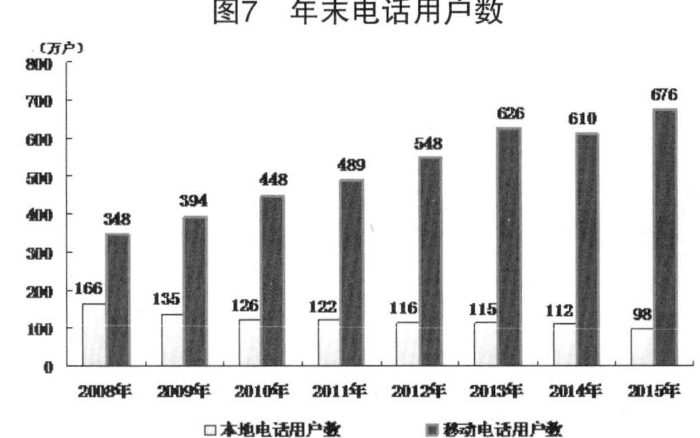

全年接待过夜海内外游客986.58万人次，增长9.4%。其中，外国游客和港澳台游客59.52万人次，国内游客927.05万人次。旅游景点接待游客1316.84万人次，增长7%；旅行社接待总人数227.4万人次，下降13.8%。组团国内游 121.37万人次，下降8.3%；出境游31.19万人次，增长2%。全年旅游总收入227.04亿元，增长8%，其中旅游外汇收入2.92亿美元，下降39.3%。年末全市共有星级酒店22家，星级酒店客房数2500间，客房开房率56.9%。

八、金融、证券和保险

年末全市金融机构本外币各项存款余额4378.36亿元，比年初增长5.4%。在人民币存款中，非金融企业存款 1043 亿元，比年初增长 10.2%；住户存款 2084.35 亿元，比年初增长 2.4%。全市金融机构本外币各项贷款余额 2894.32 亿元，比年初增长 9.4%。在人民币贷款中，住户贷款 1325.53 亿元，比年初增长 23.5%；非金融企业及机关团体贷款 1438.94 亿元，比年初增长 5.5%。个人消费贷款余额 1017.42 亿元，比年初增长 29%。

图　金融机构本外币储蓄存款余额

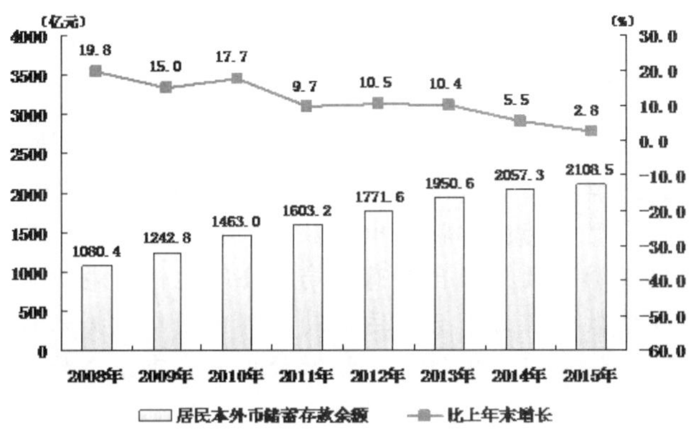

年末全市共有证券营业部 33 家；期货营业部 2 家。全年证券交易额 19857.13 亿元，增长 185.3%。其中，股票基金成交额 17121.8 亿元，增长 251%；期货成交额 3948.14 亿元，增长 59.1%。

年末全市各类保险公司 55 家，新增 3 家。商业保险全年保费收入 114.71 亿元，增长 18.4%。其中，财产险保费收入 38.33 亿元，增长 10%；寿险保费收入 76.38 亿元，增长 23%。商业保险各类赔付（给付）36.28 亿元，增长 25.2%。其中，财产险赔付（给付）17.64 亿元，寿险赔付（给付）18.64 亿元，分别增长 8.6% 和 46.2%。

九、教育和科学技术

全市普通高等学校在校学生 4 万人，与上年基本持平；普通中学在校学生 14.58 万人，下降 1.2%；中等职业技术教育在校学生 2.46 万人，下降 3%；小学在校学生 27.67 万人，增长 3.3%；幼儿园在园幼儿 12.96 万人，增长 5.6%。全市小学适龄儿童、初中毛入学率分别为 100% 和 115.9%，高中升学率达 94%，普通高考录取率达 96.62%。

全市专利申请量 27864 件，增长 13.19%；专利授权量 22198 件，增长 47.51%。其中发明专利申请量 4867 件，增长 45.28%，发明专利授权量 992 件，增长 96.44%。全年新增 39 个省级工程中心、93 家市级工程中心，全市市级以上工程中心增至 546 家，高新技术企业 427 家，国家和省创新型企业（试点）共 30 家；新引进 7 个市级创新科研团队，累计引进 17 个创新科研团队（其中省级 2 个、市级 15 个）；新增 3 家省、市院士工作站，累计建设省、市院士工作站 7 家。批准引进 1 家国家重点实验室分支机构，全市引进建设国家级创新平台（分支机构）增至 9 个。

2015 年度全市共有 9 个项目获得省科技奖，其中二等奖 1 项、三等奖 8 项。2014 年度市级科技奖 130 项，其中科技进步奖一等奖 15 项、二等奖 21 项、三等奖 56 项、产学研合作奖 3 项、新型研发机构优秀奖 1 项；专利奖金奖 10 项、优秀奖 24 项。

十、文化、卫生和体育

2015 年末全市共有文化事业机构 29 个，营业性文艺表演团体 8 个，文化艺术馆 1 个、镇级及以上公共图书馆 25 个，博物馆 6 个、镇区文化站 24 个、村文化室 280 个。全年举办群众文化活动 6500 场，增长 8.3%。市、镇两级共有广播电台、电视台、广播电视站 22 个，广播电视人口覆盖率达 100%，开通数字电视节目 149 套。全年报纸出版总印数 3296 万份，图书馆总藏量 170.3 万册。

年末全市共有卫生机构 688 个，增长 5.5%。医院床位 13161 张，增长 0.3%。各类卫生技术人员 19972 人，增长 4.9%。其中，医生 6684 人，增长 4.8%；注册护士 9115 人，增长 6.5%。

2015 年全市各类运动场所 7919 个。举办市级运动竞赛 32 次，参加省级以上竞赛人数 985 人，获金牌 57 枚、银牌 86 枚、铜牌 79 枚。

十一、人民生活、社会保障与安全生产

城乡居民收入持续增长。全年中山居民人均可支配收入 35712 元，同比增长 8.7%。城镇常住居民人均可支配收入 37254 元，增长 8.6%；农村常住居民人均可支配收入 24405 元，增长 10.1%。

全市参加城镇基本养老保险人数 238.52 万人，增长 8.6%。其中参保职工 209.22 万人，增长 9.1%；参保离退休人员 29.3 万人，增长 4.8%。参加城镇基本医疗保险的人数 254.62 万人，下降 2%。其中，参加城镇职工基本医疗保险人数 157.55 万人，下降 4.6%；参加城镇居民基本医疗保险人数 97.07 万人，增长 2.4%。参加城镇医疗保险的农民工 90.99 万人，下降 5.9%。参加失业保险的人数 141.81 万人，下降

6.1%。参加工伤保险的人数143.49万人，下降6.1%。其中参加工伤保险农民工人数91.09万人，下降5.8%。年末领取失业保险金人数为2.4万人。

全市社区服务设施数343个，其中城镇130个，农村213个。享受抚恤补助优抚对象8326人，优抚事业费用8353万元；社会困难救济人数39816人，最低生活保障户数4535户，发放低保金额4677.6万元，自然灾害救济费200万元。

全年共发生各类一般事故1786宗，死亡327人，受伤1806人，直接经济损失2376.5万元，事故宗数、死亡人数、受伤人数分别下降5.7%、1.2%、6.3%。亿元地区生产总值生产安全事故死亡率为0.107，道路交通万车死亡率为2.93，分别下降6.1%和0.3%。

十二、人口、资源与环境

年末常住人口320.96万人，城镇化水平88.12%。公安户籍人口158.68万人。

初步核算，全年规模以上工业综合能源消费量374.75万吨标准煤，增长12.8%。全社会用电量245.51亿千瓦时，增长3.3%。其中工业用电161.16亿千瓦时，增长2.2%。

全年累计灰霾天气日数39天，全年平均日照时数 1963.4小时，全年平均降雨量1723.2毫米。空气质量达标天数326天，达到国家空气质量二级标准。全市森林覆盖率19.49%以上。

2015年末中山市水库蓄水总量2522万立方米，比上年同期增加72万立方米。全市监测评价河长213.6公里，其中达标河长174.6公里，超标河长39公里。全市共监测14个水库，水质全部优良。

注：

1. 本公报中各项数据均为初步数，所有数据应以此后出版的《中山统计年鉴2016》为准。

2. 规模以上工业统计口径为年主营业务收入2000万元及以上；固定资产投资项目统计口径计划总投资500万元。

3. 地区生产总值、各产业增加值绝对数按现价计算，增长速度按可比价格计算。

4. 邮电通信业务总量按2010年不变价计算。

资料来源：本公报中城镇新增就业、登记失业率、社会保障数据来自市人力资源社会保障局；财政数据来自市财政局；货物进出口数据来自拱北海关；外商直接投资等数据来自市商务局；公路运输、港口货物吞吐量数据来自市交通运输局；邮电通信数据来自邮政及通信部门（单位）；旅游数据来自市旅游局；货币金融数据来自市人民银行；证券、期货、保险业数据来自市金融局；教育、体育数据来自市教育和体育局；科技数据来自市科技局；艺术表演团体、博物馆、公共图书馆、文化馆、广播、电视、报纸、图书数据来自市文化广电新闻出版局；卫生数据来自市卫生和人口计生局；优抚、社会救济数据来自市民政局；安全生产数据来自市安全监管局；用电量来自市供电局；气象数据来自市气象局；环境监测数据来自市环境保护局；林业数据来自市林业局；水资源数据来自市水务局；其他数据来自中山市统计局和国家统计局中山调查队。

2015年江门市国民经济和社会发展统计公报

2015年，全市贯彻落实中央、省委、市委的各项决策部署，紧紧围绕“五个对接”，积极实施珠西战略，全力打造“三门”、建设“三心”，主动适应经济发展新常态，沉着应对各种困难和挑战，经济社会发展迈上新台阶，实现了“十二五”圆满收官。

一、综合

初步核算，2015年全市实现地区生产总值（GDP）2240.02亿元，比上年增长8.4%。分产业看，第一产业增加值174.72亿元，增长3.6%；第二产业增加值1078.51亿元，增长8.6%；第三产业增加值986.80亿元，增长8.8%。在第三产业增加值中，交通运输、仓储和邮政业增长8.7%，批发和零售业增长1.9%，住宿和餐饮业增长0.5%，金融业增长8.8%，房地产业增长16%。三次产业结构为7.8 ∶ 48.1 ∶ 44.1。人均地区生产总值49608元，增长8.1%。

图1 2010-2015年地区生产总值及其增长速度

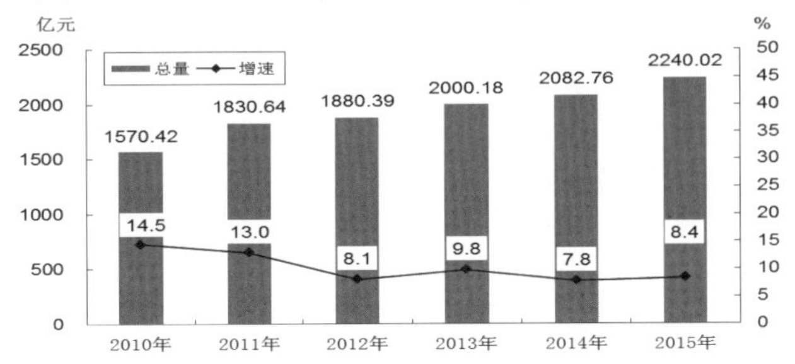

全年居民消费价格总水平上涨1.8%，其中食品类价格上涨4.4%，居住类价格下降1.0%。农产品生产者价格上涨0.4%，工业生产者出厂价格下降2.2%，商品零售价格下降0.2%。

图2 2010-2015年居民消费价格涨跌幅度

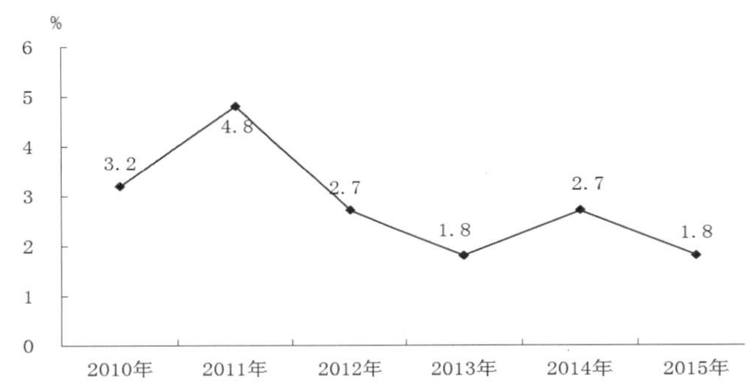

表1 2015年居民消费价格指数

指标	价格指数（上年=100）	比上年涨跌幅度（%）
居民消费价格	101.8	1.8
消费品价格	101.3	1.3
其中：一、食品类	104.4	4.4
粮食	101.3	1.3
肉禽及其制品	107.3	7.3
鲜菜	108.1	8.1
二、烟酒类	103.2	3.2
三、衣着类	100.9	0.9
四、家庭设备用品及维修服务类	102.1	2.1
五、医疗保健和个人用品类	100.7	0.7
六、交通和通信类	98.7	-1.3
七、娱乐教育文化用品及服务类	102.3	2.3
八、居住类	99.0	-1.0

年末私营企业4.32万户，注册资金945.35亿元，从业人数38.17万人，分别比上年增长14.0%、37.5%和9.0%；个体工商户19.60万户，注册资金51.84亿元，从业人数37.93万人，分别增长11.2%、18.0%和9.0%。

全年城镇新增就业 49088 人，比上年增加 1734 人；城镇失业人员再就业 32680 人，比上年增加 622 人，城镇登记失业率 2.37%，比上年上升 0.01 个百分点。全年开展农村劳动力技能培训 20288 人，比上年减 1930 人；新增转移就业劳动力 20861 人，比上年减少 10214 人。全年地方公共财政预算收入 198.98 亿元，比上年增长 9.1%，其中国内增值税增长 8.9%、营业税增长 12.1%、企业所得税增长 6.5%、个人所得税增长 18.3%、契税增长 32.9%；地方公共财政预算支出 291.42 亿元，增长 21.6%，其中教育支出增长 12.5%、社会保障和就业支出增长 24.4%、医疗卫生支出增长 16%、文化体育和传媒支出增长 40.4%。

全年税收收入 410.21 亿元，比上年增长 7.6%。其中，国税收入 244.67 亿元，增长 6.3%；地税收入 165.54 亿元，增长 9.6%。

二、农业

全年粮食作物播种面积 286.31 万亩，比上年下降 0.1%。糖蔗种植面积 3.02 万亩，增长 6.7%；油料种植面积 18.68 万亩，增长 1.0%；蔬菜种植面积 92.22 万亩，增长 3.8%。

全年粮食产量 95.57 万吨，比上年增长 0.3%。糖蔗产量 18.89 万吨，增长 6.2%；油料产量 3.22 万吨，增长 4.9%；蔬菜产量 130.22 万吨，增长 3.9%；水果产量 25.73 万吨，增长 3.3%。

全年肉类总产量 30.79 万吨，增长 2.1%。其中，猪肉产量22.04万吨，增长1.7%；禽肉产量8.47万吨，增长 3.2%。全年水产品产量 77.10 万吨，增长 3.4%。

图3　2010-2015年粮食产量及其增长速度

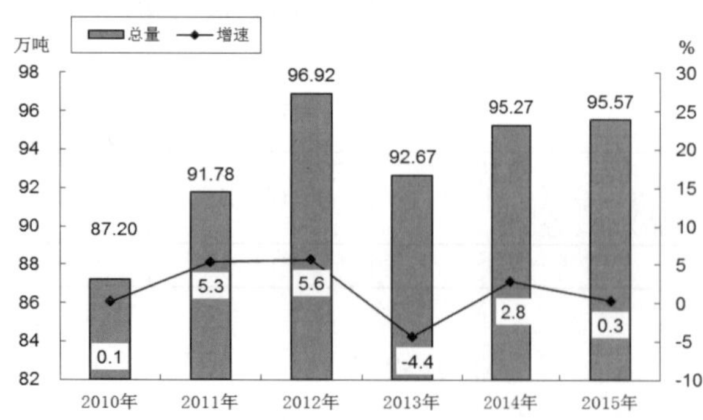

三、工业和建筑业

全年全部工业增加值比上年增长 8.5%。规模以上工业增加值增长 8.0%，分注册类型看，国有及国有控股企业下降 0.3%，民营企业增长 8.3%，外商及港澳台投资企业增长 8.6%，股份制企业增长 7.4%，集体企业增长 15.7%；分轻重工业看，轻工业增长 8.3%，重工业增长 7.6%；分企业规模看，大型企业增长 6.7%，中型企业增长 6.9%，小型企业增长 10.5%。

高技术制造业增加值增长 6.5%。其中，医药制造业增长 1.1%，电子及通信设备制造业增长 7.7%，信息化学品制造业增长 3.7%，医疗设备及仪器仪表制造业增长 4.1%，计算机及办公设备制造业下降 0.7%。

先进制造业增加值增长 18.1%。其中，装备制造业增长 15.3%，钢铁冶炼及加工业下降 9.6%，石油及化学行业增长 35.9%。装备制造业中，汽车制造业、船舶制造业、环境污染防治专用设备制造业分别增长 29.2%、5.0% 和 14.2%；钢铁冶炼及加工业中，钢压延加工下降 12.2%；石油及化学行业中，橡胶制品业下降 15.7%，化学原料及化学制品制造业增长 43.5%，石油加工、炼焦及核燃料加工业增长 63.5%。

优势传统产业增加值增长 5.8%。其中，纺织服装业增长 4.7%，食品 饮料业增长 1.1%，家具制造业增长 6.0%，建筑材料业增长 8.1%，金属制品业增长 12.5%，家用电力器具制造业增长 1.1%。

六大高耗能行业增加值增长 17.7%。其中，石油加工、炼焦和核燃料加工业增长 63.1%，化学原料和化学制品制造业增长 43.2%，非金属矿物制品业增长 4.2%，有色金属冶炼及压延加工业增长 1.2%，电力、热力生产和供应业下降 1.5%，黑色金属冶炼及压延加工业下降 9.1%。

图4　2010-2015年规模以上工业增加值增长速度

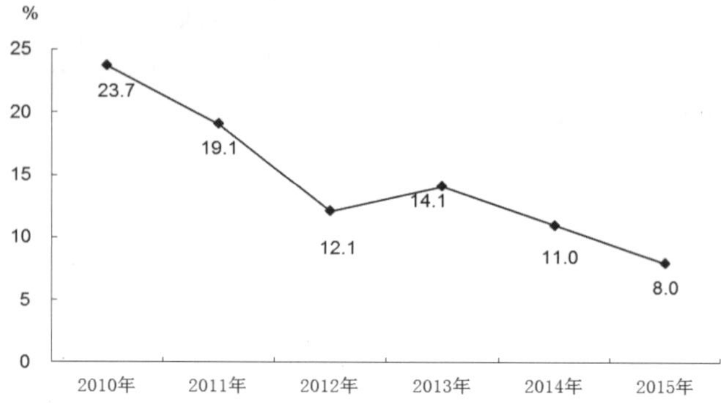

规模以上工业实现利润总额220.31亿元，增长29.1%。资产贡献率13.06%，资产负债率55.14%，流动资产周转次数2.19次，成本费用利润率6.53%，全员劳动生产率19.75万元/人，产品销售率94%。

表2　2015年主要工业产品产量情况

产品名称	计量单位	产量	比上年增长（%）
饲料	万吨	244.01	9.3
布	万米	78410.00	-2.2
服装	万件	16628.10	13.5
家具	万件	758.55	-5.4
机制纸及纸板	万吨	154.11	23.2
涂料	万吨	29.99	3.6
化学纤维	万吨	14.67	-13.2
塑料制品	万吨	40.72	-14.6
水泥	万吨	462.80	13.5
平板玻璃	万重量箱	3037.59	-1.5
铝材	万吨	6.43	-54.5
金属集装箱	万立方米	305.80	-40.4
日用不锈钢制品	万吨	9.79	-36.2
摩托车	万辆	296.35	-9.2
原电池及原电池组	万只	55693.90	-22.0
房间空调器	万台	157.67	332.0
电风扇	万台	1336.73	-10.6
家用洗衣机	万台	117.86	11.3
打印机	万台	109.21	-0.9
印制电路板	万平方米	264.31	-0.4
灯具	万只	4152.76	34.2

全年建筑业增加值62.02亿元，增长10.9%。资质等级以上建筑企业164个。

四、固定资产投资

全年固定资产投资1307.87亿元，比上年增长17.7%。分经济类型看，国有经济投资352.12亿元，比上年增长24.4%；港澳台及外商经济投资194.03亿元，增长22.5%；民间经济投资750.10亿元，增长14.6%。分产业看，第一产业投资11.26亿元，增长76.8%；第二产业投资588.53亿元，增长21.8%，其中制造业投资增长36.2%；第三产业投资708.08亿元，增长13.8%。

全市房地产开发投资311.01亿元，比上年下降0.6%。商品房施工面积2612.24万平方米，增长8.5%；竣工面积287.85万平方米，下降29.0%。商品房销售面积504.76万平方米，增长40.0%；销售额286.97亿元，增长33.8%。

图5　2010-2015年固定资产投资总量及其增长速度

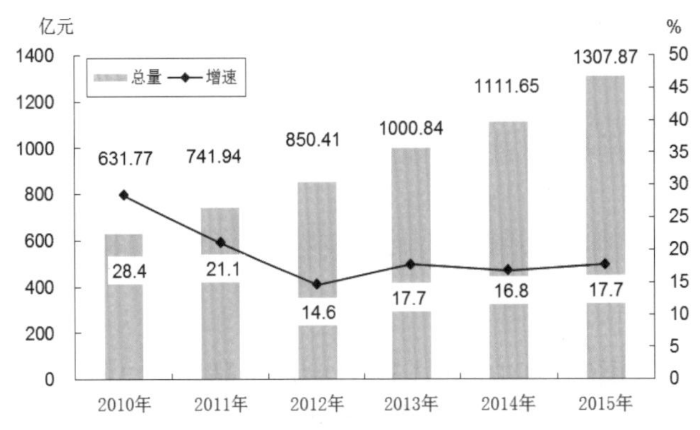

表3　2015年分行业固定资产投资情况

行业	投资额（亿元）	比上年增长
固定资产投资	1307.87	17.7
农、林、牧、渔业	11.26	76.8
采矿业	5.54	56.9
制造业	458.32	36.2
电力、燃气及水的生产和供应业	124.19	-13.5
建筑业	0.48	--
交通运输、仓储和邮政业	139.02	88.8
信息传输、计算机服务和软件业	20.86	52.9
批发和零售业	34.17	-33.8
住宿和餐饮业	26.36	-18.1
金融业	0.25	-77.5
房地产业	328.25	-2.3
租赁和商务服务业	2.10	-64.5
科学研究、技术服务和地质勘查业	5.66	100.1
水利、环境和公共设施管理业	115.97	55.7
居民服务和其他服务业	1.23	-33.6
教育	8.72	51.7
卫生、社会保障和社会福利业	6.98	27.3
文化、体育和娱乐业	14.72	10.3
公共管理和社会组织	3.79	16.0

五、国内贸易

全年社会消费品零售总额1032.31亿元，比上年增长11.8%。分地域看，城镇消费品零售额784.56亿元，增长11.8%；农村消费品零售额247.75亿元，增长11.7%。分行业看，批发和零售业零售额927.29亿元，增长12.6%；住宿和餐饮业零售额105.02亿元，增长5.3%。

在限额以上批发和零售业商品零售额中，粮油、食品、饮料、烟酒类比上年增长 8.5%，服装、鞋帽、针纺织品类增长 134.6%，化妆品类下降 8.8%，金银珠宝类增长 76.5%，日用品类增长 39.5%，体育、娱乐用品类增长 12.2%，电子出版物及音像制品类增长 2.3%，书报杂志类增长 21.9%，家用电器和音像器材类增长 2.2%，中西药品类增长 18.9%，文化办公用品类增长 39.1%，通信器材类增长 74.8%，石油及制品类下降 16.0%，汽车类增长 32.6%，建筑及装潢材料类增长 285.7%。

图6 2010-2015年社会消费品零售总额及其增长速度

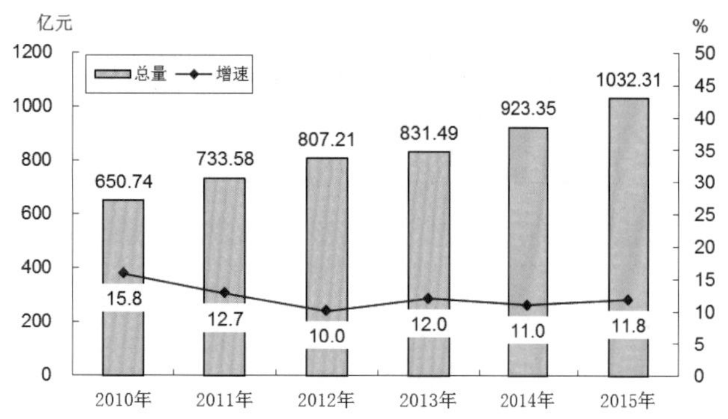

六、对外经济

全年海关进出口总额 1231.8 亿元，比上年下降 1.6%。其中，进口总额 277.1 亿元，下降 14.7%；出口总额 954.7 亿元，增长 3.0%。分贸易方式看，一般贸易出口 605.0 亿元，增长 10.3%；加工贸易出口 344.7 亿元，下降 7.2%。分企业性质看，国有企业出口 5.1 亿元，下降 24.7%；三资企业出口 517.7 亿元，下降 5.1%；私营企业出口 431.8 亿元，增长 15.3%。

全年合同利用外商直接投资 9.63 亿美元，比上年下降 26.0%。实际利用外商直接投资 8.79 亿美元，增长 3.0%。分产业类型看，制造业下降 25.4%，电力、燃气及水的生产和供应业增长 49.9%，批发和零售业增长 139.1%，房地产业下降 25.3%。分地区看，来源于香港为 5.06 亿美元，增长 14.9%；来源于澳门 0.57 亿美元，增长 167.2%；来源于新加坡为 0.25 亿美元，下降 79%；来源于法国为 1.63 亿美元，增长 19.3%；来源于英属维尔京群岛 0.59 亿美元，增长 21.9%。

图7 2010-2015年海关出口总额及其增长速度

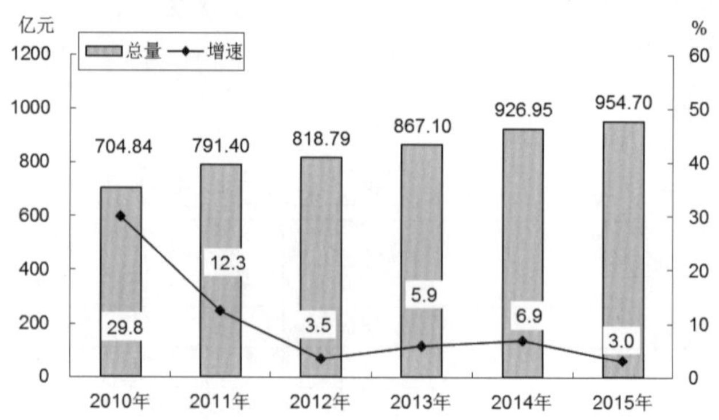

注：2010-2014 年出口数据按当年的美元汇率折算为人民币。

七、交通、邮电和旅游

全年水陆货运量 15408 万吨，比上年增长 10.7%；货运周转量 182.29 亿吨公里，增长 8.4%。水陆客运量 10272 万人，增长 7.6%；客运周转量 64.71 亿人公里，增长 8.6%。港口货物吞吐量 7525 万吨，增长 2.4%。

年末公路通车里程 10018 公里，其中高速公路 385 公里，一级公路 734 公里。

年末机动车拥有量 276.52 万辆，比上年末增长 3.4%，“十二五”期间增加 78.59 万辆。民用汽车保有量 52.19 万辆，比上年末增长 14.2%，

“十二五”期间增加 24.31 万辆。民用轿车保有量 31.10 万辆，增长 18.5%，

其中私人轿车 29.74 万辆，增长 19.7%。摩托车保有量 224.05 万辆，增长 1.2%；其中私人摩托车保有量 223.19 万辆，增长 1.2%。

全年邮电业务总量 102.18 亿元（2010 年不变价，下同），比上年增长 23.2%，其中，邮政业务总量 12.7 亿元，增长 40.1%；通信业务总量 89.48 亿元，增长 21.1%。年末固定电话用户 129.06 万户，移动电话用户 557.34 万户。

全年旅游总收入 339.62 亿元，比上年增长 21.7%，其中，国际旅游收入 9.68 亿美元，增长 14.9%；国内旅游收入 279.81 亿元，增长 23.2%。旅游住宿设施接待游客 1547.93 万人次，下降 2.9%，其中，国际游客 180.94 万人次，增长 5.2%；国内游客 1367.00 万人次，下降 3.9%。全年旅游宾馆客房出租率 62.5%。旅行社组织境内游 52.70 万人次，增长 1.7%；组织出境游 12.54 万人次，增长 17.5%。

八、金融和保险

年末金融机构本外币存款余额3766.81亿元，比上年末增长5.2%。其中，境内存款余额3612.33亿元，增长5.2%；境外存款余额154.48亿元，增长5.1%。金融机构本外币贷款余额2218.01亿元，增长9.6%，其中，境内贷款余额2202.21亿元，增长9.5%；境外贷款余额15.80亿元，增长15.7%。

年末各类保险公司50家，保险中介机构（含分支机构）61家。全年保费收入93.79亿元，比上年增长27.5%。其中，寿险业务保费收入65.3亿元，增长32.8%；财产险业务保费收入28.49亿元，增长16.8%。共支付各项赔款36.63亿元，增长49.9%，其中，寿险业务给付22.74亿元，增长74.9%；财产险业务赔款13.89亿元，增长21.4%。

九、教育和科学技术

全年地方财政教育支出63.99亿元，比上年增长12.5%。全年高等教育（含成人教育）招生1.60万人，在校学生4.77万人，毕业生1.33万人。中等职业技术学校招生2.70万人，在校学生5.97万人，毕业生3.58万人。普通高中招生2.66万人，在校学生7.92万人，毕业生2.73万人。初中招生4.48万人，在校学生13.50万人，毕业生4.74万人。小学招生5.58万人，在校学生30.62万人，毕业生4.59万人。幼儿园入园儿童5.14万人，在园幼儿13.94万人。小学学龄儿童入学率100%，小学升学率100%，初中适龄少年入学率100%，初中升学率98.5%，高中升学率89.5%。

全年地方财政科学技术支出7.88亿元，比上年增长62.2%。全市累计国家级高新技术企业196家；国家火炬计划项目4项，省级科技计划项目67项。专利申请量9555件，其中发明专利2438件；专利授权量6384件，其中发明专利508件。全市拥有各类专业技术人数17.97万人，其中中级职称以上7.11万人。

十、文化、卫生和体育

年末全市拥有群众文化艺术馆8个，文化站74个，体育场馆23个。拥有公共图书馆8座，公共图书馆藏书量258.4万册，图书馆全年流通人数246.3万人次，图书外借数127.7万册次，图书馆阅览室坐席数3147个。拥有博物馆6个，博物馆文物藏品4.81万件，其中一级藏品5件。拥有地级市广播电视台1座，县级广播电视台5座。广播人口综合覆盖率100%，电视人口综合覆盖率100%，有线广播电视用户数98.17万户。全年地方财政医疗卫生支出27.97亿元，增长16.0%。年末卫生机构（含各类门诊，下同）1681个，其中医院42个。卫生机构床位19838张，其中医院14434张。卫生机构人员31412人，其中卫生技术人员25840人。卫生技术人员中执业（助理）医师8927人，注册护士10862人，药师（士）1772人，技师（士）1231人。

全年全市体育面积1121万平方米，人均体育面积达2.49平方米。体育彩票年销售总额达3.39亿元。江门籍体育健儿在国际赛事中，获得2项冠军；在亚洲赛事中，获得1项冠军；在全国赛事中，获得9项冠军；在全省赛事中，获得10项冠军。成功举办第三届江门健走马拉松大赛、第四届千村（居）篮球赛、首届江门侨乡武术文化节、首届梁赞咏春文化节、中国侨都江门武术大赛，成功承办的2015“江海碧桂园杯”全国击剑锦标赛、全国国际象棋棋协大师赛（广东江门）、珠超联赛。

十一、人民生活、社会保障和安全生产

全年江门居民人均可支配收入22364元，比上年增长8.6%；人均生活消费支出15611元，增长9.5%。全年城镇常住居民人均可支配收入27117元，比上年增长8.6%。其中工资性收入为20831元，占全部可支配收入的76.8%；人均生活消费支出18331元，增长9.4%。

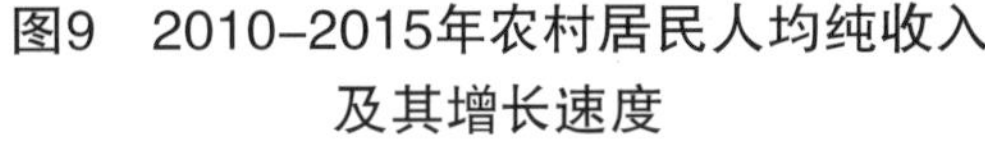
图9　2010-2015年农村居民人均纯收入及其增长速度

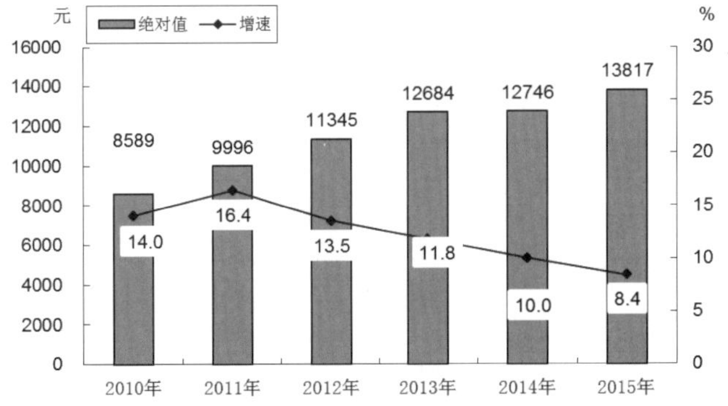

全年农村常住居民人均可支配收入13817元，比上年增长8.4%，其中工资性收入为9593元，占全部可支配收入的69.4%。人均生活消费支出10324元，

增长 12.3%。

年末城乡最低生活保障对象 61164 人。全年共发放低保救济金 19438.12 万元，比上年增长 20.5%。发放基本医疗救助金 4515.55 万元，增长 39.8%；共计救助 101844 人次。全市五保供养人数 7556 人；全年落实 供养经费 6165.56 万元，增长 23.8%。

全年社会保险基金收入 111.74 亿元，比上年增长 3.8%。城镇职工养 老保险参保人数 191.98 万人，增加 5.79 万人；城乡基本医疗保险参保人数 386.99 万人，减少 1.72 万人；失业保险参保人数 74.72 万人，增加 0.72 万人；工伤保险参保人数 77.89 万人，增加 0.92 万人；生育保险参保人数 76.57 万人，增加 2.74 万人。

年末社会福利院 6 家，福利院床位 2754 张，收寄养人数 1245 人；敬老院 69 家，敬老院床位 6177 张，收寄养人数 2260 人；社区服务设施 3508 个。

全年共发生各类事故 4125 宗，比上年下降 3.4%。死亡 362 人，增加 3 人；受伤 4186 人，增加 10 人；经济损失 5394.3 万元，下降 4.4%。

其中，工矿企业职工伤亡事故 15 宗，增长 15.4%；经济损失 1479 万元，增长 10.6%。道路交通事故 3379 宗，增长 2.1%；经济损失 747.6 万元，增长 5.8%。火灾事故 731 宗，下降 22.8%；经济损失 3167.7 万元，下降 11.9%。亿元地区生产总值生产安全事故死亡率为 0.16，道路交通万车死亡率为 1.31。

十二、人口、资源和环境

年末常住人口 451.95 万人。其中城镇人口 293.04 万人，占常住人口的 64.84%；农村人口 158.91 万人，占常住人口的 35.16%。

年末公安户籍人口 391.41 万人，人口密度 412 人 / 平方公里（户籍口径）。

表4　2015 年全市及各市（区）人口数

单位：万人

市、区	常住人口	户籍人口
全市	451.95	391.41
蓬江	73.49	48.59
江海	26.07	16.22
新会	86.36	75.58
台山	95.08	96.83
开平	70.72	68.26
鹤山	50.24	36.99
恩平	49.99	48.94

年末全市海域面积 2886 平方公里，拥有岛屿 561 个，海岛面积 249.97 平方公里，大陆岸线 414.8 公里。全市森林蓄积量 2108.4 万立方米，森林面积 430.18 千公顷，森林覆盖率 46.25%。城市人均公园绿地面积 17.62 平方米。

全市年平均气温 23.4 摄氏度，比上年增加 0.6 摄氏度。年降雨量 1961.3 毫米，增加 272.4 毫米。年日照时数 1853.4 小时，增加 1.5 小时。

全年农作物受灾面积 15306 公顷，其中台风灾害 12665 公顷。自然灾害受灾 6.05 万人次，自然灾害直接经济损失 45529 万元。全年规模以上工业综合能源消费量 730.64 万吨标准煤，比上年下降 8.1%。单位工业增加值能耗下降 14.8%。全年全社会用电量 237.13 亿千瓦时，增长 4.1%。其中第一产业用电量 11.7 亿千瓦时，增长 3.2%；第二产业用电量 166.53 亿千瓦时，增长 3.4%，其中工业用电量增长 3.3%；第三产业用电量 28.45 亿千瓦时，增长 7.3%。城乡居民用电量 30.44 亿千瓦时，增长 5.2%。

全市大气环境质量良好，市区空气质量达标率为 88.2%。全市主要河流水质良好，西江干流、西海水道和潭江干流上游水质优，符合Ⅱ类水质标准；江门河和潭江新会区段水质良好，符合Ⅲ类水质标准。全市各级饮用水源得到有效保护，市区饮用水源水质达标率为 100%。城市区域环境噪声平均值为 56.2 分贝，交通干线两侧噪声平均值为 69.9 分贝，优于国家城市区域环境噪声相应标准。

注：

1. 本公报中 2015 年数据为初步统计数，统计图中 2010-2014 年数据为年报数。

2. 从 2011 年起，规模以上工业统计口径由 500 万元调整为 2000 万元及以上；固定资产投资项目统计起点由计划总投资 50 万元提高到 500 万元，增速为可比口径。从 2012 年起，“地方一般预算收入”更名为“地方公共财政预算收入”。2012 年四季度，国家统计局实施了城乡一体化住户调查改革。2014 年按照新的调查口径对外发布城乡一体的居民人均可支配收入和分城镇、农村常住居民人均可支配收入数据。由于新老调查方案在调查范围、调查对象、城乡划分标准、样本抽选、计算和汇总方式、指标口径等方面变化较大，改革后新口径数据和旧口径数据存在不可比的差异。

3. 地区生产总值、各产业增加值绝对数按现价计算，增长速度按可比价计算。

4. 先进制造业包括装备制造业、钢铁冶炼及加工业、石油及化学制造业。高技术制造业包括核燃料加工业、信息化学品制造业、医药制造业、航空航天器制造业、电子通信设备制造业、计算机制造业、医疗仪器设备制造业。六大高耗能行业包括石油加工炼焦及核燃料加工业、化学原料及化学制品制造业、非金属矿物制品业、黑色金属冶炼及压延加工业、有色金属冶炼及压延加工业、电力热力的生产和供应业。

5. 年末五种保险基金是指城镇职工养老保险、城乡（镇）基本医疗保险、失业、工伤、生育保险，不含城乡居民养老保险。基本医疗保险 包括新农合参保人。

6.2012 年以前空气质量优良率统计为 3 项污染物的 API 指数；2013 年开始空气质量统计 6 项污染物的 AQI 指数。

附表：

2015年江门市经济社会发展主要指标

指标名称	单位	绝对值	比上年增长（%）
常住人口	万人	451.95	0.2
地区生产总值	亿元	2240.02	8.4
其中：第一产业增加值	亿元	174.72	3.6
第二产业增加值	亿元	1078.51	8.6
第三产业增加值	亿元	986.80	8.8
粮食产量	万吨	95.57	0.3
固定资产投资	亿元	1307.87	17.7
社会消费品零售总额	亿元	1032.31	11.8
海关进出口总额	亿元	1231.8	-1.6
其中：出口总额	亿元	954.7	3.0
进口总额	亿元	277.1	-14.7
外商直接投资额	亿美元	8.79	3.0
地方公共财政预算收入	亿元	198.98	9.1
地方公共财政预算支出	亿元	291.42	21.6
税收收入	亿元	410.21	7.6
其中：国税	亿元	244.67	6.3
地税	亿元	165.54	9.6
境内住户存款余额	亿元	2270.52	6.8
旅游收入	亿元	339.62	21.7
江门居民人均可支配收入	元	22364	8.6
城镇常住居民人均可支配收入	元	27117	8.6
农村常住居民人均可支配收入	元	13817	8.4
居民消费价格指数	%	101.8	1.8

2015年阳江市国民经济和社会发展统计公报

2015年是“十二五”规划的收官之年，也是充满挑战的一年。面对世界经济复苏不及预期和国内经济下行压力加大的困难局面，我市认真贯彻落实中央和省的各项政策措施，主动适应经济发展新常态，深入实施“双化”驱动、蓝色崛起和对接珠三角战略，坚持以科学发展观为统领，统筹推进稳增长、调结构、促改革、惠民生、防风险各项工作，经济运行总体平稳，呈现稳中有进、稳中向好的发展态势，民生事业明显进步，人民生活不断提高，社会保持和谐稳定，为“十三五”时期经济社会进一步发展夯实了基础。

一、综　合

2015年，全市实现地区生产总值（GDP）1250.01亿元，同比增长8.5%，其中第一产业、第二产业和第三产业增加值分别增长3.5%、9.9%和8.6%。三大产业比例由上年同期的16.5∶48.0∶35.5调整为16.4∶47.3∶36.3。三大产业对GDP的贡献率分别为6.1%、60.0%和33.9%，分别拉动全市GDP增长0.5个百分点、5.1个百分点和2.9个百分点。

全年居民消费价格总水平上涨1.4%，其中，服务项目价格指数上涨1.1%，消费品价格指数上涨1.4%。从八大类别看，食品类上涨3.6%，居住类下降1.5%，烟酒类上涨1.6%，交通和通讯类下降1.3%，医疗保健和个人用品类与上年持平，家庭设备用品及维修服务类上涨1.9%，衣着类上涨1.8%，娱乐教育文化用品及服务类上涨1.3%。

全年新增城镇就业人数4.25万人，完成目标任务的106.2%，转移农村劳动力5.03万人。年末城镇登记失业率2.42%。

二、农　业

全年农业总产值344.47亿元，同比增长3.6%。粮食作物播种面积221.9万亩，同比增加3.0万亩；粮食总产量72.9万吨，增加1.3万吨。蔬菜种植面积92.0万亩，减少0.03万亩；蔬菜产量101.0万吨，增加5.5万吨。花生种植面积37.9万亩，增加0.27万亩；花生产量5.7万吨，增加0.13万吨。水果总产量63.9万吨，增加2.35万吨，其中柑、桔、橙产量33.75万吨，减少0.2万吨。

全年肉类总产量18.79万吨，同比增长3.6%。其中，猪肉产量15.3万吨，增长3.8%；禽肉产量2.95万吨，增长2.7%。

全年渔业总产值148.39亿元，同比增长3.0%。全年水产品产量121.61万吨，增长2.7%。其中，海水产品109.47万吨，增长2.5%；淡水产品12.14万吨，增长3.7%。

三、工业和建筑业

全年规模以上工业总产值2001.90亿元，同比增长11.9%。其中，规模以上民营工业产值1327.72亿元，增长15.0%。从注册登记类型来看，国有企业、集体企业、股份制企业、外商及港澳台商投资企业和其他类型企业完成产值分别增长0.1%、36.7%、13.9%、8.5%和3.8%。规模以上工业增加值493.58亿元，增长13.2%。

全年资质以上建筑业总产值120.05亿元，同比下降3.7%。建筑企业房屋施工面积920.64万平方米，下降9.7%。其中，新开工面积326.31万平方米，下降32.0%；房屋竣工面积437.07万平方米，增长13.8%。

四、固定资产投资

全年固定资产投资691.13亿元，同比增长4.4%。其中，项目投资586.26亿元，增长3.3%；房地产开发投资104.86亿元，增长10.8%。从三次产业看，第一产业投资22.06亿元，增长11.7%；第二产业投资358.33亿元，下降6.9%；第三产业投资310.73亿元，增长20.8%。全市投资中工业投资358.50亿元，下降6.9 %。

五、国内贸易

全年社会消费品零售总额 583.46 亿元，同比增长 9.7%。从地域看，城镇实现零售额 455.41 亿元，增长 9.7%；农村实现零售额 128.05 亿元，增长 9.5%。从分行业看，批发零售贸易业零售额 524.98 亿元，增长 9.8%；住宿和餐饮业零售额 58.48 亿元，增长 8.5%。

全年批发零售贸易业商品销售额 693.00 亿元，同比增长 9.6%。其中，批发额 167.97 亿元，增长 8.8%；零售额 525.03 亿元，增长 9.8%。

六、对外经济

全年进出口总额 28.6 亿美元，同比增长 6.3%。其中，出口 24.0 亿美元，增长 3.6%；进口 4.5 亿美元，增长 23.4%。全年实际利用外商直接投资 0.85 亿美元，同比下降 27.5%。新签利用外资合同 27 宗，同比下降 32.5%；合同利用外资 2.07 亿美元，下降 72.8%，平均每个合同协议利用外资 765 万美元，减少 1132 万美元。截至 2015 年底，全市登记注册的外商投资企业 540 家，其中本年登记的外商投资企业 36 家。

七、交通、邮电和旅游

全年公路货物周转量 95.20 亿吨公里，同比增长 11.0%；水路货物周转量 99.84 亿吨公里，增长 1.8%；铁路货物周转量 4.56 亿吨公里，增长 3.3%。港口货物吞吐量 2139 万吨，增长 22.4%。公路旅客周转量 11.00 亿人公里，增长 1.0%。

年末固定电话用户 42.6 万户，同比下降 5.8%；移动电话用户 243.0 万户，下降 0.5%；互联网络、数据通信等新兴业务继续快速发展，年末（固定）互联网用户 48.9 万户，增长 22.6%。

全年旅游总收入 181.30 亿元，同比增长 18.0%。其中国内旅游收入 178.99 亿元，增长 17.7%。全年接待游客总人数 1658.57 万人次，增长 10.7%。其中，一日游游客人数 627.64 万人次，增长 1.7%；住宿设施接待过夜游客人数 1030.93 万人次，增长 17.0%。在过夜游客中，国际游客 6.88 万人次，增长 37.6%；国内游客 1024.05 万人次，增长 16.9%。

八、金　融

年末全市金融机构本外币各项存款余额 1014.74 亿元，比年初增长 11.4%。其中，非金融企业存款余额 104.49 亿元，增长 11.3%；住户存款余额 665.27 亿元，增长 8.0%。年末本外币各项贷款余额 757.74 亿元，增长 7.2%。其中，短期贷款余额 112.57 亿元，增长 3.1%；中长期贷款余额 640.31 亿元，增长 9.2%。

九、科技和教育

年末全市共有国家高新技术企业 19 家，省级以上工程技术研究中心 21 家，市级工程技术研究中心 68 家。

全年小学招生人数 4.21 万人，同比增长 14.1%，小学在校学生 20.69 万人，增长 7.7%；普通初中招生人数 2.59 万人，增长 2.4%，普通初中在校学生 7.85 万人，下降 3.7%。全市适龄儿童小学入学率 102.72%，小学升学率 100%，普通初中生升学率 98.37%。

全年普通高中招生人数 1.57 万人，同比下降 4.1%；普通高中在校学生 5.06 万人，下降 9.0%；高中阶段教育毛入学率 97.03%。

普通大学、电视大学、党校教育、自学考试等高等教育事业稳步发展。

十、文化、卫生和体育

年末全市共有各类专业艺术表演团体 2 个，文化馆 5 个，县级及以上公共图书馆 5 个，博物馆 3 个；广播电台 4 座，电视台 4 座。广播人口覆盖率 99.8%，电视人口覆盖率 99.6%，广播电视混合人口覆盖率 98.9%。新闻、出版等事业健康发展。

年末全市共有各类卫生机构（含诊所）1773 间，其中，县级以上医院 41 间，社区卫生服务中心 10 间，社区服务站 50 间，乡镇卫生院 39 间，村卫生室 1291 间，诊所 248 间，妇幼保健院 4 间，疾病预防控制中心 4 间，其他卫生机构 1 间。全市各类卫生机构年末实有床位 10914 张，增加 1084 张。其中，县级以上医院 8190 张，乡镇卫生院 1722 张，妇幼保健院 693 张，社区服务中心 210 张。年末全市卫生机构共有各类卫生技术人员 13391 人，增加 1088 人。其中，执业（助理）医师 4519 人，注册护士 4864 人。新型农村合作医疗制度建设加快，城乡居民基本医疗保险覆盖面 100%。

我市体育健儿在第十四届省运会比赛中获得优异成绩，共夺6金2银7铜，实现金牌总数、竞技总分、团体总分三大突破，创历史新高。

十一、人民生活、社会保障和安全生产

全年全体居民人均可支配收入17777元，同比增长9.0%。其中，城镇常住居民人均可支配收入23088元，增长8.7%；农村常住居民人均可支配收入12543元，增长9.2%。城乡居民宜居环境进一步改善。

年末全市参加失业保险21.12万人，同比增长2.0%；基本养老保险165.63万人，增长2.7%；工伤保险23.60万人，增长1.6%；生育保险19.75万人，增长3.6%；基本医疗保险262.96万人，增长1.6%。年末全市共有各类社会福利院5间，床位1302张；敬老院46间，在院人数1267人。城乡居民最低生活保障制度在巩固中提高，低保保障面扩大，全市得到最低生活保障人数7.66万人。城镇社区服务和农村服务网络日趋完善。

全年亿元GDP生产安全事故死亡率为0.053人/亿元，比省下达的0.165人/亿元任务指标低0.112人/亿元。工矿商贸企业就业人员死亡率为1.46人/十万人。

十二、人口和环境

年末全市常住人口251.12万人，同比增长0.5%。全年人口出生率13.54‰，死亡率6.1‰，自然增长率7.44‰。

年末全市环境保护系统机构33个，人员303人。本年环评制度执行量85个。全市汽车环保标志限行区域面积48.85平方公里，全年环境空气质量达标率为91.5%；建成污水处理厂11座，城市污水日处理能力达到22万吨。城镇生活污水集中处理率86.4%；饮用水源水质达标率100%；生活垃圾无害化处理率100 %。

全年完成造林面积4120公顷，其中人工造林467公顷，迹地更新2333公顷，低产林改造1320公顷。森林资源保持林木总生长量大于消耗量的良性循环。全市森林覆盖率58.23%。全市拥有自然保护区23个，总面积50490公顷。

注：

1. 本公报中2015年数据为初步统计数，统计图中2010-2014年数据为年报数。

2. 地区生产总值、三大产业增加值、工农业总产值和人均生产总值绝对数按现行价计算，增长速度按可比价计算。

3. 部分数据因四舍五入的原因，存在与各分项合计不等的情况。

图解“十二五”时期阳江经济社会发展历程

2011年以来，面对错综复杂的国内外环境，阳江市委市政府认真贯彻落实中央和省的决策部署，始终坚持发展为第一要务，牢牢把握省促进粤东西北振兴发展的战略机遇，有效地化解了我市经济下行的压力，推动经济实现了新的飞跃，幸福赶超工作卓有成效。经过“十二五”时期不懈努力，全市经济总量快速增加，经济结构持续优化，工业化进程加速推进，城乡居民收入稳步增长，民生保障水平不断提高，人均GDP于2013年率先在粤东西北地区赶超全国平均水平，这些成绩的取得为“十三五”经济社会持续健康发展以及率先在粤东西北地区全面建成小康社会打下良好基础。

图1　2011-2015年地区生产总值
（年均增长12.4%）

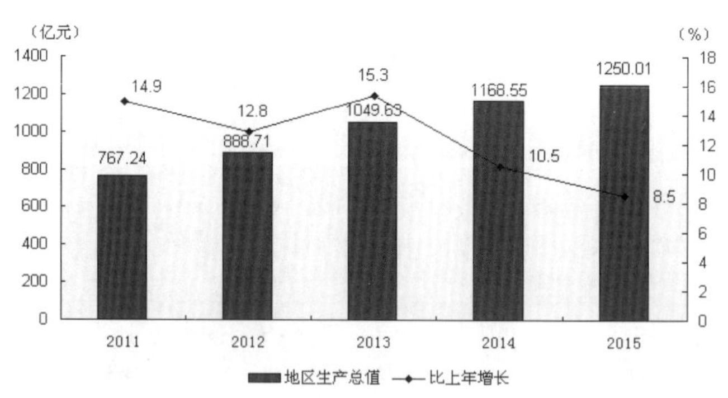

图2　三产比例由22.0:41.8:36.2调整为16.4:47.3:36.3

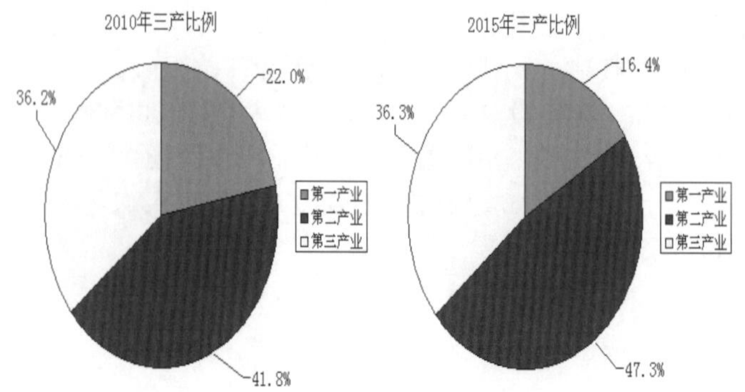

图3　2011-2015年人均地区生产总值
（年均增长11.4%）

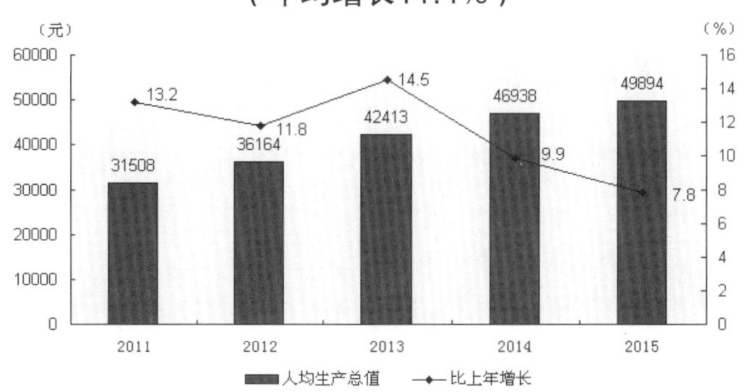

图4　2011-2015年规模以上工业增加值
（年均增长23.7%）

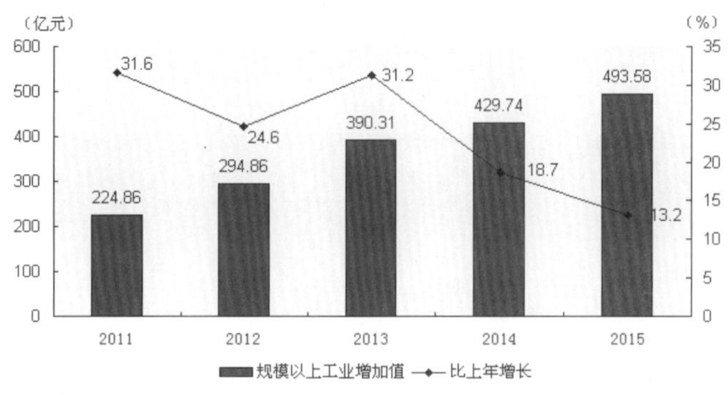

图5　2011-2015年农业总产值（年均增长3.7%）

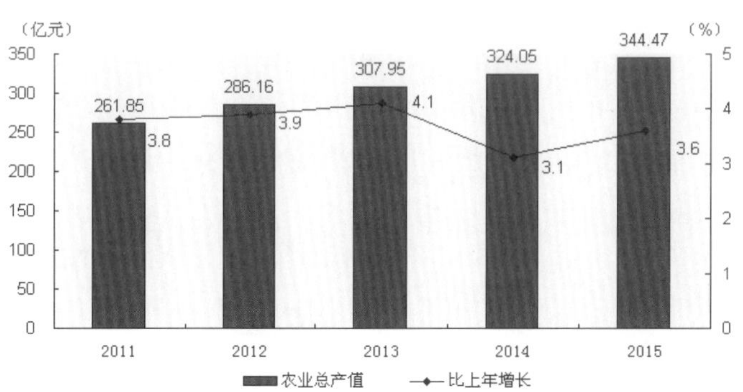

图6　2011-2015年社会消费品零售总额
（年均增长13.2%）

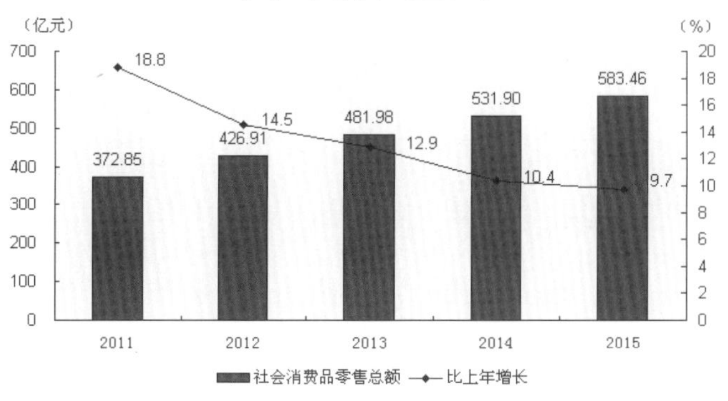

图7　2011-2015年固定资产投资
（年均增长20.6%）

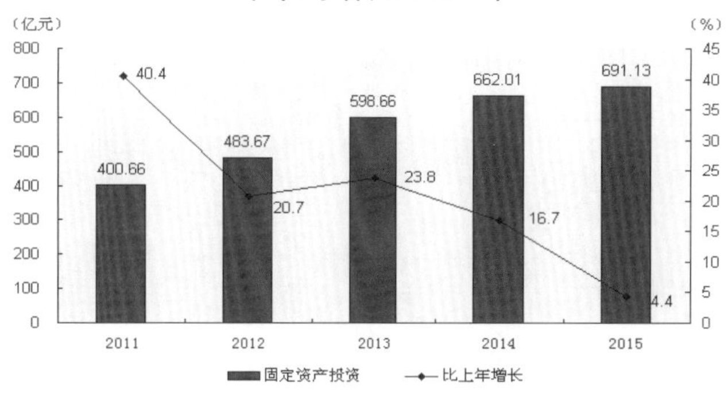

图8　2011-2015年地方一般公共预算收入
（年均增长21.4%）

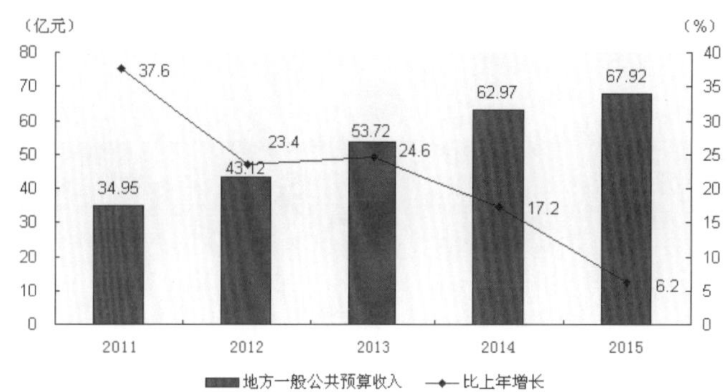

图9　2011-2015年进出口总额（年均增长9.7%）

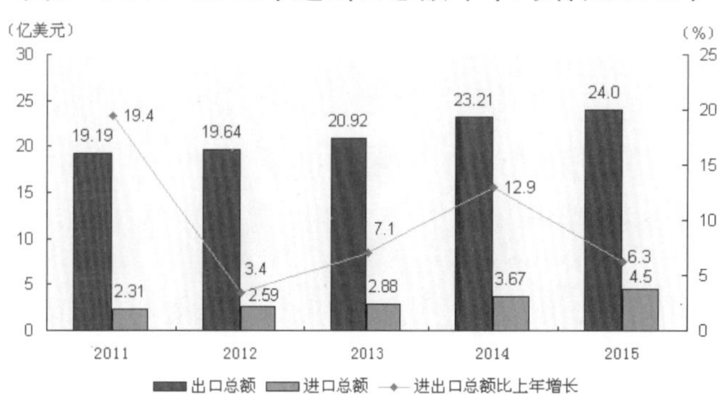

图10　2011-2015年高中阶段毛入学率

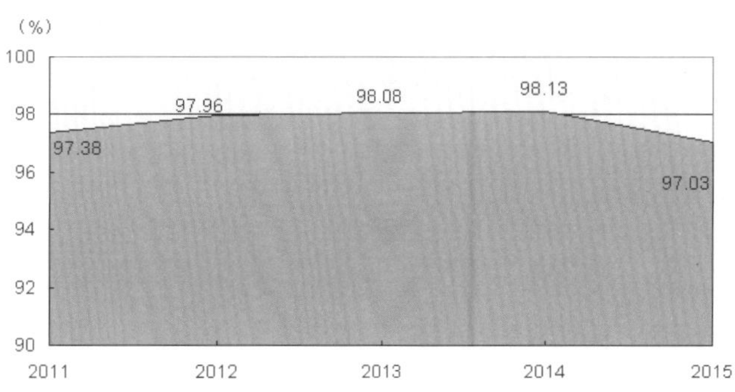

图11　2011-2015年每万人拥有医师数

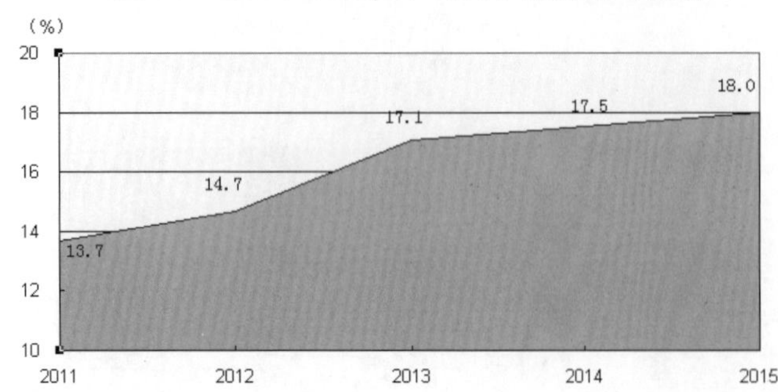

图 12　2011-2015 年居民消费价格涨跌幅度

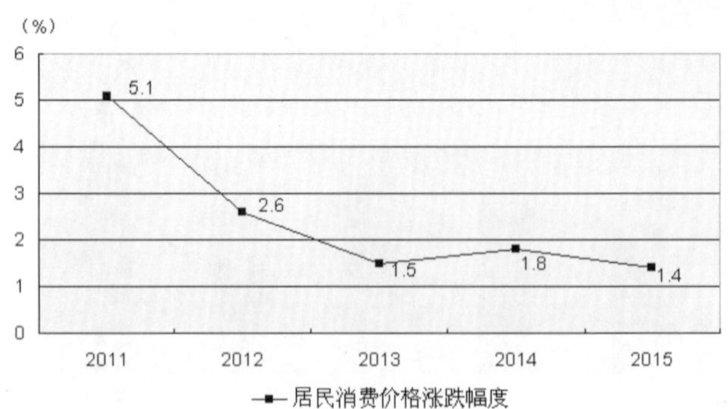

2015年湛江市国民经济和社会发展统计公报

2015年，面对复杂多变的国内外经济形势，市委市政府带领全市人民坚定实施“工业立市、港口兴市、生态建市”发展战略和坚守“既要经济崛起、又要蓝天碧水”的发展理念，主动适应经济发展新常态，统筹推进稳增长、调结构、促改革、惠民生、防风险各项工作，努力促进全市经济发展稳中有进、稳中向好、稳中提质，较好完成全年经济社会发展目标任务，实现了“十二五”顺利收官，为“十三五”全面建成小康社会打下了坚实基础。

一、综合

2015年末，全市常住人口724.14万人，其中，城镇人口295.01万人，乡村人口429.13万人。

初步核算，2015年实现生产总值（GDP）2380.02亿元，比上年增长8.5%。其中，第一产业增加值452.56亿元，增长3.6%，对GDP增长贡献率为6.8%；第二产业增加值907.84亿元，增长9.7%，对GDP增长贡献率为48.9%；第三产业增加值1019.62亿元，增长9.1%，对GDP增长贡献率为44.3%。三次产业结构19.0∶38.2∶42.8。在第三产业中，交通运输、仓储和邮政业增长3.3%，批发和零售业增长6.9%，住宿和餐饮业增长3.2%，金融业增长15.7%，房地产业增长7.5%，其他服务业增长12.3%。在现代产业中，高技术制造业增加值增长12.3%；先进制造业增加值增长4.7%；现代服务业增加值增长11.3%。民营经济增加值1526.31亿元，比上年增长9.7%。全市人均GDP达到3.29万元，比上年增长7.9%。

图1 2010-2015年国内生产总值及增长速度

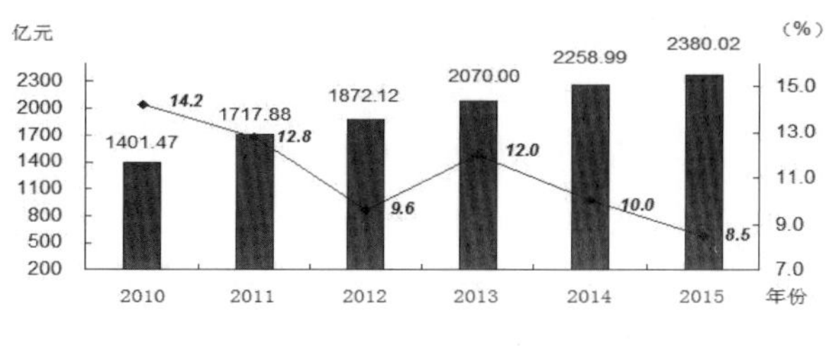

全年来源于湛江的财政总收入491.60亿元，比上年下降12.9%；公共财政预算收入121.86亿元，比上年增长2.7%。税收收入68.34亿元，比上年增长6.2%。其中，增值税15.19亿元，增长3.4%；营业税14.92亿元，增长5.0%；个人所得税2.56亿元，增长9.4%；企业所得税5.19亿元，增长0.8%。

全市公共财政支出418.46亿元，增长42.7%。其中，一般公共服务支出36.04亿元，下降34.0%；教育支出97.43亿元，增长45.9%；社会保障和就业支出57.19亿元，增长21.7%；医疗卫生支出54.31亿元，增长51.7%；节能环保支出5.13亿元，增长13.1%；城乡社区事务支出19.18亿元，增长27.4%；农林水事务支出43.12亿元，增长1.14倍；交通运输支出39.90亿元，增长2.92倍；住房保障支出9.24亿元，增长78.9%。

全年市区居民消费价格指数比上年上涨1.3%。分类别看，食品类价格上涨3.9%，其中，粮食上涨1.9%，肉禽及其制品上涨8.3%，蛋类下降1.4%，水产品上涨3.6%，菜类上涨5.8%；烟酒类价格上涨1.1%；居住类价格下降1.9%；衣着类价格上涨0.9%；娱乐文教及服务价格上涨2.6%；交通和通讯类价格下降2.2%；家庭设备用品及维修服务价格上涨0.3%；医疗保健个人服务类价格下降0.2%。工业生产者出厂价格指数下降8.3%。

年末城镇登记失业率为2.37%，比上年提高0.01个百分点；全年城镇新增就业人员7.76万人，增长0.39%；城镇失业人员实现再就业3.78万人，下降3.8%。

图2 2010-2015年居民消费价格指数

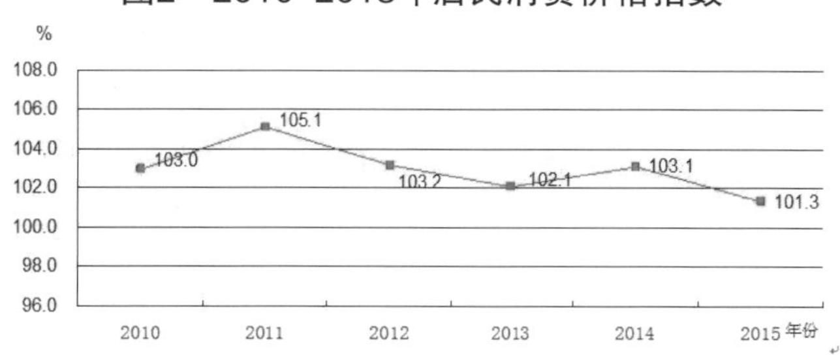

表1　2015年市区居民消费价格比上年涨跌情况

单位：%

指标	市区
居民消费价格总水平	1.3
食　品	3.9
其中：粮食	1.9
烟酒	1.1
衣着	0.9
家庭设备用品及服务	0.3
医疗保健及个人用品	-0.2
交通和通信	-2.2
娱乐教育文化用品及服务	2.6
居住	-1.9

二、农业

全年完成农林牧渔业总产值721.12亿元，比上年增长3.7%。

全年粮食种植面积430.92万亩，减少1.10万亩。糖蔗种植面积193.70万亩，减少5.76万亩；花生种植面积88.94万亩，增加4.55万亩；蔬菜种植面积234.18万亩，增加13.85万亩。

全年粮食产量144.13万吨，减产1.40万吨，下降1.0%。糖蔗产量1127.60万吨，减产58.97万吨，下降5.0%；蔬菜产量363.32万吨，增产21.59万吨，增长6.3%；水果总产量283.10万吨，增产12.85万吨，增长4.8%。

图3　2010-2015年粮食产量及其增长速度

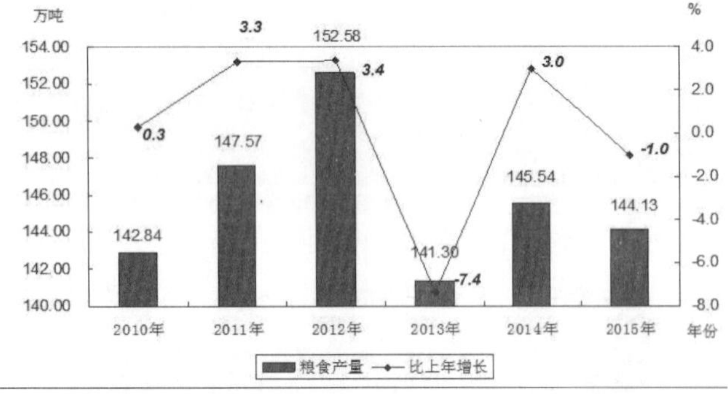

全年肉类总产量38.55万吨，下降0.8%。其中，猪肉产量下降2.2%，牛肉产量增长0.1%，羊肉产量增长0.7%，禽肉产量增长2.4%。全年水产品产量128.39万吨，增长4.6%。

三、工业和建筑业

全年全部工业完成增加值796.92亿元，比上年增长9.5%。规模以上工业企业实现增加值698.82亿元，增长9.9%；其中：国有及国有控股企业实现增加值173.61亿元，下降1.8%；股份制企业实现增加值372.73亿元，增长16.1%；外商及港澳台企业实现增加值255.82亿元，增长5.0%；按轻、重工业分，轻工业增加值326.71亿元，增长14.1%；重工业增加值372.11亿元，增长7.5%。

图4　2010-2015年全部工业增加值及其增长速度

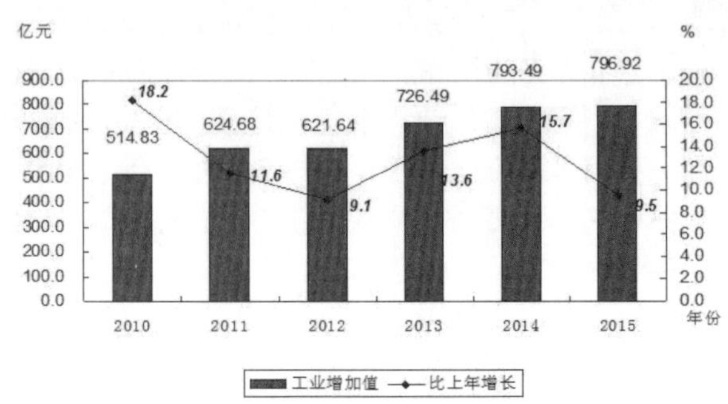

规模以上工业经济效益综合指数为413.9%，实现利税总额226.22亿元，比上年下降6.4%，实现利润总额81.93亿元，下降23.5%。其中外商及港澳台企业实现利税148.16亿元，下降12.6%，占工业利税总额的65.5%，实现利润48.85亿元，下降37.0%，占工业利润总额的59.6%。

规模以上工业中，年产值超100亿元的行业有石油和天然气开采业，农副食品加工业，木材、竹、藤、棕、草制品业，家具制造业，造纸及纸制品业，石油加工、炼焦业，非金属矿制品业，电气机械及器材制造业，电力、热力生产和供应业等九个行业，全年实现产值1727.26亿元，占全市规模以上工业总产值的76.4%。

全年全部工业总产值2700.91亿元，同比增长9.2%。规模以上工业总产值2259.59亿元，同比增长9.8%。

表2　2015年规模以上工业企业主要产品产量及增长速度

产品名称	计量单位	绝对数	比上年增长（%）
卷　烟	万支	1420000	0
天然原油	吨	4497177	15.4
天然气	万立方米	524592	-7.3
纸制品	吨	1206739	-8.4
机制纸及纸板	吨	1034227	83.4
方便面	吨	908	-4.1
砖（折标准砖）	万块	287125	107.1

（续上表）

产品名称	计量单位	绝对数	比上年增长
发电量	万千瓦时	1427239	6.8
服装	万件	1143	21.7
发酵酒精	千升	135193	-15.3
成品糖	吨	1171373	-6.2
布	万米	706	-28.0
涂　料	吨	84896	78.3
电饭锅	万个	23408	26.6
冷冻水产品	吨	217658	-7.0
鲜冷藏冻肉	吨	166282	-5.8
原　盐	吨	54104	130.7
硫酸(折100%)	吨	574191	11.4
人造板	立方米	2460094	19.9
乳制品	吨	30291	28.8
塑料制品	吨	199191	34.4
饲　料	吨	2899639	3.6
原油加工量	吨	4282146	-16.2

全年建筑业增加值 115.88 亿元，比上年增长 9.7%。全市资质等级以上建筑企业 127 家，实现总产值 460.16 亿元，比上年增长 7.4%；实现利润总额 8.96 亿元，增长 10.0%。房屋建筑施工面积 3361.23 万平方米，下降 43.9%。

图5　2010-2015年建筑业增加值及其增长速度

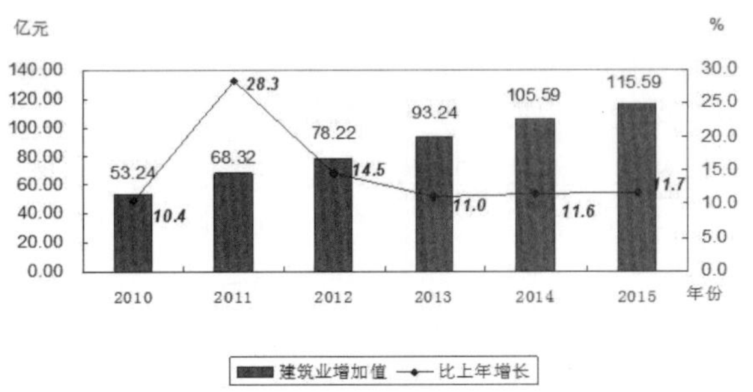

四、固定资产投资

全年固定资产投资 1313.69 亿元，比上年增长 28.7%。其中基础设施投资完成 354.81 亿元，增长 76.2%；基础产业投资完成 655.36 亿元，增长 52.8%。

在固定资产投资中，第一产业投资 49.34 亿元，增长 50.7%；第二产业投资 565.96 亿元，增长 32.1%；第三产业投资 698.39 亿元，增长 24.8%。

全年房地产开发投资完成 179.05 亿元，比上年增长 1.0%。商品房销售面积 325.32 万平方米，增长 10.6%，其中住宅 312.22 万平方米，增长 14.8%。商品房销售额 180.41 亿元，增长 7.6%，其中住宅 169.79 亿元，增长 15.7%。

五、国内贸易

全年批发和零售业实现增加值 209.62 亿元，比上年增长 6.9%；住宿和餐饮业实现增加值 39.71 亿元，增长 3.2%。

全年社会消费品零售总额 1297.95 亿元，增长 11.7%，扣除物价因素，实际增长 12.0%。其中，城镇消费品零售额 1151.29 亿元，占全市社会商品零售额的 88.7%，增长 11.3%；乡村消费品零售额 146.66 亿元，占全市商品零售总额的 11.3%，增长 14.5%。分行业看，批发业零售额 325.62 亿元，增长 13.9%；零售业零售额 821.40 亿元，增长 10.9%；住宿业零售额 13.36 亿元，增长 0.1%，餐饮业零售额 137.57 亿元，增长 12.7%。

图6　2010-2015年社会消费品零售总额及其增长速度

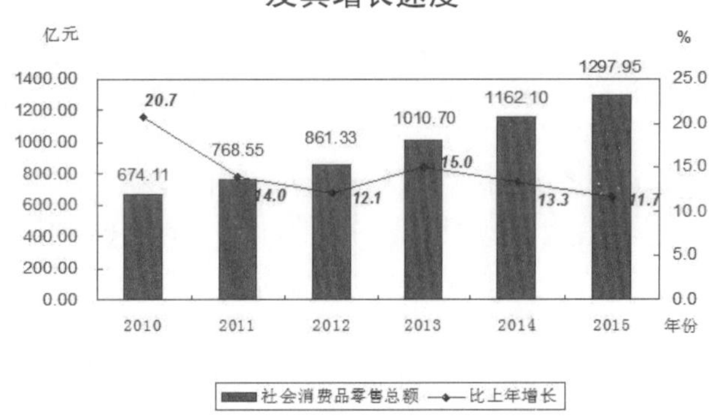

六、对外经济

全年外贸进出口总额 51.45 亿美元，比上年下降 18.5%。其中进口总额 23.38 亿美元，下降 30.7%；出口总额 28.07 亿美元，下降 4.6%。

从贸易方式看，一般贸易出口 23.95 亿美元，下降 3.1%，占全市外贸出口总值的 85.3%；加工贸易出口 2.6 亿美元，下降 10.6%。

从经营主体看，外商投资企业完成出口 9.46 亿美元，下降 14.4%；私营企业出口 14.7 亿美元，增长 6.7%；国有企业出口 3.79 亿美元，下降 16.0%。

从出口商品看，在传统大宗商品出口中，水海产品及其深加工制品出口 5.96 亿美元，下降 29.4%；机电产品出口 5.48 亿美元，增长 16.9%；家具出口

8.72 亿美元，增长 10.6%。

从主要出口市场看，美国 57771 万美元，下降 2.1%；欧盟 26042 万美元，增长 34.2%；香港 16553 万美元，下降 29.0%；英国 10547 万美元，增长 54.0%；马来西亚 9386 万美元，下降 19.4%；澳大利亚 6348 万美元，下降 47.8%；印度 15824 万美元，增长 41.0%。非洲 20441 万美元，下降 6.5%；东盟 52236 万美元，下降 17.9%。

全年签订利用外资项目 4 个，比上年下降 66.7%；合同外资金额 8071 万美元，下降 79.4%；实际利用外资金额 15716 万美元，增长 4.6%。

七、交通、邮电和旅游

全年交通运输、仓储和邮政业实现增加值 127.13 亿元，增长 3.3%。

全年货运总量 20451.4 万吨，增长 9.4%。其中，铁路运输 2691.4 万吨，下降 15.89%；公路运输 12962 万吨，增长 15.8%；水上运输 3566 万吨，增长 20.2%。

全年旅客发送 9266.42 万人，增长 16.2%。其中，铁路 119.74 万人次，下降 21.27%；公路 8295 万人次，增长 16.3%；水运 731 万人次，增长 15.7%；民用航空 120.68 万人次，增长 22.7%。

全年港口货物吞吐量 22036 万吨，增长 8.9%，其中湛江港集团有限公司 9083 万吨，增长 6.8%；全年港口集装箱吞吐量 60.12 万标准箱，增长 3.5%。

年末全市民用汽车保有量 31.3 万辆，比上年增长 12.2%。其中私人汽车 27.7 万辆，增长 15.2%。民用轿车保有量 18.2 万辆，增长 16.4%，其中私人轿车 17.2 万辆，增长 18.4%。

全年完成邮电通信业务总量比上年增长 23.9%，其中通信业务总量增长 23.5%，邮政业务总量增长 30.1%。年末本地交换设备容量 193.3 万门，增加 0.1 万门，增长 0.05%。年末本地电话用户 66.4 万户，其中城市电话用户 41.8 万户，乡村电话用户 24.58 万户。年末移动电话用户 646.7 万户，减少 8.8 万户。年末全市电话用户总数 713.1 万户，减少 10.49 万户。

全年接待旅游总人数 3326.99 万人次，比上年增长 14.4%；旅游总收入 271.56 亿元，比上年增长 34.6%。国内旅游人数 3293.82 万人次，增长 14.4%；国内旅游总收入 267.05 亿元，增长 35.0%。全年接待境外游客人数 33.17 万人次，增长 15.5 %。其中，外国人 15.35 万人次，增长 21.7%；香港、澳门和台湾同胞 17.82 万人次，增长 10.6%。在国际入境旅游者中，入境过夜人数 26.64 万人次，增长 18.1%。全年出境人数 1.15 万人次，比上年增长 49.4%。国际旅游外汇收入 7305.63 万美元，增长 11.7%。

八、金融

全市全年金融业实现增加值 64.60 亿元，比上年增长 15.7%。年末全市金融机构本外币各项存款余额 2684.61 亿元，比年初增长 10.5%，其中，金融机构人民币存款余额 2675.06 亿元，增长 10.5%。

在境内金融机构人民币存款余额中，住户存款余额 1676.57 亿元，增长 8.0%；非金融企业存款余额 497.68 亿元，增长 15.1%；广义政府存款 455.16 亿元，增长 10.9%。

全市全年金融机构本外币贷款余额 1568.76 亿元，比年初增长 14.3%。其中，金融机构人民币各项贷款余额 1556.41 亿元，增长 15.0%。在金融机构人民币贷款余额中，住户贷款 403.12 亿元，增长 11.9%，非金融企业及机关团体贷款 1152.94 亿元，增长 16.2%。

年末全市辖区有 22 家证券业金融机构，累计证券交易额 9088 亿元，比上年增长 264.5%。

年末全市有各类保险公司 40 家，全年保费收入 83.84 亿元，比上年增长 49.2%。其中，财产险保费收入 16.08 亿元，增长 16.6%，占全年保费收入的 19.2%；人寿险保费收入 67.76 亿元，增长 59.8%，占全年保费收入的 80.8%。全年各类保险赔付和给付支出 21.38 亿元，增长 54.4%。其中，财产险赔款 9.86 亿元，增长 31.4%；寿险给付和赔付 11.52 亿元，增长 81.5%。

九、教育和科学技术

全市研究生教育招生 560 人，在校研究生 1531 人，毕业研究生 517 人；全市本专科招生 2.01 万人，在校生 7.80 万人，毕业生 1.77 万人；全市各类中等职业教育（含技工学校）招生 3.64 万人，比上年减少 25.0%，在校生 10.98 万人，毕业生 4.47 万人；普通高中招生 5.75 万人，比上年减少 7.5%，在校生 18.31 万人，毕业生 6.61 万人；普通初中招生 8.72 万人，比上年减少 11.0%，在校生 29.76 万人，毕业生 13.11 万人；普通小学招生 11.17 万人，比上年增长 12.7%，在校生 57.03 万人，毕业生 8.82 万人；特殊教育招生 477 人，比上年增长 2.2 倍，在校生

934 人，增长 59.7%；幼儿园在园幼儿 29.59 万人，比上年增长 6.1%。

年末全市县及县以上国有独立研究与开发机构、科技情报和文献机构共 27 个。全年投入市级科技三项经费 1.47 亿元，比上年增长 2.14 倍。

全年组织实施国家、省、市科技计划项目 357 项，全年获市级科学技术奖 82 项，获省部级以上科技成果 57 项。全年申请专利量 3235 件，比上年增长 54.4%。其中，发明专利 495 件，增长 44.3%；专利授权量 2486 件，增长 92.1%。全年共签订技术合同 27 项，技术合同成交金额 4485 万元。全市共有省级以上高新技术企业 42 家，实现高新技术产品产值 442 亿元，增长 10.2%。

截至 2015 年底，全市拥有各类名牌产品称号的企业 73 家，比上年增长 43.%；拥有广东省名牌产品 116 个，比上年增长 7.4%。

全市共有产品质量检测实验室 39 个，其中国家检测中心 1 个。监督抽检产品 53 种，产品抽查合格率 83.2%，比上年下降 2.4 个百分点。法定计量技术机构 6 个，强制检定计量器具 10.43 万台件，比上年增长 14.8%。全年完成产品认证企业 186 个，比上年增长 60.3%。

全市拥有中国驰名商标 15 个，广东省著名商标 103 个。

全市共建成地震台 8 个，地震遥测台网 1 个。

十、文化、卫生和体育

年末全市共有国有艺术表演团体 8 个，文化馆 10 个，博物馆 5 个，公共图书馆 9 个，广播电台 6 座，电视台 6 座。全市有线电视用户 65.50 万户，比上年增长 1.1%；有线数字电视用户 61.43 万户，比上年增长 27.9%。广播综合人口覆盖率 100%，电视综合人口覆盖率 100%。年末公共图书馆藏书量 150 万册(件)，比上年增长 12.2%；全年出版全市性报纸 5380 万份，各类期刊 26 万册。全市共有综合档案馆 10 个，已开放各类档案 5.1 万卷。

年末全市共有各类医疗卫生机构 3448 个，其中医院 92 个，基层医疗卫生机构 3356 个；各类医疗卫生机构拥有床位 31037 张，增长 10.3%；各类卫生技术人员 33762 人，增长 10.2%，其中执业医师 8534 人，增长 7.1%；执业助理医师 3431 人，增长 5.3%；注册护士 14125 人，增长 18.8%。

全市农村改水受益人口 531.43 万人；农村自来水普及率 90.6%，累计完成改厕 84.92 万户；农村卫生厕所普及率 74.5%；粪便无害化处理率 73.8%。

全市体育健儿在国内外重大比赛中，2 人获得世界冠军，13 人获得全国冠军，51 人获得全省冠军。为省输送运动员 22 名。全年共获得省级以上运动奖牌 110 枚，其中，金牌 34 枚，银牌 31 枚，铜牌 45 枚。年末全市共有业余体校 12 所，在校生人数 2444 人。全市共组织各类群众性大型体育活动 197 次，参加人数 389 万人。

十一、人民生活和社会保障

全年湛江全体居民人均可支配收入 16631.7 元，增长 8.7%。其中，城镇常住居民人均可支配收入 23129.4 元，增长 8.5%，农村常住居民人均可支配收入 12405.4 元，增长 9.0%。

年末全市参加基本养老保险 111.16 万人，比上年增长 4.3%。其中，参保职工 84.32 万人，增长 3.9%，参保离退休人员 26.84 万人，增长 5.7%；参加职工医疗保险 63.36 万人，增长 5.2%。其中，参保职工 43.13 万人，增长 4.1%，参保退休人员 20.22 万人，增长 5.5%；参加职工失业保险 38.40 万人，增长 5.0%，年末领取失业保险金人数 0.29 万，下降 20.3%；参加工伤保险 40.98 万人，增长 5.7%；参加生育保险 43.12 万人，增长 14.6%。

年末城乡居民参加医疗保险人数 665.59 万人，比上年增长 3.4%，参保率 98.8%，与上年持平。

年末享受低保救济的困难群众 21.15 万人，比上年下降 1.1%。其中，城镇享受低保救济的困难群众 4.20 万人，下降 2.9%；农村享受低保救济的困难群众 16.94 万人，下降 0.7%。

全市各类收养性社会福利单位共有床位 1531 张，收养人员 1268 人。全市城镇各种社区服务设施 2147 处，其中综合性社区服务中心 553 个。

全年销售社会福利彩票 3.77 亿元，筹集社会福利资金 0.37 亿元。

十二、资源、环境和安全生产

全市建成自动气象观测站 110 个。全年平均日照时数 2008.1 小时，比上年增长 0.8%；全年平均降水量 1615.4 毫米，比上年减少增加 100.5 毫米。年末全市大型水库蓄水总量 9.11 亿立方米，比上年增加 1.25 亿立方米。全年水资源量为 85.52 亿立方米，总用水量 26.26 亿立方米，比上年减少 0.63 亿立方米。其中，生活用水 3.97 亿立方米，比上年增长 1.4%；

工业用水 1.79 亿立方米，比上年下降 16.5%；农业用水 19.43 亿立方米，比上年下降 1.9%。

全年完成迹地林更新 10536 公顷，低产低效林改造 453 公顷，封山育林 4137 公顷，活立木蓄积量 1645 万立方米。全市森林覆盖率 29.60%。

全市共有自然保护区 19 个，总面积（包括海域）208.08 万公顷，其中国家级自然保护区 3 个。

市区区域环境噪声平均等效声级为 54.2dB，交通噪声平均等效声级 65.5dB，水平良好。全市建成污水处理厂 12 个，合计日处理能力达 61.2 万吨，年处理生活废水约 1.73 亿吨。市区城市生活垃圾无害化处理率为 100%。

市区大气中二氧化硫、二氧化氮、可吸入颗粒物的年日平均值分别为 0.010 毫克 / 立方米、0.015 毫克 / 立方米、0.045 毫克 / 立方米，均符合国家《环境空气质量标准》（GB3095 － 2012）二级标准。市区空气质量指数（AQI）在 18 － 166 之间，其中达到一级（优）的天数占全年有效监测天数的 60.2%，达到二级（良）的天数占 34.0%，空气质量在全国城市中稳居前列。

城市饮用水源和近岸海域环境功能区水质达标率均为 100%。

全市完成工程治理减排项目 9 个、畜禽养殖场污染整治项目 34 个、结构关停减排项目 4 个、黄标车淘汰 1.48 万台。全市四项主要污染物排放量分别为化学需氧量 9.03 万吨，氨氮 1.12 万吨，二氧化硫 3.01 万吨，氮氧化物 3.09 万吨。

全年共发生各类事故 2048 起，比上年下降 9.0%。各类事故造成死亡 222 人，比上年增长 3.3%；各类事故造成受伤 2625 人，比上年下降 0.9%；事故直接经济损失 2068 万元，比上年增长 9.7%。其中，道路交通事故 2009 起，下降 10.2%；死亡 212 人，增长 9.3%；受伤 2624 人，下降 8.9%；交通事故直接经济损失 1138 万元，增长 2.38 倍。

亿元生产总值生产安全事故死亡率为 0.0959 人，比上年下降 4.9%；道路交通万车死亡率为 2.88 人，比上年增长 6.7%。

注：

1. 本公报中 2015 年数据为初步统计数，统计图中 2010–2014 年数据为年报数。

2. 本公报中地区生产总值、各产业增加值、总产值绝对数按现价计算，增长速度均按可比价计算。

3. 从 2011 年起，规模以上工业统计口径由 500 万元调整为 2000 万元及以上；固定资产投资项目统计起点由计划总投资 50 万元提高到 500 万元，增速为可比口径。从 2012 年起，“地方一般预算收入”更名为“地方公共财政预算收入”。

资料来源：

本公报中城镇新增就业、登记失业率、社会保障数据来自市人力资源和社会保障局；财政数据来自市财政局；城市污水、垃圾处理数据来自市城市综合管理局；货物进出口、外商直接投资等数据来自市商务局；旅游数据来自市旅游局；货币金融数据来自中国人民银行湛江市中心支行；科技、专利等数据来自市科技局；教育数据来自市教育局、广东医学院、广东海洋大学、广东岭南师范学院；质量检验数据来自市质监局；气象数据来自市气象局；地震数据来自市地震局；艺术表演团体、博物馆、公共图书馆、文化馆、广播、电视、报纸、期刊等数据来自市文化广电新闻出版局；档案数据来自市档案局；体育数据来自市体育局；卫生数据来自市卫生和计划生育局；享受低保人数、社会组织数据来自市民政局；环境监测数据来自市环保局；水资源数据来自市水务局和广东省水文局湛江分局；安全生产数据来自市安监局；林业数据来自市林业局；保险业数据来自市保险行业协会；证券业数据来自市人民政府金融工作局；其他数据来自市统计局和国家统计局湛江调查队。

2015年茂名市国民经济和社会发展统计公报

2015 年是“十二五”收官之年，在市委、市政府的正确领导下，全市全面贯彻党的十八大、十八届三中、四中、五中全会和习近平总书记系列重要讲话精神，坚决贯彻省进一步促进粤东西北地区振兴发展决策部署，坚持“一体两翼三大抓手”发展思路，实施“三个做大”发展战略，迎难而上、主动作为，全市经济社会持续健康发展，圆满顺利完成了“十二五”规划的主要目标任务。

一、综　合

初步核算，2015 年全市实现地区生产总值（GDP）2445.63 亿元，比上年增长 8.0%。其中，第一产业增加值 384.88 亿元，增长 4.3%，对 GDP 增长的贡献率为 7.3%；第二产业增加值 1008.08 亿元，增长 8.6%，对 GDP 增长的贡献率为 47.9%；第三产业增加值 1052.67 亿元，增长 8.5%，对 GDP 增长的贡献率为 44.8%。三次产业结构为 15.7 ∶ 41.2 ∶ 43.1。人均地区生产总值 40324 元，增长 7.4%。

图1　2010–2015年地区生产总值及其增长速度

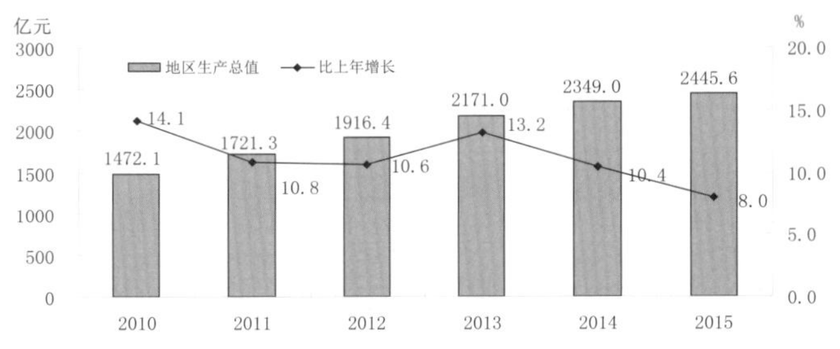

表1　2015年各区、县级市地区生产总值及其增长速度

区、县级市 / 指　标	茂南区	电白区	信宜市	高州市	化州市
地区生产总值（亿元）	220.18	538.84	366.86	456.81	402.57
增长速度(%)	12.0	10.8	10.3	10.7	10.3

注：茂南区数据不含市直部分。

图2　2010–2015年人均地区生产总值及其增长速度

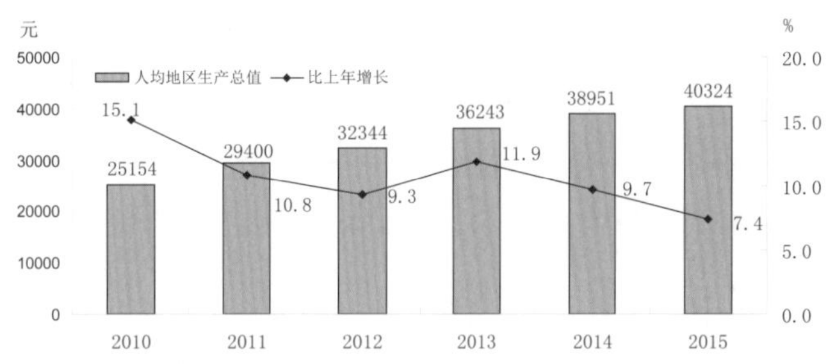

全年居民消费价格总水平上涨 1.3%。其中，食品类上涨 3.1%，烟酒及用品类上涨 1.9%，衣着类上涨 4.2%，家庭设备用品及维修服务类上涨 0.9%，医疗保健和个人用品类上涨 0.9%，交通和通信类下降 1.4%，娱乐教育文化用品及服务类上涨 2.5%，居住类下降 1.6%。

图3　2010–2015年居民消费价格涨跌幅度

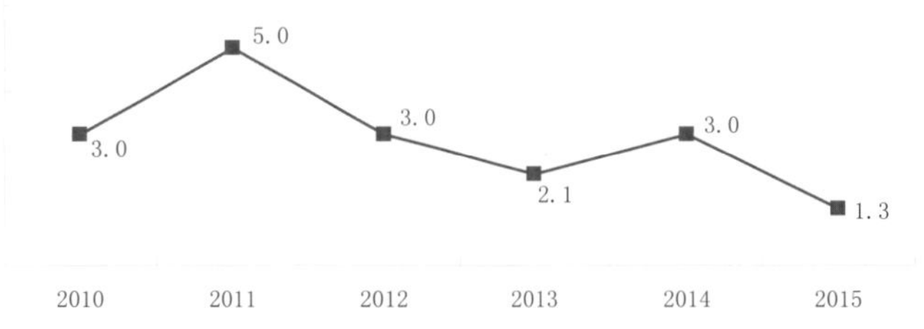

表2　2015年居民消费价格比上年涨跌幅度

指　标	价格指数（上年=100）	比上年涨跌幅度（%）
居民消费价格	101.3	1.3
（一）食　　品	103.1	3.1
其中：粮食	101.2	1.2
油脂	97.5	-2.5
肉禽及其制品	106.3	6.3
蛋	102.8	2.8
水产品	100.5	0.5

指 标	价格指数（上年=100）	比上年涨跌幅度（%）
菜	109.1	9.1
（二）烟酒及用品	101.9	1.9
（三）衣　着	104.2	4.2
（四）家庭设备用品及维修服务	100.9	0.9
（五）医疗保健和个人用品	100.9	0.9
（六）交通和通信	98.6	-1.4
（七）娱乐教育文化用品及服务	102.5	2.5
（八）居　住	98.4	-1.6

二、农业

全年粮食作物播种面积24.83万公顷，减少0.1%。糖蔗种植面积0.45万公顷，增长4.5%；油料种植面积4.63万公顷，增长2.0%；蔬菜种植面积10.73万公顷，增长4.0%。水果种植面积23.73万公顷，增长0.9%。其中，荔枝面积9.33万公顷，减少0.1%；龙眼面积5.20万公顷，增长0.1%。

全年粮食产量144.87万吨，减少0.7%。糖蔗产量33.32万吨，增长4.5%；油料产量14.21万吨，增长3.2%；蔬菜产量277.33万吨，增长5.9%。水果产量308.76万吨，增长6.4%。其中，荔枝产量51.35万吨，减少1.1%；龙眼产量36.57万吨，增长5.9%。

全年肉类总产量63.73万吨，增长0.4%。出栏肉猪584.32万头，减少0.8%；出栏家禽13949.49万只，增长2.6%。水产品总产量84.88万吨。增长3.4%，其中海产品产量57.92万吨，增长3.1%；淡水产品产量26.96万吨，增长4.0%。

年末全市林业用地总面积58.71万公顷。其中迹地更新造林0.39万公顷，中、幼龄林抚育面积2.62万公顷。全年完成荒山荒（沙）地造林、更新造林、有林地造林面积15000公顷，低产低效林改造面积7498公顷。其中林业重点工程完成荒山荒（沙）地造林面积9120公顷。全市义务植树完成1291.11万株，林木绿化率69.9%，森林覆盖率58.48%，全市木材产量17.2万立方米。

三、工业和建筑业

全年工业增加值增长7.8%，其中规模以上工业完成总产值2347.89亿元，实现增加值713.02亿元，增长8.2%。按隶属分，中央省属企业下降1.0%，地方企业增长14.2%；按企业类型分，大型企业下降3.1%，中型企业增长4.4%，小型企业增长22.2%；按行业分，其中石油加工业增长2.9%，化学工业下降7.8%，农副食品加工业增长17.9%，电力热力生产供应业增长3.6%。全年工业经济效益综合指数540.7%，全员劳动生产率45.43万元／人年，产品销售率98.2%。主营业务收入下降4.8%，利润总额增长59.4%，税金总额增长30.8%。

图4　2010-2015年规上工业增加值及其增长速度

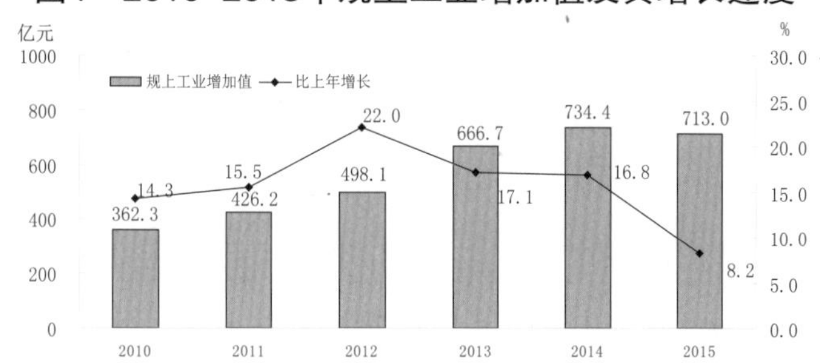

表3　2015年全市规模以上工业主要产品产量

产品名称	单位	产量	比上年增长（%）
铁矿石原矿量	万吨	50.78	22.8
发电量	亿千瓦时	86	5.4
成品糖	万吨	7.29	5.9
服装	万件	0.22	-6.9
家具	万件	116.42	-4.3
人造板	万立方米	55.16	10.6
原油加工量	万吨	1806.38	0.3
汽油	万吨	421.61	6.9
润滑油	万吨	36.81	148.9
柴油	万吨	455.63	-13.8
液化石油气	万吨	118.75	-13.3
硫酸（折100%）	万吨	2.98	-60.1
农用化肥	万吨	33.61	53.4
乙烯	万吨	105.39	-7.7
纯苯	万吨	23.76	-9.8
初级形态塑料	万吨	166.58	-5.4
合成橡胶	万吨	28.24	-22.9
塑料制品	万吨	10.13	24.9
水泥	万吨	301.32	-5.5

全年资质等级以上建筑企业完成施工产值475.92亿元，增长16.5%；竣工产值296.20亿元，增长22.8%。

四、固定资产投资

全年固定资产投资1115.50亿元，增长28.0%。分产业看，第一产业投资31.22亿元，下降5.0%；第二产业投资673.38亿元，增长40.6%；第三产业投资410.35亿元，增长14.1%，其中房地产开发投资102.67亿元，增长8.0%。全年商品房施工面积2311.39万平方米，增长5.8%；竣工面积497.8万平方米，增长10.4%；销售面积270.43万平方米，增长4.7%。

图5　2010-2015年固定资产投资总额及其增长速度

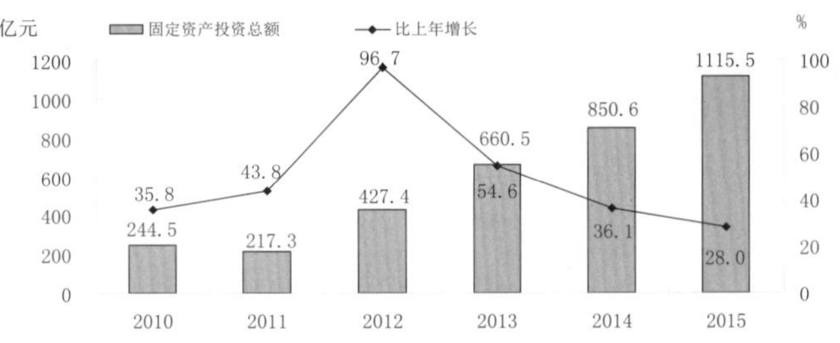

五、国内贸易

全年社会消费品零售总额1214.38亿元，增长11.0%。分地域看，城镇消费品零售额828.22亿元，增长8.2%；乡村消费品零售额386.16亿元，增长17.7%。分行业看，批发零售贸易业零售额1110.84亿元，增长10.9%；住宿和餐饮业零售额103.54亿元，增长11.8%。

图6　2010-2015年社会消费品零售总额及其增长速度

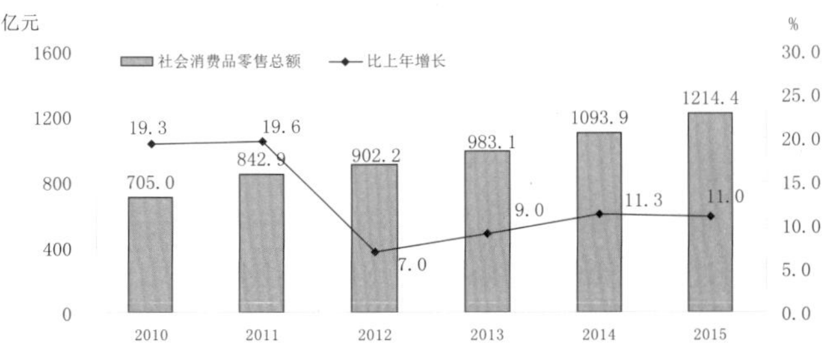

六、对外经济

全年进出口总额163442万美元，增长19.0%。其中，出口总额109873万美元，增长12.6%；进口总额53569万美元，增长34.7%。

按贸易性质分，一般贸易出口总额103366万美元，增长12.4%；加工贸易出口总额5997万美元，增长6.4%。

全年批准外商直接投资合同44宗，下降36.2%；合同外资金额31911万美元，增长52.1%。实际利用外资金额17191万美元，增长10.4%。

图7　2010-2015年出口总额及其增长速度

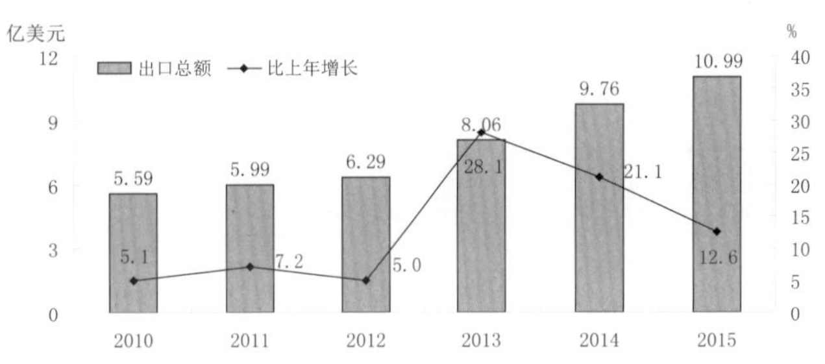

表4　2015年全市外贸进出口总额及其增长速度

指　标	绝对值（万美元）	比上年增长（%）
进出口总额	163442	19.0
一、出口总额	109873	12.6
1、按贸易性质分		
一般贸易	103366	12.4
来料加工	1071	-32.0
进料加工	4926	21.3
2、按国别(地区)分		
港澳地区	10381	-5.0
日本	1757	-32.0
美国	31603	13.3
欧盟	15015	68.4
3、按出口商品结构分		
初级产品	34251	48.9
工业制成品	18873	12.5
其中：机电产品	6504	-6.5
高技术产品	4664	-4.8
二、进口总额	53569	34.7

七、交通、邮电和旅游

全年完成公路客运量6303万人，增长12.5%；旅客周转量59.14亿人公里，增长16.5%。货运量9353万吨，增长12.1%；货物周转量154.61亿吨公里，增长13.8%。完成水路客运量64万人，增长6.0%；水路旅客周转量953万人公里，增长8.5%；水路货运量542万吨，增长5.1%；水路货物周转量57.10亿吨公里，增长5.1%。港口货物吞吐量2685万吨，增长1.2%。

年末全市民用车辆拥有量158.50万辆，增长5.7%。其中私人汽车155.35万辆，增长5.9%。

全年完成邮电业务总量86.82亿元，增长26.9%。其中邮政业务总量6.35亿元，增长29.3%，电信业务总量80.47亿元，增长26.8%。年末固定电话用户64.1万户，下降9.8%，移动电话年末户数361.2万户（有效用户），下降2.6%。

全年城市住宿设施接待过夜游客711.52万人次，增长34.3%。其中国际游客3.67万人次，增长16.0%；国内游客707.85万人次，增长34.4%。旅行社组织国内游15.28万人次，出境游1.32万人次。全年旅游业总收入85.01亿元，增长46.2%。其中旅游外汇收入1739万美元，增长11.7%。星级酒店开房率69.6%。

八、财政、金融和保险业

全年地方一般公共预算收入113.92亿元，增长10.6%。地方一般公共预算支出339.90亿元，增长25.2%。

年末全市银行业金融机构本外币各项存款余额1974.75亿元，增长11.4%。其中，住户存款余额1413.64亿元，增长9.9%，非金融企业存款162.45亿元，增长5.2%。各项贷款余额858.33亿元，增长13.0%。其中，住户贷款余额430.78亿元，增长13.8%，非金融企业及机关团体贷款427.30亿元，增长12.3%。

图8 2010-2015年本外币住户存款余额及其增长速度

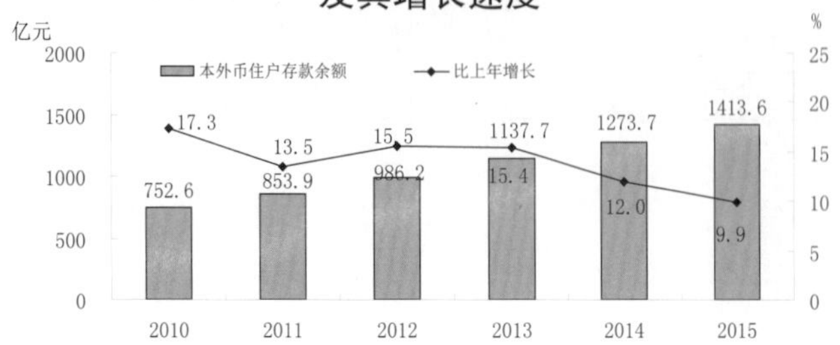

2015年全市实现保费收入56亿元，增长26.7%。其中，寿险业务保费收入39.34亿元，增长29.6%；财产险业务保费收入20.23亿元，增长29.8%；健康险和意外伤害险业务保费收入4.5亿元，增长133.8%。全年共支付各项赔付和给付16.98亿元，增长49.0%。其中，寿险业务赔付8.7亿元，增长75.3%；财产险业务赔款支出8.28亿元，增长28.7%；健康险和意外伤害险赔付支出2.07亿元，增长206.4%。

九、教育和科学技术

全市普通高等教育招生1.23万人，增长16.9%；在校学生3.57万人，增长6.3%；毕业生0.84万人，下降6.5%。中等职业学校招生1.81万人，下降5.1%；在校学生5.13万人，下降23.9%，毕业生2.89万人，下降56.2%。全市技工学校招生1.03万人，下降0.1%；在校学生3.58万人，下降7.8%；毕业生0.94万人，下降3.2%。

普通高中招生6.03万人，下降11.0%；在校学生19.67万人，下降7.2%，毕业生7.35万人，下降0.04%。普通初中招生9.34万人，下降6.3%；在校学生29.85万人，下降6.2%，毕业生11.12万人，下降11.3%。小学招生10.95万人，增长11.6%；在校学生57.72万人，增长2.5%，毕业生9.26万人，下降8.4%。学前教育招生17.59万人，下降9.2%；在校学生28.54万人，增长4.4%，毕业生9.96万人，增长19.1%。特殊教育学校招生244人，增长62.7%；在校学生1014人，增长16.4%，毕业生108人，增长63.6%。

全年组织申报国家、省级各类科技项目138项。全市专利申请量3538件，增长32.6%，其中发明专利申请650件，增长72.0%。全市有专利高新技术企业28家，其中年产值在亿元以上的有12家。

十、文化、卫生和体育

全市有县级以上公共图书馆6个，总藏量165.67万册（件），其中图书122.62万册。全年读者总流通人次214.52万人次。全市现有各类专业艺术表演团体41个，演出4000多场次。文化馆6个，组织文艺表演活动154次。文化站109个，农家书屋1916个。全市现有广播电视台5座，中波发射台1座，调频转播发射台8座，电视转播发射台7座，有线广播电视总用户数85.78万户，广播和电视人口综合覆盖率均达到 100%。

年末全市共有各类医疗卫生机构(不含村卫生室)516 个，其中，医院、卫生院 159 个，社区卫生服务机构 61 个，妇幼保健机构 5 个，专科疾病防治机构 5 个，疾病预防控制机构 6 个，卫生监督机构 6 个。拥有各类卫生技术人员 26865 人，增长 5.0%。其中，执业医师和执业助理医师 11666 人，注册护士 9726 人。拥有床位 26723 张，其中医院、卫生院拥有床位 24079 张。全市 99 家乡镇卫生院拥有卫生技术人员 7128 人，床位 7500 张。6 家疾病预防控制机构拥有 792 人，6 家卫生监督机构拥有卫生技术人员 105 人。法定报告甲、乙类传染病发病总数 13348 例，死亡 55 人；发病率 225.07/10 万，死亡率 0.93/10 万。农村自来水普及率 89.31%，提高 1.25%。

十一、人口和环境保护

2015 年末，全市户籍人口 785.84 万人。2015 年全市人口出生率为 12.87%，死亡率 4.50%，自然增长率 8.37%。年末全市常住人口 608.08 万人，城镇人口占常住人口的比例为 40.02%。

全市共有 18 个水质监控断面，I-II 类水质的断面比例 5.6%，III类水质的断面比例 77.8%，Ⅳ类水质的断面比例 5.6%，Ⅴ类水质、超过Ⅴ类水质的断面比例均为 11.1%。近岸海域海水质量均达到相应海域水质功能要求。全市二氧化硫、二氧化氮、可吸入颗粒物的年均值达到《环境空气质量标准》二级标准，优良天数率 91.8%。建成城镇生活污水处理厂 14 座，城镇污水日处理能力达到 30.83 万吨。

全年规模以上工业综合能源消费量 997.74 万吨标准煤，比上年下降 4.4%。单位工业增加值能耗下降 11.6%。全社会用电量 98.40 亿千瓦时，增长 3.8%。其中，工业用电量 58.77 亿千瓦时，增长 0.6%。

十二、人民生活、社会保障和安全生产

2015 年，全市常住居民人均可支配收入 16847 元，增长 10.4%，其中城镇常住居民人均可支配收入 21397 元，增长 9.5%。农村常住居民人均可支配收入 13224 元，增长 11.0%。城乡居民收入比为 1.62 ∶ 1，比上年下降 0.02 个百分点。

2015 年末全市参加城镇职工基本养老保险（含离退休）125.8 万人，比上年末增长 18.7%，其中参保职工 81 万人，增长 15.3%。参加城乡（镇）基本医疗保险 685 万人，增长 3.8%，其中参加城乡（镇）居民基本医疗保险 643 万人，增长 3.9%。参加工伤保险 36 万人，参加失业保险 26 万人。参加生育保险 28 万人，增长 8.2%。

2015 年末，全市有各类社会福利院 7 所，收养孤儿 626 人，敬老院 105 所，集中供养老人 2248 人，分散供养老人 30951 人。全市居民最低生活保障已保 93314 户，人数 191208 人，发放最低生活保障费 47622 万元。全市农村五保供养对象 33199 人，集中和分散供养水平分别达到年人均 7827 元和 7176 元。全市有养老床位 24467 张，其中民办养老机构拥有床位 10774 张。全市共发行福利彩票 4.78 亿元，为国家和地方筹集福彩公益金 1.43 亿元。

全年共发生各类生产事故 1153 起，死亡 254 人，受伤 723 人，直接经济损失 2149.52 万元，亿元地区生产总值生产安全事故死亡率为 0.10。全年发生道路交通事故 695 起，下降 7.2%。死亡 235 人，下降 0.4%；受伤 713 人，下降 6.9%。道路交通万车死亡率为 1.48。其中生产经营性交通事故 121 起，下降 12.3%。经济损失 58.21 万元，下降 8.1%；受伤 127 人，上升 18.7%；死亡 76 人，上升 11.8%。

注：

1. 本公报中 2015 年数据为初步统计数，统计图中 2010-2014 年数据为年报数。

2. 从 2011 年起，规模以上工业统计口径由 500 万元调整为 2000 万元及以上；固定资产投资项目统计起点由计划总投资 50 万元提高到 500 万元，增速为可比口径。从 2015 年起，“地方公共财政预算收入”更名为“地方一般公共预算收入”，各项存款余额中，“单位存款”更名为“非金融企业存款”，“储蓄存款”更名为“住户存款”。

3. 地区生产总值、各产业增加值绝对数按现价计算，增长速度按可比价格计算。

4.2014 年 2 季度开始交通运输量统计口径改变为不包括公交车和出租车在城市外道路完成的运输量，新口径数据和旧口径数据存在不可比的差异。

5.2012 年四季度，国家统计局实施了城乡一体化住户调查改革。2014 年起按照新的调查口径对外发布城乡一体的居民人均可支配收入和分城镇、农村常住居民人均可支配收入数据。由于新老调查方案在调查范围、调查对象、城乡划分标准、样本抽选、计算和汇总方式、指标口径等方面变化较大，改革后新口径数据和旧口径数据存在不可比的差异。

6. 本公报中部门统计数据来源单位有：市安监局、市教育局、市科技局、市公安局、市民政局、市财政局、市人社局、市交通运输局、市商务局、市文广新局、市卫生和计划生育局、市环保局、市林业局、市

旅游局、市邮政局、人民银行茂名中心支行、广东石油化工学院、茂名职业技术学院、市保险行业协会、中国电信股份有限公司茂名分公司、中国移动通信集团茂名分公司、中国联通茂名分公司等。

2015年肇庆市国民经济和社会发展统计公报

2015 年，我市全面贯彻落实党的十八大、十八届三中、四中、五中全会和习近平总书记系列重要讲话精神，积极有效应对各种困难和挑战，深入实施“两区引领两化”战略，稳步推进稳增长、促改革、调结构、惠民生、防风险各项工作，全市经济社会实现持续稳定发展。

一、综合

初步核算，2015 年实现地区生产总值（GDP）1970.01 亿元，比上年增长 8.2%。其中，第一产业增加值 288.76 亿元，增长 4.4%，对 GDP 增长的贡献率为 7.1%；第二产业增加值 969.09 亿元，增长 8.5%，对 GDP 增长的贡献率为 53.7%；第三产业增加值 712.16 亿元，增长 9.2%，对 GDP 增长的贡献率为 39.2%。三次产业的结构为 14.7 ∶ 49.2 ∶ 36.1。在现代产业中，高技术制造业完成增加值 62.39 亿元，同比增长 6.7%；先进制造业完成增加值 294.66 亿元，同比增长 6.8%；装备制造业完成增加值 203.44 亿元，增长 3.8%；现代服务业增加值 321.90 亿元，增长 9.3%。按常住人口计算，2015 年人均地区生产总值 48670 元，增长 7.7%。

分区域看，东南板块地区生产总值占全市比重为 69.7%，山区板块地区生产总值占全市比重为 30.2%。

图1　2011-2015年GDP总量及增长

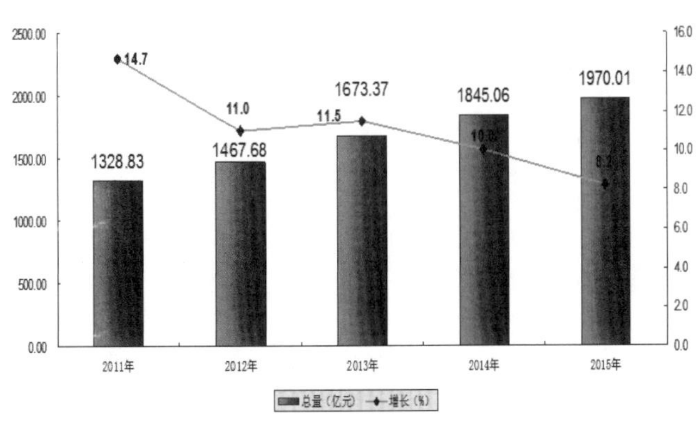

全年城市居民消费价格指数上涨 0.8%。食品、医疗保健和个人用品、娱乐教育文化用品及服务类价格分别上涨 4.0%、3.6% 和 1.3%；烟酒、衣着、家庭设备用品及维修服务、交通和通信、居住类价格分别下降 1.3%、1.8%、0.7%、5.6% 和 2.9%。

工业生产者出厂价格下降 3.7%。分轻重工业看，轻工业价格指数同比下降 0.09%，重工业价格指数同比下降 5.09%；分行业看，黑色金属矿采选业、有色金属冶炼压延加工业、金属制品业、废弃资源综合利用业、计算机通信和其他电子设备制造业、电气机械和器材制造业、非金属矿物制品业、纺织业、化学原料和化学制品制造业分别下降 37.56%、6.0%、2.02%、5.65%、1.71% 和 1.46%、4.05%、1.57%、4.36%。皮革、毛皮、羽毛及其制品和制鞋业上涨 2.6%。

图2　2011-2015年城市居民消费价格总指数

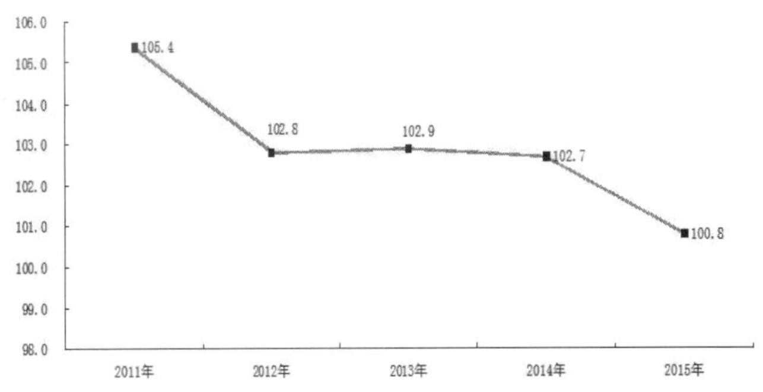

表1　2015年肇庆城市居民消费价格分类指数

指标	价格指数（上年=100）	比上年涨跌幅度（%）
居民消费价格总指数	100.8	0.8
一、食品	104.0	4.0
粮　食	103.0	3.0
肉禽及其制品	106.7	6.7
水产品	102.1	2.1
鲜　菜	118.2	18.2
二、烟酒	98.7	-1.3
三、衣着	98.2	-1.8

（续上表）

指标	价格指数（上年=100）	比上年涨跌幅度（%）
四、家庭设备用品及维修服务	99.3	-0.7
五、医疗保健和个人用品	103.6	3.6
六、交通和通信	94.4	-5.6
七、娱乐教育文化用品及服务	101.3	1.3
八、居住	97.1	-2.9

2015 年，城镇新增就业 49622 人，完成全年工作目标的 106.48%，其中就业困难人员实现就业 2667 人；促进创业 3362 人；农村劳动力培训 40192 人，农村劳动力培训转移就业 44691 人。年末城镇实有登记失业人员 1.25 万人，城镇登记失业率为 2.37%，同比上升 0.01 个百分点，实现 2.6% 以内的控制目标。

全年完成一般公共预算收入 143.35 亿元，比上年增长 1.2%。其中，税收收入 73.22 亿元，下降 13.8%。

图3　2011-2015年一般公共预算收入总量及增长

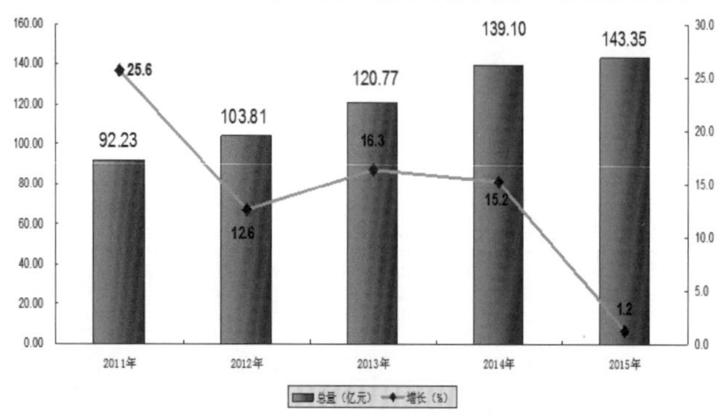

随着“三期叠加”的影响不断深化，支撑我市经济稳步快速增长的要素条件与市场环境发生明显改变，潜在生产率趋于下行，制约经济稳步发展的困难和问题不断增加：内外需求不足，经济面临更大下行压力，财政收支矛盾增大；经济发展仍以粗放式主导，创新动力不足，调结构促转型任务艰巨；区域发展不平稳、城乡发展不协调问题仍然突出；全面建成小康社会仍有很多短板指标。

二、农业

全年粮食作物播种面积 202195 公顷，比上年增长 0.04%；糖蔗面积 547 公顷，增长 4.4%；油料种植面积 25393 公顷，增长 0.6%；蔬菜种植面积 80346 公顷，增长 3.5%。

全年粮食产量 115.93 万吨，比上年增长 0.3%；糖蔗产量 4.06 万吨，增长 6.3%；油料产量 7.31 万吨，增长 1.7%；烟叶产量 0.42 万吨，持平；蔬菜产量 240.96 万吨，增长 3.5%；水果产量 148.69 万吨，增长 8.1%；茶叶产量 0.57 万吨，增长 3.6%。

全年肉类总产量 42.51 万吨，比上年减少 0.7%。其中，猪肉产量 31.61 万吨，减少 1.9%；牛肉产量 0.53 万吨，持平；羊肉产量 0.14 万吨，持平；禽肉产量 10.22 万吨，增长 3.1%。年末生猪存栏 232.78 万头，增长 1.8%；生猪出栏 418.83 万头，减少 2.1%。禽蛋产量 2.63 万吨，增长 3.1%。牛奶产量 1.01 万吨，增长 5.2%。

全年水产品产量 42.58 万吨，比上年增长 6.0%。

三、工业和建筑业

规模以上工业企业增加值同比增长 7.6%。从轻重工业看，轻工业增长 8.8%，重工业增长 7.1%。从注册经济类型看，国有控股企业增速领先，增长 17.2%；民营工业增长 8.9%；外商及港澳台商投资企业增长 4.0%。从企业规模看，中小型企业为主要增长动力，大型企业下降 3.8%，中型企业增长 8.5%，小型企业增长 11.9%。三大主导行业增速放缓，其中有色金属冶炼和压延加工业下降 6.8%，非金属矿物制品业增长 1.8%，金属制品制造业下降 3.9%。

图4　2011-2015年规模以上工业增加值总量及增长

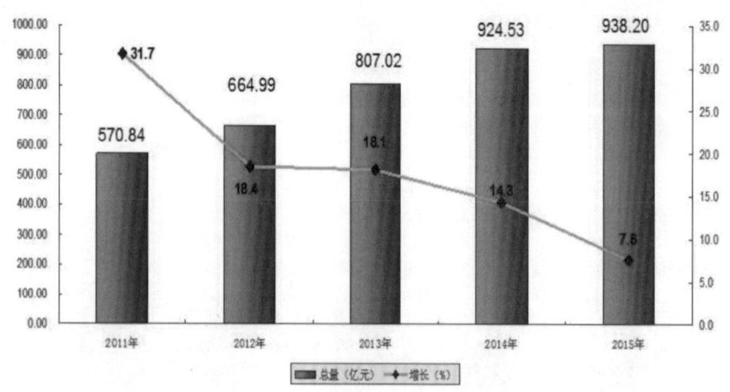

先进制造业增加值同比增长 6.8%，先进制造业对全市工业增长的贡献率达 33.7%，拉动工业增长 2.6 个百分点；装备制造业增长 3.8%，低于全市平均水平 3.8 个百分点，占全市增加值比重的 21.7%，装备制造业对全市工业增长的贡献率为 12.4%，拉动工业

增长0.9个百分点；在先进制造业中，拉动增长较快的新兴支柱行业有：仪器仪表制造业、汽车制造业、电气机械和器材制造业，同比分别增长4.0%、15.0%和2.3%。

六大优势传统产业增加值同比增长2.1%，低于全市平均水平5.5个百分点，占全市工业增加值的33.5%，对全市工业增长的贡献率达0.6%，拉动工业增长0.04个百分点；除食品饮料以及家用电力器具制造业增长较快外，（两大行业增速分别为18.7%和15.9%。）其余四大行业增速均低于全市平均水平。

规模以上工业实现利润总额230.30亿元，增长12.5%。全年工业总资产贡献率21.92%，资产负债率46.63%，流动资产周转率5.64%，成本费用利润率6.36%，产品销售率97.99%。

全年资质等级以上建筑企业87个，下降1.1%；实现增加值61.18亿元，增长6.4%；实现利润总额4.36亿元，增长2.1%；利税总额8.81亿元，增长1.7%。

四、固定资产投资

全年固定资产投资1330.03亿元，比上年增长16.8%。分投资主体看，国有经济投资185.74亿元，增长2.1%；民间投资1052.56亿元，增长16.6%；港澳台、外商经济投资60.2亿元，增长20.6%。分地区看，东南板块投资988.32亿元，增长16.9%；山区板块投资341.71亿元，增长16.4%。

分三次产业看，第一产业投资83.41亿元，增长223.5%；第二产业投资705.96亿元，增长27.9%，其中，工业投资699.82亿元，增长26.5%；第三产业投资540.67亿元，下降3.6%。

图5 2011-2015年固定资产投资总量及增长

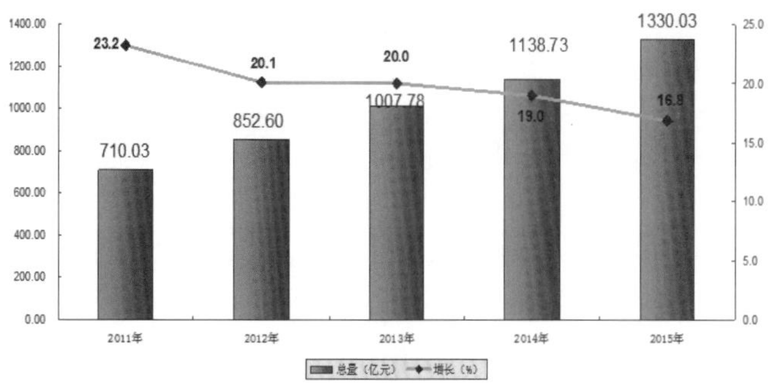

表2 2015年分行业固定资产投资及其增长速度

行业	投资额（亿元）	比上年增长（%）
固定资产投资	1330.03	16.8
农、林、牧、渔业	94.04	177.2
采矿业	14.85	21.3
制造业	664.68	28.6
电力、燃气及水的生产和供应业	20.29	-16.1
建筑业	6.14	1127.8
交通运输、仓储和邮政业	159.24	5.4
信息传输、软件和信息技术服务业	11.08	21.8
批发和零售业	53.66	57.9
住宿和餐饮业	15.30	-16.2
金融业	1.14	-90.7
房地产业	176.12	-14.59497
租赁和商务服务业	9.83	3.9
科学研究和技术服务	5.79	-30.3
水利、环境和公共设施管理业	74.23	11.7
居民服务、修理和其他服务业	0.68	16.1
教育	11.02	-37.6
卫生和社会工作	5.74	98.6
文化、体育和娱乐业	1.70	-82
公共管理、社会保障和社会组织	4.50	-17.9

完成房地产开发投资159.77亿元，比上年下降15.4%。按地区分，东南板块132.56亿元，下降11.7%；山区板块27.21亿元，下降29.7%。按用途分，商品住宅开发投资119.41亿元，下降8.4%；办公楼投资4.15亿元，下降61.8%；商业营业用房投资和其他投资分别为19.02亿元和17.18亿元，分别下降18.3%和29.5%。

五、国内贸易

全年完成社会消费品零售总额632.36亿元，同比增长12.9%。从地域来看，城镇累计消费454.47亿元，同比增长13.2%；农村累计消费177.89亿元，同比增长12.3%。从行业来看，批发零售业实现消费563.68亿元，同比增长13.6%；住宿餐饮业实现消费68.68亿元，同比增长7.9%。

图6 2011-2015年社会消费品零售总额总量及增长

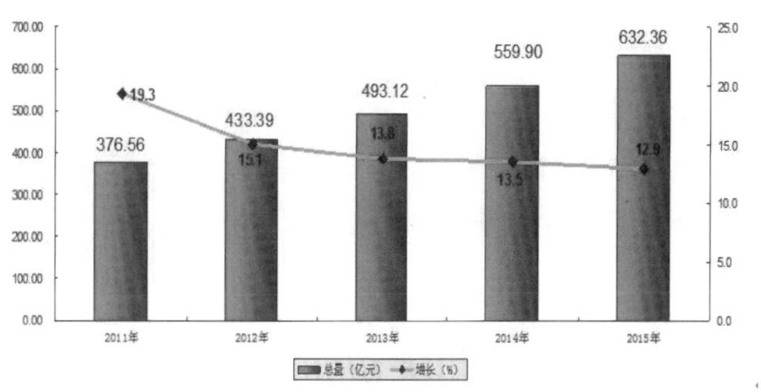

在限额以上批发和零售业商品零售额中，粮油、食品类增长 17.2%，服装、鞋帽针纺织品类增长 834.6%，金银珠宝类增长 17.3%，文化办公用品类增长 43.1%，家具类增长 8.9%，家用电器和音像器材类增长 99.9%，中西药品类增长 102.5%，通讯器材类增长 10.5%，石油及制品类下降 0.9%，建筑及装潢材料类增长 50.8%，汽车类增长 27.1%。

六、对外经济

全年进出口总额 82.07 亿美元，同比增长 4.8%，增幅比上年回落 7.0 个百分点，其中，出口 47.67 亿美元，增长 3.5%，增幅比上年提升 7.8 个百分点；进口 34.40 亿美元，增长 6.7%，增幅比上年回落 40.5 个百分点。

表3　2015年进出口总额及其增长速度

指　　标	绝对数（亿美元）	比上年增长（%）
进出口总额	82.07	4.8
出口额	47.67	3.5
其中：一般贸易	23.42	1.5
加工贸易	24.25	5.6
其中：机电产品	15.47	-4.5
高新技术产品	2.61	-22.9
其中：国有企业	6.61	-31.9
外商投资企业	23.65	7.0
其它企业	17.41	21.3
进口额	34.40	6.7
其中：一般贸易	17.19	6.1
加工贸易	17.21	7.2
其中：机电产品	1.53	-25.6
高新技术产品	0.92	-12.8
其中：国有企业	2.95	306.4
外商投资企业	18.21	25.7
其它企业	13.24	-22.3
进出口差额（出口减进口）	13.27	-4.7

全年新签外商直接投资项目 98 个，比上年下降 8.4%。合同外资金额 34.85 亿美元，比上年增长 4.6%。实际利用外商直接投资金额 13.94 亿美元，增长 4.6%。

七、交通、邮电和旅游

全年货物运输总量 7303 万吨，比上年增长 14.4%。其中，公路 5723 万吨，增长 14.4%；水路 1580 万吨，增长 14.5%。货物运输周转量 76.11 亿吨公里，增长 16.8%。其中，公路 48.83 亿吨公里，增长 17.3%；水路 27.27 亿吨公里，增长 16.0%。全市旅客运输总量 3119 万人，增长 0.1%；旅客运输周转量 14.71 亿人公里，增长 0.2%。港口完成货物吞吐量 2925 万吨，下降 3.9%。港口集装箱吞吐量 69.78 万标准箱，下降 3.2%。

年末公路通车里程 14128.013 公里，其中高速公路里程 288.019 公里。

年末全市民用汽车保有量 31.96 万辆，其中私人汽车 28.97 万辆，分别比上年末增长 20.4% 和 23.4%。

全年完成邮电业务总量 69.78 亿元，比上年增长 25.4%。其中，邮政业务总量 5.86 亿元，增长 39.3%；通信业务总量 63.92 亿元，增长 24.2%。

全年入境旅游人数 49.57 万人次，比上年增长 1.1%。其中，外国人 6.44 万人次，增长 9.2%；香港、澳门和台湾同胞 43.13 万人次，下降 0.1%。在城市接待旅游者中，过夜旅游者 1127.72 万人次，增长 1.4%。全市旅游总收入 241.62 亿元，增长 9.3%。

八、金融

年末，金融机构本外币存款余额 1785.01 亿元，比上年末增长6.4%，其中储蓄存款余额1160.94亿元，增长 8.0%。年末金融机构本外币贷款余额 1281.52 亿元，比上年末增长 9.3%，其中短期贷款余额 304.14 亿元，增长 27.3%；中长期贷款余额 960.87 亿元，增长 3.8%。

年末，全市证券市场共有上市公司 6 家，市场总值 412.04 亿元，比年初增长 88.02%，增幅居全省第 10 位。全市证券营业部 18 家，股票账户 57.73 万户，证券交易额 7215.91 亿元，比上年增长 186.19%，其中股票交易额 6175.26 亿元，增长 254.28%，期货营业部 1 家，全年代理交易额 4443.96 亿元，比上年上升 81.70%

全年实现保费收入 51.64 亿元，增长 51.61%。其中，寿险业务保费收入 35.73 亿元，财产险业务保费收入 15.91 亿元，分别增长 76.34% 和 15.28%。全年共支付各项赔款和给付 6.87 亿元。其中，寿险业务赔付支出 0.79 亿元；财产险业务赔款支出 6.08 亿元。

九、人民生活和社会保障

年末常住人口405.96万人，其中城镇人口183.33万人。全年出生人口4.90万人，出生率12.11‰。

2015年，肇庆市居民人均可支配收入18991.4元，比上年增长9.6%。其中，城镇常住居民人均可支配收入23746.0元，增长9.3%；农村常住居民人均可支配收入13982.4元，增长10.6%。

年末全市参加城镇职工基本养老保险（含离退休）76.35万人，比上年末增长2.56%。参加城镇职工基本医疗保险61.82万人，增长1.70%；其中参加城镇职工基本医疗保险的农民工16.61万人，增长0.94%。参加城乡（镇）居民基本医疗保险351.34万人，增长1.02%。参加工伤保险45.03万人，增长1.74%。参加生育保险41.42万人，增长1.11%。参加失业保险43.05万人，增长3.63%。

表4 2015年末全市参加各类保险人数及其增长速度

指标	参保人数（人）	比上年末增长（%）
参加城镇职工基本养老保险（含离退休）	763506	2.56
其中：参保职工	629614	1.68
参保离退休人员	133892	6.90
参加城乡（镇）基本医疗保险	4131590	1.12
其中：城镇职工基本医疗保险	618203	1.70
城乡（镇）居民基本医疗保险	3513387	1.02
参加城镇基本医疗保险的农民工	166108	0.94
参加城镇基本失业保险	430477	3.63
参加工伤保险	450303	1.74
其中：参保农民工	163596	-1.34
参加生育保险	414176	1.11

城乡居民医疗基金累计支出总额14.45亿元，累计受益441.32万人次。年末全市各险种征收社会保险基金71.23亿元，增长17.56%；其中五大险种征收43.83亿元，增长12.73%。年末领取失业保险人数为2763人，增长16.63%。年末享受低保救济的困难群众达2.55万户，共5.54万人。其中城镇0.29万户，0.57万人；农村2.26万户，4.97万人。

各类收养性社会福利单位床位21651张，收养人员3355人。城镇各种社区服务设施4664个，其中综合性社区服务中心104个。共发行销售福利彩票3.76亿元，筹集福利资金0.387亿元，直接接收社会捐赠0.78亿元。

十、教育和科学技术

2015年，各级各类教育（不含非学历培训）招生26.10万人，同比下降0.34%；在校学生88.94万人，下降0.16%；毕业生24.47万人，下降0.37%。其中，特殊教育招生0.08万人，在校生0.28万人；学前教育在园幼儿14.58万人。

表5 2015年各级各类教育招生、在校生、毕业生人数及其增长速度

指标	招生（万人）	比上年增长（%）	在校生（万人）	比上年增长（%）	毕业生（万人）	比上年增长（%）
普通本专科	2.30	5.02	6.61	7.48	1.70	30.77
成人本专科	0.55	14.58	1.53	6.25	0.39	8.33
网络本专科	0.32	-11.11	0.81	-10.99	0.33	-13.16
各类中等职业技术教育（不含技工教育）	1.93	-13.06	5.91	-8.23	2.00	0.00
普通高中	2.68	-8.53	8.42	-4.32	2.96	3.14
初　　中	5.14	-4.64	16.52	-7.24	6.35	-10.81
小　　学	6.57	10.61	34.28	3.10	5.25	-4.20
学前教育	6.53	-1.51	14.58	3.85	5.46	8.33
特殊教育	0.08	60.00	0.28	16.67	0.03	200.00

年末，全市共有县及县级以上国有研究与开发机构、科技情报和文献机构 19 个。拥有国家级创新平台 6 家。已建立省级工程研究中心 60 家。认定的省级技术创新专业镇 21 个，市级 35 个。

2015 年，获省部级以上科技成果 3 项（按成果登记数）。全年申请专利量 2344 件，比上年增长 31.61%，其中发明专利 494 件，增长 22.89%。专利授权量 1726 件，增长 19.12%，其中发明专利授权量 165 件，增长 13.01%。《专利合作条约》（PCT）国际专利申请量 13 件，比上年增长 116.67%。全年经各级科技行政部门登记技术合同 4 项，技术合同成交额 766.36 万元。

全市有法定质量计量综合检测机构和特种设备综合检验机构各 1 个，法定计量技术机构 6 个。获得资质认证的实验室 69 家，获得管理体系认证企业 1106 家，产品获得 3C 认证企业 783 家。

十一、文化、卫生和体育

2015 年末，全市共有文化馆 9 个，县级及以上公共图书馆 9 个，博物馆、纪念馆 16 个。全市有广播电视台 10 座，广播综合人口覆盖率为 100%，电视综合人口覆盖率为 100%。有线广播电视用户 77.99 万户，比上年末下降 6.89%；有线数字电视用户 44.39 万户，比上年末增长 4.88%。全年出版报纸 2480 万份。全市全市共有档案馆 11 个，馆藏档案 88.24 万卷，其中综合档案馆 9 个，馆藏档案 40.46 万卷。

2015 年末，全市共有各类医疗卫生机构 3128 个，其中医院、卫生院 146 个，妇幼保健机构 7 个，专科疾病防治机构 8 个，疾病预防控制机构 7 个，卫生监督机构 7 个。拥有医院、卫生院床位 13859 张，增长 7.63%。各类卫生技术人员 21326 人，增长 6.14%。其中执业医师和执业助理医师 6623 人，注册护士 8573 人，疾病预防控制机构卫生技术人员 345 人，卫生监督机构卫生技术人员 97 人。全市共有社区卫生服务机构 34 个，乡镇卫生院 94 个，乡镇卫生院床位 2688 张，乡镇卫生院卫生技术人员 4041 人。法定报告甲、乙类传染病发病总数 12357 例，死亡 61 人。发病率 305.24/10 万，死亡率 1.51/10 万。

2015 年，体育健儿在国内外重大比赛中，获得 13 项全国冠军，1 项亚洲冠军。

十二、资源、环境和安全生产

全年平均水资源总量 136 亿立方米。全年总用水量 19.35 亿立方米，同比下降 2.5%，其中生活用水 2.37 亿立方米，增长 5%；工业用水 3.46 亿立方米，下降 2.3%；农业用水 9.4163 亿立方米，下降 3.9%。

全年单位 GDP 能耗下降 4.51%。规模以上工业综合能源消费量为 631.54 万吨标准煤（当量值），累计下降 6.32%。全社会用电量 152.30 亿千瓦时，下降 2.52%，其中工业用电量 108.73 亿千瓦时，下降 6.47%。

全年我市可吸入颗粒物、二氧化硫、二氧化氮三项指标的年平均值分别为 0.056 毫克 / 立方米、0.020 毫克 / 立方米、0.031 毫克 / 立方米，三项污染物均达到国家大气环境质量二级标准；根据我市监测的数据，全市主要江河湖库水环境质量保持优良，河流各断面均达到各功能区水质要求，达标率 100%；全市 11 个集中式饮用水源地水质均达到Ⅱ类，达标率 100%；星湖各子湖水质达到Ⅳ类水环境功能标准；跨市河流交接断面水质达标率达 100%。

全市平均灰霾天气日数 60 天，比上年减少 16 天；其中高要和肇庆城区灰霾日数 65 天，比上年减少 8 天。平均降水量 1762.7 毫米，比上年增加 1.7%。全年日照时数 1529.7 小时，比上年减少 134.9 小时。城镇污水处理率达 85%；肇庆市城市生活垃圾无害化处理率 98.73%。

2015 年，完成荒山荒（沙）地造林、更新造林面积 9138 公顷，低产低效林改造面积 7103 公顷。全市义务植树完成 663.22 万株。全市森林覆盖率达到 70.34%。全市共有国家级自然保护区 1 个，面积 1155 公顷

全市共发生各类安全事故 760 起，死亡 81 人，受伤 217 人，经济损失 3037.82 万元，与去年同期相比分别下降 12.24%、5.81%、19.93% 和 25.07%，其中，生产经营性道路交通事故共发生 239 起，下降 5.53%，死亡 63 人，下降 3.08%，受伤 216 人，下降 19.70%，经济损失 138.49 万元，上升 87.98%；火灾事故共发生 503 起，下降 16.17%，无人员死亡，无人员受伤，经济损失 1494.83 万元，下降 37.66%；工矿商贸企业生产安全事故 18 起，上升 38.46%，死亡 18 人，下降 5.26%，受伤 1 人，下降 50%，经济损失 1404.50 万元，下降 11.25%。亿元地区生产总值生产安全事故死亡率为 0.126，工矿商贸企业就业人员 10 万人生产安全事故死亡率为 1.675，道路交通万车死亡率为 1.93。

注：

1. 本公报中2015年数据为初步统计数(快报数)，统计图中2011-2014年数据为年报数。部分数据因四舍五入的原因，存在着分项与合计不等的情况。

2. 地区生产总值、各产业增加值、人均地区生产总值绝对数按现价计算，增长速度按可比价格计算。

3. 东南板块包括端州区、鼎湖区、高新区、四会市和高要市；山区板块包括广宁县、德庆县、封开县和怀集县。

4. 从2011年起，规模以上工业统计口径由500万元调整为2000万元及以上；固定资产投资项目统计起点由计划总投资50万元提高到500万元，增速为可比口径。从2015年起，“地方公共财政预算收入”更名为“一般公共预算收入”。2012年四季度，国家统计局实施了城乡一体化住户调查改革。2014年按照新的调查口径对外发布城乡一体的居民人均可支配收入和分城镇、农村常住居民人均可支配收入数据。由于新老调查方案在调查范围、调查对象、城乡划分标准、样本抽选、计算和汇总方式、指标口径等方面变化较大，改革后新口径数据和旧口径数据存在不可比的差异

5. 先进制造业包括装备制造业、钢铁冶炼及加工业、石油及化学制造业。高技术制造业包括核燃料加工业、信息化学品制造业、医药制造业、航空航天器制造业、电子通信设备制造业、计算机制造业、医疗仪器设备制造业。

6. 六大高耗能行业包括石油加工炼焦及核燃料加工业、化学原料及化学制品制造业、非金属矿物制品业、黑色金属冶炼及压延加工业、有色金属冶炼及压延加工业、电力热力的生产和供应业。

7. 年末五种保险基金是指城镇职工养老保险、城乡（镇）基本医疗保险、失业、工伤、生育保险，不含城乡居民养老保险。

8. 2015年城市生活垃圾无害化处理率为预计数。

资料来源：本公报中城镇新增就业、登记失业率、社会保障数据来自市人力资源和社会保障局；财政数据来自市财政局；公路运输、水运、港口货物吞吐量数据来自市交通运输局；货物进出口、外商直接投资、对外直接投资等数据来自市商务局；邮电业务总量等数据来自邮政及通信部门（单位）；旅游数据来自市旅游局；货币金融数据来自人民银行肇庆分行；证券公司数据来自市金融工作局；保险业数据来自保险行业协会；教育数据来自市教育局；质量检验数据来自市质监局；气象数据来自市气象局；博物馆、公共图书馆、文化馆数、广播、电视、报纸、期刊等据来自市文广新局；档案数据来自市档案局；体育数据来自市体育局；卫生数据来自市卫生和计划生育局；低保、社会事业数据来自市民政局；环境监测数据来自市环境保护局；水资源数据来自市水务局；安全生产数据来自市安全监管局；林业数据来自市林业局；其他数据来自肇庆市统计局和国家统计局肇庆调查队。

2015年潮州市国民经济和社会发展统计公报

2015 年，面对世界经济增速放缓、国内经济下行压力加大的复杂形势，市委、市政府紧紧团结全市人民，认真贯彻落实国家和省各项政策措施，紧扣稳中求进的主基调，积极有效应对各种困难和挑战，统筹推进稳增长、促改革、调结构、惠民生、防风险各项工作，全市经济社会实现持续稳定发展。

一、综合

初步核算，2015 年，全市实现生产总值 910.1 亿元，增长 8.3%，增速比全省高 0.3 个百分点。三次产业增加值分别为 66 亿元、488.3 亿元和 355.8 亿元，同比分别增长 4%、7.5% 和 10.1%。三次产业比例关系为 7.3 ∶ 53.6 ∶ 39.1。人均生产总值 33953 元，比上年增长 9.7%。工业是支撑全市经济发展的主动力，实现增加值 458 亿元，增长 7.3%，对 GDP 增长的贡献率高达 48%，第三产业对 GDP 增长的贡献率为 45%。在第三产业中，批发和零售业增长 6.7%，住宿餐饮业增长 4.5%，交通运输、仓储和邮政业增长 8.5%，金融业增长 10.9%，房地产业增长 6.2%。

图1　2005-2015年生产总值及其增长速度

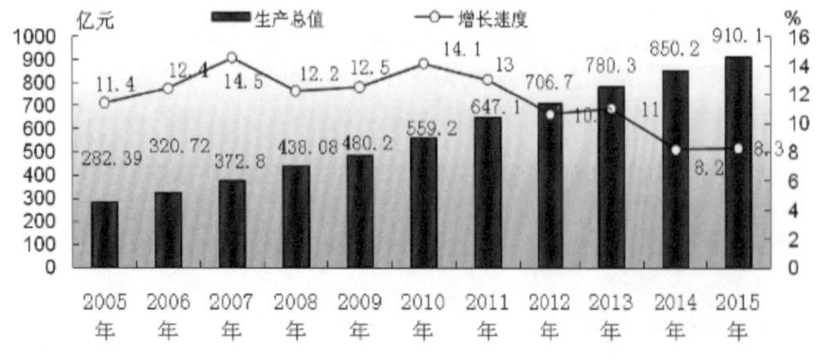

全年居民消费价格总水平比上年上涨 1.2%，涨幅比全省低 0.3 个百分点。八大类消费品价格五升三降，食品价格是物价上涨最大推手，同比上涨 5.1%，推动 CPI 同比上涨 2.01 个百分点。烟酒类上涨 2.6%，衣着类上涨 2%，家庭设备用品及维修服务类价格上涨 1.2%，医疗保健和个人用品类价格上涨 0.7%，娱乐教育文化用品及服务类下降 0.4%，居住类价格下降 4.2%，交通和通讯类价格下降 3.1%。商品零售价格总指数为 99.9%，工业生产者出厂价格指数为 97.2%。

图2　2005年-2015年居民消费价格涨跌幅度

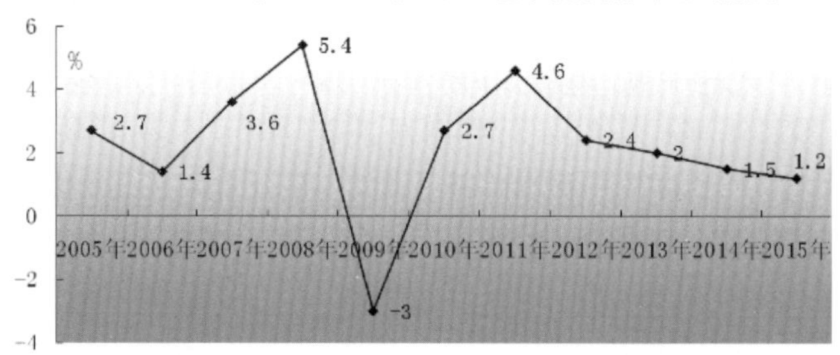

全市新增城镇就业 23775 人，失业人员再就业 4526 人，促进创业 1325 人，组织劳动力培训 15199 人，城镇登记失业率控制在 2.4% 以内。

全年地方公共财政预算收入 47.2 亿元，增长 14.4%。其中，税收收入 31.9 亿元，增长 1.7%，归入地方库的国税收入 11.4 亿元，增长 1.3%，归入地方库的地税收入 22.6 亿元，增长 4.1%。非税收收入 15.3 亿元，增长 54.2%。四大税种中，增值税 25% 部分收入增长 1.7%，营业税增长 9.1%，企业所得税增长 2.4%，个人所得税增长 2.1%。全市各项税收收入 92.3 亿元，增长 1.4%。国税国内税收收入 51.7 亿元，增长 3.1%，其中，工业增值税 31.6 亿元，下降 0.6%；地税税收总收入 36.8 亿元，增长 5.2%。

经济社会发展中存在的主要问题：实体经济结构性的困难逐步显现；消费市场缺乏新亮点；外需市场持续萎缩；土地、资金、人才、资源环境等要素制约突出。

二、农业

2015 年，全市农业总产值 111.7 亿元，比上年增长 3%。农作物总播种面积 96.34 万亩，比上年增长 0.1%。粮食播种面积 66.4 万亩，比上年增长 0.2%。

粮食总产量 27.5 万吨，比上年增长 0.2%。水果总产量 23.9 万吨，比上年增长 14%；茶叶总产量 1.5 万吨，比上年增长 5.3%；蔬菜总产量 48.2 万吨，比上年增长 2.1%。肉类总产量 7.7 万吨，比上年增长 0.5%。水产品产量 20.3 万吨，比上年增长 3.5%。

2015 年底，全市森林面积 293.76 万亩，比上年增加 1.96 万亩；森林蓄积量 600.48 万立方米，比上年增加 22.6 万立方米；森林覆盖率 62.65%，比上年提高 0.43 个百分点。全市碳汇造林 7.68 万亩，封山育林面积 12.6 万亩，森林抚育 31.16 万亩，新建森林公园 18 个，湿地公园 1 个，森林家园 34 个，完成义务植树 319 万株。全市新增省级以上生态公益林面积 0.64 万亩，累计面积 135.3 万亩。

三、工业和建筑业

2015 年，全市工业增加值 458 亿元，增长 7.3%；规模以上工业增加值 361.2 亿元，增长 7.8%。分经济类型看，股份制企业增长 6.2%，国有企业增长 9%。分轻重工业看，规模以上轻工业增加值增长 9.4%，重工业增加值增长 5.6%，轻重工业增加值比例为 60.1：39.9。

图3　2005-2015年工业增加值及其增长速度

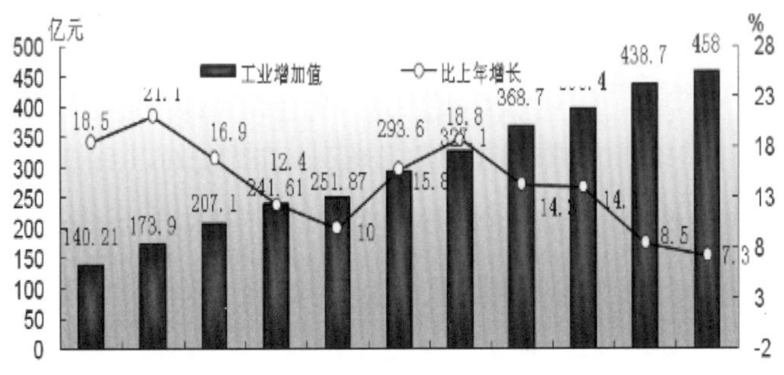

2015 年，规模以上工业增加值 361.2 亿元，增长 7.8%。规模上民营工业平稳增长，实现增加值 252.7 亿元，增长 9.5%，对规模上工业增长的贡献率为 82.5%。规模上八大行业实现增加值 243.3 亿元，增长 8%，拉动规模上工业增长 5.3 个百分点，其中，陶瓷工业实现增加值 110.2 亿元，增长 9.6%；不锈钢制品业、食品工业、电子工业、印刷和记录媒介复制业分别增长 16.9%、10.7%、9.6% 和 8.1%；服装和塑料工业则分别下降 1.7% 和 1.7%。规模上重工业实现增加值 144 亿元，增长 5.6%，其中，燃气生产和供应业增加值 21.8 亿元，增长 18.9%；电力生产和供应业增加值 46.5 亿元，下降 1.7%。规模以上工业销售产值 1293.3 亿元，增长 5.5%，其中，内销产值 1072.4 亿元，增长 6.7%；出口交货值 220.9 亿元，增长 0.4%。工业产品销售率 98%。

全市资质以上等级建筑企业 66 家；实现建筑业总产值 43.8 亿元，比上年增长 8.3%。房屋建筑施工面积 597.7 万平方米，比上年增长 9.9%。房屋建筑竣工面积 192.6 万平方米，比上年增长 36.9%。

四、固定资产投资

2015 年，全市固定资产投资 391.9 亿元，比上年增长 25.2%。三次产业投资中，第一产业投资 8.6 亿元，比上年下降 16.8%；第二产业投资 161.6 亿元，比上年增长 24.6%，其中，工业投资增长 24.5%；第三产业投资 221.8 亿元，增长 28.2%。房地产开发投资 50.8 亿元，增长 8.8%。基础设施投资 110.8 亿元，增长 23.4%，拉动全市投资增长 6.7 个百分点。商品房竣工面积 79.4 万平方米，增长 32.7%；商品房销售面积 81.9 万平方米，增长 9.8%。

图4　2005-2015年固定资产投资总额及增长速度

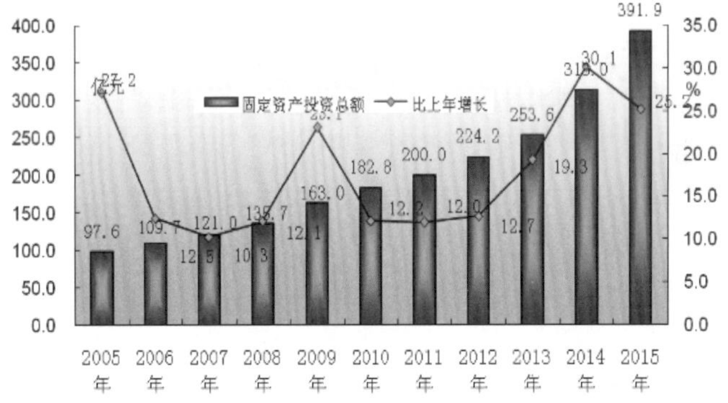

五、国内贸易

2015 年，全市社会消费品零售总额 443.1 亿元，增长 11.9%。分行业看，批发零售业零售额 405.6 亿元，增长 12%，对全市消费增长的贡献率达 92.1%；住宿餐饮业零售额 37.5 亿元，增长 11.6%。城镇市场零售额 354.5 亿元，增长 11.9%，拉动全市消费增长 9.5 个百分点；乡村市场零售额 88.6 亿元，增长 10.7%。

图5　2005-2015年社会消费品零售总额及增长速度

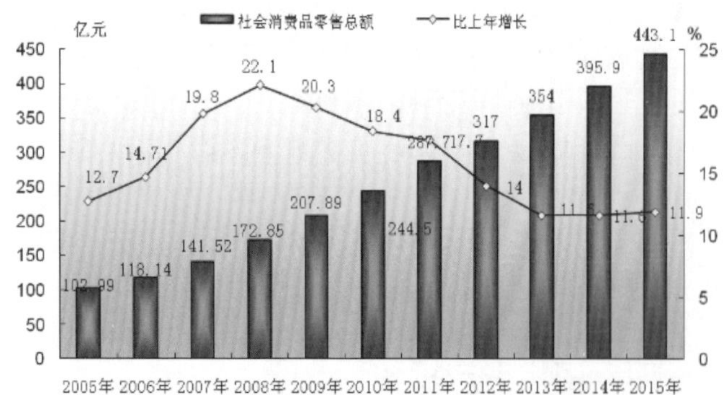

六、对外经济贸易

全年进出口总额31.4亿美元，比上年下降8.2%。进口总额3.8亿美元，比上年下降34.1%；出口总额27.6亿美元，比上年下降3%。从贸易方式看，一般贸易出口26.6亿美元，下降1.6%；加工贸易出口0.79亿美元，下降31.6%。各类商品中，陶瓷商品出口11.3亿美元，增长2.3%；机电产品出口3.5亿美元，下降14%；食品出口4.5亿美元，增长3.4%；服装及纺织品出口2.9亿美元，下降14%；鞋类出口1.9亿美元，下降13.6%。各大出口市场中，对东盟出口4.6亿美元，增长2.9%；对香港出口2.1亿美元，下降24.6%；对欧盟出口4.3亿美元，下降4.7%；对美国出口46亿美元，增长5.9%；对日本出口0.45亿美元，下降1.6%。

图6　2005-2015年出口总额及其增长速度

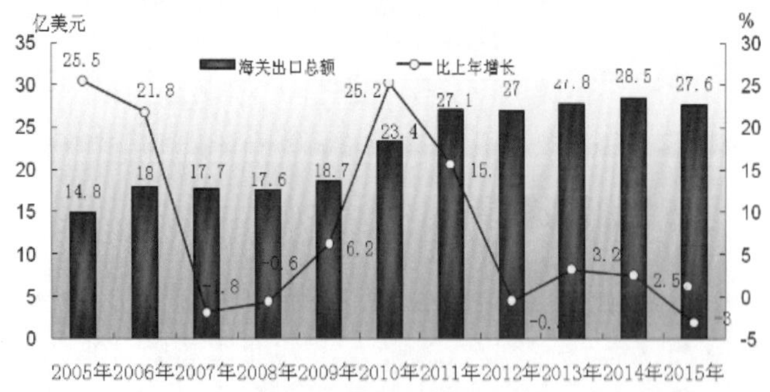

七、交通、邮电和旅游业

全年货运量4928万吨，增长11.7%；货物周转量234.4亿吨公里，增长16.2%。客运量为2255万人，增长13.5%；旅客周转量为27.53亿人公里，增长13.5%。全市年末机动车拥有量63.2万辆，比上年增长6.5%。民用汽车拥有量达到21.5万辆，比上年增长15.1%。其中，私人汽车19.9万辆，增长16.3%。民用轿车拥有量达到12.5万辆，增长16.3%，其中私人轿车12.1万辆，增长16.9%。摩托车41.7万辆，增长2.6%。

全年邮电通信业务总量46亿元，增长25.9%。电话总用户51.4万户，比上年下降16.1%，其中城市电话23.3万户，乡村电话28.1万户。移动电话总用户260.7万户，比上年增长5.1%。全市互联网固定用户35.2万户，比上年下降8.8%。

2015年，全市旅游收入141.6亿元，比上年增长22.2%；接待海内外游客人数920.8万人次，增长21.5%；其中，接待海外游客61.8万人次，增长0.4%，接待国内游客859万人次，增长23.3%；全市共有星级饭店13家，但全年客房出租率仅为47%。

八、金融和保险业

2015年末，全市金融机构本外币存款余额1076亿元，比年初增长7.2%，其中住户存款余额749亿元，比年初增长5.7%；金融机构本外币贷款余额369亿元，比年初增长3.3%，其中，中长期贷款189.1亿元，比年初增长4.2%。存贷比为34.3%。

2015年，全市保险业实现保费收入26亿元，增长23.9%。其中，人身保险业务保费收入17.8亿元，增长25.6%；财产保险业务保费收入8.2亿元，增长20.5%。赔付支出11.9亿元，比上年增长22.2%，其中，人身保险赔付支出7.7亿元，增长22.6%；财产保险赔付支出4.3亿元，增长21.3%。

九、教育和科学技术

2015年，全市普通高等院校1所，专任教师946人，在校学生19248人。小学633所，小学在校学生数19.25万人，小学专任教师数10452人，小学招生数35435人；初中103所，初中在校学生数8.3万人，初中专任教师数7177人，初中招生数26407人；普通高中35所，高中在校学生数达6.2万人，高中专任教师数4425人；高中招生数19378人，高中阶段教育毛入学率达90.98%；幼儿园676所，在园儿童数9.8万人。

2015年，全市专利受理量为3450项，同比下降0.7%；专利授权量3303项，同比下降16.2%。其中，发明98项，同比下降8.4%，4个企业的5项专利被评为第17届中国专利奖，其中发明专利2项。11家高新企业已获得省高新技术企业入库培育与财政资金扶持。全市现有工程技术研究中心79家，其中省工程技术研究中心37家。全市专业镇共29个，其中省级专业镇19个，建立各种类型的技术创新平台14个。

十、文化、卫生和城市建设

全市有文化馆、站54个，剧场、影剧院9座，广播电视台6座，公共图书馆4座，体育场馆71座。广播人口覆盖率和电视人口覆盖率均为100%。全年完成10个镇级和772个村级公共电子阅览室配套建设，实现全市50个镇（街道），1013个村（社区）公共电子阅览室配套全覆盖。全市已建成39个乡镇农民体育健身工程建设，现有社会体育指导员5400多名，平均每万人配置约20名，新增省级非遗项目6项，省级基地11个。现共有省级非遗代表性项目34项，省级代表性传承人61人，省级代表性传承人被命名为国家级代表性传承人16人；省级基地20个，国家级基地2个，省级文化生态保护实验区1个。

全市共有医院、卫生院78家，床位6270张，比上年末增加256张。各类医疗门诊部、所611个，专科防治站、所4个。卫生机构人员12826人，比上年末增加248人，其中执业医师（含助理医师）4261人，注册护士2937人。农村医疗卫生条件进一步改善，农村集中住院分娩率达99.88%，农村饮用自来水普及率达85.73%。

城市供电、供水能力有所提高，市区供电量15.1亿千瓦时，比上年增长0.7%；市区日供水能力44万立方米。年供水总量5020万吨，比上年增长0.1%。年末供水管道总长度586.7公里，比上年末增加5.3公里。年末市区实有道路面积495.3万平方米，城市桥梁数7座，城市下水道总长度329.8公里。年末实有公共汽车192辆，运营线路长度526.3公里，全年运客总量1154万人次。年末实有出租车917辆。市区绿化覆盖面积2419.8公顷，绿化覆盖率43%；绿地面积2155.7公顷，绿地率38.3%。

十一、人口、人民生活、社会保障和安全生产

2015年末，全市常住人口264.05万人。户籍总人口272.8万人，比上年净增4万人。按计生口径，全年出生率为12.26%，死亡率6.17%，自然增长率6.1%

2015年，城镇居民人均可支配收入20457元，增长8.5%。农村居民人均可支配收入11459元，增长8.6%。

2015年末，全市参加城镇职工基本养老保险45.6万人，比上年末增长1%。参加基本医疗保险261.4万人，比上年增长1%。其中，参加职工医保31.9万人，参加城乡居民基本医疗保险22.9万人，分别比上年增长23.2%和0.4%。参加工伤保险31.5万人，增长2.6%。参加失业保险31.8万人，增长2.3%。征收各项社保基金23.1亿元，增长6.9%。

全市有社会福利院3所，社会福利院床位数1566个，镇办敬老院37所。全年共发行销售福利彩票3.23亿元；筹集社会福利资金7436万元。目前，居民最低保障已保人数6.2万人。

2015年，全市共发生各类事故1269起，死亡139人，受伤558人，直接经济损失777.9万元。其中，道路交通事故502起，死亡135人，受伤554人，直接经济损失111.3万元；火灾事故765起，死亡4人，直接经济损失479万元。亿元GDP死亡率控制为0.152。

注：

1.本公报中2015年数据为快报数。

2.生产总值、各产业增加值按现价计算，增长速度按可比价格计算。

3.2012年四季度，国家统计局实施了城乡一体化住户调查改革。2014年按照新的调查口径对外发布城乡一体的居民人均可支配收入和分城镇、农村常住居民人均可支配收入数据。由于新老调查方案在调查范围、调查对象、城乡划分标准、样本抽选、计算和汇总方式、指标口径等方面变化较大，改革后新口径数据和旧口径数据存在不可比的差异。

资料来源：本公报中城镇新增就业、登记失业率、社会保障数据来自市人力资源社会保障局；财政数据来自市财政局；林业数据来自市林业局；城市公交、供水、公园绿地面积数据来自市城市综合管理局；货物进出口数据、外商直接投资、对外直接投资来自市商务局；旅游数据来自市旅游局；货币金融数据来自人民银行潮州中心支行；保险业数据来自中国保监会汕头监管分局；教育数据来自市教育局；专利数据来自市科技局；艺术表演团体、公共图书馆、文化馆、广播、电视、电影、图书数、体育数据来自市文广新局；卫生数据来自市卫计局；低保、社会组织数据来自市民政局；安全生产数据来自市安全监管局；户籍人口数据来自公安局；价格指数和居民收入数据来自国家统计局潮州调查队；其他数据来自潮州市统计局和国家统计局潮州调查队。

2015年揭阳市国民经济和社会发展统计公报

2015年是全面深化改革的关键之年，是“十二五”规划收官之年。面对错综复杂的经济环境、艰巨繁重的改革任务和不断加大的经济下行压力，市委、市政府总揽全局、审时度势，带领全市上下认真贯彻落实省委省政府促进粤东西北振兴发展和创新驱动发展战略，践行“强化效率、彰显公平、惠民执政、绿色发展”的施政理念，主动适应经济发展新常态，有效应对各种困难和挑战，坚定产业强市目标，强化对德合作实施引进型创新，推进“互联网+”培育发展新动力。全年经济运行呈现平稳向好的发展态势，经济结构调整稳步推进，质量效益稳步提升，民生福祉不断改善，为“十三五”规划实施打下坚实基础。

一、综合

初步核算，2015年全市实现地区生产总值（GDP）1890.01亿元，增长（同比，下同）8.0%。“十二五”期间年均增长11.8%。其中，第一产业增加值168.46亿元，增长4.1%，对GDP增长的贡献率为4.0%；第二产业增加值1144.31亿元，增长7.4%，对GDP增长的贡献率为58.8%；第三产业增加值577.24亿元，增长10.6%，对GDP增长的贡献率为37.2%。三次产业结构由2014年的8.8 ∶ 61.7 ∶ 29.5调整为8.9 ∶ 60.6 ∶ 30.5，产业结构调整稳步推进。在第三产业中，批发和零售业增长15.5%，住宿和餐饮业增长9.4%，交通运输、仓储和邮政业增长13.1%，金融业增长10.0%，房地产业增长4.9%，其他服务业增长14.2%。民营经济增加值1493.96亿元，增长7.9%。人均地区生产总值达31255元，增长7.4%。

图1　“十二五”时期揭阳市GDP发展情况

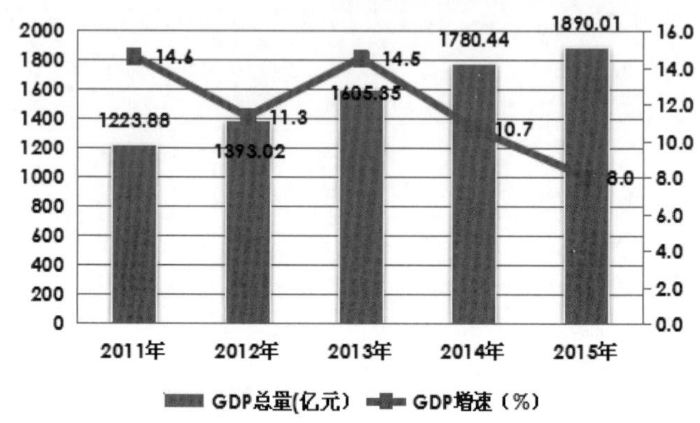

2015年，全年居民消费价格总水平上涨1.1%。其中，食品类价格上涨3.6%，居住类价格下降2.6%，医疗保健和个人用品类价格上涨2.3%，衣着类价格上涨2.1%，交通和通信类价格下降1.7%，服务项目类价格上涨1.6%。

表1　2015年居民消费价格比上年涨跌幅度

指　　标	价格指数	比上年涨跌幅度%
居民消费价格	101.1	1.1
食　品	103.6	3.6
其中：粮食	101.8	1.8
油脂	98.0	-2.0
肉禽与其制品	107.1	7.1
鲜蛋	93.7	-6.3
水产品	105.2	5.2
鲜菜	106.9	6.9
烟　酒	102.1	2.1
衣　着	102.1	2.1
家庭设备用品及维修服务	100.9	0.9
医疗保健与个人用品	102.3	2.3
交通和通信	98.3	-1.7
娱乐教育文化用品及服务	99.5	-0.5
居　住	97.4	-2.6
服务项目	101.6	1.6

二、农业

全年粮食作物播种面积 136.61 千公顷，比上年减少 0.2%。稻谷播种面积 77.18 千公顷，下降（同比，下同）0.8%；糖蔗种植面积 0.13 千公顷，与去年持平；油料种植面积 7.61 千公顷，增长 0.1%；蔬菜种植面积 65.97 千公顷，增长 0.3%。

全年粮食产量 85.87 万吨，增长 0.2%。稻谷产量 47.90 万吨，下降 0.6%；糖蔗产量 0.95 万吨，增长 6.7%；油料产量 2.49 万吨，增长 5.5%；蔬菜产量 220.42 万吨，增长 4.6%；水果产量 61.78 万吨，增长 5.0%；茶叶产量 1.61 万吨，增长 10.3%。

全年肉类总产量 18.19 万吨，基本与去年持平。其中，猪肉产量 11.50 万吨，下降 1.3%；禽肉产量 4.99 万吨，增长 1.2%。全年水产品产量 15.93 万吨，增长 1.3%。其中，海水产品 7.96 万吨，增长 0.4%；淡水产品 7.98 万吨，增长 2.3%。

表2　2015年主要农副产品产量及增长速度

产品名称	单位	产量	比上年增长%
粮食	万吨	85.87	0.2
稻谷	万吨	47.90	-0.6
油料	万吨	2.49	5.5
花生	万吨	2.49	5.5
糖料	万吨	0.95	6.7
蔗糖	万吨	0.95	6.7
茶叶	吨	1.61	10.3
水果	万吨	61.78	5.0
蔬菜	万吨	220.42	4.6

三、工业和建筑业

全年规模以上工业（下同）完成工业增加值 1123.35 亿元，增长 7.2%。“十二五”期间年均增长 19.5%。分经济类型看，在规模以上工业中，国有及国有控股企业完成工业增加值 65.49 亿元，下降 5.0%；民营企业完成工业增加值 891.26 亿元，增长 8.4%；外商及港澳台投资企业完成工业增加值 182.53 亿元，增长 6.1%；股份制企业完成工业增加值 782.99 亿元，增长 7.4%；集体企业完成工业增加值 13.75 亿元，增长 9.8%。分轻重工业看，在规模以上工业中，轻工业完成工业增加值 802.44 亿元，增长 7.9%；重工业完成工业增加值 320.91 亿元，增长 5.7%。分行业看，在规模以上工业主要行业中，石化行业实现工业增加值 113.72 亿元，增长 7.8%；纺织服装业实现工业增加值 311.76 亿元，增长 9.2%；医药制造业实现工业增加值 59.52 亿元，增长 8.3%；金属行业实现工业增加值 164.25 亿元，增长 9.7%；食品业实现工业增加值 95.78 亿元，增长 5.6%。

图2　“十二五”时期揭阳市规模以上工业增加值及其增长速度

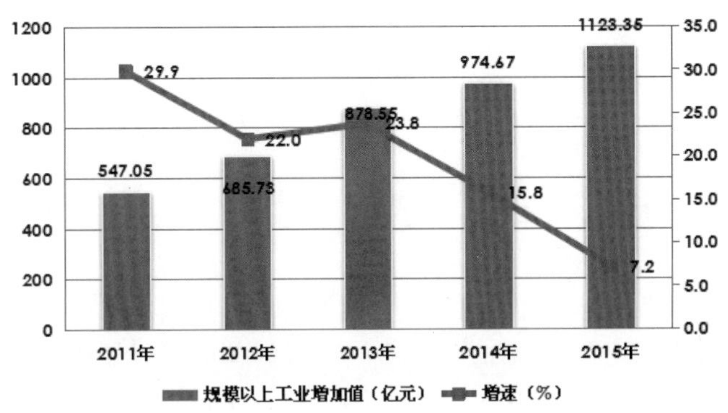

列入规模以上工业统计的 110 种产品中，有 79 种产品产量实现增长，覆盖面达 71.8%。

表3　2015年主要工业产品产量及其增长速度

产品名称	单位	产量	比上年增长%
发电量	亿千瓦时	135.79	-11.5
饲料	万吨	43.26	6.3
罐头	万吨	19.67	21.2
服装	万件	184827.10	16.3
涂料	万吨	3.60	12.5
初级型态的塑料	万吨	14.80	-14.0
中成药	万吨	4.52	12.4
塑料制品	万吨	64.14	3.8
钢材	万吨	297.63	-9.7
模具	万套	8.77	3.4
不锈钢日用制品	万吨	59.37	-10.1
电力电缆	万米	113461.44	16.9
钟	万只	152.98	18.0

工业经济效益综合指数 332.19%，资产贡献率 26.74%，资本保值增值率 117.45%，资产负债率 38.24%，流动资产周转率 6.4 次/年，成本费用利润率 5.51%，全员劳动生产率 25.94 万元/人年，产品销售率 99.00%。实现利润总额 246.34 亿元，增长 15.7%。亏损企业 52 家，增长 33.3%。亏损企业亏损总额 2.08 亿元，增长 4.7%。

表4　2015年规模以上工业企业实现利润及其增长速度

指　　标	利润总额（亿元）	比上年增长（%）
规模以上工业	246.3	15.7
其中：国有及国有控股企业	6.2	8.8
集体企业	2.7	35.0
股份制企业	181.3	14.9
外商及港澳台投资企业	27.7	10.4
民营企业	202.1	18.3

全年实现建筑业增加值69.20亿元，增长13.2%。全市具有资质等级以上建筑企业111家。

四、固定资产投资

全年完成固定资产投资1362.10亿元，增长24.5%。“十二五”期间年均增长28.6%。分投资主体看，国有经济投资94.64亿元，下降7.3%；民间投资1163.08亿元，增长35.8%；外商投资57.80亿元，下降25.8%，其中港澳台商投资19.07亿元，增长55.1%。

分三次产业看，第一产业投资23.66亿元，增长185.3%；第二产业投资697.77亿元，增长21.8%，其中工业投资693.18亿元，增长20.4%；第三产业投资640.67亿元，增长25.0%。

表5　2015年分行业固定资产投资及其增长速度

行　　业	投资额（亿元）	比上年增长%
总　　计	1362.10	24.5
农、林、牧、渔业	26.14	145.7
采矿业	3.31	43.1
制造业	631.58	17.8
其中：农副食品加工业	21.79	69.2
食品制造业	38.53	62.8
纺织业	38.16	37.4
纺织服装、服饰业	105.73	14.4
皮革、毛皮、羽毛及其制品和制鞋业	18.92	16.5
文教、工美、体育和娱乐用品制造业	14.46	16.8
石油加工、炼焦和核燃料加工业	32.97	−46.3
医药制造业	29.91	50.7
橡胶和塑料制品业	35.79	−5.3
非金属矿物制品业	53.82	8.8
金属制品业	68.49	22.3
专用设备制造业	22.43	57.2
铁路、船舶、航空航天和其他运输设备制造业	1.15	0.5
电气机械和器材制造业	46.33	61.6
计算机、通信和其他电子设备制造业	12.95	34.8
电力、热力、燃气及水生产和供应业	58.29	72.1
其中：电力	32.00	224.4
建筑业	4.59	439.8
批发和零售业	76.78	35.2
交通运输、仓储和邮政业	75.84	−18.0
其中：道路运输业	67.69	−15.4
仓储业	1.90	−37.1
邮政业	2.86	84.5
住宿和餐饮业	34.48	103.5
信息传输、软件和信息技术服务业	6.59	14.5
金融业	1.33	−29.5
房地产业	225.30	22.5
租赁和商务服务业	4.93	1.7
科学研究和技术服务业	2.11	−57.1
水利、环境和公共设施管理业	116.19	40.9
居民服务、修理和其他服务业	4.98	49.4
教育	22.84	18.9
卫生和社会工作	8.14	−17.7
文化、体育和娱乐业	40.10	118.5
公共管理、社会保障和社会组织	18.59	98.5

全年在建1亿元以上投资项目55个（不包括房地产开发），共完成投资149.07亿元。全年投资额达到5000万元以上的工业项目543个，共完成投资438.18亿元，其中，竣工435个，共完成投资321.04亿元。

在房地产开发中，全年房地产开发投资48.67亿元，下降28.1%。商品房施工面积592.73万平方米，下降20.6%，其中商品住宅面积514.64万平方米，下降21.1%。商品房竣工面积65.02万平方米，下降47.2%，其中住宅面积64.59万平方米，下降44.9%。商品房销售面积114.69万平方米，增长6.3%，其中住宅面积109.29万平方米，增长4.2%。年末商品房待售面积130.30万平方米，下降14.9%，其中住宅面积114.68万平方米，下降17.2%。

五、国内贸易

全年社会消费品零售总额 857.42 亿元，增长 13.0%，“十二五”期间年均增长 17.4%。分行业看，批发和零售业零售额 821.89 亿元，增长 12.8%；住宿和餐饮业零售额 35.53 亿元，增长 17.1%。

全年新增限额以上企业108家，累计达到1176家。全年限额以上单位完成零售 520.37 亿元，比上年增长 15.1%。

在限额以上批发和零售业商品零售额中，食品、饮料、烟酒类增长 27.6%，服装、鞋帽针纺品类增长 11.9%，金银珠宝类增长 43.8%，日用品类增长 19.9%，体育、娱乐用品类增长 29.6%，中西药品类增长 14.9%，文化办公用品类增长 39.7%，家具类增长 20.8%，石油及制品类增长 10.0%，建筑及装潢材料类增长 23.7%，家用电器和音像器材类增长 15.3%，通讯器材类增长 22.4%，汽车类增长 4.8%。

六、对外经济

全年进出口总额 70.44 亿美元，增长 29.0%。其中，出口 67.04 亿美元，增长 31.9%；进口 3.40 亿美元，下降 10.7%。

表6　2015年进出口总额及其增长速度

指　　标	绝对数（亿美元）	比上年增长（%）
进出口总额	70.44	29.0
出口额	67.04	31.9
其中：一般贸易	65.04	33.2
加工贸易	1.99	0.5
其中：机电产品	9.33	36.7
高新技术产品	0.34	1.3
其中：国有企业	0.15	6.2
外商投资企业	14.00	3.1
其他企业	52.87	42.6
进口额	3.40	-10.7
其中：一般贸易	2.35	-13.4
加工贸易	1.05	-3.7
其中：机电产品	0.12	-85.6
高新技术产品	0.11	188.9
其中：国有企业	0.21	-78.6
外商投资企业	1.10	6.6
其他企业	2.09	16.8
出口大于进口	63.64	35.4

（续上表）

指　　标	绝对数（亿美元）	比上年增长（%）
其中：一般贸易	62.70	36.0
加工贸易	0.94	5.6

表7　2015年主要国家和地区出口总额及其增长速度

国别（地区）	绝对值（亿美元）	比上年增长（%）
东南亚联盟	20.09	45.82
欧盟	9.67	62.23
美国	7.05	64.21
阿联酋	4.82	39.52
中国香港	4.05	-0.85
巴拿马	2.08	10.13

全年新签利用外资合同 14 宗，下降 51.7%；合同利用外资金额 2.85 亿美元，下降 59.6%；实际利用外资金额 0.39 亿美元，下降 83.6%。在实际利用外资中，制造业占 75.4%，批发和零售业占 24.6%。

七、交通、邮电和旅游

全年交通运输、仓储和邮政业实现增加值 18.32 亿元，增长 13.1%。

全年公路运输完成货物周转量 75.19 亿吨公里，增长 20.1%；水路运输完成货物周转量 2.34 亿吨公里，下降 5.7%。

年末全市民用汽车保有量达到 28.85 万辆，增长 14.0%，其中私人汽车 26.74 万辆，增长 16.1%。民用轿车保有量达到 16.76 万辆，增长 15.5%，其中私人轿车 16.06 万辆，增长 17.1%。

年末全市公路总里程达到 7282.238 公里，其中高速公路 273.631 公里。全年港口完成货物吞吐量 2851.38 万吨，增长 5.2%。

年末揭阳潮汕国际机场航空航线 45 条，国际航线 5 条，国内航线 40 条。全年机场客运量 320.45 万人次。

全年完成邮电通信业务总量 94.56 亿元，增长 41.4%。其中邮政业务总量（含快递）20.76 亿元，增长 145.2%；通信业务总量 73.80 亿元，增长 26.3%。年末固定电话用户达到 84.08 万户，其中城市电话用户 43.88 万户，乡村电话用户 40.2 万户。年末移动电话用户达到 502.85 万户，其中 4G 移动用户 123.27 万户，增长 171.1%。年末互联网宽带接入用户 57.91 万户，新增 2.78 万户。

全年入境旅游人数 14.39 万人次，下降 37%。其中，外国人 4.55 万人次，下降 41%；香港、澳门和台湾同胞 9.84 万人次，下降 35%。在入境人数中，过夜旅游者 5.23 万人次，下降 48%。

国内游客达 3395.68 万人次，增长 29.5%，其中过夜旅游者 1401.74 万人次，增长 26.7%。

全年旅游总收入 206.97 亿元，增长 33.5%。其中国内旅游收入 205.84 亿元，增长 34.4%；国际旅游外汇收入 1819.66 万美元，下降 39.1%。

八、财政、金融和保险

全年地方公共财政预算收入 77.39 亿元，增长 5.0%，其中税收收入 50.89 亿元，增长 2.4%。全年地方公共财政预算支出 278.97 亿元，增长 48.9%，其中教育支出 69.28 亿元，增长 28.7%。

图3 “十二五”时期揭阳市地方公共财政预算收入情况

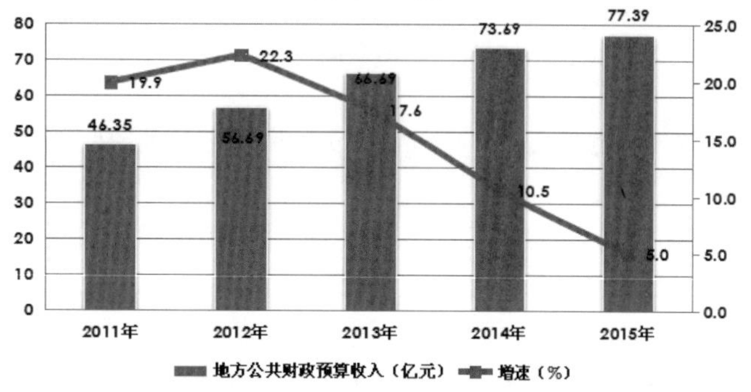

年末全市金融机构本外币各项存款余额 1837.87 亿元，比年初增长 7.5%；其中境内住户存款余额 1251.86 亿元，比年初增长 3.6%。年末全市金融机构本外币各项贷款余额 931.72 亿元，比年初增长 6.7%，其中境内住户贷款余额 227.82 亿元，比年初增长 11.6%。

全年全市实现保费收入 42.18 亿元，增长 24.0%。其中：人身险业务保费收入 29.26 亿元，增长 27.2%；财产险业务保费收入 12.89 亿元，增长 17.2%。全年共支付各项赔款和给付 14.04 亿元，增长 32.6%。其中，人身险业务赔付支出 7.73 亿元，增长 53.0%；财产险业务赔款支出 6.31 亿元，下降 14.0%。

九、教育和科学技术

年末全市教职工（含民办学校）8.45 万人，增长 0.6%。全年普通高等院校招生 3692 人，下降 11.0%；在校生 12007 人，下降 1.9%；毕业生 4098 人，增长 12.3%。全市各类中等职业技术教育（不含技工学校）招生 4.9 万人，增长 14.0%；在校生 13.6 万人，下降 2.2%；毕业生 4.5 万人，下降 10.0%。普通高中招生 5.1 万人，下降 1.9%；在校生 15.4 万人，下降 4.3%；毕业生 5.6 万人，下降 1.8%。初中招生 7.7 万人，下降 8.3%；在校生 24.9 万人，下降 10.1%；毕业生 9.9 万人，下降 10.0%。小学招生 8.8 万人，增长 6.0%；在校生 49.1 万人，增长 1.2%；毕业生 7.9 万人，下降 8.1%。幼儿园在园幼儿 21.9 万人，本年度全市特殊教育招生 519 人，在校生 2125 人。

全市专业技术人员 20.78 万人，增长 1.7%；全年市级产业技术研究与开发费用支出 671 万元，增长 3.2%。年末全市共有高新技术企业 51 家，当年新增 6 家；新增省级创新型企业 3 家，累计 15 家。当年获得省各类科技计划项目立项 17 个；新增院士工作站 2 个，累计 6 个；新增省级工程技术研究中心 5 家。荣获省级科技进步奖 2 项；当年获省级以上科技成果鉴定 2 项，市级科技成果鉴定 8 项。全年全市专利申请量 3726 件，增长 20.2%；授权量 2807 件，增长 35.5%。

十、文化、卫生和体育

年末全市共有各类专业艺术表演团体（包括民营）23 个，文化馆 6 个，县级及以上公共图书馆 6 个，博物馆、纪念馆 6 个。全市有广播电视台 5 座。广播综合人口覆盖率和电视综合人口覆盖率分别达 99.71% 和 100%。有线电视用户 45 万户，增长 40%；有线数字电视用户 33 万户，比上年增长 70%。现有报社 1 家，全年日发行量 4.95 万份。

年末全市共有各类卫生机构 370 个，比去年减少 2 个。在卫生机构中，医院 38 个，社区卫生服务中心（站）27 个，卫生院 67 个，诊所 118 个，妇幼保健机构 6 个，专科疾病防治机构 6 个，疾病预防控制中心 5 个，卫生监督所 5 个，急救中心 2 个，采供血机构 3 个，卫生学校 2 所，其他卫生机构 87 个。拥有床位 15515 张，增长 20.5%。各类卫生技术人员 20039 人，增长 19.9%；其中执业医师和执业助理医师 9380 人，注册护士 8217 人，疾病预防控制中心卫生技术人员 314 人，卫生监督所卫生技术人员 80 人。

全市共有乡镇卫生院67个，乡镇卫生院床位4386张，乡镇卫生院卫生技术人员6687人。全年无偿献血2.48万人次。

全市体育健儿在国内外重大比赛中，共获得奖牌6枚，其中金牌4枚，银牌2枚，铜牌0枚。

十一、人民生活、社会保障与安全生产

全年全体居民人均可支配收入16308元，增长9.1%。其中，城镇居民人均可支配收入21344元，增长8.7%；农村居民人均可支配收入11333元，增长11.7%。

年末全市参加城镇职工基本养老保险（含离退休）96.12万人，增长1.9%。参加城镇职工基本医疗保险26.29万人，下降5.4%。参加城乡（镇）居民基本医疗保险571.42万人，增长0.9%。参加工伤保险21.10万人，增长6.0%。参加生育保险21.44万人，增长3.4%。全年城镇新增就业35993人，就业困难人员实现再就业2256人。年末城镇实有登记失业人员9008人，城镇登记失业率2.30%，比2014年下降0.06个百分点。组织农村劳动力培训3.50万人，转移就业人数4.65万人。

年末全市共有各类社会福利机构111个，床位1.59万张，收养1457人。城镇各种社区服务设施1571个，其中社区服务中心453个，全年服务约200万人次。全年发放最低生活保障资金3.79亿元，增长15.3%，救助低保户8.097万户，计15.03万人；发放救灾款物901.49万元，救济5.06万人次。

全年市交警支队共受理一般程序处理的道路交通事故424起，下降12.22%，造成死亡173人，受伤474人，直接经济损失128.21万元，死亡人数与2014年持平，受伤和直接经济损失分别下降12.87%和29.65%。其中，生产安全性道路交通事故107起，死亡68人，下降1.45%。

十二、人口、资源与环境

年末全市户籍人口701.68万人，比年初增加7.52万人。年末常住人口605.89万人。全年常住出生人口6.69万人，出生率11.53‰；死亡人口3.39万人，死亡率5.85‰；自然增长人口3.30万人，自然增长率5.69‰。

全市全年水资源总量57.56亿立方米。全年平均降雨量1706.3毫米，下降4.0%。年末全市水库蓄水总量4.11亿立方米，增长9.0%。

全年全社会用电量152.71亿千瓦时，下降3.91%，其中，工业用电量107.52亿千瓦时，下降8.51%。

全市共有环境监测站5个（具备计量认证资质），取得认证监测项目163个。全年已有999家企业办理水污染排污申报登记，157家企业办理大气污染排污申报登记；关停并转迁生产工艺陈旧、能耗物耗大、污染环境严重且在限期内整治不能达到环保要求的企业107家。

全年完成荒山荒地造林、更新造林、有林地造林面积14866公顷。年末全市森林覆盖率达到55.39%。全市共有省级自然保护区1个，面积6809公顷。

注：

1. 本公报中2015年数据均为初步统计数，统计图中2011-2014年数据为年报数据。

2. 从2011年起，规模以上工业统计口径由500万元调整为2000万元及以上；固定资产投资项目统计起点由计划总投资50万元提高到500万元，增速为可比口径。从2012年起，“地方一般预算收入”更名为“地方公共财政预算收入”，“地方财政一般预算支出”更名为“地方公共财政预算支出”。

3. 地区生产总值、各产业增加值绝对数按现价计算，增长速度按可比价计算。

4. 有线数字电视用户，使用市网络公司部分由省直管，不在当地统计。

2015年云浮市国民经济和社会发展统计公报

2015年，面对错综复杂的国内外形势，市委、市政府带领全市人民深入贯彻落实党的十八大、十八届三中、四中、五中全会和习近平总书记系列讲话精神，紧紧围绕全面建设现代生态城市目标，牢牢把握"跨越赶超、科学崛起"主题，坚持生态立市、产业兴市、特色美市、改革活市、依法治市，狠抓"招商、建城、改革"，地方经济稳步发展，社会与民生事业不断改善，为全面建成小康社会进一步奠定了良好基础。

一、综合

初步核算，2015年全市实现地区生产总值（GDP）710.07亿元，比上年增长8.5%。其中，第一产业增加值149.83亿元，增长4.4%，对GDP增长的贡献率为9.2%；第二产业增加值310.33亿元，增长9.2%，对GDP增长的贡献率为53.3%；第三产业增加值249.92亿元，增长9.7%，对GDP增长的贡献率为37.5%。三次产业结构为21.1:43.7:35.2。在第三产业中，批发和零售业增长6.0%，住宿和餐饮业增长5.8%，金融业增长12.8%，房地产业增长4.8%。民营经济增加值503.6亿元，增长8.1%。2015年全市人均地区生产总值达到28953元，增长7.8%，按平均汇率折算为4648美元。

表1　2015年地区生产总值产业和行业分布

指标	2015年（亿元）	比上年增长（%）
地区生产总值	710.07	8.5
第一产业	149.83	4.4
第二产业	310.33	9.2
其中：工业	272.57	8.9
建筑业	37.90	11.5
第三产业	249.92	9.7
其中：交通运输、仓储和邮政业	21.18	6.6
批发和零售业	50.68	6.0
住宿和餐饮业	8.91	5.8
金融业	38.02	12.8

（续上表）

指标	2015年（亿元）	比上年增长（%）
房地产业	33.60	4.8
营利性服务业	30.56	12.2
非营利性服务业	64.68	14.8

全年城镇新增就业3.42万人，城镇失业人员实现再就业0.88万人。年末城镇登记失业率2.47%，比上年末微升0.01个百分点。

全年居民消费价格总指数累计上涨1.2%。分类别看，食品类价格上涨2.8%，其中粮食上涨4.1%，肉禽及其制品上涨5.7%，蛋类下降0.7%，水产品下降3.3%，菜类上涨5.5%。烟酒类价格上涨1.6%，衣着类价格上涨3.3%，家庭设备用品及维修服务价格上涨3.5%，医疗保健和个人用品类价格上涨3.4%，交通和通信类价格下降1.7%，娱乐教育文化用品及服务价格上涨1.1%，居住类价格下降2.0%。工业生产者价格指数同比下降3.2%。

表2　2014-2015年居民消费价格指数

指标	2014年（上年=100）	2015年（上年=100）
居民消费价格指数	101.6	101.2
其中：食　品	101.6	102.8
烟　酒	100.4	101.6
衣　着	100.0	103.3
家庭设备用品及维修服务	97.9	103.5
医疗保健和个人用品	104.0	103.4
交通和通信	100.0	98.3
娱乐教育文化用品及服务	100.3	101.1
居　住	104.2	98

全年地方一般公共预算收入58.70亿元，比上年增加5.84亿元，按可比口径增长9.3%，其中税收收

入 32.21 亿元，增加 0.92 亿元，增长 2.9%。

二、农业

全年粮食作物播种面积 11.73 万公顷，比上年减少 0.1%。稻谷种植面积 8.88 万公顷，增长 0.1%。油料种植面积 2.00 万公顷，增长 3.3%。蔬菜种植面积 2.65 万公顷，减少 3.0%。

表3　2015年主要农副产品产量及其增长速度

产品名称	单位	2015年	比上年增长（%）
粮食总产量	万吨	69.99	-0.1
蔬菜总产量	万吨	51.93	1.8
肉类总产量	万吨	29.87	2.1
禽肉产量	万吨	17.46	3.8
水果产量	万吨	80.96	3.2
水产品总产量	万吨	10.61	-2.1
出栏生猪	万头	150.37	-2.0
出栏家禽	万只	13554	4.3

全年粮食产量 69.99 万吨，减产 0.1%。稻谷产量 59.41 万吨，增产 0.5%。油料产量 5.65 万吨，增产 5.5%。蔬菜产量 51.93 万吨，增产 1.8%。水果产量 80.96 万吨，增产 3.2%。茶叶产量 0.32 万吨，增产 0.7%。

全年肉类总产量 29.87 万吨，比上年增长 2.1%。其中，猪肉产量 11.27 万吨，下降 1.7%；牛肉产量 0.28 万吨，下降 1.0%；禽肉产量 17.46 万吨，增长 3.8%。全年水产品产量 10.61 万吨，下降 2.1%。

三、工业和建筑业

全年实现规模以上工业增加值比上年增长 9.5%。分轻重工业看，轻工业增加值增长 7.4%，重工业增长 10.7%。分经济类型看，国有企业增加值增长 1.9%，集体企业增长 15.1%，股份制企业增长 10%，外商及港澳台商投资企业增长 7.5%，国有控股企业增长 1.3%，民营企业增长 11.2%。分企业规模看，大型企业增加值增长 6.6%，中型企业增长 5.4%，小型企业增长 12.8%，微型企业增长 9.0%。

高技术产业增加值增长 16.8%，其中医药制造业增长 15.3%，电子及通信设备制造业增长 17.8%。

先进制造业中，装备制造业增加值增长 18.2%。石油及化学行业中，化学原料及化学制品制造业增长 0.6%。

优势传统产业增加值增长 9.9%，其中纺织服装业增长 5%，食品饮料业增长 4.8%，家具制造业增长 24.1%，建筑材料增长 11.1%，金属制品业增长 10.9%，家用电力器具制造业增长 11.3%。

全年规模以上工业销售产值 1060.62 亿元，增长 11.7%，其中出口交货值为 108.61 亿元，下降 0.1%。

全年工业经济效益综合中，资产贡献率 19.2%，资本保值增值率 124.6%，资产负债率 51.7%，流动资产周转次数 3.48 次，成本费用利润率 7.7%，产品销售率 96.5%；实现利润总额 72.44 亿元，增长 20.6%。

表4　2015年主要工业产品产量及其增长速度

产品名称	单位	产量	比上年增长（%）
发电量（火力）	亿千瓦时	60.24	-5.3
水泥	万吨	1235.78	0.8
硫铁矿	万吨	169.49	-12
化肥（折纯）	万吨	0.94	8.2
硫酸	万吨	131.73	-3.5
不锈钢制品	万吨	18.05	12.1
服装	万件	5329.4	-12.7
电池	亿只	32.51	-0.1

年末全市具有资质等级以上建筑企业 43 个。全年完成房屋建筑施工面积 305.99 万平方米，比上年增长 37.0%；房屋竣工面积 124.54 万平方米，增长 29.3%。全市以建筑企业产值计算的劳动生产率为 20.47 万元／人。

四、固定资产投资

全年固定资产投资 794.15 亿元，比上年增长 17.6%，其中，项目投资 731.38 亿元，增长 18.0%；基础设施投资 145.51 亿元，增长 9.2%。

分三次产业看，第一产业投资 14.84 亿元，增长 15.7%；第二产业投资 434.75 亿元，增长 15.9%，其中工业投资 428.18 亿元，增长 16.8%；第三产业投资 344.56 亿元，下降 1.6%。

全年房地产开发投资 62.77 亿元，比上年下降 23.6%。商品房销售面积 180.79 万平方米，增长 7.4%，其中住宅 157.93 万平方米，增长 4.5%。商品房销售额 73.11 亿元，增长 3.1%，其中住宅 60.79 亿元，增长 2.2%。

五、国内贸易

全年社会消费品零售总额299.71亿元，比上年增长11.6%。分地域看，城镇消费品零售额233.81亿元，增长12.1%；乡村消费品零售额65.90亿元，增长9.7%。分行业看，批发和零售业零售额271.62亿元，增长11.6%；住宿和餐饮业零售额28.09亿元，增长11.8%。

在限额以上批发和零售业商品零售额中，粮油、食品类增长13.2%，饮料类增长1.3%，烟酒类增长12.0%，服装、鞋帽、针纺织品类增长17.7%，化妆品类增长3.9%，金银珠宝类增长29.8%，日用品类增长7.0%，五金、电料类增长17.2%，体育、娱乐用品类增长45.8%，书报杂志类增长42.4%，电子出版物及音像制品类增长下降12.9%，家用电器和音像器材类增长14.4%，中西药品类增长22.8%，文化办公用品类增长2.2%，家具类增长36.3%，通讯器材类下降21.6%，煤炭及制品类增长49.8%，石油及制品类下降8.3%，建筑及装潢材料类增长31.5%，机电产品及设备类增长 24.1%，汽车类增长31.5%，其他类增长19.4%。

六、对外经济

全年货物进出口总额19.1亿美元，比上年增长7.5%。其中，出口13.6亿美元，增长13.1%；进口5.5亿美元，下降4.2%。货物进出口差额（出口减进口）8.1亿美元，比上年增加1.6亿美元。

从贸易方式看，全年一般贸易出口8.7亿美元，增长29.3%；加工贸易出口4.9亿美元，下降6.9%。从经营主体看，国有企业出口0.2亿美元，增长813.2%；外商投资企业出口6.7亿美元，下降9.1%；民营企业出口6.7亿美元，增长44%。

表5 2015年主要大宗出口商品

商品类别	金额（亿美元）	比上年增长（%）
不锈钢制品	3.17	-10
电器及电子产品	2.03	19.8
服装	1.54	30.9
石材	1.01	-5.4
家禽	0.58	12.1

表6 2015年六大出口贸易地区、国家

地区/国家	贸易额（亿美元）	比上年增长（%）
欧盟	3.1	16.8
中国香港地区	3.1	13.7
美国	2.7	38.1
东盟	1.2	8.2
加拿大	0.5	83.5
中国台湾地区	0.1	125.3

六大出口贸易伙伴合计出口10.7亿美元，占全市出口比重78.7%。

全年新批设立外商直接投资项目26个。合同外资金额3.75亿美元，比上年增长3%。实际吸收外商直接投资0.55亿美元，下降48.7%。

七、交通、邮电和旅游

全年各种运输方式完成货物运输周转量60.72亿吨公里，比上年增长16.5%。其中，公路37.50亿吨公里，增长32.6%；水运23.22亿吨公里，减少2.6%。全年公路运输方式完成旅客运输周转量20.19亿人公里，比上年减少0.5%。

全年完成邮政行业业务总量2.73亿元，增长24.8%。

全年旅游总人数2062.59万人次，增长9.9%。其中，住宿设施接待过夜游客1325.62万人次，增长8.2%。按国内外分，国内游客2047.14万人次，增长10.0%；入境游客15.45万人次，增长8.0%。旅行社组团国内游3.9万人次，增长4.3%；组团出境游1211人次，下降25.0%。全年旅游总收入214.61亿元，增长9.0%，其中旅游外汇收入4468万美元，增长7.1%。

八、金融和保险

年末全市金融机构本外币各项存款余额915.88亿元，比上年末增加89.57亿元，增长10.8%。其中，境内存款余额907.39亿元，增加89.09亿元，增长10.9%；住户存款余额609.3亿元，增加39.9亿元，增长7.0%。全市金融机构本外币贷款余额598.05亿元，比上年末增加64.76亿元，增长12.1%。其中，短期贷款余额165.76亿元，减少13.71亿元，下降7.6%；中长期贷款余额430.74亿元，增加80.25亿元，增长22.9%。

表7　2015年末全部金融机构本外币存贷款及其增长速度

指标	绝对数（亿元）	比年初增长（%）
各项存款余额	915.88	10.8
其中：住户存款		
（2）中长期贷款	609.30	7.0
各项贷款余额	598.05	12.1
其中：短期贷款	165.76	-7.6
中长期贷款	430.74	22.9

全年各类保险业总保费收入 26.83 亿元，比上年增长 63.6%。其中，人身保险保费收入 19.02 亿元，占总保费 70.9%，增长 94.2%；财产险保费收入 7.81 亿元，占总保费 29.1%，增长 18.3%。全年共赔付 3.21 亿元，共给付 2.45 亿元。其中，寿险保险赔付 0.39 亿元，给付 2.45 亿元；财产险赔付 2.83 亿元，赔付率 42.3%，其中车险赔付 2.30 亿元，赔付率 43.0%。

九、人口、人民生活和社会保障

年末常住人口 246.05 万人，城镇人口比重为 40.23%，自然增长率为 8.18%，出生率 14.02%，死亡率 5.84%。

年末户籍总人口 298.93 万人，比上年末增加 4.71 万人。其中，男性人口为 156.80 万人，女性人口为 142.13 万人。按城镇和乡村分，城镇人口为 92.73 万人，占全市人口数的 31.0%；农业人口为 206.19 万人，占全市人口数的 69.0%。当年出生人口 6.36 万人，死亡人口 1.77 万人。全市政策生育率为 92.13%。

全年全市居民人均可支配收入 15212 元，比上年增长 8.2%。按常住地分，城镇常住居民人均可支配收入 20154 元，比上年增长 7.9%；农村常住居民人均可支配收入 12008 元，比上年增长 8.5%。

年末参加城镇职工基本养老保险（含离退休）43.52 万人，比上年末增长 3.7%。其中，企业职工 34.07 万人，增长 2.7%。参加城乡居民基本养老保险 116.19 万人，增长 1.5%。参加基本医疗保险 277.38 万人，其中职工基本医疗保险 22.32 万人，城乡居民基本医疗保险 255.06 万人，分别增长 1.4%、7.2% 和 0.9%。参加失业保险 17.52 万人，增长 2.7%。参加工伤保险 18.26 万人，增长 3.8%。参加生育保险 17.58 万人，增长 25.9%。

年末城乡居民基本医疗保险参保率达 100%，城乡居民基本医疗保险基金待遇支出 10.01 亿元。

年末全市福利类收养性单位拥有床位 8790 张，收养 1942 人。建立城镇各种社区服务设施 565 个。城镇居民得到政府最低生活保障 5787 人。全年销售社会福利彩票 29116 万元，筹集社会福利资金 2805 万元，直接接收社会捐赠资金 1136.53 万元。

十、教育和科学技术

全年中等职业教育招生 0.85 万人，比上年下降 17.4%，在校生 3.00 万人，毕业生 0.98 万人。普通高中招生 1.53 万人，在校生 5.07 万人，毕业生 1.93 万人。初中招生 2.79 万人，在校生 8.55 万人，毕业生 3.25 万人。小学招生 4.07 万人，在校生 20.69 万人。普通中学专任教师 1.12 万人，其中初中 0.73 万人，高中 0.39 万人。小学专任教师 1.24 万人。小学适龄儿童入学率 100%。幼儿园在园幼儿 10.19 万人。初中适龄儿童入学率 98.1%。

全市共向国家科技部和省科技厅申报省级以上的各类科技计划项目 44 项，其中国家级 1 项，省级 43 项；获批立项 25 项，资金 1894.21 多万元。组织主持科技成果鉴定 18 项，其中省级 1 项，市级 17 项，有 3 项科研成果获得省科学技术奖三等奖。全市累计认定高新技术企业 24 家，国家级创新型企业 1 家，广东省创新型企业 3 家，广东省创新型（试点）企业 1 家；支持、培育农村科技合作组织 9 个，培训农民 18.95 万人次，推广先进技术 35 项。全年专利申请 916 件，比上年增长 36.1%，其中发明专利申请 113 件；全年授予专利权 645 件，增长 34.4%，其中授予发明专利权 45 件。

十一、文化、卫生和体育

年末全市共有各类专业艺术表演团体 1 个，县级及以上文化馆 6 个，公共图书馆 6 个，博物馆 5 个。公共图书馆总藏量 99.29 万册。全市有广播电台 4 座，电视台 5 座。广播综合人口覆盖率和电视综合人口覆盖率均达 100%。有线电视用户 50 万户。

年末全市共有各类卫生机构 1380 个（含村卫生室），其中医院、卫生院 73 个，社区卫生服务中心（站）8 个，疾病预防控制中心（防疫站）5 个，专科疾病防治院（所、站）4 个，妇幼保健机构 5 个。拥有医院、卫生院床位数 7773 张，各类卫生技术人员 11480 人。其中，执业医师和执业助理医师 4189 人，注册护士 4135 人，疾病预防控制中心（防疫站）卫生技术人员 204 人。

全市体育健儿在国内外重大比赛中，获得省级冠军 4 个，省级亚军 4 个，省级季军 7 个。

十二、资源、环境和安全生产

年末全市拥有各级环境监测站 5 个。全市各县（市、区）城区空气环境质量保持在国家二级标准以上。市城区空气质量良好以上级别天数达到 344 天，占全年的 94.5%。城区降尘量年均值为 2.57 吨，优于广东省推荐标准（8 吨 / 平方公里·月），没有出现酸雨现象。西江云浮段水质保持在Ⅱ类，是省内水质最好江段之一。南山河、南江河等主要河流水质均达到功能要求。集中式饮用水源水质达标率和省控断面水质达标率皆为 100%。

全年完成荒山荒地造林面积 1557 公顷，比上年下降 0.3%。其中，六大林业重点工程荒山荒地造林面积 446 公顷，增长 0.3%；完成更新造林面积 3470 公顷，下降 0.1%。完成低产低效林改造面积 5583 公顷，增长 37.2%。全市森林覆盖率 69.5%。全市共有自然保护区 15 个，面积 39523 公顷。

全年共发生各类生产安全事故 692 宗，比上年下降 12.3%；造成死亡 120 人，下降 9.8%；造成受伤 470 人，下降 7.7%；造成直接经济损失 487 万元，上升 17.9%。在各类生产安全事故中，发生工矿商贸企事故 8 宗，死亡 8 人，受伤 1 人，比上年分别下降 33.3%、38.5%、66.7%；发生道路交通事故 397 宗，死亡 112 人，受伤 468 人，造成直接经济损失 223 万元，比上年分别下降 4.6%、4.3%、7.7%、15.9%；发生火灾事故 287 宗，死亡 0 人，受伤 1 人，造成直接经济损失 264 万元，比上年分别下降 21.6%、下降 100%，持平、下降 10.6%。

注：

1. 本公报中 2015 年数据为初步统计数，2010-2014 年数据为年报数。

2. 地区生产总值以及各产业、行业增加值绝对数用现价计算，增长速度用可比价计算。2010-2013 年地区生产总值数据以第三次经济普查口径作了修正。

3. 从 2015 年起，“地方公共财政预算收入”更名为“地方一般公共预算收入”。

4. 从 2011 年起，规模以上工业统计口径由 500 万元调整为 2000 万元及以上。

5. 先进制造业包括装备制造业、钢铁冶炼及加工业、石油及化学制造业。

6. 从 2011 年起，固定资产投资项目统计起点由计划总投资 50 万元提高到 500 万元，增速为可比口径。

7. 2013-2014 年社会消费品零售总额数据以第三次经济普查口径作了修正。

8. 从 2015 年起，“个人存款”更名为“住户存款”。

9. 短期贷款是指住户短期贷款和非金融企业及机关团体短期贷款合计数。

10. 中长期贷款是指住户中长期贷款和非金融企业及机关团体中长期贷款合计数。

资料来源：

本公报中城镇新增就业、登记失业率、社会保障数据来自市人力资源和社会保障局；财政数据来自市财政局；水产品产量数据来自市畜牧兽医渔业局；对外经济数据来自市商务局；交通运输数据来自市交通运输局；邮政行业数据来自市邮政管理局；旅游数据来自市旅游局；货币金融数据来自人民银行云浮市中心支行；保险业数据来自市保险行业协会；户籍人口数据来自市公安局；社会福利等数据来自市民政局；教育数据来自市教育局；科学技术数据来自市科学技术局；文化、广播等数据来自市文化广电新闻出版局；政策生育率和卫生事业数据来自市卫生和计划生育局；体育数据来自市体育局；环境监测数据来自市环境保护局；林业数据来自市林业局；安全生产数据来自市安全生产监督管理局；其他数据来自云浮市统计局和国家统计局云浮调查队。

2015年清远市经济社会发展主要工作情况

2015年是我市经济稳增长的关键一年，也是转型升级取得有效突破的一年。一年来，面对经济下行压力不断加大的严峻形势，在省委、省政府和市委的正确领导下，在市人大及其常委会和市政协的监督支持下，市政府全面贯彻党的十八届三中、四中、五中全会和习近平总书记系列重要讲话精神，紧紧围绕“南融北康”发展目标，积极适应经济新常态，大力推进广清一体化，着力稳增长、调结构、促改革、惠民生，较好完成市六届人大五次会议确定的目标任务，发展呈现新亮点：清远高新区晋升国家级，广清一体化战略上升到省级层面，千亿元重大项目全面动工，农村综合改革取得重大进展，金融机构贷款突破千亿大关，我市发展后劲位居全省前列。

一、突出抓好稳增长，经济发展有新成效

出台扶持工业企业、外经贸和房地产行业稳增长政策措施，经济企稳回升势头进一步巩固。全市完成生产总值1285亿元，比上年增长（以下简称增长）8.4%，比全省和上年分别快0.4和0.5个百分点。完成固定资产投资620.6亿元，增长4.1%；一般公共预算收入108.4亿元，增长2.8%；社会消费品零售总额570.5亿元，增长9.7%；农林牧渔业总产值293.9亿元，增长4.5%；外贸出口168.7亿元，增长14.9%。接待旅游总人数3318.8万人次，旅游总收入241亿元，分别增长5.3%、10.3%。商品房销售面积、销售额分别增长29.1%和24.1%。坚定不移扩投资促增长，省、市重点项目完成投资340.5亿元，占年度投资计划的119.4%，完成率比上年提高16.3个百分点。其中，省重点项目完成年度投资计划的134.3%，完成率上升到全省第三位。积极加大融资力度，与金融机构达成意向合作金额近240亿元，新设立清远市特色农业担保基金和清远市电子商务发展担保基金，加快组建中小微企业融资政策性担保公司。争取省发债转贷资金支持，获得地方政府债券38.2亿元；棚户区改造、粤东西北振兴发展、省级职教基地建设等项目获得上级支持资金44亿元。金融机构本外币存款余额1699.8亿元、贷款余额1061.2亿元，分别增长10.8%和11.3%。2个PPP项目列入省示范性项目。1家企业在香港交易所上市，3家企业在“新三板”挂牌，实现我市企业新三板融资“零突破”。

二、突出抓好新兴产业，转型升级有新步伐

一批投资达千亿元的产业项目成功落地。其中，总投资300亿元的长隆森林主题公园全面动工，动植物种源基地建设顺利推进。神华国华清远电厂首期两台百万千瓦“近零排放”机组正式动工。新兴际华、通用电梯、广百海元物流、万达广场等重大项目也已全面动工。全市新引进工业项目129个，合同投资额474.2亿元。新批设立外商投资项目17个，合同外资金额2.4亿美元，实际吸收外资金额1.4亿美元。全力实施工业转型升级攻坚战三年行动计划，完成工业技改投资32.8亿元，增长114.8%，增幅居全省第一。大力推进科技创新，全市专利申请受理量1569件，其中发明专利申请受理量346件，分别增长77.9%和116.2%，增幅均居全省第一；专利授权量1017件，其中发明专利授权量110件，分别增长61.4%和111.5%；组建大数据中心，与腾讯、苏宁、铁塔、电信、联通等公司合作，加快电商、智慧城市和大数据建设。

三、突出抓好广清一体化，“南融北康”有新进展

推动广清一体化战略纳入省“十三五”规划。出台南部地区加快融入珠三角行动计划，着力推进交通、产业、公共服务、要素配置、城市功能、生态环境等六个方面的一体化发展。广清城轨清远段累计完成总投资的47%；佛清从高速北段、广清与清连高速连接线、汕湛和汕昆高速清远段、北江航道扩能升级项目全线动工；启动“五位一体”综合交通枢纽规划设计。147所学校、12家县级以上医院与广州建立帮

扶关系，广清住房公积金实现互贷，金融、农业、旅游对接不断深化。出台北部地区全面建成小康社会行动计划。全面落实扶持民族地区发展有关政策。2015年省、市下达北部四县（市）财政转移支付资金77亿元，增长62.7%；下达财政配套资金2.4亿元，增长52.5%。加快北部地区交通、水利基础设施建设，连佛高速、韶柳铁路、韶贺高速前期工作顺利推进。加快贫困地区脱贫奔康步伐，284个重点帮扶村累计投入帮扶资金26.2亿元，重点帮扶村有劳动力的贫困户人均纯收入增长3.9倍，圆满完成第二轮扶贫“双到”工作任务。

四、突出抓好重点园区，平台建设有新突破

大力实施以升促建，清远高新区成为全省第十一个、粤东西北第二个国家级高新区。天安智谷展示中心和运营中心建成投入使用，62家科技型中小企业签订入园协议；华南863科技创新园一期建成投入运营，入园项目47个；国家火炬清远高性能结构材料特色产业基地获得批准；以“政产学研金”合作方式，共建新材料中试加速基地和新材料协同创新研究院。“广州北”大学生创新创业基地、高新区创客中心顺利推进。重点产业平台建设取得新突破。广清产业园“三纵三横”路网基本形成，16项基础设施配套项目有序推进；已签约入园项目58个，计划总投资327亿元；在谈项目40多个；富强、迅通、欧派等35个项目正式动工，超额完成省定任务。“两德”合作区4条主干道路基本建成，投产企业6家，中南片区开发正式启动。4个省级园区新开工项目78个，在建项目156个；完成企业固定资产投资123亿元，实现规上工业增加值113.2亿元、税收21.7亿元，分别增长21.7%、29.3%、24%。5个产业集聚地获省认可，华南声谷（互联网+创新产业园）建设全面铺开。

五、突出抓好环境治理，生态建设有新成果

全面启动国家环境保护模范城市创建工作。成立环境保护委员会，设立环境与食品药品犯罪侦查支队，成为全省第三个、粤东西北首个设立“环保警察”的地级市。理顺市、区环保执法事权关系。建成洲心、告星、望埠等3座污水处理厂。整治规模化畜禽养殖场599家，完成12家纺织、造纸企业废水处理设施和2家玻璃企业脱硫设施建设。取缔老旧游船111艘。淘汰黄标车1.87万台，扩大市区“黄标车”限行区域和高污染燃料禁燃区。完成大气预警预报平台建设，全面淘汰小锅炉、小冶炼，实施散体物料密闭运输和陶瓷瓷土集中开采配送。全面取缔关闭龙塘、石角园区外的拆解散户，完成重金属生态修复首期工程，启动电子废弃物整治二、三期工程建设。深入开展全国文明城市、国家卫生城市创建活动，实施“门前三包”责任制，城市环境进一步改善。全市森林覆盖率提高到72%。空气质量明显改善，其中12月份居全省第一。主要河流水质稳定维持在良好以上水平。

六、突出抓好农综改革，农业农村有新面貌

认真落实农村综合改革各项工作，深入推进“三个重心”下移，完善乡村治理机制，农村组织化水平和内生发展动力进一步提高。探索推进“三个整合”，全市共整合耕地134.4万亩，整合涉农资金12.5亿元，成立农村集体经济组织20679个。乡镇农村产权流转管理服务平台全面建成，完成土地流转60.8万亩，土地确权颁证6191户。村一级金融服务站实现全覆盖。启动信用镇、信用村、信用户评定工作，发放“政银保”贷款约3.6亿元。积极推进连州市和阳山县省级新农村连片示范建设工程。204条村庄通过年度美丽乡村考核验收。共建成7个农村电商县级运营中心、180个村级服务站，建成全省覆盖面最广的农村电商服务体系。

七、突出抓好民生实事，社会事业有新进步

全市民生投入219.3亿元，增长39.5%，占一般公共预算支出的74.8%。城镇居民人均可支配收入、农村居民人均纯收入分别增长8.4%和9.8%。新增城镇就业5.12万人，城镇登记失业率2.37%。大幅提高底线民生和教育经费补助标准；完成633公里国省道路面改造、500公里农村公路硬底化建设和100座县乡公路危桥维修加固改造工程；15宗中央项目、5宗中小河流治理省试点项目以及17宗非试点项目完成年度建设任务；保障性住房开工4677套，公租房建成583套，新增低收入住房保障家庭租赁补贴998户；完成146个公交候车亭和556个公交站牌建设，市区新增公交车90辆；建立了系统全面的水质监控体系，水质监测水平进一步提升；完成51个农贸市

场和较大型超市食品安全规范化、标准化建设；开展职业技能晋升培训 3.37 万人次，创业培训 2673 人，促进创业 2777 户，带动就业 7102 人；为 1.62 万名已婚农村贫困妇女免费提供“两癌”（乳腺癌、宫颈癌）筛查服务。十件民生实事全面完成。成功举办“爱我珠江”亲水节、清远首届马拉松赛等文化体育活动，群众性体育运动蓬勃发展。

八、突出抓好体制改革，政府建设有新举措

着力打造“审批环节最少、效率最高、服务最优”的新型城市，被确定为全国八个相对集中行政许可权试点改革地区之一，也是全省唯一的地级试点城市。在粤东西北地区率先公布市级政府部门权责清单。制定县级政府行政审批事项通用目录，推进行政审批标准化建设。网上办事大厅提前实现市县镇村四级全覆盖，建设水平走在全省前列。全面完成县级“两建”信息平台建设，商改后续监管平台建成运行。全面实施“三证合一、一照一码”登记制度，全市新登记各类市场主体 30474 户，增长 22%。全面落实新《预算法》。公务用车改革顺利完成。为每位副市长配备法律顾问。扎实开展“三严三实”专题教育，工作作风进一步转变。认真落实市人大及其常委会各项决定，主动接受市政协的民主监督，按期办理人大代表建议 76 件、政协提案 234 件。政务公开走向制度化，行政监察和审计监督得到强化，政府系统惩治和预防腐败体系不断健全，法治服务型政府建设迈上新台阶。

“十二五”时期广东经济社会建设成就

“十二五”时期的五年，是中国改革开放伟大历史进程中具有鲜明里程碑意义的五年。这五年，世界经济处在危机后的深度调整期，中国发展面临的外部环境更趋复杂，国内处于经济增速换挡期、结构调整阵痛期、前期刺激政策消化期等“三期叠加”特殊时期，多重困难和挑战相互交织，改革转型任务繁重，中国经济发展步入新常态。面对复杂多变的国际环境和艰巨繁重的改革发展任务，省委、省政府审时度势，紧紧围绕中央“四个全面”的战略布局，主动适应和引领经济发展新常态，坚持稳中求进工作总基调，着力稳增长、促改革、调结构、惠民生、防风险，保持定力实施创新驱动发展战略，加快推进结构调整和转型升级，不断深化改革开放，实现了经济平稳较快发展和社会和谐稳定，确保经济、政治、文化、社会、生态文明五位一体协调推进，为率先全面建成小康社会奠定了坚实基础。这五年，是广东迎接挑战稳增长、保持定力促转型的五年。

一、经济增长保持中高速，综合实力显著增强

“十二五”时期，支撑广东经济高速增长的要素条件与市场环境发生明显改变，潜在生产率趋于下行，与此同时，国际金融危机的后续影响有增无减，经济面临较大的下行压力。面对困难和挑战，省委、省政府把握规律，积极作为，精准发力，向改革要动力，向结构调整要助力，向民生改善要潜力，通过实施珠三角规划纲要、粤东西北振兴发展、创新驱动发展、珠江西岸装备制造业发展、工业转型升级三年攻坚等系列政策措施，确保了经济持续健康发展，保持了广东经济发展的长期优势。主要经济指标均实现“十二五”的规划目标。

经济保持中高速。2011 年到 2015 年，广东 GDP 分别增长 10.0%、8.2%、8.5%、7.8% 和 8.0%，年均增速 8.5%，超出“十二五”8% 的预期目标 0.5 个百分点，比全国高 0.7 个百分点，也远高于同期世界 2.5% 左右的年均增速。

图1　2011-2015年广东地区生产总值及其增长速度

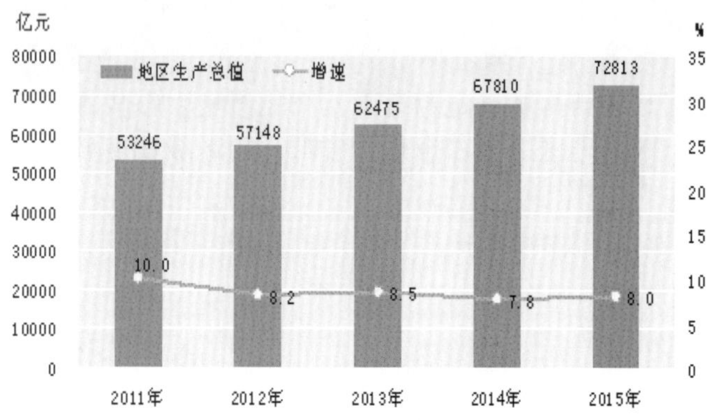

经济总量稳居全国第一。“十二五”时期，广东经济总量稳步攀升，2011 年突破 5 万亿元大关，2013 年突破 6 万亿元大关，2015 年突破 7 万亿元大关，达到 7.28 万亿元，约占各省市合计的十分之一，自 1989 年以来已经连续 27 年稳居全国各省市第一。广东经济对全国经济增长发挥了重要的支撑作用，五年间对全国经济增长的贡献率超过 10%。

人均地区生产总值突破 1 万美元大关。随着经济的持续较快发展，广东人均地区生产总值稳步提升。2011-2015 年，广东人均 GDP 年均增长 7.5%，超过“十二五”规划目标 7% 的速度。2011 年广东人均 GDP 突破 7000 美元大关，2012 年迈上 8000 美元大关，2013 年再上 9000 美元台阶，2014 年达到 63469 元，增长 7.1%，按平均汇率折算为 10332 美元，突破 1 万美元大关，2015 年达到 1.08 万美元，基本一年一个 1000 美元的台阶。按照世界银行制定的国家与地区收入水平划分标准，广东已达到中等偏上、接近高收入国家或地区的水平。

图2　2011-2015年广东人均生产总值及其增长速度

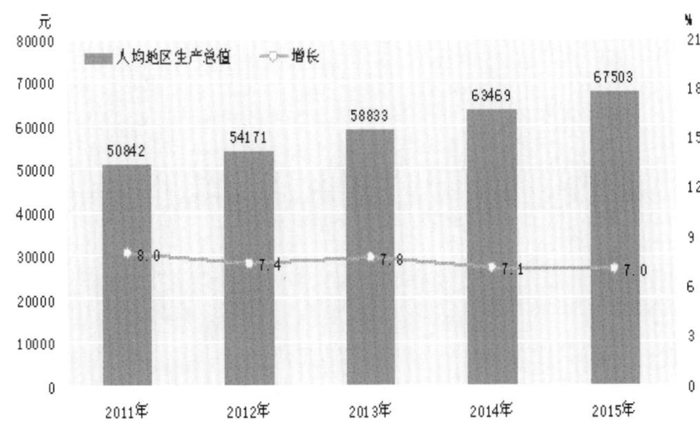

新产业新业态发展迅速。“十二五”期间，信息化与工业化深度融合，互联网技术渗透到经济发展方方面面，新业态、新模式、新产品不断涌现，信息消费、电子商务、物流快递等蓬勃发展，逐步孕育成为拉动经济增长的新动力。2015 年，广东电子商务交易额达 32022.08 亿元，居全国首位，同比增长 29.6%。2014-2015 年，限额以上零售业通过网络实现的零售额平均增速超过 50%。2014-2015 年快递业务量平均增速也超过 50%，快递业务量占全国的近四分之一。

二、经济发展迈向中高端，经济结构持续优化

“十二五”时期，广东省委、省政府贯彻落实党的十八大精神，将调结构、促转型放在更加突出的位置，大力实施创新驱动发展战略，推动先进制造业和现代服务业“双轮驱动”，在保持经济持续较快发展的同时，实现经济结构的优化调整，经济发展的后劲和内生动力明显增强。五年来广东经济结构的优化调整主要体现在工业内部升级加快、服务业加快发展两个方面。

三大产业形成“三二一”结构。“十二五”时期，农业保持稳定，工业发展速度有所下调，而随着经济发展水平的提高，对生产性和生活性服务的需求不断扩大，服务业在国民经济中的地位不断上升，服务业成为广东经济第一大产业。2013 年，广东第三产业现价增加值占地区生产总值的比重上升到 48.8%，超过第二产业成为国民经济第一大产业，提早两年实现“十二五”的规划目标。2015 年，第三产业比重继续提升到 50.6%，三次产业结构调整为 4.6 ∶ 44.8 ∶ 50.6，第三产业的比重首次超过 50%，“三二一”发展格局基本形成。

图3　2010-2015年广东三次产业结构

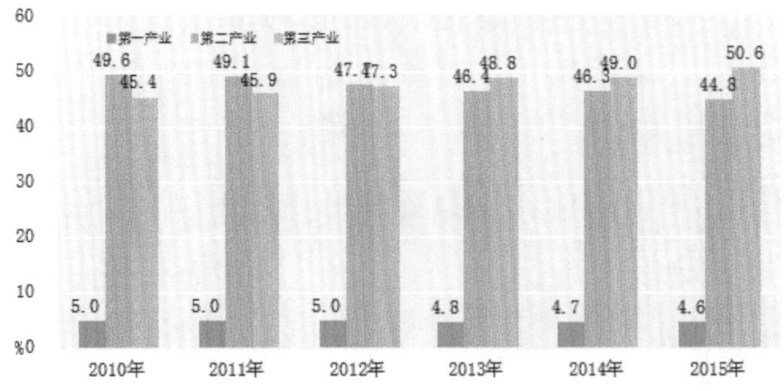

工业转型升级步伐加快，向高端化演进。大力推进战略性新兴产业发展，电子、装备制造、石化等产业布局更趋成熟和合理，技术层次进一步提升，先进制造业和高技术制造业保持高于整体工业的增速，发挥了主导作用。广东先进制造业增加值占规模以上工业的比重从 2010 年的 47.0% 提高到 2015 年 47.9%，高技术制造业增加值占规模以上工业的比重从 2010 年的 21.1% 提高到 2015 年的 25.6%。

图4　2010-2015年广东先进制造业和高技术制造业的比重变化

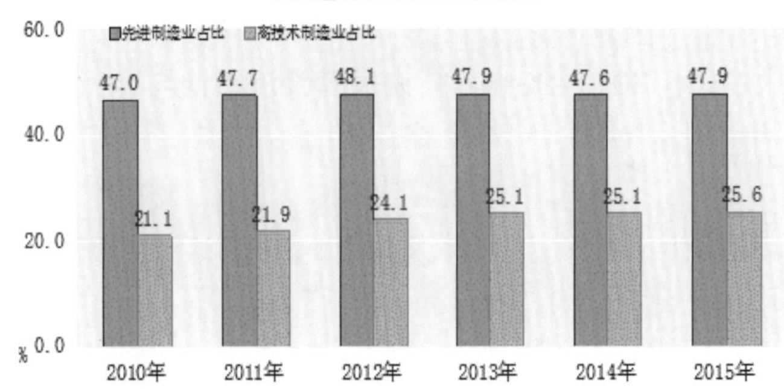

内需对经济增长贡献明显增强，消费拉动作用进一步增强。国际金融危机以来，中国的外需比“十一五”时期有所减弱，而且中国出口产品的国际份额有所降低。在扩大内需战略的带动下，消费的基础性作用和投资的关键性作用得到较好发挥，特别是消费结构升级带动居民消费潜力有序释放，消费成为拉动经济增长的主动力。2011-2015 年广东社会消费品零售总额现价年均增长 12.5%，扣除物价因素实际增长 10.4%，比 GDP 增速高出 1.9 个百分点。2011-2015 年，最终消费对广东经济增长的年均贡献率为 49.3%，比“十一五”平均水平高 1.1 个百分点。2015 年，最终消费支出、资本形成总额、货物和服务净流出三大需求对广东经济增长的贡献率分别为 48.5%、47.8% 和 3.7%，消费的贡献率比投资的贡献率高出 0.7 个百分点。

图5　2011-2015年广东三大需求对国内生产总值增长的贡献率

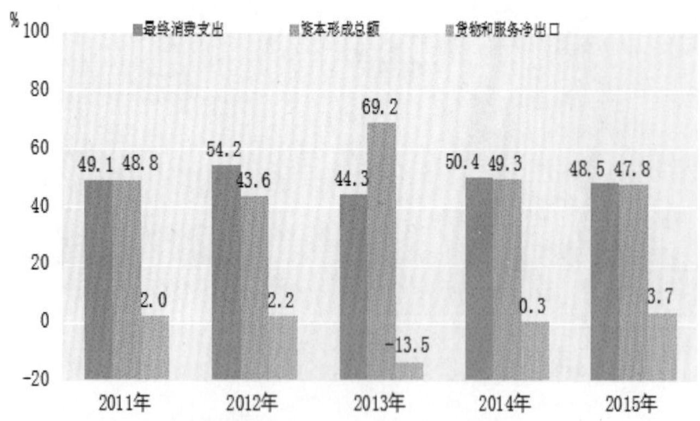

民营经济保持较快发展，地位持续提升。“十二五”期间，虽然外需有所减弱，但内需相对旺盛，“三资”企业发展放缓，而内资企业特别是民营企业保持较快发展，成为经济保持稳定增长的重要拉动力。2011-2015年，广东民营经济分别增长12.1%、9.2%、8.9%、8.2%和8.4%，年均增长9.4%，比GDP快0.9个百分点，民营经济比重从2010年的49.7%提升到2015年的53.4%。

图6　2011-2015年广东民营经济总量与比重

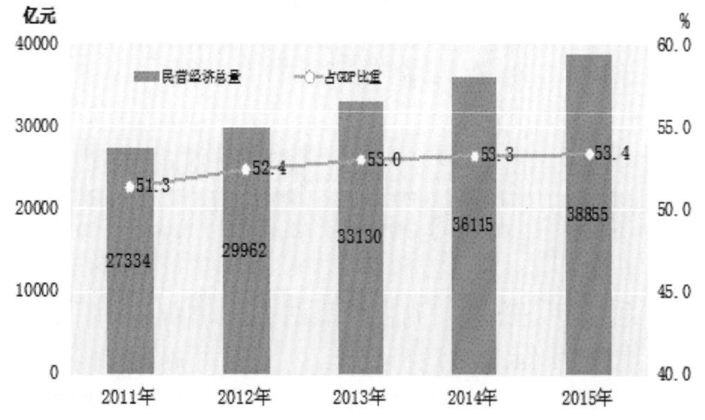

新型城镇化稳步推进，城镇化率达到较高水平。2011-2015年，广东城镇人口每年增加90多万人，城镇化率从2010年的66.2%提高到2015年的68.7%。城镇人口的持续增加，带来了巨大的投资和消费需求，推进了广东的城市建设，小城镇建设进度明显加快。与此同时，稳步推进农民工市民化，城镇化不仅体现在量的扩大，也体现在质的提升。

图7　2010-2015年广东城镇人口占总人口比重

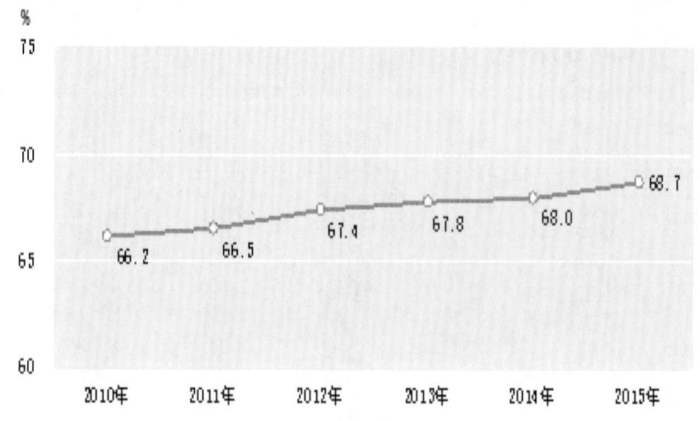

区域经济发展差距趋于缩小，粤东西北比重有所提升。工业化进程加快及粤东西北振兴发展决定的出台，促进了粤东西北地区经济加快发展。2009年起，粤东西北地区发展速度开始超越珠三角，广东区域经济发展差距趋于缩小。2011-2015年，珠三角地区GDP年均增长8.7%，粤东西北地区GDP年均增长9.7%，比珠三角地区高1.0个百分点。四大经济区域经济总量结构从2010年的79.6：6.6：7.4：6.4调整为2015年的79.2：6.9：7.7：6.2。区域经济发展差异系数从2010年的0.680降至2015年的0.660。

图8　2010和2015年广东区域经济结构

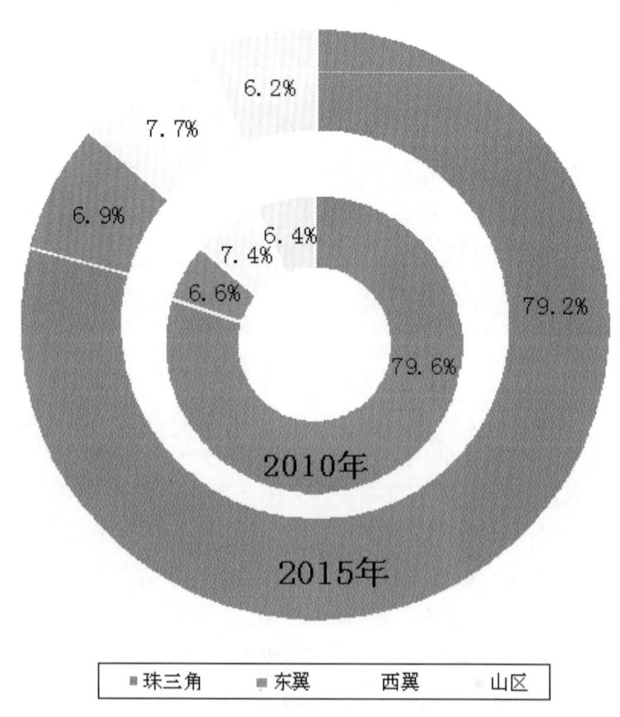

三、经济发展质量效益稳步提高，市场竞争力不断增强

“十二五”时期，省委、省政府积极推动经济发展方式从规模速度型粗放增长转向质量效率型集约增长，以创新驱动提高劳动生产率和资源利用率，努力建设资源节约型、环境友好型社会，经济运行质量效益稳步提高，可持续发展能力和市场竞争力不断增强。

地方财政实力明显增强。2011 年，全省地方一般公共预算收入突破 5000 亿元大关，2015 年超过 9000 亿元，达到 9366.78 亿元，比 2010 年增长 107.4%，年均增长 15.7%。2015 年，来源于广东的财政总收入突破 2 万亿元，达到 20938 亿元。随着财政实力增强，财政对经济社会发展的支持不断加大。2015 年，全省地方一般公共预算支出 12827.80 亿元，比 2010 年增长 136.6%，年均增长 18.8%。重点领域民生支出得到较好保障，其中教育、文化体育与传媒、社会保障和就业、医疗卫生、环境保护、城乡社区事务、农村水事务、交通运输、保障性住房、粮油物资储备、地震灾后重建等 11 类民生支出完成 8934.41 亿元，同比增长 41.4%，占财政支出的比重为 69.6%，比 2010 年提高 8.7 个百分点。

图9　2011-2015年广东地方一般预算收入及其增长速度

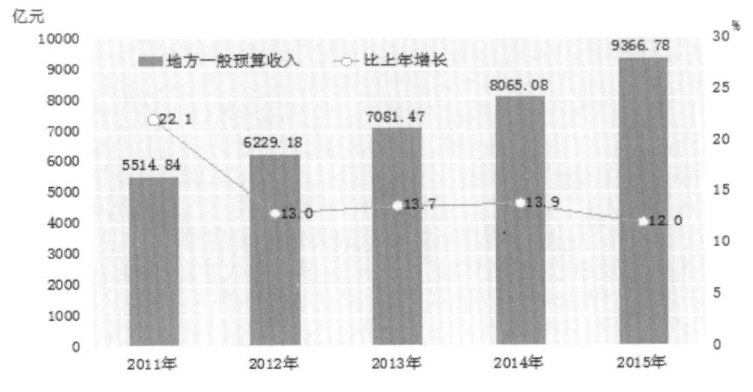

企业利润、居民收入持续增长。2015 年，广东规模以上工业企业实现利润总额 7723.16 亿元，2011-2015 年年均增长 9.4%。2011-2015 年，工业销售利润率平均为 6.1%，是历史较好水平。根据城乡一体化住户调查，2015 年，广东居民人均可支配收入 27859 元，同比名义增长 8.5%，扣除价格因素实际增长 6.9%。2011-2015 年，广东居民人均可支配收入年均实际增长 7.8%，其中城镇常住居民人均可支配收入年均实际增长 7.2%，农村常住居民人均可支配收入年均实际增长 9.0%。

图10　2011-2015年广东城乡居民人均可支配收入实际增长速度

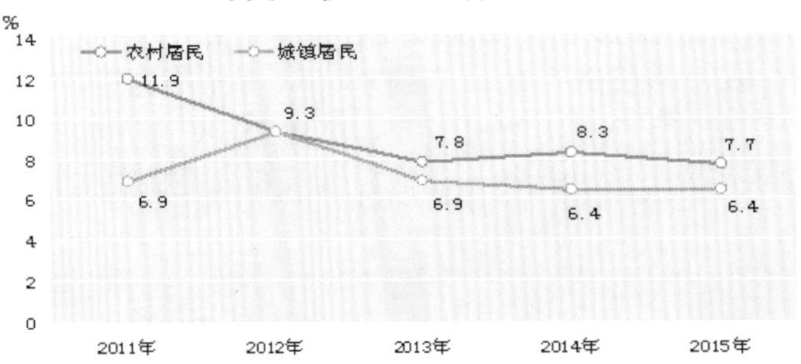

节能降耗再创佳绩。加强工业、交通、建筑等重点领域节能，积极发展绿色低碳产业，能源消费结构发生深刻变化，单位产出能耗水平在“十一五”较大幅度下降的基础上继续下降。传统能源消费占比下降，而清洁能源消费占比上升，原煤消费量的占比从 2010 年的 47.1% 下降至 2015 年的 42.3%，而天然气消费量的占比从 2010 年的 5.6% 提高到 2015 年的 6.4%。2015 年，水电、风电、核电、天然气等清洁能源消费量占能源消费总量的比重为 15.5%，比 2010 年提高 3.4 个百分点。2011-2015 年，全省单位地区生产总值能耗累计下降 20.98%，超额完成国家下达的累计下降 18% 的目标任务。广东能耗水平在全国各省市中居于优中之前列。

图11　2011-2015年广东单位GDP能耗变化率

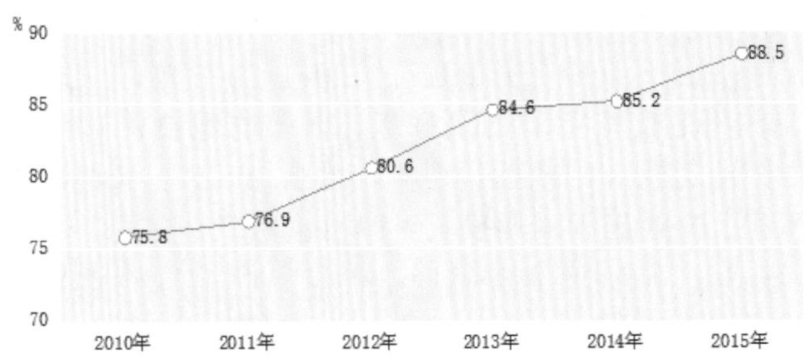

环境质量进一步改善。实施南粤水更清行动计划、大气污染防治行动方案、重金属污染综合防治行动计划等，污染物排放总量逐步得到控制。化学需氧量、二氧化硫、氨氮、氮氧化物排放量等 4 项排放指标实现“十二五”减排目标。2015 年，全省城市空气质量达二级以上标准天数占比达到 91.1%，比 2014 年提高 6.1%，PM2.5、PM10 平均浓度分别下降 17.1% 和 15.0%，六项大气污染物年均浓度首次全面达标。2015 年，十大流域的水质监测断面中，Ⅰ－Ⅱ类水质断面比例占 51.6%，占比比 2010 年提高 10.5 个百分点，Ⅰ－Ⅲ类水质断面占比为 77.4%，比 2010 年提高 6.6 个百分点。

经济增长质量和效益综合指数稳步提升。根据《广东经济增长质量和效益统计监测指标体系》的监测结果，广东经济增长质量和效益综合指数从2010年的75.9%稳步提升到2015年的88.5%，五年年均提升2.5个百分点。其中，结构优化、产业升级、质量效益、创新驱动、民生改善、资源环境等6大类指数均持续提升。

图12　2010-2015年广东经济增长质量和效益综合指数

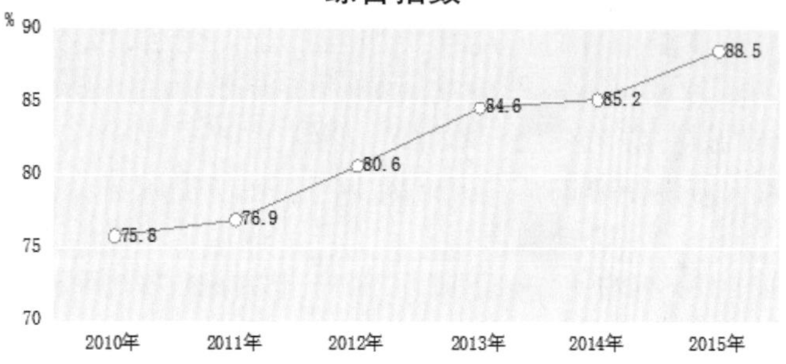

四、基础产业和基础设施明显加强，经济社会发展保障能力提高

“十二五”时期，省委、省政府加大力度完善基础产业，加快基础设施建设，通过统筹规划，协调推进，突出重点，优化布局，基础产业和基础设施对经济社会发展的保障能力继续提高。

基础产业投资力度加强。2011-2015年，广东基础产业完成投资33487.24亿元，年均增长9.1%。其中交通运输和邮政业投资年均增长10.0%，水利、环境和公共设施管理业投资年均增长8.2%。

农业基础进一步巩固。粮食总产量总体平稳，2015年达到1358.13万吨，比2010年增长3.2%，2011-2015年年均增长0.6%。近年来，广东谷物、肉类、禽蛋、茶叶、水果等农产品产量均保持上升趋势。

图13　2011-2015年广东粮食产量

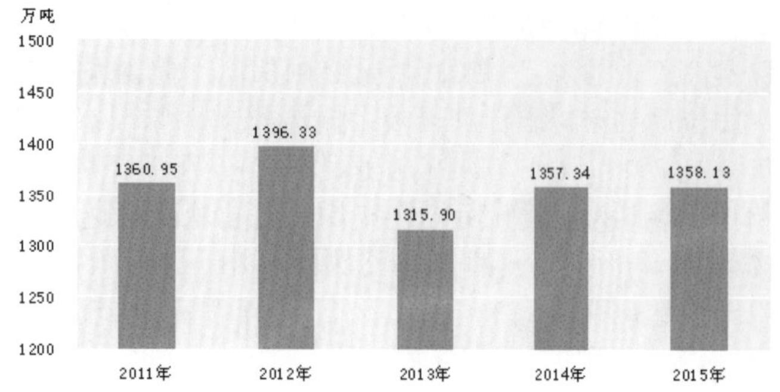

能源产品产量持续增加。2015年，全省能源生产总量6862.51万吨标准煤，比2010年增加30.2%，2011-2015年年均增长5.4%。2015年，原油产量达到1572.61万吨，电力产量3900.21亿千瓦时，天然气产量96.57亿立方米。能源生产结构进一步优化，水电、核电、风电、太阳能等新能源、可再生能源和清洁能源迅速发展。2015年，核电产量606.48亿千瓦时，占全省发电量的15.5%，风电产量52.75亿千瓦时，占全省发电量的1.4%。

交通运输能力持续增强。高效、便捷的铁路网、公路网、航空运输网、城际铁路网逐渐形成。2015年末，广东铁路营业里程5141公里，比2010年末增长123.8%。2015年末，公路里程达到21.60万公里，比2010年末增长13.6%。2015年，全省高速公路里程达到7021公里，比2010年末增长45.1%，在全国率先突破7000公里，实现“县县通高速”。2015年民用航班航线里程达到237.29万公里，比2010年末增长32.3%。特别是，高速铁路迎来了史无前例的大发展，2014年高速铁路运营里程突破1000公里，2015年达到1133公里（不含南广），是2010年的3.6倍。

图14　2011-2015年广东高速公路通车里程及其增长速度

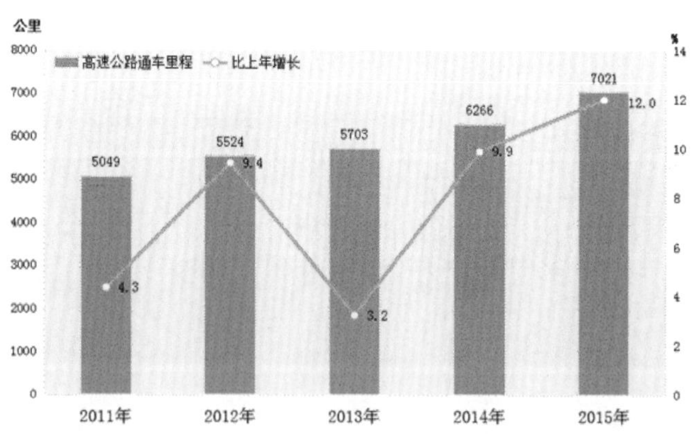

信息通信发展水平快速提高。2015年，广东邮电业务总量4397.09亿元（按2010年不变价格计算），比2010年增长137.2%，年均增长18.9%。移动互联网产业方兴未艾。2015年末，移动电话用户、互联网用户分别达到15009.75万户、2285.19万户，分别比2010年增长54.6%、50.0%。2015年，移动电话普及率达到138.35户／百人，比2010年增加45.26户／百人；互联网普及率达到72.4%，比2010年提高17.1个百分点。

图15　2010-2015年互联网普及率

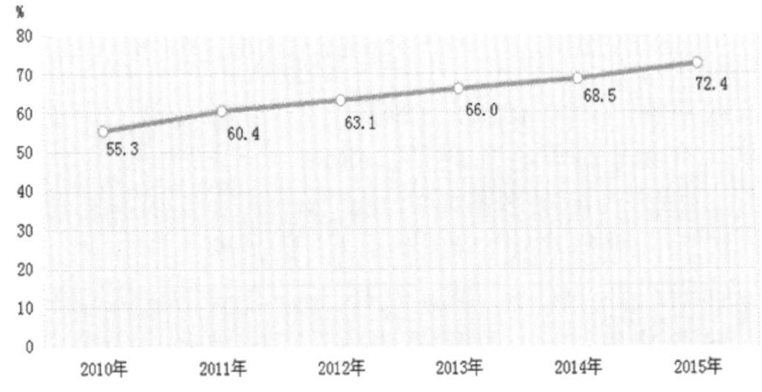

五、对外开放更加主动，对外开放格局和水平进一步提升

“十二五”时期，省委、省政府实施新一轮高水平对外开放，加快构建开放型经济新体制，以开放的主动赢得发展的主动、国际竞争的主动，有效化解国际金融危机带来的冲击，对外开放的深度和广度得到进一步拓展。

进出口贸易规模稳步扩大。尽管国际金融危机以来世界经济复苏步履蹒跚，但由于省委、省政府积极应对，克服国际市场低迷等因素影响，广东进出口贸易总体上保持了稳定增长。2015 年，广东货物进出口总额达到 1.02 万亿美元，稳居全国第一位，比 2010 年增长 30.3%，年均增长 5.4%。货物进出口总额占全国贸易总额的比重为 25.9%。

图16　2011-2015年广东货物进出口总额

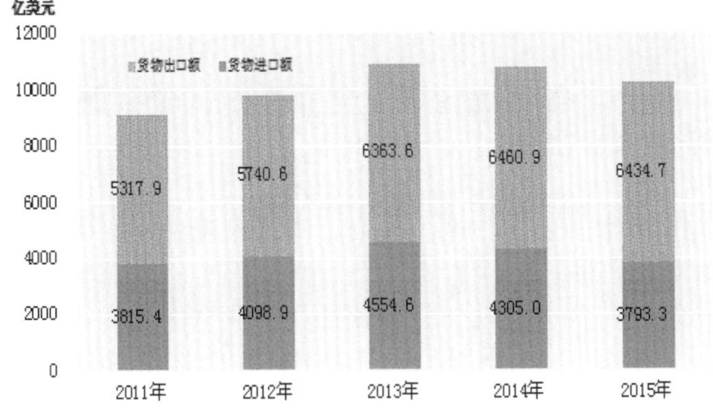

进出口结构不断优化。一般贸易占进出口总额比重从 2010 年的 34.2% 提高到 2015 年的 42.1%，加工贸易比重则从 2010 年的 56.9% 降至 2015 年的 43.0%，2015 年一般贸易出口占全省出口的 42.9%。加工贸易企业转型升级步伐加快，2015 年“委托设计 + 自主品牌”方式出口占出口总额比重提高到约 70%。贸易伙伴更趋多元化，在巩固同美、欧、港三大传统贸易伙伴关系的基础上，与新兴市场国家的贸易往来快速发展，近两年与“一带一路”沿线国家贸易保持优于整体。

服务贸易取得长足发展。2015 年，服务进出口总额达到 1317.3 亿美元，同比增长 18.5%，2011-2015 年年均增长 20.9%。服务贸易结构逐步优化，计算机、保险、金融、咨询等高附加值服务贸易出口增长势头强劲。

利用外资保持稳定增长。利用外资从追求量的扩大转向质的提高。2011-2015 年，广东累计实际使用外商直接投资 1240.46 亿美元，年均增长 5.8%。其中，2015 年实际使用外商直接投资 268.75 亿美元。外商投资领域向高技术产业、服务业特别是金融、保险、民生等服务业拓展的趋势日益明显。2015 年，第三产业利用外商直接投资占比达 56.9%，比 2010 年提高 17.6 个百分点。

图17　2011-2015年广东实际使用外商直接投资

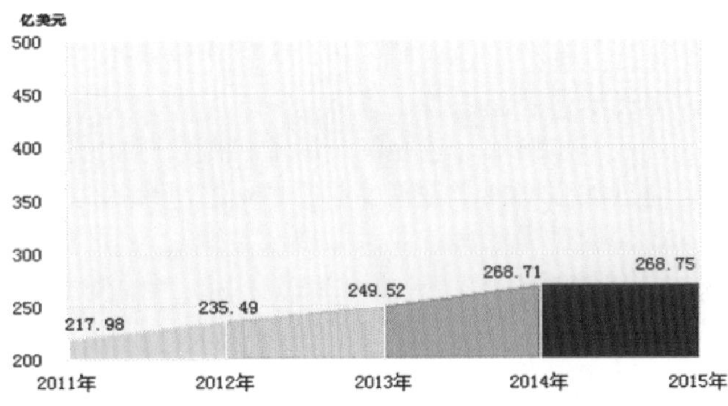

“走出去”战略加快实施。对外投资进入加速发展阶段，2015 年，广东对外实际投资超过 100 亿美元，2011-2015 年年均增长 50.8%。2015 年，对外承包工程业务完成营业额 198.8 亿美元，比 2010 年增长 142.2%，2011-2015 年年均增长 19.4%。自贸区建设取得重要突破，2015 年广东自由贸易试验区正式挂牌成立，包括南沙、前海和横琴三大片区。更加积极有为地参与丝绸之路经济带和 21 世纪海上丝绸之路合作建设，参与境外产能和装备制造合作，推动国际物流大通道建设，加强与沿线国家的经贸合作。

图18　2011-2015年广东非金融类对外直接投资及其增长速度

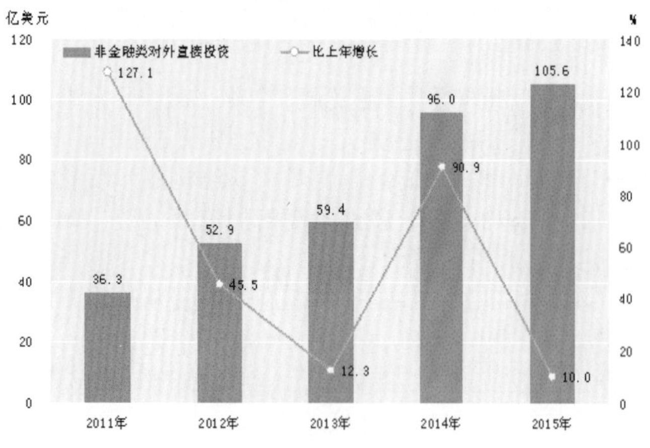

六、民生事业大幅改善，发展成果普惠人民

“十二五”时期，省委、省政府坚持民生优先，实施十件民生实事工程，不断加强就业、物价、收入分配、社会保障、住房等保障，人民生活水平有新提高，生活质量有新改善。

就业稳步增加。建立健全就业机制，落实就业政策，通过加强培训、完善就业服务信息平台等方式扩大就业、促进失业再就业，保持全省就业人数的稳步增加，有效缓解就业压力。2015 年末，全省就业人员达到 6219.31 万人，比 2010 年末增加 348.83 万人。其中，城镇就业人员增加到 1948.04 万人，占全部就业人员的比重为 31.3%，比 2010 年末提高 12.2 个百分点。2011 年至 2015 年，全省城镇新增就业人数累计 824.2 万人，失业人员实现再就业累计 346.4 万人，就业困难人员实现就业累计 95.3 万人，分别完成“十二五”目标任务的 137.4%、115.5%、190.6%。历年城镇登记失业率控制在 4% 以内。

图19　2011-2015年广东城镇就业人员

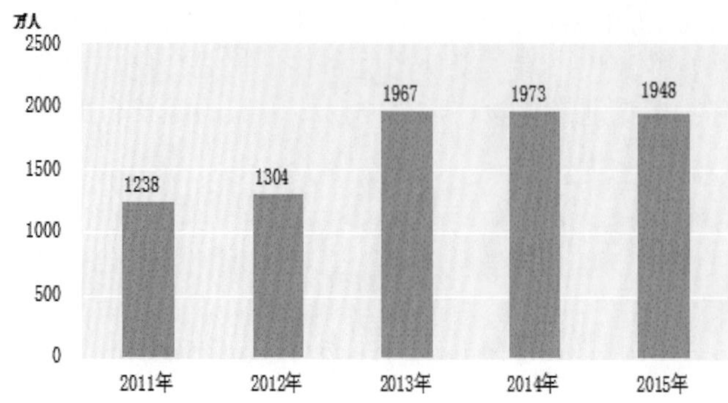

物价控制在合理区间。五年间，全省居民消费价格指数基本稳定，除了 2011 年较快增长 5.3% 外，其他四年均在 3% 以内，五年平均增长 2.9%，没有超出预期目标。相对稳定的物价，有利于经济社会健康发展，有利于提升百姓生活质量。

居民消费水平不断提高。2011-2015 年，扣除价格因素，城镇居民、农村居民人均消费支出年均实际分别增长 6.1%、10.3%。2015 年，全省居民人均消费支出超过 2 万元。居民消费质量不断提升，满足一般生活必需品的消费比重逐步下降，而用于享受、保健及发展的消费比重逐步上升。2015 年，全省城镇居民人均消费支出中食品烟酒支出占 33.2%，教育文化娱乐支出占 10.4%，交通和通信支出占 15.2%，医疗保健支出占 4.3%。全省农村居民人均消费支出中食品烟酒支出占 40.6%，教育文化娱乐支出占 8.6%，交通和通信支出占 10.5%，医疗保健支出占 6.5%。

覆盖城乡居民的社会保障体系不断健全。2015 年末，全省城镇职工养老保险（含离退休）参保人数 5087 万人，城乡居民基本养老保险参保人数 2500 万人，城乡基本医疗保险参保人数 10136 万人，失业保险参保人数 2930 万人，工伤保险参保人数 3122 万人，生育保险参保人数 3082 万人，五大险种累计参保 2.68 亿人次。第二轮扶贫开发“规划到户、责任到人”任务全面完成，全省累计投入帮扶资金 179.39 亿元。企业职工最低工资标准年均增长 11.8%，月人均城乡居民基础养老金最低标准提高到 100 元，企业职工基本养老金提高至 2400 元，城乡低保、农村五保、医疗救助、城乡居保基础养老金、残疾人保障、孤儿保障等底线民生保障水平居全国前列。

七、各项社会事业全面进步，公共服务均等化水平提高

“十二五”时期，省委、省政府以增进民生福祉为目的，不断加大社会事业投入，推进基本公共服务均等化，科教文卫体等各项社会事业全面进步。

教育事业成绩显著。2014 年，小学学龄儿童净入学率达到 99.99%，2015 年继续保持接近 100% 的水平；2015 年，高中阶段教育毛入学率达到 95.7%，比 2010 年提高 9.5 个百分点；高等教育毛入学率达到 33.0%，比 2010 年提高 5 个百分点。“十二五”时期，全省中等教育招生人数呈下降趋势，但高等教育招生人数呈不断增加态势。2011-2015 年，全省普通本专科招生人数分别为 47.36 万人、51.08 万人、52.62 万人、54.51 万人、56.15 万人，年均增加 2.43

万人。教育强县、教育强镇覆盖率分别达到 88.7%、94.2%，基本实现公办义务教育标准化学校全覆盖。教育国际化步伐加快，广东以色列理工学院等 6 个中外合作办学项目顺利推进。

图20　2011–2015年广东普通本专科、中等职业教育和普通高中招生人数

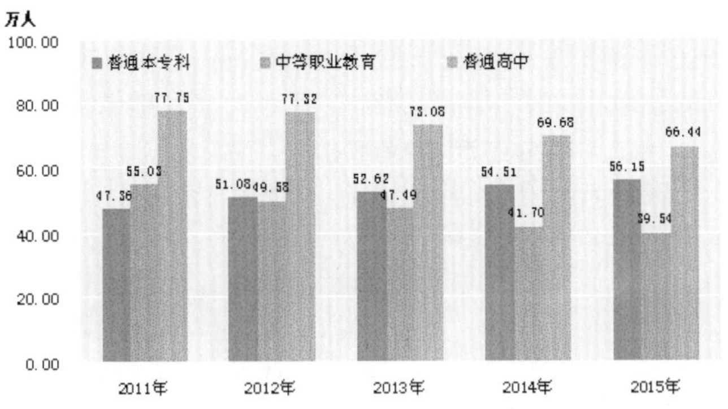

科技创新取得新的突破。2015 年，研究与试验发展（R&D）经费支出 1798.17 亿元，占国内生产总值的比例从 2010 年的 1.76% 提升到 2.47%。全省技术自给率从 2010 年的 65.3% 提高到 2015 年的 71%，接近创新型国家（地区）的水平。专利申请量和授权量大幅增加。截至 2015 年，广东有效发明专利量达 138878 件，居全国第一，连续 6 年居全国第一。2015 年，广东发明专利申请量和授权量分别为 103941 件和 33477 件，分别位列全国第二和第三。广东已在超材料、云计算集成与应用、干细胞、基因测序、新一代移动通讯技术、新型光电显示、数字音视频等领域取得了一批拥有自主知识产权且产业化前景良好的核心关键技术。至 2015 年底，广东拥有珠三角和深圳两个国家自主创新示范区。2015 年，全省高新技术企业达到 1.1 万家。目前，全省共有国家级高新区 11 个，国家重点实验室 25 家，1700 多家产学研创新平台，100 多家省部产业技术创新联盟，124 家新型研发机构。

图21　2011–2015年广东研究与试验发展(R&D)经费支出及占比

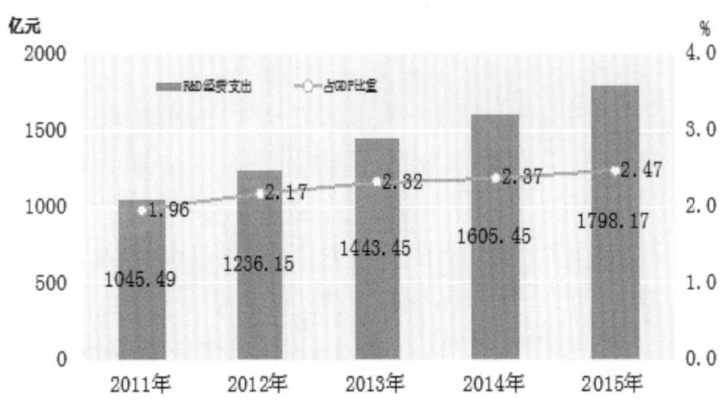

卫生事业稳步推进。据初步统计，2015 年末，全省共有医疗卫生机构 21189 个，比 2010 年末增加 4648 个；共有医疗卫生机构床位 43.57 万张，增加 13.56 万张；共有卫生技术人员 61.16 万人，增加了 16.51 万人。县级公立医院改革覆盖全省 58 个县（市），民办医疗机构加快发展。

文化、体育事业取得长足发展。全省文化及相关产业增加值从 2010 年的 1887.7 亿元增加到 2015 年的 3644.93 亿元，占 GDP 的比重从 4.1% 提高到 5.0%。2015 年末，全省共有公共图书馆 140 个，比 2010 年末增加 7 个；博物馆（含美术馆）193 个，增加 24 个；广播综合人口覆盖率为 99.9%，提高 1.9 个百分点；电视综合人口覆盖率为 99.9%，提高 1.9 个百分点。体育事业创造新辉煌。2011-2015 年，全省运动员共获得世界冠军 125 个，创造了 7 项世界纪录。

"十二五"时期广东农业发展情况

"十二五"时期是广东改革发展进程中极不平凡的五年，也是农业农村发展的又一个黄金期。面对复杂多变的国内外经济形势，在省委、省政府的正确领导下，全省人民积极有效应对各种困难和挑战，推动我省农村改革开放和现代化建设取得新的重大成就。五年来，全省农村经济综合实力迈上新台阶，2015年全省农林牧渔业总产值5520.03亿元，农林牧渔业增加值3425.12亿元，分别比"十一五"期末的2010年增加1765.17亿元和1139.14亿元，年均分别增长3.2%和3.4%。

一、"十二五"时期广东农业生产发展特点

（一）农作物种植获得较好收成

2015年广东粮食产量达1358.13万吨，比"十一五"期末的2010年增加41.63万吨，增长3.2%，占全国粮食总产量的比重由2010年的2.4%转变为2.2%，占比略有下降。整个"十二五"时期粮食总产量达6788.65万吨，比"十一五"时期多387.09万吨，增加6%。

2015年油料产量达110.34万吨，比2010年增加22.17万吨，增长25.1%。占全国油料总产量的比重由2010年的2.7%转变为3.1%，比重加大。水果产量1519.89万吨，比2010年增加391.16万吨，增长34.7%，占全国水果总产量的比重由2010年的5.8%转变为8.7%，比重上升。其中，热带和亚热带水果（包括香蕉、菠萝、荔枝、龙眼）和柑桔类水果产量分别为759.18万吨和492.8万吨，比2010年分别增长26.5%和40.8%，总量在全国各省市区中分别居第一和第二位。

2015年蔬菜产量3438.78万吨，比2010年增加720.19万吨，增长26.5%。占全国蔬菜总产量的比重由2010年的4.2%转变为4.4%，略有提高。甘蔗产量1452.85万吨，比2010年增加152.7万吨，增长11.7%。占全国甘蔗总产量的比重由2010年的12.1%转变为12.4%，略有上升。茶叶产量7.93万吨，比2010年增加2.6万吨，增长48.8%。占全国茶叶总产量的比重由2010年的3.6%转变为3.5%，基本持平。

（二）林业生产积极向好

2015年，全省各地认真贯彻落实省委省政府决策部署，以绿色发展理念为引领，以改革创新为动力，主动作为，真抓实干，协同配合，加快推进新一轮绿化广东大行动，推动森林资源持续增加，森林生态安全格局不断优化，取得较好成绩。全省林地面积达1.64亿亩，比2010年增加200万亩，森林覆盖率为58.88%，比2010年提高1.88个百分点，森林蓄积量5.61亿立方米，比2010年增加1.22亿立方米，顺利实现"十二五"时期森林覆盖率和蓄积量"双增"目标。林业重点生态工程全面完成，南粤生态文明建设不断深入。2015年全省完成森林碳汇工程造林217.5万亩，建成完善提升生态景观林1800公里，新增森林公园301个，湿地公园66个，建成乡村绿化美化示范林2874个。2015年，全省共完成人工造林118千公顷，比2010年增加26千公顷，增长28.3%。全年木材产量790.83万立方米，比2010年增长20.8%，占全国产量的11.6%，在全国各省市排位中，名列第二。

（三）畜牧业生产基本平稳

"十二五"期间，广东畜牧业生产基本稳定在"十一五"期末的水平。生猪及家禽类生产呈稳中略升趋势。整个"十二五"期间，全省肉猪出栏总数为18599.29万头，比"十一五"期间增加1139.98万头，增长6.5%。肉类总产量为2166.92万吨，比"十一五"期间增加172.98万吨，增长8.7%。

2015年，广东生猪出栏3663.44万头，年末存栏2135.85万头，比"十一五"期末的2010年分别减少68.56万头和117.45万头，分别下降1.8%和5.2%，占全国生猪出栏和存栏量的比重由2010年的5.6%和4.8%，转变为5.2%和4.7%，略有下降。2015年家禽出栏97423.41万只，年末存栏32457.45万只，比2010年分别减少16307.63万只和5959.03万只，分别下降14.3%和15.5%，占全国家禽出栏和存栏比重由2010年的10.3%和7.2%，转变为

8.1%和5.5%，略有下降。2015年全省肉类总产量达424.25万吨，比2010年减少16.85万吨，下降3.8%，占全国肉类总产量的比重由2010年的5.5%转变为4.9%，略有下降。其中，猪肉产量274.15万吨，与2010年相比，下降0.5%；牛肉产量6.97万吨，比2010年增长11.2%；羊肉产量0.9万吨，与2010年持平；禽肉产量134.80万吨，比2010年减少11.9%。2015年全省禽蛋产量33.84万吨，比2010年减少1.7%；牛奶产量12.95万吨，比2010年减少9.0%。

（四）渔业生产稳中略升

广东海洋与渔业生产在“十二五”期间继续保持健康稳定的发展态势。整个“十二五”时期水产品总产量为4061.88万吨，比“十一五”时期多626.45万吨，增加18.2%。2015年，广东水产品总产量达857.23万吨，比“十一五”期末的2010年增加128.2万吨，增长17.6%。占全国水产品总产量的比重由2010年的13.6%转变为12.8%，略微下降。2015年广东水产品总产量在全国各省市区中的排位仍处于第二名，仅次于山东省。其中，海水产品产量458.24万吨，比2010年增加56.74万吨，增长14.1%，占全国海水产品总产量的比重和2010年一样，仍保持为13.4%。淡水产品产量398.99万吨，比2010年增加71.46万吨，增长21.8%。占全国淡水产品总产量的比重由2010年的12.7%转变为12.1%，略有下降。

二、农业生产存在的主要问题

（一）粮食生产仍然是我省农业生产的薄弱环节

“十二五”期间，广东粮食生产虽然总体保持稳定，但基础依然脆弱，其中2013年是个减产年，这与全国粮食产量十二连增的大趋势相比，不甚协调。改革开放以来，广东经济社会迅猛发展，连续位居全国经济发展前列，然而作为第一产业的农业，相对于第二、三产业而言，有所弱化，特别是粮食生产更加应当引起重视。广东粮食生产面积近年有所减少，产量也逐步下滑。2010年全省粮食作物播种面积为3797.90万亩，到2015年只有3758.76万亩，减少39.14万亩，下降1.0%。2015年广东人均粮食占有量为126公斤，仅为同期全国平均水平的三成。作为社会稳定的基础，粮食生产还应引起高度重视，万万不可放松。

（二）农田基础设施亟待改善

通过几十年的改革开放，广东的经济，尤其是制造业得到了极大的发展，但是由于改革初期对农业的基础地位认识不足，加上利益驱动等诸多原因，农业生产条件的改善未能得到应有的重视。经过多年的努力，我省农田建设取得了初步成效。但从整体上看，全省农田建设仍处于低水平整治阶段，工程建设还没有形成大规模整体推进格局，与发展现代化农业的要求还有较大差距，农田基础设施依然薄弱。截至“十二五”期末，我省中低产田面积占比仍比较高，一些水利渠系、机耕路等农田基础设施损毁严重，农业有效灌溉面积2010年为1872.46千公顷，到2015年则只有1771.26千公顷，下降101.2千公顷，减少5.4%。农田水利建设“最后一公里”问题仍然比较突出，由于田块不规范，大多田块支离破碎，小而不平，农路和农电不匹配，农机和排灌设备功能难以发挥，农田灌溉排涝成本高，效率低，抗御自然灾害的能力还比较差。

（三）畜牧业生产发展遭遇瓶颈

广东的畜牧业产值，在“十五”期末和“十一五”期末均占农牧渔业总产值的四分之一，但到了“十二五”期末，则只占五分之一，比重明显下降。下降原因除了种植业发展较快之外，畜牧业本身发展迟缓也是重要原因之一。一是“十二五”期间，国家出台了新修订的《环境保护法》，提高了规模养猪行业的门槛。二是国务院发布《水污染防治行动计划》，明确提出要科学划定畜禽养殖禁养区，要求新建、改建、扩建规模化畜禽养殖场（小区）要实施雨污分流、粪便污水资源化利用。在高规格的环评标准之下，我省相当一部分在规划区内的生猪养殖大户均搬迁、重建和退出市场，虽然政府有部分资金扶持，但养殖户仍需投入较多的费用，养殖成本有所增加，致使生猪养殖受到较大影响。三是“十二五”期间畜禽产品供求波动较大，疫情时有发生，每当消费量下降，价格暴跌时，畜禽养殖成本便随之升高，市场需求的不稳定，在一定程度上影响了农民的养殖积极性。

“十二五”时期广东工业发展情况

“十二五”时期，面对复杂多变的国内外经济形势，广东在党中央、国务院和省委省政府的正确领导下，全面贯彻落实党十八大和十八届三中、四中、五中全会精神，紧紧围绕“三个定位、两个率先”的总体目标，坚持稳中求进，主动适应经济新常态，加快发展先进制造业、大力发展高技术产业和装备制造业、改造提升优势传统产业，积极部署节能减排、去能降耗，推动广东工业经济质量提升和产业结构持续优化，有力克服工业经济下行压力，保证了工业经济的稳定增长。

一、工业经济进入新常态

（一）工业生产调速换挡，拉动作用减弱

“十二五”之初，广东工业承接“十五”和“十一五”时期高速增长态势，2011 年工业增加值增长为 10.5%，2012 年受内外需减弱、生产成本上升双重压力的影响，广东工业生产增长速度大幅放缓，当年工业增加值增速下滑至 7.4%，比 2011 年回落 3.1 个百分点。随着经济发展进入新常态，广东工业经济增长从高速向中高速过渡，2015 年工业增加值增速回落至 7.0%，比金融危机后最困难的 2009 年还要低 1.4 个百分点。“十二五”时期，广东工业增加值年均增长 8.2%，增速比“十五”和“十一五”分别回落 8.4 个和 5.9 个百分点，从增速运行轨迹看，呈现缓中趋稳的态势。其中，规模以上工业增加值年均增长 9.0%，增速比“十五”和“十一五”分别回落 14.1 个和 6.9 个百分点。总量上，广东工业增加值从 2010 年的 21269.96 亿元增加至 2015 年的 30259.49 亿元，增加了 8989.53 亿元，实现了从两万亿向三万亿的伟大跨越，为“十三五”时期跨越四万亿奠定了坚实的基础。

图1　2001-2015年广东工业增加值增长情况

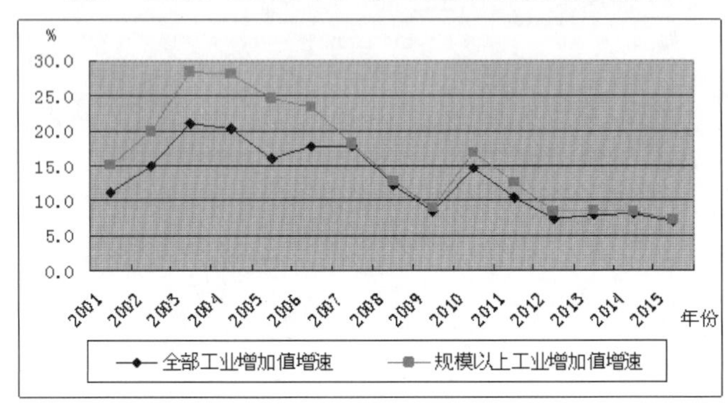

“十二五”以来，广东工业增速放缓的速度要快于广东 GDP 和第三产业，工业对 GDP 的贡献率及拉动作用明显减弱。“十二五”时期，广东工业增加值增长对 GDP 的贡献率下降至 40% ～ 50% 的水平，明显低于“十一五”时期 50% ～ 60% 的水平；对 GDP 增长的拉动回落至 3 ～ 4 个百分点的水平，明显低于“十一五”时期拉动 7 ～ 8 个百分点的水平。

图2　2001-2015年广东工业对GDP增长的贡献率和拉动

单位：%

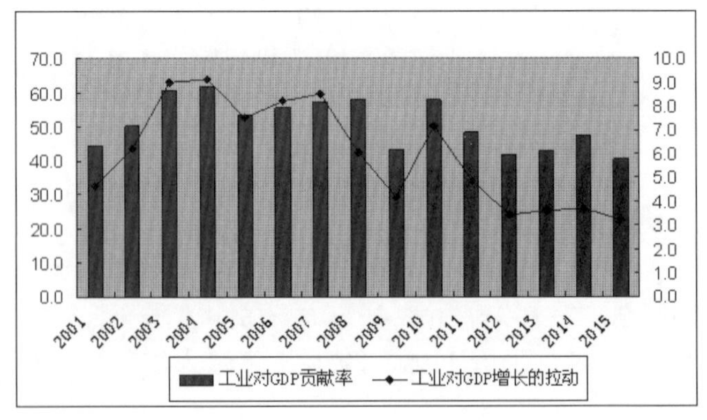

（二）出口放缓，内销占比持续提高

2010 年，广东规模以上工业出口交货值为 25919.08 亿元，增长 24.6%。但随着国际市场环境变化，工业品出口受阻，出口交货值增长放缓，甚至出

现下降。2015 年，广东工业出口交货值 32035.16 亿元，下降 2.4%，为 2001 年以来第二次出现下降（2009 年为第一次）。"十二五"时期，广东工业出口交货值年均增长 5.0%，比"十五"和"十一五"分别回落 18.4 个和 6.3 个百分点。在此情形下，广东主动作为，通过开展"广货全国行"和"广货网上行"、大力扶持电子商务发展等多种方式，拓展国际国内市场，工业品销售尤其是国内销售取得了一定成效，内销占比稳步提高。2015 年，广东规模以上工业销售产值 121049.68 亿元，其中内销产值占销售产值的 73.5%，比 2010 年提高了 4.5 个百分点。

图3　广东规模以上工业出口交货值增速和内销占比

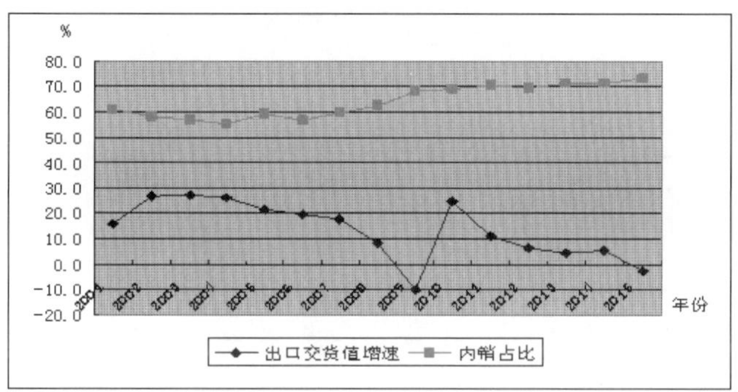

（三）淘汰落后产能，提升产业层次

"十二五"时期，在市场机制倒逼作用下，广东工业企业勇于创新，主动关停大批高投入、高消耗、高污染企业，对一大批落后生产技术进行改造升级，引导部分企业产业转移，促进市场合理有效配置生产要素。政府部门主动作为与市场机制倒逼协同减量，对于在新常态下确保工业经济质量效益不断提高，保持经济健康较快发展，发挥了积极作用。

"十二五"时期，广东累计淘汰炼钢 378.9 万吨、水泥 4026.5 万吨、平板玻璃 1781.5 万重量箱、造纸 176.14 万吨、制革 200 万标张、印染 52406 万米。

2011-2015 年，广东减量"规上"工业企业合计 7566 个（包括转出、关停和产能压减三种类型，不含省内跨县转移企业），累计减少工业增加值 2158.04 亿元，相当于五年"规上"工业增加值的 1.81%，相当于全省五年 GDP 的 0.9%。其中，转出、关停和产能压减而减少的工业增加值分别为 214.23 亿元、1358.66 亿元和 585.16 亿元，分别相当于全省五年"规上"工业增加值的 0.18%、1.14% 和 0.49%，相当于全省五年 GDP 的 0.09%、0.56% 和 0.24%。减量操作在一定程度上延缓了全省经济总量扩大，拉低了经济增速，但淘汰落后产能，有利于促进产业升级，助推广东工业提质增效，走好新型工业化道路。

二、产业结构持续优化

（一）民营工业发展迅猛

民营工业是广东工业中不可或缺的部分，在丰富经济形式、搞活经济、增加税收、保障就业等方面发挥了巨大的作用。2010 年，广东规模以上民营工业增加值为 5533.69 亿元，占规模以上工业的比重为 24.1%。随着改革开放的不断深化，工业准入门槛进一步放宽，民营经济的发展获得了更为广阔的空间。民间资本对工业领域的投资逐步增多，民营工业经济活力越来越强。2012 年，广东规模以上民营工业增加值突破 8000 亿元，达到 8606.28 亿元，占规模以上工业的比重提高至 37.9%。此后几年，民营工业持续高速发展，增加值增速连年保持双位数，民营工业占规模以上工业比重逐年提高。2015 年，广东规模以上民营工业增加值达到 13836.22 亿元，占规模以上工业增加值比重高达 47.0%，比 2010 年提高了 22.9 个百分点。2012-2015 年，民营工业增加值年均增长 12.0%，高出同期规模以上工业增速 3.8 个百分点。民营工业成为"十二五"时期广东工业经济最重要的增长点。

（二）高技术制造业快速发展

随着电子、通信的快速发展，高技术制造业规模不断壮大。2015 年，广东规模以上高技术制造业企业数达到 6194 个，比 2010 年增加 365 个，占规模以上工业的比重提升至 14.7%，比 2010 年提高 3.8 个百分点；实现工业增加值 7537.34 亿元，占规模以上工业的 25.6%，比 2010 年提高 4.5 个百分点；资产总额 26882.61 亿元，比 2010 年增长 64.8%；实现利润总额 2034.14 亿元，比 2010 年增长 64.1%；上缴税金总额 919.64 亿元，比 2010 年翻了一番。

（三）装备制造业蓬勃发展

装备制造业是广东制造业中最重要的主导产业之一。2009 年，《珠江三角洲地区改革发展规划纲要（2008-2020）》明确提出，加快发展先进制造业，在核电、风电和输变电重大装备，数控机床及系统、海洋工程设备等五个关键领域实现突破，形成世界级重大成套和技术装备制造产业基地。随后，《广东装备制造业发展规划（2009-2013）》进一步提出，通过加大财政支持力度，制定税收优惠政策，重点扶持一批企业和技术改造等方式，大力发展装备制造业。"十二五"时期，广东装备制造业完成投资总额 10140.81 亿元，为"十一五"时期的近两倍，投资年均增速高达 18.8%。在一系列政策措施刺激下，资金大量投入，广东装备制造业发展速度逐步加快，综合实力快速提升。2015 年，广东规模以上装备制造业企业达到12547个，实现工业增加值10957.93亿元，占规模以上工业增加值的比重为 37.2%，比 2010 年提高 3.2 个百分点；实现利润总额 2988.90 亿元，占规模以上工业利润的 38.7%，比 2010 年提高 3.3 个百分点。“十二五”时期，广东规模以上装备制造业增加值年均增长 10.8%，高出同期规模以上工业增加值增速 1.8 个百分点。装备制造业中，汽车制造业表现较好，汽车整车和零部件制造快速增长。2015 年，广东规模以上汽车制造业企业 715 个，比 2010 年增加 213 个，增长四成多；实现工业增加值 1443.89 亿元，比 2010 年增加 266.99 亿元。2011-2015 年，汽车制造业增加值年均增长 8.4%，其中 2013-2015 年增速均高于全省规模以上工业增加值增速。

（四）重工业化持续推进

重工业是实现社会再生产和扩大再生产物质基础的工业，为国民经济各部门（包括工业本身）提供原材料、燃料、动力、技术装备等劳动资料和劳动对象，在国民经济中具有举足轻重的地位。一个国家和地区重工业的发展规模、技术和水平，是其综合国力和地区实力的重要标志。“十二五”时期，广东加大对重工业投资力度，重工业发展较快，规模以上重工业增加值年均增速高达 9.6%，高出同期轻工业 1.4 个百分点，高出同期全部规上工业增加值增速 0.6 个百分点。2015 年广东规模以上重工业增加值为 18058.71 亿元，重工业增加值比重提高至 61.3%，比 2010 年提高了 0.8 个百分点。“十二五”中后期，广东重工业发展速度明显快于轻工业，重工业化持续推进的趋势较为明显。

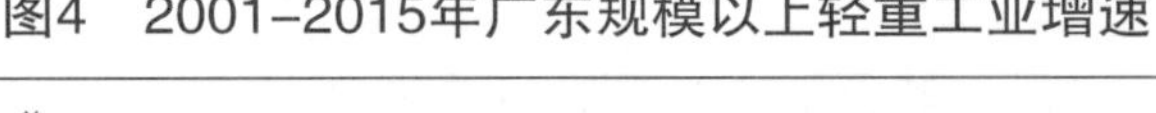

图4　2001-2015年广东规模以上轻重工业增速

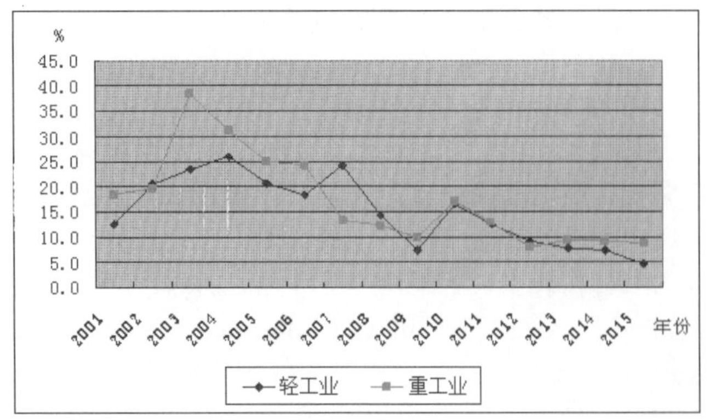

三、工业经济运行质量向好

（一）利税增长较快

“十二五”时期，国内外经济增长全面放缓，广东工业企业发展虽然受到较大影响，但利税总额仍然保持较快增长，总量屡创新高。“十二五”时期，广东规模以上工业企业利税总额年均增速 10.4%，2015 年实现利税总额达到 12375.00 亿元。其中，利润总额为 7723.17 亿元，为 2010 年的 1.24 倍，利润总额年均增长达 9.4%。

图5　“十二五”时期广东规模以上工业利税总额及增速

单位：亿元、%

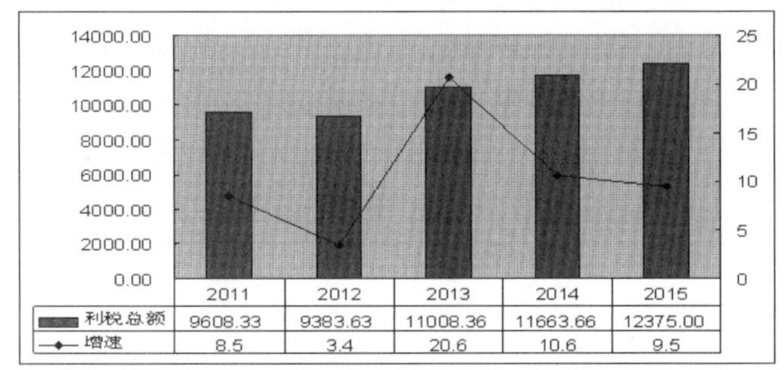

	2011	2012	2013	2014	2015
利税总额	9608.33	9383.63	11008.36	11663.66	12375.00
增速	8.5	3.4	20.6	10.6	9.5

（二）企业营运效益较好

“十二五”时期，广东工业企业为应对经济新常态下“增长速度换挡期、结构调整阵痛期、前期刺激政策消化期”带来的不利影响，积极转变发展方式，调整生产结构，改变营销策略，提高企业运行效率，各主要经济效益指标节节提升。一是总资产贡献率连年保持较高水平。“十二五”时期，广东规模以上工业总资产贡献率维持在 13.0% 以上的较高水平，为企业做大做强奠定了基础，为增加广东税收、财政收入做出了巨大贡献。二是资产负债率合理有序降低。2008 年，金融危机暴发后，国家投入四万亿提振经济，企业流动性得到恢复，但资产负债率迅速提高。“十二五”以来，为降低企业经营风险，国家鼓励支持企业通过资产重组、债转股等多种方式去杠杆、降风险，提高企业资产中股权比重，企业资产负债率连年下降。至 2015 年，广东规模以上工业资产负债率下降至 57.4%，比 2011 年降低 1.6 个百分点，企业资产结构明显优化，企业的经营风险也极大地降低。三是成本费用利润率维持较高水平。“十二五”时期，广东企业开源节流，减少开支，降低成本，使得成本费用利润率一直维持在 6.0% 以上的较高水平。四是全员劳动生产率持续提高。2010年，广东规模以上工业全员劳动生产率为14.66万元/人.年。"十二五"时期，广东加大对工业领域技术改造投资力度，积极推进生产设备升级换代，加速"机器换人"工作步伐，提高工人最低工资标准，劳动生产率快速提高。"十二五"时期广东规模以上工业全员劳动生产率年均增长8.9%。至2015年，全员劳动生产率突破20万元，达到20.46万元/人.年，

表1 "十二五"时期广东规模以上工业效益主要指标情况

年份	总资产贡献率（%）	资产负债率（%）	成本费用利润率（%）	全员劳动生产率		产品销售率（%）
				当年值（元/人.年）	增长（%）	
2011	14.98	59.0	6.65	147987	0.94	97.63
2012	13.94	58.2	6.13	156463	5.73	98.07
2013	14.53	58.1	6.46	182303	16.52	97.43
2014	13.97	58.4	6.42	193633	17.26	97.18
2015	13.58	57.4	6.85	204582	4.95	97.11

（三）工业领域节能减排成效显著

"十二五"时期，广东认真贯彻落实国家关于节能、循环经济工作的政策部署，先后出台了《广东省实施〈中华人民共和国循环经济促进法〉办法》《广东省环境保护条例》（修订）《广东省民用建筑节能条例》《广东省"十二五"节能减排综合性工作方案》《"十二五"节能规划》《"十二五"节能环保产业规划》、《关于促进节能环保产业发展的意见》等一系列政策法规和规划，推动节能减排，并取得了积极成效。一是全省单位工业增加值能耗累计下降35.0%，超额完成国家下达的"十二五"时期广东单位工业增加值能耗下降21.0%的目标任务，为完成单位GDP能耗下降18.0%的目标任务奠定了基础。二是工业废水、废气和废物的排放和产生量明显下降。2015年，广东单位工业增加值废水排放量、二氧化硫排放量和固体废物排放量分别为5.34万立方米/亿元、21.45吨/亿元和1853.50吨/亿元，分别比2010年下降39.3%、53.9%和27.7%，年均分别下降9.5%、14.3%和6.3%，广东环境质量明显改善。三是单位工业增加值用水量持续减少。2015年，广东工业累计用水量112.5亿立方米，占全社会用水量的25.4%，比2010年下降4.2个百分点；单位工业增加值用水量37.18万立方米/亿元，比2010年下降43.0%，"十二五"时期年均下降10.6%。工业用水量的减少相应地减少了废水的排放，为环境质量的改善和缓解居民生活用水紧张状况做出了贡献。

表2 2010-2015年广东工业节能降耗情况

指标	单位	2010年	2011年	2012年	2013年	2014年	2015年
单位工业增加值能耗增长速度	%	-6.88	-5.13	-11.18	-4.79	-9.25	-10.47
单位工业增加值废水排放量	万吨/亿元	8.79	7.72	7.34	6.34	6.09	5.34
单位工业增加值二氧化硫排放量	吨/亿元	46.50	33.68	30.46	27.22	23.98	21.45
单位工业增加值固体废物排放量	吨/亿元	2565.03	2676.12	2353.39	2198.16	1943.82	1853.50
单位工业增加值用水量	万立方米/亿元	65.26	54.94	47.97	44.43	40.15	37.18

（四）工业品推陈出新，主要产品在国内占重要地位

"十二五"时期，广东工业企业加大新技术、新工艺和新产品研发力度，不断推出新产品。规模以上工业企业累计投入新产品研发经费7107.18亿元，累计实现新产品产值91503.19亿元，占五年广东规模以上工业总产值的16.8%。其中，2015年投入新产品研发经费1831.04亿元，为2010年的2.7倍，年均增长高达21.6%；实现新产品产值23056.21亿元，为2010年的1.9倍，年均增长为13.9%；新产品产值占规模以上工业总产值的比重达到18.5%，比2010年提高4.5个百分点。

表3 2010-2015年广东规模以上工业新产品相关情况

单位：亿元

指标	2010年	2011年	2012年	2013年	2014年	2015年
新产品开发经费	689.64	1068.49	1186.56	1397.95	1623.14	1831.04
新产品产值	12036.80	14694.30	15714.45	17981.20	20057.02	23056.21
规模以上工业总产值	85824.64	94871.68	95602.09	109673.07	119713.04	124649.16

早在20世纪八九十年代，广东工业企业生产的产品就享誉全国，许多工业产品在数量和质量上均处于全国领先地位。2012年前后，为推动广东产品在全国的销售，政府多部门与企业开展“广货网上行”和“广货全国行”活动，积极推动广东产品深度进入全国市场。2015年，列入全国规模以上工业统计目录的567种工业产品中，广东生产涉及的产品有459种，覆盖率为81.0%。其中，电子设备、家用电器、汽车等众多产品延续“十一五”以来在全国市场的分布态势，在全国产品生产中占有重要地位。2015年，广东数字程控交换机、手机等高技术产品产量分别为593.72万线和8.44亿台，占全国产量的53.1%和46.4%；乙烯和轿车产量分别为215.07万吨和152.30万辆，占全国产量的12.5%和13.0%。同时，家用电风扇、电饭锅、微波炉、组合音响等产品占全国的90%左右；家用燃气灶具、家用燃气热水器等产品占全国的50%以上；房间空气调节器、家用电热水器、彩色电视机等家用电器占据全国产量的半壁江山。

表4　2015年广东主要工业产品产量及占全国比重

产品	计量单位	广东产量	全国产量	占全国比重（%）
先进制造业				
乙烯	万吨	215.07	1714.60	12.5
汽车	万辆	242.23	2483.80	9.8
轿车	万辆	152.30	1170.00	13.0
高技术产业				
数字程控交换机	万线	593.72	1118.60	53.1
移动通信手持机（手机）	亿台	8.44	18.19	46.4
微型计算机设备	万台	3241.72	31418.70	10.3
集成电路	亿块	162.65	1087.20	15.0
中成药	万吨	24.53	327.50	7.5
家用电器产品				
家用电冰箱	万台	2195.94	8992.80	24.4
房间空气调节器	万台	6227.86	15649.80	39.8

（续上表）

产品	计量单位	广东产量	全国产量	占全国比重（%）
家用电风扇	万台	14239.15	15728.30	90.5
电饭锅	万个	29055.20	32237.80	90.1
微波炉	万台	7642.47	8774.90	87.1
家用电热水器	万台	1758.79	3958.70	44.4
家用燃气灶具	万台	2005.41	3668.70	54.7
家用燃气热水器	万台	1008.01	1492.10	67.6
彩色电视机	万台	7003.58	16206.70	43.2
组合音响	万台	8447.43	9484.40	89.1
传统优势产业				
精制食用植物油	万吨	512.80	6734.30	7.6
成品糖	万吨	128.93	1475.30	8.7
啤酒	万千升	424.15	4715.60	9.0
软饮料	万吨	2838.02	17661.10	16.1
服装	万件	658546.78	3082722.80	21.4
皮革鞋靴	万双	70799.44	455800.30	15.5
资源、基础产业				
硫铁矿石(折含硫35%)	万吨	283.30	1651.60	17.2

四、值得关注的几个问题

（一）销售相关指标持续走低

“十二五”中后期以来，广东工业中部分与销售相关的指标持续走低，表明工业销售情况不容乐观。一是工业品出产价格指数持续走低。“十二五”以来，广东工业品出厂价格指数持续下跌，2015年跌至96.8%，比2010年低6.4个百分点。二是规模以上工业销售产值和主营业务收入增速起伏不定，总体上呈回落态势。2010年，广东规模以上工业销售产值和主营业务收入增速分别为27.9%和29.7%，此后受内外需减弱、生产成本上升双重压力，销售增长大幅回落，2012年两大指标增幅分别为9.8%和3.7%，随后两年虽然有修复性反弹，但增速明显放缓，至2015年，增速分别跌至3.5%和2.3%，为近十年来较低水平。三是出口情况较差。近年来，随着国际经济增长普遍放缓，外需相对收缩，加之长期以来的贸易摩擦，广东工业出口情况不容乐观。2010年，广东规模以上工业出口交货值增速高达24.6%，但"十二五"时期增速大幅回落，2015年甚至出现了负增长，工业出口交货值比上年下降2.4%。

表5 2010-2015年主要销售指标增速

年份	工业销售产值增速（%）	工业品出厂价格指数（%）	主营业务收入增速（%）	出口交货值增速（%）
2010	27.9	103.2	29.7	24.6
2011	20.7	103.7	20.1	11.3
2012	9.8	99.5	3.7	6.5
2013	12.1	98.8	10.9	4.3
2014	8.5	98.9	8.1	5.7
2015	3.5	96.8	2.3	-2.4

（二）用工问题值得关注

一是用工人数减少。"十二五"以来，广东规模以上工业企业用工人数出现较大的波动，特别是2014年以来，伴随着工业经济增长放缓，用工人数持续下降。其中，2014年和2015年分别下降了2.8%和2.2%。从部分企业反映的情况看，用工人数的下降与内外需不足，订单减少，企业开工不足密切相关。随着经济发展，生活成本不断上升，广东用工成本攀升较快，一定程度上推高了企业生产成本，使得原本低成本优势荡然无存，部分以量取胜、以成本取胜的企业纷纷向具有成本优势的内陆省份，甚至向越南、泰国等境外转移，企业用工减少。况且现阶段处于制造业一线的工人往往是年龄相对较小的"90后"，从小生活条件较好，缺乏吃苦耐劳精神，对于枯燥无聊的简单重复劳动，耐性不足，很多"90后"在一线从事一段时间工作后，往往都选择离开。由于工厂一线工人经常性流失，导致部分企业每月都要重复招聘大量一线工人，才能维持日常订单需求。部分效益较好的工厂，工人得不到有效补充，长期处于缺人的饥饿状态。此外，各地推进"机器换人"，提高了企业生产效率，节约了人力物力，同时削减了大量工人工作机会，造成了用工人数下降。

二是高级技工人才结构性缺失。当前，广东加快发展高技术产业、先进制造业、改进优势传统产业、培育壮大战略新兴产业，推进工业化和信息化的融合、制造业和服务业的融合，推进制造业从劳动密集型向技能密集型和知识密集型升级的关键阶段。但是，掌握相关知识，熟练使用相应技术、能驾驭现代化机器设备，掌握相关生产工艺流程的高级工程师和高级技工人才普遍缺乏，对于工业向科技化和高级化发展较为不利。

五、"十三五"时期展望与建议

"十三五"时期，我国经济将承接"十二五"后期发展态势，全面进入"新常态"。当前，国内外经济仍然十分脆弱，国际主要经济体内部矛盾重重，主要经济体和国家经济复苏弱于预期，受此影响，广东工业经济发展的不确定性仍然较大。但是，随着一系列国家重大战略和地方发展规划的制定和实施，"十三五"时期广东工业将迎来发展的重要战略机遇期。为此，广东要充分预计各方面的困难，充分把握各种机遇，才能在工业发展上抢占先机，才能推动工业又快又好地发展。

（一）充分预计科技和经济格局变化，积极应对各种挑战和风险

1. 积极应对"第三次工业革命"对传统生产方式的挑战。"十三五"时期，基于数字化、智能化、网络化的"第三次工业革命"将在全球加速推进。3D打印、智能制造、虚拟制造、工业机器人等一大批新兴生产技术将在全球集中、加速突破和应用，不断改变传统产品研发方式、资源整合利用方式、生产方式、营销模式，并将持续弱化人口、资金、土地和区位等常规和传统的优势，冲击传统的经营发展理念和发展方式。广东工业企业，尤其是传统制造业企业，将在第三次工业革命中迎来全新的洗礼。广东企业要及早融入"第三次工业革命"浪潮中，与时俱进，推动工业向前。

2. 积极应对国际贸易秩序重构和新时期人民币汇率变动对工业发展的影响。"十三五"时期，经济全球化将以更加深入、更为复杂的方式，影响广东工业发展。美、日、欧等国家和主要经济体将加速推进新一轮全球投资和贸易新格局，构建全新的投资、贸易伙伴关系，并对企业的生产工艺技术，生产标准，反垄断和不正当竞争，卫生检疫，知识产权保护，环境保护等提出更为细致、更高标准的要求。广东要充分预计经济贸易新秩序对于投资和工业出口的影响，认真研究新规则，提前为工业企业走出去，资金和技术引进来，产品出口铺好路，搭好桥。同时，由于人民币国际化的道路仍然漫长，人民币对外币汇率的波动加剧将极大地影响工业企业原材料购进和商品出口成本，加大企业经营风险。出口工业企业要及早引入风险应对机制，降低汇率变动损失，进一步提高国际风险防御能力。

（二）充分利用重大战略机遇，补足短板，实现改革红利

1. 充分利用全面深化改革的机遇，推进制度创新，赢得制度红利。党的十八届三中全会提出了市场在资源配置中起决定性作用和更好发挥政府职能，并于2020年前在重要领域和关键环节的改革取得决定性成果。“十三五”时期是全面深化改革确定重要成果的关键五年，系列重大改革措施和配套方案将会落地，工业将迎来重要的战略机遇期。一是大力发展混合所有制经济、支持民营企业发展，激发不同所有制企业的活力和创造力，广东国有企业将迎来改革的春天，民营、私营企业将获得向各个产业领域进军的良机；二是建立统一开放、竞争有序的要素市场和产品市场，从根本上改变在中国长期存在的要素市场化程度低、产品市场化程度高的企业投资、经营行为扭曲问题，优化工业发展环境；三是深化财政税收改革，推进“营业税”改“增值税”，清理不合理税费，适度合理有序降低企业缴纳社保负担，减轻企业经营困难，助力企业做大做强；四是积极推进城镇化，稳定和扩大内需，形成工业化与城市化良性互动发展格局，改善企业经营的基本面；五是积极融入国际经济大环境，构建新的对外开放格局，加快培育竞争优势和核心竞争力；六是推进供给侧结构性改革，推进去产能、去库存、去杠杆、降成本、补短板，从生产领域加强优质供给，减少无效供给，扩大有效供给，从而带动、引领和刺激消费。

2. 积极融入“一带一路”战略，推进广东企业走出去。内需不足，部分行业产能过剩，企业开工不足的情况下，深入推进“一带一路”战略，对于广东工业企业发展是千载难逢的良机。广东企业可以通过产品出口，技术输出和资本输出等多种方式推动工业生产能力和生产技术向周边国家和地区转移，推动广东工业企业国际化发展步伐。

3. 大力推进“中国制造2025”战略，加快广东制造业转型升级，占领制造业制高点。2015年5月，国务院印发《中国制造2025》，旨在通过实施制造业创新中心（工业技术研究基地）建设工程、智能制造工程、工业强基工程、绿色制造工程和高端装备创新工程，在新一代信息技术产业、高档数控机床和机器人、航空航天装备、海洋工程装备及高技术船舶、先进轨道交通装备、节能与新能源汽车、电力装备、农机装备、新材料和生物医药及高性能医疗器械等领域实现重大突破，实现中国从工业大国向工业强国的转变。广东作为制造业大省，在承接国家重大战略决策机遇的同时，可以积极利用《广东省智能制造发展规划（2015-2025年）》《广东省工业转型升级发展工作方案》《广东省工业转型升级攻坚战三年行动计划（2015-2017年）》的契机以及我省“十三五”时期实施的一系列配套行动计划，推动制造业智能化发展，加快制造业结构调整，推进信息化与工业化深度融合，增强工业自主创新能力，提高资源利用效率、优化产业结构，进一步提高工业企业质量效益。

4. 大力推进大众创业，万众创新，开创广东创新驱动发展新局面。当前，依靠资源、资金等生产要素的传统搭配方式难以推动经济快速发展，知识、核心技术和创意越来越明显地成为引爆经济增长的导火线。国务院于2015年6月发布《关于大力推进大众创业万众创新若干政策措施的意见》是富民之道、公平之计、强国之策，对于推动工业结构转型升级、打造发展新引擎、增强发展新动力、走创新驱动发展道路具有重要意义。广东完全可以以制造业大省、强省的姿态积极主动融入大众创业、万众创新的潮流中，搭建创新发展平台，引导企业、科研机构和科技工作者发挥创新骨干带头作用，最大限度地激发群众的智慧和创造力，勇攀科技高峰，率先在重点行业、主要领域、关键环节，实现核心技术突破。

5. 粤东西北要补足短板，实现地区工业振兴。当前，粤东西北仍然存在工业底子薄，大中型企业少，带动力不足，发展慢的问题。相当部分的企业规模较小，生产方式落后，生产工艺简单，产品质量有待改进，市场竞争能力较弱，创新能力不足，改造成本高，转型难度较大。在珠三角人均GDP超过一万美元之际，土地占全省70%、人口占全省50%的粤东西北地区人均GDP仍低于全国平均水平。为此，2013年广东省委、省政府作出进一步促进粤东西北地区振兴发展的决定（简称“决定”），发出了“振兴东西北”的动员令。粤东西北地区工业企业要充分利用这一重大决定的机遇，发展壮大企业规模，改造提升传统产业，实现工业企业转型升级，加大创新投入、提高创新成效，提升企业先进性水平和高技术化程度，推动地区工业振兴，从而推动全省工业均衡快速发展。

此外，“十三五”时期广东承担了自贸试验区、全面创新改革试验、深化行政审批制度改革先行先试、珠江三角洲地区金融改革创新综合试验区以及深圳国家综合配套改革试验区等一系列任务。广东企业应积极适应新常态，充分把握、合理利用国家和广东实施“十三五规划”重大战略部署及其专项配套计划的机遇，提高工业自主研发能力，实现工业转型升级，做出排头兵、先行地和试验区应有的贡献。

“十二五”时期广东民营经济发展情况

“十二五”是广东实现“三个定位、两个率先”目标的关键时期，也是广东经济面临巨大下行压力，进入发展战略的转型期。在中国经济进入新常态下，面对严峻的国内经济形势和复杂多变的国际经济环境，广东民营经济主体奋发有为，主动适应和引领经济发展新常态，总量规模不断扩大，产业结构持续优化，发展质量、效益水平显著提升，对广东经济的推动力继续增强，为广东经济保持稳定增长、优化产业结构、防范下行风险作出了积极贡献。

一、“十二五”时期广东民营经济发展成就

（一）规模不断扩大，产业结构持续优化

“十二五”时期，广东民营增加值年均增长9.4%，比全省地区生产总值高0.9个百分点，占全省地区生产总值的比重从2010年的49.7%上升到2015年的53.4%，提高3.7个百分点，民营经济对广东经济发展的推动力不断增强。2015年，广东民营经济完成增加值38854.68亿元，同比增长8.4%，对全省经济增长的贡献率为53.8%，拉动全省经济增长4.3个百分点。从三次产业看，2015年，民营第一、二、三产业分别完成增加值3288.66亿元、15969.96亿元、19596.06亿元，占全省民营经济的8.5%、41.1%、50.4%，其中第一、二产业占比比2010年分别下降1.0个、3.0个百分点，第三产业占比提高4.0个百分点，民营经济三次产业结构持续优化。

图1　2011-2015年广东民营增加值和全省GDP增长情况

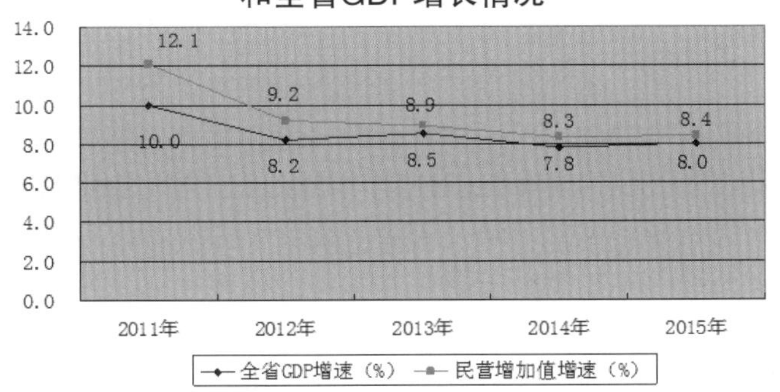

图2　2010-2015年广东民营经济三次产业结构情况

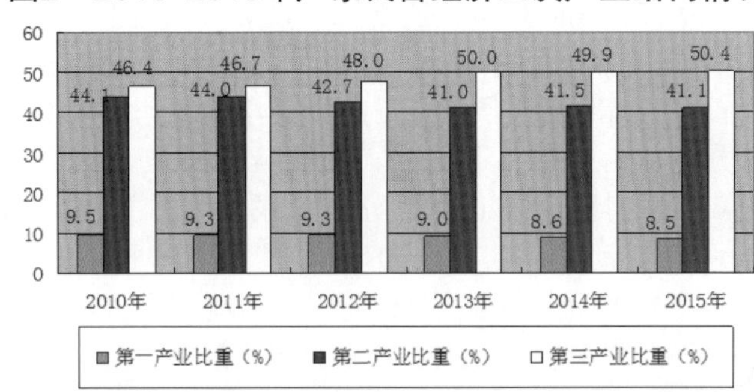

（二）单位数量大幅增长，质量显著提升

“十二五”时期，国家行政审批制度改革不断深入，大众创业环境日益宽松，创业热情进一步激发，广东民营新增单位呈现“井喷”现象，特别是近两年每年新增单位百万户。2015年末，广东民营单位数756.78万户，比2010年末增加318.12万户，增长72.5%，年均增长11.5%。其中，私营企业248.12万户，比2010年末增加153.30万户，增长161.7%，年均增长21.2%；个体工商户492.99万户，比2010年末增加158.36万户，增长47.3%，年均增长8.1%。数量大幅增长同时，民营单位质量显著提升。2015年，广东私营企业和个体户户均注册资本金分别为505.16万元和3.22万元，比2010年增长158.2%和57.8%，年均增长20.9%和9.6%；注册资金亿元以上私营企业有17402户，比2010年增长736.2%，年均增长52.9%；私营企业集团1550户，比2010年增长175.3%，年均增长22.5%。

表1　2010-2015年广东民营单位规模情况

指标	2010年	2011年	2012年	2013年	2014年	2015年	“十二五”年均增长（%）
单位数（万户）	438.66	468.40	502.16	567.18	657.44	756.78	11.5
私营企业户均注册资本金（万元）	195.61	239.26	244.45	296.45	390.52	505.16	20.9
个体户户均注册资本金（万元）	2.04	2.14	2.25	2.50	2.85	3.22	9.6
注册资本亿元以上私营企业（户）	2081	3133	3866	6089	10574	17402	52.9
私营企业集团（户）	563	964	1226	1296	1440	1550	22.5

（三）民间投资快速增长，投资领域趋于高端化

“十二五”时期，广东民间固定资产投资年均增长23.5%，比全省固定资产投资年均增速高6.9个百分点，占全省比重从2010年的45.5%上升到2015的60.1%，提高14.6个百分点，成为广东投资增长的主要驱动力。2015年，民间固定资产投资完成18052.95亿元，同比增长19.9%，增速比全省固定资产投资高4.1个百分点，对全省固定资产投资贡献率为73.0%，拉动全省投资增长11.5个百分点。从行业看，“十二五”期间，高端产业如高技术制造业、先进制造业民间投资增长速度明显高于全省民间投资增速，占全省民间投资的比重显著提高。2015年，民间高技术制造业和先进制造业分别完成固定资产投资760.75亿元和2280.75亿元，比2011年增长236.3%和158.5%，年均增长35.4%和26.8%，占民间固定资产投资的4.2%和12.6%，比2011年提高1.5个和2.1个百分点，民间投资领域趋于高端化。

图3　2010-2015年广东民间投资和整体投资情况

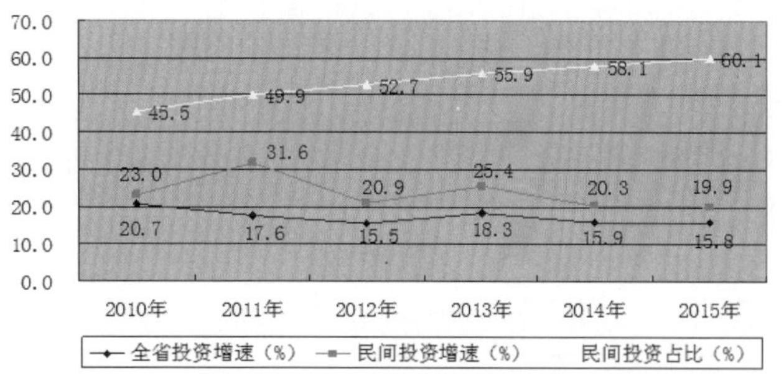

（四）“走出去”步伐坚定有力，高端产品出口份额显著提升

“十二五”时期，在全球经济复苏缓慢，外部需求严重不足的情况下，广东民营企业积极开拓市场，外贸出口保持较高水平，占全省出口总额比重显著提升。2015年，广东民营出口总额2604.42亿美元，同比增长8.6%，增速比全省（下降0.4%）出口高9.0个百分点。“十二五”时期，民营出口总额年均增长21.0%，比全省出口总额增速高12.7个百分点，占全省出口的比重从2010年的22.1%上升到2015年的40.5%，提高18.4个百分点。从出口产品结构看，机电产品、高技术产品出口增速快，占民营企业出口比重显著提升。2015年，机电产品和高技术产品出口1354.05亿美元和623.36亿美元，比2010年分别增长180.9%和242.3%，年均增长22.9%和27.9%，占民营出口的52.0%和23.9%，比2010提高3.9个和5.7个百分点。

（五）民营企业创新投入强度加大，产出水平显著提高

“十二五”时期，广东民营企业科技活动的活跃度较高，投入强度不断加大，产出水平显著提高。2015年有研发（R&D）活动的规模以上民营工业企业（以下简称“民营企业”）5540个，占民营企业的19.6 %，比2011年提高9.2个百分点。R&D人员（折合全时当量）22.59万人，占全省的55.0%，比2011年提高5.4个百分点。R&D经费投入917.24亿元，占全省的60.3%，比2011年提高9.2个百分点，占主营业务收入的1.61%，比全省高0.33个百分点，比2011年提高0.33个百分点。从产出水平看，2015年民营企业专利申请数62368件，占全省的58.8%，比2011年提高4.1个百分点。实现新产品产值和新产品销售收入分别为10858.90亿元和10776.01亿元，占全省的47.1%和47.6%，比2011年提高14.6个和14.1个百分点，在投入不断加大同时，民营企业科技产出水平显著提升。

（六）民营单位从业人员稳步增长，成为吸纳社会就业主要渠道

“十二五”时期，广东民营经济发展还属于生产要素推动阶段，劳动密集型的私营企业和个体单位仍是广东民营经济单位的主体，数量需求大、素质要求不高是民营单位劳动力的显著特点。因此，民营经济发展能有效吸纳社会富余劳动力，缓解就业压力，化解社会矛盾，促进社会和谐稳定。“十二五”时期，民营单位从业人员从2010年末的2616.21万人增加到 2015 年末的 3297.38 万人，新增就业人口 681.17 万人，远远超过同期全社会从业人员增量（388.83 万人），占全社会从业人员的 53.0%，比 2010 年末提高 8.4 个百分点。

二、经验和启示

（一）政策扶持激发民营经济发展动力

十八大以来，党中央、国务院出台有关政策文件，确立民营经济平等市场主体地位，积极为民营经济发展创造公平的环境。《中共中央关于全面深化改革若干重大问题的决定》提出“国家保护各种所有制经济产权和合法权利，保证各种所有制经济依法平等使用生产要素，公开公平公正参与市场竞争、同等受到法律保护”，“坚持权利平等、机会平等、规则平等，废除对非公有制经济各种形式的不合理规定，消除各种隐性壁垒，制定非公有制企业进入特许经营领域具体办法”，由此确立各所有制企业产权、经营权平等的地位。2015 年 6 月国务院下发《国务院关于大力推进大众创业万众创新若干政策措施的意见》，通过完善公平竞争市场环境，深化商事制度改革，建立市场准入清单，加强知识产权保护，优化创业人才的培养，加大财政资金支持和税收优惠政策等措施，为市场经济主体营造良好的创业、创新环境，形成小企业“铺天盖地”，大企业“顶天立地”的发展格局。

（二）高度市场化增强民营经济发展活力

民营经济是天然的市场经济，不同于确立社会主义市场经济体制前的公有制经济，处处受计划管理体制束缚，具有同市场经济高度结合的机制特点。从产权关系看，民营企业产权完全属于私人独有或共有，具有自负盈亏的硬约束机制，有强烈的寻求利润增长的动机和资本增值的冲动，并承担完全的利益风险，这是民营企业具有较强的活力的主要因素。从经营机制看，民营企业是自主经营、自负盈亏、自我发展、自我约束的商品生产者和经营者，拥有完全独立的经营自主权和决策权，能够以市场为导向，根据市场传递的信息及时调整生产和经营策略，具有较强的灵活性，这种经营机制，保障民营企业能够在经济低潮期生存，在经济高涨期快速发展。

（三）技术创新提升民营企业竞争力

创新是企业发展的动力，只有通过创新特别是技术创新，提高企业竞争力，才能在激烈的市场竞争中生存发展。华为是广东民营企业通过创新实现跨越式发展的典型，华为自创建之初就非常重视技术创新，将有限的资金投入到具有比较优势的基础通讯设备的生产研发。2010 年以来，华为研发投入不断增长，2015 年更是达到 596 亿元，研发投入强度达到 15.0%，远远超过欧美日韩竞争对手。通过高强度投入，华为在中国企业发明专利授权量位居第一位，欧洲专利授权量前 15 位，美国专利授权量前 50 位。2015 年华为实现营业收入 3950 亿元人民币（约 608 亿美元），超越思科、爱立信等欧美强劲竞争对手，成为全球最大的通信设备供应商。

（四）集群发展凝聚民营企业发展合力

广东民营企业在发展过程中形成以专业镇为主要形式的集群发展特色。产业集群的形成和发展，在集群内通过联合开发，设立公共服务平台，加强特色产业共性、关键技术的研发，有利于民营企业生产技术、产品质量的提高，形成专业分工与协作，降低交易成本，也降低企业经营风险。广东“四小龙”是民营企业集群发展的典型。如顺德容桂的家电、南海狮山的汽车配套、东莞虎门的服装、中山古镇的灯饰等都是典型的专业镇产业集聚模式。截至 2015 年，广东省级专业镇 399 个，其中产值超千亿元专业镇有 8 个，超百亿专业镇 130 个，实现地区生产总值约 2.77 万亿元，约占全省地区生产总值的 38%。

三、值得关注的几个问题

（一）政策措施落实不到位，平等竞争主体地位仍未完全确立

民营经济作为国民经济重要组成部分已在全社会形成共识，社会各界也高度评价民营经济重要作用。十八大以来，党中央、国务院出台有关政策文件，确立平等市场主体地位，为民营经济发展创造公平的环境。但从目前情况来看，民营企业平等竞争的主体地位仍未完全确立，特别在产业政策和金融政策方面，民营企业受歧视现象比较普遍。在产业政策方面，一些市场领域对民营开放的制度障碍未彻底消除，即使在已开放领域，非制度障碍仍难杜绝，如在教育、医疗、养老等社会事业领域，放开准入后由于缺少配套政策支持，民营企业难以享受公平待遇；在金融政策方面，目前银行贷款仍是民营企业融资的主要途径，但是由于财务信息不透明，缺少可抵押或质押资产，民营企业从银行贷款难度很大，年贷款利率也远远高于正常市场利率。

（二）法制建设亟需加强，法治环境仍需优化

完善的法制是市场经济主体发展的基础，健全法制建设，全方位保障民营企业合法权益是促进民营经济发展的前提。当前，民营经济发展面临法律障碍，

法制建设亟需加强。一是法律法规建设不适应民营经济发展要求。在民营企业发展过程中，国家企业管理部门制定一系列法律法规，规范企业行为，但在社会主义市场经济日益成熟，民营企业规模不断扩大，组织形式更趋多样化、复杂化的形势下，现有法律法规覆盖面严重不足。二是民营企业法律主体地位不平等。宪法和国家政策文件规定，国家保护私营经济的合法权利和利益，但当民营企业的合法财产受到侵害时，往往得不到法律有效的保障，甚至不时发生政府部门侵犯民营企业合法财产事件。根据2015年底广东省工商联对506家民营企业问卷调查结果显示，有39.8%、38.3%、44.0%、21.0%的受访企业认为急需在反不正当竞争、反垄断行为、规范执法行为、知识产权保护方面加强立法工作，有14.4%、13.6%、16.7%的企业认为执法不公、行政不作为乱作为、执法不规范简单粗暴，有26.0%、29.3%的企业表示办案效率低结案长、诉讼成本过高。

（三）产业低端化突出，产业层次有待提高

广东民营经济经过改革开放三十多年的发展，已经形成一批具有国内甚至世界知名的龙头企业，如华为、美的、格兰仕、金发科技等，但从整体上看，广东民营经济低端化现象还比较突出，主要表现在产业低端化。在制造业方面（规模以上），2015年广东民营先进制造业、高技术制造业增加值占民营增加值的比重分别为15.5%、9.1%，比全省先进制造业、高技术制造业增加值占地区生产总值的比重分别低4.7个、2.1个百分点。在服务业方面，生活性服务业如批发和零售业、住宿和餐饮业增加值分别占民营增加值的15.7%、3.1%，比全省高4.5个、1.2个百分点，高端服务业如金融业增加值仅占民营经济的3.9%，比全省低3.2个百分点，还有较大的提升空间。

（四）珠三角地区民营经济比重低，发展潜力仍有待释放

珠三角地区是广东改革开放先行地，凭借良好的区位优势和政策优势，在第三次产业转移浪潮中承接发达国家产业转移，吸引了大量外资，"三资"经济发达；另一方面，广州、深圳作为中国经济两大"重镇"，成为中央企业华南地区经济总部，也是省属大型企业的聚集地，国有经济影响力强。广州、深圳等地外资经济和国有经济比较发达，在一定程度挤占了当地民营经济发展空间，导致民营经济对当地整体经济发展的推动作用不明显，影响力不强。2015年，珠三角地区民营经济完成增加值28805.89亿元，占地区生产总值的比重为46.3%，比全省低7.1个百分点。从珠三角内部看，经济越发达地区，民营经济占地区生产总值的比重越低。珠三角地区除佛山、肇庆外，其余地区民营经济增加值占地区生产总值比重远低于全省平均水平，其中广州、深圳、珠海、惠州比全省平均水平分别低13.6个、10.6个、19.5个、10.7个百分点。广州、深圳等地是未来广东民营经济的重要增长极，民营经济发展潜力还有待释放，对地区经济发展贡献也大有可为。

四、"十三五"时期展望

"十三五"是中国经济攻坚克难、转型升级的关键时期，是全面深化改革、实现"两个百年"目标的决胜时期。从国内看，在经济进入新常态下，发展理念转向创新、协调、绿色、开放、共享，改革创新力度不断加大，对外开放格局日益扩大。从国际看，当前世界经济仍处在危机后的深度调整之中。欧洲国家尚未摆脱债务危机影响，英国公投脱离欧盟，加剧世界经济动荡；美国经济趋于稳定，进入加息周期；日本经济持续收缩，进入负利率时代；新兴经济体也因各自国内问题，经济增长明显放缓。这些因素将影响我国经济发展。

"十三五"时期是广东民营经济发展重大机遇期。国家一系列重大改革措施不断推进，改革效应逐步显现，增强民营经济发展动力。束缚民营经济发展的体制机制进一步完善，逐步确立民营经济平等竞争市场主体地位，释放民营经济发展潜力。国家全面推进依法治国，民营经济发展面临法治环境有望得到进一步改善，提振民营企业发展信心。新产业、新业态、新商业经济的快速发展，提升民营经济发展活力。机遇稍纵即逝，风好扬帆启航，广东民营经济主体勇立时代潮头，牢牢把握历史发展机遇，创新引领时代，实干开创未来，为广东经济实现"三个定位、两个率先"目标作出更大贡献。

“十二五”时期广东固定资产投资完成情况

“十二五”时期，广东通过实施扩大有效投资一系列重大举措，实现了固定资产投资的持续稳定较快增长，夯实了广东经济健康稳定增长的基础。“十二五”时期，广东累计完成固定资产投资 11.48 万亿元，比“十一五”多 5.65 万亿，年均增长 16.6%。累计完成固定资产投资占 GDP 比重为 36.6%，比“十一五”提高 4.3 个百分点，其中 2015 年投资占 GDP 比重首次突破 40%，达到 41.2%。固定资产投资总额在 2013 年突破 2 万亿元大关（2.29 万亿元）、2015 年突破 3 万亿元大关，有力拉动广东经济稳定、持续、较快增长。

一、“十二五”投资成就斐然

“十二五”时期，广东充分发挥投资的关键作用，做好项目立项、备案等储备工作，落实投资项目特别是重点项目的建设资金和用地需求；优化投资结构、提高投资效益，放宽准入门槛、拓宽民间投资领域；统筹区域协调发展，加大基础设施投资力度，夯实经济腾飞基础；转型谋出路、改革惠民生。固定资产投资运行在稳定较快的发展轨道上。

（一）项目先行和建设资金落实到位是保障

项目和资金是投资的两个先行指标，足够的项目储备和充裕的到位资金，是固定资产投资长期稳定增长的保障。

1. 本年新开工项目大幅增加，一批重大投资项目建成投产并形成生产能力。

（1）新开工项目明显增加。“十二五”时期，广东在建 500 万元以上的施工项目累计 155643 个，2015 年为 38740 个，年均增加 3445 个；本年新开工项目累计达 106393 个，2015 年为 28314 个，年均增加 3164 个；本年投产项目累计 101457 个，2015 年为 27410 个，年均增加 2946 个。

（2）大型项目逐年增加。2011 至 2015 年在建计划总投资 10 亿元以上的项目分别有 536 个、564 个、627 个、674 个和 720 个，呈现逐年增加的态势，项目平均建设规模为 41.79 亿元、46.43 亿元、46.05 亿元、45.40 亿元和 43.53 亿元。

（3）一批重大项目投产并形成生产能力。“十二五”时期，广东投产了一批重大项目并形成生产能力。新增发电装机容量 4263.59 万千瓦，新增输电线路长度（110 千伏及以上）20189.25 公里，新增轿车生产能力 101 万辆，新建高速铁路里程 508 公里，新建高速公路 2179 公里，新（扩）建港口码头 65 个、年吞吐量 7708.4 万吨，飞机购置 171 架等。

表1 “十二五”时期广东投产的主要项目

项目名称	计划总投资（亿元）	投产时间
大广高速粤境段	224.36	2015 年 12 月
广乐高速	333.42	2014 年 09 月
二广高速连州至怀集段	166.17	2014 年 12 月
厦深铁路广东段	208.10	2013 年 12 月
南广铁路广东段	225.00	2014 年 12 月
贵广铁路广东段	247.39	2014 年 12 月
一汽-大众佛山工厂一期	153.00	2013 年 09 月

（4）多渠道筹备投资项目。“十二五”时期，广东累计引进外商直接投资项目 3.2 万个，珠三角 6 个帮扶市引进项目 692 个，截至 2015 年底实施备案的投资项目占全部投资项目的比例达到 90%。

2. 到位资金充足，支撑投资项目建设进程顺利开展。

“十二五”时期，广东投资项目实际到位资金 136317.72 亿元，年均增速比完成投资高 0.9 个百分点，投资资金来源比（完成投资与到位资金的比例）由“十一五”时期的 1:1.16 提高到“十二五”时期的 1:1.19。

从总量看，自筹资金最大，利用外资最小（由于资金来源中债券很小，忽略不计）。企业自筹资金占比在一半以上，而利用外资占比由“十一五”时期的 6.3% 下降至“十二五”时期的 1.8%。从增速看，国家预算资金、自筹资金、其他资金增长较快，国内贷款保持稳定的小幅增长，而利用外资则出现明显的负增长。

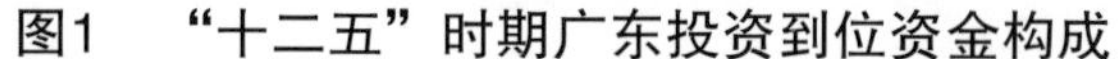

图1　“十二五”时期广东投资到位资金构成

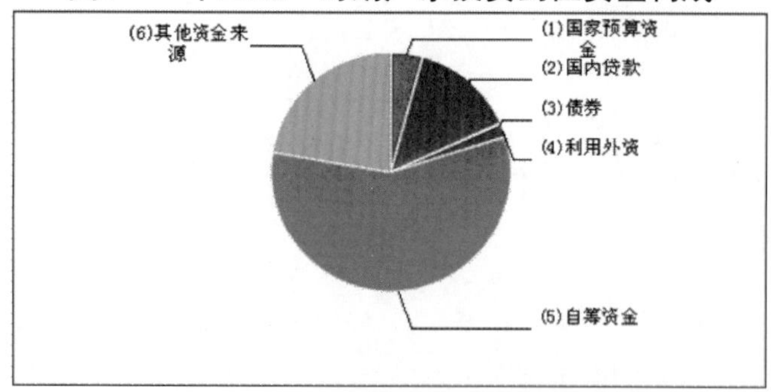

图2　“十二五”时期广东投资到位资金增速

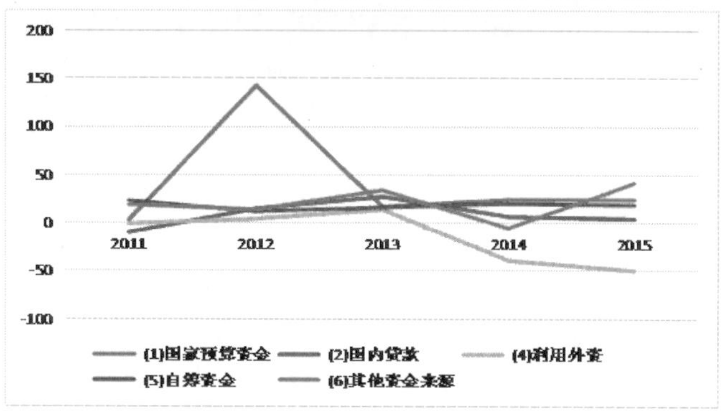

（二）产业结构优化和民间投资领域拓宽是亮点

随着广东经济产业转型升级、主攻中高端发展以及鼓励、引导民间投资的措施落实，固定资产投资产业结构不断优化、民间资金积极进入各建设领域，支柱产业房地产开发投资蓬勃发展。

1. 产业结构不断优化。

“十二五”时期，广东第一产业投资快速增长，比例上升；第二产业和第三产业投资保持平稳较高增长，代表转型升级的先进制造业、高技术产业、传统优势产业和与民生关系密切的文化产业等投资保持较高增长。三次产业累计投资比例由“十一五”时期的 0.9:34.9:64.2 调整为“十二五”时期的 1.4:33.2:65.4。

第一产业累计完成投资 1600.19 亿元，年均增长 19.5%，增幅比整体投资高 2.9 个百分点。第二产业累计投资 38127.00 亿元，年均增长 17.5%，增幅比整体投资高 0.9 个百分点，比“十一五”年均增幅高 2.9 个百分点。其中，工业投资 37895.13 亿元，占二产比重为 99.4%，年均增长与第二产业持平。2015 年，先进制造业完成投资 3898.73 亿元，比 2014 年增长 25.4%，占工业投资的比重为 38.4%；高技术制造业完成投资 1366.55 亿元，比 2014 年增长 35.8%，占工业投资的比重为 13.5%。第三产业累计投资 75119.51 亿元，年均增长 16.0%。其中，文化产业完成投资 5219.81 亿元，年均增长 19.5%；信息产业完成投资 5907.89 亿元，年均增长 10.7%；房地产开发完成投资 32859.09 亿元，年均增长 16.2%。

2. 民间投资快速增长。

“十二五”时期，广东积极拓宽民间投资领域，加大投入力度，民间投资共完成 64381.17 亿元，年均增长 24.2%，增幅比整体投资高 7.6 个百分点，占比由“十一五”的 36.6% 大幅提高到“十二五”的 56.0%。在完成投资最大的五个门类行业中，民间投资都占据着很重要的地位。

（1）房地产业方面，共完成民间投资 27672.15 亿元，年均增长 23.1%，占全部房地产业投资的 75.9%，比全部房地产业增速快 2.2 个百分点。

（2）制造业方面，共完成民间投资 22336.80 亿元，年均增长 26.2%，占全部制造业投资的 76.3%，比全部制造业增速快 4.9 个百分点。

（3）交通运输、仓储和邮政业方面，共完成民间投资 1497.58 亿元，年均增长 20.4%，占全部交通运输、仓储和邮政业投资的 13.8%，比全部交通运输、仓储和邮政业增速快 10.7 个百分点。

（4）水利、环境和公共设施管理业方面，共完成民间投资 2808.65 亿元，年均增长 16.5%，占全部水利、环境和公共设施管理业投资的 32.2%，比全部水利、环境和公共设施管理业增速快 8.6 个百分点。

（5）电力、燃气及水的生产和供应业方面，共完成民间投资 836.85 亿元，年均增长 18.2%，占全部电力、燃气及水的生产和供应业投资的 16.5%，比全部电力、燃气及水的生产和供应业增速快 17.6 个百分点。

3. 房地产开发投资拉动整体投资有效增长。

作为广东经济发展的支柱产业，房地产开发投资在市场化程度较高的环境中保持平稳较高的增长。结构进一步调整，商品房销售日趋理性。经过“十一五”的高速增长之后，广东房地产开发投资在“十二五”时期累计完成投资 32859.09 亿元，年均增长 16.2%。全省商品房销售面积 46415.50 万平方米，比“十一五”多 15879.72 万平方米；商品房销售额 41364.03 亿元，比“十一五”多 22258.11 亿元；2015 年，按销售额除以销售面积计算的全省商品房销售价格为 9796 元 / 平方米，比 2010 年上升 2317 元 / 平方米，五年间上涨了 31.0%。

“十二五”时期，广东加快推进保障性住房建设，超额完成国家下达的保障性住房建设和棚户区改造任务，累计开工建设保障性住房（含租赁补贴）66.1 万套（户），基本建成 59.4 万套（户），改造棚户区 20 万套（户）。

（三）基础设施投资再掀新高潮及先进制造业、文化产业投入明显增加是突破

"十二五"时期，广东着力推进重大基础设施、重大产业项目和重大民生工程建设，充分发挥交通、电力、电信、水利等投资的基础作用，积极投资高附加值的先进制造业和信息产业以促进经济转型，努力加大文化产业投入来提高人民生活质量，建设幸福广东。

1. 继续大规模建设基础设施。

"十一五"是广东基础设施投资大发展的五年，五年间投资增长了 1.5 倍、年均增长 20.1%。在此基础上，"十二五"时期基础设施投资仍得到长足发展，特别是在期末，又启动了一批高速公路、铁路、地下轨道、城际快线等基础设施项目建设。

（1）路路通，夯实经济腾飞起跑道。2015 年广东高速公路通车总里程突破 7000 公里，居全国第一位。其中出省通道达 20 条，新增铁路通车里程 1430 公里，新建成一批机场、港口、能源、环保、水利等项目；实现县县通高速的目标，约 3 万公里新农村公路实现路面硬化，完成 3765 公里山区中小河流治理。

（2）旧貌换新颜，建设美丽城市。"十二五"时期，城市建设投资跨越万亿元达到 10778.67 亿元，年均增长速度比整体基础设施投资高 2.9 个百分点。

（3）项目储备多，发展潜力大。2015 年在建的大型基础设施投资项目主要有深茂铁路江门至茂名段、港珠澳大桥主体工程、虎门二桥、广州白云国际机场扩建工程、珠海通用机场，2016 年计划开工的项目主要有广深沿江高速公路（深圳段）项目二期、潮汕环线高速、南沙港铁路等。"十三五"基础设施投资稳定增长仍然值得期待。

2. 大力发展先进制造业。

"十二五"时期，广东落实《中国制造2025》，实施工业转型升级行动计划，建设珠江西岸先进装备制造产业带，大力推进智能制造。"十二五"工业投资中属于先进制造业的装备制造业、石油及化学累计分别完成投资 10140.81 亿元和 2980.39 亿元，年均增长 19.6% 和 25.3%；高技术产业的医药完成投资 619.19 亿元，年均增长达到 31.6%；优势传统产业的纺织服装、食品饮料和建筑材料分别完成投资 2611.39 亿元、2100.13 亿元和 3828.03 亿元，年均增长 23.4%、25.3% 和 17.6%。上述六大产业累计完成投资占工业投资的 58.8%，对工业投资的贡献率达到 67.7%。2015 年，广东先进制造业增加值、高技术制造业增加值占规模以上工业比重分别提高到 47.9% 和 25.6%。

3. 文化产业投资大幅增长。

2010 年，广东制定《广东省建设文化强省规划纲要（2011-2020）》，明确要把握大势，与时俱进，肩负起建设文化强省的历史使命。"十二五"时期，广东文化产业投资保持较高的增长速度，投资项目明显增加，投资资金特别是民间资本到位理想，投资结构优化提升，有效夯实广东文化产业发展的基础。

"十二五"时期，广东文化产业累计完成投资 5219.81 亿元，年均增长 19.5%，增幅比整体投资高 2.9 个百分点，比"十一五"高 3.6 个百分点，占整体投资的比重由"十一五"的 3.9% 提高到"十二五"的 4.5%。一批有影响的文化产业投资项目已经建成或即将建成投产。

表2 "十二五"时期广东投产的大型文化产业投资项目

项目名称	计划总投资（亿元）	投产年份
长隆国际海洋度假区二期项目	48.57	2015年12月
十字门国际展览中心工程	15.15	2015年10月
珠影文化创意产业园	20.00	2014年12月
长隆国际海洋度假区一期	24.28	2014年12月
东部华侨城（盐田）旅游项目	57.80	2013年02月
广州新图书馆	11.91	2013年11月

二、"十二五"广东投资存在的隐忧

广东投资虽然保持稳定较快的增长态势，结构进一步优化，但仍存在经济下行压力制约、区域发展不平衡、基础设施投资日趋饱和、技术改造投资规模偏小和高耗能行业投入较大等诸多问题，投资在取得成绩的同时也存在隐忧。

（一）经济下行压力对投资增速有所影响

1. 投资率突破长期运行区间。

"九五"以来，广东投资率（固定资产投资和 GDP 的比率）一直运行在 30%-40% 的合理区间，投资增速围绕 GDP 上下波动。"十二五"时期，广东投资率呈明显逐年上升的态势，并在 2015 年突破 20 年以来的运行区间，达到 41.2% 的新高。

图3　1995–2015年广东投资率

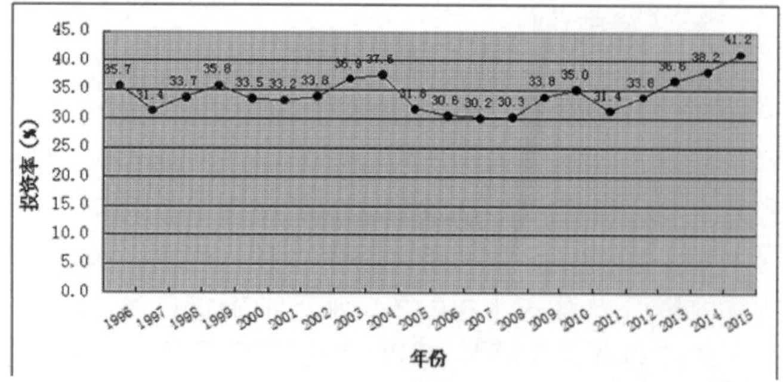

现阶段，广东经济处于工业化的中后期，人均GDP突破一万美元大关，投资率稳定在35%左右是比较合理的。研究资料表明，亚洲的日本和韩国，在与广东经济水平相仿的阶段，投资率基本是围绕33%上下波动。而广东近几年投资率明显上升并突破长期以来的运行区间，主因是外贸增长乏力、消费增长放缓，“三驾马车”中投资的拉动作用更加明显。但对于投资与GDP的增幅差逐渐扩大的实际情况，逐年上升的投资率必须引起高度重视。

2. 房地产开发投资出现增长乏力迹象。

房地产开发投资经过“十一五”的高速增长之后，“十二五”中前期仍保持较高的增长速度，但在国家一系列宏观调控政策的影响下，进入2015年之后，房地产开发投资开始进入调整。

“十二五”时期，房地产开发累计完成投资32859.09亿元，年均增长16.7%，增幅比“十一五”低2.2个百分点。2015年，房地产开发投资8538.47亿元，同比增长11.8%，增幅比2014年下降5.4个百分点，占整体投资的比重由2014年的29.5%下降到2015年的28.4%。

2015年，房地产开发企业新增项目有所减少，待开发土地面积、当年土地购置面积均出现负增长，房屋新开工面积特别是竣工面积大幅下降。空置面积（待售面积）则有所增加，空置面积与销售面积比由2010年的0.27提高到2015年的0.48，在没有增量的条件下，消库存由99天增加到176天。很明显，房地产开发因为宏观调控，项目建设资金趋紧，投资进入调整期将不可避免。

表3　2015年广东房地产开发主要指标完成

指标	2015年	比上年增长（%）
本年完成投资（亿元）	8538.47	11.8
待开发土地面积（万平方米）	4115.09	-13.1
本年土地购置面积（万平方米）	1478.80	-24.1
利用外资（亿元）	26.65	-58.1
房屋新开工面积（万平方米）	12676.74	-5.3
房屋竣工面积（万平方米）	6044.43	-17.5
待售面积（万平方米）	5637.94	3.1

（二）区域发展不协调问题仍然突出

广东的固定资产投资区域发展很不平衡。珠三角地区投资规模大、比重高，粤东西北地区投资规模小、比重低，虽然在区域协调发展具体措施落实的强力拉动下，粤东西北投资有较高增长，但区域不协调问题仍然突出。

“十二五”时期，广东珠三角9市累计完成投资80070.18亿元，占全省投资的69.6%，年均增长14.2%；粤东西北12市累计完成投资34988.27亿元，占全省投资的30.4%、比“十一五”提高3.0个百分点，年均增长25.2%、比“十一五”小幅回落0.3个百分点。其中，东翼完成投资12369.57亿元，年均增长27.1%；西翼完成投资10304.55亿元，年均增长32.0%；粤北山区完成投资12314.16亿元，年均增长18.3%。

图4　“十二五”时期广东区域投资构成

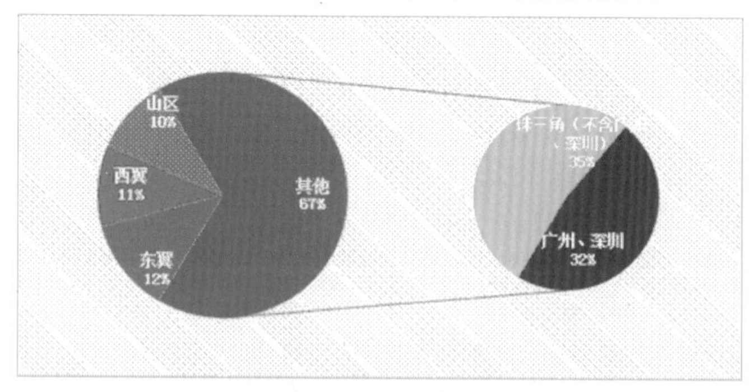

（三）工业技术改造投资存在短板

一直以来，广东工业技术改造投资总体上存在总量偏少、速度偏慢、比例偏小等问题，与鲁苏浙等省相比，工业技术改造投入明显不足，与广东工业大省的地位不相匹配。

近几年，广东陆续出台一系列优惠政策鼓励工业企业技术改造，工业技术改造投资快速增长。2014年，广东工业技术改造投资1867.59亿元，同比增长19.9%；2015年工业技术改造投资2931.50亿元，同比增长 56.5%。但由于历史欠账太多，与东部主要省份相比，2015 年广东工业技术改造投资仍比山东少 11142.50 亿元、比江苏少 9414.10 亿元、比浙江少 3768.50 亿元。

（四）高耗能行业投资增加明显

“十二五”时期，广东六大高耗能行业累计完成投资 11402.37 亿元，年均增长 14.0%。虽然年均增幅落后于整体投资，但仍比“十一五”明显上升了 5.5 个百分点。

从 2015 年的情况看，六大高耗能行业中，除有色金属冶炼压延加工业外，其他 5 个行业都保持一定程度的增长。电力、热力的生产和供应业完成投资 923.76 亿元，增长 5.6%；石油加工炼焦及核燃料加工业投资 258.70 亿元，增长 18.6%；化学原料及化学制品制造业投资 487.01 亿元，增长 27.4%；非金属矿物制品业投资 823.84 亿元，增长 18.6%；黑色金属冶炼及压延加工业投资 246.13 亿元，增长 24.0%。

“十二五”时期广东建筑业发展情况

“十二五”期间，广东深入贯彻落实党的十八大和十八届三中全会精神，主动适应经济发展新常态，全面深化改革，加快转型升级，积极推进建筑产业现代化，实现建筑业整体发展稳中有进，发展质量不断提升。

一、建筑业发展基本情况

（一）建筑业发展稳定，为广东国民经济健康持续发展提供有力支撑

“十二五”时期，广东经济保持了平稳较快发展态势，固定资产投资快速增长，为建筑业发展提供了良好的基础。2015 年全省建筑业总产值 8865.68 亿元，比 2010 年增长 88%，稳居全国第五位，年均增长 13.5%。建筑业增加值 2437.17 亿元，比 2010 年增长 57.1%，年均增长 9.4%（按现价算）。“十二五”期间，建筑业增加值占 GDP 比重稳定在 3.3% ～ 3.5% 之间，建筑业的稳定发展为广东国民经济健康持续发展提供了有力支撑。

表1　建筑业主要指标表

指 标	建筑业总产值（亿元）	地区生产总值（亿元）	建筑业增加值（亿元）	占GDP比重（%）
2010年	4715.46	46013.06	1551.81	3.4
2011年	5776.35	53210.28	1797.78	3.4
2012年	6514.59	57067.92	1890.90	3.3
2013年	7863.83	62474.79	2161.09	3.5
2014年	8343.11	67809.85	2341.18	3.5
2015年	8865.68	72812.55	2437.17	3.4
2015年比2010年增长（%）	88.0	58.2	57.1	—
2011-2015年平均增长（%）	13.5	9.6	9.4	—

注：表中各指标速度均为名义增速，未扣除价格因素。

（二）建筑业企业数和从业人数稳定，劳动生产率不断提高

截至 2015 年底，广东共有建筑业企业（指具有资质等级的总承包和专业承包建筑业企业，不含劳务分包建筑业企业，下同）4714 个，比 2010 年增加 333 个。其中，一级企业 1122 家，比 2010 年增加 78 家；二级企业 2900 家，比 2010 年增加 271 家；三级企业 6360 家，比 2010 年增加 4412 家。国有及国有控股建筑业企业 451 个（等级数），比 2010 年减少 52 个，在建筑业企业总数中的占比从 11.5% 下降为 9.6%；非国有建筑业企业在广东占据主要地位。

建筑业从业人数经历了 2012-2014 年的小幅增加后，2015 年为 168.58 万人，比 2014 年减少 31.25 万人，比 2010 年减少 19.66 万人。“十二五”期间，建筑业从业人数占全社会从业人员总数保持在 3.0% ～ 3.3% 左右，在促进农村富余劳动力就业、推进新型城镇化建设等方面发挥了不可替代的重要作用。

“十二五”期间，按建筑业总产值计算的劳动生产率稳步提高，2015 年达到 39.46 万元／人，比 2010 年的 24.69 万元／人增长 59.8%，比“十一五”同期增幅提高了 5.5 个百分点；年均增长 9.8%，但增速比“十一五”的 12.7% 回落了 2.9 个百分点。

表2 建筑业企业生产规模及效益指标表

指 标	单位	2010年	2011年	2012年	2013年	2014年	2015年	2015年比2010年增长%	2011-2015年平均增长%
建筑业企业个数	个	4381	4435	4476	4772	4764	4714	7.6	1.5
建筑业企业人数	万人	190.99	219.45	182.64	204.89	222.87	224.65	17.6	3.3
劳动生产率	万元/人	24.69	26.32	35.67	38.38	37.44	39.46	59.8	9.8

（三）企业利润和主营业务收入稳步增长，增幅较“十一五”有所回落

2015年，广东建筑业企业实现利润395.28亿元，比2010年增长92.7%，年均增长14%，增速比“十一五”期间下降8.2个百分点；利税总额694.44亿元，比2010年增长76.8%，年均增长12.1%，增速比“十一五”期间下降7个百分点。2015年全省建筑业企业主营业务收入9818.5亿元，比2010年增长78.8%，年均增长12.3%。

（四）建筑业企业签订合同总额增速放缓，本年新签合同额占比下滑

经过了“十一五”后两年超常规增长，“十二五”时期企业签订合同总额和本年新签合同额增速均有所回落。2011-2015年，广东建筑业企业签订合同总额分别增长25.3%、16.5%、11.2%、7.0%和9.2%，增速放缓势头明显；其中，本年新签合同额2011-2013年分别增长8.3%、14.4%和18.7%，2014年下降1.7，2015年增长3.8%，增速呈现较大幅度的下滑；新签合同额占签订合同总额比例分别为53.3%、52.4%、56.0%、51.4%、48.9%，呈略有下降态势（见图1）。

图1 2010-2015年建筑业企业签订合同增长情况

（五）房屋施工面积快速下滑，竣工产值较快增长

“十二五”前三年，广东建筑业企业房屋施工面积经过了快速增长后，随着签订合同总额特别是新签合同额的下滑而快速下滑，2014增长2.0%，2015年下降5.6%；而竣工产值却增长较快，2015年增速达到21.8%，说明企业竣工验收步伐有所加快。

（六）建筑业固定资产投资增速波动较大，占固定资产投资比重偏低

“十二五”期间，广东固定资产投资（不含农户，下同）快速增长，2015年突破3万亿元大关，年均增长16.6%。而建筑业固定资产投资增速自2012年、2013年大幅增长38.4%和107.7%后，出现大幅度的下滑，2014年下降35.3%，2015年仅增长6.7%；建筑业固定资产投资占固定资产投资的比重基本维持在0.2%（2013年占0.35%）左右，远低于全国0.9%的平均水平。

二、存在问题

（一）对外竞争力不强

广东建筑业企业在省外的施工规模呈下行走势，所占比重变化不大，国际、国内竞争力强的龙头企业数量偏少，因此向外拓展业务的能力不足。2015年，广东建筑业企业在外省完成产值2031.60亿元，比2010年增长146.1%。

从增速看，“十二五”期间虽然年均增长19.7%，但呈急促下滑态势（见图2），下滑幅度比江苏、浙江和山东都大。

图2 2010-2015年沿海四省在外省完成建筑业产值增长情况（快报数，%）

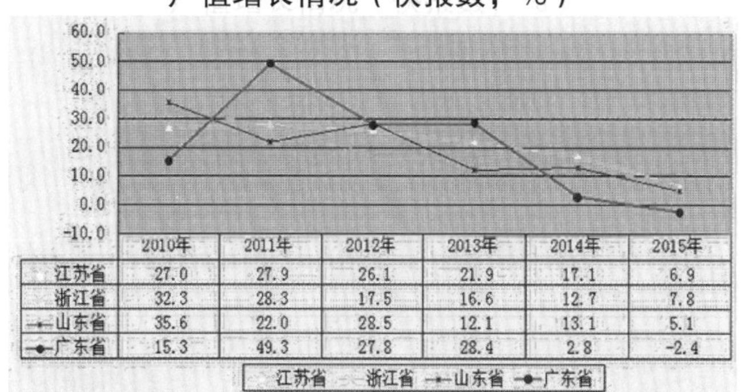

	2010年	2011年	2012年	2013年	2014年	2015年
江苏省	27.0	27.9	26.1	21.9	17.1	6.9
浙江省	32.3	28.3	17.5	16.6	12.7	7.8
山东省	35.6	22.0	28.5	12.1	13.1	5.1
广东省	15.3	49.3	27.8	28.4	2.8	-2.4

从比重看，2015年，广东建筑业企业在省外产值比重22.9%，虽比2010年增加5.4个百分点，但比全国平均水平低10.4个百分点，在全国31省（市）中排第14位，在东部11省（市）中排位靠后。

表3　2015年各省在外省完成产值情况表

序号	地区	在外省完成产值(亿元)	比重%	序号	地区	在外省完成产值(亿元)	比重%
1	全国	60203.53	33.3	17	河南省	1786.33	22.2
2	北京市	5737.57	68.0	18	贵州省	419.30	21.5
3	浙江省	12204.70	50.9	19	四川省	1824.59	20.8
4	上海市	2703.16	47.8	20	山东省	1636.70	17.4
5	江苏省	11004.84	44.4	21	重庆市	1052.60	16.8
6	天津市	1650.40	36.8	22	广西壮族自治区	495.27	16.8
7	福建省	2784.77	36.6	23	甘肃省	262.21	14.2
8	青海省	147.72	36.1	24	辽宁省	735.81	13.6
9	山西省	1044.00	35.6	25	黑龙江省	220.23	13.1
10	湖北省	3624.43	34.2	26	吉林省	254.61	11.5
11	湖南省	2213.41	33.4	27	宁夏回族自治区	44.17	8.4
12	江西省	1527.44	33.2	28	云南省	225.39	6.9
13	陕西省	1519.06	32.0	29	内蒙古自治区	57.00	5.1
14	河北省	1571.18	29.9	30	新疆维吾尔自治区	112.85	5.0
15	广东省	2031.60	22.9	31	西藏自治区	3.87	3.6
16	安徽省	1299.94	22.8	32	海南省	8.38	3.0

（二）区域发展不平衡

从企业数量看，全省 74.4% 的建筑业企业都集中在珠三角地区，粤东西北地区均不足 10%。从完成的建筑业总产值看，珠三角地区完成的产值占全省的 72.2%，其中广州、深圳两市产值就占了全省的 53.3%。从在外省完成的产值看，珠三角地区在外省完成的建筑业产值为全省的 84.0%，其中，广州、深圳两市占全省的 67.5%，而汕尾、河源、揭阳、云浮 4 个市的建筑业企业没有在外省承建建筑工程。

（三）企业成本费用高企，经营利润收窄

建筑业企业除了要承担营业税、个人所得税、印花税和企业所得税等税赋外，近年来，一线建筑工人的工资大幅上涨，目前建筑工人实际日单价在 200 ～ 250 元 / 工日，大幅超出政府指导价，此外，建筑施工各类资格证件审核、人员培训、考试频繁，企业培训费用高企，无形中增加企业经营成本。同时，建筑业企业存在的“五个一块”不合理现象，即按有关文件规定，各种费用要“交”一块，招投标过程中被恶性压价“压”掉一块，施工过程中垫资“垫”一块，工程款被“欠”掉一块，不少企业在这种重压下经营性亏损“亏”掉一块。建筑行业进入微利时代，经营利润收窄。2015 年全省应收工程款为 2064.75 亿元，占主营业务收入的 21.0%，比 2010 年增长 171.6%，年均增长 22.1%。应收工程款增加，导致企业资金链趋紧，影响企业的发展。

"十二五"时期广东交通邮电发展情况

交通邮电是国民经济和社会发展的先行行业。"十二五"时期，广东交通邮电行业着力拓展交通运输和信息网络覆盖深度和广度，推进省内省外互联互通，行业发展基础设施更趋完善，装备技术水平更趋现代化和智能化，服务保障能力显著提升，新兴业态加快涌现，行业发展取得了质的飞跃，为保持经济平稳增长和社会发展提供强有力的支撑。2015年，广东交通运输仓储邮政业和电信业增加值分别达2928.90亿元和994.52亿元，比2010年增长60.7%和36.9%，年均增长9.9%和6.5%。

一、主要发展成就

（一）基础设施建设迈上新台阶

"十二五"时期，广东交通运输基础设施建设向深度和广度发展，重点加强对外通道建设，邮政保障建设力度加大，快递基础设施建设提速，信息通信技术应用跨入智能化时代。"十二五"时期，广东交通邮政和电信业建设投资总额达15348.24亿元，比"十一五"时期增长115.2%，增幅提高25.1个百分点，年均增长12.0%。

1. 交通运输网络更趋优化。

"十二五"期末，广东运输总里程达261.27万公里，比"十一五"期末增长29.4%。城际轨道交通、高（快）速铁路、高速公路网、航空线路等便捷、安全、高效、绿色运输快速发展成为这个时期发展亮点。

基本形成外通内连、协调均衡的高速公路骨干网，实现县县通高速。"十二五"时期，广东加快国家高速公路粤境段、高速公路出省通道建设，全省公路通车里程达21.60万公里，比"十一五"期末增加2.59万公里；公路密度达到120.2公里/百平方公里，比"十一五"期末增加14.5公里/百平方公里。水泥和沥青路面里程达14.80万公里，占全部公路通车里程的68.5%，比"十一五"期末提高3.4个百分点，高等级公路占比明显提高。高速公路通车里程达到7021公里，在全国处于领先水平。

城际轨道和高（快）速铁路覆盖全省16个地市。"十二五"期末，广东铁路营业里程达5141公里，比"十一五"期末增加2844公里；铁路网密度达286公里/万平方公里，比"十一五"期末增加158公里/万平方公里。其中，城际轨道和高（快）速铁路期末营业里程达到1349公里，五年新增1000多公里，现已有武广、广珠城际、厦深、广深港、赣韶、贵广、南广等多条运营线路，覆盖全省除河源、梅州、阳江、湛江和茂名等市之外的16个地市。

航空机场保障和航空运输能力得到完善和提高。"十二五"期间，广东扩建了深圳机场，建成投产揭阳潮汕机场，已形成广州、深圳、珠海、湛江、潮汕、佛山、惠州等枢纽机场、干线机场和支线机场高效协作的民用运输机场布局。2015年，广东机场旅客吞吐量达到1.05亿人次，航班起降达到79.90万架次，货物吞吐量达到260.26万吨，分别比2010年增长46.0%、36.4%和31.2%。广州白云新机场的旅客吞吐量、货物吞吐量和航班起降架次位居全国机场第三位（居北京和上海之后），南航集团是中国运输飞机最多、航线网络最发达、年客运量最大的航空公司，广州已成为中国大陆进出大洋洲、东南亚的第一门户。

城市公共交通服务更趋完善。"十二五"期末，广东全省拥有公共汽（电）车5.72万辆，运营线路网长度10.01万公里，年运送旅客73.74亿人次，分别比"十一五"期末增长37.8%、38.0%和26.1%；轨道交通运营车辆3196辆，运营线路网长度451公里，年运送旅客35.29亿人次，分别比"十一五"期末增长124.4%、50.3%和162.6%。广州和深圳轨道交通加快发展。

2. 邮政快递和信息通信技术覆盖率与承载能力全面提升。

邮政快递领域投资建设力度加大。"十二五"时期，随着网络购物迅猛发展，广东加大了邮政快递服务保障建设力度，全省邮政业固定资产投资达71.88亿元，比"十一五"时期增长9.5倍，年均增长79.0%，建成12027个村邮站，快递服务网点发展到约3万个，所有建制村和少数民族地区已直接通邮，实现了"乡乡设所，村村建站”目标，农村快递不断延伸，快递末端投递方式更加便利化和智能化。

信息通信网络覆盖稳步提升。“十二五”时期，随着“宽带中国”战略的持续推进和实施，广东基础电信业迎来新一轮发展期，全省信息通信业固定资产投资达1831.69亿元，比“十一五”时期增长61.0%，年均增长15.9%。长途光缆线路长度达到5.27万公里，移动电话交换机容量达到2.20亿户，移动电话基站达到42.02万个，其中3G和4G移动基站达到31.20万个，占比超过七成；互联网宽带接入端口达到4765.46万个，其中光纤接入端口2099.30万个，占比达23.1%。“互联网+”深入发展，业务涉及社交平台、网络游戏、视频直播、互联网阅读、电子商务、互联网金融、智能制造等多方位多领域，在政务民生、智慧城市、生态文明等方面服务于经济社会发展。

（二）装备水平彰显现代化和智能化

公路客货营运车辆向大型化和绿色智能化发展。“十二五”期末，广东营业性客车有3.92万辆，平均每车40.95个客位，比“十一五”期末提高5.19个客位；大型客车占全部的比重为79.4%，比“十一五”期末提高17.7个百分点。全省营业性货车为57.53万辆，平均每车4.67个载重吨位，比“十一五”期末提高0.75个载重吨位。大型货车占全部的比重为28.7%，比“十一五”期末提高8.3个百分点。为积极配合环保要求，促进公路货运车辆向低碳化发展，交通运管部门加大对“黄标车”的整治力度，鼓励、引导、有序安排高排放高污染货车退出运输市场。

运输安全和智能监控力度显著增强。“十二五”期末，广东营业性客货车拥有量合计61.45万辆，其中，安装了GPS卫星定位车辆达到33.32万辆，占比为54.2%，比“十一五”期末提高31.5个百分点，营业性客车GPS卫星定位安装率更是高达91.6%。

水路运输船舶向大型化和标准化发展。“十二五”期末，广东民用运输船舶拥有量为8716艘，平均每船净载重吨位和功率分别达到3101.82吨和789.74千瓦，比“十一五”期末增加1804.53吨和311.47千瓦。集装箱船和油船等专业化程度较高的运输船舶增加较快，其中，集装箱船期末数为886艘，平均每艘108.01TEU，比“十一五”期末增加31.12TEU；油船371艘，平均每艘净载重2697.42吨，比“十一五”期末增加1303.52吨。

快递市场更趋活跃，服务范围进一步拓展。“十二五”期间，快递企业从传统快递向仓储配送、物流咨询、代收货款及签单返还等相关增值业务领域拓展，快递行业出现冷链、农产品、日用品、电器等规模化配送，截至2015年底，全省共有快递业务经营许可法人企业2310家，其中，有6家全国性企业，有12家省属企业；快递从业人员达到40万人，占全部邮政从业人员的9成。

信息通信普遍服务稳步发展，提速降费快速推进。“十二五”期末，广东固定宽带平均速率达到20M，信息通信平均资费水平同比降幅超过44%，其中，移动流量平均资费水平降幅超过35%，全省已实现行政村全部通光缆，4G网络覆盖全部乡镇，全省光纤接入能力达到20M以上的行政村有12491个，占行政村总数的63.6%。

（三）服务保障水平发生质的飞跃

“十二五”时期，广东客货运输量、港口货物吞吐量、邮电业务总量等快速增长，业务结构持续优化，新业态不断涌现。

1. 高铁运输成为客运发展亮点，旅客运输朝着快速、便捷、舒适方向推进。

“十二五”时期，随着高速公路网、城际轨道和高（快）铁路网的加快建设，人们出行需求层次提升，旅客运输朝着快速、便捷、舒适方向推进，高铁日渐成为人们出行首选，火车、汽车、飞机等运输工具分工衔接更相得益彰。2015年，广东全社会完成旅客运输量20.73亿人，旅客周转量4335.79亿人公里，分别比2010年增长61.4%和77.9%，年均增长10.1%和12.2%，比“十一五”时期提高2.3个和0.3个百分点。

表1 广东旅客运输发展变化情况

指　标	单　位	2015年	2015年比2010年增长（%）	2011-2015年平均每年增长（%）	构成（%）		
					2010年	2015年	变化
客运量	万人	207345	61.4	10.1	100.0	100.0	0.0
铁路	万人	26536	77.4	12.2	3.2	12.8	9.6
公路	万人	168028	60.3	9.9	94.7	81.0	-13.6
水运	万人	2728	31.4	5.6	0.5	1.3	0.8
民航	万人	10054	31.8	5.7	1.6	4.8	3.2

（续上表）

指标	单位	2015年	2015年比2010年增长（%）	2011-2015年平均每年增长（%）	构成（%）		
旅客周转量	亿人公里	4335.79	77.9	12.2	100.0	100.0	0.0
铁路	亿人公里	747.05	63.7	10.4	13.7	17.2	3.6
公路	亿人公里	1769.61	93.4	14.1	52.0	40.8	-11.1
水运	亿人公里	10.50	40.0	7.0	0.3	0.2	0.0
民航	亿人公里	1808.63	58.5	9.6	34.1	41.7	7.6

高铁引领旅客出行方式巨变。2015年，广东完成铁路客运量2.65亿人，旅客周转量747.05亿人公里，分别比2010年增长77.4%和63.7%，年均增长12.2%和10.4%，增速比“十一五”时期提高6.9个和3.5个百分点。其中，高铁完成客运量1.23亿人，旅客周转量342.35亿人公里，高铁客运量和周转量占铁路客运的比重，由2010年的5.3%和8.0%提高到46.4%和45.8%，在综合交通运输体系中的比重达5.9%和7.9%。

公路客运由于便捷舒适和接驳快速，在短途客运中占有较重要席位。2015年，广东公路完成客运量16.80亿人，旅客周转量1769.61亿人公里，分别比2010年增长60.3%和93.4%，年均增长9.9%和14.1%，增速比“十一五”时期提高1.6个和1.7个百分点。公路客运量在综合交通运输体系中的占比达81.0%。

航空客运国际航线增多，强化了长线旅客运输地位。2015年，广东民用航空定期航班航线963条，航线里程237.29万公里，分别比2010年增加148条和56.55万公里，增幅达18.2%和31.3%。其中，国际航线180条，航线里程70.41万公里，分别比2010年增加71条和32.17万公里，增幅达65.1%和84.1%。全省完成航空客运量1.01亿人，旅客周转量1808.63亿人公里，分别比2010年增长31.8%和58.5%，年均增长5.7%和9.6%。其中，国际航线客运量和旅客周转量分别比2010年增长104.8%和185.3%，年均增长15.4%和23.3%。2015年，航空客运量和周转量在综合交通运输体系中的比重分别为4.8%和41.7%，比2010年提高3.2个和7.6个百分点。

2. 物流业发展态势良好，快递业发展方兴未艾。

近年来，广东物流发展规模持续快速扩大，发展模式不断创新，据第三次全国经济普查资料显示，2013年，广东独立核算的物流业法人企业为2.28万户，年末从业人员68.59万人，营业收入3677.04亿元，分别比2008年增长79.5%、32.0%和94.7%。交通物流运输是物流业主体，企业户数、从业人员、营业收入分别达到1.96万户、44.98万人、3012.42亿元，在广东物流业法人企业中占比分别达到86.4%、65.6%和81.9%。2015年，广东全社会完成货物运输量37.64亿吨，货物周转量15130.59亿吨公里，分别比2010年增长71.1%和160.9%，年均增长11.3%和21.1%。

表2 广东货物运输发展变化情况

指标	单位	2015年	2015年比2010年增长（%）	2011-2015年平均每年增长（%）	构成（%）		
					2010年	2015年	变化
货运量	万吨	376434	71.1	11.3	100.0	100.0	0.0
铁路	万吨	10072	-17.2	-3.7	5.9	2.7	-3.3
公路	万吨	279983	78.7	12.3	69.4	74.4	4.9
水运	万吨	78093	80.0	12.5	21.0	20.7	-0.3
民航	万吨	149	28.4	5.1	0.1	0.0	0.0
管道	万吨	8137	12.0	2.3	3.5	2.2	-1.4
货物周转量	亿吨公里	15130.59	160.9	21.1	100.0	100.0	0.0
铁路	亿吨公里	253.90	-22.9	-5.1	5.6	1.7	-3.9
公路	亿吨公里	3454.99	112.4	16.3	29.5	22.8	-6.7
水运	亿吨公里	11190.91	209.8	25.4	61.4	74.0	12.6
民航	亿吨公里	56.47	71.2	11.4	0.6	0.4	-0.2
管道	亿吨公里	174.33	-0.8	-0.2	3.0	1.2	-1.8

水路货运为全省货物运输较快增长奠定良好基础。随着中海散货运输有限公司落户广东，广东水路长线运输能力得到加强，水路货物周转量增长加快。2015年，广东水路完成货运量7.81亿吨，货物周转量11190.91亿吨公里，比2010年分别增长80.0%和209.8%，年均增长12.5%和25.4%，比“十一五”时期提高3.3和20.5个百分点。水路货物周转量在综合交通运输体系中的比重达74.0%，比2010年提高12.6个百分点。

公路货运保持较好增势，短途运输活跃。2015年，广东公路完成货运量28.00亿吨，货物周转量3454.99亿吨公里，比2010年增长78.7%和112.4%，年均增长12.3%和16.3%。公路货运量在综合交通运输体系中的比重为74.4%，比2010年提高4.9个百分点。

广东港口业发达，广州港和深圳港跻身世界大港行列。2015年，广东港口完成货物吞吐量17.11亿吨，占全国的比重达15.0%，比2010年增长40.0%；集装箱吞吐量5512.12万TEU，占全国的比重达26.2%，比2010年增长26.4%。其中，广州港货物吞吐量达5.01亿吨，在全国排名第4，在世界排名第6；深圳港集装箱吞吐量达2420.45万TEU，在全国排名第2，在世界排名第3。目前，货物吞吐量超过5000万吨的大港达10个，分别是广州、湛江、深圳、东莞、珠海、中山、江门、惠州、佛山、汕头等港口，形成以广州、深圳为龙头，东西两翼齐头并进的港口发展格局。

快递大省名副其实，在全国地位举足轻重。2015年，广东完成邮政业务总量1228.75亿元，实现业务收入737.20亿元，比2010年分别增长447.8%和272.1%，年均增长40.5%和30.1%。其中，完成快递业务量50.13亿件，实现快递业务收入615.91亿元，比2010年分别增长748.2%和352.2%，年均增长53.4%和35.2%。广东邮政业务收入、快递业务收入和快递业务量分别占全国的1/6、1/5和1/4，均居全国首位。

3. 信息通信规模快速成长，业务结构和用户结构不断优化。

“十二五”时期，随着传统电话和话音业务市场饱和以及互联网应用替代效应，全省电信业务总量快速增长，提速降费服务民生举措成效显著。2015年，广东完成电信业务总量3168.34亿元，比2010年增长91.4%，年均增长13.9%；实现电信业务收入1486.20亿元，比2010年增长18.0%，年均仅增长3.4%，收入增幅远远低于业务量增幅。其中，数据流量等非话音业务收入占比达到67%，比2010年提高23.2个百分点。

电话市场加速升级换代。“十二五”期间，电话用户市场基本饱和，全省期末电话总用户1.78亿户，比“十一五”期末增长38.3%，年均增长6.7%。其中，移动电话用户1.50亿户，比“十一五”期末增长54.6%，年均增长9.1%；4G电话用户达4896万户，占移动电话用户比重达32.6%。

高速宽带接入用户快速上升。“十二五”期末，广东固定宽带接入用户达到2285.19万户，比“十一五”期末增长50.0%，年均增长8.5%。其中，光纤用户1114.70万户，占比达48.8%。移动互联网用户数达到10950.25万户，比“十一五”期末增长58.3%，年均增长达9.6%。

二、发展过程中存在的主要问题

“十二五”时期，广东交通邮电业发展成就斐然，对社会和经济发展支撑保障作用明显增强，但也存在以下一些问题。

（一）铁路货运持续下降

受经济结构调整、环保要求升级、能源结构优化、经济区域布局调整等多重因素影响，煤炭、石油等刚性需求减弱，铁路货物运输逐渐衰微，在综合交通运输体系中比重有所下降。“十二五”时期，广东铁路货运量年均下降3.7%，货物周转量年均下降5.1%。2015年，铁路货运量和货物周转量在综合交通运输体系中的比重分别为2.7%和1.7%，比2010年下降3.3个和3.9个百分点。

（二）公路航空等运输行（企）业对高铁效应应对不佳

随着高铁运输快速发展，对公路、航空客运造成一定程度的冲击，公路客运量和周转量在综合交通运输体系中的比重分别为81.0%和40.8%，比2010年下降13.6个和11.1个百分点。国内航空航线客运量增长率偏低，年均仅增长4.8%，支线航空运输靠降价促销维持经营，企业经营效益下滑。如何适应旅客运输市场新常态，在新常态下寻出路求发展，是摆在公路和航空运输界面前的一道难题。

（三）港口增长步伐放缓

“十二五”时期，受世界经济增长疲软、国内经济下行压力加大以及周边港口竞争等多重因素影响，广东港口增长步伐明显放缓，全省港口货物吞吐量年均增长7.0%，比“十一五”时期的11.5%放缓4.5个百分点；集装箱吞吐量年均增长4.8%，比“十一五”时期的10.5%放缓5.7个百分点；广州、深圳、湛江、汕头等 4 大港口货物吞吐量合计年均增速由"十一五"时期的 10.9% 回落到 3.9%，五年放缓 7.0 个百分点。

（四）网络信息安全问题凸显

随着互联网业务深入发展，互联网信息安全和邮件寄递安全问题日益突出，个人资料失密、垃圾短信、网络和电话诈骗、邮件爆炸、网络造假等违法犯罪活动不时发生，损害了人民群众的利益，也损害了互联网的形象和信誉，影响社会稳定和谐。

“十二五”时期广东消费品市场运行情况

“十二五”时期，面对复杂多变的国内外经济形势，广东扎实推进经济结构转型升级，努力扩大消费需求，不断完善现代商品流通体系，大力发展新业态、新商业模式，消费品市场规模持续扩大，消费结构稳步升级。2013 年以来，随着经济发展进入新常态，消费品市场增长有所放缓，但总体呈现平稳较快的发展态势，对全省经济稳步增长起到了重要的支撑作用。

一、基本情况

（一）消费品市场规模持续扩大

“十二五”时期，广东经济稳健增长，民生保障持续改善，社会消费能力不断提升，消费品市场规模持续扩大。五年间，全省累计实现社会消费品零售总额 128417.26 亿元，相当于“十一五”时期的 1.97 倍，年均增长 12.5%，增幅与“十五”时期持平，比“十一五”时期低 4.6 个百分点。分年度看，2011-2015 年间，全省社会消费品零售总额增速分别为 16.3%、12.0%、12.2%、11.9% 和 10.1%，大体呈现逐年回落态势，但仍保持两位数较快增长。

从全国范围内看，广东社会消费品零售总额连续 32 年居全国首位，2015 年实现社会消费品零售总额 31517.56 亿元，比位列第二、第三的山东、江苏分别高 3756.15 亿元和 5640.76 亿元。

图 1 “十二五”时期广东社会消费品零售总额及增速

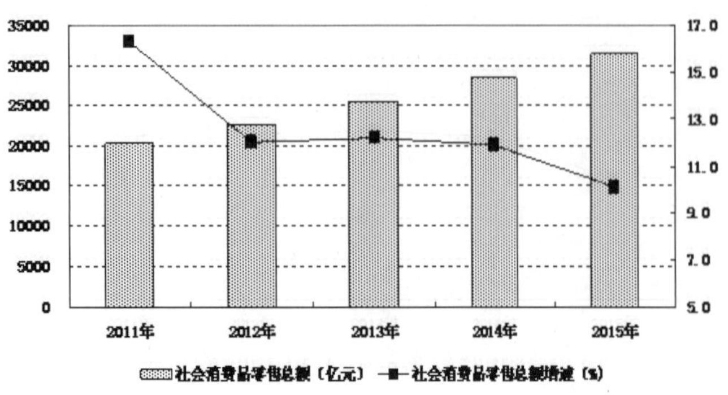

（二）商贸流通行业稳步增长

“十二五”时期，广东商贸流通行业稳步增长，全省累计实现商品销售总额 443683.56 亿元，相当于“十一五”时期的 2.61 倍，年均增长 19.6%，增幅比“十一五”时期高 1.3 个百分点。商贸流通行业引领生产、连接产销、带动消费的作用日益增强，对国民经济增长的综合贡献更加突出。2015 年，全省批发零售、住宿餐饮行业增加值 9073.46 亿元，占全省地区生产总值的 12.5%，占第三产业增加值的 24.6%。商贸流通行业规模化发展趋势明显，大型商贸流通企业市场份额继续扩大，行业示范和市场导向作用日益突出。2015 年末，全省限额以上批发零售、住宿餐饮法人企业 29569 家，比 2010 年末增加 9208 家；全年实现消费品零售额 13435.18 亿元，占全省社会消费品零售总额的 42.6%，比重比 2010 年提高 3.9 个百分点。

（三）城乡消费品市场共同发展

“十二五”时期，广东城镇化步伐不断加快，城镇居民消费结构稳步升级，城镇消费品市场规模不断扩大。2015 年，全省城镇消费品市场零售额 27436.37 亿元，比 2010 年增长 85.3%，年均增长 13.1%，增幅比同期社会消费品零售总额高 0.6 个百分点。城市大型商贸中心辐射能力增强，特色商业街提档升级、规范发展，社区商业综合服务功能提升，城镇现代商业体系日趋完善。据不完全统计，2015 年末，全省城市商业综合体 209 家，经营面积 972.66 万平方米。城镇居民购物环境继续优化，购物体验及购物便利性、便捷性继续改善。与此同时，伴随国家系列惠农政策措施的实施，农村商品流通网络进一步完善，农民增收潜力进一步挖掘，农村消费品市场发展步伐加快。2015 年，全省农村消费品市场零售额 3897.07 亿元，比 2010 年增长 52.5%，年均增长 8.8%，增速虽然低于同期城镇消费品市场，但比“十一五”时期高 3.2 个百分点。

（四）大型商品交易市场发展壮大

2015 年末，广东成交额达亿元及以上的商品交易市场 336 家，实现成交额 5576.63 亿元。其中成交额达20亿元及以上的超大型商品交易市场51家，实现成交额4087.17亿元，占亿元以上商品交易市场成交额的73.3%。亿元以上商品交易市场规模化发展的同时，专业化发展趋势明显。2015年末，各类型亿元以上专业市场250家，实现成交额4394.67亿元，占全省亿元市场成交额的比重达78.8%。广州、深圳、佛山、东莞商品集散和消费集聚功能进一步增强。2015年末，全省336个亿元商品交易市场中，广州139家、深圳32家、佛山32家、东莞40家、湛江21家，五市已占全部亿元市场总数的78.6%，实现成交额4856.72亿元，占全省亿元市场成交额的87.1%。大型商品交易市场相对集中，对市场规模的扩大、集市效应的形成和产销效益的最大化发挥了积极作用。

（五）新业态、新商业模式蓬勃发展

“十二五”时期，随着互联网与电子商务技术日臻成熟，电子商务迅猛发展，为消费品市场发展注入新的活力。2015年，全省实现网上商品零售额8251.0亿元，比上年增长27.7%，占全省社会消费品零售总额的26.2%，拉动全省社会消费品零售总额增长6.2个百分点。网络购物以其较大的价格优势、丰富的购物选择、方便的购物方式，受到越来越多消费者的青睐。传统商贸企业主动顺应城乡居民消费模式的改变，积极调整经营方式，大力拓展电子商务，努力实现线上线下资源互补和协同发展。2015年，全省限额以上批发零售业通过公共网络实现商品零售额820.32亿元，增长52.9%，拉动限额以上批发零售业零售额增长2.2个百分点，对限额以上批发零售业零售额增长的贡献率为43.1%。

电子商务快速增长的同时，连锁实体经营企业规模继续扩大，专业化程度进一步提升。2015年末，全省限额以上连锁总店386家，比2010年增加80家，共拥有连锁门店25903个，比2010年增加2807个；全年实现商品销售额5241.15亿元，比2010年增长49.7%。各种零售业态竞相发展，多层次现代商贸流通体系日益完善。2015年末，全省限额以上零售业法人单位7747家，其中专业店3741家、专卖店2363家，共占限额以上零售业法人单位的78.8%；百货店374家、超市351家、大型超市191家、便利店88家，共占限额以上零售业法人单位的13.0%；厂家直销中心194家、家居建材商店107家，共占限额以上零售业法人单位的3.9%；无店铺零售247家，占限额以上零售业法人单位的3.2%。

（六）消费结构稳步升级

“十二五”时期，广东城乡居民收入稳步增长，消费能力不断提升，消费热点不断涌现，汽车、通讯器材、休闲娱乐、教育文化、住房相关商品消费快速增长，城乡居民商品消费结构持续升级。

吃、穿、日用类商品需求增长稳定。2015年，全省限上批发零售企业食品、饮料、烟酒类零售额1233.58亿元，比2010年增长117.2%，年均增长16.8%；服装、鞋帽、针纺织品类零售额1250.76亿元，比2010年增长158.9%，年均增长21.0%；日用品类零售额586.30亿元，比2010年增长203.8%，年均增长24.9%。吃、穿、日用类商品需求稳定增长，对全省消费品市场稳健增长发挥着重要基础性作用。

汽车消费步入成熟发展期。汽车消费作为第三次消费结构升级的代表性商品，在经历“十一五”时期的高速增长后，“十二五”期间仍然保持较快增长。2015年全省限额以上批发零售企业汽车类商品零售额3773.61亿元，比2010年增长103.7%，年均增长15.3%，增速比“十一五”时期回落15.8个百分点。与汽车消费密切相关的石油及制品零售也保持较快增长，2011-2014年间年均增长14.1%。2015年，受石油价格大幅下降的影响，全省限额以上批发零售企业石油及制品零售额出现下滑，全年实现零售额1969.25亿元，比2014年下降9.8%。

以移动电话为主的通讯器材销售大幅增长。伴随4G网络技术快速发展和智能手机更新换代加快，高端电子通讯设备热销。2015年全省限额以上批发零售企业通讯器材类商品零售额444.81亿元，比2010年增长4.6倍，年均增长41.2%，增速居各主要大类商品的首位，比“十一五”时期加快27.2个百分点。

房地产市场快速发展带动居住相关商品热销。2015年广东商品房销售面积11681.01万平方米，比2010年增长59.5%。房地产市场保持较快发展势头，带动了与住房消费密切相关商品消费高速增长。2015年，全省限额以上批发零售企业建筑及装潢材料类零售额150.21亿元、家具类零售额149.28亿元、五金电料类零售额126.26亿元，比2010年分别增长2.8倍、3.6倍和4.2倍，年均分别增长30.6%、35.9%和38.9%。受市场相对饱和影响，限额以上批发零售企业家用电器和音像器材类商品销售增长放缓，2015年实现零售额669.89亿元，比2010年增长66.1%，年均增长10.7%，增幅比“十一五”时期回落11.7个百分点。

城乡居民教育文化娱乐服务消费支出持续增长，带动相关商品消费快速增长。“十二五”时期，全省限额以上批发零售企业文化办公用品类零售额年均增长39.7%、体育娱乐用品类零售额年均增长25.7%、电子出版物及音像制品类年均增长 18.0%、书报杂志类年均增长 14.0%，增速均较“十一五”时期明显加快。

二、消费品市场发展面临的主要问题

（一）宏观经济增长动力不足，消费品市场增长放缓

“十二五”时期以来，广东经济发展面临的内外部环境发生了很大变化，实体经济提振乏力，经济增长放缓，就业、增收所面临的压力对提升消费信心、扩大即期消费带来不利影响。广东 GDP 增速从 2010 年的 12.4% 下降至 2015 年的 8.0%，社会消费品零售总额增速从 2010 年的 16.9% 下降至 2015 年的 10.1%，消费品市场随着宏观经济大势而步入中高速发展阶段。

（二）社会保障相对滞后，城乡居民消费倾向偏弱

“十二五”时期，广东继续加大社会保障事业投入，加快健全基本公共服务体系，社会保障服务水平不断提高。但由于人口基数大，民生保障历史欠债多，公共财政用于社会保障的人均支出水平总体上仍然偏低，社会保障、医疗、养老、教育等基础性公共服务投入相对滞后，直接影响城乡居民消费倾向和消费预期。加上近年来广州、深圳等中心城市房价过快上涨，而中低收入家庭的住房保障体系尚处于探索发展阶段，居民住房支出大幅增加，很大程度上挤占了其他项目消费支出，不利于消费品市场较快增长。

（三）消费环境有待提升，消费政策仍待完善

“十二五”时期，随着全省各地对市场监管和整治力度加大，市场秩序有所改善，但相关管理体制不健全、监管机制不完善，使得广东消费环境还存在许多隐患，市场上消费不安全的事件时有发生。尤其是互联网销售业务迅猛发展，活跃了消费品市场，同时也为有序市场维护带来猝不及防的挑战。利用互联网或网络电商平台进行制假售假，由于其形式多样且比较隐蔽，不仅增大了相关部门查处的难度，也加大了消费者权益保护的难度。频发的消费安全事件，特别是食品消费安全事件使得城乡居民对消费安全的信心受到打击，严重影响居民消费信心和消费意愿。

（四）城乡、区域市场发展不平衡状况短期内难以改善

“十二五”时期，广东城乡居民消费水平均有了较大程度的提高，但城乡居民间的消费差异仍然较大。2015 年广东农村居民消费支出 11103 元，比城镇居民 2005 年的消费水平还低，总体落后城镇居民 10 年以上。与此同时，省内不同区域经济发展差距影响区域消费品市场协调发展。2015 年，粤东西北地区居民人均可支配收入 16844 元，仅为珠三角地区（人均 36662 元）的 45.9%；粤东西北地区社会消费品零售总额 8762.80 亿元，仅为珠三角地区的 38.7%。

（五）网上零售快速发展，传统实体经营面临较大挑战

电子商务快速发展，改变了人们的购物模式和消费习惯，打破了传统消费的地域界限，对本地传统实体商贸企业经营带来巨大冲击。传统商业企业实体店同时面临销售增长放缓和人工、租金、资金使用等经营成本攀升的压力，盈利能力大为减弱。2015 年，全省限额以上百货商店（不含购物中心）零售额同比仅增 1.2%，限额以上专卖店零售额同比仅增 0.8%，增速明显低于批发零售业平均水平。

“十二五”时期广东科技创新情况

“十二五”时期，全省上下贯彻落实党的十八大及十八届三中、四中、五中全会和习近平总书记系列讲话的重要精神，把创新驱动发展战略作为核心战略、优先战略和总抓手，摆在最重要的位置抓落实，科技创新取得较好的进展。

一、科技创新能力不断增强

“十二五”时期，企业参与科技创新的热情高涨，积极主动开展研发的意识明显增强。2015 年，广东有 R&D 活动的单位 9249 个，比 2010 年增长 109.0%，其中工业企业有 8113 个，比 2010 年增长 128.7%，规模以上工业企业中有 R&D 活动的企业占全部规上工业企业的 11.8%，工业企业 R&D 活动覆盖率较“十一五”时期明显提高。

研发队伍迅速发展。2015 年，广东从事科技活动人员 114.3 万人，比 2010 年增长 41.8%。从事 R&D 活动的人员稳步增加，2015 年全省 R&D 人员 68.0 万人，比 2010 年增长 52.1%。工业企业参与研究和试验发展人员成为全省研发主力，全省工业企业从事 R&D 活动全时人员 41 万人年，比 2010 年增长 41.4%。

研发投入稳步提高。2015 年，广东 R&D 经费支出 1798.2 亿元，是 2010 年的 2.2 倍，R&D 经费支出占 GDP 比重为 2.5%，比 2010 年提高 0.7 个百分点。其中基础研究经费 54.2 亿元，占 3.0%；应用研究经费 165.0 亿元，占 9.2%；试验发展经费 1579.0 亿元，占 87.8%。2015 年广东基础研究、应用研究和试验发展经费分别是 2010 年的 3.2 倍、4.4 倍和 2.1 倍，基础研究和应用研究投入经费增速明显较快。

研发机构稳步增加。2015 年，广东有科研机构 8164 个，比 2010 年增长 83.4%。企业科研机构 7011 个，比 2010 年增长 86.7%。其中，尤以工业企业科研机构发展快速。2015 年，广东工业企业科研机构 6553 个，比 2010 年增长 98.0%。科研机构的快速增长，为企业组织自主研发和开发新产品搭建了基础的交流平台。

研发项目不断增多。2015 年，广东开展 R&D 项目（课题）112680 项，比 2010 年增长 54.9%。从研发项目（课题）数量看，工业企业和高等院校成为研发主体，2015 年广东工业企业 R&D 项目 37375 项，比 2010 年增长 31.5%；高等院校 61677 项，比 2010 年增长 72.5%。

二、科技创新成效不断显现

大量科技成果相继涌现。2015 年，广东专利申请总数为 12.8 万件，其中发明专利申请数 6.7 万件，发明专利占全部专利的比重从“十一五”期末的 26.7% 上升到 52.0%。科研院所、高等院校专利申请数分别达到 2301 件、9441 件，其中发明专利申请分别为 1637 件、5616 件，发明专利申请比重高。工业企业专利、发明专利申请分别为 10.6 万件、5.2 万件，比 2010 年增长 92.7%、83.1%；拥有有效发明专利 20.0 万件，是 2010 年的 4.1 倍。全省发表科技论文 10.0 万篇，比 2010 年增长 26.6%。

企业产品开发不断推进。2015 年，广东规模以上工业企业共投入新产品开发经费 1831.0 亿元、开展新产品开发项目研究 4.3 万项，分别是 2010 年的 2.7 倍、1.4 倍。规模以上工业企业完成新产品产值 23056.2 亿元，是 2010 年的 1.9 倍；全年实现新产品销售收入 22642.5 亿元，是 2010 年的 1.9 倍。

区域创新优势逐步形成。“十二五”时期，珠三角地区科技活动投入水平和科技活动质量在省内呈现出明显优势，已成为广东科技创新高地和聚集区域，对周边地区、产业、企业产生了较强的辐射作用。2015 年，珠三角地区 9 市工业企业研发项目 3.41 万个，占全省的 91.3%；新产品开发经费 1740.9 亿元，占全省的 95.1%；规模以上工业企业专利申请 10.1 万件，占全省的 95.9%；规模以上工业完成新产品产值 21877.9 亿元，占全省的 94.9%。

三、科技创新体制机制不断完善

科技创新是创新驱动的核心，而体制机制更是科技创新的核心推动力，“十二五”时期广东为优化全省创新创业环境，制定了一系列政策，有效推进全省创新驱动发展战略的实施。

一是打造高水平的科研机构。“十二五”时期，广东为打造推动创新驱动发展的枢纽型高端平台，新成立了广东省科学院。它的成立为广东建立了更高端的基础研究和应用研究平台。省委省政府要求全面深化省科学院的改革，建立健全职责明确、评价科学、开放有序、管理规范的新型研发机构管理制度，实行企业化运作，赋予相应的自主权。同时，全面深入推进高水平大学的建设，高水平大学和重点学科建设成效初显。省财政安排 50 亿元专项资金支持高水平大学建设，将 7 所高校、18 个重点学科纳入高水平大学建设，推动华南理工大学、广东工业大学、南方科技大学、佛山科学技术学院、东莞理工学院等 5 所高校建设高水平理工科大学，有力助推基础研究和应用研究。出台扶持新型研发机构发展政策，新型研发机构在政府项目承担、职称评审、人才引进、建设用地、投融资等方面可享受国有科研机构待遇。

二是完善人才保障制度。人才引进取得积极成效。广东全面落实人才强省战略，推进全国人才管理改革试验区建设，在全国率先探索实行“海外人才绿卡制度”，进一步加强高层次人才引进。同时，完善高层次人才居住保障政策。高层次人才安居可以采取货币补贴或实物出租等方式解决。支持各级政府在引进人才相对集中的地区统一建设人才周转公寓或购买商品房出租给在当地无房的高层次人才居住。

三是逐步建立了企业研发准备金制度。运用财政补助机制引导企业普遍建立研发准备金制度。对已建立研发准备金制度的企业，省市财政通过预算安排，根据经核实的企业研发投入情况对企业实行普惠性财政补助，引导企业有计划、持续的增加研发投入。出台扶持新型研发机构发展政策，新型研发机构在政府项目承担、职称评审、人才引进、建设用地、投融资等方面可享受国有科研机构待遇。

四是科技成果转化支持力度不断加大。完善高等学校、科研机构科技策划能够过转化所获得收益激励机制，完善科技成果转化个人奖励约定政策，确保参与创新研发人员的个人权益。科技成果转化机制逐步健全，修订实施《广东省促进科技成果转化条例》。在国内率先出台经营性领域技术入股改革实施方案。

“十二五”时期广东劳动就业情况

“十二五”时期，广东紧扣科学发展主题和加快转变经济发展方式主线，主动适应、准确把握、积极引领经济发展新常态，坚持稳中求进，积极有效应对困难挑战，率先推进创新驱动发展战略，大力推进经济结构战略性调整，积极推进基本公共服务均等化。“十二五”时期，广东就业规模不断扩大，就业格局发生重大变化，就业保持稳定，为维护广东改革发展稳定大局做出了积极贡献。

一、就业目标全面实现，就业规模不断扩大

“十二五”时期，广东着力促进经济平稳较快增长，经济实力显著增强，为促进就业创造有利条件，确保了就业目标的全面实现，全省城镇新增就业824.24万人，农村劳动力转移就业480.10万人，组织农村劳动力培训362.70万人，分别超过“十二五”目标的37.4%、20.0%和45.1%。2015年末全省非农就业比例达到77.9%，也超过“十二五”目标的1.9个百分点。就业规模不断扩大。2015年末，广东就业人员总量为6219.31万人，比2010年末增加348.83万人，增长5.9%，五年年均增加69.77万人，年均增长1.2%。

“十二五”时期，广东全面实施就业优先发展战略，努力实现充分就业目标，在采取多项措施努力扩大就业的同时，加强对失业的调控力度，使全省就业形势总体保持稳定。“十二五”时期，广东城镇登记失业率保持在2.43%-2.48%之间，控制在“十二五”目标范围之内，连续五年低于全国平均水平。2015年，广东城镇登记失业率为2.45%，比全国平均水平低1.6个百分点，在全国各省、自治区、直辖市中属最低省份之一。

二、结构调整取得新成效，就业结构逐步优化

“十二五”时期，广东率先推进转型升级，产业结构调整取得重大突破。目前广东产业正迈向中高端水平，产业结构实现从“二、三、一”到“三、二、一”的转变，初步形成以战略性新兴产业为先导、先进制造业和现代服务业为主的产业结构。随着产业结构的不断调整，就业人员结构进一步优化，主要特点：

（一）第一、二产业就业人员比重下降，第三产业就业人员占比大幅上升。“十二五”时期，广东第一产业就业人员数持续减少，由2010年的1435.17万人减少到2015年的1375.15万人，年均减少12万人，年均下降0.9%；第二产业就业人员数小幅增加，从2010年的2487.25万人增加到2015年的2546.57万人，年均增加11.86万人，年均增长0.5%；第三产业就业人员数大幅增加，从2010年的1948.06万人增加到2015年的2297.58万人，年均增加69.90万人，年均增长3.4%。广东三次产业就业人员比重由2010年的24.4：42.4：33.2转变为2015年的22.1：41.0：36.9，第一产业就业人员所占比重下降2.3个百分点，第二产业下降1.4个百分点，第三产业上升3.7个百分点。

（二）结构偏离度逐年缩小，就业结构和产出结构的匹配程度不断提高。“十二五”时期，第一、二产业就业人员和GDP比重不断下降，第三产业就业人员和GDP比重逐步上升，三次产业结构偏离度呈现逐年缩小的趋势，就业与产业发展的协调度逐年提高。2010年，广东三次产业结构偏离度为38.8，经过五年的调整，并随着产业和劳动力“双转移”战略的大力推进，逐步下降到2015年的35.0。一产的偏离度由2010年的19.4下降到2015年的17.5，二产由7.2下降到3.6，三产则由12.2提高到13.9。二、三产的就业比重一直低于增加值比重，处于负偏离状态，具有吸纳劳动力的潜力，而一产为正偏离，其劳动力有转出的空间。

（三）民营经济就业人员快速增长，成为吸纳就业的主渠道。“十二五”时期，广东民营经济呈现快速发展态势，其在吸纳社会劳动力就业方面的作用显著增强。2015年，全省民营经济就业人员3297.38万人，比2010年增加681.17万人，年均增加

136.23 万人，年均增长 4.7%。民营经济就业人员所占比重由 2010 年的 44.6% 提高到 2015 年的 53.0%。民营经济的发展，既为广东经济的快速发展做出了重大贡献，又成为缓解城镇就业压力，吸纳农村劳动力转移就业的主渠道。

（四）农村劳动力培训与转移就业成效显著，省产业转移工业园区发挥示范带动作用。“十二五”时期，广东出台了一系列解决农村劳动力就业问题的政策措施，依托“双转移”战略，广东农村劳动力规模化、有序化、技能化转移就业。“十二五”时期，广东组织农村劳动力培训 362.70 万人、转移就业农村劳动力 480.10 万人，分别超过“十二五”目标的 45.1% 和 20.0%。劳动力转移对产业转移工业园区的支撑能力进一步增强，2015 年末，省产业转移工业园区共吸纳就业 76.93 万人，比 2010 年末增加 25.23 万人，增长 48.8%。省产业转移工业园区为促进粤东西北地区经济发展和农村劳动力转移就业发挥了示范带动作用。

三、收入分配秩序进一步规范，工资水平明显提高

“十二五”时期，广东全面贯彻落实深化收入分配制度改革措施，推动建立企业职工工资正常增长机制，三次大幅度提高企业职工最低工资标准，多渠道增加低收入者收入，扩大中等收入群体，进一步规范收入分配秩序，不同群体平均工资的差距明显缩小，新的收入分配格局逐步形成。“十二五”时期，广东城镇单位就业人员工资水平明显提高。2015 年，广东城镇非私营单位就业人员年平均工资为 65788 元，比 2010 年增加 25356 元，年均增加 5071 元，年均增长 10.2%。全省城镇私营单位就业人员年平均工资为 44838 元，比 2010 年增加 22205 元，年均增加 4441 元，年均增长 14.7%。城镇非私营单位与私营单位就业人员年平均工资之比由 2010 年的 1.79 ：1 缩小至 2015 年的 1.47:1。城镇非私营单位行业间最高与最低就业人员年平均工资之比，由 2010 年的 5.93 ：1 缩小至 2015 年的 4.37 ：1。

“十二五”时期广东人口发展状况

“十二五”时期，广东人口总量增长相对放缓，但受庞大人口基数和人口再生产周期的影响以及“单独二孩”政策实施，全省常住人口继续保持惯性增长。2015 年底，广东常住人口达 10849 万人（见图 1），占全国人口总量的 7.89%。2010-2015 年均增长率为 0.77%，与“十一五”时期全省常住人口年均增长 2.58% 相比，下降 1.81 个百分点。期间，广东人口年龄老化程度逐渐加深，劳动适龄人口负担略有加重，人口文化素质普遍提高，人口城镇化率稳健提升，人口发展呈平稳态势。

一、“十二五”时期，广东人口发展趋势及其变化特征

“十二五”时期，随着经济发展步入新常态，广东人口总量增速也有所放缓，人口发展相继产生了变化。

图1　2010—2015年广东省常住人口总量及增长率

（一）人口总量保持惯性增长

“十二五”时期，广东常住人口总量净增 344 万人、增长 3.91%，年均增长 0.77%，分别比同期全国平均水平高 1.40 个和 0.27 个百分点。若与“十一五”时期全省常住人口净增 998.87 万人、增长 13.56% 相比，分别减少 654.87 万人以及下降 9.65 个百分点。“十二五”时期，广东常住人口迅猛增长的势头明显缓解，但由于人口规模以及育龄妇女基数庞大，人口自然增长率明显高于全国平均水平（“十二五”时期全国平均自然增长率为 4.79% ～ 5.21%），人口总量仍持续着惯性的增长态势。五年来，全省出生人数共计 580.88 万人（见表 1），自然增长率维持在 6.02% ～ 6.95% 之间。相对平稳的增长率以及低生育水平状况是“十二五”时期广东人口增长的重要特征。

表1　“十二五”时期广东省人口自然变动情况

年份	出生人口（万人）	出生率（‰）	死亡人口（万人）	死亡率（‰）	自然增长人口（万人）	自然增长率（‰）
2011	109.44	10.45	45.56	4.35	63.88	6.10
2012	122.37	11.60	49.06	4.65	73.31	6.95
2013	113.73	10.71	49.80	4.69	63.93	6.02
2014	115.39	10.80	50.21	4.70	65.18	6.10
2015	119.95	11.12	46.60	4.32	73.35	6.80

（二）人口继续流往珠三角地区

“十二五”时期，广东常住人口区域分布的基本格局没有改变，超过一半的人口仍集聚在珠三角地区，区域内拥有广州、深圳两个超大城市（常住人口 1000 万以上）以及佛山、东莞两个特大城市（常住人口 500 万以上 1000 万以下）。“十二五”期末，不同区域人口数量的排列次序为：珠三角 5874.27 万人、东翼 1727.31 万人、山区 1664.07 万人、西翼 1583.35 万人，分别占全省人口总量的 54.15%、15.92%、15.34% 和 14.59%。与“十一五”期末相比，珠三角、东西两翼和山区的人口数量分别增长 4.59%、2.27%、3.79% 和 3.36%。五年来，珠三角地区人口增长最快，人口增量占全省人口净增总量的 25.82%。值得关注的是，广州、深圳两超大城市的常住人口增加数量全省最多，比“十一五”期末净增 79.15 万人和 100.67 万人，两市人口增幅占同期珠三角人口增量近七成，反映出人口向超大城市集聚的趋势仍然十分明显。

2015广东年度经济风云榜

一、风云人物

朱拉伊（广东新南方集团有限公司总裁）
谢萌（正佳企业集团有限公司副董事长兼执行董事）
谢旭辉（广州博鳌纵横网络科技有限公司CEO）
徐玲（广东东篱环境股份有限公司董事长）
邢玮（广东心怡科技物流有限公司董事长）
叶国富（哎呀呀饰品连锁股份有限公司董事长）
林杏绮（广州酒家集团股份有限公司董事长）
吴福庆（深圳市至正文博集团有限公司董事长）
顾惠林（广东康绿宝科技实业有限公司董事长）
陈连从（中国出口信保公司广东分公司总经理）

二、风云企业

广州美涂士投资控股有限公司
广州酷狗计算机科技有限公司
广州优蜜移动科技股份有限公司
广汽本田汽车有限公司
广东松发陶瓷股份有限公司
广东格兰仕集团有限公司
雅丽洁（国际）集团有限公司
深圳市铁汉生态环境股份有限公司
广东银达融资担保投资集团有限公司
中远航运股份有限公司

三、风云园区、优秀行业协会

深圳宝安（龙川）产业转移工业园
番禺节能科技园
深圳市文化创意行业协会

四、创新人物

林　伟　广东鹰牌陶瓷集团有限公司
陈爱陶　苍南老中医化妆品有限公司
王亚莉　深圳市国富黄金股份有限公司
方　颂　广州易贷金融信息服务股份有限公司
林夏苗　广东广新盛特金属有限公司
宋朝阳　东莞市三友联众电器有限公司
付廷席　广州博融上市服务股份有限公司
陈宝国　广州万惠投资管理有限公司（PPmoney 互联网金融平台）

五、创新企业、创新园区、创新行业协会

佛山市南海中南机械有限公司
佛山市利迅达机器人系统有限公司
北明软件有限公司华视传媒集团有限公司
广东蓝色火焰文化传媒有限公司
广州红海人力资源集团股份有限公司
广东高登铝业有限公司
深圳市拓日新能源科技股份有限公司
广东新南方青蒿药业有限公司
深圳市中深装建设集团有限公司
广州轻纺交易园
深圳F518时尚创业园
广东省行业协会联合会

六、网络人气奖

徐玲　广东东篱环境股份有限公司董事长

广东省制造业百强

2015年广东省制造业百强名单

编号	公司名称
1	华为技术有限公司
2	正威国际集团有限公司
3	广州汽车工业集团有限公司
4	美的集团股份有限公司
5	珠海格力电器股份有限公司
6	TCL集团股份有限公司
7	中兴通讯股份有限公司
8	广州医药集团有限公司
9	比亚迪股份有限公司
10	玖龙纸业（控股）有限公司
11	创维集团有限公司
12	广东格兰仕集团有限公司
13	广州万宝集团有限公司
14	中航通用飞机有限责任公司
15	深圳市中金岭南有色金属股份有限公司
16	宇龙计算机通信科技（深圳）有限公司
17	日立电梯（中国）有限公司
18	广州立白企业集团有限公司
19	深圳长城开发科技股份有限公司
20	宜华企业（集团）有限公司
21	金发科技股份有限公司
22	康美药业股份有限公司
23	伯恩光学（惠州）有限公司
24	广州东凌实业投资集团有限公司
25	广东广青金属科技有限公司
26	广州无线电集团有限公司
27	广州电气装备集团有限公司
28	深圳粤通国际珠宝股份有限公司
29	佛山市海天调味食品股份有限公司
30	深圳市海王生物工程股份有限公司
31	中船海洋与防务装备股份有限公司
32	深圳迈瑞生物医疗电子股份有限公司
33	益海（广州）粮油工业有限公司
34	广东生益科技股份有限公司
35	侨兴集团有限公司
36	加特可（广州）自动变速箱有限公司
37	深圳市中邦（集团）建设总承包有限公司
38	广州万力集团有限公司

（续上表）

编号	公司名称
39	环胜电子（深圳）有限公司
40	伟创力电子设备（深圳）有限公司
41	广东奥马电器股份有限公司
42	茂名石化实华股份有限公司
43	广东汕头超声电子股份有限公司
44	深圳市奔达康电缆股份有限公司
45	广东时利和汽车实业集团有限公司
46	雅士利国际控股有限公司
47	深圳信立泰药业股份有限公司
48	广州珠江啤酒集团有限公司
49	深圳市芭田生态工程股份有限公司
50	广州双桥股份有限公司
51	珠海华润包装材料有限公司
52	广东金盛卢氏集团有限公司
53	深圳市长盈精密技术股份有限公司
54	汕头万顺包装材料股份有限公司
55	广东名冠集团有限公司
56	广州市中新塑料有限公司
57	广州王老吉药业股份有限公司
58	广州造纸集团有限公司
59	鲜绿园（深圳）果蔬饮料有限公司
60	广东一方制药有限公司
61	广东萨米特陶瓷有限公司
62	广州鹰金钱企业集团公司
63	广东鹰唛食品有限公司
64	东莞市三友联众电器有限公司
65	忠华集团有限公司
66	广东大华农动物保健品股份有限公司
67	广东新润成陶瓷有限公司
68	广东志高暖通设备股份有限公司
69	BPW(梅州)车轴有限公司
70	深圳市凯中精密技术股份有限公司
71	广东尚品服饰实业有限公司
72	深圳市申朗讯电气电缆有限公司
73	名臣健康用品股份有限公司
74	深圳市索菱实业股份有限公司
75	广州市半径电力铜材有限公司

（续上表）

编号	公司名称
76	广州市京龙工程机械有限公司
77	中材天山（云浮）水泥有限公司
78	广东德塑科技有限公司
79	深圳市金新农饲料股份有限公司
80	深圳南顺油脂有限公司
81	中山市邦太电器有限公司
82	依波精品（深圳）有限公司
83	佛山优达佳汽配有限公司
84	珠海市乐通化工股份有限公司
85	黑牛食品股份有限公司
86	广东金莱特电器股份有限公司
87	青岛啤酒（珠海）有限公司
88	广东惠伦晶体科技股份有限公司
89	广东嘉应制药股份有限公司
90	普宁市丽达纺织有限公司
91	东莞市南兴家具装备制造股份有限公司
92	凯撒(中国)股份有限公司
93	广东盛路通信科技股份有限公司
94	深圳万润科技股份有限公司
95	深圳市理邦精密仪器股份有限公司
96	深圳雷柏科技股份有限公司
97	东莞宜安科技股份有限公司
98	广州航新航空科技股份有限公司
99	树业环保科技股份有限公司
100	广东高乐玩具股份有限公司

广东省商贸流通业百强

2015年广东省商贸流通业百强名单

编号	公司名称
1	华润万家有限公司
2	深圳市爱施德股份有限公司
3	深圳市飞马国际供应链股份有限公司
4	广州晶东贸易有限公司
5	广州元亨能源有限公司
6	深圳市怡亚通供应链股份有限公司
7	中国石化销售有限公司广东广州石油分公司
8	天虹商场股份有限公司
9	广东南华石油有限公司
10	广州百货企业集团有限公司
11	广东中石油国际事业有限公司
12	中铝佛山国际贸易有限公司
13	广东鸿粤汽车销售集团有限公司
14	佛山市顺德区乐从供销集团有限公司
15	广州易初莲花连锁超市有限公司
16	深圳市朗华供应链服务有限公司
17	广州珠江电力燃料有限公司
18	中远航运股份有限公司
19	广州港集团有限公司
20	深圳市中农网股份有限公司
21	众业达电气股份有限公司
22	广州联华实业发展有限公司
23	深圳国际控股有限公司
24	广州市塑料工业集团有限公司
25	广东天禾农资股份有限公司
26	大参林医药集团股份有限公司
27	广东苏宁云商销售有限公司
28	广东天河城百货有限公司
29	中域电讯连锁集团股份有限公司
30	中国国投国际贸易广州公司
31	深圳市润泰供应链管理有限公司
32	广东省轻工进出口股份有限公司
33	广东永旺天河城商业有限公司
34	茂业国际控股有限公司
35	广州百佳超级市场有限公司
36	广州友谊集团股份有限公司
37	广州钢铁交易中心有限公司
38	李锦记（中国）销售有限公司

（续上表）

编号	公司名称
39	广州采芝林药业有限公司
40	东莞市糖酒集团美宜佳便利店有限公司
41	广州丰乐燃料有限公司
42	广州粤和能源有限公司
43	深圳市递四方速递有限公司
44	广东壹加壹商业连锁有限公司
45	珠海港股份有限公司
46	广东广新贸易发展有限公司
47	东莞嘉荣超市有限公司
48	广州友谊班尼路服饰有限公司
49	深圳赤湾港航股份有限公司
50	广东广铝销售有限公司
51	广东欧浦钢铁物流股份有限公司
52	广州保科力医药保健品进出口有限公司
53	广东广弘进出口有限公司
54	广东赛壹便利店有限公司
55	深圳市盐田港股份有限公司
56	佛山市长申金属有限公司
57	广州市对外贸易总公司
58	广东新邦物流有限公司
59	广州市好又多百货商业广场有限公司
60	深圳市纺织(集团)股份有限公司
61	东莞市时尚电器有限公司
62	广东省民用爆破器材专卖公司
63	佛山市南海翔南贸易有限公司
64	广州摩登百货股份有限公司
65	深圳市广聚能源股份有限公司
66	广州江南果菜批发市场经营管理有限公司
67	惠州市卫康中西药业有限公司
68	广东万宁连锁商业有限公司
69	广州羊城食品有限公司
70	雷州市食品总公司
71	广州食品企业集团有限公司
72	中山港航集团股份有限公司
73	深圳市华鹏飞现代物流股份有限公司
74	广州王府井百货有限责任公司
75	江门市新会华贸发展有限公司

（续上表）

编号	公司名称
76	东莞市信立实业有限公司
77	粤西纺织商品城
78	广东塑料交易所股份有限公司
79	佛山市汇德发物资有限公司
80	东莞市东孚商贸有限公司
81	广东胜佳超市有限公司
82	中山仁孚汽车销售服务有限公司
83	哎呀呀饰品连锁股份有限公司
84	广东晋盈进出口有限公司
85	开平市利德信进出口贸易有限公司
86	深圳市特力(集团)股份有限公司
87	广东小猪班纳服饰股份有限公司
88	佛山市禅城区粮油企业集团公司
89	惠州市丽日购物广场有限公司
90	广州市东山百货大楼股份有限公司
91	中国普宁国际服装城
92	广州市商业储运公司
93	茂名市环宇实业发展有限公司
94	广州华南煤炭交易中心有限公司
95	江门大昌慎昌食品加工仓储有限公司
96	广州市穗佳物流有限公司
97	广州水产集团有限公司
98	广州市西亚兴安商业有限公司
99	湛江市霞山水产品批发市场有限公司
100	广州购书中心有限公司

2015年广东省生产总值

2015年广东省地区生产总值

单位：亿元

		累计		
		本年	上年	同比增长(%)
地区生产总值	1	72812.55	67809.85	8.0
农林牧渔业	2	3425.39	3242.57	3.4
农、林、牧、渔服务业	3	80.57	75.75	5.2
工业	4	30137.46	29144.15	6.8
开采辅助活动	5	15.17	14.67	6.8
金属制品、机械和设备修理业	6	52.65	50.91	6.0
建筑业	7	2441.85	2341.18	6.0
批发和零售业	8	8134.37	7778.82	5.0
批发业	9	4594.37	4385.40	5.2
零售业	10	3540.00	3393.42	4.7
交通运输、仓储和邮政业	11	2901.85	2740.76	5.3
住宿和餐饮业	12	1417.05	1333.81	3.0
住宿业	13	304.79	289.73	2.2
餐饮业	14	1112.26	1044.08	3.2
金融业	15	5152.03	4447.43	15.6
房地产业	16	4992.67	4486.92	11.4
房地产业（K门类）	17	3008.84	2566.84	15.2
自有房地产经营活动	18	1983.83	1920.08	5.0
其他服务业	19	14209.88	12294.21	11.8
营利性服务业	20	6616.26	5897.13	10.3
非营利性服务业	21	7593.62	6397.08	13.3
第一产业	22	3344.82	3166.82	3.4
第二产业	23	32511.49	31419.75	6.8
第三产业	24	36956.24	33223.28	9.7

2015年广东省主要经济统计指标

2015年广东省主要经济统计指标

指标	统计数据	增长%
地区生产总值(亿元)	72812.55	8.0
第一产业	3344.82	3.4
第二产业	32511.49	6.8
建筑业	2441.85	6.0
第三产业	36956.24	9.7
批发和零售业	8134.37	5.0
交通运输、仓储和邮政业	2901.85	5.3
住宿和餐饮业	1417.05	3.0
金融业	5152.03	15.6
房地产业	4992.67	11.4
其他服务业	14209.88	11.8
规模以上工业增加值（亿元）	30313.61	7.2
固定资产投资额（亿元）	30031.20	15.8
社会消费品零售总额（亿元）	31333.44	10.1
进出口总额（亿元）	63559.7	-3.9
#出口总额	39983.1	0.8
居民消费价格指数（上年同期＝100）	101.5	1.5
工业生产者购进价格指数（上年同期＝100）	95.3	-4.7
工业生产者出厂价格指数（上年同期＝100）	96.8	-3.2
全社会用电量（亿千瓦时）	5310.69	1.4
工业用电量（亿千瓦时）	3437.46	-0.4
制造业用电量（亿千瓦时）	2760.66	-2.1
货运量（万吨）	376020	6.3
金融机构（含外资）本外币存款余额（亿元）	160388.22	11.6
#居民储蓄存款余额（亿元）	55008.70	4.5
金融机构（含外资）本外币贷款余额（亿元）	95661.12	12.3
来源于广东的财政总收入（亿元）	20934.00	9.7
地方一般公共预算收入（亿元）	9364.76	12.0
地方一般公共预算支出 （亿元）	12801.64	40.1

注：1.地区生产总值（GDP）为季度数。

2.自2015年1月起，进出口数据改用人民币计价。

2015年广东省各市地区生产总值

2015年广东省各市地区生产总值

	总量（万元）				增长（%）			
	生产总值	第一产业	第二产业	第三产业	生产总值	第一产业	第二产业	第三产业
广州市	181004136	2280871	57862100	120861165	8.4	2.5	6.8	9.5
深圳市	175029916	56563	72055314	102918039	8.9	-1.7	7.3	10.2
珠海市	20249797	466329	10060053	9723415	10.0	3.0	10.2	10.0
汕头市	18500148	973060	9566949	7960139	8.4	3.3	7.4	10.4
佛山市	80039238	1364231	48388905	30286102	8.5	2.6	7.6	10.3
#顺德区	25874515	383126	15129375	10362014	8.5	2.1	7.7	10.1
韶关市	11499842	1494926	4292695	5712221	6.2	4.2	2.3	10.3
河源市	8100793	937111	3707218	3456464	8.1	4.3	8.5	8.6
梅州市	9550926	1876887	3508561	4165478	8.6	4.2	8.2	11.0
惠州市	31400306	1508799	17266795	12624712	9.0	4.2	9.6	8.6
汕尾市	7600606	1182737	3465481	2952388	8.1	4.3	7.4	10.4
东莞市	62750632	204987	29029788	33515857	8.0	-0.4	6.2	10.0
中山市	30100326	685814	16320299	13094214	8.4	1.2	7.6	10.2
江门市	22400243	1747231	10785056	9867956	8.4	3.6	8.6	8.8
阳江市	12500136	2047796	5910734	4541606	8.5	3.5	9.9	8.6
湛江市	23800238	4525605	9078428	10196205	8.5	3.6	9.7	9.1
茂名市	24456313	3848830	10080769	10526714	8.0	4.3	8.6	8.5
肇庆市	19700116	2887627	9690878	7121611	8.2	4.4	8.5	9.2
清远市	12849945	1899713	4999374	5950858	8.4	4.3	6.7	11.5
潮州市	9100921	660455	4882611	3557855	8.3	4.0	7.5	10.1
揭阳市	18900144	1684618	11443123	5772403	8.0	4.1	7.4	10.6
云浮市	7100748	1498278	3103304	2499166	8.5	4.4	9.2	9.7

2015年广东省工业增加值

2015年广东省工业增加值

计量单位:亿元

指标名称	累计	比上年同期增长(%)
全省总计	30313.61	7.2
在总计中:		
轻工业	11387.20	4.6
重工业	18926.41	8.8
在总计中:		
国有控股企业	4851.59	2.1
民营企业	14004.86	11.8
在总计中:		
集体企业	122.14	10.2
股份合作企业	27.59	14.9
股份制企业	16097.04	9.8
外商及港澳台商投资企业	13246.42	4.1
在总计中:		
大型企业	14182.63	6.3
中型企业	7858.79	5.8
小型企业	8156.17	10.8
微型企业	116.02	-12.1
在总计中:		
广州市	4840.42	7.2
深圳市	6785.01	7.7
珠海市	980.76	9.6
汕头市	704.85	7.5
佛山市	4406.95	7.9
#顺德区	1380.76	8.0
韶关市	333.06	3.0
河源市	380.32	8.2
梅州市	220.89	9.0
惠州市	1587.97	10.0
汕尾市	256.03	7.4
东莞市	2711.09	5.3
中山市	1305.67	7.5
江门市	925.99	8.0
阳江市	493.58	13.2
湛江市	698.82	9.9
茂名市	713.02	8.2
肇庆市	938.20	7.6

（续上表） 计量单位:亿元

指标名称	累计	比上年同期增长(%)
清远市	414.98	7.5
潮州市	361.21	7.8
揭阳市	1123.35	7.2
云浮市	289.23	9.5
按经济区域分		
珠三角九市	24482.06	7.2
东翼四市	2445.43	7.3
西翼三市	1905.42	9.9
山区五市	1638.48	6.9

注：1.本资料统计范围为全部年销售收入2000万元及以上工业企业。
2.工业增长速度采用价格缩减法计算。
3.大中型企业按新标准划分。
4.按经济类型分组中各经济类型统计范围有重叠。

2015年广东省分行业工业增加值

2015年广东省分行业工业增加值

计量单位:万元

主要行业	累计	比上年增长(%)
全省总计	303136099	7.2
采矿业	6874401	22.3
煤炭开采和洗选业	10638	-16.3
石油和天然气开采业	4889946	28.5
黑色金属矿采选业	496057	14.0
有色金属矿采选业	260993	-32.4
非金属矿采选业	1127873	20.7
开采辅助活动	83144	-35.5
其他采矿业	5750	59.1
制造业	18621836	6.8
农副食品加工业	4470724	9.6
食品制造业	7274693	2.3
酒、饮料和精制茶制造业	3502519	4.3
烟草制品业	3373900	1.0
纺织业	6339776	6.2
纺织服装、服饰业	11076405	4.7
皮革、毛皮、羽毛及其制品和制鞋业	6720422	3.3
木材加工和木、竹、藤、棕、草制品业	2219448	14.0
家具制造业	4523696	4.7
造纸和纸制品业	4536776	4.9
印刷和记录媒介复制业	2944859	4.5
文教、工美、体育和娱乐用品制造业	7247428	-4.9
石油加工、炼焦和核燃料加工业	5659976	-2.6
化学原料和化学制品制造业	13568472	8.7
医药制造业	4561591	7.7
化学纤维制造业	361005	9.6
橡胶和塑料制品业	11457754	6.2
非金属矿物制品业	12774040	8.9
黑色金属冶炼和压延加工业	3850944	6.2
有色金属冶炼和压延加工业	5514199	-1.5
金属制品业	13461397	9.9
通用设备制造业	9268478	8.3
专用设备制造业	6605236	9.8
汽车制造业	15393085	7.6
铁路、船舶、航空航天和其他运输设备制造业	2814181	6.4
电气机械和器材制造业	25962067	6.1

（续上表） 计量单位:万元

主要行业	累计	比上年增长(%)
计算机、通信和其他电子设备制造业	71752409	10.5
仪器仪表制造业	2232330	-5.3
其他制造业	938719	0.0
废弃资源综合利用业	2292510	16.8
金属制品、机械和设备修理业	301237	9.9
电力、热力、燃气及水生产和供应业	23261425	5.8
电力、热力生产和供应业	19825384	3.0
燃气生产和供应业	1899058	34.6
水的生产和供应业	1536983	7.1

2015年广东省主要产品产量

2015年广东省主要产品产量

产品名称	计量单位	累计	比上年增长(%)
一、家电、电子工业产品:			
家用电冰箱	万台	2195.94	-3.6
房间空气调节器	万台	6227.86	5.1
家用电风扇	万台	14239.15	6.5
家用吸排油烟机	万台	1886.72	-6.9
微波炉	万台	7642.47	16.3
家用洗衣机	万台	747.42	6.5
家用吸尘器	万台	2651.32	2.2
家用燃气灶具	万台	2005.41	2.3
家用燃气热水器	万台	1008.01	-5.3
电饭锅	万个	29055.20	20.1
程控交换机	万线	1246.91	97.7
其中:数字程控交换机	万线	593.72	-0.3
电话单机	万部	9682.46	-9.2
传真机	万部	161.45	-4.7
移动通信手持机(手机)	万台	84447.75	-2.2
电子计算机整机	万台	5098.63	-2.6
微型计算机设备	万台	3241.72	8.1
其中:笔记本计算机	万台	714.00	3.2
集成电路	亿块	162.65	-7.3
光电子器件	万只(片、套)	33744283.56	40.3
其中:发光二极管(LED)	万只	27394410.31	43.3
液晶显示屏	万片	108796.16	-37.3
液晶显示模组	万套	76329.73	-15.0
电子元件	亿只	14778.93	-3.6
彩色电视机	万台	7003.58	0.8
其中:显像管彩色(CRT)电视机	万台	72.01	-51.4
液晶(LCD)电视机	万台	6388.20	-1.6
等离子(PDP)电视机	万台	2.18	-73.3
数字激光音、视盘机	万台	16175.33	-15.0
组合音响	万台	8447.43	-21.5
半导体存储器播放器(含MP3、MP4)	万个	645.89	-28.3
二、轻工业产品:			
钟	万只	2767.17	-5.4
表	万只	13979.59	-3.5
照相机	万台	889.44	-23.2
精制食用植物油	万吨	512.80	-8.9

（续上表）

成品糖	万吨	128.93	-6.4
啤酒	千升	4241520.90	-2.2
软饮料	万吨	2838.02	7.2
卷烟	亿支	1403.02	-0.4
纱	万吨	38.43	-6.1
布	万米	286540.90	-1.7
服装	万件	658546.78	2.5
皮革鞋靴	万双	70799.44	-5.0
人造板	万立方米	1221.18	9.3
实木木地板	万立方米	1518.96	-12.6
复合木地板	万立方米	1407.40	-12.7
家具	万件	15676.17	-7.0
机制纸及纸板(外购原纸加工除外)	万吨	2078.29	4.3
合成洗涤剂	万吨	476.85	10.2
塑料制品	万吨	976.06	-1.5
日用玻璃制品	万吨	63.67	1.3
不锈钢日用制品	万吨	147.81	-4.6
三、石油化学工业产品：			
乙烯	万吨	215.07	-10.3
农用氮、磷、钾化学肥料总计（折纯）	吨	714715.87	24.8
涂料	万吨	323.56	-4.0
初级形态的塑料	万吨	579.46	-2.5
合成橡胶	吨	647158.04	-14.2
合成纤维聚合物	吨	959513.41	-7.0
化学药品原药	吨	81572.68	9.9
中成药	吨	245273.43	0.3
化学纤维	吨	583238.78	-2.0
子午线轮胎外胎	万条	1462.82	9.4
四、建材工业产品：			
水泥	万吨	14489.66	-1.8
平板玻璃	万重量箱	7061.90	-13.8
卫生陶瓷制品	万件	4091.91	2.5
五、钢铁工业产品：			
钢材	万吨	3271.01	-4.8
其中：钢筋	万吨	1062.91	-5.2
线材	万吨	567.90	-0.8
冷轧薄板	万吨	300.52	-17.6
六、有色工业产品：			
十种有色金属	吨	365550.48	-7.5
精炼铜(电解铜)	吨	90070.40	-30.1
铝材	吨	5377953.29	-6.7
铅	吨	55130.00	3.9
锌	吨	218998.08	3.5
七、机械工业产品：			
金属集装箱	万立方米	3072.44	-31.1
气体压缩机	万台	6074.26	-10.2
发动机	万千瓦	18492.29	4.9
风机	万台	996.62	-0.5
环境污染防治专用设备	台（套）	4981.00	1.2

（续上表）

八、汽车和新能源汽车产品：			
汽车	辆	2422339	10.3
其中：基本型乘用车(轿车)	辆	1523022	-5.3
新能源乘用车	辆	11542	7.0
新能源客车	辆	7357	98.3
九、其他产品：			
锂离子电池	万只	236433.09	13.1
摩托车整车	万辆	774.40	-12.7
民用钢质船舶	万载重吨	161.94	-22.3

注：1.本资料统计范围为全部年销售收入2000万元以上工业企业。

2.标★号的数据来源于广东电网公司。

2015年广东省工业企业主要经济指标

工业企业主要经济指标(一)

指标名称	计量单位	累计	比上年同期增长（%）	大型企业	
				累计	比上年同期增长（%）
企业单位数	个	40569		1582	
其中：亏损企业	个	6233	23.2	152	21.6
流动资产合计	亿元	54551.95	6.7	26040.06	8.6
其中：应收帐款	亿元	16477.98	7.7	7992.63	12.8
存货	亿元	12122.29	1.8	5141.22	0.1
其中：产成品	亿元	4533.05	2.9	2099.03	3.1
资产总计	亿元	93808.14	6.6	44490.58	7.6
负债总计	亿元	53474.61	4.7	25855.25	5.2
主营业务收入	亿元	117461.73	2.3	52257.08	0.7
主营业务成本	亿元	99329.78	1.5	43012.63	0.0
主营业务税金及附加	亿元	1357.05	12.7	858.49	12.9
销售费用	亿元	4020.06	2.1	2371.76	-2.1
管理费用	亿元	5573.90	11.7	2645.12	13.3
财务费用	亿元	716.80	-1.5	213.21	-7.2
利润总额	亿元	7208.77	8.2	3604.99	6.3
亏损企业亏损额	亿元	507.60	17.7	135.35	32.0
税金总额	亿元	4505.38	11.9	2524.54	13.2
应交增值税	亿元	3148.33	11.5	1666.05	13.3
从事工业生产活动的从业人员平均人数	万人	1396.22	-2.2	512.97	-1.3

工业企业主要经济指标(二)

指标名称	计量单位	中型企业		小型和微型企业	
		累计	比上年同期增长（%）	累计	比上年同期增长（%）
企业单位数	个	9118		29869	
其中：亏损企业	个	1433	17.5	4648	25.2
流动资产合计	亿元	15038.36	6.6	13473.53	3.3
其中：应收帐款	亿元	4338.41	5.2	4146.94	1.3
存货	亿元	3715.56	3.4	3265.51	2.7
其中：产成品	亿元	1263.82	3.8	1170.20	1.4
资产总计	亿元	26258.31	5.7	23059.26	5.7
负债总计	亿元	14313.25	3.7	13306.11	4.7
主营业务收入	亿元	31443.16	1.7	33761.50	5.2
主营业务成本	亿元	26834.27	0.9	29482.89	4.5
主营业务税金及附加	亿元	310.41	13.6	188.15	10.5
销售费用	亿元	844.98	6.7	803.32	11.5
管理费用	亿元	1520.88	9.0	1407.90	11.6
财务费用	亿元	240.27	-3.7	263.32	5.8
利润总额	亿元	1879.84	8.5	1723.94	12.0
亏损企业亏损额	亿元	177.65	19.7	194.60	7.8
税金总额	亿元	1051.64	8.2	929.20	12.6
应交增值税	亿元	741.23	6.0	741.05	13.2
从事工业生产活动的从业人员平均人数	万人	507.89	-3.8	375.36	-1.2

工业企业主要经济指标(三)

指标名称	计量单位	国有控股企业		外商及港澳台商投资企业	
		累计	比上年同期增长（%）	累计	比上年同期增长（%）
企业单位数	个	1024		13588	
其中：亏损企业	个	237	6.3	2971	17.9
流动资产合计	亿元	7550.93	5.3	24923.74	1.9
其中：应收帐款	亿元	1339.37	3.7	8363.35	1.4
存货	亿元	1573.21	-2.3	5603.57	-2.4
其中：产成品	亿元	465.92	0.8	1958.30	-1.6
资产总计	亿元	20689.81	5.6	39418.70	1.6
负债总计	亿元	11768.75	3.3	21619.69	-0.8
主营业务收入	亿元	16652.50	-6.0	51480.00	-1.5
主营业务成本	亿元	13569.96	-8.2	44248.11	-1.7
主营业务税金及附加	亿元	806.33	15.3	414.25	2.8
销售费用	亿元	543.30	-21.2	1737.42	-2.6
管理费用	亿元	477.48	4.5	2340.20	4.1
财务费用	亿元	197.23	-7.3	179.33	-6.4
利润总额	亿元	1240.14	17.0	2975.36	-1.5
亏损企业亏损额	亿元	112.68	21.3	271.19	10.0
税金总额	亿元	1574.32	9.9	1587.61	7.9
应交增值税	亿元	767.99	4.7	1173.36	9.8
从事工业生产活动的从业人员平均人数	万人	78.60	1.6	726.29	-4.5

2015年广东省工业企业主要经济效益指标

工业企业主要经济效益指标(一)

指标名称	计量单位	全省总计	在总计中			
			国有控股企业	民营企业	股份制企业	外商及港澳台投资经济企业
经济效益综合指数	%	242.72	494.75	240.14	275.74	214.12
比上年同期增（减）	百分点	6.3	-42.5	10.6	9.4	3.1
资产贡献率(年)	%	13.87	15.25	18.81	14.81	12.37
比上年同期增（减）	百分点	0.1	0.7	0.6	0.3	-0.4
资本保值增值率	%	109.20	108.84	114.62	113.38	104.72
比上年同期增（减）	百分点	-0.7	2.2	-1.1	0.6	-2.2
资产负债率	%	57.0	56.88	59.69	59.33	54.85
比上年同期增（减）	百分点	-1.0	-1.3	-0.6	-0.8	-1.3
流动资产周转次数	次	2.26	2.26	3.4	2.23	2.12
比上年同期增（减）	次	-0.1	-0.3	-0.1	-0.2	-0.1
成本费用利润率	%	6.57	8.39	6.74	7.12	6.13
比上年同期增（减）	百分点	0.4	1.8	0.4	0.7	0.0
增加值全员劳动生产率	万元/人.年	21.45	61.46	17.42	26.23	17.79
比上年同期增长	%	5.0	-11.4	9.4	5	5.1
产品销售率	%	96.97	97.81	97.09	96.82	96.86
比上年同期增（减）	百分点	-0.2	0.3	-0.2	-0.2	-0.1

工业企业主要经济效益指标（二）

指标名称	计量单位	在总计中			在总计中	
		大型企业	中型企业	小型和微型企业	轻工业	重工业
经济效益综合指数	%	280.45	204.85	240.30	214.59	270.6
比上年同期增（减）	百分点	5.5	3.7	9.3	2.9	8.3
资产贡献率(年)	%	15.15	12.69	12.78	14.71	13.43
比上年同期增（减）	百分点	-0.1	0.1	0.3	-0.4	0.3
资本保值增值率	%	111.07	108.08	107.11	109.04	109.29
比上年同期增（减）	百分点	3.2	-2.8	-5.6	-0.9	-0.6
资产负债率	%	58.11	54.51	57.70	55.82	57.64
比上年同期增（减）	百分点	-1.3	-1.0	-0.6	-0.5	-1.3
流动资产周转次数	次	2.12	2.18	2.6	2.21	2.29
比上年同期增（减）	次	-0.2	-0.1	0	-0.2	-0.1
成本费用利润率	%	7.47	6.39	5.39	6.5	6.62
比上年同期增（减）	百分点	0.4	0.4	0.3	0.3	0.5
增加值全员劳动生产率	万元/人.年	26.91	15.84	21.60	16.69	26.10
比上年同期增长	%	3.5	3.8	7.0	4.5	4.8
产品销售率	%	96.73	96.79	97.51	96.33	97.36
比上年同期增（减）	百分点	-0.3	0.1	-0.3	-0.5	0.0

2015年广东省固定资产投资完成情况表

2015年广东省固定资产投资完成情况表

单位：万元、平方米、个

	固定资产投资	项目投资	房地产开发
计划总投资	1101765208	598829129	502936079
其中：本年新开工项目	702693996	199757917	502936079
自开始建设至本年底累计完成投资	756701814	384514057	372187757
本年完成投资	300312030	214927364	85384666
其中：住宅	61688211	2783132	58905079
按登记注册类型分组	300312030	214927364	85384666
内源性经济投资	265522163	193496235	72025928
外源性经济投资	34789867	21431129	13358738
内资	265522163	193496235	72025928
民间投资	180529480	117349608	63179872
国有经济	63638642	62039738	1598904
集体经济	13901188	13108725	792463
私营个体经济	71173792	48324279	22849513
港澳台商投资	20809886	11190904	9618982
外商投资	13979981	10240225	3739756
按建设性质分：新建	220234642	134849976	85384666
扩建	33752833	33752833	
改建	32101459	32101459	
建筑工程	176392542	124022760	52369782
安装工程	24442201	16328015	8114186
设备工器具购置	53365685	52373624	992061
其他费用	46111602	22202965	23908637
按国民经济行业分	300312030	214927364	85384666
第一产业	4203802	4203802	
第二产业	101845098	101845098	
第三产业	194263130	108878464	85384666
基础产业	85589831	85589831	
基础设施	69768290	69768290	
城市建设	28201602	28201602	
原材料	17743651	17743651	
能源	12896785	12896785	
工业合计	101517740	101517740	
其中：技术改造	29314962	29314962	
先进制造业	38987289	38987289	
装备制造业	28417915	28417915	
钢铁冶炼及加工	2299696	2299696	
石油及化学	8269678	8269678	

（续上表） 单位：万元、平方米、个

	固定资产投资	项目投资	房地产开发
高技术产业（制造业）	13665466	13665466	
医药制造业	2022401	2022401	
航空航天及设备制造业	102800	102800	
电子及通信设备制造	9811655	9811655	
电子计算机及办公设备制造业	711917	711917	
医疗设备及仪器仪表制造业	871688	871688	
信息化学品制造	145005	145005	
优势传统工业（ *注3）	33552248	33552248	
纺织服装	7441176	7441176	
食品饮料	6351315	6351315	
家具制造业	2451790	2451790	
建筑材料	10238033	10238033	
金属制品业	6169495	6169495	
家用电力器具制造业	1862868	1862868	
文化产业	14012029	14012029	
新闻出版发行服务	65397	65397	
广播电视电影服务	138997	138997	
文化艺术服务	1476267	1476267	
文化信息传输服务	524924	524924	
文化创意和设计服务	807326	807326	
文化休闲娱乐服务	3127449	3127449	
工艺美术品的生产	1338184	1338184	
文化产品生产的辅助生产	2158876	2158876	
文化用品的生产	4006711	4006711	
文化专用设备的生产	367898	367898	
六大高载能工业	28650594	28650594	
信息产业	14921052	14921052	
电子信息设备制造	9598095	9598095	
电子信息设备销售和租赁	121779	121779	
电子信息传输服务	3978860	3978860	
计算机服务和软件业	943911	943911	
其他信息相关服务	278407	278407	
（一）农、林、牧、渔业	5010925	5010925	
（二）采矿业	1620045	1620045	
（三）制造业	87832958	87832958	
（四）电力、燃气及水的生产和供应业	12064737	12064737	
（五）建筑业	558042	558042	
（六）交通运输、仓储和邮政业	31040045	31040045	
（七）信息传输、软件和信息技术服务业	4868149	4868149	
（八）批发和零售业	9148645	9148645	
（九） 住宿和餐饮业	4620047	4620047	
（十）金融业	1132108	1132108	
（十一）房地产业	101205348	15820682	85384666
（十二）租赁和商务服务业	3153543	3153543	
（十三）科学研究和技术服务业	2181441	2181441	
（十四）水利、环境和公共设施管理业	24434209	24434209	
（十五）居民服务、修理和其他服务业	480256	480256	
（十六）教育	4152916	4152916	

（续上表）　　单位：万元、平方米、个

	固定资产投资	项目投资	房地产开发
（十七）卫生和社会工作	2547490	2547490	
（十八）文化、体育和娱乐业	2925627	2925627	
（十九）公共管理、社会保障和社会组织	1335499	1335499	
（二十）国际组织			
本年新增固定资产	184663856	155515982	29147874
本年施工房屋面积	841339763	261921172	579418591
其中：住宅	426412044	22523854	403888190
本年竣工房屋面积	153039574	92595297	60444277
其中：住宅	49981179	5627149	44354030
资金来源情况			
一、本年资金来源合计	420766728	233534035	187232693
1. 上年末结余资金	57244225	11654502	45589723
2. 本年资金来源小计	363522503	221879533	141642970
(1)国家预算资金	17644204	17644204	
(2)国内贷款	45468723	19690644	25778079
(3)债券	445731	445731	
(4)利用外资	2041125	1774673	266452
其中：外商直接投资	1456371	1192613	263758
(5)自筹资金	210561952	171227931	39334021
(6)其他资金来源	87360768	11096350	76264418
二、各项应付款合计	45330010	15250051	30079959
施工项目个数	38740	38740	
其中：本年新开工	28314	28314	
本年投产项目个数	27410	27410	

注：1.从2014年固定资产投资定报开始，取消城镇、农村分组和“本年竣工房屋价值”。

2.“施工项目个数、本年投产项目个数”不含房地产开发。

3.优势传统工业合计数为6类行业相加后扣除建筑材料“建筑、安全用金属制品制造业”的数据。

4.按核算专业要求，从2015年定期报表起，三次产业分组按国统字〔2012〕108号文件执行。

2015年广东省各市固定资产投资完成情况表

2015年广东省各市固定资产投资完成情况表

单位：万元

指标名称	固定资产投资	项目投资	房地产开发
广东省	300312030	214927364	85384666
广州市	54059522	32683631	21375891
深圳市	32983076	19672743	13310333
珠海市	13051412	7810227	5241185
汕头市	12743177	10288056	2455121
佛山市	30355217	20901529	9453688
其中：顺德区	6430940	3816527	2614413
韶关市	7016692	5697753	1318939
河源市	5641350	4355422	1285928
梅州市	5680620	3996670	1683950
惠州市	18639306	12534809	6104497
汕尾市	5851981	5590965	261016
东莞市	14465180	8713035	5752145
中山市	10554086	5743959	4810127
江门市	13078743	9968621	3110122
阳江市	6911268	5862626	1048642
湛江市	13136856	11346346	1790510
茂名市	11154976	10128306	1026670
肇庆市	13300341	11702655	1597686
清远市	6206305	4070507	2135798
潮州市	3919450	3411418	508032
揭阳市	13620998	13134280	486718
云浮市	7941474	7313806	627668
按地区分			
珠三角	200486883	129731209	70755674
东翼	36135606	32424719	3710887
西翼	31203100	27337278	3865822
山区	32486441	25434158	7052283

2015年广东省各市房地产开发投资情况表

2015年广东省各市房地产开发投资情况表

	全年累计（万元）	增长%
广东省	85384666	11.8
广州市	21375891	17.7
深圳市	13310333	24.5
珠海市	5241185	35.0
汕头市	2455121	21.5
佛山市	9453688	13.5
其中：顺德区	2614413	33.5
韶关市	1318939	10.4
河源市	1285928	27.5
梅州市	1683950	31.3
惠州市	6104497	-8.5
汕尾市	261016	124.8
东莞市	5752145	-2.2
中山市	4810127	12.0
江门市	3110122	-0.6
阳江市	1048642	10.8
湛江市	1790510	1.0
茂名市	1026670	8.0
肇庆市	1597686	-15.4
清远市	2135798	-2.5
潮州市	508032	8.8
揭阳市	486718	-28.1
云浮市	627668	-23.6
按地区分		
珠三角	70755674	12.4
东翼	3710887	13.1
西翼	3865822	5.3
粤北山区	7052283	8.5

2015年广东省建筑业企业生产情况表

2015年广东省建筑业企业生产情况表

指　　标	计量单位	总计	国有及国有控股企业
企业个数	个	4714	451
其中：有工作量的个数	个	4311	425
一、建筑业签订的合同额	亿元	20890.89	10158.80
1.上年结转合同额	亿元	10679.12	5447.50
2.本年新签合同额	亿元	10211.77	4711.30
二、　1.直接从建设单位承揽工程完成的产值	亿元	9461.69	3836.70
①自行完成施工产值	亿元	8496.21	3218.73
②分包出去工程的产值	亿元	965.48	617.97
2.从建设单位以外承揽工程完成的产值	亿元	369.48	207.24
三、建筑业总产值	亿元	8865.68	3425.97
其中：装饰装修产值	亿元	1188.41	190.50
在外省完成的产值	亿元	2031.60	1085.00
1.建筑工程产值	亿元	7625.62	3107.81
2.安装工程产值	亿元	939.07	236.96
3.其他产值	亿元	300.99	81.20
四、竣工产值	亿元	4865.27	1700.06
五、房屋建筑施工面积	万平方米	50461.59	21466.92
其中：新开工面积	万平方米	15802.23	5066.55
实行投标承包面积	万平方米	30737.12	14644.20
六、计算劳动生产率的平均人数	万人	224.65	63.60
七、期末从业人数	万人	168.58	38.66
其中：工程技术人员	万人	28.87	8.23
一级建造师	万人	2.45	0.75

2015年广东省运输邮电主要统计指标

2015年广东省运输邮电主要统计指标

指　　标	单　位	累计	比上年同期增长（%）
货 运 量	万　吨	376020	6.3
铁路	万　吨	10098	-9.4
公路	万　吨	279983	8.9
水路	万　吨	78093	1.1
民航	万　吨	148	2.8
管道	万　吨	7697	-4.9
货物周转量	亿吨公里	15130.69	0.7
铁路	亿吨公里	254.05	-7.6
公路	亿吨公里	3454.99	11.0
水路	亿吨公里	11190.91	-1.9
民航	亿吨公里	56.44	10.5
管道	亿吨公里	174.30	0.5
客 运 量	万　人	207271	7.2
铁路	万　人	26527	11.7
公路	万　人	168028	6.9
水路	万　人	2728	4.4
民航	万　人	9988	2.2
旅客周转量	亿人公里	4320.38	8.9
铁路	亿人公里	747.07	11.4
公路	亿人公里	1769.61	8.6
水路	亿人公里	10.50	-1.6
民航	亿人公里	1793.20	8.3
规模以上港口货物吞吐量	万　吨	161546	3.1
规模以上港口集装箱吞吐量	万TEU	5471.98	3.3
邮电业务总量（2010年不变价）	亿　元	4382.80	29.2
通信	亿　元	3161.87	24.8
邮政	亿　元	1220.93	42.0

2015年12月广东省社会消费品零售总额

2015年12月广东省社会消费品零售总额

金额单位:万元

项目	本　　年		上年同期		增长(%)	
	本月	1-本月	上年本月	上年1-本月	本月	累计
社会消费品零售额	28208686	313334428	25761656	284711451	9.5	10.1
一、按销售所在地						
1、城镇	24698193	274363728	22565969	249399167	9.4	10.0
其中：城区	21575260	240080048	19715677	218271418	9.4	10.0
2、乡村	3510493	38970700	3195686	35312284	9.9	10.4
二、按行业分组	3122933	34283680	2850292	31127749		
1、批发业	4010509	44638798	3584775	39545517	11.9	12.9
限额以上企业	1729553	17088719	1610801	14569482	7.4	17.3
限上个体户	280229	3128468	242985	2803989	15.3	11.6
限额以下	2000727	24421612	1730989	22172046	15.6	10.1
2、零售业	21250366	236020727	19437748	215641436	9.3	9.5
限额以上企业	10346598	97777575	10020092	93037496	3.3	5.1
限上个体户	961137	8512849	867286	7453153	10.8	14.2
限额以下	9942631	129730302	8550370	115150788	16.3	12.7
3、住宿业	284480	3150737	279313	2982576	1.8	5.6
限额以上企业	185358	1786731	187818	1775128	-1.3	0.7
限上个体户	19644	208596	19106	188598	2.8	10.6
限额以下	79478	1155410	72389	1018850	9.8	13.4
4、餐饮业	2663332	29524166	2459821	26541922	8.3	11.2
限额以上企业	532955	6114008	575065	5847354	-7.3	4.6
限上个体户	471252	3690393	403843	3243443	16.7	13.8
限额以下	1659124	19719765	1480913	17451125	12.0	13.0
三、按消费形态						
1、餐饮收入	2919710	32388271	2711372	29264543	7.7	10.7
2、商品零售	25288977	280946157	23050284	255446909	9.7	10.0

2015年12月广东省居民消费价格分类指数

2015年12月广东省居民消费价格分类指数

	上月=100	上年同月=100	上年同期=100
居民消费价格总指数	100.3	102.1	101.5
非食品价格指数	100.0	101.2	100.4
服务项目价格指数	99.9	102.7	102.6
扣除鲜菜鲜果总指数	100.1	101.9	101.4
消费品价格指数	100.5	101.9	101.1
一、食品	100.9	103.9	103.5
二、烟酒	99.9	103.0	101.7
三、衣着	100.1	103.3	102.3
四、家庭设备用品及维修服务	100.0	101.1	100.9
五、医疗保健和个人用品	100.2	102.5	101.8
六、交通和通信	99.8	98.4	97.9
七、娱乐教育文化用品及服务	99.8	101.5	101.4
八、居住	100.1	101.2	100.0

（资料来源：广东调查总队消费价格调查处）

2015年广东省进出口总额及占全国比重

2015年广东省进出口总额及占全国比重

指　　标	累　计（亿元）	累计同比增长%
进出口总额	63559.7	-3.9
进出差额	16406.5	
出口总额	39983.1	0.8
按贸易方式分:		
一般贸易	17146.4	11.7
加工贸易	17472.8	-11.3
来料加工	1939.4	-9.7
进料加工	15533.4	-11.4
按经济类型分:		
国有企业	3080.2	0.8
三资企业	20686.7	-5.4
集体企业	1152.3	8.4
私营企业	15011.0	9.9
进口总额	23576.6	-10.8
按贸易方式分:		
一般贸易	9633.4	-5.4
加工贸易	9886.9	-19.4
来料加工	1437.7	-8.5
进料加工	8449.2	-21.0
按经济类型分:		
国有企业	1892.1	-19.0
三资企业	13030.2	-8.9
集体企业	321.4	3.0
私营企业	8323.4	5.5
全国进出口总额	245849.0	-7.0
出口总额	141356.9	-1.8
进口总额	104492.1	-13.2
进出差额	36864.8	
广东占全国比重%		
进出口	25.9	
出　口	28.3	
进　口	22.6	

2015年广东省进口主要商品统计表

2015年广东省进口主要商品统计表

商品名称	金额（亿元）	同比+-（%）
机电产品	15471.0	-1.0
金属制品	186.0	-12.9
机械设备	2359.3	-13.6
电器及电子产品	10615.5	4.3
运输工具	462.0	-2.3
仪器仪表	1720.2	-9.5
其他机电产品	128.0	-0.9
高新技术产品	12015.6	1.2
生物技术	4.8	4.5
生命科学技术	172.5	1.1
光电技术	1128.3	-11.7
计算机与通信技术	3181.4	-2.7
电子技术	6715.0	7.7
计算机集成制造技术	366.8	-16.4
材料技术	107.4	-26.7
航空航天技术	336.7	4.2
其他高新技术产品	2.7	-35.9
集成电路	5383.4	10.5
农产品	1108.1	7.3
液晶显示板	1001.7	-12.5
初级形状的塑料	904.9	-10.5
二极管及类似半导体器件	752.1	2.7
自动数据处理设备及其部件	681.2	-15.5
通断保护电路装置及零件	476.2	-2.9
自动数据处理设备的零件	459.4	-14.2
纺织纱线、织物及制品	399.4	-5.3
印刷电路	355.1	-6.7
原油	344.0	-57.7
变压、整流、电感器及零件	333.0	-14.8
钻石	308.2	-13.6
废金属	293.9	-15.8
未锻轧铜及铜材	287.9	-22.6
粮食	279.1	-1.3

2015年广东省外贸出口主要商品情况表

2015年广东省外贸出口主要商品情况表

商品名称	金额（亿元）	同比+-（%）
机电产品	27218.3	3.4
金属制品	1358.7	17.3
机械设备	5840.3	-4.4
电器及电子产品	15594.7	4.7
运输工具	992.2	5.5
仪器仪表	1559.0	0.2
其他机电产品	1873.3	12.4
高新技术产品	14462.8	1.9
生物技术	1.7	114.3
生命科学技术	132.3	6.7
光电技术	835.0	0.4
计算机与通信技术	11146.4	-0.3
电子技术	1992.4	15.8
计算机集成制造技术	178.7	9.5
材料技术	69.3	0.3
航空航天技术	101.0	10.6
其他高新技术产品	6.1	-1.6
电话机	3181.9	2.2
自动数据处理设备及其部件	2592.7	-9.5
服装及衣着附件	2460.8	10.2
家具及其零件	1286.0	6.5
鞋类	991.5	4.9
贵金属或包贵金属的首饰	961.9	-54.8
灯具、照明装置及零件	851.9	23.7
纺织纱线、织物及制品	781.3	5.8
集成电路	781.2	31.1
液晶显示板	723.1	-3.3
静止式变流器	713.6	0.1
塑料制品	706.6	10.4
玩具	666.6	13.9
自动数据处理设备的零件	663.7	-14.7
箱包及类似容器	647.9	17.5
陶瓷产品	542.7	14.2
农产品	537.5	3.8

2015年广东省各地市外贸情况表

2015年广东省各地市外贸情况表

地市	进出口合计		出口		进口	
	金额（亿元）	同比+-（%）	金额（亿元）	同比+-（%）	金额（亿元）	同比+-（%）
广东省	63549.8	-3.9	39977.1	0.7	23572.7	-10.9
广东省广州市	8305.9	3.5	5034.8	12.7	3271.2	-8.0
广东省韶关市	149.0	3.1	89.0	18.8	60.0	-13.7
广东省深圳市	27510.1	-8.2	16412.6	-6.0	11097.4	-11.2
广东省珠海市	2960.7	-12.3	1793.3	0.5	1167.4	-26.7
广东省汕头市	576.1	-1.8	419.3	-2.0	156.8	-1.2
广东省佛山市	4086.7	-3.3	2998.6	4.5	1088.1	-19.8
顺德区	858.9	15.0	719.4	21.3	139.4	-9.2
广东省江门市	1231.1	-1.6	954.4	3.0	276.7	-14.8
广东省湛江市	319.0	-17.8	174.3	-3.5	144.7	-30.2
广东省茂名市	102.0	20.2	68.7	13.7	33.3	36.3
广东省肇庆市	511.4	6.2	296.7	4.6	214.8	8.4
广东省惠州市	3376.1	-7.5	2160.9	-3.1	1215.2	-14.3
广东省梅州市	152.5	13.7	141.2	21.7	11.3	-37.6
广东省汕尾市	198.6	-18.1	97.9	-12.9	100.7	-22.5
广东省河源市	251.0	3.3	176.2	8.3	74.8	-6.9
广东省阳江市	178.4	8.1	150.5	5.5	28.0	24.3
广东省清远市	279.6	3.5	168.7	14.9	110.9	-10.1
广东省东莞市	10399.8	4.2	6428.6	7.8	3971.1	-1.2
广东省中山市	2210.1	-2.6	1738.7	1.5	471.4	-15.5
广东省潮州市	195.0	-7.2	171.5	-2.0	23.5	-33.2
广东省揭阳市	437.6	30.4	416.4	33.4	21.1	-9.7
广东省云浮市	119.0	7.7	84.9	12.8	34.1	-3.3

2015年广东省外贸进出口主要贸易方式情况表

2015年广东省外贸进出口主要贸易方式情况表

贸易方式	进出口合计		出口		进口	
	金额（亿元）	同比+-（%）	金额（亿元）	同比+-（%）	金额（亿元）	同比+-（%）
加工贸易	27357.6	-14.4	17471.3	-11.3	9886.3	-19.4
其中：进料加工贸易	23980.6	-15.1	15531.9	-11.5	8448.6	-21.0
来料加工装配贸易	3377.0	-9.2	1939.4	-9.7	1437.6	-8.5
一般贸易	26777.8	4.9	17144.4	11.7	9633.5	-5.4
海关特殊监管区域	7698.1	0.6	3879.4	-1.9	3818.7	3.4

2015年广东省外贸进出口主要企业类型情况表

2015年广东省外贸进出口主要企业类型情况表

企业性质	进出口合计		出口		进口	
	金额（亿元）	同比+-（%）	金额（亿元）	同比+-（%）	金额（亿元）	同比+-（%）
外商投资企业	33714.0	-6.8	20684.2	-5.4	13029.9	-8.9
私营企业	23327.1	8.2	15007.2	9.9	8319.9	5.4
国有企业	4972.6	-7.8	3080.5	0.8	1892.0	-19.0
集体企业	1473.6	7.2	1152.3	8.4	321.4	3.0
其他企业	37.3	-97.7	28.8	30.0	8.5	-99.5
个体工商户	25.1	30.0	24.2	31.6	1.0	-0.5

2015年广东省外贸进出口主要贸易伙伴情况表

2015年广东省外贸进出口主要贸易伙伴情况表

贸易伙伴	进出口		出口		进口	
	金额（亿元）	同比+-（%）	金额（亿元）	同比+-（%）	金额（亿元）	同比+-（%）
中国香港	13051.4	-9.7	12764.3	-9.4	287.1	-20.2
美国	7971.2	6.6	6693.8	9.1	1277.5	-5.0
东盟	7041.4	2.1	3596.7	14.2	3444.6	-8.1
欧盟(28国)	6654.2	2.5	5225.8	5.8	1428.4	-8.0
韩国	4036.7	-9.1	1477.4	-6.5	2559.3	-10.5
日本	3867.4	-7.3	1508.3	-5.4	2359.0	-8.6
中国台湾省	3767.2	-3.9	458.9	-4.5	3308.3	-3.8
非洲	2691.6	-11.3	1659.8	24.0	1031.8	-39.2
拉丁美洲	2391.5	-0.2	1880.3	6.8	511.1	-19.6
澳大利亚	895.8	-3.8	548.5	5.4	347.3	-15.4
印度	895.2	16.3	733.9	26.5	161.4	-14.9
阿联酋	712.4	-8.5	569.2	-5.0	143.2	-20.2
加拿大	589.9	-0.8	441.8	3.8	148.1	-12.4
意大利	554.7	2.2	382.7	7.2	172.0	-7.3
沙特阿拉伯	466.7	8.8	371.2	19.4	95.5	-19.1
伊朗	456.3	-52.6	156.8	-49.3	299.4	-54.1
西班牙	376.9	13.4	331.4	17.4	45.5	-9.0
俄罗斯联邦	364.8	-26.0	324.7	-27.5	40.2	-11.4

（外贸资料来源：海关总署广东分署）

2015年广东省旅游接待人数

2015年广东省旅游接待人数

		比上年增长（%）
一、接待过夜游客人数（人次）	352311888	8.21
1、入境过夜游客	33330333	-0.67
台湾同胞	2793220	0.08
香港同胞	20235456	-1.85
澳门同胞	2534363	5.87
外 国 人	7767294	0.2
2、国内过夜游客	318981555	9.23
二、接待过夜游客人均停留天数(天/人)	2.07	4.55
1、入境过夜游客	2.31	5
台湾同胞	2.76	15.97
香港同胞	2.12	5.47
澳门同胞	2.23	0.9
外 国 人	2.67	1.52
2、国内过夜游客	2.04	4.62

2015年粤、鲁、苏、浙、沪主要经济指标

2015年粤、鲁、苏、浙、沪主要经济指标

指标	统计数据	增长%
一、地区生产总值(亿元)		
全国	676708.00	6.9
广东	72812.55	8.0
山东	63002.33	8.0
江苏	70116.38	8.5
浙江	42886.49	8.0
上海	24964.99	6.9
二、规模以上工业增加值（亿元）		
全国	-	6.1
广东	30313.61	7.2
山东	-	7.5
江苏	33422.50	8.3
浙江	13193.00	4.4
上海	-	0.2
三、固定资产投资（亿元）		
全国	551590.04	10.0
广东	29950.48	15.8
山东	47381.46	13.9
江苏	45905.17	10.5
浙江	26664.72	13.2
上海	6349.39	5.6
四、房地产开发投资 （亿元）		
全国	95978.85	1.0
广东	8538.47	11.8
山东	5892.16	1.3
江苏	8153.68	-1.1
浙江	7111.93	-2.1
上海	3468.94	8.2
五、社会消费品零售总额(亿元)		
全国	300931.00	10.7
广东	31333.44	10.1
山东	27761.40	10.6
江苏	25876.80	10.3
浙江	19785.00	10.9
上海	10055.76	8.1
六、进出口总额（亿元）		
全国	245849.0	-7.0

（续上表）

指标	统计数据	增长%
六、进出口总额（亿元）		
广东	63559.7	-3.9
山东	15018.6	-11.7
江苏	33870.5	-2.2
浙江	21566.0	-1.1
上海	28060.9	-2.1
七、出口总额（亿元）		
全国	141356.9	-1.8
广东	39983.1	0.8
山东	8953.0	0.7
江苏	21022.0	0.1
浙江	17174.0	2.3
上海	12228.6	-5.3
八、进口总额（亿元）		
全国	104492.1	-13.2
广东	23576.6	-10.8
山东	6065.6	-25.3
江苏	12848.5	-5.7
浙江	4392.0	-12.5
上海	15832.3	0.5
九、居民消费价格指数 （上年同期=100）		
全国	101.4	1.4
广东	101.5	1.5
山东	101.2	1.2
江苏	101.7	1.7
浙江	101.4	1.4
上海	102.4	2.4
十、实际利用外商直接投资（亿美元，上月数）		
全国	1140.37	7.3
广东	245.13	-0.8
山东	148.10	8.2
江苏	211.25	-17.3
浙江	137.18	0.8
上海	173.82	0.1
十一、地方一般公共预算收入（亿元）		
全国	82983.00	4.8
广东	9364.76	12.0
山东	5529.20	10.0
江苏	8028.59	7.3
浙江	4809.53	7.8
上海	5519.50	15.1
十二、地方一般公共预算支出（亿元）		
全国	150219.00	16.3
广东	12801.64	40.1
山东	8249.20	15.0
江苏	9681.47	14.4
浙江	6645.59	28.8
上海	6191.56	25.8

（续上表）

指标	统计数据	增长%
十三、中外资金融机构本外币存款余额（亿元）		
全国	1397752.11	12.4
广东	160388.22	11.6
山东	76795.48	9.5
江苏	111329.86	11.6
浙江	90301.61	10.2
上海	103760.60	14.4
十四、中外资金融机构本外币贷款余额（亿元）		
全国	993459.69	13.4
广东	95661.12	12.3
山东	59063.27	10.1
江苏	81169.72	12.0
浙江	76466.32	7.1
上海	53387.21	10.1
十五、 城镇居民人均可支配收入(元)		
全国	31195	8.2
广东	34757	8.1
山东	31545	8.0
江苏	37174	8.2
浙江	43715	8.2
上海	52962	8.4
十六、 农村居民人均纯收入(元)		
全国	11422	8.9
广东	13360	9.1
山东	12930	8.8
江苏	16257	8.7
浙江	21125	9.0
上海	23205	9.5

注:1.本表投资、房地产开发数据为国家反馈口径。

2.本表地方一般公共预算收入增长为可比增长。